"十二五"普通高等教育本科国家级规划教材

普通高等教育"十一五"国家级规划教材

分子生物学教程

Molecular Biology Course

(第三版)

赵亚华 编著

科学出版社

北京

内 容 简 介

本书从分子生物学的定义出发,以 DNA 和 RNA 这两类生物大分子为主线,由浅入深地讲述了这些大分子的结构与功能及其基因的复制、转录、转录后加工、翻译、原核基因与真核基因的表达调控等过程。本书共分12章,以较简明的形式概括了分子生物学的核心内容,既全面地阐述了分子生物学的基本理论,又突出介绍了学科发展的前沿研究。在本课程重要的知识点后都附有小结,每章末尾也做了重点归纳,以便读者能够快速搜索查找到相关的重点内容,使教师在教学中能掌握要点,学生在复习考试中能抓住重点。

本书可作为综合性大学、医科大学、师范院校和农林学科院校生命科学本科生、研究生的分子生物学的教材,也可作为生命科学类的研究人员、教师等的参考书。

图书在版编目(CIP)数据

分子生物学教程＝Molecular Biology Course/赵亚华编著. —3 版. —北京:科学出版社,2011

"十二五"普通高等教育本科国家级规划教材　普通高等教育"十一五"国家级规划教材

ISBN 978-7-03-031689-9

Ⅰ.①分… Ⅱ.①赵… Ⅲ.①分子生物学-高等学校-教材 Ⅳ.①Q7

中国版本图书馆 CIP 数据核字(2011)第 118236 号

责任编辑:席　慧/责任校对:钟　洋
责任印制:赵　博/封面设计:科地亚盟图文设计有限公司

科学出版社 出版
北京东黄城根北街 16 号
邮政编码:100717
http://www.sciencep.com

天津市新科印刷有限公司印刷
科学出版社发行　各地新华书店经销

*

2004 年 6 月第 一 版	开本:A4(890×1240)
2006 年 9 月第 二 版	印张:23 1/2
2011 年 7 月第 三 版	字数:728 000

2025 年 4 月第二十次印刷

定价:75.00 元
(如有印装质量问题,我社负责调换)

版权所有　侵权必究

第三版前言

在生命科学教学、研究与人才培养的全部过程中，分子生物学是十分重要的专业基础课之一。随着相关学科理论与技术研究的不断深入，分子生物学的研究领域不断扩大，学科进展也非常迅速。因此，全面系统地掌握分子生物学的知识非一日之功可成，而配备一本好的教科书，使教师和学生能在有限的教学时间内较充分地学习这门课程的核心知识，无疑是非常重要的。本书以 DNA 和 RNA 这两类生物大分子为主线，深入浅出地描述了这些大分子物质的结构与功能及其复制、转录、翻译和表达调控的全部过程。在绪论部分择要介绍了分子生物学的发展历程，内容涉及广泛，从宏观的生命科学发展整体水平上力求使学生认识到该学科在生命科学中的重要地位，并了解生命科学发展的前沿。

本书作者在 2004 年编写了《分子生物学教程》第一版，但由于这门学科发展十分迅速，原书的内容已不能满足教学和参考的需要。2006 年，作者在第一版编写基础上，参考了国内外的一些优秀教科书，博采众长，并根据平时的教学积累和学生用书需求，重新全面修订撰写了第二版《基础分子生物学教程》。第二版出版后，得到了广大教师和学生的广泛认同，在经历了 6 年教学实践的基础上，作者继续参阅近年来国内外同类教材和书籍，仔细比较，汲取精华，增加了较多的量化描述，枚举了很多国际上经典的实例，对许多图表做了细致明确的标示和修改，以增强自明性。同时，在多届学生中做了书面用书调查，听取意见和建议，在此基础上，全面修订改版形成了第三版。与第二版相比，第三版删去了生物大分子结构与功能和 DNA 重组技术这两章，同时对原来的章节做了许多必要的充实并加入了大量实例，如增加了对非编码 RNA 的重要性认识、核糖体开关、RNAi 干扰和 microRNA 的研究进展，两种新的碱基切除修复机制，几个选择性剪接的重要例子，转录及转录激活因子的调控等内容。在叙述体裁上，全书系统地在重要的知识点后都附有简要小结，每章末尾的本章重点归纳也进行了相应升级。新版既有利于读者能够快速查找相关的重点概念和内容，也便于教师在教学中能够掌握要点，并使学生在复习过程中能够撷取重点。第三版的修订比例约占第二版的 35%。

分子生物学的内容十分丰富而繁杂，本书的特点是将最基本而重要的科学内容汇集于一体，条理清晰，语言精练，取材新颖，概念陈述准确、知识点全面、信息量大、实例丰富，具有很强的可读性、可参考性和适用性，不啻为指导学生快速掌握分子生物学基础知识的理想教材。由于分子生物学发展迅速，资料浩瀚，且国内外从事这方面工作的专家学者很多，关注的侧重点各有不同，本书难以面面俱到，疏漏和不足之处在所难免，敬请广大读者批评指正，不胜感激。

本书的再版被列入高等教育"十一五"国家级规划教材和华南农业大学"十一五"教材建设的规划项目，得到了科学出版社、华南农业大学教务处、生命科学学院及许多同行、同仁及高年级学生的大力支持，作者在此一并表示衷心的感谢！

作 者
2011 年 3 月于广州五山

第一版前言

近半个世纪以来，生命科学领域取得了举世瞩目的重大成就和进步，而分子生物学是生命科学中发展最迅速，取得成果最多的学科之一。分子生物学是研究核酸、蛋白质等生物大分子的结构与功能，并从分子水平上阐述蛋白质与核酸、蛋白质与蛋白质之间相互作用的关系及其基因表达调控机理的科学。人类对生物学的研究最早从研究动物、植物的形态、解剖和分类开始，到以后对细胞学、遗传学、微生物学、生理学、生物化学的研究进入了细胞水平。从20世纪50年代以来，以生物大分子为研究目标的分子生物学开始逐步形成了独立的学科，并迅速成为现代生物学领域中最具活力的科学。随着相关学科的不断发展，生物学与其他学科相互之间的渗透越来越深入，物理学和化学的理论、术语和方法不断地用于生物学的研究。目前，科学家已经建立了一整套分子生物学研究的方法、系统和一般的逻辑推理原则，使分子生物学的研究能迅速地向深度和广度发展。

目前，分子生物学已经深入到生物学科的各个领域之中，并正在产生一系列新的分子科学，改变了或正在改变着整个生物学的面貌，其研究成果已在工业、农业、医学以及生物制药等领域得到了广泛的应用。在生命科学的教学活动中，分子生物学是生命科学领域十分重要的专业基础课之一。随着相关学科研究的不断深入，分子生物学的内容愈来愈多，因此，真正全面系统地掌握分子生物学的知识并不容易，而具备一本好的教科书，使教师和学生能在有限的教与学的时间内较好地掌握这门课程的内容，无疑是非常重要的，作者综合了国内外一些最新教科书，博采众长，根据平时的教学积累和目前学生用书现状，编写了这本教程。

本书以DNA和RNA两类生物大分子为主线，深入浅出地介绍了这些大分子的结构与功能及其复制、转录、翻译和表达调控。由于病毒分子生物学的内容十分丰富，而DNA重组技术是分子生物学领域的重要部分，考虑到全书的系统性与先进性，本书将这两章的内容也做了简单介绍。在绪论中，简要介绍了分子生物学的发展历程，内容涉及广泛，从宏观的生命科学发展整体水平上，力求使学生认识到分子生物学在生命科学中的地位，并了解生命科学的前沿。本书共分13章，以简明的形式概括了分子生物学的核心内容，既全面重点地阐述了分子生物学的基本理论，又突出介绍了学科发展的前沿动态。

分子生物学的内容十分丰富而繁杂，本书的特点是将最基本而核心的内容汇集一体，取材新颖、简明扼要、条理清晰、语言精练、基本概念准确、知识点全面、信息量大，具有一定的可读性和适用性，是指导学生在有限的时间掌握分子生物学基础知识的理想教材。由于分子生物学发展迅速，资料浩瀚，专家学者们关注的侧重点往往不同，因此本书难以面面俱到，疏漏之处在所难免，敬请广大读者批评指正，不胜感激。

本书的编写与出版被列入华南农业大学"十五"教材建设的规划项目，得到了教务处、生命科学学院以及教研室同仁的大力支持，在此表示衷心感谢！

作　者

2003年8月于广州五山

目 录

第三版前言
第一版前言
- **第1章 绪论** ················· 1
  - 1.1 分子生物学的概念 ·············· 1
  - 1.2 分子生物学研究的主要内容 ········ 1
    - 1.2.1 基因与基因组的结构与功能 ···· 1
    - 1.2.2 DNA的复制、转录和翻译 ······ 1
    - 1.2.3 基因表达调控的研究 ·········· 2
    - 1.2.4 DNA重组技术 ················ 2
    - 1.2.5 结构分子生物学 ·············· 2
  - 1.3 分子生物学与生物化学之间的关系 ··· 2
  - 1.4 分子生物学发展的历程 ············ 3
    - 1.4.1 人类对DNA和遗传信息传递的认识阶段 ···················· 3
    - 1.4.2 重组DNA技术的建立和发展阶段 ··· 3
    - 1.4.3 重组DNA技术的应用和分子生物学的迅猛发展阶段 ·················· 4
  - 1.5 21世纪分子生物学发展的趋向 ······ 5
    - 1.5.1 功能基因组学 ················ 5
    - 1.5.2 蛋白质组学 ·················· 6
    - 1.5.3 生物信息学 ·················· 6
  - 【本章重点归纳】 ·················· 7
  - 【思考题】 ······················· 7
- **第2章 核酸的结构与功能** ········· 8
  - 2.1 细胞内的遗传物质 ················ 8
    - 2.1.1 DNA是主要的遗传物质 ········· 8
    - 2.1.2 RNA也是遗传物质 ············· 9
  - 2.2 核酸的化学组成与共价结构 ········ 9
    - 2.2.1 核酸的化学组成 ·············· 9
    - 2.2.2 多聚核苷酸的结构 ············ 11
  - 2.3 DNA的高级结构与功能 ············ 11
    - 2.3.1 双螺旋模型特征 ·············· 11
    - 2.3.2 DNA高级结构的其他形式 ······· 12
    - 2.3.3 DNA结构的动态性与精细结构 ··· 16
    - 2.3.4 DNA的超螺旋结构与拓扑学性质 ·· 18
  - 2.4 真核生物的染色体及其组装 ········ 20
    - 2.4.1 真核生物的染色体 ············ 20
    - 2.4.2 染色体中的蛋白质 ············ 21
    - 2.4.3 核小体的形成 ················ 22
    - 2.4.4 染色质的高级结构 ············ 22
  - 2.5 RNA的结构与功能 ················ 23
    - 2.5.1 RNA的结构特点及与DNA的区别 ·· 24
    - 2.5.2 RNA在细胞中的分布 ··········· 24
    - 2.5.3 细胞中RNA分类概述 ··········· 25
  - 2.6 核酸的变性、复性与分子杂交 ······ 28
    - 2.6.1 核酸的变性 ·················· 28
    - 2.6.2 核酸的复性与分子杂交 ········ 30
  - 【本章重点归纳】 ·················· 32
  - 【思考题】 ······················· 33
- **第3章 基因与基因组的结构与功能** ··· 34
  - 3.1 基因的概念 ····················· 34
    - 3.1.1 基因与DNA的关系 ············· 34
    - 3.1.2 基因与多肽链的关系 ·········· 35
  - 3.2 基因的命名 ····················· 36
  - 3.3 基因组 ························· 37
    - 3.3.1 基因组的概念 ················ 37
    - 3.3.2 基因及基因组的大小与C值矛盾 ···· 37
  - 3.4 病毒及其基因组 ················· 39
    - 3.4.1 病毒基因组一般特点 ·········· 39
    - 3.4.2 病毒的核酸 ·················· 39
    - 3.4.3 噬菌体基因组 ················ 40
    - 3.4.4 几种病毒的基因组 ············ 42
  - 3.5 细菌基因组 ····················· 44
    - 3.5.1 细菌基因组的一般特点 ········ 44
    - 3.5.2 细菌的染色体基因组 ·········· 45
  - 3.6 真核生物基因组 ················· 46
    - 3.6.1 真核生物基因组的特点 ········ 46
    - 3.6.2 真核生物基因组的结构 ········ 46
    - 3.6.3 线粒体基因与基因组的结构 ···· 59
    - 3.6.4 叶绿体基因与基因组的结构与功能 ·· 60
    - 3.6.5 人类基因组简介 ·············· 61
  - 【本章重点归纳】 ·················· 72
  - 【思考题】 ······················· 75
- **第4章 DNA的复制** ················ 76
  - 4.1 DNA复制概述 ···················· 76
    - 4.1.1 DNA复制的一些概念 ··········· 77

4.1.2 复制方向 …………………… 79
4.1.3 复制方式 …………………… 80
4.1.4 DNA 复制的酶体系 ………… 82
4.1.5 DNA 的半不连续复制 ……… 86
4.1.6 DNA 合成的保真性 ………… 87
4.1.7 DNA 拓扑异构酶 …………… 87
4.1.8 单链 DNA 结合蛋白 ………… 89
4.2 细菌 DNA 复制的机制 …………… 89
4.2.1 大肠杆菌复制的起始 ………… 89
4.2.2 真核生物 DNA 复制的引发 … 91
4.2.3 大肠杆菌复制的延伸 ………… 91
4.2.4 复制的终止 …………………… 94
4.3 真核生物 DNA 的复制 …………… 95
4.3.1 真核生物的 DNA 聚合酶 …… 95
4.3.2 真核生物染色体端粒的复制 … 96
4.4 原核细胞 DNA 复制的调控 ……… 98
4.4.1 大肠杆菌染色体 DNA 的复制调控 … 98
4.4.2 ColEl 质粒 DNA 的复制调控 … 98
4.4.3 R6K 质粒 DNA 的复制调控 … 99
4.4.4 单链 DNA 噬菌体的复制调控 … 99
4.4.5 λ 噬菌体 DNA 的复制调控 … 99
4.5 真核生物 DNA 复制调控简述 …… 100
4.5.1 病毒 SV40 DNA 的复制调控 … 100
4.5.2 腺病毒 DNA 的复制调控 …… 101
4.5.3 酵母染色体 DNA 的复制调控 … 101
【本章重点归纳】………………………… 101
【思考题】………………………………… 103

第 5 章 DNA 的损伤、修复和基因突变 …… 104
5.1 DNA 的损伤 ……………………… 104
5.1.1 DNA 分子的自发性损伤 …… 104
5.1.2 物理因素引起的 DNA 损伤 … 105
5.1.3 化学因素引起的 DNA 损伤 … 105
5.2 DNA 的修复 ……………………… 106
5.3 基因突变 ………………………… 111
【本章重点归纳】………………………… 114
【思考题】………………………………… 114

第 6 章 DNA 的重组与转座 ……………… 115
6.1 同源重组 ………………………… 115
6.1.1 同源重组的分子模型 ………… 115
6.1.2 同源重组的酶学分子机制 …… 117
6.1.3 酵母的减数分裂重组 ………… 119
6.1.4 异源双链与基因转换 ………… 120
6.1.5 细菌的基因转移与 DNA 重组 … 121
6.2 特异位点重组 …………………… 122
6.3 DNA 的转座 ……………………… 125

6.3.1 转座子的概念 ………………… 125
6.3.2 转座子的分类 ………………… 125
6.3.3 转座子的转座机制 …………… 126
6.3.4 转座子转座的基本特征 ……… 128
6.3.5 DNA 转座引起的遗传学效应 … 129
6.3.6 真核生物的转座子 …………… 129
6.4 逆转录转座子 …………………… 132
【本章重点归纳】………………………… 136
【思考题】………………………………… 137

第 7 章 RNA 的转录合成 ………………… 138
7.1 RNA 转录概述 …………………… 138
7.1.1 RNA 转录的一般特点 ……… 138
7.1.2 原核生物和真核生物基因转录的差异 …………………………… 139
7.2 启动子的结构与功能 …………… 139
7.2.1 启动子的结构 ………………… 139
7.2.2 启动子的功能 ………………… 140
7.3 细菌的 RNA 聚合酶 …………… 142
7.3.1 RNA 聚合酶概述 …………… 142
7.3.2 大肠杆菌的 RNA 聚合酶 …… 142
7.3.3 T7 RNA 聚合酶 ……………… 143
7.3.4 σ 因子的结构与功能 ………… 143
7.3.5 核心聚合酶的结构与功能 …… 145
7.3.6 RNA 聚合酶全酶的结构与功能 … 146
7.3.7 原核生物 RNA 的转录过程 … 150
7.4 真核生物的 RNA 聚合酶及其转录 … 155
7.4.1 真核生物基因转录概述 ……… 155
7.4.2 真核生物基因转录的 RNA 聚合酶 … 156
7.5 真核基因转录的启动子 ………… 159
7.6 类型 II 基因转录的转录因子 …… 163
7.7 类型 II 基因转录起始复合物的装配 … 167
7.8 类型 I 和 III 的转录因子 ……… 169
7.9 RNA 转录的抑制 ………………… 173
【本章重点归纳】………………………… 174
【思考题】………………………………… 177

第 8 章 RNA 转录的剪接与加工 ………… 178
8.1 原核生物 RNA 的转录后加工 …… 178
8.1.1 原核生物 rRNA 前体的加工 … 178
8.1.2 原核生物 tRNA 前体的加工 … 179
8.1.3 原核生物 mRNA 前体的加工 … 180
8.2 真核生物 RNA 的加工 …………… 181
8.2.1 真核生物 tRNA 前体的转录后加工 …………………………… 181
8.2.2 真核生物 rRNA 前体的转录加工 … 182
8.2.3 细胞核 mRNA 前体剪接概述 … 184

8.2.4 细胞核 mRNA 前体剪接机制和过程 …… 185
8.2.5 真核生物 mRNA 前体的选择性剪接 …… 193
8.2.6 RNA 的自我剪接 …… 195
8.2.7 核酶 …… 199
8.3 反式剪接 …… 200
8.4 mRNA 5′端加帽 …… 201
8.5 mRNA 3′端的多聚腺苷酸化 …… 203
8.6 多聚腺苷酸化作用的机制 …… 204
8.7 前体 mRNA 的剪切和多聚腺苷酸化 …… 205
8.8 mRNA 加工事件的协同运作 …… 206
8.9 RNA 的编辑 …… 210
  8.9.1 RNA 编辑的机制 …… 210
  8.9.2 RNA 编辑的类型 …… 212
  8.9.3 RNA 编辑的生物学意义 …… 213
8.10 RNA 的再编码 …… 213
8.11 RNA 干扰 …… 214
【本章重点归纳】 …… 218
【思考题】 …… 220

第 9 章 遗传密码与蛋白质的生物合成 …… 221
9.1 遗传密码的破译 …… 221
9.2 遗传密码的基本特性 …… 222
9.3 蛋白质的生物合成 …… 226
  9.3.1 概述 …… 226
  9.3.2 蛋白质生物合成的分子基础 …… 226
  9.3.3 蛋白质生物合成的过程 …… 230
  9.3.4 蛋白质合成的抑制 …… 244
  9.3.5 蛋白质合成的调节 …… 244
9.4 蛋白质合成后的运输 …… 249
9.5 蛋白质前体的共价修饰 …… 253
9.6 蛋白质的折叠 …… 254
【本章重点归纳】 …… 255
【思考题】 …… 256

第 10 章 原核生物基因表达调控 …… 257
10.1 基因表达调控概述 …… 257
10.2 原核基因表达调控的若干概念 …… 258
10.3 乳糖操纵子的调控 …… 260
10.4 阿拉伯糖操纵子的调控 …… 267
10.5 色氨酸操纵子的调控 …… 270
10.6 受双启动子调控的半乳糖操纵子 …… 274
10.7 组氨酸操纵子的调控 …… 275
10.8 细菌的应急反应 …… 275
10.9 正调控系统和负调控系统 …… 276
10.10 受多重启动子调控的操纵子 …… 278
10.11 重叠基因的调控作用 …… 279
10.12 细菌中 DNA-蛋白质的相互作用 …… 279
10.13 综合实例——噬菌体基因的表达调控 …… 284
  10.13.1 噬菌体的生活周期 …… 284
  10.13.2 噬菌体裂解过程中基因表达调控是级联反应 …… 285
  10.13.3 噬菌体 SP01-替换 σ 亚基改变宿主的转录对象 …… 286
  10.13.4 T4 噬菌体-修饰核心酶并替换 σ 亚基改变宿主的转录对象 …… 286
  10.13.5 T7 噬菌体——RNA 聚合酶的代换 …… 286
  10.13.6 λ 噬菌体基因组的表达调控 …… 287
【本章重点归纳】 …… 293
【思考题】 …… 294

第 11 章 真核生物的基因表达调控 …… 295
11.1 真核基因表达调控的特点 …… 295
11.2 真核细胞基因表达调控的不同层次 …… 296
11.3 DNA 染色体水平的调控 …… 297
11.4 DNA 水平上的调控 …… 307
11.5 真核基因转录水平的调控 …… 308
11.6 基因表达的转录后水平的调控 …… 318
11.7 转录因子对基因表达的调控 …… 320
  11.7.1 细胞对转录因子的调控 …… 320
  11.7.2 转录激活因子的类型与结构 …… 325
  11.7.3 转录激活因子结合 DNA 的结构基序 …… 327
  11.7.4 与 DNA 相互作用的其他蛋白质因子 …… 332
  11.7.5 调控蛋白对特异 DNA 序列的识别 …… 334
11.8 甾体激素对基因转录的调控 …… 334
  11.8.1 甾体激素的应答元件 …… 334
  11.8.2 甾体激素对基因转录的调控 …… 335
11.9 RNA 结合蛋白对基因表达的调控 …… 335
【本章重点归纳】 …… 337
【思考题】 …… 338

第 12 章 病毒的分子生物学简介 …… 339
12.1 病毒基因组的一般结构 …… 339
12.2 病毒基因组的复制 …… 339
12.3 逆转录病毒 …… 342
12.4 逆转录的生物学意义 …… 345
12.5 腺病毒 …… 346
12.6 丙型肝炎病毒 …… 348

12.7 艾滋病与HIV ……………… 349		【本章重点归纳】………………………… 356	
12.8 病毒对宿主细胞的影响 ………… 353		【思考题】………………………………… 356	
12.9 病毒与肿瘤发生 ………………… 354		参考文献 ………………………………… 357	
12.10 病毒的基因工程疫苗及病毒载体…… 354		索引 ……………………………………… 359	
12.11 亚病毒………………………… 354			

本书彩图可扫码查看

分子生物学教程（第三版）教学课件索取单

凡使用本书作为教材的主讲教师，可获赠教学课件一份。欢迎通过以下两种方式之一与我们联系。本活动解释权在科学出版社。

1. 关注微信公众号"科学EDU"索取教学课件

关注 →"教学服务"→"课件申请"

科学EDU

2. 填写教学课件索取单拍照发送至联系人邮箱

姓名：		职称：		职务：	
电话：			电邮：		
学校：			院系：		
地址：			邮编：		
所授课程（一）：				人数：	
课程对象：□研究生 □本科（____年级） □其他_____				授课专业：	
使用教材名称/作者/出版社：					
所授课程（二）：				人数：	
课程对象：□研究生 □本科（____年级） □其他_____				授课专业：	
使用教材名称/作者/出版社：					
您对《分子生物学教程》（第三版）的评价及修改意见：					

联系人：席 慧　　咨询电话：010-64000815

电子邮箱：xihui@mail.sciencep.com.cn

第 1 章 绪 论

1.1 分子生物学的概念

分子生物学(molecular biology)是研究核酸、蛋白质等生物大分子的结构与功能,并从分子水平上阐述这些大分子之间相互作用的关系及其基因表达调控机理的科学,是人类从分子水平上真正揭开生物世界的奥秘,由被动地适应自然界转向主动地改造和重组自然界的基础学科。

人类对生物学的研究经历了相当漫长的历程。最早从研究动物和植物的形态解剖和分类开始,到以后对细胞学、遗传学、微生物学、生理学以及生物化学的研究,逐步进入了细胞水平。从 20 世纪 50 年代以来,以生物大分子为研究目标的分子生物学开始逐步形成为独立的学科,并迅速成为现代生物学领域中最具活力的学科。随着相关学科的不断发展,生物学与其他学科之间的相互渗透越来越深入,物理学、化学和电子计算机的理论、术语和方法不断地用于生物学的研究。目前,科学家已经建立了一整套分子生物学研究的方法、系统和一般的逻辑推理原则,以及数目十分庞大的分子生物信息数据库等,使分子生物学的研究迅速地向纵深发展。

广义上讲的分子生物学包括对蛋白质和核酸等生物大分子结构与功能的研究,以及从分子水平上阐明生命的现象和生物学规律。例如,蛋白质的结构、运动和功能、酶的作用机理和动力学、膜蛋白结构与功能和跨膜运输,等等。从这个视角看,分子生物学几乎包括了生物学领域的很多方面,但实际上这些内容随着其研究的深入已逐步发展形成了各自独立的学科。由此通常采用狭义的概念,将分子生物学的定义偏重于对核酸(基因)的分子生物学范畴,主要研究基因或 DNA 结构与功能、复制、转录、表达和调节控制等的分子过程,其中也涉及与这些过程相关的蛋白质和酶的结构与功能的研究。

小结:分子生物学是研究核酸和蛋白质等生物大分子的结构与功能、并从分子水平上阐述它们间相互作用关系及基因表达调控机理的科学,是人类由被动适应自然界转向主动改造和重组自然界的学科。

1.2 分子生物学研究的主要内容

分子生物学是研究所有生物学现象的分子基础。从这个意义上说,分子生物学包括了地球上所有的生物学。因此,对分子生物学研究内容的界定是困难的。随着科学技术突飞猛进地向纵深发展,各学科之间的划分越来越细,在长期的科学研究与实践中,对生物学中的许多分支与科目,分子生物学家并未将它列为分子生物学研究的范畴,例如,某些生物学反应就像一个标准的化学反应一样通过酶和产物浓度被调节,对这些反应调节的研究就属于生物化学的范围。但如果一个酶催化的反应是通过酶基因或酶分子结构的改变而被调节,则属于分子生物学的内容。这类似于把细胞内的化学成分的排列和结构的研究称为细胞生物学。但当人们分离到了昆虫和某些原虫的行为突变体后,就要对其进行分子生物学分析。因此,分子生物学与生物学其他各分支之间的界限越来越不明显了。尽管分子生物学涉猎的范围十分广泛,研究内容也包罗万象,但是按照狭义分子生物学定义,我们可将现代分子生物学的主要研究内容概括为以下几个大的方面。

1.2.1 基因与基因组的结构与功能

基因的研究一直是影响整个分子生物学发展的主线。在不同的历史时期对基因的研究有不同的内容,20 世纪 50 年代以前,主要从细胞染色体水平上进行研究,是基因的染色体遗传学内容;50 年代之后,主要从 DNA 大分子水平上进行研究,属于基因的分子生物学阶段。近 20 多年来,由于重组 DNA 技术的不断完善和应用,人们已经改变了从表型到基因型的传统研究基因的途径,而能够直接从克隆目的基因出发,研究基因的功能及其与表型的关系,使基因的研究进入了反向生物学阶段。在这个历程中,对基因与基因组的微细及高级结构与功能的研究始终是分子生物学研究内容最基础最重要的部分。

1.2.2 DNA 的复制、转录和翻译

这一方面研究的重点是 DNA 或基因怎样在各系

统相关的酶与蛋白等因子作用下,按照中心法则进行自我复制、转录、反转录和翻译。同时,对 mRNA 分子进行各种剪接、加工修饰、编辑以及对新生多肽链折叠成有功能的空间结构的分子机理研究。

1.2.3 基因表达调控的研究

基因表达的实质是遗传信息的转录和翻译。在生物个体的生长、发育和繁殖过程中,遗传信息的表达按照一定的时序发生变化(时序调节的表达);并且,随着内外环境的变化而不断地加以修正(环境调控表达)。

基因表达的调控主要发生在转录水平和翻译水平上。原核生物的基因组和染色体结构都比真核生物简单,转录和翻译在同一时空内发生,基因表达调控主要发生在转录水平。真核生物有细胞核结构,转录和翻译过程在时间和空间上都被分隔开,且在转录和翻译后都有复杂的分子信息加工过程,其基因表达的调控发生在各种不同的水平,主要表现在对上游调控序列、信号传导、转录因子以及 RNA 剪辑等多个方面。

1.2.4 DNA 重组技术

分子生物学研究的核心是遗传信息的结构、传递和控制,在这个过程中 DNA 重组技术是不可缺少的手段之一。DNA 重组技术是 20 世纪 70 年代初兴起的一门科学技术。应用此技术能将不同的 DNA 片段进行人为的重组和定向连接,并指定在特定的受体细胞中与载体同时复制和表达,产生影响受体细胞的新的遗传性状。严格地说,DNA 重组技术并不完全等于基因工程,因为后者还包括其他能使生物细胞基因组结构发生改变的体系。DNA 重组技术是核酸化学、遗传学、细胞学、病毒学、蛋白质化学、酶工程以及微生物学等长期深入研究的结果,反过来,这些学科的发展又以 DNA 重组技术作为重要手段而进行。在这个过程中,限制性内切核酸酶、DNA 连接酶及其他工具酶的发现与应用是这一技术得以建立的关键。

作为分子生物学研究的内容之一,DNA 重组技术的主要目的是:①用于大量生产某些在正常细胞代谢中产量很低的多肽,如激素、抗生素、酶类及抗体等,提高产量,降低成本,使许多有价值的多肽类物质得到广泛的应用。例如,用于治疗艾滋病的基因工程白介素 12 可有效地阻止病情发展,恢复 HIV 病毒携带者的免疫系统和功能;②用于定向改造某些生物的基因组结构,使它们所具备的特殊功能更符合人类生活的需要,其经济价值能成百上千倍地提高。例如,一种含有分解各种石油成分的重组 DNA 超级细菌能快速分解石油,可用来恢复被石油污染的海域和土壤;③DNA 重

组技术用于进行基础研究,已经成为研究分子生物学领域一切基础性问题的技术方法和常规武器。

1.2.5 结构分子生物学

任何一个生物大分子当它在发挥生物学功能时都必须具备两个前提,一是必须拥有特定的空间结构(三维结构);二是在它发挥生物学功能的过程中必定存在着结构和构象的变化。结构分子生物学的发展就是研究生物大分子特定的空间结构以及结构的运动变化与其生物学功能关系的科学。它包括结构的测定、结构运动变化规律的探索和结构与功能相互关系三个方向的研究。近年来科学家不断研究发现了大量新的生物大分子静态结构,并逐步深化对其动态功能的认识。已经能够研究运动时间最短达 $10^{-15} \sim 10^{-12}$ s,运动幅度最小为 0.1pm 的分子运动。由单一分子研究深入到对复合乃至多亚基、多分子复合体研究,使对多种生物大分子联合起来的复杂结构与相互作用功能的认识与研究成为可能。对核糖体的结构与功能的研究就是这方面的一个例子。目前,研究生物大分子空间结构及其运动规律的手段主要是 X 射线衍射晶体技术、二维和多维核磁共振成像、电子衍射、中子衍射、电镜三维重组以及各种波谱学的方法。

结构分子生物学在今后仍然是生命科学发展的基础学科。在这一领域中,仍需要有生物学家、生物化学家、物理学家、化学家以及计算机和工程学的专家的共同努力。

> **小结**:分子生物学主要研究内容包括基因与基因组的结构与功能;遗传信息的传递与表达;基因表达调控;DNA 重组技术;结构分子生物学等。

1.3 分子生物学与生物化学之间的关系

当代生命科学的一大特点是几乎所有关于生命的分支学科均已被分子生物学渗透,由此涉及了许多难以穷尽的方方面面难以界定。实际上,分子生物学与生物化学之间的关系是非常紧密而难以区分的。但随着这两门学科的研究向纵深发展,内容越来越多,科学家们不得不将它们做相对的划分。分子生物学的定义如前所述,它从分子水平上研究生命的现象,生物化学是从分子水平上研究生命现象的化学本质;从学科范畴讲,分子生物学包括了生物化学;但从研究的基本内容上,例如,在遗传信息流从 DNA→mRNA→蛋白质的代谢传递过程中,许多内容又属于生物化学的范围,等等。因此,分子生物学与生物化学这两门学科是"你中有我"、"我中有你",而不能截然分开。但这两门学科的研究方向和研究方法与手段也显示出了明显的

区别。

在研究方向上,分子生物学主要是研究蛋白质、核酸和其他大分子的结构与功能,以及它们之间的相互作用,着重解决细胞中的信息传递和代谢调节等问题。而生物化学主要研究大分子物质的组成、性质结构与功能及其在生命活动中的代谢转化等动态的过程,包含大量有机小分子的参与。因此分子生物学与生物化学虽然在研究内容上有相同之处,但在研究方向上,分子生物学的着重点是大分子的结构与功能,而生物化学则以生物分子的动态代谢转化为主。

在研究方法上,分子生物学是以化学和物理学的方法研究大分子结构,采用生物化学与遗传学相结合的方法探索其功能,解决大分子结构与功能及其代谢调节的关系。而生物化学主要采用生物化学与化学以及生理学的方法,探索生命的化学过程,解决分子转化与能量转换的问题。所以,分子生物学与生物化学,在分离、纯化生物分子时,或许采用同样的方法,而在分别探索其研究的问题时,却采用了许多不同的手段。

1.4 分子生物学发展的历程

分子生物学在人类文明史上的光辉成就,以前所未有的速度推动着生物学的发展,使整个生物学的面貌发生了巨大的变化。由于无数分子生物学家的不懈追求与刻苦研究,使我们现在不但能从分子水平上认识了核酸的结构与功能以及复制、转录、翻译、剪接、加工、修饰等的详细过程,而且已经测知了许多重要生物的基因组及其结构与功能,真正从分子水平上对这些基因控制的生长、发育和变异等一系列生物学问题有了更深入的了解,获得了令人振奋的结果。为了使学习和认识上的条理更加清晰,在此将其发展过程简单地概括为3个阶段。

1.4.1 人类对DNA和遗传信息传递的认识阶段

1928年,F Griffith做的肺炎双球菌的转化试验奠定了DNA是遗传物质的基础。

1944年,Oswald Avery等用生物化学和物理化学手段对F Griffith的肺炎双球菌转化试验进一步做了分析,证实DNA是生物的遗传物质。这一重大发现打破了长期以来许多生物学家认为的只有像蛋白质那样的大分子才能作为细胞遗传物质的观点,在遗传学上树立了DNA是遗传信息载体的理论。

1950年,E Chargaff提出了DNA碱基组成的等比例规律。与此同时R Hotchkiss对Avery的转化物做了纯化,进一步证实了高纯度的DNA是遗传物质。

1952年,Hershey和Martha Chase用同位素示踪技术,将T2噬菌体侵染大肠杆菌细胞,证实了主要是核酸进入细菌体内,而病毒外壳蛋白留在细胞外,且进入菌体的DNA能利用细菌的生命过程合成噬菌体自身的DNA和蛋白质,并能自我组装成与亲代完全相同的子代噬菌体。烟草花叶病毒的重建实验也证明,病毒蛋白质的特性由RNA决定,即遗传物质是核酸而不是蛋白质。至此,DNA作为遗传物质才被普遍地接受。

1953年,是开创生命科学新时代具有里程碑意义的一年,Watson和Crick发表了"脱氧核糖核酸的结构"的著名论文,提出了DNA双螺旋结构模型,为人类充分揭示遗传信息的传递规律奠定了坚实的理论基础。同年,Sanger历经8年,完成了第一个蛋白质——胰岛素的氨基酸全序列分析。

1954年,Crick在前人研究工作基础上,提出了中心法则理论;Gamnow从理论上研究了遗传密码的编码规律;1961年 M N Johann和H Matthaei做了一个突破性试验,破译了第一批遗传密码,对正在兴起的分子生物学研究起了重要推动作用,将永载史册。

1957年,A Kornberg在大肠杆菌中发现了DNA聚合酶Ⅰ,这是能在试管中合成DNA的第一种核酸酶,这种酶已被广泛用于制备标记的DNA探针。

1958年,M Meselson和F Stahl通过经典的同位素^{15}N标记DNA的CsCl密度梯度超速离心试验对DNA复制的3种可能的机制进行了辨别。

1940~1965年,F Jacob和J Monod等历经大量试验验证,提出了著名的原核基因表达操纵子学说。

1.4.2 重组DNA技术的建立和发展阶段

1967年,Gellert发现了DNA连接酶。

1970年,Smith和Wilcox等分离到第一种限制性内切核酸酶。同年Temin和Baltimore在RNA肿瘤病毒中发现了逆转录酶,证实了Temin 1964年提出的"前病毒假说"。逆转录酶已成为目前分子生物学研究中的一个重要工具。

1972~1973年,重组DNA时代到来。H Boyer和P Berg等发展了重组DNA技术,并完成了第一个细菌基因的克隆,开创了基因工程的新纪元。

1975年,Southern发明了DNA片段印迹法;Gruustein和Hogness建立了克隆特定基因方法;O'Farrell发明了双向电泳的蛋白质分析方法。Blohel等提出了信号肽假说。

1975~1977年,Sanger、Maxam和Gilbert发明了DNA序列测定技术。

1977年,第一个全长5387bp的噬菌体ΦX174基因组序列测定完成。

1.4.3 重组DNA技术的应用和分子生物学的迅猛发展阶段

1979年，Solomon和Bodmer最先提出至少200个限制性片段长度多态性（RFLP）可作为连接人类基因组图谱的基础。

1980年，Wigler等把非选择性基因导入哺乳动物细胞；Cohen和Boyer获得一项克隆技术的美国专利。

1981年，Cech等发现四膜虫26SribozymerRNA前体的自我剪接作用，具有催化作用RNA（核酶）的发现，促进了RNA研究的飞速发展；同年，Palmiter等获得转基因小鼠；Sprading等培育出转基因果蝇。

1982年，Prusiner等在感染搔痒病的仓鼠脑中发现了朊病毒（prion）；同年，第一个由基因工程生产的药物——胰岛素在美国和英国获准使用；Sanger及其合作者完成λ噬菌体全长48 502bp的基因组DNA全序列测定。

1985年，Saiki等发明了聚合酶链式反应（PCR）；Sinsheimer首先提出人类基因组图谱制作计划设想；Smith等报导了DNA测序中应用荧光标记取代同位素标记的方法；Miller等发现DNA结合蛋白的锌指结构。

1989年，Greider等在纤毛原生动物中发现了端粒酶是以内源性RNA为模板的逆转录酶；Hiatt等首次报道了在植物中亦可产生单克隆抗体。同年，美国专利商标局宣布将接受基因工程植物和基因工程动物方面的专利申请。第一个具有专利权的用于医药研究的动物——杜邦肿瘤鼠诞生。

1990~1992年，转基因玉米及转基因小麦诞生，谷物基因工程开始变为现实。

1992年，欧洲共同体各国35家实验室发表第一个真核生物染色体（酵母3号染色体）DNA全序列共315kb。

1990年，人类基因组计划全面正式启动；Simpson等发现了对mRNA前体编辑起指导作用的小分子RNA；Sinclair等在人类Y染色体上发现了新的性别决定基因。

1991年，由欧洲共同体组织17个国家35个实验室的147位科学家，手工测序完成了第一条完整染色体的测序工作。

1994年，日本科学家在 Nature Genetics 上发表了水稻基因组遗传图；Wilson等完成了线虫3号染色体连续的2.2Mb的测定，预示着百万碱基规模的DNA测序时代的到来。

1995年，S Zimmmerly等发现Ⅱ类内含子的结构及剪接机制。

1996年，W Dietrich等绘制了小鼠基因组的完整遗传图谱。

1997年，Wilmut等首次不经过受精，用成年母羊的体细胞遗传物质成功获得克隆羊——Clone Sheep Dolly；Willard等首次构建了人染色体（HACs）；Salishury等发现DNA一种新的结构形式——四显性组合是基因交换期间DNA联结的一种方式。

1998年，第一个多细胞真核生物线虫基因组被揭示；美国科学家James T等用ES和EG细胞建立了胚胎干细胞系，为研究胚胎干细胞的发育和利用胚胎干细胞治疗疾病提供了全新的途径；D Doyle等勾画出了清晰的第一个钾离子通道结构，这是分子生物学上的一个重要进展。

1999年J Cate等第一次绘制完整核糖体晶体结构，并揭示了很多细节；国际人类基因组计划（HGP）研究小组完成了人第22号染色体测序工作。

2000年，国际HGP联合研究小组完成了人类第21号染色体的测序，从原定预计的2003年6月提前到2001年6月；果蝇和拟南芥的基因组测序完成；由Alan Coleman领导的研究小组完成了世界首例克隆猪在苏格兰诞生；中国超级杂交水稻基因组计划"正式启动；2000年3月，塞莱拉公司宣布完成果蝇基因组测序；2000年12月，英国、美国等国科学家宣布绘出拟南芥基因组的完整图谱，这是人类首次全部破译一种植物的基因序列。此专题有多篇重要文章发表。

2001年，*Nature* 和 *Science* 同时发表了HGP全序列。美国科学家Hartwell、英国科学家Hunt和Nurse因对细胞周期调控因子的研究而分享诺贝尔生理医学奖。

2002年4月5日，以杨焕明为首的中国科学家在 *Science* 上发表了水稻（籼稻）全基因组框架序列图。

2003年，美国、日本、英国、法国、德国、俄罗斯和中国科学家共同宣布HGP序列图绘制成功，HGP目标基本完成；中国内地、台湾、香港科学家宣布联手启动"中华人类基因组单体型图"计划；中国、美国分别测定出非典型肺炎病毒的基因图谱。

2004年，以色列学者Aaron Ciechanover和Avram Hershko和美国Irwin Rose发现泛素蛋白调节的蛋白质降解机制。

2005年，由美国、中国、日本等国的200多位学者参加的"国际人类基因组单体型图计划"取得重要成果，公布了人类基因组"差异图"，发现了100多万个常见SNP位点，标定了单体型"模块"在DNA链上的"边界",并划分了基因组上包含最常见 DNA 变异的 10 个区域。利用这份"差异图",在糖尿病、早老性痴呆症和癌症等疾病的研究中,将患者与健康人全基因组的 SNP 进行比较,更高效地寻找与疾病相关的基因变异。

2006 年,美国 Andrew Z Fire 和 Craig C Mello 发现了 RNAi 干扰机制,目前已被广泛用作研究基因功能的一种手段,有助于诊断和治疗遗传病;英国 The Wellcome Trust Sanger Institute and colleagues 和美国杜克大学人类遗传学中心等研究机构的研究人员联合在 Nature 上发表人类最后一个染色体——1 号染色体基因测序。在人体全部 22 对常染色体中,1 号染色体包含基因数量最多,破译难度最大。

2007 年,美国犹他大学人类遗传学研究所 Mario R Capecchi 和北卡罗来纳州大学 Oliver Smithies 与英国 Martin J Evans 对胚胎干细胞的研究获得诺贝尔生理医学奖。

2008 年,日本、美国和美籍华裔科学家研究绿色荧光蛋白作出特殊贡献而获奖;Science 杂志评出的 2008 年十大科学进展中,细胞重编程被评为第一位,这项研究几乎在一夜之间开启了一个生物学的新领域,它有望成就挽救生命的医学上的重大进步。细胞重编程质疑细胞单向发育的理论,认为已分化的细胞在特定条件下能被逆转,恢复到全能性状态,或形成胚胎干细胞系,或进一步发育成一个新个体。通过插入回拨细胞发育时钟的基因,科学家正在深入了解疾病和研究细胞如何决定其命运的生物学。

2009 年,Venkatraman Ramakrishnan、Thomas A Steitz 及以色列 Ada E Yonath 3 位科学家对核糖体的结构和功能的研究而获得诺贝尔化学奖;3 位美国学者 Elizabeth H Blackburn、Carol W Greider 及 Jack W Szostak 被授予诺贝尔生理医学奖,表彰他们发现端粒和端粒酶对染色体的保护作用。

现代分子生物学的研究成就还包括以下几个方面的重要突破:①对人类基因组计划的实施取得了多项重大成果,建立了多种不同类型和层次的文库;各类分子探针如限制性内切核酸酶片段长度多态性(RFLP)、扩增片段长度多态性(AFLP)、随机扩增片段长度多态性(RAPD)等的应用;聚合酶链式反应的普及应用和日益高度自动化并由机器人操作的核酸自动测序仪,以及大容量先进的计算机分析存储技术,等等。②在互联网上注册公布的有详细注释的许多生物如噬菌体、大肠杆菌、酵母、果蝇、线虫、小鼠、水稻、拟南芥等的全基因组序列,以及大量在过去认为根本无法得到的蛋白质序列,为研究者提供了共享生物分子信息资源的绝好平台。③对肿瘤、艾滋病、心血管疾病、高血压以及糖尿病等的防治,从分子机理上已取得了可喜的成果。④农作物抗病虫害、动植物品种和品质改良、抗病毒病等方面已逐步走向实用阶段。

综合以上不难看出,20 世纪以核酸研究为核心,带动着分子生物学向纵深发展。50 年代的双螺旋结构,60 年代的操纵子学说,70 年代的 DNA 重组,80 年代的 PCR 技术,90 年代的 DNA 测序都是分子生物学发展的里程碑,将生命科学带向一个由宏观到微观,再到宏观的时代。

1.5 21 世纪分子生物学发展的趋向

人类基因组 DNA 测序计划已经提前完成了,人类基因组研究的重点正在由序列结构向基因功能转移,进入了以基因组功能研究为主要内容的"后基因组"(post-genomics)时代。主要任务是研究细胞内全部基因的表达图式和全部蛋白图式,或者说是"从基因组到蛋白质组"。由此,分子生物学研究的重点又回到了蛋白质上来,使生物信息学应运而生,生命科学正在进入一个全新的时代。

1.5.1 功能基因组学

功能基因组学(functional genomics)依赖于对 DNA 序列的认识。应用基因组学的知识和工具,人们能够了解和认识影响整个生命过程的特定序列表达谱。例如,酿酒酵母(S. cerevisiae)16 条染色体全部序列的测序工作已于 1996 年完成,基因组全长 13 040kb,含有 5885 个可能编码蛋白质的基因,140 个编码 rRNA 基因,40 个编码 snRNA 基因和 275 个 tRNA 基因,共计 6340 个基因。功能基因组学就是进一步研究这些基因在一定条件下,如在孢子形成期,同时有多少基因协同表达才能完成这一发育过程? 这就需要研究这一时期的全套基因表达谱(gene expression pattern)。解决如此复杂的问题必须在方法学上有重大突破,创造出高效、快速地同时测定基因组成千上万个基因活动的方法。

功能基因组学也包括了在测序后对基因功能的研究。例如,酵母有许多功能重复的基因,分布在染色体两端,当处于丰富培养基条件时,这些基因似乎是多余的,但环境改变时就显示出其功能。基因丰余现象实际上是对环境的适应,丰余基因的存在为进化适应提供了可选择的余地。在基因组全序列中还保留了基因组进化的遗迹,提示基因重复常发生在近中心粒区和染色体臂中段。目前,研究者已把酵母基因组作为研究真核生物基因组功能的模式,计划建立酵母基因组 6000 多个基因的单突变体文库(single mutant library),并用于其他高等真核生物基因组的"基因功能作图"。

总之，功能基因组学的任务是对成千上万的基因表达进行分析比较，从基因组整体水平上阐述其活动规律。核心问题是基因组的多样性和其进化规律，基因组的表达及其调控，模式生物基因组研究，等等。这门新学科的形成，是在后基因组时代生物学家的研究重点从揭示生命的所有遗传信息转移到在整体水平上对生物功能研究的重要标志。

1.5.2　蛋白质组学

1994 年 Wilkins 等首先提出了蛋白质组（proteome）的概念，随后得到国际生物学界的广泛承认。蛋白质组的定义是指一个基因组所表达的全部蛋白质的总和（proteome indicates the proteins expressed by a genome）；"proteome"由蛋白质一词的前几个字母"prote"和基因组一词的后几个字母"ome"拼接而成。

蛋白质组学是以蛋白质组为研究对象，研究细胞内所有蛋白质及其动态变化规律的科学。蛋白质组与基因组不同，一种生物体的基因组基本上是固定不变的，即同一生物不同细胞中基因组基本上相同，人类基因的总数为 6 万～10 万个。单从 DNA 序列的信息并不能解释某个基因的表达时间、表达量、表达产物蛋白质翻译后加工和修饰等情况，以及它们在亚细胞群中的分布等。这些问题有望在蛋白质组学研究中找到答案。因为细胞内的蛋白质组是动态的，有它的时序性、可调节性、相关联性，进而能够在细胞和生物体的整体水平上阐明生命现象的本质和活动规律。蛋白质组研究的数据库与基因组数据库的整合，将对功能基因组的研究发挥重要作用。

随着研究的深入和需要，科学家将蛋白质组由原来的定义，即一个基因组所表达的蛋白质，改为细胞内基因组所表达的全部蛋白质。但要获得如此完整的蛋白质组，在实践中是极其困难的。因为蛋白质的种类和形态总是处在细胞新陈代谢的动态过程之中难以准确测定。所以，1997 年，Cordwell 和 Humphery-Smith 提出了功能蛋白质组（functional proteome）的概念，指在特定时间、特定环境和实验条件下基因组活跃表达的蛋白质。与此同时，中国生物学家提出了功能蛋白质组学（functional protemics）新概念，研究定位在细胞内与某种功能有关或在某种环境条件下的一群或一套蛋白质。

功能蛋白质组只是总蛋白质组的一部分，通过对功能蛋白质组的研究，既能阐明某一群体蛋白质的功能，也能丰富总蛋白质数据库，它是从生物大分子水平到细胞水平研究的重要桥梁。无论是蛋白质组学还是功能蛋白质组学，首先都要求分离亚细胞结构、细胞或组织等不同生命结构层次的蛋白质，获得总蛋白质谱。为了尽可能分辨细胞或组织内所有蛋白质，目前一般采用高分辨率的双向凝胶电泳。一种正常细胞的双向电泳图谱通过扫描仪扫描并数字化，运用二维分析软件可对数字化的图谱进行各种图像分析，包括被分离蛋白在图谱上的定位、信息计数、图谱间蛋白质差异表达的检测，等等。一种细胞或组织优质的蛋白质组双向电泳图，可以得到几千甚至上万种蛋白质。为了适应这种大规模的蛋白质组分析，质谱技术已成为蛋白质鉴定的重要技术。从质谱技术测得完整蛋白质的相对分子质量、肽质谱以及部分肽序列等数据，通过相应数据库的搜寻，从而比对鉴定目标蛋白质。最后，再对蛋白质翻译后修饰的类型和程度进行分析，在蛋白质组定性和定量分析的基础之上，建立蛋白质组数据库。

从 1997 年 P E Hodes 等构建成第一个完整的蛋白质组数据库——酵母蛋白质数据库（yeast protein database，YPD），到目前蛋白质组的研究进展速度极快。随着新思路和新技术的不断涌现，这项新技术将会不断完善，发展成为后基因组时代的重点技术手段。

1.5.3　生物信息学

HGP 和其他重要生物基因组大量序列信息和功能信息的积累和在互联网上的注册与详细注释等网络资源，催生了生物信息学（bioinformatics）这门新学科。对浩如烟海的 DNA 和蛋白质分子中各种类型信息进行识别、存储、分析、比对、注释、模拟和传输是生物信息学的主要内容，它由各类数据库、计算机网络和应用软件三大部分组成。主要在基因的染色体定位、寻找感兴趣基因的同源序列的快速搜索、基因识别和文献查寻等方面提供帮助，已成为分子生物学家必不可少的重要工具。

国际上现有的大型生物信息中心，主要是美国国家生物信息学中心（NCBI）、基因组序列数据库（GSDB）、欧洲分子生物学研究所（EMBL）和日本 DNA 数据库（DDBJ）。这些中心和全球的基因组研究实验室通过网站、电子邮件或者直接与服务器和数据库联系而获得的搜寻系统，使研究者可以在多种不同的分析系统中对序列数据进行查询、利用和共享巨大的生物信息资源。

随着大规模 DNA 自动测序的迅速发展，序列数据呈爆炸性地增长，国际上许多著名实验室曾在 HGP 启动的同时，就与信息科学和数据库技术同步发展，收集、存储、处理了庞大的数据，使生物信息学逐步走向成熟，在各基因组计划中发挥了无以取代的重要作用。

所建立的核苷酸序列数据库,已存有大量生物的 cDNA 和基因组 DNA 序列的信息。在已应用的软件中,有 DNA 分析、基因图谱构建、RNA 分析、多序列比较、同源序列检索、三维结构观察与演示、进化树生成与分析,等等功能。

在蛋白质组研究中,由于蛋白质组是随着生物个体发育阶段和所处的内外环境而变化的,mRNA 丰度与蛋白质的丰度非显著相关,以及需要经历翻译后的加工修饰等,因而对蛋白质的生物信息学研究,在内容上有许多特殊之处。当前通用软件所建立的数据,主要有蛋白质分子质量、序列信息、结构域、二维电泳、三维结构、特殊性质、模拟酶解、翻译后修饰、代谢及蛋白质分子相互作用,等等。

利用生物信息学资源研究基因产物——蛋白质的性质与功能已成为生命科学的重要组成部分。传统的基因组分析是得到连续的 DNA 序列信息,而蛋白质组连续系则是基于多重分子质量、等电点范围、空间结构和分子构象等参数,构建活细胞内全部蛋白质表达的图谱,使人们在研究不同条件下细胞和组织乃至整个生命体的活动成为可能。通过以基因组学、转录组学、蛋白质组学及代谢组学等不同信息资源层次的"组学"研究为基础的系统生物学,人类已经能够研究生物系统中所有组成成分的变化规律及在特定遗传或环境条件下相互关系。

分子生物学已经渗透到生物学科的各个领域之中,并正在产生一系列新的分子科学,改变了或正在改变着整个生物学的面貌,其研究成果已在工业、农业、医学以及生物制药等领域得到广泛的应用。对分子生物学的深入研究将使整个生物学在分子水平上统一起来,即统一的生物学,愈来愈多的研究成果说明生命的本质具有高度的有序性和一致性,这就是所谓生长、发育与进化的统一理论。

【本章重点归纳】

分子生物学有广义与狭义之分。广义上的分子生物学指对蛋白质和核酸等生物大分子结构与功能的研究,以及从分子水平上阐明生命现象和生物学规律的学科;狭义上指的是主要研究基因或 DNA 结构与功能、复制、转录、表达和调节控制等过程,也涉及与这些过程相关的蛋白质和酶的结构与功能的研究。目前一般采用的是狭义上的概念。

分子生物学是在多个学科的基础上发展起来的,因此与多个学科都存在着内容上的交叉,特别是生物化学。分子生物学是从分子水平上研究生命的现象,而生物化学是从分子水平上研究生命现象的化学本质;在研究方向和方法上两者着差异。归纳分子生物学的研究内容,可概括为 5 个方面:基因与基因组的结构与功能;DNA 复制、转录和翻译;基因表达调控研究;DNA 重组技术和结构分子生物学。分子生物学的发展速度是以往任何学科都无法比拟的。发展过程概括为 3 个阶段:人类对 DNA 和遗传信息传递的认识阶段、重组 DNA 技术的建立和发展阶段、重组 DNA 技术的应用和分子生物学的迅猛发展阶段。随着人类基因组计划的完成,人类已经掌握了许多模式生物的基因组信息。但基因组信息资源并不能直接阐明基因的功能,更未能预测某基因所编码蛋白质的功能与活性,所以并不能指导人们充分正确地利用这些基因的产物。于是出现了"后基因时代",旨在快速、高效、大规模鉴定基因的产物和功能。基因组研究的重点由结构向功能转移,这成为今后发展的主流方向。相关学说和理论相应诞生,如功能基因组学、蛋白质组学和生物信息学,等等。生命科学正在进入一个崭新的时代。

【思考题】

1. 从广义和狭义上给出分子生物学的定义。

2. 现代分子生物学研究的主要内容有哪几个方面?什么是反向生物学?后基因组时代?

3. 写出 3 个分子生物学发展史中的大事件(发明年代、发明者、简要内容)。

4. 21 世纪分子生物学的发展趋势将是怎样的?

第 2 章 核酸的结构与功能

2.1 细胞内的遗传物质

2.1.1 DNA 是主要的遗传物质

生命的基本特性之一是生物体内具有物质和能量以及信息的变化（或转化）。生物体信息的变化包括两个基本方面，一是从亲代到子代的信息传递，二是生物个体内遗传信息的表达，同时决定该个体的性状特征。遗传学早期的基因学说认为，基因作为遗传因子决定着生物的性状，并能自我复制，稳定地传递给后代。随着学科的发展，至今人类对基因的认识仍处在发展之中。人类对 DNA 是遗传物质的认识经历了三个阶段。

第一阶段是 1928 年 Frederick Griffith 做的肺炎双球菌转化试验。研究者从有荚膜、菌落光滑的 S 型肺炎球菌（*Pneumcoccus*）细胞中提取 DNA，加入到无荚膜、菌落粗糙的 R 型细菌培养物中，发现 DNA 能使部分 R 型细胞获得合成 S 型细胞特有的多糖荚膜的能力。若将 DNA 预先用脱氧核糖核酸酶降解，则失去转化能力。已经转化了的细菌，其后代仍保留合成 S 型荚膜的能力，说明此性状可以遗传给后代。

第二阶段是 1944 年，Oswald Avery 等用生物化学和物理化学手段对肺炎双球菌转化试验进一步分析证明 DNA 是遗传物质。1952 年，Hershey 和 Martha chase 用 ^{35}S 和 ^{32}P 同位素示踪技术，将 T2 噬菌体侵染 *E. coli* 细胞，证明了主要是核酸进入细菌体内，而病毒外壳蛋白留在细胞外，且进入菌体的 DNA 能利用细菌的生命过程合成噬菌体自身的 DNA 和蛋白质，并能自我组装成与亲代完全相同的子代噬菌体。烟草花叶病毒的重建实验也证明，病毒蛋白质的特性由 RNA 决定，即遗传物质是核酸而不是蛋白质。

第三阶段是 1953 年，Watson 和 Crick 提出了 DNA 双螺旋结构模型。这一理论的建立是基于 1950 年 Erwin Chargaff 等测定各种生物的 DNA 碱基组成后，发现不同生物的 DNA 碱基组成有着严格的种族特异性，嘌呤碱基总是与嘧啶碱基进行氢键配对，A+T 与 G+C 的摩尔数相等并互补的数据的支持。双螺旋结构的这一最基本特性，决定了 DNA 分子具有自我复制和亲代向子代传递遗传信息的能力。至此，DNA 作为遗传物质被普遍接受。DNA 双螺旋结构模型为人类充分揭示遗传信息的传递规律奠定了坚实的理论基础。这一重大发现打破了长期以来许多生物学家认为的只有像蛋白质那样的大分子才能作为细胞遗传物质的观点，在遗传学上树立了 DNA 是遗传信息载体的理论。

生物体内 DNA 分子上的遗传信息通过表达产生各种蛋白质和 RNA 实现其功能，DNA 在执行其作为遗传物质功能的同时，也具有一定的稳定性和灵活性。DNA 是通过碱基互补配对形成的双链分子，碱基互补是其复制、转录、表达遗传信息的基础。复制过程中，通过碱基互补配对的机制，准确地把遗传信息传递给子代。DNA 分子在生理状态下性质稳定，适于作为遗传物质；而作为生物进化的分子基础，DNA 也会少量发生突变（mutation），且这种突变可稳定地遗传。DNA 的转化可用于细菌、动物和植物各类细胞，现已成为分子生物学实验室常用的方法。实际上，供体细胞 DNA 进入受体细胞而引入新的遗传形状是一个自然过程。一些生物体 DNA 的含量见表 2.1。

表 2.1 一些细胞和病毒的 DNA 含量

生物种类*	DNA 量（pg/细胞或病毒）	碱基对数目/bp
哺乳类*	6	5.5×10^9
鸟类*	2	2×10^9
爬虫类*	5	4.5×10^9
两栖类*	1.6～160	1.5×10^9～1.5×10^{11}
鱼类*	0.6～21	6×10^8～2×10^{10}
昆虫类*	0.2～10	2×10^8～1×10^{10}
线虫*	0.08	8×10^7
细菌	0.002～0.06	2×10^6～6×10^7
T4 噬菌体	0.000 24	1.7×10^5

注：$pg=10\times10^{-12}$；* 真核细胞指体细胞的数值。

小结：生物体内 DNA 分子上的遗传信息通过表达产生各种蛋白质和 RNA 实现其功能。DNA 是通过碱基互补配对形成的双链分子，碱基互补是其复制、转录、表达遗传信息的基础。DNA 作为遗传物质主要有以下特性：① 贮存遗传信息；② 将遗传信息传递给子代；③ 物理和化学性质稳定；④ 有遗传变异的能力。DNA 的转化可用于细菌、动物和植物各类细胞，现已成为分子生物学实验室常用的方法。

2.1.2 RNA 也是遗传物质

所有已知生物体和许多病毒的遗传物质都是 DNA。然而，低等生物如某些病毒和噬菌体也采用 RNA 作为遗传物质。尽管 RNA 的化学结构式与 DNA 不同，但它仍可发挥与 DNA 相同的功能。病毒的传染媒介是病毒颗粒(virion)，由病毒基因组及包被在外的蛋白外壳组成。类病毒(viroid)是使高等植物产生疾病的有传染性的因子(agent)，是很小的环状 RNA 分子，与病毒不同，类病毒的 RNA 本身就是一个感染因子，类病毒只由 RNA 组成，其结构中存在着大量不完全的碱基配对，形成特有的棒状结构。类病毒与病毒相似，都有可遗传的核酸基因组，类病毒的 RNA 信息能忠实地传递给后代，也可以突变，并决定其表型，因此，也是遗传物质。

小结：低等生物如某些病毒和噬菌体也采用 RNA 作为遗传物质，可发挥与 DNA 相似的功能。

2.2 核酸的化学组成与共价结构

2.2.1 核酸的化学组成

核酸(nucleic acid)是生物体细胞内一类重要的生物大分子，在生物的个体生长、发育、繁殖、遗传和变异等生命活动过程中起着极为重要的作用。大量研究证明，任何生物体包括病毒、细菌、动植物等都含有核酸。

核酸是以核苷酸为基本结构单位，通过 $3',5'$-磷酸二酯键形成的链状多聚体。核苷酸(nucleotide)由含氮碱基、戊糖、磷酸构成。核苷酸还可进一步分解成核苷(nucleoside)和磷酸。核苷再进一步分解生成碱基(base)和戊糖。所以，核酸由核苷酸组成，核苷酸又由碱基、戊糖与磷酸组成，核酸连续水解的降解产物如图 2.1 所示。核酸中的戊糖(又称核糖)有两类：D-核糖(D-ribose)和 D-$2'$-脱氧核糖(D-$2'$-deoxyribose)。核酸的分类就是根据所含戊糖种类的不同而分为核糖核酸(RNA)和脱氧核糖核酸(DNA)的。

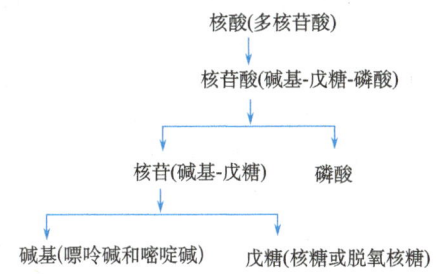

图 2.1 核酸连续水解的降解产物

核酸中的碱基分两类：嘧啶碱和嘌呤碱。

1) 嘧啶碱　嘧啶碱是母体化合物嘧啶的衍生物。核酸中常见的嘧啶有三类：胞嘧啶、尿嘧啶和胸腺嘧啶。其中胞嘧啶为 DNA 和 RNA 两类核酸所共有，胸腺嘧啶只存在于 DNA 中，tRNA 中含有少量胸腺嘧啶，尿嘧啶只存在于 RNA 中。植物 DNA 中有一定量的 5-甲基胞嘧啶。在一些 E. coli 噬菌体 DNA 中，5-羟甲基胞嘧啶代替了胞嘧啶。

2) 嘌呤碱　核酸中常见的嘌呤碱有两类：腺嘌呤及鸟嘌呤。嘌呤碱是由母体化合物嘌呤衍生而来的(图 2.2)。

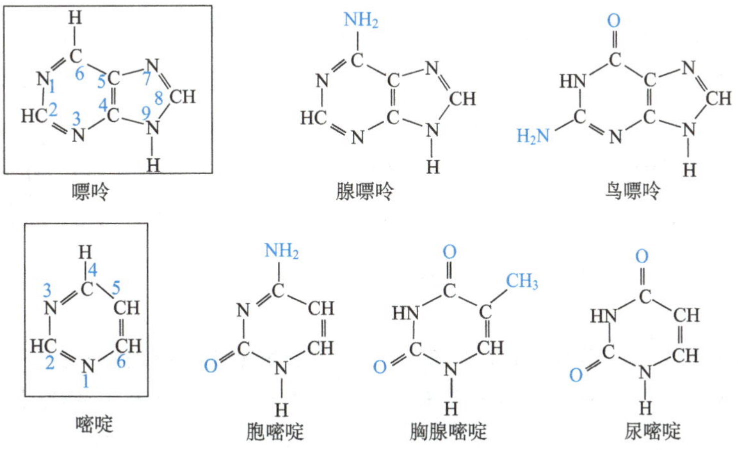

图 2.2 常见的嘧啶碱和嘌呤碱

3) 稀有碱基　除了 5 种基本碱基外，核酸分子中还有一些含量很少的碱基，称为稀有碱基。稀有碱基种类很多，大多数都是甲基化的碱基。tRNA 中含有较多的稀有碱基，高达 10% 左右。目前已知的稀有碱基和核苷近百种。

RNA 中的碱基主要有四种：腺嘌呤(A)、鸟嘌呤(G)、胞嘧啶(C)、尿嘧啶(U)；DNA 中的碱基有四种，三种与 RNA 中的相同，只是用胸腺嘧啶(T)代替了尿嘧啶(U)。

核苷是一种糖苷，由戊糖和碱基缩合而成。戊糖的第 1 位碳原子(C_1)与嘧啶碱的第 1 位氮原子(N_1)或与嘌呤碱的第 9 位氮原子(N_9)以糖苷键相连接。戊糖与碱基之间的连键是 N—C 键，一般称为 N-糖苷键。

核苷中的 D-核糖及 D-$2'$-脱氧核糖均为呋喃型环状结构。糖环中的 C_1 是不对称碳原子，所以有 α- 及 β- 两种构型(图 2.3)。但核酸分子中的糖苷键均为 β-糖苷键。应用 X 射线衍射法证明，核苷分子中的碱基与糖环平面互相垂直。

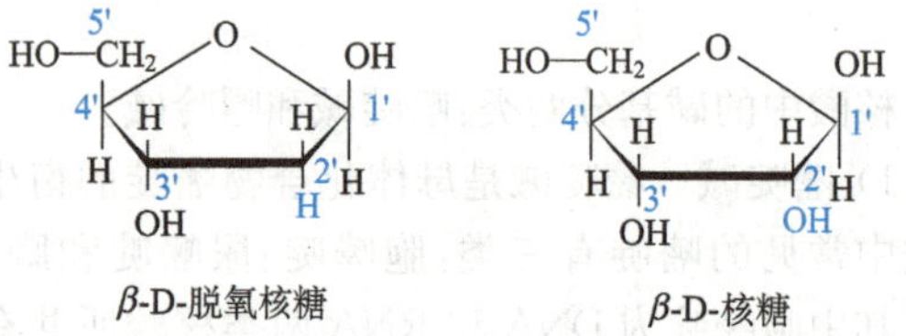

图 2.3　两种核糖的结构式

根据核苷中所含戊糖的不同，将核苷分成两大类：核糖核苷和脱氧核糖核苷。对核苷进行命名时，必须先冠以碱基的名称，如腺嘌呤核苷、腺嘌呤脱氧核苷等。

RNA 中含有某些修饰和异构化的核苷。核糖也能被修饰，主要是甲基化修饰。tRNA 和 rRNA 中还含少量假尿嘧啶核苷 Ψ，其结构中的核糖不是与尿嘧啶的第一位氮(N_1)，而是与第 5 位碳(C_5)相连接。细胞内有特异性的异构化酶能够催化尿嘧啶核苷转变为假尿嘧啶核苷。

核苷酸(nucleoside acid)是核苷的磷酸酯，分为(核糖)核苷酸和脱氧(核糖)核苷酸两大类，分别构成 DNA 和 RNA 的基本结构单位。核糖核苷的糖环上有 3 个自由羟基，能形成 3 种不同的核苷酸。脱氧核苷的糖环上只有 2 个自由羟基，所以只能形成两种核苷酸。生物体内游离存在核苷酸多是 $5'$-核苷酸(图 2.4)。用碱水解 RNA 时，可得到 $2'$- 与 $3'$-核糖核苷酸的混合物。所有的核苷酸都可在其 $5'$ 位置连接一个以上的磷酸基团。从核糖 $5'$ 位置开始的第 1、2、3 个磷酸残基依次称为 α、β、γ。在分子中的 α 和 β 及 β 和 γ 之间的键是高能键，为许多细胞活动提供能量来源。核苷三磷酸缩写为 NTP，核苷二磷酸缩写为 NDP。$5'$ 核苷三磷酸是核酸合成的前体(图 2.5)。细胞内还有各种游离的核苷酸和核苷酸衍生物，它们都具有重要的生理功能。

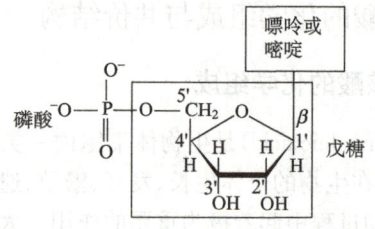

图 2.4　核苷酸的一般结构式

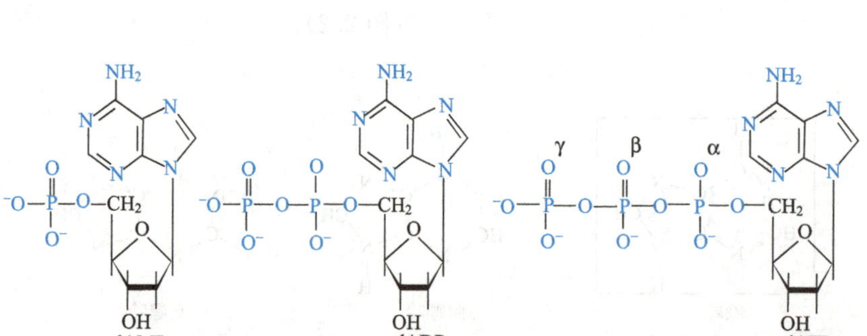

图 2.5　3 种不同磷酸基数量的脱氧腺苷酸

小结：核酸是以核苷酸为基本结构单位，通过 $3',5'$-磷酸二酯键形成的链状多聚体。核苷酸由含氮碱基、戊糖、磷酸构成。核苷酸进一步分解成核苷和磷酸。核苷再进一步分解生成碱基和戊糖。核酸中的戊糖有两类：D-核糖和 D-$2'$-脱氧核糖。核酸根据所含戊糖种类的不同而分为 RNA 和 DNA。RNA 中含有某些修饰和异构化的核苷。核糖能被甲基化修饰。

2.2.2 多聚核苷酸的结构

核酸是由众多一系列单核苷酸残基相互连接形成的无分支的多聚核苷酸链,即指核酸的一级结构,也就是指其核苷酸序列。一个戊糖环的 5′位磷酸基通过 3′,5′-磷酸二酯键与另一个戊糖环的 3′位羟基相连接成多聚核苷酸链的骨架,含氮碱基近似垂直地突出于骨架的一侧。多聚核苷酸链一端的核苷酸具有自由的 5′磷酸基团,而另一端的核苷酸具有自由的 3′羟基基团。通常按照 5′到 3′的方向书写核酸顺序,见图 2.6。

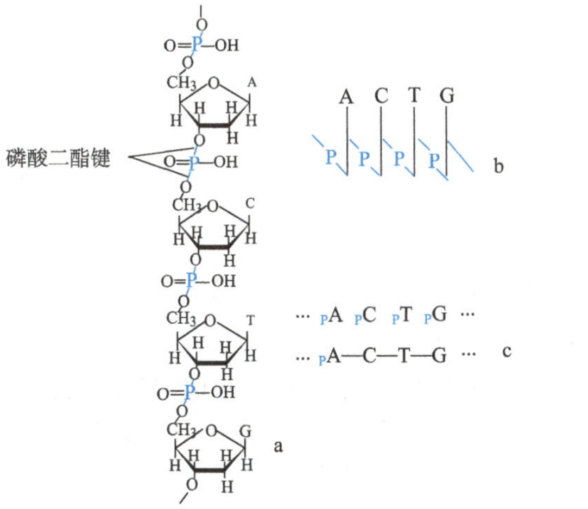

图 2.6 DNA 分子中的多核苷酸链的一个小片段及速写方式
a. 链式;b. 线条式;c. 文字式。这个片段只含有 4 个核苷酸,通过 3′,5′-磷酸二酯键相互连接,5′端在上,有个 5′磷酸基,3′端在下,有个 3′羟基,这段序列读作 5′pdApdCpdTpdG3′,写为 ACTG

DNA 分子是由数量极其庞大的 4 种脱氧核糖核苷酸通过 3′,5′-磷酸二酯键连接起来的直线形或环形多聚体。DNA 的一级结构即指 DNA 分子中的核苷酸排列顺序。由于在 DNA 分子的脱氧核糖中 C-2′上不含羟基,C-1′又与碱基相连接,唯一可以形成的键是 3′,5′-磷酸二酯键。所以,DNA 分子没有支链。DNA 分子的分子质量非常大,通常一条染色体就是一个 DNA 分子,生物的遗传信息通过不同的核苷酸排序储存在 DNA 分子中,存储量巨大。DNA 分子中 4 种核苷酸千变万化的序列排列即反映了生物界物种的多样性和复杂性。为了阐明某生物蕴藏的遗传信息量及这些信息的功能,首要的是测定该生物基因组的序列。迄今为止,已测定基因组序列的生物数以千计。

DNA 分子中碱基序列表面上看似乎不规则,但实际上高度有序。作为信息分子的 DNA,主要携带两类遗传信息,一类负责编码细胞内组成型蛋白质氨基酸序列的信息以及编码 RNA 的信息,在这类信息中,DNA 序列与蛋白质的一级结构以及 RNA 的序列之间基本上存在着共线性关系;另一类是负责编码众多的调控蛋白以及决定基因表达的开与关的序列元件,即负责基因表达的调节控制,这类 DNA 分子能决定在细胞周期的不同时期和个体发育的不同阶段、不同器官、组织以及不同的外界环境下,基因的选择性表达。DNA 一级结构决定其高级结构,这些高级结构又决定和影响着一级结构的信息功能。研究 DNA 的一级结构对阐明遗传物质结构、功能及表达调控都极其重要。

> **小结**:核酸以核苷酸为基本结构单位,由众多一系列单核苷酸残基通过 3′,5′-磷酸二酯键相互连接形成的链状多聚体。DNA 主要携带两类遗传信息,一类负责编码细胞内蛋白质及编码 RNA 的信息,这类信息中的 DNA 序列与蛋白质一级结构及 RNA 序列之间基本上存在着共线性关系。另一类是负责基因表达调控的序列,决定基因的特异性和选择性表达。

2.3 DNA 的高级结构与功能

2.3.1 双螺旋模型特征

1953 年,J Watson 和 F Crick 划时代地提出了 DNA 双螺旋模型(double helix model)。提出 DNA 双螺旋结构模型主要有 3 个证据:

1) 利用 X 射线衍射法研究 DNA 纤维结构,表明 DNA 分子是规则的螺旋结构。1952 年,Franklin 成功拍摄到了 DNA 的 X 射线衍射照片(图 2.7),图像的规则性图案表明 DNA 是一个螺旋,从而获得了螺旋的形状和大小等重要信息。

2) 不同生物的 DNA 碱基组成不同(图 2.8),但其总量是 A 与 T 基本相等、G 与 C 基本相等,即碱基含量符合 A=T,G≡C 的定律。这是 1950 年由 E Chargaff 提出的 DNA 碱基组成等比例规律。

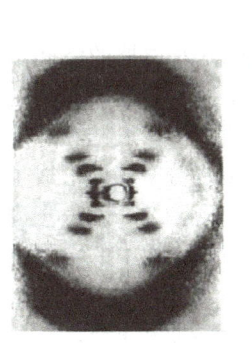

图 2.7 Franklin 拍摄的 DNA X 射线衍射图片(引自 Rosalind Frandlin, 1952)

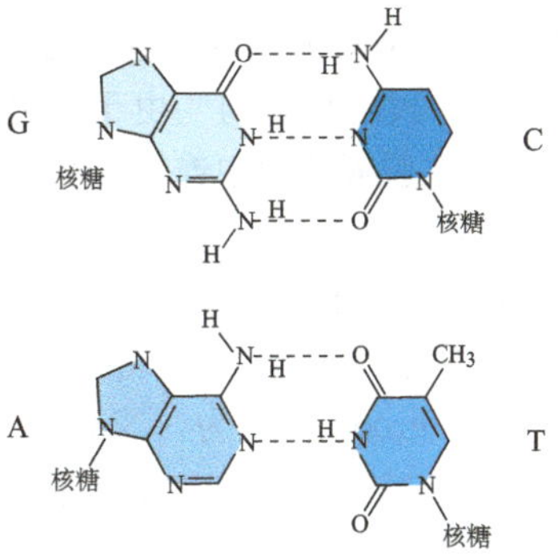

图 2.8 DNA 双螺旋结构中的碱基对

3) DNA 分子密度表明,双螺旋由两条多聚核苷酸链组成,螺旋直径为2nm,每条链上的碱基朝向螺旋内部,嘌呤碱总是与嘧啶碱相对。根据4种碱基的物化数据分析,当A—T配对或G—C配对时,所形成碱基对的几何大小接近,分析嘌呤和嘧啶的氨基与酮基的键长和键角的制约后发现,A—T之间和G—C之间才能形成合适而稳定的氢键。

根据J Watson和F Crick提出的结构模型,DNA双螺旋结构具有以下特征:

1) 主链 脱氧核糖和磷酸基通过3′,5′-磷酸二酯键连接形成螺旋链的骨架。两条主链以反平行的方式围绕同一中心轴(假设的)相互盘绕,向右旋转形成双螺旋。磷酸与核糖主链处于螺旋的外侧。在磷酸基团上带有一定量的负电荷。碱基平面基本上以垂直横向排列在螺旋的内侧。核糖平面与螺旋轴接近平行。

2) 碱基配对 两条核苷酸链依靠彼此碱基之间的立体化学特性形成氢键,旋转结合。氢键的形成必须是嘌呤和嘧啶相配对,在A和C,G和T之间不能形成适合的氢键,只有A和T互补配对形成两个氢键;G与C互补配对形成三个氢键,才能保证形成正确的双螺旋结构,这种碱基之间的配对原则称为碱基互补(图2.9)。碱基在一条链上的排列顺序是遗传上规定的,不受双螺旋结构的任何限制。根据碱基配对原则,当一条多核苷酸链的序列被确定后,即可决定另一条互补链的序列。碱基互补配对原则具有极其重要的生物学意义,它是DNA复制、转录、反转录等基因复制与表达的分子基础。

3) 螺旋参数 双螺旋中的碱基是接近平面的结构,基本与螺旋轴垂直,两个相邻碱基对之间相距0.34nm(碱基堆叠距离),两个相邻碱基对之间绕螺旋轴旋转的夹角为36°,每旋转一圈包括10个核苷酸,因此,双螺旋链中任意一条链绕轴旋转一周的螺距为3.4nm。双螺旋的平均直径为2nm。

4) 大沟和小沟 由于每种碱基对占据的空间不对称,且脱氧核糖中连接碱基的每一个C_1并不正好处在螺旋的相对位置上,使双螺旋骨架的两股链在螺旋轴上的间距不相等,因此,在双螺旋的分子表面形成了宽窄不等的大沟(major groove),宽为(2.2nm),小沟(minor groove),宽为(1.2nm)。由于大沟中的空间位阻较小,碱基种类的差异易于识别,因此对于DNA结合蛋白识别双螺旋结构上的特异区域非常重要。

DNA双螺旋结构在细胞生理状态下一般都是稳定的,维持这种稳定性的主要因素有:①碱基对之间形成的氢键。在双螺旋中互补碱基G、C对形成3个氢键,A、T对形成2个氢键。因此G、C对比A、T对更稳定,双螺旋结构的稳定性与G+C的含量有关;

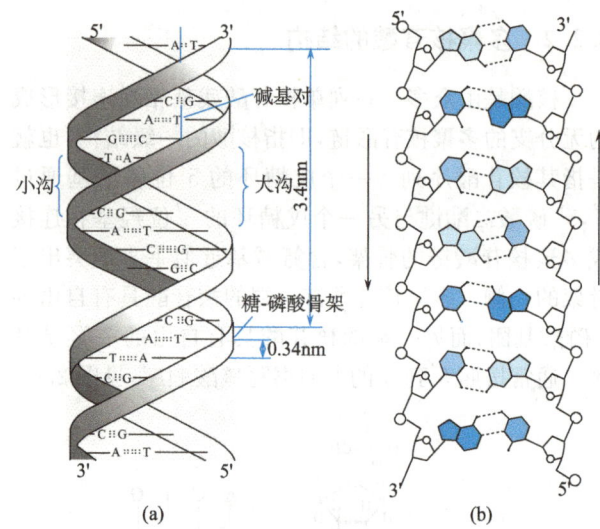

图2.9 DNA双螺旋模型(a)裙带结构图,(b)DNA双螺旋中间的碱基氢键连接关系

②碱基堆积力。分布于双螺旋结构内侧的嘌呤环与嘧啶环碱基呈疏水性,大量邻近疏水性碱基对的堆积,使其内部形成了强有力的疏水区,与分子表面的介质水分子隔开;③正负电荷的作用。DNA分子外侧的磷酸基团上的氧原子带有负电荷,能与所在介质中阳离子、带正电荷的碱性蛋白、精胺类物质之间形成离子键,能有效屏蔽磷酸基团之间的静电排斥力。此外,DNA分子中的其他弱键在维持螺旋结构的稳定方面也起一定的作用。

> 小结:提出双螺旋模型有3个证据:①X射线衍射法表明DNA是规则的螺旋结构;②DNA碱基等比例规律,碱基含量符合A+T,G+C的定律;③DNA分子密度表明双螺旋由两条多聚核苷酸链组成。稳定旋结构双螺的因素:①碱基对之间形成的氢键;②碱基堆积力;③正负电荷的作用。

2.3.2 DNA高级结构的其他形式

生物体基因组的绝大多数DNA都以B型双螺旋形式存在,但在细胞内的双螺旋结构是动态可变的,DNA分子具有双螺旋构象变化的性质是其发挥功能的前提,这种变化范围可以从B型双螺旋结构参数的微小改变到双螺旋结构分开形成多核苷酸单链。

(1) B-DNA的构象

J Watson和F Crick提出的DNA双螺旋结构是DNA钠盐在较高湿度(92%)下的纤维构象,是B型双螺旋,称为B-DNA(B-form)。B-DNA含水量较高,是大多数DNA在细胞中的构象(conformation)。后来,K Dickerson等用人工合成的多聚脱氧核糖核苷酸晶体进行X射线衍射分析后发现,这种12聚体的结构与B-型结构很接近,但并不完全一致,这是因为碱基序列的不同导致DNA在局部结构上有较大差异。通常所描述的B-DNA构象的各种参数是平均数据。B-DNA构象与12聚体结构差异有两点:①对Watson-Crick模型而言,每旋转一周含10个碱基对,两个核苷酸之间的夹角是36°。但在Dickerson的12聚体中,两个碱基间的夹角是28°~42°,每旋转一周含10.4个碱基对,其他各参数也随序列不同而有变动;②在12聚体结构中,组成碱基对的两个碱基分布并非同一平面,碱基对沿长轴旋转有一定角度,形状像螺旋桨叶片,图2.10,称为螺旋桨扭曲(propeller twisting)。分子计算发现,这种构象能够提高分子的碱基堆积力,使DNA结构更加稳定。

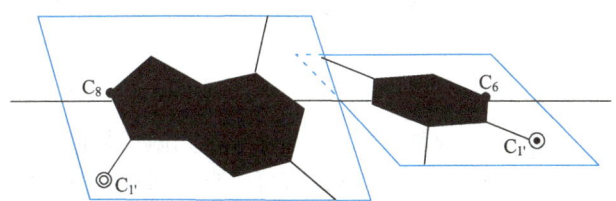

图2.10 碱基对的螺旋桨叶片扭曲示意图

实际上,DNA分子还能够以多种螺旋结构形式存在,包括天然的以及人工合成的DNA序列,这种现象称为DNA结构的多态性(polymorphism)。产生这种结构多态性的原因主要基于:① 多核苷酸链骨架中五员糖环采取的不同构象;② 核糖与碱基之间的C—N键自由旋转;③ 单核苷酸之间磷酸二酯键的旋转,等等。这些不同分子构象和分子中可转动的单键及单键转动时所带动的基团的相互作用的总合,形成了B-型、A-型、C-型等的右手螺旋构象和Z-型的左手双螺旋构象。当所存在的细胞环境改变时,这些构象之间可发生相互转化,在每种结构家族中的构象参数,有轻微的变化(图2.11)。

(2) A-DNA的结构

X射线衍射分析表明,在相对湿度75%以下时,DNA纤维构象具有不同于B-DNA的结构参数,也是右手双螺旋,但碱基对与中心轴的倾角为19°,螺体宽而短,每圈螺旋包括11个碱基对,螺旋夹角为32.7°,每个碱基对的轴升为0.23nm,碱基平面不与螺旋轴垂直,螺旋直径2.55nm,将这种双螺旋称为A型(A-DNA)。

在A-DNA和B-DNA的构象中,两者糖环的折叠方式不同。由于呋喃糖环并不是一个平面,糖环上通常有一个或两个原子偏离平面,糖环因此而折叠。如若折叠偏向C_5-侧称为内式(endo);若偏向另一侧称为

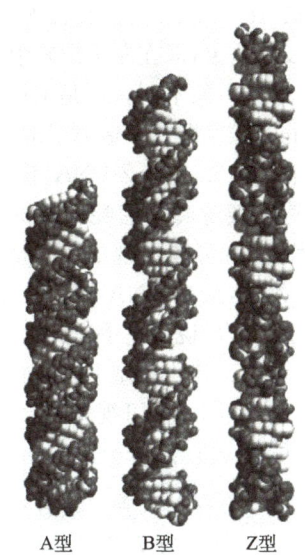

图2.11 DNA的A型、B型、Z型分子构象填充模型
(引自Weaver,1999)

外式(exo)。A型为C_3内式,B型为C_2内式。由于呋喃糖环比吡喃糖环具有更好的柔性,故在分子进化中,呋喃型核糖用作了核酸的组分。碱基平面绕N-糖苷键旋转则产生顺式(syn)和反式(anti)构象。反式构象指嘌呤六元环或嘧啶的O_2指向远离糖环的方向;顺式构象则指向糖环。碱基与糖的旋转位置在立体结构上受到限制。A型和B型均为反式。除糖环折叠方式外,A型与B型螺旋的重要区别是碱基对倾斜角和位移(碱基对离开螺旋轴的距离),A-DNA碱基对倾斜大且偏向于螺旋边缘,形成深窄的大沟和宽浅的小沟,螺体宽而短;B-DNA中碱基对倾斜角甚小,碱基对穿过螺旋轴,其大沟比小沟宽。A-DNA比较常见在RNA分子的双股螺旋区域及RNA-DNA杂交链中。

RNA分子由于糖环上存在2'-OH,在空间结构上一般不形成B型构象。

(3) Z-DNA的结构

A Rich等用X射线衍射法分析了人工合成的dCGCGCG寡核苷酸链结构时,发现它是左手双螺旋。这种结构中的碳与磷原子相连接成锯齿形(zig-zag),由此取名为Z-DNA。Z-DNA的结构特点:① 两条核苷酸链以反向平行排列并互补形成左手螺旋;② 每圈螺旋含12对碱基,螺距4.56nm,碱基平面不与螺旋轴垂直,螺旋直径1.84nm;③ 螺旋扭角为-51°(G—C)和-9°(C—G),碱基对靠近螺旋边缘,螺旋轴位于小沟中,小沟密集了较多负电荷,深而窄;④ G—C碱基对向螺旋边缘伸展,使大沟外凸,即大沟被胞嘧啶的C_5和鸟嘌呤的N_7、C_8原子填充而不太明显。与右手螺旋不同的是在B-DNA向Z-DNA转变过程中,鸟嘌

呤绕糖苷键旋转180°,导致核苷酸成顺式构象。胞嘧啶糖苷键保持反式构象,即在左手螺旋中,嘧啶碱和嘌呤碱形成的糖苷键构象不同,dC是C_2内式,碱基反式;dG是C_3内式,碱基顺式。造成了磷酸和糖的骨架呈现Z字形走向(图2.11)。Z-DNA不只限于GC相间的DNA顺序,只要嘌呤和嘧啶交替排列,一定条件下(如高盐浓度)都有可能出现Z型构象。通过对Z-DNA抗体研究发现,天然DNA分子中的部分区域可与Z-DNA的抗体结合,说明左手螺旋可能存在于天然DNA的特殊区域中。其他各型DNA如C型、D型、E型及有关亚型,均接近B型,可视为与B型同族。

小结:DNA分子结构存在着多态性,不同分子中可转动的单键及单键转动时所带动基团的相互作用形成了A-型、B-型、C-型等右手螺旋和Z-型左手螺旋。B-型螺旋就是Watson和Crick双螺旋。A-型的核苷酸构象为反式,大沟深窄和小沟宽浅,螺体宽而短;B-型比较适中;Z型细长,大沟平坦,核苷酸构象顺反相间,螺旋骨架呈Z字形。

DNA分子共价结构的改变涉及一般共价键的断裂与连接,而分子构象受环境条件的影响,其改变不涉及共价键的变化。DNA的各型构象在一定条件下可以相互转变。这些条件是:相对湿度、溶液的盐浓度、离子种类、有机溶剂、碱基组分、特异蛋白质的结合,等等。增加盐(如NaCl)浓度可使B型DNA转变为A型。当DNA为钠盐时,A、B、C三种形态都有可能出现,而变为锂盐时则只形成B型和C型。Z-DNA序列中必须含有G,且嘌呤与嘧啶碱交替排列。DNA的甲基化,使大沟表面暴露的C形成5-甲基胞嘧啶,即可导致B-DNA向Z-DNA转化,这种效应与其基因表达调控密切相关。由于各实验室测定方法和条件各异,所得数据也有一定差异,表2.2中所列数据可作为各类构象特性的参考。

表2.2 A型、B型和Z型DNA主要结构参数

参数	螺旋类型		
	A	B	Z
外形	粗短	适中	细长
螺旋方向	右手	右手	左手
螺旋直径	2.55nm	2.37nm	1.84nm
碱基轴升	0.23nm	0.34nm	0.38nm
碱基夹角	32.7°	34.6°	60°*

续表

参数	螺旋类型		
	A	B	Z
每圈碱基数	11	10.4	12
螺距	2.46nm	3.32nm	4.56nm
轴心与碱基对的关系	不穿过碱基对	穿过碱基对	不穿过碱基对
碱基倾角	19°	1°	9°
糖环折叠	C_3内式	C_2内式	嘧啶C_2内式,嘌呤C_3内式
糖苷键构象	反式	反式	C、T反式,G顺式
大沟	很窄、很深	很宽、较深	平坦
小沟	很宽、浅	狭、深	较狭、很深

*Z-DNA的核苷酸交替出现顺反式,故以2个核苷酸为单位,转角为60°。

(4)反向重复序列

当同一个核酸分子中一段碱基序列附近紧接着一段它的互补序列时,核酸链有可能自身回折配对产生反平行的双螺旋结构,称为发夹(hairpin)。发夹结构由称为茎的碱基互补双螺旋区和不能配对的突环区构成。当互补序列在分子中距离较远时,形成双链区时可产生较大的单链环,如果两个可能的互补序列中的一个包含一段不配对的多余序列时,则产生凸环(bulge loop)。反向重复序列(inverted repeat)又称回文序列(palindrome),指在双链DNA序列中按确定的方向(如5'→3')阅读双链中每条单链的序列都相同的DNA结构。例如,下面一段双链序列是反向重复序列,其以中心对称,中心用黑点标示,如果在纸平面内,将序列旋转180°,每条链从5'→3'方向阅读序列都是TACGAAGTTCGTA,无任何改变,其转录物的序列为UACGAAGUUCGUA。

5' TACGAAGTTCGTA 3'
·
3' ATGCTTCAAGCAT 5'

在双链DNA中,如果两条互补链分开,每条链上的互补序列都有机会发生碱基配对而形成一个发夹结构(对单链而言)。两个相对的发夹结构形成了一个十字架形(cruciform)结构(对双链而言)。由图可见,凡是有回文结构的DNA分子,由于同一条链内有互补序列,因此在单链DNA或RNA中能形成发夹结构,而在双链DNA分子内则形成了十字架结构(图2.12)。

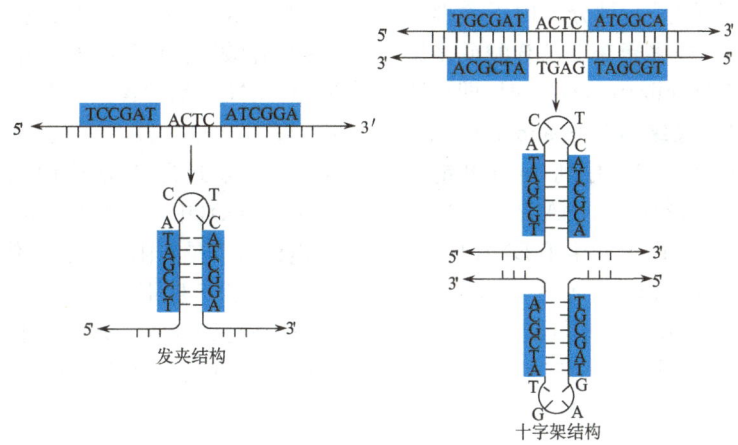

图 2.12 回文结构转化为发夹结构和十字架形结构

小结：当同一核酸分子中一段序列附近紧接着一段它的互补序列时，核酸链可自身回折配对产生反平行双螺旋，称发夹。当互补序列在分子中距离较远形成双链区时可产生较大的单链环，如果两个可能的互补序列中的一个包含一段不配对的多余序列时，则产生凸环。反向重复序列又称回文序列，指在双链 DNA 序列中按确定的方向（如 $5'\rightarrow 3'$）阅读双链中每条单链的序列都相同的 DNA 结构。

（5）三股螺旋的 DNA

1957 年，Felsenfeld 等人发现，当双链核酸的一条链为全嘌呤核苷酸链，另一条链为全嘧啶核苷酸链时，DNA 分子能转化形成三链结构（triplex）。Hoogsteen 于 1963 年提出了 DNA 的三螺旋结构的理论。三股螺旋中的第三股链可以来自分子间或者分子内。根据第三股链的组成和糖环的构型可分为不同的类型。

1）分子内的 DNA 三螺旋结构　通常是在一条自身回折的寡嘧啶核苷酸与寡嘌呤核苷酸双螺旋的大沟内结合了第三股寡核苷酸链。第三股链的碱基与原双螺旋 Watson-Crick 碱基对中的嘌呤碱形成 Hoogsteen 配对，即 Py·Pu*Py、Py·Pu*Pu 和 Py·Pu*Py+ 等。"."表示 Watson-Crick 配对，"*"表示 Hoogsteen 配对，且第三股链与寡嘌呤核苷酸之间为同向平行。一般认为，三股螺旋中的碱基配对方式必须符合 Hoogsteen 模型，即第三个碱基是以 A 或 T 与原螺旋中 A=T 碱基对中的 A 配对；G 或 C 与原螺旋中 G≡C 碱基对中的 G 配对，C 必须质子化，以提供与 G 的 N_7 结合的氢键供体，它与 G 配对只形成两个氢键（图 2.13）。

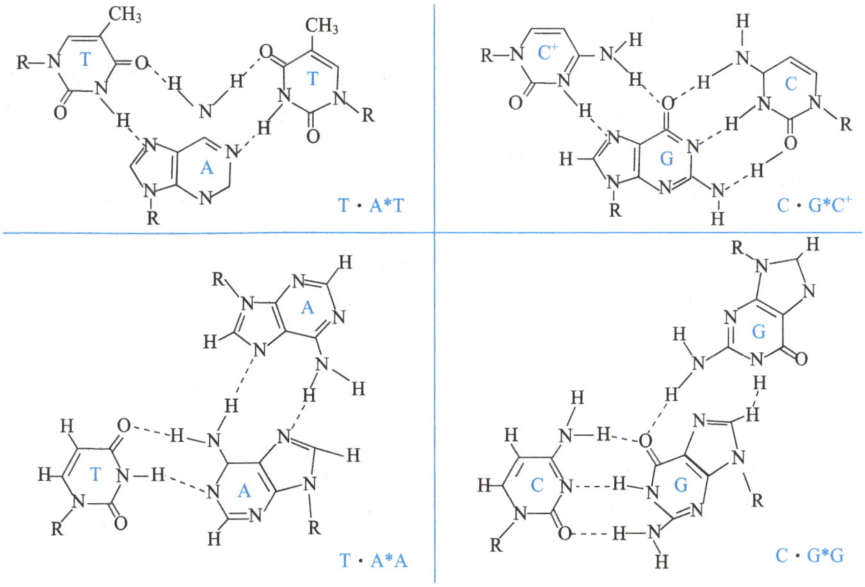

图 2.13 三股螺旋中的碱基配对方式

绞链DNA(hinged-DNA)是一种分子内折叠形成的三股螺旋。当DNA的一段多聚嘧啶核苷酸或多聚嘌呤核苷酸序列为镜像重复(mirror repeat)时,即可回折产生H-DNA,又称H回文结构(H-palindrome sequence)。例如,交替出现的T和C序列,其互补链为重复的A和G序列,就可能形成H-DNA结构。通常在酸性或负超螺旋的环境下,即可发生B-DNA向H-DNA的转变。因为pH偏酸性时可促使C质子化,促进了形成三股螺旋时以Hoogsteen氢键与G配对的可能。由于这种结构在形成分子内三股螺旋时C需要发生质子化(H^+化),故称为H-DNA。H-DNA常存在于基因调控区或其他重要区域中。实验表明,某些启动子的S1核酸酶敏感区存在一些短的、同向或镜像重复的聚嘧啶—嘌呤区,该区域可形成H-DNA,因而产生可被S1核酸酶降解的单链结构(图2.14a,b)。

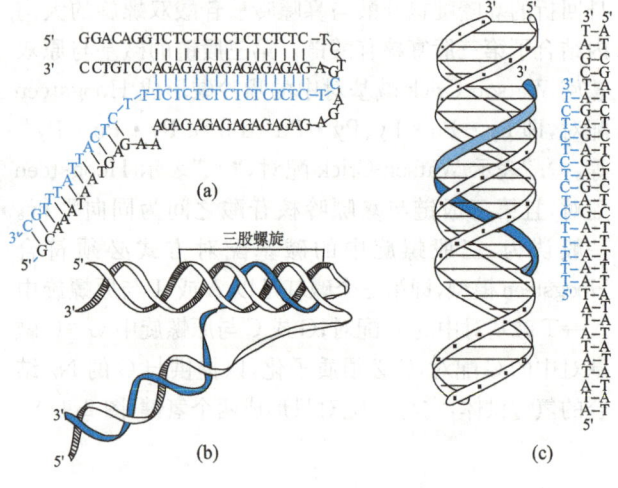

图2.14 DNA分子的三螺旋结构

2) 分子间的DNA三螺旋结构 在一定条件下,DNA一条单链能插入另一条DNA双螺旋结构大沟的特定区域,通过氢键形成局部的分子间DNA三螺旋结构。

3) 平行的DNA三螺旋结构 指三螺旋结构中的第三条链的序列与第一条链的序列相同,方向也相同。这种结构因为与基因的重组有关,故称R-DNA(图2.14b)。

(6) DNA的四链结构

利用DNA纤维的X射线衍射研究发现,多聚的鸟苷酸链能够采取四螺旋DNA构象,其结构单元是鸟嘌呤四联体(G-quartet),4个鸟嘌呤碱基有序地排列在一个近似正方形的片层结构中,相邻碱基之间以G—G氢键相连形成首尾相接的环形结构,以螺旋方式堆积而成,其中每一片层包含4个G,分别来自4条多聚鸟苷酸链。鸟嘌呤的糖苷链为反式构象。在线性染色体DNA3端常含有几百个类似的AGGGTT(人);GGGGTT(四膜虫),特点是富含G,4个G以Hoogsteen配对方式形成分子内或间的四联体螺旋(G-quardruplex),中心由四个带负电荷的羰基氧原子围成"负电微区",是与阳离子相互作用的位点,这种结构依赖于环境能产生不同的构象,在钠盐的水溶液中形成对称的双行四螺旋。通过G-四联体的堆积,还可形成分子内四联体、双分子间四联体、四分子间四联体等多种高级结构形式(图2.15)。

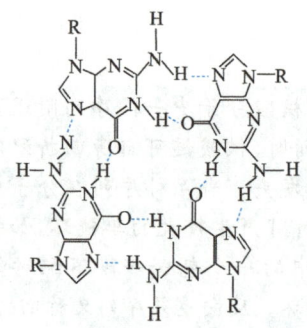

图2.15 G-四联体结构示意图

真核生物染色体的端粒在复制中的RNA引物被切除后的空缺不易被修复,结果造成了子代DNA的5'端逐步缩短,当细胞若干次分裂后,端粒会愈来愈短,在端粒结构中就有以G-四联体为基本单位的四链DNA结构,免疫球蛋白铰链区基因中富含G的部位、成视网膜细胞瘤敏感性基因和tRNA、SupF基因上的一些特殊部位也含有以G-四联体为单位的DNA结构。

小结: 双链核酸的一条链为全嘌呤核苷酸链,另一条链为全嘧啶链时,DNA分子能转化形成三链结构。第三股链的碱基与原双螺旋Watson-Crick碱基对中的嘌呤碱形成Hoogsteen配对。多聚鸟苷酸链能够采取四螺旋DNA构象,其结构单元是鸟嘌呤四联体。在染色体端粒中有以G-四联体为单位的四链DNA结构。

2.3.3 DNA结构的动态性与精细结构

(1) DNA结构的动态性

天然DNA的分子构象主要以B-型为主,但如前所述,在分子的某些区段同时还可能存在A型、B型、C型、Z型、三链、四链等多种构象形式,且这些不同的结构处于动态变化之中,当存在的条件不同时,各不同构象之间还会发生相互转变,造成相应的功能发生变化,这种不同 DNA 结构形式相互转变的现象称为 DNA结构的动态性。因此,在一定条件下测定 DNA 双螺旋的参数,往往既非 A 型,也不是 B 型或 Z 型,而是某个动态平衡下的平均数值。DNA 的分子构象变化可以通过圆二色谱(CD)测定。有人用 poly d(GC) 在不同盐浓度下的 CD 谱证明了 DNA 双螺旋构象从 B 型到 Z 型之间存在相互转变的一系列中间过程。在活细胞中,以下几种因素能使 DNA 双螺旋构象发生相互转变。

1) B-DNA 在环境水的活度降低(脱水、加入乙醇或盐)时,即转变为 A-DNA,这是由于 B-DNA 中的 2-脱氧核糖构象发生了变化,使同股链中相邻磷酸基团的间距缩短了 0.1nm;同时,每股螺旋的碱基对数由 B-DNA 的 10 个转变为 A-DNA 的 11 个,如 A-DNA 中的碱基对由原来在 B-DNA 中时集中于螺轴变化为向大沟方向移动了约 0.5nm,使 A-DNA 大沟更细而深,外形粗短。

2) 在阳离子较多的环境中,交替的 GC 区段一般处于 B 型,而在 C 被甲基化后就转向了 Z 型,甲基化导致了由 B 型的亲水区转变为 Z 型的疏水区,使后者的稳定性增加,而这种甲基化程度越高,基因的转录活性就越低。有研究发现,去甲基化的区域与转录激活有关。

3) 某些 Z 型 DNA 结合蛋白能作为一种特异识别信号,使 B-DNA 转变为 Z-DNA。许多分子表面带正电荷的蛋白质与 B-DNA 结合后形成 DNA 分子周围的高盐微环境,促进 Z-DNA 的形成。研究发现,当用 Z-DNA 的抗血清作为抗原制备抗抗体时,抗抗体能与荧光素结合,例如,分离果蝇 DNA,与 Z-DNA 抗体和荧光抗抗体一起保温,发现 DNA 有荧光反应,说明果蝇染色体 DNA 内存在着左手螺旋的 Z-DNA 构象。

双链 DNA 中配对碱基的氢键不断地处于断裂和再生的动态平衡状态之中,特别是稳定性较低的富含 A-T 的区段,氢键断裂和再生更为明显。在微观上,它们经常发生瞬间的局部开链泡状结构,有人形象地称之为双螺旋的呼吸作用。局部开链的泡状结构对于 DNA 结合蛋白识别 DNA 内部所含信息(如碱基序列、碱基上可发生作用的氢供体、氢受体数目及方位等)以及与 DNA 结合都有重要作用。总之,DNA 在发挥生物功能的过程中,一般都会呈现与其生物功能相适应的各种特异性结构,但无论 DNA 结构形式如何多变,B-DNA 仍然是 DNA 的最基本构象。

> **小结:** 天然 DNA 的分子构象主要以 B 型为主,但在某些区段还可存在 A、B、C、Z 型、三链和四链等多种构象形式,且都处于动态变化之中,当条件不同时,各不同构象之间会发生转变,这种结构形式相互转变的现象称 DNA 结构的动态性。

(2) DNA 分子的精细结构

Watson-Crick 的 DNA 双螺旋结构模型是根据 DNA 纤维的 X 射线衍射分析建立的,这种方法得到的信息是双螺旋结构的平均参数,从而归结出了 DNA 结构的规整性。到 20 世纪 70 年代末期,化学合成技术的改进使人们能够合成具有确定序列的寡核苷酸片段,并使之形成单晶,对这种单晶的 X 射线衍射分析揭示了 DNA 双螺旋结构实际上不是完全均匀的,螺旋的许多结构参数随着序列的不同而在一定范围内变化,称为 DNA 双螺旋的局部构象,依赖于序列的构象变化主要有以下几种形式。

1) 螺旋扭转角(helix twist angle) 对于具有 CGCGAATTCGCG 的寡核苷酸片段的 X 射线衍射分析发现,螺旋扭转角在 28°~42°变动,而非 36°,其他参数也随序列不同而有轻微变动,说明 DNA 局部构象随着序列的变化而存在着不均一的区域。

已知 DNA 双螺旋结构是通过互补碱基对形成的大量氢键和碱基纵向的层层堆叠而稳定存在,但实际上碱基的堆积能因其序列的不同而异。因为在碱基对中,嘌呤是双环结构,空间结构大于单环的嘧啶(连续排列的嘌呤结构更明显),嘌呤双环能伸过螺旋的中轴(假设的轴)到对侧,由此增加了碱基的堆积力,且环上连接的各个原子、官能团也受到挤压变形。例如,对于嘌呤-($3' \to 5'$)-嘧啶的结构,来自鸟嘌呤 O_6、腺嘌呤 N_6 的挤压变形发生在大沟中;对于嘧啶-($3' \to 5'$)-嘌呤序列而言,来自嘧啶 N_3、N_2,腺嘌呤 N_3 挤压变形发生在小沟中。这种挤压主要发生在嘌呤-嘧啶交错排列的结构中,对小沟中各基团的挤压程度更大。由于分子内部各原子和基团的空间排布不均一,造成了一定的挤压张力,使螺旋的扭转角度发生了变化。

2) 碱基对之间的移动 如上所述的由于序列不同,还可造成碱基对之间发生转动、弯曲、扭曲等。已经发现 DNA 分子内部的多种不均一区域主要是在卫星 DNA、启动子、复制和转录起点等功能区域中。

3) 连续 A-T 序列的构象 通过某些特殊实验,已经观察到 DNA 分子与特异蛋白质因子的结合部位是弯曲的,一般至少由 3 个连续的 A 序列产生,最大弯曲率为 6 个 A 连续排列。在连续的 A 之间还需有其他核苷酸间隔开,一般为 5 个核苷酸时使连续 A 弯曲率最大。有些 DNA 的序列本身不弯曲,但当受到相关蛋白质基团的诱导时则发生弯曲,如在染色体组装过程中,为了实现组蛋白八聚体与 DNA 的结合,面向蛋白质一侧的 DNA 沟(含有 2 或 3 个连续的 AT 碱基对)变窄弯曲,进而相互靠近并结合,被组装而成的核小体就位于这种变形区域内。

4) 含错配碱基对的 B-DNA 在含 G-T,A-C,G-A 碱基对的寡聚核苷酸的晶体分析中发现,这些错配的碱基对都能包容在 B-DNA 螺旋构象中,每一对错配碱基都形成两个氢键,其构象参数在 Watson-Crick 螺旋允许的范围内,所以这种错配不影响 B-DNA 双螺旋的构象。研究发现,在 G-A 碱基的配对中,A 上 N_3 的位置与螺旋的其余部分有明显不同,为修复酶提供了识别标志。错配碱基对包容在双螺旋中使部分区域构象发生轻微的变化,依赖于各自的序列环境,这种现象对于在复制过程中校对、复制后修复以及 DNA 重组的酶学都是必需的。

5) DNA 结合蛋白影响 DNA 局部构象 DNA 的局部构象在功能上有一定的意义,一般都是 DNA 结合蛋白识别与结合的标志。DNA 结合蛋白(DNA-binding protein)泛指一类能结合于 DNA 分子上的蛋白质,包括各种酶类,如 DNA 聚合酶、RNA 聚合酶、转录因子和调节蛋白,如 CAP(分解代谢激活蛋白)、Cro 阻遏物,等等。

核酸-蛋白质的相互作用是双向的过程,DNA 局部构象提供了各种酶及蛋白因子识别的标志和发生相互作用的结构条件,而蛋白质的结合又促使该处 DNA 的构象发生进一步变化,从而使其能有效地发生相互作用。例如,大肠杆菌调节蛋白 CAP 与乳糖操纵子的启动子结合可导致该 DNA 区段构象变化,形成有利于 RNA 聚合酶结合的构象。限制性内切核酸酶 EcoR I 对核小体上 DNA 识别位点结合形成的复合物,用电泳等技术分析发现,EcoR I 是含两个相同亚基的二聚体,结合 DNA 的识别位点如下(图 2.16)。

```
5' T C G C G A A T T C G C G 3'
3' G C G C T T A A G C G C T 5'
```

图 2.16 EcoR I 切割 DNA 的识别位点

当有 Mg^{2+} 在时,EcoR I 在特定位点切割水解 DNA。EcoR I-DNA 复合物是在无 Mg^{2+} 存在时分离得到的。X 射线衍射分析结果显示,EcoR I 的两个亚基紧紧地包裹着 DNA 双螺旋(主要与大沟上的碱基基团结合)。

> 小结:DNA 双螺旋结构实际上不完全均匀,螺旋的许多结构参数随着序列的不同而在一定范围内变化,称为 DNA 双螺旋的局部构象,依赖于序列的构象变化主要有:①螺旋扭转角;②碱基对之间的移动;③连续 A-T 序列的构象;④含错配碱基对的 B-DNA;⑤DNA 结合蛋白影响 DNA 局部构象。

2.3.4 DNA 的超螺旋结构与拓扑学性质

(1) DNA 的超螺旋结构

在细菌、病毒、真核细胞线粒体、叶绿体中,DNA 都呈现双链环状分子,是没有自由末端的闭合双链结构。真核生物染色体虽然是线性分子,但其 DNA 与蛋白质相互结合,以许多大环的形式存在,许多个环的基部聚合在一起形成类似环的结构。这种闭合环的存在使双螺旋结构既具有相当的柔韧性,又受到更多的空间构象限制,使这些 DNA 分子在细胞内采取了更复杂的高级结构形式,包括线性双链中的纽结(kink)、超螺旋(supercoil,superhelix)、多重螺旋以及连环等,其中常见的是超螺旋结构。

DNA 双螺旋中大约每 10 个核苷酸长度旋转一圈,这种双螺旋分子处于能量最低的状态(常态),又称松弛型 DNA(relaxed DNA),(双螺旋分子在溶液中以一定构象自由存在时也处于这种状态)。如果使这种常态的分子以纵轴方向额外地多转或少转几圈,就会使螺旋结构产生分子内部的张力。当这种分子的末端放开时,张力可通过链的自由转动而释放,直到螺旋恢复常态。如果固定分子两端,或分子本身是环状的以及是与蛋白结合着的,使分子不能自由转动,额外张力不能释放,DNA 分子就会发生扭曲,用以抵消张力。这种扭曲后的结构称为超螺旋(图 2.17)。

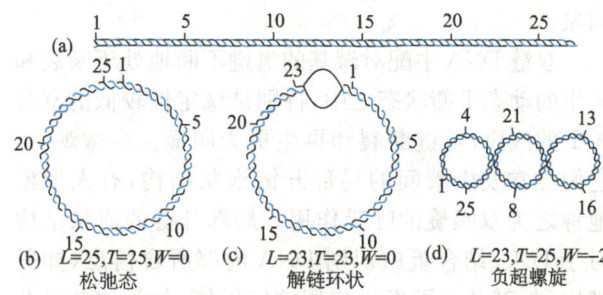

图 2.17 DNA 分子的超螺旋结构

超螺旋本身具有方向性,因此当旋转方向不同时,可产生正超螺旋和负超螺旋两种形式的拓扑结构。当超螺旋方向与右手双螺旋方向相反时形成负超螺旋(左超螺旋),负超螺旋是细胞内常见的 DNA 高级结构形式。当超螺旋方向与右手双螺旋方向相同时,形成正超螺旋(右手超螺旋),正超螺旋是过度缠绕的双螺旋。体外实验可以产生这种正超螺旋。目前仅在一种嗜热菌内发现了活体内的正超螺旋。

> **小结**:常态的DNA分子以纵轴方向额外地多转或少转几圈,就会使螺旋结构产生分子内张力。当分子末端放开时,张力可释放直到螺旋恢复常态。如果固定分子两端,或分子本身是环状的,使分子不能自由转动,额外张力不能释放,分子就会发生扭曲用以抵消张力。这种扭曲后的结构称为超螺旋。超螺旋本身有方向性,当超螺旋方向与右手双螺旋方向相反时形成负超螺旋,负超是细胞内常见的DNA高级结构,负超螺旋有利于DNA的复制、重组和转录等过程;当超螺旋方向与右手双螺旋方向相同时形成形成正超螺旋。

(2) DNA超螺旋结构的拓扑学性质

DNA不同的空间分子构象又称为 DNA拓扑异构体(topoisomer),其拓扑学特性可以用连环数(L)、盘绕数(T)、超螺旋周数(W)这3个参数描述。

1) 连环数 L(linkage number) 指双螺旋DNA中两条链互相缠绕交叉的总次数,L为整数。一个闭合环状DNA分子,只要其主链的共价键不断裂,连接数值就不会改变。一级结构相同(序列相同)而 L 值不同的环形DNA分子称为拓扑异构体。在染色体与蛋白质紧密结合的许多区域,存在着与其他DNA区域不同的拓扑结构,这些蛋白质的锚定作用能有效维持环形DNA分子在染色体上特有的拓扑结构。

2) 盘绕数 T(twisting number) 是DNA分子中双螺旋的周数,表示DNA分子一条链绕另一条链的扭转数。对于松弛态的环状DNA,以每周10.5个碱基对计算,T=碱基对总数/10.5(相当于连环数)。盘绕数 T 的数值由碱基对的数目决定,是双螺旋结构本身的性质。细胞内DNA分子的盘绕数因蛋白质的结合而有变化,如在 Watson-Crick 模型中,每10.5个碱基对绕双螺旋一周,当装配成核小体后,则变为10.1个碱基。因此,盘绕数 T 是DNA分子中 Watson-Crick 螺旋的周数。

3) 超螺旋周数 W(writhing number) 或超螺旋数 指双螺旋结构在一定的盘绕数下,DNA分子的超螺旋缠绕数,即指整个DNA分子在双螺旋基础上,一条链绕另一条链缠绕转动的周数,它表示DNA超螺旋的程度,负超螺旋的 W 为负值,正超螺旋的 W 为正值。连环数(L)、盘绕数(T)、超螺旋周数(W)三者关系为

$$L = T + W$$

它们的变化表示为 $\Delta L = \Delta T + \Delta W$。

从公式可见,连环数 L 由两条链的盘绕数 T 和缠绕数 W 两部分组成,当 L 为一个定值时,T 与 W 成相反的变化关系。T 与 W 值可以是小数,但 L 值必须是整数。

对于松弛态的 DNA 分子,L 与 T 相等,$W=0$。当把环状的双螺旋"拧松"几圈(向右手双螺旋方向相反的方向旋转)时,在相同碱基对数目中,T 值降低,出现解链区(unwound region),此时分子能量不适,处于结构不稳定状态,分子内部自身调整,其内能驱动形成超螺旋。

例如,某双螺旋环状 DNA 分子由 525bp 组成,松弛型分子内无超螺旋,此时 $W=0, L=T=50$,表示分子内一条单链绕另一条单链 50 次。如果将该松弛的环状 DNA"拧松"5 圈,则 $T=45$(盘绕数 T 减少),$W=+5$,相当于引入 5 个正超螺旋;如果把双螺旋分子"拧紧"5 圈,在相同碱基对数目中,$T=55$(盘绕数 T 增加),则 $W=-5$,表示引入 5 个负超螺旋。

可以用连环数比差描述 DNA 的超螺旋程度。以 λ 表示连环数比差:

$$\lambda = \Delta L / L_0$$

式中,L_0 指松弛环形 DNA 的连环数;ΔL 为连环数的变化

如果 L 的变化是由于超螺旋周数 W 引起的($\Delta T=0$),正如 $\Delta L/L_0$ 所定义的,只要双螺旋结构本身保持稳定,那么连环数比差 λ 相当于超螺旋的密度。

对于任何一个闭环的 DNA 分子而言,连环数 L 是不变的,它不会因为分子变形而改变,这是该参数的一个重要性质。具有特定连环数的环状 DNA 分子,都可以用 $T+W$ 项的不同组合来表示,只要 DNA 链不断裂,它们的和就不变。特定环状 DNA 分子的连环数 L,只能通过切断一条或两条 DNA 单链后,发生超螺旋化和去超螺旋化,并重新连接后才能改变,且连环数 L 的改变必须是整数。

由于负超螺旋 DNA 是以 Watson-Crick 双螺旋(右手)方向相反的方向(左手)缠绕转动,故而能使 DNA 通过调整双螺旋自身结构而释放扭曲压力,变得"松弛"。即放松两条单链间的缠绕,减少每个碱基对的旋转度。因此,负超螺旋 DNA 缠绕不足,过度的缠绕不足能导致碱基配对的局部混乱。对于环状的 DNA 分子,由于连环数(L)不变,当引入负超螺旋时,亦即 $W<0$,此时的盘绕数 T 增加,造成 DNA 环链的非解旋段双螺旋缠绕更紧(通过产生负超螺旋形式消除局部解旋造成的过紧旋转部分)。正超螺旋具有与双螺旋相同的内部旋转方向,扭力使双螺旋分子绕的更紧。正超螺旋是过度螺旋化。在离体条件下进行特殊处理,能使 DNA 分子形成这种状态。

举例讨论 DNA 分子的拓扑异构性质。一段长 260bp 的线状 DNA，螺旋周数约为 25（260/10.4＝25），此 DNA 无论线状还是环状均为常态分子，图 2.17(a,b)。若将上述线型 DNA 的螺旋先拧松两周再连接成环，可形成两种环状 DNA。一种为局部解链环状 DNA 图中(c)，其连接数 $L=23$，盘绕数 $T=23$，$W=0$，包括局部解链后形成的一个小突环。另一种是超螺旋 DNA 图中(d)，它的连接数 L 仍等于 23，但盘绕数 T 变为 25，超螺旋数 W 等于 -2，产生了两个螺旋上的螺旋，即超螺旋。在常态的 DNA 中 $L=25$，在解链环状及超螺旋分子中 L 值都等于 23，这三种环状 DNA 分子的序列相同，但 L 值不同，故互为拓扑异构体。拓扑异构酶可以催化拓扑异构体之间的转换。

在上例中，DNA 的 $L=23$，$L_0=25$，通过计算，λ（连环数比差）$=-0.08$。计算研究发现，大多数生物的超螺旋密度（一般都用 λ 表示）大约在 -0.05 左右。

由于超螺旋 DNA 比双螺旋有较大的密度，在离心场中移动比线型或开环 DNA 快，在凝胶电泳中泳动速度也快。用超速离心及凝胶电泳可将不同构象的 DNA 分离开。

DNA 的复制、重组和转录等过程都需将两条链解开，因此负超螺旋有利于这些过程的进行。但这些生物学过程所需要的负超螺旋程度各不相同，可通过 DNA 的拓扑异构酶来调节拓扑异构体的结构与功能。有关拓扑异构酶的功能见 DNA 复制有关章节。

小结：DNA 序列相同，连环数(L)不同的分子互为拓扑异构体，拓扑异构酶可催化它们之间的转换。DNA 的拓扑学特性可用连环数(L)、盘绕数(T)、超螺旋周数(W)这 3 个参数描述。由于超螺旋 DNA 比双螺旋有较大的密度，在离心场中移动比线型或开环 DNA 快，在凝胶电泳中泳动速度也快。用超速离心及凝胶电泳可将不同构象的 DNA 分离开。

2.4 真核生物的染色体及其组装

2.4.1 真核生物的染色体

真核生物细胞中的染色体(chromosome)十分复杂，在不同的细胞周期有不同的表现形态，在间期的细胞核内，主要以染色质(chromatin)的形式存在。染色质是一类可被碱性染料着色的非定形物质，它以 DNA 作为骨架，与组蛋白和非组蛋白及少量各种 RNA 等共同组成丝状结构复合物。同一物种内每条染色体所带的 DNA 的含量是一定的，但在不同染色体或不同物种之间变化很大，从上百万到几亿个核苷酸不等。人 X 染色体就带有 1.28 亿个核苷酸对，而 Y 染色体只带有 0.19 亿个核苷酸对。染色体和染色质在化学组成上基本相同，但空间构象不同，反映了它们在细胞周期的不同阶段执行的功能不同。在真核细胞的细胞周期时相中，大多数以染色质形式存在。染色质中的 DNA 与组蛋白组成非常稳定，非组蛋白和 RNA 则随细胞生理状态不同而异。

按照形态和功能的不同，染色质分为两类，即常染色质(euchromatin)和异染色质(heterochro-matin)。常染色质是在细胞间期核内折叠压缩程度较低（压缩比 1000～2000 倍），处于伸展状态，碱性染料着色浅而均匀的那些染色质，是染色质的主要部分。常染色质中的 DNA 主要是单拷贝和中度重复的 DNA，是基因的活跃表达区域，其表达受各种调节因子的调节。异染色质在细胞间期核内压缩程度较高，处于凝集状态，碱性染料着色较深的区域。在着丝粒、端粒、次缢痕及染色体的某些节段，由较短和高度重复的 DNA 序列组成永久性的异染色质。

根据异染色质的性质分为组成型异染色质(constructive heterochromation)和兼性异染色质(facultative heterochromatin)两种类型，前者存在于各类细胞，在染色体中的位置和大小都较恒定，在细胞间期处于高度螺旋化状态，染色很深。哺乳动物细胞核中的组成型异染色质主要分布在着丝粒区和端粒中。与常染色质相比，组成型异染色质 G,C 含量较高，DNA 由相对简单而高度重复的序列组成，遗传上惰性较强，很少参与遗传信息的编码和转录。兼性异染色质又称 X 性染色质，是在某些细胞类型及某些发育阶段，由原来的常染色质凝缩后复制较迟，并丧失了基因转录活性的那些染色质。在人类和哺乳动物的胚胎发育早期，雄性个体的细胞含一条 X 染色体，呈常染色体状态；雌性个体的细胞含两条 X 染色体，其中一条在发育早期随机发生异染色质化而成为无活性的巴氏小体，基因被永久封闭。这个过程使雄性细胞和雌性细胞 X 染色体基因的活性水平相等，属于性分化的剂量补偿效应。

小结：在间期的细胞核内，染色体主要以染色质的形式存在。染色质是一类可被碱性染料着色的非定形物，它以 DNA 作为骨架与组蛋白和非组蛋白及少量各种 RNA 等共同组成丝状结构复合物。染色质分为常染色质和异染色质，前者在细胞间期核内折叠压缩程度较低，处于伸展状态，碱性染料着色浅而均匀；后者在细胞间期核内压缩程度较高，处于凝集状态，碱性染料着色较深，在着丝粒、端粒、次缢痕及染色体的某些节段，由较短和高度重复的 DNA 序列组成永久性的异染色质。

2.4.2 染色体中的蛋白质

真核生物染色质的蛋白质主要是组蛋白(histone)和非组蛋白(non-histone)。有 5 种组蛋白,含量丰富,是染色体的结构蛋白,分别命名为 H_1,H_2A,H_2B,H_3 和 H_4。

由于组蛋白富含碱性的 Arg 或 Lys,在中性 pH 环境中具有大量正电荷,在凝胶电泳中能与许多其他蛋白质组分分开。因此可用强酸(0.25mol/L 的 HCl/H_2SO_4)抽提组蛋白。组蛋白带正电荷,在非变性凝胶电泳中向负极移动,这与细胞中的绝大多数蛋白质不同,后者一般都是酸性蛋白,在凝胶电泳中从负极移向正极。组蛋白在不同物种中都具有高度的保守性。五种组蛋白的一般性质见表 2.2。

组蛋白具有许多重要的特性列举如下。

1) 进化上极端保守 组蛋白在同一生物的不同组织中完全一样,在不同真核生物中也很相似。H_4 最保守,其氨基酸序列在大鼠、猪、牛中完全一样,与豌豆相比,102 个氨基酸中只相差 2 个。牛、猪、大鼠的 H_4 氨基酸序列完全相同。H_3 的保守性也很强,鲤鱼与小牛胸腺的 H_3 只差一个氨基酸,小牛胸腺与豆苗 H_3 相差 4 个氨基酸。H_2A、H_2B 的变化相对较大。真核生物组蛋白尽管高度保守,但分子之间的差异也很大,主要是有重复基因和翻译后的修饰现象。染色体的组蛋白基因非单拷贝,而是重复的多拷贝,如在小鼠中重复 10~20 次,果蝇约 100 次。H_1 有最大的多样性,在小鼠中至少有 6 种亚型,在鸟类、鱼类和两栖类中有一种富含 Lys 的组蛋白中,H_1 极端变异,由于差异很大,甚至有人将其命名为 H_5。

2) 有组织特异性 目前仅发现鸟类、鱼类及两栖类红细胞染色体不含 H_1 而带有 H_5,精细胞染色体的组蛋白是鱼精蛋白这两个例外。

3) 肽链上的氨基酸分布不对称 5 种组蛋白中,除 H_1 的 N 端富含疏水氨基酸,C 端富含碱性氨基酸外,其余的组蛋白特别是 H_4,N 端大都是 Arg 和 Lys,净电荷为 +16,C 端只有 +3,而 C 端富含疏水氨基酸(如 Val 和 Ile)。这种不对称分布与它们的功能和相互作用有关。碱性区域易与 DNA 的负电荷区结合,而另外半条链与其他组蛋白、非组蛋白结合。

4) 组蛋白有被修饰的现象 组蛋白易被甲基化、乙基化、磷酸化及 ADP 核糖基化等。几种组蛋白中以 H_3 和 H_4 的修饰作用较普遍,H_2A 和 H_2B 的修饰较少,其中 H_2B 有乙酰化作用,H_1 有磷酸化作用。

5) 富含 Lys 的组蛋白 H_5 这类组蛋白的氨基酸组分中富含 Lys(24%),Ala(16%),Ser(13%) 及 Ary(11%)。从鸟类、两栖类及鱼类红细胞分离的 H_5,都具有种特异性。有研究发现,H_5 的磷酸化与染色体失活有关。

在染色体中,除了存在大约与 DNA 等量的组蛋白以外,还存在大量非组蛋白,占蛋白质总量的 60%~70%,种类繁多,有 20~100 种,常见的有 15~20 种,相对分子质量为 1.5×10^4~1.8×10^5。非组蛋白包括酶类,如 RNA 聚合酶、与细胞分裂有关的收缩蛋白、骨架蛋白、核孔复合物蛋白及肌动蛋白、肌球蛋白、微管蛋白、原肌蛋白等,是染色质的结构成分。一般有以下几类:①电泳高迁移率蛋白(high mobility group protein,HMG 蛋白),相对分子质量小于 3.0×10^4,在凝胶电泳中迁移速度很快,特点是能与 DNA 结合,也能与 H_1 作用,但结合不稳定。②DNA 结合蛋白,用 2mol/L NaCl 去除全部组蛋白和 70% 的非组蛋白后,还有一部分非组蛋白紧密地与 DNA 结合在一起,用 2mol/L NaCl 和 5mol/L 尿素才能解离。它们的相对分子质量较低,约占非组蛋白的 20%,染色质的 8%。可能是一些与 DNA 的复制或转录有关的酶或调节分子。③A24 非组蛋白,用 0.2mol/L 的硫酸从小鼠肝脏中分离到一种 A24 非组蛋白。溶解性质与组蛋白相似,氨基酸序列的 C 端与 H_2A 相同,但 A24 有两个 N 端,一个 N 端的序列与 H_2A 相同,另一个 N 端与泛素蛋白相同,是在 H_2A 的 119Lys 的 ε-NH_2 上附加的多肽。A24 的总量大约是 H_2A 的 1%,位于核小体内。

表 2.2 五种组蛋白的一般性质

种类	表型	碱性氨基酸/%			酸性氨基酸/%	碱性/酸性氨基酸	氨基酸残基数	分子质量/kDa	核小体上的位置
		Lys	Arg	Lys/Arg					
H_1	极富含 Lys	29	1	29	5	5.4	218	23 000	连接
H_2A	极富含 Lys	11	9	1.2	15	1.4	129	14 500	核心
H_2B	轻度含 Lys	16	6	2.7	13	1.7	125	13 774	核心
H_3	极富含 Lys 富含 Arg	10	13	0.78	13	1.8	135	15 324	核心
H_4	轻度含 Lys 富含 Arg	11	14	0.79	10	2.5	102	11 282	核心

> 小结:真核生物染色质蛋白质主要是组蛋白和非组蛋白。有5种组蛋白是染色体的结构蛋白,分别命名为 H_1,H_2A,H_2B,H_3 和 H_4。组蛋白的重要特性:①进化上极端保守;②有组织特异性;③肽链上的氨基酸分布不对称;④组蛋白有被修饰的现象;⑤富含 Lys 的组蛋白 H_5。非组蛋白包括许多酶类和蛋白质,包括:①电泳高迁移率蛋白;②DNA 结合蛋白;③A24 非组蛋白。

2.4.3 核小体的形成

核小体是构成真核生物染色质的基本结构单位,先由四种组蛋白 H_2A、H_2B、H_3 和 H_4 构成八聚体,作为核小体的核心颗粒,再由 DNA 缠绕在颗粒表面形成核小体(nucleosome)。

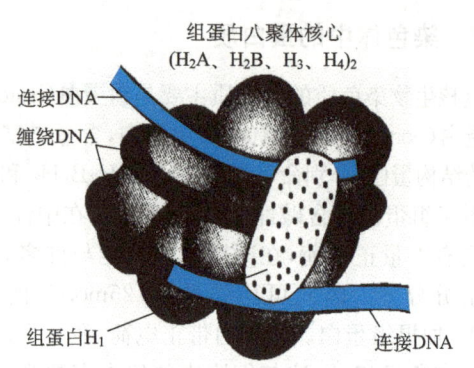

图 2.18 一个核小体的结构示意图

人类遗传学、细胞学和 HGP 研究已经确认,典型人类染色体的长宽比超过 1000 万:1,如果将人类一个细胞中的全部 DNA 连接起来,将达到 2m 长,如此细而长的 DNA 分子能有序地存在于直径仅为 $10\mu m$ 的细胞核中,必然要以某种方式组合折叠压缩。1975 年,P Chambon 等用胰蛋白酶去除鸡红细胞染色质中的组蛋白 H_1,并用微球菌核酸酶继续处理样品中的 DNA,结果显示染色质中的 DNA 按一定距离被切断,超速离心后分离出了核心组蛋白(H_2A,H_2B,H_3,H_4)是一个小球体。J P Baldwin 等对球体进行中子散射发现 DNA 分子盘绕在球体外,这种结构减少了 DNA 链的弯曲度。对染色质进行凝胶电泳分析发现长度为最小单位的 2 倍、3 倍、4 倍等,说明染色质呈现有规律的重复性结构单元,每个重复单位包括 200bp 左右的 DNA 和一套组蛋白分子。这种现象与在 X 射线衍射分析中显现的三维空间结构重复排列结果一致,而裸露的 DNA 不可能有此特性,因此认为,组蛋白必定以一种规则的形式分布在 DNA 上。进一步分析发现,核心组蛋白符合组蛋白折叠(histone fold)原则,2 个咪唑环连接着 3 个 α 螺旋,α 螺旋都含有伸展的尾部(约占核心组蛋白量的 28%)。H_2B 和 H_3 的尾部从 2 个相邻 DNA 小沟间隙中穿出核心颗粒。H_4 的尾部富含碱性氨基酸残基,暴露在核心颗粒侧面,并与相邻核小体的 H_2A-H_2B 二聚体的酸性区域强烈互作。对核小体间的交联起着重要作用。经大量实验验证后将由 200bp 的 DNA 与一组组蛋白构成的致密结构称为核小体(图 2.18)。

组蛋白装配成核小体的蛋白核心大致过程如下:两分子 H_3 和两分子 H_4 首先形成四聚体,其次由 H_2A 和 H_2B 形成的异二聚体分别结合到 H_3-H_4 四聚体的两侧形成八聚体。组蛋白不带电荷的疏水区趋向于核心内部,使分子聚集,带正电荷的区域在颗粒表面。因此由 H_2A,H_2B,H_3 和 H_4 等 4 种组蛋白构成的八聚体是核小体的核心颗粒。用高浓度盐溶液解离 DNA 和组蛋白之间的离子键,得到八聚体蛋白核心,在凝胶电泳中只显现出一条谱带,由此证明了这种八聚体的存在,且已经完全交联在一起。核酸酶的部分酶切研究也证实了 200bp 的 DNA 与组蛋白八聚体相互交联的现象,证明组蛋白八聚体颗粒表面的正电荷与磷酸基团之间有着非特异性的紧密结合。进一步水解得到的 DNA 是大小不均一的大约 147bp 的 DNA 片段,是核小体核心颗粒包裹的 DNA。

X 射线衍射分析发现,由 147bp DNA 围绕组蛋白八聚体(核心颗粒)1.75 周,形成颗粒(小球体),如同一个直径 11nm、高 5.5nm 的短柱,表面凹凸不平,核心颗粒结构中无 H_1。147bp 的 DNA 两端各有约 10bp 长度的 DNA 与 H_1 蛋白结合,使核小体一个挨一个彼此靠拢,平均每个核小体重复单位约占 200bp 长度的 DNA。DNA 在核小体上的走向取决于 $(H_3)_2(H_4)_2$ 四聚体的构象。核小体上的 DNA 以左手方向盘绕,当除去了组蛋白,DNA 显示负超螺旋。DNA 组装成核小体后,其长度压缩了 6~7 倍。

> 小结:核小体是由 200bp 的 DNA 与四种组蛋白构成的八聚体核心颗粒形成的致密结构,组装成核小体后 DNA 的长度压缩了 6~7 倍,核小体是真核生物染色质的基本结构单位。

2.4.4 染色质的高级结构

真核生物染色体在细胞周期的大部分时间中都以染色质的形式存在。染色质由最基本的结构单元核小体成串排列后又层层压缩折叠和缠绕,常染色质压缩 1000~2000 倍,异染色质压缩 8000~10 000 倍,形成复杂的纤维状结构。

染色体折叠压缩的大概的结构层次如下：

DNA 和组蛋白构成核小体($\phi=11$nm)

（DNA 压缩 6～7 倍）

↓

数个核小体形成 Z 字形核小体串

↓

随着离子强度增加，核小体串浓缩成为纤丝(ϕ30nm fiber)(DNA 又压缩 6～7 倍)，用温和水解等方法已分离到在电镜下能观察到的这种纤丝结构。

↓

30nm 纤丝与非组蛋白结合形成的发射状节环，每个节环约 85kb(果蝇)，35～83kb(脊椎动物)(DNA 压缩约 100 倍)，每个节环含若干功能相关的基因，如果蝇编码整套组蛋白的基因成簇分布在节环上。节环两侧为骨架附着位点，骨架含多种蛋白质，包括拓扑异构酶Ⅱ，节环锚定在染色体骨架的中间。

↓

由约 6 个节环形成形似花盘状的结构

↓

花盘状结构进一步压缩组装成螺旋圈

↓

螺旋圈进一步压缩组装成染色单体

↓

染色体

人类基因组 DNA 分子伸展开来大约有 2m 长，当组装成核小体串及染色质时则高度压缩。在复制或转录过程中，这些高级结构都要被短时局部解开。按每个核小体内 DNA 长度约 200bp，人类基因组内应有 7.5×10^5 个核小体。X 射线衍射分析表明核小体直径为 11nm。4 个核小体聚集缠绕成两撮，两撮中间由 DNA 连接呈 Z 字形前后回折，使连贯的核小体不再相邻最近，而间隔的核小体则相邻最近。这些 Z 字形核小体串进一步形成直径约 30nm 的纤丝，ϕ30nm 纤丝继续压缩缠绕，形成在光学显微镜下可观察到的处于有丝分裂中期的致密的舒展形态的染色体。总之，染色体是由 DNA 和蛋白质构成的不同压缩缠绕层次复杂结构，这种组装很可能因不同物种、或同一物种的不同状态及同一染色体的不同区域，其组装的高级结构都将有所不同(图 2-19)。

小结：染色质由最基本的结构单元核小体($\phi=$11nm)成串排列后又层层压缩折叠和缠绕，常染色质约压缩 1000～2000 倍，异染色质约压缩 8000～10 000 倍，形成复杂的纤维状结构。

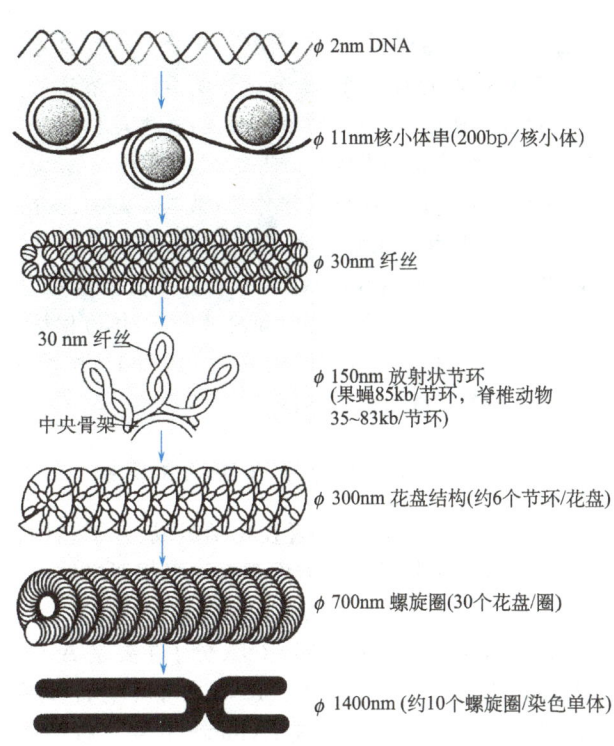

图 2.19　真核生物的染色体 DNA 组装的不同结构层次

2.5　RNA 的结构与功能

RNA 即核糖核酸(ribonucleic acid)，也是细胞内的一类生物大分子物质。组成 RNA 的核苷酸也是以 $3',5'$-磷酸二酯键彼此连接的无分支多聚核糖核苷酸链。尽管 RNA 分子中核糖环 C_2' 上还有一个羟基，但实验证明 RNA 不形成 $2',5'$-磷酸二酯键。RNA 通常是单链线型分子，在分子内可自身回折形成局部的双螺旋，进而折叠不同复杂度的高级结构。除部分 RNA 外，细胞中绝大多数 RNA 都与蛋白质形成核蛋白复合物。

20 世纪 80 年代对 RNA 的深入研究揭示了 RNA 功能具有多样性，主要归纳为两类：一类是作为信息分子的 RNA，如同"中心法则"理论，它起着遗传信息由 DNA 到蛋白质的中间传递体的核心作用；第二类是作为功能分子，RNA 具有以下几种重要的功能：①作为细胞内蛋白质合成中核蛋白复合物的结构组份，参与蛋白质生物合成；②具有生物催化剂的功能，主要作用于初始转录产物的剪接加工；③参与基因表达的调控，与生物机体的生长发育密切相关；④与生物体的进化有关。RNA 复合物还承担着以下重要的细胞功能，如作为核糖体(ribosome)、信息体(informosome)、信号识别颗粒(signal recogni-tionparticle，SRP)、拼接体(spliceosome)、编辑体(editosome)等。RNA 病毒是具有很强感染性的 RNA 复合物。

> 小结:RNA通常是单链线型分子,在分子内可自身回折形成局部的双螺旋,进而折叠成不同复杂度的高级结构。RNA的作用归纳为两类:一类是信息分子,如同"中心法则"理论,它起着将遗传信息由DNA传递到蛋白质的传递体作用;第二类是功能分子,①参与蛋白质生物合成;②有生物催化剂的功能;③参与基因表达调控;④与生物体的进化有关。RNA复合物还承担着重要的细胞功能,如作为核糖体、信息体、信号识别颗粒、拼接体、编辑体等。RNA病毒具有很强的感染性。

2.5.1 RNA的结构特点及与DNA的区别

RNA与DNA比较,两者在化学组成、分子结构、理化性质以及生物学功能方面都有许多相似之处,但也有很多不同于DNA的特点,归纳为如下9点。

1)碱基组成和含量不同,RNA分子主要是A、G、C、U,而DNA中以T替代U。RNA分子中有许多稀有碱基(rare base)或微量碱基(minor base)、修饰碱基,而DNA分子中除个别之外,不存在稀有碱基。

2)RNA分子中的核糖都是D-核糖,而DNA中则都是D-2-脱氧核糖。

3)RNA分子中的碱基不严格遵守Chargaff规则。

4)绝大多数RNA分子都是多聚核苷酸单链,细胞内几乎不存在其互补链,但由于分子内的部分互补核苷酸之间能通过氢键配对形成双链区,故存在着局部的双螺旋,并与邻近非配对单链区形成发夹结构。

5)在碱性溶液中RNA分子较敏感,易被水解为$2',3'$-环状单核苷酸,进而水解为$2'$-核苷酸和$3'$-核苷酸。DNA分子由于不能形成$2',3'$-环状单核苷酸磷酸酯,故对碱性溶液比较稳定,不易被水解。

6)由于RNA分子内只有部分双链,它们的T_m大大低于DNA,由此产生的增色效应不如DNA明显,加热也能使RNA变性,但变性后黏度及浮力密度小于DNA。

7)根据中心法则,RNA是遗传信息的传递者和表达者,在大多数情况下,遗传信息都是从DNA到RNA,最终传递给蛋白质,表达为生物体内各种结构性的、功能性的蛋白质或催化性的酶,使生物体表现了千差万别的生命特性。

8)某些RNA病毒,如多种致癌RNA病毒,是以RNA作为遗传信息的载体,即RNA分子携带和储存遗传信息。当感染宿主细胞后通过病毒自身的逆转录酶,以病毒RNA为模板合成DNA,使遗传信息由RNA传给DNA。

9)某些RNA的特殊结构具有催化功能,能催化它自身或其他RNA分子进行多种类型的反应,这些RNA称作核酶(ribozyme)。

> 小结:RNA不仅是遗传信息的传递者,还是储存者、表达者。RNA在结构和功能上有远比DNA复杂的特点,总体归纳有9个不同于DNA的特点。

2.5.2 RNA在细胞中的分布

生物体特别是高等真核生物体内,RNA分布在细胞的不同部位,并具有不同的种类。RNA的种类繁多,各层次的结构都不尽相同,据估计RNA的种类超过了蛋白质。各类RNA的化学组成、分子大小、碱基组成、分子结构、生物学功能以及在亚细胞内定位等,既有相同的性质,又有不同的特性。细胞中已发现RNA的类型见图2.20。成熟的RNA主要分布在细胞质中。无论是在真核或原核细胞质中,各种RNA都分为三大类:①转运RNA(transfer RNA, tRNA);②信使RNA(messenger RNA, mRNA);③核蛋白体RNA(ribosome RNA, rRNA)。这三类RNA都来自细胞核,由核内各自的初始转录产物经加工后产生相应的成熟RNA,进入细胞质后才能执行其功能。

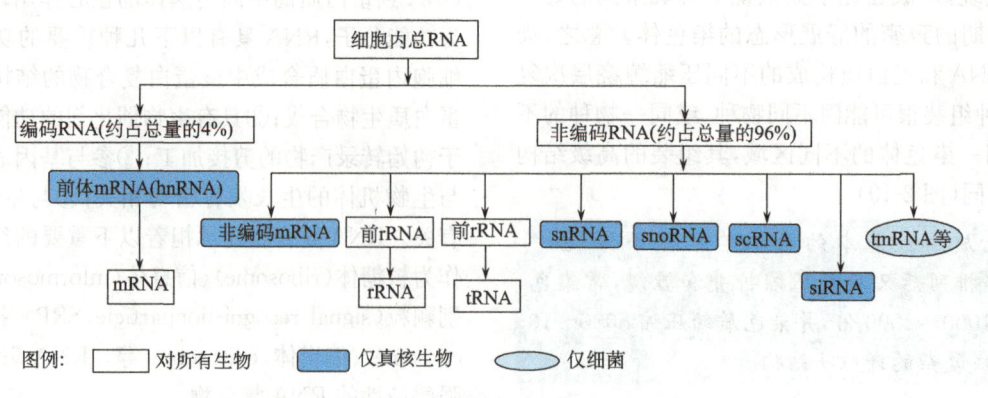

图2.20 细胞中RNA的种类

细胞核内的 RNA 统称为 nRNA,组分十分复杂。nRNA 由两部分组成,一部分是核内 mRNA、tRNA 和 rRNA 的初始转录混合物;另一部分是核内小分子 RNA(small nuclear RNA,snRNA)。mRNA、tRNA 和 rRNA 各自的前体是其各基因的初始转录物。如 mRNA 的前体是蛋白质编码基因的初始转录产物,统称核不均一 RNA(heteronuclear RNA,hnRNA)。45S RNA 是 28S rRNA、18S rRNA 和 5.8S rRNA 以及某些 tRNA 的共同前体。这些初始转录产物在细胞核内不稳定,寿命短暂,主要作为各种 RNA 前体,但经过加工修饰后就变为成熟的有活性分子,迅速转移到细胞质,执行特定功能。在真核细胞内,核内 RNA 与细胞质内成熟 RNA 相比,无论是生存的时间、出现的时间顺序以及功能上都有差异。

另一小部分 nRNA 是含量不多但种类却不少的 RNA。它们既不是任何 RNA 的前体,也不是某些 RNA 合成的中间产物,而是一类独立的 RNA,其分子较小,一般为 70~300nt。由于始终存在于细胞核内,故称为核内小 RNA(snRNA)。目前发现它们的功能主要是参与 hnRNA 以及 rRNA 前体的加工。scRNA 是细胞质中的一类 RNA。tmRNA 是一类普遍存在于各种细菌及细胞器(如线粒体、叶绿体等)中长度为 260~430bp 的稳定小分子 RNA,兼有 tRNA 和 mRNA 的双重作用。

小结:RNA 种类繁多,预计超过了蛋白质。各类 RNA 的化学组成、分子大小、碱基组成、分子结构、生物学功能及在亚细胞内定位等,既有相同的性质,又有不同的特性。细胞核内的 RNA 统称为 nRNA,由两部分组成,①核内 mRNA、tRNA 和 rRNA 的初始转录混合物;②核内小分子 RNA(snRNA)。

2.5.3 细胞中 RNA 分类概述

(1) mRNA 的结构

mRNA 存在于细胞质,总量不到细胞总 RNA 的 5%,但每个哺乳动物细胞可含有数千种不同的 mRNA。mRNA 在蛋白质生物合成中起着关键作用,作为蛋白质合成的模板,它直接决定着合成哪一种蛋白质。由于真核细胞 mRNA 是单顺反子(monocistron),每种 mRNA 分子只编码一种蛋白质的信息,只能作为一种蛋白质的翻译模板,所以真核细胞 mRNA 的种类基本上能代表蛋白质的种类。相反,原核细胞的 mRNA 与它们编码的蛋白质种类数目关系不大,因为原核细胞 mRNA 是多顺反子(polycistron),即一个 mRNA 分子含有几种蛋白质的信息,可以编码几种蛋白质。细胞内 mRNA 分子大小不等,一般由 200nt 至数千个核苷酸,沉降系数为 8~30S,分子大小为 200~2000kDa,个别 mRNA 更大,如蚕丝纤维蛋白 mRNA 的分子可达 6000kDa。真核生物中无论是核内的前体或胞质内成熟 mRNA,都具有不同程度的修饰现象,尤其是 5′端帽子和 3′端的 poly(A)(图 2.21)。组蛋白 mRNA 的 3′端无 poly(A)结构。

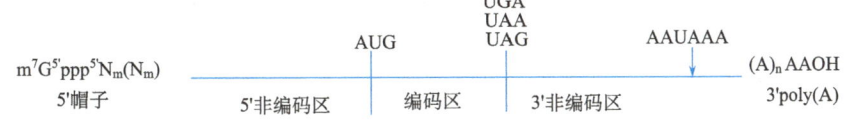

图 2.21 真核细胞 mRNA 的基本结构

mRNA 一般不稳定,代谢活跃,半衰期短。原核 mRNA 的半衰期只有 1 分钟至数分钟,而真核 mRNA 可达数小时至 24 小时。有些寿命较长,如人红细胞内的珠蛋白 mRNA 可达数周。5′端的帽子结构和 3′poly(A)与 mRNA 的稳定性直接有关。真核 mRNA 分子的 5′端和 3′端都有相当长的非翻译区(untranslated region)序列;中间是蛋白质编码的翻译区(translated region)。翻译区的核苷酸数目变化极大,较少形成二级结构。非翻译区能形成很多的二级结构,即由丰富的茎环结构组合而成。这些茎环结构长短不同、立体结构各异,在整体上缺乏共同规律,是一些相关蛋白质因子识别和结合的位点。

(2) tRNA 的结构

tRNA 含量相对较多,约占真核细胞总 RNA 的 15%,以自由状态或与氨基酸结合成氨酰 tRNA(aminoacyl-tRNA,aa-tRNA)的状态存在。tRNA 的种类很多,一种细胞内有 60~80 种。从不同来源的细胞中能够分离出更多的种类。目前已确定一级结构的 tRNA 达数百种。

tRNA 的核苷酸的线性序列长 74~95 个核苷酸,常见为 76 个。在任意一种 tRNA 分子中均含有许多修饰碱基,有时高达总碱基数目的 20%。在已鉴定的几百种 tRNA 分子中,已观察到 50 余种不同类型的修饰碱基都是在转录后经修饰形成的。图 2.22 以核苷的形式列出了最常见的几种类型。其中胸腺嘧啶核糖核苷（T）、假尿嘧啶核苷（ψ）、二氢尿苷（D）和肌苷（I）是常见的四种。在 tRNA 一级结构中，有 15 个核苷酸是恒定的，即不变核苷酸，其他都是可变核苷酸。各种 tRNA 分子都在 2.3～3.1kDa，沉降系数约 4.5S。有以下共同特点：

① 含稀有碱基较多，达核苷酸总量的 5%～20%。

② 不同的 tRNA 尽管核苷酸组分和排列顺序各异，但其 3′端都含有 CCA 序列，是所有 tRNA 接受氨基酸的特定位置。CCA 序列是由酶促加工至 tRNA 的 3′端后产生的，而非 tRNA 基因编码。

③ 所有的 tRNA 分子都折叠成紧密的三叶草二级结构和 L 形立体构象，结构较稳定，半衰期均在 24h 以上。

tRNA 的主要功能是在蛋白质生物合成中特异性地运载氨基酸。氨基酰-tRNA 是氨基酸的活化形式。在 20 种天然氨基酸中，每一种都有其相应的 tRNA。有些氨基酸特异的同功 tRNA 多达 5 种。在各种细胞中一般都含有 20 种氨基酸的同功 tRNA 家族。除了在蛋白质生物合成中起的重要作用外，近年来还发现 tRNA 在逆转录作用中作为合成互补 DNA 链的引物。不同的逆转录病毒使用不同种类的 tRNA 作为引物。此外在细菌细胞壁、叶绿素、脂多糖和氨酰磷脂酰甘油的合成中都与某些 tRNA 的参与有关。

氨基酸臂与 TψC 臂形成一个连续的双螺旋区，构成 L 形立体构象中的下面短横；二氢尿嘧啶臂与它相垂直，并与反密码臂及反密码环共同构成 L 的一竖；反密码臂经额外环与二氢尿嘧啶臂相连接。此外，二氢尿嘧啶环中的某些碱基与 TψC 环及额外环中的一些碱基之间形成额外的碱基对，是维持 tRNA 三级结构的重要因素。tRNA 的三叶草形二级结构进一步折叠能够形成三级结构，它的生物学功能与其三级结构密切相关。目前认为氨酰 tRNA 合成酶是结合在倒 L 形的侧臂上。tRNA 被甲基化修饰时，有甲基的部位也与三级结构有关，且增加了 tRNA 的识别功能。

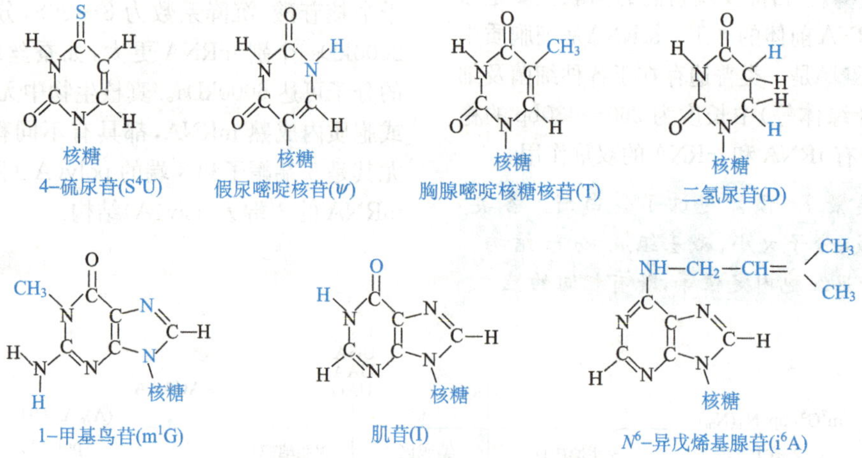

图 2.22　常见稀有核苷的类型

酵母苯丙氨酸 tRNA 晶体用高分辨率 X 射线衍射分析证明其具有倒 L 形的三级结构，大小为 65Å×75Å×25Å，见图 2.23。

（3）rRNA 的结构

在真核和原核细胞中，rRNA 是所有 RNA 中含量最多的一类，占细胞总 RNA 的 80% 以上。它们在细胞内并非单独游离存在，而是与多种小分子蛋白结合成核糖体（ribosome）颗粒的形式，在细胞蛋白质生物合成以及 mRNA 前体的剪接中发挥重要作用。核糖核蛋白体由 RNA 和蛋白质组成。对核糖体晶体学研究解析了核糖体大亚基和小亚基高分辨率的结构。在核糖体中含有超过 4500 个核苷酸的 rRNA 以及几十种蛋白质分子，对于如此复杂的复合物，人类已经在原子水平上揭示了他们的空间结构，这对阐明核糖体的作用机制，揭示 RNA-RNA 与 RNA-蛋白质相互作用的规律有重要意义。由表 2.3 可见，所有生物的核糖体都由大小不同的两个亚基所组成，大小亚基分别又由几种 rRNA 和数十种蛋白质组成。原核生物核糖体沉降系数为 70S，分子 2750kDa，由沉降系数为 50S 的大亚基和 30S 的小亚基组成。50S 大亚基含 23S，5S rRNA 和约 34 种蛋白质分子。其中 23S rRNA 约有 2904nt，5S rRNA 含 120nt。30S 小亚基含有 16S rRNA 和约 21 个蛋白质分子。16S rRNA 含 1542nt。真核核糖体沉降系数为 80S，分子约 4500kDa，由 60S 大亚基和 40S 小亚基组成。60S 大亚基含 28S，5.8S，5S rRNA 和大约 45 种以上的蛋白

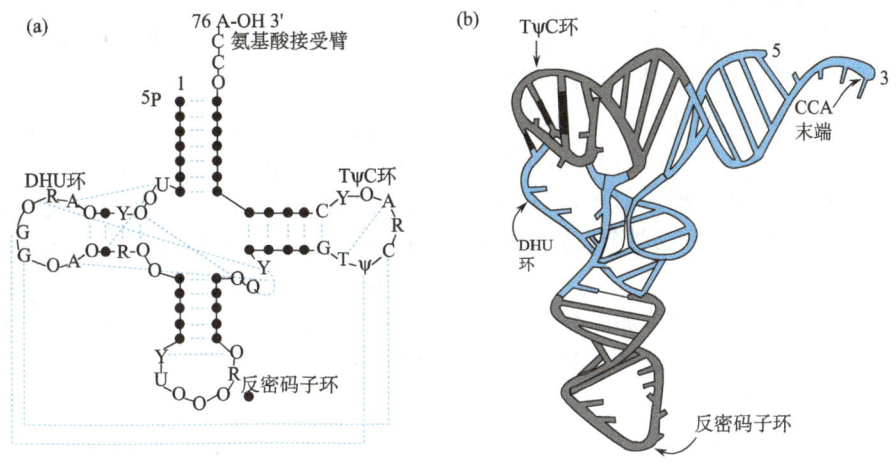

图 2.23　tRNA 的高级结构(引自 Freifelder,1987)
(a)三叶草结构,I=肌苷,ψ=假尿苷,R=嘌呤,Y=嘧啶;(b)酵母 tRNATyr 的 L 形三级结构

质分子。其中 28S rRNA 含 4718nt,5.8S rRNA 由 158nt 组成。5S rRNA 由 121nt 组成。40S 小亚基含 18S rRNA 和大约 31 种蛋白质分子。其中 18S rRNA 有 1874nt。

表 2.3　细菌和哺乳动物的核糖体组成

核糖体	亚基	rRNA	r 蛋白
细菌 70S 分子质量 2750kDa 66% RNA	50S	23S=2904nt 5S=121nt	31
	30S	16S=1542nt	21
哺乳动物 80S 分子质量 4500kDa 60% RNA	60S	28S=4718nt 5.8S=158nt 5S=120nt	>45
	40S	18S=1874nt	>30

rRNA 结构中的修饰碱基含量比 tRNA 少,但甲基化核苷约占 2%。在不同生物中,5S rRNA 的一级结构序列比其他各类 rRNA 保守性都高。这些保守序列大多位于能与核糖体蛋白质相互结合的区域。不同生物来源的两种大分子 rRNA(类 16S rRNA 和类 23S rRNA)一级结构的某些区域具有高度的序列同源性,且二级结构相似。提示这些 rRNA 甚至所有核糖体可能都有着共同的祖先。

rRNA 分子内含有大量的茎环结构,使 rRNA 具有多种多样构象的可能性。因此,rRNA 的二级结构十分复杂。对 E. coli 的 16S rRNA 二级结构研究较详细,其结构中近一半的核苷酸处于配对状态,形成了 4 个较明显的结构域。在 23S rRNA 中约有 52% 的配对区,同一分子的 5′端与 3′端序列间也能形成碱基配对,

这对分子的稳定十分重要。然而,rRNA 构象也非固定不变,在蛋白质生物合成中它随着 mRNA,tRNA 的结合及亚基内蛋白质分子的装配等过程而发生改变。因此,rRNA 的二级结构始终处于动态变化中,与其结构组装和功能密切相关(见图 9.5 16S rRNA 二级结构示意图和图 9.6 5S rRNA 二级结构示意图)。

(4) snRNA

真核细胞核内特有的 snRNA 存在于细胞核或核质及核仁中,在基因转录初始产物的加工过程中具有重要的作用。snRNA 是含 70~300nt 的小分子,不像核内的 hnRNA,snRNA 既不是任何 RNA 的前体,也不是某些 RNA 代谢的中间产物。它们在每个细胞内的拷贝数非常多,具有独特的功能,主要参与基因初始转录产物加工。

至今已发现的 snRNA 有 20 多种,其中有 13 种富含 U,含量达分子内核苷酸总数的 35%,因此称为 U 族 snRNA。例如,U1snRNA、U2snRNA 和 U3snRNA 为大多数真核生物 RNA 聚合酶Ⅱ转录产物加工所必需。细胞内的 snRNA 并不以游离状态存在,而是与各种蛋白质结合成核蛋白体(snRNP)复合物发挥作用。在各种类型的生物中,snRNA 的一级和二级结构都具有较大的保守性。例如,人体 Hela 细胞和爪蟾卵母细胞的核内 U1snRNA,其序列高达 95% 是同源的。很多 snRNA 的 5′端也具有帽子结构,与真核生物 mRNA 5′帽子结构相似。

(5) snoRNA

核仁小分子 RNA(small nucleolar RNA,snoRNA)广泛分布于从酵母到哺乳动物细胞的核仁区。大小一般在几十到几百个核苷酸。已知的 snoRNA 分为两

类：① boxC/D 型,其 5′端有 boxC(UGAUGA)序列,3′端有 boxD(CUGA)。在 boxD 上游有 8~14nt 的片段与成熟 rRNA 内一段保守核心序列互补。具有互补序列的 boxC/D 类型的 snoRNA,称反义 snoRNA(antisense snoRNA)。② boxH/ACA 型,其 3′端第 3 核苷酸上游有一个保守序列 ACA 或类似序列 AGA、AUA。这类 snoRNA 的整个分子形成两个发夹结构,之间有保守 boxH 绞链区。

snoRNA 的功能是作为 rRNA 前体加工复合体的重要成分,参与 rRNA 前体的加工。在 rRNA 前体转录过程中,反义 snoRNA 始终与新生 rRNA 前体结合,参与 rRNA 空间构象的形成,起着分子伴侣(molecular companion)的作用,当协助形成了正确的构象后,snoRNA 在解旋酶作用下从 rRNA 前体上脱离。boxC/D 还参与 rRNA 分子上 2′-O-核糖的甲基化修饰,因此 snoRNA 又称为指导甲基化的 snoRNA。研究发现,在部分 snRNA 及 tRNA 中的某些甲基化修饰由 snoRNA 指导完成。boxH/ACA 型的 snoRNA 能指导 rRNA 中尿嘧啶向假尿嘧啶转换。

(6) microRNA

microRNA 又称微小 RNA,是指植物和动物细胞中自然产生的一类长度为 18~25bp 的小分子 RNA。1993 年,Victor Ambros 等在秀丽隐杆线虫中发现,基因 *lin*-4 不编码蛋白质,它的转录产物中有一个长度为 22nt 的 miRNA。2001 年,来自美、德等国的 3 个不同研究小组通过大规模克隆与功能研究,揭示了这些小分子 RNA 在动植物体内的调控作用,至此才被命名为 microRNA。2002 年,这 3 个小组分别报道从模式植物拟南芥中发现了 miRNA,之后在动植物体内被大量发现和克隆。目前从拟南芥和水稻中发现的 miRNA 已逾 200 种。miRNA 的基因来源于染色体非编码蛋白区的一段,有自身编码基因,位于基因间或内含子区,由长约 75bp 的茎环结构前体 RNA 被 Dicer RNase 酶切而成。miRNA 在哺乳动物体内的功能是与特异性 mRNA 的 3′-UTR 碱基配对,通过阻止这些 mRNA 的翻译来使沉默基因而不表达,或导致目标 mRNA 降解。miRNA 能通过 Northern blotting 被检测。

(7) 非编码 mRNA

mRNA 主要功能是指导蛋白质的合成,作为细胞核与细胞质之间的信使。然而近年来研究者又发现了一类非编码 mRNA,它们也能进行剪接和 3′端加尾修饰,但不具有典型的可读框(ORF)。非编码 mRNA 广泛分布于从果蝇到人类,其基因位于染色体的重要功能位点。研究表明它们参与了体内许多的生理生化过程,如胚胎发育、肿瘤形成和抑制、细胞生长和分化、染色体失活等等。由于非编码 mRNA 具有明显的生物功能,因此有学者提出了非编码 mRNA 是"调控 RNA"(riboregulator)的概念。

> **小结**：RNA 分布在细胞的不同部位,其种类超过了蛋白质。成熟的 RNA 主要分布在胞质,分三大类：tRNA；mRNA；rRNA,它们都来自细胞核。核内 RNA 统称为 nRNA,由核内 mRNA、tRNA 和 rRNA 的初始转录物、snRNA 两部分组成。snRNA 的功能主要是参与 hnRNA 及 rRNA 前体的加工。mRNA 的前体统称核不均一 RNA。scRNA 是细胞质中的 RNA。tmRNA 为一类存在于细菌及细胞器中的稳定小分子 RNA,兼有 tRNA 和 mRNA 的双重作用。核仁小分子 RNA(snoRNA)分布于核仁区,分为 boxC/D 型和 boxH/ACA 型,其功能是参与 rRNA 前体加工。boxC/D 还参与 rRNA 分子 2′-O-核糖甲基化修饰,故称指导甲基化的 snoRNA。miRNA 为真核生物中一类长 21~28bp 的非编码 RNA,包括小干扰 RNA(siRNA)。近年来还发现了一类非编码 mRNA,能进行剪接和 3′端修饰,称"调控 RNA"。RNA 在生物体进化中有重要地位。

2.6 核酸的变性、复性与分子杂交

2.6.1 核酸的变性

双链 DNA 中配对碱基的氢键不断处于断裂和再生的状态之中,特别是稳定性较低的富含 A-T 的区段,氢键的断裂和再生更为明显。凡是破坏双螺旋结构的作用力(主要是氢键和碱基堆积力)的因素都可使 DNA 双螺旋解链,导致 DNA 变性。变性后原来隐藏在双螺旋内部的发色团因成为单链而暴露出来,使 DNA 的物化性质发生一系列变化,包括：DNA 溶液的黏度下降、沉淀速度增加、浮力密度上升、紫外吸收值升高、酸碱滴定曲线改变以及生物活性丧失等。由于细胞内的 DNA 分子性状细长,可用长径比这一术语来描述。DNA 的直径约 2nm,长度则达到微米(μm)或毫米(mm)量级,某些真核染色体甚至长达几厘米。这些性质使 DNA 的水溶液具有高黏性(high viscosity)。但细长的 DNA 分子又容易被机械力(shearing force)或超声波(sonication)损伤而黏度下降。DNA 的浮力密度是指在高浓度盐溶液如 8mol/L 氯化铯(CsCl)中,DNA 具有与该溶液大致相同的密度,约 1.7g/cm³。将该溶液高速离心,形成自下而上密度逐渐增加的密度梯度(图 2.24),DNA 最终沉降在与其浮力密度相同的位置,即沉降带。由于 DNA 的浮力密度(ρ)与 G+C 含量呈正比关系,$\rho = 1.66 + 0.098\%$(G+

C)因此,用 DNA 沉降法可以确定其平均 G+C 含量,也可用于分离基因组中具有不同 G+C 含量的 DNA 片段。

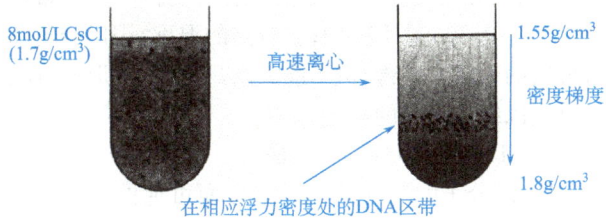

图 2.24　DNA 的 CsCl 密度梯度离心

引起 DNA 变性的主要因素有:

①加热(生理温度以上)。加热使 DNA 变性后,在 260nm 的紫外吸收值明显上升,即增色效应(hypershromic effect)。当 DNA 加热时在 260nm 吸收值先缓慢上升,到达某一温度后又骤然上升,说明变性是一个协同过程,其特点是爆发式的。变性发生的温度范围很窄,其相变过程用 T_m 值描述,是使 DNA 双螺旋结构解开一半的链时的温度。DNA 的 T_m 值一般在 82～95℃。将 DNA 的稀盐溶液加热到 80～100℃时,双螺旋结构即发生解体,两条链分开,形成无规则的线团(图 2.25)。

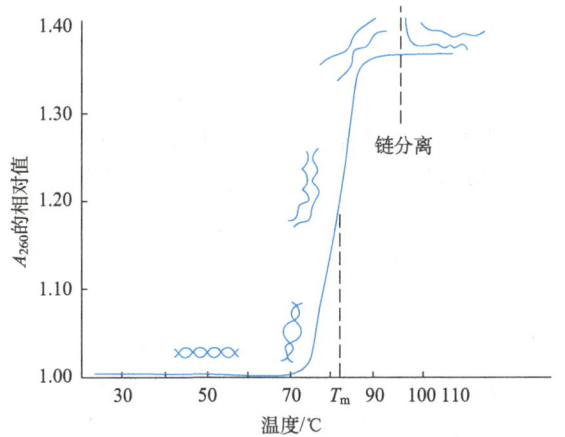

图 2.25　DNA 变性中链分离不同温度范围的分子构象

② 极端 pH。当 pH 约为 12 时,碱基上的酮基转变为烯醇基,后者影响氢键形成,从而改变 T_m 值,当 pH=2～3 时,碱基上的氨基发生质子化,也影响氢键的形成和稳定。

③ 有机溶剂,尿素和酰胺等。当环境中存在酰胺或尿素时,它们可与 DNA 分子中的碱基形成氢键,使 DNA 分子维持在单链状态,以利于分子克隆的操作。

紫外吸收光谱变化是检测 DNA 变性最简单的定性和定量方法。核酸在 260nm 具有特征的吸收峰,表示为 A_{260nm},吸收紫外光的量取决于核酸的分子结构,结构越有序,吸收的光越少。天然 DNA 和变性 DNA 的光吸收值相差约 34%。DNA 处于双螺旋结构时的 260nm 光吸收值和解链为单链状态的光吸收值的不同是由于碱基电子结构变化引起的。当两条单链缔合在一起(双螺旋)时,链内碱基相互靠近淬灭了部分的光吸收,两条链分开时淬灭消失,吸收值上升 30%～40%。因此,可用紫外吸收值的改变描述 DNA 结构的动态变化,用紫外吸收值的大小测定 DNA 的含量。游离核苷酸比单链 RNA 和 DNA 吸收更多的光,而单链 RNA 或 DNA 的吸收又比双链 DNA 多,以 50μg/mlDNA 溶液在 260nm 下测定,三者的 A_{260nm} 数值为:双链 DNA A_{260nm}=1.00;单链 DNA A_{260nm}=1.37;游离碱基和核苷酸的 A_{260nm}=1.60。

T_m 值的大小主要与下列因素有关:

1) DNA 均一性　均质 DNA(homogeneous, DNA)如一些病毒的 DNA,人工合成的多聚腺嘌呤-胸腺嘧啶脱氧核苷酸,多聚鸟嘌呤-胞嘧啶脱氧核苷酸,熔解过程的温度范围较小。异质 DNA(heterogeneous, DNA)熔解温度范围较宽,故 T_m 值可作为衡量 DNA 样品均一性(homogeneity)的标准。

2) G—C 碱基对含量　在 pH 7.0,0.165mol/L 溶液 NaCl 中,DNA 的 T_m 值与 G—C 含量之间有正比关系(图 2.26),G—C 对含量越多,T_m 值越高。测定 T_m 值可推算 DNA 的碱基百分组成。经验公式为:$X_{G+C}=(T_m-69.3)\times 2.44$,利用此公式也可计算 DNA 的 T_m 值。

3) 介质中离子强度　在离子强度较低的介质中,DNA 的 T_m 值较低而范围宽。而在较高的离子强度时,T_m 值较高而范围窄(图 2.27)。所以,DNA 样品不能保存在稀电解质溶液中,一般在含盐缓冲溶液中保存较为稳定。

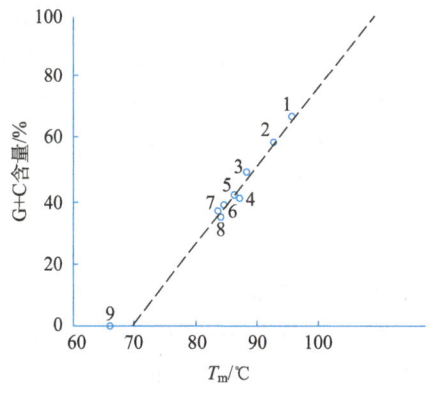

图 2.26　DNA 的 T_m 值与 G—C 含量的关系

1. 草分支杆菌;2. 沙门氏菌属;3. 大肠杆菌;4. 鲑鱼精子;
5. 小牛胸腺;6. 肺炎球菌;7. 酵母;8. 噬菌体 T4;9. 多聚 d(A-T)

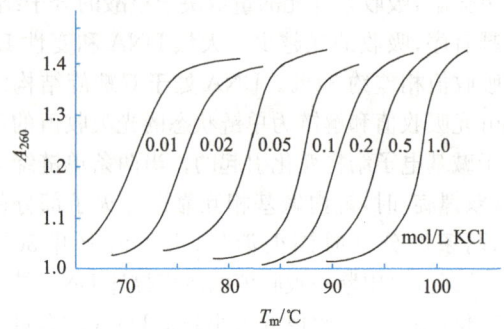

图 2.27　离子强度对 DNA 溶解温度曲线

RNA 分子只有局部的双螺旋区，其变性参数没有 DNA 明显，变性曲线不太陡，T_m 值较低。tRNA 具有较多的双螺旋区，T_m 值较高，变性曲线也较陡。双链 RNA 的变性几乎与 DNA 的相同。

> **小结**：DNA 变性后原隐藏在双螺旋内部的发色团暴露出来使物化性质改变，包括溶液粘度下降、沉淀速度增加、浮力密度上升、紫外吸收值升高、酸碱滴定曲线改变、生物活性丧失等。紫外吸收光谱变化是检测 DNA 变性最简单的定性和定量方法。吸收紫外光的量取决于核酸的分子结构，结构越有序，吸收的光越少。T_m 值大小主要与 DNA 均一性、G-C 碱基对含量、介质中离子强度因素有关。

2.6.2　核酸的复性与分子杂交

(1) 核酸的复性及复性条件

两条彼此分开的变性 DNA 链在适当条件下重新缔合(reassociation)成为双螺旋结构的过程称为复性(renaturation)。DNA 复性后，双螺旋结构的各种性质可以得到恢复。复性反应分为两个阶段，第一阶段是单链 DNA 在溶液中随机相互碰撞，如果它们的序列互补，则两条链的碱基之间形成短的双链区。在第二阶段，双链区继续扩展形成一定长度的双链。例如，有一段 30kb 的双链 DNA 中，碱基是互补的，则有某些较短的序列会多次出现，如 4~6bp 的 ATGC，当被解链后，单链之间的有些碰撞实际上是无效的，只有某些碰撞才能导致正确配对，形成一定长度的双链，才是稳定的。

```
    Ia        Ib        Ⅱ        Ic
 ……ATGC…… ATGC…… CCCC…… ATGC……
    TACG      TACG      GGGG      TACG
    Ia'       Ib'       Ⅱ'       Ic'
```

其中 Ia 与 Ⅱ 之间碰撞无效。Ia 与 Ic' 的碰撞可以配对，但不稳定，是短暂的，因为互补区段周围的碱基不能配对，不能形成稳定状态的碱基堆积，在高温下还会迅速分离。然而，Ib 与 Ib'、Ia 与 Ia' 的重新配对可导致周围碱基迅速配对，整个双链合拢。

DNA 的复性有两个必要条件，①一定的离子强度，用以削弱两条链中磷酸基团之间的排斥力，通常使用 0.15~0.50mol/L NaCl；②较高的温度，用以避免随机形成的无规则氢键，但不能太高，否则不能形成有效的氢键以维持稳定的双链。

(2) DNA 的复性动力学曲线

DNA 分子的复性是一个缓慢而可逆的过程。变性 DNA 的两条互补单链之间要形成氢键，必须使配对碱基处于正确的位置。由于这个过程是随机的，所以复性速度与 DNA 的初始浓度有关。双链 DNA 的复性过程方程是 dsDNA ↔ 2ssDNA。复性过程基本上符合二级反应动力学。假定复性反应系统中 C 是 t 时间的 ssDNA(单链部分的比例)浓度(核苷酸物质的量/L)，在初始 t_0 时，设 C_0 为完全变性 DNA 生成的单链的起始浓度，即 $C=C_0$，可用二级双分子反应的动力学公式表达，则在 t 时间的浓度变化为

$$dC/dt = -K_2 C^2$$

式中，C 表示 t 时刻 DNA 单链的浓度，单位：mol/L；C_0 表示 DNA 单链的起始浓度，单位：mol/L；t 表示复性时间，单位：s；K 表示反应速度常数，单位：L/(mol·s)；K_2 表示复性速度常数，单位：L/(mol·s)。

将上式积分：

$$C/C_0 = \frac{1}{1+K_2 C_0 t}$$

上式表示了在复性反应中，ssDNA 的分数 C/C_0 是 $C_0 t$ 的函数，即初始浓度与所经过时间 t 的乘积的函数。

当 $C/C_0 = 1/2$(单链部分占起始浓度的 1/2)，或反应进行到一半时($t=1/2$)：

$$1/2 = 1/(1+K_2 C_0 t)$$

整理后得：$C_0 t_{1/2} = 1/K_2$，表明当反应进行到一半时，在影响 DNA 复性的因素中，只有 DNA 序列复杂性是唯一可变的因素，即反应进行到一半时的 $C_0 t$ 值直接与 DNA 序列复杂性相关。用 X 表示 DNA 分子序列复杂度(DNA 复性能力的函数)则有：

$$C_0 t_{1/2} = 1/K_2 \propto X$$

上式表明，DNA 复性的 $C_0 t_{1/2}$ 能以反应速度常数 K_2 来描述，K_2 与 DNA 的复杂度成反比。由此可见，按照复性动力学理论，起始浓度和反应时间的乘积($C_0 t$)的大小可作为复性程度的量化指标。而复性的速度常数 K_2 可反映 DNA 序列的复杂性，DNA 序列愈复杂，K_2 愈小，复性速度愈慢。

以 C/C_0 对 $C_0 t$ 作图，得到 DNA 复性对浓度的依赖关系——$C_0 t$ 曲线，见图 2.28。

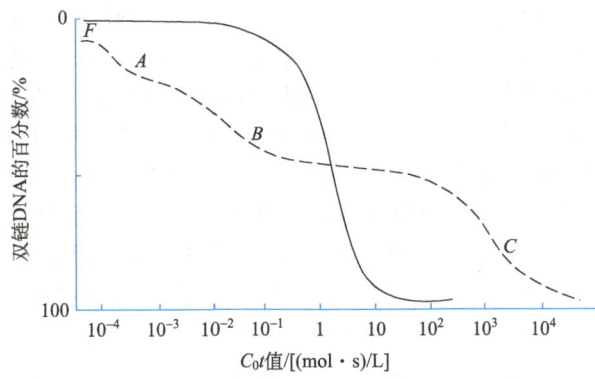

图2.28 复性对浓度的依赖关系——C_0t曲线

实线表示细菌DNA的复性曲线,虚线为典型的动物DNA复性曲线。F为简单重复序列,A为高度重复序列,B为中度重复序列,C为低拷贝到单拷贝序列

很多因素都能影响DNA的复性速度。但当DNA片段的长度、阳离子浓度一定时,可以确定DNA序列的复杂度(X)与$C_0t_{1/2}$直接相关。当阳离子浓度为0.18mol/L,DNA长度为400nt左右,复性温度为$T_m-25℃$时,$K_2 \approx 5 \times 10^5 L/(mol \cdot s)$,因此有$X = 5 \times 10^5 C_0t_{1/2}$。$X$的量纲为核苷酸对的长度,表示DNA片段中每种重复单位最长序列的核苷酸长度。由此可见,$C_0t_{1/2}$直接反映着DNA序列复杂度(X)的大小。在研究和实验中,只要计算出$C_0t_{1/2}$,即可得知X的值。图2.29显示了一部分不同生物DNA复性的C_0t曲线,从图中能看出DNA复杂性与$C_0t_{1/2}$之间的关系。

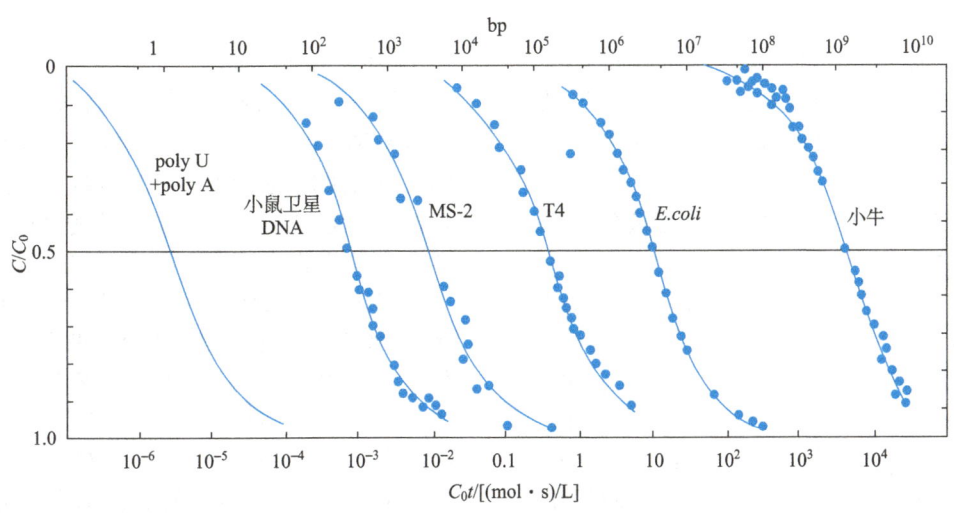

图2.29 一部分不同生物DNA复性的C_0t曲线

在图中最左侧的曲线是由polyU和polyA的复性曲线,这两条链无论在何处偶然碰撞都可以互补,因为它们只有一种核苷酸的复杂性,很容易退火或者在很低C_0t时退火。polyU和polyA复性的$C_0t_{1/2}$只有2×10^{-6}左右。由位于图中间的T4DNA复性曲线可见,T4 DNA比polyU和polyA复杂得多,约有2×10^5 bp,缺乏重复序列,只有一小部分正确地分子碰撞才能复性,$C_0t_{1/2}$约为0.4,比polyU和polyA高5×10^5倍左右。在小牛基因组中,非重复的DNA序列占整个基因组的70%,约2×10^9bp,比T4噬菌体基因组大10^4倍,该DNA两条链在复性前必须要有比T4噬菌体DNA更多次随机的分子碰撞形成短双链区,这个双链区再继续合拢而缔合。E.coli DNA的分子大小是T4 DNA的30倍,实验测定其$C_0t_{1/2}$为9(mol·s)/L,而T4的$C_0t_{1/2}$是0.4(mol·s)/L,它们的复杂性(X)相差约30倍。

通过下列3种常见的方法可以测定DNA序列复性的程度。

1) 测定减色效应,在复性过程中可跟踪测定A_{260}的光吸收值。

2) 测定抗S1核酸酶水解DNA的量,S1核酸酶只催化单链DNA的水解,不能作用于双链DNA,因此将样品限定水解后测定抗S1核酸酶水解的双链DNA量。

3) 羟基磷灰石柱层析,羟基磷灰石是一种磷酸钙盐,经过一定的处理后,具有吸附双链DNA的能力,洗脱时只允许单链通过,从而可以计算出剩余双链DNA的量。

小结:DNA复性的两个必要条件是离子强度和较高的温度。按照复性动力学理论,起始浓度和反应时间的乘积(C_0t)的大小可作为复性程度的量化指标,C_0t曲线是DNA复性对浓度的依赖关系曲线。DNA复性的$C_0t_{1/2}$能以反应速度常数K_2来描述,

K_2 与 DNA 的复杂度成反比。复性速度常数 K_2 可反映 DNA 序列的复杂性,DNA 序列愈复杂,K_2 愈小,复性速度愈慢 $C_0t_{1/2}=1/K_2 \propto X$。有 3 种方法测定 DNA 复性程度。①测定减色效应;②测定抗 S1 核酸酶水解 DNA 的量;③羟基磷灰石柱层析。

(3) 影响 DNA 复性速度的因素

1) 简单分子。如多聚 dC-多聚 dG 变性后,彼此容易发现互补链,因此很快就会复性。真核生物 DNA 的复杂度很高,在同样条件下,要寻找到互补链需要较长时间。序列越复杂所需时间越长,速度越慢。因此 DNA 分子的复性与其复杂度有关。复性是一个缓慢的过程,而限速步骤是互补链之间碱基对的精确碰撞。

2) 同一种 DNA 分子浓度越高,互补链碰撞机会越多,复性速度越快。

3) DNA 片段大小。较大的线状单链分子,由于扩散受到妨碍,减少了发现互补链的机会。因此,在复性研究时一般要将其剪切成 400bp 大小的片段,以增加复性速度。

4) 温度的影响。复性速度与温度直接有关,温度不宜过低,一般在 T_m-25℃。

5) 阳离子浓度。DNA 复性主要依靠两条链碱基之间氢键和碱基疏水性堆积的作用,分子中电荷的存在不利于复性,溶液中阳离子的存在能降低表面带负电荷 DNA 链之间的排斥力,具有一定的屏蔽作用。因此在小于 0.5mol/L 浓度时增加盐浓度,有利于复性。为便于不同 DNA 复性能力的比较,规定复性实验的标准条件是:400 核苷酸长度,T_m-25℃的温度,阳离子强度 0.18mol/L,此时的复性速度常数 $K_2 \approx 5 \times 10^5$ [L/(mol·s)]。

(4) 核酸的分子杂交

双螺旋结构的各种性质在 DNA 复性后可得到恢复。利用这一特性可将两个不同来源的互补序列退火(anneal)形成双链,这个过程称为分子杂交(hybridization)。当亲缘关系相近的不同来源 DNA 单链或 DNA 单链与 RNA 单链之间在某些区域有同源的序列,则通过碱基互补形成杂交分子。DNA 与互补的 RNA 之间也可杂交。

分子杂交有多种类型,将不同来源的 DNA 变性后,在溶液里进行杂交称为溶液杂交(solution hybridization);用硝酸纤维素制成的滤膜可以吸附单链 DNA 或 RNA,将变性 DNA 或 RNA 吸附到滤膜上再进行杂交,称为滤膜杂交(filter hybridization)。利用滤膜杂交已有几种不同目的杂交方法,例如英国分子生物学家 E Southern 发明的 Southern 印迹法(Southern blotting),是将凝胶上的 DNA 片段转移到硝酸纤维素膜上后再进行杂交的方法;Northern 印迹法(Northern blotting)是用于鉴定 RNA 的杂交技术,将 RNA 变性后转移到硝酸纤维素膜上再进行杂交的技术;Westhern 印迹法(Western blotting)是专门针对蛋白质的一种特异性鉴定技术。一般的蛋白质都与其配体有亲和反应,如抗原-抗体的特异反应等。根据以上类似的原理分析目标蛋白质,称为 Western 印迹法。核酸的杂交在分子生物学研究中应用广泛,许多重要的分子生物学问题都可应用分子杂交技术研究。

小结:影响 DNA 复性速度的因素有 5 点。规定复性的标准条件是:400bp 长度,T_m-25℃,阳离子强度 0.18mol/L,复性速度常数 $K_2 \approx 5 \times 10^5$。分子杂交主要有溶液杂交和滤膜杂交。

【本章重点归纳】

核酸是细胞内的遗传物质,包括脱氧核糖核酸(DNA)和核糖核酸(RNA)两类。DNA 是主要的遗传物质,具有贮存遗传信息、将遗传信息传递给子代、物化性质稳定、有遗传变异能力的适合作为遗传信息的特性。RNA 作为遗传物质,发挥着与 DNA 相同的功能。DNA 的一级结构指 DNA 分子中的核苷酸排列顺序,即碱基排列顺序。DNA 分子携带两类不同的遗传信息,一类负责编码细胞内蛋白质氨基酸的信息及编码 RNA 的信息,这类信息中的 DNA 序列与蛋白质一级结构及 RNA 序列之间基本上存在着共线性关系;另一类负责基因表达调控的信息,能够决定基因的特异性和选择性表达。RNA 的一级结构主要由 4 种核糖核苷酸 A、G、U、C 组成。细胞内 RNA 的最主要功能是参与蛋白质的生物合成。除此之外,它还具有生物催化剂等的功能。

DNA 双螺旋结构是以脱氧核糖和磷酸基通过 3′,5′磷酸二酯键连接形成主链,两链间碱基以碱基互补形式配对,按照一定的螺旋参数扭曲,形成有大沟和小沟的螺旋结构。维持螺旋结构的作用力是两条链间的氢键、碱基堆积力和介质中阳离子的作用。DNA 分子结构存在着多态性。

反向重复序列又称回文序列,指在双链 DNA 序列中按确定的方向阅读双链中每条单链的序列都相同的 DNA 结构。DNA 三螺旋指在一条自身回折的寡嘧啶链与寡嘌呤链双螺旋的大沟内结合了第三股链,第三股链与原双螺旋碱基对中的嘌呤碱形成 Hoogs-teen 配对。不同 DNA 结构形式相互转变的现象称为 DNA 结构的动态性。

真核生物染色体在细胞间期的核内主要以染色质形态存在。染色质是以 DNA 作为骨架与组蛋白和非组蛋白及少量 RNA 共同组成的丝状大分子复合物。染色质蛋白主要是组蛋白和非组蛋白。有 5 种富含碱性 Arg 或 Lys 的组蛋白,分别为 H_1,H_2A,H_2B,H_3 和 H_4,是染色体的结构蛋白。组蛋白有 5 个特点:①进化上极端保守;②有组织特异性;③肽链上氨基酸分布不对称;④有被修饰的现象;⑤富含 Lys 的组蛋白 H_5。核小体是由 200bp 的 DNA 与四种组蛋白构成的八聚体核心颗粒形成的致密结构。非组蛋白是染色质中除组蛋白之外的组分十分复杂的其他蛋白,包括高迁移率蛋白、转录因子、染色质结合的酶和参与染色质高级结构和中期染色体结构的骨架蛋白。

RNA 通常是单链线型分子,在分子内可自身回折形成局部的双螺旋,进而折叠成为不同复杂度的高级结构。RNA 分布在细胞的不同部位,其种类超过了蛋白质。各类 RNA 的化学组成、分子大小、碱基组成、分子结构、生物学功能及在亚细胞内定位等既有共性,又有个性。成熟的 RNA 主要分布在胞质,分三大类:mRNA、tRNA、rRNA,它们都来自细胞核。核内的 RNA 统称为 nRNA。snRNA 的功能主要是参与 hnRNA 及 rRNA 前体的加工。mRNA 的前体是蛋白质编码基因的初始转录物,统称核不均一 RNA。scRNA 是细胞质中的 RNA。tmRNA 为一类存在于细菌及细胞器中的稳定小分子 RNA,兼有 tRNA 和 mRNA 的双重作用。核仁小分子 RNA(snoRNA)分布于核仁区,分为 boxC/D 型和 boxH/ACA 型。snoRNA 的功能是参与 rRNA 前体的加工。miRNA 为植物和动物细胞中自然产生的一类长 18~25bp 的非编码 RNA。miRNA 的基因来源于染色体非编码蛋白区的一段,由长约 75bp 的茎环结构前体 RNA 被 Dicer RNase 酶切而成。miRNA 在哺乳动物体内的功能是与特异性 mRNA 的 3'-UTR 碱基配对,通过阻止这些 mRNA 的翻译来实现基因沉默,或导致目标 mRNA 降解。RNA 的作用归纳为两类:一类是信息分子;第二类是功能分子,①参与蛋白质生物合成;②有生物催化剂的功能;③参与基因表达调控;④与生物体的进化有关。RNA 复合物还承担重要的细胞功能,如作为核糖体、信息体、信号识别颗粒、拼接体、编辑体等。RNA 病毒具有很强的感染性。RNA 在生物体的进化中具有重要地位。

凡是破坏双螺旋结构的作用力的因素都可使 DNA 变性,使原来隐藏在双螺旋内部的发色团暴露出来,使 DNA 的物化性质发生变化,包括溶液黏度下降、沉淀速度增加、浮力密度上升、紫外吸收值升高、酸碱滴定曲线改变、生物活性丧失。T_m 值大小主要与 DNA 的均一性、G-C 碱基对的含量、介质中的离子强度有关。DNA 复性的两个必要条件是离子强度和较高的温度。按照复性动力学理论,起始浓度和反应时间的乘积(C_0t)的大小可作为复性程度的量化指标,C_0t 曲线是 DNA 复性对浓度的依赖关系曲线。复性速度常数 K_2 可反映 DNA 序列的复杂性,DNA 序列愈复杂,K_2 愈小,复性速度愈慢 $C_0t_{1/2}=1/K_2 \propto X$。有 3 种方法测定复性程度。①减色效应;②抗 S1 核酸酶水解 DNA 的量;③羟基磷灰石柱层析。核酸的分子杂交主要有溶液杂交和滤膜杂交。

【思考题】

1. 简述细胞的遗传物质,怎样证明 DNA 是遗传物质?
2. 研究 DNA 的一级结构有什么重要生物学意义?
3. 简述 DNA 双螺旋结构与现代分子生物学发展的关系?
4. DNA 双螺旋结构有哪些形式?说明其主要特点和区别。
5. 什么是 DNA 的拓扑异构体,它们之间的相互转变依赖于什么?
6. 简述组蛋白有哪 5 个方面的特点?
7. 染色体上的非组蛋白都包括哪些种类?简述之。
8. 简述细胞内 RNA 的分布及结构特点。
9. 简述细胞内 RNA 的结构特点以及与 DNA 的区别。
10. 什么是 miRNA,有什么作用?
11. 引起 DNA 变性的主要因素有哪些?核酸变性后结构和性质发生了哪些变化?
12. 检测核酸变性的定性和定量方法是什么?具体参数如何?
13. 写出 DNA 复性必须满足的二个条件。影响 DNA 复性速度的因素包括哪些?
14. 画出原核生物 DNA 复性对浓度的 C_0t 曲线。
15. DNA 复性实验的标准条件是什么?复性程度怎样检测?
16. 核酸的分子杂交一般有几种类型?它们分别用于检测哪些物质?
17. 解释下列名词:

反向重复序列、分子杂交、调控 RNA、C_0t、nRNA、B-DNA、Z-DNA、R-DNA、超螺旋结构、DNA 拓扑异构体、核小体。

第 3 章 基因与基因组的结构与功能

3.1 基因的概念

基因(gene)是原核、真核生物以及病毒的 DNA 和 RNA 分子中具有遗传效应的核苷酸序列,是遗传的基本单位和突变单位及控制性状的功能单位。基因包括了编码蛋白质和 tRNA、rRNA 的结构基因以及具有调节控制作用的调控基因。基因可以通过复制、转录和翻译合成蛋白质以及不同水平上的调控机制,实现对生物遗传性状发育的控制。基因还可以发生突变和重组,导致产生有利、中性、有害或致死的变异。

基因的概念一直处在不断变化和发展中。早期遗传学将一个突变(mutation)称为基因。后来的噬菌体顺反试验,把基因与顺反子联系起来。随着微生物和生化遗传学发展,人们认识到基因相当于编码一个蛋白质的 DNA 区域。随着分子生物学的深入研究和发展,使人类对基因的认识更加精细。实际上,基因更应该被定义为是转录的功能单位,编码一种可扩散产物的一段 DNA 序列,其产物可以是蛋白质或 RNA。一个完整的基因由编码区和调控区两部分组成,编码区产物可游离扩散,属于反式作用方式,而调控区是不形成表达产物的 DNA 序列,接受调控因子(主要是蛋白质)的作用,对物理图谱上连锁的编码区进行调控,属于顺式作用方式。所以,一个基因应包括一个蛋白质或 RNA 的全部编码序列,以及编码区以外的对编码区转录功能所必需的非编码的调控区。

小结:基因是原核、真核生物以及病毒的 DNA 和 RNA 分子中有遗传效应的核苷酸序列,是遗传的基本单位和突变单位及控制性状的功能单位。基因包括编码蛋白质和 tRNA、rRNA 的结构基因及有调控作用的调控基因。基因可通过复制、转录和翻译合成蛋白质及不同水平的调控机制实现对生物遗传性状的控制。基因还可发生突变和重组,导致产生有利、中性、有害或致死的变异。

根据不同历史时期的研究特点,对基因的研究大体上分为三个发展阶段:①在 20 世纪 50 年代以前,主要从细胞的染色体水平上进行研究,属于基因的染色体遗传学阶段;②50 年代之后,主要从 DNA 大分子水平上进行研究,属于基因的分子生物学阶段;③近 30 年来,由于重组 DNA 技术的完善和应用,人们已经改变了从表型到基因型的传统研究基因的途径,而能够直接从克隆目的基因出发,研究基因的功能及其与表型之间的关系,使基因的研究进入了反向生物学阶段。反向生物学是指利用重组 DNA 技术和离体定向诱变的方法研究已知结构的基因相应的功能,在体外使基因突变,再导入体内,检测突变的遗传效应,即以表型来探索基因的结构。

3.1.1 基因与 DNA 的关系

已知 DNA 是遗传的物质基础,每个基因按照遗传上规定的顺序排列于染色体的 DNA 链上。DNA 由 4 种不同的核苷酸按一定的序列排列而成,遗传信息就存在于其中。由于 DNA 分子的核苷酸序列能决定组成它所对应的蛋白质氨基酸序列,而生物体的各种表型是通过产生许多特殊功能的蛋白质来实现的,因此基因也被简单的定义为能产生一个特定蛋白质的 DNA 序列。在 DNA 分子上不同区域的核苷酸序列其功能是不同的,并不是所有的 DNA 序列都具有编码功能。在原核生物中结构基因占整个 DNA 的绝大部分,而在真核生物中只占一小部分。除了已发现的和目前人类尚未发现的有编码功能的基因序列以外,在结构基因之间还含有一些目前尚未发现编码功能的间隔区,其中包括与复制、转录以及翻译过程有关的,能被调控分子识别的序列。因此一个基因是否表达,受到多种因素的影响,包括与该基因邻近编码区的 DNA 序列及结合于其上的蛋白质因子的控制。当与蛋白质因子结合的 DNA 序列突变时,蛋白质不能识别这段 DNA,故被它调控的结构基因不能表达。所有的这些 DNA 序列,包括表达蛋白质及 RNA 的结构基因和各类调控序列等的汇总,就构成了生物界复杂而多样的遗传信息。从这个意义上说,可把遗传单位的概念从基因扩展为转录单位,转录单位包括转录启动子及其上游的调控区域、基因本身和转录的终止序列及其他调控成分等。

1957年，S Benzer 通过以 T4 噬菌体为材料的研究发现，当 T4 噬菌体感染大肠杆菌后 30min 内寄主细胞就会裂解死亡，并释放出大约 100 个子代噬菌体颗粒，这种控制寄主细胞致死效应（快速溶菌）的功能，是由该噬菌体的 rⅡ区编码的。深入研究发现 rⅡ分为两个亚区，即 rⅡA 和 rⅡB 亚区，它们各产生一种特殊的物质，只有这两种物质同时存在时才能使寄主菌 E. coli K 株的细胞溶菌裂解。用 rⅡA 或 rⅡB 的突变型分别单独感染 E. coli K 株细胞都不能正常生长，而用两种突变型混合感染时，才发生溶菌裂解，也即当一个突变点在 rⅡA 和而另一个突变点在 rⅡB 时，这两个噬菌体颗粒才能彼此互补，分别获得因本区域突变而丧失的那一部分功能，出现野生型的表型特征（图3.1）。rⅡA 和 rⅡB 两个亚区中任意区段的突变不能影响另一区段的功能。由此认为，rⅡA 和 rⅡB 是互补突变型。在 rⅡA 亚区内发生了突变的 T4 噬菌体，能与 rⅡB 亚区发生了突变的 T4 噬菌体互补，但它们都不能跟与自己一样的在同一亚区发生了突变的 T4 噬菌体互补，反之亦然。所以 rⅡA 和 rⅡB 是两个不同的功能单位，也即 rⅡA 基因和 rⅡB 基因。S Benzer 用顺反子（cistron）一词，将这两个亚区分别称为 rⅡA 顺反子和 rⅡB 顺反子，可见一个顺反子就是一段核苷酸序列，能编码一条完整的多肽链。这种多肽链既可以是一种有生物活性的蛋白质，也可与其他多肽聚合而形成复杂的蛋白质。目前，已经分析了几千种 rⅡ区的突变，其中有几百个不同的突变位点，发现这些突变位点都是线性排列的，说明基因本身是以线性排列的方式存在，正如前所述的染色体中基因线性排列一样。根据 S Benzer 的计算：在功能 DNA 中，最小交换单位为 1~3 个核苷酸。这与 DNA 单链结构中核苷酸是最小结构单位的理论相接近。因此，顺反子中的最小交换单位（交换子）和最小突变单位（突变子），都应该是 DNA 分子中的一个核苷酸对。作为功能单位的顺反子由多个可突变位点组成，这些位点之间可以发生交换，且交换并非完全发生在基因之间，在基因的内部也发生着遗传信息的交换与重组，即基因既是遗传的功能单位，同时也是交换单位和突变单位。

现代分子生物学文献中，顺反子和基因这两个术语互相通用。一般而言，一个顺反子就是一个基因，为 1500~2000nt，它是由一群突变单位和重组单位组成的线性结构（因为任何一个基因都是突变体或重组体）。因此，顺反子的概念表明了基因不是最小单位，它仍然是可分的，并非所有的 DNA 序列都是基因，而只有其中某些特定的多核苷酸区段才是基因的编码

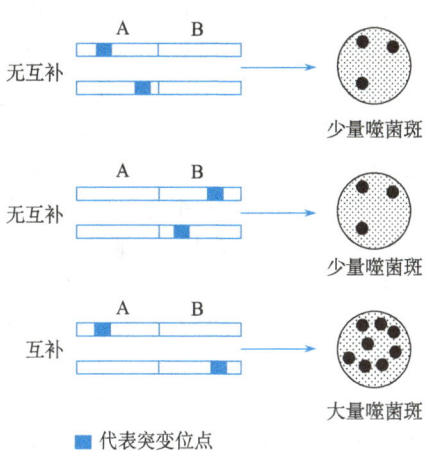

图 3.1 顺反互补试验示意图

区。从细菌到哺乳动物的全部生命有机体，它们的基因都是由 DNA 构成的。在分子水平上，由于所有生物 DNA 基本结构都一致，这是它们作为生物体的共性，又由于它们 DNA 序列上的不同，就形成了千差万别的生物界。因此，来自两种生命形态的基因（DNA）可以相互融合重组，由此可见，基因的 DNA 共性是实施基因工程（DNA 重组）的重要理论基础之一。

基因主要位于染色体上，除了染色体 DNA 外，细菌的质粒、真核生物的叶绿体、线粒体等细胞器都含有一定的 DNA 序列，其上大部分是具有遗传功能的基因，这些染色体外的 DNA 称为染色体外遗传物质。

> **小结**：DNA 分子不同区域的功能不同，并非所有的 DNA 序列都有编码功能。有编码功能的 DNA 序列在原核生物中占整个 DNA 的绝大部分，而在真核生物中只占一小部分。一个顺反子就是一段核苷酸序列，能编码一条完整的多肽链。顺反子中的最小交换单位和最小突变单位都是 DNA 分子中的一个核苷酸对。一个顺反子就是一个基因，基因既是遗传的功能单位，同时也是交换单位和突变单位。基因主要位于染色体上，细菌的质粒、真核生物叶绿体、线粒体等也含有 DNA，称染色体外遗传物质。

3.1.2 基因与多肽链的关系

基因的主要编码产物是多肽链，另外还包括许多编码 RNA 的基因，如 rRNA 基因、tRNA 基因以及其他小分子 RNA。1909 年，A E Garrod 在研究人类尿黑酸症（alkaptonuria）时发现，尿黑酸是 Phe 和 Tyr 分解代谢的一种正常中间产物，由于患者体内缺乏分解尿黑酸的酶，使其在体内积累而引起的，属于一种缺

乏酶催化的代谢障碍病。后来，GW Beadle 等应用 X 线射诱导处理红色面包霉（*Neurospora crassa*），获取了大量的营养缺陷突变体，进一步的遗传分析发现，其中的每一种突变都是单基因缺陷所致。1941年，他们在分析了大量红色面包霉突变结果的基础上，认识到生物体内的每一种变化过程都是由酶控制的，酶是一种特殊的蛋白质，而蛋白质的生成是由基因控制的，一旦基因发生突变，由它指导合成的蛋白质也随着发生变化，导致酶改性或失去活性，由此提出了"一种基因一种酶"假说。

1957年，英国剑桥 Ingram 在对镰形红细胞贫血症的血红蛋白和正常血红蛋白的氨基酸序列进行的对比研究中，第一次用实验证实了基因与蛋白质之间的直接关系。在 O_2 分压较低环境中，镰形红细胞容易溶血破裂而使血红蛋白计数减少，造成贫血。其本质是其血红蛋白的 β 链与正常野生型 β 链之间的第6位氨基酸，由 Val 取代了 Glu 所致。这种贫血病是由基因突变造成的一种分子病，除溶血后发生贫血外，还会堵塞血管形成栓塞，从而伤及多种动物器官。它的纯合子（通过单倍体形成的纯系双倍体）患者在童年就夭折。现已证实的分子病数以千计，仅人类的异常血红蛋白就已发现了300多种。绝大多数异常血红蛋白都是在 α 链或 β 链上发生一个氨基酸的取代替换所引起的。基因的碱基序列与蛋白质分子中氨基酸的序列之间的对应关系是通过遗传密码实现的，详见本书的蛋白质合成一章。

> **小结**：基因的主要编码产物是多肽链，还包括许多编码 rRNA 基因、tRNA 基因及其他小分子 RNA 的基因。基因的碱基序列与蛋白质分子中氨基酸序列间的对应关系通过遗传密码实现。

3.2 基因的命名

基因命名的方法目前并无严格统一。随着分子生物学的飞速发展，许许多多的基因组都已大规模被测序，更多的基因与其功能不断被鉴定。为便于学习理解，作者根据目前应用较多的方法简单归纳如下几方面。

1) 用三个小写英文斜体字母表示基因的名称，如涉及乳糖代谢相关的酶基因为 *lac*；涉及亮氨酸代谢相关的酶基因为 *leu*。

2) 在三个小写英文斜体字母后面加上一个斜体大写字母表示其不同的基因座，全部用正体时表示蛋白产物和表型。例如，对于大肠杆菌和其他细菌，用三个小写字母表示一个操纵子，接着的大写字母表示不同基因座，*Lac* 操纵子的基因座为 *LacZ*、*LacY*、*LacA*；其表达产物蛋白质则是 LacZ、LacY、LacA。但在研究不同生物的同一遗传机制时，往往有一些混淆，如在研究酿酒酵母和粟米酵母的细胞周期有关基因的命名。此外，许多基因在不同的实验中从相同组织里被分离出好几次，因而具有不同的名称。例如，重要的果蝇发育基因 *torpedo*，在筛选不同表型的过程中，它曾三次被鉴定，并命名为三种不同的名称，这些都需小心辨认。

3) 对于质粒和其他染色体外成分，如果是自然产生的质粒，用三个正体字母表示，第一个字母大写，如 ColE1。但如果是重组质粒，则在两个大写字母之前加一个 p，大写字母表示构建该质粒的研究者或单位。例如，pSC101（SC 代表 Stanley Cohen）及 pMT555（MT 代表 Manchester Technology）。

4) 对果蝇命名的例子在发育生物学中较多。对突变表型的表示用1~4个字母代表。例如，基因 *white*(*w*)、*tailless*(*tll*)、*hedgehog*(*hh*)；而相应的蛋白质则为 White、Tailess、Hedgehog。

5) 对于酵母，一般用三个大写斜体字母表示基因的功能，后面的数字表示不同的基因座。例如，啤酒酵母基因 *GAL4*、*CDC28*；其表达的蛋白质则是 GAL4、CDC28。但也有例外，如非洲粟酒酵母基因是 *gal4*、*cdc2*；蛋白质为 Gal4、Cdc2。

6) 线虫用三个小写斜体字母表示突变表型，如存在不止一个基因座，则在连字符后用数字表示，如基因 *unc-86*、*ced-9*；蛋白为 UNC-86、CED-9。

7) 目前还没有适用于所有植物的惯用命名法，但大多数也用1~3个小写字母表示。

8) 脊椎动物一般用描述基因功能的1~4个小写字母和数字表示其基因功能。例如，基因为 *sey*、*myc*，蛋白质为 Sey、Myc。

9) 人类基因的命名方法与脊椎动物相似，但需要大写。例如基因是 *MYC*、*ENO1*，蛋白质则为 MYC、ENO1。

> **小结**：基因命名的方法目前无严格统一，最常用的是三个小写英文斜体字母表示基因的名称，在三个小写英文斜体字母后加上一个斜体大写字母表示不同的基因座，全部用正体时表示蛋白产物和表型。如对 *E. coli*，用三个小写字母表示一个操纵子，大写字母表示不同基因座，*lac* 操纵子的基因座为 *LacZ*、*LacY*、*LacA*；其表达产物蛋白质是 LacZ、LacY、LacA。

3.3 基因组

3.3.1 基因组的概念

基因组(genome)是指生物体或细胞中一套完整单体的遗传物质的总和;或指原核生物染色体、质粒、真核生物的单倍染色体组、细胞器以及病毒中,所含有的一整套基因,包括构成基因和基因之间区域的所有DNA。一般以DNA的长度和序列表示基因组及基因,不同生物基因组大小及复杂性不同。生物的复杂性与基因组内的基因数量有关。绝大多数生物的基因组越复杂,进化程度则越高。基因组DNA上排列着基因,每个基因都有其特定的座位,形成了该生物特定的有规律的结构。因此,基因组是一种生物全部遗传物质的总和。基因组还应该代表某物种不同DNA功能区域在DNA分子上的结构分布和排列情况。原核生物和真核生物的基因组在复杂性和基因组织特异性方面都有很大差异。应该指出,基因组的概念并不是十分确切的,除了指一个生物的所有基因之外,也可指一条或多条染色体的一组基因的总和。人类基因组一般都是指23对染色体的所有基因。在细胞线粒体和叶绿体中,都分别还含有一小套线粒体或叶绿体的基因组,相对于后两者,细胞核内的基因组则称为核基因组(nuclear genome)。

小结:基因组指生物体或细胞中一套完整单体的遗传物质的总和;或原核生物染色体、质粒、真核生物的单倍染色体组、细胞器以及病毒中所含有的一整套基因,包括构成基因和基因之间区域的所有DNA。基因组还指某物种不同DNA功能区域在DNA分子上的结构分布和排列情况。

3.3.2 基因及基因组的大小与C值矛盾

1. 基因及基因组的大小

基因的大小在很大程度上取决于其所含有的非编码序列,即内含子(intron)的数目和每个内含子的长度。有些基因的内含子特别长,如某些哺乳动物的二氢叶酸还原酶基因(*dhfr*)见图3.2,含有6个编码区,即外显子(exon),其mRNA的长度为2.0kb,但它含有极长的内含子,使其基因的总长度长达25~31kb,*dhfr*的外显子基本相同,各内含子的相对位置不变,但长度却变化很大。

由于内含子通常比外显子大的多,从而导致了整个基因比其编码区域也长很多,而且内含子之间区别也很大,其大小从200bp左右到上万个碱基对。有些极端的例子甚至有50~60kb的内含子。因此,一个基

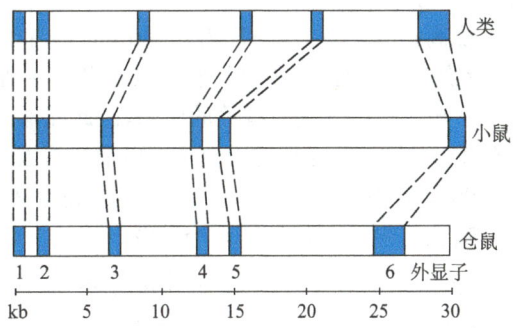

图 3.2 哺乳动物二氢叶酸还原酶基因的结构

因比它实际编码蛋白质的序列要大得多,与一个完整的基因相比,真正编码蛋白质的序列很短,外显子的大小与基因的大小没有必然的联系。比较基因的长度和由它们编码mRNA的长度,可以看出在酵母细胞中信使分子大小的变化范围与其基因大小的变化范围并没有什么不同。但是在哺乳动物中的情况有明显不同,它们的信使分子常常不到10kb,而与之相比基因的大小常常达到100kb。

基因的大小还与它所包含内含子的数目有关。在不同的基因中,内含子的数目变化很大,有些断裂基因含有一个或少数几个内含子,如珠蛋白基因;某些基因含有较多的内含子,如鸡卵清蛋白基因有7个内含子,伴清蛋白基因含有16个内含子,编码人类巨肌蛋白的*titin*基因是迄今发现的内含子数目最多的基因(含362个内含子)。在人类基因组中,约有1%的外显子,24%的内含子,75%的间隔序列。

如表3.1所示,总结了一些生物体的平均基因大小,比较不同的物种,可看出从低等到高等真核生物mRNA和其基因的大小略有增加,平均外显子数目的增加是真核生物基因的一种标志。在哺乳动物、昆虫和鸟类中,基因的平均长度大约是其mRNA长度的5倍。

表 3.1 不同生物的平均基因大小

种类	平均外显子数目	平均基因长度/kb	平均mRNA长度/kb
酵母	1	1.6	1.6
真菌	3	1.5	1.5
藻虫	4	4.0	3.0
果蝇	4	11.3	2.7
鸡	9	13.9	2.4
哺乳动物	7	16.6	2.2

已知基因组的总体大小,可以估算基因组中基因

的数目。目前已知酵母基因组的全部序列,其基因排列密度较高,平均每个 ORF 为 1.4kb,间隔序列为 600bp,大约 70% 的区域为可读框。其中约有一半的基因是已知或与已知基因有关的序列,因此能够推测未发现基因的数目。由此可大致推算出细菌基因组大约有 2400 个基因,酵母为 6.0×10^3 个,果蝇为 9.0×10^3 个,哺乳动物高达 1.2×10^5 个左右。

2. 基因组 DNA 的 C 值与 C 值悖理

生物体的一个特征是一个单倍体基因组的全部 DNA 含量总是相对恒定的。我们将真核生物单倍体基因组所包含的全部 DNA 含量称为该物种的 C 值(C-value),以皮克表示($1pg = 10^{-12}g$)。不同物种的 C 值差异很大,最小的支原体只有 10^6 bp,而最大的如某些显花植物和两栖动物可达 10^{11} bp。随着生物的进化,生物体的结构和功能越来越复杂,其 C 值就越大,如真菌和高等植物同属于真核生物,但后者的 C 值却大得多。这一点不难理解,因为结构和功能越复杂,所需要的基因产物的种类也越多,即需要的基因越多,因而 C 值越大。如表 3.2 所示,为不同生物种类的 C 值范围分布。

然而,在另一方面,随着进化,生物体复杂性和 DNA 含量之间的关系变得模糊了,出现了很多令人不解的现象。一些物种基因组大小的变化范围很窄。如鸟、爬行动物和哺乳动物各门内基因组大小的范围只有 2 倍的变化。但大多数昆虫、两栖动物和植物的情况却不同,在结构和功能很相似的同一类生物中,甚至在亲缘关系十分接近的物种之间,C 值可以相差数十倍乃至上百倍。突出的例子是肺鱼和百合属植物,具有比人类大得多的染色体基因组,两栖动物 C 值小的低至 10^9 bp 以下,C 值大的则高达 10^{11} bp,而哺乳动物的 C 值均为 10^9 bp 的数量级,见图 3.3。人们很难相信不同的两栖动物,所需基因的数量会有 100 倍的差别。由于无法用已知的功能解释基因组 DNA 的含量,所以产生了 C 值悖理。

表 3.2 个别生物的 C 值

生物	C 值/pg	染色体数目
肺鱼	112.2	19
牛	3.2	30
人	3.2	23
果蝇	0.18	4
豌豆	14.0	6
大肠杆菌	4.7×10^{-3}	1
ΦX174	5×10^{-6}	1

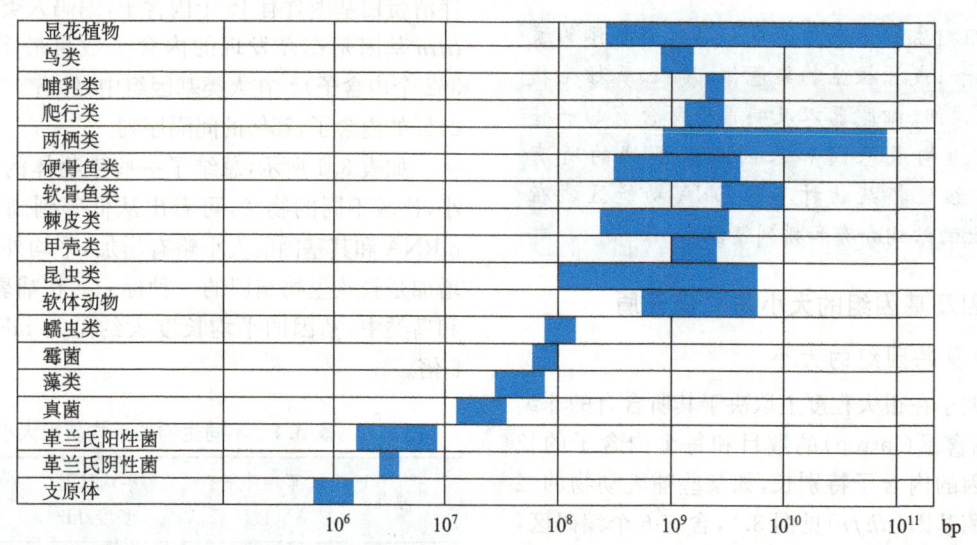

图 3.3 不同生物种类的 C 值分布范围

C 值悖理(C-value paradox)是指真核生物中 DNA 含量的反常现象。主要表现为:① C 值不随生物的进化程度和复杂性而增加,如肺鱼的 C 值为 112.2,而人是 3.2,与牛相近;② 关系密切的生物 C 值相差很大,如豌豆为 14,蚕豆为 2,相差 7 倍;③ 真核生物 DNA 的含量远远大于编码蛋白等物质所需的量。如果假设一个基因的长度为 1×10^4 bp(已超过大多数基因的长度),那么人类基因组 DNA 的长度 3×10^9 bp 就应该能编码 300 万个基因,但实际情况并非如此。据估算,哺乳动物基因组 DNA 的含量大约是全部编码基因长度的 10 倍。90% 以上的基因组 DNA,其功能尚无令人信服的解释。

小结：基因的大小主要取决于其所含内含子的数目和每个内含子的长度。真核生物单倍体基因组所包含的全部 DNA 含量称为 C 值（C-value），以皮克表示。不同物种的 C 值差异很大，C-值悖理指真核生物中 DNA 含量的反常现象。表现为：① C 值不随生物的进化程度和复杂性而增加；② 关系密切的生物 C 值相差很大；③ 真核生物 DNA 的量远大于编码蛋白等物质所需的量。

3.4 病毒及其基因组

病毒（virus）是最简单的生物，外壳蛋白包裹着里面的遗传物质核酸。病毒进入活的易感宿主细胞后，借助于宿主细胞本身提供的原料、能量和酶等，以自我复制的方式进行繁殖。病毒以其基因组核酸为模板，在 DNA 和 RNA 聚合酶及其他细胞因子的参与下，复制子代病毒的核酸，之后，装配成完整的病毒颗粒并释放到细胞外。由于病毒的基因组具有多样性，使得不同类型病毒的复制方式也不同。许多病毒 DNA 的复制及基因表达依赖于宿主细胞系统，因此某些病毒的基因和基因组既有其简单的一面，又有能反映真核生物特性的一面。根据病毒基因组的核酸类型，将病毒分为 DNA 病毒和 RNA 病毒。又因宿主不同分为动物、植物病毒和噬菌体。在分子生物学发展过程中，人类对病毒的研究有许多重要成果，很多分子生物学上的重大突破都是以病毒作为模式或研究材料进行的，其成果除了揭示许多重要的分子生物学过程之外，对人类认识病毒感染、致病的分子本质，为病毒引起疾病的诊断、预防和治疗提供了理论基础，促进了基因工程疫苗和抗病毒药物的研制和发展。

3.4.1 病毒基因组一般特点

相对于能独立生活的微生物来说，病毒基因组非常简单。病毒核酸的相对分子质量为 $1.6 \times 10^7 \sim 1.6 \times 10^8$，仅为一般细菌基因组的 0.1%～10%。因此，病毒所携带的信息量及可编码的蛋白质比细菌少得多，但它们都含有病毒复制、转录等所需要的基因或可读框。研究病毒基因组可读框的位置和功能，以及调节元件在基因组复制和表达中的作用，能够帮助人们更深入地了解病毒基因组的结构和功能。

病毒基因组具有以下结构特点。

① 与细菌相比较，病毒的基因组很小，因此所含有的遗传信息量也少，只能编码少数的蛋白质。但不同病毒的基因组大小差异很大。

② 病毒基因组可以由 DNA 或 RNA 组成，但每种病毒只含有一种核酸。核酸的结构可以是单链或双链、闭合环状或线状分子。

③ 病毒基因组通常有基因重叠，即同一个 DNA 序列可以编码 2 种或 2 种以上的蛋白质。重叠基因使用共同的核苷酸序列，但转录成的 mRNA 有不同的可读框（ORF）。有些重叠基因使用相同的可读框，但起始密码子或终止密码子不同。

④ 病毒基因组的大部分序列用来编码蛋白质，基因之间的间隔序列（spacer sequence）非常短。因此，非编码区只占基因组的很小部分，如 $\Phi X174$ 的非编码区只占约 4%。

⑤ 病毒基因组中在功能上相关的基因一般集中成簇，在特定部位构成一个相对的功能单元或转录单元。转录产物一般为多顺反子 mRNA，之后加工成各蛋白质的 mRNA。

⑥ 噬菌体的基因是连续的。但大多数真核细胞的病毒都含有不连续基因。除正链 RNA 病毒外，真核细胞病毒的基因一般先转录成 mRNA 前体，再经剪接才能成为成熟的 mRNA。所以，病毒基因的特性更像真核生物基因。

小结：病毒基因组仅为一般细菌基因组的 0.1%～10%，所带信息量及可编码的蛋白质比细菌少得多，但都含有病毒复制、转录等所需的基因或可读框。病毒基因组特点：基因组很小，所含遗传信息量少；每种病毒只含一种核酸；核酸结构是单或双链、环状或线状分子；有重叠基因；基因之间的间隔区很短；功能上相关的基因集中成簇构成功能单元或转录单元；转录产物一般为多顺反子 mRNA；大多数真核细胞的病毒都含不连续基因。

3.4.2 病毒的核酸

根据病毒基因组核酸的类型，可以分为 DNA 病毒和 RNA 病毒。基因组核酸可以是单链或双链，线状或环状分子。不同病毒的基因组大小有很大差异。有的病毒含有单一的片段，而有的含有不同的多个片段，如流感病毒含有 8 个 RNA 分子，大小不同。

病毒的 DNA 多数为双链结构，如腺病毒。也有单链 DNA，如微小病毒科的病毒。乳多孔病毒等是双链环状 DNA，后者可在酶作用下形成超螺旋结构，也可从超螺旋结构转变为松弛环型 DNA。病毒的线状 DNA 末端有末端重复序列（terminal repeat，TR），在复制时能使 DNA 环化，对病毒 DNA 复制有重要意义。

RNA 病毒多数为单链线状 RNA，少数呈双链结构。例如，呼肠孤病毒（reovirus）有 10 个 RNA 片段。轮状病毒有 11 个片段，都为双链 RNA 分子。流感病毒的 8 个片段为单链 RNA 分子。

病毒基因组的核酸有正链和负链之分。如果病毒的单链 RNA 基因组直接作为 mRNA，则称为正链 RNA，这些病毒称为正链 RNA 病毒。如果病毒 RNA 不能直接作为 mRNA，而以互补的 RNA 链作为 mRNA，则称基因组 RNA 为负链 RNA，这种病毒称为负链 RNA 病毒。正链 RNA 分子可以直接感染动物细胞，合成病毒的外壳和核酸，并组装成病毒体。负链 RNA 分子本身无感染性，需要转录成 mRNA 才具有感染性。负链 RNA 病毒的基因组在转录为 mRNA（与基因组 RNA 互补的 RNA）的过程中，需要依赖于 RNA 作为模板的 RNA 聚合酶（RNA-dependent RNA polymerase）催化，但此酶在细胞内不存在，而是由病毒颗粒携带的。因此，这种病毒的负链 RNA 分子感染细胞后不能完成 mRNA 合成过程，不能复制病毒。只有负链 RNA 病毒颗粒感染细胞后才能复制出病毒。病毒 DNA 也有正、负链，这与 DNA 单链作为转录模板有关。

3.4.3 噬菌体基因组

噬菌体基因组一般比较简单，需要利用宿主细胞的酶系统进行 DNA 复制、RNA 及蛋白质的合成。因此它们的生长繁殖主要依赖于宿主细胞。

λ噬菌体基因组 λ噬菌体是 *E. coli* 的一种温和性噬菌体。噬菌体的形状为二十面体，头部直径 55nm，有一个颈部的连接结构。λ 感染 *E. coli* 细胞后有两种不同的结果，即细胞的溶菌性反应和溶源性反应。λ 噬菌体基因组有 4.85×10^4 bp，包括 46 个基因。整个基因组分为 5 个区域：头部基因（A～F 基因）、尾部基因、调控（免疫）区（含 N、cⅠ、cⅡ、cⅢ 和 cro 等基因）、复制控制区和晚期基因调控区，见图 3.4。

λ噬菌体 DNA 的线性分子两端各有一个黏性末端 cos。两端的 cos 结构与外壳蛋白装配成为成熟的噬菌体有关。通过 cos 的黏性连接，在噬菌体生活周期的一定阶段可形成复制型环状 DNA。λ噬菌体基因组的基因表达分为早期、晚早期和晚期三个阶段，依赖宿主细胞的 RNA 聚合酶合成 3 组 RNA 产物。λ噬菌体基因组的调控区结构见图 3.5。λ 噬菌体在基因工程中广泛用作克隆载体。利用它裂解生长的特性，外源 DNA 替代 λ 噬菌体基因组内与溶源化有关的基因区段（如整合基因 *int*、切离基因 *xis* 和附着位点 *att* 等），构建成重组 DNA 分子，在克隆载体应用和基因文库构建方面起着重要作用。

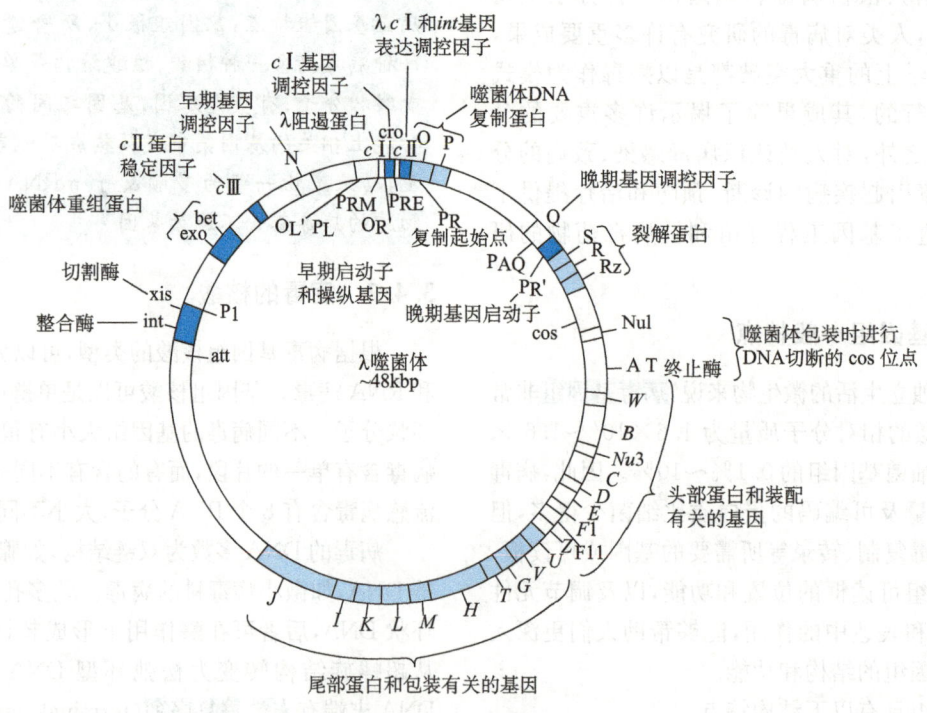

图 3.4 λ噬菌体基因组

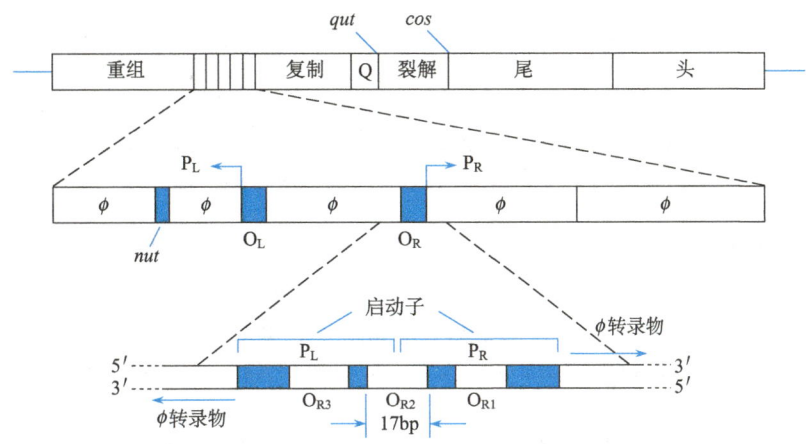

图 3.5 λ 噬菌体基因组的调控区

ΦX174 噬菌体基因组 ΦX174 噬菌体基因组是单链环状的 DNA，含有 5386 个核苷酸，共 11 个基因。如表 3.3 所示，ΦX174 噬菌体的编码基因及功能。11 个基因构成了 3 个转录单元，从 3 个转录启动子 Pa、Pb 和 Pd 分别开始转录基因 A，B，D。在基因 A 和 H 之间有一个强终止信号，所有转录都终止。在基因 J 和 F 之间有一个弱终止信号，部分转录被终止，一部分 mRNA 继续往下转录到基因 H 结束。基因 D-(E)-J-F-G-H 都转录在同一条 mRNA 分子上，见图 3.6。除上述有关的基因构成一个顺反子，产生同一 mRNA 分子外，ΦX174 基因组还具有重叠基因和基因间区很小这两个重要特性。

重叠基因 在噬菌体 ΦX174 单链环形 DNA 的序列组织上有一个显著的特点，即基因组的基因个数小于所编码合成的蛋白质数目，见图 3.6。ΦX174DNA 全部的 5386 个核苷酸序列最多能编码 1795 个氨基酸，若每个氨基酸的平均相对分子质量为 110，应可以编码总相对分子质量为 1.97×10^5 的蛋白质。而实际上 ΦX174 噬菌体的蛋白质的总相对分子质量为 2.62×10^5。由图 3.7 所示，在 A 基因内还有一个 A* 基因被启动转录；B 基因的 260 个核苷酸完全位于含 1546 个核苷酸的 A 基因之内；E 基因的 237 个核苷酸完全包括在含有 456 个核苷酸的 D 基因之内；表达的蛋白质 D 的终止密码子最后一个核苷酸是表达的蛋白质 J 起始密码子的第一个核苷酸(图 3.7)；K 基因则跨越在 A* 基因和 C 基因之间，即从邻近 A 基因末端的一个密码子开始，终止在 C 基因内。我们将这种不同的基因共用一段核苷酸序列，按照不同的可读框表达的现象称为基因的重叠，上述的 A、B、C、D、E、K 基因都是重叠基因(overlapping gene)，又称为嵌套基因(nested gene)。由此表明，噬菌体 ΦX174 单链环形 DNA 含有重叠基因，这些重叠在一起的基因在表达时使用了不同的可读框(open reading fram，ORF)，因此，虽然 DNA 序列相同，但表达的蛋白质不同。一个可读框一般指某段 DNA 序列以三联码阅读，与某种多肽链的氨基酸序列相对应，有起始密码子和终止密码子的结构。重叠基因可定义为一段核苷酸序列能够编码一条以上的多肽链，(理论上一条双链 DNA 片段可有多达 6 种编码序列)重叠基因既可以是编码序列，也可以作为调控序列。

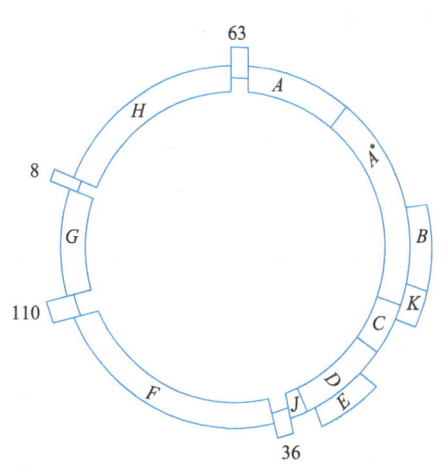

图 3.6 ΦX174 噬菌体的重叠基因与基因组图

表 3.3 ΦX174 噬菌体的编码基因及功能

基因	功能
A	RF 复制，病毒链合成
A*	寄主 DNA 合成的关闭
B	病毒外壳的形成
C	噬菌体单位大小的 DNA 的形成
D	病毒外壳的形成
E	溶菌作用
F	主要外壳蛋白
G	主要突起蛋白
H	主要突起蛋白；对寄主细胞的吸附
J	核心蛋白；子代 DNA 进入噬菌体颗粒
K	未知

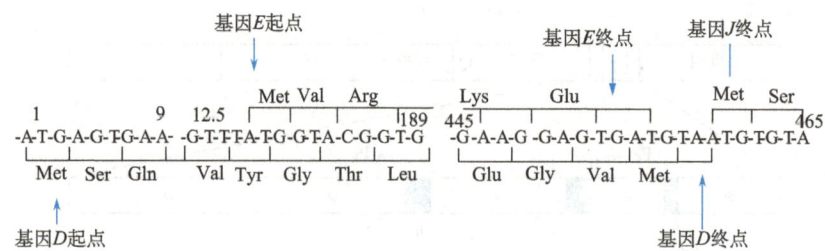

图 3.7　ΦX174 噬菌体 DNA 中的 D 和 E 基因及编码蛋白质的起点和终点

E 基因第一核苷酸位于第 179 位，完全包括在 D 基因内，但 ORF 不同，E 基因编码蛋白长度为 D 基因产物的 66%，基因 D 终止密码子 TAA 的最后一个碱基是基因 J 起始密码子 ATG 的第一个碱基

ΦX174 噬菌体的 11 个基因的蛋白质产物都已被分离。蛋白质编码的总长度超过了 DNA 编码容量。将蛋白质的一级结构与 DNA 全部序列进行比较，得到了 ΦX174 噬菌体基因组内存的部分基因重叠。尽管基因的 DNA 重叠，但分别以不同的可读框架起始翻译了不同的蛋白质。在基因重叠的情况下，共同序列上发生的突变可能影响其中一个基因的功能，也可能影响两个基因。在重叠基因中还有一种情况是当一个基因包含在另一基因之中时，两个基因使用相同的可读框。小基因可独立地表达一种蛋白质，相当于整个基因表达的蛋白质的一部分。最终结果类似于一个完整的蛋白质发生了部分的断裂。在一些病毒或线粒体基因中，两个邻近的基因以一种巧妙的方式发生重叠，并以不同的可读框被阅读并表达，因此一段相同的 DNA 序列可以编码两个非同源蛋白质。重叠的距离通常相对较短，所以大部分序列仍然具有独立的编码功能，翻译对应的蛋白质。

在 SV40 DNA 中也发现有重叠基因，早期的 T 抗原和 t 抗原基因重叠，t 基因完全在 T 基因之内，并通用共同的起始密码子。在细菌染色体上也有重叠基因，如大肠杆菌 trp 操纵子由 5 个结构基因（trpE-D-B-A）组成，其中 trpE 和 trpD 之间 trpB 和 trpA 之间有部分重叠。这种基因的重叠结构与基因表达调控有关，它能保证两个连续的基因在转录和翻译水平上偶联协调，从而进行有效的翻译。重叠基因是 20 世纪 70 年代在基因结构上的一个重大发现，修正了经典的各个基因互相独立，互不重叠的传统概念。基因重叠的现象反映了原核生物能够利用有限的遗传资源表达更多基因产物，以满足生物功能需要的能力。

基因间区很小　在 ΦX174 基因组内各基因间的间隔区很小。例如，基因 H 和 A 之间的间隔区有 63nt，其中含有 RNA 聚合酶的结合位点、转录终止信号以及合成蛋白质 A 的核糖体结合位点等调控区域，可见非转录的间隔区缩小到了十分精简的程度。

> **小结**：病毒基因组的核酸有正链和负链之分。如果病毒的单链 RNA 基因组直接作为 mRNA，则称正链 RNA，这些病毒称正链 RNA 病毒；如病毒 RNA 不直接作为 mRNA，而以互补 RNA 链作为 mRNA，则称基因组 RNA 为负链 RNA，这种病毒称为负链 RNA 病毒。正链 RNA 分子可直接感染动物细胞，合成病毒的外壳和核酸，并组装成病毒体。负链 RNA 本身无感染性，需转录成 mRNA 才有感染性。
>
> 不同的基因共用一段核苷酸序列，按照不同的可读框表达的现象称为基因的重叠。ΦX174 单链环形 DNA 含有重叠基因，重叠基因表达时使用了不同的 ORF，因此虽然 DNA 序列相同但表达的蛋白质不同。

3.4.4　几种病毒的基因组

1. SV40 病毒基因组

SV40 是最初在猴肾细胞中分离出来的猴病毒，能引起人的培养细胞转化，在仓鼠和人体内可致肿瘤。SV40 基因组只有 5 个基因，要完全依靠哺乳动物细胞内的系统进行它的 DNA 复制和基因表达。因此，SV40 病毒是研究真核生物基因表达的重要对象，是了解病毒致癌机制的一个重要途径。它的启动子和增强子被广泛用于真核生物基因表达载体构建。SV40 病毒的外壳是二十面对称体的球状颗粒，中心包含有全长 5243bp 的双链环状 DNA。DNA 与组蛋白相连，形成 24 个核小体，称为微小染色体，是真核细胞染色质的最小模型。基因组分为大小相近的两个区域，转录方向相反。大 T 和小 t 基因以逆时针方向转录，发生在 DNA 复制之前，称为早期基因及早期转录。Vp1、Vp2 和 Vp3 基因以顺时针方向转录，发生在 DNA 复制之后，称为晚期基因和晚期转录。在早期和晚期基因之间是 SV40 基因组的调控区，约 400bp，处于微小染色体的无核小体内。这个区域内的早期和晚期基因调控序列及 DNA 复制起位点等大部分序列都重叠使用。

2. 腺病毒基因组

腺病毒(adenovirus)是一种典型的双链 DNA 病毒，分布十分广泛，从各种胎生哺乳动物、鸟类和两栖类动物中已分离到。完整的腺病毒颗粒相对分子质量为 $1.7×10^8$～$1.85×10^8$，沉降常数约 560S，在 CsCl 中的密度为 1.32～$1.35mg/cm^3$。腺病毒对热和酸稳定，能在肠道中存活。腺病毒颗粒无包膜，外围是蛋白外壳，中间为紧密的核心颗粒，内含单一拷贝的双链 DNA。毒粒内有一个 40～45nm 的组蛋白样多肽组成的内核，核心蛋白可与病毒 DNA 紧密结合。病毒 DNA 的 5′端与末端蛋白共价连接。末端蛋白使病毒 DNA 形成一个非共价连接的环。腺病毒感染细胞后可关闭宿主细胞某些基因的表达，大量合成病毒蛋白质，致使细胞的功能失常。腺病毒感染的重要特征是它的结构蛋白可在细胞核内形成包涵体。腺病毒是研究细胞生长和繁殖的分子机制以及肿瘤分子生物学的理想模型，其早期的转录区对细胞转化和致癌作用都很重要。

腺病毒基因组为线形双链 DNA，人类腺病毒基因组包括早期基因 $E1A$、$E1B$、$E2A$、$E2B$、$E3$ 和 $E4$ 以及晚期基因 $L1$、$L2$、$L3$、$L4$ 和 $L5$。早期基因在病毒感染后的复制前开始转录。病毒的 VA 区在感染宿主细胞后大量编码合成一些小 RNA 片段。在感染晚期，VAI RNA 作为一种重要的翻译激活因子，促进宿主细胞和病毒 mRNA 的翻译，同时抑制蛋白激酶 R(protein kinase R)的活性，这种蛋白激酶可通过磷酸化作用抑制翻译因子 eIF-2。蛋白激酶 R 能被干扰素诱导，引起细胞的蛋白质合成关闭，而 VAI RNA 可阻止这一过程，抵抗干扰素的作用。病毒 DNA 的两条链都有编码功能，但转录方向不同。DNA 分子两端有反向重复区，当双链变性后可通过链内退火形成单链环状 DNA 分子。

腺病毒 DNA 可以整合到感染的细胞或转化的细胞 DNA 中。在腺病毒感染许可性的人类细胞时，病毒 DNA 与宿主细胞 DNA 也可以发生重组。

3. 逆转录病毒基因组

人类免疫缺陷病毒(HIV)颗粒是至今发现的最复杂的逆转录病毒。HIV 的基本形态与其他逆转录病毒相似，有核心部分、核衣壳和包膜等三种主要结构。核心部分含两个单股正链 RNA 基因组，两个单体在 5′端由氢键相连。每个 RNA 基因组长 9.2kb。核心内还含有病毒本身编码的逆转录酶、整合酶和蛋白酶。核衣壳由 P17、P24、P9 和 P7 等蛋白质组成。最外面的包膜由病毒编码的糖蛋白 GP120 和 GP41 及类脂组成。

HIV 基因组是单股正链 RNA。基因组结构及基因的排序如图 3.8 所示。基因排列顺序为 5′LTR-gag-pol-env-3′LTR，5′端有帽子结构，3′端有 poly A。除上述三个结构基因外，还有 tat、rev、nef、vif、vpr 和 vpu 6 个调节基因，编码 6 种调控蛋白，在逆转录病毒中较少见。HIV 的基因编码区域有许多重叠，除基因 tat 和 rev 两侧含有内含子外，大多数基因无内含子，最大限度地利用了有限的编码序列。

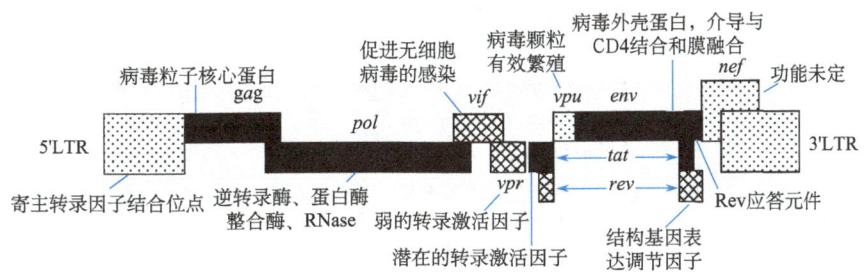

图 3.8 HIV 病毒的基因组结构

HIV 感染细胞后，在自身**逆转录酶**(revers transcriptase)作用下，以单链 RNA 为模板，合成双链线状及环状 DNA，最后在**整合酶**(integrase)催化下，整合到宿主细胞基因组 DNA 的特殊位置。这种前病毒(previrus) DNA 的整合形式，能最大限度地合成病毒 RNA。后者既可以大量包装成为成熟的病毒颗粒，又可作为 mRNA 指导合成病毒特异性的蛋白质，如病毒的逆转录酶就是由它的 mRNA 直接翻译而成的。

小结：人类免疫缺陷病毒(HIV)颗粒是至今发现的最复杂的逆转录病毒，HIV 基因组是单股正链 RNA，感染细胞后在自身逆转录酶作用下合成双链 DNA，再整合到宿主细胞基因组 DNA 中。

3.5 细菌基因组

原核生物一般以细菌类的单细胞作为代表。这类生物能自我繁殖，具有复杂的细胞结构和代谢过程，因此细菌基因组比病毒大得多，也复杂得多。目前已部分完成测序的细菌基因组见表3.4。原核生物细胞没有明显的细胞核形态，但习惯上还是用"染色体"来描述细菌的遗传物质。所有原核生物的遗传物质都是DNA，基因组大小都在 10^6 bp 以上。在双链 DNA 的两条链上都有基因的编码序列。原核生物基因组是多组分的，不单是"类核"的主基因组，还包括许多独立的 DNA 分子。例如，布氏螺旋体的线性染色体长 910kb，至少含 853 个基因，此外还有 17 个线形或环形质粒，共长 53kb，含 430 个基因，这些基因中有些对宿主细胞是必要的，也属于基因组成分。大肠杆菌是分子生物学研究中的重要模式生物，K12 是第一个被测序的大肠杆菌基因组，前人在 1996～1997 年分别对两个菌株（MG1655 和 W3110）完成了序列测定。1999～2001 年，又先后完成了对有致病性的大肠杆菌 O157：H7 EDL933 和 SAKAI 菌株的基因组测序。到 2006 年，已完成测序的各种大肠杆菌基因组达到 20 种以上，对绝大多数基因都可通过生物化学实验或生物信息学分析得到合理的注释。例如，大肠杆菌 K12，MG1655 全基因组是包含 4 639 221bp 的双链环状分子，蛋白质编码基因占整个基因组的 87.8%，RNA 基因占 0.8%，0.7% 为非编码的重复序列，其余约 11% 为调控或其他功能区。共有 4400 多个可能的编码基因，其中 3700 个已通过生化实验或生物信息学分析得到了合理的注释。另外大约 700 个基因中有 650 个与其他细菌基因组基因显示出较高的同源性，只有 50 个基因与其他任何物种没有明显的同源性。

表 3.4　部分目前已完成全序列测定的细菌基因组

细菌中文名称	学名	碱基数	EMBL 代码
嗜热菌	*Aquifex aeolicus*	1 551 335	AE000657
枯草芽孢杆菌	*Bacillus subtilis*	4 214 814	AL009126
布氏疏螺旋体	*Borrelia burgdorferi*	910 724	AE000783
空肠弯曲杆菌	*Campylobacter jejuni*	1 641 481	AL111168
Muridarum 衣原体	*Chlamydia muridarum*	1 069 412	AE002160
肺炎衣原体	*Chlamydia pneumoniae*	1 230 230	AE001363
肺炎衣原体 AR39	*Chlamydophila pneumoniae* AR39	1 229 853	AE002161
沙眼衣原体	*Chlamydia trachomatis*	1 042 519	AE001273
耐放射微球菌（1号染色体）	*Deinococcus radiodurans* chr I	2 648 638	AE000513
耐放射微球菌（2号染色体）	*Deinococcus radiodurans* chr II	412 348	AE001825
大肠杆菌	*Escherichia coli*	4 639 221	U00096
流感嗜血菌	*Haemophilus influenzae*	1 830 138	L42023
幽门螺杆菌（26695 菌株）	*Helicobacter pylori* strain 26695	1 667 867	AE000511
幽门螺杆菌（J99 菌株）	*Helicobacter pylori* strain J99	1 643 831	AE001439
生殖道支原体	*Mycoplasma genitalium*	580 074	L43967
结核杆球菌	*Mycobacterium tuberculosis*	4 411 529	AL123456
奈瑟氏球菌（MC58 菌株）	*Neisseria meningitidis* strain MC58	2 272 351	AE002098
奈瑟氏球菌（Z2491 菌株）	*Neisseria meningitidis* strain Z2491	2 184 406	AL157959
普氏立克次氏体	*Rickettsia prowazekii*	1 111 523	AJ235269
蓝细菌	*Synechocystis* sp. PCC6803	3 573 470	BA000022
嗜热菌	*Thermotoga maritima*	1 860 725	AE000512
梅毒螺旋体	*Treponema pallidum*	1 138 011	AE000520
解脲尿支原体	*Ureaplasma urealyticum*	751 719	AF222894

注：已完成全序列测定的部分细菌的名称和拉丁文学名，数据引自欧洲生物信息学研究所基因组信息网：http://www.ebi.ac.uk/genomes/。

3.5.1 细菌基因组的一般特点

细菌是典型的原核生物，其染色体基因组具有以下特性：① 基因组通常仅由一条环形或线形双链 DNA 分子组成。细胞染色体相对聚集成称为"类核"（nucleoid）的致密区；② 只有一个复制起点；③ 有操纵子（operon）结构，数个相关的结构基因（一般是参与某个生化过程）串联在一起，受同一个调控区域调节，合成多顺反子的 mRNA；④ 编码蛋白质的结构基因为单拷贝，但 rRNA 基因一般是多拷贝；⑤ 非编码 DNA 所占比例很少，类似于病毒基因组；⑥ 基因组 DNA 具有多种调控区，如复制起始区、复制终止区、转录启动子、转录终止区等特殊序列，以及重复序列，比病毒基因组复杂；⑦ 细菌基因组与真核生物基因组类似，也具有可移动的 DNA 序列。

3.5.2 细菌的染色体基因组

细菌没有细胞核形态，它的遗传物质形成类核，无核膜，类核占细胞的 1/3 体积。类核中央由骨架蛋白和 RNA 组成，外围是双链闭环的 DNA 超螺旋。DNA 与细胞膜相连，连接点数目随细胞生长状况和生活周期而异。当细胞分裂时，DNA 分配到两个子细胞的核样结构内，无纺锤丝。核样结构对染色体起固定作用，也有利于在细胞分裂时将复制后的 DNA 均匀地分配到两个子细胞中。

大肠杆菌染色体基因组（E. coli chromosome genome）是指存于 E. coli 染色体上的全部基因。E. coli 染色体相对聚集形成致密类核（nucleoid），但无核膜，类核中央由 RNA 和支架蛋白组成，外围是双链闭环的 DNA 超螺旋。其双链环状的 DNA 分子约含 4.2×10^6 bp，相对分子质量为 2.67×10^9，如果将每个基因的长度定为 1000bp，则大肠杆菌基因组有 3000～4000 个基因。它的蛋白质结构基因大都为单拷贝，功能相关的基因大多集中在一起组成操纵子，其中的结构基因为多顺反子。与复制有关的酶和蛋白质基因分散排列在整个染色体的不同区域中，rRNA 基因是多拷贝的，并由 16S，23S，5S rRNA 基因组成一个转录单位，其间有的还插有 tRNA 基因。tRNA 基因有单、双、多拷贝的形式。基因组中具有多种功能的识别区域，如复制起始区以及终止区、转录启动区以及终止区等。这些区域具有特殊的序列，如反向重复序列等。从大肠杆菌中已经分离到了几种表面上类似于真核细胞染色体蛋白样的 DNA 结合蛋白，又被称为类组蛋白（histone-like protein）。含量最多的是 HU 蛋白二聚体，它是一种能使 DNA 密集凝缩的 DNA 结合蛋白，可将 DNA 绕成串珠状结构，在大肠杆菌中 HU 蛋白参与 λ 噬菌体的整合、切断等特异性重组反应。另一种二聚体蛋白是宿主整合因子（IHF），其复合物能使有活性的 DNA 序列定位在细胞内的特异位点。H1 蛋白是一种中性的单体蛋白，能与 DNA 序列非共价结合，但更倾向于结合到空间弯曲的 DNA 链上，参与 DNA 的拓扑异构化和各种基因表达调控。如图 3.9 所示，为在电镜下观察到的 E. coli 染色体结构示意图。

E. coli 细胞内的 DNA 形成大量的双链环状结构，每个环底部固定在蛋白质支架上，形成独立的结构域（domain）。每个环平均 4.0kb，整个基因组 DNA 约有 100 个左右这种小的结构域，相对独立，结构域内都有超螺旋结构，每个结构域两端被蛋白质固定，这是在小结构域内的启动子对超螺旋区域有不同敏感性的因素之一。原核生物基因组的共同特性是功能上相关的数个结构基因集中在一个区域，即串联在一起，形成一个转录单元，受同一调节区域调节。例如，E. coli 的色氨酸操纵子和组氨酸操纵子，分别由 5 个和 9 个相关的酶蛋白结构基因串联在一起，由一个共同的控制区域，即启动子和操纵基因控制。转录时这些控制区域与结构基因一起构成一个操纵子单位。转录产物是含有多个蛋白质编码序列的 mRNA。E. coli 基因组中大约有 600 个操纵子，每个操纵子含有 2～5 个基因。每个操纵子都有一种或几种特定蛋白质，作用于启动子和操纵基因。这些 DNA 结合蛋白具有调控功能，称为调节蛋白。

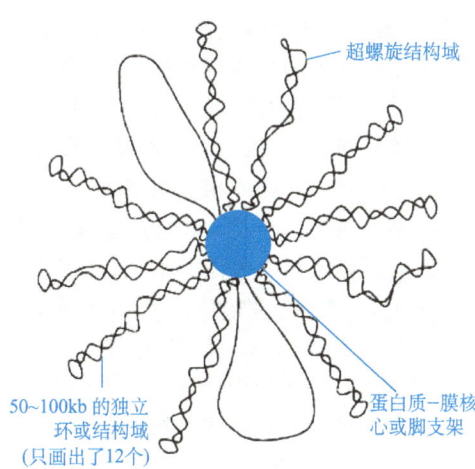

图 3.9　E. coli 染色体在电镜下的结构示意图

原核生物基因组的蛋白质基因通常是单拷贝的，但也有重复基因。E. coli 的 rRNA 基因串联在一起，以 16S rRNA，23S rRNA，5S rRNA 的顺序，共形成 7 个拷贝存在于基因组 DNA 的不同部位。多个重复基因能够增加基因剂量，以适应大量装配核糖体的需要。在 7 个 rRNA 操纵子中有 6 个位于 DNA 复制起始点附近。相同基因位于复制起始点附近的表达量几乎是复制终止处的两倍。细菌 rRNA 操纵子中还含有某些 tRNA 的基因。各个操纵子先被转录成为 30S rRNA 前体之后，通过剪切，除去内部的一些间隔序列。16S 和 23S 基因之间有 400～500bp，编码一些 tRNA，通过剪切产生 16S，23S 和 5S rRNA 及 tRNA。

> **小结**：细菌基因组特点：仅由一条环形或线形双链 DNA 分子组成；染色体相对聚集成类核的致密区；只有一个复制起点；有操纵子结构；编码蛋白质的结构基因为单拷贝，rRNA 基因为多拷贝；非编码 DNA 所占比例很少，类似于病毒基因组；基因组 DNA 有多种调控区，比病毒基因组复杂；有可移动的 DNA 序列。E. coli 中有几种类组蛋白，如 HU 蛋白二聚体；宿主整合因子（IHF）；H1 蛋白。

> **小结**：真核生物基因组特点：DNA 与蛋白质结合形成染色质，染色质内除含有 DNA 和组蛋白外还有非组蛋白；一般有多条呈线状的染色体并都有多个复制起点（OriC）；基因组的相对分子质量；基因表达中转录和翻译在时空上被分隔开；有大量重复序列，长度不一，重复程度各异；编码蛋白质的基因为单拷贝，转录产物为单顺反子；功能上密切相关的基因密集程度不如原核生物高；表达调控方式复杂，多种调控因子参与功能上密切相关而又相隔较远的基因的调控；有断裂基因；有可移动的 DNA 序列。

3.6 真核生物基因组

3.6.1 真核生物基因组的特点

真核生物在细胞结构、功能上远远比原核生物复杂。从单细胞的酵母到高等哺乳动物都有着共同的特点，即细胞核有核膜结构，使细胞核与细胞质分隔开；细胞已分化成为多种细胞类型，细胞间的差异很大；不同类型的细胞执行不同的生物功能；执行复杂功能的细胞其基因组也十分复杂。因此，两种基因组在基因结构、表达方式和表达过程等方面都有很大差异。真核生物基因组的主要特点如下：①真核生物基因组的相对分子质量大。低等真核生物为 $10^7 \sim 10^8$ bp，比原核细胞大 10 倍以上。而高等真核生物可达到 $5 \times 10^8 \sim 10^{10}$ bp，有些植物和两栖类达到 10^{11} bp。哺乳动物基因组大于 2×10^9 bp，能编码近 10 万个基因。新近报道人类染色体 DNA 长度多于以往所说的 3×10^9 bp；②真核生物细胞一般有多条呈线状的染色体，每条染色体 DNA 都含有多个复制起点（OriC）；③细胞核 DNA 与蛋白质稳定地结合，形成染色质的复杂高级结构。染色质内除含有 DNA 和组蛋白之外，还有大量非组蛋白；④真核细胞被核膜分隔成细胞核和细胞质，在基因表达中转录和翻译在时间和空间上被分隔，不偶联；⑤真核细胞基因组 DNA 有大量重复序列，重复序列的单位长度不一，从几个至几千个碱基对不等，重复程度各异；⑥真核生物的蛋白质基因一般以单拷贝形式存在，转录产物为单顺反子 mRNA。功能上密切相关的基因密集程度不如原核生物高。真核生物基因表达的调控不采取原核生物的操纵子形式，而是具有更复杂的调节方式，有数目众多的调控因子参与功能上密切相关而又相隔较远的基因的调控；⑦绝大多数真核生物基因都含有内含子，因此，基因的编码区不连续排列；⑧真核生物基因组存在着可移动的 DNA 序列。

3.6.2 真核生物基因组的结构

1. 断裂基因

20 世纪 60 年代的研究发现，真核细胞的核内 RNA 与细胞质 RNA 有显著差异。在细胞核内的 RNA 能以一系列非均一性的沉降速度沉降，其沉降系数在 20～100S，因此，细胞核内的 RNA 称为核不均一 RNA（hetero-geneous nuclear RNA, hnRNA）。研究表明，hnRNA 比 mRNA 大得多，在一个 hnRNA 分子中仅有 10%～20% 的序列最终存在于细胞质 mRNA 中。hnRNA 在进入胞质前已发生降解，降解位点在 hnRNA 两端。

1977 年，分子生物学家从小鼠造血组织内分离出珠蛋白 mRNA，逆转录合成它的 cDNA，并将 cDNA 固定在纤维素上装入层析柱，将合成血红蛋白的细胞在含有放射性尿嘧啶的培养基中培养。一定时间后提取总 RNA，并通过层析柱，此时，珠蛋白的 mRNA 可与柱内的 cDNA 结合，将 mRNA 从柱上洗脱并测定时发现，当细胞被标记 10min 时，分离出 mRNA，在区带离心中出现有 15S 和 9S 的两类 RNA 分子，平均长度 5000bp，当标记 10min 后，在无放射性培养液中再培养 30min，提取总 RNA，经柱层析吸附，洗脱下来含有放射性 RNA 分子只有 9S 类型，约 600bp，与细胞质中珠蛋白 mRNA 大小相同。也就是说，珠蛋白 RNA 最终成为 9S，它是从 15S 前体而来的。15S 的前体 RNA 分子变成较小的 9S 珠蛋白 mRNA，提示转录产物并不直接是 mRNA 分子。

1997 年 Roberts 和 Sharp 研究腺病毒 mRNA 的合成时发现，病毒双链 DNA 与它的 mRNA 进行分子杂交时，在电镜下观察到在与 mRNA 配对的 DNA 中部，存在着不与 mRNA 配对的区段，形成一个个突起的环，他们将这种环称为 R 环。以往对核酸的研究已知，单链 RNA 与 DNA 之间进行杂交时，RNA 更倾向于先与 DNA 形成杂交双链，即 RNA-DNA 杂合的双链比 DNA 的双链更加稳定。通过 R 环的形成，证实了腺病毒外壳蛋白的基因具有在 mRNA 中不存在的序列。后来发现鸡的卵清蛋白基因与其 mRNA 杂交也出现了 R 环(图 3.10)。由此研究者将基因内部插入不编码序列使一个完整的基因分隔成不连续的若干区段的基因称为不连续基因或断裂基因(split gene)。

因此认为真核生物的基因是不连续的,指基因的编码序列在 DNA 分子上被不编码的序列间隔开,编码序列没有连续排列。断裂基因的发现改变了以往人们对基因结构的认识。

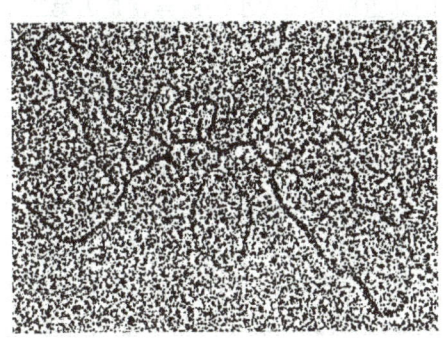 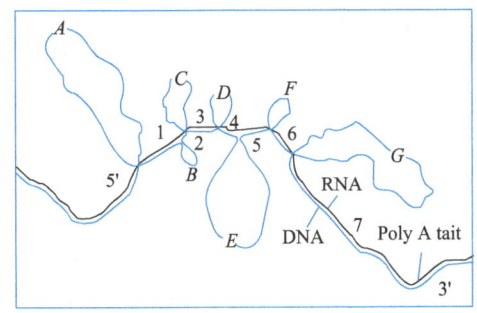

图 3.10　鸡卵清蛋白的不连续基因及其与 mRNA 形成的 R-环

对同一基因的基因组 DNA 和 cDNA 的限制性内切核酸酶酶切图谱分析,能够确定该基因的不连续性。若基因组中该基因 DNA 的酶切图谱与 cDNA 的相同,说明酶切位点一致,两种 DNA 相同。若基因组 DNA 的长度大于 cDNA 片段,则很可能是不连续基因。将鸡的输卵管细胞或任何其他细胞来源的基因组 DNA,无论用哪种限制性内切核酸酶水解,都可以得到基本相同的电泳条带。将来自输卵管的卵清蛋白 mRNA 逆转录成 cDNA,再以此 cDNA 为探针,对上述 DNA 片段的电泳条带进行分子杂交,可以得到完全相同的杂交图谱。说明无论在卵清蛋白表达或不表达的细胞中,都存在同样的卵清蛋白基因组基因。当用限制性内切核酸酶酶切鸡输卵管的基因组 DNA 和卵清蛋白 mRNA 逆转录产物 cDNA 时,基因组 DNA 可以被 EcoR Ⅰ 和 Hind Ⅲ 分别切成 4 个和 3 个片段,而卵清蛋白 cDNA 却不能被 EcoR Ⅰ 或 Hind Ⅲ 酶切,并且来自基因组 DNA 的 4 个 EcoR Ⅰ 片段和 3 个 Hind Ⅲ 片段都可与 cDNA 杂交。假设卵清蛋白基因是连续的,被限制性内切核酸酶酶切后可能有 1~2 条与 cDNA 的杂交条带。假设基因是不连续的,限制性内切核酸酶酶切点恰好在 DNA 不编码 mRNA 的区域内,即编码 mRNA 的 DNA 序列分散在若干片段内,每一片段都含有一小部分 mRNA 编码区。事实上,后一种假设很好地解释了实验的结果。基因组 DNA 的每个酶切片段都可以与 cDNA 杂交,但每个片段仅能同 cDNA 内的某一小段序列杂交,且这些小段是互不重叠的。

基因的不连续性在真核细胞中是一个普遍现象,真核生物蛋白质、rRNA 和 tRNA 的基因都可以是不连续的,即是断裂的。在低等真核生物的线粒体和叶绿体、细菌和噬菌体中也都有断裂基因,但在原核生物基因组中极为少见,目前只在古细菌和大肠杆菌的噬菌体中发现了基因的断裂现象。基因的不连续性是真核生物基因所特有的,但不是所有真核生物基因都一定具有这种不连续性。

进化过程中断裂基因先在较低等的真核生物中出现。酿酒酵母中的大多数基因是非断裂的,外显子数目也很少。酵母基因的外显子不超过 4 个,且很短。真菌基因的外显子少于 6 个,长度不到 5kb。昆虫的外显子也不超过 10 个。在哺乳动物中情况则相反,只有极少量的连续排列编码序列,某些种类甚至有几十个外显子。与此相反,在高等的真核生物中,开始出现长基因,蝇类和哺乳动物基因很少小于 2kb,大多数长度为 5~100kb。但当基因的长度大到一定程度后,DNA 的复杂性与生物体的复杂性之间开始失去必然的联系。例如,虽然属于同一个门,果蝇细胞的 DNA 总量较小,而家蝇细胞的 DNA 总量却是它的 6 倍。且在较高等的真核生物中,基因大小与外显子的大小和数目之间也没有必然联系。断裂基因的内含子在数量和大小上都有很大差异,但大多数断裂基因都有以下共同特性:① 外显子在基因中的排列顺序与它在成熟 mRNA 产物中的排列顺序相同;② 某种断裂基因在所有组织中都具有相同的内含子成分;③ 在内含子上发生的突变不影响蛋白质结构,所以其突变往往对生物体没有影响。例外的是,某些发生在内含子上的突变可通过抑制外显子的相互剪接,干扰正确的信使 RNA 产生。

小结：断裂基因的共同特性：外显子在基因中的排序与它在成熟 mRNA 中的排序相同；断裂基因在所有组织中都有相同的内含子；内含子上发生的突变不影响蛋白质结构。

2. 外显子与内含子及其相互关系

(1) 外显子与内含子的概念

在真核生物基因中有一些区段有编码功能，而另一些区段无编码功能，将在一个不连续基因中有编码功能的区段称为**外显子**，而无编码功能的区段称为**内含子**，或者说在初始转录产物 hnRNA 加工产生成熟的 mRNA 时，被切除的非编码序列是内含子。一个基因的两端起始和结束于外显子，对应于其转录产物 RNA 的 5′和 3′端，外显子和内含子的交替排列使一个基因不连续。如果一个基因具有 n 个内含子，则相应地含有 n+1 个外显子。植物和动物细胞基因组的内含子相似，在 5′和 3′端连接点都有高度保守的短序列，但也有差异。动物内含子一般为 80~100kb，平均 1127bp，有保守的分支点序列及多聚嘧啶区段。植物内含子较短，在 80~2000bp，平均 183bp。

在进化上相关的基因一般都有类似的组织形式，内含子在基因中的位置相对固定。例如，在所有已知珠蛋白的基因中，断裂都发生在相同的位置上，第一个内含子位于 30 和 31 位氨基酸密码子之间，第二个内含子位于 104 和 105 位氨基酸密码子之间，见图 3.11。通常第一个内含子较短，第二个则长很多，但不同物种间具体的长度有所不同。外显子的长度差别不大，不同珠蛋白基因大小的差异就是因第二个内含子长度的差异造成的。小鼠的 α-珠蛋白基因第二个内含子只有 150bp，所以 α-珠蛋白基因总长度为 850bp，而 β-珠蛋白基因长度为 1382bp，但二者的 mRNA 长度却相差不多（α-珠蛋白 mRNA 为 585nt，而 β-珠蛋白为 620nt）。

在真核生物基因的表达过程中，DNA 经过转录产生了精确对应于 DNA 序列的 RNA 拷贝，但这个 RNA 只是一个前体分子，不能直接用于表达蛋白质。必须从 mRNA 原初转录产物中去除内含子序列，以产生一个只由外显子构成的信使 RNA。从原初转录产物中除去内含子的过程叫做 RNA 的剪接。经过剪接后，所有的外显子按其在 DNA 上相同的顺序连接在同一个 RNA 分子上。内含子根据其内部保守的序列组分、二级结构以及剪接机制可以分为三种类型，详见第 8 章 RNA 转录后的剪接与加工。

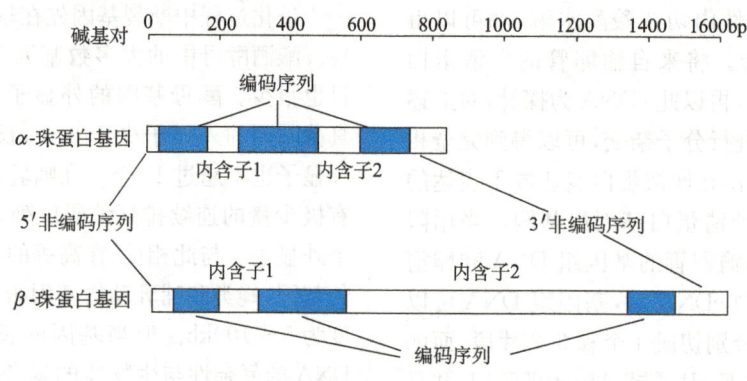

图 3.11 珠蛋白基因家族中的外显子和内含子

(2) 外显子与内含子之间的连接位点

当比较 mRNA 及其基因的序列时发现，在外显子与内含子之间的连接点有两个特点：① 在连接点处具有很短的共同保守序列，为剪接反应所必需。通过比较各种基因的 DNA 和 mRNA 之间的序列，发现在连接点处只有 2~4bp 的序列出现频率较高；② 各种内含子两端没有任何广泛的序列同源性或互补性。这一点排除了在 hnRNA 内含子两端形成常见的二级结构并直接相连作为剪接过程第一步的可能性。

各种真核生物不同结构基因的内含子和外显子的 5′端（左侧）和 3′端（右侧）连接处具有很强的规律性。在由真核 RNA 聚合酶Ⅱ转录的基因中，内含子左侧与外显子右侧的连接点均有 GT 共同序列；内含子右侧与外显子左侧连接点均有 AG 共同序列。在编码蛋白质基因中，几乎所有的内含子在外显子和内含子连接点均具有 GT-AG 共同序列，即：5′端（左侧）外显子-AG↓GTAAGT-内含子-Py₁₀CAG↓-外显子 3′端（右侧）。

内含子两侧连接点的共同序列称为 GT-AG 规律。具有这种规律的内含子是 mRNA 前体剪接的主要类型，因此又称为**主型内含子**。研究发现，在脊椎动物和无脊椎动物椎生物基因组中有一类新的核 mRNA

内含子,是有 AT-AC 规律的内含子。与上述主型相比,其5′端和3′端保守序列不同,内含子以 ATATC-CTT 替代了主型内含子5′端的 GTAAGT,而以 YC-CAC 替代了主型内含子3′端的 YCAG。

小结:在不连续基因中有编码功能的区段称外显子(exon),无编码功能区段称内含子(intron)。外显子与内含子间的连接点有两个特点:① 有很短的保守序列,为剪接反应所必需;② 内含子两端无序列同源性或互补性。内含子和外显子5′端和3′端连接处有强规律性。由 RNApolⅡ转录的基因中内含子左侧与外显子右侧连接点均有 GT 共同序列;内含子右侧与外显子左侧连接点均有 AG 共同序列。即:5′端(左)外显子-AG↓GTAAGT-内含子-Py_{10}CAG↓-外显子3′端(右),称 GT-AG 规律。

(3) 外显子与内含子之间的关系

真核生物基因组中的不连续基因无论存在于何种组织,表达或不表达,其序列一般都保持不变,但其内部的外显子和内含子数目、位置及长度却是可变的。还有些基因缺乏基因与蛋白质表达之间的线性关系,从同一基因序列可以转录得到一种以上的 mRNA。DNA 特定区段的意义也并非固定不变,而是根据基因表达所选择的途径产生不同的表达产物。这类基因主要编码一些与细胞、组织和发育特异性有关的蛋白质。内含子的剪接在许多真核生物基因中都显示出多样性,一个基因的初始转录产物可以产生两种或更多种的 mRNA,翻译成两种或更多种类的蛋白质。

通过 mRNA 初始转录产物不同的选择性剪接(alternativn splicing),可以产生多个蛋白质的同源体(isoform),即产生了不同功能的相关蛋白质,使基因实际上成为一个复杂的转录单位,转录和加工出与原基因编码的序列有较大差异的大量蛋白质产物,以适应细胞、组织和发育特异性的需要。

利用结构基因的特殊 DNA 限制片段作为探针,能够检测基因组中与之有亲缘关系的序列,结果表明一个基因的外显子常与其他基因的外显子有亲缘关系。如果一个外显子可与其他基因的外显子片段互补,则表明这两个基因可能起源于共同的祖先。经过无数代的基因扩增及细胞分裂后,在进化过程中逐渐扩大差距而形成了不同的功能基因。由于在两个相关基因的内含子之间,其亲缘关系远远不如外显子之间紧密,有些含有相同外显子的基因其内含子的差异还相当大,以致不能找到序列间的亲缘关系。这是因为在进化过程中,相关基因的内含子比外显子变化快得多。虽然突变是以相同的频率发生在外显子和内含子上的,但发生在外显子上的突变将使基因编码的产物丧失功能,导致生物机体无法生存,经过长期的自然选择这种突变就从外显子中被淘汰了,而内含子由于没有编码功能的限制,可以自然的累积各种突变,导致它产生了较大的变化。

用重复基因的内含子片段和外显子片段分别作探针,研究也发现了在重复基因中内含子间的关系比外显子间差异更远。一个基因的外显子通常与另一同源基因的外显子是相关的,外显子序列在重复基因之间保留着很大的同源性。但内含子序列几乎都没有同源性,与其相应的序列不相关而无法杂交。外显子由于负责编码蛋白质氨基酸序列或各种功能的 RNA 而受到进化的压力,但内含子没有这种进化压力,因而积累了更多的变异,比外显子在进化上更迅速。

真核生物基因的不连续性以及 mRNA 初始转录产物的剪接现象使生物学家产生了一系列的困惑和疑问。内含子从何而来?有无生物功能?为什么内含子主要见于真核生物?为什么生物机体要先转录出内含子,然后再将其切除?RNA 的剪接耗费巨大,有什么意义?对这些问题可能的解释有以下几个方面。

1) RNA 剪接是生物机体在进化中形成的,是进化的结果。基因与其产物蛋白质都是由一些结构元件,即模块装配而成。已有的研究资料发现,大约有半数的基因其外显子与蛋白质结构域、亚结构域或结构基序有很好的对应关系。例如,免疫球蛋白基因的外显子十分精确的相当于蛋白质折叠的结构域;血红蛋白基因有3个外显子,而其蛋白质分子的三维结构显示有4个亚结构域,第一个外显子对应于蛋白质第一个亚结构域,第二个外显子对应于中间的两个亚结构域,第三个外显子对应于第四个亚结构域;豆科植物的豆血红蛋白基因有4个外显子,正好对应于蛋白质的4个亚结构域,说明为结合血红素的亚结构域编码的外显子在豆血红蛋白基因中是精确分开的,而在动物相应的基因中则合并为一个外显子。类似的例子还有很多。但是另有约半数的基因则找不出外显子与蛋白质结构域的对应关系。这可以解释为,在漫长的进化历程中,由于变异而使这些模块(结构元件)的边界逐渐模糊以至消失了。

2) RNA 剪接是基因表达调节的重要环节。RNA 转录后通过剪接而提取有用信息,形成连续的编码序列,并可通过选择性剪接来控制生物机体的生长发育。因此它是真核生物遗传信息表达的精确调节和控制方式之一。

3) 如果基因是由模块装配而成的,则模块之间的序列也就在进化中演变成了内含子,因此,可能外显子和内含子有着同样古老的历史。而现在发现的几类内含子也各有其起源和进化历史,从它们的剪接方式和分布(表3.5)可推测其起源时间。Ⅰ型内含子能够自我剪接,且分布广泛,从蓝细菌、噬菌体到低等真核生物 rRNA 基因和高等真核生物的细胞器基因都有,估计它出现于35亿年前;Ⅱ型自我剪接内含子可能与Ⅰ型内含子同时或稍后出现;核 tRNA 前体的内含子应在真细菌和真核生物分化之前出现,即17亿年前;而核 mRNA 前体的内含子应在真核生物出现之后,7亿~10亿年前出现。另一方面,某些Ⅰ型内含子含有编码内切核酸酶的序列,可以像转座子一样在基因组内由一个位点转移到另一位点;Ⅱ型内含子含有内切核酸酶或逆转录酶的编码序列,可像转座子和逆转座子一样扩散。这是内含子横向转移的过程。

表 3.5 内含子的剪接方式与分布

拼接方式	真细菌	古细菌	真核生物		
			细胞核	线粒体	叶绿体
Ⅰ型自我拼接	蓝细菌 Leu-tRNA		原生动物	mRNA,rRNA	mRNA,tRNA
	枯草芽孢杆菌		真菌、藻类		Leu-tRNA
	SPO1 噬菌体		tRNA 的基因		
Ⅱ型自我拼接				mRNA	mRNA,tRNA
依赖拼接体的核 mRNA 前体拼接			mRNA		
核 tRNA 酶促拼接		tRNA,rRNA	tRNA		

4) RNA 剪接主要见于真核生物,原核生物较为少见。一种合理的解释是原核生物为适应快速生长的需要,在进化过程中将内含子淘汰掉了。事实上快速生长的单细胞真核生物,如酵母基因组,内含子序列很少。然而,内含子的存在和剪接作用对生物机体的进化却是十分重要的。

小结:不连续基因序列一般都保持不变,但其内部的外显子和内含子数目、位置及长度是可变的。有些基因缺乏与蛋白质表达之间的线性关系,从同一基因序列可转录得到一种以上的 mRNA。通过 mRNA 的选择性剪接可产生多个蛋白质的同源体,使基因实际上成了一个复杂的转录单位,转录和加工出与原基因编码序列有较大差异的大量蛋白质产物,以适应细胞、组织和发育特异性的需要。

(4) 内含子的功能和特点

目前认为内含子可能具有下列几方面功能。

1) 促进重组。内含子的存在使同源重组的两个 DNA 之间链的断裂和再连接可发生在内含子处,有效地促进重组,并且避免了在重组过程中由于错位而造成的基因失活。

2) 增加基因组的复杂性。内含子的存在增加了基因组的复杂性,可成为新的编码序列,尤其是当基因内由突变产生新的 5' 或 3' 剪切位点时,旧的剪切位点依然存在,使生物机体不因突变而失去蛋白质。大多数的突变是有害的,有益突变很少,新旧蛋白质并存使机体能在长时间内对它们进行选择,只有对机体有益的突变才被保留了下来。

3) 含有可读框(ORF)。内含子的 ORF 也有编码酶或蛋白质的例子,有些可读框独自存在于内含子内部,有些则与上游外显子通读。

4) 产生核仁小 RNA。许多核仁小 RNA 是由内含子产生的,这些内含子在表达时就成了外显子。

5) 含有部分剪接信号。不同的细胞选择不同的剪切位点,将初始转录产物进行不同的加工;内含子编码的成熟酶能帮助内含子自身折叠,促进自我剪接。

6) 基因组中外显子和内含子是相对的,有些内含子具有编码序列,能产生蛋白质或功能 RNA。如前所述,Ⅰ型内含子能产生核酸内切酶,Ⅱ型内含子产生核酸内切酶或逆转录酶,以帮助内含子转移。

7) 内含子对基因表达有影响。内含子对基因的表达在多个水平上都有影响。内含子中的增强子序列能增强基因转录起始,小鼠 B 细胞的 κ 链基因内含子的增强子序列,通过诱导去甲基化酶系,促进组织专一性转录,调节 B 细胞的分化。有些基因的表达要求有内含子序列存在,如人的 apoB 基因在转基因小鼠中的高水平、专一性表达,除了需要增强子之外,还需要内含子的一定序列。综上所述,内含子在生物遗传信息的传递过程中也扮演着重要的角色,因此不能将内含子看作是无用的序列。

小结:内含子的作用和功能:促进重组;增加基因组的复杂性;含有 ORF;产生核仁小 RNA;含有部分剪接信号;基因组中外显子和内含子是相对的;内含子对基因表达有影响。

(5) 蛋白质结构域与基因的外显子/内含子的关系

在已知基因的结构、内含子和外显子分布,以及它们所编码的蛋白质一级、二级结构的许多实例当中,都能够找到内含子和外显子之间有意义的相互关系。一般而言,在蛋白质的高级结构中,一个外显子都相对于一条多肽链折叠而成的结构域。外显子的边界序列能够精确地相对于结构域之间的连接处(铰链区),外显子序列之间的重组也很容易造成蛋白质结构域的重新组合,即真核生物基因通过外显子重组形成组合体而被构建。外显子对应于蛋白质的功能区及其折叠部分,一般由50个左右的氨基酸残基组成,而内含子则很长,一般为50~10 000bp甚至20kb。以往"一个外显子一个结构域"的概念对于整个酶蛋白分子并非恰当,因为多结构域的酶分子活性部位一般都在几个结构域之间,一个结构域一般没有完整的功能意义。由于断裂基因的每个外显子可编码一段氨基酸序列,对应于整个蛋白质分子上的相应部分,但在最终的蛋白质产物中一般都没有内含子的表达产物,二者的作用迥然不同。但在有些基因中,内含子和外显子的划分是相对的,并无严格的规定,这与它们的表达途径有一定关系。在这些基因中,选择性的基因表达模式引起了外显子连接途径的转变。所以一个特定的外显子可选择性地与不同的外显子连接形成信使RNA,一段区域以一种途径表达时作为外显子,而以另一种途径表达时作为内含子。说明某段DNA序列通常可以多种方式发挥作用。在这种选择性基因表达模式产生的蛋白质当中,部分序列相同而其余部分序列又有可能不相同。

例如,对β珠蛋白基因的这种相对应关系的研究,β珠蛋白基因有三个外显子,能等同于蛋白质的结构区域和特定功能。①在β珠蛋白空间结构中有4个结构紧密的结构域,其中一个来自基因的第一外显子;另一个来自第三外显子;②中间两个结构域由第二(中央)外显子编码共同发挥作用,决定其氨基酸序列能精确结合血红素,是整个珠蛋白的核心。第一、第三个外显子编码的肽链包围了这个核心,使之得以稳定。又如乙醇脱氢酶基因有9个内含子和10个外显子,该酶催化需要辅基NAD$^+$。内含子把酶蛋白分为两部分:①在NAD$^+$结合部分,NAD$^+$到其中一个结构域内,该结构域的三维结构类似于其他需要NAD$^+$的一些脱氢酶(如乳酸脱氢酶、3-磷酸甘油醛脱氢酶等)的相应部分;②酶催化部位来自第1~4个和第10个外显子相应肽段构成的结构域,基因的内含子和外显子连接处位于结合辅酶的结构域边缘,这一部分蛋白质由10个外显子中5个外显子(第5~9个)编码。大鼠肌钙蛋白T基因采用以上方式产生了α、β两种蛋白质产物。在其表达时分别使用了两种外显子。真核生物的部分基因表达采用这种方式的机制还有待探讨。因为一方面高等真核生物基因组十分巨大,无法用已知的功能解释如此之多的DNA含量,且它还能用同一段DNA序列产生多种表达产物,使这个过程更加复杂了。

小结:在蛋白质高级结构中一个外显子相对于一条多肽链折叠而成的结构域。外显子边界序列能精确地相对于结构域之间的铰链区,外显子序列间的重组也易造成蛋白质结构域的重新组合,即基因通过外显子的重新组织和排列能产生具有新功能的蛋白质。

(6) 不连续基因的分子进化

应该说任何一个基因都是重组体,基因通过重组不断创造出具有新功能的蛋白质,更确切的说是通过外显子的重新组织和排列,创建了适应各种生命活动需要的蛋白质分子。假定每一次的重组都要求将DNA的遗传密码子精确地排列成可阅读的框架,则这种信息的传递速度与变异或许难以解释生物的进化,代谢速度也无法满足生命活动的需要。然而,如果只将两个蛋白质编码区序列大致地排列在一个转录单位里,然后通过基因剪接,将外显子在RNA水平上重新组织和排列,就能够大大加快新蛋白质的产生和进化。人们或许更容易接受基因片段通过一段段插入到转录单位内不断形成新基因。这种情况在免疫球蛋白Ig基因中很典型,基因与蛋白质结构之间有一种清晰的关系,每一个外显子完全与蛋白质的一个已知功能结构域相对应。

有一种观点认为,各种结构基因都是由不同来源的外显子作为模块构成的嵌合体,初始转录产物hnRNA中将被剪切去除的部分与已被表达的外显子交替排列着,其中的外显子序列很短。原初的蛋白质分子或许由更小的模块(相当于二级或超二级结构)装配而成,这些模块不一定有当前的功能,但几个模块组合起来就产生了某种新的功能或性状。蛋白质分子通过不断增加相应的新模块而获得多种功能,而这些功能的获得是在基因水平上进化的结果,即新的外显子序列在进化过程中组合到结构基因内。一个基因的外显子数目倾向于随着该蛋白质长度和功能多样性增加而增加。当一个模块加入到蛋白质分子中,其结合位点在分子折叠过程中一般倾向于留在分子表面,对蛋白质分子内部原有的结构影响不大,使该大分子仍保持着原有的大体上不变的分子构象。

在基因进化中可能发生外显子的多次复制,结果在结构基因内出现了重复序列。在鸡的胶原蛋白基因中一个54bp的外显子多次重复,产生了一系列54bp某个倍数长度的外显子。在不同的基因之间外显子还可重复出现,如在多种脱氢酶的基因内,往往带有几乎相同的与辅酶结合或脱氢酶催化区域功能有关的外显子结构。具有相同或相似功能的外显子序列在不同基因内复制就产生了功能类似但结合底物不同的脱氢酶类。典型的例子是人类低密度脂蛋白(low density lipoprotein,LDL)受体与其他蛋白质之间的关系,研究发现LDL受体基因的外显子序列出现在功能上无关的一些蛋白质基因内。LDL受体基因由18个外显子构成,中间的几个外显子也出现在生长因子(FGF)前体的基因内。LDL受体蛋白N端的几个外显子能为血红蛋白互补因子C9编码,成为后者基因的外显子。外显子作为一种功能模块,可以组装到不同的基因内。因此在基因进化中,经常发生着外显子在不同基因之间的复制、迁移和吸纳。

新基因还可以另一种方式产生,如某些内含子插入到外显子内,使外显子变得更小。例如,珠蛋白超家族包括血红蛋白(hematoglobin)、肌红蛋白(myoglobin)和豆血红蛋白(leghemoglobin)以及其他血红素结合蛋白。血红蛋白是由两个α-珠蛋白和两个β-珠蛋白分子构成的四聚体;肌红蛋白为单体,类似于珠蛋白;豆血红蛋白类似于肌红蛋白,它们都来自于共同的祖先。肌红蛋白和珠蛋白基因内第二外显子负责与血红素结合。豆血红蛋白不同于珠蛋白和肌红蛋白,它的基因有三个内含子,其中第二内含子把血红素结合域的外显子又分隔成二个外显子。

3. 真核生物基因组的序列异质性

(1) DNA序列的复性动力学与序列重复频度

根据真核生物DNA的复性动力学方程,$C/C_0 = 1/1+K_2C_0t$,推得$C_0t_{1/2}=1/K_2$,可见,任何特定DNA分子的复性都能以速度常数$K_2[L/(mol·s)]$和$C_0t_{1/2}$来描述。$C_0t_{1/2}$值越高,复性反应速度越慢。而$C_0t_{1/2}$直接与基因组中的DNA序列复杂度有关,基因组序列越复杂,在一定量的DNA中特定序列的拷贝数越少。某个复性反应的$C_0t_{1/2}$值能反映出基因组不同序列的长度之和,即DNA序列的复杂度(用碱基对数目表示)。

任何DNA的复杂度可以通过与已知复杂度的标准DNA的$C_0t_{1/2}$作比较来确定。以大肠杆菌的$C_0t_{1/2}$为标准,因为它的复杂度与它的基因组DNA长度$4.2×10^6$bp相同,按以下公式可计算待测DNA样品的复杂性:

$$\frac{\text{任何DNA的}C_0t_{1/2}}{E.\,coli\text{的}C_0t_{1/2}} = \frac{\text{任何DNA的复杂度}}{4.2×10^6\,\text{bp}}$$

$C_0t_{1/2}$已经成为一种比较DNA组分复性速率和多种DNA序列复杂程度差异的指标。

如图3.12所示分析了绝大多数真核生物基因组DNA复性动力学曲线,曲线走势与原核生物有很大的差异(图2.28),图中显示了各种原核生物DNA的C_0t曲线形状都很相似,跨度一般只有两个数量级,只是$C_0t_{1/2}$值不同。表明各种原核生物的DNA大都是单一序列,只是其单一序列内部的复杂性不同。而真核生物基因组DNA复性曲线不再是跨两个数量级的单一S形,而是跨越了8个数量级的复合曲线。曲线在$10^{-4} \sim 10^4\ C_0t$区间,可分为三个组分,每个组分又有其自身的特征复性曲线,显示着其基因组内不同复杂度的序列类型。

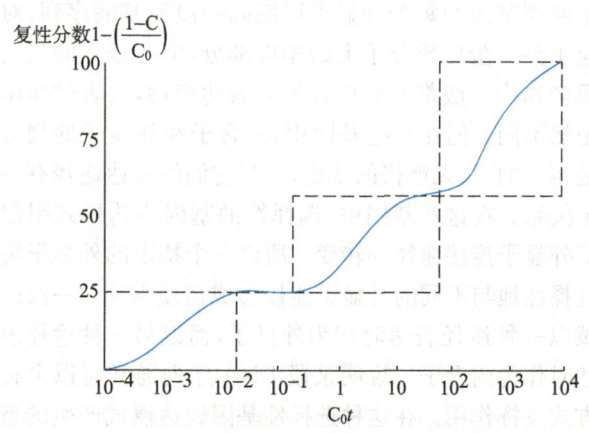

图3.12 真核生物DNA的复性动力学曲线

如图3.12所示的第一组分(左侧虚线框)为快速复性组分,约占总DNA的25%,在C_0t值为$10^{-4} \sim 2×10^{-2}$(mol·s)/L范围内复性,$C_0t_{1/2}=1.3×10^{-3}$(mol·s)/L;第二组分(中间虚线框)为中速复性组分,约占总DNA的30%,C_0t值在$2×10^{-1} \sim 1×10^2$(mol·s)/L范围,$C_0t_{1/2}=1.9$(mol·s)/L;第三组分(右侧虚线框)为慢速复性组分,占总DNA的45%,C_0t值在$8.0×10 \sim 1×10^4$(mol·s)/L,$C_0t_{1/2}=630$(mol·s)/L。它们的数据比较见表3.6。

根据DNA复杂度的公式,可以求出三种组分中各序列片段碱基对的总长度。

将每一组分看作是独立的组分与标准 E. coli DNA 进行复性动力学曲线相比较,如图3.12所示的慢速复性组分占总DNA的45%,是复性反应中C_0值(DNA总量)的0.45倍,所以单独的慢速复性组分$C_0t_{1/2}=0.45×630=283.5$(mol·s)/L,与标准的 E. coli DNA 比较其复杂度,假定在同样的条件下,$4.2×10^6$bp的

E. coli DNA $C_0t_{1/2}=40(\text{mol}\cdot\text{s})/\text{L}$，可以计算得到以下的结果：慢速复性组分的序列复杂度为 $40\times4.2\times10^6\text{bp}/283=3.0\times10^8\text{bp}$，以同样的方法能够求出中速复性组分的复杂度为 $6\times10^5\text{bp}$，快速复性组分的序列复杂度为 340bp。当把这三种组分再以 25∶30∶45 的比例混合，它们的复性曲线又会表现成整个基因组的 C_0t 曲线。

表 3.6 真核生物 DNA 的复性动力学的三个组分

	快速复性组分	中速复性组分	慢速复性组分
C_0t 占基因组百分数/%	25	30	45
$C_0t_{1/2}$	0.0013	1.9	630
动力学复杂性/bp	340	6.0×10^5	3.0×10^8
重复频率	500 000	350	1

由于慢复性组分 DNA 序列大都是单拷贝的，因此它的复杂度相当于其物理长度。用化学方法测定其 DNA 的总长度共约 $7.0\times10^8\text{bp}$，慢复性组分占其总长度的 45%，应为 $7.0\times10^8\text{bp}\times0.45=3.15\times10^8\text{bp}$，可见，化学法测定的长度与按复性动力学计算的长度 $3.0\times10^8\text{bp}$ 相比很接近。在研究工作中，经常需要知道基因组的复杂度。可以根据单一序列（慢速复性组分）的动力学复杂度计算出整个基因组的复杂度。如与 *E. coli* DNA 复性曲线比较，已知单一序列复杂度 $3.0\times10^8\text{bp}$，占基因组 45%，则整个基因组动力学复杂度应该为：$3.0\times10^8\text{bp}/0.45=6.7\times10^8\text{bp}$。

当一个基因组内存在的核苷酸序列不止一个拷贝时，则称这个序列为**重复序列**。在一个基因组中的各组分拷贝数称为**重复频率**（repetition frequency），用 f 表示。假设某段 DNA 序列的重复频率为 1，即 $f=1$，则该序列称为单拷贝序列。对于任意 DNA 序列的重复频率，可以用以下公式计算得到：

重复频率(f)＝非重复 DNA 序列组分的 $C_0t_{1/2}$/重复 DNA 序列组分的 $C_0t_{1/2}$

用此公式，计算出第一组分的 $f=5\times10^5$，第二组分的 $f=350$，第三组分的 $f=1$。

总之，基因组的复杂性是用 DNA 中单一序列的长度加上各个重复序列的长度来表示的。如某一原核生物的基因组含有 a、b、c、d 4 个序列，且都不重复，则其序列复杂性为 a+b+c+d（单位为 bp），它的序列复杂性就等于碱基对总数。真核生物的 DNA，除单一序列之外，还含有大量的重复序列。如某一生物的 DNA 由 10^6 拷贝的 a，10 拷贝的 b，10 拷贝的 c 和 1 拷贝的 d，e，f 组成，其序列复杂性为 a+b+c+d+e+f（单位为 bp），而碱基对总数为：10^6a+10^3b+10c+d+e+f(bp) 大大地小于其碱基对总数。

利用 RNA 作探针进行的 RNA-DNA 杂交，可以鉴定基因组中的结构基因（主要是单一序列）。在杂交反应中，只有不到 10% 的 RNA 其 $C_0t_{1/2}$ 对应于 DNA 中等重复序列，而大部分组分的 $C_0t_{1/2}$ 对应于非重复的 DNA 序列。通常占总 RNA 量的 50% 以上。有研究表明，大约 80% 左右的 mRNA 是与非重复的 DNA 组分结合的。这也说明大多数结构基因都位于非重复 DNA 序列中，换句话说，基因组的复杂性主要由非重复序列决定。

不同生物中非重复基因占基因组的比例差别很大。原核生物含有完全不重复的 DNA，低等真核生物的大部分 DNA 是非重复的，重复组分不超过 20%，且基本是中等重复组分。在动物细胞中，接近一半的基因组 DNA 是中等或高度重复的组分。而植物和两栖类动物中的非重复 DNA 只占基因组的很小一部分，中等和高度重复组分高达 80%。真核生物基因组的序列组织形式千差万别。在一些多倍体植物中没有非重复序列，复性最慢的组分也有两三个拷贝。而在螃蟹基因组中，没有中等重复的 DNA，只有高度重复和非重复 DNA。低等真核生物中没有高度重复序列。

在简单的生物体中，非重复 DNA 的长度随基因组大小的增加而增加。但很少有非重复 DNA 组分超过 $2\times10^9\text{bp}$ 的生物体。当基因组的大小在 $3\times10^9\text{bp}$ 以上时，随着基因组大小的进一步增加，非重复 DNA 组分将不再增加，只是重复组分的数量和比例增加。基因组非重复 DNA 的含量与生物体的复杂性一致，如大肠杆菌为 $4.2\times10^6\text{bp}$，秀丽隐杆线虫为 $6.6\times10^7\text{bp}$，果蝇约为 $1\times10^8\text{bp}$，哺乳动物为 $2\times10^9\text{bp}$。

> **小结**：任何特定 DNA 分子的复性都能以 $K_2[\text{L}/(\text{mol}\cdot\text{s})]$ 和 $C_0t_{1/2}$ 来描述，即 $C_0t_{1/2}=1/K_2$。$C_0t_{1/2}$ 值越高复性速度越慢。$C_0t_{1/2}$ 与基因组中的 DNA 序列复杂度有关，某复性反应的 $C_0t_{1/2}$ 值能反映基因组不同序列的长度之和，即 DNA 序列的复杂度。一个基因组中的各组分拷贝数称重复频率，用 f 表示。

(2) 真核生物基因组的序列类型

根据 C_0t 曲线，可以把真核生物基因组的 DNA 分为 4 种类型的组分：①单拷贝的 DNA 序列；②低度重复的 DNA 序列，有 2～10 个拷贝数；③中度重复的 DNA 序列，有几十至几千个拷贝数；④高度重复 DNA，重复次数上万至数百万次。单拷贝 DNA 一般都是蛋白质基因。低度重复序列往往也是一些蛋白质的基因，但由于一些序列或可读框的差异，成为编码同种类蛋白质的不同基因，即在基因家族中的不同成员。

中度重复的DNA序列平均重复350次,但实际长度相差很大,主要是 *Alu* 家族, *Kpn* 家族等序列。高度重复序列主要指卫星DNA。真核生物基因组DNA就是由这些不同类型的序列组成的,含有重复序列是真核生物基因组的显著特点。有些重复序列成簇集中在染色体DNA的某些部位,如染色体的着丝粒或异染色质。有些重复序列是散布的,存在于基因组的各个部位。图3.13显示了人类基因组DNA的各种序列类型。

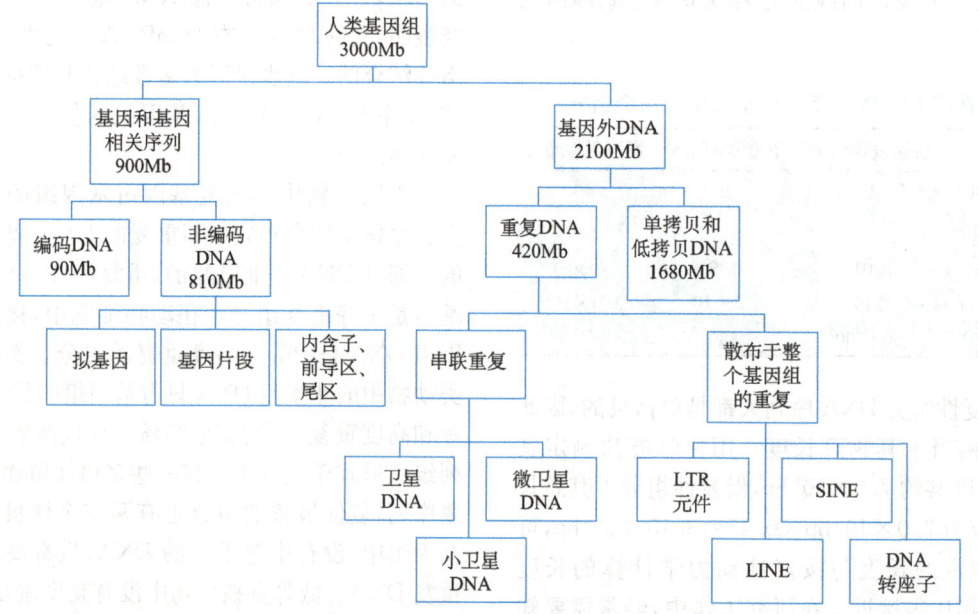

图 3.13　人类基因组 DNA 各种序列组成
Mb 的单位为百万碱基对,框内数字为大约的数字

1) 单一拷贝序列　绝大多数编码蛋白质的基因都是单一拷贝(single copy sequence)的序列。基因组中的基因在某一时空条件下并不同时都表达。除了脑细胞之外,在一个细胞中大约只有 $1×10^4$ 种不同的蛋白质,其中的80%是维持生命所必需的基本蛋白质。一般将生物体内所有细胞都共同具有的蛋白质称为持家蛋白(housekeeping protein)。人体至少有250种不同的细胞,每种细胞一般表达300~400种自身特有的蛋白质,这些蛋白质的基因基本上都是单拷贝的。人体所有蛋白质种类的总数为大于3万~4万个基因的数目,根据人类基因组研究结果,单拷贝基因与它编码的蛋白质之间,关系也十分复杂。

2) 低度重复序列　低度重复序列(slightly repetitive sequence)在一个基因组中一般为2~10个拷贝数,常常是一些编码蛋白质的基因。许多蛋白质家族,包含有数个甚至20个左右的成员其氨基酸序列有高同源性,典型例子有珠蛋白基因、细胞骨架蛋白基因等。
珠蛋白家族包括 α-和珠蛋白 β 珠蛋白。人类 α-珠蛋白基因簇在第16号染色体上,由3个基因串联组成,总长24kb。β-珠蛋白基因簇在第11号染色体上,由5个基因构成。珠蛋白基因在同种生物中同源性很高,基因结构相似,蛋白质的三维结构相近。细胞骨架蛋白由不同的蛋白家族组成,在几乎所有细胞中都以不同的数目存在。在脊椎动物中,这些蛋白包括肌动蛋白、微管蛋白、微丝蛋白等。微管蛋白最初由 α 和 β 链组成二聚体,两条链的序列相似。随着进化,微管蛋白的数目也在增加。脊椎动物有10~15个 α-微管蛋白和10~15个 β 微管蛋白。比较不同生物的 β 微管蛋白,发现其长度相似(440~460 氨基酸),序列同源。这些基因随着进化时间相间隔的越早,其差异越大。

在低度重复序列中还发现了假基因(pseudogene),它是一种类似于基因序列,但在转录、转录后加工或翻译水平上的有缺陷,缺乏正常功能,无表达活性的DNA序列。与有活性的基因相比,假基因由于存在以下几个问题而缺乏表达活性:①缺乏有功能的调控区,使其不能正常进行转录;②即使能转录,但由于突变或缺失等,引起 mRNA 加工缺陷;③使 mRNA 翻译提前终止,产生无功能的多肽链。在真核生物基因组中,假基因的存在比较普遍,如 α-和 β 珠蛋白基因簇中都出现1~2个能与真核基因序列进行分子杂交,但又没有正常功能的DNA区域。

3) 中度重复序列 **中度重复序列**(moderately repetitive sequence)在基因组内平均长度6×10^5bp,重复数十至数十万个拷贝,重复程度和长度相差都很大,分散而不是集中重复存在于基因组内,如 *Alu* 家族、*Kpn* I 序列和可移动 DNA 成分等。中度重复序列所包含的范围很大,有编码序列,也有非编码序列。有编码功能的中度重复序列在真核细胞中比较多,如 rRNA 基因、tRNA 基因和组蛋白基因等,其大量重复的拷贝是为了满足细胞对这些基因产物的需要。如表 3.7 所示列出了部分不同生物的 rRNA 基因重复序列的长度。非编码的中度重复序列主要包括反向重复序列(inverted repeat sequence, IR)。大部分的中度重复序列与基因表达的调控有关,它们大都是一些与 DNA 复制、转录起始和终止有关的酶及蛋白质因子的识别位点。

表 3.7 不同生物 rRNA 基因重复序列的长度

生物	重复单位长度/bp	非转录间隔区长度/bp	转录单位长度/bp
面包酵母	8 950	1 750	7 200
黑腹果蝇	11 500~14 200	3 750~6 450	7 750
非洲爪蟾	10 500~13 500	2 300~5 300	7 875
小家鼠	44 000	30 000	13 400

中度重复序列又分为短周期的分散重复序列和长周期的分散重复序列两类。① 短周期分散重复序列由 150~300bp 重复单位组成,以短周期分散重复存在于基因组内。主要发现在人、非洲爪蟾和海胆中,如 *Alu* 家族和 *Hinf* 家族等;② 长周期分散重复序列的长度在 5~6kb,拷贝数达$(1\times10^4)\sim(4\times10^4)$个,广泛分散重复存在于基因组内,目前还不清楚其生物学功能。**Alu 序列**是在人类基因组内重复 $3\times10^5\sim5\times10^5$ 次的中度重复序列,长约 300bp,由于在这类序列中一般都存在有限制性内切核酸酶 *Alu* 酶切位点(AGCT/TCGA)而得名。*Alu* 序列占人类基因组 DNA 长度的 3%~10%,短周期分散存在于基因组内,大约每 6kb 就有一个 *Alu* 成员,同种生物的 *Alu* 序列有 80% 的保守性。不同生物间的保守性为 50%~60%。*Alu* 序列在 mRNA 中极少见,它是与邻近基因一起转录到 hnRNA 中,在加工成熟时被切除掉的。*Kpn*I 家族的 DNA 序列能被限制性内切核酸酶 *Kpn*I 酶切。人类和灵长类动物 DNA 被 *Kpn*I 酶切后,可分离到 1.2kb、1.5kb、1.8kb 和 1.9kb 的片段,占人类基因组的 3%~8%,短周期散在分布。在真核细胞的中度重复序列中,还有一类更常见的可移动 DNA 序列,在数量和位置上都像细菌的**转座因子**(transposable element)那样经常发生变化,但在真核细胞中的这类重复序列却是编码 RNA 分子的 DNA 序列。中度重复的 DNA 序列还包括编码组蛋白、per-rRNA、5S rRNA 以及各种 tRNA 家族的基因,它们在基因组中分别以串联重复排列的方式存在。在一段 DNA 区域内,同一基因的序列一般都逐个排列成簇,构成**基因簇**(gene cluster)。例如,5 种组蛋白 H_1、H_2A、H_3B、H_3 和 H_4 各占细胞总蛋白的 1%~5%,细胞内含有大量半衰期只有数分钟的组蛋白 mRNA,为满足细胞生长需要,组蛋白基因以多拷贝基因簇方式存在。果蝇、蛙等脊椎动物的组蛋白基因集中在 5~6kb 区域内以串联排列方式重复存在(图 3.14)。在基因簇和簇之间有非转录间隔区。

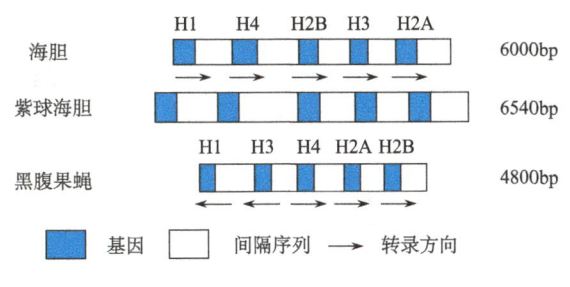

图 3.14 组蛋白基因簇的结构

rRNA 基因簇在人类基因组中位于第 13、第 14、第 15、第 21 和第 22 对染色体的核仁内。每个核仁有 50 多个 rRNA 基因的重复单位,rRNA 基因簇又有许多转录单元(图 3.15)。人类 5S rRNA 基因全部位于第 1 对染色体上,$1\sim10^3$ 个拷贝。非洲爪蟾约有 300 个由 $tRNA^{Met}$ 和 $tRNA^{Tyr}$ 及其他 tRNA 基因组成的长 3.18kb 的串联重复单位,为 50~60 多种 tRNA 编码,每种平均重复 20~30 次。

4) 高度重复序列 在大多数高等真核生物基因组中重复频率达 10^6 次以上的 DNA 序列为**高度重复序列**(highly repetitive sequence),人类基因组内占 20% 左右。高度重复 DNA 序列的碱基组成和浮力密度不同于主体 DNA,在氯化铯(CsCl)密度梯度离心时,可形成相对独立于主 DNA 沉降带的卫星 DNA 沉降带。根据重复单位的数目多少以及其结构特点分为三类:①卫星 DNA;②小卫星 DNA;③微卫星 DNA。

a. 卫星 DNA 序列 **卫星 DNA**(satellite DNA)是一类简单重复序列,由很短的序列重复多次,有数百万个拷贝,串联成长长的一大簇集中在异染色质区,特别是在着丝粒和端粒附近。通常不转录。如果将基因组 DNA 裂解为约 10^4bp 长的片段,通过密度梯度离心分离时,原核生物 DNA 只出现一个峰(沉降带),表明

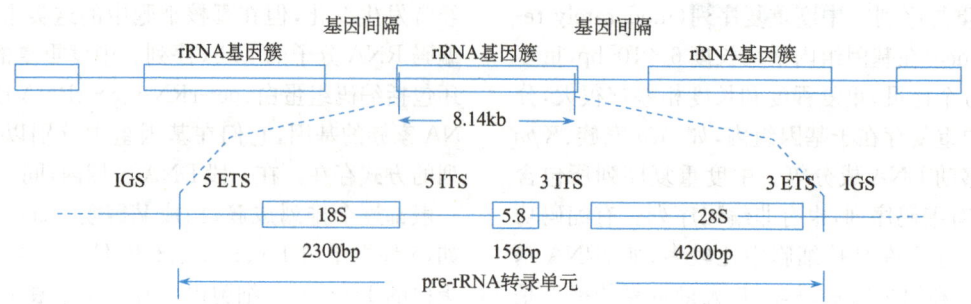

图 3.15　rRNA 基因重复单元的结构示意图

DNA 碱基分布比较均匀,而真核生物 DNA 除了一个主要的 DNA 峰(主峰)外,在旁侧还有一些小峰,如图 3.16 所示,这些小峰位于主峰旁侧,故称为卫星 DNA。DNA 在超速离心时的浮力密度取决于分子中的 G+C 含量,含量越高,浮力密度越大,反之,浮力密度越小。比主峰的 G+C 含量低或高的 DNA 都可构成卫星 DNA 的小峰,卫星 DNA 序列的 A-T 含量较高,在超速离心时的浮力密度大都小于主带 DNA。卫星 DNA 又被称为结构 DNA,占人类基因组的 5%～6%,可能与染色体折叠压缩和配对分离有关。在科学研究中,卫星 DNA 可用于 DNA 指纹图谱分析、生物个体多态性分析等。

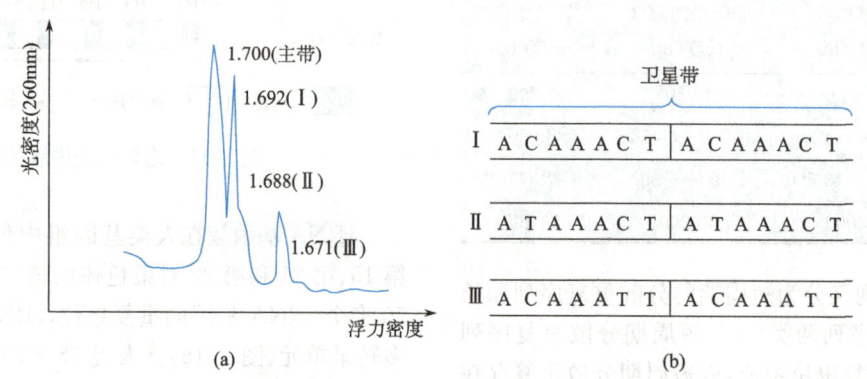

图 3.16　果蝇 DNA 在 C_sCl 密度梯度离心中分离成主带和卫星 DNA 带
(a)DNA 在密度梯度离心中的峰,(b)卫星 DNA 的一般序列

b. 小卫星 DNA 序列　小卫星 DNA(minisatellite DNA)一般由 15bp 左右的串联重复序列组成,位于邻近染色体末端的区域,有些也分散存在于基因组的多个位置上,一般没有转录活性。小卫星序列重复的拷贝在群体内差异很大,但都具有核心序列:GCT-GGGCAGApuG,由于具有极强的个体特异性,因此可用于 DNA 指纹图谱分析。

c. 微卫星 DNA 序列　微卫星 DNA(microsatellite DNA)是由更加简单的串状重复单位组成的序列,重复单位仅有 2～5bp,如(CA)n,(GT)n,(GAA)n 等,分散存在于基因组中。大多数重复单位是二核苷酸,也有少量三或四核苷酸的重复单位。由于重复单位比小卫星序列更短,因而称微卫星序列。在人类基因组中至少存在 $3.5×10^4$ 个微卫星位点,均匀分布于常染色质内,是真核生物基因组中重复序列的主要组分,呈共显性遗传。

微卫星序列在生物个体之间具有高度的变异和高度多态性,是基因组作图中不可缺少的一类分子标记。欲确定未知的微卫星序列标记,先要构建基因文库,之后用简单重复序列标记的探针进行杂交,筛选阳性克隆、测序确认。微卫星序列的侧翼序列十分保守,以其设计引物进行 PCR 扩增,结合原位杂交等技术,能够确定微卫星序列在染色体上的位置。

> **小结:**根据 C_0t 曲线,将真核生物基因组的 DNA 分为 4 种组分:单拷贝 DNA 序列;低度重复 DNA 序列;中度重复 DNA 序列;高度重复 DNA。绝大多数编码蛋白质的基因是单拷贝或低度重复的 DNA 序列。高度重复 DNA 的重复频率大于 10^6,碱基组成和浮力密度不同于主体 DNA,在 CsCl 密度梯度离心时形成独立于主 DNA 沉降带的卫星 DNA 带。根据重复单位数目多少及结构特点分三类:①卫星 DNA;②小卫星 DNA;③微卫星 DNA。卫星 DNA 可用于 DNA 指纹图谱分析、生物个体多态性分析。

4. 真核细胞的基因家族和基因簇

基因家族(gene family)是真核生物基因组中来源相同,结构相似,功能相关的一组基因。尽管其家族各成员在序列上具有相关性,但相似程度及组织方式都不同,大部分有功能的家族成员之间相似程度较高,有些则差异很大,甚至还有一些无功能的假基因。基因家族的成员在染色体上分布形式不同,一些成员在特殊的染色体区域上成簇存在,而另一些则广泛分布在整个染色体上,甚至存在于不同的染色体上。

基因家族与**基因簇**(gene cluster)不同,后者是指基因家族中各成员紧密成簇排列成大段的串联重复单位,定位于染色体的特殊区域,它们属同一个祖先的基因扩增产物。基因簇中也包括一些没有生物功能的假基因。通常基因簇内各序列间的同源性大于基因簇间的序列同源性。人类基因组中有十几个大基因簇,如α珠蛋白基因簇、β珠蛋白基因簇、组蛋白基因簇等。广义的基因家族分为两种:一种是家族中各成员的全序列或至少编码序列具有高度的序列同源性。例如,rRNA基因家族和组蛋白基因家族。这是由于在进化过程中,家族成员有自动均一化趋势所致,它们的特点是各成员间的序列高度保守,常有几十个甚至几百个高的拷贝数,间隔区域短且较一致(也有些基因家族成员在染色体上排列不紧密,中间含有无关序列,但总体上分布在染色体相对集中的区域)。第二种基因家族是各成员在编码产物上有大段高度保守的氨基酸序列。但家族成员间总的序列相似性较低。在许多蛋白质基因家族中不同蛋白质的氨基酸序列有很高的同源性。有的蛋白质家族成员数量从几个至几十个,个别蛋白质家族还包含有数百个成员,家族成员之间有相似但不完全相同的氨基酸序列。还有一种**超基因家族**(supergene family),其各基因序列间没有同源性,但其表达产物的功能却相似,它们在整体上有相同的结构特征,如免疫球蛋白家族。按照在基因组内的分布,基因家族又分为两类:一类位于同一染色体上并串联排列,可同时发挥作用,如rRNA、组蛋白基因家族;另一类位于不同染色体上,各成员间的DNA并不完全相同,如珠蛋白、干扰素和生长激素等的基因家族。按照基因结构或转录方向,又可分为简单的多基因家族、复杂的多基因家族和受发育调控的复杂多基因家族。下面介绍几种重要的基因家族。

> **小结**:基因家族是真核基因组中来源相同,结构相似,功能相关的一组基因。基因簇指基因家族中各成员紧密成簇排列成大段的串联重复单位定位于染色体的特殊区域。超基因家族的基因序列间没有同源性,但其表达产物的功能却相似,在整体上有相同的结构特征,如免疫球蛋白家族。基因家族分两类:一类位于同一染色体上串联排列可同时发挥作用,如rRNA、组蛋白基因家族;另一类位于不同染色体上各成员间的DNA并不完全相同,如珠蛋白、干扰素和生长激素等的基因家族。

(1) 简单的多基因家族

1) rRNA基因家族 真核生物rRNA基因家族串联重复排列在一段很长的DNA区域内。在不同生物个体的这些区域内,重复的rRNA基因的转录区域序列几近相同,而非转录的间隔区不同。低等真核生物rRNA基因家族中的28S、18S、5.8S和5S rRNA基因都串联在一起,而高等真核生物28S、18S和5.8S等主要rRNA基因串联成一个转录单元,5S rRNA基因则单独作为一个基因家族排列在其他部位。每个转录单元重复排列成基因簇,各单元之间由间隔区分开。所有真核生物rRNA基因几乎都重复100个拷贝以上。人类28S~18S基因约有280个拷贝,5S基因有2×10^4万个拷贝,见图3.17。

rRNA基因簇也有许多转录单元,单元之间是不转录的间隔区,又称**间隔序列**(spacer sequence),间隔区由类似于卫星DNA的串联重复序列组成。每个转录单元都能产生45S rRNA前体分子(pre-rRNA)。在不同生物之间及同一生物的rRNA转录单元之间,间隔区长度相差很大,如小鼠为30kb,非洲爪蟾为2300~5300bp,果蝇为3750~6450bp。

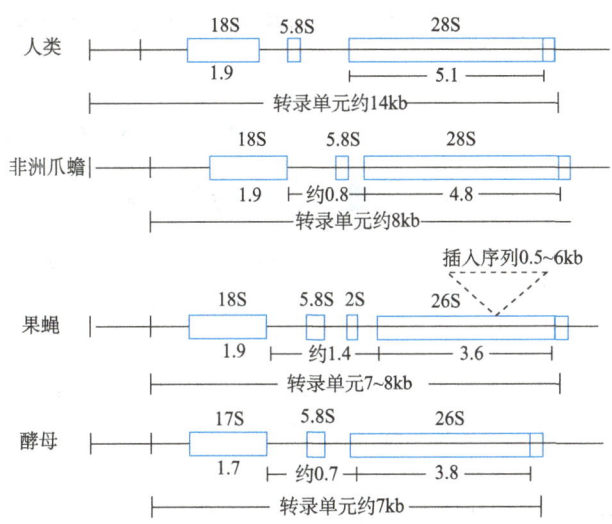

图3.17 部分真核生物rRNA基因重复单元的排列

2) 5S rRNA基因 高等真核生物基因组中的5S rRNA基因是被单独转录的,拷贝数也多于18S rRNA和28S rRNA基因。而在低等真核生物,如酵母中的5S rRNA、28S rRNA和18S rRNA基因都同在一个转录单元中被转录。非洲爪蟾的5S rRNA在个体发育的不同时期分别表达卵母细胞型和体细胞型两类基因。卵母细胞型 5S rRNA 基因由转录区和非转录区共约 700bp 的两部分组成。转录区约 300bp,富含 GC,包括 120bp 的 5S 基因,一段 15bp 富含 AT 的重复单元,以及又一个 49bp 富含 GC 的区域和 101bp 的假基因。非转录的间隔区富含 AT,序列为约 15bp 的 CAAAGTTT-GAGTTTT,紧密重复排列,平均长度约 400bp。

(2) 复杂的多基因家族

复杂的多基因家族由几个相关基因家族构成,家族之间由间隔序列分开并作为独立单元被转录,组蛋白基因的 5 个成员(H_1、H_2A、H_2B、H_3、H_4)属于这一类型,它们构成一个重复单元被转录。人类组蛋白基因分布在第 7 号染色体内,拷贝数 30～40 个。在人类和其他脊椎动物基因组中,并非每个重复单元都包括了这 5 种基因,有些基因还分散在基因组中。组蛋白基因一般都串联排列,其间是大于 10kb 的间隔区。组蛋白基因重复单元相互之间的区别主要是非转录区的长度和序列的差异。

海胆的 5 种主要组蛋白基因串联构成一个单元,以多拷贝组成串联的重复基因簇,在整个海胆基因组中重复约 1×10^3 次。基因簇中的每个基因分别被转录成单顺反子 mRNA,没有内含子。每个基因在同一条 DNA 链上按同一方向转录,转录和翻译的速度都受到调节。在不同组织及发育的不同时期表达不同套的组蛋白基因。

在果蝇中的 5 种组蛋白基因也是成簇的串联重复,但基因簇中的每个基因都按照各自的方向进行转录,与海胆的基因转录不同。

研究发现不同生物,如非洲爪蟾和禽类组蛋白基因的异质性更大。由于这些原因,目前对组蛋白基因在染色体上的排列尚未完全确定。

组蛋白基因只在细胞周期的 S 期 DNA 开始复制之前短暂地表达,这不同于 RNA 聚合酶 II 转录的其他基因,它没有内含子,其 mRNA 也无 3′-polyA,也无转录后的加工修饰过程。组蛋白 5 种基因的转录和翻译都受到严格的调控,使组蛋白的表达量与 DNA 之间及不同的组蛋白分子之间,在组装成染色体前有相应的分子比例。

(3) 受发育调控的复杂多基因家族

人类珠蛋白基因家族是典型的受发育调控的复杂多基因家族。人类珠蛋白基因簇有两种类型:α 珠蛋白基因簇和 β-珠蛋白基因簇(图 3.18)。α-珠蛋白基因簇位于 16 号染色体上,包括 1 个活化的基因 ζ、1 个假基因 ψζ、2 个 α 基因、2 个假基因 ψα 和 1 个未知功能的 θ 基因。β-珠蛋白基因位于第 11 号染色体上,约 60kb,包括 5 个有功能的基因 ε、2γ、δ、β 和一个假基因 ψβ。两个 γ 基因编码的蛋白质只有一个氨基酸的差别,即 G 蛋白在 13 位是 Gly,而 A 蛋白在这个位置上是 Ala。在不同发育阶段,由不同 α 基因家族和 β 基因家族中的各个基因产物(亚基)各两个组成血红蛋白的四聚体。

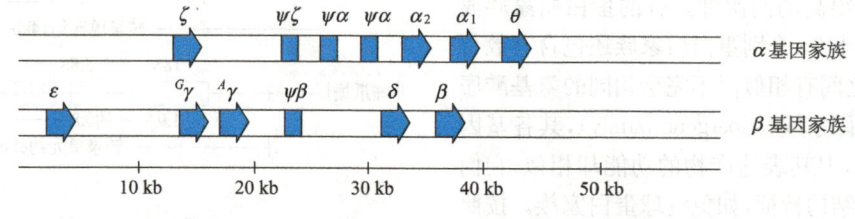

图 3.18 人珠蛋白基因家族的 α 和 β 两个基因家族示意图

在人类珠蛋白基因家族簇中,基因排列的方式与它们在个体发育阶段表达的先后次序一致。从 5′端向 3′端方向依次是:在 α 家族中,胚胎期→胎儿期→成年期。ζ 基因在胚胎早期(前 8 周)表达,而在胎儿期(8 周后)关闭。α2 和 α1 是胎儿(8 周后)和成年人都表达的基因。在 β 家族的排列中,ε 基因排在最前面,在胚胎早期(8 周内)表达,之后关闭。$^G\gamma ^A\gamma$ 基因在胎儿期表达,出生前逐渐衰减表达,而出生后并不完全关闭,仅少量表达。δ 基因在胚胎期和成年期都有少量表达。β 基因在胚胎期开始表达,逐渐增加,出生后成为成人主要表达的基因。如表 3.8 所示为不同发育阶段血红蛋白的亚基组成。

表 3.8 不同发育阶段血红蛋白的亚基组成

发育阶段	亚基组成
胚胎期(8 周以前)	
Hb Gower 1	$\zeta_2\varepsilon_2$
Hb Gower 2	$\alpha_2\varepsilon_2$
Hb Portland	$\zeta_2\gamma_2$
胎儿期(8～41 周)	
HbF	$\alpha_2\gamma_2$
成人期	
HbA(98%)	$\alpha_2\beta_2$
HbA2(2%)	$\alpha_2\delta_2$

(4) 超基因家族

超基因(supergene)是指一组由单基因和多基因共同组成的更大的基因家族。在高等真核细胞内，一个基因簇内可能含有数百个功能相关的基因，它们由基因扩增后结构上轻微的变化而形成，在序列上有着不同程度的同源性，在功能上也仍然保持了原始基因的基本功能或进化产生了某些新功能，这样的一大簇基因称为超基因家族。已经发现的多种超基因家族中，典型的有免疫球蛋白超基因家族、核受体超基因家族、细胞因子超基因家族等。

免疫球蛋白(immunoglobin, Ig)**超基因家族**包括 β_2 微球蛋白(β_2m)、MHC Ⅰ类 α 链、Ⅱ类 α 和 β 链、T细胞受体(TCR)α 链和 β 链、Thy1、CD4、CD8 等与免疫有关的大分子，还有许多与免疫相关的家族成员以及一些与 Ig 基因家族有关的新蛋白分子，如 CD7、CD28、IgE 受体 α 亚基、BLST-1、原癌蛋白 c-Kit 等，包括神经黏附分子 L-1、白细胞介素 IL-1 和 IL-6 的受体等。

随着越来越多的新基因被发现，对新基因和原有基因的结构和功能通过数据库分析，发现了新的成员，扩大成为新的超基因家族。如以往认为是多基因家族的丝氨酸(Ser)型蛋白酶，其活性中心都有关键性的 Ser 残基，形成 **Ser 蛋白酶族**。通过比对基因结构发现，载脂蛋白也属于 Ser 蛋白酶族，由此 Ser 型蛋白酶被称为超基因家族。

(5) 假基因

在多基因家族中，有些成员的 DNA 序列和结构与有功能的基因相似，但不表达产生有功能的基因产物，这些基因称为**假基因**，常用符号"ψ"表示。如珠蛋白基因簇中的 $\psi\alpha1$ 表示与 $\alpha1$ 基因相似的假基因。假基因与有功能的基因一般是同源的，最初有功能，由于发生了**缺失**(deletion)、**倒位**(inversion)、**点突变**(point mutation)等，使该基因失去了活性，成为无功能的假基因。例如，5S rRNA 基因的重复单位约 700bp，其中有活性的编码序列约 120bp，与其相邻的一段 101bp 的序列与有编码功能的 5S 基因前面 101 碱基序列完全相同，但缺少 19bp 片段，所以没有编码功能，在体内从未检测到这段与 5S rRNA 基因序列基本相同的基因转录出 mRNA，说明它没有表达活性，DNA 序列分析发现该假基因缺乏正常转录起始信号。许多假基因都与**亲本基因**(parental gene)连锁，且共同的编码区及侧翼序列都具有高同源性。如 α 珠蛋白基因家族中的假基因 $\psi\zeta$、$\psi\alpha1$、$\psi\alpha2$。$\psi\alpha1$ 与三个有功能的 α-珠蛋白的基因密切相关，比较假基因 $\psi\alpha1$ 和有功能的基因 $\alpha1$ 序列发现两者上游及间隔序列同源性达 73%。说明假基因 $\psi\alpha1$ 是由有功能的基因 $\alpha1$ 突变而来的，由于碱基突变而未能产生有功能的蛋白质。在 β 珠蛋白基因家族中，假基因 $\psi\beta1$ 结构特点是：①缺乏内含子剪接加工的 5' 共同序列；②polyA 的序列由 AATAAA 突变成了 AATGAA；③转录起始密码子 ATG 为 GTG 所取代；④从第 38 个氨基酸开始，有 20 个核苷酸缺失，并产生了一个终止密码子，使肽链合成提前终止。根据对珠蛋白基因家族的研究推断，可能在平均每 4 个基因序列中就存在有一个假基因序列。随着大分子分析技术的不断提高，将会对较小的基因簇都能进行鉴定，从而发现更多的假基因。

> **小结**：按照基因结构或转录方向的不同，基因家族又分为简单多基因家族，复杂多基因家族和受发育调控的复杂多基因家族。在多基因家族中有些成员的 DNA 序列和结构与有功能的基因相似但不产生有功能的基因产物称为假基因(ψ)。

3.6.3 线粒体基因与基因组的结构

线粒体是普遍存在于真核细胞中的一种重要的细胞器，它的主要功能是通过其存在于内膜上的电子传递系统进行氧化磷酸化作用，为细胞活动提供所需要的 ATP，是能量转换器。此外它也是细胞的 Ca^{2+} 浓度调节、脂肪酸和某些蛋白质等物质合成代谢的重要场所。线粒体是细胞的半自主性细胞器，有自身的 DNA，称为**线粒体 DNA**(mitochondrial DNA, mtDNA)。在每个线粒体内都有多个 DNA 分子。例如，蛙卵细胞含 10^7 个线粒体，每个线粒体有 5~10 个 DNA 分子，大鼠肝细胞线粒体有 5~10 个 DNA 分子，每个细胞有 1000 个线粒体。mtDNA 只占整个细胞 DNA 含量的 1% 左右。所有的 mtDNA 都是闭合双链环状分子，与细菌质粒 DNA 的结构相似。线粒体 DNA 的相对分子质量为 $1 \times 10^3 \sim 2 \times 10^5$。不同种属的 mtDNA 大小差异很大，动物 mtDNA 较小，植物 mtDNA 较大。人 mtDNA 线粒体的基因组为 16 569bp，由 37 个基因构成，其中两个 rRNA 基因，22 个 tRNA 基因和 13 个蛋白质编码序列。酵母线粒体的基因组很大，如酿酒酵母为 84kb，正在生长的细胞中 mtDNA 的比例高达 18%。植物线粒体 DNA 的大小差异很大，最小的有 100kb。线粒体基因组至少包含以下基因及基因簇：rRNA 基因、tRNA 基因、ATPase 基因、细胞色素 *COXase* 基因。线粒体基因组只能编码部分所需产物，许多重要的物质须由核基因组与线粒体基因组共同互作产生。例如，酵母线粒体中的 ATP 酶是由两个 Fo 和 F_1 组成的复合体，跨膜因子 Fo 的三个亚基由线粒体基因组编码，而可溶性的

F_1 ATP酶的5个亚基由核基因组编码；细胞色素c氧化酶的各亚基也是两个基因组共同编码的；细胞色素bc1复合物中的一个亚基来源于线粒体基因组，而另6个亚基来源于核基因组。虽然mtDNA基因组是存在于细胞核染色体之外的基因组，也不与组蛋白一起组装。但由于其具有遗传上的半自主性，因此具有自我复制、转录和编码蛋白质等物质的功能。

线粒体基因组编码至少有13种以上在呼吸链中的蛋白质亚基，它们与核基因编码的亚基一起共同构成了呼吸链上的电子传递体蛋白，其中有复合体Ⅰ的7个亚基，复合体Ⅲ的1个亚基，复合体Ⅳ的3个亚基，复合体Ⅴ的2个亚基（ATPase6和ATPase8）。但线粒体基因组自身编码、合成的蛋白质只占呼吸链组分的小部分，大部分仍是由核基因编码，在细胞质内合成后运输到线粒体内发挥作用。

线粒体DNA的突变与衰老有关，研究发现，mtDNA的变化随着年龄增加而增加，从而能导致老年退化性疾病，如多种神经性病变、肌肉疾病等。mtDNA的突变率比核DNA高5~10倍。可能的原因是：①mtDNA缺少组蛋白的保护；②线粒体内DNA修复机制很少；③线粒体内进行着大量的生物氧化过程，所产生的自由基对其DNA有损伤作用。mtDNA的变异有点突变、缺失和由于核DNA缺陷引发mtDNA的缺失或数量减少等类型。这些变异都能以细胞质遗传的方式传递到子代。

迄今为止，已知生物的遗传密码通用性主要适合于核基因组DNA编码的蛋白质，mtDNA编码蛋白质的遗传密码与核DNA编码蛋白质的遗传密码并不完全相同。如表3.9所示，AGG是原核及真核生物核基因和叶绿体编码蛋白质氨基酸的遗传密码，而在哺乳动物线粒体中，则是终止密码，在果蝇中编码丝氨酸，在链孢霉属、植物和酵母中则编码精氨酸。

表3.9 线粒体中相对于标准遗传密码的改变

密码子	原核及真核生物核基因和叶绿体编码蛋白质氨基酸的遗传密码	线粒体				
		哺乳动物	果蝇	链孢霉属	酵母	植物
UGA	终止密码	Trp	Trp	Trp	Trp	终止密码
AGG	Arg	终止密码	Ser	Arg	Arg	Arg
AGA	Arg	终止密码	Ser	Arg	Arg	Arg
AUA	Ile	Met	Met	Ile	Met	Ile
AUU	Ile	Met	Met	Met	Met	Ile
CGG	Arg	Arg	Arg	Arg	Arg	Arg/Trp
CUU	Leu	Leu	Leu	Leu	Thr	Leu
CUC	Leu	Leu	Leu	Leu	Thr	Leu
CUA	Leu	Leu	Leu	Leu	Thr	Leu
CUG	Leu	Leu	Leu	Leu	Thr	Leu

小结：线粒体是细胞的半自主性细胞器，有自身的DNA，称线粒体DNA（mtDNA）。在每个线粒体内都有多个DNA分子，线粒体基因组编码至少13种在呼吸链中的蛋白质亚基。mtDNA的突变率很高并与衰老有关，原因是：①mtDNA缺少组蛋白的保护；②线粒体内DNA修复机制很少；③线粒体内进行着大量的生物氧化过程，所产生的自由基对其DNA有损伤作用。mtDNA编码蛋白质的遗传密码与核DNA编码蛋白质的遗传密码并不完全相同。

3.6.4 叶绿体基因与基因组的结构与功能

叶绿体也属于半自主性的细胞器，其自身的基因产物不能完全满足功能上的需要，必须有核基因产物的协同作用（核质互作）。大多数叶绿体基因产物都是类囊体膜的蛋白组分或是与氧化还原反应有关酶类。有些蛋白质复合物与线粒体复合物一样，一部分亚基由叶绿体基因组（chloroplast genome）编码，另一部分由核基因组编码。例如，1,5-二磷酸核酮糖羧化酶-加氧酶（Rubisco）是地球上已知存在量最多的蛋白质，占类囊体可溶性蛋白的量大约为80%，是叶片可溶性蛋白量的50%。rubisco全酶由8个大亚基（LSU）和8个小亚基（SSU）组成，酶催化中心位于由叶绿体基因组编码的大亚基上，由核基因编码的小亚基主要起调节作用。在叶绿体中也有只由一个基因组编码的蛋白质。在已鉴定了的基因中，至少有45个基因产物为RNA，27个产物是与基因表达有关的蛋白，18个基因编码类囊体膜蛋白，还有10个基因产物与光合电子传递功能有关。

叶绿体基因组比较大,在高等植物中通常为140kb,在低等真核生物中高达 200kb。叶绿体 DNA(chloroplast DNA,ctDNA)以双链环状分子的形式存在,与核 DNA 不同,叶绿体 DNA 不含 5-甲基胞嘧啶,也不与组蛋白结合。在 CsCl 密度梯度离心中的浮力密度为 1.697g/mL,相当于约 37%的 G+C 含量,不同植物的 G+C 含量在 36%~40%,低于植物的核 DNA,因此,可以用氯化铯密度梯度离心法将叶绿体 DNA 分离出来。

大多数植物叶绿体 DNA 都有数万碱基对的反向重复序列(IR),IR 把环状的叶绿体 DNA 分子分隔成为两个大小不同的单拷贝区,大单拷贝区 78.5~100kb(LSC),小单拷贝区 12~76kb(SSC)。所有不同植物叶绿体基因组中的 rRNA 基因(4.5S,5S,16S,23S)都位于 IR 区内,其中还含有部分的 tRNA 基因。根据叶绿体基因组数目,将其分为三种类型,Ⅰ型只含单拷贝 rRNA 基因;Ⅱ型含两个拷贝 rRNA 基因;Ⅲ型含三个拷贝 rRNA 基因,仅见于裸藻。Ⅱ型是大多数高等植物叶绿体基因组的结构。

烟草植物的叶绿体基因组至少有 4 种 rRNA 基因,30 种 tRNA 基因,49 种蛋白质基因,38 种含 70 个密码子以上的可读框,总共能编码 120 多条 RNA 或多肽链。因为在反向重复序列中有 24 个基因或 ORF 是双拷贝的,故烟草叶绿体 DNA 所含有的基因或可读框总数约为 150 多个。叶绿体组织的蛋白质双向电泳结果显示,在叶绿体中至少有 220 多种蛋白质,其中,基质中有 150 多种,其余的存在于类囊体及其他部位。烟草叶绿体基因组最多能编码 80 多种蛋白质,因此半数以上的叶绿体蛋白质由核基因组编码,在细胞质中合成之后再运输到叶绿体中。

小结:叶绿体内含有 DNA(ctDNA),叶绿体基因组以双链环状形式存在。大多数叶绿体基因产物是类囊体膜蛋白组分或与氧化还原反应有关酶类。1,5-二磷酸核酮糖羧化酶-加氧酶的 8 个大亚基(LSU)由叶绿体基因组编码,8 个小亚基(SSU)由核基因编码,酶的催化活性中心位于大亚基上,小亚基起调节作用。大多数叶绿体 DNA 都有数万碱基对的 IR。

3.6.5 人类基因组简介

1986 年,著名生物学家、诺贝尔奖获得者 R Dulbecco 在 *Science* 上率先提出"人类基因组计划(human genomic project,HGP)",该建议引发了科学界长达三年的激烈争论。美国政府决定用 15 年时间(1990~2005 年)出资 30 亿美元完成这一计划。各国科学家和政府纷纷响应这一倡议。包括美国、英国、日本、中国、德国及法国 6 国的科学家参与了这项生命科学历史上迄今最为浩大的科学工程的研究(HGP 与曼哈顿原子弹计划和阿波罗登月计划一起被称为上个世纪的三大科学工程)。HGP 于 1990 年 10 月正式启动,经过 10 年的努力,于 2000 年 6 月宣告其草图绘制成功。1993 年,我国政府也将中华民族基因组若干位点的研究列入国家重大项目。这项浩大的工程已于 2003 年提前完成,基因组 DNA 测序的准确率为 99.99%。

解读人类基因组,对地球上人类生存与生活的影响十分深远,因为人类对自身更深入的了解是人类生命活动中最重要的一部分。随着 HGP 的完成,DNA 分子中编码的遗传信息将对地球人类存在的分子基础做出最终回答,有助于人类理解我们自身是如何作为健康的人发挥正常功能,以及从分子水平上解释遗传因子在各种疾病,如癌症、老年痴呆症以及精神分裂症等这些严重危害人类健康的疾病中的作用。在人类基因组计划以前的遗传学或基因学(genetics)偏重于对单个基因的研究,而人类基因组计划是把目光投向对整个基因组所有基因的研究,从整体水平上探索基因的存在、结构以及基因结构与功能之间的相互关系等。

1. 人类基因组研究的目标

人类细胞包含由第 1~22 号染色体和 X、Y 性染色体 DNA 携带的全部信息。人类基因组 DNA 的 3×10^9 bp 序列和 3 万~4 万个编码基因决定了人类作为高等动物的极其复杂的生物学性状与行为。按照传统的研究模式,既一种生物学功能与一种或几种基因相对应研究的方法,不能从整体上很好地阐明生物学功能内在的、真实的机制,因为这些相关基因的相互作用是实现生物学功能的前提,孤立的研究不可能全面了解基因之间的相互作用。因此,科学家们认识到应从基因组的整体水平上进行研究的大胆设想,提出只有先将人类基因组的全序列弄清楚,一切问题才有可能迎刃而解。人类基因组计划最终目标是在 15 年内(1990~2005 年)完成人类全部 23 条染色体 3×10^9 bp 的核苷酸序列分析,对生命进行系统和科学的解码,从而认知生命的起源、种间和个体之间存在千差万别的起因、错综复杂的疾病产生的机制以及长寿与衰老等生命现象及其过程。

2. 人类基因组研究的科学内容与意义

人类基因组计划的科学内容与意义包括以下 5 个方面。

1) 对人类全基因组 3 万~4 万个编码基因作图,

或称染色体作图(包括遗传连锁图和物理图谱),即对全基因组进行标记和划分,为基因或特定 DNA 序列在染色体上的位置提供标志,进一步还包括绘制转录图谱,弄清楚转录和剪接等调控元件的结构与位置,从整个基因组结构的宏观水平上理解基因转录与转录后调节。

2) 对基因组 DNA 进行裂解切割和基因克隆。把几百甚至几千碱基长度的 DNA 片段按已知的标识进行有序地排列。

3) 测定基因组的全部 DNA 序列。对全部 DNA 进行序列分析,按其在染色体上的位置进行排布,得到全部都有序排列在染色体上 DNA 的碱基序列。

4) 对每个基因的功能进行鉴定。初步确定每个基因的结构与功能,分离和鉴定具有重要功能以及与重大疾病相关的基因。

5) 建立全基因组所有基因的信息系统、基因信息储存、注释、处理及开发软件。

小结:HGP 目标是完成人类 23 条染色体 3×10^9 bp 的全部核苷酸序列分析。HGP 内容有 5 个方面:①对人类全基因组 3 万~4 万个编码基因作图,即染色体作图(遗传连锁图和物理图谱);②对基因组 DNA 进行裂解切割和基因克隆;③测定基因组的全部 DNA 序列;④对每个基因的功能进行鉴定;⑤建立全基因组所有基因的信息系统、基因信息的储存、注释、处理以及开发相应的软件。

(1) 染色体作图和基因克隆

实施人类基因组计划,首先要对整个基因组进行染色体作图和基因克隆。由于染色体结构十分复杂,DNA 包括在其中,不能直接用于测序。测定全部基因组的 DNA 序列,需要先将基因组这一巨大的研究对象裂解,将其分为若干个相对能进行操作的小结构区域,这个过程称为染色体作图。染色体作图又分为遗传连锁图和物理作图。遗传连锁图(genetic linkage map)是基因或 DNA 标志在染色体上的相对位置与遗传距离,遗传距离通常以基因或 DNA 片段在染色体交换过程中的分离频率厘摩(cM)表示,cM 值越大,两者之间遗传距离越远。通过遗传分析可大致了解各基因或 DNA 片段之间的相对距离与方向,了解到哪个基因更靠近端粒,哪个更靠近着丝粒等。遗传距离可通过遗传连锁分析获得,在研究中使用的 DNA 标志越多,越密集,所得到的遗传连锁图的分辨率就越高。1cM 大约相当于 100 万个碱基的长度,人类基因组共约 3600cM。物理图谱能够确定两个遗传标记之间的实际(绝对)距离,单位是千碱基对(kb)或百万碱基对(Mb)。

应用多态性标记可以绘制人类基因组遗传连锁图。在人类基因组的 DNA 序列上平均每几百个碱基就会出现一些变异(variation),这些变异通常不产生病理性后果,但按照孟德尔遗传规律由亲代传给子代,在不同个体间表型不同,因此被称为多态性(poly-mer-phism)。如果一个多态性位点出现在某种限制性内切核酸酶的酶切位点,则具有这种性状样本的 DNA 在该位点可被这种限制性内切核酸酶水解,而另一类则不能。当不同个体的 DNA 用这种限制性内切核酸酶水解时,就会产生两种不同长度的水解片段,称为限制性片段长度多态性(restriction fragment length polymorphism,RFLP)。RFLP 是最早得到应用的多态性标记(第一代)。DNA 序列上的微小变化,甚至 1 个核苷酸的变化,也能引起限制性内切核酸酶切点的丢失或产生,导致酶切片段长度的变化(由于核苷酸序列的改变遍及整个基因组)。特别是在进化中选择压力不是很大的非编码序列之中。使 RFLP 的出现频率远远超过了经典的蛋白质多态性,而且,只要选择得当,生物体内出现共显性 RFLP 及 RAPD 分子标记的频率是较高的。但由于 RFLP 仅局限于 1 个或少数几个核苷酸的突变,一般只能产生限制性酶切位点的"切开"与"不切开"两种情况,所提供的"多态性"信息量较少。第二代多态性标记利用存在于人类基因组中的大量重复序列,包括小卫星 DNA,属于可变数目串联重复(variable number tandem repeat, VNTR)和微卫星 DNA,属于短串联重复 DNA(short tandem repeat,TR、STRP 或 SSLP)。VNTR 一般有 10 个以上的等位基因,信息量比 RFLP 大得多。STR 又称微卫星标记(micro-satellite,MS),是一些由 2~6 个碱基组成的重复序列,多数为 C 和 A,故称 CA 重复(CA repeat),不同个体的 STR 重复次数不同。STR 有两个突出的优点,一是作为遗传标记的"多态性"二是作为遗传标记的"高频率"。由于 A_n、$(CA)_n$ 和 $(CGG)_n$ 等短重复序列在进化上不受选择,在同一位点上可重复单位的数量变化很大,同源染色体配对时容易产生"错配",因此进一步扩大了在群体中所拥有的"等位基因"数目,并使这样的位点遍布于整个基因组。对人类基因组作图已有 5264 个 STRP 为主体的遗传标记"连锁图",平均分辨率已达到 600kb,其中第 17 号染色体上平均每 495kb 有一个标记,第 9 号染色体上平均每 767kb 有一个标记,整个基因组中只有三处的标记间距大于 4Mb。STR 的存在为绘制遗传图谱提供了大量可用的遗传标记。采用 PCR 技术以 STR 两侧的基因作定点标记,可绘制完整的连锁图,一次杂交能分析多个 STR,并且可以对复杂表型(如衰老)的多基因进行作图。遗传图谱是为染色体DNA作标记,显然这种标记越密越好。在YAC文库中,就能通过这些标记找到某一克隆在染色体DNA上的特定座位。第三代多态性遗传标记是单核苷酸多态性(single nucleotide polymorphism, SNP),是研究基因多样性和识别、定位疾病基因的一种新手段。SNP的多态性仅表现为单个核苷酸的差异。由于SNP在人类基因组中的数目极多($3×10^6 \sim 10×10^6$ 个),近3/4个相邻的标记就能够产生构成8/16种单倍型,因此已经成为一种信息量极大的遗传标记系统。SNP的另一个突出优点是能够利用多种技术手段方便地检测。

物理图谱(physical map)的构建是先建立不同载体的染色体库,用人类细胞分离的24条染色体或全部染色体的DNA分别建立酵母人工染色体(yeast artificial chromosome, YAC)库,即连续克隆系。由于染色体DNA太长,必须先切割成大小不同的片段,将每个片段都建立YAC克隆。每个YAC克隆利用易于测定的序列标签位点(sequence tagged site, STS)来识别。STS为一段300~500bp的已知序列,在染色体上有一定的位置。基因组中的各种多态区域,如微卫星DNA(STR)、Alu序列以及各种长度的polyA片段等,都可以通过适当的PCR反应变成由STS标记的序列,因此,所构建的YAC克隆都将含有某些已知的STS,每个克隆之间还有部分交叉重叠,即一个STS同时出现在两个以上的YAC克隆当中,从而构成重叠群。通过分子杂交,就能将这些相邻重叠的YAC克隆分别定位在染色体的不同区域,整个基因组就被这些相邻的YAC克隆群所定位和排布,也就是说,在大量STS的基础上构建覆盖每条染色体的大片段DNA的连续克隆系,为最终完成全序列的测定奠定基础。

基于序列标签位点(STS)的物理图谱有以下优点:①STS能通过一对寡核苷酸引物序列被PCR扩增,因此在实验操作上是确定的。②通过相应的STS能够筛选基因库。③具有多态性的STS序列能够作为遗传图谱和物理图谱之间的相应点。④通过STS重叠,允许各种克隆建立重叠的邻接克隆群(contig)。邻接克隆群的YAC文库为进一步的DNA测序以及由这些序列数据拼接成更长的完整DNA序列打下基础。

由于YAC可容纳几百kb到几个Mb的DNA插入片段,构建覆盖整条染色体所需的独立克隆数量较少,在YAC系统中的外源DNA片段容易发生丢失、嵌合,从而影响了准确性。细菌人工染色体(bacterial artificial chromosome, BAC)系统克服了YAC克隆的缺陷,其稳定性较高、易于操作,在构建人类基因组的物理图谱中得到了广泛应用(图3.19)。BAC的插入片段为80~300kb,构建覆盖人类全部基因组的BAC连续克隆系,约需$3×10^5$ 个独立克隆(覆盖率达到15倍,BAC的插入片段平均长150kb)。

图3.19 基于BAC的连续克隆系的建立

在精细的物理图谱上排列出对应于特定染色体区域的、重叠度最小的BAC连续克隆系后,进一步就可以对其中的BAC逐个进行序列测定。基本步骤如下几点。

1)将待测BAC DNA随机切割,选取其中1.6~2kb的较小片段;

2)将这些小片段克隆到测序载体中,构建随机文库;

3)挑选随机的克隆进行测序,达到对BAC DNA 8~10倍的覆盖率;

4)将测序所得的相互重叠的随机序列组装成连续的重叠群(contig);

5)利用步移(walking)或引物延伸法填补存在的缝隙(gap filling);

6)读取连续而真实的完成序列。

这里的完成序列(finished sequence)指的是当一个BAC克隆内部所有的缝隙都被填补后的序列,而对于一条染色体或一段染色体区域而言,序列的完成是指覆盖该区域的BAC连续克隆系之间的缝隙被全部填补。最终的完成序列要同时具备三个条件,即:①序列的错误率低于万分之一;②序列不存在任何缺口(gap),是连贯的;③测序所用的克隆必须能够真实地代表基因组结构。

对BAC DNA序列测定整个环节中的限速步骤是利用步移或引物延伸法填补缝隙,这一步难度较大,需要认真细致的工作。经过8年的努力到1998年,各国科学家共同获得了180Mb的人类基因组完成序列。在1998年,为了人类基因组测序顺利而加速进行,各国科学家又提出了绘制人类基因组工作草图(working draft)的计划,主要是通过对染色体上明确定位的

BAC连续克隆系进行4~5倍覆盖率的测序(单个BAC克隆水平的覆盖率不小于3倍),获得90%以上的基因组序列,错误率小于1%。尽管工作草图距离最终的完成序列还有很长的距离,但对于发现、解读、识别基因和基因结构、定位克隆一些疾病基因、SNP的发现、基因组模块结构的解析等都具有十分重要的意义,因而具有很高的科学价值。在工作草图的基础上,加大测序覆盖率,并填补其中的缝隙,就可以逐步地获得最终序列。

除了上述两种系统外,在构建人类基因组物理图谱中所利用的系统还有P1噬菌体(bacteriophage P1,最长插入片段125kb)、P1来源的人工染色体(P1-derived artificial chromosome, PAC,插入片段可达300kb)以及黏粒(cosmid)等载体,对人的23条染色体建立相对分开的文库。

绘制基因的转录图谱以及对cDNA测序,也具有十分重要的生物学意义。人类基因组中转录表达的序列仅占全序列的3%~5%。对这一部分序列(即基因)进行测定,将直接导致发现新基因,获得对医学领域有重要价值的信息。由于与重大疾病相关的基因或具有重要生理功能的基因具有潜在的应用价值,使cDNA测序备受青睐。通过随机挑取人类基因组cDNA文库中的克隆进行DNA测序,其序列数据与在数据库中的已知有功能的序列进行比对分析后,鉴定并储存备用。由于表达序列标签(expressed sequence tag, EST)并不要求获得完整的cDNA序列,所以一般都只测定100~500bp。对所有组织、细胞及发育阶段表达的基因都可以进行测定,找出充足的cDNA和ETS数据信息。如果一段10bp长的序列来自所有被检测基因的同一位置,则这段序列可以区别4^{10}(1 048 576)个基因。转录图谱绘制的关键是对从mRNA逆转录的cDNA序列数据的分离、定位和基因克隆。EST是基因表达的一部分,它不仅可以显示某一基因在特异组织中是否表达,还可以作为基因活度的量度以及表示细胞内cDNA的种类和数量,构成基因表达的图谱。将EST插入到物理图谱的特定区域,就能够与STS一样,作为一种物理图谱的标记,定位到基因组已测序的部分,成为转录图中的一种标识。EST除了用于基因鉴定外,还能在计算机辅助下对Mb级长度的基因组序列作大范围的描述,从而有利于解读序列。这种图谱能提供两方面的信息:①某一基因在所有组织中的细胞类型中,在不同的发育阶段及不同生理状态下是否表达和表达的数量;②某一组织的细胞类型在不同发育和分化阶段以及不同生理状态下所表达mRNA的种类和数量。

对不同人种、民族和群体的人类基因组研究发现,它们之间都存在着许许多多位点和类型的多态性,又称为人类基因组序列的多样性,特别是对许多疾病和病原体的易感性以及抗感染性都有所不同。人类基因组中最普遍的多态性是单个核苷酸对的变异,即单核苷酸多态性(SNP)。平均而言,任意两套基因组比对,每1kb就出现一个SNP。这种多态性出现的频度、类型和分布,对研究人类基因组及其群体以及人类遗传学都十分重要。单核苷酸多态性在人类基因组中稳定存在,分布也很广泛,使它们成为很多功能基因,特别是与疾病相关基因的特异标志。假如制作一幅含有10万个SNP标记的基因组物理图谱(平均每3万个核苷酸中有一个SNP),则就有足够的SNP标记分布密度和信息量,能够在基因组水平上研究各种遗传病的类型和分布。

(2) 分析测定基因组的全部DNA序列

获得基因组全序列测定的每个测序样本包括以下4个步骤。

① 用全部染色体或分离的24条染色体,分别建立YAC克隆群,人工染色体的插入片段平均长度为500~1000kb。

② 利用易于检测的DNA标志或DNA指纹图谱,建立克隆之间的联系,组成有序排列的YAC连续克隆系。常用的DNA标志是专一的序列标签位点(sequence-tagged site, STS)和ETS。ETS是人类基因组中的已知单拷贝序列,长200~500bp,来自cDNA文库的表达序列长150~400bp。已经在每个基因的mRNA 3'端非翻译区大都是一些特异序列,将这些序列作为ETS序列进行定位构成ETS图,可作为基因组分相的标志,能够用来界定基因或DNA片段,可作为遗传标志和基因组的编码序列。

③ 根据DNA的标志和已知基因,将YAC克隆群分别定位于染色体的不同区域上,构成染色体或全基因组的物理图谱。

④ 对单个的YAC克隆分别进行细致的物理图谱分析,并逐组切割成易于操作的小片段,分步进行亚克隆,直到能够用于DNA的测序样本。

最后对各个测序样本进行序列测定,解读序列分析图,根据序列的重叠,将其依次排列,最终得到全长DNA的序列。如表3.10所示部分重要真核模式生物基因组已测定的序列数和碱基对数。

表 3.10 部分重要的真核模式生物基因组已测定序列数和碱基对数

种属	英文名	学名	序列数	碱基数
人	human	*Homo sapiens*	2 817 215	3 602 304 427
家鼠	mouse	*Mus musculus*	988 315	447 330 039
黑腹果蝇	fruit fly	*Drosophila melanogaster*	146 547	356 371 228
线虫	worm	*Caenorhabditis elegans*	106 097	193 396 322
拟南芥	thale cress	*Arabidopsis thaliana*	113 086	167 325 730
水稻	rice	*Oryza sativa*	124 595	74 803 788
大鼠	rat	*Rattus norvegicus*	90 608	47 065 059
斑马鱼	zebrafish	*Danio rerio*	68 950	32 862 044
酿酒酵母	yeast	*Saccharomyces cerevisiae*	18 286	32 750 498
番茄	tomato	*Lycopersicon esculentum*	55 932	28 645 191
大鼠	murinae	*Rattus sp.*	65 569	28 231 580
玉米	maize	*Zea mays*	54 888	26 921 564
布氏锥虫		*Trypanosoma brucei*	38 398	23 207 021
菜豆	soybean	*Glycine max*	52 651	23 030 854
河鲀	fugu	*Fugu rubripes*	42 779	22 505 778
大肠杆菌		*Escherichia coli*	5 470	18 817 130
			38 553	18 232 619
裂殖酵母	fission yeast	*Schizosaccharomyces pombe*	10 332	16 769 942
牛	cattle	*Bos taurus*	29 430	12 896 198
疟原虫	malaria parasite	*Plasmodium falciparum*	5 776	12 330 609

DNA 序列测定是彻底认识和解读人类基因组的关键。自从 HGP 计划实施以来,带动了 DNA 测序技术的进步和完善,尤其是全自动测序技术的进步。每年新注册和产生的 DNA 序列数量稳定而迅速增加。DNA 测序的基本原理仍然基于 Sanger 的理论思想。用 4 种不同的荧光染料分别标记终止物 ddNTP 或引物,进行 Sanger 测序反应,反应完成后,产物末端将带有不同的荧光标记。一个 DNA 样品的 4 个测序反应产物能够同时电泳分离。当不同长度的 DNA 被分离后,用荧光探测器对分离的荧光谱带进行同步扫描,所激发的荧光经光栅分光后射入到摄像机上同步成像,不同的碱基信息扫描出不同的荧光颜色,传送到电脑中经软件分析处理后,能直接输出 DNA 测序结果。

有两种主要的全基因组测序法。随机法全基因组 DNA 测序的基本策略又称全基因组鸟枪战略(whole-genome-shot-gun strategy)。该方法是指在获得一定的遗传和物理图谱信息基础上,绕过建立连续的 BAC 克隆系过程,直接将基因组 DNA 用机械方法分解成小片段,装入适当的测序载体(vector)内,如构成插入片段为 2kb 左右的基因组文库。对插入片段进行高效的大规模末端测序,文库中的每个克隆都进行约 500bp 两个末端测序。用相应软件对测序的克隆片段进行序列拼接集合后,直接读得基因组的完整序列。由于随着测定的总核苷酸数量增大,未被测定到的"缺口"数会越来越小,可以利用 PCR 扩增等方法测序,把缺口内的 DNA 序列补齐。

鸟枪法已成功地应用于对嗜血流感杆菌(*Haemophilus influenzae*)全基因组测序,以及在对包括枯草杆菌、大肠杆菌等 20 多种微生物的基因组测序中都得到了成功应用。鸟枪法的缺陷是由于将打得很碎的片段随机测序,因此在最后得出的序列中会留下许多缺口,而要将这些缺口补齐,还要花费相当于完成前面工作 95% 的时间。

国际人类基因组共同体所采用的测序方法主要是基于 BAC 测序方法。将基因组按染色体区域分开后,在每个染色体中先构建重叠群,制成较大片段,实际测序时再将这些片段变小。用这种方法,基因的前后顺序都是人工构建的,不出现缺口,便于以后汇总。

应用荧光染料和激光共聚焦技术,使 DNA 序列测定完成了从手工到自动化测序的飞跃。同时,高度敏感的荧光染料和高质量聚合酶的出现也使序列测定的质量和精度不断提高。随着计算机和制造工艺的不断改进和提高,使原先以人工读片和以薄板凝胶系统为基础的测序仪实现了自动读片和高通量的测序效率,通常一台测序仪每次可测定 96 个样品,每条序列平均长度达到 500~750bp,每天可完成 2~3 轮序列测定。20 世纪末毛细管电泳仪的问世极大提高了序列测定的产出量,由于这种电泳所需时间短,每天可完成 6~8 轮序列的测定,每轮可测 96~384 个样品,使 DNA 序列测定的自动化程度更高,每天能够测定数以万计的序列,极大地促进了人类和其他生物基因组的研究。

以上对人类全基因组作图、基因克隆以及基因组全序列测定这三个方面的内容都属于结构基因组学(structural genomics)的研究内容。结构基因组学是基因组学的一个分支,它以生物体的全基因组为研究对象,以基因作图、基因克隆和序列分析等为主要内容,以建立高分辨率的生物遗传图谱、物理图谱、转录图谱等为主要目的的研究。

随着人类基因组研究的实施与完成,许多模式生物基因组的研究也得到飞速发展。目前,对一些相对简单、较小的生物,如酵母、线虫、果蝇、小鼠等模式生物都已进行了基因组作图和测序,从中获得了对人类基因组研究有用的方法、技术路线等方面的经验,并提供了有用的同源基因。例如,秀丽线虫(Caenorhabditis elegans)是基因组最小的高等真核生物之一,约为人类基因组的1/30,基因数目约 1.9×10^4 个,由于其内含子少,基因密度高,基因普遍小于哺乳动物,已成为大型基因组结构分析和研究的辅助系统。

(3) 基因的鉴定

基因组计划的目标不只是为了测定每个基因的核苷酸序列,更重要的是从基因组中确定每个基因的结构和功能,寻找ORF,对功能基因进行分析鉴定,分离和鉴定具有重要功能以及与重大疾病相关的各种基因。

鉴定功能基因的两种主要方法是定位克隆和功能克隆。

1) 定位克隆 先对某个基因进行定位,然后再克隆该基因,称为定位克隆。首先选定一个家系,在家系基因组中再选择一个具有多态性的致病基因座位,在这个座位上最少有两个等位基因,一个是正常的,另一个是致病的。用不同的STR标记后进行分析。当致病基因与某个STR的重组率超过50%,表明它们之间不连锁,可将其从这个STR标记附近排除。如果该致病基因与某个STR重组率小于50%,则说明这个致病基因位于该STR标记的附近,如果它们之间重组率为0,则表明该致病基因非常接近该STR标记。这就是对全基因组基因定位的基本策略。当选择的STR标记尽量多时,能够得到最邻近的STR标记,使被定位基因的候选区大大缩小。获得一定范围的候选区后,在候选区中筛选编码序列进行定位克隆。借助于YAC文库的数据库查寻,从构建的YAC邻接克隆群中能够找出所需要的YAC克隆。从cDNA文库中筛选也是简单易行的方法,通过用cDNA文库的PCR产物作为探针与已经固定到尼龙膜上的基因组或YAC克隆的DNA进行杂交,对能杂交结合的cDNA进行序列分析,再将待测片段进行染色体定位,最后到DNA序列数据库中寻查,找出与它同源的序列,经过多态性分析,即可完成对该基因的鉴定。

2) 功能克隆 从某蛋白质生物功能出发的基因克隆就是功能克隆。已知血红蛋白功能异常是珠蛋白氨基酸残基改变引起,当按照珠蛋白的氨基酸序列设计其核苷酸片段,以它作为探针筛选有该红细胞的cDNA文库,就能得到β珠蛋白基因的cDNA。比较正常人和患者的cDNA就可以确定突变类型。由此可见,从功能克隆入手可确定镰形红细胞贫血症的致病基因。

人类基因组的研究带动了相关技术的突破和发展,在测定人类基因组序列的同时,许多种从低等生物到高等动植物的基因组都完成了全序列测定,其中包括大肠杆菌、枯草杆菌、酿酒酵母、线虫、小鼠、果蝇、水稻和拟南芥菜以及多种病原体。建立了几十种模式生物(model organism)的基因组和代表性物种的基因组,所有以上这些成果对于生命科学的总体发展都是至关重要的。

3. 功能基因组学简介

人类基因组计划是确定人类基因组所携带的全部遗传信息,即记录基因组全部DNA的序列。随着基因组研究的进展和生物信息学的发展,人们进一步认识到基因功能和蛋白质组对于从整体水平和功能水平上认识生命具有重要意义,基因组学(genomics)的任务已不仅限于研究基因组的结构,还要研究基因组的功能以及基因组表达的各种产物。这是对基因组在更高层次上即功能基因组(functional genome)和蛋白质组(proteome)的研究,也称为后基因组学(post-genomics)。

人类基因组计划的提前并顺利完成,鼓励了科学家们进一步规划后基因组时代(post-genome era)的研究任务,由此提出了功能基因组的研究方案。不仅要弄清人类基因组的语言信息,即测定其全部的核苷酸序列;还要认识其语义信息,弄清全部编码的基因;并进而了解其语用信息,阐明其基因表达的内容和时空调节。随着基因组研究的深化,GenBank中积累了大量的DNA序列数据,在序列结构研究深入到一定程度时,弄清这些基因的功能就成为基因组学研究的重要课题。对基因组学的研究也从结构基因组学过渡到了功能基因组学,即进入了后基因组时代。

功能基因组学(functional genomics)是指利用结构基因组学提供的信息,以大量先进的实验方法及统计与计算机分析,全面系统地分析全部基因功能的学科。欲了解探究一段特定DNA序列的功能,可以从直接和间接两方面入手。直接的方法是通过实验获得该基因功能方面的信息，包括基因的生物学功能、发育阶段的功能等。具体内容归纳为：①基因在亚细胞内的定位；②基因在不同发育阶段、不同细胞类型、不同生理条件和环境下的时空表达模式，以及其 mRNa 表达的差异；③基因表达翻译后调控；④将基因敲除（knock out）后，进行其功能丧失与表型的关系研究。间接的方法是从 GenBank 搜索被研究基因的序列，进行相关的同源性分析，获得对该 DNA 片段功能的初步预测。

小结：功能基因组学是利用结构基因组学信息以先进的方法及统计与计算机分析全面系统地分析全部基因功能，归纳为：①基因在亚细胞内的定位；②基因在不同发育阶段、不同细胞类型、不同生理条件和环境下的时空表达模式及其 mRNA 表达的差异；③基因表达翻译后调控；④将基因敲除后进行其功能丧失与表型的关系研究；间接方法是从 GenBank 搜索被研究基因的序列，进行同源性分析，获得对该 DNA 片段功能的预测。

对基因功能的研究最多用的方法是在基因和蛋白质水平上研究基因表达的模式。基因表达是比较不同组织和不同发育阶段，正常状态和疾病状态及在体外培养的细胞中基因表达模式的差异。传统的 RT-PCR、RNAse 保护实验和 RNA 印迹杂交等方法也能做到这一点。但这些方法一次只能研究一个或几个基因，属传统意义上的基因分析技术，而不是基因组学的分析方法。批量的（高通量）基因表达分析可以用 DNA 芯片（DNA chip）又称微阵列技术（microarray）和基因表达系列分析以及同源性分析等方法。

1) 基因芯片（gene chip） 基因芯片是利用原位合成法或将已合成好的一系列寡核苷酸探针分子以预先设定的排列方式固定在固相支持介质表面（硅片、玻片、尼龙膜等），形成高密度寡核苷酸阵列，并与样品杂交。通过检测杂交信号的强度及分布来进行分析。在一块 $1cm^2$ 大小的基因芯片上，根据需要可固定数以千万计的基因片段，以此形成一个密集的基因方阵，实现对千万个基因的同步检测。其中寡核苷酸的长度受限于链内互补序列及 T_m 值等因素。可用于 DNA 序列测定、基因突变检测以及基因转录表达分析。

cDNA 微阵列是把 cDNA、EST 或基因特异性寡核苷酸固定在固相膜上，分别与来自不同细胞或组织以及整个器官的 mRNA 逆转录生成的第一链 cDNA 探针进行杂交。用检测系统对每个杂交点进行分析，杂交信号的强度基本上能反映其所代表的基因表达丰度。cDNA 微阵列的优点是灵敏度极高。使用几种不同颜色的荧光染料标记探针，在同一张膜上一次杂交实验就可以分析不同细胞或不同生理条件下基因表达的差异。cDNA 微阵列技术的成本很高。

2) 基因表达系统分析（SAGE） SAGE 的原理是 cDNA $3'$ 端有一段 9～11bp 的短序列，它包含了能代表该转录本的足够信息，能够区分该基因组中近 95% 的基因，这段特定序列称为 SAGE 标签。SAGE 的优点是能同时定量分析大量的转录产物。当从 GenBank 数据库查找出某一物种的 DNA 序列信息，对其 cDNA 制备 SAGE 标签，再将这些标签串联排列起来。SAGE 标签能够显示所代表的基因是否被表达，以及根据 SAGE 标签出现的频率，能反映出该基因表达的程度。

3) 同源性分析 基因的同源性分析（homology searching）既可用 DNA 序列进行，也可用氨基酸序列进行。由于不同蛋白质的氨基酸序列之间和无关基因的氨基酸序列表现的差异很大，所以在氨基酸序列上得到假阳性较少。常用 BLAST 软件进行同源性分析。已知在序列结构上的同源性能够反映基因功能上的相似性。有些检索的序列中，只有很短的一段表现出同源性，说明虽然基因之间关系较远，但其蛋白质可能有某些相似的功能，或者其中部分结构区域行使相似的功能。因此，通过同源性分析，也可以在基因或蛋白质分子中找到部分已知功能的结构区域。

对基因功能的研究还包括：基因敲除技术、基因嵌入技术、反义核酸技术、反向遗传学以及转基因技术等。

1) 基因敲除技术（gene knockout） 是识别基因功能最有效的方法。这种技术是通过基因敲除，建立生物模型，观察基因表达被阻断或开始表达后，细胞和机体的直接表型变化。基因敲除技术是一种十分有用的研究工具，用该技术直接导致了转基因动物（transgenic animal）的诞生。使人类能够从动物体的整体水平上，从分子到个体的多个层次上，且有时间因素的多方位地研究与动物重要生命活动有关的基因结构与功能。

2) 基因嵌入技术（gene knockin） 是识别基因功能的有效研究方法。其技术路线与基因敲除基本相似，但不是基因敲除，而是嵌入基因。

3) 反义核酸技术 是指先针对目标基因的 $3'$ 端非翻译区（UTR）设计并人工合成相对于编码链的一段互补序列（15～20 个核苷酸），通过构建重组载体后导入宿主细胞，在细胞内与编码链互补结合，阻止目标基因转录和翻译的过程。研究发现，8 个核苷酸的序列就能特异性地抑制目标基因的作用。

4) 反向遗传学（reverse genetics） 以往传统的（或正向的）遗传学是研究在生物体自发性或突变的过程中某一性状的遗传行为，如有关的基因在染色体上位置、数目以及突变性状在后代中的遗传规律等,相对于传统的遗传学,反向遗传学(reverse genetics)则是在已知基因序列的基础上研究其生物学功能。反向遗传学研究的内容目前主要包括用人工突变的基因取代野生型基因,导致功能丧失或改性等,以及通过基因敲除和基因嵌入寻找基因功能及其变化。

5) 转基因技术 是目前一般分子生物学实验室都普遍采用的研究基因功能的技术。首先是获得目的基因,再将待研究基因进行分子克隆,通过构建重组表达载体,转入宿主细胞进行表达,进而利用该基因表达产物的特性,检测其生物功能的一系列研究过程。

小结:对基因功能研究常用方法是在基因和蛋白水平上研究基因表达模式。基因表达是比较不同组织和不同发育阶段,正常和疾病状态及在体外培养细胞中基因表达模式的差异。传统的 RT-PCR、RNase 保护实验和 RNA 印迹杂交等方法一次只能研究一个或几个基因,高通量基因表达分析可用 DNA 芯片和基因表达系列分析及同源分析等方法同时分析多个基因。

4. 蛋白质组学研究简介

人类基因组研究的重要内容之一是对基因的鉴定,由此产生的大量 ETS 数据可以对数以万计的基因表达进行分析和比较,最终从基因组的水平上探索该基因所承担的具体功能以及该基因在生命整体活动规律中的作用。仅仅了解基因组 DNA 的序列并不能解释以下问题,即某基因在细胞和组织中是否特异性表达?表达量有无变化?表达产物蛋白质等是如何加工、修饰和转运的?表达产物蛋白质等的结构变化如何?蛋白质—蛋白质相互作用关系如何?表达产物蛋白质在亚细胞结构中的分布规律是怎样的等问题。已知蛋白质是生命现象的具体体现者,也是生物功能的主要执行者,蛋白质有其自身特有的活动规律,仅仅从基因序列结构的角度来研究是远远不够的。基因组研究以 DNA 序列为主要特征有它一定的局限性。因此,20 世纪 80 年代中期,在人类基因组研究基础上,有人提出了蛋白质总体研究的构思。1994 年诞生了以研究细胞内蛋白质组成及其规律的学科,即蛋白质组学(proteomics),从此开创了后基因组时代。从 20 世纪末,分子生物学研究的重心已从揭示遗传信息的规律逐渐转移到了从整体水平上对生命活动和生物学功能的认识。

(1) 蛋白质组学的概念与科学意义

蛋白质组学(proteomics)是指研究某一基因组在某一特定细胞、特定时间内所表达的全部蛋白质的集合体,以及所有蛋白质修饰后的各种形态。已知对于任意一种生物的基因组,它的 DNA 数量和序列基本上是恒定的,然而,对于蛋白质组来说却是不同的。在同一种生物的不同细胞、不同组织、不同发育阶段甚至是不同生理状态下,都具有不同的蛋白质种类和数量。因此,蛋白质组是一个始终处于动态代谢变化中的体系,具有一定的时空性、可调节性和特殊性以及多样性,换句话说,不同组织细胞中的蛋白质组是不同的,在同一细胞的不同生长状态、病理状态下也是不一样的。

对蛋白质组的研究能够提供待研究蛋白质的产生、结构和功能方面的所有信息,包括:①从基因序列预测是否能有基因产物形成,相对浓度如何;②该基因被转译的条件,以及翻译后修饰的程度等。这些信息从单独的基因组核酸序列是无法精确预测的。蛋白质组分析能够不依赖于 DNA 序列信息而进行,且反过来还有助于对基因组进一步的认识和补充,能从整体水平上有效地补充表达序列标签(EST)、微阵列、DNA 测序等研究基因组所获得信息的不足。

(2) 蛋白质组学和功能蛋白质组学的关系

最初认识的蛋白质组指的是由基因组编码的全部蛋白质,从这个定义出发,在蛋白质组内的蛋白质种类的数目应该等于基因组内编码蛋白质的基因的数目,或相当于全部可读框(ORF)的数目。然而,在生物体内这样的蛋白质组是不可能存在的。因为从基因表达的角度,蛋白质组中的蛋白质种类数目总是少于基因组中 ORF 的数目。而从蛋白质加工修饰的角度来看,蛋白质的数目远远多于基因组中 ORF 的个数,因此,单从基因组的角度描述和理解细胞内蛋白质组的特性远远不够。由于蛋白质组是动态的,具有时空性和可调节性,反映着在特定时空的基因表达时间、速度、表达量、蛋白质水平上的加工修饰、亚细胞器间的转运和分布等,由此产生了功能蛋白质组学(functional proteomics)。功能蛋白质组是总蛋白质组的一部分,通常所说的蛋白质组学实际上是指功能蛋白质组学。

(3) 蛋白质组学研究的技术

蛋白质组学分析研究主要包括两种重要的技术手段,一是对蛋白质组的分离的双向电泳(two-dimensional electrophoresis, 2-DE);二是对蛋白质组进行鉴定,主要氨基酸组成分析、Edman 降解法测定 N 端序列、质谱(mass spectrometry, MS)等。其中的质谱技术发展较快,应用广泛。从蛋白质组学的动态性、精确性以及微量的样品要求来看,目前的蛋白质组学技术手段还不能满足研究的需要。相对于 DNA 的分子克隆技术来说,蛋白质组学的研究方法还不普遍和完善。

1) 双向电泳技术 二维聚丙烯酰胺凝胶电泳技术结合了等电聚焦技术(根据蛋白质等电点进行分离)以及 SDS-聚丙烯酰胺凝胶电泳技术(根据蛋白质的分

子大小进行分离）。这两项技术结合形成的二维电泳是分离分析蛋白质最有效的手段。

双向电泳的第一向通常是等电聚焦，在玻璃细管（φ1~3mm）中加入含有两性电解质、8mol/L 的脲以及非离子型去污剂的聚丙烯酰胺凝胶进行等电聚焦，变性的蛋白质根据其等电点的不同进行分离。而后将凝胶从管中取出，用含有 SDS 的缓冲液处理 30min，使 SDS 与蛋白质充分结合。将处理过的凝胶条放在 SDS-聚丙烯酰胺凝胶电泳浓缩胶上，加入丙烯酰胺溶液或熔化的琼脂糖溶液使其固定并与浓缩胶连接。在第二向的电泳过程中，结合了 SDS 的蛋白质从等电聚焦凝胶中进入 SDS-聚丙烯酰胺凝胶，在浓缩胶中被浓缩，在分离胶中依据其相对分子质量大小被分离。最终，各个蛋白质根据其等电点和相对分子质量的不同而被分离、分布在二维图谱上。经染色得到的电泳图是二维分布的蛋白质图，通过专业软件可以比较来自于不同样品的电泳图，目前，已经研制出了一些计算机软件控制系统，可以直接记录并比较那些复杂的二维电泳图谱。一般细胞提取液的二维电泳能够分辨出 1000~2000 个蛋白质，有些报道可以分辨出 5000~10 000 个斑点，这与细胞中可能存在的蛋白质数量相接近。二维电泳具有很高的分辨率，它可直接从细胞提取液中检测某个蛋白质。例如，将某个蛋白质的 mRNA 转入到青蛙的卵母细胞中，通过对转入和未转入细胞的提取液的二维电泳图谱的比较，转入 mRNA 的细胞提取液的二维电泳图谱中应存在一个特殊的蛋白质斑点，这样就能直接检测 mRNA 的翻译结果，比起其他的检测方法要直接和快速的多。检测双向电泳中分离的蛋白质斑点，有许多经典的灵敏度不同的检测方法。其中灵敏度较高的银染法可以检测到 4ng 蛋白质。最灵敏的还是放射性核素标记法，标记的蛋白质可通过荧光或磷光的强度来测定。用图像扫描仪、莱塞密度仪、电荷组合装置可以把蛋白质图谱数字化。经计算机处理，可得到所有蛋白质斑点的准确位置和强度。

2）蛋白质组的鉴定　将蛋白质斑点从凝胶上剥离下来，测定其氨基酸组分，并做数个循环的 N 端测序。根据 N 端 4 个氨基酸以上的序列数据，即可给出相应的信息，对该蛋白质得到较准确的结果，如果再配合 C 端的序列测定，将会得到准确性更高的判断。近年来，质谱技术的创新较快，如软电离离子化技术能使被电离的蛋白质在真空下根据其质量与电荷之比而快速、准确地被鉴定。电喷雾离子化（ESI）和介质辅助的激光解吸离子化（MALDI）可以在各种水平上研究蛋白质，包括分子量的测定、序列分析和蛋白质空间构象等。

在对双向电泳和蛋白质组的鉴定分析中目前还存在着以下问题。

① 对低丰度蛋白质的分析鉴定。低丰度蛋白质的分离与鉴定都存在着提高灵敏度的关键问题。目前所用方法还难以检测到拷贝数低于 1000 个分子的蛋白质。

② 对强酸性或强碱性蛋白质的分离，尚无通用合适的方法。

③ 分子超大（大于 $200×10^3$ kDa）或极小（小于 $10×10^3$ kDa）蛋白质的分离。

④ 难以溶解的蛋白质，包括一些膜结合蛋白的检测。

⑤ 分析仪器的改进和自动化，包括全自动化双向电泳仪的研制等。

3）蛋白质芯片　蛋白质芯片（protien-chip）制作的原理类似于核酸芯片，不同的是蛋白质或多肽芯片所用的样品是纯化的蛋白质、多肽或来自 cDNA 表达文库中提取的蛋白质产物。选择一种固相载体，能牢固地结合蛋白质分子（抗原或抗体），蛋白质在其上形成微阵列，即蛋白质芯片。如果加入与之特异性反应的带有标记的蛋白质分子（抗原或抗体），两者结合后，通过对标记物的检测来实现抗原抗体的互检，即蛋白质的检测。检测原理类似于抗原、抗体检测的 ELISA 法。例如，采用双抗夹心的形式，通过机械点涂的方法，将多种不同的单克隆抗体点样固定在固相介质表面，如聚偏氟乙烯（PVDF）膜上，制备抗体蛋白芯片，再与制备的多种抗原样本杂交、结合。芯片上的抗体捕获了相应的抗原，再与标记的多种不同抗体杂交，由于蛋白质抗原具有多价结合表位而结合标记抗体，根据杂交信号的有无或多少而进行定性及定量分析。蛋白质芯片应用领域不仅限于抗原-抗体研究，也适用于受体与配体的研究等。存在的问题是由于蛋白质和抗体等大分子物质存在着一定的空间构象，很容易交叉杂交而产生假阳性。

小结：蛋白质组学是研究某一基因组在某一特定细胞、特定时间内所表达的全部蛋白质的集合体及所有蛋白质修饰后的各种形态。其技术手段主要包括：2-DE 和对蛋白质组鉴定的技术，主要氨基酸组成分析、Edman 降解法测定 N 端序列、质谱等。

5. 生物信息学简介

生物信息学（bioinformatics）是 20 世纪 80 年代发展起来的一门新兴交叉学科。生物信息学主要研究对象是生物学的各类数据，研究方法主要从各种计算软件技术衍生而来。随着人类基因组和其他许多重要生物基因组以及功能基因组学的研究及进展，基因组时代、后基因组时代的生物学及其相关研究领域所产生的信息和数据十分庞大,借助于计算机软件、信息科学技术,使得生物信息学应运而生。生物信息学处于生物学、计算机科学、数学以及信息科学等多个学科领域的交叉点上,应用计算机和信息科学的理论和方法,组织、归纳、注释和分析呈指数增长的各类生物学数据。

广义上的生物信息学是对生物信息的获取、加工、储存、分配、分析和解读,并综合运用数学、计算科学和生物学等工具,达到理解数据中的生物学含义的目标。狭义上的概念是以基因组 DNA 序列分析作为源头,进一步找出全基因组序列中所代表的蛋白质和 RNA 基因的编码区,并阐明编码区和非编码区的序列信息实质,同时归纳、整理出与全基因组遗传信息表达及其调控相关的转录谱和蛋白质谱的数据。

生物信息学研究的主要内容包括以下内容。

1) 高性能的数据处理和新算法的开发　用于序列同源性分析的 BLAST 算法、PASTA 算法和多序列比对算法;用于进化树分析的 ClastW 算法、Fitch 算法等;神经网络建模。

2) 数据库的管理和维护　分子生物学数据库应用软件的开发维护,以及各种在线的生物大分子结构分析预测。

3) 数据分析与应用　从大量数据中获取有用的生物学信息,如 GenBank 中的 EST 数据库中收集的人 EST 序列几乎包含了人类所有基因的序列信息,其中包括大量未发现功能的人类基因信息,利用这些信息可以发现新基因,并对人类基因的定位、功能进行大规模的预测和基因表达谱的分析;利用基因转录表达的数据库,搜索在基因组中的各个基因转录情况,对其在组织中的特异性表达进行预测;通过对比较基因组学数据库的搜索,寻求那些可能在进化过程中起重要作用的基因;利用蛋白质数据库,对未知蛋白的空间结构进行预测等。

分子生物学信息数据库主要有 4 大类:①基因组数据库;②核酸和蛋白质一级结构(序列)数据库;③生物大分子三维构象数据库;④由以上三类数据库和文献资料为基础构建的二次数据库。序列数据库来自序列测定,结构数据库来自 X 射线衍射,质谱和核磁共振等结构测定。这些数据库是分子生物学的基本数据资源,又称基本数据库、初始数据库或一次数据库。根据不同研究领域的实际需要,对基因组图谱、核酸和蛋白质序列、蛋白质结构及文献等数据进行分析、整理、归纳、注释等的过程就能构建具有特殊意义和专门用途的二次数据库,见图 3.20。

综上所述,每一种分子生物学信息数据库都几乎包括了生命科学的多个领域。对核酸的序列数据库主要有 GenBank,EMBL,DDBJ 等;对蛋白质的数据库主要有 PROSITE,BLOCKS,PRINTS 等;对蛋白质序列的主要有 SwissProt,PIR,OWL 等;蛋白质三维结构的数据库有 PDB,NDB,CCSD 等。各种数据库的开发为分析和利用与日俱增的生物学数据提供了极大的方便。

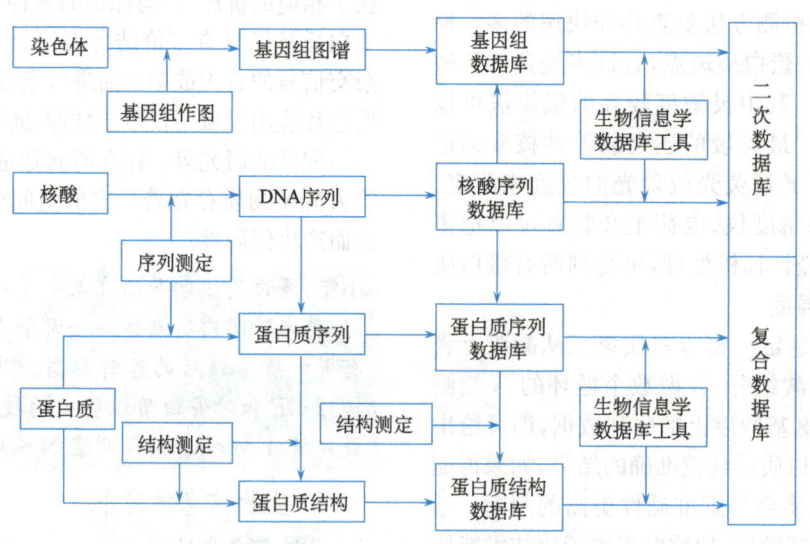

图 3.20　构建分子生物学信息数据库的基本框架

当前的生物信息学包含了基因组信息学、蛋白质结构模拟和药物设计等三个组成部分。作为一门崭新的学科,生物信息学以基因组 DNA 序列信息作为源头,在获得了蛋白质编码序列的信息后,进行蛋白质空间结构的模拟预测,然后再根据特定蛋白质的功能,进行药物分子结构的设计。在技术和方法上主要包括以下三个方面。

1) 基于网络信息系统的生物信息管理和分析,即各种形式的生物数据库,通过数据搜集对基因结构、功能和蛋白质结构、功能进行分析。

2) 基于对生物学问题的计算机软件的开发,尤其是对蛋白质等单一生物大分子和多个生物分子相互作用的空间构象预测和分子折叠以及结构分析、神经网络方面的复杂性计算等。例如,建立蛋白质折叠的三维结构模型、蛋白质与配体(包括小分子配体、糖类、脂类、蛋白质、DNA)的识别与相互作用模型。

3) 基因芯片开发与分析。基因芯片技术具有高度的自动化、高通量、并行化和多样化特点,已被广泛应用于序列分析、表达谱分析、医学诊断、药物设计和肿瘤相关基因分析等方面。基因芯片技术目前已成为后基因组时代基因功能分析和药物开发的重要支撑技术之一。

> **小结**:生物信息学主要研究生物学的各类数据,研究方法主要从各种计算软件衍生而来。广义的生物信息学是对生物信息的获取、加工、储存、分配、分析和解读,并综合运用数学、计算科学和生物学等工具,达到理解数据中的生物学含义的目标。狭义的概念是以基因组 DNA 序列分析为源头,找出全基因组序列中所代表的蛋白质和 RNA 基因的编码区,并阐明编码区和非编码区的序列信息实质,同时归纳、整理出与全基因组遗传信息表达及其调控相关的转录谱和蛋白质谱的数据。分子生物学信息数据库有 4 大类:① 基因组数据库;② 核酸和蛋白质一级结构(序列)数据库;③ 生物大分子三维构象数据库;④ 由以上三类数据库和文献资料为基础构建的二次数据库。序列数据库来自序列测定,结构数据库来自 X 射线衍射、质谱和核磁共振等结构测定。

常用的部分分子生物信息学数据库名称和内容见表 3.11。

表 3.11 常用的分子生物信息学数据库名称和内容

数据库名称	数据库内容	数据库名称	数据库内容
OWL	非冗余蛋白质序列	EMEST	EMBL 数据库中 EST 部分
EMBL	核酸序列	SWISS-PROT	蛋白质序列
PIR	蛋白质序列	TREMBL	EMBL 翻译所得蛋白质序列
PDB	蛋白质三维空间结构	DSSP	蛋白质二级结构参数
HSSP	同源蛋白质家族	FSSP	已知空间结构蛋白质家族
PDBFINDER	PDB 数据库注释信息	SBASE	蛋白质结构域序列
SUBTILIST	枯草杆菌序列	HUMREP	人类基因组中重复序列
VECTOR	克隆载体	CPGISLE	CpG 岛序列
RDP	核糖体序列	TRANSFAC	转录因子
ECDC	大肠杆菌序列	YPD	酵母基因组
KABATN	免疫球蛋白核酸序列	KABATP	免疫球蛋白蛋白质序列
PROSITE	蛋白质功能位点	PROSITEDOC	蛋白质功能位点文献摘要
BLOCKS	同源蛋白序列模块	PRINTS	蛋白质指纹图谱
PRODOM	蛋白质结构域	PFAM	蛋白质家族序列
ENZYME	酶	REBASE	限制性内切核酸酶
OMIM	人类遗传缺陷基因	UNIGENE	人类基因组中基因序列
SEQANALREF	序列分析文献目录	SEQANALRABS	序列分析文献摘要
MEDLINE	医学文献目录	VIRGIL	GDB 和 GenBank 链接
FLYGENES	果蝇基因组	MITSNP	单核甘酸多态性
RHDB	放射杂交	GENDIAG	遗传疾病和遗传缺失
P53	P53 蛋白突变	CD40LBASE	CD40 蛋白
PK	丙酮酸激酶	IMGT	免疫球蛋白
CUTG	遗传密码使用频度	GENETICCODE	遗传密码表
TAXONOMY	分类学	AAINDEX	氨基酸性质索引表
BIOCAT	生物信息学程序目录	DBCAT	生物信息学数据库目录

注:本表列出北京大学生物信息中心数据库检索系统 SRS 中安装的主要数据库名称和内容,包括序列、结构、蛋白质功能位点、酶、基因组、文献资料等不同类型。但实际上数据在不断增加,读者可通过各种生物信息数据库查看。

常用的国内外重要的分子生物学部分数据库和生物信息中心网址如下所示。

1. 网站

网站名称/网址

生物软件网/http://www.bio-soft.net/
生物词典/http://www.bio-dic.com/
中国生化与分子生物学报/http://bcmb.bjmu.edu.cn/
中国医学生物信息/http://cmbi.bjmu.edu.cn/
中国科学院上海生命科学研究院/http://www.sibs.ac.cn/
中国生物信息/http://www.biosino.org
中国生物工程信息网/http://biotech.org.cn/
生物化学年评(Annual Review of Biochemistry) http://biochem.annualreviews.org
生物信息学 Bioinformatics/http://bioinformatics.oupjouRNAls.org
基因 Gene/http://www.elsevier.nl/inca/publications
生物科学报告 Bioscience Reports/http://www.wkap.nl/jouRNAlhome.htm
基因组学 Genomics/http://www.idealibrary.com/servlet/useragent

2. 数据库

数据库名称/数据库服务器网址

GenBank/http://www.ncbi.nlm.nih.gov
EMBL/http://www.ebi.ac.uk
GDB/http://gdbwww.gdb.org
Genome Sequence Database (GSDB)/http://www.ncgr.org:80/gsdb
Nucleic Acid Database(NDB)/http://ndbserver.rutgers.edu
DNA Data Bank of Japan(DDBJ)/http://www.nig.ac.jp
NCBI/http://www.ncbi.nlm.nih.gov
SWISS-PROT/http://www.ebi.ac.uk.swissprot/
PIR 和 PSD/http://pir.georgetown.edu/
Database Download/ftp://nbffa.georgetown.edu/pir/
PROSITE/http://www.expasy.ch/prosite/
清华大学生物信息学研究所/http://bioinfo.tsinghua.edu.cn
北京大学生物信息镜像系统/http://cbi.pku.edu.cn

3. 生物信息中心和服务器

BioSCAN/http://genome.cs.unc.edu
美国 Genome online 网站/http://wit.integrated-genomics.com/GOLD/
英国 HGMP GenomeWeb/http://www.hgmp.mrc.ac.uk/GenomeWeb/
北京大学 GenomeWeb 镜像/http://www.cbi.pku.edu.cn/GenomeWeb/
美国 NCBI 基因组信息/http://www.nrbi.nlm.nih.gov/Genomes/
美国 Genomics 网站/http://genomics.phrma.org/

4. 国际上主要 SRS 数据库查询系统(序列查询系统)

欧洲生物信息研究所/http://srs.ebi.a
英国基因组资源中心/http://srs.hgmp.mrc.ac.uk/
英国基因组测序中心/http://srs.sanger.ac.uk/
法国生物信息中心/http://www.infobiogen.fr/
荷兰生物信息中心/http://srs.cmbi.kun.nl/
澳大利亚医学研究所/http://srs.wehi.edu.au/srs6/
加拿大生物信息资源中心/http://www.cbr.nrc.ca/srs6/
PDB(蛋白质数据仓库)/http://www.rcsb.org/pdb/
COG(蛋白质直系同源簇数据库)/http://www.ncbi.nlm.nig.gov/COG
数据库下载/ftp://ncbi.nlm.nih.gov/pub/COG
KEGG(京都基因和基因组百科全书)/http://www.genome.ad.jp/kegg/
DIP(蛋白质相互作用的数据库)/http://dip.doembi.ulca.edu/
ASDB(可变剪切数据库)/http://cbcg.nersc.gov/asdb
TRRD(转录调控区数据库)/http://wwwmgs.bionet.nsc.ru/mgs/dbases/trrd4/
TRANSFAC/http://transfac.gbf.de/TRANSFAC

【本章重点归纳】

基因是原核、真核生物以及病毒的 DNA 和 RNA 分子中具有遗传效应的核苷酸序列,是遗传的基本单位和突变单位以及控制生物性状的功能单位。基因组是指生物体或细胞中,一套完整单体遗传物质的总和;或指原核生物染色体、质粒、真核生物的单倍染色体组、细胞器、病毒中所含有的一整套基因,包括构成基因和基因之间区域的所有 DNA。基因的发展分三个阶段:①在 20 世纪 50 年代前主要是基因的染色体遗传学阶段;②20世纪50年代后主要是基因的分子生物学阶段;③近30多年来,重组DNA技术的完善和应用,使人类能够直接从克隆目的基因出发研究基因功能与表型的关系,使基因研究进入了反向生物学阶段。一个顺反子就是一段核苷酸序列,能编码一条完整的多肽链。在现代分子生物学中,顺反子和基因这两个术语互相通用,一个顺反子就是一个基因,顺反子中的最小交换单位和最小突变单位都是DNA分子中的一个核苷酸对。基因既是遗传的功能单位,同时也是交换单位和突变单位。

基因组指生物体或细胞中一套完整单体的遗传质的总和,或原核生物染色体、质粒、真核生物的单倍染色体组、细胞器、病毒中所含有的一整套基因,包括构成基因和基因之间区域的所有DNA。基因组还指某物种不同DNA功能区域在DNA分子上的结构分布和排列情况。原核生物和真核生物的基因组在复杂性和基因组织特异性上都有很大差异。

基因的大小很大程度上取决于其所含内含子的数目和每个内含子的长度。真核生物单倍体基因组所包含的全部DNA量称为C值(C-value),以pg表示。不同物种的C值差异很大,C-值悖理是指真核生物中DNA含量的反常现象。表现为:①C值不随生物的进化程度和复杂性而增加;②关系密切的生物C值相差很大;③真核生物DNA的量远大于编码蛋白质等物质所需的量。病毒基因组仅为一般细菌基因组的0.1%～10%,所携带的信息量及可编码的蛋白质比细菌少得多,但它们都含有病毒复制、转录等所需要的基因或可读框。病毒基因组结构特点:基因组很小,所含的遗传信息量也少;每种病毒只含有一种核酸,核酸结构是单链或双链、闭合环状或线状分子;有基因重叠,即同一个DNA序列可编码两种或两种以上的蛋白质,使用共同的核苷酸序列,但转录的mRNA有不同的ORF,有些重叠基因使用相同的可读框,但起始密码子或终止密码子不同;基因之间的间隔序列很短;功能上相关的基因集中成簇构成功能单元或转录单元,转录产物一般为多顺反子mRNA;大多数真核细胞的病毒都含有不连续基因,噬菌体基因是连续的。除正链RNA病毒外,真核细胞病毒的基因一般先转录成mRNA前体再经剪接成为成熟的mRNA,所以病毒基因的特性更像真核生物基因。

细菌基因组的特性:通常仅由一条环形或线形双链DNA分子组成;染色体相对聚集成称为"类核"的致密区;只有一个复制起点;有操纵子结构,数个相关的结构基因串联在一起受同一调控区调节,合成多顺反子mRNA;编码蛋白质的结构基因为单拷贝,rRNA基因一般是多拷贝;非编码DNA所占比例很少,类似于病毒基因组;基因组DNA有多种调控区,如复制起始区、终止区、转录启动子、转录终止区等特殊序列及重复序列,比病毒基因组复杂;有可移动的DNA序列。大肠杆菌染色体基因组指存在于 E. coli 染色体上的全部基因,是双链环状的DNA分子,约含4.2×10^6 bp,聚集成致密类核、无核膜、类核中央由RNA和支架蛋白组成,外围是双链闭环DNA超螺旋。功能相关的基因大多集中在一起组成操纵子,其中的结构基因为多顺反子。蛋白质结构基因大都为单拷贝,与复制有关的酶和蛋白质基因分散排列在染色体的不同区域,rRNA基因是多拷贝,由16S,23S,5S rRNA基因组成一个转录单位,其间插有tRNA基因。tRNA基因有单、双、多拷贝的形式。基因组中具有多种功能的识别区域,如复制起始区、终止区、转录启动区、终止区等。这些区域有特殊的序列,如反向重复序列等。从 E. coli 中已分离到几种类似于真核染色体蛋白样的DNA结合蛋白,称类组蛋白。最多的是HU蛋白二聚体,能使DNA绕成串珠状结构,密集凝缩,参与λ噬菌体的整合、切断等特异性重组反应;宿主整合因子(IHF)的复合物能使有活性的DNA序列定位在细胞内的特异位点;H1蛋白能结合到空间弯曲的DNA链上参与DNA的拓扑异构化和各种基因表达调控。

真核生物基因组主要特点:细胞核DNA与蛋白质结合形成染色质,染色质内除含有DNA和组蛋白外还有非组蛋白;一般有多条呈线状的染色体,每条染色体DNA都含有多个复制起点(OriC);真核基因组的分子量大;真核基因表达中转录和翻译在时间和空间上被分隔开;有大量重复序列,长度不一,重复程度各异;编码蛋白质的基因为单拷贝,转录产物为单顺反子;功能上密切相关的基因密集程度不如原核生物高;基因表达调控的方式复杂,数目众多的调控因子参与功能上密切相关而又相隔较远的基因的调控;含有断裂基因;基因组存在着可移动的DNA序列。断裂基因的外显子在基因中的排列顺序与它在成熟mRNA中的排列顺序相同;某种断裂基因在所有组织中都有相同的内含子成分;在内含子上发生的突变不影响蛋白质的结构,但某些内含子突变可通过抑制外显子剪接而干扰产生正确的信使RNA。在不连续基因中有编码功能的区段称外显子(exon),无编码功能的区段称内含子(intron),或在初始转录产物hnRNA加工产生成熟的mRNA时,被切除的非编码序列是内含子,内含子在基因中的位置相对固定。外显子与内含子间的连接点有两个特点:① 连接点处有很短的共同保守序列,为剪接反应所必需;② 内含子两端无序列同源性或互补性。真核生物不同结构基因的内含子和外显子5′端和3′端连接处有很强的规律性。由真核RNA聚合酶Ⅱ转录的基因中，内含子左侧与外显子右侧的连接点均有GT共同序列；内含子右侧与外显子左侧的连接点均有AG共同序列。即5′端（左侧）外显子-AG↓GTAAGT-内含子-Py_{10}CAG↓-外显子3′端（右侧）。内含子两侧连接点的共同序列称GT-AG规律。

真核生物的不连续基因序列一般都保持不变，但其内部的外显子和内含子数目、位置及长度是可变的。有些基因缺乏基因与蛋白质表达间的线性关系，从同一基因序列可转录得到一种以上的mRNA。通过mRNA初始转录物的选择性剪接可产生多个蛋白质的同源体，即产生不同功能的相关蛋白质，使基因实际上成为一个复杂的转录单位，转录和加工出与原基因编码的序列有较大差异的大量蛋白质产物，以适应细胞、组织和发育特异性的需要。内含子功能：促进重组；增加基因组的复杂性；含有可读框（ORF）；产生核仁小RNA；含有部分剪接信号；内含子对基因表达有影响。在蛋白质高级结构中一个外显子相对于一条多肽链折叠而成的结构域。外显子边界序列能精确地相对于结构域之间的铰链区，外显子序列间的重组也易造成蛋白质结构域的重新组合，即基因通过外显子的重新组织和排列能产生具有新功能的蛋白质。

根据真核生物DNA的复性动力学方程，任何特定DNA分子的复性都能够以速度常数K_2〔L/(mol·S)〕和$C_0t_{1/2}$来描述。根据C_0t曲线，可将真核生物基因组的DNA分为4种组分：单拷贝DNA序列；低度重复DNA序列；中度重复DNA序列；高度重复DNA。绝大多数编码蛋白质的基因是单拷贝或低度重复的DNA序列。高度重复DNA的重复频率达10^6次以上，人类基因组内占20%左右，碱基组成和浮力密度与不同于主体DNA，在CsCl密度梯度离心时形成相对独立于主DNA沉降带的卫星DNA沉降带。根据重复单位数目多少及结构特点分三类：①卫星DNA；②小卫星DNA；③微卫星DNA。

基因家族是真核生物基因组中来源相同，结构相似，功能相关的一组基因。基因家族与基因簇不同，后者指基因家族中各成员紧密成簇排列成大段的串联重复单位，定位于染色体的特殊区域，属同一个祖先的基因扩增产物。基因簇内各序列间的同源性大于基因簇间的序列同源性。人类基因组中有十几个大基因簇，如珠蛋白基因簇、组蛋白基因簇等。超基因指一组由单基因和多基因共同组成的更大的基因家族。在多基因家族中有些成员的DNA序列和结构与有功能的基因相似但不产生有功能的基因产物，称为假基因，用"Ψ"表示。

线粒体、叶绿体内也含有DNA，称为线粒体DNA和叶绿体DNA，与核DNA不同，它们都不与组蛋白结合。mtDNA只占整个细胞DNA含量的1%左右，mtDNA是闭合双链环状分子，与细菌质粒DNA的结构相似。线粒体基因组编码至少13种在呼吸链中的蛋白质亚基。mtDNA的突变率比核DNA高5～10倍，这一点与衰老有关。原因：mtDNA缺少组蛋白的保护；线粒体内DNA修复机制很少；线粒体内大量的生物氧化产生的自由基对其DNA有损伤。mtDNA编码蛋白质的遗传密码与核DNA编码蛋白质的遗传密码不完全相同。叶绿体基因组也以双链环状形式存在。大多数叶绿体基因产物是类囊体膜的蛋白组分或与氧化还原反应有关酶类。1,5-二磷酸核酮糖羧化酶-加氧酶（RuBisCO）的8个大亚基（LSU）由叶绿体基因组编码，8个小亚基（SSU）由核基因编码，酶的催化活性中心位于大亚基上，小亚基起调节作用。大多数叶绿体DNA都有数万碱基对的IR，把环状叶绿体DNA分隔成两个大小不同的单拷贝区。

人类基因组计划的目标是完成人类全部23条染色体$3×10^9$bp的全部核苷酸序列分析。人类基因组计划的内容与意义有5个方面：①对人类全基因组3万～4万个编码基因作图，即染色体作图（包括遗传连锁图和物理图谱）；②对基因组DNA进行裂解切割和基因克隆；③测定基因组的全部DNA序列；④对每个基因的功能进行鉴定；⑤建立全基因组所有基因的信息系统、基因信息的储存、注释、处理以及开发相应的软件。功能基因组学指利用结构基因组学信息，以先进的方法及统计与计算机分析，全面系统地分析全部基因功能。可从直接和间接两方面入手。前者归纳为：①基因在亚细胞内的定位；②基因在不同发育阶段、不同细胞类型、不同生理条件和环境下的时空表达模式及其mRNA表达的差异；③基因表达翻译后调控；④将基因敲除后进行其功能丧失与表型的关系研究。间接方法是从GenBank搜索被研究基因的序列，进行同源性分析，获得对该DNA片段功能的预测。对基因功能研究最常用方法是在基因和蛋白质水平上研究基因表达的模式。基因表达是比较不同组织和不同发育阶段，正常状态和疾病状态及在体外培养的细胞中基因表达模式的差异。传统的RT-PCR、RNAse保护实验和RNA印迹杂交等方法一次只能研究一个或几个基因，高通量基因表达分析可用DNA芯片又称微阵列技术和基因表达系列分析以及同源性分析等方法。蛋白质组学是研究某一基因组在某一特定细胞、特定时间内所表达的全部蛋白质的集合体及所有蛋白质修饰后的各种形态。其技术手段主要包括两种：双向电泳(2-DE)和对蛋白质组鉴定的技术，主要氨基酸组成分析、Edman降解法测定N端序列、质谱(MS)等。

生物信息学主要研究对象是生物学的各类数据，研究方法主要从各种计算软件衍生而来。广义的生物信息学是对生物信息的获取、加工、储存、分配、分析和解读，并综合运用数学、计算科学和生物学等工具，达到理解数据中的生物学含义的目标。狭义的概念是以基因组DNA序列分析为源头，找出全基因组序列中所代表的蛋白质和RNA基因的编码区，并阐明编码区和非编码区的序列信息实质，同时归纳、整理出与全基因组遗传信息表达及其调控相关的转录谱和蛋白质谱的数据。主要内容包括：1)高性能的数据处理和新算法的开发；2)数据库的管理和维护；3)数据分析与应用。分子生物学信息数据库主要有4大类：① 基因组数据库；② 核酸和蛋白质一级结构序列数据库；③ 生物大分子三维构象数据库；④ 由以上三类数据库和文献资料为基础构建的二次数据库。序列数据库来自序列测定，结构数据库来自X射线衍射，质谱和核磁共振等结构测定。根据不同研究的需要，对基因组图谱、核酸和蛋白质序列、蛋白质结构及文献等数据进行分析、整理、归纳、注释就能构建具有特殊意义和专门用途的二次数据库。

【思考题】

1. 什么是基因？基因的研究分为哪几个发展阶段？
2. 什么是顺反子？分子生物学中顺反子与基因的关系如何？
3. 实施基因工程(DNA重组技术)的重要理论基础之一是什么？
4. 基因编码的主要产物是什么？基因与多肽链有什么关系？
5. 什么是C值和C值矛盾？主要表现有哪些？
6. 什么是断裂基因、外显子和内含子的概念及它们的关系如何？
7. 重叠基因最初是在什么生物中发现的？重叠基因的存在有何意义？
8. 分别写出病毒、原核、真核生物基因组的概念和特点，比较它们的异同点。
9. 什么是类蛋白组？类组蛋白有什么功能？
10. 简要叙述真核生物DNA序列的几种类型。
11. 内含子有什么功能？其存在有何意义？
12. 真核生物基因组重复序列的复性动力学曲线有什么特点？
13. 解释或比较下列概念：

基因家族、超基因家族和基因簇、Alu序列家族、假基因、反向重复序列、卫星DNA和微卫星DNA、正链/负链RNA病毒、ORF、基因组学、限制性图谱、物理图谱。

14. 人类基因组研究哪些内容？研究人类基因组有何重大意义？
15. 列出几种已完成全序列测定的基因组生物种类。
16. 什么是功能基因组学？基因芯片？蛋白质组学？生物信息学？
17. 下列英文缩写代表什么含义：HGP、STS、STR、MS、ETS、SNPs、SAGE、BAC、YAC、RFLP、ORF、2-DE。

第 4 章 DNA 的复制

现代生物学已经充分证明 DNA 是生物的遗传物质,生物机体的遗传信息以密码的形式储存在 DNA 分子中,表现为特定的核苷酸排列顺序,并通过 DNA 的复制由亲代传递给子代。在后代的生长发育过程中,遗传信息从 DNA 转录给 RNA,然后翻译成特异的蛋白质,以执行各种生物功能,使后代表现出与亲代相似的遗传性状(图 4.1)。复制是指以亲代 DNA 分子作为模板合成出相同的互补分子的过程。转录是在 DNA 分子上合成出与其核苷酸顺序相对应的 RNA 的过程。而翻译则是在 RNA 的控制下,根据核酸链上三个核苷酸决定一个氨基酸的三联体密码规则,合成出具有特定氨基酸顺序的蛋白质肽链过程。在某些情况下 RNA 也是遗传信息的携带者,如 RNA 病毒能以自身核酸分子为模板进行复制,致癌 RNA 病毒还能通过逆转录的方式将遗传信息传递给 DNA。

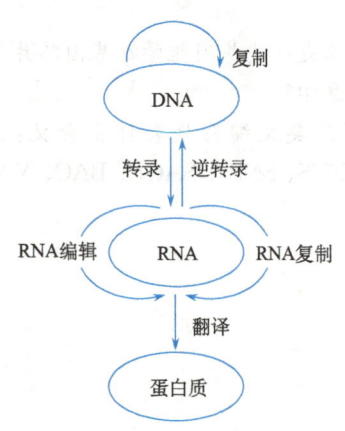

图 4.1　生物体遗传信息的传递途径

4.1　DNA 复制概述

原核生物每个细胞只含有一条染色体,真核生物每个细胞常含有多条染色体。在细胞增殖周期的一定阶段,整个染色体组 DNA 都将发生精确的复制(DNA replication),随后以染色体为单位把复制的基因组分配到两个子代细胞中去。染色体 DNA 的复制与细胞分裂之间存在着密切的联系。一旦复制完成,即发动细胞分裂,细胞分裂结束后,又可开始新的一轮 DNA 复制。染色体外的遗传因子,包括细菌的质粒、真核生物的细胞器以及细胞内共生或寄生的生物 DNA,它们的复制或是受染色体复制的控制,与染色体复制同步;或不受其控制,在细胞增殖周期中随时进行复制。严紧控制(stringent control)质粒,每个细胞只有一个或少数几个拷贝,松弛控制(relaxed control)的质粒,每个细胞通常含有 20 个以上的拷贝。

线粒体和叶绿体 DNA 可用以编码自身的 rRNA、tRNA 以及一小部分蛋白质,另一部分蛋白质则由核基因组编码,并在细胞质中合成后再运送到细胞器中。随着这些细胞器组成成分的倍增,它们可发生分裂。根据电镜观察发现,线粒体和叶绿体也是经内膜凹陷进行分裂的,与细菌的分裂类似。细胞器 DNA 的复制并不限于核 DNA 的合成期(S 期),可在整个细胞周期中进行。对细胞器中的任意一个 DNA 分子来说,进入或不进入复制是随机的,这使有些 DNA 分子在细胞周期中复制不止一次,而有些则不发生复制。但整体而言,在每一个细胞周期中的细胞器 DNA 总量将增加一倍,从而保持细胞的细胞器 DNA 数量相对恒定。病毒是具有感染能力的基因,它们在侵入细胞后即能进行复制。如果病毒的 DNA 整合进入宿主的染色体中,这部分 DNA 就作为宿主染色体的一部分而被复制。由于 DNA 是遗传信息的载体,在合成 DNA 时,决定其结构特异性的遗传信息只能来自其本身,因此必须以原来存在的分子为模板来合成新的分子,即进行自我复制。DNA 的双链结构对于维持这类遗传物质的稳定性和复制的准确性极为重要。生物细胞内存在着极其复杂的复制与校正系统,以确保遗传信息传递的准确性。

1953 年 Watson 和 Crick 在提出双螺旋模型的同时,对 DNA 复制提出假说,当 DNA 新链合成时,两条亲代链分离,分别作为新链合成的模板,并按照碱基配对原则合成新链。该假说曾推测在 DNA 复制时,子代双链 DNA 中的一条链来自亲代,另一条链是新合成的互补链(complement strand),这种方式称为半保留复制(semiconservative replication)。从理论上讲 DNA 复制也能采取其他方式,如全保留式,混合式的复制方式

(图 4.2)。

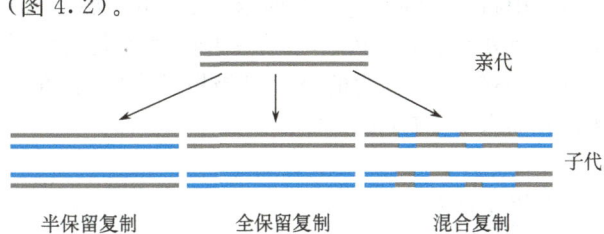

图 4.2 DNA 分子的可能复制方式

半保留复制产生两个子代双螺旋，每个子代 DNA 中都保留一条亲链和一条新链；全保留复制产生两个子代双螺旋，其中一条双螺旋由两条亲链组成，另一双螺旋由两条新合成的子链组成；混合型复制产生两个子代双螺旋 DNA，每一个子代双螺旋 DNA 中的同一条链都由亲链和新链混合组成的

1958 年，M Meselson 和 F Stahl 用实验证明了 DNA 的复制是半保留式。首先使 E.coli 在以 $^{15}NH_4Cl$ 为唯一氮源的培养基中连续培养 12 代，使所有的 DNA 分子都被 ^{15}N 标记。^{15}N-DNA 的密度比普通 ^{14}N DNA 大，在 CsCl 密度梯度离心时，这两种 DNA 形成位置不同的区带。如果将有 ^{15}N 标记的 E.coli 转移到普通培养基（含 ^{14}N 的氮源）中培养，经过一代之后，所有 DNA 的密度都介于 ^{15}N-DNA 和 ^{14}N-DNA 之间，即形成 ^{15}N-^{14}N 杂合分子。两代后，^{14}N 分子和 ^{15}N-^{14}N 杂合分子等量出现。若再继续培养，可以看到 ^{14}N-DNA 增多，当把 ^{15}N-^{14}N 杂合分子加热变性时，它们分开成 ^{14}N 链和 ^{15}N 链。证明在 DNA 复制时原来的 DNA 分子可被分成两个亚单位，分别构成子代分子的一半，这些亚单位经过许多代复制仍然保持着完整性（图 4.3）。

在半保留复制中的碱基配对是核酸分子之间传递遗传信息的结构基础。无论是复制、转录或逆转录，在形成双螺旋分子时都是通过碱基配对完成的。这种复制机制还说明了 DNA 分子在代谢上的稳定性，经过许多代的复制，DNA 多核苷酸链仍保持完整，并储存在后代中而不被分解。与细胞的其他成分相比，这种稳定性与它的可遗传功能是相符合的。然而这种稳定性也是相对的，在细胞内外各种物理、化学和生物因子影响下，DNA 分子也会发生各种损伤和突变，并需要修复；在复制和转录过程中 DNA 也会发生降解消耗，必须进行不断的补充。在组织细胞的发育和分化过程中，DNA 的特定序列还可能进行修饰、删除、扩增和重排。已有实验表明，老龄动物 DNA 双链的不配对碱基数远比幼年和胚胎期多。从进化的角度上看，DNA 更是处在不断的变异和更新之中。

半保留复制的机制十分复杂，需要多种酶和蛋白质组分的参与，受到细胞中多种条件的控制。同时为了保证遗传上的稳定性，复制要求具有高度的忠实性，否则随着不断复制，将产生严重的突变，从而影响到生物个体的繁衍存活。

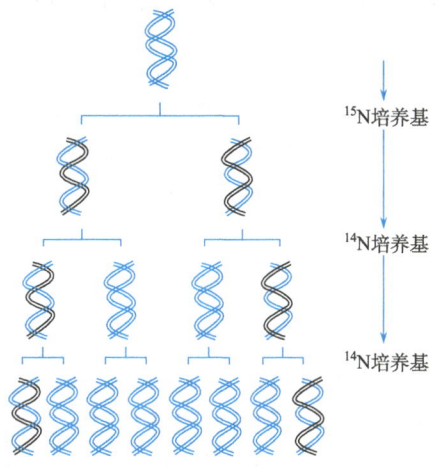

图 4.3 DNA 半保留复制实验

小结：将 DNA 分子用 ^{15}N 标记，^{15}N DNA 的密度比正常 ^{14}N DNA 大，用 CsCl 密度梯度离心证明 DNA 是半保留式的复制，复制后，在子代双链 DNA 中的一条链来自亲代，另一条链是新合成的互补链。

4.1.1 DNA 复制的一些概念

复制子 基因组内能独立进行复制的单位称为复制子（replicon）或复制单位。每个复制子都有控制复制起始的起点（origin），和控制复制终止的终点（terminus）。从复制起点到终点的区域为一个复制子。原核生物的复制起点通常在染色体的一个特定位点，且只有一个起点，因此原核生物染色体只有一个复制子，真核生物染色体可在多个位点起始复制，有多个复制起点，因此是多复制子（multireplicon）的。

复制起点 复制起点在细胞内可以起始一个复制循环，并可控制复制起始反应的频率。许多原核生物的复制子是环形的，DNA 形成没有游离末端的封闭环。细菌染色体、质粒等都属于这种类型。真核生物的 DNA 复制只限于细胞周期的一部分，一般只有几小时。真核生物中染色体 DNA 有许多复制子，平均长度小于原核生物复制子。真核生物的复制子并非同时都进行复制，而是在特定时间只有小于 15% 的复制子进行复制。

大肠杆菌复制起始的最小功能片段长 245bp，称为 OriC。OriC 包含 4 个 9bp 的反向重复序列和 3 个 13bp 的正向重复序列。4 个 9bp 的共同序列是 TTATCCACA，3 个 13bp 的共同序列是 GATCT-

NTTNTTTT。OriC 的重复序列都富含 A-T,有利于 DNA 双链解开发挥单链模板作用。在 OriC 中含有 11 个 GATC 序列,当这些 GATC 上的 A 在复制前都被甲基化了,则 OriC 被活化,能够开始复制。由于子代双链分子中新合成链上的 A 暂时未被甲基化,所以它的复制起点处于不活化状态,以后在 Dam 甲基化酶作用下,起点 GATC 序列内的 A 全部被甲基化后,起点才被活化而启动复制(图 4.4)。

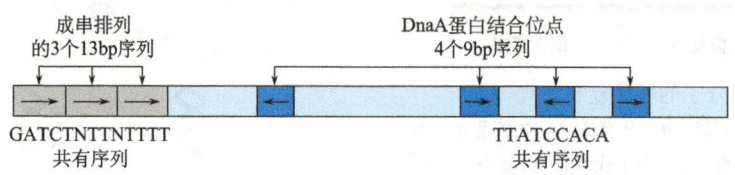

图 4.4　大肠杆菌复制起点成串排列的重复序列

用遗传学和生物化学的方法可以确定大肠杆菌染色体 DNA 复制起点 OriC 在基因图谱上的位置。在一个生长的群体中几乎所有的染色体都处在复制过程中,因此离复制起点越近的基因出现频率越高,越远的基因出现频率越低。将用 E. coli 提取的 DNA 切割成大约 1% 染色体长度的片段,通过分子杂交的方法测定各基因片段的频率,结果表明 OriC 位于基因图谱的 ilv 位点处(83 分附近)。复制一旦开始,复制叉向两侧以相等速度向前移动,两个复制叉在起点 180° 的 trp 位点处(33 分附近)会合(图 4.5)。

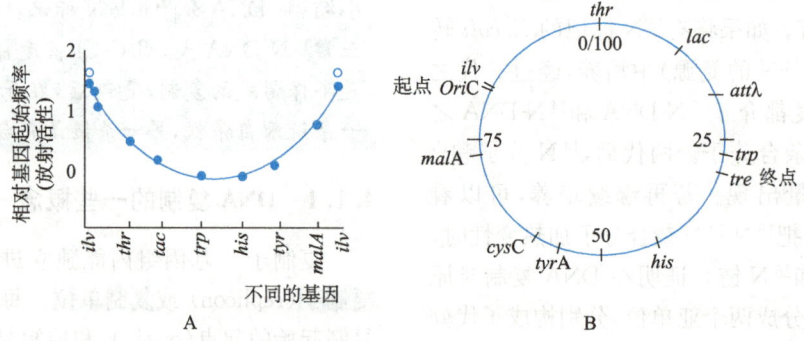

图 4.5　大肠杆菌复制起点和终点在基因图谱上的位置
A. DNA 复制起点的测定;B. 复制起点和终止的位置

大肠杆菌和其他几种革兰氏阴性细菌及酵母的 DNA 复制起始区已被克隆并测序。从质粒中分离出带有抗药性基因(Amp^r)是不能自主复制的限制性酶切片段,用同一种限制性酶处理大肠杆菌的染色体 DNA 和质粒载体 DNA,经 DNA 连接酶连接后转化大肠杆菌,筛选抗氨苄青霉素转化子,其细胞中含有由复制起点片段以及 Amp^r 片段构成的重组质粒,它的复制起点就是 E. coli 的复制起点(OriC)。被克隆的复制起始区可用于研究复制调控以及复制染色体在细胞分裂时的分离机制。鼠伤寒沙门氏菌(Salmonella typhimurium)的复制起点位于一段 296bp 的 DNA 片段上,与大肠杆菌起点相比相似程度为 86%。其他亲缘较远的细菌,其起点在 E. coli 中亦能进行复制,说明起始区序列十分保守。比较已知序列的起始区发现都含有对称排列的反向重复和某些短成簇保守序列。

真核生物的复制远比原核生物复杂,其染色体具有多个复制子,每个复制子由一个起点进行调控,在细胞周期的 S 期的某一特定时间只有一些起点被活化,用于复制起始,另一些则处于不活化状态或只是偶然活化。酵母中有复制能力的 DNA 片段都含有复制起点,称为自主复制序列(autonomously replicating sequence,ARS)。1979 年从 trp^+ 基因中分离到具有 ARS 功能的 185bp 片段称为 ARS1。ARS1 含有 4 个元件 A、B1、B2 和 B3 都是 ARS1 功能所必需的。比较各种来源的酵母 ARS,ARS1 的 A 元件有 11bp 的共同序列 5′-T/ATTTAT/CA/GTTTT/A-3′。改变其中任一碱基,都会引起 ARS1 失活。利用人工突变实验证明 A 元件的其他 4bp 对 ARS 的活性非常重要。在 11bp 的 B2 元件中,有 9bp 与共同序列相同,B3 元件与一个 87kDa 的蛋白质结合,引起 ARS1 的 DNA 双螺旋弯曲。元件 A 和 B1 都有蛋白结合位点,能形成复制起点识别复合物(图 4.6)。

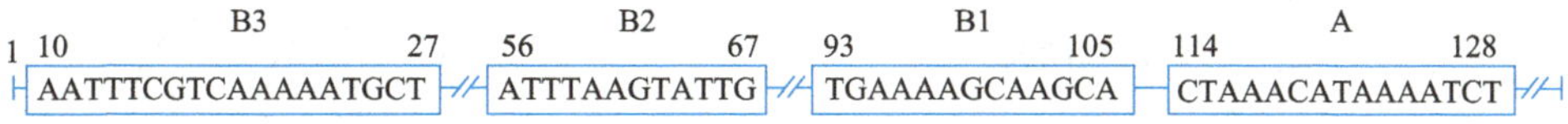

B3
B2
B1
A
1 10
27
56
67
93
105
114
128
AATTTCGTCAAAAATGCT
ATTTAAGTATTG
TGAAAAGCAAGCA
CTAAACATAAAATCT

图 4.6 酵母 ARS 的序列结构

复制终点 大肠杆菌 DNA 是环形分子，复制终点在起始点 *Ori*C 相对的位置（复制叉移动至环形 DNA 的对面）距离 *Ori*C 270kb 处。复制从 *Ori*C 开始，双向进行，两个复制叉（replication fork）以相反的方向沿环形 DNA 前行，相遇在一个位点，一个复制叉须超过另一复制叉的终止位点才能达到自己的终止位点（*ter*）。终止部位有 6 个 *ter* 序列都含有 22bp 共同序列。体外实验证实这个共同序列确实可以终止复制。

复制叉 复制开始，在复制起点形成的一个特殊的叉形结构，是复制有关的酶和蛋白质组装成复合物和新链合成的部位，这个部位称为复制叉。利用^{3}H-dT 掺入和放射自显影，研究发现在 DNA 复制的生长点呈 Y 形或叉形结构，说明 DNA 复制首先是将双螺旋 DNA 解旋（unwinding）。这一过程需要特异的拓扑异构酶或解螺旋酶（helicase）。DNA 的复制至少需要 20 多种酶和蛋白质结合在复制叉部位，形成复杂的复制体结构。

复制速度 真核生物基因组比原核生物大，染色体具有复杂的高级结构，复制时需解开核小体，复制后又需重新构建核小体。真核细胞 DNA 复制叉移动速度约为 1000～3000bp/min，而细菌 DNA 复制叉移动约为 50 000bp/min，相差约 20～50 倍。因此，真核细胞 DNA 的复制速度比原核生物慢，然而，真核生物染色体 DNA 上有许多复制起点，可分段复制。电镜观察发现，在复制期的 DNA 存在许多串联排列的被分散为只有 30～300kb 的泡状结构，20～80 个这样的泡聚集在一起存在于 DNA 的各个区域。每一个泡的两个复制叉代表了以相反方向复制的位点，这些复制叉将与邻近泡所产生的相邻的复制叉融合，因此，真核生物 DNA 包含了许多串联排列的复制子。由于每个复制子都有复制起点，使真核细胞 DNA 的复制成为多复制子的同步复制。虽然各复制子发动复制的时间有先后之差，但就整个细胞而言，能够满足细胞对 DNA 的需要。

真核生物与原核生物 DNA 复制的另一个区别是真核 DNA 在一个复制子完成复制前起点不再从新发动复制，而在快速生长的原核生物中，起点可以连续发动复制。真核生物在快速生长时，往往采用更多的复制起点。例如，黑腹果蝇的早期胚胎细胞中相邻两个复制起点的平均距离为 7.9kb，培养的成体细胞中复制起点的平均距离为 40kb，说明成体细胞只利用一部分复制起点。幼年细胞生长较快，DNA 复制也必须较快，在复制速度不变的情况下，利用更多复制起点便可以加速复制。

4.1.2 复制方向

20 世纪 60 年代初，J Cairns 用放射自显影实验证实 DNA 复制是以双向还是单向进行。复制开始时，先用低放射的^{3}H-脱氧胸苷标记大肠杆菌，数分钟后，再转移到含有高放射性的^{3}H-脱氧胸苷培养基中继续标记。将结果在放射自显影图像上，复制起始区的放射性标记密度较低，感光还原的银颗粒密度也较低；继续合成区标记密度较高，银颗粒密度也高。若是单向复制，银颗粒的密度分布是一端低，另一端高，而双向复制，则是中间密度低，两端高。由 *E. coli* 所获得的放射自显影图像都是两端密度高，中间低，证明大肠杆菌染色体 DNA 是双向复制（图 4.7）。当复制沿着 DNA 双螺旋的模板行进时，从复制叉的走势上看，有 3 种复制方式适合于半保留复制机制。

相向复制 从两个起点分别起始两条链的复制，即有两个复制叉的生长端，但在复制叉中只有一条链作为模板。双螺旋 DNA 的每一条链上有一个复制起点，分别起始合成一条新链，两条链以相向方向生长。因为每个生长端只有一条新链在的合成，故没有典型的复制叉。这种复制方式较简单，某些线性 DNA 病毒（如腺病毒）以这种方式复制。

3′ 起点1
5′
亲代链
复制叉移动方向
5′
新合成的链1
新合成的链2
复制叉移动方向
亲代链
5′
起点2
3′

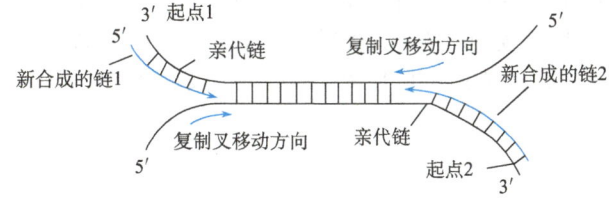

图 4.7 从两个复制起点开始，新合成的链相向延伸复制示意图

单向复制 双螺旋 DNA 两条链的复制起点在同一位置，复制叉向一个方向行进，两条新链各自移动，即从一个起点开始，只有一个复制叉移动（图 4.8）。某些环状 DNA，如质粒 ColEl DNA 是单向复制的典型例子。

双向对称复制 复制起始于一个位点，但向两侧分别形成复制叉，向相反方向移动。在每个复制叉上，

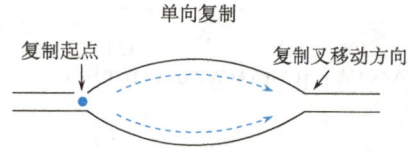

图 4.8　从一个复制起点开始的单向复制

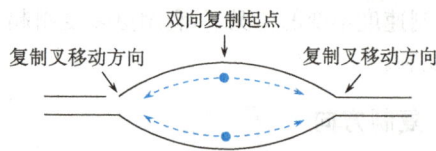

图 4.9　从两个复制起点开始的双向对称式复制

图 4.10　环状 DNA 复制眼形成 θ 形结构

两条 DNA 模板都被复制而合成了新链。在原核细胞和真核细胞中,这种复制方式很普遍。大多数生物染色体 DNA 采取双向对称式复制(图 4.9)。但也有例外,枯草杆菌(*Bacillus subtilis*)染色体 DNA 复制虽是双向的,但两个复制叉移动的距离不同。一个复制叉先在染色体上移动约 1/5 的距离后停下等待另一复制叉完成 4/5 的距离。质粒 R6K 两个复制叉的移动也不对称,第一个复制叉到达 1/5 距离即停下来,从反方向开始形成第二个复制叉,完成其余部分的复制。

4.1.3　复制方式

θ 形复制　原核生物的染色体和质粒都是环状双链分子,复制从 *OriC* 开始以顺时针和逆时针双向进行,DNA 在复制叉处两条链解开,各自合成其互补链,中间产物形成 θ 形结构,在电镜下可看到形如眼或泡的结构(图 4.10),称为 θ 形复制。θ 形复制大多为等速双向,少数为不等速的双向;也有些是单向的,只形成一个复制叉或生长点。这种复制形式从 *E. coli* 的 ^{3}H 胸腺嘧啶核苷酸培养物和放射自显影结果得到了证实,复制时两个共价封闭的互相盘绕的 DNA 双链在复制过程中解开,环状双螺旋一小段解旋产生相反方向的正超螺旋。通过拓扑异构酶使之形成 DNA 的切口和封闭,DNA 的一条或两条主链骨架短暂切断,使 DNA 超旋或解旋,有利于复制叉向前移动。

滚环式复制　滚环式复制(rolling circle)是单向复制的特殊方式。滚环复制是许多病毒、细菌因子及真核生物中基因放大的基础。如 λ 噬菌体复制后期、ΦX174 等具有单链环形基因组 DNA 都采用滚环复制机制完成自身 DNA 复制,其双链复制型(replicative form, RFI)DNA 分子能够产生多拷贝的单链子代 DNA 分子。复制过程的中间分子的形状类似于倒写的希腊字母 σ,所以滚环复制机制又称 σ 复制模式,以区别于 θ 复制模式。

滚环复制步骤如下所示。

① 首先,核酸内切酶在双链复制型(replicative form RFI)DNA 分子的正链上产生一个缺口,使 5′ 和 3′-OH 端游离出来,(+)链的 5′ 端与双链脱离。

② 以负链 DNA 为模板,正链 3′-OH 端为引物,从正链 3′-OH 端渗入 dNTP,3′-端不断延伸,取代原有的正链,被取代的正链 5′ 端不断从负链上被牵引置换出来。

③ 持续进行复制,好像负链按逆时针方向滚动,正链 5′ 形成越来越长的"尾巴",接近于原长的 2 倍。

④ 当置换出的正链 DNA 达到单位长度时被内切核酸酶切离后,环化为环形 DNA。

⑤ 继续从 ①~④ 的循环复制,该过程重复发生,以此产生许多环形正链的拷贝(图 4.11)。

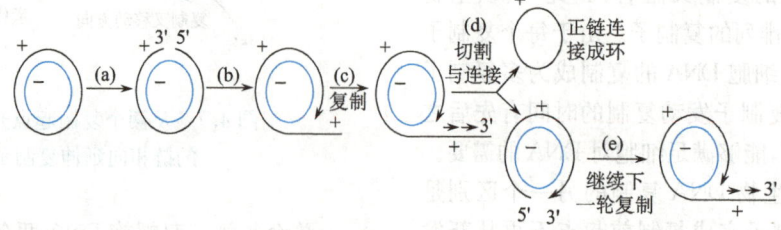

图 4.11　滚动环式复制模式示意图

(a)核酸内切酶在复制型双链 DNA(+)链切开;(b)切口的 3′ 端成为(+)链延伸的引物,以(−)链做模板复制,(+)链另一端被取代;(c)复制继续,(+)链接近两倍;(d)内切酶切下(+)链,连接成环;(e)以(−)链模板合成新的(+)链,继续重复复制过程,获得许多环状单链(+)DNA

单链环形噬菌体 ΦX174 复制型（ΦX174 RFI）产生（＋）DNA 的复制过程是一个典型例子。ΦX174 复制型 DNA 在病毒基因 A 产物 gpA 蛋白、Rep 蛋白及 SSB 蛋白参与下，gpA 蛋白结合在基因组 DNA 的一定位点上，每次切开正链的特定切口，由 Rep 蛋白解开螺旋，正负双螺旋解开形成复制叉，由 SSB 保持单链状态，DNA 聚合酶从正链 3′-OH 端开始沿负链模板合成正链，通过加入 dNTP 使 3′端不断延伸，产生大量的正链 DNA 环形状分子。具体过程如下。

1）病毒基因 A 产物 gpA 蛋白催化双螺旋复制型 DNA（RFI）产生一个切口，使螺旋松弛成为 RFⅡ型，gpA 蛋白仍结合在Ⅱ型的活性位点上。

2）在 RFⅡ型 DNA 上，DNA 聚合酶以负链为模板，正链 3′-OH 端为引物，复制合成新的正链，SSB 覆盖在环出（loop out）的链上。

3）复制进行了一轮，到达 Ori 处，gpA 继续留在 Ori 处进行下一轮复制。

4）新复制出的正链（由 SSB 覆盖并环出的链）被 gpA 蛋白切下，连接成单链（＋）环形，由 SSB 覆盖的正链被释放，其余 RFⅡ由 gpA 的另一活性位点重新附着在（＋）链的 5′端启动下一轮的复制。重复这个过程，可获得大量单链（＋）环形的噬菌体 ΦX174。（图 4.12）

gpA 蛋白有两个活性位点，一个参与 DNA 合成并使产物环化；第二个位点是切断（＋）链，并结合到（＋）链 5′端引导 DNA 合成。

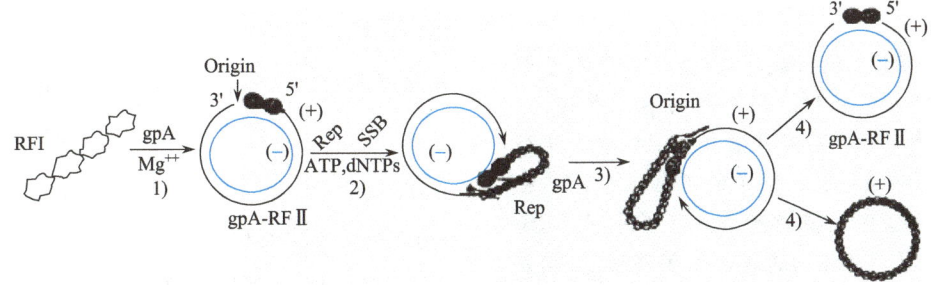

图 4.12　ΦX174 的滚动环式复制过程

滚动环复制并不限于形成单链 DNA。有些噬菌体（如 λ）利用这一机制复制生成线性双链 DNA。在 λDNA 复制早期，噬菌体先以 θ 型机制产生若干拷贝的双链环状 DNA，但这些环形 DNA 分子并不被包装到噬菌体颗粒内，而是作为滚环复制的模板，复制能够被包装的线性 λDNA 分子。其复制叉类似于 E. coli DNA 复制时的复制叉，前导链（绕环的链）连续合成，滞后链不连续合成（图 4.13）。在 λ 噬菌体中，子代 DNA 分子在被包装前一般要达到几个基因组的长度，这种多级长度的 DNA 分子称为连环体（concatemer）。λ 噬菌体包装是只能将一个基因组长度的线性 DNA 分子包装到噬菌体的头部，所以，连环体必须在每一个完整基因组侧翼的 cos 位点处被酶切开。

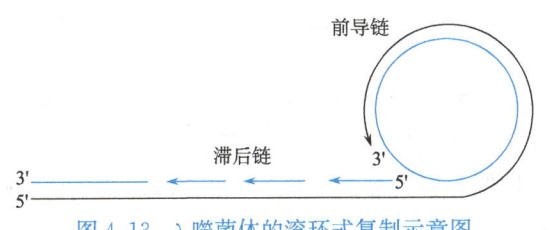

图 4.13　λ 噬菌体的滚环式复制示意图

D-环式复制　单向复制的另一种方式是 D 环式（D-loop）或取代环式复制。大多数线粒体 DNA 以这种方式复制。（纤毛虫线粒体 DNA 为线性分子，其复制方式与此不同）。复制是以 DNA 双链环先在一个固定点解链，然后进行复制，两条链的合成不对称，一条链先复制，另一条链保持单链而被取代，在电镜下可看到呈 D-环形状。待一条链复制到一定程度，露出另一条链的复制起点时才开始复制。D-环式复制起点是以一条链为模板起始合成 DNA 的一段序列，两条链的起点并不在同一点上。叶绿体 DNA 的复制也采取 D-环方式，双链环两条链的起点不在同一位置，但同时在起点处解开双链，进行复制，称为 2D-环复制（图 4.14）。

根据复制的共同生化反应机制，线状 DNA 5′端的 RNA 引物被水解后将会缺少一段核苷酸序列，腺病毒、Φ29 DNA、多瘤病毒 RNA 等是依靠蛋白质提供 3′-OH 作为复制的引物，合成 5′端的序列。腺病毒、Φ29 DNA 都是双链线状分子，以链取代方式复制 DNA，从双链 DNA 两端的 3′端开始作模板，合成各自互补的子链，在合成的同时逐步以 5′→3′方向释放出原来的亲本链。双链分子两末端的复制是完全独立的，腺病毒 DNA 的 3′端发现一种相对分子质量为 8.0×10^4 的特异蛋白，称为末端蛋白（TP），TP 内的胞苷酸与线状 DNA 分子 3′-OH 端配对，以其 Ser 残基的 -OH 基团通过磷酸二酯键与胞苷酸的 5′-P 共价连接，

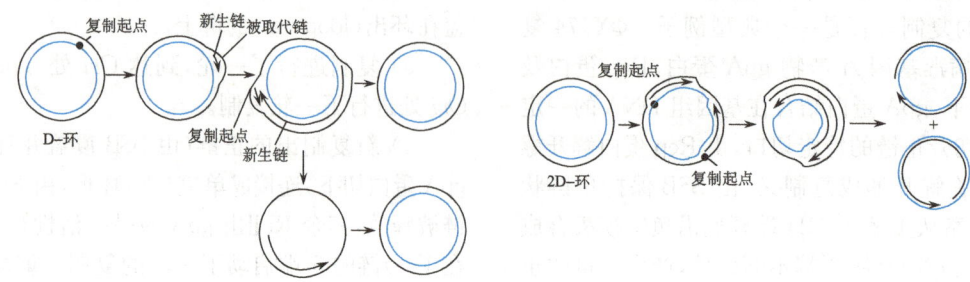

图 4.14　DNA 的 D-环和 2D-环式复制示意图

构成复制的引物。宿主细胞内 TP 与 DNA 聚合酶形成复合物，在 DNA 3′-OH 端的复合物内胞苷酸 3′-OH 端底物 dNTP 进行聚合反应。新的 DNA 链以 5′→3′ 方向生长。

> **小结**：基因组内能独立进行复制的单位称为复制子或复制单位，复制子中含有控制复制的起点和终点。*E. coli* 复制起始的最小功能片段长 245bp，包含 4 个 9bp 的反向重复序列和 3 个 13bp 的正向重复序列，称为 OriC。酵母的复制起点称为自主复制序列 ARS。真核细胞 DNA 复制叉移动速度比细菌移动慢，相差 20～50 倍，但因真核细胞 DNA 的每个复制子都有复制起点，是多复制子的分段同步复制，一般能满足细胞对 DNA 的需要。半保留复制机制有 3 种复制方向：相向复制、单向复制、双向对称复制。复制方式有 3 种：θ 形复制是对双链环状分子的双向复制；滚环复制是单向复制，是许多病毒、细菌因子及真核生物中基因放大的基础，λ 噬菌体复制后期、ΦX174 等具有单链环形基因组 DNA 的 *E. coli* 噬菌体采用滚环复制机制，其双链复制型 DNA 分子能产生多拷贝的单链子代 DNA 分子。D-环式复制又称取代环复制，是单向复制方式，大多数线粒体 DNA 以这种方式复制。

4.1.4　DNA 复制的酶体系

DNA 复制的聚合反应有至少 30 种有关的酶或蛋白质等因子参与，包括多种 DNA 聚合酶和 DNA 连接酶等，分述如下。

1. DNA 聚合酶催化的反应

在有适量 DNA 和镁离子存在时，DNA 聚合酶 (DNA Polymerase，DNA pol) 能催化 4 种脱氧核糖核苷三磷酸合成 DNA，所合成的 DNA 具有与天然 DNA 相同的化学结构和物化性质。反应底物为 dATP、dGTP、dCTP 和 dTTP 4 种脱氧三磷酸核苷酸，统称为 dNTP。在 DNA 聚合酶催化下，以有 3′-OH 末端的核酸链作为引物，dNTP 被填加到 DNA 链的 3′-OH 末端，同时释放焦磷酸，对链延长选择的 dNTP 来自对应的互补链。聚合反应式如下：

$$n_1 \text{dATP} + n_2 \text{dGTP} + n_3 \text{dCTP} + n_4 \text{dTTP} + \text{DNA} \xrightleftharpoons[\text{Mg}^{2+}]{\text{DNA 聚合酶}} \begin{bmatrix} \text{dAMP} \\ \text{dGMP} \\ \text{dCMP} \\ \text{dTMP} \end{bmatrix}_n + \text{DNA} + (n_1+n_2+n_3+n_4)\text{PP}_i$$

在反应中，dNTP 上的 α-磷原子亲核攻击 RNA 引物链（或具有游离 3′-OH 的单链 DNA）的游离 3′-OH，形成 3′,5′-磷酸二酯键并脱下焦磷酸。聚合反应的能量来自 α-与 β-磷酸基之间高能键的裂解。反应可逆，但随后焦磷酸的水解推动反应向右进行（图 4.15）。

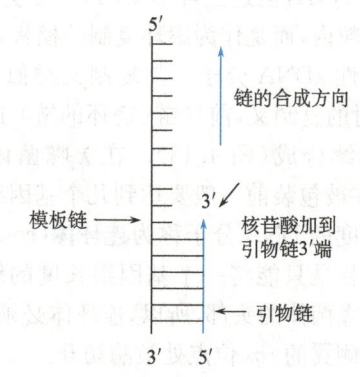

图 4.15　DNA 酶促合成的引物链和模板链

由于 DNA 在提取过程中常受到机械切力或酶的作用，从而引起磷酸二酯键的断裂。在一条链上失去一个磷酸二酯键称为切口 (nick)，失去一段单链称为缺口 (gap)。在单链 DNA 复制中，3′-OH 末端通过链的自身回折成为引物链，其余未配对的链则为模板链，由此形成发夹环结构。双链 DNA 的复制发生在切口、缺口或末端单链区。当新合成的链填满空隙遇上另一条与模板互补的链的 5′ 端时,它可以取代互补链而继续向前延长。在某些位置,酶也可能离开原先的模板复制互补链(以另外的模板),结果可形成分支结构(图 4.16)。发夹环和分支结构只存在于体外酶促合成的 DNA 分子中,它使 DNA 的变性行为异常,并且失去遗传活性。

> **小结**:DNA 聚合酶反应特点:①以 4 种 dNTP 作为底物;②反应需要模板指导;③新链的延伸需有引物 3′-OH 存在;④链延伸方向为 5′→3′;⑤产物 DNA 的极性与模板相对。

2. 大肠杆菌 DNA 聚合酶

在大肠杆菌中共有 5 种 DNA 聚合酶,分别为 DNA 聚合酶 Ⅰ、Ⅱ、Ⅲ、Ⅳ 和 Ⅴ。

DNA 聚合酶 Ⅰ DNA 聚合酶 Ⅰ 的相对分子质量 103 000,由一条多肽链组成,含一个锌原子。酶分子外形似球体,直径约 6.5nm,约为 DNA 双螺旋直径的 3 倍。每个 *E. coli* 细胞约有 400 个 DNApol Ⅰ 分子。在 37℃ 下每个 DNApol Ⅰ 每分钟催化约 1000nt 聚合。DNApol Ⅰ 是多功能酶,催化以下几种反应:①通过核苷酸聚合反应,使 DNA 链沿 5′→3′ 方向延长(聚合酶活性);②3′→5′ 外切核酸酶活性(由 3′ 端水解 DNA 链);③5′→3′ 外切核酸酶活性(由 5′ 端水解 DNA 链);④由 3′ 端使 DNA 链发生焦磷酸解;⑤无机焦磷酸与脱氧核糖核苷三磷酸之间的焦磷酸基交换。焦磷酸解是聚合反应的逆反应,焦磷酸交换反应由前两个反应连续重复多次引起。

用蛋白质水解酶将 pol Ⅰ 有限水解,得到相对分子质量为 $6.8×10^4$ 和 $3.5×10^4$ 的两个片段。大片段有聚合酶和 3′→5′ 外切核酸酶活性,小片段有 5′→3′ 外切酶活性(图 4.17)。

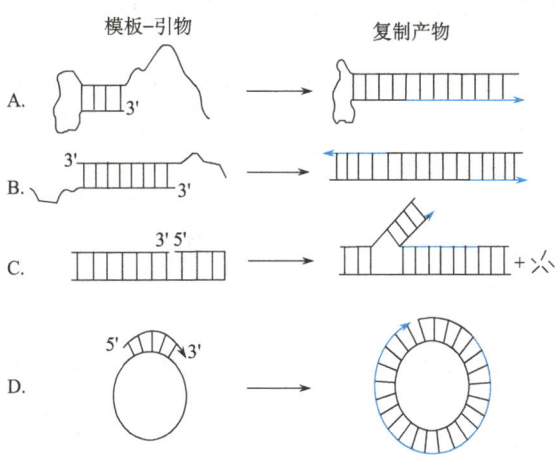

图 4.16 由 DNA 聚合酶催化的 DNA 合成反应

A. 由线性单链 DNA 进行反应;B. 由局部变成了单链的双链 DNA 进行反应;C. 在有切口的双链 DNA 中,通过 5′→3′ 外切酶水解 5′ 端核苷酸形成分支的 DNA;D. 环状 DNA 的反应。模板-引物用细线表示,新合成的 DNA 用粗线表示

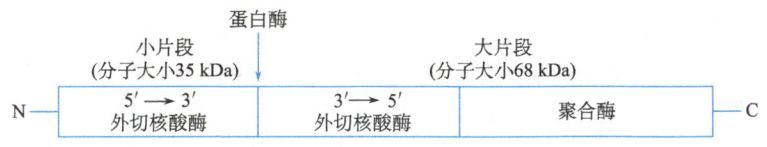

图 4.17 DNA 聚合酶 Ⅰ 肽链上的三个活性区域

DNApol Ⅰ 被蛋白酶切开得到的大片段称为 Klenow 片段,1987 年,T Steitz 测定了 Klenow 片段晶体结构揭示它像一个"手形结构",有 2 个 α 螺旋的功能区,彼此接近垂直,之间是 β 折叠的裂隙区。他们形象地将 1 个 α 螺旋代表拇指功能区,另一个 α 螺旋代表手指功能区,之间的 β 折叠区域相当于手掌功能区,手掌功能区为 DNA 的结合位点和聚合反应催化位点,手掌功能区含有 3 个天冬氨酸残基,是 pol Ⅰ 发挥催化功能所必需的,与镁离子协同催化聚合反应。3′→5′ 外切核酸酶位点靠近聚合位点,新合成链的 3′ 端可在其间摆动(图 4.18)。其他种类的 pol Ⅰ 往往无 5′→3′ 外切核酸酶活性,但有 3′→5′ 外切酶活性,其空间结构与 Klenow 片段类似,相当于右手形状。研究发现不仅是 pol Ⅰ,右手结构也是所有核酸聚合酶的共同特

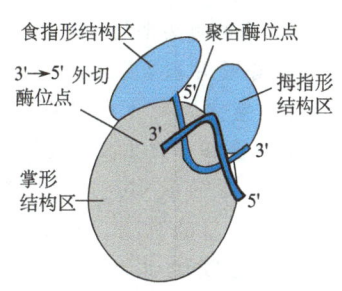

图 4.18 Klenow 片段的轮廓结构示意图

征。分子生物学研究中常用 Klenow 片段催化合成 DNA 等,如 Klenow 片段催化 DNA 末端延伸及 DNA 测序,因 Klenow 片段没有完整酶的 5′→3′ 外切核酸酶活性,不能用于标记 DNA 探针,而在体外 pol Ⅰ 全

酶能够通过切口平移标记探针，切口平移依赖于移动复制叉前方DNA的降解。

当模板链落入聚合酶右手拇指与食指结构间的凹槽时，引起酶分子构象改变，使其能握住核酸分子。聚合酶能辨别进入的底物核苷酸是由于凹槽空间只允许底物与模板之间形成Watson-Crick类型的碱基配对。非配对碱基因空间位置不适合而一般不能进行聚合反应，保证新合成的链按模板链的互补碱基信息进行聚合，这是酶对底物进行专一性识别的结构基础。然而仍不可避免地有碱基错配，pol I 的 $3'→5'$ 外切核酸酶活性对 DNA复制保真性（fidelity）极为重要，其活性能切除单链DNA 3'端的错误核苷酸，而对双链DNA不起作用，故那些不能形成碱基对的错配核苷酸可被该酶水解下来。在正常聚合条件下，$3'→5'$ 外切酶活性不能作用于生长链；若一旦出现错配碱基时，聚合反应停止，生长链的3'端核苷酸落入 $3'→5'$ 外切酶位点，错配核苷酸迅速被除去，然后聚合反应继续进行。可见，DNA复制过程中碱基配对受到双重核对，即聚合酶的选择作用和 $3'→5'$ 外切酶的校对作用，在无 $3'→5'$ 外切酶的校对功能时，pol I 掺入核苷酸的错误率为 10^{-5}，具有校对功能后，错误率降低至 $5×10^{-7}$。

pol I 的 $5'→3'$ 核酸外切酶活性有3个作用：①作用于双链DNA中的一条单链的某个切口处，从5'端水解下单核苷酸或寡核苷酸片段，因此，pol I 在切除由紫外线照射而形成的嘧啶二聚体中起重要作用；②用于在体外通过切口平移标记DNA探针；③切除在DNA复制合成中5'端的RNA引物。

> **小结**：pol I 为多功能酶，主要有DNA聚合酶、$3'→5'$ 外切核酸酶和 $5'→3'$ 外切核酸酶的活性。pol I 的 $3'→5'$ 外切核酸酶活性对DNA复制保真性极为重要，能切除正在延伸的3'端错配的核苷酸。pol I 的 $5'→3'$ 核酸外切酶活性有3个作用：①作用于双链DNA中的一单条链的某个切口处，从5'端水解下单核苷酸或寡核苷酸片段，因此，pol I 在切除由UV照射而形成的嘧啶二聚体中起重要作用；②用于在体外通过切口平移标记DNA探针；③切除在DNA复制合成中5'端的RNA引物。DNA复制链的延长主要依赖pol III 的作用。Klenow片段能催化合成DNA，如催化DNA末端延伸及DNA测序，但因该片段没有完整酶的 $5'→3'$ 外切核酸酶活性，不能用于标记DNA探针。

DNA聚合酶II和III T Kornberg 和 M Gefter 在 1970~1971年通过磷酸纤维素层析法分离出了DNA聚合酶II和DNA聚合酶III。DNApol II 为多亚基酶，其亚基由一条相对分子质量为 $8.8×10^4$ 的多肽链组成。DNApol II 活力比 DNApol I 高，以每个酶分子每分钟掺入核苷酸的转化率计算，约为2400nt。每个 E. coli 细胞约含有100个DNApol II 分子。DNApol II 具有 $3'→5'$ 外切核酸酶活性，但无 $5'→3'$ 外切酶活性。T Kornberg 和 M Gefter 用遗传学方法测试了在15个不同温度敏感性 E. coli 株系中的 DNApol II 和 DNApol III 的DNA复制活性，分离到一株大肠杆菌变异株的 pol II 活力只有正常活性的0.1%，但细菌仍以正常速度生长。结果证明 DNApol II 并不是DNA复制所必需的，而 pol III 是 E. coli DNA复制主要的酶。通过诱变试验分离到一些 E. coli 温度敏感条件致死变异株。dna E (pol c) 基因的温度敏感变异株。在允许温度（30℃）下，DNA能正常复制，当培养温度上升到限制温度（45℃）时，DNA的合成立即停止，经鉴定该位点编码 DNApol III 的 α 亚基。从变异株中分离出的 DNApol III 对温度敏感，而 DNApol I 和 DNApol II 则不敏感。另有实验证明通过其他条件诱变消除 DNApol I 和 DNApol II 的聚合反应活力后，E. coli 仍然能进行DNA的复制和正常生长。虽然每个 E. coli 中只有10~20个 DNApol III 分子，但它催化合成DNA的速度大约为1000nt/s，能够满足细菌代谢对DNA的需要，可见 DNApol III 全酶催化DNA合成速度比 DNApol I 的速度（10nt/s）快，说明 DNA pol III 全酶是体内DNA真正复制的酶。DNApol III 是由多个亚基组成的蛋白质，全酶（holoenzyme）由α、β、γ、δ、δ'、ε、θ、τ、χ 和 ψ 10种亚基组成，含锌原子，全酶很容易解离成几个不同的亚聚体。其中 α 亚基的相对分子质量为130 000，具有 $5'→3'$ 方向合成DNA的催化活性。ε 亚基具有 $3'→5'$ 核酸外切酶活性，起校对作用，可提高 pol III 复制的保真性。由 α、ε 和 θ 三种亚基组成核心酶（core enzyme）。θ 亚基起组建复合酶体作用。τ 亚基促使核心酶二聚化。β 亚基的功能如同夹子、两个 β 亚基可夹住 DNA 分子相对滑动，使聚合酶在完成复制前不脱离模板 DNA 而持续聚合（图 4.19）。γ 亚基是一种依赖DNA的ATP酶，全酶中的 γ 复合物由6个亚基（$γ_2δδ'χψ$）构成，主要功能是协同 β 亚基嵌住模板 DNA，又称夹子装载器（clamp loader）。各亚基的功能协调互作，使全酶持续完成整个染色体DNA的复制。

DNA聚合酶III的亚基组成见表4.1，其全酶的结构如图4.20所示。pol III 复杂的亚基结构使它具有更高的保真性（fidelity）、协同性（cooperativity）和持续性（processivity）。如果没有校对功能，pol III 的核苷酸掺入错误率为 $7×10^{-6}$，具有校对功能后降低至 $5×10^{-9}$。

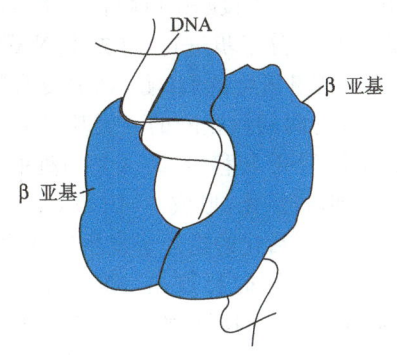

图 4.19　polⅢ的两个β亚基(夹子)夹住DNA

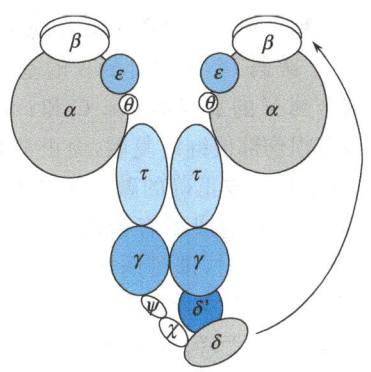

图 4.20　polⅢ不同的亚聚体的结构

表 4.1　DNA 聚合酶Ⅲ全酶的亚基组成

亚基	相对分子质量	亚基数目	基因	亚基功能	
α	130 000	2	*pol* C(*dna* E)	聚合活性	核心酶
ε	27 000	2	*dna*Q(*mut* D)	3′→5′外切酶校对功能	
θ	10 000	2	*hol* E	组建核心酶	
τ	71 000	2	*dna* X	核心酶二聚化	
γ	52 000	2	*dna* X*	依赖 DNA 的 ATP 酶，形成 γ 复合物	夹子装配器
δ	35 000	1	*hol* A	可与 β 亚基结合，形成 γ 复合物	
δ′	33 000	1	*hol* B	形成 γ 复合物	
χ	15 000	1	*hol* C	形成 γ 复合物	
ψ	12 000	1	*hol* D	形成 γ 复合物	
β	37 000	4	*dna* N	两个 β 亚基形成滑动夹子，提高酶持续合成能力	

注：γ 亚基由 τ 亚基的基因一部分所编码，τ 亚基氨基末端 80% 与 γ 亚基具有相同的氨基酸序列。

dna X* 是 *dna* X 的重叠基因。

DNA 聚合酶Ⅱ和Ⅲ在促进 DNA 合成的基本功能与聚合酶Ⅰ相似，①都需要模板指导，以 4 种脱氧核糖核苷三磷酸作为底物，且需要有 3′-OH 引物链存在，聚合反应按 5′→3′ 方向进行；②都具有 3′→5′ 外切酶活性，在聚合过程中起校对作用，但都无 5′→3′ 外切酶活性；③都是多亚基酶，polⅡ 和 polⅢ 共用了许多亚基，也有些细微的区别。polⅡ 和 polⅢ 在聚合速度、持续合成能力方面差异较大。总之 polⅡ 是主要的修复酶，而 polⅢ 是主要的复制酶。DNA 聚合酶Ⅰ、Ⅱ和Ⅲ的基本性质总结见表 4.2。

表 4.2　大肠杆菌三种 DNA 聚合酶的基本性质比较

	DNA 聚合酶Ⅰ	DNA 聚合酶Ⅱ	DNA 聚合酶Ⅲ
结构基因*	*pol* A	*pol* B	*pol* C(*dna* E)
不同种类亚基数目	1	≥7	≥10
相对分子质量	103 000	88 000†	830 000
3′→5′外切核酸酶	+	+	+
5′→3′外切核酸酶	+	−	−
聚合速度/(nt/min)	1000～1200	2400	15 000～60 000
持续合成能力	3～200	1500	≥500 000
功能	切除引物，修复	修复	复制

*对于多亚基酶，这里仅列出聚合活性亚基的结构基因；

†仅聚合活性亚基。DNA 聚合酶Ⅱ与聚合酶Ⅲ共有许多辅助亚基，其中包括 β、γ、δ、δ′、χ 和 ψ。

DNA 聚合酶 Ⅳ 和 Ⅴ DNA 聚合酶 Ⅳ 和 Ⅴ 是在 1999 年发现的。编码 DNA 聚合酶 Ⅳ 的基因是 *dinB*，编码 DNA 聚合酶 Ⅴ 的基因是 *umuC* 和 *umuD*。它们能在 DNA 许多损伤部位继续复制，而正常 DNA 聚合酶在此部位因不能形成正确的碱基配对而停止复制，在跨越损伤部位时就造成了有错误倾向的复制。当 DNA 受到较严重损伤时，即可诱导产生这两种酶，使复制和修复的准确性下降，突变率上升。高突变率虽然会导致许多细胞死亡，但这种机制能逾越复制的障碍，致使少数的突变细胞得以存活，因此它们与 DNA 错误倾向的复制相关。

DNA 连接酶 DNA 聚合酶只能催化多核苷酸链的延长反应，不能使链间头尾连接。通过环状 DNA 复制的研究表明，还应存在另一种酶，能够催化单链的两个末端间共价连接。1967 年不同实验室同时发现了 DNA 连接酶（DNA ligase）。这个酶催化双链 DNA 中一条单链切口处的 5′-磷酸基和 3′-OH 生成磷酸二酯键，连接反应需要能量，*E. coli* 和其他细菌的 DNA 连接酶以烟酰胺腺嘌呤二核苷酸（NAD）作为能量来源，动物细胞和噬菌体的连接酶则以腺苷三磷酸（ATP）作为能量来源。反应分三步进行，首先由 NAD 或 ATP 与酶反应，形成腺苷酰化的酶（酶-AMP 复合物），其中 AMP 的磷酸基与酶的赖氨酸的 ε-氨基以磷酰胺键相结合，然后酶将 AMP 转移给 DNA 切口处的 5′-磷酸，以焦磷酸键的形式活化，形成 AMP-DNA。然后通过相邻链的 3′-OH 对活化的磷原子发生亲核攻击，生成 3′,5′-磷酸二酯键，同时释放出 AMP（图 4.21）。在 DNA 复制后滞链上的冈崎片段之间，就是通过这种方式连接的。大肠杆菌 DNA 连接酶是相对分子质量为 7.4×10^4 的多肽。*E. coli* 细胞中约含 300 个连接酶分子，它能使断开的链连接并由互补链使它们拧聚形成双螺旋，但不能连接两条游离的 DNA 分子。T4 DNA 连接酶不仅能在模板链上连接 DNA 链间切口，而且能连接无单链黏性末端的平头双链 DNA。研究发现在连接酶缺陷的 *E. coli* 变异株中，积累了大量的 DNA 短片段，对紫外线敏感。DNA 连接酶在 DNA 复制、修复和重组等过程中都起着重要的作用。

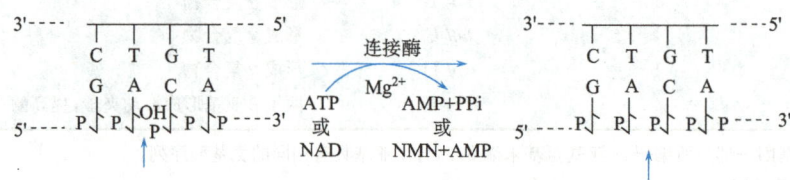

图 4.21 DNA 连接酶催化的反应

小结：pol Ⅱ 为多亚基酶，其活力比 pol Ⅰ 高，无 5′-3′ 外切酶活性。pol Ⅲ 由 α、β、γ、δ、δ′、ε、θ、τ、χ 和 ψ 10 种亚基组成全酶，含锌原子，α、ε 和 θ 三种亚基组成核心酶，pol Ⅲ 复杂的亚基结构使它的复制过程具有高保真性、协同性和持续性。pol Ⅰ 是 *E. coli* 主要的修复酶，pol Ⅲ 是主要的复制酶。DNA 连接酶能催化链的两末端共价连接。*E. coli* 等细菌的 DNA 连接酶以 NAD^+ 为能量来源，动物细胞和噬菌体则以 ATP 为能量来源。T4 DNA 连接酶不仅能在模板链上连接 DNA 链间切口，也能连接无单链黏性末端的平头双链 DNA。

4.1.5 DNA 的半不连续复制

已知 DNA 分子的两条链是反向平行的，一条链的走向为 5′→3′，另一条链为 3′→5′，但目前所有发现的 DNA 聚合酶合成方向都是 5′→3′，而不是 3′→5′。这很难解释 DNA 分子在复制时两条链同时作为模板合成其互补链。1968 年，日本学者冈崎等提出了 DNA 的半不连续复制（semidiscontinuous replication）假说，认为走向为 3′→5′ 的新合成链实际上是由许多 5′→3′ 方向合成的 DNA 片段连接起来的。用 ^{3}H-脱氧胸苷标记噬菌体 T4 感染的 *E. coli*，经碱性密度梯度离心法分离标记的 DNA 产物，发现短时间内首先合成的是较短的 DNA 片段，这些短片段在原核生物中长为 1000～2000nt，在真核细胞中长为 100～200nt，称为冈崎片段（okazaki fragment）。接着出现了较长的由 DNA 连接酶连接的线形大分子。在每个复制叉中的前导链连续复制，后随链是以反方向合成不连续的短片段。用 DNA 连接酶变异的温度敏感株进行实验，在连接酶不起作用的温度下，有大量 DNA 片段积累。这种机制的存在是因为 DNA 只能由 5′→3′ 的方向复制（图 4.22）。研究进一步发现，DNA 的不连续合成不只限于细菌，真核生物染色体 DNA 的复制也是如此。细菌的冈崎片段长度为 1000～2000 个核苷酸，相当于一个顺反子，真核生物的冈崎片段长度粗略地等于一个核小体外缠 DNA 的长度。

冈崎等最初的实验并不能判断 DNA 链的不连续合成只发生在一条链上，还是两条链都如此。通过测定得到的短片段 DNA 数量远超过新合成 DNA 的一半，似乎两条链都是不连续的，后来进一步实验发现这是由于尿嘧啶代替胸腺嘧啶掺入 DNA 所造成的。DNA 中的 U 可被 U-DNA-糖苷酶切除，随后在无嘧啶位点处的磷酸二酯键断裂造成缺口，再进行填补修复，此过程中会产生一些类似冈崎片段的小片段 DNA。用缺乏糖苷酶的 E. coli 变异株（ung⁻）进行实验，DNA 中的 U 不再被切除。此时，新合成 DNA 大约有一半放射性标记出现于冈崎片段中，另一半直接进入大的片段。由此可见，当 DNA 复制时一条链连续，另一条链不连续，因此称半不连续复制。

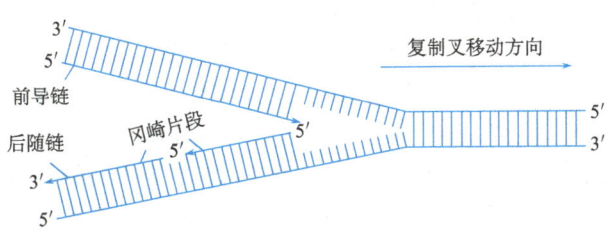

图 4.22　DNA 的半不连续复制示意图

所有已知的 DNA 聚合酶都不能发动新链的从头合成，只能催化在已有引物或已有链上 3′-OH 端的延伸反应。而 RNA 聚合酶则不同，只要有 DNA 模板存在，就可以在其上互补合成新的 RNA 链。在用 E. coli 提取液进行 DNA 合成的实验表明，冈崎片段的合成除需要 4 种脱氧核糖核苷酸外，还需要 4 种核糖核苷酸。通过对新合成 DNA 片段分析发现它们以共价键连接着一小段 RNA 链。用专一核酸酶水解证明，RNA 链位于 DNA 片段的 5′端。表明在 DNA 模板链的 5′端，需要先互补合成一小段 RNA 引物，DNA 聚合酶只能从这段 RNA 引物的 3′-OH 端开始，延伸合成新的 DNA 链或冈崎片段。

RNA 引物是在 DNA 模板链的一定部位合成并互补于 DNA 链，合成方向也是 5′→3′，催化该反应的酶称为引物合成酶（primase）。引物长度通常为几十个甚至几百个核苷酸。引物的去除和缺口填补一般由 DNA 聚合酶Ⅰ完成。

4.1.6　DNA 合成的保真性

DNA 复制是一个高度保真的系统，与 DNA 复制保真性有关的因素包括 RNA 引物的作用、DNA 聚合酶的自我校正功能、细胞内的几种校正和修复系统等。生物机体在进化中保留了复杂的 DNA 复制机制，主要是为了保持 DNA 复制的高保真性。假定已观察到的生物自发突变都是由 DNA 复制时碱基对错配引起，则可估计出大肠杆菌复制时每个碱基对错配率为 $10^{-10} \sim 10^{-9}$。实际上还存在着其他的变异和修复机制。

如前所述，DNA pol 的复制需要一段 RNA 引物链。在复制前 DNA pol 首先与模板-引物链 3′端结合，只有 3′端碱基配对正确时，DNA pol 才发挥聚合作用，如果引物 3′端配对不正确，即使 dNTP 与模板的下一个核苷酸互补，DNA pol 也不能催化反应。在 DNA 复制中，任何从头开始合成的引物一般都会产生较大的误差，如果从头开始合成的是 DNA 引物，而又不能有效被切除，将使错配得不到校正，后果极为严重。所以用 RNA 作为引物比 DNA 有利。另外从热力学角度看，碱基对错配使螺旋不稳，由此计算的错配率约在 10^{-2}。由 DNA pol 对底物的选择作用和 3′→5′外切核酸酶的校对作用分别使错配频率下降 10^{-2}。DNA 聚合酶依照模板链核苷酸的信息，选择正确的 dNTP 掺入到引物末端，称作聚合酶的碱基选择作用，这种选择作用通过构象变化实现。在解释这种作用机制的假说中，被普遍接受的是"酶的积极参与理论"，认为 DNA pol 对正确和错误核苷酸底物的亲和力（K_m）和最大反应速度（V_{max}）不同，对正确核苷酸的亲和力高且将其掺入到引物末端的速度也快，否则相反。DNA pol 3′→5′外切核酸酶活性是校正错误碱基的重要机制，研究最多的是 E. coli DNA 聚合酶Ⅰ的 Klenow 片段，其 3′→5′外切活性可以切除 3′端错配的核苷酸，称为校正阅读。缺失 3′→5′外切核酸酶活性的 E. coli DNA 聚合酶Ⅰ催化 DNA 合成时出现错误的概率提高了 5～50 倍。

DNA 聚合酶的碱基选择作用和 3′→5′外切核酸酶的校对作用可使复制的错配率下降到 10^{-6}，这是体外合成 DNA 时的水平。在体内，DNA 聚合酶和复制叉的复杂结构进一步提高了复制的准确性。另外，复制的修复系统可识别错配碱基以及各种损伤修复，使变异率不同程度地下降到更低的水平。

4.1.7　DNA 拓扑异构酶

两条互相缠绕的双螺旋 DNA 分子具有许多拓扑学上的性质。在 DNA 分子的复制、重组、转录和装配等过程中都涉及拓扑异构体的转变。DNA 拓扑异构体之间的转变通过拓扑异构酶（topoisomerase）实现。如前已知，具有给定连接数的一个 DNA 分子就是一个拓扑异构体，拓扑异构体之间的区别在于它们的连接数不同，拓扑异构酶可改变 DNA 的连接数，通过瞬时断开和再连接 DNA 分子的一条或两条链,使酶与 DNA 的端头以磷酸酪氨酰键作用而实现拓扑异构体之间的转换。已知的拓扑异构酶有以下两类:

Ⅰ型拓扑异构酶 最初在大肠杆菌中发现,称 ω 蛋白或切口封闭酶,是相对分子质量 $9.7×10^4$ 的一条多肽链,由基因 topA 编码。能在 DNA 的一条链上产生一个切口,使另一条链得以穿越,连接数每次改变 1,反应无需供能,当酶与 DNA 结合时形成稳定的复合物。分析其结构发现 DNA 的一条链断裂,并以 5′-磷酸基与酶的酪氨酸羟基形成酯键。磷酸二酯键的转移反应(第一次转酯),由 DNA 转移到蛋白质。随后断裂的 DNA 链重新连接,即磷酸二酯键又由蛋白质转到 DNA(第二次转酯)。Ⅰ型拓扑异构酶的基因突变将导致 DNA 负超螺旋水平的增加并影响转录活性。说明拓扑异构酶Ⅰ主要是消除负超螺旋,但也能引起 DNA 的其他拓扑结构转变,如单链环能形成拓扑结并和互补单链环形成环状双链等。

Ⅱ型拓扑异构酶 能使 DNA 的两条链同时发生断裂和再连接,需要由 ATP 水解供给能量。细菌的Ⅱ型拓扑异构酶是一种 DNA 旋转酶,它利用 ATP 水解提供的能量,可连续向同一个双链闭环 DNA 分子中引入负超螺旋,从而抵消 DNA 复制中产生的正超螺旋(图 4.23)。在 DNA 复制时,需首先将两条链解开,由此产生扭曲应力,超螺旋 DNA 分子其扭转应力大于双螺旋,因此具有更高的能量。早期曾认为 DNA 分子可通过旋转而消除这种张力,然而很长的 DNA 分子进行高速旋转是不可思议的。通过对 DNA 的拓扑结构和拓扑异构酶的研究和认识,现已能较好地理解 DNA 在复制时双链是如何解开的。在应用上,DNA 促旋酶和拓扑异构酶Ⅳ是抗菌药物的靶酶,而Ⅰ和Ⅱ型拓扑异构酶是人类抗癌药物的靶酶。

大肠杆菌旋转酶(gyrase)由两条 A 亚基和两条 B 亚基组成,即 A_2B_2,整个酶的相对分子质量为 $4.0×10^5$。两个亚基分别由基因 gyrA 和 gyrB 编码。对抗生素抗性突变的分析表明,gyrA 是抗萘啶酮酸(nalidixic acid)和奥啉酸(oxilinic acid)作用的位点;gyrB 是抗香豆霉素 A_1(coumermycin A_1)和新生霉素(novobiocin)作用的位点。这些抗生素均能抑制复制,因而推测 DNA 旋转酶对 DNA 的合成是必需的。

当酶结合到 DNA 分子上时,可同时使两条链瞬时断开,两个 A 亚基通过酪氨酸分别与断点的 5′-磷酸基结合,在拓扑异构酶分子的变构牵引下,DNA 双链迅速穿越,再重新连接。每轮反应改变的连环数为 2。ATP 水解产生的能量用于恢复酶构象以便进行下一次循环。新生霉素通过抑制 ATP 分子与 B 亚基的结

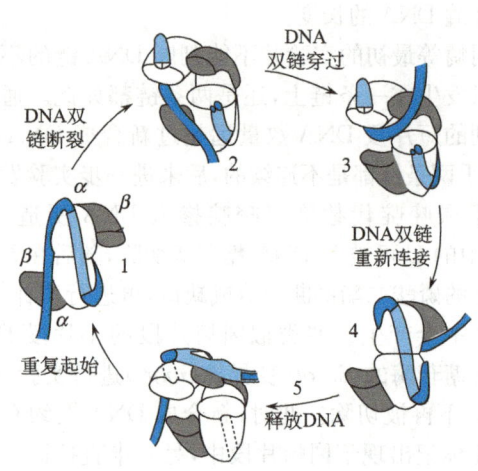

图 4.23 拓扑异构酶Ⅱ的作用机理

合,干扰依赖 ATP 的反应。萘啶酮酸主要抑制 A 亚基的功能。拓扑异构酶Ⅱ能引入负超螺旋,削弱复制叉前进时所产生的正超螺旋,在 DNA 分子上产生瞬时的双链断口,随后再将断口闭合。通过瞬时断开和再连接 DNA 分子的一条或两条链,协助 DNA 解螺旋酶 (helicase) 解旋。解旋酶通过水解 ATP 获得能量解开双链,每解开 1 对碱基,需水解 2 分子 ATP。分解 ATP 的活力需有单链 DNA 存在,如果双链 DNA 中有单链末端或缺口,解旋酶先结合在单链部分然后向双链方向移动。E. coli 细胞中有多种解旋酶,可沿着模板链的 5′→3′方向移动,有一种 rep 蛋白则沿 3′→5′方向移动。dnaB 基因产物 DnaB 也是一种解旋酶,沿 DNA 链 5′→3′方向移动,由 ATP 供能。E. coli 中还有一种拓扑异构酶Ⅳ,功能是分离环状 DNA 复制后形成的连锁体(catenane)。

真核细胞也有Ⅰ和Ⅱ型拓扑异构酶。细胞定位分析表明,拓扑异构酶Ⅰ主要集中在转录活动区域,与转录有关。拓扑异构酶Ⅱ分布在染色质骨架蛋白和核基质部位,与复制有关。在 DNA 复制时需要较高水平的负超螺旋,复制结束后需要降低负超螺旋水平,以便在活性染色质部位进行转录。

小结:拓扑异构酶可改变 DNA 分子的连接数,通过瞬时断开和再连接 DNA 分子的一条或两条链,使拓扑异构体之间发生转换。Ⅰ型拓扑异构酶是消除负超螺旋;Ⅱ型拓扑异构酶就是 E. coli 旋转酶,它能对 DNA 分子引入负超,削弱复制叉前进时所产生的正超,在 DNA 分子上产生瞬时的双链断口,随后再将断口闭合。瞬时断开和再连接 DNA 分子的一条或两条链,协助和促进 DNA 解旋。

4.1.8 单链 DNA 结合蛋白

单链 DNA 结合蛋白(single strand DNA-binding protein,SSB)是一类能够选择性结合在 DNA 单链上,使 DNA 能以单链形式稳定存在的蛋白质,其功能在于稳定复制时已解开的 DNA 单链,覆盖在单链上的 SSB 蛋白能够阻止单链重新缔合成双螺旋,并保护单链部分不被核酸酶降解。大肠杆菌的 SSB 蛋白由 ssb 基因编码,为 4 个相同的亚基组成的蛋白质;T4 噬菌体的 SSB 蛋白是 gp32,意为"基因产物 32"(gene product 32,即 T4 噬菌体基因 32 编码的产物);M13 噬菌体的 SSB 蛋白是 gp5(M13 噬菌体基因 5 的编码产物)。SSB 蛋白与 DNA 的结合表现出明显的协同效应,当第一个蛋白质结合后,其后蛋白质的结合能力提高了 10^3 倍。因此一旦开始结合,即迅速扩展至全部单链 DNA 都被 SSB 蛋白覆盖。例如,第一个 gp32 蛋白与单链 DNA 的结合,使下一个 gp32 蛋白与单链 DNA 的亲和力提升 1000 倍,之后的结合力更强,依此类推。从而使单链 DNA 区域被成串的 gp32 分子所覆盖。gp32 分子链甚至可伸展到双链的发夹结构内,只要 gp32 协同结合所释放的自由能多于发夹结构形成时所释放的自由能,gp32 分子就可使发夹结构发生解链。gp32 蛋白以单体形式与单链 DNA 结合,gp5 是以二聚体形式,E. coli 的 SSB 以三聚体形式与单链 DNA 结合。许多蛋白质(如 RNA 聚合酶)都可与单链 DNA 结合,只是 SSB 与单链 DNA 结合的更加频繁,它们各司其职。SSB 还能特异性地促进其同源蛋白 DNA 聚合酶的作用,如 gp32 蛋白能促进 T4 DNA 聚合酶的作用。

小结:SSB 蛋白是一类能选择性结合在 DNA 单链上使 DNA 以单链形式稳定存在的蛋白质,能稳定复制时已解开的 DNA 单链,并保护单链部分不被核酸酶降解。SSB 与 DNA 结合有明显的协同效应,一个 SSB 的结合使其后面的结合力提高了 10^3 倍。SSB 还能特异地促进其同源蛋白 DNA 聚合酶的作用。

4.2 细菌 DNA 复制的机制

研究 DNA 复制的大部分认识是利用制备的 DNA 以及复制所必需的相关蛋白质及其因子构成的体外系统而获得的。原核生物的染色体大而脆弱,只能用小且简单的噬菌体和质粒 DNA 作为复制模型。遗传上简单的噬菌体 ΦX174 为 E. coli 染色体复制的研究提供了最佳模型,因为它几乎完全依赖于寄主的复制因子进行自身复制。大肠杆菌染色体 DNA 复制过程分为三个阶段:起始、延伸和终止。在 DNA 合成生长点即复制叉上分布着各种各样与复制有关的酶和蛋白质因子,所构成的复合物称为复制体(replisome)。

4.2.1 大肠杆菌复制的起始

复制起点是正确起始 DNA 复制所必需的 DNA 位点。E. coli 的最小起始位点是 245bp 的序列,有 4 个 9 聚体的保守序列(TTATCCACA),两两反向重复,DNA 酶足迹实验表明它们是 DnaA(DnaA 基因的产物)的结合位点,故 9 聚体序列又称 DnaA 盒,DnaA 有助于 DnaB 与复制原点结合。参与引物合成的蛋白质复合体称为引发体(primosome),主要指 DnaG 和 DnaB 这两种蛋白,尽管也有其他蛋白参与了引发体的组装。

E. coli DNA 复制的引发简要描述为:

① 形成起始复合体 首先 20~40 个 Dna A 与 ATP 结合形成 DnaA/ATP 多聚体,连同 HU 蛋白(是细菌细胞的类组蛋白,又称碱性 DNA 结合蛋白)一起结合在包含 4 个 9 聚体的 OriC 重复序列位点上形成起始复合体,覆盖约 200bp 的 DNA 区域,HU 蛋白导致 DNA 链弯曲。

② 形成开放复合体。随着 DNA 序列的弯曲,DnaA 的结合影响了邻近富含 AT 的 13 聚体重复序列的稳定性,使这个区域 DNA 解链而成为开链中间复合物,所需能量由 ATP 供给,在 DnaC 帮助下,DnaB 6 聚体蛋白结合在这个解链区的中间复合物上。

③ 形成预引发复合体。DnaC 蛋白结合到 DnaB 蛋白上使 DnaB 蛋白与 DNA 结合形成预引发复合体。

④ 引发合成短 RNA 引物。在 OriC 位点,RNA 聚合酶参与形成起始复合物,借助水解 ATP 的能量,沿 $5'\rightarrow 3'$ 方向移动,合成短 RNA 引物。

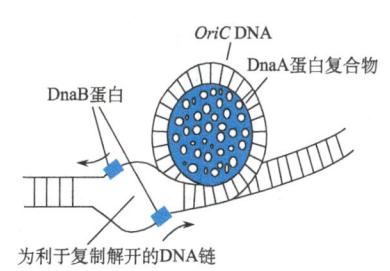

图 4.24 Dna A 蛋白的结合作用示意图

DnaA 蛋白是起始因子,它参与 DNA 复制的起始有三个作用:① 只与处于负超螺旋的 DNA 分子结合,在 ATP 参与下,结合于 OriC 中的 4 个 9 聚体形成起始复合物;② 促使 OriC 中的三个富含 AT 的 13 聚体重复序列区解链,也需 ATP 参与,HU 对此过程有促进作用;③ 引导 DnaB-DnaC 复合物进入局部解链区,形成引发前体复合物。如图4.24所示。

DnaB蛋白有两个功能,一是解链酶功能,解开DNA双螺旋,为前导链和滞后链的复制提供模板;二是促进RNA引物合成。DnaB蛋白能促进DnaG(起引发酶作用)蛋白结合到DNA上,完成引发体的组装,引发体实际上是促进引物合成的复合体。当引发体组装后,就与具有延伸功能的复制体协同作用,引发合成RNA。引发体能够重复引发冈崎片段合成,形成后滞链。

DnaC蛋白是DnaB的辅助蛋白,能像分子伴侣一样,辅助DnaB形成DnaB-DnaC复合物,把DnaB吸纳到起始点,使之进入组装位点。

DnaG是起引发酶作用的DNA结合蛋白。

某些噬菌体在DNA复制中,引发体还包括一些辅助蛋白,如ΦX174,含有6个前引发蛋白:DnaB、DnaC、DnaT、PriA、PriB和PriC。先是PriA识别引发体装配位点,与PriB和PriC一起结合其上,然后由DnaT引入DnaB和DnaC后,形成前引发体(preprimosome),再结合DnaG,最终形成引发体。无论是哪一种引发体,都能依赖ATP沿复制叉运动方向在DNA链上移动,并合成冈崎片段的RNA引物。DNA聚合酶Ⅲ在模板链上合成冈崎片段,遇到上一个冈崎片段时即停止合成,β亚基随即脱开,此停顿是合成RNA引物的信号,再由引物合成酶合成引物,并被β亚基带到核心酶上,开始下一个冈崎片段的合成。

β亚基和γ复合物($\gamma_2\delta\delta'\chi\psi$)共同组成β钳装置器,当引物合成酶在适当位置合成出RNA引物后,两个β亚基在γ复合物协助下,将引物与模板的双链夹住,此时β亚基即失去对γ复合物的亲和性,而与核心酶耦联,协助延伸合成冈崎片段,一旦冈崎片段合成完成,β亚基即失去对核心酶的亲和性,又与γ复合物耦联,卸载β亚基,如此周而复始地进行复制。

大肠杆菌中与复制起始有关的酶和蛋白质辅助因子见表4.3。

表4.3 大肠杆菌中与复制起始有关的酶与辅助因子

参与复制的蛋白质和酶	相对分子质量	亚基数目	功能
DnaA	52 000	1	识别起点序列,在起点特异位置解开双链
DnaB	300 000	6	解开DNA双链
DnaC	29 000	1	帮助DnaB结合于起点
HU	19 000	2	类组蛋白,DNA结合蛋白,促进起始
引物合成酶(DnaG)	60 000	1	合成RNA引物
单链DNA结合蛋白(SSB)	75 600	4	结合单链DNA
RNA聚合酶	454 000	5	促进DnaA活性
DNA旋转酶(拓扑异构酶Ⅱ)	400 000	4	释放DNA解链过程产生的扭曲张力
Dam甲基化酶	32 000	1	使起点GATC序列的腺嘌呤甲基化

许多研究都反复证明了在DNA新生链上存在共价连接的RNA引物,在不同生物中长度不同,见表4.4。

表4.4 不同生物中RNA引物的长度

基因组	RNA引物长度/bp	主要结构
T7	1~5	pppApCp/A(pN)$_{1-2}$
T4	1~5	pppApC(pN)$_3$
ΦX174	1~5	pppA
SV40	1~10	pppA/G(pN)$_9$
海胆	1~8	pppA/G(pN)$_7$

*碱基RNA或C常见。

小结:E. coli最小起始位点是245bp的序列,4个9聚体序列是DnaA的结合位点,DnaA协助DnaB与起点结合。参与引物合成的蛋白复合体称为引发体,主要指DnaG和DnaB两种蛋白。DnaA与ATP形成DnaA/ATP,并与HU蛋白共同结合于OriC,HU蛋白使DNA弯曲,导致邻近富含AT的13聚体解链,DnaC协助DnaB 6聚体结合于解链区。RNA pol参与形成起始复合物,借助ATP的能量沿$5'\to3'$方向移动合成短的RNA引物。DnaA蛋白是起始因子;DnaB蛋白有解链酶功能,并活化引物合成酶,促进DnaG蛋白结合DNA完成引发体组装。DnaC是DnaB的辅助蛋白,起分子伴侣作用,辅助DnaB一起形成DnaB-DnaC复合物。β亚基和γ复合物($\gamma_2\delta\delta'\chi\psi$)共同组成β钳子装置器。

4.2.2 真核生物 DNA 复制的引发

真核生物基因组较大,DNA 的复制比细菌复杂得多。每条染色体必须具有多个复制起点,才能适应细胞对 DNA 含量的需求,因真核细胞的复制叉移动较慢,不能在短时间内(仅为几分钟的 S 期)完成复制。1972 年,Salzman 和 Nathans 等鉴定出了猴病毒 SV40 的 DNA 复制起点,发现该起点能够起始双向复制。他们将复制起点定位在与 SV40 控制区重叠的位置上,靠近 GC 盒,还包括 72bp 重复序列的增强子。最小 Ori 序列长度为 64bp,包括几个重要元件:①4 个 5 聚体(5′-GAGGC-3′),是病毒早期转录区域的主要产物大 T 抗原的结合位点;②15bp 的回文序列,是 DNA 复制起始时的解聚区域;③17bp 富含 AT 序列区有助于回文序列的解旋。Ori 核心周围的一些其他元件也参与复制起始。包括两个额外的大 T 抗原结合位点以及位于 Ori 核心左侧的 GC 盒。GC 盒对复制起始有 10 倍的促进作用,当减少 GC 盒数目或被移动至距离 Ori 核心 180bp 的位置处,其促进复制起始的作用将被减弱或消失。该效应与 E. coli RNA 聚合酶在 OriC 处参与复制起始的效应类似。一旦大 T 抗原与 SV40 Ori 位点结合,即可以起到解旋酶作用,使 DNA 解旋,等待合成引物。真核细胞的引发酶与 DNA 聚合酶 α 相关,是 SV40 DNA 复制的引发酶(图 4.25)。

图 4.25 SV40 Ori 在转录调控区中的定位

Ori 核心序列包含部分早期区 TATA 盒和早期转录起始位点序列区。细箭头表示从起始位点向两侧进行双向复制。黑色粗箭头表示转录起始位点

酵母作为最简单的真核生物,已被广泛用于分子生物学和遗传学分析,到目前为止,真核生物 DNA 复制起点的许多信息都是由酵母提供的。1979 年,Hsiao 等发现了酵母染色体 DNA 上 850bp 的自主复制序列(ARS)。Bonita 等用双向电泳方法检测了携带 ARS 质粒复制的起点。Marahrens 等通过接头扫描实验确定了 ARS 内的区域,包括 A、B1、B2,和 B3 4 个重要区域。进一步分析发现 A 区长 15bp,其中的 11bp 序列在 ARS 中高度保守,B3 区在 ARS 内使 DNA 形成弯曲结构,对起始很重要。

小结:猴病毒 SV40 的复制起点能起始双向复制,定位在与 SV40 控制区重叠的位置,靠近 GC 盒及 72bp 增强子。最小 Ori 序列长 64bp,包括:①4 个 5 聚体(5′-GAGGC-3′),是病毒早期转录区域的主要产物大 T 抗原的结合位点;②15bp 的回文序列,是 DNA 复制起始的解聚区;③17bp 富含 AT 序列区有助于解旋。酵母 DNA 的复制起点是 850bp 的自主复制序列(ARS),包括 A、B1、B2,和 B3 4 个重要区域。A 区中的 11bp 序列在 ARS 中高度保守,B3 区在 ARS 内使 DNA 形成弯曲对起始很重要。

4.2.3 大肠杆菌复制的延伸

在复制的延伸阶段,同时进行着前导链和滞后链的合成。前者持续合成,后者分段合成,亲代 DNA 双链解开,由 SSB 稳定并形成复制叉之后,前导链与滞后链的合成便有所不同。前导链的合成比较简单,全酶异二聚体的一个亚单位与前导链模板结合,在 RNA 引物合成基础上连续合成 DNA,行进方向与复制叉一致。

复制叉组装 由多种酶和蛋白质因子在复制起点参与组装形成复制叉。包括特异识别和结合于起点的起始蛋白、参与组装但不涉及以后 DNA 合成步骤的荷载因子(loading factor)等。在不同的原核和真核生物中,复制叉组装的起始蛋白在功能上是保守的。它们控制着细胞分裂时复制叉分裂的精确时间。

复制叉组装大体分为两步:①起始因子识别复制起点,解旋酶促进 DNA 解旋;②荷载因子协助解链酶进入复制起点,使双链 DNA 解链,形成复制叉(图 4.26)。

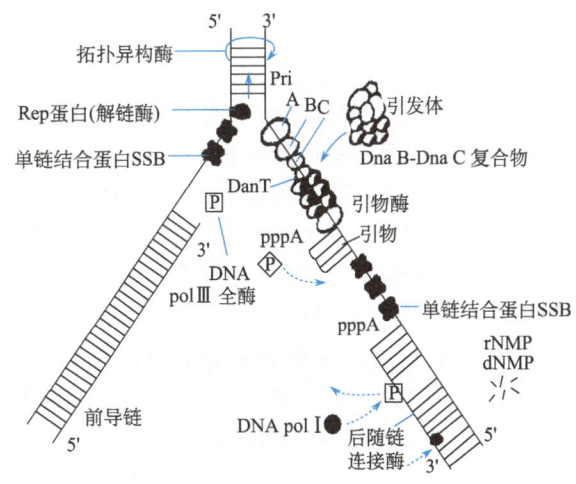

图 4.26 大肠杆菌 DNA 复制的复制叉结构

复制的进行性 DNA 聚合酶Ⅲ全酶是大肠杆菌 DNA 的复制酶。Mok 和 Marians 等研究了复制延伸的速率,通过体外测定 E. coli DNA 复制的复制叉延伸移动速率为 730nt/s,比在体内的移动速率约 1000nt/s 慢一些。延伸过程具有很高的进行性。进行性是指聚合酶长时间催化 DNA 合成而不与模板脱离造成重新起始的性能。因为重新起始是一个耗时的过程,且在 DNA 复制过程中几乎没有可被浪费的时间,故此,延伸过程必须具有很高的进行性。实验发现,在反应体系中添加竞争性 DNA 分子 poly (dA)或全酶β亚基的直接抗体,当全酶与模板脱离后,这两种物质可阻止酶重新起始复制,无论竞争剂存在与否,延伸速率都没有改变,表明全酶在延伸引物全过程中没有脱离模板,其延伸的长度可达 30kb,无论在体内或体外,全酶均具有很高的进行性。

复制体 大量研究证实,在复制叉上,同一个 DNA 聚合酶Ⅲ分子(至少含 10 种亚基)负责双链 DNA 同时协同地复制前导链和后滞链,即前导链的合成和后滞链的合成同步进行。已知 DNA 聚合酶Ⅲ全酶是一个复杂的不对称的多聚体,有两个 DNA 合成的核心聚合催化中心,前导链和后滞链的合成各利用一个催化中心。这个复杂的复制过程由复制体(replisome)承担,复制是发生在复制体上的一系列事件。在复制叉上组装而成的复制体是一个超分子体系,是在复制过程由 DNA 聚合酶Ⅲ、解链酶、引发体及其他多种复制蛋白在复制叉处构成的结构实体。在复制体上,双螺旋 DNA 与引发体结合部位伸出 1~2 个小 DNA 环,是亲代双链同时作为模板复制的结构。

β-滑动钳与钳装配器 polⅢ 的核心聚合酶(αεθ)本身聚合活性很低,在合成约 10nt 寡核苷酸链后就会脱离模板,约 1min 后才能再与模板和新生 DNA 结合,即核心酶没有进行性复制的功能。研究发现,在 polⅢ 中,由 β 亚基作为主要成分构成的 β-滑动钳(β-sliding clamp),能够使全酶具有很高的进行性,但 β-滑动钳自身不能结合到起始复合体(核心酶及 DNA 模板)上,需借助钳装载器(clamp loader)γ 复合体,才能将 β-滑动钳装配到起始复合体上。因此,γ 复合体($γ_2δδ'χψ$)是 β-滑动钳的装配器,是一种由至少 6 个亚基组成的复合蛋白质。当核心酶与 β 亚基结合后,就以约 1000nt/s 的移动速率复制,β 亚基二聚体形成的环形结构能够环绕 DNA 模板,并与 α 亚基相互作用,将模板与聚合酶紧扣在一起,使酶长时间地沿模板进行性滑动复制。通过对比 β 亚基与起始复合体的飞摩尔数,发现二者的比值为 2.8,接近于每个起始复合体结合一个 β 二聚体,与其他研究中 β 亚基以二聚体形式起作用的结果

一致。分子计算证明,在核心酶及 β 亚基存在条件下,每飞摩尔(fmol 或 10^{-15} mol)的 γ 复合体将完成 10fmol DNA 分子的复制。β-滑动钳装配到起始复合体上的过程依赖于 ATP。ATP 释放的能量能够改变装配器的构象,使装配器中的 δ 亚基能够与滑动钳的一个 β 亚基结合,导致 β-滑动钳张开口,从而环握住 DNA 模板。

在真核生物中,类似的进行性因子是 分裂细胞核抗原(proliferation cell nuclear antigen,PCNA),作为 DNA 聚合酶的夹子,是 DNA 聚合酶的辅助因子。PCNA 蛋白的同源三聚体环形结构能够环绕 DNA 模板,将模板与聚合酶紧扣在一起,实施进行性复制。

> **小结**:复制叉组装分为两步:①起始因子识别起点,解旋酶促进 DNA 解旋;②荷载因子协助解链酶进入起点使 DNA 解链形成复制叉。polⅢ 全酶是 E. coli DNA 的复制酶。polⅢ 核心酶聚合活性很低,β-滑动钳能使全酶具有很高的进行性,β-滑动钳需借助钳装配器(γ 复合体)才能装配到起始复合体上。β 二聚体能环绕 DNA 模板,并与 α 亚基互作将模板与聚合酶紧扣在一起实施进行性复制。β-滑动钳的装配依赖于 ATP 而改变装配器构象,使 β-滑动钳张开口环绕住 DNA 模板。真核生物的进行性因子是 PCNA。

回环模型和后随链合成 回环模型能够解释在不连续复制的延伸中,复制叉内处于两个不同模板上的前导链和后滞链之间具有什么样的空间和时间关系。对 DNA polⅢ*(无 β-滑动钳的全酶)研究发现,该酶包含两个核心聚合酶,通过 τ 二聚体连接到钳装配器上。τ 亚基能使核心聚合酶二聚化。在天然状态下 α 亚基以单体形式存在,而 τ 亚基以二聚体形式存在。τ 亚基直接与 α 亚基结合,故结合在 τ 二聚体上的两个 α 亚基也发生了二聚化,2 个 α 亚基的结合又使 ε 亚基形成二聚体,而 θ 又通过与 ε 亚基结合而被二聚化(图 4.20)。已知 DNA polⅢ 全酶有两个核心聚合酶,而 DNA 的两条链都要被复制,当全酶沿着复制叉移动时,每个核心酶只能负责一条链的复制,由于复制方向不同,后随链的合成只能是不连续的,那么不连续复制的后随链如何能够与连续复制的前导链保持同步?DNA 的两条亲链怎样同时作为模板?这必然涉及酶与模板的反复解离与再结合。如果每完成后随链上 1 个冈崎片段的合成,polⅢ 核心聚合酶就与模解离,则需要用较长时间才能再与模板重新结合,如此一来,就会滞后于前导链。再有,polⅢ 核心聚合酶与模板反复不断地进行解离和再结合,又如何与 DNA 复制的高度进行性特征相一致?β-滑动钳是复制进行性的必需因

子,当它钳合在 DNA 模板上,核心聚合酶又如何能够在完成每一个长为 1~2kb 的冈崎片段后与 DNA 解离,然后再向前跃进,开始下一个冈崎片段的合成?

O'Donnell 等用循环模式解释了以上问题,认为 pol Ⅲ 核心聚合酶在合成后随链时,并未真正与模板完全解离,而是通过与合成前导链的核心聚合酶结合而保持与 DNA 的结合,该核心聚合酶通过释放 β-滑动钳而避免自身远离 DNA 模板,同时还能使它发现下一个引物,并在 1s 时间内与模板重新结合,若与 DNA 完全解离,则需要花费较长时间才能重新结合。随着复制的进行,β-滑动钳对钳装配器和核心酶的相对亲和力不断发生往复性变化,导致核心聚合酶与 DNA 之间发生反复性地解离与再结合。合成后随链的酶在完成一个冈崎片段合成后必须与 β-滑动钳脱离,然后再与另一个 β-滑动钳重新结合以便开始下一个冈崎片段合成。前面学习已知,E. coli 基因组的大小为 4.2×10^6 bp,后随链复制时的冈崎片段为 1~2kb,说明在每个模板上将发生 2000 多次引发事件,至少需要 2000 个 β-滑动钳的参与。实验发现 E. coli 细胞内只有约 300 个 β-二聚体,如果不能循环利用,β-滑动钳很快会被耗尽,因此必须是 β-二聚体能与 DNA 模板解离。为证实这种解离是否发生,O'Donnell 等将多个 β-滑动钳组装在有缺口的模板上,通过凝胶过滤法除去所有的其他蛋白之后添加 pol Ⅲ*,并再次进行凝胶过滤。结果表明,当存在 pol Ⅲ* 时,β-滑动钳就与模板解离,但当不存在 pol Ⅲ* 时,β-滑动钳则不与模板解离,被释放的 β-滑动钳能被再次装载到模板上。由前已知,β-滑动钳既能与核心聚合酶也能与 γ 复合体(钳装载器)相互作用,复制中 β-滑动钳必须与核心聚合酶结合,才能保持聚合酶与模板的结合,随后 β-滑动钳又必须与模板解离,移动到下一个模板位点,并与另一个核心聚合酶结合,起始新冈崎片段合成。这种向新 DNA 位点的移动需要 β-滑动钳再次与钳装载器发生作用。

研究者采用蛋白质足迹法和基因操作技术深入探讨了复制循环发现 γ 复合体既是钳装配器,又是钳卸载器。一旦完成一个冈崎片段合成,全酶必须与 β-滑动钳解离,之后移向新的 β-滑动钳,原来的 β-滑动钳必须从模板上释放,参与另一个冈崎片段的合成。β-滑动钳以游离形式存在于溶液中时,将优先与 γ 复合体结合,后者作为钳装载器将 β-滑动钳装载到 DNA 模板上。一旦与 DNA 结合,β-滑动钳将优先靠近核心聚合酶,使之在合成冈崎片段时具有很高的进行性。冈崎片段合成后,核心聚合酶便失去与 β-滑动钳的亲和力,于是 β-滑动钳重新与 γ 复合体结合,后者作为钳卸载器将 β-滑动钳从 DNA 模板上释出,使之再循环到下一个引物处,如此周而复始地进行复制。

回环模型要点:

1) pol Ⅲ 全酶以异二聚体形式存在,同时催化前导链和后随链合成,它们各利用一个催化中心(核心聚合酶)分别聚合 DNA。

2) 前导链和后随链的 3′端生长点分别紧靠 pol Ⅲ 异二聚体的两个催化中心,β-滑动钳以循环的方式分别套住 DNA 模板,后随链的模板环绕其中一个核心聚合酶形成约 180°的空间回环,使其延伸方向在环内局部倒向(但生化反应方向不变),于是两条模板链在此处呈相同的 3′→5′走向,使前导链和后滞链可同步进行 5′→3′方向的合成。

3) 当新合成的冈崎片段到达前一个冈崎片段的 5′端时,后随链模板脱离核心酶,回环暂时解开,与此同时,在行进中的复制体又寻找新的引发位点起始新引物合成。后随链模板又绕核心聚合酶形成一个新回环,进行下一个冈崎片段合成。

4) 在后随链合成冈崎片段过程中,核心聚合酶与 β-滑动钳之间既有偶联也有分离,γ 复合物配合核心聚合酶和 β-滑动钳在催化后随链的合成中循环作用(图 4.27)。

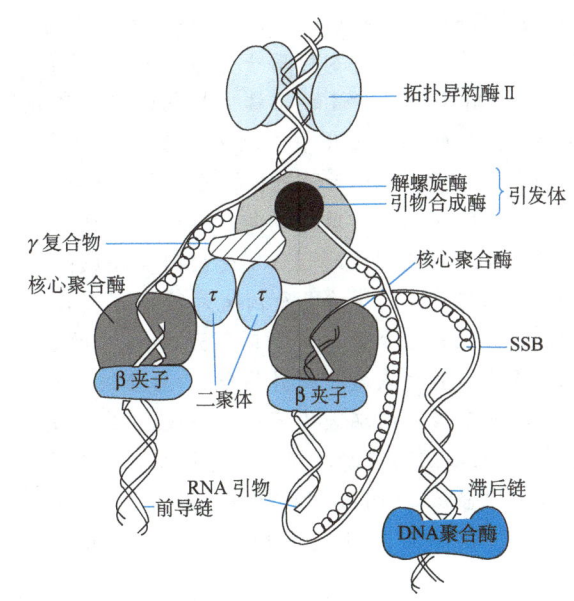

图 4.27 在复制叉上前导链和后随链的同步合成

5) pol Ⅲ 全酶及复制体与模板的结合、β-滑动钳对钳装配器和核心酶不断发生往复式变化,以及核心聚合酶与 DNA 之间发生反复性地解离与再结合的过程,至少需要水解两分子 ATP,以提供能量(图 4.28)。

DNA 聚合酶 Ⅲ 合成的冈崎片段,由 DNA 聚合酶

Ⅰ切除5′端的RNA引物,填补片段之间的空缺,最后由DNA连接酶把它们连接成一条完整的子代链。

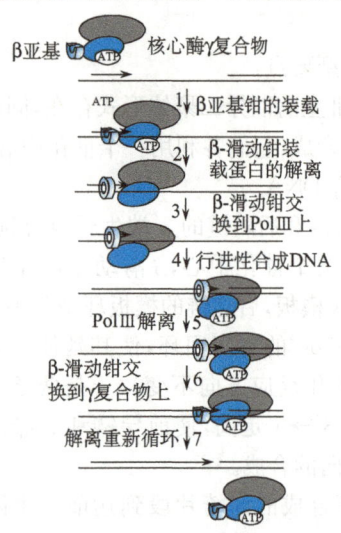

图4.28 DNA滞后链合成的延伸机制
1. γ复合物将β-滑动钳装配到已引发的DNA模板上;2. β-滑动钳与γ复合物解离,去偶联;3. 核心酶与β-滑动钳偶联;4. 核心酶与β-滑动钳协同前进合成冈崎片段,并在冈崎片段之间留下缺口;5. 核心酶与β-滑动钳去偶联;6. γ复合物重新与β-滑动钳偶联;7. 进行新一轮循环

小结:滞后链合成要点:①polⅢ全酶同时催化前导和后随链合成,它们各利用一个核心酶分别聚合DNA;②前导和后随链的3′端生长点分别紧靠polⅢ异二聚体的两个催化中心,β滑动钳以循环方式分别套住DNA模板,后随链模板环绕其中一个核心酶形成空间回环使其延伸方向在环内局部倒向,使两条链在此处呈相同的3′→5′走向同步合成;③当新合成冈崎片段到达前一个冈崎片段的5′端时,后随链模板脱离核心酶,回环暂时解开,行进中的复制体又寻找新引发点起始新引物合成,后随链模板又绕核心酶形成新回环进行下一段合成;④在后随链合成中,核心酶与β滑动钳间既有偶联也有分离,γ复合物配合核心酶和β-滑动钳在后随链合成中循环作用;⑤在整个后随链复制中至少要水解两分子ATP。

4.2.4 复制的终止

大肠杆菌环状染色体的两个复制叉向前推移,会合点就是复制的终止位点,一般位于OriC的相对位置。E. coli 终止区域(terminus region)含有6个从 terA 到 terF 约22bp的终止子(terminator)位点,其排序见图4.29。当两个复制叉移动到终止区域,继续分别向自身前行的方向移动,每个复制叉必须越过另一复制叉的终止点才能到达自己的终止点。三个终止子位点调控一个复制叉:terE、terD 和 terA 终止逆时针方向移动的复制叉,terF、terB 和 terC 终止顺时针方向移动的复制叉。与 Ter 位点结合的蛋白质称为Tus,($Mr = 3.6 \times 10^3$),能识别和结合在终止点。Tus-ter 复合物协助阻止对面复制叉超过终点后的过量复制。正常情况下,两个复制叉前移速度相等,到达终止区后都停止复制,然而如果其中一个复制叉前移受阻,另一个复制叉复制过半后,则受到对面 Tus-ter 复合物的阻挡,以便等待前一个复制叉的汇合。即终止子的功能是使环状染色体的两半边各自复制。Tus-ter 具有反解链酶(contra-helicase)活性,以阻止 DnaB 蛋白的解链作用,从而抑制复制叉的前进。两个复制叉在终止区相遇后停止复制,复制体解体,其间仍有50~100bp未被复制,由修复方式填补空缺,其后两条链解开。此时两个环状染色体互相缠绕,成为连锁体。此连锁体在细胞分裂前必须解开,否则将导致细胞不能分裂而死亡。大肠杆菌分开连锁环需要拓扑异构酶Ⅳ(属于Ⅱ型拓扑异构酶)参与作用。该酶两个亚基分别由基因 parC 和 parE 编码。每次作用可以使DNA两条链断开和再连接,因而使两个连锁的闭环双链DNA彼此解开。其他环状染色体,包括某些真核生物病毒,复制终止也以类似的方式进行。

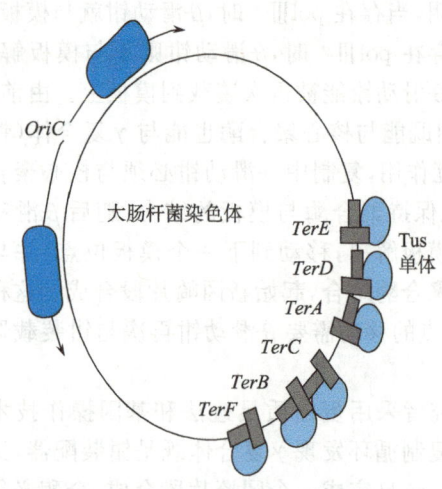

图4.29 大肠杆菌DNA复制终点

小结:E. coli 环状染色体复制终点位于 OriC 的相对位置,含有6个约22bp的终止子。三个终止子调控一个复制叉,terE、terD 和 terA 终止逆时针方向的复制,terF、terB 和 terC 终止顺时针方向的复制。与 Ter 位点结合的蛋白质称为Tus,Tus-ter 复合物协助阻止DNA的过量复制。

4.3 真核生物 DNA 的复制

真核生物 DNA 复制的系统复杂,研究深度不如原核细胞。对真核生物 DNA 复制的实验系统研究较为详细的主要是猿猴病毒 40(SV40)和在酵母 17 号染色体上仅有 400 个复制子的细胞以及非洲爪蟾(Xenopus)的卵提取物。真核生物的 DNA 缠绕在组蛋白核心上,每形成一个核小体大约相当于引入 1.2 个负超螺旋。真核生物 DNA 复制的冈崎片段长约 200bp,相当于一个核小体 DNA 的长度。真核生物染色体有多个复制起点。酵母复制起点(ARS)已被克隆,ARS 元件大约为 150bp,含有几个基本保守序列。单倍体酵母有 17 条染色体,其基因组约有 400 个复制基因。有一个由 6 个蛋白质组成的复合物结合在 ARS 上,称为起点识别复合物(ORC)。另有一些蛋白质与 ORC 作用调节其功能,影响细胞生活的周期。5-氟脱氧尿苷能抑制胸苷酸的合成,是 DNA 合成的强烈抑制剂。用 5-氟脱氧尿苷处理培养的真核细胞,抑制 DNA 合成,随后加入 ^{3}H-脱氧胸苷就可以使 DNA 复制同步化。复制进行到大约 30min 后,制备放射自显影图像,在电镜下可观察到很多复制泡,每个泡都有独立的起点,并呈现了双向延伸。经测量和数据处理,能够估算出复制子的大小,哺乳动物 100~200kb。人的细胞有 23 对染色体,单倍体基因组大约有 3×10^9 bp,平均每个染色体有 1000 个复制子左右。果蝇或酵母的复制子比较小,平均约为 40kb。

4.3.1 真核生物的 DNA 聚合酶

真核生物有多种 DNA 聚合酶。从哺乳动物细胞中分离出了 5 种,分别为 α、β、γ、δ、ε。真核生物 DNA 聚合酶和细菌的该酶基本性质相同,均以 4 种 dNTP 为底物,并需 Mg^{2+} 激活,聚合时要求模板和引物 3′-OH 存在,链的延伸方向为 5′→3′,见表 4.5。

表 4.5 哺乳动物细胞的 DNA 聚合酶

项目	DNA 聚合酶 α(Ⅰ)	DNA 聚合酶 β(Ⅳ)	DNA 聚合酶 γ(M)	DNA 聚合酶 δ(Ⅲ)	DNA 聚合酶 ε(Ⅱ)
定位	细胞核	细胞核	线粒体	细胞核	细胞核
亚基数目	4	1	2	2	>1
外切酶活性	无	无	3′→5′外切酶	3′→5′外切酶	3′→5′外切酶
引物合成酶活性	有	无	无	无	无
持续合成能力	中等	低	高	有 PCNA 时高	高
抑制剂	蚜肠霉素	双脱氧 TTP	双脱氧 TTP	蚜肠霉素	蚜肠霉素
功能	引物合成	修复	线粒体 DNA 合成	核 DNA 合成	修复

注:酵母相应 DNA 聚合酶以括弧内罗马数字和 M 表示。

真核细胞的核染色体复制由 DNA 聚合酶 α 和 δ 共同完成。DNA 聚合酶 α 为多亚基酶,其中的一个亚基有引物合成酶活性,最大亚基具有聚合而无外切酶活性。DNA 聚合酶 δ 有持续合成 DNA 链的能力和校正功能,是完成复制主要的酶。研究发现,在复制叉处,1 分子 DNA 聚合酶 α 负责合成引物;2 分子 DNA 聚合酶 δ 分别合成前导链和后随链。DNA 聚合酶 δ 与 PCNA 蛋白($Mr=2.9\times10^4$)结合,该蛋白质相当于 E. coli DNA 聚合酶Ⅲ的 β 亚基(β-滑动钳),环绕着复制行进中的 DNA 模板,增加聚合酶持续合成的能力。DNA 聚合酶 ε 相当于细菌 DNA 聚合酶Ⅰ,是一种修复酶,参与 DNA 的修复合成。RNA 引物被 RNase H1 和 MF-1 核酸酶水解,后由 DNA 聚合酶 ε 填补缺口,DNA 连接酶Ⅰ是连接冈崎片段的酶。DNA 聚合酶 β 也是一种修复酶。DNA 聚合酶 γ 是线粒体 DNA 合成酶。在真核生物 DNA 复制中,还有两种复制因子参与作用,即 RF-A 和 RF-C。RF-A 是真核生物的单链 DNA 结合蛋白,相当于 E. coli 的 SSB 蛋白。RF-C 是钳装配器,相当于 E. coli 的 γ 复合物,协助 PCNA 蛋白装配到 DNA 模板上。细菌和真核生物复制体的组成与大致的比较总结于表 4.6。

表 4.6 细菌和真核生物复制体的组成

组成	细菌复制体的组成	真核生物复制体的组成
复制酶	DNA 聚合酶 Ⅲ 全酶	DNA 聚合酶 α/DNA 聚合酶 δ
进行性因子	β 夹子	PCNA
定位因子	γ 复合物	RF-C
引物合成酶	Dna G	DNA 聚合酶 α（引物合成酶）
去除引物	RNase H 和 DNA 聚合酶 Ⅰ	RNase H1 和 MF-1（$5'\rightarrow 3'$ 外切核酸酶）
滞后链修复	DNA 聚合酶 Ⅰ 和 DNA 连接酶	DNA 聚合酶 ε 和 DNA 连接酶 Ⅰ
解旋酶	Dna B（定位需要 Dna C）	T 抗原
消除拓扑张力	旋转酶	拓扑异构酶 Ⅱ
单链结合	SSB	RP-A

小结： 真核生物有多种 DNA 聚合酶，从哺乳动物细胞中分离出了 5 种，分别为 α、β、γ、δ、ε。真核细胞的核染色体复制由 DNApolα 和 δ 共同完成。DNApolδ 有持续合成 DNA 链的能力，是完成复制主要的酶。DNApolδ 相当于 *E. coli* DNApol Ⅲ 的 β 滑动钳，环绕着复制中的 DNA 模板，增加持续合成能力。DNApolε 相当于细菌 DNApol Ⅰ，是一种修复酶。DNApolβ 也是一种修复酶。DNApolγ 是线粒体 DNA 合成酶。在真核 DNA 复制中，RF-A 相当于 *E. coli* 的 SSB。RF-C 相当于 *E. coli* 的 γ 复合物，协助 PCNA 蛋白装配到 DNA 模板上。

4.3.2 真核生物染色体端粒的复制

原核生物的染色体是环状的，其冈崎片段 5′端的 RNA 引物被切除后，填补可借助 DNA 模板链的另半圈或其他 DNA 片段的 3′向前延伸而填补空隙。真核生物的线性染色体在复制叉到达线性末端时，前导链可连续复制，直到模板链的末端，而后随链模板是以不连续方式复制的，不能像原核那样在切除引物后填补 5′端的空缺。如果生物体没有特殊的修复机制，后随链就很可能被不完整复制，从而使后随链 DNA 每复制一次染色体就会缩短一段 RNA 引物的长度，子代 DNA 的 5′端序列逐步缩短导致每次细胞分裂时由后随链合成产生的子代染色单体 DNA 都要短一截。

真核生物能够通过形成端粒（telomere）结构以及具有逆转录酶活性的端粒酶（telomerase）来防止 DNA 复制时后随链缩短而产生的染色体缺短。端粒酶可以外加重复单位到 5′端上，维持端粒一定的长度。真核生物线性染色体的两末端具有特殊的端粒结构，由短的富含 GC 的重复序列组成，有种属特异性。端粒 DNA 序列和结构非常相似，其序列具有一定取向特征，通常端粒的一条链上 5′端富含 C，其互补链上 3′端富含 G，且富含 G 的 3′-OH 端具有长为 12~16nt 的一条单链突出末端。例如，纤毛原生动物四膜虫（*Tetrahymena*）端粒的重复单位为 TTGGGG/AACCCC，在包括人在内的脊椎动物中，端粒序列为 TTAGGG/AATCCC。端粒的功能是与特定的端粒蛋白因子结合形成复合物，既保护端粒 DNA 的末端不受核酸外切酶及单链特异的核酸内切酶破坏，稳定染色体末端结构，又避免 DNA 的黏性末端裸露而发生染色体融合，此外还可能与真核生物染色体线形 DNA 末端的复制有关。1985 年，Greider & Blackburn 通过对处于大核发育阶段的同步化四膜虫细胞提取物研究鉴定了端粒酶的活性。端粒酶是由 RNA 和蛋白质组成的一种核糖核蛋白（RNP）复合体，具有逆转录酶活性，能利用自身携带的 RNA 链作为模板，用 dNTP 为原料，以逆转录方式催化互补于 RNA 模板的后随链 DNA 片段的合成。端粒酶分子上的 RNA 亚基是合成端粒 DNA 的模板，能与该特定物种的端粒 DNA 互补，如四膜虫端粒酶的 RNA 为 159nt，模板区为 5′-CUAAC-CCUAAC-3′，人端粒酶的 RNA 为 455nt，模板区 5′-CUAACCCUAAC-3′。

下面以四膜虫染色体端粒复制为例简述端粒酶的作用机制（图 4.30）。

利用端粒酶分子上 RNA 亚基作为合成端粒 DNA 的模板，以 5′→3′方向合成端粒结构的重复序列。端粒酶的模板 RNA 与端粒 DNA 3′端的杂交链之间反复发生着移位-配对的过程，在此过程中，正在离开 RNA 模板的端粒 DNA 的 3′端与模板之间经常出现两个 G 之间的配对与解离，这种非 Watson-Crick 配对有利于 DNA-RNA 杂交链之间的相对滑动。具体步骤如下：①端粒酶启动端粒链富含 G 的 3′端和端粒酶的模板 RNA 之间的杂交，端粒酶用它的 RNA 内 3 个碱基 AAC 作为模板，填加 3 个碱基 TTC 到端粒 3′端。②端粒酶转位到端粒的新 3′端，模板 RNA 的 AAC 序列

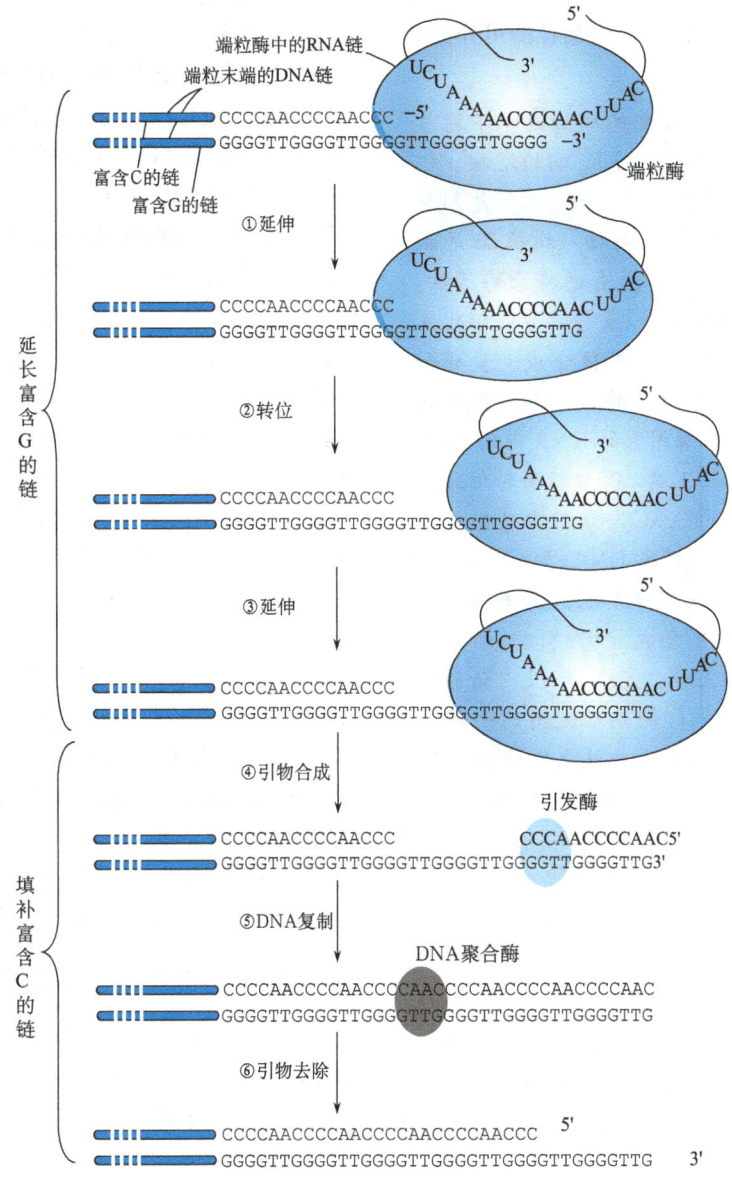

图 4.30 端粒酶以自身的 RNA 为模板延伸端粒 DNA 的 3′端

与端粒内新掺入的 TTG 配对。③端粒酶利用模板 RNA,加 6 个核苷酸 GGGTTG 到端粒 3′端。①～③的步骤能重复多次,使端粒富含 G 的链得到延伸和加长。④当富含 G 的链达到足够长度(可能比图中所示的更长)时,引发酶引发合成 RNA 引物,后者与端粒富含 G 的链的 3′端互补。⑤DNA 聚合酶以新引物引发合成 DNA,填补富含 C 的端粒链内的一段空缺。⑥切除引物,在富含 G 的端粒链上又伸出 12～16 个碱基的片段,用于下一轮可能必要的合成。

真核生物染色体末端的端粒结构有重要的生物学功能。在动物生殖细胞中由于端粒酶的存在,使端粒保持着一定长度。体细胞随着分化而失去端粒酶活性,这是因为编码端粒酶催化亚基的基因表达受到了阻遏所致。端粒不仅对于染色体的稳定性十分重要,防止染色体间末端连接以及染色体末端与其他断裂片段相连接,而且为染色体 DNA 复制所必需,可补偿滞后链 5′端在去除 RNA 引物后造成的空缺。复制使端粒 5′端缩短,而端粒酶可外加重复单位到 5′端上维持端粒一定长度,从而防止染色体损伤。四膜虫端粒酶活力的消失使端粒长度逐步缩短,最后导致细胞死亡。动物与人体也有类似情况,在动物生殖细胞中,由于端粒酶的存在使端粒长度得以维持,而体细胞缺乏端粒酶活性,端粒长度随细胞连续分裂而逐步缩短,到一定程度就引起细胞生长停止或凋亡,这对认识生命衰老无疑有重要意义。组织培养的细胞证明,端粒在决定细胞寿命中起重要作用,经多代培养老化的细胞端粒变短,染色体也变得不稳定。然而,在许多肿瘤细胞中都发现了有活性的端粒酶,因此设想端粒酶可作为抗癌治疗的靶点。

> **小结**:真核生物线性染色体复制的滞后链以不连续方式复制,不能在切除引物后填补5′端的空缺。但可通过形成端粒结构及端粒酶来防止DNA复制时滞后链缩短而产生的染色体缺短。端粒酶是由RNA和蛋白质组成的一种RNP,有逆转录酶活性,能利用自身的RNA链为模板,以反转录方式催化互补于RNA模板的后随链DNA片段合成。步骤如下:①端粒酶启动端粒链富含G的3′端和端粒酶的模板RNA间的杂交,端粒酶用它的RNA内的AAC为模板,填加TTG到端粒3′端。②端粒酶转位到端粒的新3′端,模板RNA的AAC与端粒内新掺入的TTG配对。③端粒酶利用模板DNA,加GGGTTG到端粒3′端,使富含G的链延伸加长。④当富含G的链足够长时,引发酶引发合成RNA引物,后者与端粒富含G的链的3′端互补。⑤DNApol以新引物引发合成DNA,填补富含C的端粒链内的一段空缺。⑥切除引物,在富含G的端粒链上又伸出12~16个碱基的片段,用于下一轮可能必要的合成。

4.4 原核细胞DNA复制的调控

原核细胞的生长和增殖速度主要取决于培养条件,在不同生长和增殖速度的细胞中DNA链延伸的速度几乎恒定,但复制叉的数量不同。迅速分裂的细胞复制叉较多,而分裂缓慢的细胞复制叉较少并出现复制间隙,复制叉的多少决定了复制起始频率的高低,这是原核细胞复制的主要调控机制。复制起始频率的调控因子是蛋白质和RNA。

4.4.1 大肠杆菌染色体DNA的复制调控

染色体的复制与细胞分裂一般是同步的,但不直接偶联。复制的起始不依赖于细胞分裂,但终止能引发细胞分裂。在一定的生长速度时,细胞与染色体的质量之比相对恒定,是由活化物、阻遏物和去阻遏物以及它们的相互作用来调节。

大肠杆菌的复制起点有 $OriC$ 和 $OriH$ 两种, $OriC$ 是主要复制起点, $OriH$ 是在RNaseH缺失突变株中发现的。这两种起点起始复制的机理和调控方式不同。 $OriC$ 包括一个245bp的控制区,含有一系列串连重复元件,即4个9聚体和3个13聚体的重复区,4个9聚体是复制必需蛋白DnaA的结合位点。细胞内DnaA蛋白浓度着决定复制起始频率。研究发现,用lacUV5启动子控制DnaA基因表达,当用IPTG诱导5~10min后复制起始频率大幅度增加。

DNA复制的调节主要发生在起始阶段,一旦开始复制,如无意外受阻,就一直复制到完成。复制的启动与DNA甲基化以及与细菌质膜的相互作用有关。在 $OriC$ 位点中有11个4bp回文序列GATC,Dam甲基化酶可使该序列中腺嘌呤 N^6 甲基化。在完成复制后, $OriC$ 的亲代链保持甲基化,新合成链则未甲基化(属半甲基化DNA)。半甲基化DNA的起点不能发动复制起始,直到Dam甲基化酶使起点全部甲基化。然而,起点处的GATC位点在复制后一直保持着半甲基化状态,需经13min左右才再甲基化。这一点很特殊,基因组其余部位的GATC在复制后通常在1.5min内就能全甲基化。只有与 $OriC$ 靠近的 $dnaA$ 基因启动子的甲基化需要同样的延迟期。在dna A启动子为半甲基化时,转录被阻遏,降低了DnaA蛋白水平。此时起点本身无活性,而且关键性起始蛋白DnaA的产生也受阻。什么原因造成 $OriC$ 和dnaA位点的再甲基化延迟?实验表明,半甲基化的 $OriC$ DNA($dna A$ 基因位于起点附近)可与细胞膜结合,但全甲基化不能结合。推测是 $OriC$ 与膜的结合而阻碍了甲基化酶对其GATC位点的甲基化,也抑制了DnaA蛋白与起点的结合,这种结合使正在复制中的DNA可随细胞膜的生长而被移向细胞的两半部分,此过程完成后DNA的起点才从膜上脱落下来并被甲基化,开始新一轮复制。

4.4.2 ColEl质粒DNA的复制调控

ColEl是 E. coli 中6646bp的小质粒,在宿主细胞内拷贝数为20~30。ColElDNA的复制需要一个RNA引物。复制不依赖于其本身编码的蛋白质,完全依靠宿主DNApolI。质粒编码两个负调控因子Rop蛋白和反义 RNA_1 ,控制起始DNA复制所必需的引物合成。引物RNA合成起始于复制起点上游555nt处,转录产物为 RNA_2 。当 RNA_2 延伸到复制原点区域,由于分子内部碱基互补形成了 RNA_2 的三叶草形结构,该结构能与质粒DNA形成 RNA_2-DNA杂交双链,经RNaseH识别杂交链并水解加工后,使 RNA_2 形成约555个核苷酸的有活性引物,然后由DNApolI在引物的3′端起始DNA合成。

在ColEl复制原点上游-445bp的位点(相当于 RNA_2 的第111bp位置)还能起始转录方向与 RNA_2 相反的另一个RNA的转录,叫做 RNA_1 ,它有111nt与 RNA_2 5′端通过氢键配对形成 RNA_1-RNA_2 双链结构,阻止RNA2三叶草形结构,从而影响了 RNA_2 与DNA形成杂交链,RNaseH不能在复制原点区域产生有活性的引物,从而抑制了ColEl的复制,控制质粒的拷贝数。在 ColEI 复制原点下游方向邻近还有一个编码 63 个氨基酸的蛋白质基因,表达产物为 Rop 蛋白。Rop 蛋白在 RNA₁ 存在时能促进 RNA₂ 在合成到 100～200bp 后终止,达不到复制原点处,也就不能产生复制所需的引物(图 4.31)。由此可见,细胞内 RNA₁ 的水平决定了 ColEI 质粒复制起始的频率,Rop 蛋白能提高 RNA₁ 与引物前体的相互作用,阻止 RNaseH 加工引物前体,使其不能转化为有活性的引物而对复制起负调控作用。RNA₁ 分子的三个发卡式二级结构环以及 5′端的单链是保持其活性所必需的。由上还可见,这两种 RNA 分子的相互作用可逆,反义 RNA 不仅控制质粒的拷贝数而且还决定了质粒的不相容性。

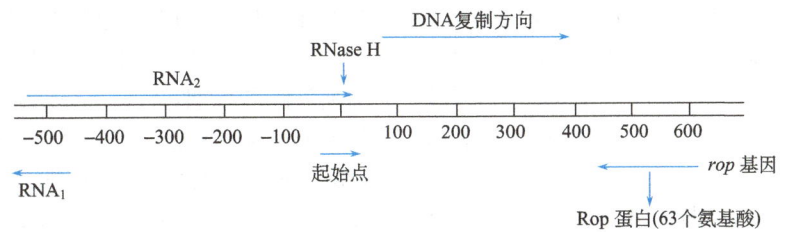

图 4.31 ColE1 质粒 DNA 复制起始部位调控因子之间的关系

4.4.3 R6K 质粒 DNA 的复制调控

R6K 是 38kb 的 *E. coli* 质粒,有 α、β 和 γ 三个复制起点。起点及参与复制的元件分布在 5.0kb DNA 片段内。该质粒编码的 π 蛋白是复制必需因子,与复制起点 γ 中的 7 个 22bp 重复序列共同在复制调控中起作用。π 蛋白是多功能蛋白质,在复制中有双重调控作用,既是起始必需蛋白质,又参与起始的负调控和不相容性的表达,而且对 π 基因表达具有自身调控作用,保证细胞内维持一定水平的 π 蛋白质浓度。7 个 22bp 的重复序列与 π 蛋白质的结合干扰了 π 蛋白质,故对 R6KDNA 复制起负调控作用。π 蛋白质有两种构象,复制起始型 π⁺ 和复制抑制型 π⁻。π 蛋白质浓度是复制速度限制因子。复制起点的重复顺序与 π 蛋白质结合后,使其有效浓度下降而进行负调控,控制 R6KDNA 的起始频率。

与 R6K 质粒复制调控相似的质粒较多,如 F 因子、pSCl01、pl、RK2、RSFl010 和 Rts 等,这类质粒的复制起点区都有几个 17～24bp 重复序列,且都有一个与 π 蛋白功能相似的多功能复制蛋白。

4.4.4 单链 DNA 噬菌体的复制调控

以 ΦX174 噬菌体复制调控为例学习 *E. coli* 单链 DNA 噬菌体复制。ΦX174 噬菌体 DNA 的基因 *a* 在复制调控中起关键作用。基因 *a* 编码两个蛋白 A 和 A*,由基因 *a* 按同一读码框翻译,但 A* 蛋白仅具有 A 蛋白的羧基端。感染早期由宿主蛋白以噬菌体正链为模板合成负链,形成双链 RF 型 DNA 分子。RF 双链 DNA 有转录活性,产生 A 蛋白。A 蛋白具单链核酸酶活性,识别并切开复制起点处 DNA 链,起始 DNA 复制。随着 RF 型 DNA 的复制及表达,A* 蛋白浓度逐渐上升,并与双链 DNA 结合,阻止复制叉移动所必需的链分离,抑制宿主染色体和噬菌体 RF 型 DNA 复制。当 A* 蛋白在细胞内浓度达到一定水平时,关闭双链 DNA 的复制,并与 A 蛋白质形成复合物,代替 A 蛋白按滚动环方式复制,形成噬菌体正链。

4.4.5 λ 噬菌体 DNA 的复制调控

λ 噬菌体在 *E. coli* 细胞中以噬菌体或原噬菌体方式存在。原噬菌体基因组整合在宿主染色体中不能自主复制,必须依赖于宿主染色体进行复制。噬菌体基因的表达通常是被阻遏的。宿主细胞的 SOS 系统可诱导 λ 基因表达,SOS 系统中的 RecA 蛋白能水解 λ 噬菌体的 CI 阻遏蛋白,活化 λ 基因表达,并促进 λ 噬菌体基因组从染色体中切出,将原噬菌体转化为噬菌体。

λ 噬菌体基因组是含 48 502bp 的线性双链 DNA 分子,共 61 个基因,其中有 38 个较为重要,λ 噬菌体的生活史分为裂解周期和溶原周期。可按 θ 型和滚环型两种方式复制。感染早期按双链环状方式复制,而后期按滚环模型复制,产生线性多联体,由基因 *a* 编码的终止酶将其切割成单位长度的线性基因组。

λ 噬菌体感染早期由宿主 RNA 聚合酶以启动子 P_R、P_L 启动转录,将 6 个调节基因(分别为 *cI、cII、cIII、N、Q* 和 *Cro*,其中 *cI、N* 和 *Cro* 基因位于 *cIII* 与 *cII* 之间)表达为相应的调控蛋白:N、Q、Cro、CI、CII、CIII 蛋白,它们决定着噬菌体的溶原状态和溶菌状态。根据其编码蛋白对基因转录的调控方向,将调节基因分为正调节基因(*cII、cIII、N* 和 *Q*)和负调节基因(*cI* 和 *cro*)。

cI 和 *cro* 是负调节基因,它们的转录物对于 λ 噬菌体在溶原化和溶菌途径两种途径之间的选择具有至

关重要的作用。

CⅢ有三个功能：①活化 cⅠ基因转录；②活化 int 基因转录；③抑制启动子 P_R、P_L。CⅡ和 Cro 蛋白对 λ 基因表达的调控作用是 CⅡ蛋白浓度较高时阻遏 λ 基因表达，但同时活化 int 基因使 λDNA 整合到染色体中，使之呈溶原态。

N 基因产物 pN 蛋白负责调控早期基因的表达，是一种抗终止子，能与三个终止子 t_L、t_{R1} 和 t_{R2} 作用。Q 是裂解途径中晚期基因表达的正调节基因，其编码蛋白可激活从 P_R 启动的晚期基因转录，其中包括裂解基因及头部、尾部组分的编码基因。Q 蛋白和 N 蛋白一样，也是抗终止子蛋白。

Cro 蛋白是 P_L、P_R 的阻遏蛋白，能削弱 cⅡ和 cⅢ 的基因表达，保持稳定的溶菌状态。感染早期由噬菌体编码的 O、P 蛋白表达，起始双链环状 DNA 复制。Cro 蛋白是 λ 噬菌体侵入宿主细胞后进入裂解循环的关键调控蛋白，能阻止 λ 阻遏物基因的表达以及从 P_L 和 P_R 起始的早期基因的转录。

O 蛋白与复制起点上的 4 个 19bp 重复序列结合形成核蛋白结构，并与 P 蛋白一起作用于宿主 DnaB 蛋白，指导宿主的其他复制蛋白结合到复制起点上，启动 DNA 复制。感染后 16min 左右，这种 θ 型复制停止，转变为滚环型复制。这个转变是因为细胞中 Cro 蛋白浓度上升，抑制了 P_L 和 P_R 转录，并阻止了早期蛋白基因表达，降低了 θ 型复制所需的 O、P 蛋白浓度所致。噬菌体的 gam 基因产物能保证滚环型复制正常进行。

> **小结**：原核细胞复制叉的多少决定了复制起始频率的高低，复制起始频率的调控因子是蛋白质和 RNA。大肠杆菌 DNA 复制与细胞分裂一般同步发生，复制调节主要发生在起始阶段，与 DNA 的甲基化有关。

4.5 真核生物 DNA 复制调控简述

生物体中所有的细胞都将基因组复制与其细胞周期相互协调，以阻止 DNA 的丢失或过剩。质粒的复制常常依赖于拷贝数，对于基因组大和延伸速度慢的真核生物，则是通过增加每条染色体上有功能的起点而加快复制（如非洲爪蟾的发育阶段）。

真核生物 DNA 复制的调节比原核生物更为复杂。真核生物细胞有多条染色体，每一染色体上有多个复制起点，是多复制子的复制。它们的复制由时间控制，并非所有起点都在同一时间被激活，而是有先后。复制时间与染色质结构、DNA 甲基化以及转录过程有关。通常活性区先复制，异染色质区晚复制。双向复制相邻两复制起点形成的复制叉相遇后借助拓扑异构酶等使子代 DNA 分子分开。

真核细胞中 DNA 复制有三个水平的调控：①细胞生活周期水平调控；②染色体水平调控；③复制子水平的调控。

细胞生活周期水平的调控　真核细胞生活周期分为 4 个时期：G1 的复制预备期；S 的复制期；G2 为有丝分裂准备期；M 为有丝分裂期。DNA 复制只发生在 S 期。细胞生活周期水平调控又称限制点调控，即决定细胞停留在 G 期，还是进入 S 期。许多外部因素和胞内因子参与限制点调控。促细胞分裂剂、致癌剂、外科切除等都可诱发细胞由 G1 期进入 S 期。一些细胞质因子（如四磷酸二腺苷和聚 ADP-核糖）也可诱导复制。

染色体水平调控　染色体水平调控，决定不同染色体或同一染色体不同部位的复制子按一定顺序在 S 期起始复制，是一种有序复制机制。

复制子水平调控　复制子水平调控，决定复制的起始与否。这种调控从单细胞生物到高等生物都高度保守。此外，真核生物复制起始还包括转录活化、复制起始复合物的形成和引物合成等阶段，许多参与复制起始蛋白的功能与原核生物中相类似。

> **小结**：真核细胞 DNA 复制调控有三个层次：①细胞生活周期水平（限制点调控）；②染色体水平（有序复制机制）；③复制子水平（主要控制复制的起始与否）。

4.5.1 病毒 SV40 DNA 的复制调控

SV40 病毒基因组由 5243nt 组成，在被感染的细胞中与组蛋白形成小染色体，与染色质结构类似，是研究动物细胞 DNA 复制调控的理想模型。SV40 DNA 复制起点和病毒编码的 T 抗原对于 SV40 DNA 复制是必需的。温度敏感的 T 抗原在非允许温度下不能起始复制。T 抗原是多功能蛋白，具有 ATPase 活性和与 DNA 结合的能力，能专一性地与 SV40 复制起点结合。嘌呤核苷酸可以调节 T 抗原与复制起点的相互作用，它与 T 抗原结合后使其由活化型构象转变为失活型，失去与复制起点结合的能力。

SV40 的复制起点是一个 64nt 的序列，由三个间隔的功能区域（前期区、中心区和后期区）组成。功能区序列高度保守，间隔区的序列无专一性，而对长度要求严格。前期区由 10nt 组成，具有不完全的回文结构。中心区为 23nt 组成的回文结构，是 T 抗原结合位点Ⅱ。后期区是一个 17nt 的富含 AT 碱基对区域，与复制起点两端相邻序列一起对复制起调控作用。与前期区相邻的是 T 抗原结合位点Ⅰ，与后期区相邻的依次为 21bp 区和 72bp 区。21bp 重复序列富含 GC 对，是转录因子 SPl 结合位点，而 72bp 重复序列是转录和复制的增强子区，其存在能大大提高转录与复制频率。这三段序列都起着正调控作用，但它们对复制并非必需，单独缺失 T 抗原结合位点 I 或 21bp 重复序列，使复制水平下降 30%～50%，若两者同时缺失，复制水平下降 95%，表明它们的调控作用是加成的，属于转录或染色质结构水平调控。研究发现，SV40 复制原点上结合的大 T 抗原四聚体起初并未被磷酸化，一旦复制起始，大 T 抗原就被磷酸化而离开复制原点，这也同样保证了复制原点的一次性使用。

4.5.2 腺病毒 DNA 的复制调控

腺病毒基因组是约含 35kb 的线性双链 DNA 分子，每个 DNA 链 5′端与末端蛋白中 Ser 上的羟基以磷酸二酯键共价结合，末端蛋白可作为引物起始 DNA 的合成。腺病毒的复制起点位于 DNA 链末端的 45nt 序列内，有两个功能区。第 9～22nt 是末端蛋白-DNA 聚合酶复合物的结合位点，而 17～48nt 为细胞核因子 I 结合位点。核因子 I 促进由末端蛋白-DNA 聚合酶复合物形成末端蛋白-dCMP 复合物，它使末端蛋白-DNA 聚合酶复合物有效地识别并结合于复制起点，没有核因子 I 时结合位点被腺病毒的 SSB 所覆盖。腺病毒编码的蛋白参与复制和复制调控。基因的 E1a 产物促进早期基因表达和宿主细胞转化。基因的 E1b 产物阻断宿主蛋白合成，参与腺病毒 DNA 复制和细胞转化的起始。基因 E2a 编码的 DNA 结合蛋白（DBP）是个多功能蛋白，参与复制起始和 DNA 链延伸，并在转录和转录后加工水平调控腺病毒基因表达。DBP 可被胰凝乳蛋白酶水解为 2.7×10^4 bp 的 N 端片段和 5.4×10^4 bp 的 C 端片段。C 端片段有结合 DNA 的功能，是复制必需的。基因 E2b 还编码两个复制必需蛋白，即 DNA 聚合酶和末端蛋白，参与起始腺病毒 DNA 复制。基因的 E4 产物也是腺病毒复制必需的，具有终止细胞生长的功能。

4.5.3 酵母染色体 DNA 的复制调控

酵母在真核细胞复制调控的研究中占有重要地位。酵母基因组约为 1.35×10^7 bp，由 17 条线性染色体、线粒体 DNA 和部分质粒 DNA 组成。酵母染色体虽然较小，但具有典型的真核染色质结构。染色体由多个复制子组成，平均长度 36kb。酵母染色体复制只发生于 S 期，各复制子按专一的时间顺序被活化，在 S 期的不同阶段起始复制。已从酵母中克隆和鉴别了带有真核细胞 DNA 复制起点的 ARS 序列。研究由三个复制起点（ARS1、ARS2 和 10Z）构建的质粒发现，酵母复制起始受时序调控，也受 α 因子和 cdc 基因的调控。已克隆的 ARS 片段中都有 14bp 的核心序列，其中序列为 A/TTTTATPuTTA/T 的 11nt 序列高度保守，该区域的点突变能使 ARS 失去复制的起始功能。与核心序列 3′端相邻序列对于复制调控也起重要作用，缺失 3′端序列使 ARS 复制效率明显下降。3′相邻序列无严格序列专一性，但长度对复制调控起重要作用。ARS 质粒在有丝分裂时非常不稳定，以核心序列为主的中心体可提高其稳定性。中心体有三个功能区：中间为核心序列，其 AT 碱基对的含量高于 90%；5′端是一个 8nt 序列（CDE I）；3′端是 25nt 的序列（CDE II）。过量的中心体序列能使质粒拷贝数下降而呈现负效应。这是由于竞争细胞内有限的中心体结合蛋白、微管以及纺锤体引起的。真核染色体末端还有远端结构，能稳定染色体并参与复制终止。酵母染色体的远端结构为 100～300bp DNA 片段，是 $C_{1-3}A$ 的重复序列。对酵母染色体复制的调控机制仍在研究之中，它的 ARS 质粒为研究真核细胞复制起点、中心体、远端结构与功能以及染色体的复制与分配机制提供了很好的模型，是研究真核细胞染色体复制调控的主要系统。

【本章重点归纳】

基因组内能独立进行复制的单位称为复制子或复制单位，复制子有控制复制的起点和终点。E. coli 起始片段长 245bp，包含 4 个 9bp 反向重复序列和 3 个 13bp 的正向重复序列，称 OriC。酵母的复制起点称自主复制序列 ARS。半保留复制机制有三种复制方向：相向、单向、双向对称复制。复制方式有三种：θ 形是双链环状分子进行的双向复制；滚环式是单向复制，其双链复制型（RFI）DNA 能产生多拷贝单链子代 DNA。D-环式复制又称取代环复制，是单向复制方式，大多数线粒体 DNA 以这种方式复制。真核细胞 DNA 复制叉移动速度比细菌移动慢，相差为 20～50 倍，但因真核细胞 DNA 的每个复制子都有起点，是多复制子分段同步复制，一般能满足细胞对 DNA 的需要。DNApol 反应特点：①以 4 种 dNTP 为底物；②反应需模板指导；③新链延伸需有引物 3′-OH 存在，④链延伸方向 5′→3′，⑤产物的极性与模板相对。pol I 为多功能酶，有 DNApol、3′→5′外切酶和 5′→3′外切酶活性。

pol I 的 3′→5′外切核酸酶活性对 DNA 复制保真性极为重要，能切除正在延伸的 3′端错配的核苷酸。pol I 的 5′→3′核酸外切酶活性有三个作用：①作用于双链 DNA 中的一单条链的某个切口处，从 5′端水解下单核苷酸或寡核苷酸片段，因此，pol I 在切除由 UV

照射而形成的嘧啶二聚体中起重要作用；②用于在体外通过切口平移标记 DNA 探针；③切除在 DNA 复制合成中 5′端的 RNA 引物。DNA 复制链的延长主要依赖 polⅢ的作用。Klenow 片段能催化合成 DNA，如催化 DNA 末端延伸及 DNA 测序，但因该片段没有完整酶的 5′→3′外切核酸酶活性，不能用于标记 DNA 探针。

polⅡ为多亚基酶，其活力比 polⅠ高，无 5′→3′外切酶活性。polⅢ 由 α、β、γ、δ、δ′、ε、θ、τ、χ 和 ψ10 种亚基组成全酶，含锌原子，α、ε 和 θ 三种亚基组成核心酶，pol Ⅲ复杂的亚基结构使它的复制过程具有高保真性、协同性和持续性。polⅡ是 E. coli 主要的修复酶，polⅢ是主要的复制酶。DNA 连接酶能催化链的两末端共价连接。E. coli 等细菌的 DNA 连接酶以 NAD 为能量来源，动物细胞和噬菌体则以 ATP 为能量来源。T4 DNA 连接酶不仅能在模板链上连接 DNA 链间切口，也能连接无单链黏性末端的平头双链 DNA。拓扑异构酶可以改变 DNA 分子的连接数，通过瞬时断开和再连接 DNA 分子的一条或两条链，使拓扑异构体之间转换。Ⅰ型拓扑异构酶主要是消除负超螺旋；Ⅱ型拓扑异构酶就是大肠杆菌旋转酶，它能对 DNA 分子引入负超螺旋，削弱复制叉前进时所产生的正超螺旋，在 DNA 分子上产生瞬时的双链断口，随后再将断口闭合。在瞬时断开和再连接 DNA 分子的一条或两条链，协助和促进 DNA 解旋。SSB 蛋白是一类能选择性结合在 DNA 单链上，使 DNA 以单链形式稳定存在的蛋白质，功能是稳定复制时已解开的 DNA 单链，并保护单链部分不被核酸酶降解。SSB 与 DNA 结合有明显的协同效应，一个 SSB 的结合使其后面的结合力提高了 10^3 倍。SSB 还能特异地促进其同源蛋白 DNA 聚合酶的作用。

E. coli 最小起始位点是 245bp 的序列，4 个 9 聚体序列是 DnaA 的结合位点，DnaA 协助 DnaB 与起点结合。参与引物合成的蛋白复合体称为引发体，主要指 DnaG 和 DnaB 两种蛋白。Dna A 与 ATP 形成 DnaA/ATP，并与 HU 蛋白共同结合于 oriC，HU 蛋白使 DNA 弯曲，导致邻近富含 AT 的 13 聚体解链，Dna C 协助 DnaB 6 聚体结合于解链区。RNA pol 参与形成起始复合物，借助 ATP 的能量沿 5′→3′方向移动合成短的 RNA 引物。DnaA 蛋白是起始因子；DnaB 蛋白有解链酶功能，并活化引物合成酶，促进 DnaG 蛋白结合 DNA 完成引发体组装。DnaC 是 DnaB 的辅助蛋白，起分子伴侣作用，辅助 DnaB 一起形成 DnaB-DnaC 复合物。β亚基和 γ 复合物（$γ^2δδ′χψ$）共同组成 β-滑动钳装置器。猴病毒 SV40 的复制起点能起始双向复制，定位在与 SV40 控制区重叠的位置，靠近 GC 盒及 72bp 增强子。最小 Ori 序列长 64bp，包括：①4 个 5 聚体（5′-GAGGC-3′），是病毒早期转录区域的主要产物大 T 抗原的结合位点；②15bp 的回文序列，是 DNA 复制起始的解聚区；③17bp 富含 AT 序列区有助于解旋。酵母 DNA 的复制起点是 850bp 的自主复制序列（ARS），包括 A、B1、B2、和 B3 4 个重要区域。A 区中的 11bp 序列在 ARS 中高度保守，B3 区在 ARS 内使 DNA 形成弯曲对起始很重要。复制叉组装分为两步：①起始因子识别起点，解旋酶促进 DNA 解旋；②荷载因子协助解链酶进入起点使 DNA 解链形成复制叉。polⅢ全酶是 E. coli DNA 的复制酶。polⅢ核心酶聚合活性很低，β-滑动钳能使全酶具有很高的进行性，β-滑动钳需借助钳装配器（λ 复合体）才能装配到起始复合体上。β二聚体能环绕 DNA 模板，并与 α 亚基互作将模板与聚合酶紧扣在一起实施进行性复制。β-滑动钳的装配依赖于 ATP 而改变装配器构象，使 β-滑动钳张开口环绕住 DNA 模板。真核生物的复制进行性因子是 PCNA。

后随链合成要点：①polⅢ全酶同时催化前导和后随链合成，它们各利用一个核心酶分别聚合 DNA。②前导和后随链的 3′端生长点分别紧靠 polⅢ异二聚体的两个催化中心，β-滑动钳以循环方式分别套住 DNA 模板，后随链模板环绕其中一个核心酶形成空间回环使其延伸方向在环内局部倒向，使两条链在此处呈相同的 3′→5′走向同步合成。③当新合成冈崎片段到达前一个冈崎片段的 5′端时，后随链模板脱离核心酶，回环暂时解开，行进中的复制体又寻找新引发点起始新引物合成，后随链模板又绕核心酶形成新回环进行下一段合成。④在后随链合成中，核心酶与 β-滑动钳间既有偶联也有分离，γ 复合物配合核心酶和 β-滑动钳在后随链合成中循环作用。⑤在整个后随链复制中至少要水解 2 分子 ATP。E. coli 环状染色体复制终点位于 OriC 的相对位置，含有 6 个约 22bp 的终止子。3 个终止子调控一个复制叉，terE、terD 和 terA 终止逆时针方向的复制，terF、terB 和 terC 终止顺时针方向的复制。与 Ter 位点结合的蛋白质称为 Tus，Tus-ter 复合物协助阻止 DNA 的过量复制。

真核生物有多种 DNA 聚合酶，从哺乳动物细胞中分离出了 5 种，分别为 α、β、γ、δ、ε。真核生物线性染色体复制的后随链以不连续方式复制，不能在切除引物后填补 5′端的空缺。但可以通过形成端粒结构及端粒酶来防止 DNA 复制时后随链缩短而产生的染色体缺短。端粒酶是由 RNA 和蛋白质组成的一种 RNP，有逆转录酶活性，能利用自身的 RNA 链为模板，以反转录方式催化互补于 RNA 模板的后随链 DNA 片段合成。步骤如下：①端粒酶启动端粒链富含 G 的 3′端和端粒酶的模板 RNA 间的杂交，端粒酶用它的 RNA 内的 AAC 为模板，填加 TTC 到端粒 3′端。②端粒酶转位到端粒的新 3′端，模板 RNA 的 AAC 与端粒内新掺入的 TTG 配对。③端粒酶利用模板 DNA，加 GGGTTG 到端粒 3′端，使富含 G 的链延伸加长。④当富含 G 的链足够长时，引发酶引发合成 RNA 引物，后者与端粒富含 G 的链的 3′端互补。⑤DNApol 以新引物引发合成 DNA，填补富含 C 的端粒链内的一段空缺。⑥切除引物，在富含 G 的端粒链上又伸出 12～16 个碱基的片段，用于下一轮可能必要的合成。真核细胞核染色体复制由 DNApolα 和 δ 共同完成。DNApolδ 有持续合成 DNA 的能力，是完成复制主要的酶。DNApolδ 相当于 E.coliDNApolⅢ 的 β 滑动钳，环绕 DNA 模板，增加持续合成能力。DNApolε 相当于细菌 DNApolⅠ，是一种修复酶。DNApolβ 也是一种修复酶。DNApolγ 是线粒体 DNA 合成酶。在真核 DNA 复制中，RF-A 相当于 E.coli 的 SSB，RF-C 相当于 E.coli 的 γ 复合物，协助 PCNA 蛋白装配到 DNA 模板上。原核细胞复制叉的多少决定了复制起始频率的高低，复制起始频率的调控因子是蛋白质和 RNA。E.coli DNA 复制与细胞分裂一般同步发生，复制调节主要发生在起始阶段，与 DNA 的甲基化有关。真核细胞 DNA 复制有 3 个层次调控：①细胞生活周期水平；②染色体水平；③复制子水平。

【思考题】

1. 解释下列名词概念：半保留复制、复制子、半不连续复制、ARS、*OriC*、RF、ORC、SSB、Klenow 片段、PCNA、钳装配器、复制叉、冈崎片段、回环模型。

2. 细胞内染色体外的遗传因子包括哪些？何谓严紧控制和松弛控制的质粒？

3. 简述 ΦX174 噬菌体复制过程。

4. 大肠杆菌染色体 DNA 的复制起点如何？什么是双向复制？

5. 什么是 DnaA 蛋白？DnaA 蛋白有哪三个作用？

6. DNA 复制一般采取哪些方式？

7. 列出原核生物 DNA 复制的酶和蛋白因子体系。

8. 原核、真核生物复制的速度如何？真核生物基因组比原核生物大，但复制叉移动速度大约比原核慢得多，真核生物怎样满足细胞对 DNA 的需要？

9. 简述滚动环复制过程，为什么说它是很多病毒、细菌因子及真核生物基因放大的基础？

10. DNA 聚合酶 5′→3′的活性有哪三个作用？

11. DNA 聚合酶Ⅱ和Ⅲ在促进 DNA 合成的基本功能有什么异同点？

12. DNA 聚合酶Ⅲ具有哪三个复制特点从而使其成为 DNA 复制主要的酶？

13. 与 DNA 复制的忠实性有关的因素是什么？

14. 简述两类拓扑异构酶的异同点。

15. 原核生物的 SSB 蛋白与 DNA 的结合表现出怎样的协同效应？

16. 真核细胞复制的进行性因子什么？

17. 真核细胞中 DNA 复制有哪三个水平的调控？

18. 简述端粒的复制过程。

19. 简述 CoIEI 质粒 DNA 复制的调节。

20. SV40 DNA 复制起始区的结构是怎样的？

第 5 章
DNA 的损伤、修复和基因突变

5.1 DNA 的损伤

DNA 损伤是指在生物体生命过程中 DNA 双螺旋结构发生的任何改变。DNA 结构发生的改变主要分为两种：一是单个碱基的改变，二是双螺旋结构的异常扭曲。单个碱基改变只影响 DNA 的序列而不影响整体构象，当 DNA 双螺旋被分开时并不影响转录或复制过程，而是通过序列的变化改变子代的遗传信息。双螺旋结构的异常扭曲对 DNA 复制或转录可产生生理性伤害。例如，紫外线辐射造成的结构扭曲，引起两个相邻嘧啶碱基之间产生共价键形成链内嘧啶二聚体；或因某些原因形成了单链缺口、凸起等。引起 DNA 损伤的因素很多，包括 DNA 分子本身在复制过程中发生的自发性改变，以及细胞内各种代谢物质和外界物理、化学因素等引起的损伤。

5.1.1 DNA 分子的自发性损伤

DNA 复制过程中的损伤主要指碱基配对时产生的误差经过 DNA 聚合酶等综合校对因素作用后仍未被校正的 DNA 的损伤。例如，大肠杆菌 DNA 复制无 DNA 聚合酶校正时发生碱基误配率为 $10^{-1} \sim 10^{-2}$，经 DNA 聚合酶的识别校正之后为 $10^{-5} \sim 10^{-6}$；再经过 DNA 结合蛋白和其他因素的作用，误配率降到复制完成后的 10^{-10}。在影响复制的因素中，任意环节出现问题误配率都会增高，尤其是 DNA 聚合酶本身的功能和底物的改变，二价阳离子的变化等。碱基自发性化学改变的这类损伤包括 5 种因素：碱基之间的互变异构、碱基脱氨基、自发的脱嘌呤和脱嘧啶、DNA 聚合酶的"打滑"、活性氧引起的诱变及细胞代谢产物对 DNA 的损伤等。

互变异构移位（tautomeric shift） 是碱基发生烯醇式—酮式结构互变时，氢原子位置的可逆变化，使一种互变异构体变成另一种异构体，使碱基配对发生改变，这样在复制后的子链上就可能出现错误。DNA 碱基上的酮基或氨基都位于杂环上 N 原子邻位，能形成酮式—烯醇式互变异构或氨基和亚氨基互变异构。生理条件下主要以氨基和酮式出现，但也可能发生瞬间互变异构体，使碱基错配。如果 C 或 A 以亚氨基形式出现，可发生 A、C 错配；如果 G 或 T 以亚氨基形式出现，可发生 G、T 错配。因此，DNA 复制时若模板上出现异构体，在子链上就有可能产生错配的碱基。

脱氨试剂 碱基的脱氨基作用是指胞嘧啶（C）、（A）和（G）分子结构中都含有环外氨基，氨基有时会自发脱落，结果使 C 变为 U，A 变为 I，G 变为黄嘌呤（X），当 DNA 复制时，会在子链中产生错误而导致损伤。

A → I—C（非 T）下一轮 C—G，导致 AT → GC 引起突变；

C → U—A（非 G）下一轮 A—T，导致 GC → AT 引起突变；

G → X—C 无突变。

亚硫酸盐作为一种诱变剂，主要诱导 DNA 单链中 C → U 的改变，也使 A 和 G 脱去氨基，但特异性较差，可引起体内外的广泛诱变。这类人工诱变目前已用寡核苷酸指导的诱变和 PCR 诱变取代。羟胺也是一种体外诱变剂。

DNA 聚合酶的"打滑" 在 DNA 复制时，无论模板链或新生链都会发生碱基的环出（looping out）现象，即 DNA 聚合酶发生"打滑"（slippage），引起一个或数个碱基的插入或缺失。这种错误易发生在模板上有几个相同碱基串联的部位。这些部位即使发生"环出"，后面的碱基配对仍然是正确的，但有时会发生后果严重的移码突变。

活性氧引起的诱变 细胞的氧化代谢产生的氧自由基活性很高，DNA 碱基至少会遭受到 20 种氧化损伤。7,8-二氢-8-氧代鸟嘌呤（8-oxoG）或 8-羟基鸟嘌呤，是一种氧化碱基，可与 C 或 A 配对，而 DNA 聚合酶 Ⅰ、Ⅱ 的校正功能不能校正其错配，造成 GC→TA 的颠换，这种损伤可以积累。H_2O_2 是细胞呼吸的一种活跃的副产物，当它造成 DNA 氧化损伤时易产生胸腺嘧啶乙二醇、胸苷乙二醇和羟甲基尿嘧啶等，损伤的碱基能被修复，也可通过泌尿系统排出。某些糖分子，如葡萄糖和碱基氧化产物能与 DNA 反应，产生明显的结构及生物学方面的变化。

碱基丢失 DNA 分子在生理条件下可以通过自发性水解，使嘌呤碱和嘧啶碱从磷酸脱氧核糖骨架上脱落下来。据统计一个哺乳动物细胞在 37℃，20h 内通过自发水解可以从 DNA 链上脱落大约 1000 个嘌呤碱和 500 个嘧啶碱。在长寿命的哺乳动物细胞（如人神经细胞）的整个生活周期中自发性脱落嘌呤数约为 10^8 个嘌呤碱，占细胞 DNA 中总嘌呤数的 30% 左右。

5.1.2 物理因素引起的 DNA 损伤

紫外线（UV） 照射引起的 DNA 损伤主要是在同一条链内相邻两个嘧啶易形成二聚体。DNA 分子易于吸收的波长在 260nm 左右，当受到大剂量 UV 照射后，一条链上相邻的两个嘧啶核苷酸共价结合，形成环丁烷嘧啶二聚体。这种结构能阻碍 DNA 的复制和转录。相邻的两个 T 或两个 C 以及 C 和 T 之间均可形成嘧啶二聚体，但最易形成的是 TT，见图 5.1。这种二聚体阻断 DNA 复制的原因是复制系统不能确定将哪一种碱基引入到与二聚体相对应的位置处。在行进中的 DNA 复制有时会使引入的碱基不能准确配对到位，从而引起突变。

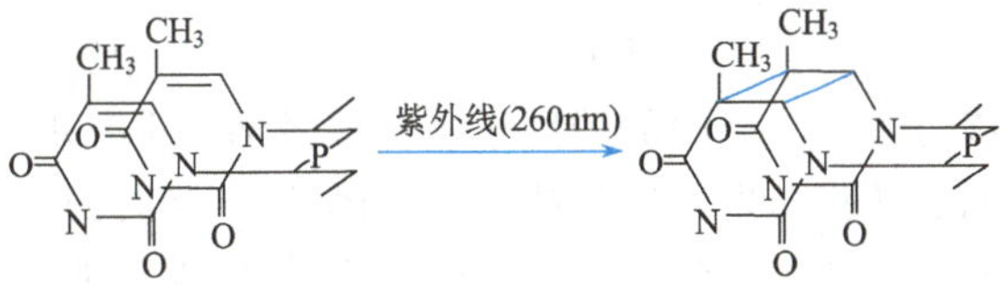

图 5.1 胸腺嘧啶二聚体的产生

形成嘧啶二聚体的反应是可逆的，较长的波长（280nm）有利于二聚体的形成，较短波长（240nm）利于其解聚。二聚体的生成位置和频率与侧翼序列有关。当人的皮肤暴露在紫外线下，每小时产生嘧啶二聚体的频率为 $5×10^4$/细胞，所幸的是地球上方大气层中的臭氧层能够吸收大量的紫外线。由于 UV 穿透力有限，故对人的伤害主要是皮肤。紫外线照射影响微生物的存活。

电离辐射 对 DNA 的损伤有直接效应和间接效应两种途径。高能 γ 射线及 X 射线辐射后，对 DNA 存在环境中的成分（主要是水）沉积能量，直接引起 DNA 理化性质改变。水是活细胞的主要成分，经辐射解离后产生不稳定的高活性自由基。自由基是带有不成对电子的化学物质，而正常氧化代谢产生的氧自由基活性很高，能快速与相邻 DNA 发生作用使碱基改变，严重时引起 DNA 单链或双链断裂。再有，受电离辐射后的 DNA 分子，碱基和糖环都可发生一系列化学变化，生成各种过氧化物，使碱基破坏或脱落。脱氧戊糖受 OH^- 自由基作用后，每个氢原子和羟基上的氢都能与 OH^- 反应，从糖环上夺去氢原子，使其分解，最后引起 DNA 链断裂。对这一类的影响嘧啶碱比嘌呤碱敏感，游离碱基比核酸链中的碱基敏感。DNA 受到电离辐射后另一个严重的生物学后果是链断裂。链断裂包括单链断裂和双链断裂。脱氧戊糖的破坏和磷酸二酯键的水解均引起链断裂。碱基破坏或脱落也可间接引起链断裂，辐射剂量的强弱影响链断裂数目，随照射剂量增大，链断裂数增加。单链断裂的后果不严重，较易修复。双链断裂则很难准确修复，会引发永久性突变。因电离辐射能使染色体断裂，故电离辐射即是一种诱变剂，又是断裂剂。电离辐射除了引起 DNA 碱基损伤和链断裂外，还能引起 DNA 交联，包括 DNA 链间交联、DNA-蛋白质交联等。DNA 分子中一条链上的碱基与另一条链上碱基以共价结合时称链间交联。DNA 与蛋白质以共价键结合，称为 DNA 蛋白质交联。在真核细胞中与 DNA 交联的蛋白质主要是组蛋白、非组蛋白、调节蛋白、拓扑异构酶及与复制和转录有关的各种核基质蛋白等。

5.1.3 化学因素引起的 DNA 损伤

烷化剂对 DNA 的损伤 **烷化剂**是一类亲电子化合物，很容易与体内的大分子负电中心作用。DNA 分子带有明显的负电中心，每个核苷酸含有一个带负电荷的磷酸基团和带有部分负电荷的碱基，当亲电试剂进攻这些负电中心时，将含碳的基团，如烷基添加到负电中心，引起 DNA 的烷基化。DNA 分子中的负电位点包括：腺嘌呤中的 N_1、N_3、N_6、N_7，鸟嘌呤中的 N_1、N_2、N_3、N_7、和 O_6，胞嘧啶中的 N_3、N_4、和 O_2，胸腺嘧啶中的 N_3、O_2 和 O_4。其中鸟嘌呤的 N_7 位和腺嘌呤的 N_3 位最容易被烷化，DNA 链上的磷酸二酯键中的氧也容易被烷化，还有参与碱基互补配对的氮原子和氧原子也易被烷化修饰。

有两类烷化剂，一类是单功能烷化剂，如甲基甲烷碘酸，只作用于一个碱基，形成单加合物；另一类为双功能烷化剂，如氮芥，能同时与 DNA 分子中两个不同的亲核位点反应。如果这两个位点在同一条链上，将产生链内交联，若两个受作用碱基位于两条核苷酸链上，则形成链间交联。鸟嘌呤对烷化剂中的乙基甲烷磺酸（EMS）等较敏感。嘌呤环的 N_7 位被烷化后，会在该部位形成四价氮，促使嘌呤环离子化。离子化形式的烷基化鸟嘌呤与 T 而非 C 配对，结果使 G-C 碱基对转换成 A-T 碱基对，造成 DNA 损伤。烷化鸟嘌呤的糖苷键很不稳定，裂解后导致碱基脱落，形成 DNA

上的无碱基位点。这种位点在复制的过程中，任何碱基都有可能插入，从而造成碱基对转换或颠换。DNA链上的磷酸二酯键若被烷化，则形成不稳定的磷酸三酯键，在糖环与磷酸基之间发生水解，导致链断裂。烷基化修饰后的DNA分子将产生一些非编码碱基，如3-甲基腺嘌呤（3-mA），3-mA不能与正常碱基配对，且DNA聚合酶不能准确识别含有3-mA的碱基对，从而暂停或阻断DNA复制，后者使细胞致死，由此认为3-mA对细胞是有毒的。另一方面，暂停的DNA复制可在损伤不被修复的情况下解除，这种复制的恢复机制有错误倾向，有可能引起突变。

碱基类似物对DNA的损伤 碱基类似物是一类结构与碱基相似的化合物，由于结构类似，进入细胞后能替代正常碱基掺入到DNA链中，干扰DNA的正常合成。5-溴尿嘧啶（5-BU）是胸腺嘧啶环上的甲基被溴取代的一种最常见的碱基类似物，与U的结构非常相似，能与A配对。5-BU有酮式和烯醇式两种形态，当处于烯醇式时，可与G配对，且存在几率高于酮式形态，因此一旦掺入到DNA链中，通过互变异构在复制中产生突变，引起A-T→G-C的转换。另一个常见的碱基类似物是2-氨基嘌呤（2-AP），在正常的酮式状态下与T配对，在烯醇式状态下与C配对。

在某些植物体的代谢过程中，能产生个别的毒性化合物，其中包括DNA损伤剂。

> **小结**：DNA损伤是指DNA双螺旋结构发生的任何改变，分为单个碱基的改变和双螺旋结构的异常扭曲。前者只影响DNA序列本身，不影响转录或复制，可通过序列变化改变子代遗传信息。双螺旋结构的异常扭曲对复制或转录可产生生理性伤害。DNA损伤主要由自发性以及物理和化学因素引起。

5.2 DNA的修复

DNA的修复是生物体细胞在长期进化过程中形成的一种保护功能，在遗传信息传递的稳定性方面具有重要作用。细胞对DNA损伤的修复系统主要有：直接修复、切除修复、错配修复、重组修复和易错修复。

(1) 直接修复

直接修复（direct repair）是将被损伤碱基恢复到正常状态的修复，有三种方式：①光复活修复；② O^6-甲基鸟嘌呤-DNA甲基转移酶修复；③单链断裂修复。

对胸腺嘧啶二聚体的形成和修复机制研究得较详细，是光复活修复的典型例子。最早发现细菌在被紫外线照射后，如果立即再用可见光照射则存活率显著提高。这种光复活机制是由于可见光（有效波长为400nm左右）激活了光复活酶（photoreactivating enzyme），它能分解由紫外线照射而形成的环丁烷嘧啶二聚体，具体过程：①光复活酶识别DNA损伤部位并与之结合；②酶吸收>300nm范围的光后被激活，使嘧啶二聚体之间的化学键断裂，恢复到原单体状态；③光复活酶与DNA解离，完成修复，见图5.2。

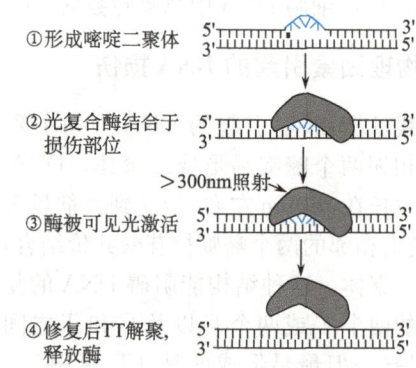

图5.2 紫外线照射损伤的光复活修复机制

光复活作用是高度专一的直接修复方式。E. coli的光复活酶含两个色素分子，N_5，N_{10}-次甲基四氢叶酸和还原性的黄素腺嘌呤二核苷酸。酶分子通过生色基团吸收蓝色或接近UV波长的射线，再把能量转移到待切环丁烷环中的辅因子上。被激活的FADH通过电子转移引发环丁烷嘧啶二聚体裂解，同时酶脱落下来。光复活酶在生物界分布较广，从低等单细胞生物到鸟类都有，但包括人类在内的胎盘哺乳动物除外。这种修复方式对植物体特别重要。对高等动物而言则主要是暗修复，即切除含嘧啶二聚体的核酸链，然后再修复合成。

MGMT是O^6-甲基鸟嘌呤-DNA甲基转移酶的简称，O^6-甲基鸟嘌呤是被烷基化了的碱基，它改变了碱基配对性质。这种损伤可在MGMT作用下，将甲基或乙基从鸟嘌呤的O^6原子上转移到酶自身的Cys残基上，从而得以修复。MGMT由此而失活（实际上通过修复反应后，MGMT结构已改变，是非真正意义上的酶，属于自杀性酶）。然而，MGMT却成为自身基因和另一些修复酶基因转录的活化物，以促进它们的表达。因此，MGMT能防止DNA链烷基化导致的死亡和突变。MGMT存在于酵母和人类细胞中。

DNA单链断裂可通过重接，需要DNA连接酶参与，连接酶催化DNA双链之一的缺口处（磷酸二酯键断裂，而非缺失碱基）的5′磷酸与相邻的3′OH形成磷酸二酯键，属于直接修复。

(2) 切除修复

切除修复（excision repair）主要包括碱基切除修复和核苷酸片段切除修复。碱基的切除修复（base excision repair，BER）由 DNA 糖基化酶始发，先识别受损碱基，通过 DNA 链的局部扭曲而使受损碱基凸出，之后水解受损碱基与脱氧核糖之间的糖苷键，除去受损碱基，产生无嘌呤或无嘧啶位点，即 AP 位点。AP 内切核酸酶能识别 AP 位点，在该位点的 5′侧端将 DNA 链切断。在 E. coli 中 DNA 磷酸二酯酶在 AP 位点处将磷酸戊糖切除，然后由 DNApol Ⅰ 修复合成，按 5′→3′方向在降解 DNA 的同时合成新片段，最后由连接酶将新旧链断口连接完成修复。E. coli 切除修复过程见图 5.3。

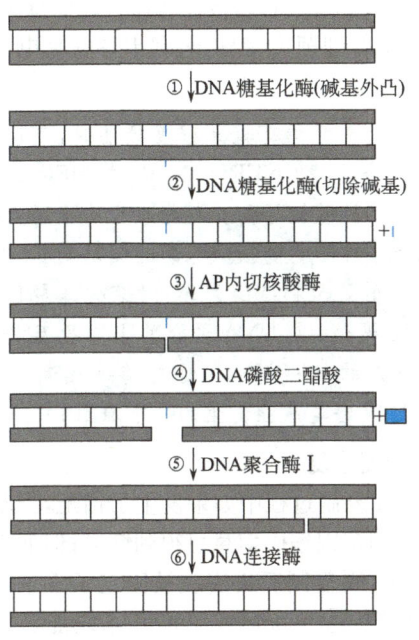

图 5.3　E. coli 的碱基切除修复
① DNA 糖基化酶使受损碱基凸出；②DNA 糖基化酶切除凸出的碱基，产生 AP 位点；③ AP 内切核酸酶从 AP 位点 5′侧端切断 DNA 链；④DNA 磷酸二酯酶去糖基化酶留下的 AP-脱氧核糖磷酸；⑤DNA 聚合酶 Ⅰ 合成局部新链，并继续向下游修复合成数个 nt，在 DNA 降解的同时将其修复；⑥ 连接酶将断口连接

BER 是一种对多种损伤都有修复作用的较普遍的修复过程。主要修复单个碱基缺陷或某些轻微的 DNA 损伤。例如，可去除碱基被化学修饰、脱氨基、碱基丢失、无氧射线辐射和内源性物质引起的环氮类物质甲基化等因素造成的 DNA 损伤。因此切除修复是维持 DNA 稳定的重要修复方式。细胞内有多种特异的 DNA 糖基化酶（人类至少有 8 种），能识别 DNA 中不正常的碱基，并将其水解脱落。例如，在 DNA 复制过程中聚合酶对 dTTP 和 dUTP 的分辨力不高，常有少量 dUTP 掺入。大肠杆菌的 dUTP 酶可以分解 dUTP 成 dUMP，但作用有限，仍不能完全避免 dUTP 掺入，且胞嘧啶脱氨基后也转变成尿嘧啶。对 DNA 链上出现的这些尿嘧啶，细胞中的尿嘧啶-N-糖基化酶可将其除去。腺嘌呤脱氨后形成次黄嘌呤，可被次黄嘌呤-N-糖基化酶切除。烷化剂可使碱基被修饰，如甲基磺酸甲酯作用于 DNA 可引起鸟嘌呤第 7 位氮原子，或腺嘌呤第三位氮原子甲基化。糖基化酶可识别并除去烷基化碱基。另一些糖基化酶可识别其他的碱基缺陷。AP 位点也可由 DNA 的碱基被修饰后造成 N-糖基化酶不稳定而自发水解产生，各类酸也能使 DNA 脱嘌呤。在 AP 位点必须切除若干核苷酸后才能进行修复合成，细胞内没有酶能在 AP 位置直接将碱基插入，因为 DNA 合成的前体物质是核苷酸而不是碱基。由于 DNA 复制一般不会因碱基受到微小的化学修饰而停止，但可能会引起错配，故 BER 在防止发生突变方面起着重要作用。

BER 对 8-氧代鸟嘌呤引起的 DNA 分子内的氧化损伤有修复作用。8-oxo-G 可与 A 配对，形成 8-oxo-G-A，8-oxo-G-A 中的 G 和 A 都具有诱变效应，在下一轮 DNA 复制过程中都有可能发生错配而引发突变。在人类中，这些突变将导致肿瘤发生。然而，有氧生物在长期的进化中获得了修复这些错配碱基的机制。

> 小结：BER 包括 4 步反应：①由 DNA 糖基化酶识别损伤部位；②DNA 链的局部扭曲而使受损碱基凸出；③水解苷键（连接受损碱基和脱氧核糖-磷酸之间的苷键），切除受损碱基；④由 DNA 聚合酶 Ⅰ 合成局部的新链，DNA 连接酶连接新旧链的断口。

核苷酸片段切除修复（nucleotide excision repair，NER）当 DNA 结构有较大程度损伤变形（包括胸腺嘧啶二聚体在内）或 DNA 链多处发生严重损伤时，将诱导短或长片段的修复，即以 NER 的方式修复，无须 DNA 糖基化酶协助。在 NER 系统中，已损伤的片段由切除酶（excisionase）识别并切除，该酶是一种内切核酸酶，但它是在链损伤部位的两侧同时切开（这有别于一般的内切核酸酶），切除包含损伤区域在内的一段寡核苷酸链。E. coli 中 NER 途径的关键酶是 UvrABC 核酸切除酶，包括三种亚基：Uvr A、Uvr B 和 Uvr C，编码的三个基因是 uvrA、uvrB、uvrC。E. coli 的 NER 修复过程：①UvrA 和 UvrB 蛋白组成复合物（A_2B）；②由 A_2B 寻找并结合到损伤部位；③UvrA 二聚体随即离解，留下 UvrB 与 DNA 结合在一起；④UvrC 蛋白结合到 UvrB 上，由 UvrB 切开损伤部位 3′侧的第 5 个磷酸二酯键，UvrC 切开 5′侧的第 8 个磷酸二酯键，12～13nt 的片段在 UvrD 解螺旋酶协助下被除去，空隙由 DNA 聚合酶Ⅰ填补，最后，DNA 连接酶连接新旧链的断口，见图 5.4。真核生物的切除酶是水解损伤部位 3′侧第 6 个磷酸二酯键以及 5′侧第 22 个磷酸二酯键，切除长 27～32nt 的片段，之后填补和连接。真核生物具有功能上类似的切除酶，但亚基结构相差较大。这个系统在已研究过的真核生物中很相似，说明其在进化中是保守的。

对人类先天性 DNA 修复缺陷疾病 Cockayne 氏综合征和着色性干皮病（XP）的研究发现，与正常人相比，患者暴露在阳光下之后，得皮肤癌的概率高数千倍，这种患者对日光或紫外线特别敏感是因为表皮细胞的 NER 系统缺陷，不能有效修复 DNA 螺旋发生扭曲和（或）嘧啶二聚体的损伤，得不到修复的损伤被保留了下来，最终导致突变而引发皮肤癌，说明切除修复系统和癌症发生有一定关系。NER 障碍是癌症发生的一个原因。总之，NER 系统可识别并消除多种 DNA 的损伤，包括 UV 引起的嘧啶二聚体和其他光反应产物、消除补骨脂素衍生物和嘧啶加合物、各种顺铂（抗癌药）-嘌呤加合物，如 DNA 暴露于烟雾中形成的苯并芘鸟嘌呤、由多环类致癌剂，如乙酰氨基芴的加合物等。

真核生物的 NER 包括修复全基因组内的所有损伤以及对只修复局限于转录模板链上基因组活性区域损伤的切除修复。

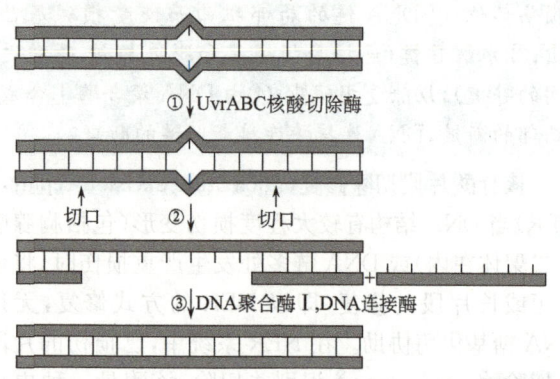

图 5.4　E. coli 的核苷酸切除修复
①UvrABC 核酸切除酶在严重受损碱基的两侧对 DNA 链进行切割；②切除 12nt 的寡聚核苷酸片段，对嘧啶二聚体的损伤则切除 13 聚体；③ DNApolⅠ以原互补链为模板填补缺失的核苷酸，如同碱基切除修复

细胞内有多种特异的 DNA 糖苷酶，能识别 DNA 中不正常的碱基，并将其水解脱落。例如，在 DNA 复制过程中聚合酶对 dTTP 和 dUTP 的分辨力不高，常有少量 dUTP 掺入。大肠杆菌的 dUTP 酶可以分解 dUTP 成 dUMP，但作用有限，仍不能完全避免 dUTP 掺入，且胞嘧啶脱氨基后也转变成尿嘧啶。对 DNA 链上出现的这些尿嘧啶，细胞中的尿嘧啶-N-糖苷酶可将其除去。腺嘌呤脱氨后形成次黄嘌呤，可被次黄嘌呤-N-糖苷酶切除。烷化剂可使碱基被修饰，如甲基磺酸甲酯作用于 DNA 可引起鸟嘌呤第 7 位氮原子，或腺嘌呤第 3 位氮原子甲基化。糖苷酶可识别并除去烷基化碱基。另一些糖苷酶可识别其他碱基缺陷。AP 位点也可由 DNA 碱基被修饰后使 N-糖苷键不稳定而自发水解产生，有些酸也能使 DNA 脱嘌呤。在 AP 位点必须切除若干个核苷酸后才能被修复，细胞内没有酶能在 AP 位置直接将碱基插入，因为 DNA 合成的前体物质是核苷酸而非碱基。细胞的切除修复功能对于保护遗传物质 DNA 不轻易被破坏而有重要意义，失去这种修复功能的细菌突变株，表现出容易被电离辐射和紫外线所杀死。

> **小结**：当 DNA 结构有较大程度损伤时，可诱导短或长片段的修复，即 NER。E. coli 中 NER 的关键酶是 UvrABC 核酸切除酶。包括 4 步反应：①UvrABC 核酸切除酶对严重受损碱基的两侧切割 DNA 链；②切除 12nt 的寡聚核苷酸片段，对嘧啶二聚体的损伤则切除 13 聚体；③ DNA 聚合酶Ⅰ以原互补链为模板填补缺失的 nt；④DNA 连接酶连接新旧链的断口。NER 障碍是癌症发生的一个原因。

（3）错配修复

DNA 在复制过程中如果发生了错配，当新合成的链被校正，则基因编码信息可得到恢复；但如果是模板链已被校正，则复制后突变就被固定了下来。大肠杆菌中的错配修复（mismatch repair）系统能够区分"旧"链和"新"链，亲本链具有区别于子链的识别标签，甲基化酶可使 DNA 的 5′-GATC-3′序列中腺嘌呤 N^6 位甲基化。该 4 碱基序列广泛分布于整个基因组中，一般每隔 250bp 就出现一次，邻近于可能出现错配的位点。GATC 为回文序列，其互补链 5′→3′方向序列也是 GATC。当亲链甲基化的 GATC 序列被复制后，新合成子链上的 GATC 序列将延时甲基化，短时内子代 DNA 双链处于半甲基化状态，利用该时间差，以亲链甲基为标记区分亲链和子链，只对未甲基化子链上的错配进行修复，一旦发现错配，即将未甲基化的链切除，并以甲基化的链为模板进行修复。该修复过程必须在错配发生后的短时内（数分钟）进行，否则子链被甲基化后就无法区分亲链和子链了。E. coli 甲基化酶引导的错配修复过程分为识别、切除和修补等步骤，见图 5.5。参与修复的蛋白质至少有 12 种，其中几个特有的蛋白质由 mut 基因编码。

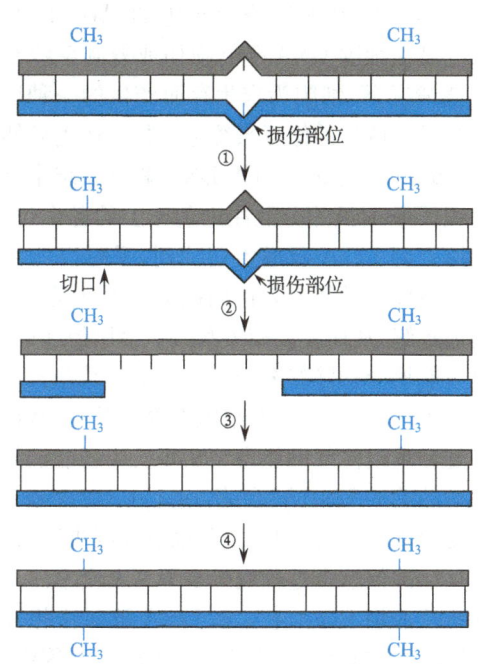

图 5.5　E. coli 的 DNA 错配修复

①先由 MutH、MutL 和 MutS 蛋白与 ATP 共同根据 GATC 序列未被甲基化而识别待修复的子链，继而识别错配碱基，在与甲基化 GATC 序列相对链的错配碱基上游引入一个切口；②由外切核酸酶 I 与 MutL、MutS、DNA 解旋酶及 ATP，共同将切口下游包括错配碱基在内的一段 DNA 切除；③ DNA 聚合酶 III 全酶在 SSB 协助下，填补由外切核酸酶产生的缺口，DNA 连接酶将留存的切口连接；④甲基转移酶将子链的 GATC 序列甲基化

人类细胞错配修复系统缺失将导致严重后果，最典型的例子是引发遗传性非息肉结肠癌（hereditary nonpolpsis colon cancer，HNPCC），在美国大约每 200 个人中就有 1 人患之，占所有结肠癌的 15%。分析患病机制发现是由于微卫星序列不稳定所致，长度为 1~4bp 的串联重复序列（DNA 微卫星序列）在患者一生中会改变其大小（重复数目而非序列的长短），且存在个体差异。错配修复系统与微卫星序列不稳定之间的关系主要是在 DNA 复制中，因 DNApol 的"打滑"而引起短重复序列插入过多或过少，致使产生凸环，错配修复系统能识别并修复"打滑"造成的错误。但当系统出现问题时，凸环不能被校正。因此由细胞分裂而进行的 DNA 复制将导致许多基因发生突变。这种遗传不稳定性会引发癌症，尤其是控制细胞分裂的基因（癌基因和肿瘤抑制基因）发生突变。

小结：错配修复系统有区分亲链和子链的识别标签，即甲基化酶可使 DNA 的 5′-GATC-3′ 中腺嘌呤 N^6 位甲基化。当亲链甲基化的 GATC 被复制，新合成子链的 GATC 序列将延时甲基化，短时内子代 DNA 双链处于半甲基化状态。利用这个时间差，错配修复只对未甲基化子链进行修复。错配修复系统与 DNA 微卫星序列不稳定性之间的关系是在 DNA 复制中因 DNA 聚合酶的"打滑"而引起短重复序列插入过多或过少，导致产生凸环，错配修复系统能识别并修复"打滑"的错误，但系统出现问题时则不被校正，导致许多基因突变，特别是癌基因和肿瘤抑制基因，由此引发癌症。

（4）重组修复

切除修复一般发生在下一轮 DNA 复制之前，是复制前修复。机体细胞对在复制起始时尚未修复的 DNA 损伤部位可以先复制再修复，这种方式称为重组修复（recombination repair）（又称旁路修复）。例如，含有嘧啶二聚体，烷化剂引起的交联和其他结构损伤的 DNA 仍然可以进行复制后修复。在复制时，由于复制酶系统在损伤部位不能通过碱基配对合成子链，此时，可先跳过损伤部位，在下一个冈崎片段的起始位置或前导链的相应位置上再进行复制，其结果是子代链的损伤相应位置留下了缺口。此缺口即由 DNA 重组来修复。先从同源 DNA 母链上将相应核苷酸片段移至子链缺口处，然后再用新合成的序列补上母链空缺。这个过程发生在复制之后，是复制后修复（图 5.6）。

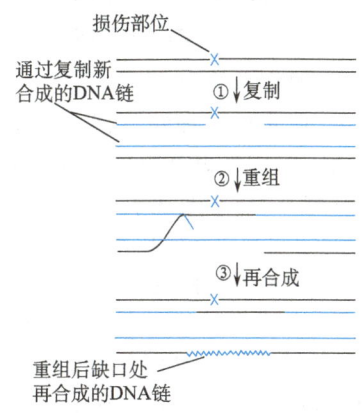

图 5.6　DNA 重组修复过程

用"×"形表示 DNA 上的嘧啶二聚体。①在复制时，复制酶系统越过二聚体所在区域，在该处留下缺口，而互补链在二聚体相对的区域则正常复制，两条新合成子链蓝色表示；②同源链之间发生链交换；③重组过程使嘧啶二聚体的缺口被填补，但在另一子代双链 DNA 分子中留下了一个缺口，带有嘧啶二聚体的双链 DNA 并未被修复，但成功完成了整个复制（未被修复的位点可能会在下一轮复制前得到修复），以正常的互补链作模板，填补合成缺失的链

参与重组修复的酶系统包括与重组和修复两个过程有关的酶类。例如，由重组基因 recA 编码的重组蛋白（RecA），相对分子质量 3.8×10^4。RecA 能够促进同源 DNA 链间交换，在 DNA 重组和重组修复中都起着重要作用。基因 recBCD 编码多功能酶 RecBCD，它具有解螺旋酶、核酸酶和 ATP 酶活性，能使 DNA 在重组位点产生 3' 单链，有利于修复链延伸。在重组修复过程中，DNA 链的损伤并未除去。当进行第二轮复制时，留在母链上的损伤仍会影响复制，复制经过损伤部位时所产生的缺口仍需通过同样的重组过程来弥补，直至损伤被切除修复所消除。但随着复制的不断进行，若干代后，即使损伤始终未从亲代链中除去，在后代细胞群中也已被稀释，基本上消除了影响。

重组修复机制缺陷有可能导致肿瘤发生。研究发现，女性人群的 Brca1 和 Brca2 两个基因如有缺陷，发生乳腺癌的概率为 80%。实验表明，这两个基因的产物 BRCA1 和 BRCA2 能与重组蛋白 Rad51 作用，是参与重组修复过程的蛋白质。

> **小结**：机体对在复制起始时尚未修复的 DNA 损伤可以先复制再修复，称为重组修复。复制时可先跳过损伤部位，在下一个冈崎片段的起始位置或前导链的相应位置上进行复制，在子链的损伤位留下缺口，由 DNA 重组修复。先从同源 DNA 母链上将相应核苷酸片段移至子链缺口处，再用新合成的序列补缺。参与重组修复的酶系统主要是 RecA，它能促进同源 DNA 链间交换。recBCD 基因编码多功能酶 Rec BCD，它具有解螺旋酶等活性，能使 DNA 在重组位点产生 3' 单链，有利于修复链的延伸。

(5) 易错修复和 SOS 反应

直接修复、切除修复和错配修复系统都能识别 DNA 的损伤部位或错配碱基而加以消除，这些修复过程不引入错误碱基，属于避免差错的修复（error-free repair）。已知在 DNA 两条链互补中，当一条链受损时可以另一条链为模板进行修复。但在有些情况下无法为修复提供正确的模板，如其中的模板链损伤、双链断裂或双链交联而无正常互补链等，当复制叉遇到未修复的 DNA 损伤时，正常复制过程受阻，导致重组修复或易错修复。许多造成 DNA 损伤或抑制 DNA 复制的过程能引起一系列复杂的诱导效应，称为应急反应（SOS response）。SOS 反应包括诱导 DNA 损伤修复、诱变效应、抑制细胞分裂以及溶原性细菌释放噬菌体等，细胞癌变也与 SOS 反应有关。20 世纪 50 年代，Weigle 发现用紫外线照射过的 λ 噬菌体感染事先已经低剂量紫外线照射过的大肠杆菌，则在 E. coli 体内存活的噬菌体数目增加，且出现了较多突变型，而感染未经照射的 E. coli 后存活率和变异率都较低，证明这些效应是经紫外线照射后诱导产生的（Weigle 效应）。SOS 反应是在细胞 DNA 受到损伤或复制系统受到抑制的紧急情况下，细胞为求生存而产生的一种应急措施。SOS 反应诱导的修复系统主要是易产生差错的修复（error-prone repair）。SOS DNA 修复系统中许多蛋白质的编码基因虽然分散在染色体上的各个位点，但其转录均受到 LexA 阻遏蛋白抑制，平时表达水平都很低。SOS 体系的诱导表达调控实际上就是 LexA 阻遏蛋白被降解，从而释放相关基因上游调控区的过程。SOS 反应能诱导切除修复和重组修复中某些关键酶和蛋白质产生，使这些物质在细胞内含量升高，从而加强切除修复和重组修复的能力。SOS 反应还能诱导产生缺乏校对功能的 DNA 聚合酶，使之在 DNA 链的损伤部位即使出现不配对碱基，复制也能继续进行，以保证细胞的存活。但这个过程也带来了高突变率。

SOS 反应由 RecA 蛋白和 LexA 阻遏物相互作用引起。RecA 蛋白是一种由 E. coli 的 rec 基因编码的，在同源重组中起重要作用的蛋白质，同时也是 SOS 反应的启动因子。当用 UV 或其他诱变剂处理细胞，在有 ATP 存在时，细胞能以某种方式激发 RecA 辅蛋白酶的活性。RecA 辅蛋白酶的作用靶点主要是 λ 阻遏蛋白和 LexA 基因产物 LexA，LexA 是许多修复系统基因表达的阻遏物。当 LexA 被 RecA 辅蛋白酶激活，Lex A 的自体蛋白水解酶活性使自身分解，受其抑制的基因将被诱导激活而表达。这些基因包括：紫外线损伤修复基因、recA 和 lex A 基因，以及编码单链结合蛋白的基因 ssb、与 λ 噬菌体 DNA 整合有关的基因 himA、与诱变作用有关的基因 umuDC（编码 DNA 聚合酶 V）和 dinB（编码 DNA 聚合酶Ⅳ）、与细胞分裂有关的基因 sulA、ruv 和 lon 和一些功能尚不清楚的基因 din D、F 等。由此可见，SOS 反应的 RecA-LexA 修复系统影响许多重要基因的表达。如图 5.7 所示 LexA 蛋白的自体水解使许多 SOS 反应的机制。

被诱导的基因 umuC 和 umuD 组成有活性的操纵子 umuDC。umuD 基因产物 UmuD 能被在翻译后被加工为 umuD'，它与 umuC 基因的产物 UmuC 组成具有 DNA 聚合酶 V 活性的 Umu D'_2C 复合体。在体外，DNA 聚合酶 V 能引发 DNA 损伤修复的易错旁路。研究发现 DNA 聚合酶Ⅲ全酶与 RecA 蛋白对 RecA-LexA 修复系统有较强的促进作用。这类旁路即使不能正确阅读损伤位点，也会完成对损伤位点的复制，避免产生缺口，但往往在新合成的子链中掺入错误碱基（由此得名"易错"）。深入研究还发现，umuDC 操纵子上的启动子可被 UV 激活，进一步说明易错旁路是被诱导而产生的。DNA 聚合酶 V 能有效跨过三类最普遍 DNA 损伤：嘧啶二聚体；光化学产物；无碱基的 AP 位点。真核生物的易错旁路及无差错旁路称为跨损伤合成(translesion synthesis，TLS)。

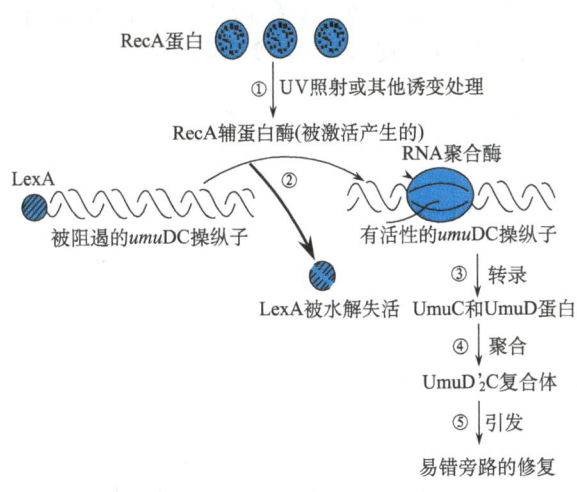

图 5.7　易错修复旁路(SOS 反应)路径示意图
①紫外线激发了 RecA 辅蛋白酶活性；②有活性的 RecA 辅蛋白酶激活了结合在 umuDC 操纵子上的 LexA 蛋白，使 LexA 蛋白自体水解，水解后的 LexA 蛋白从 umuDC 操纵子上释放下来；③umuDC 操纵子开放，合成 UmuD 和 UmuC 蛋白；④两者组成 UmuD'$_2$C 复合体；⑤引发 DNA 修复的易错旁路

一般情况下，recA 基因表达并不完全受 lexA 阻遏，所以每个细胞中可有大约 1000 个 RecA 蛋白单体游离分散在胞质中。当 DNA 受损而造成 DNA 复制中断时，单链 DNA 缺口数量增加，RecA 与这些缺口处的单链 DNA 结合并被激活成 LexA 阻遏蛋白特异性的蛋白酶，将 LexA 蛋白切割成无阻遏活性和操纵序列 DNA 结合能力的两个肽段，从而使 SOS 体系(包括 recA 基因)能够高效表达，并开始 DNA 的修复合成。只要有活化信号(如一定数量的单链 DNA 缺口)存在，该操纵子就一直处于转录状态。当 DNA 修复完成后，相应的活化信号消失，RecA 蛋白又恢复成无蛋白水解酶活性的形式，LexA 蛋白的量才得以逐渐积累，并从新建立起阻遏体系。

SOS 反应广泛存在于原核和真核生物，它是生物体在不利环境中求得生存的一种本功。例如，SOS 反应使细菌细胞的分裂受到抑制形成丝状体的生理意义在于复制受阻情况下避免了因细胞分裂而产生不含 DNA 的细胞，或使细胞有更多进行重组和修复的机会。SOS 反应的意义主要有两个方面，DNA 修复和导致变异。一方面，细胞在一般环境中突变是不利的，但在 DNA 受损和复制被抑制的特殊环境中，DNA 突变将有利于它的存活。从这个意义上讲，SOS 反应很重要。另一方面，大多数能在细菌中诱导产生 SOS 反应的作用剂，对高等动物都有致癌作用，如 X 射线、紫外线、烷化剂、黄曲霉素等。而某些不致癌的诱变剂却又不引起 SOS 反应，如 5-溴尿嘧啶等。据推测，许多癌变是由 SOS 反应诱变造成的。在医药和食品的实际应用上，有关致癌物的一些简便检测方法就是根据 SOS 反应原理设计的，因为在动物身上诱发肿瘤的试验需要耗费巨大的人力物力，且周期长，而细菌的 SOS 反应较容易检测。

> **小结**：许多造成 DNA 损伤或抑制 DNA 复制的过程能引起一系列复杂的诱导效应，称为 SOS 反应，包括诱导 DNA 损伤修复、诱变、癌变等。SOS 反应诱导的修复系统是易错修复。能诱导切除修复和重组修复中某些关键酶和蛋白产生，加强切除修复和重组修复的能力。SOS 反应由 RecA 蛋白和 LexA 阻遏物互作引起。RecA 在同源重组中起重要作用，在 E. coli 中由 rec 基因编码，同时也是 SOS 反应的启动因子。当用 UV 等诱变剂处理时细胞能激发 RecA 辅蛋白酶活性。lexA 是许多修复系统基因表达的阻遏物。当 LexA 被 RecA 辅蛋白酶激活后自身分解，受其抑制的基因将被诱导激活而表达。SOS 反应的 RecA-LexA 系统影响许多重要基因的表达。

5.3　基因突变

前面学习已知，DNA 作为遗传物质有 3 个主要功能，通过复制将遗传信息由亲代传给子代；通过转录使遗传信息在子代得以表达；通过变异在自然过程中获得新的遗传信息。变异是 DNA 核苷酸序列改变的结果，变异主要包括由于不同 DNA 分子之间的交换而引起的遗传重组，以及 DNA 的损伤和错配得不到修复而引起的突变。基因突变(mutation)是基因发生可遗传的结构和数量的变化，通常产生一定的表型。广义的突变包括染色体畸变和基因突变，遗传重组也导致可遗传的变异，因此染色体畸变、基因突变、遗传重组是可遗传变异的基础。

基因突变有多种类型，碱基对置换指 DNA 错配碱基在复制后被固定下来，由原来的一个碱基对被另一个碱基对取代，又称点突变。碱基对置换有两种类型：转换(transition)，指在两种嘧啶或两种嘌呤之间的互换；颠换(transversion)，发生在嘧啶与嘌呤之间的互换。碱基替换通常仅发生在一个碱基上，偶尔也有几个碱基同时被替换。转换发生的频率一般比颠换高 1 倍左右。插入突变指在基因的序列中插入了一个碱基或一段外来 DNA 导致的突变。例如，大肠杆菌的噬菌体 Mu-1、插入序列(IS)或转座子等都可能诱发

插入突变。插入突变有两种方式：①拷贝或复制移动，指一个位点上的序列被复制后插入到另一位点。②非拷贝移换，DNA 序列从一个位点直接移动到另一位点。同义突变是指虽然改变了密码子的组成，但由于密码的简并性而未改变所编码氨基酸的突变。例如，基因中的密码 CTA 突变为 CTG，则所转录的 mRNA 中将由 GAU 变为 GAC，但它们都是天冬氨酸的密码子。因此同义突变不改变基因产物的序列，对发生突变的染色体组既无益处也无害处，故又称无声突变或中性突变。错义突变是基因突变改变了所编码的氨基酸的种类或位置的突变，能不同程度地影响蛋白质或酶的活性。当氨基酸密码子变为终止密码子时，称为无义突变，它导致翻译提前结束。移码突变是由于一个或多个非三整倍数的核苷酸对插入或缺失，导致编码区该位点后的三联体密码子可读框改变，从而使后面的氨基酸都发生错误，使该基因产物完全失活；如出现终止密码子则也可使翻译提前结束。缺失突变指一个或多个碱基从一段 DNA 序列中被删除，或较长核苷酸序列丢失引起的突变，这种突变一般难以被回复。渗漏突变是指突变基因的产物尚有部分活性的错义突变，是表型界于野生型与完全突变型之间的某种状态。从突变体又恢复原先野生型表现型的突变过程称为回复突变。突变热点是指 DNA 分子上任意位点发生突变的频率并不相等，在某些位点发生突变的频率远远高于其平均数的突变。突变热点的形成与造成突变的机制有关。

在自然条件下发生的 DNA 突变称为自发突变。自然界自发突变的频率非常低，大肠杆菌和果蝇的基因突变率都在 10^{-10} 左右。能够提高突变率的物理或化学因子称为诱变剂（mutagen）。对 DNA 分子的诱变主要有物理诱变剂和化学诱变剂两种。前者通过高能离子化辐射，如吸收 X 射线、γ 射线，引起目标分子电子转移，这些电子会引起 DNA 发生多种化学变异，如断链、碱基及糖环的损伤等。非离子化辐射引起目标分子内的分子振动或促进电子进入较高能级态，形成新化学键。化学诱变剂主要是通过对碱基的修饰或插入其中，从而改变其配对特性而诱发的突变。许多天然或人工合成的有机和无机的化学物质均可与 DNA 发生反应改变其特性。许多诱变剂的作用机制已经清楚，最常见的有以下几类。

碱基类似物（base analog）是与 DNA 正常碱基结构类似的化合物，能在 DNA 复制时取代正常碱基掺入并与互补链碱基配对。这些类似物也容易发生互变异构，在复制时改变配对性质，引起碱基对的置换。所有碱基类似物引起的置换都是转换而非颠换。5-BU 是 T 类似物，通常情况下以酮式（keto）结构存在，能与 A 配对；但它有时以烯醇式（enol）结构存在，则与 G 配对（图 5.8）。胸腺嘧啶也有酮式和烯醇式互变现象，但其烯醇式发生率极低。而 5-BU 中由于溴原子负电性很强，其烯醇式发生率很高，显著提高了诱变力，结果使 AT 对转变为 GC 对。

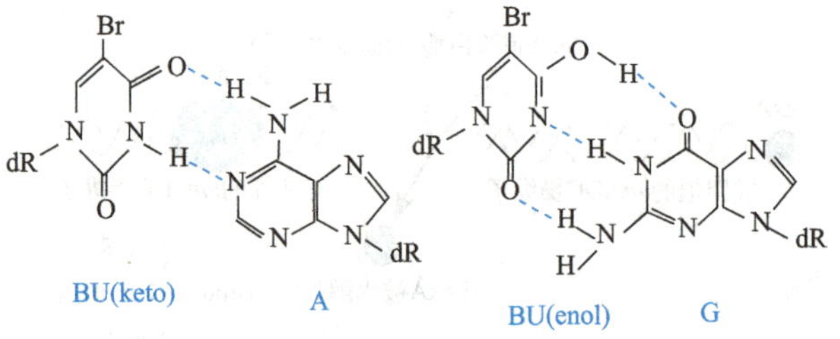

图 5.8　5-BU 的酮式和烯醇式结构具有不同的配对性质

2-氨基嘌呤是 A 的类似物，正常状态下与 T 配对，但以亚氨基状态存在时（极少数情况）却与 C 配对（图 5.9）。引起 AT 对转换为 GC 对。

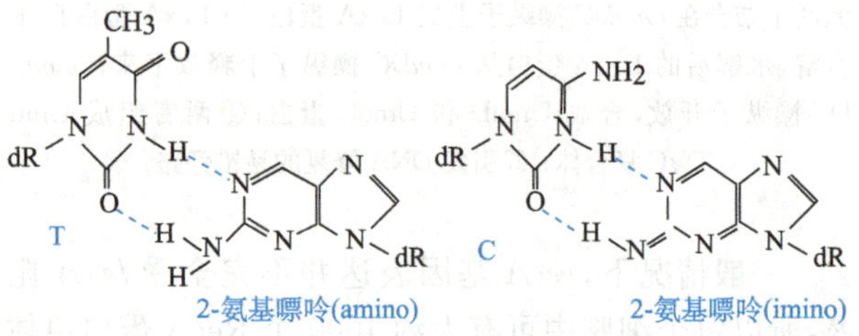

图 5.9　2-氨基嘌呤以亚氨基状态存在时与胞嘧啶配对

碱基的修饰剂　某些化学诱变剂通过对 DNA 分子上碱基的修饰（base modification），改变其配对性质。例如，亚硝酸能脱去碱基上的氨基。当腺嘌呤脱氨后成为次黄嘌呤（I），后者与 C 配对，而不与 T 配对；胞嘧啶脱氨后成为 U，与 A 配对等。经过两次复制后，分别由于 A 和 C 的脱氨，而使 AT 对转换为 GC 对，或 GC 对转换为 AT 对。G 脱氨后成为黄嘌呤（X），后者仍与 C 配对，经复制后恢复正常，不引起碱基对置换。羟胺（NH_2OH）与 DNA 分子上碱基的作用十分特异，它只与 C 作用，生成 4-羟胺胞嘧啶（HC），能与 A 配对，结果使 GC 对变为 AT 对（图 5.10）。

烷化剂（alkylating agent）　是一类极强的化学诱变剂，常见的有乙基甲烷磺酸（EMS）、氮芥、硫芥、乙基乙烷磺酸（EES）和亚硝基胍（NTG）等。烷化剂能使 DNA 碱基上的氮原子被烷基化，最多见的是 G 第 7 位氮原子的烷基化，它能引起分子内电荷分布的变化而改变碱基配对性质，如 7-甲基鸟嘌呤（7-MG）与 T 配对（图 5.10）。直接与配对有关基团的烷基化

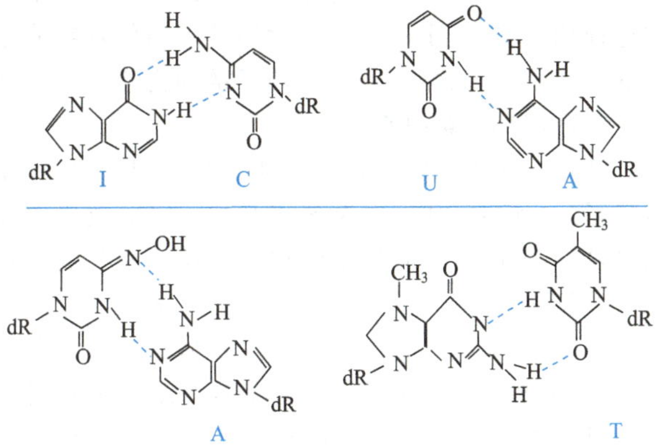

图 5.10 化学修饰改变了碱基的配对性质

可以完全阻断复制时的碱基配对。氮芥是二（氯乙基）胺的衍生物，硫芥是二（氯乙基）的硫醚，它们能使 DNA 同一条链或两条不同 DNA 链上的 G 交联成二聚体，交联的结果是阻止了正常的修复，因此交联剂往往是强致癌剂。亚硝基胍在适宜条件下可使 E. coli 每个细胞都发生一个以上的突变，典型变化是在 DNA 复制叉部位出现多个成簇的突变。当精确控制培养条件和加入亚硝基胍的时间与剂量时，可选择性地使细胞 DNA 特殊片段发生突变。此外，烷化后的嘌呤与脱氧核糖结合的糖苷键变得不稳定，易使嘌呤脱落而造成突变。

嵌入染料 许多扁平的稠环分子，如吖啶橙、原黄素、溴化乙锭等嵌入染料（intercal-ating dye）可插入到 DNA 分子碱基对之间。这些扁平分子插入 DNA 后正好占据了一对碱基的位置，将碱基对间的距离撑大约一倍。嵌入染料的插入造成两条链错位，复制时新合成的链增加/缺失了核苷酸，结果造成移码突变。

紫外线和电离辐射 紫外线可使相邻嘧啶之间形成环丁烷二聚体结构和光化学产物，即一个嘧啶的第 6 位碳原子与相邻嘧啶第 4 位碳原子之间连接，并使 DNA 链弯曲（bend）或纽结（kink）。电离辐射（X 射线、γ 射线等）的作用比较复杂，除射线的直接效应外还通过对水的电离形成自由基起作用（间接效应）。大剂量照射时，使 DNA 链出现双链断裂或单链断裂而发生严重的突变。紫外线和电离辐射都是强诱变剂。

诱变剂和致癌剂的检测 现代医学和生物学研究表明，癌症的发生主要是由于某些调节正常细胞分裂的基因缺陷或变异所致，这些基因包括原癌基因和抑癌基因。肿瘤发生是细胞生长失控的结果，能转移的恶性肿瘤称为癌。控制细胞分裂的基因由于突变或肿瘤病毒的入侵而失去其调节功能，原癌基因成了癌基因，抑癌基因失去抑制细胞恶性生长的能力。因此细胞癌变与修复机制的受损及突变率提高有关。

存在于食品、日用品和环境中的诱变剂和致癌剂对人类健康十分有害，Bruce Ames 发明了一种检测方法，称 Ames 试验。该方法采用鼠伤寒沙门氏菌的营养缺陷型菌株，其 His 生物合成途径一个酶基因发生突变而使该酶失活，将该菌与待测物置于无 His 的培养基中培养，如果待测物有诱变作用，就可使营养缺陷型细菌因恢复突变而产生菌落，根据菌落的多少可判断诱变力的强弱。由 Ames 试剂和动物试验的结果发现致癌物质中 90% 都有诱变功能，而诱变剂中 90% 有致癌作用。许多化合物需在体内经过代谢活化才有诱变作用，在测试时可将待测物与肝提取物一起保温，使其转化，这样可使潜在的诱变剂也能被检测出来。大肠杆菌的 SOS 反应可使处于溶原状态的 λ 噬菌体激活，从而裂解宿主细胞产生噬菌斑。通常，引起细菌 SOS 反应的物质对高等动物都是致癌的。Devoret R 根据此原理，利用溶原菌被诱导产生噬菌斑的方法来检测致癌剂，简化了检测手段。

基因突变的后果 主要是生物功能部分的或全部丧失导致的表现型，多数是由于某一基因突变后使其所表达的蛋白质或酶失活，这种突变可以是点突变、缺失或基因紊乱。导致某一蛋白质缺失的突变不一定位于编码这个蛋白质的基因中。例如，丙种球蛋白缺乏症属于一种免疫缺乏症，推测是免疫球蛋白的基因发生突变引起的。它与蛋白质合成后的加工和修饰有关。B 细胞的成熟机制与免疫系统过程有关的异常都可导致免疫缺乏症。

一个基因缺失有时会引起多种酶的缺乏。黏脂病 II 型是由于多种的溶酶体的酶缺乏所致。主要缺失不在这些酶的结构基因中，而是对该糖基化酶分子上甘露糖残基进行磷酸化的 N-乙酰葡萄糖胺-1-磷酸转移酶缺失，从而导致了一系列溶酶体的酶缺乏。

有些突变可产生功能获得性显性表现型，但获得完全是新功能的情况十分罕见（除癌细胞）。在遗传性疾病中，功能获得往往是基因在发育过程中的错误时期、错误组织，或对错误信号的某种反应，或是异常高水平表达的结果（有一例罕见的先天性点突变导致一种蛋白质出现全新的功能，此突变位于 Pinsburg 染色体 P1 基因座上）。在许多癌细胞中染色体重排产生的嵌合基因可导致无法控制的细胞增殖。体细胞的频繁突变是不可避免的，典型的人体细胞突变每个基因每世代发生率为 $10^{-5} \sim 10^{-7}$，但并非所有突变都导致疾病，如癌症或遗传病。一个正常细胞转变成恶性肿瘤或许要以多种多样特异性的突变同时发生为前提条件。

小结：基因突变是指在基因内的遗传物质发生可遗传的结构和数量的变化。染色体畸变、基因突变、遗传重组是可遗传变异的基础。有多种类型：碱基替换，即点突变，包括转换和颠换，插入、同义、错义、无义、移码、缺失、渗漏、回复突变等。自发突变发生的频率很低，人工诱导能提高突变率。能提高突变率的物化因子称为诱变剂，包括物理的和化学的诱变剂，常见的有碱基类似物和碱基修饰剂，通过对DNA分子上碱基的修饰改变配对性质的一类物质，如烷化剂。嵌入染料，是一些可插入到DNA分子碱基对之间，造成移码突变的扁平稠环分子。Ames试验是检测诱变剂和致癌剂的一种方法。基因突变的后果主要是生物功能的丧失。

【本章重点归纳】

DNA 损伤是指在生物体生命过程中 DNA 双螺旋结构发生的任何改变。主要分为两种：一是单个碱基的改变，二是双螺旋结构的异常扭曲。引起 DNA 损伤的因素包括 DNA 分子本身在复制过程中发生的自发性改变以及细胞内各种代谢物质和外界物理、化学因素等引起的损伤。碱基自发性化学改变的损伤包括 5 种因素：碱基之间的互变异构、碱基脱氨基、自发的脱嘌呤和脱嘧啶、DNA 聚合酶的"打滑"、活性氧引起的诱变及细胞代谢产物对 DNA 的损伤。物理因素引起的 DNA 损伤主要是由 UV 照射和电离辐射引起。UV 引起的 DNA 损伤主要是形成嘧啶二聚体，最易形成的是 TT 二聚体。电离辐射对 DNA 损伤有直接和间接效应两种。化学因素引起 DNA 损伤包括烷化剂和碱基类似物。碱基类似物是一类结构与碱基相似的人工合成化合物，能替代正常碱基掺入到 DNA 链中，干扰 DNA 的正常合成。

细胞对 DNA 损伤的修复系统主要有 5 种：切除、错配、直接、重组和易错修复。切除修复可分为碱基切除和核苷酸片段切除修复。碱基切除主要修复单个碱基缺陷的损伤。核苷酸片段切除修复是在 DNA 结构有较大损伤变形时修复，需切除酶的参与。切除修复系统和癌症发生有一定关系。错配修复系统通过甲基化酶将复制后的 DNA 甲基化，一旦发现错配碱基，将未甲基化链切除，并以甲基化链为模板进行修复。直接修复是把被损伤的碱基回复到原状态的一种修复。重组修复是指机体细胞对在复制起始时尚未修复的DNA损伤部位实行先复制再修复的方式。在复制时跳过损伤部位，在下一个冈崎片段的起始位置或前导链的相应位置上再进行复制，使子链损伤相应位置留下缺口，由 DNA 重组修复。

许多造成 DNA 损伤或抑制 DNA 复制的过程能引起复杂的诱导效应，称为 SOS 反应。SOS 反应诱导的修复系统是易产生差错的修复。由 RecA 蛋白和 LexA 阻遏物相互作用引起。RecA 是 SOS 反应启动因子。RecA 辅蛋白酶作用靶点主要是 λ 阻遏蛋白和 LexA 基因产物 LexA，LexA 是许多修复系统基因表达的阻遏物。SOS 反应的 RecA-LexA 修复系统影响许多重要基因的表达，使之在 DNA 链的损伤部位即使出现不配对碱基，复制也能继续进行，从而增加细胞存活的机会，但该过程会产生高突变率。

基因突变是指在基因内的遗传物质发生可遗传的结构和数量的变化。染色体畸变、基因突变、遗传重组是可遗传变异的基础。基因突变有多种类型：碱基替换，即点突变，包括转换和颠换，插入突变、同义突变、错义突变、无义突变、移码突变、缺失突变、渗漏突变、回复突变。自发突变发生的频率非常低，通过人工诱导能提高突变率。能提高突变率的物理或化学因子称为诱变剂，包括物理的和化学的诱变剂。常见诱变剂有碱基类似物和碱基修饰剂，如烷化剂。嵌入染料，是一些可插入到 DNA 分子碱基对之间，造成移码突变的扁平稠环分子。Ames 试验是检测诱变剂和致癌剂的一种方法。基因突变的后果主要是生物功能的丧失。

【思考题】

1. 什么是DNA的损伤？DNA结构的改变有哪两种类型？其危害有哪些？
2. DNA分子碱基自发性化学改变可造成哪些损伤？试写出其要点。
3. 化学因素引起的DNA损伤主要有哪几种？写出要点。
4. 什么是DNA的修复？细胞对DNA损伤的修复系统主要有哪些？
5. 什么是SOS应急反应？SOS反应由什么物质引起？意义如何？
6. 基因突变的概念是什么？简要写出基因突变的几种类型。什么是突变热点？

第 6 章
DNA 的重组与转座

DNA 分子内或分子间发生遗传信息的重新组合，称为遗传重组或基因重排。重组产物称为重组 DNA（recombinant DNA）。DNA 重组广泛存在于各类生物体。真核生物基因组之间的重组多发生在减数分裂时同源染色体之间的交换。细菌及噬菌体的基因组为单倍体，来自不同亲代两组 DNA 之间可通过多种形式进行遗传重组。

DNA 重组对生物进化起着关键的作用。生物进化是生物随时间发生变化和多样化的过程。生物进化以不断产生可遗传的变异为基础。首先有突变和重组，由此产生遗传的变异，然后才有遗传漂变和自然选择，才有了进化。可遗传变异的根本原因是突变。然而突变的概率很低，且多数是不利的。如果生物只有突变没有重组，在积累具有选择优势突变的同时不可避免积累许多难以摆脱的不利突变，有利突变随不利突变一起被淘汰，新的优良基因就不可能出现。DNA 重组的意义是能迅速增加群体的遗传多样性（diversity），使有利突变与不利突变分开，通过优化组合（optimization）积累有意义的遗传信息。此外 DNA 重组还参与许多重要的生物学过程，它为 DNA 损伤或复制障碍提供了修复机制。某些生物的基因表达还受到 DNA 重组的调节。

DNA 重组分为 4 类，同源重组、位点特异性重组、转座重组和异常重组。同源重组的重组对之间需要有同源性，调节这一过程的蛋白质是同源性依赖的。位点特异重组的重组对之间无需同源性，调节这一过程的蛋白质在供体和受体分子中识别短的特异 DNA 序列，在供体和受体位点之间存在同源性。转座重组不需要同源性，调节这一过程的蛋白质识别重组分子中的转座因子，受体位点在序列上相对非特异，重组过程将可转座因子整合至宿主 DNA 中。异常重组要求重组对之间无需同源性或少同源性，属于非正常细胞行为，如复制中不正常的末端连接、DNA 链异常滑动或成环等。

小结：DNA 重组分为 4 类：同源重组、位点特异重组、转座重组和异常重组。同源重组过程需有序列同源性；位点特异重组的重组对之间无需同源性，而是供体和受体位点之间存在同源性。转座重组无需同源性，重组过程将可转座因子整合至宿主 DNA 中。异常重组属非正常细胞行为。

6.1 同源重组

同源重组（homologous recombination）又指一般性重组，由两条同源区的 DNA 分子，通过配对、链断裂和再连接而产生的片段之间交换的过程。真核生物在形成配子时染色体进行一次复制，而细胞核进行两次分裂，由此从双倍体细胞产生了单倍体细胞，故称减数分裂。在分裂前期，参与联会的同源染色体实际上已复制形成两条姊妹染色单体，从而出现由四条染色单体构成的四联体。在四联体的某些位置，姊妹染色单体之间可以发生交换。前面学习已知，通过有性生殖繁衍的后代往往具有与双亲不同的遗传组成。这种变异除了源自减数分裂过程中双亲染色体的自由组合外，绝大部分来源于同源染色体之间的同源重组。这个过程改变了父源和母源染色体上基因的组成，使后代个体中出现非亲本型的重组染色体。这些新组合使得后代个体能获得比亲本更具有优势的存活机会，因此这种重组型很有意义。另外在减数分裂中，同源染色体间的重组形成的物理连接保证了前期染色体间的正确配对和中期的完全分离。因此，同源重组在细胞 DNA 修复过程中也起着重要作用，被称为重组修复。

6.1.1 同源重组的分子模型

同源重组分子模型是由 Holliday 等在 1964 年提出的，Holliday 模型能够较好解释同源重组现象。简要步骤如下：① 两条同源染色体 DNA 相互靠近并排列；② 两个同源 DNA 分子之一发生双链断裂；③ 断裂后形成单链3′游离端,后者侵入到双链 DNA 内,寻找同源区域并配对结合,产生短的链置换区;④形成 Holliday 中间体;⑤通过 RuvA 和 RuvB 引发分支迁移,产生异源双链 DNA;⑥通过 RuvC 形成拆分口,将四链 DNA 复合体按不同方向拆分,形成片段重组体和拼接重组体(图 6.1)。

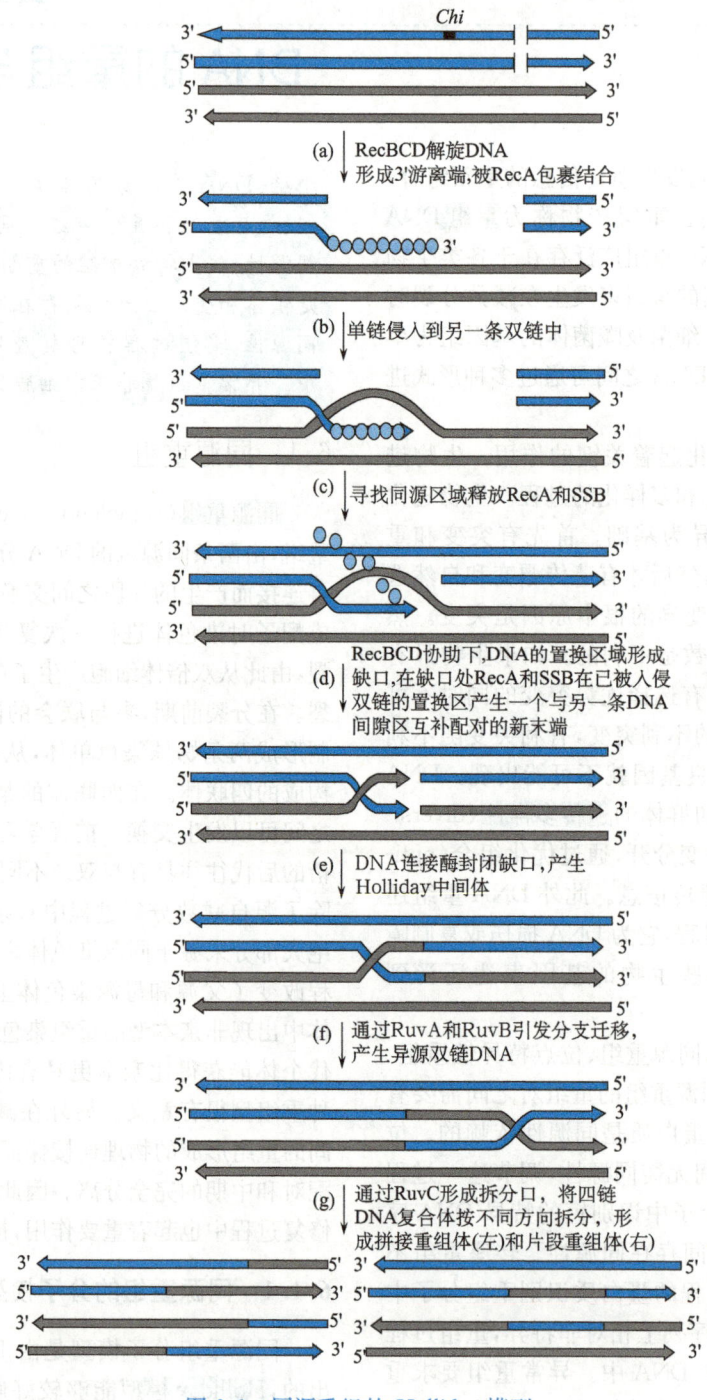

图 6.1 同源重组的 Holliday 模型

两条 DNA 分子之间形成的交叉点可以沿 DNA 移动,称为分支迁移(branch migration),迁移速度一般为 30bp/s。迁移实际上是两条 DNA 分子之间交叉互补的同源单链互相置换,迁移方向可以朝向 DNA 分子的任意一端。在重组部位每个双链中均有一段 DNA 链来自另一条双链中的相对链,这一部分称为异源双链(hetero duplex)。Holliday 中间体还能发生立体异构现象,通过空间重排而改变各条链的彼此关系,这种重排称为异构化,异构化过程中不涉及碱基间键的断裂,也不需要能量,所以能很快发生转变,每种构象存在概率各占50%。

Holliday 中间体形成后必须进行拆分(resolution),使连接在一起的两条双螺旋 DNA 分子又回复到彼此分开的双螺旋分子状态。拆分需要核酸内切酶和 RuvC 在交叉点处形成一对拆分口,然后再由 DNA 连接酶连接。由于交联在一起的中间体不断地处在空间重排和异构化之中,切口可能在两对同源链中的任意一对上发生。根据链裂断的方式不同,得到的重组产物各异。如果切开的链与原来断裂的是同一条链,重组体含有一段异源双链区,其两侧来自同一亲本 DNA,称为片段重组体。如切开的链并非原来断裂的链,重组体异源双链区的两侧来自不同亲本 DNA,称为拼接重组体,此种重组又叫作交互重组。

相对而言,同源重组的过程很精确,一个核苷酸的差错都会造成基因失活。同源重组的分子基础是 DNA 链间配对,通过碱基配对才能找到正确的位置进行链交换。实验表明,两个 DNA 分子必须具有 75bp 以上的同源区才能发生同源重组,小于此数值时将显著降低重组率。在不同生物体内同源重组过程有所不同,但基本步骤相同。另外,同源性并不意味序列完全相同,两个 DNA 分子只要含有一段碱基序列大致类似的同源区,仍可发生重组。同源重组参与了许多重要的生物学过程,是生物体基本的重组方式,如 DNA 的复制、重组和重组修复三个过程密切相关,许多有关的酶和辅助因子都是共用的。同源重组也在基因的加工、整合和转化中起着重要的作用。

值得注意的是,从重组模型已知,在重组事件起始阶段只有一条 DNA 分子中含有非对称异源双链区,后来由于异构化和分支迁移,才使两条 DNA 分子上都出现了对称的异源双链区。这一点在研究异源双链区上、下游部分基因转换频率和比例的不同而得到证实。

> **小结**:同源重组是由两条同源区的 DNA 分子通过配对、链断裂和再连接而产生的片段间交换的过程。Holliday 模型能较好解释同源重组,步骤如下:① 两条同源染色体 DNA 相互靠近并排列;② 两个同源 DNA 分子之一发生双链断裂;③ 形成的单链 3′ 游离端侵入双链 DNA 内寻找同源区并配对结合,产生短的链置换区;④ 形成 Holliday 中间体;⑤ 通过 RuvA 和 RuvB 引发分支迁移,产生异源双链 DNA;⑥ 通过 RuvC 形成拆分口,将四链 DNA 复合体按不同方向拆分,形成片段重组体和拼接重组体。

6.1.2 同源重组的酶学分子机制

对大肠杆菌 DNA 重组的分子基础研究的较为深入,与重组有关的酶已得到了鉴定。

RecBCD 途径 RecBCD 途径起始于对重组 DNA 分子中的一条双链 DNA 进行双链切断。RecBCD 蛋白(RecB、RecC 和 RecD 基因的产物)结合到 DNA 双链断裂位点,并利用 RecBCD 蛋白本身具有的 DNA 解旋酶活性,向具有 5′-GCTGGGTGG-3′ 序列的 Chi 位点进行 DNA 解旋。在 E. coli 基因组中平均每 5000bp 就有一个 Chi 位点。RecBCD 蛋白还具有外切双链和单链的活性,也具有单链内切核酸酶活性。这使得 RecBCD 蛋白可以产生 3′ 单链末端,该末端能被 RecA 蛋白(recA 基因产物)和 SSB 包裹。RecBCD 蛋白也协助 RecA 装载到 3′-DNA 末端。RecA 蛋白使单链末端侵入到其他双链 DNA 内,寻找能配对的同源区域,进而配对结合,当配对区间延伸扩展,就产生了链的置换区。在 RecBCD 蛋白协助下,DNA 的置换区域形成一个缺口。在缺口处,RecA 蛋白和 SSB 能在已被入侵双链的置换区产生一个与另一条 DNA 的间隙区互补配对的新末端。DNA 连接酶催化封闭缺口后,产生一个 Holliday 中间连接体(Holliday junction),中间连接体进一步在交叉点沿 DNA 链以约 30bp/s 的速度移动(分支迁移)。分支迁移实际上是在 RuvC 作用下,两条 DNA 分子之间交叉的同源单链互相置换的结果,迁移方向可朝向 DNA 分子的任意一端。因此,在重组区段每条双链中均有一段 DNA 单链来自另一个双链中的相对链,这一部分称为异源双链(hetero duplex)。在重组 DNA 分子的异源双链中,虽然两条链不完全互补,但绝大部分的碱基已成对,不会出现大段的单链部分。分支迁移的频率较低,由 RuvA(有解旋酶活性)和 RuvB(是一种 ATP 酶)两个蛋白质协助发挥解旋酶活性和水解 ATP 获得能量。当分支迁移到一定位点,两条 DNA 链在 RuvC 作用下,交叉点处形成一对切口,根据链裂断的方式各异,得到不同的重组产物。然后由 DNA 连接酶将断口连接上。由于交联在一起的中间体不断地处在空间重排和异构化之中,切口有可能在两对同源链中的任意一对上发生。RecBCD 蛋白能产生 3′ 端并发动该末端侵入双链 DNA 的过程依赖于 ATP 和 Mg^{2+} 两种物质的相对浓度。机制如图 6.2 所示。

1) RecBCD 蛋白首先结合在双链 DNA 上并使之解链;

2) 当 ATP 浓度大于 Mg^{2+} 浓度时,大部分 Mg^{2+} 被 ATP 螯合。RecBCD 蛋白的解旋酶活性向着 Chi 位点方向打开 DNA 双链,形成有 3′端的凸形 DNA 结构。当 RecBCD 到达 *Chi* 位点,就切割 *Chi* 位点下游的核苷酸,且由 RecA 蛋白包裹环凸的 DNA,RecBCD 继续解开 DNA 螺旋,形成 3′端覆盖着 RecA 蛋白的单链 3′端;

3) 当 Mg^{2+} 浓度大于 ATP 浓度时,大量 Mg^{2+} 未被螯合,RecBCD 蛋白解旋酶活性同样向着 *Chi* 方向打开 DNA 双链,形成有 3′端的凸形结构,在环后降解 DNA,当 RecBCD 蛋白到达 *Chi* 位点时,RecA 蛋白结合到环突 DNA 上,RecBCD 停止降解 3′端。开始切割 5′端的链,并激活 5′→3′外切核酸活性,降解 5′端的链,最终留下一个覆盖着 RecA 的单链 DNA。

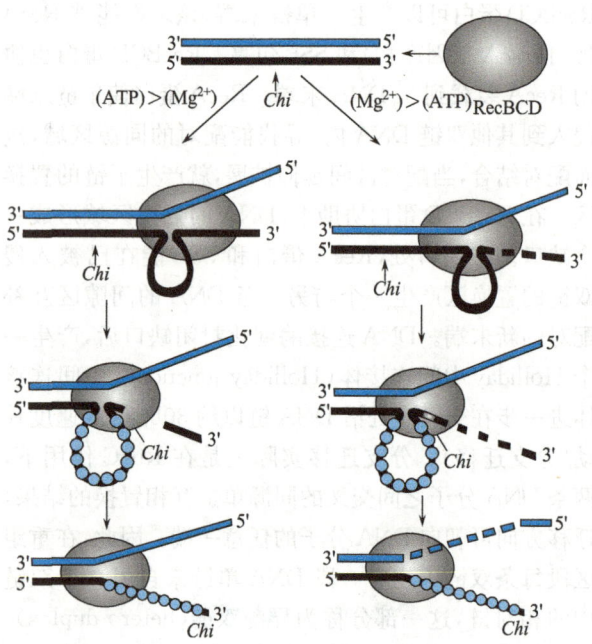

图 6.2　RecBCD 蛋白依赖 ATP 和 Mg^{2+} 产生 3′端的机制

Chi 位点　在对细菌 λ 噬菌体的遗传学研究中发现了 *Chi* 位点,它是 RecBCD 酶作用的靶位。在细菌中通常不存在大量双螺旋 DNA 的交换,而是有许多其他引发重组的方式。一些情况下,DNA 以游离单链 3′端的形式被用于重组,例如,DNA 的辐射损伤可以产生单链,噬菌体基因组经滚环式复制也能产生大量的单链。研究发现在 λ 噬菌体的一些突变体中,单一碱基对的改变就能产生激发重组的一些位点,如 *Chi* 位点。这些位点都含有一个恒定非对称的 8bp 序列(5′-GCTGGTGG-3′),该序列天然存在于 *E. coli* 的 DNA 中,每 5～10kb 长的序列中即可出现一次。

RecBCD 核酸酶　RecBCD 核酸酶由基因 *recBCD* 编码。RecBCD 核酸酶是一种多功能酶,有三种酶活性:①依赖于 ATP 的核酸外切酶活性;②可被 ATP 增强的核酸内切酶活性;③ATP 依赖的解旋酶活性。当 DNA 分子断裂时,RecBCD 酶即结合在其游离端,使 DNA 双链解旋并降解,解旋所需能量由 ATP 水解供给。当 RecBCD 酶移动至 *Chi* 位点 3′侧 4～6 个核苷酸的位置时,将链切开,产生具有 3′端的游离单链。因此,RecBCD 所介导的解旋和切割可以被用来产生末端并引发异源双链的形成。RecA 能够利用由 RecBCD 在 *Chi* 位点附近切割所释放的单链的 3′端与同源的双链发生配对重组反应产生交联分子。

RecA 蛋白　RecA 蛋白分子大小为 38kDa,它与 SSB 一起结合于单链 DNA 形成螺旋纤丝(helical filament),每圈含 6 个单体,螺旋直径 10nm,碱基间距 0.5nm。此复合物可与双链 DNA 作用发生部分解旋以便识别碱基,迅速扫掠寻找与单链互补的序列。互补序列一旦被找到,双链进一步被解旋,从而转换碱基配对,使单链与双链中的互补链配对,同源链被置换出来(图 6.3)。链交换沿单链 5′→3′方向进行,速度约为 6bp/s,直至交换终止,在此过程中由 RecA 水解 ATP 提供反应所需能量。SSB 的存在可激发此反应,因为它可以确保底物减少二级结构。在大肠杆菌中,RecA 蛋白参与重组的关键步骤。RecA 有两个主要功能,诱发 SOS 反应和促进 DNA 单链与同源双链发生链交换,使重组过程中 DNA 配对、Holliday 中间体的形成,分支移动等步骤得以进行。当 RecA 与 DNA 单链结合时,数千 RecA 单体协同聚集在单链上形成螺旋状纤丝。

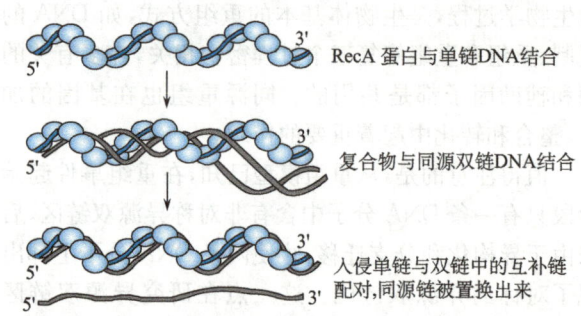

图 6.3　RecA 蛋白介导的 DNA 链交换

RecA 蛋白催化单链与双螺旋之间的反应分为三步,①前联会期,RecA 蛋白与 SSB 共同作用于单链 DNA,缓慢的包裹单链;②联会期,单链 DNA 与其在双螺旋中互补的链快速的配对,形成局部的链替换;③联会后或链交换期,单链 DNA 置换双链中的一条链形成中间体,产生异源双链 DNA,使两条 DNA 链相互缠绕,进行链交换。

以上所述是 DNA 单链对双链的侵入模型。RecA 也可使两个双螺旋分子发生相互作用,只要 DNA 双链中含有一个至少 50bp 的单链区,就可发生同源重组过程。

Ruv 蛋白　由于 DNA 分子是螺旋结构,在持续进行链交换时要发生分子旋转。RuvA和RuvB蛋白共同构成了DNA解旋酶。RuvA蛋白四聚体有平面对称的四方形结构,能识别 Holliday 中间体的交叉点,使 Holliday 中间体也采用这种四方平面构象,从而启动了在 Holliday 中间体上的 RuvB 六聚体环,继而,RuvB 利用其 ATP 酶的水解活性而驱动 DNA 解螺旋和分支移动,在移动的后方又重新形成螺旋(图 6.4)。

RuvC 蛋白　RuvC 蛋白是一种核酸内切酶,同源重组最后由 RuvC 将 Holliday 联结体切开,并由 DNApol 和 DNA 连接酶修复合成。RuvC 特异识别 Holliday 联结体并将其切开,它识别不对称四核苷酸 ATTG,此序列因而成为切开 Holliday 联结体的热点,并决定重组结果是片段重组体还是拼接重组体,即异源双链区的两侧来自同一 DNA 分子还是不同的 DNA 分子(图 6.5)。

研究发现,*ruvA*、*ruvB* 和 *ruvC* 的突变体均能形成相似的表型,由于缺失重组修复而对紫外线光,离子辐射,抗生素丝裂霉素 C 高度敏感。然而,RuvA 和 RuvB 能促进分支迁移,RuvC 催化 Holliday 中间体拆分,功能相异,但三种蛋白质的缺失却有相似的表型,这说明拆分过程依赖于分支端化,RuvA 和 RuvB 的突变阻断了分支端化,间接抑制了 Holliday 联接体的拆分。

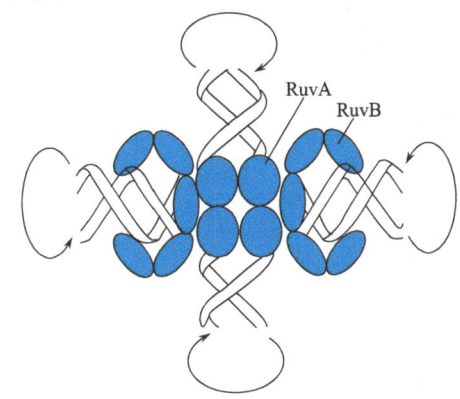

图 6.4　Ruv AB 复合物结合在 Holldiay 中间体

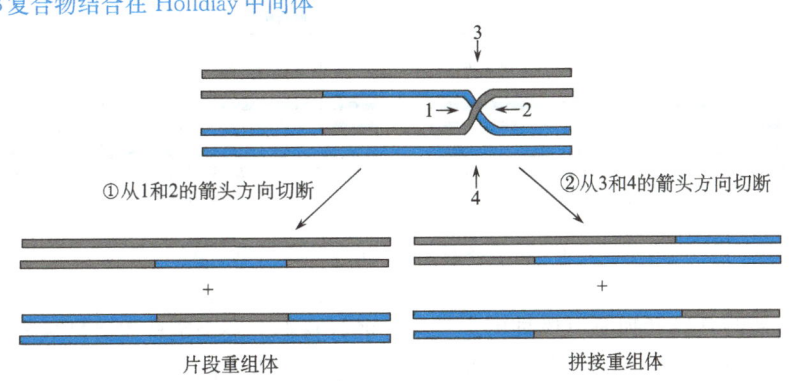

图 6.5　Holldiay 中间体的拆分示意图
在 1 和 2 的方向拆分,得到片段重组体,在 3 和 4 的方向拆分,得到拼接重组体

小结:RecBCD 蛋白结合到 DNA 双链断裂位点,利用的 DNA 解旋酶活性向 *Chi* 位点靠近并解旋,产生的 3′单链末端被 RecA 和 SSB 包裹。RecA 使单链末端侵入双链内寻找能配对的同源区结合,配对区间延伸扩展产生链置换区,RecBCD 使置换区形成缺口。由连接酶封闭缺口后产生 Holliday 中间体。在 RuvA、RuvB 和 RuvC 共同作用下,交叉点沿 DNA 链迁移和拆分。在重组区段每条双链中均有一段 DNA 单链来自另一双链中的相对链,称异源链。RecBCD 酶有三种活性:①依赖于 ATP 的外切酶活性;②可被 ATP 增强的内切酶活性;③ATP 依赖的解旋酶活性。RecA 有两个功能:①促进 DNA 单链与同源双链发生链交换,使重组中 DNA 配对、Holliday 中间体形成、分支移动等步骤得以进行;②诱发 SOS 反应。

6.1.3 酵母的减数分裂重组

大多数真核生物的减数分裂都伴随着重组。相当于原核生物中与重组有关酶的对应物在真核生物中已经发现,与细菌的同源重组有些相似。Jack Szostak 等在 1989 年定位了酿酒酵母(*Saccharomyces cerevisiae*)中 *ARG4* 基因的重组起始位点,发现酵母的基因转换依赖于减数分裂重组。该过程起始于染色体损伤的双链断裂,由内切核酸酶识别断裂口,并水解这两条链的 5′端,产生 3′单链末端;这些单链末端入侵 DNA 双螺旋,形成与细菌同源重组类似的置换环结构;接着 DNA 修复填补双螺旋的间隙(延伸 3′单链末端),增大置换环;紧接着向两个方向发生分支迁移,产生两个 Holliday 连接体;最后,Holliday 连接体的内部链被切割而拆分,产生一个包含异源链的非交换重组体(图 6.6 左)和(或)产生一个交换了 DNA 侧翼区的交换重组体(图 6.6 右)。

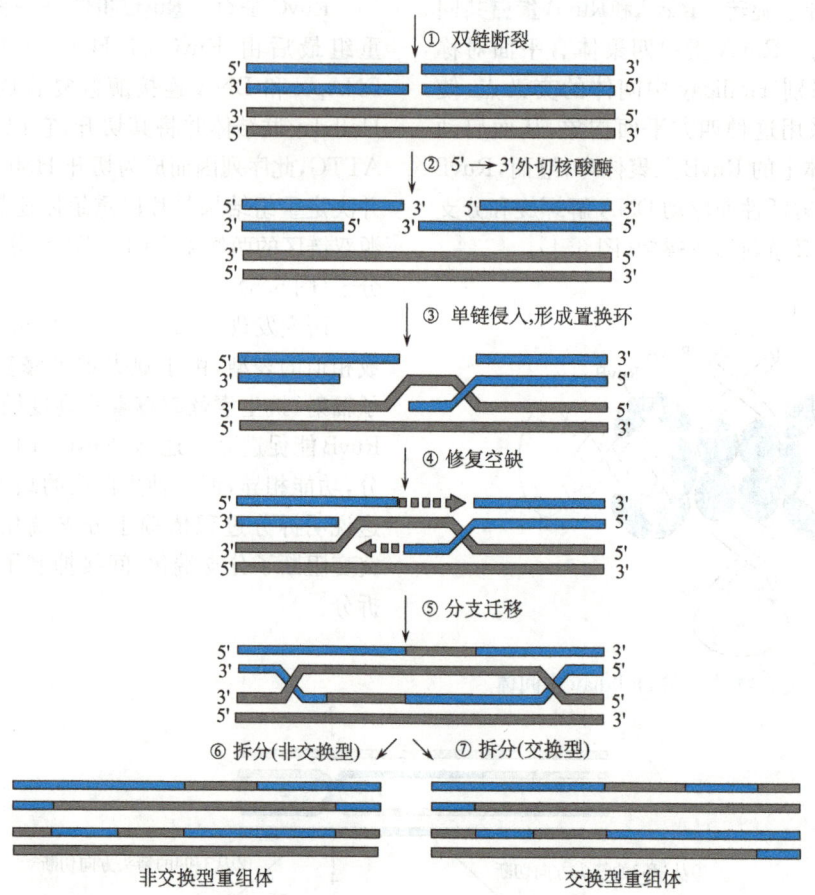

图 6.6　酵母减数分裂中的 DNA 重组模式

ARG4 位点减数分裂的基因转换是有极性的。在靠近基因 5′端的转换占整个减数分裂中的 9%，而在 3′端的转换仅占整个减数分裂的 0.4%。这表明重组起点靠近基因的 5′端。进一步研究发现去除 ARG4 基因的－361 至＋1 区，显著降低了转换频率，表明重组起点在 ARG4 基因的启动子区域。

小结：酵母基因转换依赖于减数分裂重组，该过程起始于染色体损伤的双链断裂，由内切核酸酶识别断裂口，水解两条链的 5′端，产生 3′单链末端。后者入侵 DNA 双链形成置换环，向两个方向发生分支迁移产生两个 Holliday 连接体，连接体内部链被切割拆分产生包含异源链的非交换重组体和（或）产生交换了 DNA 侧翼区的交换重组体。

6.1.4　异源双链与基因转换

同源重组时有异源双链 DNA 的形成，处于异源双链区两侧的基因在形成 Holliday 中间体拆分时可以发生或不发生交互重组。对处于异源双链区内的基因或遗传标记，无论以何种形式拆分都影响这些部位的遗传学变化。许多子囊菌是研究异源双链区遗传学变化的好材料。一个杂合体通过减数分裂而产生的 4 个核位于同一个大的细胞即子囊中，而且这 4 个单倍体的核呈线性排列，接着的减数分裂后发生一次有丝分裂，产生 8 个线性排列的子囊孢子。在不发生基因重组情况下，有两种不同颜色的孢子按 4∶4 的比例出现。然而，有时并不呈现预期的 4∶4 分离比例，而是呈现 5∶3 或 6∶2 分离比例（图 6.7）。这种现象是由基因转换（gene conversion）而产生的，说明从一个染色单体到另一个单体上发生了遗传信息的非相互转移。当同源重组发生链交换产生异源双链 DNA 时，由于异源双链区存在着不配对碱基，两条链将会发生错配。实际上两条 DNA 链上带有不同的遗传信息，如果未发生序列上的修复，那么两条链就会在以后的复制中分离，每一条链产生一个信息不变的双链。此时孢子的排列顺序按 4∶4 比例的分离，这种情况属于减数分裂后分离（postmeiotic segregation），因为它影响减数分裂后 DNA 链的分离。如果只有一个异源双链得到修复则按 5∶3 比例分离；如果两个异源双链都按同一方向进行矫正则出现 6∶2 分离比例。这种通过对异源双链区内不配对碱基的修复而进行的基因矫正过程称为基因转换。

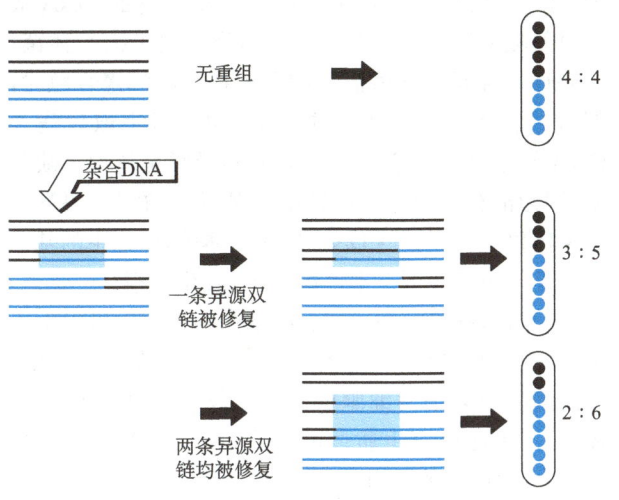

图 6.7 子囊孢子形成过程中的基因转换

基因转换并不依赖于交互重组的发生,但与其有关。试验表明子囊菌中大约一半发生了基因转换的子囊同时伴随着两侧基因的重组。说明在 Holliday 中间体拆分时,两种拆分方式机会均等。基因转换不仅在减数分裂时非姊妹染色子体的等位基因之间发生,还发生在以下情况:①有丝分裂时姊妹染色子体等位基因之间;②有丝分裂和减数分裂时姊妹染色子体的非等位重复基因之间;③有丝分裂和减数分裂时同一条染色子体上非等位重复基因之间。在后两种情况中,基因转换的频率远高于相应的交互重组频率。基因转换使同一家族的串联重复基因拷贝处于不断地相互比较之中,在维持这些重复单位的同一性方面起重要作用。

小结:同源重组时有异源双链 DNA 的形成,处于异源双链区两侧的基因在形成 Holliday 中间体拆分时可以发生或不发生交互重组。通过对异源双链区内不配对碱基的修复而进行的基因矫正称为基因转换。基因转换发生在减数分裂时非姊妹染色子体的等位基因间及以下情况:①有丝分裂时姊妹染色子体等位基因间;②有丝分裂和减数分裂时姊妹染色子体的非等位重复基因间;③有丝分裂和减数分裂时同一条染色子体上非等位重复基因间。

6.1.5 细菌的基因转移与 DNA 重组

同源性重组发生在 DNA 的同源序列之间,真核生物减数分裂时染色单体之间的交换,某些低等真核生物及细菌的转化、转导、结合,噬菌体的重组等都属于同源性重组。细菌可以通过多种途径进行细胞间基因转移,并通过基因重组以适应随时改变的环境。这种

遗传信息的流动可发生在种内或种间,甚至于高等动植物细胞之间也存在横向的遗传信息传递。例如,在人体内寄生的细菌基因组中可以找到确属人类的基因。被转移的基因称为外基因子(exogenote),如果与内源基因组或称内基因子(endogenote)的一部分同源,就成为部分的二倍体(partial diploid),这种情况下可以发生同源重组。细菌的基因转移主要有 4 种机制:接合(conjugation)、转化(transformation)、转导(transduction)和细胞融合(cell fusion)。进入受体细胞的外源基因通常有 4 种结果:降解、暂时保留、与内源基因置换和发生整合。

细菌的接合作用 细菌细胞相互接触时遗传信息可由一个细胞转移到另一细胞,称为接合作用。供体细胞为雄性,受体为雌性。通过接合而转移 DNA 的能力由接合质粒提供,与接合功能有关的蛋白质均由接合质粒所编码。能够促使染色体基因转移的接合质粒称为致育因子(fertility factor),简称性因子或 F 因子。研究最多的是 *E. coli* F 质粒(F 因子)。

F 质粒是双链闭环的大质粒,总长约 100kb,复制起点为 OriV。F 质粒可以在细胞内游离存在,也可以整合到宿主染色体内,因此属于附加体(episome)。与转移有关的基因(tra)占质粒的 1/3,称为转移区,包括编码 F 性菌毛(F pilus)、稳定接合配对、转移起始和调节等,共约 40 个基因。接合过程由给体细胞 F 性菌毛接触受体细胞表面而启动。给体细胞不与其他含 F 因子的细胞接触,因为 *traS* 和 *traT* 基因编码表面排斥蛋白(surface exclusion protein),阻止同为 F 阳性细胞之间的相互作用。F 阳性细胞的性菌毛附着阴性细胞后,即通过回缩与拆装使两个细胞彼此靠近。F 阳性细菌性菌毛的功能是识别和联结阴性细菌,而不是 DNA 转移的通道。DNA 转移需要 F^+ 细胞的 TraD 蛋白,它是一种内膜蛋白,可提供或成为转移的通道。TraI 在 TraY 帮助下结合到转移起点 Ori T 上,切开一条链,并与 5′端形成共价连接。TraI 兼有切口酶(nickase)和解螺旋酶的活性。游离的 5′端由此导入受体细胞。单链进入受体细胞后即合成其互补链,结果 F^- 细胞转变为 F^+ 细胞。给体细胞留下的 F 质粒单链也合成了互补链。

当整合在染色体 DNA 中的 F 质粒启动接合过程时,质粒转移起点被切开,其前导链引导染色体 DNA 单链转移。*E. coli* 全部染色体完成转移的时间约 100min,其间配对的细胞如受外力作用而分开,转移的 DNA 即被打断,根据转移基因所需时间可以确定该基因在环状染色体上的位置,绘制染色体的基因图。

给体单链 DNA 进入受体细菌后转变为双链形式,

并可与受体染色体发生重组。外源基因的插入需要在两端分别形成交叉连接,即发生两个位点的重组。因此接合可以在细菌之间交换遗传物质。整合 F 因子的 *E. coli* 菌株具有较高频率的重组(high-frequency recombination),称为 Hf 菌株。F 因子可以整合在染色体不同位置,由此而得到不同的 Hf 菌株,它们从不同位点开始转移基因。

整合的 F 因子引导染色体转移往往不能使受体细胞转变为 F⁺细胞。因为发生转移时,F 因子在转移起点(*Ori T*)处切开单链,其 5′端前导链引导染色体转移,F 因子的转移区(*tra* 基因)直至最后才转移,然而染色体很长,随时都会断裂而中止转移。整合的 F 因子可被切割出来,有时不精确切割使 F 因子带有若干宿主染色体基因,此时称为 F′因子。使 F′细胞与 F⁻细胞杂交,给体部分染色体基因随 F′一起进入受体细胞,无需整合就可以表达,实际上形成部分二倍体,此时受体细胞也变成 F′。细胞基因的这种转移称为性导(sexduction)。

细菌的遗传转化　遗传转化(genetic transformation)是指细菌品系由于吸收了外源 DNA(转化因子)而发生遗传性状改变的现象。具有摄取周围环境中游离 DNA 分子能力的细菌细胞称为感受态细胞(competent cell)。很多细菌在自然条件下就有吸收外源 DNA 的能力(如固氮菌、链球菌、芽孢杆菌、奈氏球菌及嗜血杆菌等)。转化过程涉及细菌染色体上 10 多个编码基因的功能。例如,感受态因子(competent factor)、与膜连接的 DNA 结合蛋白、自溶素(autolysin)以及多种核酸酶(nuclease)均参与感受态的形成。感受态因子可诱导与感受态有关蛋白质的表达,包括自溶素,它使细胞表面的 DNA 结合蛋白与核酸酶裸露出来。当游离 DNA 与细胞表面 DNA 结合蛋白结合后,核酸酶使其中一条链降解,另一条链则被吸收,并与感受态特异蛋白相结合,然后转移到染色体,与染色体 DNA 重组。不同细菌的转化途径不完全相同,有些细菌也能吸收双链 DNA。细菌广泛存在的自然转化现象表明这是细菌遗传信息转移和重组的一种重要方式。

有些细菌在自然条件下不发生转化或转化效率很低,但在实验室中可人工促使转化,如大肠杆菌,用高浓度 Ca²⁺处理后可诱导细胞成为感受态,重组质粒得以高效转化。转化的机制可能与增加细胞通透性有关。实际上在自然条件下,除接合质粒外,一些小质粒也能在 *E. coli* 细胞间转移,表明存在着质粒穿过细胞被膜的途径。

细菌的转导　转导(transduction)是由噬菌体将细菌基因从供体细胞转移到受体的过程。有两种类型:普遍性转导是指宿主基因组任意位置的 DNA 成为成熟噬菌体颗粒 DNA 的一部分而被带入受体菌;局限性转导是指某些温和噬菌体在装配病毒颗粒时,将宿主染色体整合部位的 DNA 切割下来取代病毒 DNA 的过程。上述两种类型中,转导噬菌体均为缺陷型,因为都有噬菌体基因被宿主基因所取代。缺陷型噬菌体仍然将颗粒内 DNA 导入受体菌,前宿主的基因进入受体菌后即可与染色体 DNA 发生重组。

细菌的细胞融合　在有些细菌的种属中可发生由细胞质膜融合导致的基因转移和重组。在实验室中,用溶菌酶除去细菌细胞壁的肽聚糖使之成为原生质体,可人工促进原生质体的融合,由此使两个菌株的 DNA 发生广泛的重组。

> **小结**:细菌可进行细胞间基因转移,通过重组适应环境。细菌基因转移有 4 种机制:接合、转化、转导和细胞融合。进入受体细胞的外源基因有 4 种结果:降解、暂时保留、与内源基因置换和发生整合。

6.2　特异位点重组

特异位点重组(site specific recombination)广泛存在于各类细胞中,有特殊的作用,包括某些基因表达的调节,发育过程中程序性 DNA 重排,以及有些病毒和质粒 DNA 复制循环过程中发生的整合与切除等。此过程一般发生在某个特定的(重组位点)短 DNA 序列(20~200 bp)内,有特异的酶(重组酶)和辅助因子对其识别和作用。特异位点重组的结果决定于重组位点的位置和方向,有 4 种方式:①重组位点位于不同的 DNA 分子上,重组过程发生单个位点交换;②重组位点在不同的 DNA 分子上,重组过程发生双位点交换;③在同一条染色体 DNA 分子内,当重组位点以相反方向存在时重组结果发生倒位;④当重组位点以相同方向存在于同一染色体的 DNA 分子内,重组发生切除(图 6.8)。重组通常是相互的,即参与重组的两个 DNA 片段是双向互换的。DNA 分子可以发生一次、二次或多次的片段交换事件,交换的次数明显地影响最终产物的性质。

重组酶通常是由 10 多个亚基组成的寡聚体,作用于两个重组位点的 4 条链上,使 DNA 链断开产生 3′-磷酸基与 5′-OH,3′-磷酸基与酶形成磷酸酪氨酸-或磷酸丝氨酸键。这种暂时的蛋白质-DNA 连接可以在 DNA 链再连接时无需靠水解高能化合物提供能量。重组的两个 DNA 分子,如果先断裂两条链,交错连接,此时形成中间联结体;然后另两条链断裂并交错连接,使联结体分开。有些重组酶使 4 条链同时断裂并再连接,不产生中间物。本节简要介绍 λ 噬菌体 DNA 的整合与切除,细菌的特异重组。

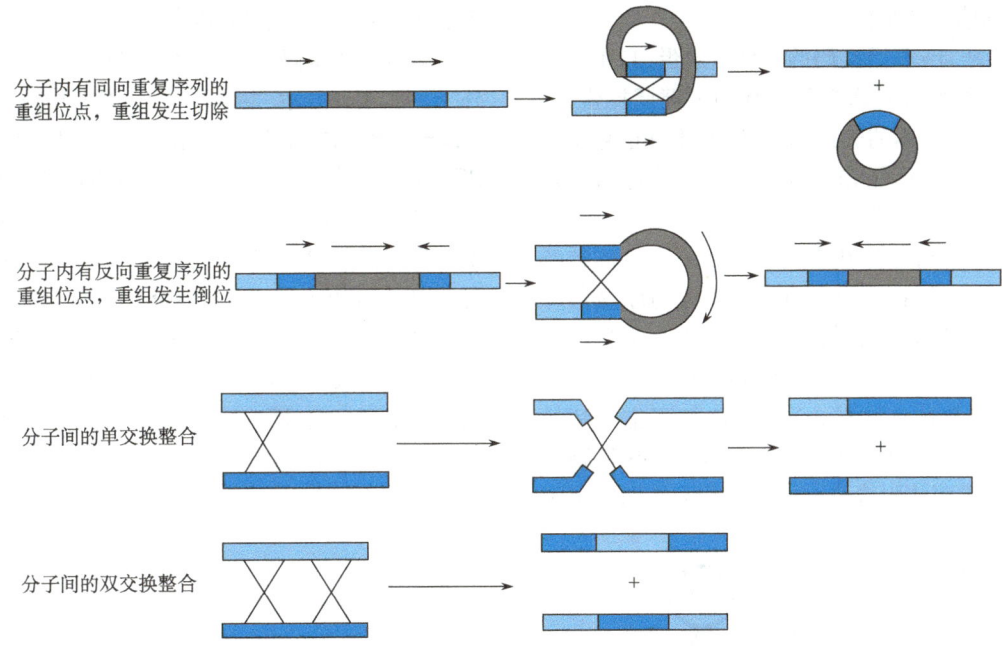

图 6.8 特异位点重组的方式

> **小结**:特异位点重组一般发生在某个特定的(重组位点)短 DNA 序列内,有重组酶和辅因子对其识别和作用,重组结果决定于位点的位置和方向。有 4 种方式:①重组位点位于不同 DNA 分子上,重组发生单位点交换;②重组位点在不同 DNA 分子上发生双位点交换;③在同一条染色体 DNA 分子内,当重组位点以反方向存在时重组发生倒位;④当位点以相同方向存在于同一染色体 DNA 分子内,重组发生切除。

(1) λ 噬菌体 DNA 的整合与切除

研究较清楚的特异位点重组系统是 λ 噬菌体 DNA 在宿主染色体上的整合与切除。λ 噬菌体基因组长达 50kb,共 61 个基因,其中 38 个较为重要。转录调控区有 4 个启动子:P_L、P_R、P_M 和 P_E。其中 P_L 是左向转录启动子;P_R 为右向转录启动子,二者都属强启动子。P_M 和 P_E 为 cI 基因启动子,由 P_M 启动 cI 基因转录和翻译得到 CI(一种阻遏蛋白)是维持溶原化状态的关键调节蛋白,但由 P_M 转录的 mRNA 中由于缺少 SD 序列,导致其与核糖体结合能力弱,因而被翻译的蛋白质也少,只能维持已建立的溶原状态。启动子 P_E 位于基因 cro 与 cII 之间,由它转录的 cI mRNA 有 SD 序列,能被高效翻译得到较多的 CI 阻遏物,故可从头建立溶原化状态。λ 噬菌体的转录有 6 个调节基因,分别为:cI、cII、$cIII$、N、Q 和 cro。其中 cI、N 和 cro 基因位于 $cIII$ 与 cII 之间。根据其编码蛋白对转录的调控方向,调节基因分为正调节基因(cII、$cIII$、N 和 Q)和负调节基因(cI 和 cro)。cII 和 $cIII$ 编码的蛋白质能激活由 P_E 启动的 cI 阻遏蛋白基因转录和由 P_I 启动的整合酶基因(int)转录。N 基因的产物 pN 蛋白调控早期基因表达,是一种抗终止子,能与 3 个终止子(t_L、t_{R1} 和 t_{R2})作用。Q 是 λ 噬菌体裂解途径中晚期基因表达的正调节基因,其编码的蛋白质可激活从 P_R 启动的晚期基因转录,包括裂解基因及头部、尾部组分的编码基因。Q 蛋白和 N 蛋白一样也是抗终止子蛋白。cI 和 cro 是负调节基因,其转录物 CI 蛋白和 Cro 蛋白对 λ 噬菌体的生活史在溶原化和溶菌两种途径之间的选择至关重要。当 λ 噬菌体进入宿主 E. coli 细胞后,溶原和裂解两条途径的最初过程相同,都要求早期基因的表达,为两条途径的歧化作准备。溶原和裂解两种生活周期的选择取决于 CI 和 Cro 蛋白相互拮抗的结果。

CI 蛋白(λ 阻遏物)的作用是通过与操纵序列结合阻止 λ 噬菌体 DNA 复制与基因表达,并促进噬菌体 DNA 与宿主基因组整合。一旦 cI 基因突变,噬菌体不能进入溶原途径,而是进入裂解途径使宿主细胞裂解。λ 阻遏物是一种自体调节因子(autogenous regulator),浓度低时可作为正调物促进自身转录,浓度高时又可作为负调节物阻遏自身的转录。这种调控方式使 λ 阻遏物的浓度水平达到足以阻遏 P_L 和 P_R 启动转录的浓度,从而保持溶原状态。λ 阻遏物抑制除自身之外所有噬菌体基因的转录。如果 CI 蛋白占优势,溶原状态就得到建立和维持。

Cro 蛋白是 cro 基因编码的一种阻遏蛋白,是 λ 噬菌体侵入宿主细胞后进入裂解循环的关键调控蛋白。Cro 蛋白抑制 cI 基因的表达以及从 P_L 和 P_R 起始的早期基因转录,当 Cro 蛋白占优势时噬菌体进入繁殖周期,并导致宿主细胞裂解。

λ 噬菌体的整合发生在噬菌体和宿主染色体的特定位点,因此是一种特异位点重组。整合的原噬菌体随宿主染色体一起复制并传递给后代。但在 UV 照射或升温等因素诱导下,原噬菌体可被切除下来,进入裂解途径,释放出噬菌体颗粒。λ 噬菌体与宿主的特异重组位点称为附着位点(attachment site)。碱基删除实验确定了 λ 噬菌体附着位点(attP)长度为 240bp,细菌相应的附着位点(attB)为 23bp,二者都有共同的核心序列 15bp(O 区)。噬菌体 attP 位点序列以 POP' 表示,细菌 attB 位点以 BOB' 表示。整合需要的重组酶由 λ 噬菌体编码,称为 λ 整合酶(λ integrase, Int),此外还需要由宿主编码的整合宿主因子(integration host factor, IHF)协助作用。整合酶作用于 POP' 和 BOB' 序列,分别交错 7bp 将两个 DNA 分子切开,然后交互连接,噬菌体 DNA 被整合,两侧形成新的重组附着位点 BOP' 和 POB'(图 6.9)。此整合过程无需水解 ATP 提供能量,因整合酶的作用机制类似于拓扑异构酶 I,它催化磷酸基转移反应,而非水解反应,故无能量丢失。在切除反应中需将原噬菌体两侧附着位点联结到一起,因此除 Int 和 IHF 外,还需噬菌体编码的 Xis 蛋白参与作用。

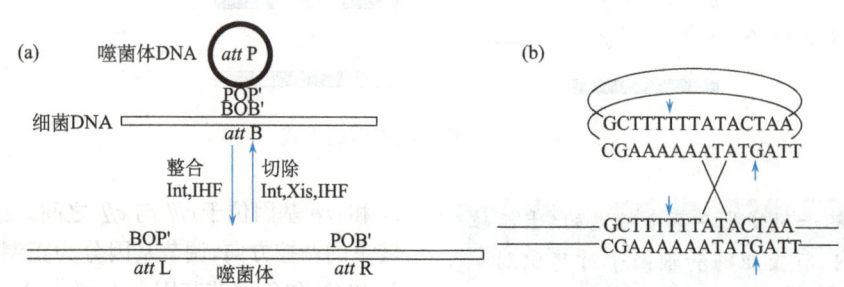

图 6.9 λ 噬菌体在宿主染色体靶位点的特异位点重组
attP 与 attB 之间有 15bp 共同序列 O,整合后在被整合噬菌体 DNA 两侧产生两个新附着位点 attR 和 attL。(a) 为整合和切除过程;(b) 为共同的核心序列

小结:λ 噬菌体进入宿主 E.coli 后有溶原和裂解两条途径,二者的最初过程相同,都要求早期基因表达,为溶原和裂解途径的歧化作准备。两种生活史的选择取决于 CI 和 Cro 相互拮抗的结果。CI 抑制除自身外所有噬菌体基因转录,如果 CI 占优势,溶原状态即建立和维持。Cro 抑制 cI 基因转录,它占优势噬菌体即进入繁殖周期,导致宿主细胞裂解。λ 噬菌体的整合发生在噬菌体和宿主染色体的特定位点,是特异位点重组。整合的原噬菌体随宿主染色体一起复制并传递给后代。但在 UV 照射或升温等因素诱导下,原噬菌体可被切除下来,进入裂解途径,释放出噬菌体颗粒。

(2) 鼠伤寒沙门氏菌的特异位点重组

鼠伤寒沙门氏杆菌(Salmonella typhimurium)由鞭毛蛋白决定的 H 抗原有两种,分别为 H1 鞭毛蛋白和 H2 鞭毛蛋白。从单菌落的沙门氏菌中经常能出现少数呈另一 H 抗原的细菌细胞,这种现象称鞭毛相转变(phase variation)。遗传分析表明这种抗原相位的改变是由一段 995bp 称为 H 片段的 DNA 发生倒位决定的。H 片段两端为 14bp 特异重组位点(hix),其方向相反,发生重组后可使 H 片段倒位。H 片段上有两个启动子(P),一个启动子驱动 hin 基因表达;另一个启动子当取向与 H2 和 rH1 基因一致时驱动这两基因表达,倒位后 H2 和 rH1 基因都不表达。hin 基因编码特异的重组酶,即倒位酶(invertase) Hin。该酶为 22kDa 亚基的二聚体,可分别结合在两个 hix 位点上,并由反向刺激因子(factor for inversion stimulation, Fis)促使 DNA 弯曲而将两个 hix 位点联结在一起,DNA 片段经断裂和再连接而发生倒位。rH1 表达产物为 H1 阻遏蛋白,控制 H1 基因的表达(图 6.10)。

在噬菌体 Mu 中的 G 片段,噬菌体 P1 中的 C 片段,分别由倒位酶 Gin 和 Cin 控制而发生倒位,由此决定着噬菌体对宿主的选择,其作用机制与沙门氏菌鞭毛的相转变类似。Hin、Gin 和 Cin 与转座子 Tn3 解离

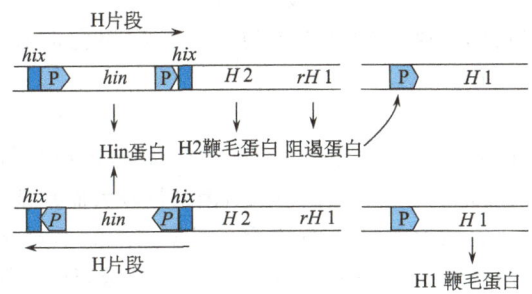

图 6.10　沙门氏菌 H 片段倒位决定鞭毛相转变

Hix 为 14bp 的反向重复序列，它们之间的 H 片段在 *Hin* 控制下进行特异位点重组。H 片段上有两个启动子，其一个启动子驱动 *hin* 基因表达，另一个启动子正方向驱动 *H2* 和 *rH1* 基因表达，反向（倒位）时 *H2* 和 *rH1* 不表达。*rH1* 为 H1 阻遏蛋白基因，P 为启动子

酶结构同源，属于同一个家族。

小结：鼠伤寒沙门氏杆菌鞭毛的相转变由 H 片段发生倒位引起。H 片段两端的特异重组位点（*hix*）方向相反，发生重组后可使 H 片段倒位，H 片段上的一个启动子驱动 *hin* 基因表达倒位酶，在反向刺激因子作用下促使 DNA 弯曲，使两个 *hix* 位点联结，DNA 片段经断裂和再连接而发生倒位。

6.3　DNA 的转座

6.3.1　转座子的概念

转座子（transposon）是在基因组中可以移动的一段 DNA 序列。一个转座子由基因组的一个位置转移到另一个位置的过程称为转座。前面的学习已知，通过构建遗传图谱，能够鉴定已知基因的基因座，说明基因组中的 DNA 序列是相对稳定的。在漫长的进化过程中，生物体基因组也在缓慢地发生着变异，但与总的基因组稳定性相反的是，转座子可以引起基因序列的改变，使生物体的基因组发生变异。

转座子最初是由 Barbara McClintock 于 20 世纪 40 年代后期，在印第安玉米的遗传学研究中发现的，当时称为控制元件（controlling element），这些发现在当时并未引起重视，直到 60 年代后期，细菌学家 J Shapiro 在对行为异常的噬菌体突变体的研究中发现这种突变体不像点突变那样容易发生回复突变，且突变基因含有一长串额外的 DNA 序列，认为这是一种由插入序列引起的多效突变，之后又在不同实验室发现了一系列可转移的抗药性转座子，这才引起了人们的重视。1983 年 McClintock 被授予诺贝尔生理学与医学奖，距离她公布玉米控制因子的时间已有 32 年之久。目前已知，转座子存在于地球上所有生物体内，人

类基因组中约有 35% 以上的序列为转座子序列，其中大部分与疾病相关。研究转座子可以使我们从分子水平上认知许多尚未弄清楚的复杂的生物学问题。

6.3.2　转座子的分类

（1）插入序列

到目前为止，已对多种不同类型的转座元件进行了鉴定。最简单的转座子称为插入序列（insertion sequence，IS），简称 IS 因子，目前已发现的有 10 余种，如 IS1、IS2 等。IS 因子属于一种较小的转座子，长度一般为 750～1550bp，只含有满足自身转座所需要的因子，如至少有两个编码转座酶的基因（这个区域发生突变将导致不能转座），但不含抗药性等其他基因。IS 因子的两端都具有 15～25bp 的反向重复序列（IR），如果一端是 5′-ACCGTAG，那么另一端则是反向互补的 CTACGGT-3′。IS 因子本身不具有表型效应，只有当它转座到某一基因附近或插入某一基因内部后，引起该基因失活或产生极性效应时，才能判断其存在，所引起的效应与其插入的位置和方向有关。IS 可独立存在，也可作为其他转座子的组成部分。最早被鉴定的转座元件是细菌操纵子中的自主插入序列，为大约 1kb 左右的小片段，中间带有编码自身转座的转座酶基因，两端是短的 IR。

表 6.1　部分插入序列的结构和性质

插入序列	长度/bp	两侧正向重复/bp	末端反向重复/bp	靶部位的选择
IS 因子				
IS1	768	9	23	随机
IS2	1327	5	41	热点
IS4	1428	11～13	18	AAAN$_{20}$TTT
IS5	1195	4	16	热点
类 IS 因子				
IS10R	1329	9	22	NGCTNAGCN
IS50R	1531	9	9	热点
IS90R	1057	9	18	随机

IS 元件是细菌染色体和质粒的正常组成部分，一个大肠杆菌标准株常含有 <10 个拷贝的常见 IS 元件。利用双冒号能够描述对 DNA 一个特殊位点的插入，例如，λ∷IS1 指的是一个 IS1 元件插入到 λ 噬菌体中。当一个 IS 元件转座时，在插入部位两侧的一段宿主 DNA 序列（靶序列）被复制，造成在插入部位 IS 总是与一段短正向重复序列相连接，但在插入之前靶部位只有这两个重复序列中的一个拷贝，而转座后在转座子的两侧各存在此序列的 1 个拷贝。IS 元件在靶位点插入后，形成了一种结构模式，即它的末端为 IR，而与

IR 相连的宿主 DNA 的末端为短正向重复序列。当在任意一段 DNA 序列中出现这种结构时，可以用来鉴别转座子。转座子末端的 IR 序列明确标示了转座子的末端结构，因为所有转座子的转座都需要进行末端识别(一般是被与转座有关的酶或蛋白识别)。除 IS1 外，其他 IS 元件都含有长编码区，起始于一端的 IR 内，终止于另一端的 IR 之前或内，用来编码转座酶。IS1 结构较复杂，有两个单独的 ORF，在翻译过程中通过一个 ORF 的移动使两个 ORF 都被激活，用来编码转座酶。转座酶的活性主要是识别靶部位和转座子的末端并引起转座。转座子的末端可视为转座酶的部分底物，转座酶水平的改变能控制转座子的转位频率。转座频率随不同转座因子而异，通常每一世代的转座频率为 $10^{-3} \sim 10^{-4}$，自发突变的频率为 $10^{-5} \sim 10^{-7}$。IS 被精确切除而使基因恢复活性的频率也很低，为 $10^{-6} \sim 10^{-10}$。

(2) 复合转座子

这类转座子中除了有转座酶基因外，还带有药物抗性基因(或其相关基因)标志，因结构较大而复杂，故称为复合转座子，以 Tn 表示。根据结构的不同分为两种：一是两个末端由相同的 IS 序列构成，IS 序列有正向和反向两种排列方式；二是两末端由 38bp 的反向重复序列组成，如 TnA 族转座子(表 6.2)。Tn 有三个特点：①末端有反向重复序列，为转座酶所必需；②中间有 ORF 作为标记基因；③转座后，靶位点大都成为正向重复序列。

表 6.2 部分大肠杆菌的复合转座子及其性质

转座子	所携带的基因	基因长度/bp	末端 IS 序列及其长度/bp	末端 IS 序列的方向
Tn5	卡那霉素	5400	IS50(1500)	反向
Tn9	氯霉素	2638	IS1(768)	正向
Tn10	四环素	9300	IS10(1400)	反向
Tn204	氯霉素、梭链孢酸	2457	IS1(768)	正向
Tn903	卡那霉素	3100	IS903(1050)	反向
Tn1681	潮霉素	2088	IS1(768)	反向

小结：转座子是在基因组中可以移动的一段 DNA 序列。一个转座子由基因组的一个位置转移到另一个位置的过程称为转座。转座子最初由 Barbara McClintock 在玉米遗传研究中发现，称控制元件。人类基因组中>35%的序列为转座子，大部分与疾病相关。简单转座子称为插入序列(IS)，中间有转座酶基因，两端有 15~25bp 的反向重复序列(IR)。复合转座子以 Tn 表示，中间有转座酶和药物抗性基因标志。

6.3.3 转座子的转座机制

已发现所有的转座子都有在基因组中增加其拷贝数的能力，以两种方式发生：一种是通过在转座过程中转座子的复制；另一种是从染色体已完成复制的部位转座到尚未复制的部位，然后随着染色体再复制。非复制型的转座子借助后一种方式扩增。

转座子插入到一个新的靶 DNA 部位的过程概括为：①转座酶先识别转座子的 IR，在两翼的末端反向重复序列外沿切断；②宿主(如靶质粒)靶位的双链被交错切开，每侧 9bp，交错形成单链；③转座子移动，靶部位的 5′端与转座子的 3′端连接，留下两个 9bp 的缺口；④延 5′→3′方向缺口被修复补齐。转座的结果是在转座子的两侧产生了 9bp 的短正向重复序列(图 6.11)。在此过程中，转座子两条链如同桥梁，交错末端的产生和填充可以说明在插入部位产生靶 DNA 正向重复的现象(互补复制)，两条链切口间交错的核苷酸数目决定正向重复的长度。转座子的转座特点是靶序列通常是任意的，但交错切开的长度相对固定，一般为 5~9bp。在 DNA 序列分析时，可根据末端重复序列来确定插入序列的位置和方向。

不同类型的转座子能以不同的方式进行转座，根据转座子在转座过程中是否发生了复制，分为复制型转座和非复制型转座两类。如 TnA 家族是以复制型的方式进行转座，IS7 和 IS903 元件利用非复制型和复制型两种途径转座；而 Mu 噬菌体可利用任意一种转座途径。

复制型转座 在转座过程中，形成靶部位与转座子连接中间体后，转座子进行了复制，使原转座子位置与新的靶部位各存在一个转座子，因此转座过程伴随着转座子拷贝数的增加。复制型转座涉及两种酶，一种是转座酶，作用于原转座子的末端；另一种是解离酶，在转座过程中促使转座的中间产物解离，使转座子复制。TnA 族转座子通过复制型转座而移动，复制转座使给体与受体分子连接成为共整合体(cointegrate)，

Tn3 的结构如图 6.12 所示。

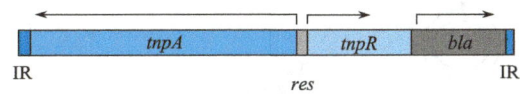

图 6.12　Tn3 的结构

转座需要 *tnpA* 和 *tnpR* 基因；*res* 是转座的拆分过程中发生重组的位点；*bla* 基因编码 β-内酰胺酶，使细菌产生氨苄青霉素抗性，也称为 *amp*^{r}。Tn3 两个末端是 IR。箭头所指为每个基因的转录方向

Tn3 的转座分两步进行，每一步都需要 Tn3 的一种基因产物，在此用两个质粒来描述复制型转座的过程，一个质粒含有 Tn3 的供体，另一个质粒含有 Tn3 的受体。

① 两个质粒融合形成共联体。伴随着 Tn3 的复制，两个质粒发生融合，通过两个 Tn3 拷贝的连接形成一个共联体(cointegrant)。这一步需要由 Tn3 转座酶基因 *tnpA* 基因的产物催化，在两个质粒之间发生重组(图 6.13)。详细过程见图 6.14。

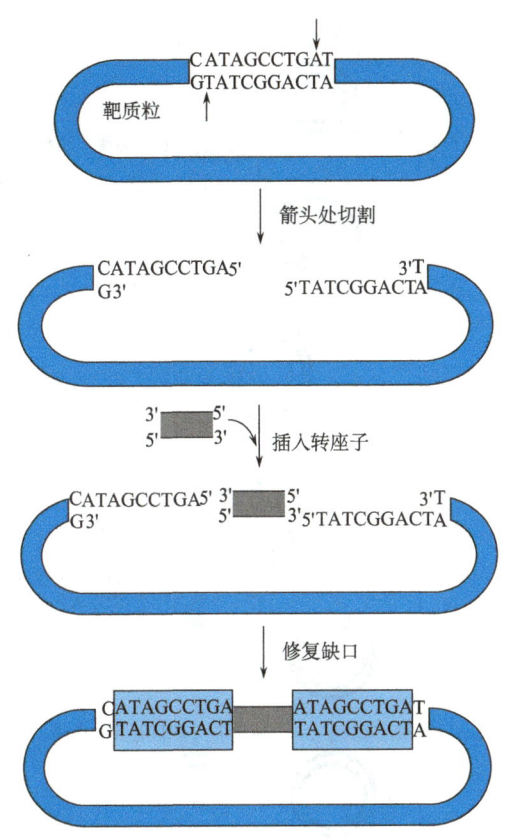

图 6.11　转座子在靶部位插入前后的结构

还需通过重组将二者分开。

TnA 的转座属于复制型转座。TnA 家族由大约 5kb 长的大转座子组成，按复制型转座方式移动。这种复合式转座子由独立的转座基因和药物抗性基因组成。TnA 家族包括几个相关的转座子，其中对 Tn3 和 Tn1000(过去称 Y 和 S)研究的较多，它们都有密切相关的末端 IR，长度约 38bp。转座过程中靶部位产生正向重复序列，这类转座子携带如 *amp*^{r} 等抗药性标志。转座的两个阶段通过转座酶和解离酶完成。含有 *tnpA* 与 *tnpR* 基因以及特异的内部位点(解离过程所需)是 TnA 家族的结构特征。通过对 *tnpR* 基因突变的多种效应研究发现 *tnpR* 基因产物具有双重功能。并可作为一种基因表达的抑制因子参与调控。*tnpR* 的突变还能增加转座频率。

Tn3 转座子的转座是复制型转座的典型例子。Tn3 转座子中 *tnpA* 基因编码 1021 个氨基酸的转座酶(1.2×10^5 Da)，*tnpR* 基因编码 185 个氨基酸的蛋白质(2.3×10^4 Da)，TnpR 有两个功能，一是作为解离酶促使转座中间产物解离，另一作用是作为阻遏蛋白，调节 *tnpA* 和 *tnpR* 两个基因的表达。解离控制位点 *res* 位于左右转录单位之间的 163bp 富含 A-T 区。该区有 3 个长 30~40bp 的同源序列，是 TnpR 蛋白结合位点。

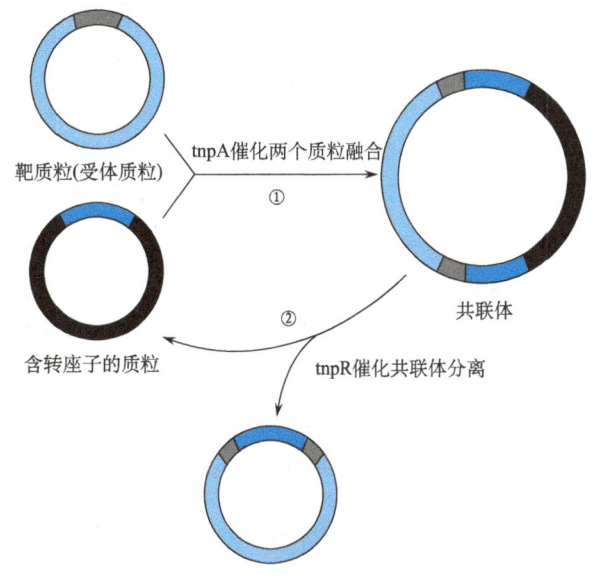

图 6.13　Tn3 在转座过程中形成共联体

①被 *tnpA* 基因产物催化，质粒(黑色)含有转座子(蓝色)与受体质粒融合形成共联体，在共联体形成时转座子被复制；②被 *tnpR* 基因产物催化，使共联体分解为插入了转座子的受体质粒和原先含有转座子的供体质粒

② 共联体拆分。共联体分解为两个独立的质粒，各自携带一个 Tn3 的拷贝。这一步是发生在 Tn3 自身的同源位点 *res* 的重组过程，由分解酶基因 *tnpR* 的产物 TnpR 催化。研究表明，*tnpR* 基因的突变体不能拆分共联体。

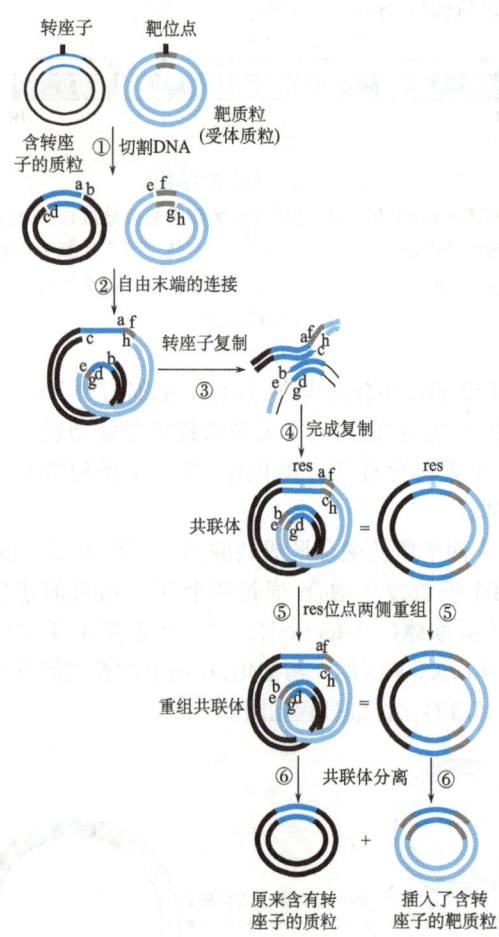

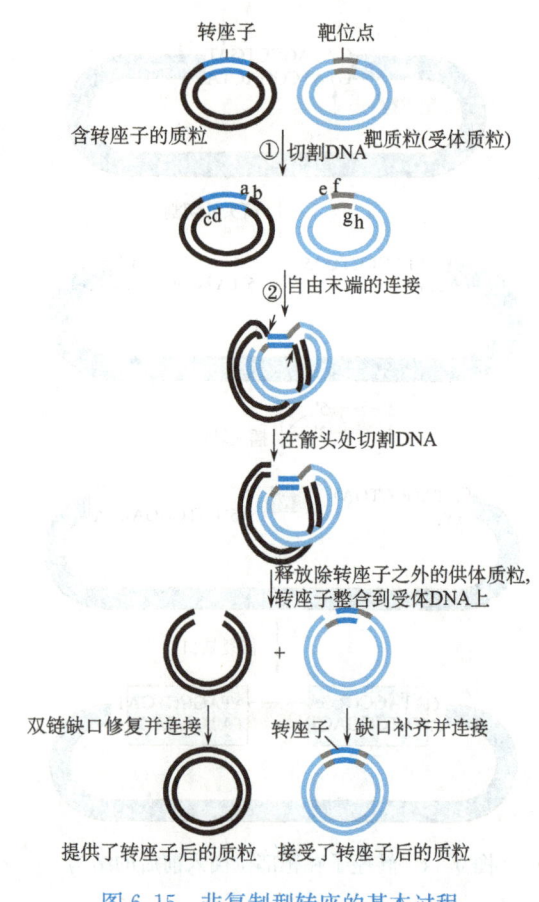

图 6.14　Tn3 复制型转座的基本过程
（引自 Weaver,2008）

①两个质粒产生缺口形成自由末端,分别标记为 a~h。②末端 a 和 f 连接,g 和 d 连接,b、c、e 和 h 仍保持自由末端。③保留的自由末端中的两个(b 和 c)作为复制引物进行复制延伸。④继续复制使末端 b 到达 e,末端 c 到达 h,这些末端连接形成共联体,在共联体中可看到整个转座子被复制,注意 res 位点(在图的一开始就有 res 位点,但为了图更清晰,未标出)。⑤在 res 位点两侧发生重组。⑥两个转座子拷贝的两个 res 位点之间形成一个交叉,使两个独立的质粒各自包含一个转座子拷贝

共联体（又称共整合体）含有两个拷贝的转座子,可通过同源重组将其分开外,但 RecA 蛋白在此处的效率较低,而转座子编码的解离酶可在其解离区 res 进行重组,以提高解离效率。解离酶是一种重组酶,它能催化 DNA 链的断开和再连接,不需要供给能量。

非复制型转座　又称保留性转座,转座子直接由一个部位转移到另一个部位,在原来的部位没有保留,主要利用供体和靶 DNA 序列的直接连接而发生,需要转座酶（图 6.15）。插入序列和 Tn10 和 Tn5 利用这种机制转座。

图 6.15　非复制型转座的基本过程
（引自 Weaver,2008）

小结:转座子插入到新靶部位的过程:①转座酶先识别转座子的 IR,在两翼的 IR 外沿切断;②宿主靶位的双链被交错切开形成单链;③转座子移动,靶部位 5′端与转座子 3′端连接,留下两个 9bp 的缺口;④修复缺口。转座的结果是在转座子两侧产生了短正向重复序列。复制型转座在转座中转座子被复制,使原转座子位置与新的靶部位各存在一个转座子,转座涉及转座酶和解离酶。TnA 族转座子通过复制型转座而移动。Tn3 的转座分两步进行,①两个质粒伴随着 Tn3 的复制发生融合形成共联体,tnpA 基因产物使两个质粒间发生重组;②在 Tn3 同源位点 res 发生重组,共联体拆分,由分解酶基因 tnpR 产物催化。非复制型转座子直接由一个部位转移到另一部位,原来部位无保留,利用供体和靶 DNA 的直接连接而发生,需要转座酶。

6.3.4　转座子转座的基本特征

转座子转座有以下一些特征。

转座不依赖 RecA　细菌的转座过程与重组过程

不同,重组一般发生在同源序列之间,且依赖于 RecA 蛋白的作用,而转座过程并不要求一定发生在同源序列之间,且 recA 基因的突变不影响转座。可见,转座与依赖于宿主细胞的 RecA 蛋白功能的同源重组不同。

转座后靶序列重复 所有的转座子在插入新位点后,都使靶 DNA 序列上出现较短的核苷酸重复,一般为 3、5、9、11 个,以同向重复方式位于靶 DNA 上转座子两侧。

转座子有插入选择性 有些转座子在插入靶位点时有一定的序列专一性,如凡是 Tn10 插入位点上的核苷酸序列都是 GCTNAGC。Tn9 的插入则多发生在 AT 丰富区。但 Mu 噬菌体几乎能插入到大肠杆菌染色体的所有位点。

区域性优先 绝大多数转座子都可插入到染色体 DNA 的任何碱基序列内,但更倾向于插入到某些特定的"靶序列"位点。有的则倾向于插入到某个区域。这种优先取决于 DNA 双螺旋的状况或 DNA 结合蛋白的结合状态,而非靶位的具体序列。

转座具有排他性 一个质粒上如果已插入一个 Tn3,则排斥另一个 Tn3 转座到该质粒上,但又不妨碍它转座到同一细胞的其他没有 Tn3 的质粒上去,这种排他性又称转座免疫。某些 TnA 族转座子之间(Tn3,Tn501,Tn1771)有转座免疫现象。

转座有极性效应 当转座子插入到某个操纵子中时,不但能使插入的结构基因功能丧失,还使得这个操纵子中下游基因的功能发生障碍,使其表达水平下降。大多数 IS 因子插入到 gal 或 lac 操纵子上时都有很强的极性效应。IS1,Tn9,Tn10 以两种方向插入时都能产生强极性效应,而 IS2,IS3 以一个方向插入就能产生强极性效应。

活化临近的沉默基因 当 IS3 以任意方向插入到因缺失了启动子而不能表达或表达很弱的 ArgE 基因的 5′端时,能使这个沉默的 ArgE 基因重新表达。

> **小结**:转座子的存在及引起的转座有以下特征:①转座子不以独立于染色体外的形式存在;②能从基因组的一个位点转移到另一个位点;③转座过程基本上不依赖于转座子(供体)和靶位点(受体)间的序列同源性;④转座子可插入到一个结构基因或调节基因内引起基因表达内容改变,如使基因失活;⑤转座不依赖 recA;⑥转座后靶序列重复;⑦转座子有插入选择性或区域性优先;⑧转座有排他性;⑨转座有极性效应;⑩活化临近的沉默基因。

6.3.5 DNA 转座引起的遗传学效应

转座子首先是因其可导致突变而被认识的,当它插入靶基因后,使基因突变失活,这是转座子的直接遗传学效应;当转座子自发插入细菌的操纵子时,即可阻止它所在基因的转录和翻译,以及影响操纵子下游基因的表达,从而表现出极性(方向性),由此产生的突变只能在转座子被切除后才能恢复;转座子的存在一般能引起宿主染色体 DNA 的重组,造成染色体断裂、重复、缺失、倒位及易位等,是基因突变和重排的重要原因;转座子也可通过干扰宿主基因与其调控元件之间的关系或转座子本身的作用而影响邻近基因的表达,从而改变宿主的表型。归纳以上,转座子引起的遗传学效应有:①以 $10^{-8} \sim 10^{-3}$ 频率转座,引起插入突变;②在插入位置染色体 DNA 重排而出现新基因;③影响插入位置邻近基因的表达,使宿主表型改变;④转座子插入染色体后引起两侧染色体畸变。

在分子生物学研究中,转座子的主要作用是:①用于难筛选的基因的转移;②是基因定位的标记;③筛选插入突变体;④构建特殊菌株;⑤克隆难进行表型鉴定的基因。

> **小结**:转座子引起的遗传学效应:①以 $10^{-8} \sim 10^{-3}$ 频率转座引起插入突变;②插入位置染色体 DNA 重排而出现新基因;③影响插入位置邻近基因的表达使宿主表型改变;④转座子插入染色体后引起两侧染色体畸变。转座子可用于以下研究:①用于难以筛选的基因转移;②是基因定位的标记;③筛选插入突变体;④构建特殊菌株;⑤克隆难进行表型鉴定的基因。

6.3.6 真核生物的转座子

1. 玉米的控制元件

1952 年 McClintock 通过对印第安玉米粒色与斑点变化的遗传学实验,提出了生物基因组中存在着可移动的控制因子,并用遗传学方法进行了鉴定。这种可移动的控制因子对染色体基因有不稳定的诱变效应,可影响某些遗传性状,故称为控制因子。这些控制因子可沿着染色体移动,并在不同染色体之间跳跃,其转位可使被控制基因的表达发生改变,如图 6.16 所示。现已确定控制因子是一种转座子,可与细菌的转座子相类比,之后发现真核生物基因组中广泛存在着各种类型的转座子。在玉米中研究较清楚的控制因子有三个系统:①*Ac-Ds* 系统(activator-dissociatior system)即激活-解离系统;②*Spm-dSpm*(suppressor-promoter-mutator system)即抑制-促进-增变系统;

③*Dt* 系统(dotted system)即斑点系统。下面主要介绍 *Ac-Ds* 系统。*Ac-Ds* 系统是玉米转座子系统之一。*Ac* 是自主控制因子（autonomous element），或称激活因子，长 4563bp，含有一个转座酶基因和一段与转座酶的近末端重复区域邻接的、短的不完整的反向重复序列。*Ac* 缺失后能形成不同形式的 *Ds*。*Ds-a* 和 *Ac* 相似，只缺失了部分转座酶基因。这一点可解释 *Ds* 自身不能发生转座的原因。*Ds-b* 的缺失片段较长，仅保留了转座酶基因的一个小片段。*Ds-c* 仅剩有 *Ac* 因子中反向重复序列和与转座酶结合的近末端重复区域。这些区域和片段都是 *Ds-c* 在 *Ac* 指导下转座所必需的靶位点。*Ac* 能自主转座，并形成不稳定的基因突变，但不使染色体断裂，它能使 *Ds* 因子活化、转座，并通过 *Ds* 控制结构基因的表达，有剂量效应，当 *Ac* 剂量增加时，相关的遗传效应延迟发生，如图 6.17 所示。

Ds 是非自主因子(nonautonomous element)，又称解离因子，是与 *Ac* 属于同一家族的控制因子，*Ds* 是由 *Ac* 因子中间序列的缺失而形成，从而失去转座酶功能。当 *Ac* 因子存在时，能活化 *Ds*，使其在基因组内转座或插入结构基因之内，导致基因失活或改变结构基因的表达水平，也可使染色体特定部位断裂，引起缺失或重组。玉米 *Ds* 的存在能抑制邻近基因的表达。*Ac-Ds* 的转座通过非复制型机制发生，且总是转移到邻近的位置，当插入新靶位点后，原来位置上即失去 *Ds* 因子，结果可造成染色体断裂或重排，由此可引起显性基因丢失，隐性基因得以表达。

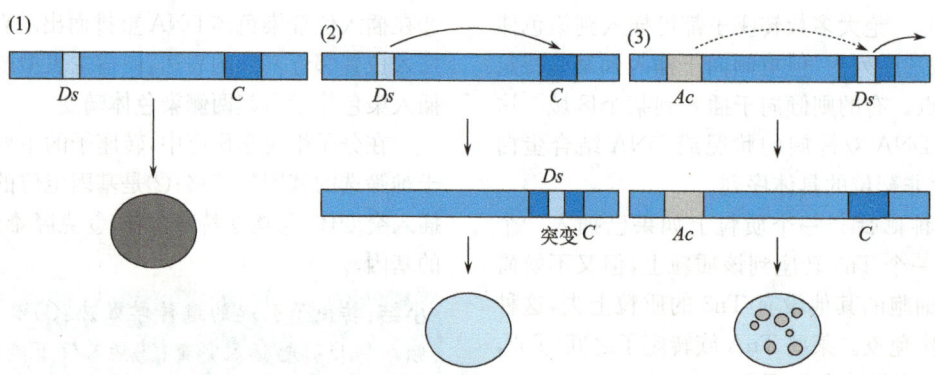

图 6.16　玉米中转座因子产生突变及回复突变

(1)野生型玉米籽粒含有完整的活性 C 位点，可合成紫色素；(2) *Ds* 因子插入 C，使 C 失活，阻碍色素合成。故籽粒无色；(3) *Ac* 和 *Ds* 因子同时存在使得 *Ds* 因子在部分细胞中跳出 C 位点，产生一些可能合成色素的细胞(回复突变)，这些细胞引起玉米籽粒上出现紫色斑点。当然，*Ds* 必须在其缺损之前转座到 C 位点中，否则将需要 *Ac* 因子协助

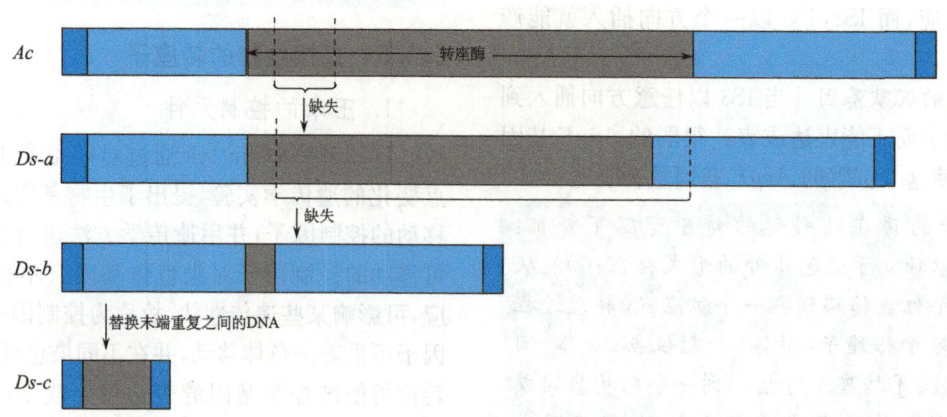

图 6.17　激活-解离系统(*Ac-Ds* 系统)的结构

Ac 含转座酶基因和两个不完整的 IR 及近末端重复区域。*Ds-a* 中缺失了转座酶基因中一段 194bp 的区域，其余部分与 *Ac* 相同。*Ds-b* 缺失了 *Ac* 中更大的片段。*Ds-c* 仅有 IR 和近末端重复区域与 *Ac* 相同

孟德尔曾经描述的第一例控制豌豆种子饱满和皱瘪的基因 *R* 或 *r* 也含有转座子。*R* 基因编码一个参与淀粉代谢的酶(支链淀粉酶)。皱瘪表型是这个基因功能异常引起的。这种突变是由于在 *R* 基因中插入了一

段类似于 *Ac-Ds* 家族成员的 800bp 的 DNA 片段所引起的。

Spm-dSpm 也是玉米转座子的系统之一。*Spm* 是自主性因子,又称增强因子,长 8287bp,末端 IR 为 13bp,靶位点同向重复 8bp,含有三个内含子,两个 ORF。*Spm* 能以激活型、钝化型和程序型三种形式存在,具有转座、整合和解离活性。*dSpm* 是非自主性因子(又称抑制因子),由 *Spm* 缺失而形成,长度不等,末端 IR 为 13bp,靶位点同向重复 8bp。当 *dSpm* 插入到结构基因后可引起渗漏突变,被激活时即可发生转座。*Spm-dSpm* 在功能上与 *Ac-Ds* 系统相似,可引起基因的插入突变,影响结构基因表达,解离后发生回复突变,*Spm-dSpm* 还能导致染色体断裂。

> **小结**:玉米控制因子有三个系统:①*Ac-Ds* 系统;②*Spm-dSpm*;③*Dt* 系统。*Ac* 是自主控制因子,*Ds* 是非自主因子,*Ac* 因子能自主转座并形成不稳定的基因突变,但不使染色体断裂,它能使 *Ds* 因子活化、转座,并通过 *Ds* 因子控制结构基因表达。*Ac* 因子中间缺失后能形成不同形式的 *Ds* 因子,无转座酶功能。*Ac* 因子能活化 *Ds* 因子,使其在基因组内转座或插入结构基因内导致基因失活或改变基因的表达水平,也可使染色体特定部位断裂,引起缺失或重组。*Ds* 因子必须由 *Ac* 提供转座酶才能转座,*Ds* 因子或多或少缺失 *Ac* 因子中的部分片段。所有的 *Ds* 因子要实现转座,必须要有一对 IR 和与其比邻的一段短的可被 *Ac* 转座酶识别的序列。*Ac-Ds* 的转座通过非复制型机制发生,且总是转移到邻近的位置,当插入新靶点后,原来位置上即失去 *Ds* 因子,结果可造成染色体断裂或重排,由此引起显性基因丢失,隐性基因得以表达。

2. 果蝇的转座元件

P 因子　在果蝇中有几个转座子家族。P 因子是在对果蝇杂种败育(hybrid dysgenesis)的研究中发现的。P 因子是黑腹果蝇的一种自主性转座子,它的某些品系中含有 40~50 个 P 因子,而其他品系则无。P 因子两端有 31bp 的 IR,中间是转座酶,转座后在靶 DNA 部位产生 8bp 的正向重复。最长的 P 因子约 2.9kb,有 4 个 ORF,优先的靶点是 GGCCAGAC。约 2/3 的 P 因子是缺陷型,中间序列有不同程度的缺失而成为非自主因子。

P 因子(P element)能诱发果蝇产生杂种不育,是由真核生物转座子转座而产生突变的又一例证。杂种败育是指在一个品系的果蝇与另一个品系的果蝇杂交产生的杂种后代中,染色体受到多种损伤而使得杂种后代败育或不育。杂种败育是亲本双方共同作用的结果。例如,在 P-M 系统中,父本必须是 P 品系(父本贡献),母本必须是 M 品系(母本贡献)。M 父本与 P 母本的反交,以及品系内的杂交(P×P 或 M×M)产生的子代都正常可育。研究发现,任何 P 系雄性染色体都能导致与 M 系雌性杂交后代的败育,即杂种败育只发生在 P 系雄性与 M 系雌性果蝇之间。来自部分 P 系雄性和部分 M 系雌性染色体的重组雄性染色体也常引起后代败育,表明这些染色体的多个位点上都带有 P 性状,这种现象说明 P 性状可能受到转座子的控制,后来在许多不同的位点上都发现有 P 性状。负责 P 性状的转座子称为 P 因子,它仅存在于野生型果蝇中,在实验室培养的品系中除非专门导入,否则均未发现 P 因子。P 系果蝇染色体携带 P 因子,M 系不含 P 因子。Margaret Kidwell 等发现 P 因子插入到了败育果蝇的 *white* 位点。这些因子的碱基序列高度一致,但长度区别很大(500~2900bp),P 因子也具有 IR,两侧有短的寄主 DNA 的正向重复,*white* 突变体在去掉完整的 P 因子后表现出很高的回复突变频率,这些都是转座子的特征。

P 因子为何仅在杂种中才转座并引起败育呢?答案是当 P 雄性与 M 雌性果蝇杂交时,子代体细胞正常,生殖细胞则发育不全,因而无后代。研究表明 P 因子在体细胞和生殖细胞中 mRNA 前体的剪接方式不同。mRNA 前体中有三个内含子,体细胞剪接保留了第 3 内含子,因为有一蛋白质结合其上阻止了该内含子的剪接。由此翻译产物是一个 66kDa 的蛋白质,它是转座阻遏蛋白。而在生殖细胞中可剪接除去全部内含子,包括内含子 3,翻译产物为 87kDa 的转座酶。两者的这一差别,使 P 因子在体细胞中不能转座,而在生殖细胞中活跃转座。导致转座子插入新的位点,引起突变,而原来的位置失去转座子,也造成了染色体断裂,带来有害的结果。如果改变交配亲本品系,就不会造成后代不育,如 M 雄性与 M 雌性果蝇交配,二者均不携带 P 因子,则无 P 因子转座。P 雄性或 M 雄性与 P 雌性果蝇交配,因 P 雌性果蝇卵中存在抑制 P 因子转座酶合成有活性的蛋白质,从而阻遏 P 因子的转座。这是一种细胞质效应,由细胞质中存在的 66kDa 蛋白质所引起。

杂种败育在物种形成中有重要作用,可产生一些不能相互杂交的新物种。同一物种的两个品系(如 P 和 M)经常产生不育的后代倾向于形成生殖隔离,这与通常的情况不同,它们的基因之间不再混合,最终由于它们在遗传上的差异导致完全不能进行杂交繁育,从而成为两个分离的物种。目前,P 因子经常被用作果蝇遗传实验中的诱变剂,这种方法的一个优点是突变容易被定位,只要寻找到P因子也就找到了被阻断的基因,分子生物学家也将P因子用于果蝇的转化,即通过P因子将改造过的基因转化到果蝇中。

Copia 因子　*Copia* 因子也是果蝇的一种转座子,已发现20～30个族,长4.7～5.0kb,两个IR为10bp,接着是276bp的正向重复,之后又是17bp的IR,靶位点有5bp的正向重复。每个基因组拷贝数有20～60。转座频率每个细胞世代 10^{-4}～10^{-3},可插入到染色体不同区域,也可以环状形式存在于染色体之外。*Copia* 因子有很高的转录活性,产生含有polyA尾的mRNA。序列分析发现它只有一个长的ORF,其基因产物与RNA肿瘤病毒蛋白、逆转录酶、整合酶以及核内酸性DNA结合蛋白都有较高的同源性。

小结:P因子诱发果蝇产生杂种不育,是黑腹果蝇的一种自主转座子,果蝇杂种败育发生在P系雄性与M系雌性果蝇之间,来自部分P系雄性和部分M系雌性染色体的重组雄性染色体也引起后代败育,这些染色体的多个位点都有P因子,当P雄性与M雌性果蝇杂交时子代体细胞正常,生殖细胞则发育不全而无后代,这因P因子在两种细胞中mRNA前体剪接方式不同引起。mRNA前体有三个内含子,体细胞剪接保留了第3内含子产生转座阻遏蛋白。而生殖细胞中可剪接除去全部内含子产生转座酶。两者的这一差别,使P因子在体细胞中不能转座,而在生殖细胞中活跃转座。导致转座子插入新位点引起突变,而原来位置失去转座子,使染色体断裂带来有害结果。*Copia* 因子也是果蝇的一种转座子。

真核生物的转座子与原核转座子十分相似,转座依赖于转座酶,转座子两端有被转座酶识别的IR,转座的靶位点大都是随机的,被交错切开后插入转座子,再经修复可形成两侧的正向重复序列。但二者在结构和性质上也有一些差异,原核生物的转录和翻译几乎是同时进行的,真核生物由于核结构的存在而使这两个过程在时空上被分隔。由此,真核生物细胞内只要存在转座酶,任一序列片段只要具有该酶识别的IR,均可发生转移,而无需由被转移序列自身编码这些酶。这就说明了为什么真核生物的转座子家族中只保留少数拷贝具有编码转座酶基因的活性,而在多数拷贝中发生程度不同的删除,失去转座酶基因活性,但仍然保留了两端的IR。原核生物的转座酶主要作用于产生它的转座子,表现出顺式显性(*cis* dominance),真核生物则无此现象。

小结:真核生物转座子与原核相似,转座依赖于转座酶,转座子两端有被转座酶识别的IR,靶位点大都随机,被交错切开后插入转座子。差异:真核细胞只要有转座酶,任一片段只要有转座酶识别的IR,均可转座,无需由被转移序列自身编码的酶。原核生物的转座酶作用于产生它的转座子,表现出顺式显性。

6.4　逆转录转座子

1. 逆转录转座子的概念

有一类移动因子在转座过程中需要以RNA为中间体,经过逆转录过程再分散到基因组中,将这类移动因子称为逆转录转座子(retrotransposon)。已知DNA→DNA的转移过程称为转座,那么经RNA介导的从DNA→RNA→DNA的转移过程则称为逆转录转座。经RNA中间体介导的转座是真核生物特有的过程。逆转录转座子类似于逆转录病毒,能将RNA病毒基因组中的DNA拷贝(原病毒)整合到宿主细胞的染色体中。以往将逆转座子认为是基因组内进入进化死端的无用的DNA,近年来发现这一观点并不正确,逆转座子在基因组结构动态变化中起着关键作用,并在分子生物学界引起了重视。目前已知,在所有高等生物基因组构成中,存在着与逆转录病毒基因组非常相似的逆转录转座子。例如,酵母的 *Ty* 转座子和果蝇 *Copia* 转座子,它们位于长末端重复(long terminal repeat,LTR)区域内,在转座、逆转录及整合过程中能够发生移动。根据复制模式不同,逆转录转座子分为两类,第一类是带有LTR的逆转录转座子,复制模式与逆转录病毒很相似,但它们不在细胞间传递病毒颗粒,还含有 *gag* 和 *pol* 基因,但无被膜蛋白基因 *env*,其复制模式与逆转录病毒类似,如酵母的Ty因子,果蝇的 *Copia* 和 gypsy,玉米的Bs1,啮齿类的LAP,人类的THEI等,这些转座子被称为含有LTR的逆转录转座子;第二类是不带LTR的逆转录转座子,但有3′poly(A),其中心编码区含有与 *gag* 和 *pol* 类似的序列,5′端常被截短,如果蝇L1因子等。

小结:经RNA中间体介导的转座是真核生物特有的过程,逆转录转座子能将RNA病毒基因组中的DNA拷贝(原病毒)整合到宿主细胞的染色体中。酵母 *Ty* 转座子和果蝇 *Copia* 转座子位于长末端重复(LTR)区域内,在转座、逆转录及整合中能发生移动。逆转录转座子分两类,第一类带有LTR,复制模式与逆转录病毒很相似,但它们不在细胞间传递病毒颗粒,第二类是不带LTR的逆转录转座子,但有3′poly(A)。

2. 逆转座子的结构和作用机制

1) 带有 LIR 的逆转录转座子　最初在果蝇（*Drosophila melanogaster*）和酵母（*Saccharomyces cerevisiae*）中发现了逆转录转座子。果蝇转座子的原型称为 *Copia*，由于它在基因组数量巨大（*copious quantity*）而得名。实际上 *Copia* 及其称为 *Copia* 类似因子的相关转座子占果蝇全基因组的 1%。酵母中与 *Copia* 类似的转座子为 *Ty*，是酵母转座子（transposon yeast）的简称。逆转座作用的关键酶是逆转录酶和整合酶（integrase，IN）。以上这些转座子中的 LTR 与逆转录病毒中的 LTR 类似，以下 4 个方面可以说明它们的转座类似于逆转录病毒的复制。① *Ty*1 编码一个逆转录酶，*Ty* 中的 *tyb* 基因编码一个蛋白质的氨基酸序列与逆转录病毒中的 *pol* 基因编码的逆转录酶类似，当 *Ty* 因子诱导转座时出现了逆转录酶，且 *tyb* 的突变阻断了反转录酶出现；② 全长 *Ty*1 RNA 和逆转录酶活性均与逆转录病毒颗粒相似的颗粒连接在一起，这些颗粒只在诱导 *Ty*1 转座的酵母细胞中存在；③ Fink 等将一个内含子插入到 *Ty* 因子中，转座之后发现内含子不见了，这与细菌转座类型相悖，细菌中转座的 DNA 与其亲本相似，但随后的机制相同（先转录 *Ty* 因子，之后剪切掉内含子，剪切后的 RNA 在一个类病毒颗粒中逆转录，之后再在酵母基因组的一个新位点重新插入），见图 6.18；④ J Boeke 等证实，寄主 tRNA^{Met} 能够作为 *Ty* 逆转录的引物。在与寄主 tRNA^{Met} 互补的 *Ty* 因子的 PBS 的 10 个核苷酸中突变 5 个，突变体阻断转座的发生，这些突变让 tRNA 无法结合到 PBS 上，但当这些突变被修复后，tRNA^{Met} 能重新与突变的 PBS 结合。这些突变体使突变的 *Ty* 因子的转录活性得以恢复。这种突变抑制是两个分子相互作用的有力证据（两个分子指 tRNA 引物和 *Ty* 因子上的结合位点）。

人类也含有 LTR 的逆转录转座子，但是缺少功能基因 *env*，典型的例子是人类内源性逆转录病毒（human endogenous retrovirus，HERV），占人类基因组的 1%~2%。

2) 无 LIR 的逆转录转座子　在哺乳动物中无 LTR 的逆转录转座子比含有 LTR 的逆转录转座子要多得多。丰度最高的是长散布因子（long interspersed element，LINE），其中 L1 至少存在 1×10^5 拷贝，占人类基因组的 17%（尽管 97% 的 L1 拷贝缺失 5′端且绝大多数都有阻碍转座的突变）。L1 因子的普遍存在意味着这些被传统分类归于"垃圾 DNA"的逆转录转座子在基因组中的比例是人类所有外显子的 5 倍。L1 因子的完整结构如图 6.19 所示。在两个 ORF 中的 ORF1 编码一个 RNA 结合蛋白（p40），ORF2 编码一个有两种活性的酶（内切核酸酶和逆转录酶）。逆转录座子都有聚腺苷酸化的 3′端。无 LTR 逆转录转座子复制的引物是它们的内切核酸酶在靶 DNA 上产生一个单链断裂切口，逆转录酶利用这个新形成的 DNA 的 3′端作为引物进行逆转录。R2Bm 线虫（*Bombyx mori*）中有一种 LINE 类似因子。这个因子与哺乳动物 LINE 一样编码逆转录酶，但与 LINE 不同的是它的特定靶位点是寄主的 28S rRNA 基因。

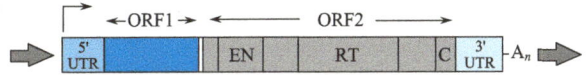

图 6.19　L1 因子结构示意图（引自 Weaver，2008）

在 ORF2 亚区有 EN（内切核酸酶）、RT（反转录酶）和 C（半胱氨酸富集区）。两端的箭头表示寄主 DNA 的正向重复序列，右端的 A_n 表示多聚 A［poly（A）］

3) 非自主逆转录转座子　还有一类非自主逆转录转座子成员不编码蛋白质，它们与自主转座子不同，依赖其他因子转座，广泛存在的 LINE 提供给它们需要的包括逆转录酶在内的蛋白质来实现转座。Alu 因子是研究较多的非自主逆转录转座子，Alu 因子含有能被限制性内切酶 *Alu* I 识别的 AGCT 序列，长约 300bp，在人类基因组中有上百万个拷贝。这种 Alu 序列比 LINE 更为有利于转座的原因是 Alu 序列的转录物含有类似 7SLRNA 的结构域，这种结构域含有助于核糖体结合到粗面内质网的信号识别颗粒的正常位点。两个信号识别颗粒蛋白与 Alu 因子 RNA 紧密结

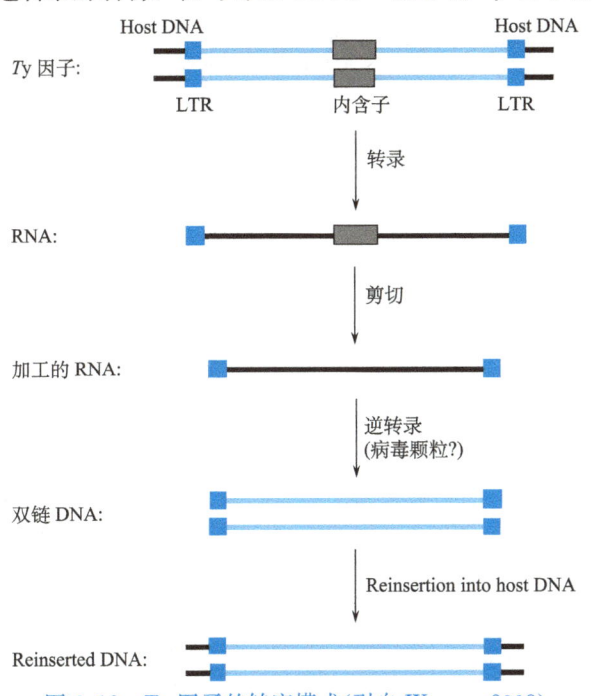

图 6.18　*Ty* 因子的转座模式（引自 Weaver，2008）

在 *Ty* 因子中插入一个内含子。*Ty* 因子转录产生一个有内含子的 RNA 拷贝。这个转录物发生剪切后 RNA 可在一个类病毒颗粒中被反转录，形成的双链 DNA 再次插入酵母基因组

合,携带到核糖体上翻译 L1 RNA。由此就将 Alu 因子 RNA 置于合适的位置上,使其能与所需要的蛋白质结合,被逆转录并插入到新的位点。由于该因子很小,所以 Alu 因子及其类似因子都被称为短散布因子 (short interspersed element, SINE)。LINE 还在人类基因组结构中起作用,产生被加工的假基因(processed pseudogene),假基因是与正常基因序列相似的 DNA,但由于一些原因而没有功能,如有时是假基因的内部有翻译终止信号;有时它们的剪切信号被钝化或丢失;有时它们的启动子被钝化。通常这些问题结合起来就阻止了基因的表达。这些假基因显然来自基因复制及其随后突变的累积。这些过程对寄主无害,因为原有的基因保留着功能。被加工的假基因也来自基因复制,但必定是通过反转录的途径。RNA 可能是加工型假基因形成的中间体,一是因为这些假基因通常有一段短的 poly(A)尾巴来自 mRNA;二是被加工的假基因缺乏内含子,但它们的原始基因通常都有。与 Alu 因子并不是来自 mRNA 一样,LINE 为 mRNA 逆转录

并插入寄主基因组的过程提供了分子机制。

在细菌线粒体和叶绿体基因组中,存在着 Ⅱ 型内含子,是自我剪切内含子,能形成套索中间体。1998 年,M Belfort 等发现一个特定基因中的 Ⅱ 型内含子可以插入到基因组其他地方的无内含子型的相同基因上,这个过程称为反转录归巢(retrohoming)。基因携带的内含子首先被转录,然后内含子突出形成套索后被剪切。这个内含子可被同一基因的无内含子形式识别,然后再通过逆剪接的方式整合进去。逆转录形成内含子的一个 cDNA 拷贝,合成的第二链 DNA 取代 RNA 内含子,见图 6.20。P Sharp 等提出 Ⅱ 型内含子是剪接体内含子的前身,部分原因是两者的剪接机制很相似。2002 年,M Belfort 等揭示了剪接发生的机制,发现了一个细菌 Ⅱ 型内含子的真正的反转录转座而不仅仅是反转录归巢,而且这个内含子可转移到一系列新的位点,而不仅仅是插入到这个内含子同源基因的无内含子拷贝上。

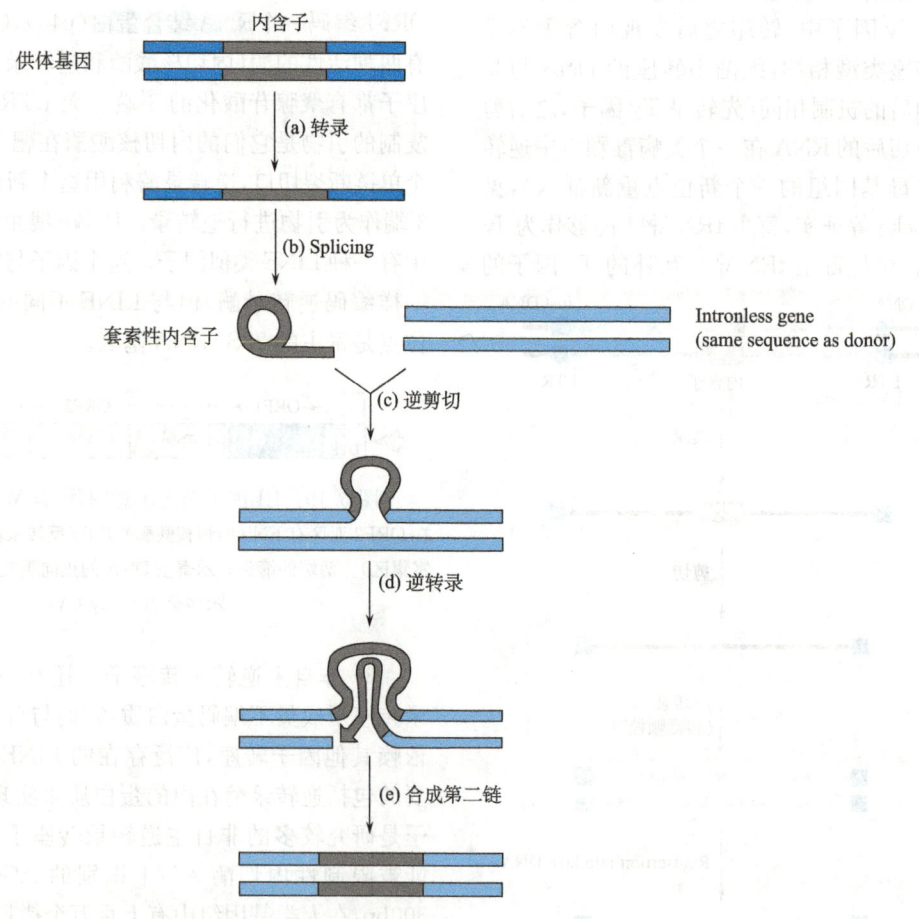

图 6.20 反转录归巢(引自 Weaver,2008)

(a)携带有 Ⅱ 型内含子的供体基因转录产生 RNA;(b)转录物剪接产生套索型内含子;(c)内含子自身逆剪接为基因的另一拷贝,两者有相同或相似的序列只是剪接后代片段不含内含子;(d)编码反转录酶的内含子以底部叫 DNA 链的切口为引物合成内含子的一个 DNA 拷贝。箭头指反转录物的 3′端;(e)顶部链的 RNA 内含子移位合成内含子的第二链(DNA 形式),完成了反转座至原位的过程

逆转录转座子与简单转座子有以下相似的特性:①与高频率自发突变有关;②刺激寄主细胞基因组发生多

种形式的遗传重排，如相邻细胞 DNA 的缺失、倒位、加倍和易位；③插入单元两端的 DNA 序列在插入过程中增加 3~13bp；④转座子末端含有长度为 2~50bp 的反向重复；⑤转座过程常与转座子的复制同步；⑥转座子通过编码的蛋白质作用于转座子来对自身的转座功能进行调控。

真核生物由于细胞存在核结构，其转录和翻译在时空上被分隔，与逆转座有关的酶并非都是由移动因子自身编码，而也可由其他基因通过反式作用提供。同理，几乎所有种类的细胞 RNA 都能产生其逆转座序列，如自身不编码逆转录酶的逆转座子可包括由 RNA 聚合酶Ⅱ转录物（各种 mRNA 等）形成的逆基因和逆假基因等，由 RNA 聚合酶Ⅲ转录物（tRNA、4.5S RNA 等）形成的短分散因子（SINE）等。它们共同的结构特点是无内含子，无重复末端，通常有 3′ poly(A)，其 5′端或 3′端可能被不同程度的截短。

一般认为逆转录转座子插入基因组的位点是随机的，但实际上它仍有一定程度的选择性，并非完全任意。通过测定果蝇 gypsy 插入的位点发现，它的靶序列是 5′-TAYATA-3′（Y 为嘧啶），整合后形成 4bp 的正向重复为 5′-TAYA-3′，与其整合酶的特异性有关。通过分析酵母 Ty 因子的插入位点发现以下几个特点：①逆转座子倾向于整合在富含 AT 的区域；②整合后有成串的 Ty 因子存在，Ty 因子易插入到另一个 Ty 因子内，或因存在共同的靶序列而插入之；③Ty 因子常位于 tRNA 基因、5S rRNA 基因及 U6 基因的邻近或上游，说明这些转座子的整合位点与 RNA 聚合酶Ⅲ转录的启动子或相关序列有关。

逆转录转座子自身编码整合酶，其整合部位的两侧有固定长度的正向重复，表明整合酶能交错切开靶序列，整合后通过复制使靶序列倍增。通常整合酶对靶序列并无严格的选择，但交错切开的长度是固定的。然而逆基因和逆假基因两侧的正向重复长度并不固定，最短为零，最长可达 41bp，不像是由整合酶交错切开而形成的，可能是随机插入染色体 DNA 的断裂部位，再由连接酶连接的。许多逆转座子具有 3′ poly(A) 结构，在整合中起一定作用。通常活性基因 5′端上游的 DNaseⅠ超敏感区是染色体 DNA 暴露的部位，易于和各种因子接触，也是较易整合的部位。人类基因组中的 Alu 家族与 7SL RNA（信号识别颗粒的 RNA）的两端序列高度同源，其中间和 3′端为 A_n。当 7SL RNA 发夹结构的中间部分被切除后再连接，即可构成 Alu 序列。人类 Alu 序列常以二聚体或四聚体形式存在，灵长类和啮齿类常为单体，内部都有 RNA 聚合酶Ⅲ启动子，催化的转录终止于 poly(U)，U_n 回折与 A_n 配对可引发 cDNA 的合成。

Alu 序列能以此种方式而得到大量扩增。在人类单倍体基因组中的拷贝数可达 50 万以上，是拷贝数最多的一种逆转录转座子。已证实 Alu RNA 二级结构为其逆转座所必需。

> **小结**：非自主逆转录转座子成员不编码蛋白质，它们与自主转座子不同，依赖其他因子转座。Alu 因子是研究较多的非自主逆转录转座子。Alu 序列的转录物含有类似 7SL RNA 的结构域，这种结构域含有助于核糖体结合到粗面内质网的信号识别颗粒的位点。两个信号识别颗粒蛋白与 Alu 因子 RNA 紧密结合，携带到核糖体上翻译 L1 RNA。由此就将 Alu 因子 RNA 置于合适的位置上，使其能与所需要的蛋白质结合，被逆转录并插入到新的位点。在细菌线粒体和叶绿体基因组中存在着Ⅱ型内含子，能形成套索中间体，一个特定基因中的Ⅱ型内含子可插入到基因组其他地方的无内含子型的相同基因上，这个过程称为反转录归巢。

3. 逆转座子的生物学意义

逆转录转座子广泛分布于真核生物基因组中，对基因组功能有重要影响，归纳为以下几个方面。

1）对基因表达有影响　逆转座子的两个 LTR 是由逆转录酶复制逆转录 RNA 基因组的两端序列而构成的，包括 U3 和 U5。U3 区含有正向重复序列构成的增强子以及转录起始信号 CCAAT 和 TAATA；U5 区含有 poly(A) 加工信号 AATAA。左翼 LTR 启动自身基因的表达，右翼 LTR 可启动邻近宿主基因的表达。逆转座子对宿主基因表达的影响与其整合的部位有关，当插入到基因的编码区和启动子序列时即造成基因失活，插入基因 3′和 5′非翻译区或内含子时影响基因的转录、转录后加工或翻译，有时还影响基因表达的组织特异性和发育阶段性。逆转座子如果插入到基因上游启动子和增强子等调控区可使邻近沉默的基因得到表达。

2）介导基因重排　逆转座子自身在复制时易发生重排。分散在真核基因组中的大量逆转座子是基因组的不稳定因素，能引起基因组序列的删除、扩增、倒位、移位及断裂等。由逆转座子引起基因重排有三种方式：①逆转座子能提供同源序列，促进同源重组；②逆转座子经逆转座作用插入到新位点；③逆转座子编码的反式因子或顺式序列能引起基因重排。由逆转座子介导的基因重排是人类某些遗传病的成因，血友病 A 是由于缺乏凝血因子Ⅷ，因为 L1 因子插入到了该凝血因子的基因所致；癌基因的形成和活化与基因重排有关，某些肿瘤组织的特定基因位点存在 L1，但其周围正常细胞的该位点则无 L1 因子。人类基因组中 L1 因子拷贝数为 $1×10^5$，造成了人类许多遗传突变的疾病。脉络膜和视网膜的回状萎缩(GA)是常染色体隐性的脉络膜视网膜变性所致,已知是由于鸟氨酸δ转氨酶(OAT)缺陷引起的疾患。研究发现这个酶的突变是由于以反方向插在基因内含子3中的Alu序列发生了一个G变为C的颠换,从而使Alu的反义链上产生新的剪接给体位点,并活化了5′端的隐蔽受体位点,结果使剪接后的mRNA在外显子3和4之间留下了一段142nt的Alu反义序列使鸟氨酸δ转氨酶由此失活(图6.21)。无疑逆转座子介导的基因重排在进化中具有重要意义。

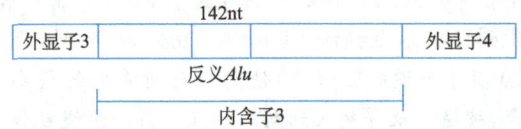

图6.21 Alu反义序列的插入导致鸟氨酸δ转氨酶失活

3) 逆转座子在生物进化中的作用　逆转座子除了能促进基因组的流动,有利于生物遗传的多样性外,它们分散在基因组中成为进化的种子,当遇到合适的基因组序列环境,即可通过突变形成新基因或基因的结构域,或是与先存的基因互配成为新的调节因子。

在许多逆转座子中,有些具有表达功能,称为半加工的逆基因。例如,鼠类有两个非等位的前胰岛素原基因,基因Ⅰ在5′非翻译区含有单个的小内含子,基因Ⅱ除此小内含子外,在C肽编码区还有一个大内含子。比较这两个基因的结构可见,基因Ⅰ的两侧有41bp的正向重复,5′端有与基因Ⅱ类似的启动子和调控序列,但少一个内含子,3′端有poly(A)。显然,基因Ⅰ是基因Ⅱ的不正常转录产物,即从基因Ⅱ上游至少5 000bp处由另一启动子转录后,再进行部分的加工并经逆转座而成的。由逆转座子衍生的基因还包括人类和小鼠的磷酸甘油酸激酶基因2(pgk-2)。该基因1(pgk-1)与X染色体连锁,在体细胞中以组成型表达,含10个内含子,而常染色体的pgk-2为逆基因,它的表达是组织特异的,仅在产生精子的细胞进行减数分裂时表达。在选择压力下,通常一个有功能的基因很难转变成另一个新基因,只有经过基因的多代倍增后逐渐歧化而成。基因倍增有两种途径,一是染色体间的不等量重组,二是基因的转座或逆转座。pgk-2是通过逆转座而获得新性状的一个成功进化的例子。人类唾液腺淀粉酶启动子区(AMY1A, AMY1B, AMY1C)是由γ-肌动蛋白假基因的3′非翻译区演变而来的,说明逆转座子可作为新基因调节元件的来源。RNA容易发生变异,且与环境有着更直接的联系,因此它所蕴含的遗传信息比DNA丰富得多。RNA通过逆转座过程能将所获得的遗传信息逆向转移给DNA,并能促进基因的最优组合和基因结构域形成。哺乳类动物和昆虫在进化上的优势与它们含有大量的非常活跃的逆转座子有关。逆转座子的功能和活动规律还在探索之中,但它们在真核生物的进化中无疑起着重要作用。对于逆转座子的深入研究,将有助于对基因组动态结构的了解以及为基因工程的理论与实践提供新的途径和手段。

> 小结:逆转录转座子与简单转座子有相似的特性:①与高频率自发突变有关;②刺激寄主细胞基因组发生遗传重排,如相邻细胞DNA的缺失、倒位、加倍和易位;③插入单元两端的DNA序列在插入中增加3～13bp;④转座子末端含2～50bp的反向重复;⑤转座过程常与转座子的复制同步;⑥转座子对自身的转座功能有调控作用。酵母Ty因子的插入位点特点:①逆转座子倾向于整合在富含AT的区域;②整合后有成串的Ty存在,Ty因子易插入到另一个Ty内或因存在共同的靶序列而插入;③Ty因子常位于tRNA基因、5S rRNA基因及U6基因的邻近或上游,说明整合位点与RNApolⅢ转录的启动子或相关序列有关。逆转座子自身编码整合酶,整合部位两侧有固定长度的正向重复,整合酶能交错切开靶序列,整合后通过复制使靶序列倍增。逆转座子生物学意义:对基因表达有影响、介导基因重排、在生物进化中有重要作用。

【本章重点归纳】

转座子是在基因组中可以移动的一段DNA序列。一个转座子由基因组的一个位置转移到另一个位置的过程称为转座。转座子最初由Barbara McClintock在玉米遗传研究中发现,称控制元件。人类基因组中＞35%的序列为转座子,大部分与疾病相关。简单转座子称为插入序列(IS),中间有转座酶基因,两端有15～25bp的反向重复序列(IR)。复合转座子以Tn表示,中间有转座酶和药物抗性基因标志。转座子插入到新靶部位的过程:①转座酶先识别转座子的IR,在两翼的IR外沿切断;②宿主靶位的双链被交错切开形成单链;③转座子移动,靶部位5′端与转座子3′端连接,留下两个9bp的缺口;④修复缺口。转座的结果是在转座子两侧产生了短正向重复序列。复制型转座在转座中转座子被复制,使原转座子位置与新的靶部位各存在一个转座子,转座涉及转座酶和解离酶。TnA族转座子通过复制型转座而移动。Tn3的转座分两步进行,①两个质粒伴随着Tn3的复制发生融合形成共联体,tnpA基因产物使两个质粒之间发生重组;②在Tn3同源位点res发生重组,共联体拆分,由分解酶基因tnpR产物催化。非复制型转座的转座子直接由一个部位转移到另一部位,在原来的部位无保留,主要利用供体和靶DNA序列的直接连接而发生,需要转座酶。由转座子的存在及引起的转座有以下特征:①转座子不以独立于染色体之外的形式(如噬菌体或质粒DNA)存在;②能从基因组的一个位点转移到另一个位点,从一个复制子转移到另一个复制子;③转座过程基本上不依赖于转座子(供体)和靶位点(受体)之间的序列同源性;④转座子可插入到一个结构基因或基因调节序列内引起基因表达内容改变,如使该基因失活,如果是重要的基因则导致细胞死亡;⑤转座不依赖 recA;⑥转座后靶序列重复;⑦转座子有插入选择性或区域性优先;⑧转座具有排他性;⑨转座有极性效应;⑩活化临近的沉默基因。转座子引起的遗传学效应:①$10^{-8} \sim 10^{-3}$频率转座引起插入突变;②插入位置染色体DNA重排而出现新基因;③影响插入位置邻近基因的表达,使宿主表型改变;④转座子插入染色体后引起两侧染色体畸变。在分子生物学中转座子可做以下研究:①用于难筛选的基因的转移;②是基因定位的标记;③筛选插入突变体;④构建特殊菌株;⑤克隆难进行表型鉴定的基因。

玉米的控制因子有三个系统:①*Ac-Ds*系统;②*Spm-dSpm*;③*Dt*系统。*Ac*是自主控制因子,*Ds*是非自主因子,*Ac*因子能自主转座并形成不稳定的基因突变,但不使染色体断裂,它能使*Ds*因子活化、转座,并通过*Ds*因子控制结构基因表达。*Ac*因子中间缺失后能形成不同形式的*Ds*因子,无转座酶功能。*Ac*因子能活化*Ds*因子,使其在基因组内转座或插入结构基因内导致基因失活或改变基因的表达水平,也可使染色体特定部位断裂,引起缺失或重组。玉米籽色由*C*位点控制,*C*位点的非稳定突变的多次回复突变引起粒色变化。*Ds*因子插入到*C*基因中使其突变失活,阻碍色素合成,籽粒无色,而后再从*C*基因中转座出去,使*C*基因回复成为野生型。*Ds*因子自身不能发生转座,必须由*Ac*提供转座酶才能转座,*Ds*因子或多或少缺失*Ac*因子中的部分片段。所有的*Ds*因子要实现转座,必须要一对IR和与其比邻的一段短的可被*Ac*转座酶识别的序列。*Ac-Ds*的转座通过非复制型机制发生,且总是转移到邻近的位置,当插入新靶点后,原来位置上即失去*Ds*因子,结果可造成染色体断裂或重排,由此可引起显性基因丢失,隐性基因得以表达。

从DNA→DNA的转移称为转座,经RNA介导的从DNA→RNA→DNA的转移称逆转录转座。逆转录转座子与简单转座子有相似的特性:①与高频率自发突变有关;②刺激寄主细胞基因组发生遗传重排,如相邻细胞DNA的缺失、倒位、加倍和易位;③插入单元两端的DNA序列在插入中增加3~13bp;④转座子末端含2~50bp的反向重复;⑤转座过程常与转座子的复制同步;⑥转座子对自身的转座功能有调控作用。酵母Ty因子的插入位点特点:①逆转座子倾向于整合在富含AT的区域;②整合后有成串的Ty因子存在,Ty因子易插入到另一个Ty因子内或因存在共同的靶序列而插入;③Ty因子常位于tRNA基因等的邻近或上游,说明整合位点与RNApolⅢ转录的启动子或相关序列有关。逆转座子自身编码整合酶,整合部位两侧有固定长度的正向重复,整合酶能交错切开靶序列,整合后通过复制使靶序列倍增。逆转座子生物学意义:对基因表达有影响、介导基因重排、在生物进化中有重要作用。

【思考题】

1. 简述DNA重组的概念与意义。

2. DNA重组包括哪些过程?与DNA重组有关的酶主要有哪些?

3. 简述同源重组过程,什么是Holliday模型和分支迁移?什么RecBCD蛋白?什么是Cro蛋白?它们有什么重要作用?

4. 特异位点重组有几种方式,简要写出过程。

5. 怎样区分片段重组体和拼接重组体?

6. 细菌基因转移的机制有哪些?

7. 简述转座子的概念,转座子如何分类?什么是插入序列?

8. 复合型转座子与IS元件有什么异同点?

9. 简述复制型转座与非复制型转座的机制。

10. 转座子转座的特征有哪些方面?

11. DNA转座引起了什么遗传学效应?

12. 什么是逆转录转座子?逆转座子对基因组功能有哪些重要的影响?

13. 由逆转座子引起的基因重排有哪三种方式?意义如何?请简述逆转录归巢。

14. 写出下列英文缩写的中文含义:
RecBCD、IS、Tn、IN、LTR、*pgk-2*、RecA、Ruv C、CI、Cro、IR、TnA。

第 7 章 RNA 的转录合成

7.1 RNA 转录概述

贮存在 DNA 分子中的遗传信息需要通过转录和翻译才能得到表达。在 DNA 指导下的 RNA 合成称为**转录**（transcription）。在转录过程中，以 DNA 的一条链作为模板合成 RNA 分子，合成以碱基配对的方式进行，产生的 RNA 链与 DNA 模板链互补。细胞内的各类 RNA，如 mRNA、rRNA 和 tRNA 以及具有各种特殊功能的小分子 RNA，都以 DNA 为模板，在 RNA 聚合酶催化下合成。最初转录的 RNA 产物通常都需经过一系列加工和修饰才能成为成熟的 RNA 分子。RNA 所携带的遗传信息也可用于指导 RNA 的合成，即 RNA 的复制。

7.1.1 RNA 转录的一般特点

1) 转录具有选择性，即只对基因组或 DNA 分子中的编码区进行转录，因为在基因组内只有部分基因在某一类型的细胞中或在某一发育阶段能被转录，随着细胞的不同生长发育阶段和细胞内外条件的改变将转录不同的基因。

2) 转录起始于模板的一个特定起点，并在特定的终点处终止，此转录区域称为转录单位。一个转录单位可以是一个基因（真核生物）或多个基因（原核生物）。一个典型的转录单位结构如图 7.1 所示。

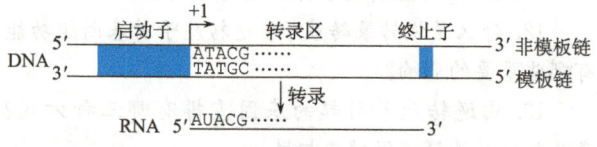

图 7.1 转录单位结构示意图

3) 催化转录反应的酶是一类依赖于 DNA 的 **RNA 聚合酶**（RNA polymerase RNApol），基本特性类似于 DNA 聚合酶，但在反应机理上有所不同，RNA 聚合酶能起始从头开始的 RNA 合成（DNApol 不能），也没有 3′,5′外切活性，且不具有校正、修复的功能。

4) 被转录的 DNA 双链中只有其中的一条模板链作为 RNA 合成的模板。按照碱基配对原则，游离的 NTP 被选择与 DNA 模板上的碱基配对，聚合产生 RNA 链。在转录区域内 DNA 双链必须部分解链，形成模板 DNA，后者与转录产物 RNA 形成部分暂时的 DNA-RNA 杂合双链，随着转录向前推进，释放出 RNA，模板又恢复为双链 DNA。

5) 转录起始由 DNA 分子上的**启动子**（promoter）控制。启动子通常靠近转录起点，起点的核苷酸编号为"+1"，从转录起点沿 RNApol 移动方向称为下游，核苷酸编号依次为+2，+3……，从起点编号为"+1"的位点向左侧逐一阅读的序列称为上游，核苷酸编号依次为−1，−2，−3……。一般 DNA 序列从左向右书写，只用编码链的序列代表基因。

6) 合成 RNA 的底物是 4 种 5′-核糖核苷三磷酸，即 5′-ATP、GTP、CTP、UTP。在聚合反应中一个 NTP 的 3′-OH 基与第二个 NTP 的 5′-P 聚合形成磷酸二酯键，释放出焦磷酸和自由能，推动反应向聚合方向进行，与 DNA 合成中发生的反应基本相同。

7) 新合成的 RNA 链总是以 5′→3′方向进行延伸。底物 5′-NTP 总是加到新生 3′-OH 末端。RNA 链的 5′→3′合成方向与模板 DNA 的方向反平行。

在体外，RNA 聚合酶能使 DNA 的两条链同时进行转录；但在体内，DNA 的两条链中仅有一条链可用于转录，或是某些区域以这条链转录，另一些区域以另一条链转录。用于转录的链称为**模板链**（template strand），或负链（−链），又称**反义链**（anti-sense strand）；对应的链为**非模板链**（non-template strand），即正链（+链），又称**有义链**（sense strand）。因为非模板链与合成的 RNA 产物链从一个方向阅读时序列完全相同（只是在 DNA 中的 T 变成了 RNA 中的 U），所以有义链又称为**编码链**（encoding strand）。

对于单链病毒 DNA 的转录，如 ΦX174 病毒颗粒 DNA，当进入 E. coli 细胞后复制出一条互补链，成为双链环状形式，再从这条互补链上复制出 ΦX174 成熟颗粒的 DNA。因此，复制出的互补链称为反义链，亦称为负链；而进入噬菌体颗粒的单链 DNA 称为有义链，即正链。以双链环状的 DNA 病毒为模板并加入完全的 RNA 聚合酶，则双链中只有一条链能作为转录的模板链,所合成的 RNA 与负链(模板链)互补。对于单链 RNA 病毒,若其基因组单链 RNA 作为 mRNA 或与 mRNA 序列相同,则是正链 RNA,称正链 RNA 病毒。如果病毒基因组单链 RNA 进入宿主细胞后不直接作为 mRNA,而是通过 RNA 复制产生互补链来作为 mRNA,那么病毒基因组的 RNA 称为负链,这种病毒称负链 RNA 病毒。

RNA 聚合酶对模板的利用与 DNA 聚合酶有所不同。在 DNA 复制时,首先需将两条链解开才能将它们作为模板合成各自的互补链;DNA 转录时无需将 DNA 双链完全解开,而是局部解链,以其中一条链为有效模板合成。DNA 经转录后仍以全保留方式保持双螺旋结构,新合成的 RNA 链自动脱离 DNA 链。

小结:用于转录的链称模板链或负链(反义链);对应的链称非模板链或正链(有义链),非模板链又称编码链;对单链 RNA 病毒,若直接作为 mRNA 则是正链 RNA,称正链 RNA 病毒。若病毒进入宿主细胞后不直接作为 mRNA,而是通过 RNA 复制产生互补链来作为 mRNA,则称负链,这种病毒称负链 RNA 病毒。转录有特定的起点和终点。转录过程由 RNA 聚合酶催化完成,RNApol 能起始从头开始的转录,但无 3′,5′外切活性,不具有校正和修复功能。转录起始由启动子控制。

7.1.2 原核生物和真核生物基因转录的差异

真核生物的基因转录类似于 E. coli 等原核生物,但也存在着以下几点差异。

1) 原核生物只有一种 RNA 聚合酶参与所有类型的基因转录,而真核生物有 3 种以上的 RNA 聚合酶负责不同类型的基因转录,在细胞核内的定位也不相同。

2) 转录产物差异很大。原核生物初始转录产物大多数都是编码序列,与蛋白质氨基酸序列基本上呈线性关系,而真核生物的初始产物有内含子序列,成熟的 mRNA 只占初始转录产物的一小部分。

3) 真核生物转录产物会历经剪接、修饰等转录后加工成熟过程,而原核生物的初始转录产物较少经过成熟就直接作为成熟的 mRNA 行使翻译模板的功能,其他各类 RNA 则以前体方式合成,然后加工成熟的 rRNA、tRNA 等。

4) 原核生物转录产物 mRNA 为多顺反子,转录产物可直接作为蛋白质合成的模板,在转录合成 mRNA 的同时蛋白质翻译也在进行,即转录与翻译相互偶联。大多数真核生物的 mRNA 是单顺反子结构,通常一个真核生物的 mRNA 分子只编码一个蛋白质分子的亚基或只编码由单肽链构成的蛋白质分子。

小结:原核和真核生物基因转录有差异,原核细胞只有一种 RNApol 参与所有类型的转录,真核生物有 3 种以上的 RNApol,负责不同类型的基因转录;转录产物差异很大,原核细胞的初始产物大都是编码序列,与蛋白质序列基本上呈线性关系,而真核的初始产物有内含子,成熟的 mRNA 只占初始转录产物的一小部分。真核转录产物会历经转录后加工过程,而原核细胞转录产物较少经过成熟就能直接作为 mRNA;原核细胞转录产物 mRNA 为多顺反子,转录与翻译相偶联。大多数真核 mRNA 是单顺反子,只编码一个蛋白质亚基或单肽链。

7.2 启动子的结构与功能

启动子(promoter)是 RNA 聚合酶识别、结合和启动转录的一段 DNA 序列,它含有 RNApol 特异结合和转录起始所需的保守序列位点,但启动子本身不被转录。启动子的功能最初是通过能增加或降低基因转录速率的突变而鉴定的,如 lac 操纵子的启动子。启动子一般位于转录起点+1 的上游。启动子序列的编号为负数,其数值可反映它在转录起点上游的距离。原核基因启动子分为两类:一类是 RNApol 能直接识别并结合的启动子,称为核心启动子(core promoter);另一类在 RNApol 结合时需要辅因子协助,这类启动子除了有 RNApol 结合位点外,还有位于核心启动子上游的辅助子结合位点,称启动子上游部位(upstream part of promoter, UP)即 UP 元件(为强启动子所必需)。核心启动子与启动子上游部位共同构成原核基因启动子。

7.2.1 启动子的结构

细菌启动子的结构有以下特征:含有转录起始点、−10 序列、−35 序列以及在−10 序列与−35 序列之间较严格的距离,见图 7.2。

通过比较上百个 E. coli 基因启动子发现,启动子大小为 50~60bp,RNApol 结合的启动子中存在一些保守的短序列。分析 E. coli 启动子的各种缺失和突变株的转录能力,表明只有很短的几个保守序列是启动子行使功能时所必需的。从起点上游约−10 处有 6bp 的保守序列 TATAAT,称 Pribnow 框或−10 框(−10box),是转录的解链区。−10 区序列的头两个碱基(T、A)和最后的碱基 T 十分保守。TATAAT 序列距离转录起点一般为 5~9bp,这个间距很重要(实际位置在不同的启动子中略有变动),但其中间的碱基并非保守,−10 序列中出现频率较高的碱基为(下标为出现频率的百分数):

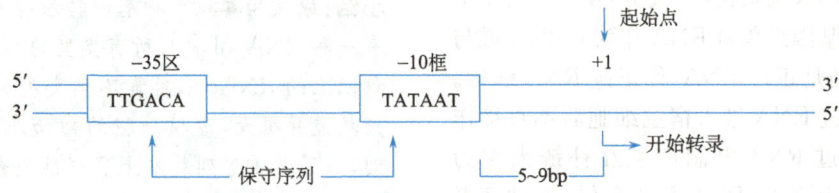

图 7.2 普遍具有的细菌启动子结构特征

$T_{80} A_{95} T_{45} A_{60} A_{50} T_{96}$

对大多数原核生物基因来说，RNApol 的结合位点还要向上游延伸一段区域，一直要伸展到－35bp 以上，在－35 区有一段保守的共同序列 TTGACA，各碱基出现频率如下：

$T_{82} T_{84} G_{78} A_{65} C_{54} A_{45}$

该序列在高效启动子中非常保守，其中前三个碱基 $T_{82} T_{84} G_{78}$ 相对更加保守。在 90% 的启动子中－35 区序列距－10 框有 16～19bp。大量实验证明，启动子－10 区与－35 区间距为 17bp 时转录效率最高，大约相隔两个螺距，一般在 15～20bp 的范围。

$T_{82} T_{84} G_{78} A_{65} C_{54} A_{45} \cdots 17bp \cdots T_{80} A_{95} T_{45} A_{60} A_{50} T_{96}$

7.2.2 启动子的功能

利用定点诱变技术使启动子发生突变，获得了共有序列功能的信息：－35 序列突变能降低 RNApol 与启动子结合的速度，但不影响转录起点附近 DNA 双链的解开；而－10 序列突变不影响 RNApol 与启动子结合的速度，但会降低双链的解链速度。可见－35 序列的功能是提供 RNApol 识别的信号，通过 σ 因子识别－35 序列，使 RNApol 结合在启动子上，因此，－35 区又称为识别区域。研究发现－35 序列对 RNApol 全酶具有很高的亲和性，当－35 序列发生突变或缺失时，对全酶的亲和性大大降低。－35 序列的核苷酸序列结构在很大程度上决定了启动子的强度。－10 序列含有较多的 A—T 碱基对，双链分开所需的能量较低，因此－10 区有助于 DNA 局部双链解开。由序列还可看出，启动子的结构是不对称的，它决定着转录的方向。

利用 RNApol 保护实验证明核心启动子元件，即－10 序列和－35 序列这两个片段是酶作用的关键部位。RNApol 能够遮盖 DNA 的一些片段，使其免受核酸酶攻击。较弱的启动子其－35 和－10 这两个序列与共同序列有较大的差别，而较强的启动子则更接近或类似于共同序列。当 75% 的突变位于这两段保守序列中时，由于改变了核苷酸序列，使启动子的功能降低，另有 25% 突变发生在这两段序列之间或者附近。σ 因子能直接与启动子的－35 序列和－10 序列相互作用，两个序列位点正好处于双螺旋 DNA 的同侧，它们间距的变化能影响 σ 因子的作用，改变起始效率。事实上启动子两个保守位点的结构可以被多种转录因子识别。最弱的启动子完全没有－35 序列，转录速度几乎为零，必须要有另外的辅助因子协助。不同的 σ 因子可识别不同的启动子序列。总结启动子不同区域的功能如下：①－35 区能增强启动子与聚合酶 σ 因子的识别作用；②－10 区序列对于 DNA 解旋十分重要；③起始位点附近的序列影响转录起始效率。转录初始约 30 个碱基序列也影响转录效率，它控制着启动子脱离 RNApol 的速度。DNA 模板的负超螺旋构象能增强转录的起始，有些启动子序列与较强启动子的共有序列并不十分相似，如 lac 启动子 P_{lac}，需要辅助激活因子 cAMP 受体蛋白（CRP）结合到 DNA 上靠近启动子的位点，以增强 RNApol 的结合和转录起始。

E. coli 细胞含有 7 个编码 rRNA 的基因，当快速生长需要大量 rRNA 时，这 7 个基因在细胞内自身可完成大量的转录。驱动这些基因转录的启动子显然很强大，原因是启动子上游元件在发挥作用。核心启动子上游－40～－60 处有一个 UP 元件，它能被 RNApol 识别，仅在 RNApol 存在情况下就能将 rrnB P1 基因的转录效率提高 30 倍，因此认为 UP 元件也是一个启动子元件。rrnB P1 基因启动子还与－60 与－150 之间的 3 个 Fis 位点有关，是转录激活蛋白 Fis 的结合位点见图 7.3。这些位点本身不与 RNA 聚合酶结合，所以不是典型的启动子元件，而是一类被称为增强子（enhancer）的转录激活 DNA 元件。E. coli rrn 启动子也能被一些小分子物质所调节，即起始 NTP（initiating NTP, iNTP）和预警子（alarmone）ppGpp（鸟苷 5′二磷酸-3′二磷酸）。大量 iNTP 的存在表明核苷酸的浓度很高，有利于合成大量的 rRNA，相应地，iNTP 还能稳定开放启动子复合体促进转录。此外，当细胞发生氨基酸饥饿时，蛋白质合成受到抑制，对核糖体的需要量随之减少。核糖体是氨酰-tRNA 的结合部位，当空载 tRNA 与核糖体结合后，由于核糖体对氨基酸的缺乏十分敏感，与之相关的蛋白质 RelA 接收"预警"，催化合成"预警子"ppGpp。"预警子"能影响寿命较短的开放启动子复合物的稳定性,从而抑制转录。还有另一种蛋白质 DskA,当它与 RNApol 结合后,能将 rrn 基因开放启动子的寿命降低到能对 iNTP 和 ppGpp 浓度变化做出反应的水平,是 iNTP 和 ppGpp 调节 rrn 基因转录所必需的。事实上在 DskA 缺失突变体中,rrn 基因的转录对 iNTP 和 ppGpp 浓度不敏感。

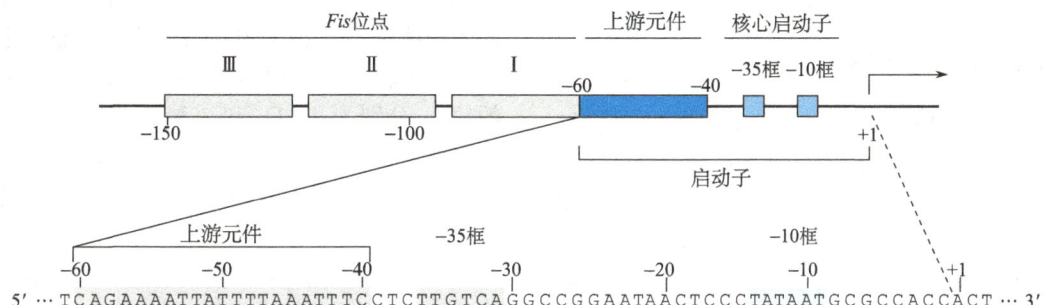

图 7.3　rrnB Pl 基因启动子结构示意图

核心启动子(−10 框与−35 框)和上游 UP 元件在上方,下方是启动子放大的序列图(非模板链)

以上所述的序列均是强启动子中典型的共有序列,但不同启动子的序列之间有很大差异,其转录效率相差可高达 1000 倍左右。表 7.1 是 E. coli RNA 聚合酶全酶的不同 σ 因子识别不同类型启动子的共有序列。

表 7.1　E. coli 不同 σ 因子识别不同类型启动子的共有序列

基因	因子	用途	−35 序列	间隔区	−10 序列
rpo D	σ^{70}	通用	TTGACA	16~18bp	TATAAT
rpo H	σ^{32}	热休克	CCCTTGAA	13~15bp	CCCGATNT
rpo N	σ^{54}	氮源*	CTGGNA	6bp	TTGCA
fli A	σ^{F}	鞭毛	CTAAA	15bp	CCCGATAA

* gln A P2 强启动子的转录。

对启动子突变的研究发现,绝大多数的突变都能造成启动子转录功能明显下降,或完全抑制,这类突变称为启动子的下降突变(down mutation),相反,能使启动子转录水平提高的突变称为上升突变(up mutation)。上升突变一般都趋向于与启动子共同序列更接近,或使两个共同序列间距接近 17bp。而下降突变则会减少与每个共同序列的相似性,或两个共同序列的间距远离 17bp。由此可见,转录效率高的强启动子的一个重要特性是与共同序列的结构更接近。如 E. coli 乳糖操纵子(lac operon)较弱,它的−10 序列 TATGTT 有两个碱基与共同序列(TATAAT)不同。当这两个碱基突变为与共同序列较一致的序列时,将增强 lac 操纵子的转录活性。研究发现下降突变一般倾向于集中在高度保守的位点,说明这种突变决定启动子的转录效率,而且当−10 框和−35 框突变后,越远离共同序列转录效率越低,否则反之。

对 RNApol 与启动子亲和性反应动力学常数的测定,能够判断突变对启动子的影响是发生在 RNApol 对启动子的结合,还是发生在结合后对封闭性复合物(closed complex)向开放复合物(open complex)的转变过程中。研究发现,发生在−35 区序列的下降突变,使封闭复合物形成速度减慢,但不影响它转变为开放复合物;而−10 序列的下降突变,不影响封闭复合物的形成,但使封闭复合物转变为开放复合物的速度变慢,说明全酶与启动子形成复合物的两种形式分别位于或倾向位于在启动子的不同区域。当−10 序列仅由 A-T 碱基对组成时,双螺旋解旋所需能量低于含有 G-C 的启动子。现在认为−10 区序列是启动子的关键部位,决定转录的方向。RNApol 在−10 区与 DNA 结合成复合物后,−10 框向着转录的方向解旋形成开链结构,它是 RNApol 的牢固结合位点。

小结:启动子是 RNA 聚合酶识别、结合和启动转录的一段 DNA 序列,包含转录起点、−10 区、−35 区及在−10 框与−35 框之间较严格的距离,启动子本身不被转录。启动子一般位于转录起点+1 的上游。原核启动子分两类:①RNApol 能直接识别并结合的核心启动子;②启动子上游部位,即 UP 元件,是在 RNApol 作用时需要的辅因子结合的位点。启动子不同区域的功能:①−35 区是 σ 因子识别的重要部位;②−10 框是 DNA 解旋的重要部位;

③起点附近序列影响转录起始效率。lac 启动子 P$_{lac}$ 需要 cAMP 受体蛋白 CRP 结合到 DNA 上靠近启动子的位点,增强酶的结合和转录起始。

7.3 细菌的 RNA 聚合酶

7.3.1 RNA 聚合酶概述

20 世纪 60 年代初期,从微生物和动物及植物细胞中分别分离得到了 DNA 指导的 RNA 聚合酶(DNA-directed polymerases)。到 60 年代末,通过 SDS-PAGE 分离纯化了 RNA 聚合酶的各个亚基,并在离体条件下建立了它的反应系统。由此对 RNA 聚合酶有了明确的认识,提出了 RNA 聚合酶是在 DNA 模板的指导下,以 4 种核糖核苷酸为底物,催化合成新生 RNA 链的酶。RNA 聚合酶以 4 种核糖核苷酸作为底物,以 DNA 为模板,沿 $5'\rightarrow 3'$ 的方向合成 RNA 链,Mg^{2+} 能促进聚合反应。第一个被接纳的核苷酸带有 3 个磷酸基,其后每加入一个核苷酸脱去一个焦磷酸,形成磷酸二酯键,反应可逆,但焦磷酸的分解使反应趋向聚合。与 DNA 聚合酶不同,RNA 聚合酶无需引物,它能直接在模板指导下聚合 RNA 链,由于 RNA 聚合酶没有 $3'\rightarrow 5'$ 方向的外切活性,所以也无校对功能。事实上,RNA 聚合酶的组成比最初认识的要复杂得多。早期认识的 RNA 聚合酶只是它的复杂转录装置的一部分,或是在转录装置中具有催化合成 RNA 能力的最小部分。

在转录的各个阶段,RNA 聚合酶的活性还需要各种转录因子或辅助因子的协助,在酶结合、延伸或离开模板 DNA 的特定位点时,各种转录因子和辅助因子(一般都是蛋白质)都是不可缺少的,很多情况下甚至难以区分在转录装置中的各个组分究竟是 RNA 聚合酶本身的一部分还是辅助因子。参与转录延伸阶段 RNA 聚合酶的所有亚基大都为转录起始和终止反应所必需。但在起始和终止阶段,还需要许多另外的蛋白因子,其中有些是特定基因所要求的。由此可见,应该把 RNA 聚合酶系统视为一种动态的功能性装置,它的结构组成和催化活性在转录过程中始终是处于变化中的。为叙述方便,我们将整个转录过程中所必需的蛋白质组分视为 RNA 聚合酶的亚基,而将因为复杂的转录和调控系统、特殊基因的转录起始、终止及终止所需要的各种因子,统称为转录因子和辅助因子。

7.3.2 大肠杆菌的 RNA 聚合酶

大肠杆菌 RNA 聚合酶是原核生物 RNA 聚合酶中认识最清楚的酶。利用 SDS-PAGE,分离出 E. coli RNApol 的亚基,即 α、β、β'、σ,分别是基因 rpoA、rpoB、rpoC 和 rpoD 的产物。过去一直将同时含有这 4 种类型,但总数为 5 个亚基的酶称为 RNA 聚合酶全酶(holoenzyme),即 $\alpha_2\beta\beta'\sigma$,分子大小为 465kDa。在不同的细菌中,α、β、β'亚基的分子大小比较恒定。亚基 β 和 β' 分子较大,分别为 150kDa 和 160kDa。亚基 α 和 σ 的较小,分别为 40kDa 和 70kDa。通过用磷酸纤维素的阴离子交换层析分离全酶,可将 σ 亚基与酶的其他组分分开。过去一直将 $\alpha_2\beta\beta'$ 部分称为核心酶(core enzyme)。当 σ 被分离后,引起核心酶活性变化,不具有起始聚合酶的活性,只能使已经开始合成的 RNA 链延伸,即开始合成 RNA 链时必须有 σ 亚基参与作用,因此称 σ 亚基为起始亚基。用尿素-PAGE 方法对 E. coli RNA 聚合酶的相同样品检测,还发现了分子大小为 10kDa 的组分,命名为 ω 亚基,与其他亚基相反,ω 亚基非转录所必需,在体外也不影响酶活性。虽然不是必需亚基,但可能在酶复合体的组装中起作用。现在认为,RNApol 全酶(RNA polymerase holoenzyme)由 6 分子亚基组成,即 $\alpha_2\beta\beta'\sigma\omega$(图 7.4)。

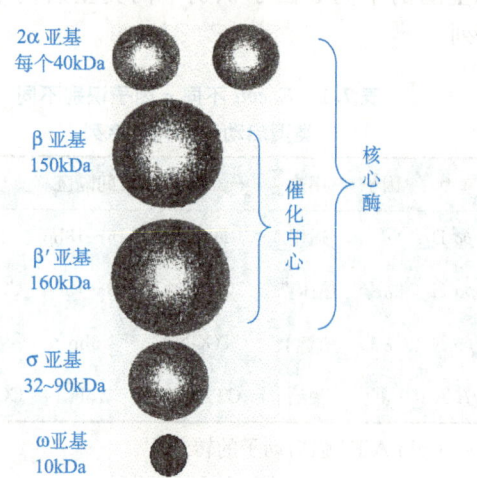

图 7.4 细菌 RNA 聚合酶的 5 种类型亚基

在表 7.2 中列出了 E. coli RNApol 每个亚基的性质和功能。RNA 聚合酶全酶是一种多功能酶,主要功能包括:①识别和结合 DNA 链上的启动子;②能沿着 DNA 链蠕动并解开 DNA 双螺旋,转录后使双螺旋恢复;③能同时与局部链分离的 DNA 及转录产物 RNA 链结合;④按 DNA 链的模板序列选择正确的底物 NTP,以 $5'\rightarrow 3'$ 方向催化磷酸二酯键形成,合成 RNA 链;⑤识别转录的终止信号;⑥能与转录因子相互作用,以调节转录速度;⑦能在转录受到阻遏的情况下进行自身调整,借助于辅助因子,恢复和维持 RNA

表 7.2 大肠杆菌 RNA 聚合酶亚基的性质和功能

亚基	基因	相对分子质量	亚基数目	功能
α	rpoA	40 000	2	酶的装配
β	rpoB	150 000	1	与启动子上游元件和活化因子结合
β′	rpoC	160 000	1	结合核苷酸底物 催化磷酸二酯键形成（催化中心） 与模板 DNA 结合
σ	rpoD	70 000	1	识别启动子 促进转录的起始
ω		10 000	1	与酶复合体的组装有关

合成。通过对抑制 RNApol 转录功能的抗生素的研究发现，由 $rpoB$ 基因编码的 β 亚基是 RNApol 的催化中心。利福平是 RNApol 的强抑制剂，能与 β 亚基结合，阻止转录起始但不影响延伸。这类抗生素也不抑制真核细胞的 RNApol，因此在医药上被用于治疗革兰氏阳性菌的感染和结核病。另一种抗生素利迪链菌素能抑制转录的延伸，产生对该抗生素抗性的突变基因，这种突变基因也被定位在 $rpoB$ 基因内。研究表明 β 亚基有两个结构域，分别负责转录的起始和延伸。β′ 亚基是一个碱性蛋白，由 $rpoC$ 基因编码，与 DNA 之间以静电引力相结合，并能结合两个 Zn^{2+}，后者与 RNApol 的催化作用有关。体外实验发现，具有多个阴离子的肝素能结合到 β′ 亚基上。肝素能抑制转录作用是由于它能与 DNA 竞争性地结合到聚合酶的催化中心上。σ 亚基能识别并引导 RNApol 稳定结合到启动子上，它能使核心酶对特异序列的亲和力加强，而对非特异序列的亲和力降低。全酶的核心酶部分并不能区分 DNA 启动子和一般序列，核心酶与 DNA 的结合常数约为 10^9 mol/L，停留的半衰期约 60min，但当 σ 因子与核心酶结合以后，与 DNA 一般序列的结合常数下降为 10^5，半衰期小于 1s，而与 DNA 启动子序列的结合常数达到 10^{12}，半衰期为数小时，二者的结合常数相差约 10^7。RNApol 与不同基因启动子的亲和力不一样，结合常数的变动范围为 $10^6 \sim 10^{12}$。受亲和力的影响，起始频率也各不相同。例如，rRNA 基因启动子为 1 次/s，而 lacI 启动子为每 30min/次。细胞内 σ 因子的数量只占核心酶的 30%，因此，大约只有 1/3 的 RNApol 是以全酶形式存在。

7.3.3 T7 RNA 聚合酶

某些噬菌体的 RNA 聚合酶比细菌 RNApol 小，只有一条多肽链。如 T7 RNA 聚合酶，相对分子大小为 9.8×10^4，是目前已知的 RNApol 中最简单的酶，一般只具备聚合酶功能，能完全转录表达噬菌体外壳蛋白的基因，且未受明显的调控。由于 T7、T3 及 SP6 等噬菌体的 RNA 聚合酶都有活性高和不受调控的特点，常用于原核细胞基因的体外表达系统。

T7 RNA 聚合酶不能识别 $E.\ coli$ 的基因转录启动子，它只识别一个包括转录起点在内的 23bp 的启动子结构。由于噬菌体表达蛋白质的产生，能抑制 $E.\ coli$ 细胞内的 RNApol 活性，导致宿主细胞的基因不能转录，因此由 T7 RNApol 及结合的启动子在基因工程中能构建 RNA 表达载体系统。利用 X 射线衍射分析发现，T7 RNApol 分子的表面有一个裂隙，其直径相当于 DNA 双螺旋直径，能容纳 DNA 于其中。在 $E.\ coli$ 的 RNApol 和酵母 RNApol Ⅱ 等分子中也发现了类似结构，这种结构是所有 RNApol（包括 DNApol）的一个共同特征。

> **小结**：$E.\ coli$ RNApol 含有 α、β、β′、σ、ω。σ 亚基为起始亚基，过去一直将 $\alpha_2\beta\beta'$ 部分称为核心酶，现在认为 RNApol 全酶由 6 分子亚基组成，即 $\alpha_2\beta\beta'\sigma\omega$。全酶是一种多功能酶，包括：①识别和结合启动子；②沿 DNA 链蠕动并使 DNA 解旋或再旋；③能同时与局部链分离的 DNA 及产物 RNA 链结合；④按模板序列选择底物，以 5′→3′方向催化合成 RNA 链；⑤识别转录终止信号；⑥能与转录因子相互作用以调节转录速度；⑦能在转录受阻时进行自身调整，借助辅因子恢复和维持 RNA 合成。T7 RNApol 不能识别 $E.\ coli$ 启动子。X 射线分析发现 T7 RNApol 分子表面有一个能容纳 DNA 的裂隙，这种结构是所有 RNApol 的共同特征。

7.3.4 σ 因子的结构与功能

$E.\ coli$ 中最常见的 σ 因子（sigma factor）是 σ^{70}（因其分子大小为 70kDa 而得名）。σ 因子在识别启动子时起关键作用。许多原核生物有多种 σ 因子，与识别各种类型的启动子序列有关。在大肠杆菌细胞中，σ 因子由 rpoD 基因编码。原核细胞中的 σ 因子分子大小差异很大（32~90kDa），$E.\ coli$ 中的 σ 因子分子大小主要是 70kDa 左右，写为 σ^{70}，枯草杆菌（$B.\ subtilis$）为 σ^{43}。不同的 σ 因子识别不同类型的启动子。如 $E.\ coli$ 细胞中的绝大多数基因都由 σ^{70} 识别，其他的 σ 因子能介导特殊基因表达，如识别热休克应激蛋白基因的因子为 σ^{32}，识别固氮酶和有关基因的因子为 σ^{54}。一些噬菌体（如 T4）基因组能编码自身的启动因子，使宿主细胞能转录噬菌体的基因。另一些噬菌体（如 T3、T7）能合成自身的 RNApol（仅为一条 $Mr \leqslant 1 \times 10^5$ 的多肽），但对自身启动子有高度专一性和较高的转录效率,37℃时转录速度可达 200 核苷酸/s,相当于细菌的 3~4 倍。E.coli 和 B.subtilis 等细菌中 σ 因子同源区比较如图 7.5 所示。

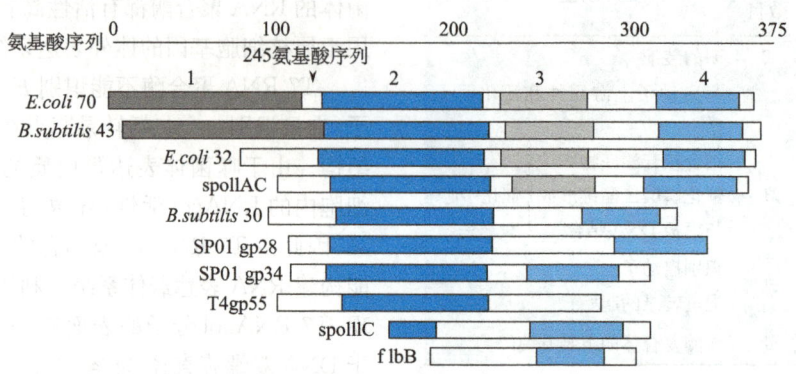

图 7.5　E.coli 和 B.subtilis 等细菌中的各种 σ 因子同源区域比较

编码各种细菌 σ 因子的基因目前大都已被克隆和测序,每种细菌都有一种主要的 σ 因子,负责转录基本营养生长所需要的基因,进而表达。不同细菌的 σ 因子在氨基酸序列上有惊人的相似性,有串联成簇的 4 个保守的区域,对 σ 因子发挥作用很重要,见图 7.6。区域 1 存在于 σ^{70} 和 σ^{43} 中,其功能是阻止 σ 因子直接与 DNA 结合。实际上在转录起始时,只是 σ 因子的一个片段与 DNA 结合,而区域 1 能够阻止整个 σ 因子(多肽)与 DNA 的结合,这对转录起始很重要,因为整个 σ 因子与启动子结合后将抑制全酶与启动子的结合,进而抑制转录。在 E.coliσ^{70} 的区域 1 和 2 之间有一段 245aa 的片段在 σ^{43} 中没有,这段序列可使 E.coliRNA 聚合酶的 σ^{70} 与非启动子区域的结合变得比 B.subtilis 的 σ^{43} 更松弛,B.subtilis 的 σ^{43} 依赖 δ 多肽发挥这种功能,说明 σ^{70} 中的 245aa 序列肽段可能与 δ 多肽的功能相当。区域 2 存在于所有的 σ 因子中,是最保守的区域,区域 2 又分为 a、b、c、d 4 个亚区。2d 亚区负责识别启动子−10 序列,σ^{70} 和 σ^{43} 在这个亚区有 95% 的相似性。区域 3 参与核心酶与 DNA 的结合。区域 4 与区域 2 相似,区域 4 分为 2 个亚区,4b 亚区有螺旋-转角-螺旋 DNA 结构域,控制 σ 因子与启动子−35 框的识别与结合。

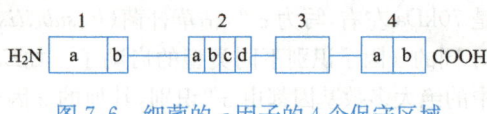

图 7.6　细菌的 σ 因子的 4 个保守区域

对十分保守的区域 2 的突变研究证实,该区段与启动子−10 框能相互作用,将 spoVG 启动子−10 区序列中的 G 换为 A,即阻止了启动子与 RNA 聚合酶的结合,但将识别 spoVG 启动子的 σ 因子第 100 位残基由 Thr 突变为 Ile 时,RNA 聚合酶又恢复识别这种突变的启动子。区域 2 的氨基酸序列以 α 螺旋结构为主,很多能结合到 DNA 分子上的蛋白结构式样都有 α 螺旋的结构特征。区域 3 的序列内有一段螺旋-转角-螺旋(HTH)结构式样,是结合 DNA 的结构域。区域 4 也含有 HTH 结构域,对识别启动子起关键作用,能控制对−35 序列的结合。对 E.coli σ^{70} 第 361~390 氨基酸残基缺失分析表明,4 区域有一定的疏水性,是与核心酶结合的位点。研究发现 E.coli σ^{70} 和 B.subtilis 的 σ^{43} 都以 α 螺旋的结构识别 DNA 双螺旋。在 α 螺旋中,Thr 和 Arg 这两个氨基酸间隔 3 个残基,位于 α 螺旋同一侧,负责识别−10 序列的前两个相邻碱基,为 σ 结合在−10 做准备。当 σ 因子的各亚区域单独结合到启动子上时,相互之间有一定空间位阻,但当 σ 因子与 RNApol 的核心酶偶联时,构象发生变化,与 DNA 结合的区域暴露出来,使 RNApol 能分别与启动子的−10 序列和−35 序列的碱基接触并发生结合。

研究者通过分别用 E.coli RNApol 的核心酶和全酶进行 T4 噬菌体 DNA 转录反应研究 σ 因子的功能。当设置加入的 4 种 NTP 中有一种为 ^{32}P 标记底物,则转录产物为放射性标记的 RNA。经琼脂糖凝胶电泳再转移到硝酸纤维素膜上的结果发现,全酶的转录产物只是有限的几个 RNA,而核心酶的转录可以得到很多不同长度的 RNA 片段。由此认为 RNApol 核心酶不具有转录起始的特异性,不加选择地转录了 T4DNA。而全酶只对少数几个位点能进行起始转录,表现出起始特异性。实验还发现核心酶能以 T4 DNA 的两条链作为模板分别合成 RNA,产物 RNA 能形成抗 RNase 酶水解的部分双链结构。因此核心酶能以 DNA 的两条链作为模板,进行"对称性"转录,而全酶只能以模板链为模板进行"不对称"地转录

RNA，后者相互间不能互补形成双链 RNA 的结构，也不具有 RNase 抗性。进一步研究证实，核心酶只能随机结合 DNA 序列，分子中的碱性氨基酸残基能与 DNA 主链骨架进行非特异性的松散结合，这是因为核心酶不能有效分辨启动子和一般 DNA 序列的差异，酶松散地与双链 DNA 结合的复合物半衰期约 60min。

通过测定 RNApol 全酶与 DNA 的结合常数发现，全酶的 σ 因子能使酶明显减少对非特异结合的亲和性，结合常数下降到 10^{-4}，全酶对随机序列 DNA 结合的半衰期不到 1s。所以，σ 因子明显降低了 RNA 聚合酶对非特异位点的结合能力。同时，σ 因子的存在，使 RNApol 全酶与启动子的结合非常紧密，结合常数比核心酶对随机 DNA 的结合常数平均增加 1000 倍，半衰期可达数小时。与其他启动子的序列相比，全酶对启动子区的结合特异性达到 10^7（平均参考值）。在 E. coli 的 2000 多个启动子中，全酶对它们的结合速度差异很大，从 $10^{12} \sim 10^6$ 不等，这是启动子起始转录效率的一个重要参数，可见全酶与启动子的结合常数反映了启动子的强度，并决定转录效率。

> **小结**：细菌 σ 因子有 4 个保守区，区域 2 最保守，存在于所有的 σ 因子中，分 a、b、c、d 4 个亚区。2d 亚区负责识别 —10 区，4b 亚区负责控制 σ 因子与 —35 框结合，$σ^{70}$ 和 $σ^{43}$ 在这个亚区有 95% 的相似性。区域 3 参与核心酶与 DNA 结合。区域 4 与区域 2 相似，区域 4 分 2 个亚区，4b 亚区有 THT 域，控制 σ 因子与 —35 框的识别与结合。

7.3.5 核心聚合酶的结构与功能

核心酶是保证新生 RNA 链延伸聚合的核心。转录起始时，σ 因子对启动子特异识别作用很强，在 σ 因子的参与下 RNApol 对启动子 DNA 具有高亲和性，而对非特异 DNA 序列亲和性很低。在转录延伸阶段，RNApol 以核心酶的形式与模板 DNA 相互作用。

核心酶的结构　1999 年，S Darst 等结晶出了分辨率达 3.3Å 的嗜热水生菌（*Thermus aquaticus*）核心聚合酶，获得 X 射线晶体学图像，从整体结构上与电子显微镜观察到的 E. coli 核心酶（较低分辨率的二维晶体结构）十分相似，说明嗜热水生菌核心聚合酶晶体结构是目前人类了解最细致的细菌 RNApol 核心酶结构。T. aquaticus 核心聚合酶形似右手的拇指与食指呈半握拳状（或像一只半张开的蟹钳）。"蟹钳"一侧由 β 亚基组成，另一侧由 β′ 亚基组成，2 个 α 亚基位于"蟹钳"的节点处，一个 α 亚基与 β 亚基相连，另一个 α 亚基与 β′ 亚基相连，较小的 ω 亚基位于底部，覆盖 β′ 亚基的 C 端。在核心酶的两"钳"之间有一宽约 27Å 的通道，DNA 模板位于其中。在 β′ 亚基上有一段保守的氨基酸序列 NADFDGD，其中的 3 个天冬氨酸（D）螯合着 Mg^{2+}，所以，在核心酶的催化中心有 3 个 Asp 和 Mg^{2+}。在形成贯穿酶通道顶部的 β 亚基上有利福平结合位点。利福平允许 RNA 聚合起始，但当聚合了几个核苷酸后就会阻断 RNA 链的延伸。另外，一旦完成启动子清除，利福平对转录不再产生影响。Darst 等通过 T. aquaticus 核心聚合酶与利福平复合体的晶体结构证实，当 RNA 链延伸长度达 2nt 或 3nt 时，利福平通过阻断延伸转录物的排出而阻断转录。

核心酶中 α 亚基的功能　1993 年，Gourse 等构建了 E. coli RNApol α 亚基中不同氨基酸替换的突变株，通过 DNase 足迹等实验，发现有些突变体失去了应答 UP 元件的能力，RNApol 的 α 亚基有独立折叠的 C 端结构域，这个区域能识别启动子的 UP 元件并与之结合。这种应答反应的主要贡献者是 α 亚基的第 265 位 Arg，当它被其他氨基酸（如 Cys）取代时，α 亚基对启动子 UP 区域则不再有应答作用，转录只在很低的水平进行。α 亚基 C 端第 94 位氨基酸缺失的 RNApol，只有核心酶活性，对启动子是否有 UP 不能区别。足迹分析表明，野生型 RNApol 在核心启动子和 UP 区域都显示出足迹，而 α 亚基缺乏 C 端的 RNApol 只在核心启动子上显示出足迹，说明 α 亚基的 C 端在 RNApol 和 UP 区域间的相互作用中是必需的。用 X 射线衍射晶体分析 α 亚基表明，C 端和 N 端相互独立折叠，形成两个结构域，它们之间以灵活的铰链相连接。因此认为，RNApol 的 α 亚基是在 C 端结构域参与下才与启动子的 UP 区结合，使 RNApol 与启动子之间的相互作用加强，进行高水平的转录。

核心酶中 β 和 β′ 亚基的功能　RNA 聚合酶的核心酶拥有 RNA 合成的装置，是新生 RNA 链延伸的核心执行者。由图 7.4 可见，β 和 β′ 亚基共同构成 RNApol 的催化亚基，它们分别由 *rpoB* 和 *rpoC* 基因编码，氨基酸序列与真核 RNApol 的两个最大亚基同源。两个亚基都具有与模板 DNA、新生 RNA 链以及底物 NTP 相互作用的位点，β′ 亚基的功能是与 DNA 模板结合，而 β 亚基的功能是催化 3′,5′-磷酸二酯键的形成。RNApol 在 pH 呈中性时的所有亚基都带正电荷，对带负电荷的 DNA 有很强的静电吸引力。1970 年，W Zillig 首次对核心酶的单个亚基进行研究，先从 E. coli 核心酶中分离出多肽组分，再重新组装成有活性的聚合酶，用亲和标记法证明了 β 亚基在 RNA 磷酸二酯键聚合中起重要作用。将正常底物的多种类似物（大都是 ATP 或 GTP 的类似物）逐个添加到酶溶液中，它们能像ATP一样进入酶的活性中心，进行正常的起始反应，并与该活性部位的氨基酸残基形成共价连接。然后，加入同位素标记的正常底物^{32}P-UTP，即对活性部位作了标记，再将处于转录延伸阶段的RNApol分离、变性，在PAGE中对α、β、β′亚基进行分离，发现同位素标记只出现在β亚基中，说明磷酸二酯键的形成由β亚基负责，以此证实了β亚基与磷酸二酯键形成直接有关。研究还发现，RNApol在聚合反应中表现出对抗生素利福平（rifampicin）有敏感性。采用含有尿素的醋酸纤维素薄膜电泳，将RNApol各亚基分离，测定组成核心酶的各亚基对利福平的敏感性发现，β亚基决定着核心酶对利福平敏感性或抗性。继而用另一种抗生素利迪链菌素（streptolydigin）实验得到了β亚基还能控制转录对利迪链菌素敏感性或抗性，结果是能阻断RNA的合成，表明抗利福平和抗利迪链菌素都由β亚基决定，推测它们共同的特征是抑制磷酸二酯键的形成。

1996年，E Nudler等通过模板转换实验证实β和β′亚基都参与了酶与DNA的结合。在被转录DNA的起始位点上还有两个结合位点：①上游弱结合位点（-6～+1），包括DNA解链区和位于或靠近β亚基的催化位点，有盐敏感性，主要通过静电作用与RNApol结合；②紧接下游的强结合位点（+2～+11），通过疏水作用使酶与DNA结合，是盐稳定区（图7.7）（见彩图）。将RNApol各组分加入到T7噬菌体DNA中，各亚基混合物在不同甘油梯度中进行电泳分离，再将RNApol组分用SDS-PAGE检测，DNA用260nm紫外吸收，收集各组分并测定其结合能力，结果表明β′亚基和DNA在电泳中共同迁移，并结合在一起。由此证明β′亚基是直接与DNA结合的蛋白。深入研究还发现β′亚基具有高度保守的锌指（zinc finger）结构，这种结构特征不仅存在于E. coli的β′亚基中，而且也普遍存在于在真核生物RNApol中。RNApol和DNA间的某些相互作用依赖于这种结构。RNA聚合酶各亚基功能的分工是相对的。每个亚基既各司其职发挥作用，又共同对核心酶和全酶的活性作出贡献，使全酶

活性在整体转录过程中显示出来。

> **小结**：嗜热水生菌RNApol核心酶形似一只半张开的蟹钳，一侧是β亚基，另一侧是β′亚基，2个α亚基位于"蟹钳"的节点，ω亚基位于底部，覆盖β′亚基的C端。两钳间有个27Å的通道，DNA模板位于其中，通道顶部的β亚基上有利福平结合位点。β′亚基有3个Asp螯合着Mg^{2+}，是催化中心。α亚基有独立折叠的C端结构域，能识别UP元件，使RNApol与启动子间的作用加强。β亚基催化3′,5′-磷酸二酯键形成，β′亚基与DNA模板结合。被转录DNA分子起点还有两个结合位点：①上游-6～+1的弱结合位点包括DNA解链区，有盐敏感性，通过静电作用与RNApol结合；②下游+2～+11的强结合位点，通过疏水作用使酶与DNA结合，是盐稳定区。

7.3.6 RNA聚合酶全酶的结构与功能

RNA聚合酶全酶的结构 2002年，S Darst及同事在Science上发表了T. aquaticus核心聚合酶RNA聚合酶全酶分辨率为4Å的晶体结构图像（图7.8，图7.9）（见彩图），得出3点结论：①σ亚基与核心酶的β和β′亚基间有较大接触面；②缺失前91个氨基酸（1a结构域）的σ亚基组成的全酶不能容纳DNA模板，说明这个区域负责与DNA结合；③在σ亚基中连接两个功能域的中间无规则环，靠近酶活性位点，位于排出RNA产物的通道内，其在形成第一个磷酸二酯键时发挥作用。总之，包含1a区在内的整个σ因子可将酶的裂隙撑开，使双链DNA模板结合在这个通道中形成闭合启动子复合体，然后，在形成开放启动子复合体时，1a区被逐出，使主通道在活性位点处与解链DNA紧密结合。实验进一步证明，由于σ1a区有强酸性（中性pH时有1/3氨基酸带负电荷），有利于σ1a区与含碱性氨基酸残基的主通道结合；E. coli σ^{70}的羟自由基蛋白足迹表明，游离的σ1a区位于羟自由基中，但在全酶中受到保护，一旦全酶形成开放启动子复合体，1a区即被暴露；Darst及同事获得了结合DNA的T. aquaticus全酶晶体，发现σ1a区是无序的，暗示它已被逐出主通道，晶体中的1a区也易被蛋白酶降解，再次表明σ1a区在主通道中未受保护。利用荧光共振能量转移（FRET）技术证实，在闭合启动子复合体中，σ1a区位于主通道内，但在开放启动子复合体中则被逐出主通道。σ1a区的另一个重要作用行为是当无核心酶时，阻止σ亚基与DNA结合。T. aquaticus全酶的晶体结构还能解释产生流产性转录产物的原因，Darst等用E. coli全酶进行的失控转录实验也反复证

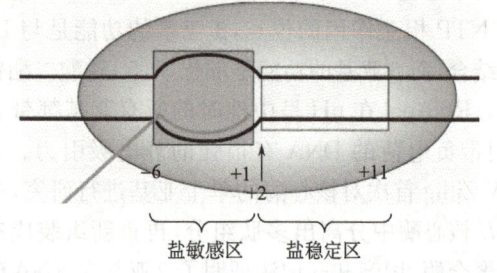

图7.7　E. coli RNA聚合酶全酶的DNA结合位点
（引自Murakami et al.，2002）

实,在全酶的σ3区与σ4区间有一段近似无序的链环结构延伸到酶活性中心的Mg^{2+}附近,而σ3-σ4链环的有序区域位于RNA逐出的通道内,与初生RNA之间有竞争占据通道的作用,堵塞RNA链延伸出来,在到达有效长度前就发生中断。通常情况大都以σ3-σ4链环占据为主,初生RNA只能重复性地以流产性转录产物(短小RNA)的形式释放,形成流产性转录产物。经测定,流产性转录物在摩尔数量级上大于完整转录产物(E. coli 中约为11倍)。而一旦RNA分子成功延伸到12核苷酸及以上时,RNA链能通过将σ3-σ4链环置换而继续延伸。链环或与核心酶解离,或只能松散地结合在核心酶上。

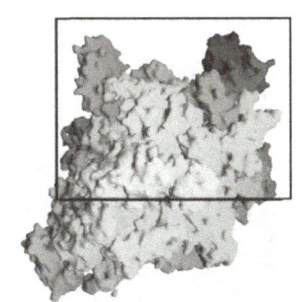

图7.8 T. aquaticus 全酶的晶体结构

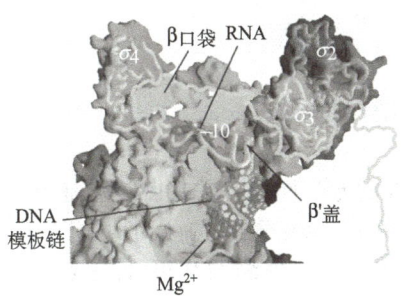

图7.9 图7.8 T. aquaticus 全酶晶体结构黑框内的局部放大图(引自 Murakami et al.,2002)

小结:包含1a区在内的整个σ因子将酶的裂隙撑开,使双链模板结合在通道中形成闭合启动子复合体,在形成开放复合体时1a区被逐出,使主通道在活性位点处与解链DNA紧密结合。在全酶的σ3-σ4链环的无序区域延伸至活性中心的Mg^{2+}附近,而σ3-σ4链环的有序区位于RNA逐出通道内与初生RNA间有竞争占据通道,阻止RNA链延伸,当σ3-σ4链环占据为主时,初生RNA只能重复性地以短小产物形式释放形成流产性转录产物。当RNA分子延伸12nt以上时,能将σ3-σ4链环置换而继续延伸。

全酶与启动子的相互作用 利用足迹法(foot printing)测定DNApol(或其他蛋白质)在DNA上的结合位点,能够得知RNApol是与启动子DNA上的哪一段序列相互作用。在离体条件下,将任意一段基因的DNA序列与RNApol混合,再用RNase内切酶水解该混合物,就会发现DNA序列中的大多数核苷酸都能被水解成单核苷酸,只有启动子中的一些位点保持着完整序列。这是因为此段DNA因与RNApol结合而受到了保护。足迹法分析有两种途径,先使RNApol结合于启动子DNA,之后用硫酸二甲酯作用使鸟嘌呤碱基被甲基化,再用RNase I进行有限水解,经电泳分离等步骤,与游离DNA的水解程度作比较即可获得结果;或者与上述过程相反,先将启动子用硫酸二甲酯进行有限的化学修饰,然后与RNApol结合,回收不能结合RNApol的DNA,再用RNase I进行有限水解DNA,产物进行电泳后检测断裂位点,DNA上的某些位点因碱基被修饰而妨碍了RNApol的结合。足迹分析结果显示,−10区和−35区的序列均含有与RNApol的接触位点,其中有些位点既能在受到修饰时不与RNApol结合,又能在结合RNApol之后显示出对修饰的敏感性改变。尽管碱基成分有少量差异细菌的不同基因启动子在基本相同的位置上都具有这些接触位点。深入研究发现,启动子中的DNA先结合RNApol所发现的位点,是二元复合物中RNApol接触的位点,说明RNApol在识别启动子时先接触一组碱基(接触点),然后将接触点延伸到其他碱基,而先进行DNA修饰的干扰实验发现的位点,则都是RNApol结合DNA所必需的位点。

利用化学修饰足迹法,已找到在RNA聚合酶-启动子二元复合物中DNA解链区,如果DNA双链分开,则未配对区域的碱基对于化学修饰剂更敏感。但在双螺旋状态时,修饰剂不能接触和作用于这些碱基。所以,二元复合物中的这些敏感位点处于解链区。对A和C的甲基化实验证明,在转录起始复合物中,最初的解链区位于−9～+3位置,即从−10序列的右侧延伸至刚超过转录起点。从立体的双螺旋视角分析,−10序列上游的接触位点基本都位于螺旋的一侧,绝大部分在编码链上。这些碱基(接触点)是在封闭的二元复合物开始形成时被识别的。RNApol从这一侧接近并识别启动子DNA。RNApol在DNA链上伸展的构型和大小形状在转录过程中发生了很大的变化,主要有以下3种形式。

1) 当RNApol全酶最初与DNA结触时,占据的长度为75～80bp,从DNA的−55～+20。在转录起始阶段一直停留在这个位置。

2) 在从起始阶段转入延伸阶段的过渡中，RNApol 的构象伴随着 σ 因子的释放而发生了动态变化，离开与 DNA－55～－35 区域间的接触，向下游蠕动，覆盖的长度约为 60bp。说明启动子上游序列部分与酶的最初识别有关，而非参与起始的后期过程。

3) 当新生 RNA 链聚合至 15～20bp 时，酶分子进一步发生构象转变，形成延伸复合物（形似泡状的转录泡），此时覆盖 30～40bp 的 DNA，延伸复合物外形呈现蠕虫爬行态的屈伸前移。据计算，RNApol 全酶长约 16nm，正常情况是覆盖约 50bp 的 DNA，表明当全酶结合了 DNA 链后发生了一定程度的弯曲收缩，而当上游 DNA 弯曲后就产生了许多的 DNA 酶 I 超敏位点（图 7.10，图 7.11）（见彩图）。

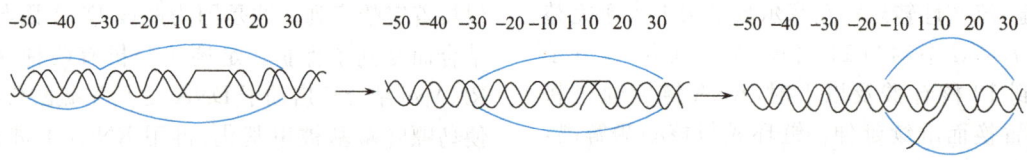

图 7.10　RNA 聚合酶覆盖 DNA 启动子区后的构象变化示意图

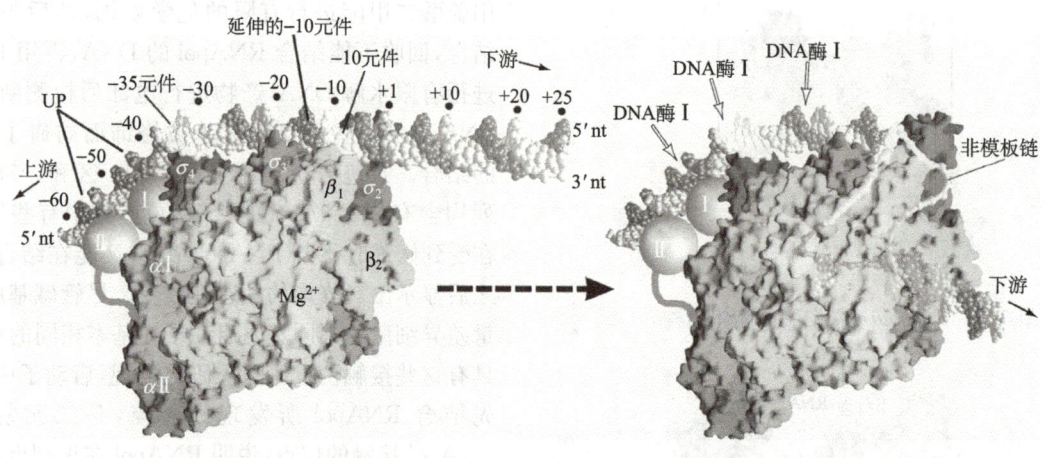

图 7.11　上游 DNA 弯曲产生了 DNA 酶 I 超敏位点（引自 Murakami et al.，2002）

1997 年，Nudler 和 Goldfarb 等应用转录物步移和 RNA-DNA 交联技术，证明在延伸复合体中有 RNA-DNA 杂合分子，其长度为 8bp 或 9bp。近年对 T7RNA 聚合酶的研究结果也显示，RNA-DNA 杂合分子的长度为 8bp。2002 年，S Darst 等将 T. aquaticus 全酶与 DNA 结合得到了同质（homogeneous）的全酶-DNA 复合体，其中的 DNA 大都为双链，含－35 框，而－10 框位于非模板链上的一个单链凸区，起始于－11 位（图 7.12）。

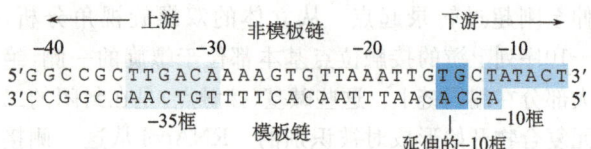

图 7.12　开放复合体中启动子的结构特征

由图 7.13 可见，从 σ 所处的位置观察，DNA 模板穿越了聚合酶的上部。事实上在 RNApol 中所有蛋白质-DNA 的专一性相互作用都以 σ 亚基为主，而非核心酶。图 7.13（见彩图）确认了之前人们通过生物化学和遗传学实验推测的结果，即 σ 亚基的 2d 区参与识别－10 框，特别是在 E. coli 的 σ^{70} 中 Glu_{437} 和 Thr_{440} 的突变能抑制启动子区－12 位的突变。E. coli 的 σ^{70} 中 Glu_{437} 和 Thr_{440} 对应于 T. aquaticus σ^A 的 Gln_{260}、Asn_{263}，它们都靠近启动子的－12 位，暗示这些氨基酸与－12 位碱基存在着相互作用。E. coli σ^{70} 有 3 个高度保守的芳香族氨基酸，（对应于 T. aquaticus σ^A 的 Phe_{248}、Tyr_{253} 和 Trp_{256}）参与了启动子区解链。在开放复合体中这些氨基酸在－10 区与非模板链结合并相互作用。研究发现 Trp_{256} 所处的位置恰好有利于和紧邻－10 框的－12 碱基发生作用。已知在 σ 亚基的 2b 和 2c 区有两个固定的氨基酸残基 Arg_{237} 和 Lys_{241} 参与结合 DNA，它们的位置恰好有利于通过静电作用结合酸性 DNA 骨架，这种作用不具有序列特异性（图 7.14，图 7.15）（见彩图）。

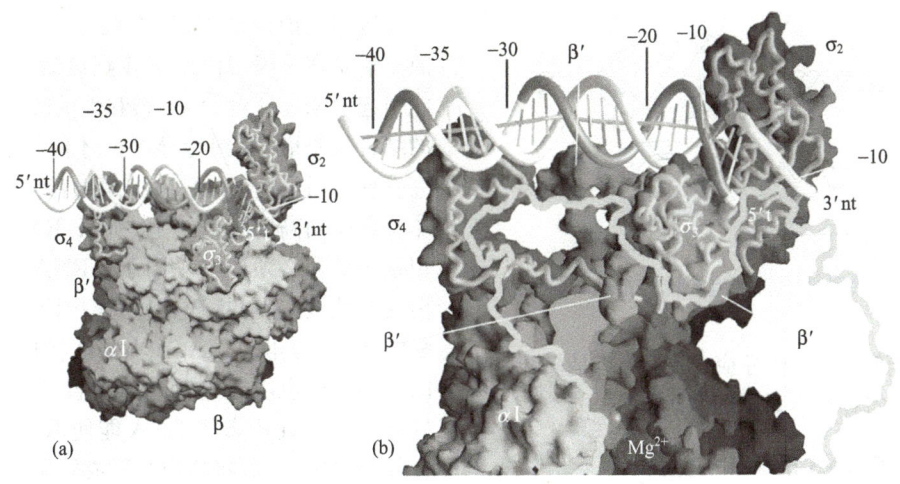

图 7.13 全酶-DNA 开放复合体的结构特征(引自 Murakami et al.,2002)

(a) 全酶-DNA 复合体的整体结构特征；(b) 全酶-DNA 复合体的局部放大图

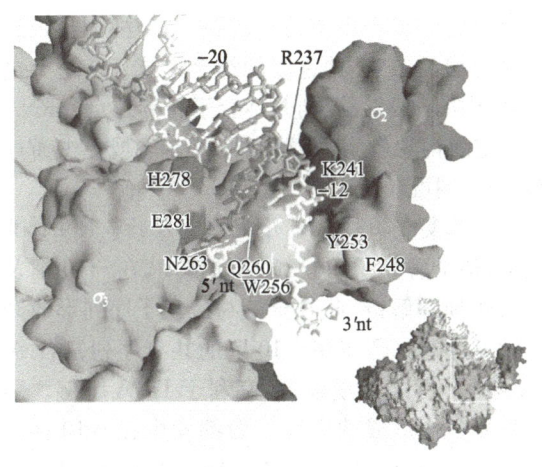

图 7.14 全酶与起点下游 DNA 的接触
(引自 Murakami et al.,2002)

识别—10 框延伸区的氨基酸用红色表示，识别—10 框的氨基酸用绿色表示，参与—10 框解链并与非模板链结合的氨基酸用黄绿色表示。—10 框 DNA 为黄色。右下角为局部图在整体图中的位置

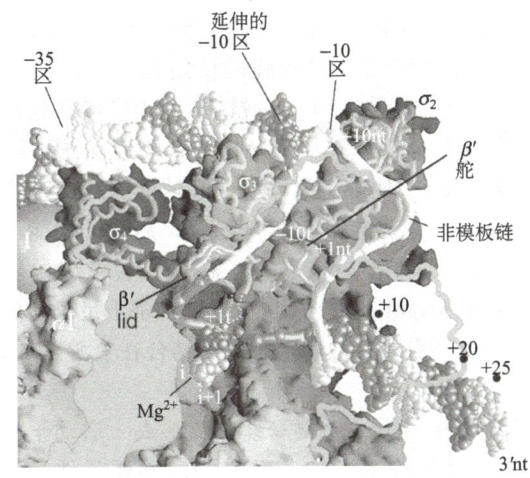

图 7.15 DNA 从—60 位至+25 位之间的序列与全酶的结合模型(引自 Murakami et al.,2002)

小结：RNApol 在 DNA 链上伸展的构象在转录过程中有很大变化：①全酶最初与 DNA 接触时占据 75~80bp，从 DNA 的—55~+20。②在从起始转入延伸的过渡中，伴随 σ 因子的释放，向下游蠕动，覆盖长度约 60bp。③当新生 RNA 链聚合至 15~20bp 时，酶构象转变形成延伸复合物，覆盖 30~40bp 的 DNA，延伸复合物外形呈现蠕虫爬行态的屈伸前移。延伸复合体中的 RNA-DNA 杂合分子长度为 8~9bp。

转录延伸的拓扑学 Saucier 等研究发现，DNA 的两条链从全酶中的两条分开的通道穿过，延伸复合物(转录泡)始终保持着 DNA 的局部解链，使核心酶能有效地阅读模板链上的碱基，将正确的核苷酸添加到正在延伸的 RNA 链上。转录是一个动态过程，DNA 双螺旋在转录泡前面解旋，又在转录泡后重旋，这种假说有两种解释：①转录过程中酶和正在生长的 RNA 链绕 DNA 模板蠕动旋转前移，而双螺旋 DNA 处于正常的状态，这种方式虽然不在 DNA 分子上引入张力，但需要大量能量使转录泡不断旋转；②转录泡直线蠕动前移，前面的模板 DNA 朝一个方向旋转解链，引入的超螺旋张力，通过拓扑异构酶使 DNA 链瞬间断链和再连接而释放。后面的 DNA 以反方向进行补偿性再旋而恢复(图 7.16)。究竟转录延伸复合物以哪种方式旋转前移尚无证实。

暂停与校正 在延伸过程中，RNApol 还经常发生暂时的停顿，有时还会倒退。实验发现在 21℃ 和 1mmol/L NTP 的体外条件下，细菌系统的延伸暂停时间为 1~6s，多次暂停能延缓转录速率。延伸暂停有一定的生理意义，一是使较慢的翻译过程能与转录过程保持步调一致，假如翻译受阻，则转录的暂停与衰减调

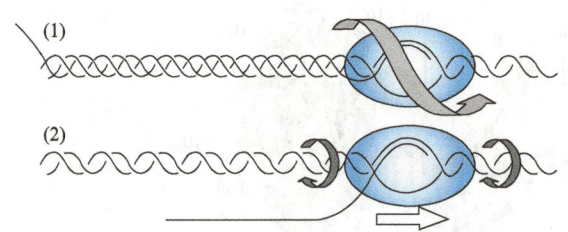

图 7.16　RNA 转录延伸中转录泡旋转的拓扑学状态

控作用和流产性转录等都相呼应；二是暂停是转录终止的第一步，相关内容在本章后面叙述。

7.3.7　原核生物 RNA 的转录过程

1. 启动子起始转录

转录起始是指新生 RNA 链的第一个磷酸二酯键形成之前和形成过程的一系列事件。1980 年，Carpousis 和 Gralla 研究发现，转录起始时先形成流产性转录物。将 E. coli RNApol 与含 E. coli lac UV5 启动子的 DNA 一起孵育，同时加入肝素（一种带负电荷的多聚糖），可与 DNA 竞争结合游离的 RNApol。转录循环结束后，肝素能够阻止释放出的 RNApol 与 DNA 重新结合。用标记的 ATP 标记 RNA 产物，电泳测定其大小，发现是一些从二聚体到六聚体的小寡核苷酸。这些寡核苷酸序列与预期的 lacZ 启动子转录的起始序列相一致，且在数量上每个 RNApol 都对应于多个寡核苷酸。由于肝素阻止了游离 RNApol 与 DNA 的再结合，因此该结果说明 RNApol 在未离开启动子时，就产生了很多小的 9~10nt 的流产性转录物。总之，从转录起始后一直到形成小于 10 个核苷酸短链之前，RNApol 始终处于启动子区域，只是酶催化聚合反应的活性位点可能发生了轻微的偏移。原核生物转录的起始过程大致分为 5 个阶段：

1) RNApol 全酶接触 DNA 分子，搜索识别特异结合位点；

2) RNApol 全酶与启动子识别并结合，形成封闭性起始复合物；

3) DNA 模板解链，封闭性复合物转变为开放性起始复合物；

4) 酶在起始位点聚合 9~10nt 的转录物，形成三元复合物；

5) 启动子清除，释放 σ 因子，RNApol 变构，蠕动移出启动子区域。

RNA 聚合酶全酶搜索并结合 DNA 特异位点　开始转录前，RNApol 全酶先接近自然卷曲构象的 DNA 分子，并做相对的分子运动，通过接触—解离—再接触，酶分子在 DNA 上搜索启动子序列。当 σ 因子发现 -35 区序列识别位点时，全酶与 -35 序列紧密接触。故全酶是在 σ 因子协助下找到启动子序列的。σ 因子能引起 RNApol 对 DNA 亲和性的改变，对非特异位点的结合较松散，遇到特异序列才使它们紧密结合。研究发现 σ 因子使 RNApol 全酶对特异位点的亲和性比非特异序列高 10^6 倍以上，所以，RNApol 对启动子的识别与结合必须依赖 σ 因子。RNApol 是通过碱性蛋白与酸性核酸间的静电引力作用而产生对 DNA 链较强的亲和性。除 RNApol 本身的特性外，启动子 DNA 的序列结构也决定这种结合的性质。在离体条件下，处于负超螺旋状态的 DNA 能使 RNApol 更有效地结合并起始转录，负超结构在形成转录复合物和 DNA 解旋时所需自由能较少。

RNA 聚合酶与启动子形成封闭型起始复合物　在启动子区域，RNApol 非对称性地靠近接触在转录起点上游约 -55 至下游约 +20 的一段序列，形成封闭起始复合物，这是一种过渡的结合形式。在这个过程中，σ 因子协助搜索、识别并结合于特异位点。RNApol 全酶的空间构象较大，一端能与 -35 区或更上游序列接触，另一端可触及达到 -10 区。

封闭性复合物转变为开放性复合物　RNApol 通过变构，整个酶分子向 -10 序列移动，在 -10 框及起点处发生局部解链，此时全酶与启动子序列形成开放型起始复合物。已知在 -10 区的共有序列富含 A 和 T，双链解开所需能量较低，有利于 DNA 解链。影响开放型复合物形成的突变一般都发生在 -10 区。在研究 E. coli 乳糖操纵子系统的转录中发现，当缺乏辅助因子降解物基因活化蛋白（CAP）及 cAMP-CAP 时，尽管 lac 启动子的 -35 和 -10 序列处于正常结构，RNApol 对 -35 序列的识别能力也大幅下降。虽然 -10 区与 RNApol 能够结合，但不进入开放复合物状态，无法起始转录。原因是 -10 区序列 TATGTT 中的 GC 碱基对增加了双螺旋的稳定性，仅有 RNApol 的结合不足以诱导 -10 区解链，不利于形成开放复合物。只有当 cAMP-CAP 复合物结合于启动子上游的 CAP 结合位点，使邻近富含 GC 区域的双螺旋结构稳定性下降，才能诱导 -10 区解链，lac 启动子才能形成开放复合物。许多原核启动子在进入转录起始阶段时，依靠 RNApol 和 DNA 自身的结构都不足以形成开放复合物，都需要有辅助因子参与结合在上游区域，促使 -10 序列解链。

DNA-酶-底物三元起始复合物形成　启动子 -10 区的解链是正确引入核苷酸底物的必要条件。酶与 -10 区序列正确结合，决定了对第一个碱基的选择，通常是 pppG 或 pppA，第一个底物 NTP 依靠与模板链的碱基互补原则进入β亚基中的底物结合部位,第一个被转录的碱基位置离−10区序列中最保守的T为6~9个核苷酸,由此就确定了转录的起始位点。在聚合酶位置不移动的状态下,聚合第一个磷酸二酯键及连续的一小段新生RNA链。此时,整个转录复合物由RNApol、DNA模板和一小段产物RNA构成三元复合物(转录泡)。在转录泡内模板链与新生RNA链保持着RNA-DNA的杂合双链,见图7.17。

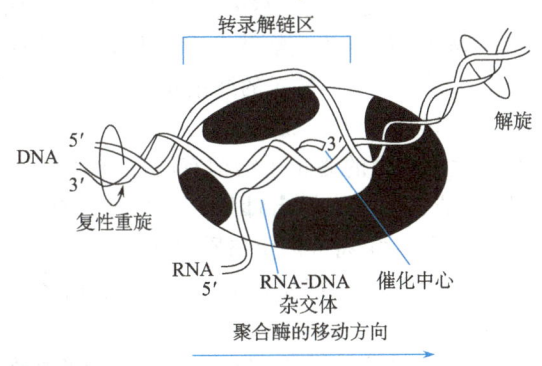

图7.17 细菌RNA聚合酶的活性部位及三元复合物

RNA聚合酶聚合新的RNA链9或10个核苷酸时,σ因子脱离RNApol,转录进入延伸阶段(elongation phase)。从第一个磷酸二酯键的形成到σ因子脱离,RNApol开始向下游移动,这一时段称为启动子清除时间(promoter clearance time),该时段与启动子的启动强度有关。清除时间越短,启动子就能越快地再启动下一轮起始,使转录产物快速积累。

2. 新生RNA链的延伸

延伸复合体的形成 进入延伸阶段,σ因子的解离引起RNApol的构象变化,从起始阶段的全酶构象转变为延伸阶段的核心酶构象,核心酶与DNA模板的结合较为松弛,有利于核心酶沿着DNA模板向下游移动。细菌RNApol分子结构中模板DNA链能够穿过的通道。在延伸过程中,RNApol分子沿DNA模板链的移动类似于蠕虫屈伸向前运动的方式,酶的尾部随着RNA链的延伸而向前移,但酶的前端在RNA链延伸几个核苷酸时先保持不动,然后再沿着DNA链向前移动几个核苷酸,以静止-跳跃-静止形式相间行进,RNApol接触DNA的长度先从35nt减少到28nt,然后再恢复到35nt。周而复始地向下游移动。

转录的底物与新生RNA 转录是一个连续的过程,一旦进入延伸阶段,底物NTP不断地添加到新生RNA链的3'-OH端,酶与产物RNA不解离,RNA链不断延伸。研究发现,通过中断提供某种底物NTP,迫使RNApol在转录延伸时暂停,再利用识别单链RNA的RNase对RNA进行酶切,测定紧靠转录产物RNA生长点的碱基。结果表明,在RNA生长点后面,保持与DNA结合的RNA长度只有2或3个核苷酸,而向前延伸就进入了酶分子内部的高亲和性结合位点,即底物NTP进入、结合和RNApol催化的位点。新生的RNA链与DNA模板链通过氢键维系,形成RNA-DNA杂合双链,此双链大致相当于A型DNA的一个螺旋。由于杂合区较短,链间的亲和性也小,因此产物RNA链易从转录的三元复合体上不断被逐出。新生RNA链转录合成的底物是5'-NTP,聚合反应发生在5'-三磷酸基团与核苷酸的3'-OH基之间,前者失去了两个磷酸基团(γ和β)。RNA聚合酶能够要求和调节4种NTP底物进入的准确性和速度,只有与模板链碱基互补的NTP才能进入催化位点形成磷酸二酯键。细菌的mRNA、rRNA和tRNA由同一种RNA聚合酶转录。RNA链合成方向是5'→3'。一般每秒可催化聚合20~30个磷酸二酯键。每个 E.coli 细胞约含有7000个酶分子。细菌RNApol在37℃时的合成速度是40~45nt/s,与翻译的速度大致相当(约15aa/s),比大约每秒复制聚合800bp的速度慢得多。RNA聚合酶催化的转录过程(图7.18)。

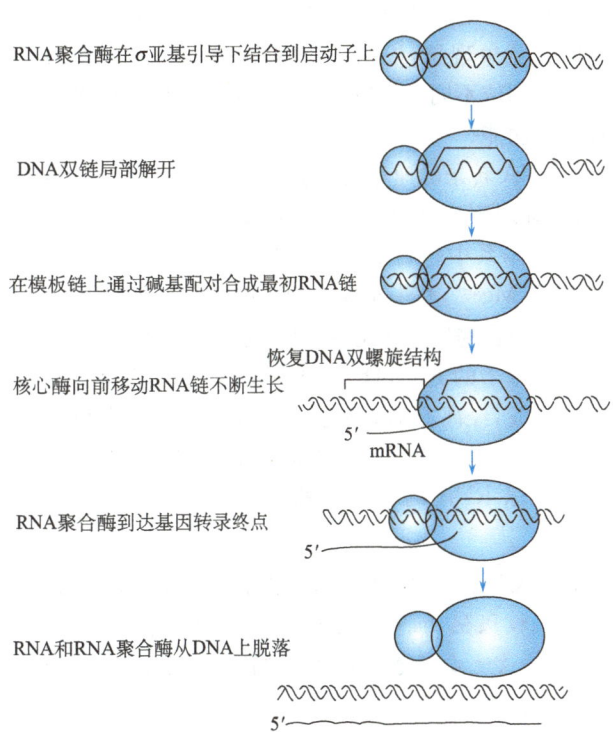

图7.18 原核生物RNA聚合酶转录过程简图

小结：细菌 RNA 转录有 4 个阶段：①σ 因子识别并结合；②转录起始；③RNA 链延伸；④转录的终止。RNApol 在 σ 因子引导下，识别并结合到启动子上，使 DNA 局部解链，RNApol 催化亚基催化底物形成磷酸二酯键，合成 RNA 链最初的 2~9nt。在延伸阶段，随着酶沿 DNA 分子向前蠕动，解链区也跟着移动，使新生 RNA 链不断伸长，并与模板链在解链区形成 RNA-DNA 杂合链。作为模板转录后的 DNA 区段随即恢复双螺旋结构，新生 RNA 链被置换出来。

影响新生 RNA 链转录延伸速度的因素 有三个因素影响延伸速度。① RNApol 的来源。转录延伸的速度受到 RNApol 来源的影响，如 E. coli 的 RNApol 转录 T7 的速度为 17nt/s，而其他细菌的聚合酶为 12~19nt/s。②模板链的特殊序列。新生链延伸速度并非恒定，虽然 RNApol 对 DNA 模板上的 4 种碱基都等效渗入，但当遇到模板特殊序列时，转录速度会下降到小于 0.1nt/s，这种序列称为暂停信号。暂停状态的模板链大多富集 G-C 或反向重复序列，后者能使产物形成茎环，阻止了 RNA-DNA 杂合链的部分结构，从而影响了聚合酶的前移。G-C 富集区使 RNA-DNA 的 5′端较稳定，杂合链不易解链，有时这种双链可长达数百个核苷酸。③预警子的干扰。离体实验发现，ppGpp（预警子）影响转录延伸的速度，但与底物 NTP 的渗入之间无竞争现象，说明底物 NTP 与 ppGpp 在酶分子上结合部位不同。大肠杆菌 nusA 蛋白也有调节延伸速度的功能。

RNA 转录的速率可通过跟踪测定转录酶的活性得知，即观察底物 NTP 渗入到新生 RNA 链中的量。在反应体系中包含有 DNA 模板、RNApol、4 种底物 NTP 和 Mg^{2+}，其中至少一种底物是 ^{32}P 标记的 NTP。将反应混合物保温一定时间后，加入三氯乙酸（TCA），由于大分子的 RNA 能被 TCA 沉淀，而底物单核苷酸不被沉淀，经离心后，测定沉淀物中的同位素放射性量，即可获得产物 RNA 的量，所以利用 TCA 沉淀物能够追踪 RNA 的合成速率及测定 RNA 聚合酶的活性。

小结：影响延伸速度有三个因素：① RNApol 的来源；②模板链的特殊序列；③预警子（ppGpp）的干扰。转录速率可通过跟踪测定转录酶的活性得知。

3. RNA 转录的终止

转录的终止子 当 RNApol 核心酶沿着 DNA 模板链移动，遇到终止子（terminator）时，核心酶停止聚合作用。终止子是基因 DNA 分子中决定转录产物 3′-OH 端、酶分子停止聚合，释放出已合成 RNA 分子的位点。在终止阶段发生的事件包括：核心酶从 DNA 模板上脱离，RNA-DNA 杂合双链解链，释放新生 RNA 分子，基因 DNA 分子恢复完整的双链结构。可见转录终止也是基因表达的重要阶段。由于在细胞中的初始转录产物 RNA 不稳定，总处于不断被降解的状态，分析转录产物的 3′端时未发现有任何序列相似性，很难找到特异序列。在已鉴定的某些自然情况下转录的 3′端序列，特别是细菌和噬菌体的终止子中，发现所有原核生物和某些真核生物转录产物 RNA 的 3′端具有茎环二级结构。基因转录的终止并非依赖特异的序列元件，大都与特定的二级结构有关。

原核生物基因的终止子结构有两种类型：①内源性终止子，是一类非依赖 rho 因子（ρ 因子）的终止子，又称强终止子，无需特异的蛋白质就能终止转录；②依赖 rho 因子的终止子，需要 rho 因子存在时才发挥终止作用。

不依赖 rho 因子终止子的终止机制 内源性终止子（intrinsic terminator）终止转录依赖于终止子序列中的两个结构特征：①富含 G-C 的反向重复序列区（7~20nt）形成发夹结构；②紧随其后有一段在基因非模板链上富含 4~6 个连续或不连续的 T 序列。这两个特征缺一不可，当发夹结构突变时不能阻止转录终止。

非依赖 rho 因子的终止机制描述为：IR 区含多个 G-C 碱基对，在转录产物 RNA 发夹结构的序列被合成后，先自身配对（因受 RNA 转角的物理限制，发夹顶端碱基未配对），即在形成 rU-dA 前，自身先形成二级结构（提前将发夹序列从 RNA-DNA 杂合配对中吸引过来）。在 IR 后紧随 5′端含有一段串联碱基 A（A-run）（在模板链上），其转录产物 RNA 链则形成了一段串联的 U（U-run）。新生 RNA 链上成串的 U 序列与模板链形成了一串较弱的 rU-dA 碱基对（约 8bp），即 RNA 链的生长端只有一段寡聚 U 与模板上的寡聚 A 结合着，由于 rU-dA 杂合链处于链生长的末端，此处的氢键和碱基堆集力较弱，很容易被解链而使转录暂停，进而导致转录终止。这种无需辅因子的终止子称强终止子。突变实验发现，当终止子的非模板链上由 8 个 T 组成的串联序列改为 TTTTGCAA 时，终止作用减弱。RNApol 在连续排列的弱 rU-dA 碱基对处停顿，新生 RNA 链在 rU-dA 碱基对的上游开始形成发夹结构。发夹结构的形成使 rU-dA 稳定性降低，进而使转录泡解体，新生 RNA 与聚合酶完全从 DNA 模板上解离下来，转录终止。在转录过程中，如果产物的结构中有发夹产生，也能使 RNApol 出现缓速、暂停等现象，使转录提前终止。有时 RNApol 会暂停在与终止子类似的位点,如发夹结构与相距较远的连续 U 之间,但由于不是真正的终止子序列,聚合酶还能继续前移。内源性终止子的真正终止点并非是固定的某个碱基,而是寡聚 U 中的几个碱基或寡聚 U 的末端。序列分析发现,RNA 产物中寡聚 U 区相当于模板 DNA 中富有 A-T 的区域,说明富含 A-T 的结构在转录终止和起始过程中都起着重要作用。内源性终止子的终止效率受发夹结构的组成和连续 U 长度的影响,从 2%～90%,变化范围很大,也说明这与发夹组成及 U 序列的碱基数目之间不只是简单的相关(图 7-19)。

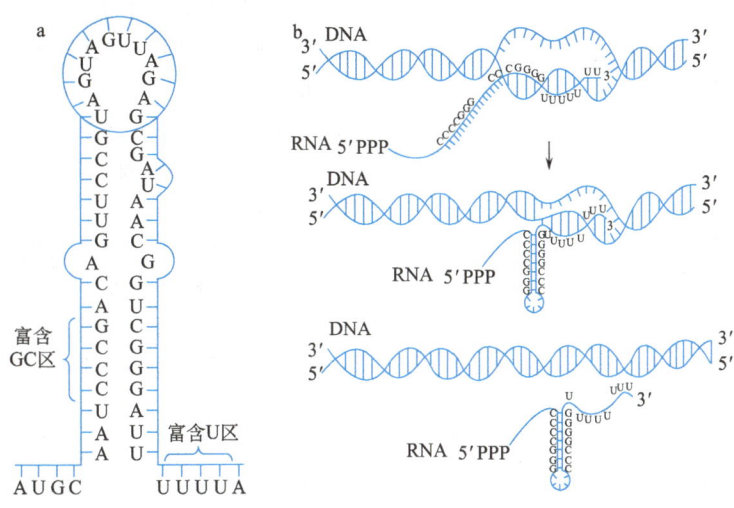

图 7.19　内源性终止子的终止机制示意图
a. IR 形成的发夹结构;b. 不依赖 rho 因子的终止过程

小结:原核基因终止子结构有两种:①内源性终止子,是一类非依赖 rho 因子的终止子,称强终止子,无需特异蛋白就能终止转录;②依赖 rho 因子的终止子,需 rho 因子才发挥终止作用。内源性终止子依赖于终止子中的两个结构特征:①富含 G-C 的 IR 区形成发夹结构;②IR 区后有富含 4～6 个 T 的序列。IR 区在发夹结构被合成后先形成发夹结构,而模板链 IR 后的 A-run 转录为 U-run,两者形成了一串杂合的 rU-dA 碱基对,处于链生长末端,双链不稳定,易被解链而使转录暂停,进而导致转录终止。

依赖于 rho 因子的终止子的终止机制　这种机制被形象地称为追赶模型(hot pursuit)。在终止过程中需要有 rho 因子协助才发挥终止作用。这类终止子也有回文区,但不富含 G-C,回文结构之后也无寡聚 U 序列,广泛存在于噬菌体基因组中,细菌基因组中少见。rho 因子通常以同源六聚体的活性形式存在,单体的分子质量为 $4.6×10^4$。rho 因子是 RNApol 的一种蛋白因子,只在转录的终止过程中发挥作用。测定发现,离体情况下 rho 因子浓度若为 RNApol 的 10% 时,其活性最高。在有 RNA 存在时它能水解核苷三磷酸,即具有依赖于 RNA 的 NTPase 活力,但这一活性依赖于少于 50 个碱基的 RNA 链的存在,说明 rho 因子是一种 RNA 结合蛋白。每个 rho 因子约能结合 12nt,六聚体形式能结合约 72nt。研究发现,rho 因子的各个亚基都具有 ATPase 结构域和 RNA 结合结构域。

rho 因子作为 RNApol 终止转录的重要辅因子,参与终止转录有以下 5 步:①rho 因子首先结合在转录物终止位点上游新生 RNA 链 5′端的 rho 装载位点(rho loading site)处,与转录物结合,该位点长 60～100nt,富含 C 碱基,无二级结构,相同的 6 个亚基组成 rho 六聚体(hexamer),每个亚基都有 ATPase 活性;②rho 因子与 RNA 结合后激活了 ATPase 活性,进而提供能量推动 rho 因子六聚体沿 RNA 链的 5′→3′方向,向转录泡靠近,其运动速度比 RNApol 沿 DNA 模板移动的快;③当 RNApol 前移到终止子区域,转录产物因有潜在碱基配对的序列特点,形成发夹结构,导致聚合酶暂停延伸,使 rho 因子追上了转录泡;④终止子与 rho 因子共同作用使转录终止;⑤rho 因子的 RNA-DNA 解螺旋酶活性使转录产物 RNA 从 DNA 模板上释放出来,所以当 rho 因子与停留在终止子处的 RNApol 相遇后,就在转录泡内将 RNA-DNA 解链,释放转录产物,实现转录终止(图 7.20,图 7.21)。

在有依赖于 rho 因子的终止子控制的转录中,转录产物一般都能达到正常大小,但当 rho 因子缺乏时,则会合成较短的 RNA 片段。有研究用同位素标记的 RNA 与 rho 因子一起保温,证明 rho 因子无 RNase 活性。用超离心法分析转录中 RNA 产物的沉降特性,当

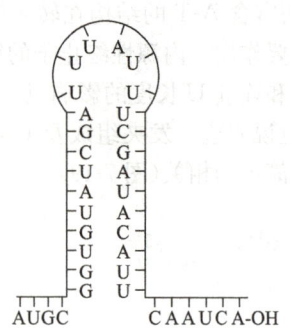

图 7.20 依赖于 rho 因子的终止子的发夹结构

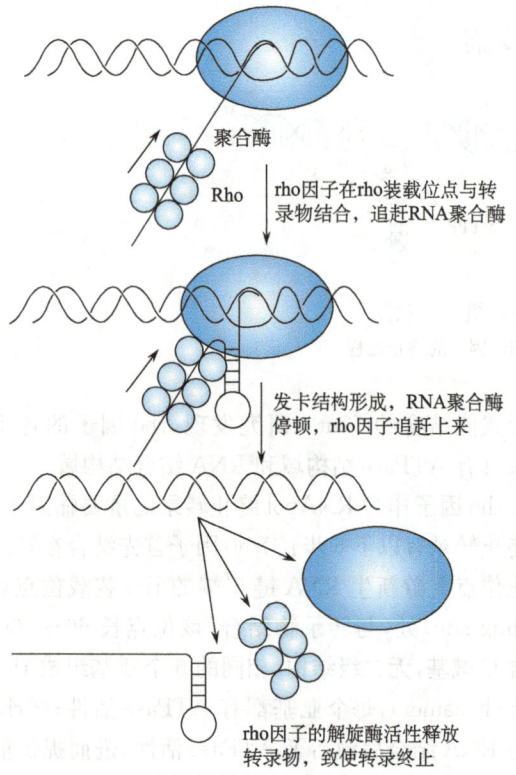

图 7.21 依赖于 rho 因子的终止机制

无 rho 因子时，转录产物与 DNA 模板共沉降（co-sedimentation），说明转录产物尚未从 DNA 模板上释放出来，相反当有 rho 因子时，转录产物沉降很慢，并未与 DNA 共沉降。可见 rho 因子能够将转录产物从 DNA 模板上释放出来。实事上，rho 因子具有 $5'\rightarrow 3'$ 解旋酶活性，能使 RNA-DNA 杂合链分离，通过水解 ATP 为这一过程提供能量。依赖于 rho 因子的终止子其结构特征是 DNA 序列的碱基组成含高达 41% 的 C，而 G 只有 14%。研究发现这种富 C 少 G 的序列越长，依赖于 rho 因子的终止效率越高。

抗终止作用的终止机制 抗终止作用主要见于某些噬菌体的时序控制。早期基因与后期基因之间以终止子隔开，抗终止实验发现，它能贯通后期基因的表达，即后期基因的表达是 RNA 链的延续。λ噬菌体前早期基因产物 N 蛋白是一种抗终止因子。它与 RNApol 作用使其在终止子处发生通读（read through），表达晚早期基因。晚早期基因的产物 Q 蛋白也是一种抗终止因子，它能使晚期基因得到表达。如同 RNApol 识别启动子需要 σ 因子一样，识别终止子也需要一些特殊因子。已知 Nus 因子（N factor）与终止有关，包括 nus A、nus B、nus E 和 nus G 等各基因的产物，其中 nus A 基因产物 Nus A 因子通过协助 RNApol 在终止子位点的停顿而提高终止效率。nus E 基因编码核糖体蛋白 S-10。Nus B 通过形成异二聚体作用于 RNApol 终止转录。研究发现，在大肠杆菌的 rrn 操纵子中，抗终止作用也有 Nus 因子参与。当 Nus 因子的异二聚体与 RNApol 结合后，能使转录中依赖于 rho 因子的终止子发生通读。Nus 因子是在研究 N 蛋白抗终止作用时被发现的。N 蛋白基因的突变可阻止由于 Nus A 突变造成的抗终止障碍，Nus A 蛋白与 N 蛋白能在体外结合，说明 N 蛋白的作用需由 Nus A 蛋白介导。N 蛋白是碱性多肽，而 Nus A 是酸性多肽。当 N 蛋白阻止不依赖于 rho 的终止子作用时仅需 Nus A 因子，而 N 蛋白阻止依赖于 rho 的终止子作用时，则要求 4 种 Nus 因子参与。Nus 因子和 N 蛋白在 RNApol 经过特定位点时依次结合上去，该位点称为 nut（N utilization）。Q 蛋白的作用与 N 蛋白类似，通过 qut 位点结合到 RNApol 上，阻止其停顿，越过终止子。Nus A 可与 RNApol 核心酶结合形成 $\alpha_2\beta\beta'$Nus A 复合物。但当 σ 因子存在时，它取代 Nus A，形成 $\alpha_2\beta\beta'\sigma$ 全酶。全酶识别并结合到启动子上，σ 因子完成起始转录后脱落，由核心酶合成 RNA。之后 Nus A 结合到核心酶上识别终止子序列。转录终止后，RNApol 脱离模板，Nus A 又被 σ 所取代，由此形成 RNApol 起始复合物和终止复合物两种形式的循环。因此，Nus A 因子可视为 RNApol 的一个亚基。

对真核生物转录的终止信号及过程的例证较少，只在 SV40 的 DNA 中可检测到类似细菌不依赖于 rho 的终止位点，发夹结构后也有一段 U 序列。RNApol I 主要转录 rRNA 序列的前体分子，末端有一段连续的 U。RNApol III 也与此类似但不均一，有 2~4 个 U 不等。原核生物终止子中通常为 U_4~U_6，在终止点前都有一个回文结构，其产生的 RNA 可形成茎环结构，使聚合酶减缓移动或暂停聚合。总之，U 序列及附近的发夹结构和富含 G-C 对的区域在终止反应中都起着重要作用。

小结:依赖于rho因子的终止机制又称"追赶"模型,需要有rho因子协助。rho因子参与转录终止有4步:①rho因子是个六聚体,先结合在rho装载位点;②ATPase被激活,推动rho因子沿RNA5′→3′靠近转录泡,速度比RNApol移动快;③当RNApol前移到终止子区域,转录产物形成发夹结构导致酶暂停延伸,使rho因子追上转录泡;④终止子与rho因子共同作用,其解旋酶活性使转录产物释放,转录终止。λ噬菌体前早期基因产物N蛋白是一种抗终止因子,它能与RNApol作用使其在终止子处通读,表达晚早期基因,晚早期基因产物Q蛋白也是一种抗终止因子,能使晚期基因表达。Nus因子也与终止有关。

7.4 真核生物的RNA聚合酶及其转录

7.4.1 真核生物基因转录概述

真核基因转录过程比原核基因转录复杂,涉及更多的酶和蛋白因子。真核细胞的核内RNA聚合酶有3种类型,并有很多序列元件和蛋白因子参与转录。

1. 真核生物基因转录的特点

与原核基因转录相比,真核基因转录有以下特点。

1) 在原核基因组中的相关功能基因组成一个转录单元,共享一个启动子,因此原核基因的转录单元为**多顺反子**。典型的真核基因转录单元为**单顺反子**,每个基因都有自身的启动子,使真核基因组中功能上相关而又独立的基因之间有复杂的调控系统。

2) 真核生物的RNApol高度分工。细胞核内的3种RNApol分别转录不同类型的核基因,性质和功能都不相同的RNA分别由不同RNApol负责催化转录合成。

3) 在真核生物的RNA转录过程中,除RNApol外,还需要多种蛋白质因子参与。这些蛋白因子是专为构建转录起始复合物的基本转录因子,以及在转录过程中调节RNApol活性的转录调控因子。这两类蛋白因子统称为**转录因子(TF)**。

4) 真核基因调控转录的**顺式作用元件**(cis-acting element)比原核基因复杂得多。原核基因的顺式元件主要是启动子及其**上游部位(UP)**,结构简单。真核基因顺式元件主要包括启动子区域、增强子、负调控和可诱导序列等,它们位于基因的同一DNA分子上。顺式元件不能单独发挥作用,只有与特异蛋白质因子结合后才起作用。顺式元件识别、结合转录因子,促进转录起始复合物装配,增强或抑制RNApol的活性,并对某些基因起细胞特异性或组织特异性的调控作用。

5) 真核基因转录水平的调控多以**正调控**(positive regulation)为主。基因转录活性要求多种蛋白质因子的存在和协同作用。一般的细胞或组织特异转录因子参与激活一个或某一组含有共同靶位点的启动子,只有当有活性的相关蛋白质因子在细胞内共同存在时,某一个或某一组基因才能被激活,参与调控的转录因子,有时还受到另一个上一级或上几级的调控蛋白等因子的激活。相对于原核生物而言,真核基因的**负调控**(negative regulation)或抑制性调控很少。

小结:真核基因转录特点:①真核基因转录单元为单顺反子;②真核生物的RNApol高度分工;③真核生物RNA转录过程除RNApol外,还需多种蛋白质因子参与;④真核基因调控转录的顺式元件比原核基因复杂得多;⑤真核基因转录水平的调控以正调控为主。

2. 真核基因转录的实验系统

利用特殊的实验系统,能检测真核基因的转录活性和确定启动子功能区域,从而发现与启动子结合的蛋白质因子等。常见的实验系统如下所述。

爪蟾卵母细胞系统 通过微量注射,将外源DNA导入爪蟾卵母细胞核,分离和分析基因的转录产物。但这种方法只能在爪蟾卵母细胞提供的条件下表达,不能为特异的外源DNA提供正常表达所必需的特殊调控因子,有一定的局限性。

转基因系统 将外源基因导入尚未分化的动物胚胎细胞,外源基因能以多拷贝形式插入整合到动物基因组的不同位点,并随着转基因动物的生长与发育,在动物的所有组织中都表达,或如果外源基因有组织特异性表达调控区,很可能就在这种组织中表达。

转染系统 将外源基因导入培养的细胞,如果外源DNA进入细胞核后仍以完整基因的形式存在,则能对其表达产物进行瞬间分析。如果外源DNA整合到宿主细胞的染色体内,与宿主细胞基因组在相同条件下表达,则可设计两种或两种以上的外源DNA共转染,从而分析蛋白因子之间的相互作用。

体外实验系统 这是一个经典的方法,通过分离纯化转录过程中所有的组分,再满足所有的反应条件,即可研究转录起始及各个过程。

3. 研究真核基因转录起点的技术

1) 测定转录起始位点

测定起始位点有三种方法:a. 杂交分析法;b. 引物延伸法;c. S1核酸酶图谱技术。

杂交分析法 将培养的细胞用 ^{32}P-UTP 作短时间标记转录产物 RNA，再分析产物 RNA 的图谱，测定转录单元的起始位点。分以下三步：① 用几种限制酶降解转录单元的 DNA，并纯化相应的 DNA 片段；② 用 ^{32}P-UTP 标记细胞中新合成的转录产物，制备总 RNA，酶切、纯化，方法与①类似；③ 将标记的 RNA 与 DNA 片段杂交，分析杂交产物 RNA-DNA 得到：标记最短的 RNA 应互补杂交于含有转录起点的 DNA 片段；中等长度的标记 RNA 片段应杂交于转录起点到下游的 DNA 片段；而含有转录终止点的 RNA 片段只能杂交于最长的 DNA。在制备标记的 RNA 时，当 RNApol Ⅱ 达到 DNA 片段的末端，它就从 DNA 模板上脱落（run-off），终止合成 RNA。由于 DNA 链上的限制酶位点是已知的，就可根据产生的 RNA 片段长度，判断转录点位置。例如，将包含转录起点的腺病毒 DNA 分为 3 份，分别用限制酶水解，以产生的 DNA 片段为模板，与 RNApol Ⅱ，HeLa 细胞提取物和 ^{32}P-UTP 标记的 NTP 混合温育，当 RNApol 到达模板末端时就会释放出来，根据转录产物的长度及其 5′端序列，可知腺病毒晚期转录单元的转录起点的准确位置和序列。

引物延伸法 根据 DNA 序列，合成一段约 20nt 的末端标记引物，再利用 mRNA 为模板，逆转录合成 cDNA，到 mRNA 5′端第一个核苷酸时合成即终止。通过电泳测定这个引物延伸的 DNA 片段长度，就可知道引物的 5′端到 mRNA 的 5′端的间距。

S1 核酸酶图谱技术 将一段含有转录点的单链 DNA 末端标记后作为探针，与相应的 mRNA 片段杂交。然后用 S1 核酸内切酶（有 DNA 单链专一性的切割作用）将 RNA-DNA 杂合双链两端的单链部分切除，再将 RNA-DNA 杂合双链在高分辨率电泳中与已知长度的 DNA 标准片段一起电泳，得到的 DNA 片段长度等于标记末端到转录起点的距离。

2）测定相对的转录速度

测定转录速度是研究基因转录特性所必需的。通过对新生 RNA 链的分析能获得某一基因的相对转录速度，包括：① 从培养的细胞中分离细胞核，已开始转录的 RNA 链继续合成；② 设置短时间（约 5min）标记反应，底物 ^{32}P-NTP 就掺入到新生 RNA 链中，有 300～500 个 ^{32}P-NTP 聚合进入新生链；③ 新生 RNA 链与过量待测基因杂交；④ 分离杂交产物，分别测定总 RNA 和待测基因转录产物的放射性，得到待测基因的相对转录速度。测定转录速度可以分析细胞中某些活性基因表达程度。目前用得最多的方法是报告基因转录分析和核连缀转录分析。新生链分析法广泛用于直接测定细胞内各种基因的相对转录速度。

例如，哺乳动物肝细胞能合成几十种绝大多数其他细胞类型不能合成的特异蛋白，包括一些酶和构成血清主要成分的各种分泌蛋白，如白蛋白等。为了弄清小鼠的不同器官或组织中某些基因是否能特异性表达，先从这些组织或器官的细胞中分离细胞核，用 ^{32}P-UTP 标记，分离标记的总 RNA，将待测基因的 cDNA 探针点样在 NC 膜上进行杂交，通过放射自显影，再与能在所有细胞中都表达的某些基因（如肌动蛋白）的 cDNA 作为对照相比较，能够检测这些基因在各种组织中转录的差异。

> **小结**：真核基因转录的实验系统包括：爪蟾卵母细胞系统、转基因系统、转染系统、体外实验系统。研究真核基因转录起点的技术是测定转录起始位点和测定相对的转录速度。通过杂交分析法、引物延伸法、S1 核酸酶图谱技术等能够测定转录起始位点。

7.4.2 真核生物基因转录的 RNA 聚合酶

1. 真核生物 RNA 聚合酶的分类概述

真核生物的基因组比原核生物大，负责转录的 RNApol 也更复杂。其相对分子大小大都在 5×10^5～7×10^5，有 6～15 个亚基，并含有 Zn^{2+}。通过将细胞的粗抽提液在 DEAE-Sephadex 离子交换柱上层析，随盐浓度的逐渐提高，可出现 3 个洗脱峰。根据从离子交换柱层析上洗脱的顺序，对 3 个活性峰进行鉴定，分别定名为 RNApol Ⅰ、RNApol Ⅱ 和 RNApol Ⅲ。在离体转录系统中，它们可将同位素标记的 UTP 掺入到产物 RNA 中。

利用 α-鹅膏蕈碱（α-amanitine）对真核生物 RNApol 的抑制作用也可区分 3 类 RNApol。RNApol Ⅰ 对 α-鹅膏蕈碱不敏感，RNApol Ⅱ 可被低浓度 α-鹅膏蕈碱（10^{-9}～10^{-8} mol/L）抑制，RNApol Ⅲ 只被较高浓度 α-鹅膏蕈碱（10^{-5}～10^{-4} mol/L）所抑制。真核生物 RNApol 中没有细菌 σ 因子的对应物，因此必须借助各种转录因子才能选择和结合到启动子上。真核生物 RNApol 的种类和性质列于表 7.3。

RNA 聚合酶 Ⅰ 存在于细胞核的核仁中，主要负责转录 45S rRNA 前体，经转录后加工产生 5.8S rRNA、18S rRNA 和 28S rRNA。RNA 聚合酶Ⅰ的相对活性在三类聚合酶中最高，占总 RNA 活性的 50%～70%。RNApol Ⅰ 在低离子强度时活性最高，Mg^{2+} 与 Mn^{2+} 能促进其活性。RNApol Ⅰ 对 α-鹅膏蕈碱不敏感。

表 7.3 真核生物 RNA 聚合酶的种类和性质

	I	II	III
定位	核仁	核质	核质
分子大小/kDa	500～600	550～650	600～700
亚基种类与数目/个	6～13	10～12	10～15
主要转录产物	rRNA 前体	mRNA 前体	tRNA 和 5S RNA 前体
阳离子种类	Mg^{2+}/Mn^{2+}	Mn^{2+}	Mn^{2+}
对 α-鹅膏蕈碱的敏感性	不敏感	高度敏感	中等敏感
α-鹅膏蕈碱抑制浓度 /(mol/L)	$>10^{-3}$	$10^{-9}\sim10^{-8}$	$10^{-5}\sim10^{-4}$
相对转录活性	50%～70%	20%～40%	40%

RNA 聚合酶 Ⅱ RNA 聚合酶Ⅱ位于细胞核质内,催化的主要转录产物为 mRNA 前体分子,即核内不均一 RNA(heterogeneous nuclear RNA,hnRNA),以及几种小分子 RNA,如参与 mRNA 前体分子剪接加工的核内小 RNA(snRNA)。RNA 聚合酶Ⅱ在较高离子强度时有高活性,优选离子为 Mn^{2+} 而非 Mg^{2+},相对活性为 20%～40%。RNApolⅡ的一个重要性质是对 α-鹅膏蕈碱高度敏感,低浓度的 α-鹅膏蕈碱就能迅速抑制其酶活性。将提纯的酵母 RNApolⅡ进行凝胶电泳,可分出 10 个明显的组分。最大的 3 个亚基分别相当于细菌 RNApolβ′、β 和 α 亚基的同源物,其物质的量比为 1∶1∶2,它们担负着 RNApol 的基本功能。

RNA 聚合酶 Ⅲ 位于细胞核质内。催化的主要转录产物为 tRNA、5S rRNA 和一些稳定的小分子 RNA 转录物,包括参与 mRNA 前体剪接的 U6 snRNA、参与信号肽识别的小 RNA 分子 7SL RNA、Ⅱ类转录延伸因子 P-TEFb 结合并抑制其功能的核内小 RNA 分子 7SK RNA、腺病毒的 VA RNA、Epstein-Barr 病毒的 EBER2 RNA。RNApolⅢ的相对活性约 10%,在离子强度很宽的范围内都有活性,优选 Mn^{2+}。动物细胞 RNApolⅢ活性可被高浓度 α-鹅膏蕈碱抑制。酵母和昆虫细胞 RNApolⅢ对 α-鹅膏蕈碱不敏感。α-鹅膏蕈碱是一种来自真菌的毒蕈(鬼笔鹅膏菌 A. phalloides),是具有八肽二环的剧毒物,结构式见图 7.22。在不同浓度时对三类 RNApol 作用各异。极低浓度时,α-鹅膏蕈碱完全抑制 RNApolⅡ,抑制酶Ⅲ所需的浓度比酶Ⅱ约高 10 000 倍,但对酶Ⅰ无作用(图 7.23)。α-鹅膏蕈碱对细菌的 RNApol 抑制作用很小。

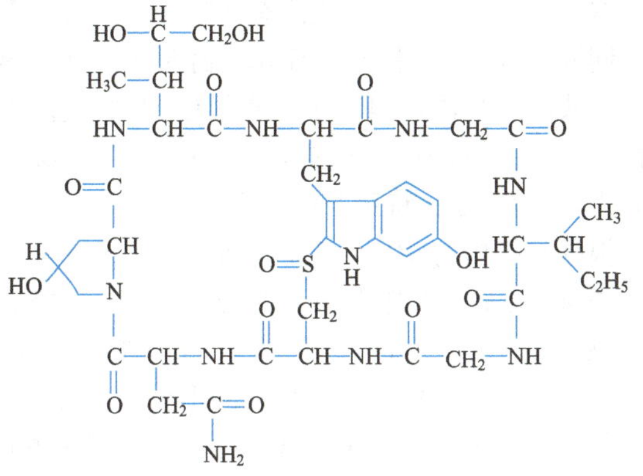

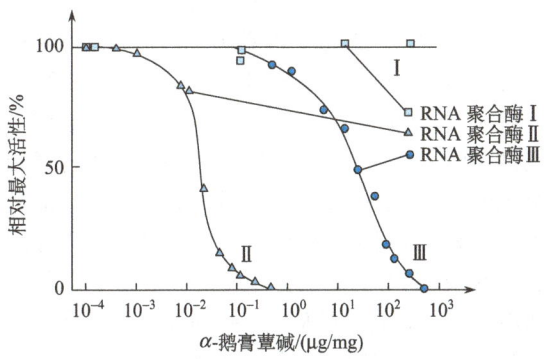

图 7.22 α-鹅膏蕈碱的化学结构式

图 7.23 三类 RNA 聚合酶对 α-鹅膏蕈碱的敏感性

小结:利用 DEAE-Sephadex 离子交换柱上层析上洗脱的顺序和 RNApol 对 α-鹅膏蕈碱敏感性不同,将真核细胞的 RNApol 分为三类:RNApolⅠ对 α-鹅膏蕈碱不敏感;在低浓度($10^{-9}\sim10^{-8}$ mol/L)时,RNApolⅡ可被抑制;RNApolⅢ只被较高浓度($10^{-5}\sim10^{-4}$ mol/L)所抑制。真核生物 RNApol 中没有细菌 σ 因子的对应物,必须借助各种转录因子才能选择和结合到启动子上。

2. 真核生物 RNA 聚合酶的亚基组分

目前对各种不同类型的真核生物 RNApol 的结构已有深入认识,尤其是对酵母细胞的酶研究较多。所有的 3 类 RNApol 都是由 14～17 个亚基组成的多亚基蛋白复合体。

3 类 RNA 聚合酶的一般特点:①结构非常复杂。所有真核 RNApol 都比原核 RNApol 复杂得多;②结构有相似性。真核细胞的三类酶都含有两种分子大小超过 100kDa 的大亚基和多种较小的亚基。如细菌 RNApol 含有两个大亚基 β 和 β′ 和两个小亚基 α 和 σ。研究证实,原核细胞 RNApol 核心酶亚基与所有真核细胞 RNApol 核心酶亚基之间有清晰的相互关系和很高的同源性；③有几种共同亚基。酵母 RNApol 至少有 5 种共同亚基，酵母 RNApolⅡ共有 12 种亚基，其基因都已被克隆和测序。其中有 10 种为 RNApol 活性所必需，另两种是在特殊条件下所必需。

根据其结构与功能，将真核细胞的 RNApol 亚基分为核心亚基、共同亚基和非必需亚基 3 类。①核心亚基（core subunit）。在结构与功能上与原核 RNApol 核心酶相关的亚基都是酶活性所必需的，分别与原核的 β、β'和 α 亚基同源，说明原核 RNA 核心聚合酶的 3 类亚基与三类真核 RNApol 的 3 类亚基之间存在着明显的进化渊源。已知 E.coli 的 β 亚基是 RNApol 催化形成磷酸酯键的活性部位，对真核 RNApol 的活性部位进行类似研究，将 4-甲酰苯基-γ-酯结合到 RNApolⅠ、Ⅱ和Ⅲ分子上，然后用 $NaBH_4$ 还原后加入 $α-^{32}P-UTP$，结合的 ATP 类似物形成了磷酸酯键，凝胶电泳分离这些酶的亚基后，放射自显影检测标记的亚基，结果发现，在每种 RNApol 中，都是第二大亚基参与形成磷酸酯键。由此证明，在所有的三类真核 RNApol 中，都是第二大亚基与 E.coli 的 β 亚基功能有关。②共同亚基。是共同存在于三类真核生物 RNApol 中的亚基，在转录过程中主要参与底物 NTP 的定位、在模板上连续滑动而不脱落、维持反应的进行。③非必需亚基。是一类目前尚未发现它们的具体功能，但 R Young 等通过表位附加法（epitope tagging）等实验，发现是的确存在的一类亚基，如酵母 RNApolⅡ中的 12 个亚基中，有些亚基对酶活性并无影响。

3. 酵母 RNA 聚合酶Ⅱ的空间结构

各类生物的 RNApol 之间都存在着一定的进化渊源，有着高度的同源性，了解酵母 RNApolⅡ的结构对研究其他 RNA polⅡ十分有用，尤其是酵母的聚合酶Ⅱ与人类 RNApolⅡ有 53% 的序列一致性。R Komberg 等最初在酵母 RNA polⅡ中鉴定的 10 个亚基与酵母另两个聚合酶的亚基完全一致或高度同源。酵母 RNA polⅡ的催化核心在序列和形状上十分类似于细菌 RNA pol 的催化核心，因此，从酵母 RNA polⅡ获得的结构信息能够理解其他生物该酶的相关功能。

2001 年，Komberg 等以酵母 RNApolⅡ突变体（polⅡ△4/7）晶体为研究对象，获得了原子级分辨率为 2.8Å 的 X 射线晶体图像。酵母 RNApolⅡ最突出的特征是催化活性位点位于一个很深的 DNA 结合裂隙中，裂隙底部结合了 2 个 Mg^{2+}。DNA 结合裂隙如同钳状，上半部由 Rpbl 和 Rpb9 亚基组成，下半部是 Rpb5 亚基。酶的裂隙由碱性氨基酸构成，而酶表面几乎都是酸性氨基酸，裂隙中的碱性氨基酸有助于酶与酸性 DNA 模板结合。在酶晶体结构的底部有一个能排出 RNA 产物的小孔。该小孔已被同源的细菌 RNApol 证实是存在的，在小孔通向酶的底部有一漏斗状结构，位于漏斗内的 β'亚基（真核细胞为核心酶相关亚基）与排出的 RNA 链末端发生了交联。延伸因子 TFIIS（可引发外突 DNA 切割）结合在漏斗状结构内，与 TFIIS 发生相互作用的 Rpbl 亚基上的氨基酸残基位于漏斗外缘。

Komberg 等将 RNApolⅡ晶体浸泡于不同成分的溶液中，使晶体不断收缩而获得了体积渐小的两类晶体，称为构型 1（收缩前）和构型 2（收缩后）。根据两种构型的异同观察酶结构发现，钳组件（clamp module）发生了显著移动，移动距离可达 14Å。在构型 1 中钳结构相对闭合，若不发生弯曲，很难想象 DNA 能结合在裂隙中。而在构型 2 中，钳结构向后摆动，处于打开状态，能接纳线性 DNA 分子。推测在转录起始复合体中，DNA 模板与钳结构的 Rpb9 亚基在酶的一侧相接触，位于酶碱性裂隙中的 DNA 分子靠近酶的活性中心，该假说也获得了遗传学证据的支持。DNA 分子进入 RNApol 内所接触和作用的亚基至少包括 Rpb9、Rpb1 和 Rpb2 裂隙中的氨基酸残基等，这些亚基或基团发生的突变都会产生致死效应或影响转录的起始。然而，最新研究数据还显示，酶与 DNA 的结合不是酶的钳状结构打开接纳双链 DNA 分子那么简单。事实上，RNApol 在与启动子 DNA 发生相互作用时，酶的钳状结构处于闭合状态，提示启动子 DNA 在酶表面解链，只有模板链能进入裂隙中的活性位点，而非模板链则留在外面。这个过程涉及真核细胞中的一大类通用转录因子，它们在转录起始和延伸过程中发挥重要作用。转录因子 TFⅡD 与位于转录起始上游约 25bp 处的启动子特异位点 TATA 盒结合，TFⅡB 是连接 TFⅡD 与 RNApolⅡ的桥梁因子，将 RNApolⅡ定位在正确的起始位点。有关的详细内容将在后面叙述。

> **小结**：真核细胞三类 RNApol 的特点：① 结构比原核细胞 RNApol 复杂得多；② 结构有相似性，三类酶都含有多种蛋白质亚基，酵母 RNApolⅡ共有 12 种亚基，且有几种是共同的，酵母 RNApol 至少有 5 种共同亚基，原核 RNApol 核心酶亚基与所有真核细胞的该酶亚基之间有很高的同源性。真核细胞的 RNApol 亚基分为：核心亚基、共同亚基和非必需亚基 3 类。用酵母 RNApolⅡ突变体晶体获得了原子级分辨率为 2.8Å 的 X 射线晶体图像，其结构信息能够理解其他生物该酶的相关功能。

7.5 真核基因转录的启动子

真核生物的细胞核基因由3类不同的RNA聚合酶转录。不同类型的真核基因启动子结构差异显著。由RNApolⅡ转录编码蛋白质的基因数量巨大,在基因表达时涉及的蛋白质因子种类繁多,基因转录的调控区域结构特殊,调控机制十分复杂。真核基因的调控区包括启动子区和各种调控元件。启动子是RNA聚合酶和基本转录因子(basal transcription factor)的结合区域,它们共同组装成转录前起始复合物(pre-initiation complex, PIC)。调控元件包括各种增强子、沉默子和上游控制元件(upstream element, UCE)等顺式作用元件,是各种调控因子(主要是蛋白质)识别与结合的部位,调节转录前起始复合物的装配、特异性表达和转录的速度等。

小结:真核基因调控区包括启动子区和各种调控元件。启动子是RNA聚合酶和基本转录因子的结合区域,它们共同组装成转录前起始复合物。各种调控元件包括增强子、沉默子和上游控制元件等,是调控因子(主要是蛋白质)识别与结合的部位。

1. 类型Ⅰ基因的启动子

类型Ⅰ基因启动子是RNApolⅠ的启动子,主要控制rRNA前体基因转录(锥虫除外),其产物经剪接加工后生成各种成熟rRNA。rRNA基因在每个细胞内有显著重复,拷贝数从几百到2万以上不等,每个拷贝的序列都基本相同,且具有相同的启动子序列。但在物种之间这些启动子序列差异很大,比RNApolⅡ识别的启动子具有更大的可变性。所有真核rRNA基因都有3个特征:①以多拷贝形式串联排列;②在每个拷贝单元内,18S rRNA、5.8S rRNA和28S rRNA的基因都按5′→3′方向依次排列;③rRNA基因转录单位的长度比3种成熟rRNA的总和要长。例如,人的细胞中rRNA初始转录产物加工后仅保留大约50%,其间隔区RNA都被迅速降解。Robert Tjian等用接头分区突变分析鉴定了人类rRNA启动子的重要区域。类型Ⅰ启动子由两个保守区域:①核心启动子区,位于转录起点附近,从−45~+20;②上游启动子元件(UPE),位于−156与−107之间。这两个区域的间距很重要,当两者之间嵌入或缺失碱基,启动强度都将减弱,缺失比插入额外片段更加敏感。实验发现在启动子元件间删除16bp的片段后,启动强度下降到野生型的40%,删除44bp的片段后启动强度只有野生型的10%。若在其间添加长度为28bp的片段,则不影响启动强度,但添加片段长度达49bp时强度降低70%。说明序列的删除比插入更易影响启动子起始转录的效率。这两部分元件都富含GC,序列约有85%相同。核心启动子能起始转录,而UPE能大幅提高转录效率。RNApolⅠ对其基因的转录需要两种转录因子UBF1和SL1的参与。Ⅰ型启动子结构与转录因子的结合位置见图7.24。

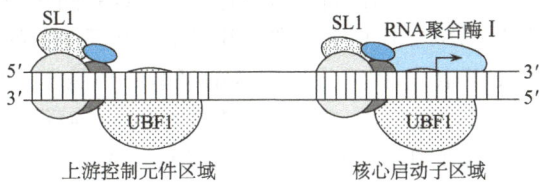

图7.24 类型Ⅰ启动子与相应转录因子的相对结合位置

小结:类型Ⅰ基因启动子是RNApolⅠ的启动子,主要控制rRNA前体基因转录。由两个保守区域:①核心启动子区,位于转录起点附近,从−45~+20;②UPE,位于−156与−107之间。这两个区域的间距很重要。

2. 类型Ⅱ基因的启动子

类型Ⅱ启动子是RNA聚合酶Ⅱ识别的启动子,主要启动编码蛋白质等基因的表达,序列多样。典型结构由核心启动子和上游启动子元件两大部分构成。核心启动子又由4个较小的元件组成:①起始子(initiator, Inr);②中心约位于−33位的TATA框;③位于TATA框上游的TFIIB识别元件(BRE);④下游启动子元件。见图7.25。

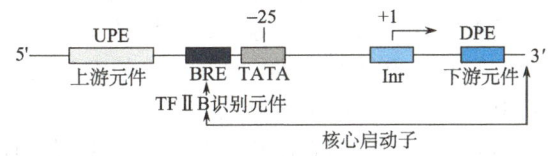

图7.25 类型Ⅱ启动子结构的一般模式

起始子 在转录起点周围,类型Ⅱ启动子具有基因最适表达所需要的保守序列,哺乳动物起始子的共有序列为PyPyAN(T/A)PyPy(Py指嘧啶C或T,N为任意碱基),其中,A是起始点。对起始子研究的经典例子是腺病毒的主要晚期基因表达启动子,其起始子与TATA框组成核心启动子,启动下游的任意基因转录。然而转录效率低。该启动子能被其他上游的元件或增强子所促进。哺乳动物末端脱氧核苷酸转移酶(TdT)基因,在B和T淋巴细胞发育过程中能被活化。该基因的启动子缺乏TATA框和UPE,但含有17bp的转录起始位点,能启动TdT基因从转录起始点序列内单一位点开始的基础水平转录。研究发现,用来自

SV40 启动子的 TATA 框和 GC 框都能大大地促进 TdT 基因从起始子位点的转录。可见，由起始子构成简单而有功能的启动子其转录效率可被其他元件增强。

TATA 框 TATA 框位于转录起始位点上游 -25～-30 范围的 7bp 左右的保守区域，共同序列是 TATAAAA(非模板链序列)，其中第 5 和第 7 位的 A 常常被 T 取代，因而该保守区的碱基频率是 $T_{95}A_{87}T_{93}A_{85}A_{63}A_{83}A_{50}$。该序列因其前 4 个碱基而得名称为 TATA 框或 Goldberg-Hogness 框。TATA 框是很多真核生物类型Ⅱ启动子的核心启动子组成部分，与原核生物启动子 -10 的序列之间有很大的相似性。差别主要在于转录起始位点距离的不同，真核生物约为 -25，原核生物为 -10。例外的是，酵母的 TATA 框位置变化较大，在 Inr 上游 -30～-120 区域变动。有时，TATA 框里还会出现 G 和 C，如兔 β-珠蛋白(β-globin) 基因的 TATA 框为 CATA。

有两类基因的启动子未发现有 TATA 框，一是持家基因 (housekeeping gene)，在所有细胞中都呈现为组成型表达，它们是控制细胞内维持生命活动所必需的重要生化途径的一系列酶类。例如，编码合成各种核苷酸、氨基酸所必需的酶类，如腺嘌呤脱氨酶、胸苷酸合成酶和二氢叶酸还原酶，以及 SV40 病毒的晚期蛋白等。这类基因都倾向于用 GC 框补偿缺少的 TATA 框的功能。二是在发育过程中受到调控的一大类基因，如控制果蝇发育的同源异形基因、哺乳动物免疫系统发育中有活性的一类基因、小鼠末端脱氧核苷酸转移酶 TdT 基因等。有些特异性基因（也称奢侈基因）具有 TATA 框，如红细胞的血红蛋白，皮肤细胞内表达的角蛋白基因等。

TATA 框的作用因基因的不同而有差异。Benoist 等用引物延伸法和 Sl 核酸酶作图法对 SV40 早期基因启动子研究发现，当碱基缺失从 TATA 框开始向下游逐渐漂移时，转录起点也向下游移动，从各种新位点开始转录，产生不同长度的转录产物，即 TATA 框的缺失导致转录可在多位点处起始，但不降低转录效率。当保留 TATA 框，或从 TATA 框和 Inr 之间开始缺失，则新转录起点总是在 TATA 框向下游约 30bp 的嘌呤位置开始。因此，TATA 框与基因转录的起始位点的定位有关，而不影响转录的效率。在含有海胆组蛋白 H2A 和 H2B 基因克隆的 DNA 片段中，当在其 H2A 基因中引入各种缺失突变，再将 DNA 片段注入蛙卵母细胞中，测定两个基因的转录速度发现，野生型 H2B 基因的转录无变化，以此为对照，H2A 基因的转录则有改变。当缺失包含 Inr 及下游序列时，该 H2A 基因就形成较短的转录产物。当缺少 TATA 框时，转录效率几乎没有降低，但失去了起始特异性，H2A 基因的转录不再在 TATA 框下游 25bp 单一位点上开始，而可以从不同位点开始，至少能产生 3 种转录产物。McKnight 等采用接头分区突变法对疱疹病毒 (herpes virus) 胸苷激酶基因 (tk) 启动子研究发现，在启动子活性最低的突变体 (LS-29/-18) 中，TATA 框内序列从正常的 GCATATTA 突变为 CCGGATCC 时，极大地影响了启动子活性。

TFⅡB 识别元件 TFⅡB 是一个重要的通用转录因子，它与 TFⅡD 和 RNApolⅡ等结合于启动子上组装成前起始复合物。有些启动子在 TATA 框上游有一段能促进 TFⅡB 与 DNA 结合的元件，称 TFⅡB 识别元件 (BRE)，保守序列为：(G/C)(G/C)(G/A)CGCC。

下游启动子元件 在果蝇基因启动子中存在下游启动子元件 (down stream promoter element, DPE)，DPE 像 TATA 框一样普遍存在。DPE 位于起点下游约 30bp 处，保守序列为 G(A/T)CG，可补偿因 TATA 框缺失造成的转录抑制。在缺失 TATA 框的果蝇启动子中 DPE 与 Inr 结伴存在。TATA 框与 DPE 的功能相似，它们都能与通用转录因子 TFⅡD 结合。

上游启动子元件 在数以百计的蛋白质编码基因的核心启动子上游 -100～-200bp 范围内，有一个转录调控区，含多个组成启动子的元件，统称为上游启动子元件 (upstream promoter element, UPE)。这些元件一般都表现为细胞类型的特异性，其功能是提高转录效率和特异性。类型Ⅱ启动子的 UPE 在位置和功能上类似于原核基因启动子上游区域。

McKnight 等对疱疹病毒 tk 研究发现，启动子除 TATA 框外，还有影响其活性的其他区域，在 -47～-64 区和 -80～-105 区内的突变能明显降低启动子效率。在非模板链上，这两个区的序列分别为 GGGCGG 和 CCGCCC，即 GC 框 (GCbox)。GC 框存在于各类启动子中，通常位于 TATA 框的上游。疱疹病毒的 tk 基因启动子中，两个 GC 框以相反方向排列。许多基因启动子上游都发现有 GC 框。在 SV40 早期启动子内有 6 个串联的 GC 框，如果缺失 1 个，SV40 病毒转录水平下降到野生型的 66%；当失去第 2 个时，继续下降 13%。特异性转录因子 Sp1 与 GC 框结合后，能增强转录效率。

β-珠蛋白基因启动子是典型的哺乳动物基因启动子。通过在转录起点上游约 -100bp 的启动子区域内将每个碱基逐一取代，观察这种突变对转录的影响。结果显示有 3 个短序列中的突变导致转录水平明显下降,它们的中心分别位于转录起点上游-30、-75 和 -90 的区域,其中-75 和-90 两个区域中的突变对转录水平影响最大。这 3 个元件分别是:①TATA 框 (-30 区域);②CCAAT 框(-75 区域);③GC 框(-90 区域)。

疱疹病毒 *tk* 基因启动子有 CCAAT 框(CCAAT box)。有两种蛋白质因子结合在 CCAAT 框上,称为 CCAAT 结合的转录因子(CCAAT-binding transcription factor,CTF)和 CCAAT 框/增强子结合蛋白(CCAAT/enhancer binding protein,C/EBP)。这些转录因子的结合能够促进转录。在启动子上游区域,还有一些核苷酸的八聚体序列(octamer, oct),这种元件以不同拷贝数、不同位置和不同方向,出现于许多真核生物的类型Ⅱ启动子中(图 7.26,表 7.4)。

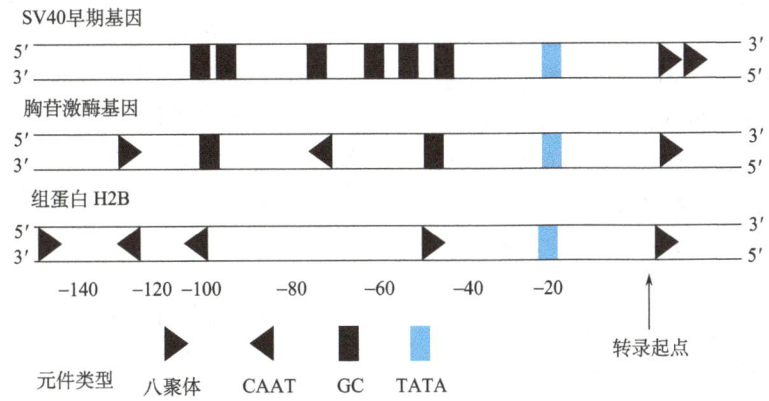

图 7.26 几种类型Ⅱ启动子上游含有的 UPE

表 7.4 部分哺乳动物编码蛋白基因启动子及上游转录调控元件

序列名称	共有序列	结合 DNA 的长度	转录因子	分子质量/kDa	细胞内丰度	分布
TATA	TATAAA	10bp	TBP	27	?	一般细胞
CCAAT	GGCCAATCT	22bp	CTF/NFI	60	?	一般细胞
GC	GGGCGG	20bp	SP1	105	3×10^5	一般细胞
oct	ATTTGCAT	20bp	Oct-1	76	6×10^4	一般细胞
oct	ATTTGCAT	23bp	Oct-2	52	?	淋巴细胞
κb	GGGACTTTCC	10bp	NF-κB	44	?	淋巴细胞
κb	GGGACTTTCC	10bp	H₂-TF1	?	?	普通细胞
ATE	GTGACGT	20bp	ATF	/	?	普通细胞

小结:类型Ⅱ启动子为 RNApolⅡ识别,主要启动编码蛋白质等基因表达。典型结构由核心启动子和上游启动子元件构成。前者由 4 个较小元件组成:①起始子;②TATA 框;③TFⅡB 识别元件;④下游启动子元件。在持家基因和控制果蝇发育的同源异形基因及哺乳动物免疫系统发育基因等的启动子中未发现 TATA 框,而有些特异基因如血红蛋白和角蛋白基因有 TATA 框。哺乳动物基因启动子在转录起点上游约-100bp 区有 3 个元件:①TATA 框;②CCAAT 框;③GC 框。在上游区域还有一些核苷酸的八聚体序列(octamer, oct)以不同拷贝数、不同位置和不同方向出现在于许多真核生物的类型Ⅱ启动子中。

3. 类型Ⅲ基因的启动子

真核生物类型Ⅲ基因的启动子为 RNA 聚合酶Ⅲ所识别。RNApolⅢ能转录的基因包括①典型的类型Ⅲ基因,如 5S rRNA 基因、tRNA 基因、腺病毒 VA RNA 基因;②近年来发现的类型Ⅲ基因,如 U6 snRNA 基因、7SL RNA 基因、7SK RNA 基因、EB 病毒的 EBER2 基因。非典型的类型Ⅲ基因启动子与类型Ⅱ启动子相似,而典型的类型Ⅲ基因启动子完全位于基因内部。RNApolⅢ的转录产物大都是很短的 RNA 片段,一般不超过 300 个核苷酸,几乎不编码任何蛋白质,但表达产物都以 RNA 的形式执行生物学功能。RNApolⅢ转录的基因一般都是多拷贝,因此其产物 RNA 在细胞内含量十分丰富,在每个细胞内可达到 $10^4 \sim 10^7$ 分子。转录初始产物一般都要经过加工才能成熟,产物具有共同的结构特点,分子内有较高程度的二级结构,3′和5′端序列大都形成稳定的茎环结构。

根据类型Ⅲ基因启动子所处的细胞分为两种类型:①基因内启动子;②转录起点上游启动子。RNApolⅢ转录基因的启动子结构形式多样。在海胆5S rRNA 基因、tRNA 基因中发现它们的调控区位于转录区域内部。有些类型Ⅲ启动子组合了类型Ⅱ和Ⅲ启动子的特点。

小结:RNApolⅢ转录基因包括①典型的类型Ⅲ基因,如5S rRNA 基因、tRNA 基因、腺病毒 VARNA 基因;②近年来发现的类型Ⅲ基因,如 U6 snRNA 基因、7SL RNA 基因、7SK RNA 基因、EB病毒的 EBER2 基因。非典型的类型Ⅲ基因启动子与类型Ⅱ启动子相似,典型的类型Ⅲ启动子位于基因内部。

基因内启动子 基因内启动子(internal promoter)位于基因编码区内部。已发现 5S rRNA、tRNA、Alu 家族基因启动子都位于起点下游,即在基因内部。基因内启动子最初是在鉴定非洲爪蟾 5S rRNA 基因的启动子序列时被发现。此前,人们一直认为启动子都在转录起点上游。删除实验证明,5S rRNA 基因上游序列完全删除后仍能转录合成5S rRNA。用核酸外切酶将爪蟾 5S rRNA 基因 5′端上游序列不同程度切除后克隆到质粒内,转录始终能正常进行。当删除实验进入基因内部时,转录从质粒部分开始,补足被删除的序列至+55位置。从 3′端开始删除基因序列,一直删除到+80位置并不影响转录,一旦进入+55~+80位置,转录即停止。表明启动子位于5S rRNA 基因内的+55~+80。用系统碱基诱变法在该区内找到了3个敏感区,其碱基改变能显著降低启动子的功能。分别为 A 框、中间元件和 C 框。用类似的方法从 tRNA基因中也找到了两个控制元件,分别为 A 框和 B 框。在 tRNA 等基因内也发现由两个各约20bp 的序列位于+8~+72,其中 A 框在+8~+30,B 框在+51~+72。基因内启动子序列高度保守,5S rRNA 基因的A 框相当于 tRNA 基因的 A 框,在转录起始中执行相似的功能(图7.27)。

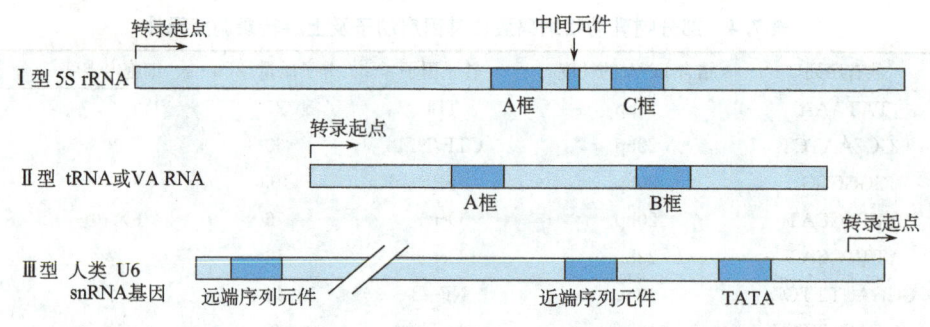

图7.27 RNA 聚合酶Ⅲ识别的基因内/外部启动子结构

转录起点上游启动子 是类型Ⅲ基因的外部启动子,也是非典型的基因Ⅲ基因启动子,如 U6 snRNA、人类 7SK RNA 等基因位于转录起点上游。这类启动子的调控元件限定在5′侧翼区,有3种元件:①TATA 框;②近端序列元件(PSE);③远端序列元件(DSE)。

根据类型Ⅲ基因启动子结构的特点分为三型:Ⅰ型为5S rRNA 基因启动子;Ⅱ型是 tRNA 基因和腺病毒 VA RNA 基因启动子;Ⅲ型包括基因的如人类7SK RNA 基因和 U6 RNA 基因启动子。另外,7SLRNA 基因启动子属Ⅱ型和Ⅲ型混合启动子,在基因内和外部都有对转录有促进作用的启动子序列。海胆硒代半胱氨酸 tRNA 基因具有基因内/外混合启动子,其上游启动子由 TATA 框、PSE及DSE构成,基因内的 B 框与上游元件协同启动转录,能增加转录效率。在酵母 U6 snRNA 基因中也发现了类似的混合启动子(图7.27)。

TATA 框在序列和位置上类似于 mRNA 编码基因的 TATA 框,两者的序列在功能上可以互换。U6 snRNA 基因启动子有典型的类型Ⅱ启动子 TATA框,但它却是 RNApolⅢ转录的特异性决定因素。近端序列元件(PSE)位于 RNApolⅡ和聚合酶Ⅲ转录基因的−60bp 左右,这类序列在功能上类似,但位置不同。远端序列元件(DSE)位于−250bp 附近,是类型Ⅱ启动子的 U6snRNA 基因和类型Ⅲ基因的外在启动子的共同元件。近来发现 7SK RNA 基因上游有一小段区域,属于最简单的类型Ⅲ基因启动子,它能起始人类7SK RNA 基因转录。研究已鉴定出在−25位点有TATA 框,−25区域的上游部分序列为增强转录所必需,而无需任何其他内部启动子序列,研究者认为这属于微型启动子。还有一种元件是八聚体基序(OCT),

它的存在主要是增加转录效率。大多数真核基因特别是类型Ⅱ的基因都有顺式作用元件，这类序列不是启动子组成部分，但却对转录有显著的影响。如增强子是能促进基因转录的元件，而沉默子则抑制基因的转录（见第11章）。

> **小结**：类型Ⅲ基因启动子分为两类：①基因内启动子；②转录起点上游启动子。基因内启动子在研究非洲爪蟾5S rRNA基因的启动子序列时发现。转录起点上游启动子是类型Ⅲ基因的外部启动子，有3种元件：①TATA框；②近端序列元件（PSE）；③远端序列元件（DSE）。大多数类型Ⅱ基因都有顺式作用元件，这类序列不是启动子组成部分，但对转录有显著影响。如增强子能促进基因转录，沉默子抑制基因转录。

7.6 类型Ⅱ基因转录的转录因子

真核生物RNA聚合酶不能单独结合于启动子上，需要依赖转录因子协助。转录因子是真核生物RNA聚合酶在转录过程中所需要的各种蛋白质因子。转录因子（transcription factor，TF），分为两大类：①通用转录因子（general transcription factor，GTF）；②基因特异性转录因子（gene specific transcription factor）。RNA聚合酶Ⅱ所需的转录因子一般简写为TFⅡ。通用（基本）转录因子仅支持本底水平的转录，是所有细胞类型Ⅱ启动子起始转录所必需的，以TFⅡX表示，X是按发现先后次序用英文字母定名。目前已知至少有9种以上的GTF参与转录。针对一个基因而言则分为：①基本转录因子（basal transcription factor）；②基因转录调控因子（gene transcription regulatory factor）。下面针对一个基因转录的转录因子叙述。

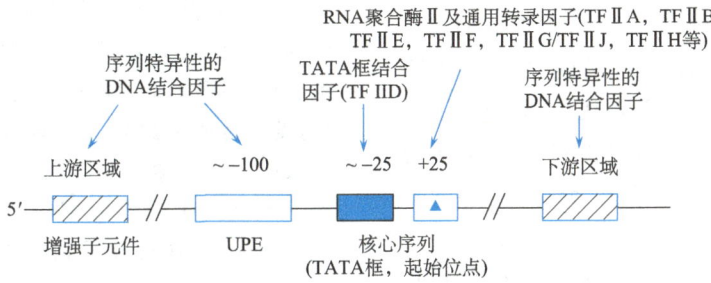

图7.28 类型Ⅱ基因的转录调控区及各种转录因子的相对结合位置

> **小结**：真核生物RNA聚合酶不能单独结合于启动子上，需要依赖转录因子协助。这类物质统称为转录因子（TF），分为两大类：①通用转录因子（GTF）；②基因特异性转录因子。通用转录因子仅支持本底水平的转录，是所有细胞类型Ⅱ启动子起始转录所必需的，以TFⅡX表示。有9种以上GTF参与转录。

基本转录因子 基本转录因子是广泛存在于各类细胞中的DNA结合蛋白，一般是指RNApolⅡ催化基因转录所必需的蛋白质因子，都属于组成型转录因子，它们在基因的启动子上与RNApolⅡ一起按一定顺序结合构成转录前起始复合物（PIC）。在这类因子中认识较多的有TFⅡA，TFⅡB，TFⅡD，TFⅡE，TFⅡF，TFⅡG，TFⅡH等，见表7.5和图7.28。

TFⅡD 是一个复合物，含有TATA框结合蛋白（TATA box-binding protein，TBP）和8～10个TBP偶联因子（TAF或TAFⅡ）。由于TBP还参与类型Ⅰ和类型Ⅲ基因的转录，形成转录前起始复合物，因此，TAFⅡ是指类型Ⅱ基因转录的TBP偶联因子。而类

表7.5 类型Ⅱ基因转录的基本转录因子的特性

缩写符号	细胞性质与功能
TFⅡA	①促进TFⅡD对TATA框的结合活性，对TFⅡD的抑制因子有竞争作用；②与TBP的碱性残基区域相互作用；③与TFⅡD相互作用，作为转录调控因子的靶位点
TFⅡB	①结合在TFⅡD-DNA复合物上与TFⅡE、TFⅡF相互作用；②确定转录开始位置；③是转录调控因子的靶位点
TFⅡD	①TBP是3类启动子的基本转录因子；②结合在TATA框上；③确定转录模板 TAF是多亚基构成的，与转录调控有关；④TBP/TAF是各种转录调控因子的靶位点
TFⅡE	①与转录起始的中期过程有关；②与TFⅡB/E/polⅡ相互作用；③与促进TFⅡH的CTP激酶活性有关；④是转录调控因子的靶位点
TFⅡF	①与转录起始的中期过程有关；②同TFⅡB/E/polⅡ相互作用；③抑制polⅡ对DNA的非特异结合；④是转录调控因子的靶位点
TFⅡG	作用类似于TFⅡA
TFⅡH	①与转录起始的后期有关；②CTD激酶的活性，与细胞周期关联；③与依赖DNA修复有关；④含有TFⅡK（4×10^4、3.4×10^4、3.2×10^4）转录调控因子的靶位点
TFⅡI	能与起始位点相互作用

型Ⅰ和类型Ⅲ基因转录的TAF，分别写为TAF_I和TAF_Ⅲ。

TBP(Mr = 38kDa)是在TFⅡD复合物中了解最详细的蛋白质因子。TBP对所有聚合酶和启动子类型都能起作用，具有多功能性，是普遍适用的真核细胞转录因子。遗传研究证明，TBP突变细胞的提取物是缺陷性的，不仅不能转录类型Ⅱ基因，也不能转录类型Ⅰ和类型Ⅲ基因。TBP的序列高度保守，在酵母、果蝇、植物和人的TBP中都有TATA框结合域，其氨基酸序列同源性达80%。在TBP的C端约有180个碱性侧基较多的氨基酸，个别差异仅限于少量性质相同的保守性氨基酸的置换。研究发现，重组的人TBP，其C端180个氨基酸残基构成TATA框的结合域，能结合启动子TATA框，且结合在DNA的小沟内。用人工合成的一段寡核苷酸，使小沟内构象保持不变，而使大沟构象变化，观察TBP对这段寡核苷酸序列是否能像与野生型TATA框那样相互作用。根据核苷酸和DNA双链结构特性，将次黄嘌呤核苷(I)替代A，胞嘧啶核苷(C)替代T，即用人工合成的CICIIII序列替代TATA框的TATAAAA，小沟内构象保持不变。结果发现CICI框与标准TATA框同样可结合TFⅡD因子，证明该转录因子结合于TATA框的小沟内。利用X射线衍射技术分析TBP-TATA框复合物的三维结构，发现TBP蛋白的空间构象能折叠成马鞍形状，其分子构象内侧与DNA结合。在TBP蛋白结合DNA的位点，氨基酸序列在种属间十分保守。TBP蛋白结合DNA形成马鞍形后的外表面积变大，且在种属之间氨基酸序列多变的N端暴露外表面，更适合于结合其他转录因子。TBP分子的C端和N端两部分呈现二元对称性，但序列不同。在TBP-TATA框复合物的马鞍形结构中，TBP与DNA平行排列，鞍的下部迫使小沟张开，使DNA主轴在TATA框(中心约8bp的序列)呈80°～90°弯曲(向大沟弯曲)，从而使TBP在小沟内与TATA框结合，电镜下观察到小沟的构象比未结合TBP分子前舒展加宽(图7.29)(见彩图)。这种构象变化在功能上有两个意义，一是使转录因子与RNApolⅡ更紧密地与DNA结合；二是由于TATA框序列变形弯曲相当于双螺旋局部解链，有助于形成开放型起始复合物。TBP与TATA框特异结合，使TFⅡD定位于TATA框序列上。

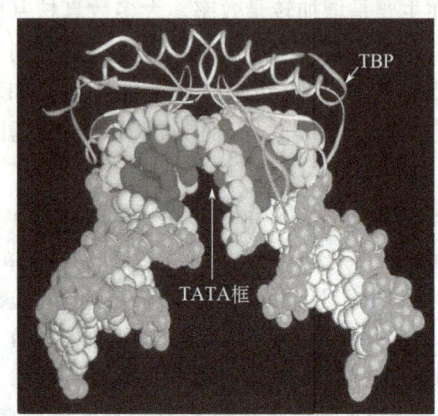

图7.29　TBP-TATA框马鞍形复合物的结构(引自Klug，1993)

小结：TFⅡD是含有TATA框结合蛋白(TBP)和8～10个TBP偶联因子(TAF或TAFⅡ)的复合物。TAFⅡ指类型Ⅱ基因转录的TBP偶联因子。TBP(38kDa)的序列高度保守，TBP结构中有TATA框结合域，对所有的启动子类型都起作用，具有多功能性，是普适的真核转录因子。TBP-TATA框复合物的空间结构形似马鞍形，TBP与DNA平行排列，鞍的下部迫使小沟张开，使TATA框呈80°～90°弯曲，TBP在小沟内与TATA框结合。

在TFⅡD分子内有另一个重要组分是TBP偶联因子(TBP-associated factor, TAFⅡ)。TAFⅡ由大约9个同源的亚基组成。来自酵母、果蝇和人3种不同生物的TAFⅡ，尽管亚基大小不同，但氨基酸序列相似且有一定的保守性。足迹实验表明在一些启动子中，附着在TBP上的TAFⅡ能使TFⅡD结合超出TATA框以外的很大范围，将TFⅡD的保护区延伸到+35位(一般TBP的结合能保护TATA框周围约20bp的范围)。Tjian等发现在TFⅡD中的TAFⅡ因子能协助TBP促进聚合酶结合带有起始子和下游启动子元件的启动子。如前所述，缺失TATA框的启动子，TBP不能直接结合，然而，许多启动子必须依赖TBP才能激活，在这种情况下，有些基因采用起始子和DPE元件，使TAFⅡ250和TAFⅡ150(数字为Mr)结合上去，从而保证整个TFⅡD锚定于启动子。当一组TAFⅡ亚基定位于基因启动子区域后，能引起其他各转录因子按一定次序吸纳结合到转录前起始复合物(PIC)上。研究发现当激活因子Sp1结合到上游元件GC框后，能与至少一个TAFⅡ(果蝇为TAFⅡ110，人类为TAFⅡ130)作用，此中介作用有助于TFⅡD锚定到启动子上。

TAF_II 的另一个活性是参与激活因子介导的转录激活。不同激活因子与不同 TAF_II 的组合相互作用，而在所有的组合中都有 TAF_II 250，说明 TAF_II 250 是装配因子，其他 TAF_II 都是围绕着它而聚合的。每个激活因子与一组特定的 TAF_II 作用，所以完整的 TFⅡD 能同时与几个激活因子相互作用，放大它们的效果，增强转录效率。TAF_II 还具有两种酶活性：①组蛋白乙酰转移酶(HAT)活性，可将乙酰基转移到组蛋白的 Lys 残基上(属于转录激活事件)；②蛋白激酶活性，可将自身(TAF_II)和 TFⅡF 等因子磷酸化，用以调节 PIC 的装配效率。

小结：TFⅡD 包括 8~10 个 TAF_II，TAF_II 有多种功能，其中两个显著的功能是与核心启动子元件和激活因子相互作用。TAF_II 250 和 TAF_II 150 有助于 TFⅡD 结合 Inr 和 DPE，使 TBP 与无 TATA 框但有 Inr 和 DPE 的启动子结合，从而保证整个 TFⅡD 锚定于启动子。TAF_II 250 等因子有助于 TFⅡD 与结合在起点上游 GC 框上的 Sp1 相互作用，使 TBP 可结合无 TATA 框但有 GC 框的启动子。TAFII 还有组蛋白乙酰转移酶和蛋白激酶这两种酶活性，激活转录和提高 PIC 的装配效率。

TBP 和 TAF 并非都是通用的，研究发现果蝇的 TBP 可被 TRF1(TBP-相关因子)替代，TRF1 能起到和 TBP 一样的作用；另一种 TBP 类似因子(TBP-like factor,TLF)缺少插入 TATA 框并帮助启动子 DNA 弯曲的成对 phe，使 TLF 不能结合 TATA 框，而是调控其他无 TATA 框的启动子转录。在类型Ⅱ基因的转录中，TAF 也并非完全通用，如 TAF_II 145(一种酵母因子，与人的 TAF_II 250 同源)在酵母大部分类型Ⅱ基因的转录中并不通用。果蝇的许多启动子没有 TATA 框，而有与起始子连接的 DPE，DPE 通过一到多个 TAF 与 TFⅡD 结合。Kadonage 于 2000 年发现了一个新因子 dNC2，与在其他生物中的负辅因子(negative cofactor NC2)或 Drl-Drapl 因子同源。dNC2 能区别含 TATA 框的启动子和含 DPE 的启动子，抑制 TATA 框启动子的起始转录和促进含 DPE 启动子的转录，因此认为，NC2 是基因转录调控的焦点。NC2 能结合在马鞍形 TBP-TATA 框的下侧，NC2 分子中的一个 α 螺旋阻止 TFⅡB 与复合物结合，而 NC2 的另一部分干扰 TFⅡA 结合，当 TFⅡA 和 TFⅡB 结合受阻，PIC 不能形成，转录无法起始。

小结：果蝇的 TBP 可被 TRF1 替代。TBP 类似因子 TLF 缺少插入 TATA 框并帮助启动子弯曲的成对 phe，使 TLF 不能结合 TATA 框。TAF 也并非完

通用。NC2 是基因转录调控的焦点。NC2 能结合在马鞍形 TBP-TATA 框的下侧，NC2 分子中的一个 α 螺旋阻止 TFⅡB 与复合物结合，而 NC2 的另一部分干扰 TFⅡA 结合，当 TFⅡA 和 TFⅡB 结合受阻，前起始复合物不能形成，转录也就无法起始。

TFⅡB TFⅡB 是一个单亚基因子($M_r = 35kDa$)，无需 TAF 类似的辅因子。体外研究发现，TFⅡB 是继 TFⅡD 和 TFⅡA 之后结合到 PIC 上的第三或第二个(如果 TFⅡA 还未结合)的转录因子，是 RNApolⅡ结合所必需的。在 PIC 装配过程中，TFⅡB 结合的顺序位于 TFⅡD 和 TFⅡF/RNApolⅡ之间，表明 TFⅡB 有两个结构域，分别与以上两个蛋白质因子结合。TFⅡB 的两个不同结构域是 N 端域(TFⅡB_N)和 C 端域(TFⅡB_C)。2004 年，Kornberg 等对 TFⅡB 研究发现这两个结构域在连接 TATA 框处的 TFⅡD 和 RNApolⅡ之间起桥梁作用，使酶的活性中心位于 TATA 框下游 25~30bp，正好处于转录起始处。TBP 通过折弯 TATA 框处的 DNA 使之包绕 TFⅡB_C，酶的一个位点结合 TFⅡB_N，将其正确地置于转录起点。哺乳动物中的 TFⅡB_N 环状基序通过与非常靠近酶活性中心的模板 DNA 单链间的作用，能够实现转录的精确定位。生化研究证实，在 PIC 中，TFⅡB_N 位于靠近 RNApolⅡ活性中心和 TFⅡF 最大亚基位置。TFⅡB 的 N 端域还通过锌指结构与 TFⅡE 和 TFⅡF 协同作用，吸引 RNApolⅡ到正在装配的复合物上。

小结：TFⅡB 是单亚基因子，是 RNApol 结合所必需的继 TFⅡD 和 TFⅡA 之后结合到前起始复合物上的转录因子。TFⅡB 有两个结构域：N 端域(TFⅡB_N)和 C 端域(TFⅡB_C)。两个域在连接 TATA 框处的 TFⅡD 和 RNApolⅡ之间起桥梁作用，使酶活性中心位于 TATA 框下游 25~30bp，处于转录起始处。TBP 通过折弯 TATA 框处的 DNA 使之包绕 TFⅡB_C，酶的一个位点结合 TFⅡB_N，将其正确地置于转录起点。哺乳动物中的 TFⅡB_N 环状基序通过与非常靠近酶活性中心的模板 DNA 单链间的作用实现转录的精确定位。

TFⅡA TFⅡA 能激活 TBP，结合于 TATA 框的上游一侧，它能解除 TFⅡD 的负调控因子的作用，促进 TFⅡD 结合 TATA 框。TFⅡA 的结合能去除阻遏蛋白使 PIC 的装配顺利进行。

TFⅡE TFⅡE 有两种亚基($M_r = 57kDa$ 和 34kDa)，能与 RNApolⅡ相互作用促进转录。TFⅡE 类似于原核生物 RNApol 的 α 因子，能阻止 RNApolⅡ对 DNA 的非特异性结合。TFⅡE 的功能还包括与

TFⅡB和TFⅡD的几个TAF相互作用。

TFⅡF TFⅡF由两种亚基RAP70和RAP30(数字为Mr)组成,这些亚基是RNApolⅡ的结合蛋白(RNA polymeraseⅡ-associated protein, RAP)。RAP30与 E.coli 的σ因子同源。研究发现,RAP30在TFⅡF与RNApolⅡ结合方式上类似于细菌σ因子与核心酶的结合,其结合区域与σ因子同核心酶结合区域有同源性。实验证明TFⅡF能紧密结合于 E.coli 的核心酶,又可被比其结合更紧密的σ因子所置换。TFⅡF还有另一种类似σ因子的作用,即能降低RNApolⅡ和DNA之间的非特异性相互作用,从DNA的非特异性位点释放RNApolⅡ。RAP70具有依赖于ATP的DNA解旋酶活性,与DNA高级结构有关。

TFⅡH TFⅡH是最后一个结合到PIC上的转录因子,有两个主要功能:①使RNApolⅡ最大亚基C端结构域(CTD)磷酸化(TFⅡH作为催化磷酸化的候选蛋白激酶);②使转录起始位点DNA解旋形成"转录泡"。RNApolⅡ以两种形式存在:Ⅱa(低/非磷酸化)和Ⅱo(已磷酸化),Ⅱa参与起始复合物形成,Ⅱo催化RNA链延伸,说明RNApol的磷酸化能引起酶从起始模式向延伸模式转化,磷酸化对转录起始和延伸过程都很重要。

TFⅡH本身能使RNApolⅡ最大亚基Rpb1的C端结构域上7个氨基酸重复序列(Tyr-Ser- Pro-Thr- Ser- Pro-Ser)上的第2位和5位的Ser磷酸化,产生聚合酶的磷酸化形式(Ⅱo)。CTD上的7个氨基酸的重复序列磷酸化能在多个位点上发生。第2、第5位点的Ser(或Thr)是主要的磷酸化位置,Tyr被磷酸化的概率较小。实验发现,哺乳动物TFⅡH相关的CTD激酶(Cak)只能使CTD序列第5位而非第2位Ser磷酸化,说明CTD在不同位置上的Ser/Thr磷酸化有不同类型。在体外,TFⅡH能极大地促进聚合酶的磷酸化(有CTD磷酸化的蛋白激酶活性),而其他转录因子如TFⅡE等存在时,能在更大程度上增强TFⅡH的磷酸化能力。磷酸化是转录起始所必需的,在由起始向延伸转变过程中,7个氨基酸重复序列的第5位Ser脱磷酸化,如果在第2位也脱磷酸化则聚合酶暂停聚合,等待一个非TFⅡH的激酶进行磷酸化。CTD非磷酸化和多种磷酸化形式的存在与转变是真核生物多种CTD特异性蛋白激酶和磷酸酶相互制约和调节的结果。

CTD参与转录的起始 CTD是RNApolⅡ的Rpb1C端结构域,在启动子上组装PIC时,CTD首先以低/非磷酸化形式(Ⅱa)参与转录起始。研究发现,分离RNApolⅡ中的Ⅱa,制备其抗体,后者能选择性抑制转录起始。在体外重组的转录体系中,RNApol的Ⅱa比磷酸化形式的Ⅱo有更高的转录起始活性。离体的亲和实验发现在含有Ⅱa型CTD亲和柱上,人TFⅡD及重组的TBP蛋白都可被吸附,但Ⅱo型CTD亲和柱则不能被吸附。因此,Ⅱa型CTD在转录起始阶段是必需的。

CTD参与转录的延伸 CTD磷酸化状态的互变发生在转录起始后期和延伸初期之间,这种转变可视为RNApolⅡ分子催化从转录起始迈向延伸的开关。许多上游序列元件和转录调控因子都参与了PIC装配的不同阶段,体外研究证实PIC在核心启动子上装配,相比在体内进行的转录来说活性较低。当已装配好的PIC结合了启动子之后就转变为转录起始复合物,后者还受到多种蛋白激酶的磷酸化作用。CTD磷酸化使转录起始复合物的带电性及空间结构改变,影响了TBP结合稳定性,进而使RNApolⅡ易移启动子而沿模板链进入延伸阶段。由于启动子的差异以及不同CTD氨基酸残基的磷酸化作用所适应的CTD蛋白激酶的种类和数量各异,CTD的磷酸化水平也呈现出一定的特异性,因此,CTD的磷酸化状态在转录延伸循环中起着重要的调节作用。

TFⅡH能使转录起始位点的DNA解旋形成"转录泡"。TFⅡH是由约9个亚基组成的结构复杂的大型蛋白质复合物,9个亚基又分别组合成两个较小的复合物,其中4个组成蛋白激酶复合物,另5个组成核心TFⅡH复合物担负两种独立的DNA解旋酶和依赖DNA的ATPase活性,ATP水解释放的能量用于DNA解旋。与此同时,位于酶复合物活性中心一侧的TFⅡE,结合在DNA的下游25bp处,能募集TFⅡH,多个TFⅡH则诱导DNA发生反向超螺旋,行使其作为分子扳手的DNA解旋酶功能,由此打开启动子区的DNA链,形成转录泡。在这个过程中,TFⅡE和TFⅡH共同作用清除启动子,前述已知,启动子清除是转录起始和延伸的分界线,由此开始了转录的延伸。

还有一些在转录起始中作为中介物质的蛋白质,中介物蛋白质也是大多数类型Ⅱ基因转录时作为前起始复合物的组成部分,本身不参与转录起始,但在被激活的转录过程中发挥作用,已在酵母和人的细胞中发现有20多种中介蛋白质。有证据表明类型Ⅱ基因转录的PIC是通过预先形成的RNApolⅡ全酶结合到启动子上的,PIC包括RNApolⅡ、一套通用转录因子和中介蛋白质。

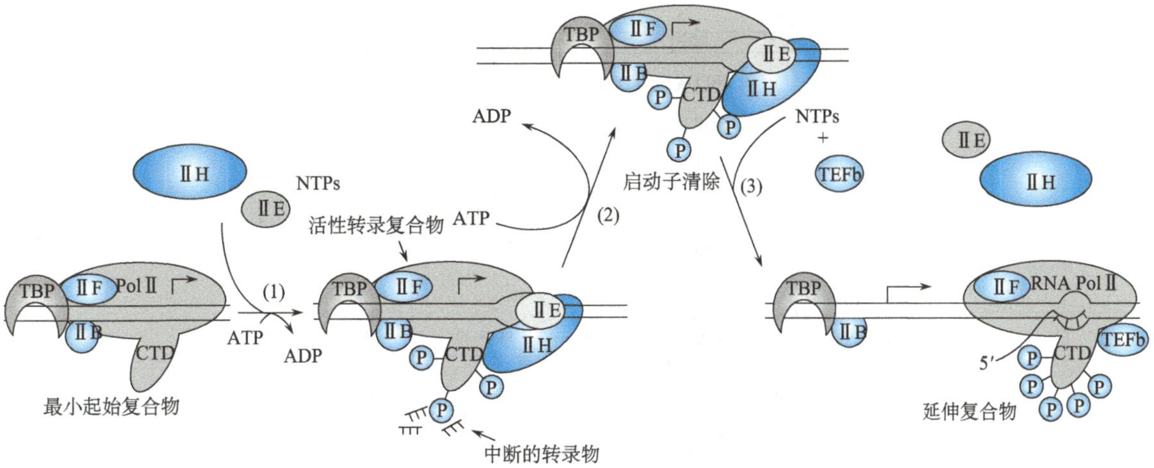

图 7.30　通用转录因子参与转录起始、启动子清除、延伸过程的示意图(引自 Goodrich and Tjian，1994)

(1)RNApolⅡ与 TBP（或 TFⅡD）与 TFⅡB、TFⅡF 共同在起始子处形成最小起始复合物，添加 TFⅡH、TFⅡE、ATP 使 DNA 在起始区解链，CTD 的部分磷酸化导致中断转录物的产生，聚合酶随后在＋10～＋12 位置停止转录；(2)随着 ATP 水解提供能量，TFⅡH 的解旋酶活性引起 DNA 进一步解旋使转录泡扩大，聚合酶随之被释放而跨过启动子区；(3)随着聚合酶 CTD 在 TEFb 作用下进一步磷酸化及 NTP 的不断添加，延伸复合物继续使 RNA 链延长，TBP 和 TFⅡB 仍留在启动子上，在延伸中不需要 TFⅡE 和 TFⅡH，它们从延伸复合物上解离下来

> **小结**：TFⅡH 有两个功能：①使 RNApolⅡ最大亚基 C 端域(CTD)磷酸化；②使转录起点 DNA 解旋形成"转录泡"。RNApolⅡ以两种形式存在：Ⅱa(低/非磷酸化)和Ⅱo(已磷酸化)，Ⅱa 参与起始复合物形成，Ⅱo 催化 RNA 链延伸。磷酸化作用能引起酶从起始模式向延伸模式转化，磷酸化对转录起始和延伸过程都重要。在启动子上组装 PIC，CTD 首先以低/非磷酸化形式(Ⅱa)参与转录起始。CTD 磷酸化状态的互变发生在转录起始后期和延伸初期之间，这种转变可视为 RNApolⅡ分子催化从转录起始迈向延伸的开关。

7.7 类型Ⅱ基因转录起始复合物的装配

类型Ⅱ基因转录的转录 PIC 包括 RNApolⅡ、多种 GTF 和中介蛋白等。聚合酶和转录因子以特定的顺序结合到不断被装配扩大的 PIC 上。利用蛋白质与 DNA 结合的凝胶阻滞法（DNA gel mobility shift）和 DNaseⅠ足迹法（DNaseⅠ footprinting）研究，发现 PIC 组装是一个动态过程，组装时各种 GTF 结合顺序如下所述。

① 在 TFⅡA 协助下，TFⅡD 上的 TBP 先结合到启动子核心元件 TATA 框上，形成动态的瞬时复合物；②TFⅡB 进一步结合到动态的瞬时复合物上；③ TFⅡF 和 RNA 聚合酶Ⅱ预先结合后，再结合到复合物上；④TFⅡE 和 TFⅡH 进入复合物，使之转变为有活性的 PIC；⑤ TFⅡH 的 DNA 解旋酶活性利用 ATP，使转录泡扩大；⑥随着 4 种 NTP 底物进入，延伸复合物不断进行新生 RNA 链的延伸。进入延伸阶段后，TBP 和 TFⅡB 仍保留在延伸复合物上，TFⅡE 和 TFⅡH 解离下来。由上可见，RNApolⅡ必须与多种通用转录因子以一定次序结合，协同作用，共同组装成有转录活性的 PIC。PIC 的组装由 TFⅡD 与启动子核心元件 TATA 框结合开始。TFⅡD 与 TATA 框形成复合物后，RNA 聚合酶Ⅱ、TFⅡA、TFⅡB 等依次结合，见图 7.31。

TFⅡA 协助 TFⅡD 与 TATA 框结合，加快 PIC 组装，增加效率。一旦 TFⅡD 结合于 DNA，TFⅡB 立即结合到 TFⅡD 上。TFⅡB 与 TFⅡD 的结合是起始复合物形成的必要步骤，它与 RNApol 结合，在复合物中起着桥梁分子的作用，使 RNApolⅡ结合到复合物中（RNApolⅡ预先与 TFⅡF 结合）。当聚合酶结合后，其他因子迅速靠近复合物，RNApolⅡ在 DNA 模板链上向下游延伸到＋15，在非模板链上延伸到＋20 时，聚合形成第一个磷酸二酯键。转录起始需要水解 ATP 的 β-γ 位之间的磷酸二酯键产生能量。这一点与 RNApoⅠ和Ⅲ的转录起始不同。7 种转录因子与 RNApolⅡ构成的复合物能够进行基础水平的转录。当聚合酶沿 DNA 向下游转录时，TFⅡF 仍然与 TFⅡA、TFⅡD 偶联在一起并结合在启动子上，再结合另一分子聚合酶，重复新一轮的转录起始过程。RNApolⅡ水解 ATP 依赖于 TFⅡF 的 ATPase 活性。与 DNA 及其他转录因子的结合，激活了 TFⅡH 中蛋白激酶亚

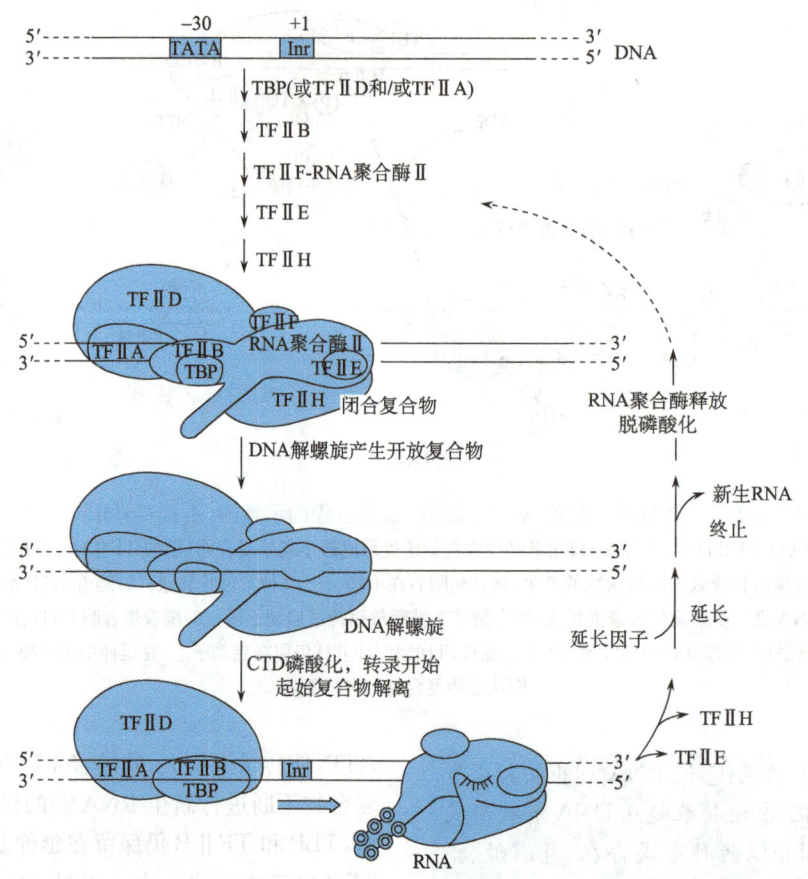

图 7.31 RNApolⅡ与多种转录因子组装的示意图

基的活性,使 RNApolⅡ最大亚基的 CTD 磷酸化。PIC 是在核心启动子上装配的相当大的复合物,含有包括 RNA 聚合酶在内的 40 多种蛋白或多肽,总分子质量高达 2000kDa,相当于原核细胞核糖体的 70%,是一个超分子的集结体,其装配过程具有严格的顺序性,如果缺少一种或几种成分,就不能立即起始转录,或以极低的速率转录。

小结:PIC 组装顺序:TFⅡD(或 TFⅡA+TFⅡD)→TFⅡB→TFⅡF+RNApolⅡ→TFⅡE→TFⅡH。RNApolⅡ必须与几种通用转录因子以一定次序结合,协同作用,共同组装成有转录活性的 PIC。PIC 是在核心启动子上装配的超大复合物(超分子的集结体),含有包括 RNApol 在内的 40 多种蛋白或多肽,总分子大小高达 2000kDa,相当于原核细胞核糖体的 70%,其装配过程具有严格的顺序性。

延伸因子 TFⅡS 1987 年,Reinberg 等发现了一个 HeLa 细胞因子,并命名为 TFⅡS。TFⅡS 与ⅡS 同源,ⅡS 是最初在埃利希腹水(Ehrlich ascites)肿瘤细胞中发现的一种蛋白因子。研究发现,TFⅡS 的结构能直接伸入聚合酶的活性中心,并参与催化,从而能显著地促进转录延伸。*E. coli* 的 GreB 蛋白具有与 TFⅡS 相同的作用,但它们之间没有同源性。GreB 蛋白有一个卷曲螺旋域延伸至 *E. coli* RNApol 排出 RNA 的出口通道,这与 TFⅡS 中的锌指结构相似,作用方式相同,且在 GreB 卷曲螺旋顶部与酶活性中心金属离子相邻处有两个酸性氨基酸与 TFⅡS 的对应部分有相同的功能。这是明显的功能趋同进化(convergent evolution)。有趣的是,起始因子 TFⅡF 在延伸中也起作用,但不像 TFⅡS 那样能解除聚合酶在不连续位点的停滞而刺激延伸,而是限制聚合酶在 DNA 任意位点的瞬时停顿。

TFⅡS 还能促进转录物的校正,其机制是激活 RNApol 内在的 RNase 活性,清除错配的核苷酸。TFⅡS 不仅在掺入错误核苷酸时做出暂停响应,而且逆行并排出新合成的 RNA 3′端,使转录停滞,随后由 TFⅡS 激活聚合酶潜在的 RNase 活性,切除被排出 RNA 末端错配的核苷酸,使聚合酶恢复转录。

小结：延伸因子TFⅡS能直接伸入聚合酶的活性中心参与催化，显著地促进转录延伸。起始因子TFⅡF在延伸中也起作用，但不像TFⅡS那样能解除聚合酶在不连续位点的停滞而刺激延伸，而是限制聚合酶在DNA任意位点的瞬时停顿。TFⅡS还能促进转录物的校正，其机制是激活RNApol内在的RNase活性，清除错配的核苷酸。

7.8 类型Ⅰ和Ⅲ的转录因子

1. 类型Ⅰ基因的转录因子

如前所述，类型Ⅰ基因启动子主要负责rRNA前体基因的转录。在这类启动子上参与构建的PIC组分相比RNApolⅡ参与构建的PIC组分简单，除RNApol外，还包括两类转录因子：①核心结合因子（core-binding factor），在人类称为SL-1，在其他生物则称为TIF-IB；②UPF结合因子，在哺乳动物中称为上游结合因子（UBF），在酵母中称上游激活因子（UAF）。核心结合因子对RNApolⅠ结合启动子是必需且充分的。UPE的装配因子（assembly factor）是UBF（或UAF）。它们通过使DNA大幅弯曲协助SL-1结合到核心启动子上。人和非洲爪蟾在转录类型Ⅰ基因时绝对依赖UBF，而酵母、小鼠在无组装因子时也能进行部分转录。另有一些物种如卡氏棘阿米巴变形虫（*Acanthamoeba castellanii*）几乎不依赖组装因子。

SL-1 从HeLa细胞提取液中分离出了两种活性组分。一种组分在离体条件下就有RNApol活性，但缺乏精确起始rRNA基因转录的能力；第二种组分不具有RNApol活性，但能在人的rRNA基因模板上精确起始转录，并有种属特异性，能区分人和小鼠的rRNA基因启动子，将这种组分称为选择因子Ⅰ（selectivity factor 1, SL-1）。SL-1在PIC组装中很重要。用足迹法分析发现，SL-1本身在类型Ⅰ启动子DNA上无结合足迹，但当它与RNApol结合后能够加强结合上游控制元件（UCE）。SL-1由3种TBP和TAF$_I$组成，功能类似于原核RNApol的σ因子，虽然不能单独结合启动子，但它能使RNApol准确定位于启动子和起始点。通过肝素-琼脂糖柱层析、免疫共沉淀和SDS-PAGE等实验分析发现，RNApolⅠ和RNApolⅡ的转录都依赖于TBP和几种由TAF参与组成的转录因子（SL-1和TFⅡD），其中，TBP是相同的，只是TAF不同。除酵母外，所有类型Ⅰ启动子的核心结合因子都是TBP，而酵母TBP以不稳定状态结合到核心结合因子上，与其他TBP结合到相应TAF$_I$的方式一致。

UBF结合因子 SL-1本身不能直接结合启动子，但当它与哺乳动物的RNApolⅠ部分纯化产物混合后，就能选择性地结合启动子，该纯化产物是UBF（upstream binding factor）。Tjian通过足迹法等实验获得了UBF的纯化产物，由97kDa和94kDa两条多肽组成，其中97kDa的多肽自身就有UBF活性，SL-1自身不结合DNA，而UBF可以结合DNA，SL-1和UBF协同结合于DNA上。进一步研究发现，UBF作为转录因子能结合在UPE上，激活转录，但无UPE时则结合到核心元件上发挥作用。

小结：类型Ⅰ基因启动子主要负责rRNA前体基因的转录。在这类启动子上参与构建的PIC组分相比RNApolⅡ的PIC简单，除RNApol外，还包括两类转录因子：①核心结合因子，在人类称为SL-1，在其他生物则称为TIF-IB；②UPF结合因子，在哺乳动物中称为上游结合因子（UBF），在酵母中称上游激活因子（UAF）。核心结合因子对RNApolⅠ结合启动子是必需且充分的。UPE的装配因子是UBF（或UAF）。

2. RNA聚合酶Ⅰ的转录起始复合物

RNA聚合酶Ⅰ转录起始需要SL-1和UBF两种转录因子。起始复合物装配有以下3步：①两个UBF分别特异结合到上游控制元件（UCE）和核心启动子上。通过UBF作用，使UCE与核心启动子之间的DNA成环；②SL-1结合到UBF-DNA复合物上。SL-1本身无特异结合启动子的能力，但当UBF结合启动子后，SL-1就能以协同方式结合；③当SL-1和UBF结合后，RNApolⅠ结合到核心启动子上。原来结合于核心启动子的UBF直接与RNApolⅠ作用，而结合于UCE的UBF再与前一个rRNA基因单元中的UBF接触结合并发生作用，使两个位点间的DNA序列成环。RNApolⅠ的转录起始反应不需要水解ATP提供能量，见图7.32。

小结：RNApolⅠ转录起始需要SL-1和UBF两种因子。起始复合物装配有3步：①两个UBF分别特异结合到UCE和核心启动子上。通过UBF作用，使UCE与核心启动子之间的DNA成环；②SL-1结合到UBF-DNA复合物上；③当SL-1和UBF结合后，RNApolⅠ结合到核心启动子上。原来结合于核心启动子的UBF直接作用RNApolⅠ，而结合于UCE的UBF再与前一个rRNA基因单元中的UBF接触结合并发生作用，使两个位点间的DNA序列成环。RNApolⅠ转录起始无需水解ATP提供能量。

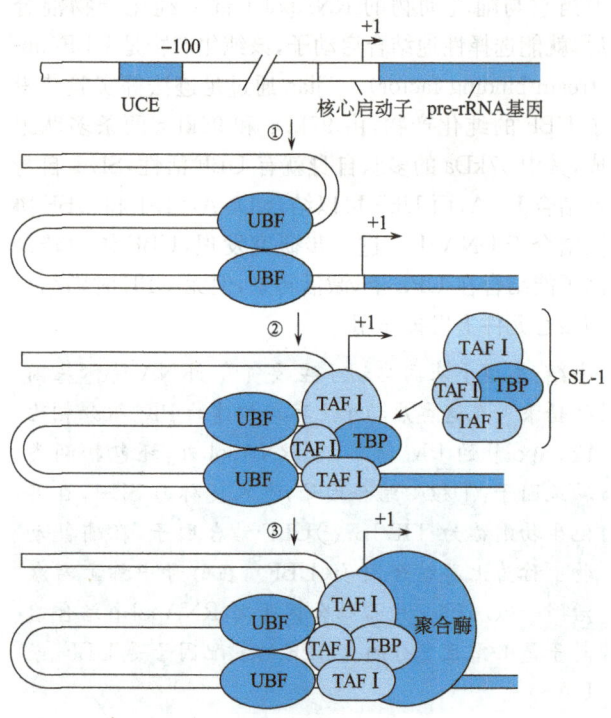

图 7.32 rRNA 基因的转录起始复合物组装示意图

rRNA 基因的核心启动子与转录起点重叠,上游调控元件 UCE 位于 -100bp 附近。①两个 UBF 分别结合在 UCE 和核心启动子上;②UBF之间相互作用,使 UCE 和核心启动子间的 DNA 成环,SL-1 结合到 UBF-DNA 复合物;③RNApol 结合完成装配

3. 类型Ⅲ基因的转录因子

目前发现有 3 类类型Ⅲ基因的转录因子:TFⅢA、TFⅢB 和 TFⅢC。其中 TFⅢA 是 5S rRNA 基因转录的必需因子。TFⅢB 和 TFⅢC 不仅参与 5S rRNA 基因的转录,还参与 RNApolⅢ 的所有转录。在非洲爪蟾无细胞提取液转录系统中 5S rRNA 和 tRNA 可同时被转录。TFⅢA 的抗体可有效阻止 5S rRNA 的产生,但对 tRNA 合成无影响,说明 TFⅢA 是 5S rRNA 基因转录所必需的。tRNA 基因的转录需要有 TFⅢB 和 TFⅢC 的存在。而 5SRNA 的转录除 TFⅢB 和 TFⅢC 外,还需 TFⅢA。TFⅢA 是一种典型的锌指(zinc finger)DNA 结合蛋白,是由 Zn^{2+} 与 2 个 Cys 和 2 个 His 残基形成配位键的 C2/H2 型。TFⅢA 有 9 个锌指与 DNA 结合,它们插入 5S rRNA 基因内部启动子两侧的大沟内,使蛋白质停靠在 DNA 上。锌指中特定的氨基酸残基能与特异性碱基接触,形成紧密的蛋白质-DNA 复合体。转录因子 TFⅢB 是个异三聚体,其中一个是 TBP,另一个是 TFⅢB 相关因子 BRF(TFⅢB-related factor),其序列和功能类似于 TFⅢB。在酵母中的 TFⅢC 由 6 条多肽链组成,总分子大小为 600kDa。TFⅢC 的结构中有两个球状区域,

之间由一个可伸缩接头区连接(蛋白构象变化),接头的可伸缩性使之能覆盖内部启动子中的 A 框和 C 框。

4. RNA 聚合酶Ⅲ转录起始复合物的装配

经典的聚合酶Ⅲ基因启动子(tRNA 基因)起始复合物装配 tRNA 基因转录控制区位于转录起点下游。有两个保守序列:A 框(5'TGGCNNAGTGG3')和 B 框(5'GGTTCGANNCC3')。该序列同时也是编码 tRNA 自身的重要序列(编码 tRNA 的 D 环和 Tψ 环),说明 tRNA 基因的高度保守序列同时也是高度保守的启动子序列。tRNA 基因转录起始复合物装配如下:①TFⅢC 与内部启动子的 A 框和 B 框结合;②TFⅢC 促使 TFⅢB 以其 TBP 结合于 A 框上游约 50bp 的位置,并只与 TFⅢC 相互作用,而与 DNA 序列无关;③TFⅢB促使 RNApolⅢ结合到起始位点,形成 TFⅢB-TFⅢC-DNA 复合物。开始转录,聚合酶向右移动产生 RNA。随后,TFⅢC 从该复合物中释放出来,但 TFⅢB 仍结合在原处准备起始下一轮聚合酶的结合,见图 7.33。

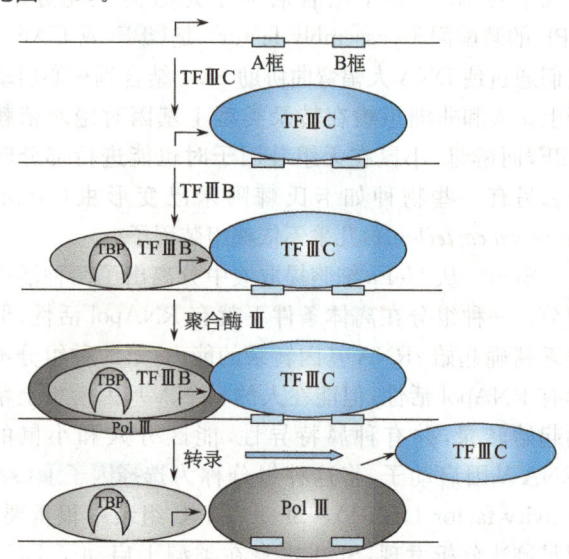

图 7.33 tRNA 基因转录起始复合物的装配示意图

小结:类型Ⅲ基因转录因子有 3 类:TFⅢA、TFⅢB 和 TFⅢC。TFⅢA 是 5S rRNA 基因转录的必需因子。TFⅢB 和 TFⅢC 参与 RNApolⅢ 的所有转录。TFⅢA 是一种锌指,有 9 个锌指与 DNA 结合插入 5S rRNA 基因内部启动子两侧的大沟内,使蛋白质停靠在 DNA 上。tRNA 基因转录控制区位于转录起点下游,有 A 框和 B 框,转录起始复合物装配:①TFⅢC 与内部启动子的 A 框和 B 框结合;②TFⅢC 促使 TFⅢB 以其 TBP 结合于 A 框上游并与 TFⅢC 作用;③TFⅢB 促使 RNApolⅢ结合到起点。

形成 TFⅢB-TFⅢC-DNA 复合物。转录开始后 TFⅢC 从复合物中释放出来，TFⅢB 仍结合在原处准备起始下一轮聚合酶结合与转录。

5S rRNA 基因转录起始复合物装配　RNApolⅢ 转录核糖体大亚基的 5S rRNA 部分，是唯一单独被转录的 rRNA 亚基。与 RNApolⅠ 转录的另一些 rRNA 基因一样，5SrRNA 基因也串联排列在基因簇中。5SrRNA 基因启动子上含有称为 C 框的内部控制区域，位于转录起始点下游+81~+99 处，另一个位于+50~+65 的 A 框也非常重要。C 框是 TFⅢA 的结合位点。TFⅢA 作为装配因子使 TFⅢC 能与 5S rRNA 启动子相互作用。A 框能稳定 TFⅢC 与 5S rRNA 的结合。在一个相对于 tRNA 启动子起点的等同位置，TFⅢC 与 DNA 结合。一旦结合开始，TFⅢB 就与复合体作用促使与 RNApolⅢ 的结合而起始转录。

酵母 5S rRNA 基因启动子的 C 框位于+88~+99 区域。起始复合物装配如下：①TFⅢA 首先结合于 C 框；②TFⅢC 结合到 TFⅢA 上，与 tRNA 基因的内部启动子情况相似，TFⅢC 结合于 TFⅢA 的同时也与启动子结合；③TFⅢB 与 TFⅢC 接触，并结合到上游序列；④RNApolⅢ 依赖 TFⅢB 结合到 5S rRNA 基因的转录起点形成起始复合物。与 RNApolⅠ 起始反应一样，在 5S rRNA 和 tRNA 基因转录起始中，RNApolⅢ 的起始也无需水解 ATP 提供能量。研究表明，TFⅢB 是 RNApolⅢ 唯一真正的转录因子。在体外利用高浓度盐溶液从 5S rRNA 基因起始复合物中能去除 TFⅢA 和 TFⅢC，但 TFⅢB 仍结合在启动子上，但转录起始不受影响。实事上，TFⅢA 是 TFⅢC 的装配因子，TFⅢC 又是 TFⅢB 的装配因子。像 SL-1 一样，TFⅢB 也属于定位因子，负责将 RNApolⅢ 定位到正确的位置，其功能类似于细菌 RNApol 的 σ 因子。TFⅢB 本身不具有结合 DNA 的能力，也不能识别特异的 DNA 序列。但 TFⅢB 借助 TFⅢC 等装配因子，可正确地结合到转录起点上游，从而使 RNApolⅢ 结合于转录起点。

小结：酵母 5S rRNA 基因起始复合物装配：①TFⅢA 先结合于 C 框；②TFⅢC 结合到 TFⅢA 上；③TFⅢB 与 TFⅢC 结合到上游序列；④RNApolⅢ 依赖 TFⅢB 结合到 5S rRNA 基因的转录起点形成起始复合物。TFⅢB 是唯一真正的转录因子。TFⅢA 是 TFⅢC 的装配因子，TFⅢC 又是 TFⅢB 的装配因子。TFⅢB 负责将 RNApolⅢ 定位到正确的位置，其功能类似于细菌 RNApol 的 σ 因子。

可变 RNA 聚合酶Ⅲ启动子　TFⅢC 和 TFⅢB 能结合经典类型Ⅲ启动子（基因内启动子）。非经典的类型Ⅲ启动子含有 TATA 框，转录需要 TBP 结合到 TATA 框，再将 TFⅢB 锚定在上游结合位点。一些 RNApolⅢ 基因启动子如 U6snRNA 和来自非洲淋巴瘤病毒中的小 RNA 基因只用转录起点上游调控序列，即 U6snRNA 基因的启动子位于转录起点上游，包括位于-30~-23 碱基处的 TATA 框和 PSE 等，利用 TATA 框和 Inr 构成的核心，RNApolⅢ 就能起始转录，PSE 可提高转录效率。这些元件与 RNApolⅡ 转录的 snRNA（U1 和 U2）基因启动子相似，即 U6snRNA 上游序列中含有 RNApolⅡ 启动子，同时也可被 RNApolⅢ 所用。这种现象表明有些转录因子即可调节 RNApolⅡ，也可调节 RNApolⅢ 基因转录。

类型Ⅲ基因的 RNA 聚合酶起始各类基因转录时都需要众多的基本转录因子，又各自具有特定的转录起始复合物。在每一类真核生物启动子中，PIC 的装配都从装配因子结合启动子开始。在含有 TATA 框的Ⅱ类（或Ⅲ类）启动子中，装配因子是 TBP，但其他类型的启动子则有它们各自的装配因子。在大多数已知启动子中，TBP 是 PIC 的一部分，并在组建复合物过程中发挥组织作用。TBP 的特异性（即结合哪类启动子）由与其相伴的 TAF 决定，如果蝇Ⅲ类基因的一些 PIC 中的 TRBl 代替了 TBP。各类 RNA 聚合酶转录因子中，TBP 是它们共同的必需因子，TBP 除了对具有

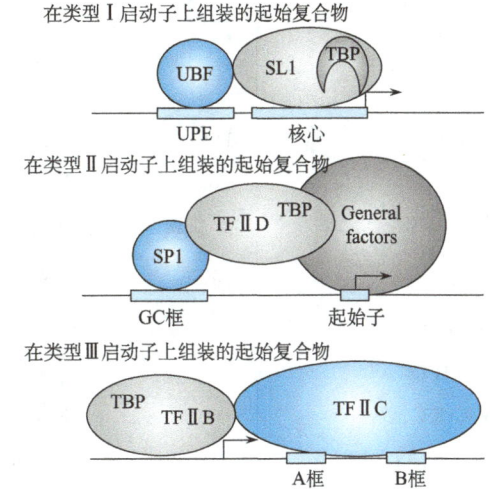

图 7.34　三种聚合酶识别在缺少 TATA 框的启动子时的 PIC 装配（引自 White and Jackson，1992）

每种情况下装配因子都最先结合（在Ⅰ、Ⅱ、Ⅲ类启动子上分别是 UBF、Spl、TFⅢC）。然后吸引含 TBP 的另一个因子，该因子在Ⅰ、Ⅱ、Ⅲ类启动子分别是 SL1、TFⅡD、TFⅢB。对于Ⅰ、Ⅲ类启动子这些复合物足以结合聚合酶起始转录，但Ⅱ类启动子除 RNA 聚合酶外还需更多通用因子

TATA 框的 RNApolⅡ启动子有功能外,对缺乏 TATA 框的Ⅱ型启动子也有功能。甚至对无 TATA 框的Ⅲ型和Ⅰ型启动子也起作用。因此,TBP 是一种普适的对所有启动子都起作用的转录因子,而不要求启动子是否都具有 TATA 框。RNApolⅠ和Ⅱ分别依赖于转录因子 SL-1 或 TFⅡD,都有 TBP 和多种 TAF,TBP 都相同,而 TAF 不同;RNApolⅢ催化的 5SrRNA 和 tRNA 基因转录都需要含有 TBP 的转录因子 TFⅢB,TFⅢB、SL-1 和 TFⅡD 三者之间的主要差异是含有不同的 TAF 亚基(图 7-34)。

3 类 RNA 聚合酶转录的起始装配归纳如下:①转录前起始复合物的装配都由能识别启动子内特异性位点的装配因子开始;②在特异的 DNA 序列上装配因子接触和吸收结合 PIC 的其他各组分;③对含有 TATA 框的类型Ⅱ和Ⅲ启动子,装配因子是 TBP,它的结合位点是 TATA 框;④在类型Ⅰ启动子中,装配因子是 UBF,它结合于 UPE 后,使含有 TBP 的 SL-Ⅰ结合核心启动子元件;⑤缺乏 TATA 框的类型Ⅱ启动子能以两种方式吸引 TBP;⑥TFⅡD 中的 TAFⅡ能结合到起始子(Inr)或与结合到 GC 框的调控因子 Spl 结合,使 TFⅡD 锚定到缺乏 TATA 框的启动子上;⑦类型Ⅲ启动子的 TFⅢC(在 5S rRNA 基因中为 TFⅢA 和 TFⅢC),起装配因子的作用结合到内部启动子上,吸收含有 TBP 的 TFⅢB 到起始位点上游;⑧TBP 在所有已知类型的真核启动子中起着组织作用,它的特异性由与它偶联的 TAFs 控制,TBP 分子上携带有多种 TAF,能在众多的启动子中结合于某一特定的启动子位点。⑨因各类转录因子在启动子上逐个装配的顺序不同,RNA 聚合酶依照其内定的次序适时地的参与形成动态而复杂的转录起始复合物。表 7.6 列出了部分的真核生物基因的转录因子、上游元件及应答元件。

表 7.6 真核生物基因的部分转录因子上游元件和应答元件

共有序列	元件名称	转录因子	存在位置
上游元件			
GCCAATCT	CAAT 框	CTF/NF-1	普遍存在
		CP1、CP2	普遍存在
		C/EBP(bZIP)	普遍存在,肝中水平较高
GGGCGG	GC 框	Sp1(zf)	普遍存在
ATGCAAAT	八聚体	Oct1(h)	普遍存在
		Oct2(h)	B 淋巴细胞
细胞类型专一性元件			
GATA		GATA-1(zf)	红细胞
ATATTCAT	POU	Pit-1	垂体
CANNG	E 框	MyoD1(bHLH)	成肌细胞
GGGACTTTCC	κB 位点	NF-κB	淋巴细胞
TTYAGNACCRCGGAS AGNRCC	NRSE	NRSF/NEST(zf)	非神经细胞
发育调节元件			
TCCTAATCCC		Bicoid(h)	果蝇 Ap 轴特异
GCGGGGGCC		Krox-20(zf)	脊椎动物后脑发育
TAATAATAATAATAA		Antennapedia(h)	果蝇同源异型基因
TCAATTAAATGA		Fushi tarazu(h)	果蝇配对基因
应答元件			
CNNGAANNTCCNNG	HSE	HSF(bZIP)	普遍存在
CCATATTAGG	SRE	SRF	普遍存在
TTNCNNNAA	IGRE	STAT1	普遍存在

注:bZIP,碱性亮氨酸拉链;zf,锌指结构;h,同源异型结构;bHLH,碱性螺旋-突环-螺旋。

7.9 RNA 转录的抑制

按照作用性质的不同，RNA 转录的抑制剂分为三类：一类是碱基类似物，它们作为核苷酸代谢拮抗物而抑制核酸前体合成；第二类是通过与 DNA 结合而改变模板功能；第三类则是与 RNA 聚合酶结合而影响其活力。分别举例如下。

嘌呤和嘧啶类似物 有些人工合成的碱基类似物能抑制或干扰核酸合成。重要的有：6-巯基嘌呤、硫鸟嘌呤、2,6-二氨基嘌呤、8-氮鸟嘌呤、5-氟尿嘧啶以及氮尿嘧啶等。

这些碱基类似物在体内有两方面的作用：它们或者作为代谢拮抗物直接抑制核苷酸合成有关的酶类，或通过掺入核酸分子形成异常 DNA 或 RNA，影响核酸的功能并导致突变。如 6-巯基嘌呤进入体内后，在酶催化下与 5-磷酸核糖焦磷酸反应，或经其他途径转变成硫基嘌呤核苷酸，在核苷酸水平上阻断合成。作用部位有两个：一是抑制 I 转变为 A 和 G；另一个是通过反馈抑制阻止 5-磷酸核糖焦磷酸与谷氨酰胺反应生成 5-磷酸核糖胺。6-巯基嘌呤是重要的抗癌药物，临床上用于治疗急性白血病和绒毛膜上皮癌等。碱基类似物进入体内后一般是转变为相应的核苷酸后才表现抑制作用。8-氮鸟嘌呤形成核苷酸后，不但能抑制嘌呤合成，还能明显地掺入到 RNA 或少量掺入到 DNA 中。8-氮鸟嘌呤对蛋白质合成的抑制作用与它形成不正常的 RNA 有关。

6-氮尿嘧啶在体内先转变成核苷后再转变成核苷酸，后者对乳清苷酸脱羧酶有明显的抑制作用。氮尿嘧啶核苷二磷酸能抑制多核苷酸磷酸化酶，而其核苷三磷酸则能抑制 DNA 指导的 RNA 聚合酶。通常氮尿嘧啶不掺入到 RNA 中。嘧啶的卤素化合物也能掺入核酸形成不正常核酸分子。5-氟尿嘧啶能掺入 RNA，但不掺入 DNA。5-氯、5-溴、5-碘尿嘧啶均能取代 T 掺入到 DNA 中。因为氟的范德华半径为 0.135nm，与氢的范德华半径 0.12nm 近似，故氟尿嘧啶类似于 U；另一方面，T 甲基的范德华半径为 0.202nm，而氯为 0.180nm，溴为 0.195nm，碘为 0.215 nm，U 的氯、溴、碘取代物均类似于 T。但三者间也有差别，溴的范德华半径与甲基最相近，因而溴尿嘧啶最易掺入 DNA。溴尿嘧啶掺入 DNA 中后与 A 配对，但它通过互变异构而形成较罕见的烯醇式时却能和 G 配对，在复制时造成错配，使 A-T 对转变成 G-C 对或反之。5-氟尿嘧啶进入体内后先转变成核糖核苷酸(F-UMP)，再转变成脱氧核糖核苷酸(F-dUMP)，后者能抑制胸腺嘧啶核苷酸合成酶，使细胞缺乏 DNA 合成必需的 T 而显示出抗癌效力。正常细胞 5-氟尿嘧啶能被分解为 α-氟-β-氨基丙酸，但癌细胞不被分解，这是 5-氟尿嘧啶选择性抑制癌细胞生长的原因之一。

DNA 模板功能的抑制物 有些物质能与 DNA 结合使其失去模板功能，从而抑制其复制和转录，某些重要的抗癌和抗病毒药物属之。例如，烷化剂，氮芥[nitrogen mustard，二(氯乙基)胺的衍生物]、磺酸酯(sulfonate)、氮丙啶(aziridine)、乙撑亚胺(ethylenimine)类衍生物等，这些分子中带有活性烷基。烷基化位置主要在 G 的 N_7 上，A 的 N_1、N_3 和 N_7 及 C 的 N_1 也有少量烷基化。G 烷基化后易水解脱落，其空缺可干扰 DNA 复制或引起碱基错配。带有两个活性基团的烷化剂能同时作用于 DNA 的两条链，使之发生交联，抑制其模板功能。磷酸基也可被烷基化，形成的磷酸三酯不稳定，导致 DNA 链断裂。烷化剂的毒性很大，并能引起细胞突变和致癌作用。有些能有选择地杀伤肿瘤细胞在临床上用于治疗恶性肿瘤。例如环磷酰胺在体外几乎无毒性，但进入肿瘤细胞后受磷酰胺酶的作用水解成活性氮芥，用于治疗多种癌症。苯丁酸氮芥含有较多的酸性基团，不易进入正常细胞，而癌细胞因酵解作用旺盛，积累大量乳酸使 pH 降低，故苯丁酸氮芥容易进入癌细胞。环磷酰胺与苯丁酸氮芥的结构式如下：

放线菌素 放线菌素具有抗菌和抗癌作用。放线菌素 D(actinomycin D)含有一个吩噁嗪酮稠环和两个五肽环(L-N-甲基缬氨酸、肌氨酸、L-Pro、D-Val、L-The)。可与 DNA 形成非共价复合物，抑制其行使模板功能。低浓度(1mmol/L)时即可有效地抑制转录过程；但对复制的抑制浓度是 10mmol/L，科研中常用此研究核酸的生物合成。放线菌素 D 抑制模板功能的机理是其吩噁嗪酮稠环部分插入 DNA 的 G-C 碱基对之间，G 恰好位于 DNA 互补链上，G 的 2-氨基与环肽的 L-苏氨酸羰基氧形成氢键，位于双螺旋的小沟上，其多肽部分的作用如同阻遏蛋白一样。与此类似的色霉素 A_3、橄榄霉素、光神霉素等抗癌抗生素都能与 DNA 形成非共价复合物而抑制其行使模板功能。

嵌入染料 某些具有扁平芳香族发色团的染料，可插入双链 DNA 相邻的碱基对之间，故称嵌入染料。嵌入剂通常含有吖啶(acridine)或菲啶环(phenanthridine)，它们的大小与碱基相当，插入后使 DNA 在复制中缺失或增添一个核苷酸导致移码突变。吖啶类染料有原黄素(proflavine)、吖啶黄(acridine yellow)、吖啶橙(acridine orange)等，它们会抑制质粒复制及转录过程。溴化乙锭(ethidium bromide, EB)是高灵敏度的荧光试剂，与核酸结合后抑制其复制和转录，常用于检测 DNA 和 RNA，这类化合物的结构式如下：

原黄素 吖啶黄
吖啶橙 溴乙锭 利链菌素

RNA 聚合酶的抑制物 有些抗生素或化学药物能抑制 RNA 聚合酶，从而抑制 RNA 的合成。利福霉素(rifamycin)能强烈抑制革兰氏阳性菌和结核杆菌，利福霉素 D 衍生物利福平(rifampicin)，具有广谱抗菌作用，对结核杆菌有高效，并能杀死麻风杆菌，在体外有抗病毒作用。其作用机制主要是特异性抑制细菌 RNA 聚合酶的活性，由此抑制细菌的转录。

利链菌素(streptolydigin)与细菌的 RNA 聚合酶 β 亚基结合，抑制转录的链延伸反应。α-鹅膏蕈碱能够抑制真核生物 RNA 聚合酶，但对细菌抑制作用极微弱，见本章第三节。

> **小结**：RNA 转录受到多种抑制剂的抑制，根据作用性质分为 3 类：嘌呤和嘧啶类似物；DNA 模板功能的抑制物，如烷化剂、放线菌素和嵌入染料；RNA 聚合酶的抑制物，如利福霉素、利链菌素和 α-鹅膏蕈碱。

【本章重点归纳】

RNA 的生物合成称为转录。用于转录的链称模板链或反义链；对应的链称非模板链或有义链，非模板链又称编码链；对单链 RNA 病毒，若直接作为 mRNA 则是正链 RNA，称正链 RNA 病毒。若病毒进入宿主细胞后不直接作为 mRNA，而是通过 RNA 复制产生互补链来作为 mRNA，则称负链，这种病毒称负链 RNA 病毒。转录有特定的起点和终点。RNApol 能起始从头开始的转录，但无 3′,5′外切活性，不具有校正和修复功能。转录起始由启动子控制。转录有 4 个阶段。原核和真核生物基因转录有差异，原核细胞只有一种 RNApol 参与所有类型的转录，真核生物有 3 种以上的 RNApol，负责不同类型的基因转录；转录产物差异很大，原核细胞的初始产物大都是编码序列，与蛋白质序列基本呈线性关系，而真核的初始产物有内含子，成熟的 mRNA 只占初始转录产物的一小部分。真核转录产物历经转录后加工过程，而原核细胞转录产物一般较少经过成熟过程就能直接作为 mRNA；原核细胞转录产物 mRNA 为多顺反子，转录与翻译相偶联。大多数真核 mRNA 是单顺反子，只编码一个蛋白质亚基或单肽链。

启动子包含转录起点、−10 区、−35 区及在−10 框与−35 框之间较严格的距离。启动子位于转录起点+1 的上游。原核启动子分两类：①RNApol 能直接识别并结合的核心启动子；②启动子上游部位，即 UP 元件，是在 RNApol 作用时需要的辅因子及其结合的位点。启动子不同区域的功能：①－35 区是 σ 因子识别的重要部位；②－10 框是模板 DNA 解旋的重要部位；③起点附近序列影响转录起始效率。lac 启动子 P_{lac} 需要 cAMP 受体蛋白 CRP 结合到 DNA 上靠近启动子的位点，增强酶的结合和转录起始。E. coli RNApol 全酶是一种多功能酶，包括：①识别和结合启动子；②沿 DNA 链蠕动并使 DNA 解旋或再旋；③能同时与局部链分离的 DNA 及产物 RNA 链结合；④按模板序列选择底物，以 $5'\to 3'$ 方向催化合成 RNA 链；⑤识别转录终止信号；⑥能与转录因子互作以调节转录速度；⑦能在转录受阻时进行自身调整，借助辅因子恢复和维持 RNA 合成。T7RNApol 不能识别 E. coli 启动子。X 射线分析发现 T7 RNApol 分子表面有一个能容纳 DNA 的裂隙，这种结构是所有 RNApol 的共同特征。嗜热水生菌 RNApol 核心酶形似一只半张开的蟹钳，一侧是 β 亚基，另一侧是 β' 亚基，2 个 α 亚基位于蟹钳的节点，ω 亚基位于底部，覆盖 β' 亚基的 C 端。两钳间有个 27Å 的通道，DNA 模板位于其中，通道顶部的 β 亚基上有利福平结合位点。β' 亚基有 3 个 Asp 螯合着 Mg^{2+}，是催化中心。α 亚基有独立折叠的 C 端结构域，能识别 UP 元件，使 RNApol 与启动子间的作用加强。β 亚基催化 3',5'-磷酸二酯键形成，β' 亚基与 DNA 模板结合。被转录的 DNA 分子起点还有两个结合位点：①上游－6~+1 的弱结合位点包括 DNA 解链区，有盐敏感性，通过静电作用与 RNApol 结合；②下游+2~+11 的强结合位点，通过疏水作用使酶与 DNA 结合，是盐稳定区。包含 1a 区在内的整个 σ 因子将酶的裂隙撑开，使双链模板结合在通道中形成闭合启动子复合体，在形成开放复合体时 1a 区被逐出，使主通道在活性位点处与解链 DNA 紧密结合。在全酶的 σ3-σ4 链环的无序区域延伸至活性中心的 Mg^{2+} 附近，而 σ3-σ4 链环的有序区位于 RNA 逐出通道内与初生 RNA 间有竞争占据通道，阻止 RNA 链延伸，当 σ3-σ4 链环占据为主时，初生 RNA 只能重复性地以短小产物形式释放形成流产性转录产物。当 RNA 分子延伸 12nt 以上时，能将 σ3-σ4 链环置换而继续延伸。RNApol 在 DNA 链上伸展的构象在转录过程中有很大变化：①全酶最初与 DNA 结触时占据约 75~80bp，从 DNA 的－55~+20；②在从起始转入延伸的过渡中，伴随 σ 因子的释放，向下游蠕动，覆盖长度约 60bp。③当新生 RNA 链聚合至 15~20bp 时，酶构象变成延伸复合物，外形呈现蠕虫爬行态的屈伸前移。细菌 RNA 转录有 4 个阶段：①σ 亚基识别并结合；②转录起始；③RNA 链延伸；④转录的终止。在延伸阶段，随着酶沿 DNA 分子向前蠕动，解链区也跟着移动，使新生 RNA 链不断伸长，并与模板链在解链区形成 RNA-DNA 杂合链。作为模板转录后的 DNA 区段随即恢复双螺旋结构，新生 RNA 链被置换出来。影响延伸速度有 3 个因素：①RNApol 的来源；②模板链的特殊序列；③预警子（ppGpp）的干扰。原核基因终止子结构有两种：①内源性终止子，是一类非依赖 rho 因子的终止子，称强终止子，无需特异蛋白就能终止转录；②依赖 rho 因子的终止子，需 rho 因子才发挥终止作用。内源性终止子依赖于终止子中的两个结构特征：①富含 G-C 的 IR 区形成发夹结构；②IR 区后有富含 4~6 个 T 的序列。IR 区在发夹结构被合成后先形成发夹结构，而模板链 IR 后的 A-run 转录为 U-run，两者形成了一串杂合的 rU-dA 碱基对，处于链生长末端，双链不稳定，易被解链而使转录暂停，进而导致转录终止。依赖于 rho 因子的终止机制又称"追赶"模型，需要有 rho 因子协助。rho 因子参与转录终止有 4 步：①rho 因子是个六聚体，先结合在 rho 装载位点；②ATPase 被激活，推动 rho 因子沿 RNA $5'\to 3'$ 靠近转录泡，速度比 RNApol 移动快；③当 RNApol 前移到终止子区域，转录产物形成发夹结构导致酶暂停延伸，使 rho 因子追上转录泡；④终止子与 rho 因子共同作用，其解旋酶活性使转录产物释放，转录终止。

真核基因转录特点：①真核基因转录单元为单顺反子；②真核生物的 RNApol 高度分工；③真核生物 RNA 转录过程除 RNApol 外，还需多种蛋白质因子参与；④真核基因调控转录的顺式元件比原核基因复杂得多；⑤真核基因转录水平的调控以正调控为主。真核基因转录的实验系统包括：爪蟾卵母细胞系统、转基因系统、转染系统、体外实验系统。研究真核基因转录起点的技术：测定转录起始位点和测定相对的转录速度。通过杂交分析法、引物延伸法、S1 核酸酶图谱技术等能够测定转录起始位点。

利用 DEAE-Sephadex 离子交换柱上层析上洗脱的顺序和 RNApol 对 α-鹅膏蕈碱敏感性不同，将真核细胞的 RNApol 分为 3 类：RNApolⅠ对 α-鹅膏蕈碱不敏感，在低浓度（$10^{-9}\sim 10^{-8}$ mol/L）时，RNApolⅡ可被抑制；RNApolⅢ只被较高浓度（$10^{-5}\sim 10^{-4}$ mol/L）所抑制。真核生物 RNApol 中没有细菌 σ 因子的对应物，必须借助各种转录因子才能选择和结合到启动子上。

真核细胞 3 类 RNApol 的特点：① 结构比原核细胞 RNApol 复杂的多；② 结构有相似性，3 类酶都含有多种蛋白质亚基，酵母 RNApolⅡ共有 12 种亚基，且有几种是共同的，酵母 RNApol 至少有 5 种共同亚基，原核 RNApol 核心酶亚基与所有真核细胞的该酶亚基之间有很高的同源性。③真核细胞的 RNApol 亚基分为：核心亚基、共同亚基和非必需亚基3类。用酵母 RNApolⅡ突变体晶体获得了原子级分辨率为2.8Å 的 X 射线晶体图像，其结构信息能够理解其他生物该酶的相关功能。

真核基因调控区包括启动子区和各种调控元件。启动子是 RNA 聚合酶和基本转录因子的结合区域，它们共同组装成转录前起始复合物。各种调控元件包括增强子、沉默子和上游控制元件等，是调控因子（主要是蛋白质）识别与结合的部位。类型Ⅰ基因启动子是 RNApolⅠ的启动子，主要控制 rRNA 前体基因转录。由2个保守区域：①核心启动子区，位于转录起点附近，从 -45~$+20$；②UPE，位于 -156 与 -107 之间，这两个区域的间距很重要。类型Ⅱ启动子为 RNApolⅡ识别，主要启动编码蛋白质等基因表达。典型结构由核心启动子和上游启动子元件构成。前者由4个较小元件组成：①起始子；②TATA 框；③TFⅡB 识别元件；④下游启动子元件。在持家基因和控制果蝇发育的同源异形基因及哺乳动物免疫系统发育基因等的启动子中未发现 TATA 框，而有些特异基因如血红蛋白和角蛋白基因有 TATA 框。哺乳动物基因启动子在转录起点上游约 -100bp 区有3个元件：①TATA 框；②CCAAT 框；③GC 框。在上游区域还有一些核苷酸的八聚体序列以不同拷贝数、不同位置和不同方向出现在许多真核生物的类型Ⅱ启动子中。RNApolⅢ转录基因包括①典型的类型Ⅲ基因，如 5S rRNA 基因、tRNA 基因、腺病毒 VARNA 基因；②近年来发现的类型Ⅲ基因，如 U6 snRNA 基因、7SL RNA 基因、7SK RNA 基因、EB 病毒的 EBER2 基因。非典型的类型Ⅲ基因启动子与类型Ⅱ启动子相似，典型的类型Ⅲ启动子位于基因内部。类型Ⅲ基因启动子分为2类：①基因内启动子；②转录起点上游启动子。基因内启动子在非洲爪蟾 5S rRNA 基因的启动子序列时发现。转录起点上游启动子是类型Ⅲ基因的外部启动子，有3种元件：①TATA 框；②近端序列元件（PSE）；③远端序列元件（DSE）。大多数类型Ⅱ基因都有顺式作用元件，这类序列不是启动子组成部分，但对转录有显著影响。如增强子能促进基因转录，沉默子抑制基因转录。真核生物 RNA 聚合酶不能单独结合于启动子上，需要依赖转录因子协助。这类物质统称为转录因子（TF），分为2大类：①通用转录因子（GTF）；②基因特异性转录因子。通用转录因子仅支持本底水平的转录，是所有细胞类型Ⅱ启动子起始转录所必需的，以 TFⅡX 表示。有9种以上 GTF 参与转录。TFⅡD 是含有 TATA 框结合蛋白（TBP）和8~10个 TBP 偶联因子的复合物。TBP 的序列高度保守，TBP 结构中有 TATA 框结合域，对所有的启动子类型都起作用，是普适的真核转录因子。TBP-TATA 框复合物的空间结构形似马鞍形，TBP 与 DNA 平行排列，鞍的下部迫使小沟张开，使 TATA 框呈 80°~90°弯曲，TBP 在小沟内与 TATA 框结合。TFⅡD 包括8~10个 TAFⅡ，TAFⅡ有多种功能，其中两个显著的功能是与核心启动子元件和激活因子相互作用。TAFⅡ250 和 TAFⅡ150 有助于 TFⅡD 结合 Inr 和 DPE，使 TBP 与无 TATA 框但有 Inr 和 DPE 的启动子结合，从而保证整个 TFⅡD 锚定于启动子。TAFⅡ250 等因子有助于 TFⅡD 与结合在起点上游 GC 框上的 Sp1 相互作用，使 TBP 可结合无 TATA 框但有 GC 框的启动子。TAFⅡ还有组蛋白乙酰转移酶和蛋白激酶这两种酶活性，可以激活转录和提高 PIC 的装配效率。果蝇的 TBP 可被 TRF1 替代。TBP 类似因子 TLF 缺少插入 TATA 框和帮助启动子弯曲的成对 phe，使 TLF 不能结合 TATA 框。TAF 也并非完全通用。NC2 是基因转录调控的焦点。NC2 能结合在马鞍形 TBP-TATA 框的下侧，NC2 分子中的一个 α 螺旋阻止 TFⅡB 与复合物结合，而 NC2 的另一部分干扰 TFⅡA 结合，当 TFⅡA 和 TFⅡB 结合受阻，前起始复合物不能形成，转录也就无法起始。TFⅡB 是单亚基因子，是 RNApol 结合所必需的继 TFⅡD 和 TFⅡA 之后结合到前起始复合物上的转录因子。TFⅡB 有2个结构域：N 端域（TFⅡB_N）和 C 端域（TFⅡB_C）。2个域在连接 TATA 框处的 TFⅡD 和 RNApolⅡ之间起桥梁作用，使酶活性中心位于 TATA 框下游25~30bp，为转录起始处。TBP 通过折弯 TATA 框处的 DNA 使之包绕 TFⅡB_C，酶的一个位点结合 TFⅡB_N，将其正确地置于转录起点。哺乳动物中的 TFⅡB_N 环状基序通过与非常靠近酶活性中心的模板 DNA 单链间的作用，能够实现转录的精确定位。TFⅡH 有2个功能：①使 RNApolⅡ最大亚基 C 端域（CTD）磷酸化；②使转录起点 DNA 解旋形成"转录泡"。RNApolⅡ以Ⅱa 和Ⅱo 两种形式存在，Ⅱa 参与起始复合物形成，Ⅱo 催化 RNA 链延伸。磷酸化作用能引起酶从起始模式向延伸模式转化，磷酸化对转录起始和延伸过程都重要。在启动子上组装 PIC，CTD 首先以低/非磷酸化形式（Ⅱa）参与转录起始。CTD 磷酸化状态的互变发生在转录起始后期和延伸初期之间，这种转变可视为 RNApolⅡ分子催化从转录起始迈向延伸的开关。PIC 组装顺序：TFⅡD（或 TFⅡA＋TFID）→TFⅡB→TFⅡF＋RNApolⅡ→TFⅡE→TFⅡH。RNApolⅡ必须与几种通用转录因子以一定次序结合，协同作用，共同组装成有转录活性的 PIC。PIC 是在核心启动子上装配的超大复合物（超分子的集结体），含有包括 RNApol 在内的 40 多种蛋白质或多肽，总分子大小高达 2000kDa，相当于原核细胞核糖体的 70%，其装配过程具有严格的顺序性。延伸因子 TFⅡS 能直接伸入聚合酶的活性中心参与催化，显著地促进转录延伸。起始因子 TFⅡF 在延伸中也起作用，但不像 TFⅡS 那样解除聚合酶在不连续位点的停滞而刺激延伸，而是限制聚合酶在 DNA 任意位点的瞬时停顿。TFⅡS 还能促进转录物的校正，其机制是激活 RNApol 内在的 RNase 活性，清除错配的核苷酸。类型Ⅰ基因启动子主要负责 rRNA 前体基因的转录。在这类启动子上参与构建的 PIC 组分相比在 RNApolⅡ 上参与构建的 PIC 简单，除 RNApol 外，还包括 2 类转录因子：①核心结合因子，在人类称为 SL-1，在其他生物则称为 TIF-IB；②UPF 结合因子，在哺乳动物中称为上游结合因子（UBF），在酵母中称上游激活因子（UAF）。核心结合因子对 RNApolⅠ 结合启动子是必需且充分的。UPE 的装配因子是 UBF（或 UAF）。

RNApolⅠ 转录起始需要 SL-1 和 UBF 两种因子。起始复合物装配有 3 步：①两个 UBF 分别特异结合到 UCE 和核心启动子上。通过 UBF 作用，使 UCE 与核心启动子之间的 DNA 成环；② SL-1 结合到 UBF-DNA 复合物上；③当 SL-1 和 UBF 结合后，RNApolⅠ 结合到核心启动子上。原来结合于核心启动子的 UBF 直接作用 RNApolⅠ，而结合于 UCE 的 UBF 再与前一个 rRNA 基因单元中的 UBF 接触结合并作用，两个位点间的 DNA 序列成环。RNApolⅠ 转录起始无需水解 ATP 提供能量。类型Ⅲ基因转录因子有 3 种：TFⅢA、TFⅢB 和 TFⅢC。TFⅢA 是 5S rRNA 基因转录的必需因子。TFⅢB 和 TFⅢC 参与 RNApolⅢ 的所有转录。TFⅢA 是一种典型的锌指，TFⅢA 有 9 个锌指与 DNA 结合，插入 5S rRNA 基因内部启动子两侧的大沟内，使蛋白质停靠在 DNA 上。tRNA 基因转录控制区位于转录起点下游（是经典的聚合酶Ⅲ基因启动子），有 A 框和 B 框。转录起始物装配：①TFⅢC 与内部启动子的 A 框和 B 框结合；②TFⅢC 促使 TFⅢB 以其 TBP 结合于 A 框上游并与 TFⅢC 相互作用；③TFⅢB 促使 RNApol Ⅲ 结合到起点，形成 TFⅢB-TFⅢC-DNA 复合物。转录开始后，TFⅢC 从复合物中释放，TFⅢB 仍结合在原处准备起始下一轮聚合酶的结合与转录。酵母 5SrRNA 基因起始复合物装配：①TFⅢA 先结合于 C 框；②TFⅢC 结合到 TFⅢA 上；③TFⅢB 与 TFⅢC 结合到上游序列；④RNApolⅢ 依赖 TFⅢB 结合到5S rRNA 基因的转录起点形成起始复合物。TFⅢB 是 RNApolⅢ 唯一真正的转录因子。TFⅢA 是 TFⅢC 的装配因子，TFⅢC 又是 TFⅢB 的装配因子。TFⅢB 负责将 RNApolⅢ 定位到正确的位置，其功能类似于细菌 RNApol 的 σ 因子。RNA 转录受到多种抑制剂的抑制，根据作用性质分为 3 类：嘌呤和嘧啶类似物；DNA 模板功能的抑制物，如烷化剂、放线菌素和嵌入染料；RNA 聚合酶的抑制物，如利福霉素、利链菌素和 α-鹅膏蕈碱。

【思考题】

1. 解释下列名词概念：转录、模板链、编码链、反义链、转录泡、追赶模型、负链 RNA 病毒、启动子、上/下游、核心启动子、启动子清除、流产性转录产物。

2. 简述 RNA 转录的一般特点。

3. 简述真核与原核生物基因转录的差异。

4. 细菌 RNA 聚合酶的组成、结构、催化特点如何？

5. 真核生物的 RNA 聚合酶是如何分类的？根据其结构与功能分为哪 3 类亚基？

6. 什么是 Pribnow 框（box）？什么是 -35 序列？它们的保守序列如何？

7. 真核生物有几种转录的启动子？Ⅰ型启动子控制哪种 RNA 前体基因的转录？

8. 第Ⅱ类型基因的启动子结构由哪 4 个区域组成？包含哪 4 个单位？分别位于什么部位？

9. 参与 RNA 聚合酶Ⅱ转录的转录因子目前认识的主要有哪些？

10. 写出类型Ⅰ基因的转录因子和类型Ⅲ基因的转录因子。

11. RNA 转录的抑制剂分为哪几类？什么是放线菌素 D？有何作用？

12. 基因内启动子最初是在研究什么生物中发现的？

13. 转录起点上游启动子属于类型Ⅲ非典型启动子，包括哪 4 种元件？

14. 什么是终止子和终止因子？不依赖 rho（ρ）的终止子又称为什么？有何特点？

15. 比较原核基因的转录，真核基因转录有何特点？

16. 下列英文缩写代表什么含义：UCE、CTD、PIC、UBF、TF、BRE、CTF、PSE、DSE、OCT、GTF、TBP、TAFⅡ、HAT、TRF1。

第 8 章
RNA 转录的剪接与加工

原核和真核生物的 RNA 剪接形式多样,没有单一的剪接方式。真核生物基因的表达在时间和空间上存在明显的间隔,RNA 转录在细胞核内进行,而翻译则在细胞质内完成,因此,真核细胞的转录和翻译不能像原核细胞那样几乎同步进行。真核生物基因的初始转录产物被非编码序列或区段分隔开,是不连续的基因产物。mRNA 前体分子必须通过剪接才能产生成熟的 mRNA 分子。真核生物细胞内转录的 RNA 原初转录物要经过一系列的变化,这些变化包括:①5′端形成帽子结构;②3′端形成一段多聚腺苷酸;③切去内含子和连接外显子(剪接);④反式剪接;⑤部分核苷酸修饰;⑥RNA 编辑;⑦RNA 的再编码;⑧RNA 链的断裂等过程,才能转变为成熟的 RNA 分子,这些过程总称为 RNA 的成熟。

8.1 原核生物 RNA 的转录后加工

原核生物的 tRNA 和 rRNA 都以前体形式被转录成一个很长的 RNA 分子。除少数外,mRNA 一经转录,通常都直接进行翻译,较少进行转录后的加工。但稳定的 RNA(tRNA 和 rRNA)也都要经过加工才能成为有活性的分子。rRNA 基因与某些 tRNA 的基因组成混合操纵子,其余 tRNA 基因也簇存在,并与编码蛋白质的基因组成操纵子。它们在形成多顺反子转录物后,经断链成为 rRNA 和 tRNA 的前体,然后进一步加工成熟。

8.1.1 原核生物 rRNA 前体的加工

大肠杆菌共有 7 个 rRNA 转录单位分散在基因组中。每个转录单位由 16S rRNA、23S rRNA、5S rRNA 及 tRNA 基因组成,称为 rrnA~rrnG。它们在染色体上未紧密连锁,每个 rRNA 的排列和序列同源性都很高。tRNA 基因在 rrn 中的数量、种类和位置都不固定,或在 16S rRNA 和 23S rRNA 之间的间隔序列中,或在 5S rRNA 3′端之后,如 rrnD 操纵子含有 3 个 tRNA 基因。在 rrn 操纵子的 16S rRNA 与 23S rRNA 基因之间有 400~500bp 的间隔序列,并有一到几个 tRNA 基因。所有的转录单位都含有两个启动子,第一启动子(P1)和第二启动子(P2)。P1 在 16S rRNA 基因的转录起点上游约 150~300bp。P2 在 P1 下游 110bp 左右位置。

rRNA 基因的原初转录物为沉降系数 30S rRNA 前体分子,含 6500nt,5′端为 pppA。在原核生物中 rRNA 的加工一般与转录同时进行,不易获得完整的前体。rRNA 前体的加工由 RNaseⅢ催化,从 RNaseⅢ缺陷型的 E. coli 中分离到 30S rRNA 前体(P30)。RNaseⅢ是一种核酸内切酶,能够识别 RNA 双螺旋区特定部位。不同 rRNA 前体分子中的间隔序列相似,23S rRNA 和 16S rRNA 各自的 5′端与 3′端配对形成茎环。RNaseⅢ在茎部有两个切点只相差 2bp,切割产生 16S 和 23S rRNA 前体 P16 和 P23。RNase E 催化 5S rRNA 前体 P5 的加工,该酶识别 P5 两端的茎环结构。P5、P16 和 P23 两端的多余序列需进一步由核酸酶切除。不同细菌 rRNA 前体加工过程基本类似(图 8.1)。

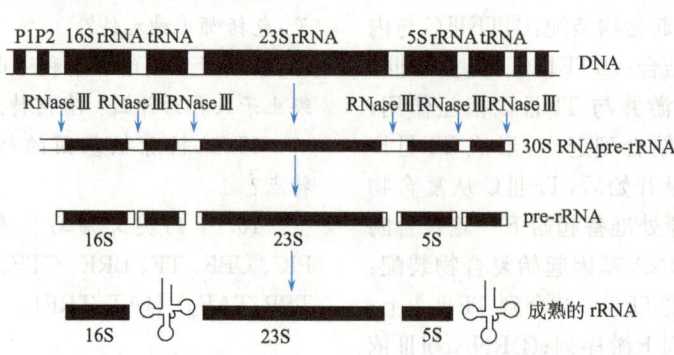

图 8.1　原核生物 rRNA 前体的转录单位及 rRNA 的加工

rRNA 前体需先经甲基化修饰才能被内切核酸酶和外切核酸酶切割。rRNA 前体含有多个能被甲基修饰的基团,包括碱基和核糖,常见的是 2′-被甲基化的核糖。16S rRNA 中约含有 10 个修饰甲基,23S rRNA 约 20 个,其中 $N^4,2'\text{-}O$ 二甲基胞苷(m^4Cm)是 16S rRNA 特有的。5S rRNA 发生一般性甲基化反应(图 8.2)。

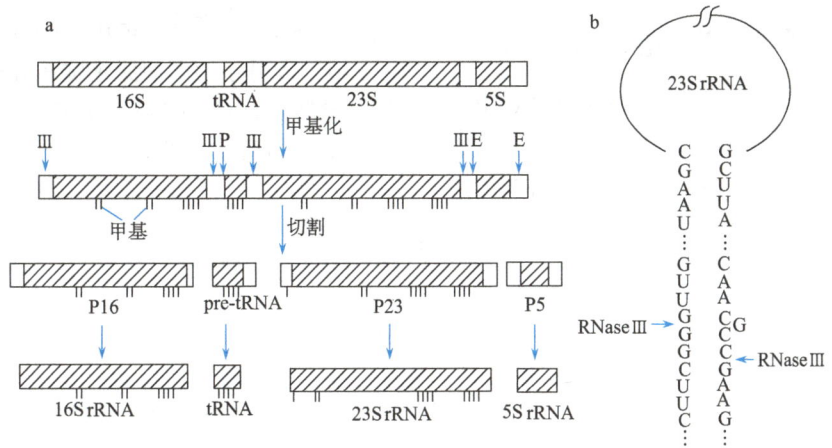

图 8.2 原核生物 rRNA 前体的加工及 RNaseⅢ对 23S rRNA 前体分子的切割
a. 原核生物 rRNA 前体的加工;b. 23S rRNA 基因两翼互补茎环结构,RNaseⅢ酶剪切位点

> **小结**:细胞内转录的 RNA 原初转录物要经过一系列的变化,包括:①5′端形成帽子结构;②3′端形成多聚腺苷酸尾;③切去内含子和连接外显子(剪接);④RNA 链断裂;⑤核苷酸修饰;⑥RNA 编辑等过程,才能转变为成熟的 RNA 分子,这些过程称为 RNA 的成熟。*E. coli* 有 7 个 rRNA 转录单位分散在基因组中。每个转录单位由 16S rRNA、23S rRNA、5S rRNA 及 tRNA 基因组成,称 *rrnA~rrnG*。rRNA 前体加工由 RNaseⅢ催化。rRNA 前体需先经甲基化修饰才能被内切核酸酶和外切酶切割。

8.1.2 原核生物 tRNA 前体的加工

大肠杆菌基因组有大约 60 个 tRNA 基因,远大于按照变偶假说所要求的反密码子数目,即某些 tRNA 基因不止一个拷贝。tRNA 基因大多成簇存在,或与 rRNA 基因,或与编码蛋白质的基因组成混合转录单位。原核生物 tRNA 前体分子很长,转录产物是多顺反子形式。tRNA 分子前体一般有以下几种存在方式:①不同的 tRNA 串联排列在一起;②多个相同 tRNA 串联排列在一起;③tRNA 与 rRNA 混合串联排列在一起(图 8.1,图 8.2)。tRNA 前体加工包括:①内切核酸酶在 tRNA 两端切断使 5′端成熟;②RNA 外切酶从 3′端逐个切去附加序列;③在 tRNA 3′端添加-CCA$_{OH}$;④核苷酸修饰和异构化。

tRNA 3′端的成熟 转录初始 tRNA 前体分子在多种 RNase 共同参与下,3′端被逐步加工成熟。在离

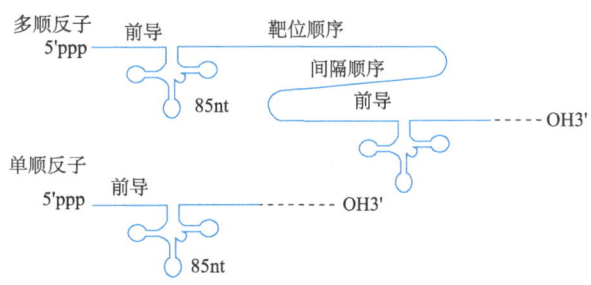

图 8.3 tRNA 前体分子的结构示意图

体条件下,RNaseP、RNase F、RNaseD、RNaseT、RNasePH、RNaseⅡ 和多核苷酸磷酸化酶(polynucleotide, PNPase)等参与细菌 tRNA 加工的 4 个步骤:

1) tRNA 前体先由内切酶 RNaseP 水解成片段,但 3′端和 5′端仍存在额外的核苷酸。

2) 核酸内切酶 RNaseF 从靠近 3′端水解切割,对 tRNA 前体 3′端逐步进行加工。

3) 核酸外切酶 RNaseD 从前体 3′端逐个切去附加序列。RNaseD 选择性很强,能识别整个 tRNA 分子而非 3′端序列,RNaseD 是 tRNA 的 3′端成熟酶。

4) 在 tRNA 胞苷酰转移酶作用下,在 3′端添加 CCA 序列。所有成熟 tRNA 分子的 3′端都有 CCA$_{OH}$ 结构,这是接受氨酰基活性所必需的。细菌 tRNA 前体有两类不同的 3′端序列,即Ⅰ型和Ⅱ型两种 tRNA 的前体。Ⅰ型前体自身具有 3′端 CCA 三核苷酸,位于成熟 tRNA 序列与 3′端附加序列之间,当附加序列被切除后即显露出该末端结构。Ⅱ型前体无 3′端 CCA,

当前体切除 3′ 端附加序列后，在 tRNA 胞苷酰转移酶作用下被添加上去。RNase PH 和 RNaseT 也参与对 tRNA 3′ 端的加工。

$$tRNA+CTP \xrightarrow{tRNA 胞苷酰转移酶} tRNA-C+PPi$$

$$tRNA-C+CTP \xrightarrow{tRNA 胞苷酰转移酶} tRNA-CC+PPi$$

$$tRNA-CC+ATP \xrightarrow{tRNA 胞苷酰转移酶} tRNA-CCA+PPi$$

成熟的 tRNA 分子中存在着许多的修饰碱基等成分，包括各种甲基化碱基和假尿嘧啶核苷。tRNA 修饰酶具有高度特异性，每一种修饰核苷都有催化其生成的修饰酶。tRNA 甲基化酶对碱基及 tRNA 序列均有严格要求，甲基供体为 S-腺苷甲硫氨酸(SAM)，反应如下：

$$tRNA+SAM \xrightarrow{甲基化酶} 甲基-tRNA+S-腺苷高半胱氨酸$$

tRNA 分子中的假尿嘧啶核苷合成酶催化尿苷的糖苷键转移，由尿嘧啶的 N_1 变为 C_5。细菌 tRNA 前体的加工如图 8.4 所示。

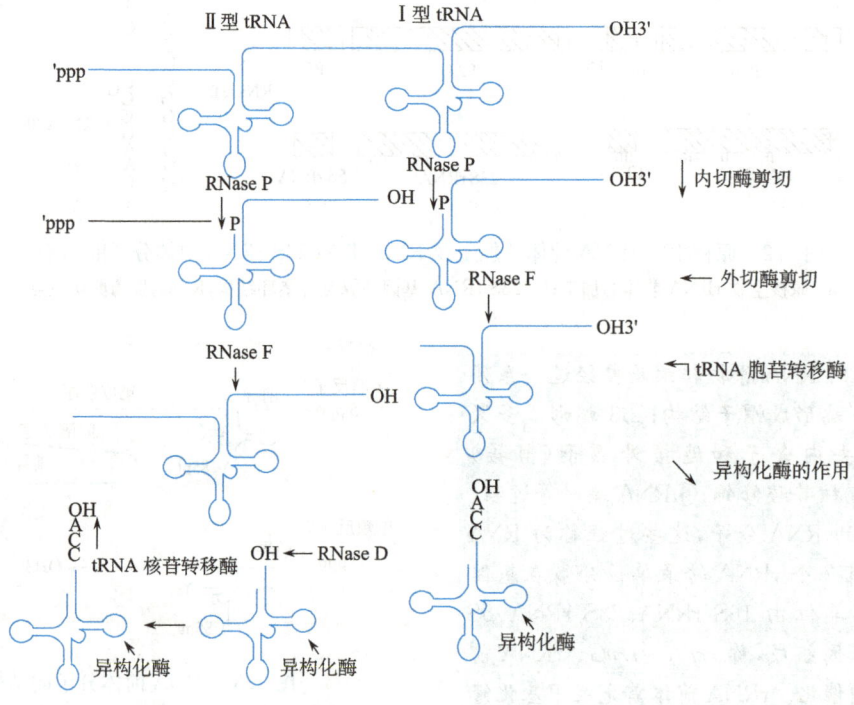

图 8.4　原核生物 tRNA 前体剪切示意图

tRNA 分子 5′ 端的成熟　由 RNaseⅢ水解的 tRNA 片段中，其 5′ 端仍存在额外的核苷酸。RNaseP 是催化切除 5′ 端额外核苷酸的酶。来自细菌和真核生物细胞的核 RNaseP 是一种核糖核蛋白。用 pre-tRNA 作底物，分离纯化 RNaseP 酶，在加入 20mmol/L Mg^{2+} 或有多胺类物质存在下，RNaseP 的 RNA 部分可将近一半的 pre-tRNA 5′ 端序列水解，释放单核苷酸和 5′ 端成熟的 tRNA 分子。真核生物细胞核 RNaseP 类似于原核生物的 RNaseP 酶，都含有 RNA 和蛋白质，其中的 RNA 有催化活性，RNaseP 中的 RNA 称为 M1 RNA。tRNA 前体 5′ 端一般都具有约 40nt 的前导序列。与 DNA 限制性内切酶完全不同的是，RNaseP 不识别特定的核苷酸序列，只识别有茎环的二级结构，这是它的一个重要特点。tRNA 前体分子的 5′ 端邻近的前导序列具有这种结构特征，使 RNaseP 能将 tRNA 前体 5′ 端额外的核苷酸逐个切除。几乎所有 E. coli 及噬菌体 tRNA 前体都在此酶作用下成熟 tRNA 5′ 端，因此，RNaseP 是 tRNA 5′ 端成熟酶。

小结：tRNA 分子前体以 3 种方式存在：①不同的 tRNA 串联排列；②多个相同 tRNA 串联排列；③tRNA 与 rRNA 混合串联排列。tRNA 前体加工包括：①由核酸内切酶在 tRNA 分子两端切断，使 5′ 端成熟；②RNA 外切酶从 3′ 端逐个切去附加序列；③在 tRNA 3′ 端添加-CCA；④核苷酸修饰和异构化。

8.1.3　原核生物 mRNA 前体的加工

细菌中用做蛋白质合成模板的初始转录产物 mRNA 在转录的同时也在翻译，不存在时空间隔，一般不需要加工，一经转录即可直接进行翻译，一个大的多顺反子 mRNA 被翻译成多个蛋白质分子。但也有少数多顺反子 mRNA 需通过核酸内切酶切成较小的单位后才进行翻译。例如，E.coli 位于 89~90 位置的一个操纵子，该操纵子含有 rplJ（核糖体大亚基蛋白 L10），rplL（核糖体大亚基蛋白 L7/L12），rpoB（RNA 聚合酶 β 亚基）和 rpoC（RNA 聚合酶 β′亚基）4 个基因组成的混合操纵子。在转录出多顺反子 mRNA 前体后，需通过 RNaseⅢ 将核糖体蛋白与聚合酶亚基的 mRNA 切开，各产生两个成熟的 mRNA，之后再各自进行翻译。此加工过程的意义是能对 mRNA 的翻译进行调控。核糖体蛋白质的生成必须对应于 rRNA 的合成水平，并与细胞的生长速度相适应。而细胞内 RNA 聚合酶的水平则相对要低得多。将二者 mRNA 切开，有利于它们各自的翻译调控。

某些噬菌体多顺反子 mRNA 也有类似的加工过程。如 E.coli T7 噬菌体早期转录区的 6 个基因共同组成一个转录单位，转录一条多顺反子 mRNA 前体，前体分子内每个 mRNA 之间分别有茎环结构。经由 RNaseⅢ 对茎环结构中不配对的小突环酶切成 6 个成熟的 mRNA，各自进行翻译。这是由于较长的 mRNA 能产生二级结构，阻止有关编码序列的翻译。这种 RNA 高级结构与其功能的调控关系在许多过程中都可看到，而并不仅限于翻译起始的调控。通过 RNA 链的裂解，改变其高级结构，进而调节它的功能。显示了 T7 噬菌体早期转录区 mRNA 前体形成的茎环结构及 RNaseⅢ 的切割位点。

8.2 真核生物 RNA 的加工

真核生物细胞基因的转录和翻译过程在时空上被分隔，在细胞核内转录产生的原初转录产物须经过一系列复杂的加工过程才能成熟，再转移到细胞质中行使蛋白质合成的模板功能，因此将翻译称为转录后阶段。

真核生物 tRNA 和 rRNA 前体的转录的加工，包括在酶和蛋白质作用下，在转录初始产物中切除间隔序列、内含子剪接、5′和 3′端成熟以及碱基修饰等。这些过程比原核生物的 tRNA 和 rRNA 加工复杂。

真核生物 mRNA 前体（pre-mRNA or hnRNA）的加工过程均在细胞核内完成，且发生在转录结束前，因此，将这些加工事件称为转录后事件。真核生物 mRNA 前体的剪接非常复杂，有众多小分子核内 RNA（small nuclear RNA, snRNA）参与，这些 snRNA 与蛋白质因子共同构成核糖核蛋白体（snRNP）。snRNP 在内含子上装配成剪接体（splicesome），剪接体具有催化内含子切割和外显子连接的功能，这个切割和连接的过程称为转录后剪接（post-transcription splicing）。原初转录物的剪接加工是 RNA 分子转录后水平的基因表达调控方式之一。

8.2.1 真核生物 tRNA 前体的转录后加工

真核生物 tRNA 与原核生物有很大差异，主要表现在以下三点：①真核生物基因组内 tRNA 基因成簇排列，各基因间有一定间隔，tRNA 前体是单顺反子的，各 tRNA 基因可作为独立的转录单位；②真核生物 tRNA 基因数目比原核生物多。如 E.coli 约 60 个基因，果蝇有 750 个，酵母有 320~400 个，爪蟾约 8000 个；③真核生物 tRNA 基因有内含子，必须经过剪接。内含子特点包括：长度和序列无共同性，一般有 16~46nt；位于反密码子的下游内含子和外显子间的边界无保守序列，使剪接方式不符合一般规律，需要 RNase 参与。真核生物 tRNA 前体中内含子的精确切除信号是 tRNA 分子共同的二级结构，而非内含子的保守序列。tRNA 分子内具有保守的二级结构，包括氨基酸受体臂、D 环、TψC 环和反密码环等，这些特殊的空间构象对内含子的精确切除十分重要。

哺乳动物、酵母、果蝇和植物等 tRNA 的加工基本上相同，包括：①内含子的剪接；② 3′端添加 CCA；③核苷酸修饰等。这些过程都在酶的催化下完成。

内含子的剪接 真核生物 tRNA 前体的内含子剪接依赖于 RNase。tRNA 前体都有相似的外形结构，剪接机理相对较简单。分为以下两步：①tRNA 内切核酸酶切割前体分子中的内含子；②RNA 连接酶将两个半分子连接，如图 8.5 所示。

用凝胶电泳法分析在 tRNA 前体中加入核酸内切酶后的结果，呈现两条带，其中一条是剪切后游离的内含子片段，另一条是通过氢键配对结合在一起的外显子，它们是 5′端和 3′端的外显子，又称 tRNA 半分子，是剪切的中间产物，3′端切点具有 2′, 3′环磷酸，5′端切点有 -OH 基。由于新产生的末端特殊而不能直接连接。通过环磷酸二酯酶（phosphodiesterase）使 2′, 3′-环磷酸部分水解、开环，形成 3′-OH 和 2′-磷酸基。3′端半分子的 5′-OH 基在多核苷酸激酶（polynucleotide kinase）催化下磷酸化。连接反应是 RNA 连接酶先与 ATP 反应，ATP 通过形成连接酶-AMP 共价中间物使连接酶激活，然后，将两个半分子的外显子通过 5′, 3′端-磷酸二酯键连接，连接处还多余一个 2′磷酸单酯键，由磷酸酶水解，剩下的是两个半分子连接而成的成熟 tRNA 分子，见图 8.5、图 8.6。

3′端添加-CCA 真核生物中所有 tRNA 前体分子都是Ⅱ型分子，3′端缺乏-CCA$_{OH}$ 结构，在蛋白质翻译中没有活性。因此，必须在 tRNA 核苷酸转移酶（tRNA nucleotide transferase）催化下进行 3′端的添加，由 CTP 和 ATP 提供胞苷酸和腺苷酸。

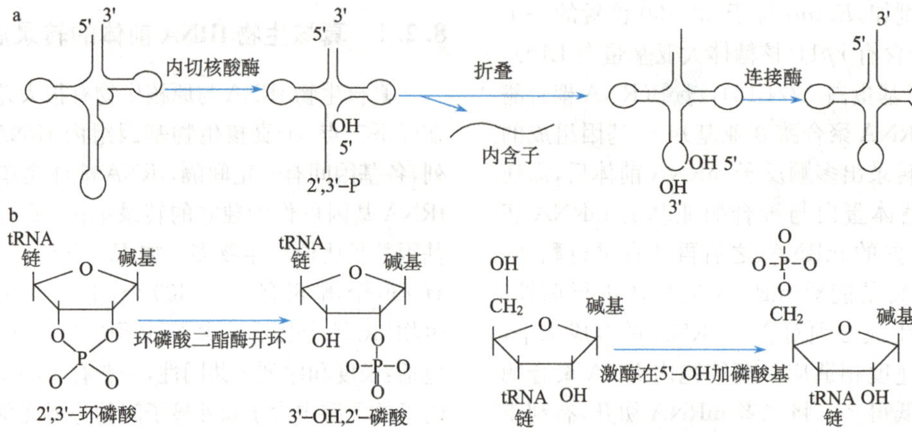

图 8.5 酵母 tRNA 前体内含子的剪接与连接

a. 酵母 tRNA 前体内含子由内切核酸酶剪接；b. 3′端开环和 5′端磷酸化的反应

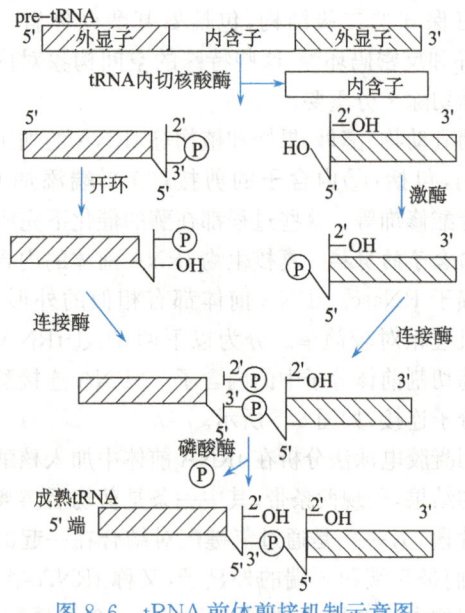

图 8.6 tRNA 前体剪接机制示意图

核苷酸的修饰 参与 tRNA 分子核苷酸修饰的酶包括：①tRNA 甲基化酶，如催化 tRNA 分子特定位置上的 A→m^7A，催化 tRNA 分子鸟嘌呤 7 位甲基化，使 tRNA 分子中 G_{55}→m^7G_{55} 等；②tRNA 异戊烯转移酶催化 tRNAΔ^2-异戊烯的合成；③tRNA-鸟嘌呤转糖苷酶；④催化 S^4U 及含硫的嘧啶合成的 tRNA 硫转移酶等。tRNA 分子中稀有核苷酸很多，核苷酸修饰反应频繁，但目前对多数稀有核苷酸功能还不很清楚。

> **小结**：真核 tRNA 前体中内含子的精确切除信号是 tRNA 共同的二级结构，包括氨基酸受体臂、D 环、TΨC 环和反密码环等，这些特殊构象对内含子的精确切除十分重要。哺乳动物、酵母、果蝇和植物等 tRNA 的加工在酶的催化下完成，包括内含子的剪接；3′端添加 CCA；核苷酸修饰等。

8.2.2 真核生物 rRNA 前体的转录加工

真核生物的核糖体比原核生物核糖体更大，结构更复杂。它的小亚基含有一条 16~18S rRNA；大亚基除了 26~28S rRNA 和 5S rRNA 外还含有一条 5.8S rRNA。真核生物 rRNA 基因拷贝数多，在基因组内成簇排列，成串重复数百次，集中在核仁内。转录区与非转录区交替排列。每个 rRNA 基因由 16~18S、5.8S 和 26~28S rRNA 基因组成一个转录单位，彼此被间隔区分开，经 RNA 聚合酶 I 转录产生长 rRNA 前体。不同生物的 rRNA 前体大小不同。例如，哺乳动物的 18S、5.8S 和 28S rRNA 基因构成一个转录单位，转录产生 45S rRNA 前体；果蝇的 18S、5.8S 和 28S rRNA 基因的转录产物为 38S rRNA 前体；酵母的 17S、5.8S 和 26S rRNA 基因的转录产物为 37S 的 rRNA 前体。新生 rRNA 前体与蛋白质结合，形成巨大的核糖核蛋白前体(pre-rRNP)颗粒。已经从哺乳动物细胞核内提取出了几种大小不同的 pre-rRNP，其中最大的为 80S。前体长度约为成熟 rRNA 的两倍，含有 28S、5.8S 和 18S rRNA。因此，rRNA 前体必须剪切成各个成熟的 rRNA 分子。剪切过程发生在核仁中。大多数真核生物 rRNA 基因无内含子。有些 rRNA 基因有内含子但并不转录，如果蝇的 28S rRNA 基因中有约 1/3 含有内含子，但都不转录。四膜虫(*Tetrahymena*)的核 rRNA 基因和酵母线粒体 rRNA 基因也有内含子，但转录产物可自动切去内含子。哺乳动物细胞内 rRNA 前体的剪切过程包括 4 个步骤，以人 HeLa 细胞等为例介绍如下。

1) 在 5′端切除非编码序列，生成 41S 中间产物。

2) 41S 的 RNA 再被切割为两段：一段为 32S，含 28S rRNA 和 5.8S rRNA；另一段为 20S，含有 18S rRNA。

3) 32S 剪切成 28S rRNA 和 5.8S rRNA。28S rRNA 和 5.8S rRNA 中的部分序列相互配对。

4) 20S 被剪切成 18S。见图 8.7。

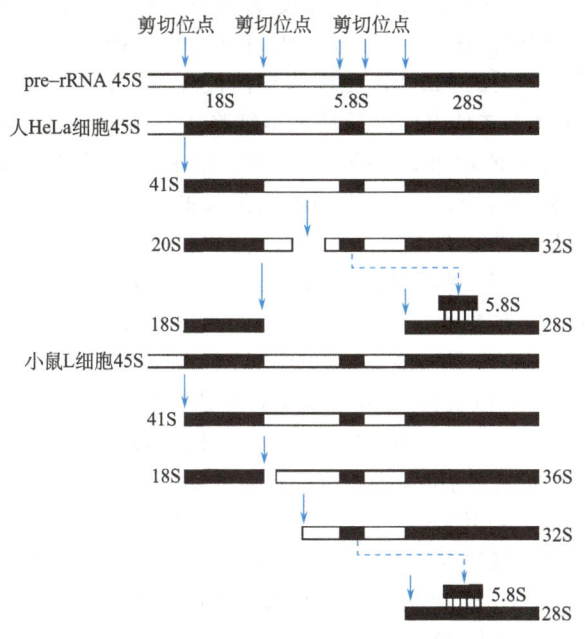

图 8.7　人 HeLa 细胞和小鼠 L 细胞 rRNA 前体加工

由图 8.7 可见，在不同的真核生物中，rRNA 前体的每个转录单位内各 rRNA 的排列顺序和加工过程都十分保守。由于 rRNA 加工速度较慢，当用同位素 ³H 或 ¹⁴C-尿苷标记 HeLa 细胞 RNA，可分离到 45S rRNA 前体（$Mr=4×10^6$）及 41S、32S、20S 等加工产物。动力学实验证明它们是 rRNA 生成过程中的前体和中间物。在 rRNA 前体加工机制中对正确位点切割主要依赖核仁小分子 RNA（small nucleolarRNA，snoRNA），参与核糖核酸酶对特定立体结构的识别，以及 rRNA 前体的甲基化。

小结：哺乳动物 rRNA 前体剪切包括 4 步：①在 5′端切除非编码序列，生成 41S 中间产物；②41S 的 RNA 被切为两段，一段为 32S，含 28S rRNA 和 5.8SrRNA，另一段为 20S，含 18S rRNA；③32S 剪切成 28S rRNA 和 5.8S rRNA。28SrRNA 和 5.8SrRNA 中的部分序列相互配对；④20S 被剪切成 18S。

参与 rRNA 前体加工的 snoRNA　rRNA 前体的剪切发生在 RNA 的特定序列上，核仁小分子 RNA 参与剪切过程。真核细胞的核仁中含有多种 snoRNA，目前已发现的有 200 多种。snoRNA 稳定存在于细胞核的核仁内，长 87～275nt，能与细胞内特定蛋白质，如核仁纤维蛋白或自身免疫抗原等结合，产生核仁小分子核糖核蛋白体（snoRNP）。snoRNP 是一类新型调控分子，参与 rRNA 前体加工，并指导 rRNA 中核糖和碱基的修饰。snoRNA 还能以类似分子伴侣（molecular chaperone）的形式参与 rRNA 高级结构形成。

根据 snoRNA 的结构特点将其分为两种：①box C 框/D 框，C 框序列为 AUGAUGA，D 框为 CUGA。boxC/D 类的 snoRNA 可借助互补序列识别 rRNA 前体中进行甲基化和切割的位点；②boxH/ACA，含 H 框（ANANNA）和 ACA 框，其 snoRNA 能识别假尿苷酸化位点。酵母 rRNA 中有 43 个假尿苷酸及众多的甲基化位点，依赖于 snoRNA 才能精确修饰。

snoRNA 的功能是与蛋白质结合成 snoRNP 参与 rRNA 前体加工，是加工体的重要组分。boxC/D 类具有互补序列，是指导 rRNA 中 2′-O-核糖甲基化修饰的系统。BoxC 参与甲基转移反应，所以，boxC/D 类的 snoRNA 又称为指导甲基化的 snoRNA。

boxH/ACA 类的 snoRNA 能形成茎环二级结构与 rRNA 特定序列互补。在 snoRNA 分子内有多处能与 rRNA 互补的序列，以高密集方式覆盖于 rRNA 分子的保守区域，当新生的 rRNA 被修饰后，在 RNA 解旋酶作用下，snoRNA 才从 rRNA 解离下来，再与新生的 rRNA 前体结合，因此，snoRNA 与 rRNA 的关系呈结合—解离—再结合的特征，周而复始地参与 rRNA 前体的加工。这种相互作用具有分子伴侣的特征。线粒体和叶绿体 rRNA 基因的排列方式和修饰过程与原核生物的 rRNA 基因类似。

真核生物 rRNA 的甲基化比原核生物 rRNA 甲基化程度高。甲基化位置在核糖 2′-羟基上。例如，哺乳动物细胞的 18S 和 28S rRNA 分别含约 43 和 74 个甲基，大约 2% 的核苷酸被甲基化，相当于细菌 rRNA 甲基化程度的 3 倍。来自人 HeLa 细胞 rRNA 前体分子中有约 110 个甲基化位点，其中绝大多数在核糖部分的 2′-OH 上。这些甲基化位点在刚转录后就已存在于 rRNA 前体分子中，但在非编码区则无甲基位点和甲基基团。与原核生物类似的是，真核生物 rRNA 前体也是先甲基化后切割。真核生物 rRNA 前体的甲基化、假尿苷酸化和切割在 snoRNA 指导下进行。rRNA 的甲基化是待修饰加工的信号，能指出 rRNA 前体中的哪些序列或位点需修饰加工。在 28S rRNA 上约有 74 个甲基化位点，18S RNA 上有 39 个位点，其他几种 rRNA 的甲基化在细胞质中较晚被加上去。一旦 45S rRNA 前体分子被合成，就会很快与蛋白质结合，在核糖核蛋白体上被甲基化。

小结：有200多种snoRNA稳定存在于细胞核仁内，与细胞内特定蛋白结合产生核仁小分子核糖核蛋白体（snoRNP），后者是一类新型调控分子，参与rRNA前体加工，指导rRNA中核糖和碱基修饰。snoRNA还以分子伴侣的形式参与rRNA高级结构形成。snoRNA有两种：boxC/D类，又称为指导甲基化的snoRNA（指导rRNA中2′-O-核糖甲基化修饰系统）；boxH/ACA，其snoRNA能识别Ψ化位点。

8.2.3 细胞核mRNA前体剪接概述

真核生物编码蛋白质基因以单基因作为转录单位，转录产物为单顺反子mRNA。大多数蛋白质基因存在间隔序列，它们与编码序列一起被转录，需要在转录后加工过程中切除。真核细胞的核结构使转录和翻译分隔开，合成蛋白质的mRNA模板在细胞核中产生后须经一系列复杂的加工过程后才转移到细胞质中行使模板功能。

内含子及其剪接分类 根据mRNA前体的剪接方式，将内含子的剪接分为三类：

第一类内含子是自我剪接内含子，这类内含子结构特殊，无需酶或蛋白质参与，就能自发进行剪接。这类自我剪接内含子又分为两个亚型，即Ⅰ型自我剪接内含子和Ⅱ型自我剪接内含子。这两种类型的内含子各有其特征性二级结构和较短的共同序列，产生了相应的两种自我剪接方式。

第二类内含子是蛋白质（酶）参与剪接的内含子，主要存在于tRNA前体中。剪接过程在一系列酶的催化下完成。

第三类内含子是依赖于snRNP剪接的内含子。这类内含子绝大部分存在于细胞核的蛋白质基因中。剪接方式与第一类Ⅱ型内含子相似，都是通过形成套索结构中间体的剪接。依赖于snRNP剪接内含子与Ⅱ型内含子区别在于Ⅱ型内含子剪接无需蛋白质，而核mRNA前体内含子剪接依赖于snRNP。

小结：核mRNA前体内含子剪接分三类：第一类是自我剪接内含子，结构特殊，无需酶或蛋白质参与能自发剪接。这类自我剪接内含子又分为两个亚型，即Ⅰ型和Ⅱ型自我剪接内含子。两类内含子各有其特征性二级结构和较短的共同序列。第二类是蛋白质（酶）参与剪接的内含子，主要存在于tRNA前体中。剪接过程在酶催化下完成。第三类是依赖snRNP剪接的内含子，绝大部分存在于细胞核的蛋白质基因中，剪接方式与第一类Ⅱ型内含子相似，都通过形成套索结构中间体的剪接。

核内不均一RNA 核内不均一RNA（heterogeneous nuclear RNA，hnRNA）是mRNA的原初转录产物在核内形成的大小不等的中间物，相对分子质量很大，也很不均一，平均分子长度为8～10kb，变化范围2～14kb。比mRNA的平均长度（1.8～2kb）大4～10倍。75%的hnRNA在细胞核内被降解，只有25%的hnRNA在核内加工后被运至细胞质。在细胞核内转录的hnRNA能很快被降解，相比细胞质mRNA更不稳定，半衰期很短。不同细胞类型的hnRNA半衰期从几分钟至1h左右，而细胞质mRNA的半衰期一般在1～10h，神经细胞mRNA最长可达数年。hnRNA的沉降系数为30～40S，少量为70～100S。哺乳类动物hnRNA平均链长为8000～10 000nt，而细胞质mRNA平均链长为1800～2000nt，可见hnRNA链长约为mRNA的4～5倍。由于hnRNA代谢转换率高而稳定性低，用同位素脉冲标记技术追踪hnRNA的去向，并测定hnRNA转变为mRNA所占比例，发现哺乳类动物细胞约为5%。因为hnRNA分子大小为mRNA的4～10倍，粗略计算大约25%的hnRNA经加工能转变为mRNA。

hnRNA与mRNA的关系如下：①hnRNA与mRNA有相同的序列。从小鼠核内hnRNA分离出来15S的1.5kb RNA分子及10Sβ珠蛋白mRNA，分别都可与小鼠的珠蛋白基因DNA进行分子杂交，β-珠蛋白15S RNA与基因DNA分子杂交时，两者完全互补形成平滑的线形双链杂交分子，同时置换出等长的DNA单链；而珠蛋白的10S mRNA与基因DNA杂交时出现不能被互补杂交的突环形DNA，即R环（R-loop），说明在hnRNA内存在着与珠蛋白mRNA相同的序列，但mRNA复杂，证明hnRNA是的mRNA前体；②hnRNA在体外能作为翻译模板，与mRNA有相同功能；③两者的5′端都有帽子结构，3′端有多聚腺苷酸；④两者的转录合成都可被高剂量放线菌素D（actinomycin D）抑制，说明两者都由相同的RNA聚合酶合成。以上证据表明hnRNA与mRNA之间关系密切。15S RNA是内含子切除前的转录产物，与DNA序列完全互补。10S RNA是已切除内含子的mRNA，与其基因DNA杂交时，其中的内含子序列因找不到互补的RNA序列而形成了突环形的DNA，即R环，如图8.8所示。1977年，Sharp等利用腺病毒的主要晚期六聚体蛋白（hexon）基因5′端的R环实验也有力地证明了R环的存在。应该指出的是，当mRNA与双链DNA杂交后，在同样位置被置换出来的DNA单链与内含子（双链）都是突环形的R环。由上可见，hnRNA大分子虽然已经在5′端加帽和3′端polyA化，但内含子并未被切除。

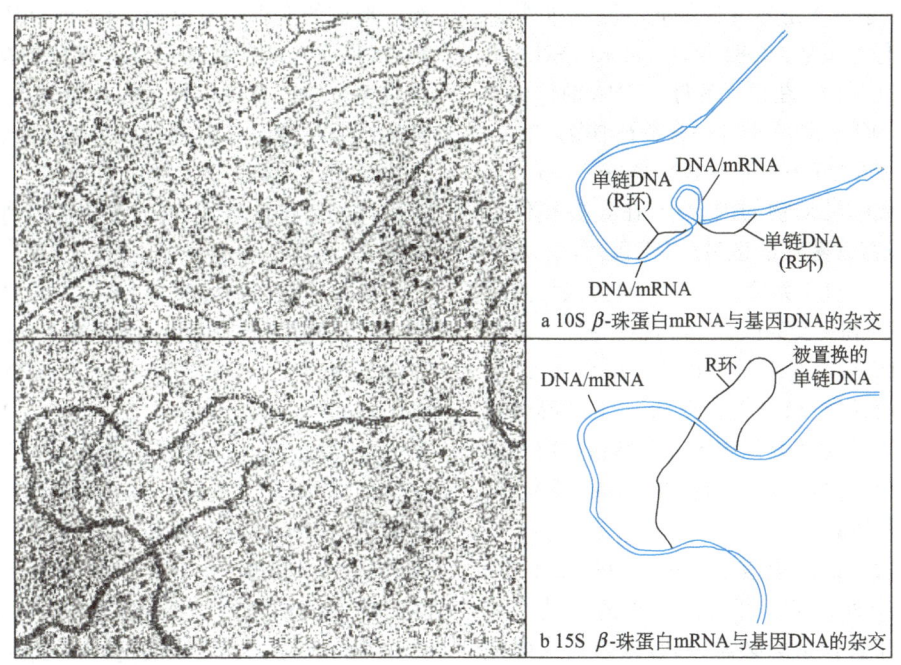

图 8.8　15S β珠蛋白 mRNA 前体以及 10S β-珠蛋白 mRNA 与小鼠 β-珠蛋白基因的杂交

hnRNA 的结构特点如下：①5′端有帽子结构；②3′端有 polyA 结构；③帽子结构下游有 3 个寡聚 U 区，每个长度约 30nt；④位于寡聚 U 区的下游有重复序列；⑤有茎环结构，分布于编码区两侧；⑥编码区为非重复结构，含有内含子，见图 8.9。

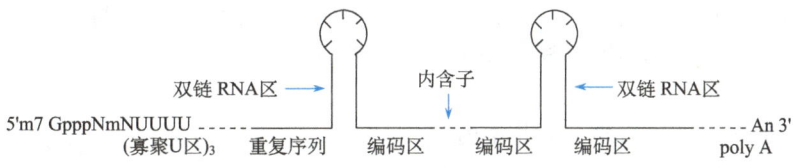

图 8.9　hnRNA 结构的一般模式

hnRNA 转变成 mRNA 的加工过程包括：①5′端形成特殊的帽子结构（$m^7G^{5'}ppp^{5'}N_1mpN_2p-$）；②修剪链的 3′端，添加多聚腺苷酸（polyA）；③通过剪接除去由内含子转录而来的序列；④RNA 链内部的核苷酸被甲基化等。

> **小结**：核内不均一 RNA（hnRNA）是 mRNA 的原初转录产物在核内形成的大小不等的中间物，相对分子质量很大，很不均一。hnRNA 的结构特点：①5′端有帽子结构；②3′端有 polyA 结构；③帽子结构下游有 3 个寡聚 U 区；④位于寡聚 U 区下游有重复序列；⑤有茎环结构，分布于编码区两侧；⑥编码区为非重复结构，有内含子。hnRNA 转变成 mRNA 的过程包括：①5′端形成帽子结构（$m7G5'ppp5'N_1mpN_2p-$）；②修剪链的 3′端，添加 polyA；③剪接除去由内含子转录而来的序列；④RNA 链内核苷酸甲基化。

8.2.4　细胞核 mRNA 前体剪接机制和过程

（1）核 mRNA 前体中内含子的结构特点

比较许多不同基因的核苷酸序列发现，mRNA 前体中内含子的两端边界有共同的序列，这些共同序列结构是 mRNA 前体剪接的信号。几乎所有的核 mRNA 前体内含子都有相同的开始和结尾，其序列模式为"外显子/GU……内含子……AG/外显子"，即转录产物的内含子开始两个核苷酸是 GU，最后两个核苷酸是 AG。在基因内部，GU…AG 这类结构式样常多次出现，十分保守，一个典型的内含子中包含多个 GU 和 AG 序列。这种序列如何决定剪接的精确位置？研究发现，仅依靠 GU…AG 的结构不足以成为准确的剪接信号，真正的剪接信号比 GU-AG 基序复杂，许多内含子中都有如下共同序列：

5′AC/GUAAGU……内含子……YNCURAC……YnNAG/G 3′

式中，"/"表示外显子与内含子的界线；Y 为嘧啶 U 或 C；Yn 是一段约 9 个嘧啶的序列；R 为嘌呤 A 或 G；内含子内部有一个保守的 A 是参与形成分支剪接中间物的特定腺嘌呤；N 是任意碱基。1983 年，Langford 等对酵母肌动蛋白(actin)基因研究，获得了酵母 mRNA 前体内含子的序列，与哺乳动物 mRNA 前体内含子有细微差别：

5′/ GUAUGU……内含子…… UACUAAC……YAG/ 3′

无论是酵母或哺乳动物的内含子，在 3′剪接位点 AG 的上游有一段富含嘧啶的区域(PPT 区)含有 10～20 个嘧啶核苷酸。通过在克隆的基因中对剪接位点突变，并对有共同序列和突变的内含子在离体条件下进行剪接试验，观察和比较突变后是否仍能正确剪接，结果发现 5′端和 3′端剪接位点、分支位点和 PPT 区等保守序列，都是 pre-mRNA 剪接过程中各种核糖核蛋白和剪接因子结合和作用的位点，它们的存在对 pre-mRNA 准确和有效地剪接十分重要。

尽管外显子边界的剪接信号对正确剪接很重要，但不足以界定一个外显子。邻近内含子的末端序列也是下一个外显子被识别的必需序列，因为真核生物的许多内含子都很大(达到 100kb 或以上)，其内部可能还包含有大小不等的外显子，其边界也有类似于正常剪接信号的序列特征，在极个别情况下充当了"假外显子"被剪接而出现在成熟的 mRNA 分子中。真正的外显子一般还包含能促进剪接的**外显子剪接增强子序列**(exonic splicing enhancer, ESE)，而假外显子一般包括能抑制剪接的**外显子剪接沉默子序列**(exonic-splicing silencer, ESS)。

真核生物 mRNA 前体的剪接与第一类 Ⅱ 型内含子剪接有些类似，都必须要形成**套索**(lariat)结构。与 Ⅱ 型内含子剪接的差别是 Ⅱ 型属于 RNA 的自我剪接机制，而真核生物 mRNA 前体的剪接要求形成剪接体，由大量的 RNA 和蛋白质组成复杂核糖核蛋白体的结构。一般情况下，剪接发生在 mRNA 前体分子内部，以一个 mRNA 前体为底物，对其确定的内含子 3′端和 5′端进行剪接，这种剪接称为**顺式剪接**。在少数情况下，剪接发生在两种 mRNA 前体分子之间，以不同的 RNA 前体分子为底物发生剪接，称为**反式剪接**。

小结：几乎所有核 mRNA 前体内含子都有相同的开始和结尾，模式为：外显子/GU……内含子……AG/外显子，即内含子开始两个核苷酸是 GU，最后两个是 AG。典型内含子中包含多个 GU 和 AG 序列。真正的剪接信号比 GU-AG 基序复杂，许多内含子中都有的共同序列为：5′AC/GUAAGU……内含子……YNCURAC……YnNAG/G 3′。在外显子中还包含能促进剪接的外显子剪接增强子序列(ESE)。

(2) 剪接体

剪接体(splicesome)是 mRNA 前体在剪接过程中组装形成的多组分复合物，由多种 snRNA 和蛋白因子组成(见后)，即剪接体是具有催化剪接反应的核糖核蛋白复合体。真核生物基因初始转录产物 hnRNA 的剪接反应在细胞核中进行。平均每个核基因含大约 8 个内含子，剪接时分别形成剪接体。内含子都包括 3 个保守的剪接信号：①内含子 5′端序列；②内含子 3′端序列；③内含子中的分支点，分支点距 3′端 18～40nt。

无论哺乳动物或酵母 hnRNA 的剪接，都要先形成剪接体。在每种剪接体中都含有 1～2 种 snRNA 和数十种蛋白因子。参与剪接反应的 snRNA 至少有 5 种，即 U1 snRNA、U2 snRNA、U4 snRNA/U6 snRNA(两者结合在一起)和 U5 snRNA。这些 snRNA 在 5′端都有帽子结构，并含有较多类似于 tRNA 的修饰成分。剪接体中的蛋白因子有数十种，除 snRNP 中的蛋白因子外，还需其他蛋白参与。细胞中约有上百种蛋白因子协助 snRNA 参与剪接反应。在这些因子中，有些是依赖于 RNA 的 ATPase，有些是依赖 ATP 的解链酶。

(3) 剪接体上的剪接过程

核 mRNA 前体在剪接过程中先组装成复杂的剪接体，利用形成套索结构完成剪接。

1) 在内含子 5′端被切断，通过 2′,5′-键将内含子 5′-G 与分支点 A 残基的 2′位连接形成套索结构(套索结构由分子内的一部分与同一分子内另一部分连接而成)，见图 8.10。

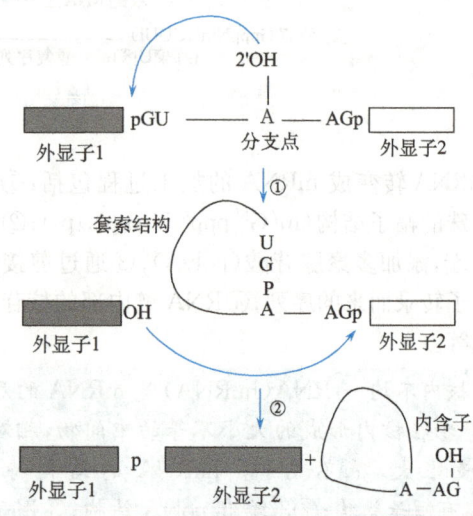

图 8.10 在剪接体上进行的两步剪接反应

① 腺苷酸的 2′-OH 基团攻击 5′端外显子(外显子 1)与所连内含子之间的磷酸二酯键，切断了外显子 1 与内含子之间的键，产生游离的外显子 1 和套索状的内含子-外显子 2 中间体。内含子 5′端 GU 通过磷酸二酯键与分支点 A 连接(套索结构)；② 外显子 1 游离的 3′-OH 攻击内含子与外显子 2 之间的磷酸二酯键，剪切产生套索结构的内含子。外显子 1 游离的 3′-OH 与外显子 2 的 5′端磷酸基连接两个外显子

2) 在内含子的 3′端剪接点，外显子Ⅰ与外显子Ⅱ连接，内含子以套索形式被释放。

> **小结**：剪接体是 mRNA 前体在剪接中组装成的多组分复合物，是由多种 snRNA 和蛋白因子组成的 snRNP 复合体。内含子都包括 3 个保守的剪接信号：①5′端序列；②3′端序列；③分支点，分支点距 3′端 18~40nt。每种剪接体中含有 1~2 种 snRNA 和几十到数百种蛋白因子，参与剪接反应的 snRNA 至少有 5 种，即 U1 snRNA、U2 snRNA、U4 snRNA/U6 snRNA 和 U5 snRNA。

（4）参与核 mRNA 前体剪接的 snRNP

mRNA 前体的剪接是在剪接体上进行的，剪接体组成中有一类十分重要的细胞核内小分子 RNA(snRNA)，snRNA 在细胞内与蛋白因子偶联形成核内小分子核糖核蛋白体（small nuclear ribonuclear protein，snRNP）。

snRNP 位于真核生物 mRNA 前体内含子的两个末端和分支点的共同序列都是由相应的 RNA 或蛋白因子识别的，snRNA 是识别这些信号的关键因子。snRNA 与蛋白因子偶联形成 snRNP。用电泳法分离出了 U1、U2、U4、U5 和 U6 等各个组分。snRNA 的长度在 107~210nt。U1 snRNP、U2 snRNA 和 U5 snRNP 都含有单个的 RNA 和近 20 种蛋白质。U4/U6 含有 U4 snRNA 和 U6 snRNA 及多种蛋白质。各种 snRNA 分别和 6~10 种蛋白因子（总计有 40 多种蛋白质）结合形成 snRNP 颗粒，其中有些蛋白因子为所有 snRNP 所共有，有些则是某种 snRNP 所特有的。有一种自身免疫系统疾病——系统性红斑狼疮（systemic lupus erythematosus，SLE）患者的抗血清中含有抗 Sm 的抗体，Sm 是 U1、U2、U4 和 U5 snRNP 的共有蛋白亚基。利用荧光标记抗 Sm 抗体进行细胞染色发现，上述 snRNP 颗粒呈黄色，但核仁中的 U3 snRNA 由于不结合 Sm 蛋白而核仁未被染色。每种细胞核内 snRNP 共同的核心蛋白都可被自我免疫抗血清(anti-Sm)所识别，蛋白因子的保守结构是抗血清的靶位点，能参与自我免疫应答。在 snRNP 内，有的蛋白质直接参与剪接，而另一些只作为结构蛋白在 snRNP 的装配、snRNA 颗粒之间的相互作用等方面起作用。参与剪接的除少数其他蛋白质外，大多数蛋白质是 snRNP 的组分，统称为剪接因子（splicing factor）。

U1 snRNP U1 snRNP 含有 8 种蛋白质和一种 RNA(人)。U1 snRNP 的二级结构中包括有功能结构域 A，B，C 和 D。分子内茎环结构是 U1 snRNP 蛋白结合位点。由图 8.11 可见，U1snRNP 直接与内含子 5′端剪接点碱基配对。U1 的 5′端 11nt 片段呈单链，其中 5′AUACUUAC3′十分保守，能与内含子 5′剪接点互补，使 U1 snRNA 与核 mRNA 前体内含子 5′端剪接点牢固结合，再通过 U1 与其他 snRNP 的相互作用，使内含子的 5′端与 3′端剪接点彼此靠近而有利于发生剪接。Sm 是 snRNP 的共同蛋白亚基，Sm 结合位点是其他 snRNP 相互作用所必需的。

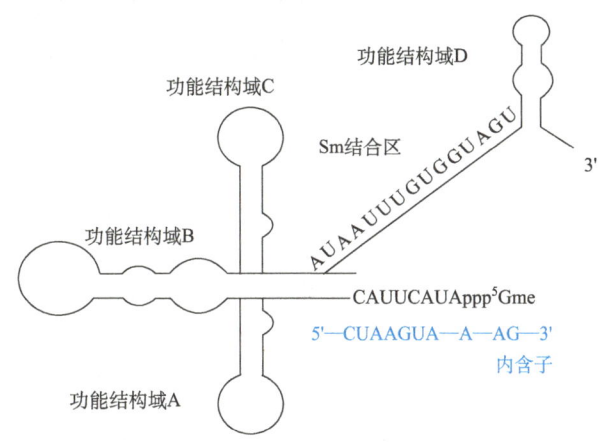

图 8.11 U1 snRNA 的二级结构及其功能结构域

U2 snRNP U2 snRNP 能与内含子的分支点共同序列互补，对剪接十分必要。U2 除了与分支点碱基配对外，还与 U6 snRNA 配对，协助 snRNP 在剪接体上定向，因此对 snRNP 参与剪接有定位功能。研究发现，U2 的突变能被 U6 恢复碱基配对的补偿突变所抑制。酵母 U2 snRNA 与分支点区之间的碱基配对多达 6 个以上。真核生物 mRNA 分支点区序列保守性较低，其结合需借助蛋白因子，后者又称 U2 辅助因子（U2-associated factor，U2AF），通过蛋白质-蛋白质之间的相互作用协助装配，如图 8.12 所示。

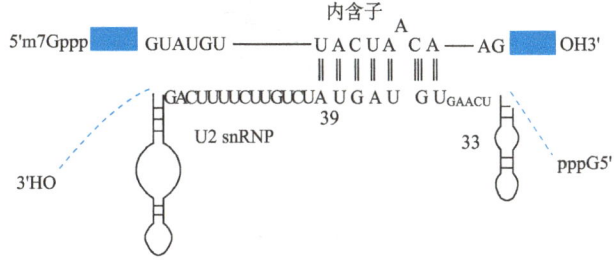

图 8.12 酵母的 U2 snRNP 与内含子分支点区碱基互补

U4 snRNP U4 snRNP 与 U6 snRNP 一般都偶联在一起，表示为 U4/U6，如图 8.13 所示。两者相互作用形成两个配对的茎Ⅰ和茎Ⅱ。剪接开始时，U4 才与 U6 解离，所以 U4 的作用是暂时与 U6 结合而使之被封闭，直到 U6 参与到剪接反应中。需要提醒的是，在 U6 序列中与 U4 配对形成茎Ⅰ的碱基也能与 U2

配对，U4 解离的重要性在于使 U6 与 U2 相互配对，有助于活性剪接体的形成。研究发现 U6 snRNP 基因被一个 mRNA 型的内含子所间断，至少在两种酵母中存在这种内含子。

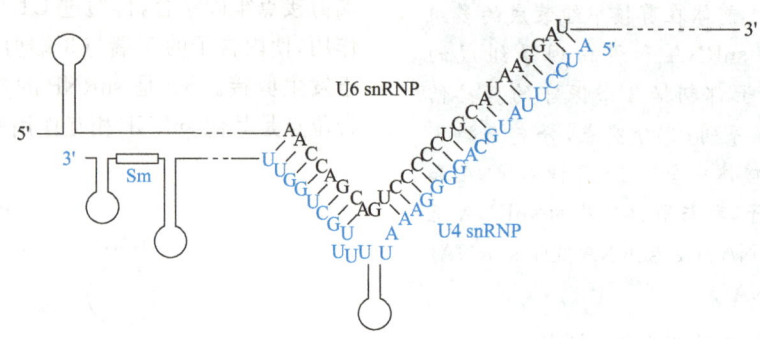

图 8.13　U6 snRNA 和 U4 snRNA 的 5′端内部序列互补

U5 snRNP　U5 snRNP 与任何其他 snRNP 或剪接底物 pre-mRNA 的保守区无明显的互补区，但 U5 snRNA 能与一个外显子的 3′端最后一个碱基和下一个外显子的 5′端第一个碱基发生交联，将两个外显子置于利于剪接的位置。Sontheimer 等为鉴定 U5 和 U6 参与剪接底物的交联，采用 4-thioU 取代剪接底物碱基的方法和引物延伸阻断法，发现无论是以完整的剪接底物为模板，还是以第一个外显子为模板，均能证明 U5 中有 2 个相邻的 U 与第一个外显子的最后一个碱基 U 发生了交联。而且其中的一个 U 连同其相邻的 C 还与第二个外显子的第一个碱基发生了交联，如图 8.14 所示。

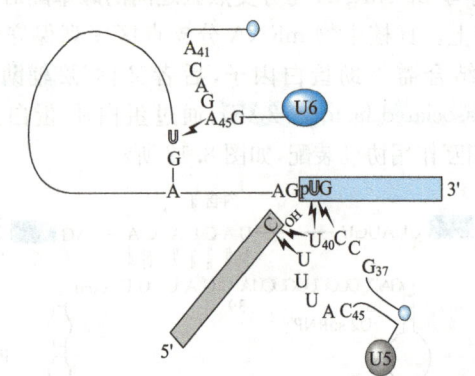

图 8.14　U5 和 U6 与剪接底物之间相互作用
（引自 Sontheimer and Steitz，1993）

U6 snRNP　2000 年，Ren-Jang Lin 等研究证实了 U6 snRNP 确实参与了催化反应。U6 snRNP 与内含子 5′端剪接区域配对。酵母 U6 snRNP 的保守序列为 ACAGAG，它与 mRNA 剪接区的结合有两种模型。模型 I 是第 47~49 位较稳定的 ACAGAG 中的 ACA 与 pre-mRNA 5′端剪接区内含子第 4~6 位的 UGU 形成配对。模型 II 是 5′端剪接区域第 42~44 位上游的 ACA 与内含子的 UGU 配对，如图 8.15 所示。

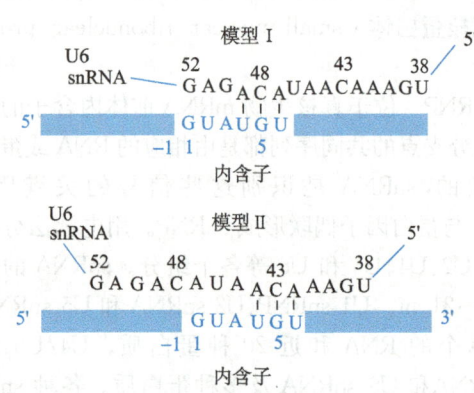

图 8.15　酵母 mRNA 前体 5′端剪接点与 U6snRNP 之间作用的两种模型

小结：核 mRNA 前体内含子的两个末端和分支点共同序列都由 snRNA 识别。U1 的二级结构中包括有功能结构域 A、B、C 和 D。分子内茎环结构是 U1 snRNP 结合位点，U1 snRNP 直接与内含子 5′端剪接点配对。U2 能与内含子分支点序列互补，也还与 U6 配对协助 snRNP 在剪接体上定向，有定位功能。U4/U6 相互配对形成茎 I 和茎 II。在剪接时 U4 与 U6 解离，U4 的作用是暂时与 U6 结合而使之封闭，直到 U6 与内含子 5′端剪接区配对。U5 能与一个外显子的 3′端最后一个碱基和下一个外显子的 5′端第一个碱基发生交联，将两个外显子置于利于剪接的位置。

snRNP 的结构　所有的 snRNP 都具有 7 个相同的 Sm 蛋白（Sm protein），能被一种来自系统性自身免疫疾病（systemic autoimmune disease）（如系统性红斑狼疮）患者体内的抗体所识别。snRNA 结合 Sm 蛋白的位点称为 Sm 位点，其保守序列为 AAUUUGUGG。

除 Sm 蛋白外，每一类 snRNP 还有一套自身特异的蛋白质。如 U1 snRNP 含有 70K（52kDa）、A（31kDa）和 C（17.5kDa）3 种蛋白。Stark 等用单离子冷冻电镜技术获得了分辨率为 10Å 的 U1 snRNP 晶体结构图像，发现 Sm 蛋白为环状结构，中央有一个扁平状孔洞。70K 和 A 附着在 Sm 的漏斗口处，与 U1 的 snRNA 茎环结构结合，围绕环状孔洞排列着碱性氨基酸，推测这种碱性特征有助于 Sm 与 RNA 结合。

20 世纪 90 年代中叶，在后生动物（metazoan）（具有不同器官的动物）中发现了一类稀有内含子变体，它们的 5′剪接位点序列与分支点序列高度保守（大多数内含子共有序列保守性较低）。研究发现在后生动物细胞中含有参与剪接的低丰度 snRNA，如 U11、U12、U4atac、U6atac，它们在功能上分别与 U1、U2、U4、U6 相似。

剪接位点的定向和选择　由前述已知，snRNP 自身并无很好的特异性和亲和力能使其专一而紧密地结合在外显子与内含子边界处。snRNP 与剪接底物的结合需要额外剪接因子的协助，并需要剪接因子能跨越在内含子和外显子之间才有利于剪接。这些剪接因子如何确保在特定位点发生剪接？剪接因子怎样从一个剪接位点转移到另一个剪接位点？R Reed 等实验发现，在对 3′剪接位点选择时，内含子 3′端的 AG 位于分支点下游 18~40nt 时最理想，较靠近 AG 时通常会被剪接体漏过。Slu7 蛋白是识别 3′剪接位点，选择正确的 AG 信号必需的剪接因子。假设剪接底物中的 AG 分别位于分支点下游 11nt、18nt、9nt 和 23nt 位置时，缺失 Slu7 的细胞提取物发生了相同的异常剪接，既可在位于正常剪接信号上游的 AG 处，也可在位于正常剪接信号下游的 AG 处发生非正常剪接，而正常剪接却很少发生（在以上剪接中作为异常剪接的靶点，错误的 AG 信号与分支点的间隔必须在 30nt 之内）。可见 Slu7 不但是识别正确剪接位点 AG 所必需的，而且在正确剪接位点发生的剪接还会因 Slu7 的缺失而受到特异性抑制。另一个参与识别 3′剪接位点的剪接因子是 U2AF（U2 相关因子），该蛋白由 U2AF35（35kDa）和 U2AF65（65kDa）两个亚基组成。U2AF65 结合在分支点下游多聚嘧啶碱基区，U2AF35 与 3′剪接位点的 AG 结合。

有些蛋白因子在剪接定向中发挥着关键作用。1993 年，X D Fu 以人类 β-球蛋白的 pre-mRNA 为剪接底物，发现单体剪接因子 SC-35（昆虫细胞基因产物）能促使剪接定向复合体形成，SC-35 单独存在就足以使剪接定向，且十分快速（1min 内），甚至在无 ATP、冰浴、无 Mg^{2+} 等合理情况下也能形成。SC-35 蛋白是 RNA 结合蛋白的成员，具有富含 Ser 和 Arg 的结构域。用相同的定向实验测试其他 SR 蛋白和 RNA 结合蛋白（hnRNP 蛋白）的效应发现，在所研究的蛋白中，SC-35 定向性最强，其次分别为 SF2（又称 ASF）和 SRp55，可见 SC-35 的定向性是特异的，并非由一般性 RNA 结合蛋白的功能衍生而来。作为定向专一性的进一步证据，X D Fu 对另一种不同剪接底物人类免疫缺陷性病毒（HIV）的 tat pre-mRNA 研究发现，SF2 可引起 tat pre-mRNA 的剪接定向。对 SF2 和 SC-35 定向 tat pre-mRNA 剪接的活性比较发现，仅 SF2 能引起 HIV tat pre-mRNA 的定向剪接，SC-35 无定向活性，表明不同的 pre-mRNA 剪接需要不同的剪接定向因子。

酵母细胞是最初研究剪接体循环实验的系统，但酵母细胞没有 SR 蛋白，暗示酵母细胞的定向机制与哺乳动物不同。酵母和哺乳动物的定向复合体有许多共同特征。1993 年，Rosbash 等采用综合致死筛选策略鉴定出了 MSL-5（Mud synthetic lethal-5）基因，该基因编码蛋白产物最初被命名为 Msl5p，但在它的结合特性被确定后，重新命名为分支点桥接蛋白（branchpoint bridging protein，BBP），BBP 既可以和结合在 5′端的 U1 snRNP 互作，也可与结合 3′端的 Mud2p 蛋白互作，从而将内含子的 5′端与 3′端桥接在一起。研究者利用包括酵母双杂交实验（yeast two-hybrid assay）在内的综合研究策略验证了这一假设，同时也阐释了桥接蛋白之间的相互作用关系。酵母双杂交是个十分灵敏的分子生物学技术，可以检测两个蛋白质之间结合（即使是瞬间结合）的关系。因为酵母双杂交实验的设计原理基于两个事实：①典型转录激活因子具有 DNA 结合域和转录激活域；②这两个功能域具有独立的活性（self-contained activity）。为分析这两个蛋白间的相互结合关系，可使这两个蛋白（X 和 Y）在酵母细胞中以融合蛋白形式表达，将 X 蛋白与 DNA 结合域融合、Y 蛋白与转录激活域融合。如果 X 蛋白和 Y 蛋白能相互作用，则可将 DNA 结合域和转录激活域结合在一起，从而激活报告基因（如 lacZ）转录。BBP 还能识别分支点序列 UACUACC，在定向复合体中能与该序列结合或靠近，所以 BBP 也是一类 RNA 结合蛋白，且 BBP 现在的含义是"分支点结合蛋白"。

核 pre-mRNA 的剪接还受到 RNA 聚合酶 Ⅱ 的最大亚基 Rpbl 的 C 端功能域（CTD）的调控。2000 年，Zeng 和 Berget 利用标记的剪接底物进体外剪接，在反应体系中分别还添加了 CTD-GST（谷胱甘肽-5-转移酶或 GST）。该剪接底物含有两个完整的外显子和一个位于两个外显子之间的内含子,通过测定套索状外显子中间体和套索内含子及外显子产物的数量可见,融合蛋白 CTD-GST 能促进剪接,与 GST(对照)相比,CTD-GST 促进剪接的程度是 GST 的 3~5 倍(GST 无促进剪接效应),表明 CTD 能够招募剪接底物结合到有活性的剪接复合体上。深入实验还发现,CTD-GST 不能促进含有不完整外显子的底物的剪接,据此提出了外显子界定和内含子界定理论。外显子界定指剪接因子通过识别外显子末端而切除位于外显子之间的内含子;内含子界定指剪接因子通过识别内含子末端而不是外显子末端而切除内含子。对外显子界定而言,要求所有的外显子序列必须是完整的,这样才能准确判断某序列是否为真正外显子,否则会因外显子的不确定而不能发生外显子界定的剪接反应。但内含子界定的剪接反应仍能正常进行。利用免疫剥离实验已证实 CTD 在外显子界定模型中的作用的理论。

> **小结**:所有 snRNP 都有 7 个相同的 Sm 蛋白,snRNA 结合 Sm 蛋白的位点称 Sm 位点。低丰度 snRNA 的 5′ 剪接位点序列与分支点序列高度保守。Slu7 蛋白是识别 3′ 剪接位点,选择正确的 AG 信号必需的剪接因子。单体剪接因子 SC-35 单独存在能促使剪接体定向,也是 RNA 结合蛋白。分支点桥接蛋白(BBP)既可与结合在 5′ 端的 U1 互作,也可与结合 3′ 端的 Mud2p 蛋白互作,从而将内含子的 5′ 端与 3′ 端桥接在一起。利用酵母双杂交实验在内的综合研究策略得到了验证。BBP 也是一类 RNA 结合蛋白,且 BBP 现在的含义是"分支点结合蛋白"。RNA 聚合酶 Ⅱ 的 Rpb1 亚基 C 端功能域(CTD)能够促进外显子界定的底物剪接,但不促进内含子界定的底物剪接。CTD 与剪接因子结合并装配外显子的两个末端,引起剪接。

(5) 剪接体组装与剪接体循环

剪接体由包含 U1、U2、U4/U6 和 U5 等至少 5 种 snRNP 和若干非 snRNP 的剪接调控因子包括 SR 蛋白和 SR 相关蛋白(Tra, Tra2, U2AF 蛋白等)组成,在核 mRNA 前体上,这些组分逐级组装形成剪接体,剪接体组装—功能行使—解体的过程称为剪接体循环(splicesome cycle),这个循环过程伴随着复杂的剪接过程,最终释放剪接产物和内含子。剪接体组装与剪接体循环步骤如下:①早期剪接体形成;②前剪接体组装;③过渡复合物的形成;④剪接体内结构重排;⑤形成剪接产物;⑥释放剪接产物和内含子。

剪接体组装过程如下:

1) 早期剪接体形成 ①U1 snRNP 结合到 pre-mRNA 的 5′ 端剪接点,形成定向剪接态;②剪接因子 1 又称 BBP 结合到分支点上;③U2 snRNP 的辅助因子 U2AF(U2 auxiliary factor)的两个亚基在 ATP 协助下,分别结合在分支点和 3′ 剪接点的 AG 碱基上;④在桥梁分子 SR 蛋白(SRP)作用下,已结合在 5′ 端剪接点的 U1 snRNP 和结合在 3′ 剪接位点的 SR/U2AF 相互靠近,形成早期剪接复合物。

2) 前剪接复合体组装 在 U2 辅助因子 U2AF 协助下,U2 snRNP 与内含子的分支点结合。在 U1 snRNP 和 U2 snRNP 相互作用和 ATP 水解供能驱动下,内含子发生 180° 弯曲,使 5′ 端和 3′ 端靠近。SR 蛋白参与内含子复合物结构形成,协助 U1 snRNP 和 U2AF 结合,使早期剪接体转变为前剪接体复合物,如图 8.16 及 8.17 所示。

3) 过渡复合物的形成 ①U6 snRNP 内部序列和 U4 的 5′ 端互补,见图 8.13。前剪接体与 U4 snRNA、U5 snRNA 和 U6 snRNP 的三聚体形成过渡复合物;②依赖于 ATP 供能,U4 与 U6 解离,U6 snRNA 在 5′ 端剪接点取代 U1,U1 和 U4 snRNA 脱离复合体。

4) 剪接体内结构重排 在 ATP 激活供能作用下,U6 与结合在分支点序列的 U2 snRNP 的 5′ 端互补。当 U1 离开 5′ 端剪接位点后,使 U5 能和两个外显子的剪接点互补,使剪接体内结构重排,形成有利于催化剪接反应的构象。

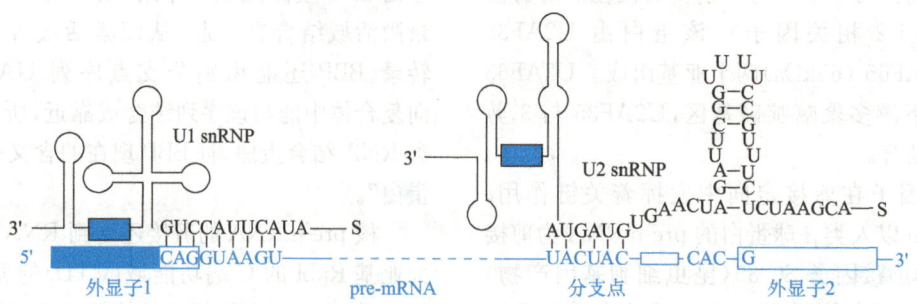

图 8.16 U1 snRNP 结合到 pre-mRNA 5′ 端剪接点和 U2 snRNP 与分支点结合

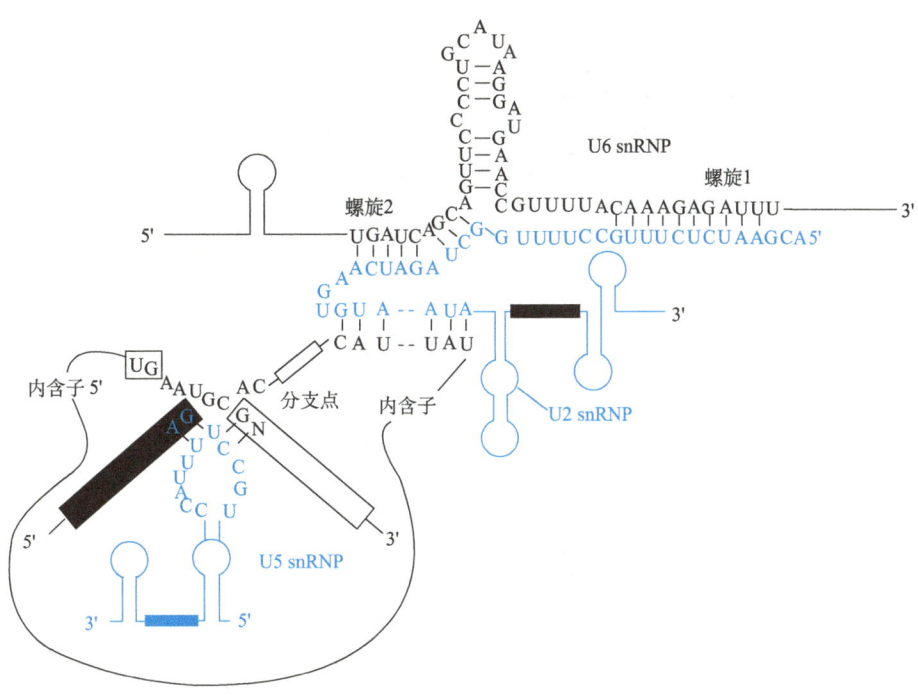

图 8.17　snRNP 与 mRNA 前体内含子分支点结合

5) 形成剪接产物　剪接体被激活,产生 mRNA 剪接产物,产物被释放。

剪接体组装伴随着剪接体循环,有 4 点需要指出:

1) U5 snRNP 环通过与外显子 1 和外显子 2 的接触,使两个剪接点在空间上靠近,由于 U5 snRNP 环能将其他 RNA 区域引导到剪接体的适当位置,以利剪接功能发挥,因此,将 U5 snRNP 环结构称为导向 RNA (guide RNA)。

2) U2 与内含子的分支点形成螺旋区,分支点 A 周围的碱基配对使 A 这个关键性核苷酸突出,这种空间结构是 Ⅱ 型内含子的一种核酶结构,是催化剪接的活性中心。由此可见,pre-mRNA 的内含子剪接区与多种 snRNP 相互作用所产生的空间结构与 Ⅱ 型内含子 RNA 的结构相似。如 U5 snRNP 环取代了 Ⅱ 型内含子的 ID 结构域,将与之结合的外显子 1 和外显子 2 定位在有利于剪接的位置;与 5′剪接位点发生碱基配对的 U6 序列区取代了 Ⅱ 型内含子的 IC 结构域;U2 和 U6 配对形成的螺旋 1 类似于 Ⅱ 型内含子的 VI 区结构。

3) 剪接反应通过 U4 的释放被启动,并伴随 ATP 水解供能。U4 的作用是吸纳 U6 到剪接体上发挥 U6 的作用。

4) 剪接体组装和循环过程中多次发生了在能量上允许的分子结构上的结合—解离—重排,从结构形式上表现为一种相互作用代替或破坏了另一种相互作用,共发生了 6 次分子重排:① 内含子 5′端剪接点与 U1 的互作转变为与 U6 互作;② U2 与分支点互作代替了在分支点上结合蛋白 BBP 与分支点的互作;③ U2 分子内部重排,形成茎-环构象的活化形成;④ U4/U6 之间 RNA 配对形成的茎 Ⅱ 结构解离,U6 在其 3′端形成分子内茎-环(图 8.17);⑤ U4/U6 的茎 Ⅰ 区配对分离,使游离的 U6 与 U2 互作,形成 U2-U6 螺旋 Ⅰ;⑥ U2 的 5′端茎-环结构分离,使 5′端与 U6 相应部分形成 U2-U6 的螺旋 Ⅱ。

在剪接反应中各个 snRNP 之间的碱基配对至关重要。如在 U6/U4 中,U6 有 26 个连续的碱基和 U4 两个分开的区域配对。当 U4 解离后,U6 的这个区域游离出来,一部分序列与 U2 配对,另一部分形成茎环。U4 和 U6 之间的互作与 U2 和 U6 之间呈现一定竞争,一旦 U2-U6 互作,就形成了剪接反应的催化中心,见图 8.18。

> **小结**:剪接体组装与剪接体循环步骤:先形成早期剪接复合体(包括 pre-mRNA、U1 snRNP、BBP、SR/U2 AF);U2AF 协助 U2-snRNP 与分支点结合;ATP 驱动内含子发生 180°弯曲;5′端和 3′端靠近形成前剪接体复合物;过渡态复合物形成,前剪接体与 U4、U5 和 U6 的三聚体结合;剪接体内结构重排,形成有利于催化剪接反应的构象;剪接体被激活形成剪接产物,释放 mRNA 剪接产物和内含子。

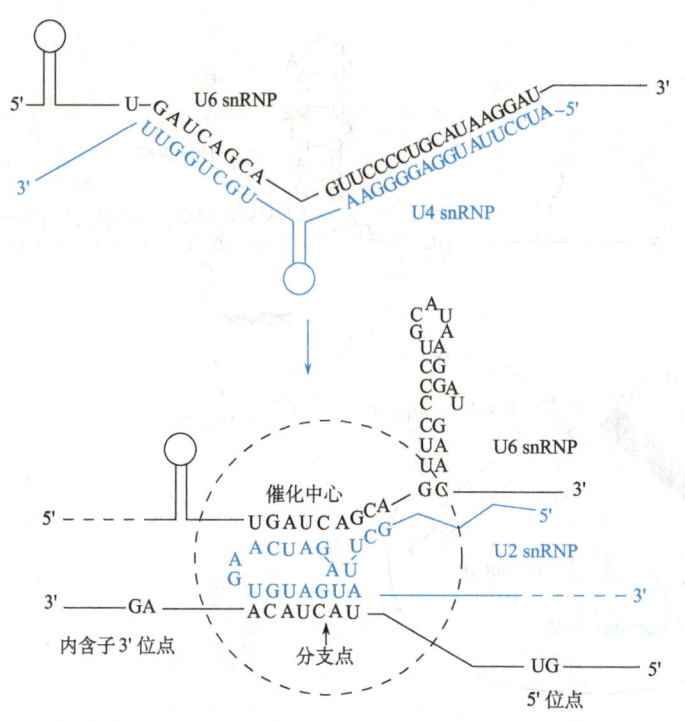

图 8.18 酵母 U6 在剪接体上形成的催化中心示意图

(6) 剪接中的转酯反应　在剪接体上完成剪接反应的生化本质是磷酸二酯键的转移反应,又称为转酯反应(transesterification)。在剪接体上共发生了两次转酯反应。

第一次转酯反应　在有 ATP 提供能量前提下,剪接体内发生第一次剪接反应。先由内含子上的分支点 A 的 2′-OH 进攻 5′端剪接点 pG,形成 5′,2′-磷酸二酯键,即发生了一次转酯反应,形成套索结构的中间产物,如图 8.19 所示。

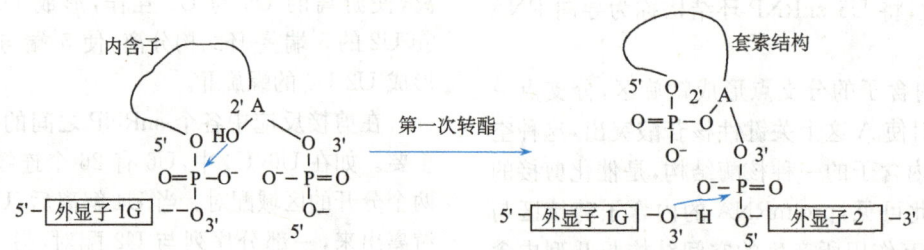

图 8.19　核 mRNA 前体剪接中的第一次转酯反应
分支点 A 的 2′-OH 攻击内含子 5′端剪接点 pG,形成套索结构

第二次转酯反应　第二次剪接反应是外显子 1 的 3′端(一般是 G_{OH})对内含子 3′端剪接点进行亲核进攻。U5 snRNP 在反应中起着调动外显子的功能,使 5′外显子移动、定位,接着在外显子 Ⅰ 和 Ⅱ 之间发生第二次转酯反应,形成 5′,3′-磷酸二酯键。产生两个外显子的连接产物和一个具有套索结构的内含子,见图 8.20。

第二次转酯反应完成后,成熟的 mRNA 离开剪接体,而套索结构内含子仍结合在剪接体上,通过去套索分支结构,降解释放。在去组装过程中,剪接体也发生了多次的 RNA-RNA 重排。U6 对 5′端剪接点、U2 对分支点、U5 对外显子等的碱基配对都逐一分离,各 snRNP 和蛋白因子从剪接体上的逐个解离。

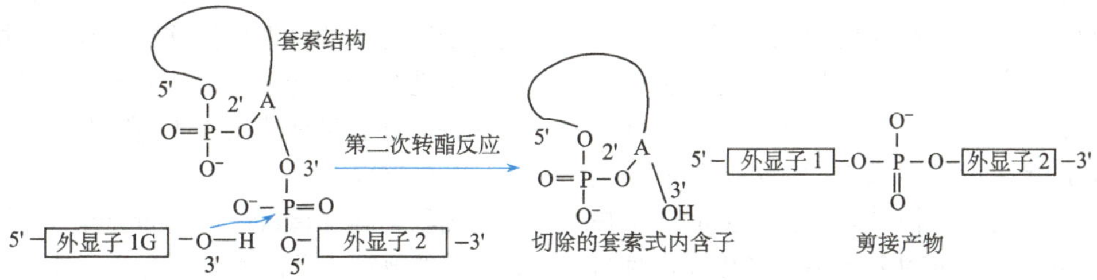

图 8.20 核 mRNA 前体剪接的第二次转酯反应
5'外显子 1 的 3'-OH 基攻击内含子 3'端剪接点

小结：剪接体上剪接反应的生化本质是磷酸二酯键转移，又称转酯反应。共发生两次转酯：第一次转酯是在有 ATP 供能前提下，剪接体内先由内含子的分支点 A 的 2'-OH 进攻 5'端剪接点 pG，形成 5',2'-磷酸二酯键，形成套索中间产物；第二次转酯：外显子 1 的 3'端对内含子 3'端剪接点亲核进攻，U5 使 5'外显子移动、定位，接着在外显子 Ⅰ 和 Ⅱ 间发生第二次转酯形成 5',3'-磷酸酯键，产生两个外显子的连接产物和一个有套索结构的内含子。

8.2.5 真核生物 mRNA 前体的选择性剪接

高等真核生物中的内含子通常是有序地或组成性地从 mRNA 前体中被剪接，但在个体发育或细胞分化不同时期，也可以有选择性地越过某些外显子或某个剪接点进行选择性剪接，产生出组织或发育阶段特异性的 mRNA，即一个基因的初始转录产物在不同的分化细胞、不同的发育阶段、乃至不同的生理状态下，可以有不同的剪接方式，得到不同成熟的 mRNA 和蛋白产物，称为选择性剪接(alternative splicing)，所产生的多个蛋白质即为同源体蛋白(isoform)。果蝇性分化是由一系列基因产物相互作用的结果，通过关键基因转录物的选择性剪接，决定雄性和雌性。真核生物中，大约 5% 的 mRNA 前体有一种以上的剪接方式，如 α 原肌球蛋白基因可得到 10 个不同蛋白产物；肌钙蛋白可产生 64 个蛋白质同源体；在人类，至少有 60% 的基因初始转录产物可发生选择性剪接。这种通过选择性剪接产生多种不同的 mRNA 分子或蛋白产物的方式，能够保证各同源蛋白之间既有大致相同的结构或功能域，又具有特定的性质差异。选择性剪接能够决定一个基因蛋白产物的性质，因此在基因表达的调节控制中起着十分重要的作用。

（1）选择性剪接举例

在小鼠免疫球蛋白 μ 重链基因中存在着交替剪接的现象。μ 重链基因有两种形式：分泌型(μs)和膜结合型(μm)。两种蛋白差异在它们的 C 端，膜结合型有疏水区域，能将蛋白质锚定在膜上，而分泌型则无这种现象。利用分子杂交证明这两种蛋白结构中的部分序列是由 mRNA 前体的不同区段编码的，它们的 5'端相同，3'端则不同。对生殖细胞 μ 重链恒定区基因的克隆分析证实，分泌型和膜结合型的 3'端区域位于不同的外显子上，即一种共同的 mRNA 前体，采取两种不同的剪接方式，得到两种成熟 mRNA，分别编码分泌型和膜结合型两种蛋白质。这种对 mRNA 前体的交替剪接使一个基因能够产生两种或更多种结构和功能都有所不同的蛋白质产物，大大增加了真核生物基因产物的多样性，如图 8.21 所示。

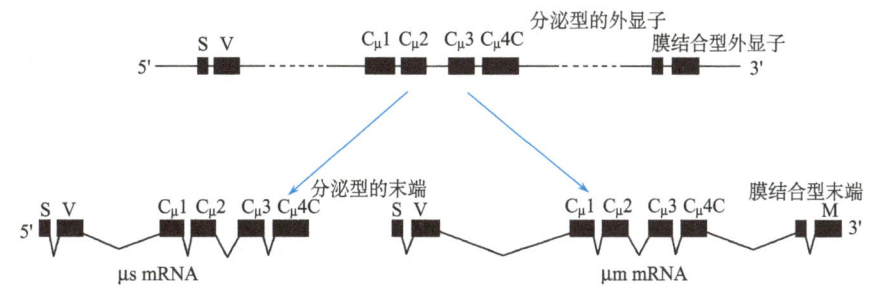

图 8.21 小鼠免疫球蛋白 μ 重链基因的选择性剪接

黑长方块代表外显子；S 代表外显子编码信号肽；V 代表外显子编码蛋白可变区；C 代表外显子编码蛋白恒定区；$C_\mu 4\ C$ 是分泌型 μs mRNA 末端编码区

果蝇的性别由 3 个基因的 pre-mRNA 选择性剪接决定，3 个基因分别是 *sxl*（性别致死基因）、*tra*（转换基因）、*dsx*（双性别基因）。当这些基因转录物进行雄性特异剪接，就导致雄性个体的发育；而这些基因的转录物进行了雌性特异剪接，则导致雌性个体发育。*sxl* 基因转录物的雌性特异剪接能产生活性蛋白产物 Sxl，而 *sxl* 转录物的雄性特异剪接产生无活性蛋白（因剪接形成的 mRNA 内有一个外显子含有终止密码子）。Sxl 能进一步增强 *sxl* 基因转录物的雌性特异剪接，同时也引发 *tra* 基因转录物的雌性特异剪接，产生有活性的 Tra 蛋白。在功能型 Tra 蛋白和一组 SR 蛋白（富含 Ser 和 Arg 的蛋白）协同作用作用下，特异剪接 *dsx* 基因的 pre-mRNA，最终产生了雄性和雌性特征性的 Dsx 蛋白，后者参与了在性别分化中的一系列生理生化反应，决定了雌/雄果蝇的诞生。在果蝇性别决定的选择性剪接连锁反应中，由于 sxl 和 tra 的产物能分别决定 *tra* 和 *dsx* 转录物的剪接位点，能确保特异性剪接模式的发生，所以这些蛋白是剪接因子（图 8.22）。

哺乳动物降钙素（calcitonin）mRNA 前体的剪接是选择性的剪接。降钙素基因有 6 个外显子。它的原初转录物 3′端有两个 poly(A)位点，其中一个显现于甲状腺中，另一个表现在大脑中。在甲状腺中，通过剪接产生降钙素 mRNA，包括外显子 1～4。在大脑中剪接去除降钙素外显子 4，产生一个降钙素基因相关多肽（CGRP）的 mRNA。由此，同一基因在不同组织中由于剪接加工的不同而得到了两种不同的激素，如图 8.23 所示。研究发现大鼠 α 原肌球蛋白基因的初始转录物

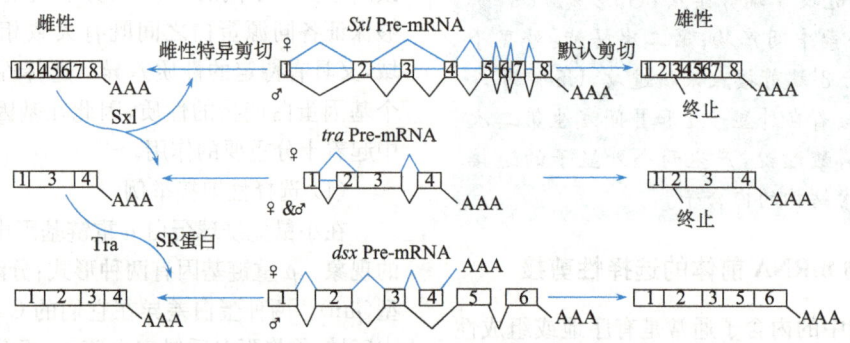

图 8.22　果蝇性别决定的选择性剪接（引自 Baker，1989）

sxl、*tra* 和 *dsx* 基因 pre-mRNA 的结构在雌性和雄性果蝇个体中都一致（图中部所示）。雌果蝇特异剪接模式和雄果蝇特异剪接模式分别在结构图的上方和下方标出。Sxl pre-mRNA 的雌性特异剪接将 1、2、4～8 这 7 个外显子拼接在一起，切除了外显子 3，产生有活性的 Sxl 蛋白；而雄性特异剪接涉及全部 8 个外显子的拼接，其中外显子 3 含终止密码子，故产生短的无活性蛋白；*tra* pre-mRNA 的雌性特异剪接涉及 1、3、4，产生有功能的 Tra 蛋白；雄性特异剪接涉及全部 4 个外显子的拼接，其中外显子 2 含终止密码子，产生无活性蛋白。左侧长箭头指示基因产物对剪接有促进效应，即 Sxl 蛋白会引发 *sxl* pre-mRNA 和 *tra* pre-mRNA 的雌性特异剪接。雌性 *tra* 基因产物引发 *dsx* 基因转录物的特异剪接，在 Tra 蛋白和其他剪接因子协同作用下，特异剪接 *dsx* 基因的 pre-mRNA，产生了雌性和雄性特征性的 Dsx 蛋白，决定性别分化

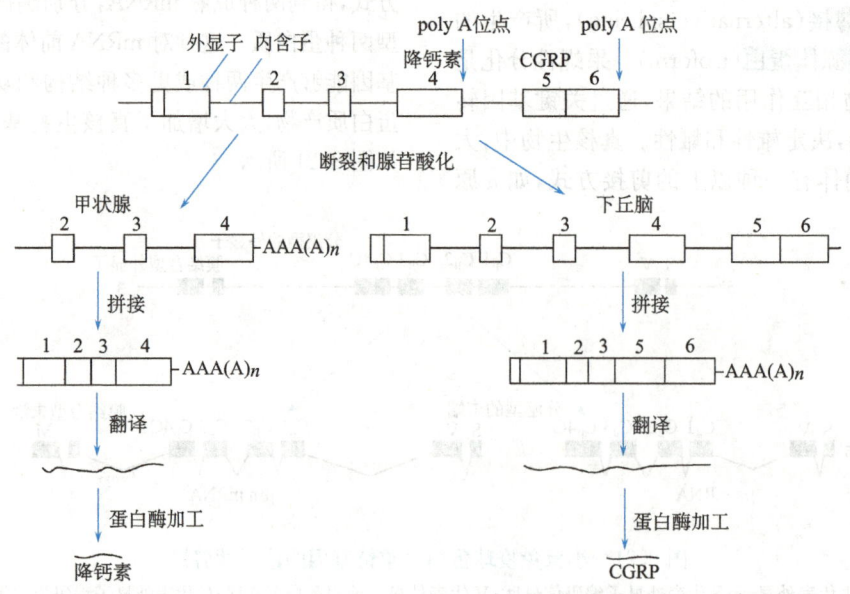

图 8.23　降钙素 mRNA 前体的选择性剪接示意图

在不同细胞类型中通过至少7种不同剪接方式产生不同的 mRNA 产物,这是 mRNA 前体剪接具有细胞和组织特异性的例子。

> **小结**:一个基因的初始转录物在不同分化细胞、不同发育阶段乃至不同生理状态下,可以用不同的剪接方式得到不同的成熟 mRNA 和蛋白产物,称为选择性剪接,所产生的多个蛋白质即为同源体蛋白。小鼠免疫球蛋白 μ 重链基因中存在着交替剪接现象,交替剪接使一个基因能产生两种或更多种结构和功能都有所不同的蛋白产物,增加了真核生物基因产物多样性;果蝇选择性连锁剪接能够决定雌性和雄性;降钙素 mRNA 前体选择性剪接说明同一基因在不同组织中因剪接方式不同得到了两种不同的激素。

(2) 选择性剪接的方式

选择性剪接能使某个外显子留存于一个 mRNA 中,而在另一个 mRNA 中不存在。在前一种情况下它被定义为外显子;而在后一种情况下它却被作为外显子之间的内含子而切除,这种选择性剪接可从一段 DNA 序列产生有部分重叠序列的或部分缺失序列的多种蛋白质。有的选择性剪接通过包含或排除终止密码子而调节功能蛋白的表达。选择性剪接的方式有许多种,包括采用不同启动子或不同的 3′端 polyA 位点得到 5′端和 3′端不同的初始转录物等,如图 8.24 所示。

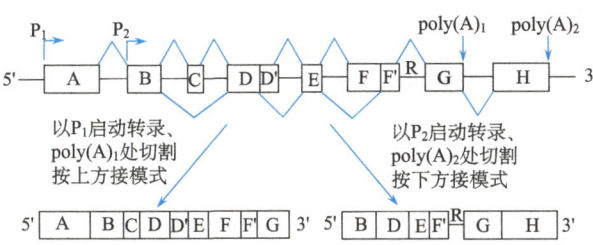

图 8.24 多种选择性剪接模式示意图

对可能产生的 mRNA 可变剪接模式(选择性剪接)进行归纳,至少有 6 种方式。6 个不同的决定性位点在图 8.24 中从左至右依此描述如下:

1) 从 P1 处起始转录,则外显子 1 出现在转录产物中;若从 P2 处起始转录,则转录产物将缺失外显子 1。

2) 在剪接过程中如果对外显子 C 识别错误,将导致下方的剪接模式中对外显子 C 剪接的遗漏。

3) 对外显子 D 内 5′-选择性剪接位点(位于 D 和 D′之间,对 D′而言是 5′端)的识别和切除会导致 D′在经历下方的剪接模式后缺失,即 5′-剪接位点的可变性将导致某个外显子的部分序列在 mRNA 分子中出现或缺失。

4) 对外显子 F 内 3′-选择性剪接位点(位于 F 和 F′之间,对 F 是 3′端)的识别和切除会导致 F 在经历下方的剪接模式后缺失,即 3′-剪接位点的可变性将导致某个外显子的部分序列在 mRNA 分子中出现或缺失。

5) 对 R 内含子识别的错误将导致 R 在经历下方所示剪接模式后,保留在 mRNA 分子中,即内含子未被识别并切除。

6) 多聚腺苷化作用引起 pre-mRNA 在 poly(A)位点 1 处被切割,导致下游外显子 H 缺失。可见如果在图 8.24 中的 6 个剪接、加工等位点上,假设每个位点发生 2 个不同的事件,则在连续的 6 个位点上将会产生 $2^6 = 64$ 种不同的剪接加工产物。

8.2.6 RNA 的自我剪接

1. Ⅰ型内含子的自我剪接

20 世纪 80 年代初,Cech 等在研究纤毛原生动物四膜虫(*Tetrahytnena*) 26S rRNA 前体的内含子时,发现它的 rRNA 内含子能够自我剪接(self-splicing),而无需剪接体。后来在细菌中也发现了有这类内含子。RNA 自我剪接分为两种类型,即Ⅰ型和Ⅱ型。Ⅱ型内含子的自我剪接与 mRNA 前体的剪接体剪接类似,只是催化机制有所不同(图 8.25)。

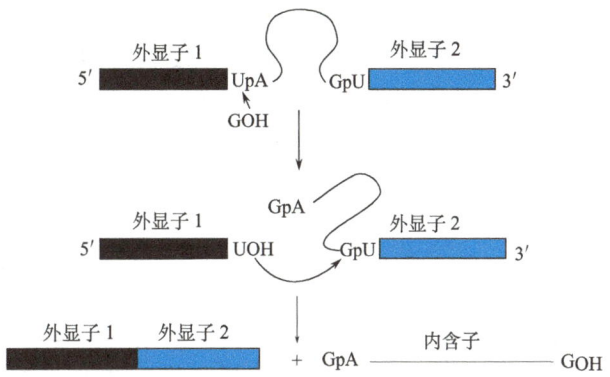

图 8.25 rRNA 内含子的自我切除和两个外显子的连接
G 攻击内含子 5′端的 A,释放外显子 1,产生中间物,外显子 1 攻击外显子 2,完成剪接反应,释放线状内含子,两个外显子连接

Cech 等的研究发现,rRNA 内含子在自我切除的同时,发生了两个外显子的连接。将四膜虫 rRNA 基因克隆到质粒中,并与 *E. coli* RNA 聚合酶一起保温,发现转录产物除了有约 400nt 的 rRNA 前体内含子外,还有一些小片段。从凝胶中回收 rRNA 前体,在无蛋白条件下保温培养,并电泳观察。单一的 rRNA 前体又可形成小电泳条带,其中移动最快的是 39nt 的条

带,测序后发现它相当于 413nt 的 rRNA 内含子中的最初 39nt 的片段。进一步将四膜虫 26S rRNA 基因的一部分(含第 1 个外显子 303bp 和完整的内含子 413bp 及第 2 个外显子 624bp)克隆到含噬菌体 SP6 启动子的载体内,用 SP6 RNA 聚合酶转录该重组质粒,获得 rRNA 前体的部分片段,当该产物与 GTP 一起保温,得到剪接产物,但缺乏 GTP 时无剪接反应。证明了 rRNA 前体的确发生了自我剪接,Ⅰ型内含子的自我剪接是依赖 GTP 的反应。

Ⅰ型内含子的剪接主要是转酯反应 与 mRNA 前体在剪接体上的内含子剪接类似,Ⅰ型内含子剪接也有转酯反应。区别是第一个转酯反应不是由内含子内部核苷酸介导,而由一个游离的外源鸟苷或鸟苷酸(GMP,GDP 或 GTP)介导。外源鸟苷酸(或鸟苷)提供 3'-OH 基团,亲核攻击内含子 5'剪接位点的磷酸二酯键进行切割。并以新形成的磷酸二酯键将 G 转移到内含子的 5'端,而在上游外显子末端产生新的 3'-OH。在第二个转酯反应中,上游外显子 3'-OH 攻击内含子 3'剪接位点的磷酸二酯键引起切割。两个外显子连接并释放线性的内含子。两个转酯反应是连续的,即外显子连接和线性内含子的释放同时进行,实验未能得到游离的 5'外显子和 3'外显子。第三次转酯反应是线性内含子的环化,发生在已切除的内含子片段中,内含子的 3'-OH 攻击其 5'端附近的第 15～第 16 残基间的磷酸二酯键,切断了线性内含子 5'端第 15～第 16 残基间的磷酸酯键,从 5'端失去 15nt 片段,形成一个 399nt 的环。环状内含子继续在形成磷酸酯键的相同位置再次切开,从 5'端再次切去 4nt,最终产物是更短的线性内含子,如图 8.26 所示。

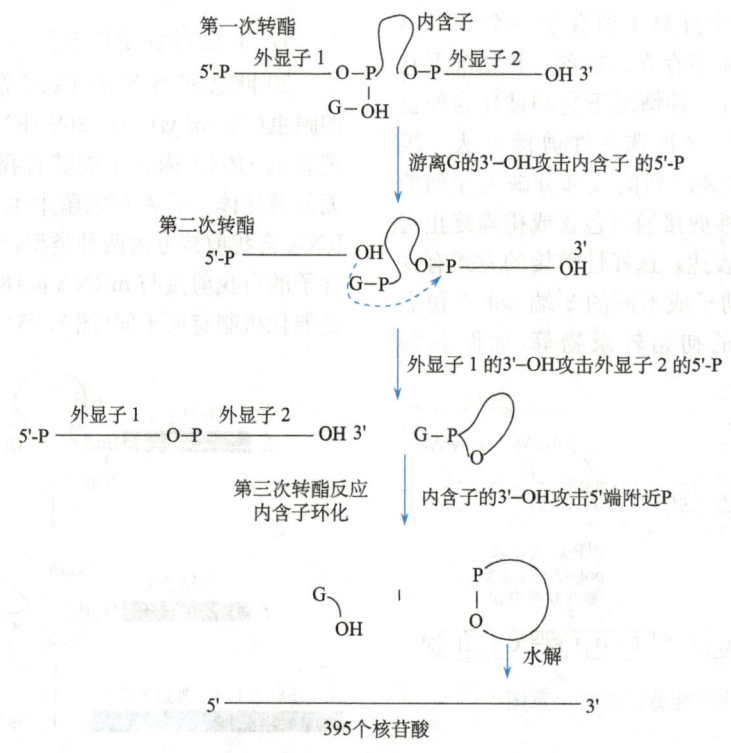

图 8.26　四膜虫 35S rRNA 前体的剪接

Ⅰ型内含子的结构　Ⅰ型内含子剪接的重要特点是自我催化(self-catalysis),即 RNA 本身具有酶的活性,称为核酶(ribozyme)。Ⅰ型内含子自我剪接活性依赖于 RNA 分子中的碱基配对结构。通过比较不同Ⅰ型内含子的结构,描绘了包括 9 个主要碱基配对区域的模型,如图 8.27 所示。该结构包括一个由两个结构域构成的催化核心,每个结构域由两个碱基配对区构成。9 个主要的碱基配对区为 P1～P9,其中 P4 和 P7 分别含所有Ⅰ型内含子共有的保守短序列元件 P/Q 和 S/R,而其他配对区序列因内含子不同而异。Ⅰ型内含子自我剪接所需的最小催化活性中心由 P3、P4、P6 和 P7 组成。P1 包含上游外显子末端序列和内含子 5'端的内部引导序列(internal guide sequence,IGS),形成底物结合位点。Ⅰ型内含子有 9 个配对区(P1～P9)组成特征性二级结构。其中 P4 和 P7 的序列有保守性;P3、P4、P6 和 P7 构成催化中心,P1 由上游外显子和内含子的 IGS 配对产生。IGS 是内含子中能与外显子发生碱基配对的序列,这种配对易使剪接位点暴露而受到攻击,同时使剪接反应具有专一性。如内含子中 P1 配对区的序列是 IGS。

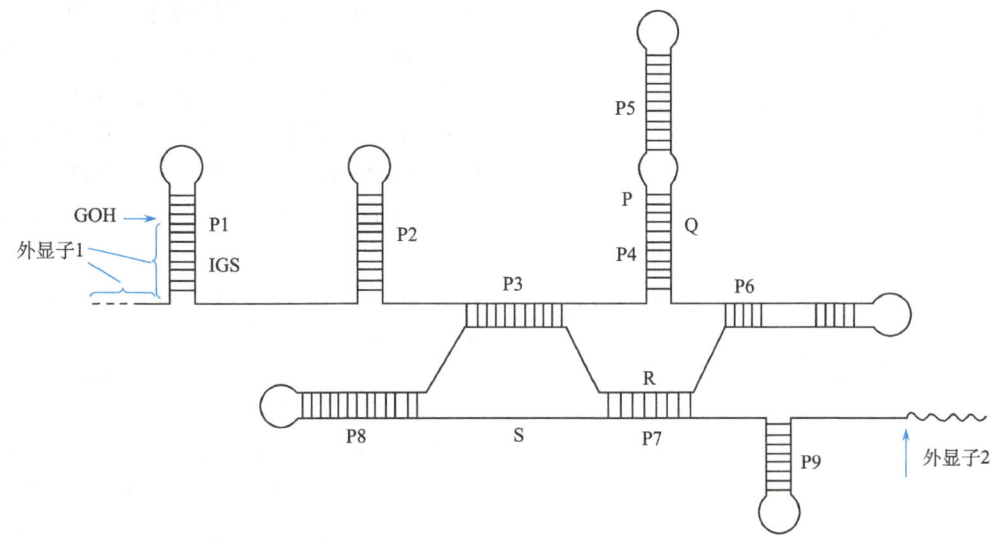

图 8.27　Ⅰ型内含子的二级结构

小结:Cech 等研究纤毛原生动物四膜虫 26S rRNA 前体内含子时发现了自我剪接内含子。RNA 自我剪接分两种类型,即Ⅰ型和Ⅱ型(Ⅱ型内含子的自我剪接与 mRNA 前体的剪接体剪接类似)。Ⅰ型内含子剪接也有转酯反应,但第一个转酯反应不由内含子内部核苷酸介导,而由一个游离的外源鸟苷或鸟苷酸介导,Ⅰ型内含子的特点是本身具有酶活性,称为核酶。Ⅰ型内含子有 9 个主要的碱基配对区:P1~P9,以及内部引导序列(IGS),IGS 能与外显子发生碱基配对,使剪接位点暴露而被剪接,反应具有专一性。

Ⅱ型内含子的剪接　Ⅱ型内含子也是自我剪接内含子,与Ⅰ型的区别在于转酯反应无需外源游离鸟苷酸或鸟苷启动,而是由其内含子靠近 3′端的腺苷酸 2′-OH 攻击内含子 5′-磷酸基引起(A 进行分子内攻击),经两次转酯后,内含子形成套索结构而被切除,两个外显子得以连接,如图 8.28 所示。Ⅱ型内含子主要见于某些真核生物的线粒体和叶绿体 rRNA 基因中。

Ⅱ型内含子的结构特点与剪接机制　Ⅱ型内含子结构保守而复杂,在细胞内的存在受到限制,其自我剪接的活性有赖于它的二级结构和进一步折叠的构象。Ⅱ型内含子 5′端和 3′端剪接位点序列为 5′→GUGCG…YnAG→3′,符合 GU…AG 规则。由 6 个结构域(d1~d6)形成特征性二级结构。d5 与 d6 在空间上靠近形成催化活性中心,见图 8.29。

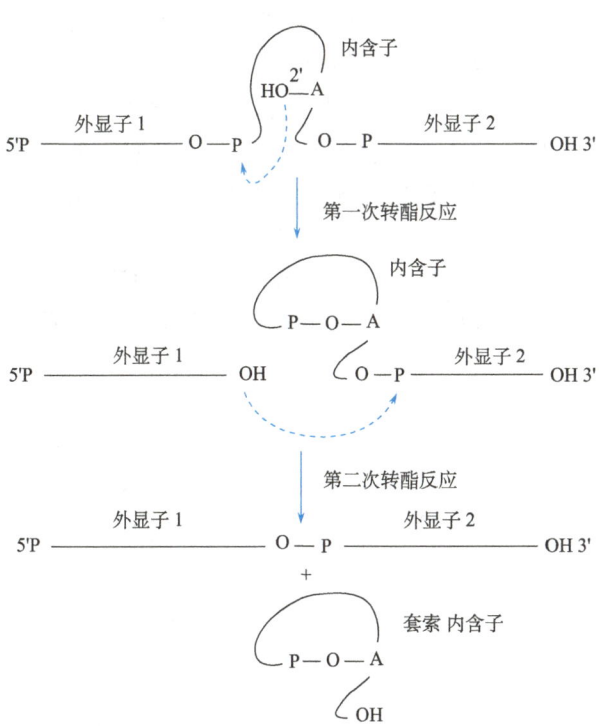

图 8.28　Ⅱ型内含子的自我剪接

Ⅱ型内含子剪接机制如下:

1) 在内含子靠近 3′端 d6 结构中的分支点保守序列上 A 的 2′-OH 向第一个外显子的 3′-OH 端发动亲核进攻,切下外显子 1(第一次转酯);

2) 内含子 5′端的 G 以 5′-P 与分支点 A 的 2′-OH 基形成磷酸二酯键,产生套索结构;

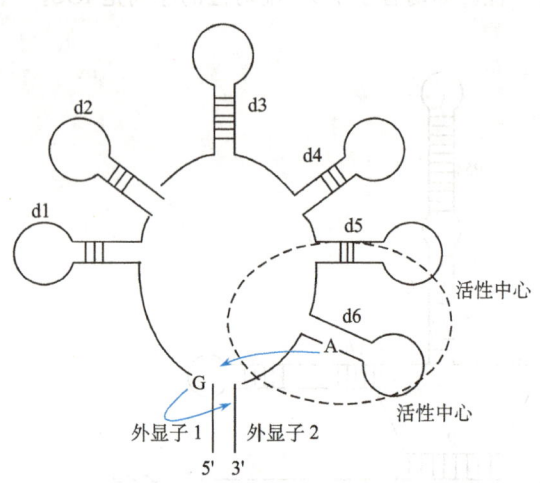

图 8.29 Ⅱ型内含子的二级结构

3) 第一个外显子的 3′-OH 基对内含子 3′ 剪接位点进行亲核攻击,切断外显子 2 的 5′-P 与内含子 3′-OH 形成的磷酸酯键,形成外显子 1 与外显子 2 之间的 3′,5′-磷酸二酯键,两个外显子被连接,完成第二次转酯;④释放有套索结构的内含子(图 8.29)。

2. 几种自我剪接内含子的剪接比较

图 8.30 显示了自我剪接的Ⅰ型和Ⅱ型内含子,核 pre-mRNA 剪接体剪接过程的比较,可以看出它们在结构与功能上具有进化相关性。

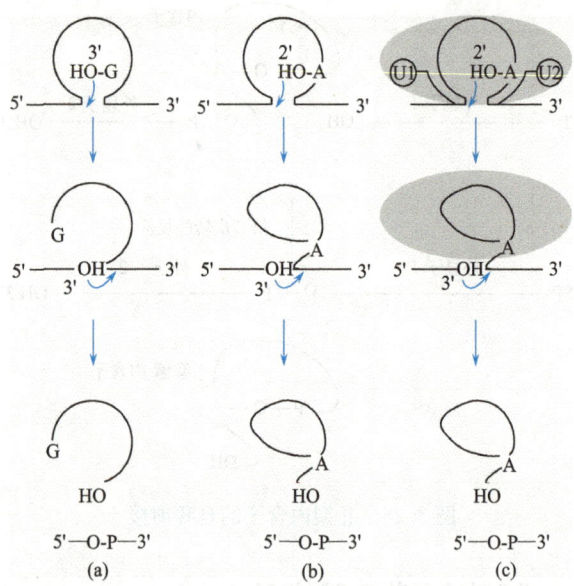

图 8.30 内含子剪接过程的比较

(a) Ⅰ型内含子由 G3′-OH 发动剪接;(b) Ⅱ型内含子内部分支点 A2′-OH 发动剪接;(c) 剪接体分支点 A 的 2′-OH 的作用;三种类型内含子剪接的第二个转酯反应相似

核剪接体内含子与Ⅱ型内含子比较　与核 mR-NA 内含子必须形成复杂的剪接体相比,Ⅱ型内含子的剪接机制较简单。Ⅱ型内含子的套索结构看起来类似于核 pre-mRNA 剪接体剪接。在剪接体内 pre-mRNA 内含子的整个形态和Ⅱ型内含子自我剪接时的形态都十分相类似,表明剪接体的 snRNA 和Ⅱ型内含子的催化部位之间有功能相似性。剪接体中 snRNA 所具备的各种结构相当于Ⅱ型内含子的结构信息。这些 snRNA 的功能来自在进化早期的自我剪接系统。例如,U1 snRNP 和 5′ 剪接位点配对,U2 和分支点的序列配对等,都取代了原来内含子本身的相关序列间的配对。所以 snRNA 和 pre-mRNA 间的相互作用取代了Ⅱ型内含子剪接中出现的一系列构象变化。图 8.31 和图 8.32 显示了 U6 snRNP 和 U2 snRNP 的 RNA 碱基先互补配对后,U2 snRNP 又与内含子分支点互补,形成剪接体活性中心,以及Ⅱ型内含子在分子内结构域之间碱基互补形成相似的剪接活性中心。随着剪接过程变得更加复杂,某些原来的 RNA 自我催化功能逐步由蛋白质承担了,因为蛋白质具有更加高级而复杂的调控功能和高效的催化功能。

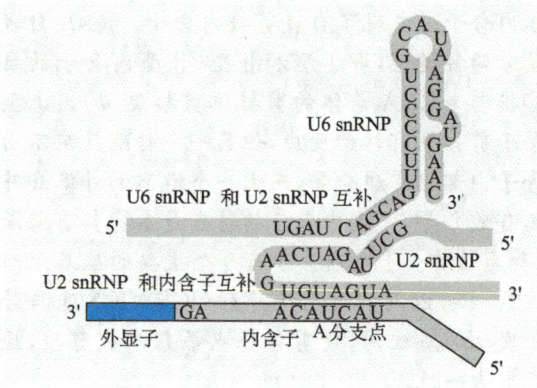

图 8.31 U6 和 U2 碱基配对、U2 snRNP 又与分支点互补

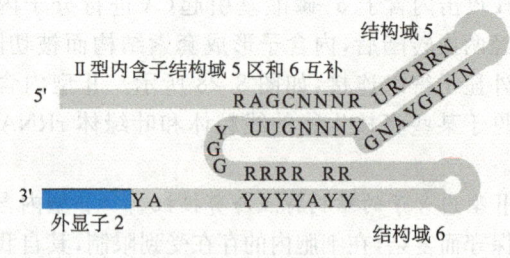

图 8.32 Ⅱ型内含子分子内结构域之间碱基互补

核剪接体内含子与Ⅰ型内含子剪接比较　核 pre-mRNA 剪接体使用内含子自身的一个核苷酸,而Ⅰ型内含子在剪接反应使用外源鸟苷酸或鸟苷。Ⅰ型内含

子使用鸟苷酸或鸟苷相当于剪接体内含子上分支点的腺苷酸,但不形成套索结构。

Ⅰ型内含子与Ⅱ型内含子剪接比较　Ⅰ型与Ⅱ型内含子都能完成自我剪接,区别在于Ⅱ型内含子的转酯反应无需游离鸟苷酸或鸟苷的启动,而由内含子内部的腺苷酸引起,Ⅱ型剪接中间体形成套索结构;Ⅰ型内含子剪接由鸟苷酸或鸟苷启动,剪接中间体不形成套索结构。

小结:Ⅱ型内含子是自我剪接内含子,与Ⅰ型的区别是转酯反应无需外源游离G启动,而是由内含子靠近3′端的A2′-OH攻击内含子5′-磷酸基引起,经两次转酯,内含子形成套索被切除,两个外显子得以连接。Ⅱ型内含子5′和3′剪接位点序列为5′↓GUGCG…YnAG↓3′,符合GU…AG规则。几种自我剪接内含子的剪接比较:核mRNA内含子必须形成复杂的剪接体,Ⅱ型内含子的套索结构类似于核pre-mRNA剪接,剪接体的snRNA和Ⅱ型内含子催化部位间有功能相似性。核pre-mRNA剪接体用内含子自身的核苷酸,而Ⅰ型内含子在剪接中用外源G。Ⅰ型内含子用G相当于剪接体内含子上分支点的A但不形成套索结构。Ⅰ型与Ⅱ型的区别:Ⅱ型的转酯反应无需G启动而由内含子内部的A引起,Ⅱ型剪接中间体形成套索;Ⅰ型内含子剪接由G启动,剪接中间体不形成套索。

8.2.7　核酶

1981年,Cech等发现四膜虫rRNA前体的内含子具有自我剪接的功能,随后发现RNaseP中的M1 RNA在高浓度Mg^{2+}时,能单独催化tRNA前体5′端的剪切。后来研究又发现,T4RNA也能进行自我剪切,以及一些植物的类病毒(virod)、拟病毒(virusoid)和卫星RNA等在复制过程中也能自我剪切和环化。20世纪90年代初研究在核糖体上进行蛋白质生物合成时发现,肽酰转移酶的活性是由核糖体大亚基中的rRNA执行的,核糖体大亚基中的蛋白质起着辅助作用。核酶(ribozyme)的催化功能与其空间结构密切相关。迄今已知有多种特殊结构的核酶,如最早发现的RNaseP中的亚基(M1 RNA)、锤头型、发夹型、丁型肝炎病毒(HDV)基因组和反基因组、类型Ⅰ和Ⅱ类型自我剪接内含子等。锤头型、发夹型和HDV正负链核酶均能促使自身或底物RNA裂解,产生2′,3′环磷酸酯和5′-OH端。从对Ⅰ型和Ⅱ型内含子自我剪接的研究提出了核酶的概念,同时认为RNA不仅是信息传递体,还是生物催化剂,由此人类对RNA的生物学功能有了新认识。

(1) 核酶的类型

核酶泛指一类具有催化功能的,一般无需蛋白参与或不与蛋白结合就具有催化功能的RNA分子。除了Ⅰ型和Ⅱ型内含子的剪接酶功能外,核酶还有核苷酸转移酶、RNA限制性内切酶、磷酸转移酶和磷酸酯酶等多种酶活性。

已发现的核酶分为两类:①剪接型核酶;②剪切型核酶。

剪接型核酶　指RNA分子被磷酸二酯酶水解切割后,伴随着形成新的磷酸二酯键,即催化磷酸二酯键的转移反应或称转酯反应的酶。剪接型核酶具有序列特异的核酸内切酶、RNA连接酶等多种酶活性。根据剪接型核酶自我剪接的催化机理,这类酶又分为两种。① 催化反应需要Mg^{2+}和G等辅因子参与。典型代表是四膜虫rRNA前体、酵母线粒体细胞色素b的mRNA前体、酵母线粒体核糖体大亚基的pre-rRNA、T4噬菌体中胸苷酸合成酶pre-rRNA等,都属于Ⅰ型内含子自我剪接;②催化反应只需要Mg^{2+},无需G参与,是Ⅱ型内含子自我剪接。剪接型RNA在酵母线粒体中较多,如细胞色素氧化酶的pre-rRNA,细胞色素C的pre-rRNA,脱辅基细胞色素b的pre-rRNA等。

剪切型核酶　这类核酶的作用是只剪不接,催化自身RNA或不同的RNA分子,切下特异的核苷酸序列。典型代表是M1 RNA。E.coli的RNaseP酶能特异地剪切tRNA前体5′端片段。RNaseP酶由一个20kDa的蛋白和377nt的M1 RNA组成。这两个组分单独存在时均无催化活性。但在有高浓度Mg^{2+}存在时,单独的M1 RNA也可催化tRNA前体5′端的剪切,当加入蛋白组分就促进了M1 RNA的催化活性。因此认为,M1 RNA是一种剪切型核酶,Mg^{2+}和蛋白质组分是它的辅因子。

除M1 RNA外,还有许多剪切型的核酶。如T4噬菌体的RNA前体,215个核苷酸的初始转录产物RNA能自我剪切成139个核苷酸的成熟RNA和76核苷酸的无活性片段。四膜虫rRNA前体的一个剪接产物L19,也是一种剪切型核酶,具有磷酸二酯酶、磷酸转移酶、酸性磷酸酶、RNA限制性内切酶和核苷酸转移酶这5种水解酶的活性。

(2) 核酶的结构

具有自我剪接或剪切能力的RNA大多数能形成锤头型结构(hammerhead structure)。锤头结构是一种RNA的二级结构,这种结构能满足催化剪切反应的需要。事实上无论是自我剪切型的酶,或是酶与底物RNA之间,只要能形成锤头二级结构,并具备11～13个特定核苷酸的保守序列,剪切反应就能在锤头结构的 GUN(N 为任意核苷酸)3′端自动发生(见图 8.33 的箭头所指处)。锤头结构包含 3 个茎环区及 13 个保守核苷酸构成的催化中心。

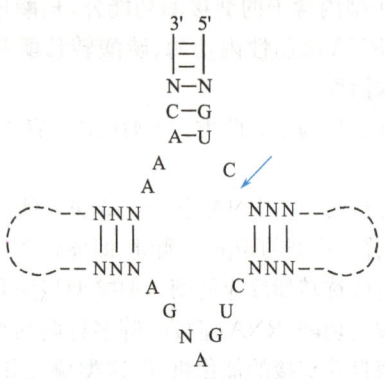

图 8.33　锤头型结构的核酶

具有催化功能的核酶,其活性部位是暴露在分子表面的一段保守核苷酸区域,无论 RNA 分子空间构象怎样变化,都在这个区域保持一种特定的分子环境,使得自身 RNA 分子断裂,也使另一底物分子断裂磷酸酯键或形成新磷酸酯键。核酶的 RNA 与底物 RNA 之间相互作用依赖于碱基配对形成一种催化环境。传统的蛋白质本质的酶和底物之间也是这种分子关系,所不同的是后者以氨基酸残基侧链基团提供这种相互作用的环境。

小结: 核酶泛指一类有催化功能的,无需蛋白参与或不与蛋白结合就有催化功能的 RNA 分子。除 I 型和 II 型内含子的剪接酶功能外,核酶还有核苷酸转移酶、RNA 限制性内切酶、磷酸转移酶和磷酸酯酶等多种酶活性。已发现的核酶有两类:①剪接型核酶,指 RNA 分子被磷酸二酯酶水解后伴随着形成新的磷酸酯键,即转酯反应,如四膜虫 rRNA 前体的内含子;②剪切型核酶,这类核酶的作用是只剪不接,催化自身 RNA 或不同的 RNA 分子,切下特异的核苷酸序列,如 M1 RNA。具有自我剪接或剪切能力的 RNA 大多数能形成锤头型结构,锤头结构能满足催化剪切反应的需要。

8.3　反式剪接

前面我们学习的剪接方式都称为**顺式剪接**(cis-splicing),因为所涉及的序列是存在于同一基因中的两个或多个外显子。还有另一种情况是几个外显子不在同一基因甚至不在同一条染色体上,这种剪接方式称为**反式剪接**(trans-splicing)。反式剪接存在于一些生物体中,包括营寄生和自主生活的蠕虫,如红细胞中的锥虫 mRNA、曼森血吸虫(*Schistosoma mansoni*)、似蚓蛔线虫(*Ascaris lumbricoides*)、眼虫(*Euglena*)、秀丽隐杆线虫(*Caenorhabditis elegans*)。

反式剪接现象最早发生在锥虫(Trypanosoma)中。锥虫是一种营寄生带鞭毛的原生动物,能导致一种非洲瞌睡病。Borst 等对编码锥虫表面包被蛋白的 mRNA 的 5′端和编码同一个蛋白质的基因 5′端测序时发现它们并不配对,这个 mRNA 含有 35 个额外核苷酸,在基因中不存在。随着测序越来越多的锥虫 mRNA,发现它们都含有相同的 35nt 前导区,称为**剪接前导区**(spliced leader, SL),但并无任何一个基因编码这种 **SL 序列**。深入研究发现,SL 由一个单一基因编码,这个小基因在锥虫基因组中重复了 200 多次,只编码 SL,外加一个 100nt 的序列,后者通过一个保守的 5′端剪接序列与 SL 相连,实际上这个小基因是由一个短的 SL 外显子组成,像内含子的 5′端。针对这一现象,Agabian 等提出了反式剪接的假说,认为在反式剪接中两种独立的转录物能被剪接在一起,其剪接中间体不是套索状,而是 Y 形中间体,后者是在内含子的分支点攻击与 SL 外显子毗邻的内含子 5′端时形成的。Y 形结构区别于一般套索状中间体的特征是在 Y 形结构中 SL 内含子的 3′端是游离的(图 8.34)。

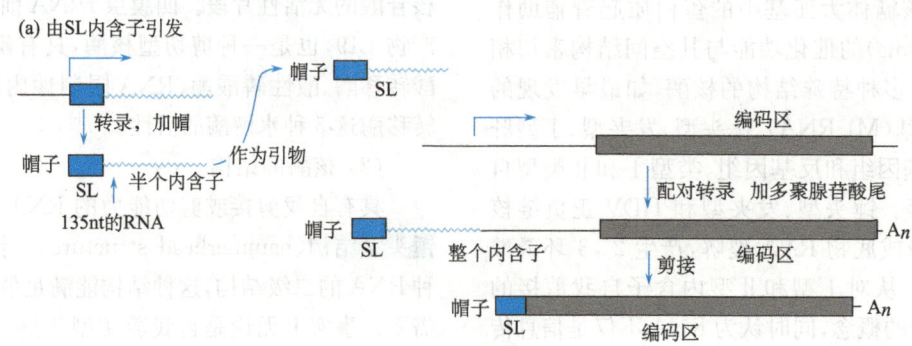

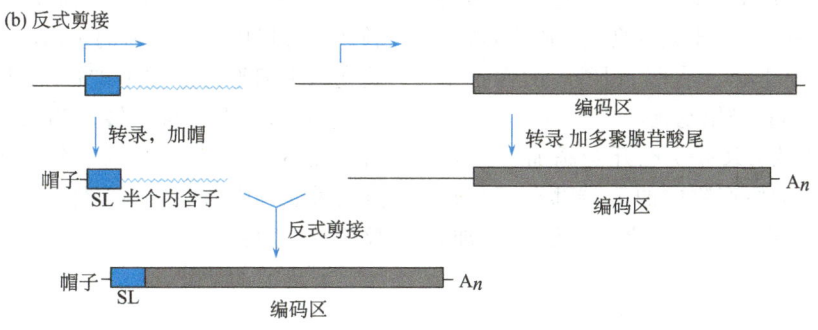

图 8.34 将剪接前导区(SL)连接到 mRNA 编码区的示意图

(a) 由 SL 内含子引发剪接,带有半内含子的 SL 转录产生 135nt 的 RNA,该 RNA 作为含有另半内含子的编码区转录的引物,产生一个包括 SL 和编码区及它们之间整个内含子在内的转录物。这个内含子产生成熟的 mRNA。(b) 反式剪接。带有半内含子的 SL 和带有半内含子的编码区分别转录,然后这两个分离的 RNA 经过反式剪接产生成熟的 mRNA

用能断裂 2′-5′磷酸二酯键的<mark>去分支酶</mark>(debranching enzyme)处理 Y 形中间体,产生一个 100nt 的副产物(图 8.35),这与套索中间体仅被简单地线性化的结果相反。用去分支酶处理后以 100nt 特异性核苷酸片段作为探针,对总 RNA 和有 poly(A)尾的 RNA 进行 Northern 杂交,结果显示两种 RNA 都出现了 100nt 的片段,从而证实了反式剪接假说。

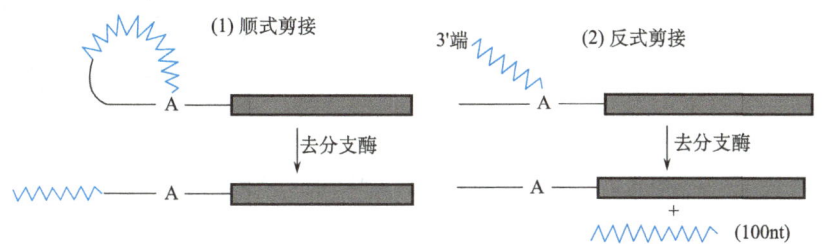

图 8.35 用去分支酶处理的剪接中间体

用去分支酶处理后,如果发生顺式剪接,则去分支酶只是打开套索使之呈线形化,而发生反式剪接时,100nt 的半内含子在 3′端是开放的而不是套索结构,去分支酶将它作为独立 RNA 释放(图 8.36)。

> **小结**:反式剪接是剪接发生在几个外显子不在同一基因甚至不在同一条染色体上的剪接。在反式剪接中剪接中间体不是套索状,而是 Y 形中间体,Y 形中间体是在内含子的分支点攻击与 SL 外显子毗邻的内含子 5′端时形成的。Y 形结构的特征是 SL 内含子的 3′端是游离的。用能断裂 2′-5′磷酸二酯键的去分支酶处理 Y 形中间体产生 100nt 的副产物,这与套索中间体仅被简单地线性化的结果相反。

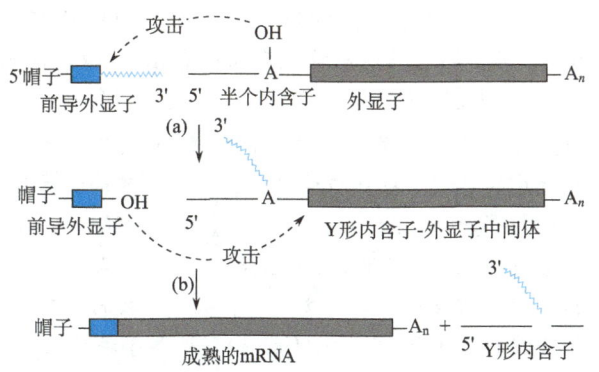

图 8.36 锥虫 mRNA 反式剪接的过程

(a) 连接编码外显子的半内含子中的分支点腺苷酸攻击前导外显子与其半内含子之间的连接产生 Y 形内含子-外显子中间体,类似于顺式剪接中所产生的套索中间体;(b) 前导外显子攻击分支内含子和编码外显子之间的剪接位点,产生成熟的 mRNA 和 Y 形内含子

8.4 mRNA 5′端加帽

真核生物的 mRNA 前体和绝大多数成熟的 mRNA 都具有 5′端帽子结构,5′端加帽(capping)修饰需要多种酶催化完成。在 mRNA 分子的 5′端都含有 7-甲基鸟苷(m^7GpppG),2′-O-甲基-AMP(2′-O-methyl-AMP,pAm)等组分,如图 8.37 所示。

真核细胞及病毒的 RNA 有 3 种帽子结构形式:Cap-0、Cap-1 和 Cap-2。所有的有帽子结构的 mRNA 中都有 Cap-0(m^7G)。Cap-0 分子中没有 2′-O-甲基-核

苷酸,只存在于某些病毒 RNA 中;Cap-1 存在于细胞和病毒 mRNA 中;Cap-2 存在于某些真核细胞中,占有帽 RNA 总量的 10%～15%。有些 snRNA 的帽子结构其鸟苷上有三个位点都被甲基化。

加帽过程　一般从 mRNA 5'端开始添加合成 5'帽子。已知在转录的初始产物中的 5'端都有三个磷酸基团(α、β、γ),5'帽子就在这些位置上逐步添加。

Moss 等研究小组用模式底物和分离的牛痘病毒和呼肠孤病毒提供加帽所需的蛋白酶(这两类人类病毒都是在宿主细胞的胞质中进行复制而无需进入细胞核内,它们的壳内有自身转录和加帽的系统)在体外进行了加帽实验,证实了以下分步加帽顺序和过程(在这两种病毒内所发生的事件顺序一致)。分步加帽的反应顺序为:

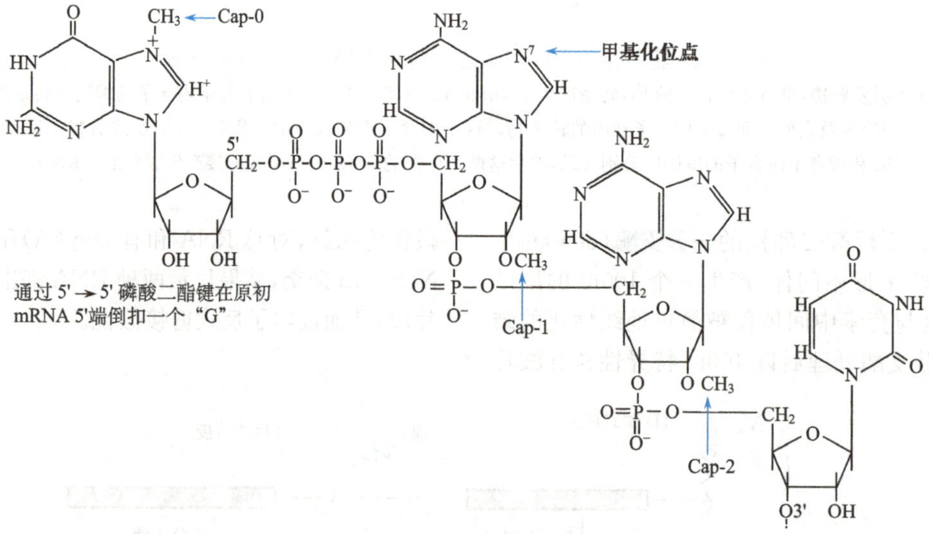

图 8.37　绝大多数成熟的 mRNA 的 5'端帽子结构

① 核苷磷酸水解酶(RNA 三磷酸酶)从生长着的 RNA 5'端切去 γ-磷酸基团。② 鸟苷酸 7-甲基转移酶将来自 GTP 的 GMP 连接到 RNA 5'端的 β-磷酸基上,形成 5',5'-三磷酸,封闭了 RNA 的 5'端。③ 2'-O-甲基转移酶催化 S-腺苷甲硫氨酸(SAM)甲基转移到 Cap-0 帽子 G 的 N^7 位。④ 另一分子甲基转移酶催化将另一分子的 SAM 连接到从 5'端数的第二个核苷酸(Cap-1)的 2'-OH 上,使之甲基化(图 8.38)。

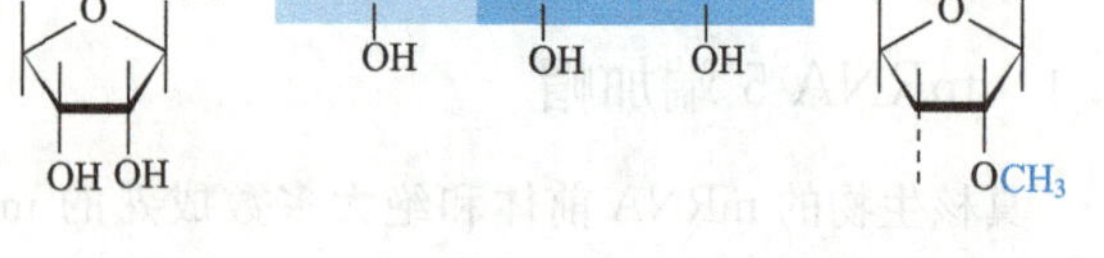

图 8.38　在三磷酸基团连接中磷酸基团的来源
左侧 α 位磷酸是帽子 GTP 中的 Cap-0;右侧 α 位和 β 位磷酸基团来自起始核苷酸

在以上 4 步反应后,继续由甲基转移酶催化随后的 cap-2 的 2'-OH 甲基化及嘌呤核苷酸 N^7 位甲基化,形成 mRNA 5'端不同种类的帽子结构。

无论在体外(*in vitro*)或体内(*in vivo*),甲基转移酶催化的反应都十分迅速。实验发现,腺病毒 mRNA 在转录的中后期或延伸到 70nt 之前就已加帽,真核细胞内加帽发生在前体 mRNA 延伸到 30nt 之前,Cap-0(m^7GpppG)就已结合上去,说明 mRNA 几乎一诞生就戴上了帽子。少数例外的是疱疹口炎病毒 mRNA 戴帽子在剪接后进行。帽子是 GTP 和原 mRNA 5'端三磷酸核苷酸缩合的产物,新加上的鸟苷酸与 mRNA 链上所有其他核苷酸方向正好相反,像一顶帽子戴在了头顶上(5'端 mRNA 链),由此而得名。

小结:5'端加帽需要多种酶催化完成,加帽是分步而有顺序的过程。核苷磷酸水解酶去除 5'端的 γ-磷酸基;鸟苷转移酶在此末端(β-磷酸基)加上 GMP(Cap-0)形成 5',5'-三磷酸,封闭 RNA 的 5'端;两种甲基转移酶分别将鸟苷第 7 位的 N 和从 5'端数的第二个核苷酸的 2'-OH 甲基化(Cap-1)。这些事件发生在前体 mRNA 延伸到 30nt 之前的转录早期。

帽子结构的功能　帽子结构有 4 种功能:①保护 mRNA 免受核酸酶降解;②加强 mRNA 的可翻译性;③增强 mRNA 从细胞核到胞质的转运;④提高 mRNA 剪接效率。

1) 对 mRNA 的保护作用,使 mRNA 免受核酸酶从 5′端开始的降解。细胞中有许多核酸酶能水解 mRNA,无帽时有可能在 mRNA 还未完全转录或尚未到达发挥功能的细胞部位就已开始被降解。如珠蛋白 mRNA 在去除 5′端的 m^7GpppG 后,稳定性降低,翻译活性明显下降。将人工合成的呼肠孤病毒 RNA 的 5′端加 m^7GpppG 帽或加 GpppG 帽及不加帽,将这 3 种处理的 RNA 分别注入非洲爪蟾卵母细胞,在一定时间间隔取样,甘油梯度超速离心中分析 RNA 发现 3 种 RNA 都被降解了,但 5′端无任何结构的 mRNA 降解最快,说明失去 5′帽子结构保护的 mRNA 十分不稳定。

2) 加强 mRNA 的可翻译性。真核生物的 mRNA 依靠帽子结合蛋白识别帽子,如果没有帽子,帽子结合蛋白不能结合到 mRNA 上,后者的翻译能力下降,因此帽子结构的存在能促进蛋白质的合成。Gallie 在一次活体实验中,描述了帽子对翻译的促进作用。Gallie 分别将有帽和无帽,同时有和无 poly(A) 的萤火虫萤光素酶 mRNA 导入烟草细胞(因荧光素酶在有荧光素和 ATP 条件下能发光,故很容易检测)发现,3′端的 poly(A) 和 5′端帽子都能协同增强荧光素酶的稳定性和翻译效率。对已加帽的 mRNA,poly(A) 尾可将其翻译效率提高 21 倍,同时加帽还可将含 poly(A) 尾的 mRNA 翻译效率提高 297 倍。在呼肠孤病毒中,含甲基化 5′端的 mRNA 在麦胚无细胞系统中蛋白质合成的速度比 5′端不含甲基的 mRNA 要快。用化学法除去 5′端的 m^7G 后,病毒 RNA 及珠蛋白 mRNA 的模板活性立即消失。说明带甲基的 5′端帽子是翻译所必需的。研究发现呼肠孤病毒中无 m^7G 的 mRNA 不能与核糖体的 40S 亚基结合,推测 m^7G 可能是蛋白质合成起始信号的一部分。

3) 5′端帽子能增强 mRNA 从细胞核到胞质的转运。在细胞中,只有成熟的 mRNA 才能被完整地运送,5′端帽子结构有利于成熟的 mRNA 从细胞核输送到细胞质。如大多数 U 系列 snRNA 基因都由 RNApol Ⅱ 转录,转录物在开始合成后很快在核内被帽化(加上单甲基化的 m^7G 帽子)。帽化后能迅速被转移到胞质内并结合 Sm 等蛋白而形成各自的 snRNP,同时,原来的帽子被进一步甲基化为三甲基鸟苷($m^{2,2,7}G$)。然后再次进入细胞核内,完成剪切等其他加工过程。有趣的是,U6 snRNA 是个例外,其基因由 RNApol Ⅲ 转录,缺乏 5′端帽子,仍保留着 5′端三磷酸,且留在核内。另外,所有 RNApol Ⅲ 合成的未加帽 U1 snRNA 被保留在核内,而聚合酶 Ⅱ 合成的 U1 snRNA 被运到胞质。这些结果也说明了加帽对于 U1 snRNA 往核外运输是必需的。

4) 帽子结构的存在能够提高 mRNA 剪接的效率。

小结:帽子结构有 4 种功能:①保护 mRNA 免受核酸酶降解;②加强 mRNA 的可翻译性;③增强 mRNA 从细胞核到胞质的转运;④提高 mRNA 剪接效率。真核生物 mRNA 依靠帽结合蛋白识别帽子。

8.5 mRNA 3′端的多聚腺苷酸化

绝大多数真核生物 mRNA 的 3′端都具有 poly(A) 尾(组蛋白基因除外)。mRNA 的 3′端加入 poly(A) 的过程称为 3′端多聚腺苷酸化(polyadenylation)。rRNA 和 tRNA 在 hnRNA 中就没有 poly(A) 尾。poly(A) 不是由转录产生的,因为在基因组中没有任何一个基因有一长段(串)T 序列能作为 poly(A) 的转录模板。研究发现,放线菌素 D(actinomycin D)能抑制转录反应,但不抑制多聚腺苷酸化,多聚腺苷酸化发生在转录之后,剪接之前。由核内的 poly(A) 聚合酶 [poly(A) polymerase,PAP] 催化 mRNA 前体的 3′端逐个添加 AMP,即在细胞核中的 hnRNA 阶段已加上了 poly(A),也就是说 poly(A) 尾是加在 mRNA 前体上的。然而有些 pre-mRNA 上内含子的剪切早于多聚腺苷酸化。mRNA 分子一旦进入细胞质,poly(A) 就开始不可避免地受到 RNase 的降解,然后再被胞质中的 poly(A) 聚合酶重新催化其延长。

poly(A) 的大小 poly(A) 尾的长度因 mRNA 种类不同而异,一般为 40~200nt。分析不同生物的 poly(A) 尾发现,大小平均约为 250nt。poly(A) 是从 mRNA 或 hnRNA 在被转录时从 3′端延伸。在从 3′端降解的 RNase 作用下,poly(A) 可从 mRNA 或 hnRNA 的 3′端很快被降解释放。由此,用 RNase 完全降解 poly(A) 尾所得产物是 1 分子的腺苷和约 200 个 AMP 分子,证明 poly(A) 的长度在 200~250nt。

poly(A) 的功能 在真核细胞中 poly(A) 普遍存在,具有以下功能。

1) 保护 mRNA,提高 mRNA 在细胞质中的稳定性。无 poly(A) 的 mRNA 虽可进入核糖体,但极不稳定。通常 poly(A) 短的 mRNA 半衰期也短,反之半衰期则长。用 E.coli 核酸酶处理珠蛋白 mRNA 去除 3′端原有的 poly(A),然后,将有和无 poly(A) 的两种 mRNA 分别注入爪蟾卵母细胞,观察它们合成珠蛋白(globin)的能力。在注射 mRNA 后 30~45min,两种 mRNA 合成蛋白能力无差异。60min 后无 poly(A) [poly(A)⁻RNA] 的 mRNA 合成的珠蛋白迅速下降,到 56h 后有 poly(A) 的 mRNA 蛋白合成能力仍维持相当水平,但无 poly(A)的 mRNA 蛋白合成只剩约 15%,证明 poly(A)的存在提高了 mRNA 的稳定性,因而也提高了翻译的能力。一般当 mRNA 刚从细胞核进入胞质时,其 poly(A)尾的长度基本与在核内时相当,随着 mRNA 在胞质内时间的延长就逐渐分级降解直至消失。细胞内某个特定 mRNA 群体总是包括新老程度不同[poly(A)长短不一]的 mRNA 分子。但其长短不影响 mRNA 翻译蛋白质的能力。

2) poly(A)能增强 mRNA 的可翻译能力(translatability)。在真核细胞 mRNA 翻译时有一种能结合在 poly(A)上的蛋白质称为 poly(A)结合蛋白Ⅰ[poly(A)-binding proteinⅠ, PABⅠ]。当 PABⅠ结合在 poly(A)上时,mRNA 的翻译效率大大增强。研究者设计了一个离体翻译实验,在兔内质网提取液中测定两种人工合成的兔 β 珠蛋白 mRNA 的翻译速度,一种有 poly(A),一种缺乏 poly(A)。并在兔 β 珠蛋白基因的下游插入不同长度的 T 序列,在噬菌体 SP6 启动子控制下的表达载体能获得不同 poly(A)长度的 β-珠蛋白 mRNA。poly(A)+β-珠蛋白 mRNA 翻译速度比 poly(A)−快得多,证实了 poly(A)− mRNA 的翻译效率很低。真核生物 mRNA 具有 poly(A)尾这一特性被广泛用于分子克隆,用寡聚 dT 片段与 mRNA 的 poly(A)配对,形成作为反转录酶合成 cDNA 链的"引物"。第一条 cDNA 链合成后,再以此为模板合成与 mRNA 编码链序列完全相同的第二条 cDNA 链。cDNA 技术的发现为研究低丰度 mRNA 提供了重要手段。尽管大部分真核生物 mRNA 有 polyA 尾,但细胞中仍有约 1/3 无 poly(A)的 mRNA,一般将带有 poly(A)的 mRNA 称为 poly(A)+,将无 poly(A)的 mRNA 称为 poly(A)−。Jacobson 等人对爪蟾卵母细胞提取液(无细胞体系)的 mRNA 稳定性研究,发现在有 5′端帽结构存在时,3′端 poly(A)能激发荧光素酶 mRNA 的转录,poly(A)尾对 mRNA 的稳定性影响最多是加倍,而荧光素酶的表达量却增加了 20 倍。因此说明了 poly(A)尾对 mRNA 的翻译效率影响更大。总之,poly(A)可以结合胞质中的 PABⅠ,这些蛋白同时又与翻译起始因子(eⅠF4G)结合,而 eⅠF4G 因子又可结合帽子上的帽结合蛋白。这样就将 3′端 poly(A)和 5′端帽结构拉在一起,有效地将 mRNA 环化,这种两端都结合有蛋白分子的环状 mRNA 比裸露的线型 mRNA 稳定,同时环状 mRNA 也更容易进入翻译模式,因为将 mRNA 环系在一起的 eIF4G 可帮助将核糖体吸纳到 mRNA 上(详见第 9 章)。

> **小结**:poly(A)不是由转录产生的。mRNA 的 3′端加 polyA 过程称为 3′端多聚腺苷酸化,发生在转录之后,剪接之前,由核内 poly(A)聚合酶催化 mRNA 前体的 3′端逐个添加 AMP。poly(A)长度因 mRNA 种类不同而异,一般为 40~200nt。poly(A)有两个功能:①保护 mRNA,提高 mRNA 在细胞质中的稳定性;②增强 mRNA 的可翻译能力。真核细胞 mRNA 翻译时的 poly(A)结合蛋白称为 PABⅠ。

8.6 多聚腺苷酸化作用的机制

(1) 转录与多聚腺苷酸化的关系

Nevins 等以腺病毒主要后期转录单位为研究对象,最先研究了多聚腺苷酸化模式。设置几种不同的相互重叠的 mRNA,每个 mRNA 可在 5 个不同的位点进行多聚腺苷酸化。利用 5 个不同的 poly(A)位点能产生 5 种不同的 mRNA,结果发现,在转录物被剪切和发生多聚腺苷酸化之前,转录都一直在进行,且远远超过了 poly(A)位点。所有延伸到 poly(A)位点之后的 RNA 都被降解了,这种浪费似乎不可思议。后来,Hofer 等从 Friend 鼠的红白血病(erythroleukemia)细胞中分离出带有标记的 RNA,这种细胞已被二甲基亚砜(DMSO)诱导而产生了大量的球蛋白,其球蛋白基因能被高速转录。他们用标记的转录物与克隆的鼠 β-球蛋白基因及其下游区域的所有 DNA 片段杂交,发现 poly(A)位点下游 500bp 区域的各种片段的杂交信号与球蛋白基因内部各种片段的杂交信号同样强,说明转录至少延伸到多聚腺苷酸化位点下游 500bp 的位置。进一步研究发现转录最后终止在下游甚至更远的区域。可见,在细胞和病毒中,转录显然都延伸到了多聚腺苷酸化位点之后。

(2) 多聚腺苷酸化的信号

Fitzgerald 等用 S1 核酸酶实验证明,哺乳动物的多聚腺苷酸化信号是在 poly(A)位点前都具有 20~30bp 的 AATAAA 序列。在 RNA 水平上大多数哺乳动物 mRNA 在 poly(A)上游约 20nt 处有 AAUAAA 序列,能引起下游约 20nt 处发生多聚腺苷酸化。通过构建的一个重组病毒 SV40(突变体 1471),在其晚期区末端插入相距 240bp 的两个 poly(A)信号,对该病毒晚期区转录物的 3′端做 S1 实验发现,有两个相距 240bp 的 poly(A)信号[实验中忽略 poly(A),因为它不与探针杂交]因此,两个 poly(A)位点都起了作用[同时暗示对第一个 poly(A)位点有一定程度的通读]。分别单独删除第一个 AATAAA(突变体 1474)和第二个 AATAAA(突变体 1475),再进行 S1 实验结果显示,当删除 AATAAA 后,该位点的多聚腺苷酸化不起作用,证实 AATAAA 对于前体 mRNA 的多聚腺苷酸化是必需的。然而,AAUAAA 序列是唯一的多聚腺苷酸化信号吗?是否具有变异耐受性?早期研究通过人为设计几种信号序列,如 AACAAA、AAUACA、AAUUAA 和 AAUGAA,结果发现多聚腺苷酸化不允许信号序列 AAUAAA 发生变异。但后来在 1990 年,Wickens 对 269 种脊椎动物 cDNA 的 poly(A)信号的统计发现,这些天然信号序列有一定程度的变异,尤其是第二个核苷酸。综合分析这些数据后发现,在 RNA 水平最普遍而有效的 poly(A)信号是 AAUAAA,最常见的变异序列为 AUUAAA,它启动多聚腺苷酸化的效率是 AAUAAA 的 80%。目前已知,AAUAAA 本身并不足以启动多聚腺苷酸化。否则,许多 AAUAAA 序列下游都会发生多聚腺苷酸化。研究发现,删除紧接 poly(A)位点下游的序列将影响多聚腺苷酸化的发生,一个有效的 poly(A)信号应包括 AAUAAA 及其随后十分重要的 23~24bp 的富 GU 区和再接其后的富 U 区序列。

植物和酵母 mRNA 的 poly(A)信号与脊椎动物不同。酵母基因在 poly(A)位点附近缺少 AAUAAA。植物基因的有些位置有 AAUAAA 序列,删除这些序列可阻止多聚腺苷酸化,但植物与动物的 poly(A)信号不同,研究发现,花椰菜嵌纹病毒的单碱基替换并不像在脊椎动物中那样,能引起多聚腺苷酸化降低。

> **小结**:哺乳动物多聚腺苷酸化信号是在 poly(A)位点前具有 20~30bp 的 AATAAA 序列,在 RNA 水平上大多数哺乳动物 mRNA 在 poly(A)上游约 20nt 处有 AAUAAA 序列,能引起下游约 20nt 处发生多聚腺苷酸化。一个有效的 poly(A)信号应包括 AAUAAA 及随后 23~24bp 的富 GU 区和后面的富 U 区序列。

8.7 前体 mRNA 的剪切和多聚腺苷酸化

(1)前体 mRNA 的剪切

通常所说的多聚腺苷酸化实际上包括前体 mRNA 的剪切(cleavage)和多聚腺苷酸化两个过程。哺乳动物前体 mRNA 剪切需要许多蛋白因子参与。例如,剪切和多聚腺苷酸化特异性因子(cleavage and polyadenylation specificity factor, CPSF)与 AAUAAA 信号结合,对多聚腺苷酸化是必需的;剪切激活因子(cleavage stimulation factor, CstF)结合到 G/U 区,参与识别 poly(A)位点,CPSF 和 CstF 结合到剪切和 poly(A)位点的两侧,其中单个因子的结合不稳定,需两个因子同时结合才稳定地发挥作用。在剪接反应中所必需的另一对 RNA 结合蛋白是剪切因子I(cleavage factor I, CFI)和剪切因子II(CFII)。poly(A)聚合酶也是剪切所必需的,因为多聚腺苷酸化紧接在剪切之后,两个过程偶联非常紧密,几乎检测不到切下来还没有发生多聚腺苷酸化的 RNA。RNApolII 与剪切反应也密切相关,研究发现,由 RNApolII 体外合成的 RNA 可被正确地加帽、剪接和多聚腺苷酸化,而由 RNApolI 和 III 合成的 RNA 却不行。由 RNA 聚合酶II 合成 RNA 时如果缺少最大亚基的羧基末端域(carboxyl-teminal domain, CTD),这些 RNA 则不能有效地剪切和多聚腺苷酸化。研究发现,CTD 能激发剪切反应,且这种激发不依赖于转录过程。在其他所有剪切和多聚腺苷酸化因子存在情况下,测试磷酸化和未磷酸化的聚合酶II(IIo 和 IIa)激活剪切的能力,分别用 CPSF、CstF、CFI、CFII、poly(A)聚合酶、聚合酶IIA/聚合酶IIo 孵育 ^{32}P 标记的腺病毒 L3 的前体 mRNA。孵育后的电泳产物通过放射自显影确定前体 mRNA 是否在正确位置被剪切,结果发现,聚合酶IIa 和聚合酶IIo 都可激发前体 mRNA 正确剪切,获得预期大小的 5'端和 3'端的片段。Hirose 等将 CTD 与 GST 进行融合表达,之后用 GST 进行亲和层析纯化,对部分融合蛋白的 CTD 进行磷酸化处理,并在腺病毒 L3 的前体 mRNA 剪切实验中测定磷酸化/未磷酸化融合蛋白的作用,发现磷酸化和未磷酸化的 CTD 都可以激发剪切,但磷酸化 CTD 的作用比未磷酸化约强 5 倍(这是合理的,因为在聚合酶IIo 中 CTD 以磷酸化形式存在并实施转录)。由此可见,RNA 聚合酶II,特别是 CTD 是在多聚腺苷酸化之前,前体 mRNA 分子有效剪切所必需的。图 8.39 显示在剪切之前结合到前体 mRNA 上的蛋白质复合体。

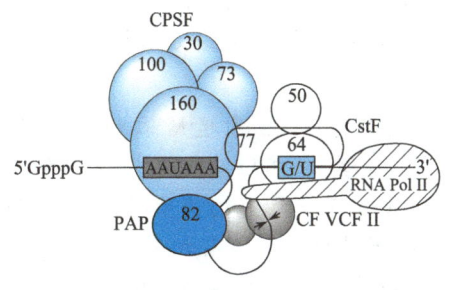

图 8.39 在剪切之前结合到前体 mRNA 上的蛋白质复合体
(引自 Wahle and Keller,1996)

> **小结**:多聚腺苷酸化包括前体 mRNA 的剪切和多聚腺苷酸化两个过程。哺乳动物前体 mRNA 剪切需要多种蛋白因子参与:CPSF、CstF、CFI、CFII、poly(A)聚合酶、RNA 聚合酶II 的 Rpb1 中的 CTD。

(2) 多聚腺苷酸化反应

多聚腺苷酸化过程的起始依赖于信号序列 AAUAAA，它能使前体 mRNA 至少添加 10 个 A，之后是不依赖信号序列的多聚腺苷酸化延伸，但依赖于寡聚 A，延伸阶段能迅速地在 RNA 尾部加上 200bp 甚至更多的 A。实际上，多聚腺苷酸化信号是一种剪切信号，能诱导剪切酶在 AAUAAA 下游约 20nt 处剪切 RNA。而多聚腺苷酸化就是在剪切酶产生的 3'端添加上寡聚 A，剪切酶本身并不能识别剪切信号。因为它已经在多聚腺苷酸化之前切去了下游的部分信号（富 GU 区和富 U 区）。研究发现，与新生 mRNA3'端类似的短 RNA 能被多聚腺苷酸化，剪切底物的最适多聚腺苷酸化起始信号是 AAUAAA 及其后连接的至少 8nt。一旦 poly(A) 达到 10nt，接下来的多聚腺苷酸化将不再依赖 AAUAAA，而依赖于 poly(A) 本身。参与多聚腺苷酸化起始过程的两个蛋白因子是 poly(A) 聚合酶和结合到 AAUAAA 序列上的 CPSF。

对哺乳动物而言，多聚腺苷酸化的延伸还需要 poly(A) 结合蛋白Ⅱ(PABⅡ)。PABⅡ 结合到已起始合成的 poly(A) 上，通过 poly(A) 聚合酶将 poly(A) 延长到 ≥250nt。PABⅡ 独立于 AAUAAA 而发挥作用，它仅依赖于 poly(A)，但其活性可以被 CPSF 增强。

(3) 多聚腺苷酸酶(PAP)

Manley 等克隆了编码牛胸腺多聚腺苷酸酶的 cDNA。测序结果发现含有 5 种 cDNA 的混合物，分别由不同的选择性剪接和多聚腺苷酸化而产生不同的 3'端，较为重要的是 C 端不同的两种 PAP (PAPⅠ和 PAPⅡ)。按照从 N 端到 C 端最长序列的顺序，PAPⅡ蛋白的几个区域分别为 1 个 RNA 结合域(RBD)、1 个多聚酶模块(PM)、2 个核定位信号(NLS1 和 2)、几个富含 Ser/The 区(S/T)。大多数组织中重要的 PAP 是 PAPⅡ。

> **小结**：多聚腺苷酸化的起始依赖于信号序列 AAUAAA，而其延伸无需信号序列但依赖 poly(A)。poly(A) 是一种剪切信号，能诱导剪切酶在 AAUAAA 下游约 20nt 处剪切 RNA。与新生 mRNA3'端类似的短 RNA 能被多聚腺苷酸化。参与多聚腺苷酸化起始的蛋白因子是 poly(A) 聚合酶和 CPSF。哺乳动物的多聚腺苷酸化延伸还需要 poly(A) 结合蛋白Ⅱ(PABⅡ)。牛胸腺多聚腺苷酸酶的 cDNA 有 5 种，分别由不同的选择性剪接和多聚腺苷酸化而产生不同的 3'端。

(4) poly(A) 的更新

细胞核中的 poly(A) 和胞质中的 poly(A) 在大小上有一定差异，在细胞质中的 poly(A) 比核中要短一截。Sussman 提出了"入场券"假说，认为每个 mRNA 都有一张"入场券"被允许进入核糖体进行翻译。每翻译一次，mRNA 都会被打上一个"票孔"。当积累了足够多的"票孔"时就不再被翻译了。poly(A) 就是理想的"入场券"，每翻译一次，poly(A) 的长度就会缩短一些。然而，Sheiness 等通过检测正常状态和有吐根碱(emetine)（抑制翻译）存在时，胞质 poly(A) 缩短的速率发现，无论翻译发生与否胞质 poly(A) 的大小并无差异。因此 poly(A) 的缩短并非依赖于翻译，如果存在"入场券"也并非是 poly(A)。poly(A) 在细胞质中也并不总是缩短，它也会更新。即 poly(A) 不断地被 RNase 降解，又被胞质 poly(A) 聚合酶延长，但总趋势是缩短，最终 mRNA 失去所有的 poly(A) 而降解。

> **小结**：poly(A) 在细胞质中是不断得到更新的，poly(A) 不断地被 RNase 降解，又被胞质 poly(A) 聚合酶延长，但总趋势是缩短，最终 mRNA 失去所有的 poly(A)，面临降解。

8.8 mRNA 加工事件的协同运作

(1) 帽子结构对剪接的作用

mRNA 的加帽、多聚腺苷酸化及剪接加工的过程都是相互关联的，如帽子结构为剪接第一个内含子所必需，而 poly(A) 是剪接最后一个内含子所必需的。Shimura 等通过体外转录小鸡 δ-晶体基因片段得到了一系列标记的剪接底物（图 8.40）。其中一个片段含有被内含子隔开的外显子 13、14 和 15。克隆外显子 13、14 和 15，并连同其天然内含子插入载体，使其位于大肠杆菌启动子和终止子之间。在 3 种状态下对该基因进行转录，以获得 3 种不同剪接底物。(a) 以 m7 GpppG 引发并转录，以获得具有甲基化帽子的 RNA；(b) 以 GpppG 引发并转录，以获得具有未甲基化帽子的 RNA；(c) 不加引物转录以获得无帽子的 RNA。然后将标记的、加帽的和未加帽的剪接底物一并加入到 HeLa 细胞核提取物中，使剪接发生多次，最后对混合物进行电泳，分离产物和中间代谢物。结果显示，在加帽的前体中，中间产物是两个内含子之一被剪接，但实验结束时其主要片段是完全被剪接的产物；在未加帽前体中，极少量中间产物剪切了第一内含子，大量的中间产物是第二内含子被剪切，未检测到完全剪接产物。由此可见，帽子的缺失选择性地抑制了第一内含子的剪接。研究还发现，未甲基化帽子底物的剪接可被 S-腺苷高半胱氨酸（帽子甲基化抑制剂）所抑制，即帽子的甲基化发生在剪接提取物中（尽管剪接提取物中未加入甲基化试剂）。甲基化帽子对剪接的抑制比未甲基化帽子更有效。Shimura 等用顺序颠倒的内含子合成了另一个剪接底物,将 14～15 外显子间的内含子换成第一内含子,而 13～14 外显子间换成第二内含子。帽子再一次剪接掉了第一内含子,而未剪接掉第二内含子。因此,内含子与其邻接的外显子的顺序与剪接不相关,而关键在于它靠近帽子,帽子激发了与其最接近的内含子的剪接。

对帽子结合复合物(cap-binding complex,CBC)的特征进行分析发现,CBC 由两个帽子结合蛋白(cap-binding protein,CBP)构成,大小分别为 80kDa 和 20kDa,写作 CBP80 和 CBP20。抗 CBP80 的抗体可免疫沉淀整个复合物,具有抗 CBP80 的 HeLa 细胞核提取物的免疫耗竭明显地抑制了含有一个内含子的模型底物的剪接。当再次加入 CBC 后剪接活性又得以恢复,说明剪接体形成的第一步是识别帽子,CBC 对这一过程很重要。

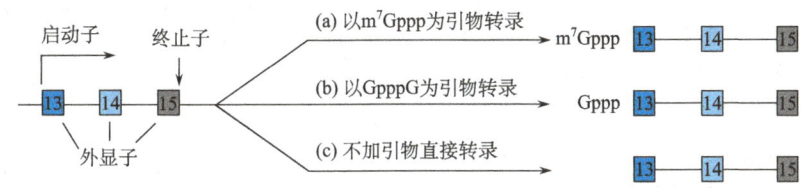

图 8.40 有帽子和无帽子结构剪接底物的获得

> 小结:mRNA 的加帽、多聚腺苷酸化及剪接加工的过程都相互关联。在体外将第一内含子从 mRNA 中切除依赖于帽子,帽子激发了与其最接近的内含子剪接。这个过程由参与剪接体形成的 CBC 介导。

(2) poly(A)对剪接的作用

多聚腺苷酸化在剪接前后都可发生,有些前体 mRNA 的某些内含子在多聚腺苷酸化之前就剪接掉了,而有些内含子则在多聚腺苷酸化之后才被剪接掉。M Niwa 等用模式剪接底物证明了这一点,认为多聚腺苷酸化激活了前体 mRNA 中最后一个内含子而不是上游内含子的剪接。以 3 种标记的模型底物为对象,这些底物含有腺病毒主要晚期转录单元内含子,其中一个含 poly(A)信号 AAUAAA,能被多聚腺苷酸化;第二个除了 AAUAAA 点突变成 AAGAAA 外,其余的和第一个完全相同,不能被多聚腺苷酸化;第三个在其 3′端有一段无关 RNA,无 AAUAAA 信号,不会被多聚腺苷酸化。将底物分别加入剪接提取物中反应不同时间后电泳,产物进行放射自显影观察,同时量化剪接产物。结果显示 poly(A)底物的剪接速率是未多聚腺苷酸化底物的 5～10 倍。已知帽子结构只影响其最邻近内含子剪接。那么是否 poly(A)只影响最靠近它的内含子的剪接呢?M Niwa 等制备了一对加尾信号不同但带有两个相同内含子的模式底物,一个是野生型 AAUAAA 信号,另一个是突变的加尾信号(AAGAAA)。对这两个底物进行与前一个实验相同的处理发现未多聚腺苷酸化底物的第一内含子能很快被剪接,第二内含子则不能;相反,poly(A)底物的两个内含子都很快被剪接掉。说明去除末端靠近 poly(A)的内含子需要 poly(A),而去除远离 poly(A)的内含子无需 poly(A)。以含有 3 个内含子的 RNA 为底物的剪接实验进一步证明多聚腺苷酸化只影响最后内含子的剪接,缺失 poly(A)尾只抑制最后一个内含子剪接,上游两个内含子不受影响。

> 小结:多聚腺苷酸化能激活前体 mRNA 中最后一个内含子而不是上游内含子的剪接,poly(A)底物的剪接速率是未 poly(A)底物的 5～10 倍,缺失 poly(A)尾只抑制最后一个内含子剪接。

(3) Rpbl 的 CTD 与 mRNA 加工蛋白质的结合

mRNA 的剪接、加帽和多聚腺苷酸化都发生在转录过程中,当新生 mRNA 只有 30nt 长时就开始加帽了,此时 RNA 的 5′端才刚从聚合酶中露出。多聚腺苷酸化发生在 mRNA poly(A)位点被剪切之后,而此时的转录物仍然还在延伸。剪接开始于转录的进程中。加帽和多聚腺苷酸化至少分别激活了第一个和最后一个内含子的剪接。参与所有这些过程的一个重要蛋白区域是 RNA 聚合酶Ⅱ中 Rpb1 亚基的 CTD。已知 CTD 参与多聚腺苷酸化,但它在剪接和加帽中也发挥作用。事实上,参与加帽、剪接和多聚腺苷酸化的酶都直接与 CTD 结合,CTD 是这 3 个加工事件的重要连接点。1997 年,Bentley 等证明加帽酶(capping enzyme)(鸟苷酸转移酶)与 CTD 相互作用。用含有 GST 的亲和柱分别偶联野生型 CTD、野生型磷酸化 CTD、突变体 CTD、或不连 CTD。然后让 HeLa 细胞提取物分别通过这些亲和柱,检测柱结合洗脱物的鸟苷酸转移酶活性。将柱结合洗脱物与 ^{32}P-GTP 混合,^{32}P-GMP 与鸟苷酸转移酶形成共价结合物,将标记的酶通过 SDS-PAGE 和放射自显影检测。结果表明鸟苷酸转移酶只与磷酸化 CTD 结合。加帽酶只与靠近启动子的 CTD 结合,与位于基因内部的 CTD 没有结合。然而,无论 CTD 与启动子的距离远近,甲基转移酶和 poly(A)因子 Hrp1/CFIB 都可以与之结合。因此这些因子在转录起始和延伸中都存在于转录复合物中。此外,CTD 七聚体(heptad)的 Ser5 在复合物靠近启动子时被磷酸化,但在延伸后期却不被磷酸化,而其 Ser2 的磷酸化与 Ser5 刚好相反,延伸过程(远离启动子)被磷酸化,早期(聚合酶仍靠近启动子)不被磷酸化。Buratowski 等用染色质免疫沉淀(ChIP)技术,用抗加帽蛋白的抗体[抗酵母鸟苷酸转移酶(α-Ceg1)]和抗 poly(A)蛋白的抗体[抗酵母 poly(A)因子(rHrp1)]以及抗酵母 RNA 聚合酶Ⅱ的 Rpb3 亚基(α-HA-Rpb3)的抗体免疫沉淀染色质,获得与这些蛋白质相互作用的聚合酶所转录的染色质。再通过 PCR 鉴定这些免疫沉淀的染色质,PCR 所用引物是扩增 3 个酵母基因的靠近启动子或远离启动子区域(基因内部区域)的专一性引物[3 个基因分别是乙醇脱氢酶(ADH1)、细胞质 H^+ ATPase(PMA1)、多种药物抗性因子(PDRS)]。结果是对这 3 个基因所得数据一致,用抗特异蛋白的抗体免疫沉淀的染色质与扩增启动子附近的引物产生了强 PCR 信号,而与扩增基因内部引物所产生的 PCR 信号较弱,说明该蛋白质与转录复合物的结合发生在转录起始或起始后不久,而非在延伸阶段。以每个抗体的免疫共沉淀染色质进行 PCR,证明了 3 点:①只有在靠近启动子时,鸟苷酸转移酶(加帽酶)才与转录复合物结合;②poly(A)因子与远离或靠近启动子的转录复合物都可结合,而 RNA 聚合酶 Rpb3 亚基在远离和靠近启动子的转录复合物中都出现了,与所预期的相同。

通过 Rpb1 的 CTD 与转录复合物结合的蛋白质有一个动态转换。有些只在转录前期出现,而另一些出现的时间较长。这种使结合 CTD 的蛋白质谱发生改变的原因是转录过程中 CTD 的磷酸化状态会发生改变。Buratowski 等用直接抗 CTD 七聚体重复中的专一性磷酸化氨基酸(Ser2 和 Ser5)的抗体进行 ChIP 实验发现,Ser5 的磷酸化发生在靠近启动子的转录复合物中,而 Ser2 的磷酸化发生在远离启动子的转录复合物中。随着转录复合物离开启动子,CTD 磷酸化从 Ser5 转换到 Ser2,导致了一些 RNA 加工蛋白(如加帽鸟苷酸转移酶)离开复合物,从而吸引一些新蛋白质。

小结:参与加帽、剪接和多聚腺苷酸化的酶都直接与 CTD 结合,CTD 是这 3 个加工事件的重要连接点。酵母转录复合物中 Rpb1-CTD 的磷酸化状态是一个动态转换过程,CTD 磷酸化状态改变是结合 CTD 的蛋白质谱发生改变的原因。靠近启动子的转录复合物含有磷酸化的 Ser5,而远离启动子时,转录复合物含有磷酸化的 Ser2。

(4) 转录终止与 mRNA 3′端加工的关联

通过前面学习已知,成熟 mRNA 的 3′端与终止位点不一致,前体 mRNA 须在其 poly(A)位点被剪切,然后进行多聚腺苷酸化,产生相对稳定的 mRNA,但其 3′端却不稳定,很快将被降解。有几位研究者成功地研究了Ⅱ类基因的转录终止,发现终止与 poly(A)的剪切相互依赖。新生 RNA 在终止位点的剪切早于在 poly(A)位点的剪切。Proudfoot 等通过检测酿酒酵母 CYC1 基因,发现参与剪切 poly(A)位点的蛋白质突变会抑制终止,而参与多聚腺苷酸化自身的蛋白质突变对终止没有影响。将 CYC1 基因克隆到质粒(pCYC1)中,该质粒可在强启动子 GAL1/10 下表达。同时构建了另一相似的载体(pGcycl-512),在其 CYC1 基因的末端缺乏 poly(A)信号。用这些质粒转化酵母细胞,经 Northern 印迹检验基因的表达水平,发现 poly(A)位点的缺失极大地降低了基因的表达量,但作为对照的管家基因(ACT1)在两个样品中的表达量都相同。而 pGcycl-512 的表达很弱,为确定是否有效发生了终止,进一步做了核连缀分析(nuclear run-on analysis)。将 CYC1 基因的不同片段进行斑点印迹,其中包括多聚腺苷酸化位点下游约 800bp 的片段。之后与转染了不同基因的细胞连缀 RNA 杂交,转染的基因为野生型 CYC1 基因或缺失多聚腺苷酸化位点的突变基因。结果显示野生型基因的转录终止于 poly(A)位点的下游,但突变基因的转录却远远超过了正常的终止位点,表明没有发生正常终止。已知多聚腺苷酸化包括两步,即 RNA 剪切和多聚腺苷酸化。连缀转录分析显示,完整的 poly(A)位点及在 poly(A)位点上进行剪切的活性因子(Rpb1-CTD 都是转录终止所必需的,因此在 poly(A)位点的剪切与转录终止是相关联的。

2001 年,Dye 及同事对人的 β-和 ε-珠蛋白基因转录终止进行研究,得到了两点结论:①poly(A)位点下游区域对终止十分重要;②在新生转录物中,在 poly(A)位点下游的不同位点剪切是终止所必需的,这种转录物剪切是共转录性的(cotranscriptionally),先于在 poly(A)位点的剪切。2004 年,他们发现新生转录物的剪切是自我催化的事件。将含有 1.7kb3′侧翼区的人β球蛋白基因转入由人类免疫缺陷病毒（HIV）的强增强子-启动子共组合控制的质粒，再用该重组质粒转染能表达人β球蛋白基因的HeLa细胞。HIV增强子-启动子的优点是其转录直接依赖于一个称为Tat的病毒反式激活因子。因此通过加入或除去Tat，就能很容易地使转录开启或关闭。对以上克隆的基因进行核连缀分析，将实验结果与β球蛋白基因在天然染色体上由其身的启动子控制所做的结果比较发现，转录在经过位于poly(A)位点下游1.7kb的区域后仍能继续，但强度明显下降，终止发生在1.7kb区域附近，在构建的质粒中转录和终止都能正常进行。进一步研究将3′侧翼区缩小，删除该区域的部分基因，并用核连缀实验检测终止是否仍能发生。发现这段序列含有能使聚合中的转录物受到剪切的终止序列，将这段序列命名为共转录剪切元件(cotranscriptional cleavage element, CoTC)。CoTC元件能自身编码一个催化结构域，此结构域可剪切正在聚合中的RNA分子。将含有全长CoTC元件的转录物和Mg^{2+}及GTP一起温育，发现该转录物的半衰期只有38min，比对照RNA的降解快得多。通过在CoTC元件内部进行删除实验发现，将自身催化位点定位于CoTC元件5′端下游的200nt序列[CoTC(r)]，这段200nt序列的体外半衰期只有15min，而含有50～150nt的突变序列(mutΔ)没有自身催化活性。研究者将β球蛋白基因连接到质粒上转染HeLa细胞，同时用β球蛋白基因末端CoTC元件的突变体形式进行替换，突变CoTC元件有CoTC(r)（最小自身催化元件）和mutΔ（缺失自身催化活性的元件）。用核连缀反应分析转录是否能正常终止，结果发现末端含有CoTC(r)元件的转录物能像野生型序列一样终止转录，而含有mutΔ元件的转录物在正常终止位点之后还能继续转录。用其他突变CoTC元件进行相同实验，发现CoTC元件的自身催化活性与其终止转录的活性非常吻合。由此认为，CoTC元件的自体剪切活性对于正确的转录终止是必需的。研究表明灵长类生物的β球蛋白基因确实含有保守的CoTC元件，其有催化活性的核心区域内保守性很高，但亲缘关系较远的物种因序列变异程度较大（因为没有CoTC元件）。然而，仅从序列本身并不能完全将CoTC元件鉴定为自剪切性核酶(self-cleaving ribozyme)。延伸中的RNA分子在CoTC或其他位点的剪切是否就能引起转录终止？2006年，Proudfoot等提出了鱼雷模型，认为poly(A)位点发生的剪切和多聚腺苷酸化给延伸中的RNApol发出了脱离模板的信号，这种信号由"鱼雷"传递。RNA分子先在CoTC或其他位点发生剪切，然后外切

核酸酶结合到新生RNA末端开始降解，同时追赶仍在进行合成的RNApol，当外切核酸酶追上聚合酶时，对其进行"鱼雷式攻击"而终止转录。对β球蛋白基因转录物而言，poly(A)位点下游的CoTC元件是一种能够进行自我剪切的核酶，这种剪切对于转录终止是必须的，因为它为$5'→3'$的外切核酸酶(Xrn2)提供了一个登陆位点。Xrn2结合到RNA分子上后，就开始一边降解RNA一边追赶RNApol，当追上聚合酶后，对其进行"轰炸"，从而终止转录。然而，并不是位于CoTC区域5′端的任一位点都能作为Xrn2的登陆位点，用锤头状核酶序列（是可自体剪切的RNA，能在末端生成5′-OH）替代正常CoTC序列（CoTC自体剪切在末端生成5′-磷酸基团）进行核连缀分析表明，尽管锤头状核酶能对延伸中的β球蛋白转录物进行剪切，但其下游的RNA并没有被降解，好像细胞中含有正常CoTC序列的转录物一样。因此，为了启动对下游RNA序列的降解，Xrn2需要由CoTC提供的5′-磷酸基团。在酵母中也发现了能够启动转录终止的$5'→3'$外切核酸酶(Rat1)，目前尚无证据表明酵母含有CoTC元件。

> **小结**：在新生转录物中poly(A)位点下游不同位点剪切是终止所必需的，转录物剪切是共转录性的，先于在poly(A)位点的剪切。CoTC元件是一种能进行自我剪切的核酶，对正确的终止十分必要。鱼雷模型认为poly(A)位点发生剪切和多聚腺苷酸化给延伸中的RNApol发出脱离模板信号，这种信号由鱼雷传递。RNA先在CoTC位点发生剪切，然后外切核酸酶结合到新生RNA末端开始降解，同时追赶仍在合成的RNApol，当外切核酸酶追上聚合酶时，对其进行"鱼雷式攻击"而终止转录。

（5）多聚腺苷酸尾在mRNA转运中的作用

多聚腺苷酸尾在成熟mRNA转运出核过程中发挥着重要作用。Bimstiel等证明当细菌的新霉素基因转至猴COS1细胞时，其转录物被留在核内，推测是细菌基因缺少poly(A)信号，形成了无成熟分端的转录物，这是其不能转运到胞质的原因。进一步给新霉素基因加上哺乳动物β球蛋白基因的强poly(A)信号，可以使新霉素转录物多聚腺苷酸化，结果转录物有效地从核转运到了胞质。通过对酵母poly(A)聚合酶基因温度敏感型突变株进行研究，再次证实多聚腺苷酸化是mRNA主动转运出核所必需的，未加尾的转录物甚至不会远离其转录位点。他们将酵母细胞在非允许温度下停止新生转录物的多聚腺苷酸化。尤其关注SSA4基因（热激基因）转录物，当移至非允许温度时，其转录物积累。通过荧光原位杂交(FISH)显示，转录物仍停留在核的小区域内，靠近转录的部位。在野生型细胞或在允许温度下

的突变细胞中,在核内检测不到这种转录物,说明它们经过多聚腺苷酸化后被转运至细胞质了。

小结:多聚腺苷酸尾在成熟 mRNA 转运出核过程中发挥着重要作用。细菌新霉素基因转至猴 COS1 细胞时其转录物被留在核内,原因是细菌基因缺少 poly(A) 信号形成了无成熟分端的转录物。对酵母 poly(A) 聚合酶基因温度敏感型突变株研究证实多聚腺苷酸化是 mRNA 主动转运出核所必需的。

8.9 RNA 的编辑

1986 年 Benne 等在研究锥虫线粒体 DNA 时发现,锥虫的细胞色素氧化酶Ⅱ(COⅡ)的 mRNA 序列与 coⅡ 基因序列不匹配,mRNA 序列中含有 4 个在基因中缺失的核苷酸(基因不完整),这些缺失的核苷酸可引起移码(frameshift)突变(指在核糖体阅读 mRNA 时读码框发生位移),进而导致基因失活。但锥虫以某种方式(编辑的方式)为 mRNA 提供了 4 个核苷酸,由此避免了移码。图 8.41 显示 mRNA 的 4 个 U 并非来自基因中的 T(在原基因中该位置没有 T)。据此推测,锥虫 mRNA 来源于称为隐秘性基因(cryptogene)的不完整基因,是之后通过添加缺失的核苷酸(UMP)进行编辑的。到 1988 年,大量锥虫动基体基因和相应的 mRNA 被测序才认识到在这些生物中 RNA 编辑是一种常见现象。实际上,有些 RNA 进行了广泛编辑(panedited)。如布氏锥虫(Trypanosoma brucei) COⅢ mRNA 含有一个 731nt 延长序列,其中的 407 个 UMP 是通过编辑加入的,在这段延长序列中还有 19 个编码的 UMP 在编辑时被删除了。

DNA 序列	GA	G	A A
mRNA 序列	GAU	UGU	AUA
氨基酸 序列	Asp	Cys	Ile

图 8.41 锥虫线粒体 coⅡ 基因与其表达产物序列比较

8.9.1 RNA 编辑的机制

1988 年,Stuart 等利用 RT-PCR 技术,首次报道了 RNA 编辑是按 3′→5′方向进行的。1990 年,Simpson 等发现了利什曼原虫(Leishmania)大环中编码的引导 RNA(guide RNA, gRNA)。通过计算机检索揭示了 7 个短序列能产生短的 RNA(55~70nt)与 5 个不同待编辑的线粒体 mRNA 一小段锚定序列(anchor)互补。这种 gRNA 能在 mRNA 的几十个核苷酸范围内指导 UMP 的插入或删除,一旦这一编辑完成,另一个 gRNA 就与刚刚编辑的区域的 5′端杂交,指导新一段的编辑,如图 8.42 所示。

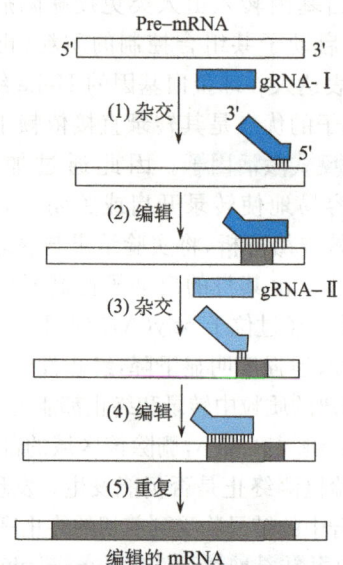

图 8.42 gRNA 在 mRNA 编辑中的作用

(1) gRNA-Ⅰ的 5′端与前体 mRNA 的未经编辑的 mRNA 一小段锚定序列互补;(2) 其余大部分的 gRNA-Ⅰ序列指导部分前体 mRNA 编辑,由于插入了 UMP,mRNA 长度增加;(3) 新的 gRNA(gRNA-Ⅱ)与前体 mRNA 的刚编辑的区域的 5′端杂交,取代 gRNA-Ⅰ;(4) gRNA-Ⅱ指导新一段前体 mRNA 编辑;(5) 以下一个 gRNA 重复前面的步骤,直到 mRNA 编辑完成。编辑过的序列用黑色表示

以这种方式从 mRNA 的 3′→5′方向,后续 gRNA 结合到前一个 gRNA 编辑过的区域指导编辑,直到完成整个编辑过程。gRNA 序列指导的编辑进一步证实编辑方向是 3′→5′方向的理论,即只有在编辑的 3′边界的 gRNA 能与未编辑序列杂交,其余所有的 gRNA 与编辑过的序列杂交,这只有在编辑从 3′→5′的方向进行时才是合理的。gRNA 与 mRNA 碱基配对的一个显著特点是存在 G-U 碱基配对和标准的 Watson-Crick 碱基配对。G-U 碱基配对在 mRNA 编辑中的重要性是因为它们较 Watson-Crick 碱基对弱。说明新 gRNA 的 5′端可取代前一个 gRNA 的 3′端,因为它可与 mRNA 新编辑区形成 Watson-Crick 配对,而前一个 gRNA 的 3′端与 mRNA 的配对中有弱的 G-U 配对(图 8.43,图 8.44)。

锥虫中含有不寻常的线粒体称作动基体(kinetoplast),其中含有两类环状 DNA,它们连接在一起形成网络状。动基体有 25~50 个相同的大环(maxicircle),大小为 20~40kb,含有线粒体基因。还有大约 10 000 个 1~3kb 的小环(minicircle),在线粒体基因表达调控中起作用。动基体中含有末端尿苷酰转移酶(terminal uridylyltransferase, TUTase),能够在编辑过程中将新的 UMP 加入到 mRNA 中。动基体的

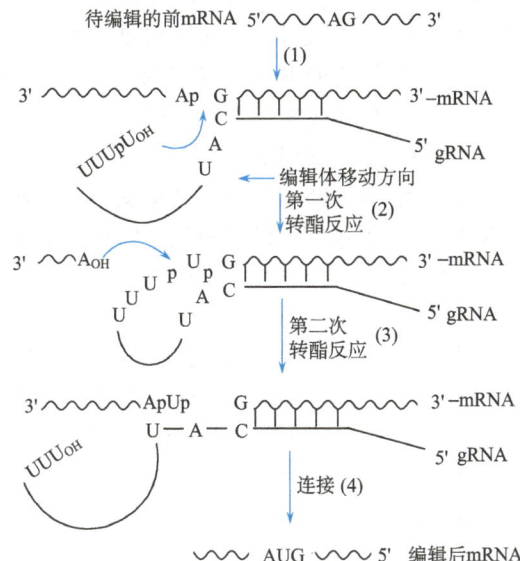

图 8.43　gRNA 在 mRNA 编辑中的作用机制

(1) gRNA-Ⅰ序列指导部分前体 mRNA 编辑遇到第一个不能配对的核苷酸；(2) gRNA 末端 U 的 3′-OH 攻击该核苷酸 5′-P 并发生转酯反应；(3) mRNA 游离出来的 3′-OH 攻击 gRNA 寡聚 U 第一个不配核苷酸的 5′-P，发生第二次转酯反应；(4) 一旦 RNA 编辑完成，gRNA 即离去

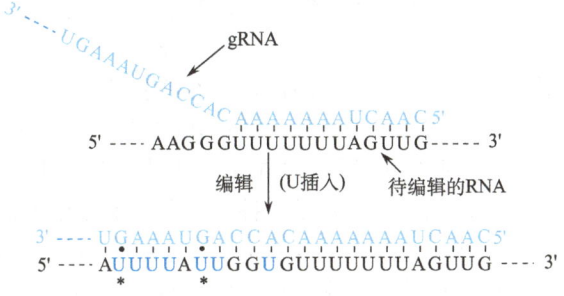

图 8.44　假设的一段 RNA 的编辑

gRNA 通过 Watson-Crick 碱基配对与前体 mRNA 的待编辑序列结合，之后 gRNA 的 3′端作为 U 插入的模板（gRNA 提供 A 和 G 作为 U 掺入的模板），新插入的 U 与 gRNA 之间的碱基配对大部分为 Watson-Crick 的 A-U 配对，只有 2 个是摇摆的 G-U 配对，用星号表示

RNA 连接酶能使在编辑中被切开接受新 UMP 的 mRNA 再次连接起来。编辑中的 U 来自 UTP，在 gRNA 末端的 U 通过酯交换反应（transesterification）而转移到前体 mRNA 上，即 U 可从 gRNA 末端脱去，直接转移到前体 mRNA 上。1994 年，Seiwert 等用线粒体提取物和 gRNA 来编辑一个人工合成的前体 mRNA，发现 UMP 的转移需要 3 种酶活性：①内切核酸酶，沿着 gRNA 的作用方向（3′→5′）在 UMP 需要被转移的地方切开 mRNA；②3′外切核酸酶，特异性切下末端尿嘧啶；③RNA 连接酶。当 gRNA 序列缺乏 A 和 G 时不能与 mRNA 的 U 配对，mRNA 中的 U 将被剔除。剔除 U 的反应包括：①切割前体 mRNA；②通过外切核酸酶剔除 U；③RNA 连接酶将两条 RNA 重新连接在一起。1996 年，Stuart 等用相似的体外系统证明，UMP 的插入有 3 个步骤：①gRNA 介导的内切核酸酶在需要插入 UMP 的位点切割 mRNA；②在 gRNA 引导下，末端尿嘧啶转移酶（TUTase）从游离的 UTP（非来自于 gRNA 的那个）转移 UMPs 至待插入部位；③RNA 连接酶将两条 RNA 重新连接。U 插入机制的第一步和最后一步与剔除机制相同，但中间步骤涉及增加一个或多个 U 而不是移除 U（图 8.45）。值得一提的是，gRNA 由线粒体 DNA 编码，而编辑所需要的蛋白因子都细胞核编码，而后运输至线粒体。

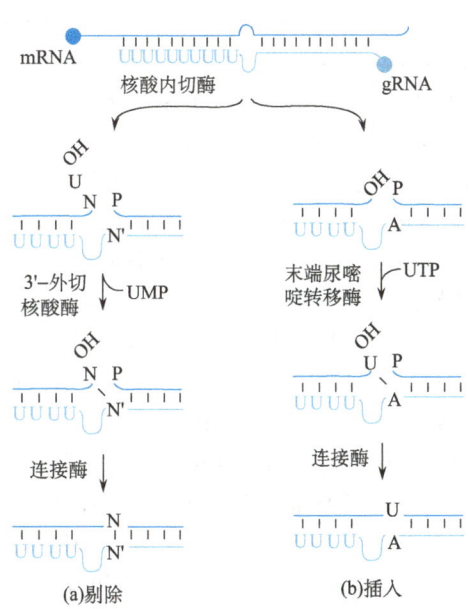

图 8.45　RNA 编辑的机制（引自 Seiwert，1996）

小结：锥虫线粒体所编码的 mRNA 不完整，翻译前要进行编辑加工。编辑在一到几个连续的 gRNA 作用下沿 3′→5′的方向进行。第一个 gRNA 的 5′端配对互补到待编辑前体 mRNA 的待编辑位点，即 3′端编辑区域，剩下的 gRNA 的 5′端依次配对杂交至已编辑区域，该区域的 5′端区域将被编辑。所有这些 gRNA 提供了 A 和 G，作为 U 掺入的模板。当 gRNA 序列缺乏 A 和 G 时不能与 mRNA 的 U 配对，mRNA 中的 U 将被剔除。当 gRNA 的 5′端和未经编辑的 mRNA 锚定序列互补配对，遇到第一个不能配对的核苷酸时，gRNA 末端 U 的 3′-OH 攻击该核苷酸 5′-P 并发生转酯反应，mRNA 游离出来的 3′-OH 攻击 gRNA 寡聚 U 第一个不配核苷酸的 5′-P，发生第二次转酯反应。gRNA 3′端的寡聚 U 由线粒体内的末端尿苷酸转移酶以 UTP 为底物合成。

8.9.2 RNA 编辑的类型

与 RNA 剪接等过程不同,RNA 编辑(RNA editing)是改变 RNA 分子序列的一种转录后修饰现象,包括碱基的插入、缺失或核苷酸的替换。剪接只影响 RNA 分子本身的结构特性,与编码的序列内容无关,而 RNA 编辑能改变转录产物的信息特性,导致编码蛋白质的氨基酸序列改变,改变密码子的含义甚至整个阅读框架。目前发现从病毒到高等真核生物,从细胞核到线粒体和叶绿体 RNA,从 tRNA、snRNA、rRNA 到 mRNA,都广泛存在着 RNA 的编辑现象。

(1) 核苷酸替换的编辑

RNA 编辑在高等生物中发挥着重要作用。在哺乳动物中虽然没有发现像锥虫那样进行 U 的插入和删除的编辑,但存在着另一种编辑方式,即腺苷酸脱氨基后转化为次黄嘌呤核苷酸(inosine,I),腺苷酸氨基团被氧取代。因为 I 与 G 以相同的方式与 C 碱基互补配对,A 脱氨基化后改变了一个密码子的编码意义。如 ACG(Thr 的密码子)变成了 ICG,ICG 被核糖体作为 GCG(Ala 密码子)读码了。这类 RNA 编辑是由 RNA 依赖性腺嘌呤脱氨酶(adenosine deaminase acting on RNA,ADAR)介导。人和小鼠含有 3 个 ADAR 基因:ADAR1、ADAR2、ADAR3,前两个基因产物在体内普遍存在,但第三个基因的产物只存在于脑中。ADAR 的特异性很强,如果将 mRNA 中的每个腺苷都去氨基,那将是灾难性的,因此在进化中,只选择特定的 mRNA 中特定的腺苷去氨基。例如,ADAR2 将谷氨酸盐敏感型离子通道受体亚基 B(GluR-B)mRNA 中的一个腺苷去氨基,这一改变将一个 Glu 密码变成了 Ary 密码。GluR-B 蛋白的离子通道中的 Ary 被 Glu 替代后对钙离子具有较强的通透性,因此,纯合的 ADAR2 基因缺陷型小鼠不能进行 GluR-B mRNA 编辑。它们看似发育正常,但在断奶后很快死亡。Seeburg 等对小鼠 GluR-B 基因进行简单诱变,使之在原编辑位点编码 Ary,然后无需对该基因的转录物再进行编辑,发现带有纯合的缺陷型 ADAR2 基因的小鼠是活的,由此再次证明 ADAR2 酶的唯一关键靶点是 GluR-B 转录物。

脑的快速兴奋突触反应和建立并维持突触可塑性通路,从而进行学习与记忆都和受体离子通道有关。大鼠的脑 Glu 受体/离子通道蛋白有 6 个亚基中,有 3 个亚基的 mRNA 发生了 RNA 编辑,使一个 Gln 密码子变为 Arg 密码子,以此控制由神经递质引起的离子流。在受体的另一位置上还发生一个 Arg 密码子转变为 Gly 的密码子。这些变化都涉及腺嘌呤脱氨基反应。ADAR 作用于双链 RNA 上的 A,后者变为 I,最终使 A 变为 G,能使双链 RNA 的结构更加稳定。其结果是由 ADAR 催化的碱基替换修饰,使 mRNA 分子中 50% 的 A 脱氨基转变成为 I。这种大量的 RNA 编辑现象主要见于病毒的 RNA。被编辑的病毒 RNA 能够导致某些疾病,如持续的麻疹感染就是由于相关的病毒 RNA 发生了过度的编辑所致。同样的事件还发生在 5-羟色胺受体的 mRNA 分子中。

果蝇基因组只含有一个 ADAR 基因,一旦该基因突变,果蝇将缺少所有的 ADAR 活性,不能对已知的编辑位点进行任何 mRNA 编辑。这些突变果蝇能够存活,但患了进行性神经元退化症,行走困难,不能飞。该突变的表型与哺乳动物中 ADAR2 基因突变表型相似,证明 ADAR 对 mRNA 的编辑是中枢神经系统正常发育所必需的。

ADAR1 对于哺乳动物的正常生命活动是必须的,Nishikura 等对小鼠干细胞进行诱变得到杂合突变体($ADAR1^{+/-}$),之后将这些细胞注射到正常小鼠胚泡中,期望产生嵌合鼠。但实验发现即使利用大剂量的突变细胞,其胚胎仍存活不到出生,所以,ADAR1 突变体也是胚致死性的(尽管是杂合的)。进一步研究发现,受影响胚胎的大多数组织表现正常,但红细胞例外。如同来自卵黄囊中的红细胞一样,它们从卵黄囊转移到肝脏后的很长时间内仍具有细胞核(通常红细胞在肝脏内会失去细胞核),所以,红细胞发生的某些机制依赖于胚胎中 ADAR1 的完全表达。有些肿瘤丧失了 ADAR 活性。特别是一种称为多形性胶质细胞瘤(glioblastoma multiforme,GBM)的人类恶性脑瘤仅有非常低的 ADAR2 活性和相应的编辑不良 GluR-B mRNA。一些癫痫患者也有编辑不良 mRNA,且 GBM 患者常遭受癫痫困扰。

通过 RNA 依赖性胞嘧啶脱氨酶(cytidine deaminase acting RNA,CDAR)进行编辑的方式是 C→U,这种编辑在多发性神经纤维瘤 I 型患者的良性神经鞘瘤中,大约有 25% 是缺陷型的。C→U 的编辑也发生在人类细胞的 HIV 转录物中。在被 HIV 感染的人类细胞中还存在另一种编辑,即 G→A。

对人载脂蛋白 B(apolipoprotein B,ApoB)的 mRNA 分子研究发现,ApoB 的 mRNA 基因负责编码 4563aa 的载脂蛋白 B100,后者由肝细胞合成后进入血液,承担着脂类的运输。ApoB 蛋白按照大小分为 ApoB100(512kDa)和 ApoB48(241kDa)两种。但两者是同一基因的产物。肠型 ApoB48 有 2153 氨基酸,在小肠上皮细胞产生,是由 ApoB 全长 mRNA 经过编辑后翻译而成的。在小肠细胞中的全长 mRNA 特定位点上,一个 C 脱氨基成为 U,原来是编码 Glu 的密码子 CAA 变成了终止密码子 UAA,引起翻译提前终止形成了一条截短的蛋白质。研究发现编辑位点附近有一段能形成茎环结构的约 26nt 的 RNA 序列十分重要,由一种结合 RNA 的酶称为 RNA 编辑酶,还包括识别 RNA 靶序列的胞嘧啶脱氨酶以及一系列蛋白因子共同结合形成编辑体(editosome),后者实施在这一段序列下游的修饰位点上 C 脱氨基转变为 U。编辑后的肠型 ApoB48 缺失了 C 端的 LDL 受体结合域。在肝细胞中,成熟的 ApoB mRNA 编码序列(ApoB100)与原转录产物的外显子序列相同。ApoB100 有两个重要的结构域,其 N 端结构域结合脂类,而 C 端结构域结合细胞膜上 LDL 受体,在小肠中由于成熟的 ApoB48 mRNA CAA(Gln)被加工成 UAA(终止密码子),造成表达产物缺失 LDL 受体结合区。

(2) 编辑改变了阅读框架

某些基因的转录产物通过 U 的插入或删除,改变了阅读框架才能有效地起始翻译或形成正确的 ORF。前述的锥虫线粒体细胞色素氧化酶亚基 II coII 基因通过移码突变编辑形成正确的 ORF 就是一例。说明 RNA 的编辑不仅能够调节基因表达,而且还是一种基因表达的补救机制。某些病毒 RNA 在编辑过程有 G 或 C 的插入。例如,流感副黏病毒 SV5 的 P 基因表达产生 P 蛋白(44kDa)和 V 蛋白(24kDa)。编码 V 蛋白的 ORF 有 222 个密码子,但测序发现其基因中没有任何符合 P 蛋白长度的 ORF。后来证实 P 蛋白的形成是由于在 V 蛋白阅读框架第 164 位密码子中插入了 GC,产生了新的完整 ORF,合成出有 392aa 的 P 蛋白。

8.9.3 RNA 编辑的生物学意义

(1) 改变和补充遗传信息

从上面的例子可见,有些基因在突变过程中丢失的遗传信息可能通过 RNA 的编辑得以恢复,甚至丢失一半的遗传信息部分都可以被补足。令人费解的是为什么 RNA 编辑恰好能纠正基因突变带来的损害?可能的解释是 RNA 的本质多变,它能通过分子内或分子间的转酯反应产生多种分子重排,或由酶进行修饰。如果有 RNA 或酶能引起 mRNA 众多变异中的一种,它恰好能补救某种基因突变,自然选择就将这种变异固定了下来。

(2) RNA 的编辑能增加基因产物的多样性

由同一基因转录物经编辑可以表达出多种同源体蛋白质,一个 mRNA 前体的编辑产物可产生多种蛋白质,这或许也与生物体的发育和分化有关,是基因调控的一种方式。

(3) RNA 编辑与生物细胞发育和分化有关,是基因表达调控的一种重要方式。

(4) RNA 编辑还可能使基因产物获得新的结构和功能,有利于复杂的生物进化。

(5) RNA 的编辑很可能与学习和记忆有关。

8.10 RNA 的再编码

以往的研究认为,编码在 mRNA 上的遗传信息是以固定的方式进行译码的。然而,现代分子生物学研究日益积累的事实表明,mRNA 在某些情况下可以不同的方式译码,即改变原来的编码信息,称为再编码(RNA recoding)。正常情况下,mRNA 的三联体密码子可被 tRNA 反密码子识别,其信息得以正确翻译。但由于基因的错义、无义和移码突变,改变了编码信息,使基因活性降低或失活。如校正 tRNA 就是变异的 tRNA,它们即可使反密码子环的碱基发生改变,又能使决定 tRNA 特异性的碱基发生变化而改变译码规则,使错误的编码信息得到校正。校正 tRNA 在错义或无义突变的位置上引入一个与原来氨基酸相同或性质相近的氨基酸,从而恢复或部分恢复基因编码的活性,并通过阅读一个二联体或四联体密码子,消除-1 或+1 移码效应。这是 RNA 再编码的一种重要方式。rRNA 的突变有时也能消除移码突变的影响。在蛋白质合成中,核糖体按照 mRNA 上的一个阅读框架移动,另两个阅读框架并不含有用的信息。但核糖体在移动过程中遇到特殊的 mRNA 时,可在模板的一个定位点上发生瞬间的"颠簸",由此改变阅读框架,称为核糖体移码,或程序性阅读框架移位,又简称翻译移码。这种移码机制可从一个 mRNA 产生两种或更多种相互有关但又不同的蛋白质,是蛋白质合成的一种调节方式。劳氏肉瘤病毒(Rous sarcoma virus)是一种逆转录病毒,在其基因组上 gag 和 pol 基因有 1 bp 的重叠,使 pol 阅读框架对 gag 阅读框架有-1 移位。在合成病毒蛋白质时就有两种情况,一种是合成完 Gag 蛋白后在终止密码子处终止并分离;另一种是完成 Gag 蛋白合成后发生-1 移位,紧接着再合成 Pol 蛋白,形成两个蛋白连在一起的多聚蛋白(polyprotein),之后再由蛋白酶将其切开。劳氏肉瘤病毒 gag 和 pol 阅读框架见图 8.46。有时核糖体在 mRNA 上可以发生跳跃。如 T4 噬菌体基因 60 的 mRNA,核糖体在其上移动时能迁跃长达 50nt 的片段不翻译。这可能是 mRNA 高级结构的复杂作用所导致的。

```
                  — Leu — Gly — Leu — Arg — Leu — Thr — Asn — Leu — Stop
gag 可读框  5'— CUA  GGG  CUC  CGC  UUG  ACA  AAU  UUA  UAG  GG  AGG  GCC  A ---3'
pol 可读框    — CUA  GGG  CUC  CGC  UUG  ACA  AAU  UU   AUA  GGG  AGG  GCC  A ---
                                                        Ile — Gly — Arg — Ala    ---
```

图 8.46　劳氏肉瘤病毒 *gag* 和 *pol* 阅读框架的重叠区

8.11　RNA 干扰

(1) RNA 干扰概述

多年以来，分子生物学家就开始利用反义 RNA 抑制活细胞内特定基因的表达，从 20 世纪 90 年代开始，发现在不同的转基因生物体内，有时会出现与期望相反的效应。有时生物体不但没有开启反而关闭了转入的基因，甚至是该基因正常的拷贝。例如，研究者试图通过增加色素形成基因在细胞中的拷贝数，从而增强矮牵牛花的紫色，但 25% 转基因植物的花是白色或紫色和白色相间的，这与期望的效果正好相反。对于这种现象的发生曾有人给过多种名称，在植物中称为共抑制(cosuppression)和转录后基因沉默(post-transcriptional gene silencing，PTGS)，在动物如线虫(秀丽隐杆线虫)和果蝇中称为 RNA 干扰(RNA interference，RNAi)，在真菌中则称为猝灭(quelling)。为避免概念混淆，目前都将这种现象称为 RNA 干扰。

RNAi 广泛存在于真菌、拟南芥、线虫、果蝇和小鼠等各种生物中，是生物体抵御外来感染的一种重要保护机制。2000 年，先后发现小鼠早期胚胎中和大肠杆菌中也存在 RNAi 现象。RNAi 技术应用领域已从基因组学研究扩展到医学领域，用于临床治疗遗传性疾病、肿瘤病、病毒感染等疾病，无论在基础研究领域还是在医学应用领域，都是一种不可多得的有利工具。1998 年 A Fire 在秀丽线虫中发现的 RNA 干扰现象被 *Science* 等期刊评为 2002 年度最重要的科技成果之一，已成为基因功能等研究的热点。

RNA 干扰是正常生物体内一些小的双链 RNA 抑制特定基因表达的一种自我保护现象。当外源 dsRNA 进入细胞后，能够产生小分子干扰 RNA 的反义链和多种核酸酶，它们共同形成了沉默复合物(RNA-induced silencing complex，RISC)。RISC 具有结合和切割 mRNA 的作用，从而介导 RNA 干扰过程(在 mRNA 水平上关闭相应序列及基因的表达使其沉默的过程)；或当细胞中导入外源 dsRNA，与内源性 mRNA 编码区同源的小双链 RNA 互补时，通过促使该 mRNA 降解，从而高效特异阻断体内特定基因的表达，导致基因表达沉默的现象。这种现象发生在转录后水平，故又称为转录后基因沉默，这些小的双链 RNA 称为短干涉 RNA(short interfering RNA，siRNA)。

(2) RNA 干扰的分子机制

Fire 等将 dsRNA(又称触发 dsRNA，trigger dsRNA)注射到线虫生殖腺，在胚胎中将发生 RNAi，并在发生 RNAi 的胚胎中检测到了相应 mRNA(靶 mRNA)的丢失。实验发现 dsRNA 必须具有外显子区，与内含子和启动子序列对应的 dsRNA 不能产生 RNAi，dsRNA 的作用可跨细胞界限，这种效应普遍存在于整个生物界。对于特异性靶 mRNA 的丢失现象是由于基因转录的抑制还是降解？进一步研究证明 RNAi 是一个涉及 mRNA 降解的转录后加工。在发生 RNAi 的细胞中存在一些小片段的 dsRNA，称为 siRNA。2000 年，Hammond 等从经历 RNAi 的果蝇胚胎中纯化了一种核酸酶，可降解靶 mRNA。具有核酸酶活性的部分纯化的制备物中含有 25nt 的 RNA 片段，该片段用 Northern 印迹检测为阳性，所用探针为该核酸酶靶 mRNA 的有义链或无义链。用微球菌核酸酶降解 25nt 的 RNA，具有破坏制备物降解 mRNA 的能力。表明是核酸酶将起始 RNAi 的 dsRNA 降解成 25nt 的片段，这些片段与核酸酶结合并提供引导序列，使核酸酶结合到相应的靶 mRNA 上。Zamore 等根据果蝇胚的裂解产物建立了一个可在体外进行 RNAi 的体系观察到 RNAi 过程的每一步骤。所试胚胎注射了对应荧光素酶(luciferase) mRNA 的触发 dsRNA，将荧光素酶的 mRNA 靶向降解。首先证明 RNAi 是一个耗能过程，需要 ATP；其次通过标记 dsRNA 的一条或两条链，发现都会出现标记的 21～23nt siRNA，siRNA 的产生无需 mRNA，证明这些短 RNA 来自 dsRNA 而非 mRNA。当加帽的反义荧光素酶 RNA 被标记时，少量 siRNA 出现，且其数量在 mRNA 存在时增加，提示标记的反义 RNA 与加入 mRNA 杂交产生了 dsRNA，dsRNA 可被降解为短 RNA 片段。总之，在体系中核酸酶能将触发 dsRNA 降解成 siRNA，这些 siRNA 长 21～23nt。对降解产物进行高分辨率电泳，结果发现在 mRNA 中，主要的切割位点都以 21～23nt 为间隔，产生一系列 mRNA 片段，其长度的差异是 21～23nt 的倍数，切割位点倾向于在尿嘧啶处。2001 年，Hammond 等从果蝇中分离纯化到将触发 dsRNA 切割为短片段的酶，因为该酶能将双链 RNA 切成大小均一的片段，称之为 Dicer，Dicer 是 RNase Ⅲ 家族(RNase Ⅲ

是已知唯一对 dsRNA 特异性切割的核酸酶)的成员。如同 RNaseⅢ 一样,Dicer 在双链 siRNA 的末端产生 2nt 的 3′黏端以及磷酸化的 5′端。编码 Dicer 的基因 *Dicer* 表达产生可将 dsRNA 切成 22nt 小片段的蛋白质,由该蛋白制备的抗体可与果蝇提取物中的一个酶结合,该酶将 dsRNA 切割成小片段。最后,将 *Dicer* dsRNA 导入果蝇细胞,能部分阻断 RNAi。Dicer 还具有 RNA 解旋酶活性,可将由它产生的 siRNA 的两条链分开,但 Dicer 不能切割靶 mRNA。切割靶 mRNA 由 Slicer 进行,Slicer 存在于 RNA 诱导的沉默复合物(RNA-induced silencing complex, RISC)中。图 8.47 为 RNAi 的分子机制。

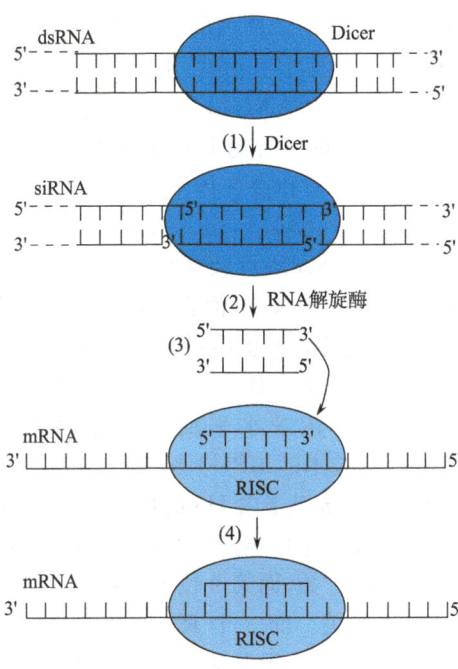

图 8.47 RNAi 的分子机制

(1) Dicer 识别并结合 dsRNA,将 dsRNA 剪切成 21~23nt 的 siRNA,带有 2nt3′端突出。中间 siRNA 的末端被标记以便显示 3′端突出;(2) Dicer 的解旋酶活性将 dsRNA 分离为单链;(3) siRNA 中的一条链与 RISC 复合体结合,通过碱基配对与目标 mRNA 结合;(4) RISC 复合体中的 siRNA 单链作为引导链指导目标 mRNA 的切割,切割位点在 siRNA 互补链的中间

遗传学实验表明,另一个果蝇蛋白 Argonaute 在 RNAi 的 Slicer 反应中是必需的,Argonaute 无 RNase Ⅲ 基序,但从分子结构和生化性质以及遗传功能方面证明它具有 Slicer 活性。果蝇 Argonaute2 具有两个特征性结构域,PAZ 和 PIWI。PAZ 可以结合单链 siRNA 或双链 siRNA3′端的 2nt 单链突出粘端,在 Slicer 反应中 Argonaute 作为 siRNA 的停泊位点,而并非自身具有 Slicer 酶活性。用古菌强烈火球菌(*Pyrococcus furiosus*)的 Argonaute 类似蛋白的 X 射线晶体结构研究发现该蛋白有三个结构域,即上方的 PAZ 域、中间的 PIWI 域和 N 端域,上方的 PAZ 通过一个"蒂"与底部呈月牙状结构相连,其间的分子沟(集中有碱性氨基酸)可与双链 RNA 底物形成静电桥(electrostatic bridge)。PIWI 结构域类似于 RNaseH 的一个结构域,能切割 DNA-RNA 杂交链中的 RNA,羧基簇能结合 Mg^{2+}(Mg^{2+} 在催化 RNA 链切割反应中起重要作用)。这些性质与 Slicer 非常相似,即 Slicer 先识别双链 siRNA-mRNA 杂交体,并切割其中的一条链(mRNA)。

对小鼠 Argonaute 基因和蛋白质的遗传和生化研究发现有 4 个 Argonaute 蛋白,分别是 Argonaute1~Argonaute4。用 Argonaute1~3 的基因和荧光素酶靶向 siRNA 同时转染细胞,再用免疫共沉淀得到 RISC 复合体,体外检测其切割荧光素酶 mRNA 的能力发现仅有 Argonaute2(*Ago2*)有切割活性。将小鼠的 *Ago2* 基因敲除,所有的胚胎在发育阶段死亡,具有严重的发育缺陷和发育滞后。原因是 *Ago2* 不仅参与 RNAi,同时还参与个体的正常发育,后一过程还涉及 microRNA。进一步研究发现野生型鼠胚胎成纤维细胞(MEF)有正常的 RNAi,而敲除 *Ago2* 基因的 MEF 表现为缺陷的 RNAi,说明 *Ago2* 对于 RNAi 非常重要。对 *Ago2* 活性位点的突变(3 个酸性氨基酸中的 2 个关键性 Asp)证明,突变体抑制 RNAi-mRNA 的切割,说明 *Ago2* 具有 Slicer 酶的活性。Argonaute 蛋白含有 RISC 的 Slicer 酶的活性位点,同时必须有一个单链 siRNA 作为向导选择性降解 mRNA,*Ago2* 和 siRNA 一起形成 RISC 复合体,其组装需要 RISC 装载复合体(RISC loading complex, RLC)将 siRNA 装载到 *Ago2* 上,RLC 还能分离 siRNA 双链并选择其中的引导链加载至 RISC 中。

果蝇中的 RLC 转变为 RISC 需要 Armitage 参与,在 RLC 中至少含有 Dicer 及 Dicer 相关蛋白 R2D2 及 siRNA 和 Armitage,它们一起组成复合体 B,后者将 siRNA 传递给 RISC 装载复合体 RLC,RLC 再将双链 siRNA 分为两条单链,同时将引导链转移给 RNA 诱导 RISC,RISC 含有 Ago2 蛋白,在 Ago2PIWI 结构域的活性位点,siRNA 的引导链与目标 mRNA 碱基互补。PIWI 结构域的结构类似于 RNaseⅢ 酶,称为 Slicer,Slicer 在目标基因与 siRNA 互补配对区域的中间切割 mRNA。在依赖 ATP 的过程中,被切割 mRNA 从 RISC 上释放,接受新的待降解的 mRNA。

(3) RNA 干扰的生理意义

在正常情况下真核细胞并不存在双链 RNA,但当受到某些外源 RNA 病毒感染时,这些 RNA 病毒就通过双链 RNA 中间体进行复制。因此,RNAi 的一个重要功能是通过降解病毒 mRNA 而抑制 RNA 病毒的复制。另外，RNAi 所需的基因也是阻止某些转座子在基因组中转座所需要的。例如，线虫精细胞中 Tc1 转座子的转座活性受 RNAi 而沉默，转座子末端反向重复序列的转录可形成茎环结构 RNA（茎为 dsRNA），dsRNA 触发了 RNAi。因此，RNAi 不仅能通过抵抗病毒来保护细胞，还可通过抑制转座子而保证精细胞基因组的完整性。RNAi 还可以沉默转基因及其基因组的同源基因，与正常基因不同，从转化的基因能产生双链 RNA，转基因的两条链都发生转录，这种对称转录可产生足够的双链 RNA 以激活 RNAi。除了其天然功能外，RNAi 对研究者来说是一个极大的恩赐，因为 RNAi 可以使我们随心所欲地沉默基因，只要引入目标基因相对应的双链 RNA 即可。这一操作比实验室产生基因敲除生物的过程要方便得多。RNAi 技术在医药和农业等生物技术产业也展现了潜在的优势。已知许多基因过于活化时将产生破坏作用，如许多原癌基因（oncogene）在肿瘤细胞中有超级活性，使肿瘤细胞生长失控，而直接抵抗原癌基因的 RNAi 可以控制原癌基因的活性，使癌细胞的生长被控制。

尽管 RNAi 有着极大的潜力，但 2004 年以来的数据显示 RNAi 不如想象的那样精准，与触发 dsRNA 不完全配对的基因受到一定程度的抑制，目前并不知道这一非特异性是否会影响 RNAi 在科学研究和医学研究中的效果。另外，要运用 RNAi 技术研究人类基因的功能或治疗疾病还有一些问题。例如，与蛔虫和果蝇不同，靠引入 dsRNA 到哺乳动物细胞所引发的 RNAi 是瞬时的。目前只能通过给哺乳动物细胞转染某种基因，该基因能编码反向重复序列，可形成发夹 RNA，这些基因以发夹结构形式不断地提供 dsRNA，使 RNAi 持续进行。到 2004 年，研究人员已经建立了一个编码短发夹 RNA（short hairpin RNA，shRNA）的基因文库，可以靶向作用于近 10 000 个人类基因。这对于科学研究乃至人类疾病的诊疗都是十分有价值的分子资源。

小结： 细胞受到 dsRNA 入侵时会发生 RNAi。RNAi 中的 dsRNA 来自病毒、转座子或转基因实验（或实验研究）。这种触发 dsRNA 由类似 RNaseⅢ 的 Dicer 酶降解成 21~23nt 的 siRNA，双链 siRNA 和 Dicer 及 Dicer 相关蛋白 R2D2 一起组成复合体 B，后者将 siRNA 传递给 RISC 装载复合体 RLC，RLC 再将双链 siRNA 分为两条单链，同时将引导链转移给 RNA 诱导 RISC，RISC 含有 Ago2 蛋白，在 Ago2PIWI 结构域的活性位点，siRNA 的引导链与目标 mRNA 碱基互补。PIWI 结构域的结构类似于 RNaseⅢ 酶，被称为 Slicer，Slicer 在目标基因与 siRNA 互补配对区域的中间切割 mRNA。在依赖 ATP 的过程中，被切割的 mRNA 从 RISC 上释放，以便接受新的待降解的 mRNA。

（4）RNAi 在异染色质形成和基因沉默中的作用

越来越多的证据表明，在异染色质形成和基因沉默以及 RNAi 自身中都涉及 RNAi 的作用体系。Grewal 等在裂殖酵母（*Schizosaccharomyces pombe*）中分别删除了编码 Dicer、Argonaute 和 RdRP（分别为 *dcr1*、*ago1* 和 *rdp1*）的 RNAi 基因，发现所有突变体在沉默插入着丝粒附近的转基因方面是缺陷的，而正常的着丝粒附近插入的转基因的表达是被抑制的，即转基因在 RNAi 突变体中有活性（此处因没有添加针对转基因的 dsRNA，所以 RNAi 不是直接参与对转基因的沉默）。用 Northern 印迹检测着丝粒的重复 DNA 序列（*cen3*）在野生型和突变体中是否得到转录，结果显示野生型细胞中无转录，而 RNAi 突变体中发现有大量 *cen3* 产物；RNA 斑点杂交显示野生型和突变体细胞中有 *cen3* 的反转录物，而正向转录物仅在突变体细胞中出现；核连缀转录也得到了相同的转录模式，即正向转录仅发生在突变体中。可见对 *cen3* 转录物浓度的控制发生在转录水平而非转录后水平。用染色体免疫沉淀技术（ChIP）检测特异核心组蛋白的甲基化现象（抗体为抗组蛋白 H3 的抗体），该 H3 的第 4 和第 9 位 Lys 均发生了甲基化。其中第 4 位 Lys 的甲基化与基因活化有关，而第 9 位 Lys 甲基化与异染色质和基因失活相关。而 3 个 RNAi 突变体的着丝粒 H3 组蛋白表现出异常甲基化。这一甲基化组合与在 *ura4*⁺ 转基因菌株中发现的形式一样，该转基因位于最外侧着丝粒区域，在野生型细胞中第 9 位 Lys 甲基化水平较高，而 3 个突变体中该 Lys 甲基化水平受到很大抑制。

Martienssen 等发现，RNAi 体系中的 Rdp1 与着丝粒染色质相结合。从野生型细胞中克隆到了 Dicer 的产物，显示所有的 12 个克隆都来自着丝粒区域的转录物。在着丝粒处至少发现了 RNAi 体系的一个组件，且 siRNA 来源于着丝粒转录物。根据这些结果提出，着丝粒处异染色质化的沉默与 RNAi 有关。着丝区域的反向转录物与 RNA 聚合酶或 RdRP 偶尔转录的正向转录物碱基互补配对形成触发 dsRNA。之后 Dicer 降解 dsRNA 产生 siRNA，而 siRNA 与 RITS 复合体（RITS 复合体是指 RNA 诱导的转录基因沉默起始物）中的 Argonaute1 蛋白 Ago1 结合。RITS 复合体吸纳 RDRC 复合体（RNA 指导的 RNA 聚合酶复合体）中的 RdRP，RDRC 可扩增双链 siRNA。通过与该 DNA

直接配对或与其转录物配对,siRNA 将 RITS 伴送到基因组的相应位点上。然后,RITS 吸纳组蛋白 H3 Lys9 甲基转移酶。一旦 Lys9 被甲基化,它又召集 Swi6(Swi6 是异染色质化必需的)。最终结果是异染色质化扩散到着丝粒区域。

裂殖酵母与动植物异染色质化的主要区别是除组蛋白甲基化外,动植物还发生了 DNA 的甲基化。甲基基团填加到双链 CpG 序列的胞嘧啶上,这有助于吸引一些能诱导染色体发生异染色质化的蛋白质,dsRNA 对 RNAi 体系的募集有重要作用,RNAi 体系可刺激 DNA 甲基化,而且是永久性的。一旦 DNA CpG 序列双链中的 C 被甲基化,这种甲基化就可以遗传。当 DNA 复制完成后,一条链上甲基化的胞嘧啶可确保相反链中新掺入的胞嘧啶也发生甲基化。但这种永久性的甲基化不是真正的遗传学改变,可能是一种碱基变为另一种碱基(如 C→T),我们将这一现象称为 DNA 表观修饰(epigenic modification)。它与遗传学的改变同样重要,因为它能导致基因沉默,甚至导致染色体整个区段的异染色质化。

RNAi 在哺乳动物 X 染色体的失活中也起作用。雌性哺乳动物的每个细胞中一条 X 染色体被异染色质化而失活,避免了过多 X 染色体产物对机体的毒害作用。X 染色体失活是因其组蛋白 H3 Lys9 被甲基化,该甲基化在 Xist 基因座的非编码转录物出现后立即产生。已知 Xist 的转录受反义 RNA、Tsix 和 Xist 启动子甲基化控制。Tsix 和 Xist 转录物在同一细胞同时出现将触发 RNAi 系统,RNAi 系统召集组蛋白甲基化酶,进而引起异染色质化的形成。2004 年 Morris 等发现哺乳动物基因也能被 RNAi 体系所沉默,这个过程与在动植物中所看到的异染色质化情况相近。

(5) 短干扰 RNA 的扩增

短干扰 RNA(siRNA)在一些生物体如植物和线虫中的作用具有很高的灵敏性,只用少数 dsRNA 分子就可以使一个基因完全沉默,且这不仅是在一个细胞中,而是在整个生物体,乃至其后代中发生。这一现象表明基因的沉默过程是催化性的。的确,Dicer 从 dsRNA 和目标 mRNA 中能产生出许多 siRNA 分子,但这仍不足以解释 RNAi 的巨大威力。谜底是细胞能利用 RNA 指导的 RNA 聚合酶(RNA-directed RNA polymerase, RdRP)以反义 siRNA 为引物,扩增 siRNA 的拷贝,如图 8.48 所示。前人已证明,20pmol/L (20× 10^{-12}) GFP 的 mRNA 所对应的触发 dsRNA 就可在果蝇胚提取物中产生 siRNA,而与此同时 GFP mRNA 被降解,但非目标的荧光素酶 mRNA 不受影响。可见 RNAi 能在体外复制。接着,利用 GFP dsRNA 所合成的 siRNA 可以在体外诱导 RNAi 产生,但合成的 siRNA 必须具有 3′-OH 才能诱导 RNAi 产生,表明 siRNA 作为引物 RdRP,扩增 mRNA 产生了 dsRNA。用 UTP [^{32}P]标记的 siRNA,检测被标记的 siRNA 是否以引物形式进入全长 dsRNA,同时检测 dsRNA 是否与目标 RNA 相应的长度一致,以 mRNA、反义 RNA 和 dsRNA 为模板时,标记 siRNA 都可掺入全长 RNA,但无模板或模板非同源时都不能掺入,此外,标记的产物可以抗 RNase T1 和 RNase I 的降解,表明它们是双链的,结果有力地验证了以上实验。

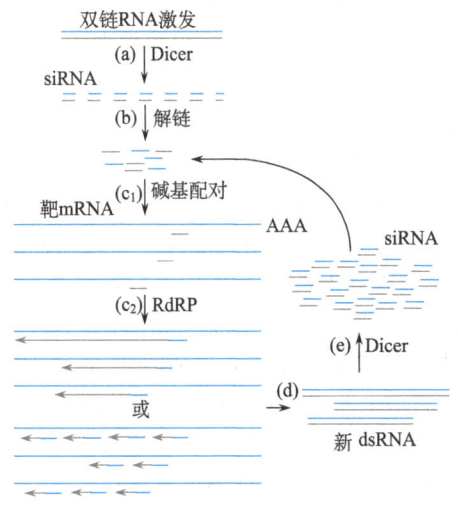

图 8.48 siRNA 的扩增(引自 Nishikura,2001)

(a) Dicer 剪切触发 dsRNA 产生 siRNAi;(b) siRNA 的无义链与靶 nRNA 杂交;(c) RdRP 利用 siRNA 的无义链为引物,靶 mRNA 为模板合成长的无义链;(d)在(c)中产生的新的触发 dsRNAi;(e)Dicer 将新的触发 dsRNA 剪切成更多新的 siRNA,后者又引发新一轮的扩增

(6) RNA 干扰的几个重要特征

RNA 干扰有几个重要特征:①RNAi 是转录后水平的基因沉默机制,具有很高的特异性,只降解与其序列相应的单个内源基因的 mRNA;②RNAi 抑制基因表达具有很高的效率,表型可达到缺失突变体表型的程度,且相对很少量的 dsRNA 分子(远远少于内源 mRNA 的数量)就能完全抑制相应基因的表达,以催化放大的方式进行。③RNAi 抑制基因表达的效应可穿过细胞界限,在不同细胞间长距离传递和维持信号甚至传播至整个有机体。④dsRNA 不得短于 21 个碱基,且长链 dsRNA 也在细胞内被 Dicer 酶切割为 21bp 左右的 siRNA,并由 siRNA 介导 mRNA 切割。大于 30bp 的 dsRNA 不能在哺乳动物细胞中诱导特异的 RNA 干扰,而是细胞非特异性和全面的基因表达受抑制和凋亡。⑤RNAi 有浓度、时间及 ATP 依赖性。

dsRNA 诱发的 RNAi 效应的强度随其浓度的增高而增强;高浓度的 dsRNA 能产生较多的 siRNA,不仅能增强反应体系的效应,而且还能抵消 RNA 依赖的腺苷脱氨酶的作用;RNA 干扰是一个 ATP 依赖的过程,在去除 ATP 的样品中 RNA 干扰现象降低或消失,Dicer 和 RISC 的酶切反应必须由 ATP 提供能量。⑥RNA 干扰的生物安全性高。由于插入到目标基因组 DNA 上的外源基因的干扰序列部分的 mRNA 转录后形成发夹结构并被体内的 Dicer 识别降解,不会被进一步翻译成蛋白质,所以避免了外源蛋白质在体内的积累,具有较高的生物安全性。利用 RNAi 技术获得的抗性植株与直接转入抗性基因的抗性植株相比具有更高的生物安全性、高效性和特异性,免除了寻找抗病基因的艰苦工作。

(7) RNA 干扰的应用

RNAi 目前已经在功能基因组学、医学和基因治疗及信号转导等领域的研究取得了令人瞩目的进展。作为研究基因功能的新工具,RNAi 具有高度序列专一性和有效的干扰活力,可特异地使特定基因沉默,作为功能基因组学的一种强有力研究工具及对编码区 RNAi 和启动子区实施 RNAi 来研究基因功能。RNAi 用于构建转基因动物模型的报道日益增多,说明 RNAi 已成为研究基因功能不可或缺的工具。

RNAi 技术在医学领域的应用主要是可以有选择性地使致病基因"沉默",如用 RNA 干扰法杀死丙肝病毒、小鼠种系细胞基因敲除等。研究表明 RNAi 能在哺乳动物中抑制特定基因表达,产生多种表型,且抑制基因表达的时间可控制在发育的任何阶段,产生类似基因敲除的效应。与传统的基因敲除技术相比,这一技术具有投入少,周期短,操作简单等优点。使用 RNAi 技术阻止艾滋病病毒进入人体细胞。研究设计合成病毒载体引入 siRNA,激发 RNAi 使其抑制 HIV-1 进入人体外周 T 淋巴细胞,而不影响另一种 HIV-1,使之以病毒载体为媒介引导 siRNA 进入细胞内产生免疫应答,由此治疗 HIV-1 和其他病毒感染性疾病的可行性大大增加。RNAi 还用于其他病毒感染,如脊髓灰质炎病毒等。已经证实介导人类细胞的胞间抗病毒免疫,用 siRNA 对细胞进行预处理可使其对病毒抵抗能力增强。在严重急性呼吸综合征(SARS)的防治研究中,RNAi 也得到应用。病毒感染能被针对病毒基因和相关宿主基因的 siRNA 所阻断,提示 RNAi 能胜任许多病毒的基因治疗。RNAi 已成为一种有效的抗病毒治疗手段。有学者发现 RNAi 与脆性 X 染色体综合征之间的关系密切,揭示 RNAi 相关机制的缺陷可导致人类疾病的病理机制。遗传性疾病的 RNAi 治疗成为当下研究 RNAi 的又一大热点。肿瘤是多基因相互作用的基因网络调控的结果,传统技术诱发的单一癌基因的阻断不可能完全抑制或逆转肿瘤的生长,而 RNAi 可利用同一基因家族的多个基因具有一段同源性很高的保守序列这一特性。设计针对这一区段序列的 dsRNA 分子,只注射一种 dsRNA 即可产生多个基因同时剔除的表现,也可同时注射多种 dsRNA 而将多个序列不相关的基因同时剔除。应用 RNAi 技术已成功阻断了乳腺癌细胞中一种异常表达的与细胞增殖分化相关的核转录因子基因 Sp1 的功能。随着 RNAi 机制研究的深入和 RNA 干扰技术的日趋完善,作为一种便捷实用的基因组研究方法和基因治疗药物,预示着一个新的 RNA 时代来临。尽管仍有一些问题亟待研究,如外源转基因如何产生 dsRNA? 究竟有哪些核酸酶参与了 dsRNA 和 mRNA 的切割,其详细机制如何? 这种古老而多能的细胞水平的监督系统经过千万年的选择和进化的考验,疑问是一件无价之宝。该技术已被广泛地用于医、农、林、牧、渔等多种领域,具有巨大的科研、经济和社会价值。

【本章重点归纳】

细胞内转录的 RNA 原初转录物要经过一系列的变化才能转变为成熟的 RNA 分子,这些过程总称为 RNA 的成熟。rRNA 前体加工由 RNase Ⅲ 催化,需先经甲基化修饰才能被核酸内切和外切酶切割。真核 tRNA 前体中内含子的精确切除信号是 tRNA 共同的二级结构,这些特殊构象对内含子的精确切除十分重要。哺乳动物、酵母、果蝇和植物等 tRNA 的加工在酶的催化下完成,包括内含子的剪接;3' 端添加 CCA;核苷酸修饰等。有 200 多种 snoRNA 稳定存在于细胞核仁内,与细胞内特定蛋白结合产生 snoRNP,是一类新型调控分子,参与 rRNA 前体加工,指导 rRNA 中核糖和碱基修饰。snoRNA 还以分子伴侣的形式参与 rRNA 高级结构形成。核 mRNA 前体内含子剪接分三类:第一类是自我剪接内含子,结构特殊,无需酶或蛋白质参与能自发剪接,分为 Ⅰ 型和 Ⅱ 型自我剪接内含子。两类内含子各有其特征性二级结构和较短的共同序列;第二类是蛋白质(酶)参与剪接的内含子,存在于 tRNA 前体中。剪接过程在酶催化下完成;第三类是依赖 snRNP 剪接的内含子。绝大部分存在于细胞核的蛋白质基因中。剪接方式与第一类 Ⅱ 型内含子相似,都通过形成套索结构中间体的剪接。核内不均一 RNA(hnRNA)是 mRNA 的原初转录产物在核内形成的大小不等的中间物,相对分子质量很大,很不均一。几乎所有核 mRNA 前体内含子都有相同的开始和结尾,模式为外显子/GU……内含子……AG/外显子,即内含子开始两个核苷酸是 GU,最后两个是 AG。典型内含子中包含多个 GU 和 AG 序列。真正的剪接信号比 GU-AG 基序复杂,许多内含子中都有的共同序列为:5′AC/GUAAGU……内含子……YNCURAC……YnNAG/G 3′。在外显子中还包含能促进剪接的外显子剪接增强子序列。剪接体是 mRNA 前体在剪接中组装成的多组分复合物,由多种 snRNA 和蛋白因子组成。内含子都包括 3 个保守的剪接信号:①5′端序列;②3′端序列;③分支点,分支点距 3′端 18~40nt。每种剪接体中含有 1~2 种 snRNA 和数百种蛋白因子,参与剪接反应的 snRNA 至少有 5 种,即 U1 snRNA、U2 snRNA、U4 snRNA/U6 snRNA 和 U5snRNA。核 mRNA 前体内含子的两末端和分支点共同序列都由 snRNA 识别。所有 snRNP 都有 7 个相同的 Sm 蛋白,snRNA 结合 Sm 蛋白的位点称 Sm 位点。RNA 聚合酶 Ⅱ 的 Rpbl 亚基 C 端功能域(CTD)能够促进外显子界定的底物剪接,但不促进内含子界定的底物剪接。CTD 与剪接因子结合并装配外显子的两个末端,引起剪接。

剪接体上剪接反应的生化本质是转酯反应。一个基因的初始转录物在不同分化细胞、不同发育阶段乃至不同生理状态下,可以有不同的剪接方式得到不同的成熟 mRNA 和蛋白产物,称为选择性剪接,所产生的多个蛋白质即为同源体蛋白。小鼠免疫球蛋白 μ 重链基因中存在着交替剪接现象,交替剪接使一个基因能产生两种或更多种结构和功能都有所不同的蛋白产物,增加了真核基因产物多样性;果蝇选择性连锁剪接能够决定雌性和雄性;降钙素 mRNA 前体选择性剪接说明同一基因在不同组织中因剪接方式不同得到了两种不同的激素。Cech 等研究纤毛原生动物四膜虫 26S rRNA 前体内含子时发现了自我剪接内含子。RNA 自我剪接分两种类型,即 Ⅰ 型和 Ⅱ 型。Ⅰ 型内含子剪接也有转酯反应。但第一个转酯反应不由内含子内部核苷酸介导,而由一个游离的外源鸟苷或鸟苷酸介导,其特点是本身具有酶活性,称核酶。Ⅰ 型内含子有 9 个主要的碱基配对区。Ⅱ 型内含子是自我剪接内含子,转酯反应无需外源游离 G 启动,而是由内含子靠近 3′端的 A2′-羟基攻击内含子 5′-磷酸基引起,经两次转酯,内含子形成套索被切除,两个外显子得以连接。Ⅱ 型内含子 5′端和 3′端剪接点序列为 5′↓GUGCG…YnAG↓3′,符合 GU…AG 规则。几种自我剪接内含子的剪接比较:核 mRNA 内含子必须形成复杂的剪接体,Ⅱ 型内含子的套索结构类似于核 pre-mRNA 剪接,剪接体的 snRNA 和 Ⅱ 型内含子催化部位间有功能相似性。核 pre-mRNA 剪接体用内含子自身的核苷酸,而 Ⅰ 型内含子在剪接中用外源 G。Ⅰ 型内含子用 G 相当于剪接体内含子上分支点的 A 但不形成套索结构。Ⅰ 型与 Ⅱ 型的区别:Ⅱ 型的转酯反应无需 G 启动而由内含子内部的 A 引起,Ⅱ 型剪接中间体形成套索;Ⅰ 型内含子剪接由 G 启动,剪接中间体不形成套索。核酶泛指一类有催化功能的,无需蛋白参与或不与蛋白结合就有催化功能的 RNA 分子。除 Ⅰ 型和 Ⅱ 型内含子的剪接酶功能外,核酶还有核苷酸转移酶、RNA 限制性内切酶、磷酸转移酶和磷酸酯酶等多种酶活性。已发现的核酶有两类:①剪接型核酶;②剪切型核酶。具有自我剪接或剪切能力的 RNA 大多数都能形成锤头型结构。反式剪接是剪接发生在几个外显子不在同一基因甚至不在同一条染色体上的剪接。

5′端加帽需要多种酶催化完成。核苷磷酸水解酶去除 5′端的 γ-磷酸基;鸟苷转移酶在此末端加上 GMP 形成 5′,5′-三磷酸,封闭 RNA 的 5′端;两种甲基转移酶分别将鸟苷第 7 位的 N 和从 5′端数的第二个核苷酸的 2′-OH 甲基化。帽结构有 4 种功能:①保护 mRNA 免受核酸酶降解;②加强 mRNA 的可译性;③增强 mRNA 从细胞核到胞质的转运;④提高 mRNA 剪接效率。真核生物 mRNA 依靠帽结合蛋白识别帽子。poly(A)不是由转录产生的。mRNA 的 3′端加 polyA 过程称为 3′端多聚腺苷酸化,发生在转录之后,剪接之前,由核内 poly(A)聚合酶催化 mRNA 前体的 3′端逐个添加 AMP。poly(A)有两个功能:①保护 mRNA,提高 mRNA 在细胞质中的稳定性;②增强 mRNA 的可翻译能力。

真核细胞 mRNA 翻译时的 poly(A)结合蛋白称为 PAB Ⅰ。哺乳动物多聚腺苷酸化信号是在 poly(A)位点前具有 20~30bp 的 AATAAA 序列,在 RNA 水平上大多数哺乳动物 mRNA 在 poly(A)上游约 20nt 处有 AAUAAA 序列,能引起下游约 20nt 处发生多聚腺苷酸化。一个有效的 poly(A)信号包括 AAUAAA 及随后 23~24bp 的富 GU 区和后面的富 U 区序列。多聚腺苷酸化包括前体 mRNA 的剪切和多聚腺苷酸化两个过程。poly(A)信号是一种剪切信号,能诱导剪切酶在 AAUAAA 下游约 20nt 处剪切 RNA。参与多聚腺苷酸化起始的蛋白因子是 poly(A)聚合酶和 CPSF。mRNA 的加帽、多聚腺苷酸化及剪接加工的过程都相互关联。在体外将第一内含子从 mRNA 中切除依赖帽子,帽子激发了与其最接近的内含子剪接。多聚腺苷酸化能激活前体 mRNA 中最后一个内含子而不是上游内含子的剪接,poly(A)底物的剪接速率是未 poly

(A)底物的 5 倍～10 倍，缺失多聚腺苷酸尾则抑制最后一个内含子剪接，但上游两个内含下不受影响。参与加帽、剪接和多聚腺苷酸化的酶都直接与 CTD 结合，CTD 是这 3 个加工事件的重要连接点。在新生转录物中 poly(A)位点下游不同位点剪切是终止所必需的，转录物剪切是共转录性的，先于在 poly(A)位点的剪切。CoTC 元件是一种能进行自我剪切的核酶，对正确的终止十分必要。鱼雷模型认为 poly(A)位点发生剪切和多聚腺苷酸化给延伸中的 RNApol 发出脱离模板信号，这种信号由鱼雷传递。多聚腺苷酸尾在成熟 mRNA 转运出核过程中发挥着重要作用。细菌新霉素基因转至猴 COS1 细胞时其转录物被留在核内，原因是细菌基因缺少 poly(A)信号形成了无成熟分端的转录物。对酵母 poly(A)聚合酶基因温度敏感型突变株研究证实多聚腺苷酸化是 mRNA 主动转运出核所必需的。

锥虫线粒体所编码的 mRNA 不完整，翻译之前要进行编辑加工。编辑在一到几个连续的 gRNA 作用下沿 $3'\rightarrow 5'$ 的方向进行。第一个 gRNA 的 $5'$ 端配对互补到待编辑前体 mRNA 的待编辑位点，即 $3'$ 端编辑区域上，剩下的 gRNA 的 $5'$ 端依次配对杂交至已编辑区域，该区域的 $5'$ 端区域将被编辑。所有这些 gRNA 提供了 A 和 G，作为 U 掺入的模板。gRNA $3'$ 端的寡聚 U 由线粒体内的末端尿苷酸转移酶以 UTP 为底物合成。

细胞受到 dsRNA 入侵时会发生 RNAi。RNAi 中的 dsRNA 来自病毒、转座子或转基因(或实验研究)。这种触发 dsRNA 由类似 RNaseⅢ 的 Dicer 酶降解成 21～23nt 的 siRNA,双链 siRNA 和 Dicer 及 Dicer 相关蛋白 R2D2 一起组成复合体 B,后者将 siRNA 传递给 RISC 装载复合体 RLC,RLC 再将双链 siRNA 分为两条单链，同时将引导链转移给 RNA 诱导 RISC,RISC 含有 Ago2 蛋白，在 Ago2PIWI 结构域的活性位点，siRNA 的引导链与目标 mRNA 碱基互补。PIWI 结构域的结构类似于 RNaseⅢ酶，被称为 Slicer,Slicer 在目标基因与 siRNA 互补配对区域的中间切割 mRNA。在依赖 ATP 的过程中，被切割的 mRNA 从 RISC 上释放，以便接受新的待降解的 mRNA。

【思考题】

1. 真核生物基因为什么要进行 RNA 转录后的加工？有何意义？
2. 细胞内 RNA 原初转录物一般都需要经过哪些过程的加工修饰？
3. 简述原核生物 3 类 rRNA 前体的加工过程。
4. RNase P 的功能是什么？该酶有何特性？
5. 真核生物 RNA 前体内含子的剪接有哪几类？
6. 下列英文缩写代表什么含义：hnRNA、D-RNA、snoRNA、snRNA、snRNPs、IGS、CoTC、CTD、RISC、Dicer、siRNA、dsRNA、slicer、snRNA、snoRNA、SPL、RNAi、chIP、RLC、PTSG、ADAR、FISH、CBC、CPSF、SL、BBP、snoRNP、ESS、ESE、shRNA。
7. 解释下列名词概念：套索结构、顺式/反式剪接、分支点、剪接因子、剪接体、SR 蛋白、转酯反应、选择性剪接、Sm 蛋白、R-环、酵母双杂交试验、外显子界定、同源体蛋白、内部引导序列、剪接型核酶、锤头型结构、RNA 干扰。
8. 什么是选择性剪接？选择性剪接有哪些类型？选择性剪接有什么生物学意义？
9. 什么是 RNA 的自我剪接？自我剪接有哪些类型？
10. 阐述顺式剪切和反式剪切的区别。
11. 什么是核酶？分为哪两类？目前已发现有多少种特殊结构的核酶？
12. 什么是 RNA 编辑？RNA 编辑有什么重要的生物学意义？
13. 提供一个例证，表明 RNA 干扰依赖于 mRNA 的降解。
14. 列举一个模型来阐述 RNA 干扰的机制。

第 9 章
遗传密码与蛋白质的生物合成

9.1 遗传密码的破译

遗传密码是指能反映 DNA 链上的核苷酸与蛋白质链上氨基酸的对应关系的碱基三联体。在 mRNA 链上三个连续的核苷酸能够决定一个特定的氨基酸,这三个连续的核苷酸就是一个**密码子**(codon)对遗传密码子的定义使 mRNA 链上特定的核苷酸序列对应蛋白质链上特定的氨基酸序列成为可能。在 20 世纪中叶,人类已经知道 DNA 是携带遗传信息的分子,并通过 RNA 控制蛋白质的合成。但核酸分子中的核苷酸序列怎样指导蛋白质分子中氨基酸的排列顺序这个分子生物学上的难题,使许多科学家从不同的角度去探索,最终破译了生物的遗传密码。

1954 年物理学家 Gamov 首先对遗传密码进行探讨。核酸分子中只有 4 种碱基,要为蛋白质分子中的 20 种氨基酸编码,不可能是 1 对 1 的关系,2 个碱基决定 1 个氨基酸也只能编码 16 种氨基酸,如果用 3 个碱基决定 1 个氨基酸,$4^3=64$,即 3 个核苷酸作为 1 个组合形成**三联体**(triplet),则 64 个核苷酸的足以决定 20 种氨基酸,故密码子应该是核苷酸的三联体。1961 年 Crick 等提出了确切的证据,说明三联体密码子的理论是正确的。他们研究 T4 噬菌体 γⅡ位点 A 和 B 两个顺反子的变异,这两个基因与噬菌体能否感染大肠杆菌 κ 株有关。用吖啶类染料诱导变异,在上述位点通过插入或缺失核苷酸后产生突变体,以及两个缺失型突变体或两个插入型突变体重组得到的重组体,都是严重缺陷型的,不能感染大肠杆菌 κ 株。然而从一个缺失或一个插入突变体得到的重组体却能恢复感染活性。还有,如果缺失或插入三个彼此相邻的核苷酸,其突变体也表现出正常的功能。但缺失或插入四个核苷酸,虽然彼此非常靠近,其突变体却有严重的缺陷。表明三联体密码是非重叠且连续编码的。编码序列的任意位置上插入或删除一个核苷酸都会改变其阅读框架,发生移码突变而使基因失活。但如果插入或删除三个核苷酸,或插入一个核苷酸后又删除另一个核苷酸,阅读框架的变化则很小,原来编码的信息就能在变异位点后仍然表现出来。这是基因与蛋白质共线性(colinearity)关系的最早证据。

在 Crick 等提出遗传信息在核酸分子上以非重叠、无标点、三联体的方式编码的同时,Nirenberg 等用人工合成的 mRNA 在无细胞蛋白质合成系统中寻找氨基酸与三联体密码子的对应关系。将大肠杆菌破碎后离心去除细胞碎片,其上清液含有蛋白质合成所需的多种组分,包括 DNA、mRNA、tRNA、核糖体、氨酰 tRNA 合成酶以及蛋白质合成必需的各种因子。将上清液保温一段时间后内源 mRNA 被降解,该系统自身蛋白质的合成即停止。补充外源 mRNA 及 ATP、GTP 和氨基酸等成分,在 37℃ 保温,即能重新开始合成新的蛋白质(为检测是哪种氨基酸掺入到新合成的蛋白质中,需将氨基酸用放射性标记)。这个实验最初使用的 mRNA 模板为多聚尿嘧啶核苷酸[poly(U)],结果是在无细胞蛋白质合成系统中,它能指导多聚苯丙氨酸的合成,而且只合成了多聚苯丙氨酸。由此推断 UUU 三联体代表着 Phe 的密码子。用同样的方法证明了 poly(C)指导 Pro 掺入,poly(A)指导 Lys 掺入到多肽链中。poly(G)因易于形成多股螺旋,不宜作 mRNA。UUU CCC AAA 是最早得到破译的密码子。进一步用两种核苷酸或三种核苷酸的共聚物作为模板,重复上述实验,如用 U 和 G 的共聚物可有 8 种不同的三联体,即 UUU、UUG、UGU、GUU、GUG、GGU、UGG 和 GGG。酶促合成多肽链时,根据加入核苷酸底物的比例可计算出各种三联体出现的相对频率,标记氨基酸掺入的相对量应与其密码子的出现频率相一致。此法可确定 20 种氨基酸密码子的碱基组成,但不能确定它们的排列顺序。

20 世纪 60 年代,Nirenberg 建立了大肠杆菌无细胞蛋白合成体系。将离心后的细胞裂解液用 DNase 处理抑制转录,而加入自然的或合成的 mRNA 后又能进行有限的蛋白质合成。为了确认是哪种氨基酸被聚合到新合成的多肽中,需平行进行 20 个反应。每个反应中含有 19 种非放射性的氨基酸和一种放射性标记的氨基酸。利用多聚核苷酸磷酸化酶合成只有一种核苷酸成分的 mRNA,即 [poly(U)]、[poly(C)]、[poly(A)]、[poly(G)]。如果加入一种这样单一组成的合成 mRNA 后发生了蛋白质的合成,那么 20 个反应试管中肯定会有一个试管其放射性氨基酸被渗入到多肽中。用这种方法发现 poly(U)指导了多聚苯丙氨酸的合成、poly(C)编码了多聚脯氨酸。poly(A)编码多聚赖氨酸,而 poly(G)没有蛋白质合成,因为它的高级结构很复杂。如果多聚核苷酸磷酸化酶能够被用来聚合两种核苷酸的混合物,比如说 U 和 G,以不同的比例如 0.76:0.24,那么在三联体中 GGG 出现最少,UUU 将是最普遍的,而三联体中含有二个 U 和一个 G 的出现频率则次之。利用这些随机共聚物作为合成 mRNA 加入到无细胞体系中,来确认某种特定氨基酸掺入到多肽中的比例,就可能确定出许多氨基酸的密码子的构成。但三联体密码子的精确顺序的确定还需另外的试验。

1964 年,Nirenberg 用人工合成的三核苷酸取代 mRNA,在没有 GTP 时,不能合成蛋白质,但是核苷酸三联体却能与其对应的氨酰 tRNA 一起结合在核糖体上。将此反应混合物通过硝酸纤维素滤膜时,核糖体便与核苷酸三联体以及特异结合的氨酰 tRNA 形成复合物而留在膜上。用这种核糖体结合技术可以直接测出三联体对应的氨基酸。所有 64 种可能的三联体都已合成,经试验其中 50 种以上都得到确切的结果。与此同时,Khorana 等将化学合成结合酶促合成,合成含有重复序列的多聚核苷酸。如 poly(UG),它含有两种三联体密码子,UGU 和 GUG,在无细胞蛋白质合成系统中指导合成 poly(Cys·Val)。经与核糖体结合技术所得结果相比较,可以确定 UGU 是 Cys 的密码子,GUG 是 Val 的密码子。它们的关系如下:

```
5'……UGUGUGUGUGUG……3'
      Cys Val Cys Val
```

如果用多聚三核苷酸作模板,由于阅读框架不同,可以指导产生三种不同的均聚多肽。如 poly(UUC)指导 poly Phe、poly Ser 和 poly Leu 的合成,它们之间的关系为:

```
5'…… UUC UUC UUC UUC UUC ……3'
     Phe Phe Phe Phe Phe
      Ser Ser Ser Ser Ser
       Leu Leu Leu Leu Leu
```

用四核苷酸多聚物作模板,可合成共聚四肽,或因出现终止密码子而只合成小肽,如 poly(UUAC)可合成 (Leu·Leu·Thr·Tyr)n。

```
5'……UUAC UUAC UUAC UUAC UUAC……3'
     Leu Leu Thr Tyr Leu Leu Thr Tyr
```

由其他二核苷酸、三核苷酸和四核苷酸共聚物作模核时,也能合成其他的多聚氨基酸。用上述方法,历经 5 年,在 1966 年完全确定了编码 20 种氨基酸的密码子。另有三个密码子用作翻译的终止信号(表 9.1)。除 Met 和 Trp 只有一个密码子外,其余氨基酸均有一个以上的密码子。已知多肽合成的第一个氨基酸为甲酰甲硫氨酸(原核生物)或甲硫氨酸(真核生物),但 Met 的密码子只有一个,说明编码多肽链内部 Met 和起始氨基酸用的是同一个密码子。

表 9.1 遗传密码子表

第一位碱基 (5'端)	第二位碱基(中间)				第三位碱基 (3'端)
	U	C	A	G	
U	Phe	Ser	Tyr	Cys	U
	Phe	Ser	Tyr	Cys	C
	Leu	Ser	终止	终止	A
	Leu	Ser	终止	Trp	G
C	Leu	Pro	His	Arg	U
	Leu	Pro	His	Arg	C
	Leu	Pro	Gln	Arg	A
	Leu	Pro	Gln	Arg	G
A	Ile	Thr	Asn	Ser	U
	Ile	Thr	Asn	Ser	C
	Ile	Thr	Lys	Arg	A
	Met	Thr	Lys	Arg	G
G	Val	Ala	Asp	Gly	U
	Val	Ala	Asp	Gly	C
	Val	Ala	Glu	Gly	A
	Val	Ala	Glu	Gly	G

破译遗传密码是用无细胞系统进行实验得出的。那么生物体内的情况是否也是如此呢?许多实验室对此做了研究,结论是肯定的。如 Sanger 等测定噬菌体 R17 RNA 一些区段的序列并与其编码蛋白质的氨基酸序列相比较,完全符合遗传密码表。还有一些实验室利用突变技术,也得出了三联体密码子的可靠资料。20 世纪 70 年代兴起的基因克隆和 DNA 序列测定技术,都充分地证明了遗传密码表是正确的。

小结:20 世纪 60 年代,用大肠杆菌无细胞蛋白合成体系在 mRNA 链上三个连续的核苷酸能够决定一个特定的氨基酸,从而确立了遗传密码,对遗传密码子的定义使 mRNA 链上特定的核苷酸序列对应蛋白质链上特定的氨基酸序列成为可能。

9.2 遗传密码的基本特性

(1) 密码的基本单位

决定蛋白质中氨基酸序列的遗传密码编码在核酸分子上,其基本单位是按照 5'→3' 方向编码、碱基之间不重叠、无空格的三联体(三碱基)密码子。在 20 世纪 60 年代后的一系列实验都推出了各种氨基酸对应的密码子。AUG 为甲硫氨酸的密码子,同时也是蛋白质合成(翻译)的起始密码子。UAA、UAG 和 UGA 为终止密码子。其余 61 个密码子对应于 20 种氨基酸。因此,要正确阅读密码必须从起始密码子开始,按确定的读码框架(reading frame)连续阅读,直至遇到终止密码子为止。若插入或删除一个核苷酸,就会使该位点后的读码发生错位,发生移码突变(frame-shift mutation)。研究已证明,在绝大多数生物中基因是不重叠的,即使在重叠基因中,各自的开放读码框架仍按三联体方式连续读码。

(2) 起始密码与终止密码

在绝大多数的生物体中常使用 AUG 为起始密码子,仅极少数使用 GUG 为起始密码子的。UAA、UAG、UGA 是终止密码子,它们不编码任何一种氨基酸。这三种密码子的彩色名称为 UAA 为赭石密码子(ochre codon),UAG 为琥珀密码子(amber codon),UGA 为卵白石密码子(opal codon)。琥珀密码子 UAG 是由 Trp 密码子(UGG)发生单碱基突变(琥珀突变)而来的,而赭石密码子(UAA)是琥珀密码子发生单碱基突变而产生的,卵白石密码子是通过排除法推出的。在各种生物体中这三种终止密码子都被使用,在某些基因中有时连续使用两个终止密码子能更有效地终止多肽链的延伸合成。

(3) 密码的简并性

生物体总共有 64 个三联体密码子,除 3 个终止密码外,其余 61 个密码子编码 20 种氨基酸,因此,许多氨基酸不止一个遗传密码。同一种氨基酸具有两个或更多个密码子的现象称为密码子的简并性(degeneracy)。对应于同一种氨基酸的不同密码子称为同义密码子(synonymous codon),如色氨酸和甲硫氨酸只有 1 个密码子(表 9.2)。

表 9.2 氨基酸密码子的简并性

氨基酸	密码数目	氨基酸	密码数目
Ala	4	Leu	6
Arg	6	Lys	2
Asn	2	Met	1
Asp	2	Phe	2
Cys	2	Pro	4
Gln	2	Ser	6
Glu	2	Thr	4
Gly	4	Trp	1
His	2	Tyr	2
Ile	3	Val	4

密码子的简并性具有重要的生物学意义,它可以减少有害突变。若每种氨基酸只有一个密码子,61 个密码子中只有 20 个是有意义的,各对应于一种氨基酸。剩下 41 个密码子都无氨基酸所对应,这将导致肽链合成的终止。由基因突变而引起肽链合成终止的概率也会大大增加。密码子的简并性使得那些即使密码子中碱基被改变,但仍然能编码原氨基酸的可能性大为提高。密码的简并也使 DNA 分子上碱基组成有较大余地的变动,如细菌 DNA 中 G+C 含量变动很大,但不同 G+C 含量的细菌却可以编码出相同的多肽链。所以密码简并性在物种的稳定上起着重要的作用。氨基酸的密码子数目与该氨基酸残基在蛋白质中的使用频率有关,越是常见的氨基酸其密码子数目越多,但它们之间并无严格的对应关系。需要指出的是,遗传密码是在生命起源的早期形成的,如果氨基酸的密码子数目与其在蛋白质中的使用频率有关,则应对应于原始蛋白质中氨基酸的出现频率。

(4) 密码的变偶性

遗传密码的简并性主要表现在 mRNA 密码子的第三位碱基上,如 Gly 的密码子是 GCU、GCC、GGA 和 GCG,Ala 的密码子是 GCU、GCC、GCA 和 GCG。它们的前两位碱基都相同,只是第三位不同。有些氨基酸只有两个密码子,一般第三位碱基或者都是嘧啶,或都是嘌呤。如 Asp 的密码子 GAU、GAC,第三位皆为嘧啶;Glu 的密码子 GAA、GAG,第三位皆为嘌呤。因此几乎所有氨基酸的密码子都可用 XY^U_C 和 XY^A_G 来表示。显然,遗传密码的专一性主要取决于前两位碱基。

按照 Crick 提出的变偶假说,tRNA 上的反密码子(anticodon)与 mRNA 密码子相互配对时可以在一定范围内变动(反密码子与 mRNA 密码子呈反向配对关系),如 U 可以和 A 或 G 配对,G 可以和 U 或 C 配对,I 可以和 U、A、C 配对,但 A 和 C 只能与 U 和 G 配对。Crick 称这一现象为变偶性(wobble)。在 tRNA 反密码子中除 A、U、G、C 四种碱基外,还经常在第一位出现次黄嘌呤(I)。I 的特点是可与 U、A、C 三者之间形成碱基配对,这使带有 I 的反密码子可以识别更多的简并密码子,如酵母丙氨酸 tRNA 的反密码子 IGC 可阅读 GCU、GCC、GCA 三个密码子:

反密码子:3'-C-G-I-5'   3'-C-G-I-5'   3'-C-G-I-5'
密码子:5'-G-C-U-3'   5'-G-C-C-3'   5'-G-C-A-3'

由于变偶性的存在,细胞内只需要 32 种 tRNA,就能识别 61 个编码氨基酸的密码子。

从已知一级结构的 tRNA 中发现其反密码子第一位碱基为 C、G、U、I,没有 A,显然 I 由 A 转变而来。体外实验表明,有的情况下反密码子第一位碱基可与密码子第三位上任意四种碱基(A、G、C、U)配对。如家蚕 tRNA^{Gly} 反密码子为 GCC，可识别 GGN（N 为 A、G、C 或 U）4 种密码子。兔肝 tRNA$_1^{Val}$ 反密码子为 IAC，可识别 GUN。哺乳动物线粒体 tRNA 第一位为 U 的反密码子也可识别 4 种密码子（图 9.1）。

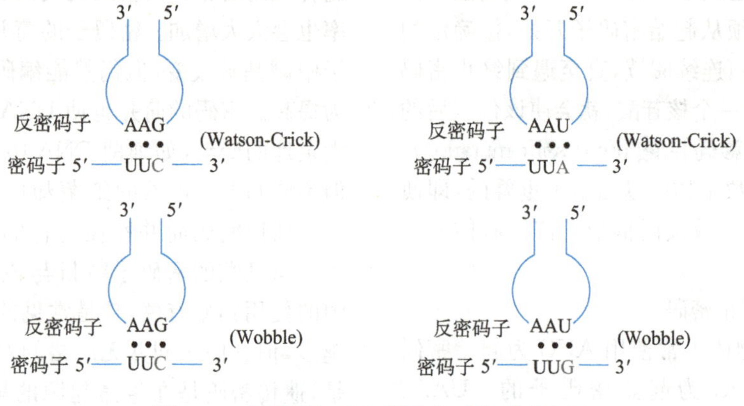

反密码子 3′—AAG—5′　（Watson-Crick）
密码子　5′—UUC—3′

反密码子 3′—AAU—5′　（Watson-Crick）
密码子　5′—UUA—3′

反密码子 3′—AAG—5′　（Wobble）
密码子　5′—UUC—3′

反密码子 3′—AAU—5′　（Wobble）
密码子　5′—UUG—3′

图 9.1　密码子与反密码子配对关系示意图

（5）遗传密码的通用性和变异性

遗传密码的通用性指各种低等和高等生物，包括病毒、细菌及真核生物，基本上共用同一套遗传密码。将兔网织红细胞的多聚核糖体与 E. coli 的氨酰-tRNA 及其他蛋白质合成因子一起反应合成的是血红蛋白，说明 E. coli tRNA 上的反密码子可以正确阅读兔血红蛋白 mRNA 的编码序列。这种交叉试验在其他生物中也进行过。烟草花叶病毒 RNA 可在 E. coli 无细胞体系中指导病毒外壳蛋白的合成。另有实验发现，携带 E. coli 基因的噬菌体可在人的细胞中指导 mRNA 和蛋白质的合成。1971 年 Merrill 等将带有 E. coli 半乳糖操纵子的 λ 噬菌体感染离体培养的患者成纤维细胞，该患者患有半乳糖血症，是一种常染色体隐性遗传代谢病，缺乏一种半乳糖-1-磷酸尿苷酰转移酶（galactose-1-phosphate uridyl transferase），因而不能利用 l-磷酸半乳糖，使半乳糖积累而引起相应症状。患者的成纤维细胞被 λ 噬菌体感染后，在噬菌体导入的 E. coli 半乳糖操纵子基因指导下合成了半乳糖-1-磷酸尿苷酰转移酶，使培养细胞能正常代谢半乳糖，证明细菌基因能在人的细胞中正确表达，从而表明了原核细胞与真核细胞的遗传密码是通用的。20 世纪 70 年代后期，各种生物体的大量基因被测序，同时蛋白质序列的资料也迅速积累，结果充分证明生物界有一套共同的遗传密码，说明地球上的生物体有着共同的起源（地球上生命起源距今已有近 40 亿年），迄今为止，不同生物体仍然共用着一套遗传密码，充分说明了其保守性。与以上所述不同的是，线粒体 DNA（mtDNA）的编码方式与通用遗传密码有所不同（表 9.3）。脊椎动物 mtDNA 含有编码约 13 种蛋白质、2 种 rRNA 和 22 种 tRNA 的基因。其特殊的变偶规则使得 22 种 tRNA 就能识别全部的氨基酸密码子，而正常情况下至少要有 32 种 tRNA。在线粒体的遗传密码中，有四组密码子其氨基酸特异性只取决于三联体的前两位碱基，它们由一种 tRNA 即可识别，该 tRNA 反密码子第一位为 U。其余的 tRNA 或者识别第三位为 A、C 的密码子，或者识别第三位为 U、C 的密码子。说明所有的 tRNA 要么识别两个密码子，要么识别四个密码子。

表 9.3　线粒体中变异的遗传密码

	密码子				
	UGA	AUA	AGA AGG	CUN*	CGG
通用密码	终止	Ile	Arg	Leu	Arg
动物					
脊椎动物	Trp	Met	终止	＋	＋
果蝇	Trp	Met	Ser	＋	＋
酵母					
酿酒酵母（S. cerevisiae）	Trp	Met	＋	Thr	＋
光滑球拟酵母（T. galabrate）	Trp	Met	＋	Thr	？
彭贝裂殖酵母（S. pombe）	Trp	＋	＋	＋	＋
丝状真菌	Trp	＋	＋	＋	＋
锥虫	Trp	＋	＋	＋	＋
高等植物	＋	＋	＋	＋	Trp

N* 为任意碱基；＋表示与正常密码子相同。

如前所述，甲硫氨酸和色氨酸各自只有一个密码子。按照线粒体的编码规则，它们各有两个密码子。通常的 Met 密码子为 AUG，而在线粒体中 Met 密码子为 AUA（原编码异亮氨酸）。通常的 Trp 密码子为 UGG，而在线粒体中 Trp 密码子为 UGA（原终止密码子）。Met 的两个密码子和 Trp 的两个密码子各由单个的 tRNA 识别。除线粒体外，某些生物的细胞基因组密码也出现一定变异,如支原体中的 UGA 也被用于编码 Trp。真核生物中少数纤毛类原生动物以终止密码子 UAA 和 UAG 编码谷氨酰胺(表 9.4)。

表 9.4 特殊的遗传密码

密码子	通常含义	变异的密码	细胞器或生物
AGA AGG	Arg	终止密码子,Ser	一些动物的线粒体
AUA	Ile	Met	线粒体
CGG	Arg	Trp	植物线粒体
CUN	Leu	Thr	酵母线粒体
AUU GUG UUG	Ile Val Leu	起始密码子	一些原核生物
UAA UAG	终止密码子	Glu	一些原生动物
UGA	终止密码子	Trp	线粒体,支原体

(6) 遗传密码的防错系统

遗传密码的进化方式以影响突变最小化的方式进行。最常见的突变是碱基转换,即由一种嘧啶突变为另一种嘧啶,或者是由一种嘌呤转变为另一种嘌呤。碱基颠换是由嘧啶突变为嘌呤或由嘌呤转变为嘧啶的突变。第三位的转换通常不改变其编码的氨基酸,但 Met、Ile 或 Trp 会与终止密码子之间发生互换。在第三位发生的颠换一半以上是无效的,其余的通常导致相似氨基酸之间的互换,如 Asp 或 Glu 之间的互换。在第二位的转换将导致化学性质相似氨基酸之间的转变,而颠换将改变氨基酸类型。另外,核糖体对密码子第一位和第三位碱基比第二位更容易误读。综合这些因素,对所有可能的三联体密码子,我们可以通过计算单碱基测算对编码氨基酸不产生影响或只有较小影响的概率(对出错的耐受性)。这样可以从总体上看出天然密码与其他密码比较的优势。数学分析表明,密码确实是百万分之一的出错率。即在百万个密码中只有一个密码具有较低的耐受性(图 9.2)。

虽然遗传密码的简并程度各不相同,但同义密码子在密码表中的分布很有规则,且密码子的碱基顺序与其相应氨基酸的物化性质之间存在一定关系。在密码表中,氨基酸的极性通常由密码子的第二位碱基决定,简并性由第三位碱基决定。例如:①中间碱基是 U 时编码非极性、疏水和支链氨基酸,常在球蛋白的内部;②中间碱基是 C 时,相应的氨基酸是非极性的或具有不带电荷的极性侧链;③中间碱基是 A 或 G 时,其相应氨基酸常在球蛋白外周,具有亲水性;④第一位碱基是 A 或 C,第二位碱基是 A 或 G,第三位是任意碱基

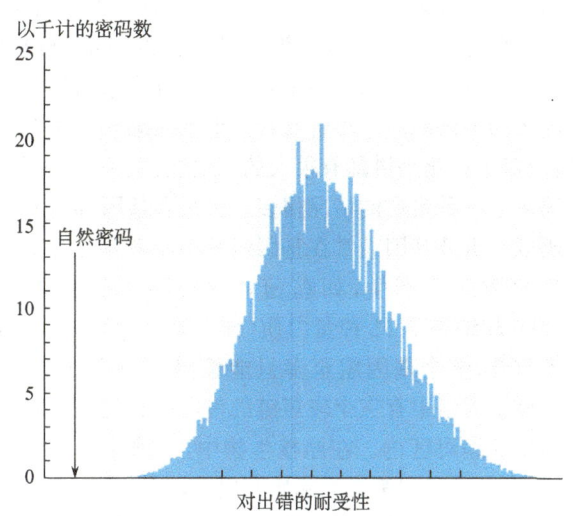

图 9.2 遗传密码对出错的耐受性(引自 Vogel,1998)
四种碱基组成的所有可能三联遗传密码的出错耐受性对具有各耐受性值的密码数目(以千计)。自然密码远离正态分布曲线的外侧,出错的耐受性非常低

时,其相应氨基酸具有可解离的亲水性侧链并具有碱性;⑤带有酸性亲水侧链的氨基酸其密码子前两位为 AG,第三位为任意碱基。这种分布使密码子中即使一个碱基被置换,其结果或是编码仍然相同的氨基酸;或是以性质最接近的氨基酸取代。从而使突变可能造成的危害降至最低,即密码编排具有防错功能,这是进化中获得的一种最佳选择。同时,由于密码子的变偶性,tRNA 上的反密码子与 mRNA 密码子配对时可在一定范围内变动,如 U 可与 A 或 G 配对,G 可和 U 或 C 配对,I 可和 U、A、C 配对,但 A 和 C 只能与 U 和 G 配对。在 tRNA 反密码子中除 A、U、G、C 四种碱基外,还经常在第一位出现 I。I 的特点是可与 U、A、C 三者之间形成碱基配对,这使带有 I 的反密码子可以识别更多的简并密码子。因此,通过这种机制,即使 mRNA 上的密码子发生突变,其仍然有可能编码相同的氨基酸,降低了突变带来的危害。

(7) 可读框与重叠基因

可读框(ORF)是指从起始密码子起到终止密码子为止的一段连续的密码子区域,或在 DNA 序列测定中由计算机系统辨认出的可能的编码区域,它是观察 DNA 序列如经基因组测序计划获得的序列,无论是用肉眼或是计算机都可辨认出始于 ATG(在 DNA 编码链上),止于 TGA、TAA 或 TAG 的连续的密码子区域。当没有已知的蛋白产物时,该区域被称为可读框,而当确知该可读框编码某一确定蛋白时,它就被称为编码区。即一个可读框是潜在的编码区。

重叠基因指一个基因的编码区部分或全部与另一

基因的编码区重叠,因此一种可读框编码一种蛋白质,而其他可能的可读框编码第二种蛋白的一部分或全部。某些较小病毒的基因组利用这种方式来增加它们基因组的编码能力。尽管通常一个基因编码一条多肽链,但对于进化来讲却有很大的局限性,在一特定区域编码多于一种蛋白的情况很多。有很多基因都有重叠编码区。重叠基因通常在基因组较小而需要贮存更多信息的情况下产生,如噬菌体 ΦX174 基因组只有 5386bp 却编码了 11 种蛋白质(详见第 3 章)。如果基因不重叠,整个基因组至多只能编码 200kDa 的蛋白质。该基因组中有三个较短链的蛋白质编码区在较长蛋白质的编码区内。在原核生物中,核糖体为了翻译重叠基因,须寻找第二个起始密码子,这一步能在不解离模板的状态下进行。而真核生物采用不同的方式起始蛋白质合成,通常采取可变 RNA 加工方式来从一个基因合成不同的蛋白质。

> 小结:遗传密码基本特性:按 $5'→3'$ 方向编码、碱基之间不重叠、无空格;AUG 为 Met 的密码子,同时也是翻译的起始密码;UAA、UAG 和 UGA 为终止密码子。其余 61 个密码子对应于 20 种氨基酸。密码子还具有简并性,变偶性,通用性、变异性以及防错系统(百万分之一的出错率)。

9.3 蛋白质的生物合成

9.3.1 概述

蛋白质是基因表达的主要最终产物,是具有复杂而多变的内在结构信息的生物大分子,其结构信息贮存在它的氨基酸序列中,这些信息又是由存在于染色体 DNA 上的核苷酸序列决定的,具体是由对应的信使 RNA 分子中的核苷酸序列决定的。本节主要介绍有关蛋白质合成、修饰及转运等三个方面的内容,即氨基酸如何被选择和合成多肽链,以及多肽链合成之后的化学修饰与转运。蛋白质生物合成(protein biosynthesis)即"中心法则"的翻译过程在细胞代谢中占有十分重要的地位。早期的研究工作在 E. coli 的无细胞体系(cell-free system)中进行。蛋白质占 E. coli 中细胞干重的 50% 左右。每个细胞中有 3000 多种不同的蛋白质分子,而每种分子又几乎是无数的。E. coli 细胞分裂周期为 20min 左右,可见蛋白质合成速度之快是惊人的。同时合成过程又是十分复杂的,几乎涉及细胞内所有种类的 RNA 分子和近百种的蛋白质分子。已知蛋白质分子中的氨基酸先是由 tRNA 形成氨酰-tRNA,然后通过结合在 mRNA 上的核糖体而加入到多肽链中。一个核糖体结合到 mRNA 分子的起始序列上,沿着密码序列读码,方向从 mRNA 的 $5'→3'$,而合成的多肽链是从氨基端到羧基端。在一个 mRNA 分子上可以结合多个不同时间开始翻译的核糖体,称为多聚核糖体。原核细胞中 mRNA 转录与翻译同步进行。真核生物的转录与翻译在时空上分开,核糖体游离存在于细胞质中,或与内质网膜结合。细胞内的 RNA 分子在蛋白质合成中起着重要作用,主要是 mRNA、tRNA 和 rRNA。

9.3.2 蛋白质生物合成的分子基础

(1) mRNA 是蛋白质生物合成的模板

已知蛋白质是在细胞质中合成的,而编码蛋白质的信息载体 DNA 却储存于细胞核内,那么,必定有某种中间物质用来传递 DNA 分子上的信息。在对 E. coli 中与乳糖代谢有关酶类的生物合成及其他生物合成研究时发现,是信使核糖核酸(mRNA)作为中间物质传递 DNA 分子上遗传信息的。这种 mRNA 具有以下特点:①其碱基组成与相应的 DNA 的碱基组成一致,即携带有来自 DNA 的遗传密码信息;②mRNA 链的长度不一,因为其所编码的多肽链长度是不同的;③在肽链合成时信使应与核糖体作短暂的结合;④信使的半衰期很短,因此信使的代谢速度很快。

Brenner 等用噬菌体 T2 感染 E. coli 所做的实验也证明了以上所述。当噬菌体 T2 感染 E. coli 后,几乎所有在细胞内合成的蛋白质都不再是细胞本身的蛋白质,而是噬菌体编码的蛋白质,这些蛋白质合成速度与细胞总 RNA 合成速度无关。T2 感染后不久,细胞中出现了少量半衰期很短的 RNA,其碱基组成与 T2DNA 一致。这些特性与他们先前预测的信使分子特性十分吻合。将 E. coli 接种在含有重同位素标记(^{15}N 和 ^{13}C)的培养基上再用 T2 感染。感染后立即将细菌转移到含有轻同位素标记(^{14}N 和 ^{12}C)的培养基上。将 T2 感染前与感染后的细菌破碎并分离核糖体,用密度梯度超速离心技术将带有重同位素的核糖体与带有轻同位素的核糖体分离。他们还用 ^{32}P 或用 ^{14}C 尿苷标记 RNA,并以 ^{35}S-甲硫氨酸标记新合成的蛋白质。结果见(图 9.3)。由图可见,①T2 感染后并无轻标记核糖体出现,说明在 T2 感染后并未引起新核糖体的合成;②T2 感染后诱发了新的 RNA 合成,因为大多数放射性标记的 RNA 出现在重标记核糖体中。这种新合成的 RNA 代谢速度极快;③^{35}S 标记的蛋白质只暂时出现在重标记核糖体中,说明新合成的蛋白质是在早就存在的核糖体中合成的。

后人用分子杂交技术也证明了经 T2 感染后新合成的 RNA 可与 T2DNA 杂交,但细胞内其他 RNA 不

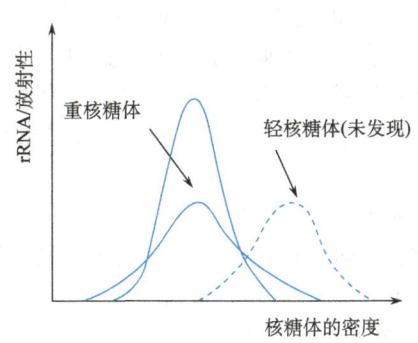

图 9.3　正常的与 T2 感染前后大肠杆菌核糖体密度

能与 T2DNA 杂交。说明新合成的 RNA 是由 T2 噬菌体 DNA 编码的。

在第 3 章中已详细介绍了 mRNA 的结构特征。mRNA 以核苷酸序列的方式携带着来自 DNA 的遗传信息,并通过这些信息指导合成多肽链中氨基酸的序列。每个氨基酸可通过 mRNA 上连续排列的三碱基组成的三联体密码子来决定,这些密码以连续排列的方式连接构成读码框架。读码框架之外的序列称为非编码区,后者通常与遗传信息的表达调控有关。读码框架的 5′端由起始密码(start codon)AUG 开始,它也是编码甲硫氨酸的遗传密码。读码框架的 3′端一侧含有 1~3 个终止密码(stop codon):UAA、UAG 和 UGA,其功能是终止多肽链的合成。mRNA5′端的序列对起始密码子选择有重要作用,且在原核和真核生物中存在着差别。原核生物在 mRNA 起始密码子的上游含有一段特殊的核糖体结合位点(ribosome-binding site)序列,它使得核糖体能正确识别起始密码 AUG。原核生物的 mRNA 是多基因的,分子内的核糖体结合位点使得多个基因可独立地进行读码框架的翻译,合成不同的蛋白质。真核生物其 mRNA 只为一条多肽链编码,当核糖体与 mRNA 5′端的核糖体进入部位结合之后,通过一种快速扫描机制向 3′端移动寻找起始密码,mRNA 5′端帽结构对核糖体进入部位的识别起重要作用。翻译起始通常开始于从核糖体进入部位向下游扫描到的第一个 AUG 序列(图 9.4)。

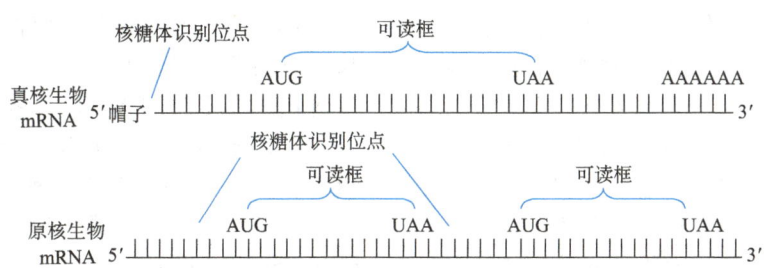

图 9.4　真核与原核生物的 mRNA 结构简图

(2) tRNA 转运活化的氨基酸

正如第 3 章中所介绍的,tRNA 含有两个关键部位,一个是氨基酸结合部位,另一个是与 mRNA 的结合部位。对于组成蛋白质的 20 种氨基酸来说,每一种氨基酸至少有一种 tRNA 来负责转运。书写时将所转运氨基酸写在 tRNA 的右上角,如 tRNA^{Phe} 及 tRNA^{Ser} 分别表示为 Phe 和 Ser 转运的 tRNA。大多数氨基酸都有几种 tRNA 用于携带转运,细胞中一般都含有 50 个以上的不同 tRNA 分子。第一个通过 X 射线衍射技术测定了空间结构的 tRNA 分子是 tRNA^{Phe},其他 tRNA 都与其类似。所有的 tRNA 都是由一条多聚核苷酸链经分子内折叠而呈现的三叶草型构象,含有 4 个双链的茎和 4 个单链的环。5′和 3′末端的碱基通过形成 7 个 Waston-Crick 碱基配对被拉在一起形成受体臂,氨基酸通过与游离 3′端的核糖连接而形成氨酰-tRNA 分子。在空间构象中未能配对的凸环由其特定的结构取名,如从左侧反时针方向的第 1 个环(7~11nt),含稀有碱基二氢尿嘧啶(dihydrouracil, DHU),故命名为 DHU 环;第 2 个环含有被称作反密码子(anticodon)的 3 个碱基序列,称为反密码子环。该环在蛋白质合成中与 mRNA 模板上的密码子进行专一性的识别并形成配对,将所携带的氨基酸送入合成多肽链的指定位置;依次的第 3 个环是可变环,其组成为 3~21nt,是 tRNA 分子大小变化最大的区域;第 4 个环含稀有的胸腺嘧啶(T)和假尿嘧啶(ψ),故称 TψC 环。因功能的需要,tRNA 的三叶草型结构可折叠成 L 型三维构象,这种以直角方位形成的构象其短臂的一端结合氨基酸,称接受臂(acceptor arm),长臂的一端凸出了反密码子,称作反密码子臂(anticodon arm)。tRNA 分子上与多肽合成有关的功能位点至少有 4 个,分别为 3′端 CCA 上的氨基酸接受位点、识别氨酰-tRNA 合成酶的位点、核糖体识别位点及反密码子位点。

(3) 密码子与反密码子的相互作用

氨基酸一旦与 tRNA 形成氨酰-tRNA 后,其进一步的去向由 tRNA 决定。tRNA 凭借自身的反密码子与 mRNA 分子上的密码子相识别,把所携带的氨基酸运送到核糖体的一定位置。当 mRNA 与 tRNA 在核糖体的凹槽处相遇时,tRNA 的反密码子与 mRNA 上的三联体碱基即密码子相互配对结合,这种作用有反向平行的特征。前人研究将放射性核素标记的 Cys 在半胱氨酰-tRNA 合成酶催化下与 tRNA^{Cys} 形成半胱氨酰-tRNA^{Cys}。之后用活性镍作催化剂,使 Cys 转变成 Ala,形成丙氨酰-tRNA^{Cys}。然后将它放到网织红细胞的无细胞体系中进行蛋白质合成。分析发现 Ala 插入了本应由 Cys 所占的位置。研究发现某些高纯度的 tRNA 能与多于一个的密码子作用,这与反密码子 5′位存在修饰核苷酸尤其是 I 相关。5′位的 I 是经腺苷酸转录后加工而形成的,该反应由能将氨基转变为酮基的脱氨酶催化完成。遗传学上有一种回复突变是由于其在基因上发生突变引起的,称为基因间校正突变。以往人们很难解释为何会发生基因间校正突变,但现在由于对 tRNA 的分子结构有了较深入的了解,基因间校正突变的本质已被揭露。大多数校正突变发生在 tRNA 基因的突变上,从而使 tRNA 的反密码子在阅读 mRNA 的信息时发生了变化。例如,在某基因的中部发生点突变而出现了一个额外的 UAG,于是多肽的合成在中途被终止,产物无生物活性,这种突变称无义突变。基因表达的是无意义产物。对 Tyr 专一的 tRNA 上的反密码子应为 3′-AUG-5′,但如果 tRNA 的基因发生突变,使反密码子变成 3′-AUC-5′,就将 mRNA 上的终止信号 UAG 读成 Tyr,使多肽继续合成。所合成的多肽中只有在 Tyr 处发生突变,这种突变体一般具有部分或全部活力。通常当某种 tRNA 分子突变时也必定有可识别正常氨基酸的 tRNA 存在。

(4) 核糖体与核糖体蛋白

将放射性同位素标记的氨基酸注射到小鼠体内,短时后取出肝脏并制备匀浆,离心后分为细胞核、线粒体、微粒体及上清液等组分。发现微粒体中的放射性强度最高。再用脱氧胆酸等处理微粒体,将核糖体从内质网上分离下来,发现核糖体的放射强度比微粒体高 7 倍。证明了核糖体是合成蛋白质的部位。核糖体在原核细胞中可以游离形式存在,也可与 mRNA 结合形成串状的多聚核糖体,每条 mRNA 链上可结合最多 50 个左右的核糖体,间隔约 80nt,平均每个细胞约有 2000 个核糖体。真核细胞所含核糖体的数目为 10^6~10^7 个,比原核细胞多得多。线粒体、叶绿体及细胞核内也有其自身的核糖体。核糖体由大小两个亚基构成,当 Mg^{2+} 浓度为 10mmol/L 时亚基聚合,浓度下降至 0.1 mmol/L 时又解聚。原核细胞核糖体的 30S 亚基含 21 种蛋白质和 1 分子 16S rRNA。50S 亚基中含 34 种蛋白质及 5S、23S rRNA 各 1 分子。真核细胞核糖体 40S 亚基中有 30 多种蛋白质及 1 分子 18S rRNA。60S 亚基中有 50 多种蛋白质及 5S(图 9.6)、28S rRNA 各 1 分子。哺乳类核糖体的 60S 大亚基中还有 1 分子 5.8S rRNA。

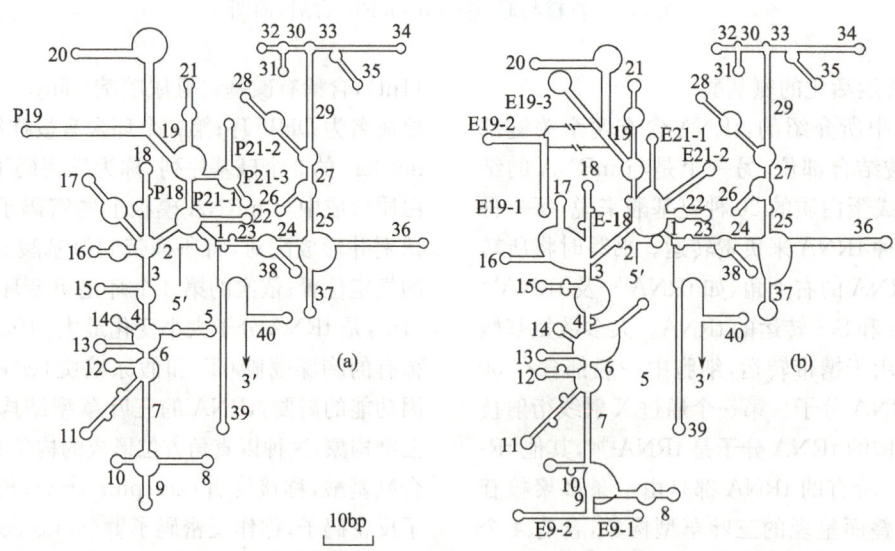

图 9.5 核糖体小亚基的 rRNA 的二级结构(引自 Lodish et al.,1995)

(a)大肠杆菌 16S rRNA;(b)酵母菌 18S rRNA,两者都有类似的 40 个茎环结构(1~40),长度和位置十分保守;P 和 E 分别表示仅在原核或真核细胞中存在的 rRNA 二级结构

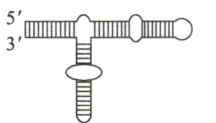

图 9.6 5S rRNA 二级结构示意图

核糖体 **核糖体**内的所有 rRNA 对核糖体结构的形成和其所承担功能都起重要作用和影响,特别是 16S rRNA 在识别 mRNA 上的多肽合成起始位点中十分重要。通过对 500 多种不同生物的 16S rRNA 序列分析,发现其一级结构非常保守,某些序列甚至完全一致。二级结构保守性更强,均能折叠成相似的由多个臂环(stem-loop)组成的构象。其中不到半数的碱基配对形成双螺旋区(臂),但一般小于 8 bp,未配对的碱基形成凸环。整个结构分成 4 个结构域:即中心结构域、5′端结构域、3′端结构域及主结构域。5S、16S、23S 三种 rRNA 的基因连在一起。所以最初的 30S 转录产物即 rRNA 的前体中含有这三种 rRNA。30S rRNA 前体经过 Rnase Ⅲ 的切割形成 16S 前体 rRNA 及 23S 前体 rRNA。这些 rRNA 前体的进一步加工是在与核糖体蛋白质相结合后进行的。图 9.5 为 16S rRNA 的二级结构,图中可见 16S rRNA 中有很多双螺旋区。

核糖体蛋白(r 蛋白) 用多种分子生物学手段能够研究 rRNA 与 **r 蛋白** 之间的结构关系。应用双向聚丙烯酰胺凝胶电泳等技术,已成功地将 E. coli 的核糖体蛋白质进行了分离。E. coli 的核糖体中大多数蛋白质呈纤维状,只有极少数是呈球状。根据与蛋白质结合的 rRNA 区域更能耐受核酸酶水解,可用 RNA 酶温和水解核糖体,经分离后分析被保护的核苷酸序列及与之相结合的蛋白质成分。此外还可用交联剂将结合在 rRNA 上的蛋白质与结合位点处的 rRNA 碱基共价交联后进一步做序列分析,用这些方法发现了位于核糖体 A 位点的 tRNA 和位于 P 位点的 tRNA 与 16S rRNA 的结合部位,这些部位都处在 16S rRNA 的高度保守序列上。通过中子衍射技术分析获得了 rRNA 臂环结构的三级结构模型,再根据与蛋白质结合的 rRNA 序列及蛋白质与蛋白质之间的关系,提出了 70S 核糖体的小亚单位中 rRNA 与全部 r 蛋白关系的空间模型。

(5) 核糖核蛋白复合体

细胞内 RNA 分子通常与蛋白质结合为复合体而存在,特定的蛋白质与特定的 RNA 结合。这种 RNA 与蛋白的复合体称为**核糖核蛋白**(ribonucleoprotein,RNP)。核糖体是非常大且十分复杂的 **RNP**。用 RNA 结合实验可以显示一种特定蛋白质与一种 RNA 的结合,再用 RNA 酶处理 RNA-蛋白复合体,能够显示出结合蛋白质保护了 RNA 的哪一部分(RNase 保护实验)。运用紫外光照射经过和未经过化学试剂交联的实验,可以显示哪一部分 RNA 与蛋白分子在复合体中是紧密结合在一起的,用物理方法如中子和 X 射线最终可以给出 RNP 完整的三维结构。近年来研究者已能运用研究分子运动时间最短达 $10^{-15} \sim 10^{-12}$ S,运动幅度最小为 0.001Å 的手段,不断发现了静态 RNP 的大量信息,并逐步深化对其动态功能的认识。

(6) 原核生物的核糖体

大肠杆菌的核糖体的大小为 70S,由 1 个 50S 大亚基和 1 个 30S 小亚基组成,小亚基由 1 个 16S rRNA 的分子和被标为 $S_1 \sim S_{21}$ 的 21 种蛋白组成。大亚基包含 1 个 5S 和 1 个 23S rRNA 分子及 34 种不同蛋白质。根据双向凝胶电泳显示,这 34 种蛋白被分别命名为 $L_1 \sim L_{34}$,之后的研究发现 L_{26} 就是 S_{20},L_7 是乙酰化的 L_{12},L_8 是 L_{10} 和 L_7 的复合体。核糖体蛋白的大小各异,L_{34} 只有 46 个氨基酸,而 S_1 有 557 个。大多数相对较小的蛋白质是碱性的,这与和它们结合的 RNA 有关。用 RNA 和蛋白质组分可重新装配形成有功能的大肠杆菌核糖体,并且有成熟的装配路线。

70S 核糖体为一椭圆球体,30S 亚基形似动物胚胎,沿长轴方向有凹进的颈部,可将其分为头部与躯干两部分。50S 亚基的外形很像一把特殊的椅子,三边带有突起,中间凹下去的部位有一个很大的空穴。当 30S 与 50S 亚基互相结合成 70S 核糖体时,30S 亚基呈伸展状与 50S 亚基结合,腹面与 50S 亚基的空穴相拥,头部与 50S 亚基中含蛋白质较多的一侧相结合。两个亚基的接合面上留有相当大的空隙。多肽链的聚合在此发生。核糖体的大小亚基与 mRNA 的结合特性不同。大肠杆菌 30S 亚基能单独与 mRNA 结合形成 30S 核糖体 mRNA 复合体,后者又可与 tRNA 专一性结合,50S 亚基不能单独与 mRNA 结合,但可非专一性地与 tRNA 结合。50S 亚基上有两个 tRNA 结合位点是氨酰基位点(A 位点)与肽酰基位点(P 位点),两个位点的位置在两个亚基结合的表面。在 50S 与 30S 亚基的接触面上有一个结合 mRNA 的位点。50S 亚基上还有一个在肽酰-tRNA 移位过程中使 GTP 水解的位点。此外,核糖体上还有许多与起始因子、延伸因子、释放因子及与各种酶相结合的位点(图 9.7,图 9.8)。

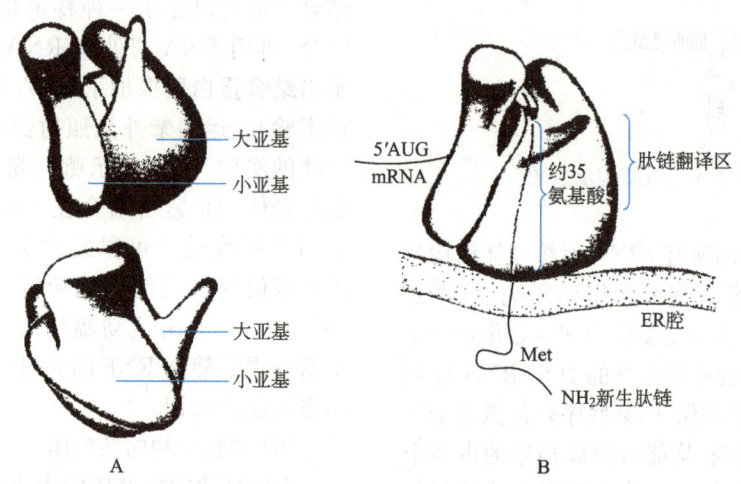

图 9.7 核糖体立体结构模式
A 不同侧面观的核糖体；B 蛋白质合成中的核糖体

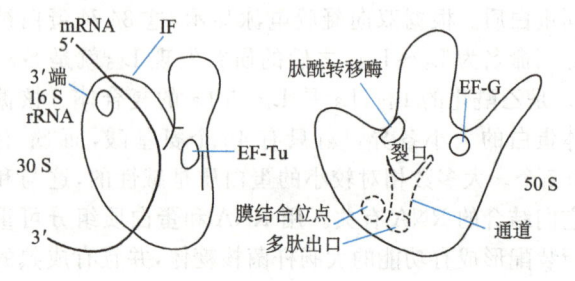

图 9.8 核糖体的功能位点

(7) 真核生物的核糖体

真核生物核糖体大小为 80S，由一个 60S 大亚基和一个 40S 小亚基组成。在 60S 大亚基中包括了约 45 种蛋白质、1 个 5S rRNA、1 个 5.8S rRNA 及 1 个 28S rRNA，后两者相当于原核生物 23S rRNA。40S 小亚基包含 18S rRNA 和约 30 种不同的蛋白质。虽然真核生物的 rRNA 分子较大，但在很大程度上保留了各 RNA 分子的二级结构特征。

(8) 多聚核糖体

当多个核糖体能间隔结合在 mRNA 链上，并能够沿着 mRNA 链 5′向 3′移动而进行翻译时，就形成多聚核糖体(polyribosome)。因此，多聚核糖体是位于 mRNA 分子链上处于不同翻译阶段的多个核糖体的复合体。采用温和条件小心地从细胞中分离核糖体时可得到由 mRNA 分子连接成串的多聚核糖体。两个核糖体之间有一段裸露的 mRNA。每个核糖体可独立完成一条肽链的合成，所以在多聚核糖体上可同时进行多条肽链的聚合以提高翻译效率。血红蛋白(Hb)的多肽链由 150aa 组成，相应的 mRNA 编码区是具有 450nt 组成的多核苷酸，长约 150nm。网织红细胞核糖体的直径为 22nm，多聚核糖体由 5 或 6 个核糖体串连组成，两个核糖体的间隔为 3nm 左右。

9.3.3 蛋白质生物合成的过程

蛋白质生物合成包括上百种不同的蛋白因子及 30 多种 RNA 分子的共同参与。

(1) 蛋白质生物合成的起始

氨酰-tRNA 的生成　氨酰化反应过程由 ATP 驱动的两步反应：①AMP 连接到氨基酸的羟基上，形成氨酰腺苷酸中间体，释放出的焦磷酸水解(得到 2 分子的无机磷酸)驱动反应继续进行；②氨酰腺苷酸与空载 tRNA 作用形成氨酰 tRNA 和 AMP(图 9-9)。有些氨酰-tRNA 合成酶将氨基酸连接到核糖的 2′-羟基，另一些可连接在 3′-羟基上。一旦结合到核糖上，氨酰基团可在 2′或 3′的羟基之间进行交换，只有 3′形式的酯才参与到复杂的核糖体中催化肽键形成反应。由于氨酰-tRNA 的键能大于肽键，因此氨酰 tRNA 的形成有助于促进蛋白质合成，因为肽键的形成是一个耗能的反应。氨酰-tRNA 合成酶参与将氨基酸结合到其相应的 tRNA 上有两个作用：①氨基酸与 tRNA 分子结合使氨基酸本身被活化，利于下一步形成肽键的反应；② tRNA 可携带氨基酸到 mRNA 的指定部位，使氨基酸被掺入到肽链合适的位置。

原核生物翻译起始的第一个氨基酸是甲硫氨酸，tRNA$^{Met}_f$ 是合成中 Met 掺入的起始 tRNA，tRNA$^{Met}_f$ 同时对选择在 mRNA 上特定的起始翻译位置有重要作用。一般细胞中有两种 tRNA 可携带 Met，另一种携带 Met 掺入到蛋白质内部的 tRNA 写作 tRNA^{Met}。只有一种甲硫氨酰-tRNA 合成酶参与这两种甲硫氨酰-tRNA 的合成。对这两种甲硫氨酰-tRNA 的识别由参与蛋白质合成的起始和延伸因子决定,起始因子识别 tRNA$_f^{Met}$,而延伸因子识别 tRNA^{Met}。可见这两种甲硫氨酰-tRNA 既能被唯一的甲硫氨酰-tRNA 合成酶识别,以区别开其他 tRNA;同时这两种甲硫氨酰-tRNA 又能被蛋白合成因子所区分。在原核细胞中有一种特异的甲酰化酶能使 tRNA$_f^{Met}$ 中的氨基甲酰化,使参与起始的 tRNA$_f^{Met}$ 不参与到肽链的延伸中。

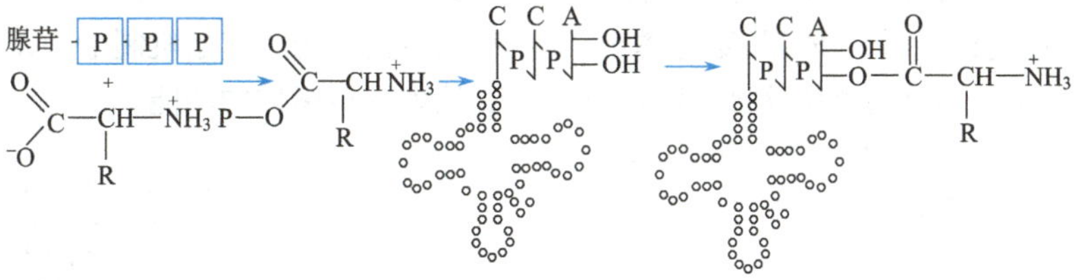

图 9.9 氨酰-tRNA 的形成

氨酰 tRNA 合成酶 每个氨酰-tRNA 合成酶在分子大小、亚基组成上都有差异,但它们也都有共同的结构特征。通过对酪氨酰-tRNA 合成酶与反应中间物酪氨酰-腺苷酸复合物晶体结构解析发现,反应中间物结合在酶分子的一个凹陷中,二者之间有 11 个氢键连接。6 个氢键负责与 AMP 结合,5 个涉及酪氨酰部分,酪氨酰-tRNA 合成酶对底物的选择主要由这些氢键决定(图 9.10)。

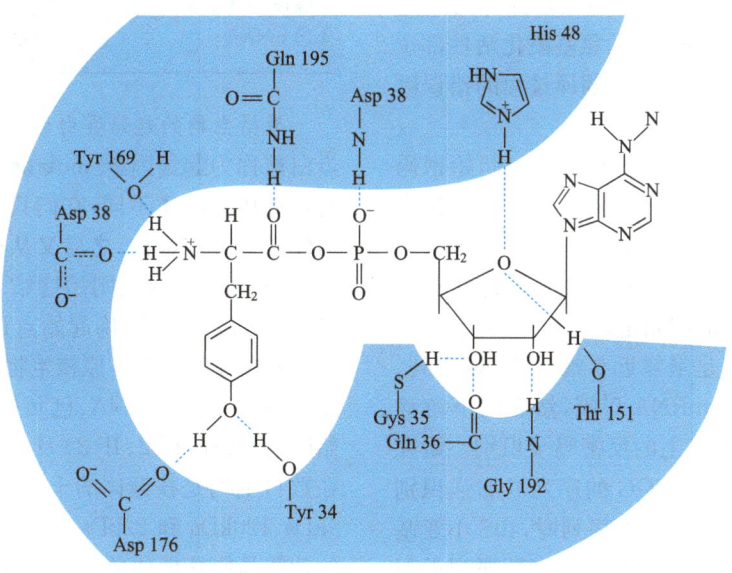

图 9.10 酪氨酰-tRNA 合成酶与酪氨酰-腺苷酸复合物的相互作用

在 tRNA 空间构象倒 L 形的侧面,氨酰 tRNA 合成酶与之结合,在酶分子上有各自的氨基酸结合位点。氨酰 tRNA 合成酶必须能够区分细胞中 40 多种形状相似但结构不同的 tRNA 分子,这主要依赖 tRNA 分子上称为识别元件(少数碱基)的特殊部位。识别 tRNA 的并非总是反密码子序列,能够还包含接受臂中的碱基对。这些元件在各种 tRNA 分子中不同,则氨酰 tRNA 合成酶能够将氨基酸接在不同的 tRNA 上。另外,tRNA^{Ala} 的元件 G3:U70(G 和 U 为碱基,数字为按 tRNA 5′→3′方向的序号)替换了 tRNA^{Cys} 或 tRNA^{Phe} 的 G3:U70 碱基对,则这些被替换过的 tRNA 仍会被丙氨酰-tRNA 合成酶所识别,该 tRNA 仍然负载丙氨酸(tRNA^{Ala})。每个氨酰-tRNA 合成酶可识别一个特定氨基酸和与此氨基酸对应的 tRNA 特定部位。对应于 20 种氨基酸的每一种氨基酸,大多数细胞都只含有一种与之对应的氨酰-tRNA 合成酶,每种酶分子既能识别相应的氨基酸,又能识别与此氨基酸相对应的一个或多个 tRNA 分子。有人将氨酰-tRNA 合成酶和与之对应的 tRNA 称为"第二遗传密码"。

通过对氨酰-tRNA 合成酶识别 tRNA 反密码子专一性特点的分析,将酶分为两种:一种可识别反密码子;另一种则不能。这是因为有的 tRNA 在遗传上其反密码子发生了改变,但其氨酰-tRNA 合成酶对它的识别却未改变,而有些 tRNA 的反密码子即使用化学方法改变了,它们仍能被其相应的氨酰-tRNA 合成酶所识别;然而另一些氨酰-tRNA 合成酶则不能识别反密码子发生了变化的 tRNA。谷氨酰胺-tRNA 合成酶与 tRNA、ATP 复合物的晶体结构已得到初步解析,该酶要求 tRNA 的反密码子环保持不变,酶蛋白与反密码子环上的碱基以氢键连接。在酶-tRNA 复合体中,tRNA 的氨基酸接受臂的 CCA 处于酶的活性部位,有相当大的构象灵活性,并与 ATP 结合部位邻近,构象的变化使其末端原碱基配对解离,以利于与酶分子发生作用。

氨酰-tRNA 合成酶还含有校正错误氨酰化的活性部位,能水解非正确结合的氨基酸和 tRNA 间形成的共价键,如异亮氨酰-tRNA 合成酶,Ile 与 Val 之间有一个甲基的差异,较难区别。异亮氨酰-tRNA 合成酶能在酰化部位区分这两种氨基酸,但偶尔也生成缬氨酰-tRNA^{Ile},此时异亮氨酰-tRNA 合成酶的水解活性部位能将其水解。Val 取代 Ile 的错误掺入即可通过该酶的水解活性而避免。经专一的氨基酰化活性部位及校正活性部位的共同作用,可使翻译过程的错误频率小于万分之一。

mRNA 分子与核糖体的识别与结合 起始密码子和下游的终止密码子处于同一个开放阅读框架内(ORF),首先核糖体小亚基在 mRNA 分子上选择合适位置的起始密码 AUG。由于原核与真核生物 mRNA 的结构不同,在识别合适的起始密码时有差异,真核生物 mRNA 中的起始密码是最靠近 5′端的 AUG 序列。核糖体小亚基先结合在 mRNA 5′端,然后向下游移动,直至 AUG 被 tRNA^{Met} 上的反密码子识别。研究发现,类似 GCCGCCpuCC AUGG 的序列可加强识别过程(除酵母外),缺少这种类似的序列时,40S 小亚基不能识别 AUG,而是继续向下游移动,直至遇到类似序列。

在原核细胞中,起始 AUG 可以在 mRNA 上的任何位置,且一个 mRNA 上可有多个起始位点为多个多肽链合成起始。那么原核细胞核糖体是怎样识别 mRNA 分子内如此众多的 AUG 起始位点的,Shine 和 Dalgarno 发现细菌的 mRNA 通常含有一段位于起始 AUG 序列上游 10nt 左右的富有嘌呤碱基的区域,称作 SD 序列。SD 序列能与细菌 16S 核糖体 RNA 3′端反 SD 序列(anti-SD sequence)的 7 个嘧啶碱基进行互补识别,以帮助从起始 AUG 处开始的翻译(表 9.5)。这种特异识别已被证实是细菌中蛋白质合成识别起始密码的主要方式,在 SD 序列上发生增强碱基配对的突变时能促进翻译起始,反之,如果发生减弱碱基配对的突变时,则会降低翻译起始的效率。通过细菌毒素(colecin E3)的作用机制也进一步证明了 SD 序列的重要性。这个毒素能通过核酸酶的活性特异性切除 16S rRNA 3′端 50 个碱基左右的片段,使核糖体小亚基中的 16S rRNA 失去与 mRNA 上 SD 序列互补的区域,由此抑制了细菌蛋白质的合成。但由于原核与真核生物在蛋白质合成起始机制上的差异,colecin E3 不影响真核生物核糖体的功能。

表 9.5　大肠杆菌 16S rRNA 与 SD 序列的识别

	与 SD 序列互补的富含嘧啶碱基区
16S rRNA	3′···HO AUUCCUCCA CUA···5′
lacZ mRNA	5′···ACAC AGGAAACAGCU AUG···3′
trpA mRNA	5′···AC GAGGGGAAAUCG AUG···3′
RNA 聚合酶 βmRNA	5′···GAGCU GAGGAACCCU AUG···3′
r-蛋白 L10 mRNA	5′···C C AGGAGCAA　AGCU AUG···3′
	富含嘌呤碱基SD序列　　起始密码子

原核生物的起始蛋白因子 起始阶段的非核糖体蛋白被称为起始因子(initiation factor,IF)。起始因子与核糖体蛋白质不同,它们只在起始阶段短暂地与核糖体结合参与起始,之后又从核糖体复合物上解离下来,而核糖体蛋白质则始终结合在核糖体上。起始是在 mRNA 分子的正确起始点即起始密码子位点进行完整核糖体的组装。原核生物起始所涉及的组分有大小核糖体亚基、mRNA、已负载的起始 tRNA、三个起始因子(IF-1、IF-2、IF-3)及 GTP。IF-1、IF-2、及 IF-3 在数目上均是核糖体的十分之一左右,其大小分别为 9kDa、120kDa 和 22kDa,只有 IF$_2$ 与 GTP 结合。IF-3 的功能是使核糖体的 30S 和 50S 亚基保持分离,其他两个起始因子 IF-1 及 IF-2 的功能则是促进 fMet-tRNA$_f^{Met}$ 及 mRNA 与 30S 小亚基的结合。如前所述,mRNA 的 SD 序列可与 30S 小亚基上 16S rRNA 的 3′端进行碱基配对,起始密码子 AUG 可与起始 tRNA 上的反密码子进行配对(表 9.6)。

原核生物的起始步骤 原核生物 mRNA 的每个顺反子均有它自身的起始 AUG 和核糖体结合位点。原核生物肽链合成起始于 30S 亚基,分为三步: ① 形成 mRNA-30 S 复合物;② tRNA$_f^{Met}$ 结合形成 30S 起始复合物;③ 形成 70S 起始复合物。分述如下:

1) 形成 mRNA-30 S 复合物 原核 mRNA 5′端非翻译区具有 SD 序列。当 SD 序列与小亚基内 16SrRNA 3′端反 SD 序列之间有 3 个以上的碱基配对就会形成核糖体对 mRNA 的结合。原核生物的每个顺反子 mRNA 内编码序列的 5′端都有起始密码子和核糖体结合位点，核糖体能独立结合其上。但 SD 序列附近的二级结构对核糖体的结合、翻译效率有一定影响。IF_1 和 IF_3 与游离的 30S 亚基结合，阻止在与 mRNA 结合前 30S 亚基与 50S 大亚基的结合，防止无活性核糖体的形成。

2) $tRNA_f^{Met}$ 结合至 $fMet\text{-}tRNA_f^{Met}$ 形成复合物 在 IF-2 协助下 $fMet\text{-}tRNA_f^{Met}$ 结合至 mRNA-30S 复合物上，同时 1 分子 GTP 结合于 30S 亚基上。当 IF-2 离去之后 GTP 才水解。在缺乏 GTP 和其他因子时，IF-2 不能结合到 30S 亚基上。IF-2 是促进 $fMet\text{-}tRNA_f^{Met}$ 结合到 30S 复合物的主要因子。只有起始 $tRNA_f^{Met}$ 进入核糖体是受到 IF-2 控制，其他氨酰-tRNA 不受 IF-2 控制。特别注意的是，只有 $fMet\text{-}tRNA_f^{Met}$ 才能进入 30S 亚基与 mRNA 和 50S 亚基对应的 P 位点，其他延伸 tRNA 的氨酰-tRNA 主要是阅读 mRNA 内部的密码子，只进入 A 位点。一个完整的 30S 起始复合物包括 30S 亚基、1 分子 mRNA、$fMet\text{-}tRNA_f^{Met}$、GTP、IF-1、IF-2 和 IF-3（$fMet\text{-}tRNA_f^{Met}$-mRNA-30S）。

3) 形成 70S 起始复合物 IF-I 和 IF-3 从复合物上解离，GTP 作为 mRNA-30S 复合物的组分被水解为 GDP 和磷酸，GTP 水解驱使 IF-2 释放（IF-2 干扰形成有活性 70S 复合物），与此同时，50S 亚基结合到 $fMet\text{-}tRNA_f^{Met}$mRNA-30S 复合物上。IF-2 原本和完整核糖体一起构成 GTPase（IF-2 具有核糖体依赖的 GTPase 活性），IF-2 本身不是 GTPase 但可激活带有这种结构的核糖体蛋白质。IF-2 的解离使核糖体构象改变，从无活性复合物转变为有活性的 70S 起始复合物。原核生物 mRNA 的每个顺反子有它自身的起始 AUG 和核糖体结合位点。原核生物蛋白质合成的起始过程见图 9.11。

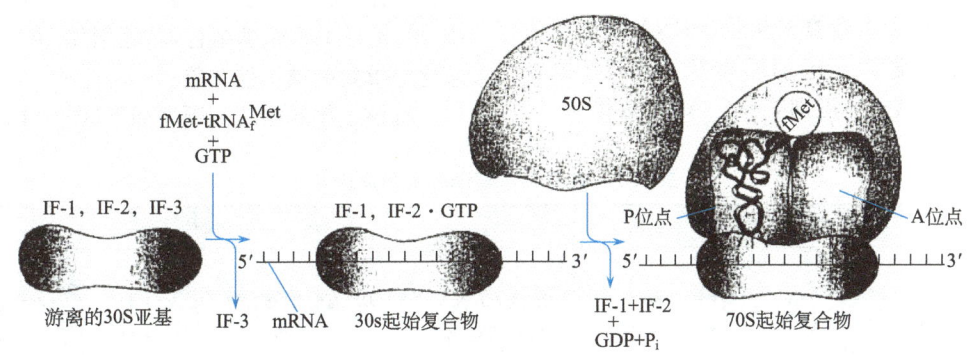

图 9.11 原核生物蛋白质合成的起始过程

表 9.6 原核生物参与蛋白质合成的蛋白因子

因子	分子质量/kDa	结构	功能
起始因子			
IF-1	9.5		无专门功能，增加 IF-2 和 IF-3 活性
IF-2	95~120	亚基 a	使 $Met\text{-}tRNA_f^{Met}$ 选择性地与 30S 亚基结合，需 GTP
	82~85	亚基 b	
IF-3α	21		与 30S 亚基结合，使 30S 与 mRNA 起始部位连接
IF-3β	22		螺旋酶活性，使核糖体亚基保持解离状态
延伸因子			
EF-Tu	42		按 mRNA 编码序列携带肽链-tRNA 进入 A 位点
EF-Ts	31		使 EF-Tu、GTP 再生，参与肽链延伸
EF-G	84		使肽链-tRNA 从 A 位点转移到 P 位点
终止因子			
RE-1	44		识别终止密码子 UAA、UAG
RE-2	47		识别终止密码子 UAA、UGA
RE-3			本身不识别密码子，能增加 RF-1、RE-2 活性

小结：①70S 核糖体在 IF-1 作用下解离成 30S 和 50S；②IF$_3$ 与游离的 30S 结合，以阻止在与 mRNA 结合前 30S 与大亚基的结合，防止无活性核糖体的形成；③IF-1 和 IF-2 结合在 30S 上，靠在 IF-3 附近，30S 利用 mRNA 的核糖体结合位点附着到 mRNA 上；④起始 tRNA（Met-tRNA$_f^{Met}$）通过其反密码子与 mRNA 分子上 AUG 碱基配对与复合体结合，同时释放 IF$_3$。IF$_3$ 的作用在于保持大小亚基的彼此分离状态，有助于 mRNA 结合；⑤50S 与复合体结合替换 IF$_1$ 和 IF$_2$，GTP 在此过程中被水解。起始形成的复合体称为 70S 起始复合体。

真核生物的起始步骤 真核生物蛋白质合成起始与原核生物有几点区别：①真核生物蛋白质合成起始于甲硫氨酸，而不是甲酰-甲硫氨酸，起始 tRNA 携带非甲酰化的甲硫氨酸 tRNAi^{Met}；②真核生物 mRNA 无 SD 序列，不以 SD 序列特征来显示核糖体应该在什么位置开始翻译。真核生物 mRNA 的 5′ 端结构对起始有重要作用。绝大多数真核生物 mRNA 的起始密码子都为 AUG，5′ 端第一个 AUG 非起始密码子的现象占 5%~10%。核糖体识别第一个 AUG 依赖 AUG 上下游的共同序列（5′-CCRCCAUGG-3′），(R 代表 A 或 G)和相关蛋白因子。真核生物的起始依赖真核起始因子协助核糖体识别 mRNA 5′ 端的起始 AUG。滑动搜索模型（scanning model）是在 mRNA 5′ 端的多个 AUG 中寻找起始 AUG 的假说，认为已与起始 tRNA 结合的 40S 亚基附着到 mRNA 的 5′ 端并沿 mRNA 移动，直至找到合适的 AUG 起始密码子。必须在 AUG 上游-3 位为 A 和下游+4 位为 G 时，方能进行有效翻译。

真核生物起始的蛋白因子称为真核起始因子（eukaryotic initiation facto, eIF）。其中有些蛋白因子本身还含有多种不同的亚基。按照所承担功能的不同，将这些因子大致分为几组：①与核糖体亚基结合的因子，如 eIF-1、eIF-2 等；②与 mRNA 结合以识别 5′ 帽结构的因子，如 eIF4B 和 eIF4F，eIF4F 是帽结合蛋白；③与起始 tRNA 运输相关的因子，如 eIF-2 和 eIF2B 等；④其他可替换因子如 eIF5，能替代另外两种因子促使 60S 亚基结合；⑤其他蛋白因子见表 9.7。与原核生物相比，真核生物的起始在与 mRNA 结合前，起始 tRNA 先与 40S 亚基结合，转运起始 tRNA 的 eIF2 磷酸化是重要的被调控对象。

真核生物起始装配顺序如下（图 9.12，图 9.13）：

表 9.7　参与真核翻译的蛋白质因子

蛋白因子	分子大小/kDa	结构	功能
起始因子			
eIF-1	15	单体	结合 mRNA，形成 40S 前起始复合物
eIF-2	总 130	α(35kDa)	与 GTP 结合
		β(38kDa)	循环因子
		γ(55kDa)	结合 Met-tRNA，促使它与 40S 亚基结合
eIF-3	700	9~10 亚基	与 40S 亚基结合，稳定 [40S·Met-tRNA$_f^{Met}$·GTP]
eIF-4C			促进后滞链的步骤
CBP-I	24	单体	与 mRNA 5′ 滞子结合
eIF-4A	44.4	单体	结合 mRNA，ATPase 活性，促进 mRNA 扫描至 AUG 定位
eIF-4B	80	单体	结合 mRNA，解链酶活性，ATPase 活性
eIF-4F(CBP-II)	220	单体	5′ 帽子结合蛋白，解链酶活性，促进翻译
eIF-3A	25	单体	核糖体解聚，结合 40S 亚基
eIF-1A	17.5	单体	核糖体解聚，结合 60S 亚基
eIF-5	150	单体	释放起始因子，使核糖体亚基结合
eIF-5A	16.7	单体	促进第一个肽链的形成，起始因子从 40S 亚基解离，使 40S 和 60S 亚基结合成 80S 起始复合物
eIF-6	23		使无活性 80S 核糖体解离为 40S 和 60S 亚基
延伸因子			
eEF-1α	51	单体	结合氨酰-tRNA，GTPase 活性
eEF-1β	23	单体	与 eEF-1α 的 GTP,GDP 交换
eEF-1γ	49	单体	GTP-GDP 交换
eEF-2	100	单体	促进转位作用，GTPase
释放因子			
eRF	150~250	单体	识别 UAA、UAG、UGA 终止密码子，促进肽酰-tRNA 释放

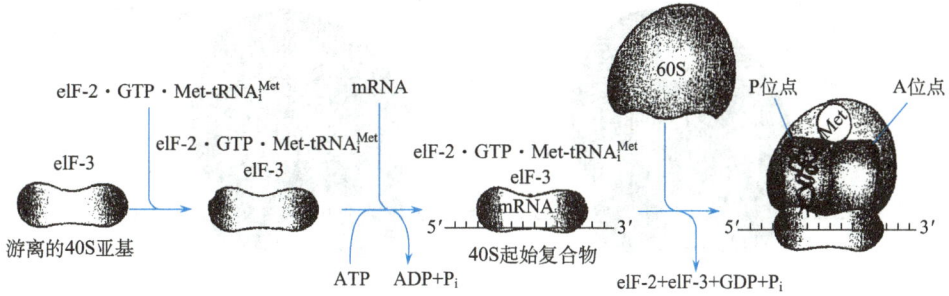

图 9.12　真核生物蛋白质合成起始示意图

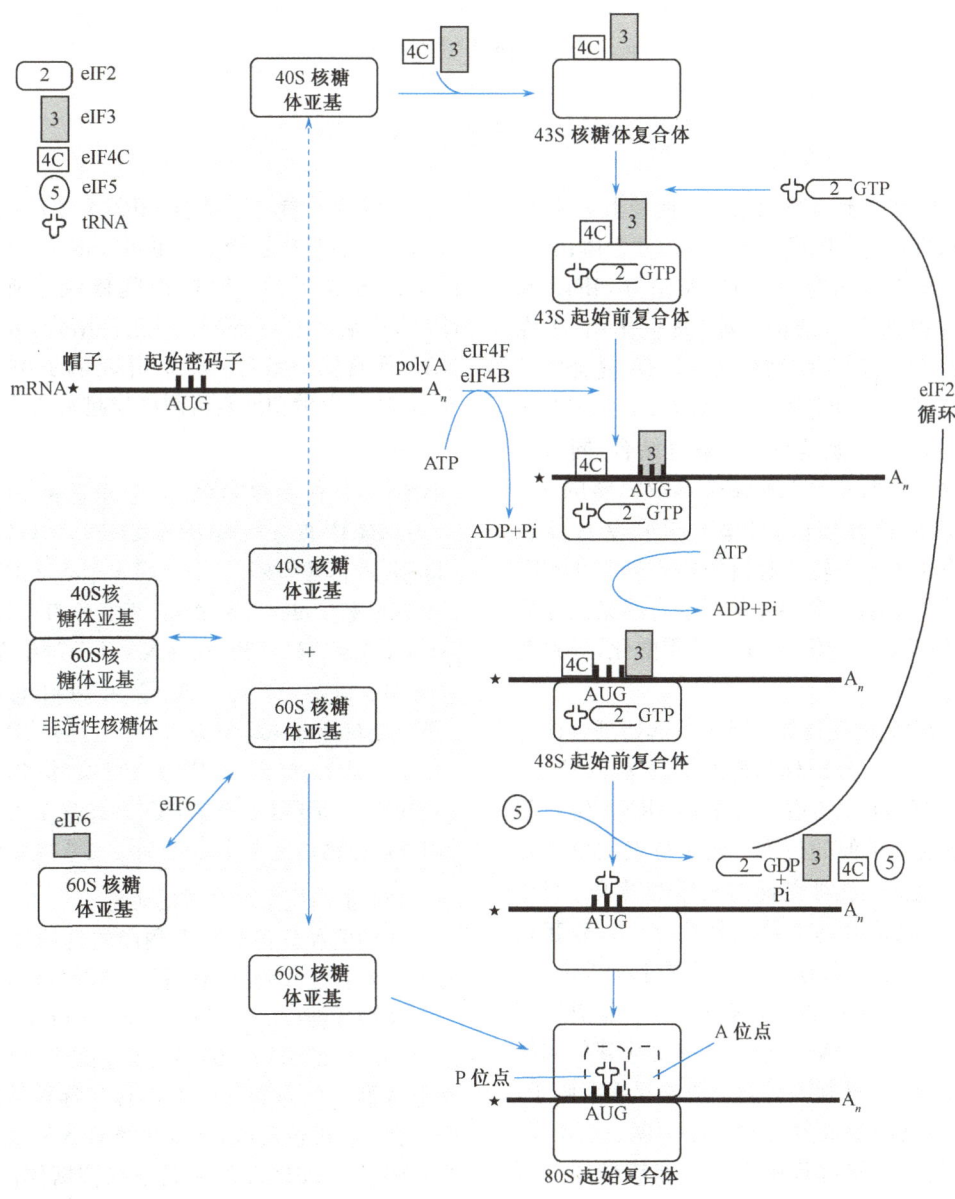

图 9.13　真核生物蛋白质合成起始过程示意图

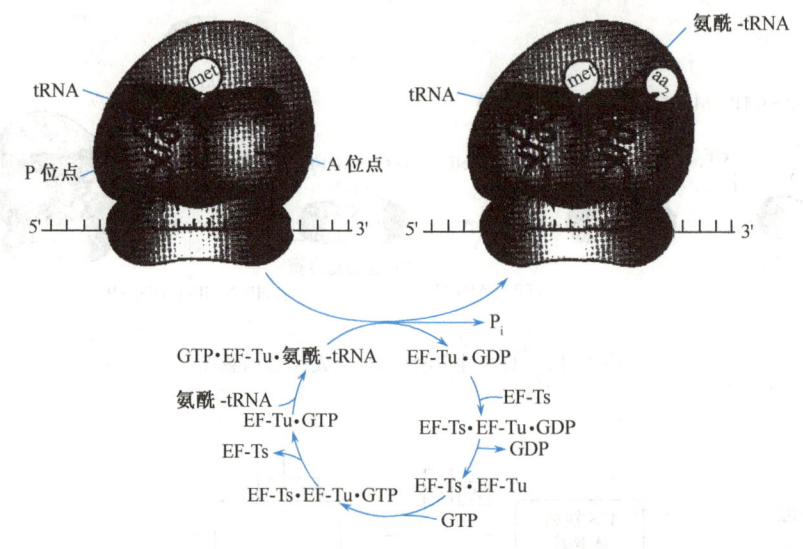

图 9.14　原核生物蛋白质合成第二个氨酰-tRNA 的进位机制

①eIF3 和 eIF 4C 结合到 40S 亚基上，促使其与起始 tRNA、eIF2 和 GTP 结合形成 43S 核糖体复合体；②在上述复合体与 mRNA 结合前，mRNA 先与 eIF4B 和 eIF4F（eIF4F 有识别 5′帽结构功能）发生作用；③在 40S 亚基复合体上，通过 5′帽结构与 mRNA 复合体结合后，在 mRNA 链上滑动寻找起始 AUG；④由 eIF5 替换 eIF2 和 eIF3 后，60S 亚基与 40S 亚基结合，同时水解 GTP；⑤eIF4C 协助 60S 亚基结合形成完整的 80S 起始复合体，之后被释放；⑥eIF2·GDP 复合体在 eIF2B 的作用下进入下一轮。起始循环的速率受 eIF2 的 α 亚基磷酸化的调控。某些生物受病毒感染及随后产生干扰素等的反应均能促使 eIF2 的磷酸化，导致对蛋白质合成的抑制。

完成了起始组装的核糖体 70S/80S 起始复合体有两个 tRNA 结合位点，分别称为氨酰基位点（A 位点）和肽酰基位点（P 位点）。A 位点是氨酰-tRNA 结合的位点，P 位点是肽链延伸的位点。两个位点均位于复合体的凹槽处，包括正在被翻译的相邻密码子。起始的主要结果是将起始 tRNA 置于 P 位点。只有起始 tRNA 才能进入该位点，其他 tRNA 必须进入 A 位点。

原核生物和真核生物翻译起始的比较　虽有区别但有三点是共同的：①核糖体小亚基结合荷载的起始 tRNA；②在 mRNA 上必须要找到合适的起始密码子；③大亚基必须与已经形成复合物的小亚基、起始 tRNA、mRNA 结合。这些过程中都需要非核糖体的可溶性起始因子参与。能使两类细胞的翻译起始存在两个主要差异：①在原核细胞中，mRNA 首先与小亚基结合才能使起始 tRNA 加入形成起始复合物，而真核细胞中起始 tRNA 首先结合于小亚基形成复合物后，再在多种因子参与下结合 mRNA 才形成大的起始复合物。②小亚基起始复合物在 mRNA 上寻找起始密码子的方式不同。原核细胞依赖小亚基上的 16S rRNA3′端序列与 SD 序列互补结合，才定位于 mRNA。而真核细胞内依靠 5′帽结构的起始因子结合小亚基，然后以滑动搜索机制寻找起始 AUG，见图 9.11，图 9.12。

> 小结：真核生物起始装配：①eIF3 和 eIF 4C 结合到 40S 上促使其与起始 tRNA、eIF2 和 GTP 结合形成 43S 核糖体复合体；②上述复合体与 mRNA 结合前，mRNA 先与 eIF4B 和 eIF4F 发生作用；③ 在 40S 复合体上，通过 5′帽结构与 mRNA 复合体结合后，在 mRNA 链上滑动寻找起始 AUG；④ 由 eIF5 替换 eIF2 和 eIF3 后 60S 与 40S 结合，同时水解 GTP；⑤ eIF4C 协助 60S 结合形成完整的 80S 复合体后被释放；⑥ eIF2·GDP 复合体在 eIF2B 作用下进入下一轮循环。起始循环速率受 eIF2 的 α 亚基磷酸化调控。

（2）蛋白质生物合成的延伸

在细菌和真核细胞中翻译的延伸过程大体相似，此处主要叙述大肠杆菌中蛋白质的延伸。

肽链延伸（elongation of polypeptide chain）是指第二个和以后的密码子编码的氨基酸进入核糖体复合物并形成肽键的过程。延伸过程又称核糖体循环，有三个步骤：① 进位反应，有负载的 tRNA（氨酰-tRNA）的反密码子与 mRNA 的密码子在核糖体内识别并进入到核糖体 70S 复合体的 A 位点（氨酰基位点）上；②转肽反应，由新加入的氨酰-tRNA 上氨基酸的氨基对肽酰-tRNA 上酯键的羰基亲核进攻而形成肽键；③转位反应，tRNA 和 mRNA 相对于核糖体的移动。这三个步骤构成了核糖体循环,每经历一次循环,一个氨基酸残基就会添加到新合成肽链的 C 端,周而复始地延伸,使多肽链得以合成。

起始过程结束后,mRNA 接下来的密码子的翻译则由三个重复反应完成一个氨基酸的添加合成。这三个反应在原核和真核生物中相似,其中两个需要非核糖体蛋白的**延伸因子**(elongation factor, EF)参与。已知在核糖体上有众多的 RNA 和蛋白质,它们参与了核糖体循环(核糖体自身催化肽键形成)。当与起始密码子紧邻的密码子被其氨酰-tRNA 上的反密码子识别并结合后,延伸反应随即开始。第一个延伸反应称为进位反应,先由氨酰-tRNA 结合因子催化氨酰-tRNA 结合到紧邻的密码子上,在细菌中这个因子又称延伸因子简写为 **EF-Tu**,在真核系统中为 EF-1。这个因子可与结合有氨酰-tRNA 和 GTP 的核糖体形成延伸四元复合物,同时偶联 GTP 的水解。随着氨酰-tRNA 与核糖体的结合,EF-Tu 与 GDP 以复合物形式脱离核糖体。第二个延伸因子 **EF-Ts** 负责催化 EF-Tu-GTP 复合物的再形成,预备与下一个氨酰-tRNA 结合,如图 9.13 所示。EF-1 是一个多亚基蛋白质,同时具备了 EF-Tu 及 EF-Ts 的性质。

延伸反应的第二步是转肽反应,即生成第一个肽键。转肽反应与在延伸因子从核糖体上解离下来同时进行。催化转肽反应的酶称为**肽酰基转移酶**(peptidyl transferase)(核糖体 50S 大亚基的一部分),该酶将 fMet 从 P 位点(左侧)的 tRNA 上转移到 A 位点(右侧)的氨酰-tRNA 上,在 A 位点形成一个称为二肽的 2-氨基酸单位,与 A 位点的 tRNA 连接。A 位点当前的这个组装整体是个二肽酰-tRNA。留在 P 位点的是个去氨酰-tRNA(无负载氨基酸的 tRNA)。原核生物的肽酰基转移酶步骤受氯霉素(chloramphenicol)的抑制。该药物对大多数真核生物的核糖体无作用,使之能够选择性抑制高等生物中入侵的细菌。但真核生物线粒体有自身的基因组,氯霉素对其肽酰转移酶也能抑制,故氯霉素对细菌的选择性不是绝对的。总之,肽酰基转移酶的催化本质是氨酰-tRNA 上的氨基对肽酰-tRNA 上酯键羰基进行亲核攻击形成第一个肽键(两个氨基酸相连的键)(图 9.15)。

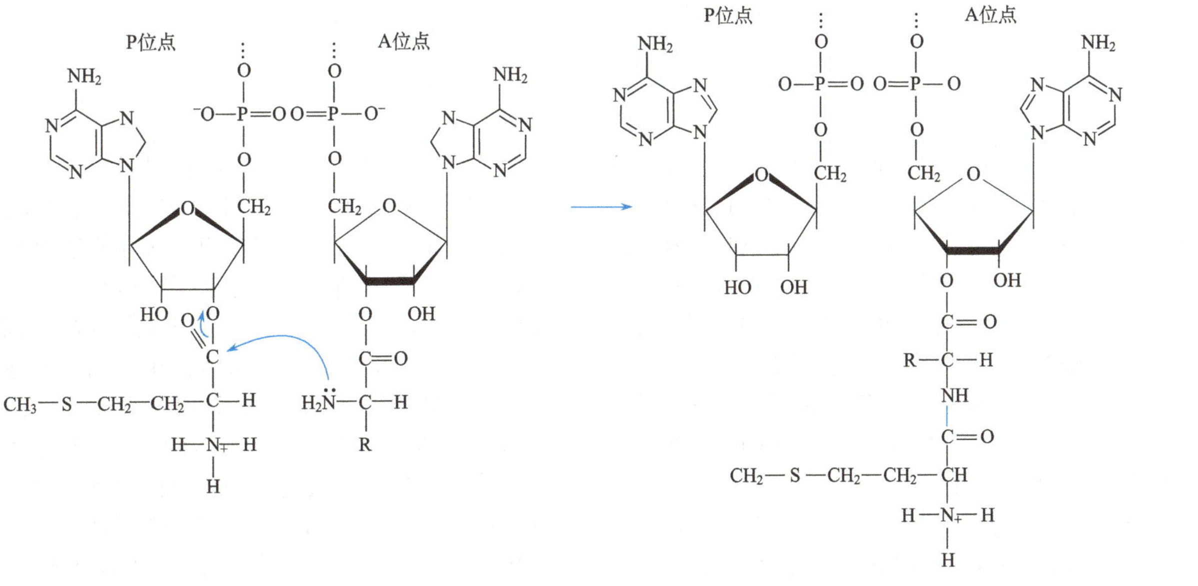

图 9.15　氨酰-tRNA 上的氨基对肽酰-tRNA 上酯键羰基进行亲核攻击形成第一个肽键

前人研究用标记的氨酰-tRNA 或肽酰-tRNA 加入到反应体系中,同时加入嘌呤霉素,结果发现转肽反应释放的是氨酰-嘌呤霉素或肽酰-嘌呤霉素,说明它们是在两个位点发生了转位并形成了肽键。这个反应发生在 50S 亚基内,无需 30S 亚基和可溶性因子的协助就能完成肽基的转移。那么,50S 大亚基中的哪些分子能充当肽基转移酶催化肽基转移反应呢?研究用苯酚、SDS 或蛋白酶 K 等处理 50S 大亚基以除去所有蛋白质。SDS 和蛋白酶 K 仍不能破坏酶的活性,而苯酚抽提可以破坏酶活性。再用嗜热细菌(*Thermus equaticus*)的 50S 大亚基分离 23S rRNA 结果发现,反应在嗜热细菌完整的 50S 亚基或 23S rRNA 中都可以完成,反应还可以被氯霉素、RNase 等抑制。由于在 rRNA 中还存在微量的蛋白质,无法制备高纯度的 23S rRNA,因此认为 23S rRNA 在肽基转移酶活性中起主要作用。深入的突变试验证明,大亚基的 23S rRNA 确实是肽基转移酶的活性部位。

嘌呤霉素(puromycin)对蛋白质合成的抑制作用

就发生在这一步。嘌呤霉素的结构与氨酰-tRNA 3'端上 AMP 残基的结构十分相似(图 9.16)。同时,肽酰基转移酶也能促使氨基酸与嘌呤霉素的结合形成肽酰-嘌呤霉素,但其形成的是酰胺键而非酯键。肽酰-嘌呤霉素复合物很容易从核糖体上脱落,使蛋白质合成过程提前终止,这是嘌呤霉素杀死细菌及其他细胞的原因。嘌呤霉素与核糖体两个位点模型的联系是:在转位前,A 位被肽酰-tRNA 占据,嘌呤霉素无法结合释放肽段;转位后,肽酰-tRNA 移入 P 位,A 位空开,嘌呤霉素可以结合并释放肽段。因此有两种状态的核糖体:嘌呤霉素反应性的和嘌呤霉素非反应性的。这两种状态要求在核糖体上至少有两个肽酰-tRNA 结合位点。说明嘌呤霉素可用来显示氨酰-tRNA 是在 A 位还是 P 位。如果氨酰-tRNA 在 P 位,就能与嘌呤霉素形成肽键并被释放;如果氨酰-tRNA 在 A 位上,就可阻止嘌呤霉素与核糖体结合,肽段不能被释放。1966 年,M S Bretscher 等用 [^{35}S] fMet-tRNA$_f^{Met}$ 与核糖体、AUG 及嘌呤霉素混合实验分析证明 fMet-tRNA$_f^{Met}$ 确实是结合到 P 位点上的。

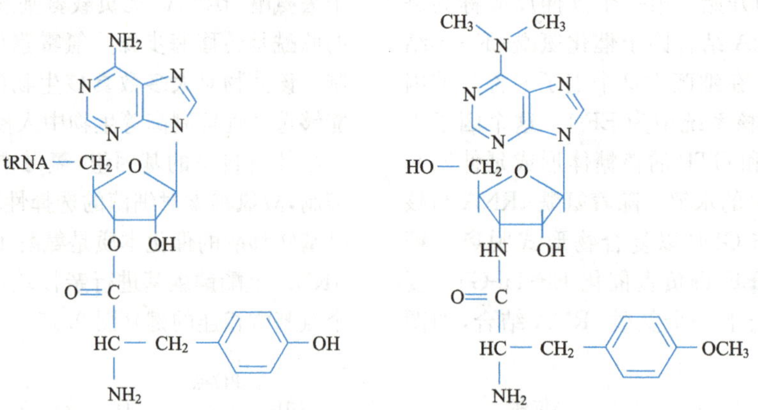

图 9.16 嘌呤霉素的结构与酪氨酰-tRNA 结构

1981 年,K Nierhaus 等提供了第三个核糖体位点 E 位点(E 代表"Exit")的存在,他们分别用放射性的去苯丙氨酰-tRNA (tRNA^{Phe} 缺少 Phe)或 Phe-tRNA^{Phe} 及乙酰-Phe-tRNA^{Phe} 与 E. coli 核糖体结合,并测定每个 70S 核糖体结合的分子数,证明了一次只有 1 分子乙酰-Phe-tRNA^{Phe} 与核糖体结合,结合部位可以是 A 位也可以是 P 位;有 2 分子 Phe-tRNA^{Phe} 分别与结合核糖体的 A 位和 P 位结合;有 3 分子的去苯丙氨酰-tRNA^{Phe} 可以结合核糖体。如果在离开核糖体的路径上有第三个位点与去氨酰-tRNA 结合,就能圆满解释这些实验结果。因此,E 表示"出口"。在无 poly (U)mRNA 时,只有一个 tRNA 以 tRNA^{Phe} 或乙酰-Phe-tRNA^{Phe} 结合,这个结合位点是 P 位,随后的研究证实了这一点。

延伸反应的第 3 步称为转位(translocation)。mRNA 带着 A 位上的肽酰-tRNA 向左移动(5'→3')一个密码子的长度,所发生的动态事件如下:①处在 P 位点的去氨酰-tRNA (在肽酰基转移酶催化肽键形成时失去氨基酰的 tRNA)通过 E 位点(是在核糖体上氨酰-tRNA 结合的凹槽位点)离开核糖体;②处于 A 位的二肽酰-tRNA 及相应的密码子移动到 P 位;③在右边等待的密码子移到 A 位,准备接受新的氨酰-tRNA。转位需要 EF-G 延长因子和 GTP。重复这一过程,添加另一个氨基酸:① EF-Tu 与 GTP 联合使适配的氨酰-tRNA 与 A 位的新密码子配合;② 肽酰基转移酶使 P 位的二肽添加至 A 位的氨酰-tRNA 上形成三肽酰-tRNA;③ EF-G 将三肽酰 tRNA 及 mRNA 密码子移位到 P 位点。转位过程由移位因子 EF-2 驱动(原核生物中为 EF-G,真核生物中为 EF-2),此过程需要水解 GTP 提供能量。转位的目的是使核糖体沿 mRNA 向下游移动,使下一个密码子暴露于核糖体活性位点,以便继续延伸(图 9.17)。研究发现,脱去酰基的 tRNA 并不是立即从核糖体上离去,而是先移动到了核糖体与 tRNA 分子结合 E 位点。当新的氨酰-tRNA 结合到 A 位点时,E 位点内空载的 tRNA 才解离下来。用放射性标记的去氨酰基的 tRNA^{Phe},Phe-tRNA^{Phe} 等结合到 E. coli 的核糖体上,然后测定在每个 70S 核糖体结合的这几种 tRNA 的分子数目,结果证明核糖体上存在着结合 tRNA 的 E 位点。除 tRNA 从 E 位点解离外,还涉及对正确氨基酰 tRNA 的校对,这是核糖体的校正功能(proofreading)。

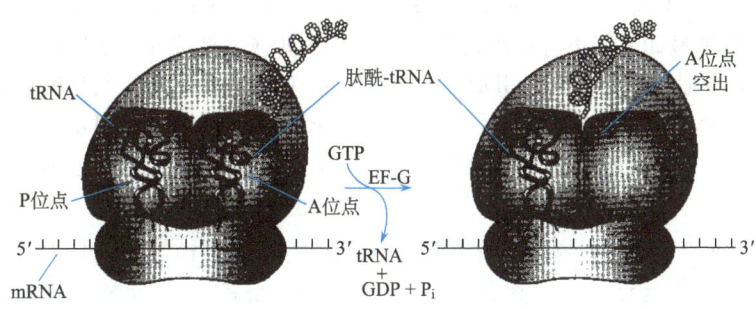

图 9.17 由转位因子驱动的核糖体移位

研究发现蛋白质合成中的核糖体有两种主要构象。一种是转位前的构象,A 位点对氨酰-tRNA 有较强亲和性,而 E 位点亲和性较低。移位前 tRNA 从亲和性较低的 E 位点解离;另一种构象是在移位后,空着的 A 位点亲和性下降,而 E 位点的亲和性增强,去氨酰基的 tRNA 结合在 E 位点。伴随核糖体构象变化的三个延伸反应步骤不断循环,空载的 tRNA 从 E 位点离开核糖体,新的负载的氨酰-tRNA 不断地进入 A 位点。

> **小结**:延伸过程又称核糖体循环,有三个步骤:①进位,有负载的 tRNA(氨酰-tRNA)的反密码子与 mRNA 的密码子在核糖体内识别并进入到核糖体 70S 复合体的 A 位点(氨酰基位点)上;②转肽,在肽酰基转移酶催化下,由新加入的氨酰-tRNA 上氨基酸的氨基对肽酰-tRNA 上酯键的羰基亲核进攻而形成肽键;③转位,tRNA 和 mRNA 相对于核糖体移动。嘌呤霉素对蛋白质合成的抑制是其结构与氨酰-tRNA 3′端上 AMP 结构相似,肽酰基转移酶也能促使氨基酸与嘌呤霉素结合形成肽酰-嘌呤霉素,很容易从核糖体上脱落,使蛋白质合成过程提前终止。

(3) 核糖体循环反应中 GTP 的作用

GTP 的水解在翻译过程中具有重要作用,在每掺入一个氨基酸的延伸过程中,都有两个 GTP 分子发生了水解。通过 EF-Tu 和 EF-G 的作用机制可解释 GTP 的水解过程,GTP 的结合与水解都在这些因子上进行,它们的共同作用激活了复合物水解部位的活性。随着 GTP 水解成 GDP,这些因子的构象发生变化后就与核糖体分离。GTP 及 GDP 与这些因子的结合与否成为调节它们与核糖体结合的开关。所有这些因子包括 RF(终止释放因子)都属于一大类蛋白质,称为 G 蛋白(G protein),这类蛋白质是细胞功能很广泛的多功能蛋白质。

大多数 G 蛋白都有以下 7 个特点:①G 蛋白是 GDP 结合蛋白和 GTP 结合蛋白,G 蛋白的 G 来自鸟

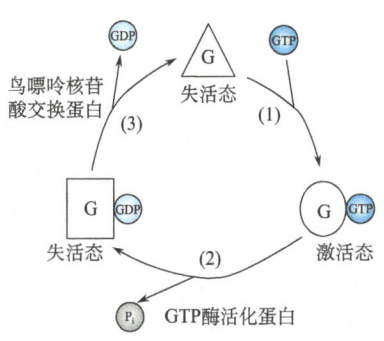

图 9.18 G 蛋白的循环

图注:在顶部的 G 蛋白处于不与 GDP 或 GTP 结合的短暂的游离失活态;(1) GTP 与 G 蛋白结合改变其构象从而激活 G 蛋白;(2) GTP 酶活化蛋白(GAP)激活了 G 蛋白内在的 GTP 酶活性,使其将 GTP 水解成 GDP。由此导致蛋白质构象再次发生变化,使 G 蛋白失活;(3) 鸟嘌呤核苷酸交换蛋白从 G 蛋白上移去 GDP,使其变回原来的游离状态,等待接受另一个 GTP

嘌呤核苷酸;②G 蛋白与 GTP 结合后才能被活化而发挥功能;③G 蛋白具有内在的 GTP 酶活性;④G 蛋白在 3 种构象之间的循环取决于是否结合 GDP 和 GTP,且这些构象状态决定它们的活性;⑤G 蛋白的 GTP 酶活性被 GTP 酶活化蛋白(GTPase activator protein, GAP)激发;⑥当 GAP 激发 G 蛋白的 GTP 酶活性时,G 蛋白将自身所结合的 GTP 降解成 GDP,并使自身失活;⑦G 蛋白被鸟嘌呤核苷酸交换蛋白重新激活,该因子从失活的 G 蛋白上去除 GDP,允许另一分子 GTP 结合(图 9.18)。鸟嘌呤核苷酸交换蛋白很像 EF-Ts 因子,已知 EF-Ts 对于用 GTP 替代 EF-Tu 上的 GDP 至关重要。因为所有参与蛋白质翻译的 G 蛋白的 GTP 酶活性都受核糖体激发,所以 G 蛋白的 GAP 是位于核糖体的某个(些)位点上的一个或几个蛋白质。在核糖体上已经发现了一组核糖体蛋白和部分 rRNA,合起来称为 GTPase 相关位点(GTPase-associated site)或 GTPase 中心(GTPase center)。由核糖体蛋白 L11 和 23SrRNA 组成,L11 是核糖体蛋白 L10 和 L12 的复合

物。通过 GTP 的类似物 GMPPCP 也可说明这一过程。GMPPCP 在 β 和 γ 磷酸基团之间不含氧而是含一个亚甲基，因此难以发生类似 GTP 水解成 GDP 的过程。在延长反应中，当用 GMPPCP 取代 GTP 后，延长反应减慢，因为没有 GDP 生成时，延长因子很难与核糖体发生解离。

> 小结：几种翻译因子利用 GTP 的能量推动核糖体复合体的移动，这些因子属于庞大的由 GTP 激活的 G 蛋白家族，它们自身有可被外部因子 GAP 激活的 GTP 酶活性，当它们将自身的 GTP 降解为 GDP 时失去活性，而另一个鸟嘌呤核苷酸交换蛋白用 GTP 替代 GDP 可以使之重新激活。

（4）翻译的终止

终止密码子 细胞中通常不含能识别终止密码子的 tRNA。在遗传密码表中有 3 个终止密码子 UAG、UAA 和 UGA。当核糖体在 mRNA 上遇到其中任一终止密码子时，肽链的延伸即停止。当突变产生终止密码子时，可导致正常的蛋白质提前终止。如 E. coli 碱性磷酸酶基因的一个琥珀突变，产生一个终止密码子 UAG，造成翻译在 mRNA 的中间提前终止，产生了一个不完整的蛋白质片段，在细胞内检测不到碱性磷酸酶活性。说明突变产生的蛋白质片段通常是没有功能或功能不全的。UAA 和 UGA 这两个终止密码子，除了在遗传学上证明它们能使基因失活外，在生物化学上也证明它们能使肽链合成终止。人工合成 mRNA 片段 AUGUUUUAAAn，可以在离体的蛋白质合成系统中合成二肽 fMet-Phe（AUG 是起始密码子，UUU 编码 Phe，UAA 是终止密码子）。其他人工合成的 mRNA 也都证明了 UAG、UAA 和 UGA 是终止密码子，在数以千计的基因编码序列中都发现这 3 个密码子有终止多肽链延伸的性质。研究还发现 2 个终止密码子串联排列如 UAAUAG，其终止效率更高。细菌基因中 UAA 是最常用的终止密码子。

终止密码子的抑制现象 M Capecchi 等发现 E. coli 一个菌株的 tRNA 能抑制 R17 噬菌体外壳顺反子的琥珀突变，由此认为 tRNA 是一种抑制子。Brenner 等人将琥珀抑制子 tRNA 的基因导入 Φ80 噬菌体，并用该重组噬菌体感染 lacZ 基因上有琥珀突变的 E. coli。由于抑制子 tRNA 的存在，被感染细胞通过插入一个 Tyr 来替代终止就抑制了琥珀突变。对此抑制子 tRNA 进行测序发现只有一个碱基不同于野生型 tRNA^{Tyr}，反密码子的第一个碱基由 G 变成了 C。从编码谷氨酰胺（Gln）的密码子 CAG 开始，它与 tRNA^{Gln} 上的反义密码子 3'-GUC-5' 配对。如果 CAG 密码子突变为 UAG，则不再与 tRNA^{Gln} 配对而是停止翻译。

第二个突变在 tRNA^{Tyr} 上的反密码子发生，由 AUG 变为 AUC（也是按 3'→5' 阅读）。这个新产生的 tRNA 是一个抑制子 tRNA，其反密码子与琥珀密码子 UAG（mRNA 上）互补，能与 UAG 终止密码子配对，并且把 Tyr 插入到延伸的肽链上，使核糖体能终止密码子而不终止翻译。

> 小结：抑制子 tRNA 是具有改变的反密码子，能够识别终止密码子，通过插入一个氨基酸而允许核糖体通过终止密码子移动到下一个密码子，从而阻止终止。

翻译异常终止 有两类异常 mRNA 可导致翻译的异常终止。一类是能引发提前终止的"无义"突变。另一类是非终止 mRNA（non-stop mRNA），缺乏终止密码子，是 mRNA 被转录时在终止密码子的上游就停止了，核糖体翻译时就停滞在了这些非终止 mRNA 的相应位置。无论是提前终止翻译还是核糖体停滞都会产生不完整的蛋白质，对细胞造成伤害。对非终止 mRNA 而言，细胞首先要降解异常蛋白质产物，释放核糖体亚基，以便它们能够参与翻译而不是永远保持停滞状态。原核生物利用转移信使 RNA（transfer-mes-senger RNA，tmRNA）来恢复停滞的核糖体，并标记需降解的非终止 mRNA 即 tmRNA 介导的核糖体恢复，tmRNA 大约 300nt，其 3' 端和 5' 端配对在一起形成一个类 tRNA 结构域（tRNA-like domain，TLD）（图 9.19）。类 tRNA 结构域的结构与 tRNA 有一定相似，以至于它们在功能上很相近，如 tmRNA 能够加载丙氨酸到蛋白质合成的核糖体上，一旦加载，丙氨酰-tmRNA 就能与核糖体的 A 位点结合，经肽酰基转移酶催化，将丙氨酸添加到停滞的多肽链上。肽酰基转移酶反应后，tmRNA 的中心部位所含有一个短的 ORF 正好处在 A 位点上，这样一来，核糖体就从原先翻译非终止 mRNA 转换成为翻译 tmRNA 了，此过程又称为反式翻译（trans-translation）。tmRNA 的开放阅读框编码一个短疏水多肽，这个短疏水多肽可被连接到停滞多肽的羧基末端。该短肽具有能减小非终止 mRNA 导致核糖体停滞而破坏细胞的能力。然而，tmRNA 并不完全像 tRNA。首先它缺乏反密码子，没有进行密码子-反密码子配对，而这种配对关系对于氨酰-tRNA 的正确到位和移位非常重要。其次，与真正 tRNA 相比，mRNA 无标准的 D 环，而是通过使用 SmpB 蛋白替代来进行作用。2003 年，J Frank 等获得了嗜热菌的 EF-Tu、tmRNA 和 SmpB 复合体结合到核糖体上的低温电子显微图像，表明了 SmpB 与 tmRNA 和 EF-TU 结合，并建立了它们与核糖体的联系（正常情况下通过 RNA 的 D 环联系）。因此尽管 tmRNA 自身缺乏能够与核糖体紧密结合的成分,但 SmpB 能够帮助其结合到核糖体上。研究还证实,tmRNA 能够与一个 3′→5′的外切核酸酶 RNase R 同时被提纯,说明非终止 mRNA 在与新核糖体形成复合物之前 RNase R 就将其降解了。真核细胞没有 tmRNA,研究发现停滞在非终止 mRNA 末端的核糖体 A 位点含有 poly(A)尾部的 0~3nt,这种结构能被 Ski7p 蛋白的羧基末端结构域识别,该结构域类似于延伸因子 EF1A 和终止因子 eRF3 的 GTPase 结构域,这些结构域通常与核糖体 A 位点结合,因此,Ski7p 蛋白也能与核糖体 A 位点结合。另外,Ski7p 还与细胞质外来体(exosome)(细胞核外来体的同源物)紧密结合。这种外来体能降解 RNA,然后,Ski7p-外来体复合物将 Ski 复合物(Ski complex)重组到核糖体 A 位点,靠近非终止 mRNA 末端,使非终止 mRNA 降解。

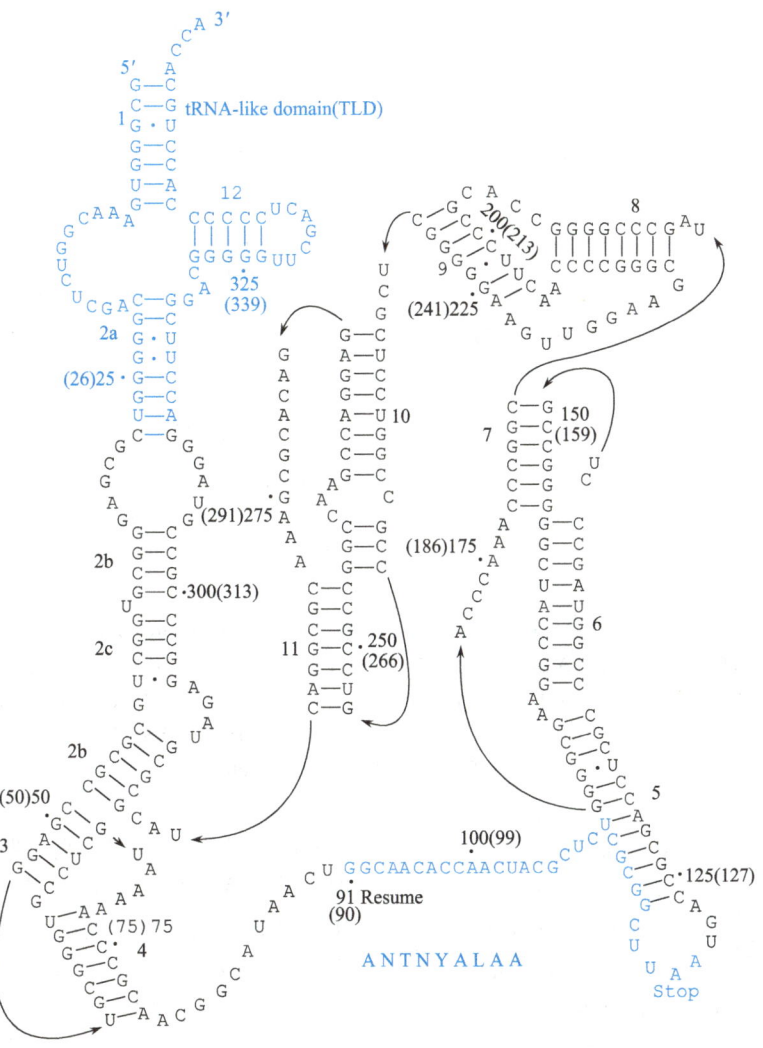

图 9.19　嗜热细菌 tmRNA 的结构(引自 Valle et al.,2003)

TLD 为左上方的蓝色部分,ORF 在底部的蓝色部分,ORF 编码的多肽用蓝色标出

带有提前终止密码子(无义密码子)的信使 RNA 也会产生对细胞有潜在危害的异常不完整蛋白质产物。真核生物演化出两条途径来解决这个问题(图 9.20),无义介导的 mRNA 降解(nonsense-mediated mRNA,NMD)和无义相关的修饰剪接(nonsense-associated altered splicing,NAS)。NMD 依赖于对提前终止密码子的识别。事实上每个 mRNA 的末端都有一个真正的终止密码子,细胞必须能够区别真正的终止密码子和提前终止密码子。一种假说是真核细胞通过测量终止密码子和下游不稳定元件(downstream destabilizing element)之间的距离进行区别,如果距离较短,该终止密码子可能是真的,如果距离较长,则该终止密码子可能是提前的。哺乳动物的下游不稳定元件是一组蛋白质的集合体,称为外显子交界复合物

(exon junction complex，EJC)，它们在剪接时结合到外显子-外显子交界处。其中的两个蛋白 Upf1 和 Upf2 在哺乳动物的 T 细胞中有活性。如果用 RNAi 手段从细胞中去除其中任意一个，NMD 就被抑制。当这些蛋白质在终止密码子下游的足够远处与 mRNA 结合时，可将这个终止密码子识别为提前终止密码子，并被激活而将这条 mRNA 降解；另一方面，如果这些蛋白质离终止密码子相对较近，正在翻译 mRNA 的核糖体将去除之。2003 年 E Izaurralde 等报道，果蝇细胞中的 NMD 不需要 EJC，提出 NMD 机制在不同生物中可能不同。2004 年 A Jacobson 等利用指纹分析对酵母的 NMD 机制研究表明其提前终止机制是自我中断。H Dietz 等采用等位基因特异性 RNAi（allele-specific RNAi）技术证明 Upf1 是 NAS 和 NMD 的重要因子，而 Upf2 不是。

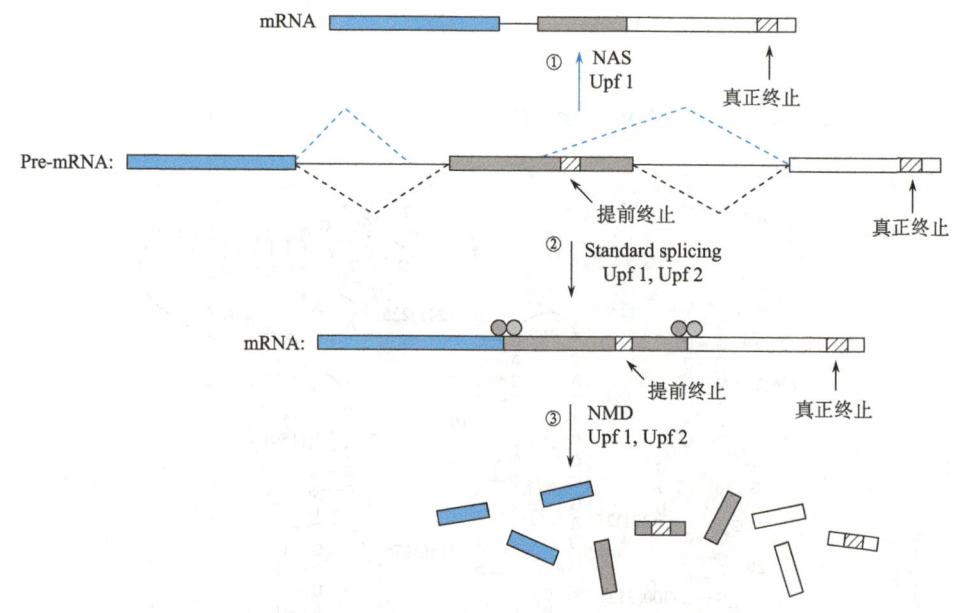

图 9.20　NAS 和 NMD 的作用模型示意图（引自 Weaver，2008）

① NAS 机制，Upf1 感知未来 mRNA 的开放阅读框里有一个提前终止密码子，引入一种选择性剪接模式产生成熟 mRNA，后者无提前终止密码子；② 标准剪接产生带有提前终止密码子的成熟 mRNA ，Upf1 和 Upf2 结合在外显子/外显子交界处；③ NMD 机制，Upf1 和 Upf2t 感知可读框内的提前终止密码子与第二外显子/外显子交界处的距离太近，引入 mRNA 的降解。

小结：有两类异常 mRNA 可导致翻译异常终止。一类是引发提前终止的"无义"突变；另一类是缺乏终止密码子的非终止 mRNA，后者被转录时在终止密码上游停止，核糖体翻译停滞在此非终止 mRNA 的相应位置。原核生物能够利用转移信使 RNA（tm-RNA）恢复停滞的核糖体，称为反式翻译。

利用终止密码子插入非标准氨基酸　已知大多数蛋白质只含有 20 个标准氨基酸，但少数蛋白质还含有非标准氨基酸。如羟脯氨酸（hydroxyprolin）是在由标准的 20 个氨基酸组成的蛋白质的翻译后的修饰过程中产生的。其他非标准氨基酸如硒代半胱氨酸（selenocysteine）和吡咯赖氨酸（pyrrolysine）被直接添加到增长的多肽链中。细胞对有些终止密码子的翻译不是作为终止信号，而是作为非标准氨基酸的密码子被使用。蛋白质中第一个发现的非标准氨基酸，即第 21 个氨基酸是硒代半胱氨酸，它与半胱氨酸很像，只是在硫原子的位置是个硒原子，某些酶如谷胱甘肽过氧化物酶和甲酸盐脱氢酶在缺乏硒代半胱氨酸时就没有活性，它们需要一个硒代半胱氨酸残基作为其活性中心的一部分。这种非标准氨基酸如何被添加到蛋白质分子中呢？研究发现编码这些酶的基因在需要硒代半胱氨酸的位置含有 UGA 终止密码子，此外，缺乏硒时翻译就在这些终止密码子处提前终止。说明在翻译时细胞以某种方式将 UGA 密码子作为了硒代半胱氨酸的密码子，原因是有一种特殊的 tRNA 带有能识别 UGA 终止密码子的反密码子，可被正常的丝氨酰-tRNA 合成酶加载丝氨酸，然后，这个特殊的丝氨酰-tRNA 中的丝氨酸再被转换成硒代半胱氨酸，一种专一性的 EF-Tu 再将这个改变的氨酰-tRNA 送到核糖体上以响应在 mRNA 中间的 UGA 密码子，而不是编码区末端的 UGA 密码子。如果是后一种情况，则硒代半胱氨酸将响应真正的终止密码子被加入从而干扰终止。第 22 个氨基酸是吡咯赖氨酸,只在某些产甲烷的古菌中发现,吡咯赖氨酸是先合成,然后再通过特殊的吡咯赖氨酰-tRNA 合成酶加载到特殊的 tRNA 上。该酶是所发现的第 21 种氨酰-tRNA 合成酶(是唯一不同于其他 20 种标准氨基酸加载正常 tRNA 的氨酰-tRNA 合成酶)。E. coli 细胞不能正常地将吡咯赖氨酸加入到蛋白质合成中,但在 2004 年 J Krzycki 等对细胞添加三种物质,就可赋予 E. coli 细胞这种能力。这三种物质是编码特殊 tRNA 的基因、编码特殊吡咯赖氨酰-tRNA 合成酶的基因以及吡咯赖氨酸自身。此外发现 tRNA 能接受体外预形成的吡咯赖氨酸,提示这就是它在体内作用的方式。与硒代半胱氨酸一样,吡咯赖氨酸响应终止密码子而被加入正在增长的多肽链中,但这个终止密码子是 UAG 而不是 UGA。说明这个特殊 tRNA 的反密码子是 5′ CUA3′。

小结:非标准氨基酸如羟脯氨酸是在标准氨基酸的蛋白质的翻译后修饰中产生,其他非标准氨基酸如硒代半胱氨酸和吡咯赖氨酸被直接添加到增长的多肽链中。细胞对有些终止密码子的翻译不是作为终止信号,而是作为非标准氨基酸的密码子被使用。第一个被发现的非标准氨基酸即第 21 个氨基酸是硒代半胱氨酸。在翻译时细胞能以某种方式将 UGA 密码子作为硒代半胱氨酸的密码子,因为有一种特殊的 tRNA 带有能识别 UGA 终止密码子的反密码子,可被正常的丝氨酰-tRNA 合成酶加载形成丝氨酸,然后这个特殊的丝氨酰-tRNA 中的丝氨酸再被转换成硒代半胱氨酸。

终止释放因子 有别于氨基酸的各种密码子的是没有一个终止密码子具有相应的 tRNA。终止密码子是直接被蛋白因子识别的。当终止密码子进入核糖体的 A 位点时,无相应的氨酰-tRNA 或非酰化的 tRNA 与之结合,而由释放因子(release factor, RF)在 GTP 存在下识别终止密码子,结合于 A 位点。释放因子的结合导致肽酰基转移酶被激活,催化 P 位点上的 tRNA 与肽链之间的酯键水解,使肽基与水分子结合,至此,多肽链的延伸合成终止。新生肽链和最后一个非酰化的 tRNA 从 P 位点上释放。70S 核糖体解离成 30S 和 50S 亚基,再进入新一轮的多肽合成(图 9.21)。

细菌中的三类释放因子 细菌中有三类释放因子:RF-1、RF-2 和 RF-3。在大肠杆菌中当终止密码子进入核糖体上的 A 位点后,即被释放因子识别。RF-1 识别 UAA 和 UAG,RF-2 识别 UAA 和 UGA,RF-3 不识别终止密码子,只起辅助因子作用,激活另两个因子。当释放因子识别在 A 位点上的终止密码子后,存

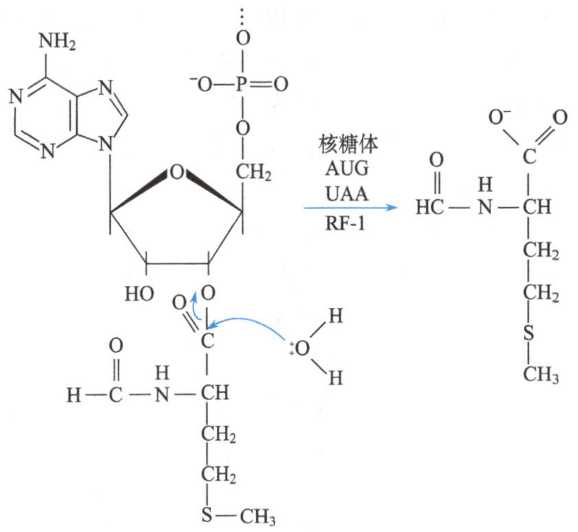

图 9.21 释放因子的作用机制

在于大亚基上的肽酰基转移酶专一活性转变成了酯酶活性,水解出新合成的肽链。RF-3 是一种依赖于核糖体的 GTPase,结合 GTP,帮助其他两种 RF 因子结合于核糖体。RF-3 具有类似于 EF-Tu - tRNA -GTP 三元复合物的蛋白质部分的结构,RF-1 和 RF-2 类似于 tRNA 的结构和大小。所以,RF-1 和 RF-2 与 tRNA 竞争结合核糖体,像 tRNA 一样识别密码子。真核生物只有一种释放因子 eRF,它可以识别三类终止密码子。在人、爪蟾、酵母和小的有花植物(A. thaliana)中,eRF 都有非常类似的肽链结构。

原核细胞的 RF-1 识别密码子 UAG/UAA,RF-2 识别 UGA/UAA;而真核细胞的 eRF-1 能识别三种终止密码子。细胞内有两类在终止反应中能释放肽链的释放因子,第 I 类是 RF-1/2 和 eRF-1,用 X 射线晶体结构衍射和计算机辅助分析发现,在结构上第 I 类释放因子与 tRNA 具有拟态性(tRNA-mimicry)。它们能与 mRNA 上的密码子直接作用。第 II 类释放因子是密码子非特异性的 RF-3 和 eRF-3,它们作为转运蛋白具有 GTPase 酶活性,能激发第 I 类释放因子活性。这两类因子协同作用能使翻译有效终止。其中,第 I 类释放因子起着识别终止密码子、促进肽酰-tRNA 的酯键水解,阻止翻译过程中的错读等,起着至关重要的作用。比较第 I 类释放因子的结构同源性发现,RF-1/2 和 eRF-1 有 7 个氨基酸的保守区。RE-1/2 的高度保守区的氨基酸与延伸因子 EF-G 的 III、IV、V 结构域高度同源(在 EF-G 立体结构中的 III、IV、V 结构域能形成形似 tRNA 的空间结构,前三者相应于 tRNA 分子的反密码环、氨基酰接受臂和 TΨC 臂)。eRF-1 的结构域 1 对应于反密码子臂,结构域 2 对应于 tRNA 的

氨基酸接受臂，结构域3对应于tRNA的可变环。所有这些第Ⅰ类释放因子都可以看作是tRNA样翻译因子(tRNA-like translation factor)，都能竞争性地结合在核糖体的A位点，因此称为tRNA-mimicry模型。近年研究发现，延伸因子EF-G与tRNA-EF-Tu复合物的结构也很相似。

（5）核糖体从mRNA的释放

有一种能将核糖体从正常mRNA上释放的蛋白因子，命名为核糖体循环因子(ribosomal recycling factor, RRF) 1994年，A Kaji等证明RRF对细菌生长至关重要，RRF基因的温度敏感突变体在生长的延滞期转入非允许温度时会导致细菌死亡，在生长的对数期转入非允许温度将导致生长停止。因此，翻译终止后核糖体从mRNA的释放很重要。他们从细菌海栖热袍菌(*Thermotoga maritima*)中纯化出RRF分析发现，用嘌呤霉素处理的细菌多核糖体释放新生多肽，使每个核糖体都剩下两个去氨酰-tRNA，分别在P位点和E位点。因此这些多聚核糖体中的每个核糖体都类似于一个刚经过翻译终止的核糖体（除了在A位点无终止密码子）。然后对这些嘌呤霉素处理的核糖体加入RRF使多核糖体变成单体。纯化后测定RRF蛋白的晶体结构发现RRF的晶体是近乎完美的tRNA结构，RRF唯一缺少的是填充由tRNA末端CCA正常占据的位置的氨基酸及一小段反密码子。基于该结构及其他信息，A Kaji认为RRF就像氨酰-tRNA一样与A位点结合，因而在EF-G存在时允许发生移位，然后将核糖体从mRNA上释放出来。

小结：翻译的终止密码可直接被蛋白因子识别。当终止密码进入核糖体A位点时，无相应的氨酰-tRNA或非酰化的tRNA与之结合，而由释放因子(RF)在GTP存在下识别终止密码结合于A位点。释放因子的结合导致肽酰基转移酶被激活，催化P位点上的tRNA与肽链之间的酯键水解，使肽基与水分子结合，至此多肽链的延伸合成终止。原核细胞的RF-1识别密码UAG/UAA, RF-2识别UGA/UAA；而真核细胞的eRF-1能识别三种终止密码。细胞内有两类在终止反应中能释放肽链的释放因子，第Ⅰ类是RF-1/2和eRF-1，第Ⅱ类是密码子非特异性的RF-3和eRF-3，它们作为转运蛋白具有GTPase酶活性，能激发第Ⅰ类释放因子活性。

（6）翻译的跳跃现象

核糖体对密码子的识别一般是从起始AUG开始，一个接一个地按顺序进行识别，直到翻译终止。翻译过程严格地按一个个读码框架进行。但也有一些例外，翻译中读码框位移，一般都表现为一个碱基位移，

有时核糖体跳过一大段mRNA（如50nt）后继续翻译，称为翻译跳跃(translational jumping)。从遗传信息的流向来看，翻译跳跃类似于mRNA的剪接，所不同的是遗传密码没有像mRNA的剪接那样被切除，而是被核糖体忽略了。无论是翻译位移还是翻译跳跃，都发生在mRNA的特殊位置，有特殊的序列结构。图9.22给出蛋白质生物合成全过程。

9.3.4 蛋白质合成的抑制

除了嘌呤霉素之外，还有许多抗生素及毒素可以抑制蛋白质的生物合成。原核细胞的翻译抑制剂主要有氯霉素、四环素、链霉素等。氯霉素结合于70S核糖体从而影响其在合成中承担的功能；链霉素、新霉素、卡那霉素与原核细胞30S核糖体相结合，能引起错误阅读读码框等。真核细胞的翻译抑制剂主要是亚胺环己酮，它结合于80S核糖体而抑制其功能，科研中常用其研究蛋白质代谢。白喉毒素(diphtheria toxin)是由白喉棒状杆菌产生的一种蛋白质，是由寄生于某些白喉杆菌内的溶原性噬菌体基因组编码的，其产物几微克毒素足以致人死命。它能与EF-2结合阻止mRNA在核糖体上的移位。

9.3.5 蛋白质合成的调节

翻译水平的调节是基因表达多级调控的一个重要环节。调节过程通常涉及mRNA稳定性及其mRNA分子结构对其功能的控制，以及与多种蛋白因子之间的相互作用。mRNA 5′端和3′端所包含的非翻译区(untranslated region, UTR)是影响翻译过程的主要调节部位。

(1) 真核生物mRNA分子的稳定性

真核生物mRNA的稳定性差异很大，半衰期从20min到24h不等，也有的长达数周或不到1min。真核生物mRNA的3′端poly(A)是增加mRNA稳定性的重要因素。mRNA的降解首先从3′端开始。3′端poly(A)逐步消减到完全消失是mRNA开始降解的信号。失去或无poly(A)的mRNA，加尾后可大大提高半衰期。如正常组蛋白mRNA并无poly(A)尾，但人工加尾之后，其半衰期可提高10倍。mRNA降解有以下两种类型。

去除poly(A)引发mRNA降解　酵母细胞poly(A)核酸酶可以降解poly(A)，但此过程需要poly(A)结合蛋白(PABP)。因此该核酸酶称为依赖于PABP的poly(A)核酸酶。poly(A)尾被完全去除后进一步导致mRNA 5′端去帽。无尾又无帽的mRNA能被5′→3′端核酸外切酶降解。

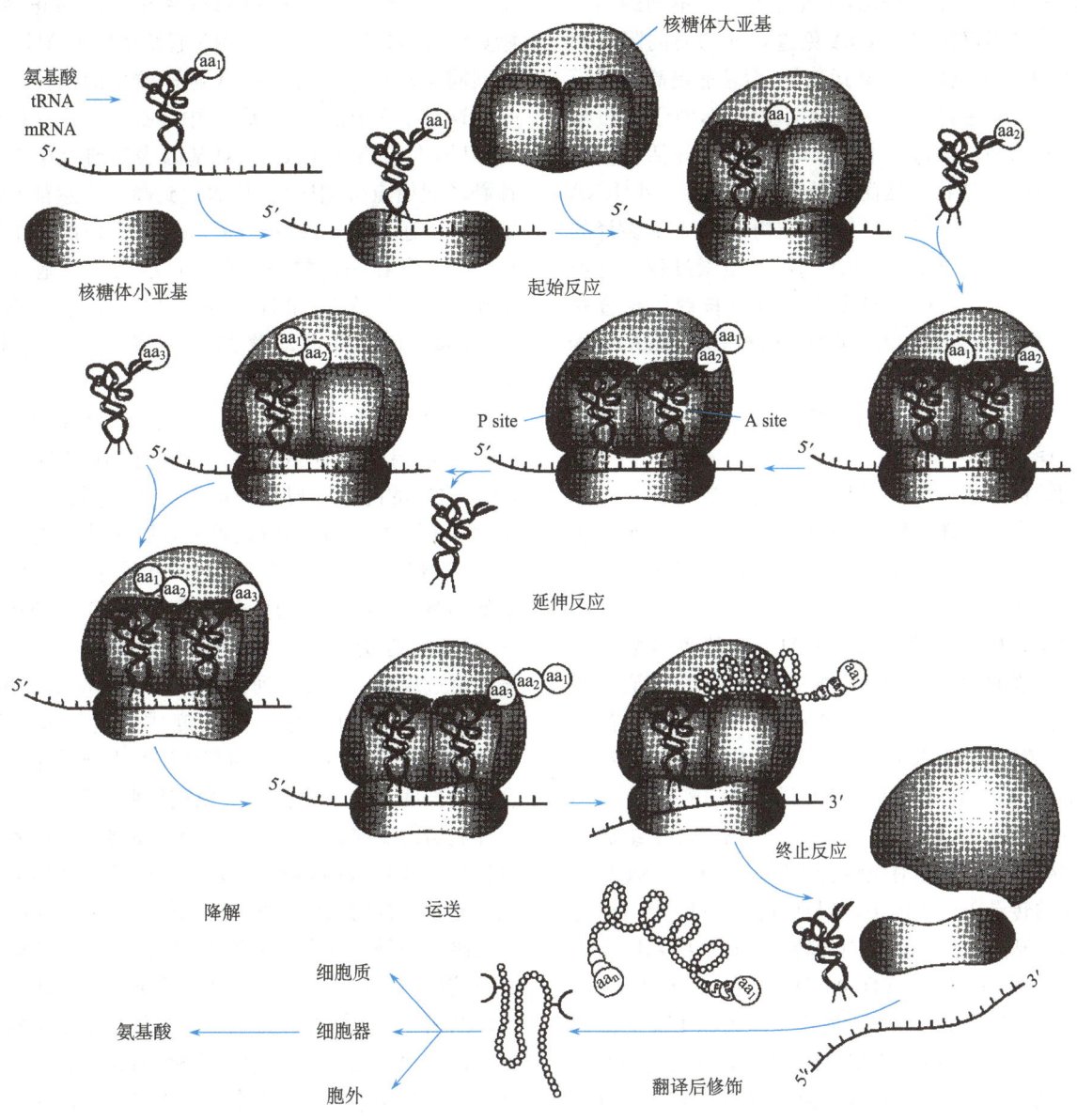

图 9.22 蛋白质生物合成的全过程

mRNA 3′端非翻译区链内剪切引起降解 在mR-NA 3′端非翻译区一般都富含 AU 序列,是 mRNA 不稳定的一个因素。AU 序列由相向排列的数个 UUAUUUAU 八核苷酸核心序列组成,称为 AUUUA 序列。一些寿命较短的 mRNA,在 3′-UTR 存在 AUUUA 序列,这些元件称为不稳定子(ARE)。AUUUA 序列也是一种顺式作用元件,对翻译效率有抑制作用,抑制的强弱取决于 AUUUA 序列拷贝数的多寡,与距离终止密码子的远近无关。通过调节 mRNA 的稳定性控制蛋白质生物合成是翻译调控的一个重要途径。一些短效细胞因子的 mRNA 分子内含有 UA 序列,后者可加速这些 mRNA 的降解速率。当这些细胞因子 mRNA 翻译了一定量的多肽后,立即降解,以免过量表达而影响细胞的正常状态。在一些编码细胞因子和与癌细胞发生有关蛋白的 mRNA 中,3′非翻译区内都含有类似的富 UA 序列,使 mRNA 变得不稳定、快速降解。

(2) 5′UTR 结构与翻译起始的调节

翻译起始的调节是在蛋白质合成水平控制基因表达的主要环节,5′UTR 的结构与其调节过程密切相关。5′UTR 通常不到 100nt,但它的加帽修饰、特殊二级结构的形成和先导序列长度等都对翻译过程产生重要影响。

5′端帽结构 在鸟苷酸转移酶催化下,几乎所有真核生物和病毒 mRNA 的 5′端都具有以 5′-5′磷酸二酯键相连的帽结构,甲基转移酶的作用可使帽结构发生不同程度的甲基化修饰,由此能区分出不同的帽子类型。后者不仅保护 mRNA 免遭 5′外切酶的降解和为 mRNA 的核输出提供转运信号,而且能提高翻译模板的稳定性和翻译效率。大量实验证实,对于通过滑动搜索起始的转录过程来说,mRNA 的翻译活性依赖于 5′端的帽子结构。然而脊髓灰质炎病毒等小 RNA 病毒的(+)链 RNA 没有 5′帽子结构,它们起始翻译的机制不同于宿主细胞 mRNA 的滑动搜索过程。这类 RNA 具有一段长的 5′UTR,其中含有核糖体结合序列,即 内部核糖体进入位点(internal ribosomal entry site,IRES)。这些病毒感染后首先终止宿主细胞的翻译,然后利用 IRES 直接结合宿主细胞质中的核糖体进行翻译。

帽结构是起始因子 eIF-4F 识别并结合于 mRNA 以及最终形成翻译起始复合体所必需的,因此,绝大多数真核生物 mRNA 的翻译起始活性依赖于 5′端帽子结构的存在。

起始密码子 AUG 和上游 AUG 绝大多数真核 mRNA 的翻译从 mRNA 5′端的第一个 AUG 密码子开始,符合 AUG 规律。有一些 mRNA 的翻译不符合 AUG 规律,这些 mRNA 的 5′UTR 中有多个 AUG。其他的 AUG 存在于真正开始翻译起始的密码子 AUG 的上游非翻译区,称为上游 AUG。上游 AUG 组成的阅读框架对翻译起始有负调控作用。酵母 GCN4 是一个重要的转录正调控因子,参与调控 30~40 个与酵母细胞内氨基酸合成有关基因的转录。在这些基因转录起始点上游,都含有 ATGACTCAT 的共同序列,是 GCN4 的结合位点。但 GCN4 本身的表达主要受翻译水平的调控。GCN4 mRNA 的 5′非翻译区长约 600 个碱基,含有 4 个 AUG,GCN4 的可读框从第 5 个 AUG 开始。而非翻译区的 4 个 AUG 也组成可读框,其中的第 2、3、4 特别是第 3 和第 4 个 AUG 主要作用是抑制下游 GCN4 可读框的翻译。利用 5′非翻译区上游 AUG 作为负调控元件的例子很多。TGFβ3 mRNA 的 5′非翻译区有 11 个 AUG,它们组成的可读框主要对翻译起负调控作用。这些例子表明 AUG 不但是翻译的起始密码子,在非翻译区内的 AUG 却是翻译调控中重要的顺式作用元件。

AUG 侧翼序列 mRNA 起始密码子 AUG 两侧有共同序列。AUG 上游-3 位为 A 和下游+4 位必须是 G 才能进行有效翻译,这个规律无论对于脊椎动物还是植物都适用。但低等真核生物 mRNA 起始密码子的侧翼序列与共同序列有差异。如酵母细胞 mRNA 的 AUG 下游+4 位是 U,原生动物细胞 mRNA 的 AUG 下游+4 是 A,但它们上游-3 位的核苷酸也都是 A。证明起始密码子 AUG 作为 mRNA 真正翻译起始点的普遍特性。每个 mRNA 起始密码子 AUG 两侧与共同序列的差异是 mRNA 翻译效率的调控方式之一。这对在多个上游的 AUG 中寻找和确定起始密码子 AUG 具有指导意义,并对基因表达研究中正确设计翻译起始点旁侧序列,从而达到高效表达都非常重要。分析还发现,AUG 上游-1~-3 位的 3 个核苷酸序列也存在一定的规律性。脊椎动物细胞 mRNA 出现最多的是 ACC 和 GCC,而非脊椎动物 mRNA 为 AAA 和 ACA;脊椎动物细胞为宿主的病毒 RNA 为 AAA。

mRNA 的前导序列 真核生物 mRNA 的前导序列即是 5′端非翻译区。从 5′帽结构到起始密码子 AUG 之间的前导序列有一定的长度范围。当长度小于 12nt 时,40S 亚基翻译起始复合物不能识别第一个 AUG,即使这个 AUG 处于理想的侧翼序列中,仍有一半的 40S 亚基翻译起始复合物滑过第一个 AUG,从下一个 AUG 起始。当前导序列的长度为 20nt 时可防止发生滑过现象。前导序列长度在 17~80nt 的范围,体外翻译效率与前导序列的长度成正比。可见除了 AUG 邻近序列之外,有效的翻译还要求前导序列要有合适的长度。这一点类似于原核细胞 mRNA 需要在翻译起始位点前有一定长度的 SD 序列。说明无论是真核还是原核细胞,翻译起始点上游都必须具备稳定翻译起始复合物的前导序列。mRNA 5′端前导序列内的二级结构是翻译水平的调控重点之一,许多 mRNA 具有较长的 5′前导序列,其中有反向重复序列形成的茎环结构。后者的存在影响 40S 亚基起始复合物对模板 mRNA 的识别结合和滑动搜索,因此对翻译有抑制作用。抑制作用影响的大小取决于二级结构的稳定性及与转录起始密码子 AUG 之间的距离。而二级结构的稳定性又取决于茎环结构内碱基配对区的长度和 GC 含量。茎环结构越稳定,对翻译的负调控作用就越大。茎环结构中的配对区太长时又会影响翻译效率,40S 亚基复合物不能解开茎环结构,停留在它的上游区域不起始正常的翻译。

(3) 蛋白质磷酸化对翻译效率的影响

已知翻译的每个阶段都有许多蛋白因子参与,其活性常与这些因子自身的磷酸化修饰密切相关。eIF-4F 等因子的磷酸化可提高蛋白质的生物合成速度,与之相反,eIF-2a 等因子的磷酸化会阻止翻译的起始过程。

eIF-4F 的磷酸化能提高翻译速度 真核细胞翻译起始因子 4F(eIF-4F)由 3 个基本亚基组成:eIF-4E、eIF-4G 和 eIF-4A。其中 eIF-4E 的大小为 2.4×10^4 kDa,能直接与 mRNA 5′端的 m^7G 帽结合,故称为帽结合因子。eIF-4E 可被 eIF-4F 的另一个亚基磷酸化而显著提高翻译速度,某些 eIF-4E 结合蛋白,如 4EBP1、2、3 等可通过结合 eIF-4E 来阻止它对翻译的起始功能,因而 eIF-4E 成为翻译起始调节中的关键因素。eIF-4A 是依赖于 RNA 的 ATPase,可与 eIF-4E 结合,利用水解 ATP 释放的能量打开 RNA 5′端的二级结构。eIF-4G 的相对分子质量约 2.2×10^5,可结合 eIF-4E,并介导多聚腺苷酸结合蛋白与 eIF-4E 的结合。用佛波酯 (phorbol ester)处理细胞可增强 eIF-4E 的磷酸化作用,蛋白激酶 C 参与了这一过程。体外实验证实,经蛋白激酶 C 磷酸化后 eIF-4E 的比活性可提高 5 倍。磷酸化和非磷酸化两种形式的 eIF-4E 对 $5′m^7G$ 结构具有相近的亲和力,而磷酸化修饰对翻译速度的影响是通过促进 eIF-4F 复合体的组装,以及加速 eIF-4F 对随后 eIF-4F 等因子的聚集而实现的。

eIF-2α 的磷酸化抑制翻译起始　eIF-2 由 α、β 和 γ 三个亚基组成,它们能特异性结合于 Met-tRNA,引导 tRNA 与 40S 亚基结合。这种结合不依赖于 mRNA,但必须有 GTP 参与,eIF-2 与 GTP 的结合可促进它与 Met-tRNA 的亲和力。eIF-2α 的磷酸化可阻断 eIF-2α 中 GDP 与 GTP 的交换反应,但不影响它与 GTP 及 Met-tRNA、40S 及 80S 起始复合物的形成过程。正常情况下当翻译起始完成,eIF-2-GTP 转变成无活性的 eIF-2-GDP 并从复合物中被释放出来,在 eIF-2β 催化下完成 GDP 与 GTP 的交换后再重新投入下一轮翻译的起始。然而磷酸化的 eIF-2α 对 eIF-2β 具有极高的亲和力,形成稳定的复合物而不能被循环使用,同时也阻止了 GDP 与 GTP 的交换过程。由此,新的翻译起始由于没有足够的 eIF-2α 而停顿,因此 eIF-2α 磷酸化对蛋白质的合成具有强烈的抑制作用(图 9.23)。eIF-2α 磷酸化可由多种 eIF-2α 蛋白激酶引起。在生理条件下,真核细胞中存在一定量的 eIF-2α 蛋白激酶,一般处于无活性的状态。当病毒感染、热休克、干扰素诱导、有害重金属处理、细胞进入 M 期或营养缺乏等许多因素都将激活相关的蛋白激酶,从而启动 eIF-2α 的磷酸化过程。因此,eIF-2α 的磷酸化成为调节翻译起始的又一个关键环节,通常表现为细胞对异常条件的一种应激反应。

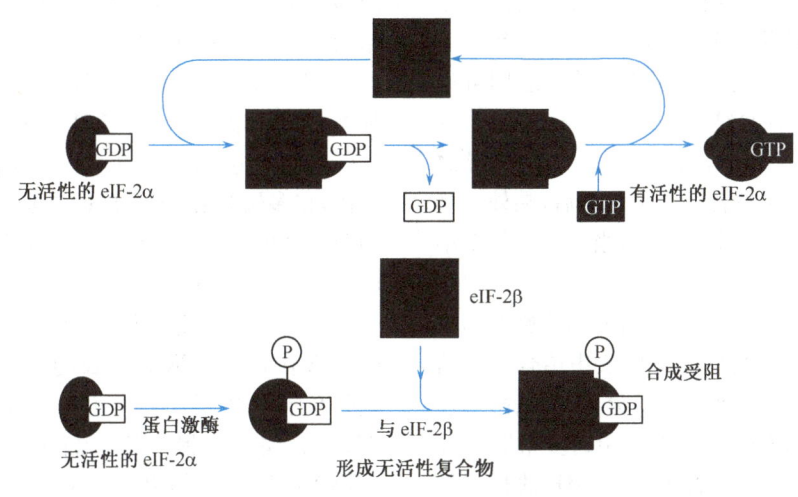

图 9.23　磷酸化对 eIF-2α 活性的影响

(4) 3′UTR 结构与 mRNA 稳定性调控

多聚腺苷酸尾的调节作用　3′非翻译区包括从终止密码子到 3′末端之间的区域,主要存在着细胞质多聚腺苷酸元件(cytoplasmic polyA element,CPE),通常 1000nt 左右。典型的真核 mRNA 前体 3′末端区域具有保守的 AAUAAA 序列。动物早期胚胎发育过程中有些 mRNA 脱去 poly(A)后并不会立即被降解,而在细胞需要它表达其产物时,再由 CPE 元件和加尾信号 AAUAAA 协同作用重新在胞质中加上 poly(A) 尾,再启动翻译。加尾过程在细胞质中进行,需有 CPE 元件的参与,这与核内 poly(A)化过程不同,因此在这种翻译调控机制中,CPE 元件具有重要作用。实验证明一些已经脱去 poly(A)而导致失去翻译活性的 mRNA,在 3′端的合适部位加上 CPE 元件后,可以重新连上 poly(A),并恢复翻译活性。

终止密码子的偏爱性　与其他密码子一样,终止密码子在不同生物中也有偏爱选择性。不同真核生物中的终止密码子 UGA、UAA 和 UAG 使用频率不同。脊椎动物和单子叶植物中 UGA 使用频率最高,其他真核生物使用 UAA 较多,UAG 的使用频率最低。对终止密码子侧翼序列的分析发现,mRNA 中 GC 的含量将影响对终止密码子的选用。此外还发现编码 Asp

的 AAC 和编码 Lys 的 AAG 密码子经常出现在紧邻终止密码的 5′端。因此，真核生物 mRNA 所翻译的多肽的 C 末端氨基酸残基中，Asp 和 Lys 较为常见。已有的研究证实，在终止密码子侧翼序列中，其上游紧邻的第 1 个核苷酸常为 C 或 U，下游紧邻的第 1 个核苷酸常为 A 或 G，未发现类似起始密码子旁侧序列中如此有规律的特征序列。因此对终止密码子的了解仅局限于其终止翻译的功能上，对其调控功能了解甚少。

Poly(A)长度与半衰期有关　不同种类的 mRNA poly(A)长短不一，不同进化程度的真核 mRNA 的 poly(A)的平均长度也有差异。哺乳动物细胞 poly(A)平均长度为 200～250 个腺苷酸，低等真核细胞的 poly(A)较短，平均为 100 腺苷酸。mRNA 的半衰期与 poly(A)尾的长度呈正相关。对无 poly(A)的组蛋白 mRNA 进行人工加尾，可使半衰期增加 10 倍。因此，poly(A)的一个重要作用是增加 mRNA 的稳定性，并有利于 mRNA 由细胞核向胞质转运。已知 mRNA 分子在细胞内存在的时间越长，作为模板起始翻译过程的机会也就越多，因此 mRNA 分子的寿命及其稳定性会影响转录产物的数量。真核 mRNA 的稳定性相差悬殊，编码 Fos 等调节蛋白的 mRNA 半衰期只有 10～30min，而鸡输卵管中卵清蛋白 mRNA 的半衰期可达 24h。PABP 与 poly(A)的结合可以防止核酸酶的攻击，有些种类的 mRNA 分子，去除聚腺苷酸尾将导致其发生降解。当 mRNA 被转运至细胞质后，在外切酶的作用下，多聚腺苷酸尾会不断缩短，当剩余的长度小于 30 个腺苷酸残基而不足以与 PABP 结合时，mRNA 开始迅速降解，由此细胞可通过控制削减的速度调节 mRNA 的寿命。电镜观察证实，细胞质中结合了核糖体的 mRNA 并非是一条刚性的线状分子，而是两端彼此接近的环状分子。位于 mRNA 3′端的多聚腺苷酸结合蛋白可通过与 5′端帽结合蛋白 eIF-4E 的相互作用介导环化过程。随着 3′端多聚腺苷酸尾巴的逐渐削减，mRNA 5′端的帽结构也开始消失，显示出 3′UTR 中的这一区域具有保护 5′帽结构的作用。去除帽结构后的 mRNA 将在外切酶作用下从 5′向 3′迅速降解。

真核生物 mRNA 的 poly(A)结合蛋白（polyA binding protein, PABP）在翻译中起重要调控作用。PABP 存在于所有真核细胞中，与翻译起始因子一样，也是一种通用性翻译调节因子。PABP 的大小为 70kDa。对不同进化水平的 PABP 分析发现，在它们的 N 端占分子总长 2/3 的范围内有一个由 4 个重复的单位肽段组成的结构域，每个单位肽段由 90 个左右氨基酸残基组成，在进化上高度保守。分析酵母的 PABP 证实 PABP 在 poly(A)上的结合频率为每 25 个 a 结合一分子 PABP。能有效结合 PABP 的 poly(A)最短长度为 12 个 a。PABP 与 poly(A)的结合非常稳定，能够沿 poly(A)移动，也可在不同 mRNA 的 poly(A)之间转移。研究表明，poly(A)对翻译的调控作用不仅表现在增加 mRNA 的稳定性方面。作为翻译过程中的重要顺式元件，它通过 PABP 的介导，能直接激活翻译的起始过程。体外实验证明 poly(A)只对有 5′帽结构的 mRNA 才有激活作用，否则无激活作用。此外还证明在翻译体系中加入外源性多聚腺苷时，可抑制 poly(A)对 mRNA 的激活作用。而再加入纯化的 PBAP，则又可消除对外源多聚腺苷酸的抑制。多聚腺苷酸尾还调节 mRNA 的翻译效率。带有 poly(A)的 mRNA 比脱尾的相应 mRNA 翻译效率高得多，且影响程度与多聚腺苷酸尾的长度成正相关。poly(A)与 PABP 结合可促进 80S 核糖体翻译起始复合物的形成，从而提高翻译效率。在卵细胞中 mRNA 的翻译受到抑制，大量的 mRNA 被储藏起来以备受精后快速卵裂的需要。其中许多 mRNA 聚腺苷酸尾的长度仅 10～30nt。受精激活后将在这些 mRNA 分子的 3′端继续添加腺苷酸，随即起始翻译。由此可见，poly(A)、PABP 及 5′端帽结构是 poly(A)翻译激活作用必需的 3 个要素。

3′UTR 序列结构对 mRNA 稳定性的调节　不同种类 mRNA 的 poly(A)长度明显不同，但即使具有相同长度的 poly(A)尾，也并非有相同的半衰期。许多时候，在多聚腺苷酸尾变短的同时，3′UTR 核苷酸序列及结合蛋白也能起到调节降解速度的作用。珠蛋白 mRNA 的 3′UTR 含有许多 CCUCC 重复序列，这些序列发生突变将降低 mRNA 的稳定性，某些不稳定的 mRNA 在其 3′UTR 存在长约 50nt 富含 AU 的区段，其共有序列为 AUUUA，称为 ARE(AU-rich element)。ARE 结合蛋白可聚集多聚腺苷酸外切酶和内切酶加速 mRNA 的降解。如果将 ARE 导入珠蛋白基因的 3′UTR，则会使原本稳定的珠蛋白 mRNA 很快降解。转铁蛋白 mRNA 的 3′UTR 中存在称为铁应答元件（iron-response element, IRE）的序列，介导 mRNA 对铁离子强度变化的反应。这段序列形成茎环结构，它与蛋白质的结合受铁离子浓度的调节。当细胞内缺乏铁离子时，铁离子调节因子（iron regulatory factor, IRF）与 IRE 结合抑制核酸内切酶的攻击，当铁离子浓度升高后，IRF 与 IRE 分离，转而与铁离子结合失去 IRF 的 mRNA 很快便被内切酶降解。

(5) mRNA 的细胞质定位

动物卵细胞在受精后被激活并开始快速分裂，其细胞周期通常只有几十分钟至几个小时。启动受精卵发育成胚胎所需的信息往往预先存储在卵子发生期的卵母细胞中,以隐蔽mRNA的形式为早期蛋白质合成提供潜在的模板,由此与快速卵裂相适应。原位杂交结果显示,在卵母细胞质中多数mRNA的分布是不均衡的,如胚胎体轴的发育便由特定mRNA沿细胞前后轴向的定位所决定。已有实验证实,控制mRNA在细胞质中定位的信息可能位于3′UTR。如果将一个报道基因和与果蝇体节发育相关mRNA的3′UTR相连,则当该基因在卵子发生期被转录时,所生成的mRNA便被定位在与3′UTR相对应的位点上。这种定位过程由细胞质中识别mRNA定位序列的蛋白质所介导,细胞骨架中的微丝和微管等成分参与定位过程。

> **小结**:蛋白质翻译水平的调节是基因表达多级调控的一个重要环节。调节过程涉及mRNA稳定性及mRNA分子结构对功能的控制,以及与多种蛋白因子之间的相互作用。mRNA 5′端和3′端所包含的非翻译区是影响翻译过程的主要调节部位。翻译阶段的许多蛋白因子自身的磷酸化状态对翻译有重要调节作用,eIF-4F等因子的磷酸化可提高蛋白质合成速度,eIF-2a等因子的磷酸化会阻止翻译起始。

9.4 蛋白质合成后的运输

在核糖体上新合成的多肽链一般都要被送往细胞的各个部位,以行使其各自的生物功能。*E. coli*新合成的多肽链,一部分留在胞浆中,另一部分则被送到质膜、外膜或质膜与外膜的间隙,有的分泌到胞外。真核细胞中新合成的多肽链大多被送往溶酶体、线粒体、叶绿体、细胞核等细胞器中。所以,新合成多肽链的输送是有目的而且是定向进行的。尽管蛋白质生物合成中遗传密码只指导20种氨基酸的掺入,但对成熟蛋白质分析表明,它们的分子中有上百种氨基酸存在,这些氨基酸是以有遗传密码的氨基酸为基础衍生而来的。

(1) 蛋白质在细胞内的定位

蛋白质在细胞内的最终定位取决于其自身的特性、相对长短及其氨基酸序列。这些序列和性质决定着该蛋白质是被分泌、运输至核内还是到其他细胞器内。真核细胞的结构越复杂就意味着有越多的定位类型。蛋白质中的其他序列也决定蛋白质的胞内定位,如不同的N端序列能使蛋白质进入线粒体或叶绿体,内部序列Lys-Lys-Lys-Arg-Lys,或任何五个连续的带正电荷氨基酸是核内定位信号(NLS),能使含该序列的蛋白(如组蛋白)被运送进核内,不同的糖基化修饰也控制着蛋白质的最终定位等。

(2) 真核细胞的结构蛋白和分泌蛋白

细胞内所有蛋白质合成都从细胞质中核糖体开始。新合成的蛋白质如何转运或定位到它所在细胞内发挥功能的部位是一个重要课题。线粒体和叶绿体内的少数蛋白质由内部的核糖体合成,大多数蛋白质仍是在细胞质中合成后再运输进去。某些包括线粒体、叶绿体、过氧化物酶体和细胞核等细胞器,蛋白质将直接从胞质输入。另一些包括高尔基体、溶酶体和核被膜等细胞器,蛋白质通过内质网(ER)间接输入。ER是蛋白质合成的主要细胞器。蛋白质直接从胞质溶胶进入ER,进一步有些留在ER,大部分通过小泡运至高尔基体,并随后进入其他细胞器或质膜中去。还有一些通过质膜向胞外运输,这些分泌到胞外的蛋白质称为分泌蛋白。在真核细胞中有两类核糖体:一是存在于胞质溶胶中的游离核糖体,负责合成装配线粒体、叶绿体,再输入到细胞核等核糖体;②在胞质内与内质网结合的核糖体,合成三类主要的蛋白质,包括溶酶体蛋白、分泌胞外的蛋白和构建质膜骨架的蛋白。这些蛋白质在与ER膜结合的核糖体上合成后,必须先进入ER,使原来表面平滑的内质网变成有局部凸起的粗面内质网。真核细胞中的这两种核糖体合成蛋白质的机理相同,而去向不同。游离核糖体合成的蛋白质一般是细胞的结构蛋白,它们是细胞骨架和代谢所需的酶以及构成亚细胞结构的组分。粗面内质网上的蛋白质是合成后需要输出细胞,进入血液和细胞间液的蛋白质,称为输出蛋白或分泌蛋白,如肝细胞产生的血浆清蛋白、凝血酶原、脂蛋白酯酶,胰腺细胞制造的各种消化酶、胰岛素,免疫细胞制造的免疫球蛋白,腺体分泌的激素和细胞因子等等。虽然结构蛋白和分泌蛋白的合成过程基本一致,但在细胞内的合成部位、初始肽链的结构、运输方式等都不同。

> **小结**:新合成多肽链的输送是有目的而且是定向进行的。蛋白质在细胞内的最终定位取决于其自身的特性、相对长短及氨基酸序列,这些序列和性质决定着该蛋白质是被分泌、运输至核内还是到其他细胞器内。蛋白质中的其他序列也决定蛋白质的胞内定位,如不同的N端序列能使蛋白质进入线粒体或叶绿体,内部序列Lys-Lys-Lys-Arg-Lys,或任何五个连续的带正电荷氨基酸是核内定位信号(NLS),能使含该序列的蛋白被运进核内,不同的糖基化修饰也控制着蛋白质的最终定位等。

(3) 蛋白质运输的途径

蛋白质在细胞内定位是由各种真核细胞内部结构以及蛋白质氨基酸序列内的信号所决定的。蛋白质合成之后,还需要经过加工修饰和折叠才具有生物活性,并通过分选过程被运送到功能部位。翻译后加工的内容包括:①切去肽链合成的起始氨基酸或随后几个氨基酸残基;②切除在分泌蛋白或膜蛋白 N 端的信号肽;③氨基酸的共价修饰和形成二硫键,包括 N 端氨基酸的豆蔻酰化、蛋白质的乙酰化、磷酸化、硫酸化和泛素化等;④蛋白质的各种糖基化;⑤蛋白质的分选和运输;⑥多聚蛋白质的选择性裂解等。

真核细胞内新合成的蛋白质要到达适当的位点依赖于蛋白质和细胞膜系统的相互作用,进行蛋白质分拣(protein sorting)或蛋白质运输(trafficking)。区分蛋白质的类别和靶向运送至特定细胞区域的总原则是每一个蛋白质分子都具有自身的结构信息,可特异地引导其定位于细胞中的合适位点。特异性氨基酸序列决定新合成蛋白质离开核糖体后的去向,通过膜进入某一特定细胞器并整合到膜上,或是分泌到细胞外。控制蛋白质到细胞中不同部位去的分拣信号是一段连续的15~60 个氨基酸的信号序列。信号序列常位于蛋白质分子的一端或分子内部(表 9.8)。蛋白质运输的主要途径:①通过核孔进入细胞核内;②信号肽引导蛋白质到达靶部位;③翻译完成后被运输的蛋白质(图 9.24)。

表 9.8 某些典型的信号序列

信号功能	某些典型的信号序列
输入 ER	$^+$H$_3$N-Met-Met-Ser-Phe-Val-Ser-Leu-Leu-Leu-Val-Gly-Ile-Leu-Phe-Trp-Ala-Thr-Glu-Ala-Glu-Gln-Leu-Thr-Lys-Cys-Glu-Val-Phe-Gln
留在 ER 腔内	-Lys-Asp-Glu-Leu-COO$^-$
输送线粒体	$^+$H$_3$N-Met-Leu-Ser-Leu-Arg-Gln-Ser-Ile-Arg-Phe-Phe-Lys-Pro-Ala-Thr-Arg-Thr-Leu-Cys-Ser-Ser-Arg-Tyr-Leu-Leu
输入核内	-Pro-Pro-Lys-Lys-Lys-Arg-Lys-Val-
输入过氧化物酶体	-Ser-Lys-Leu-

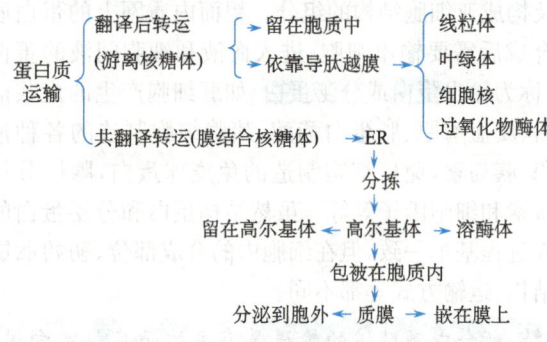

图 9.24 蛋白质合成后的转运、定位和分泌

蛋白质通过核孔进入细胞核内 真核细胞的细胞核通过直径约 7nm 的核孔与核外相通。因而核孔是进行双向转运的分子通道。未剪接完的 mRNA 不能输出细胞核,说明核孔转运在 mRNA 加工中有识别作用。核孔是由约 100 个/种不同蛋白质分子构成的复合装置。每个核孔含有一个或一个以上充满水的通道,水和水溶性分子能自由通过。较大的生物大分子复合物必须要由信号序列协助才能通过。

信号肽引导蛋白质到达靶部位 内质网是真核细胞内最普遍的膜系统,它在蛋白质运输中起中转作用。与进入细胞核、线粒体、叶绿体及过氧化物酶体的蛋白质不同,大多数进入 ER 的蛋白质在多肽链尚未完全合成之前就穿越 ER 膜。要求核糖体附着在 ER 膜上,膜结合的核糖体覆盖在 ER 表面形成粗面内质网。核糖体产生带有 ER 信号序列的蛋白质后,信号序列即引导核糖体到 ER 上。在 mRNA 分子被翻译时许多核糖体结合成多聚核糖体。多聚核糖体靠生长着的多肽链锚接在 ER 膜上。

分泌蛋白、溶酶体蛋白和某些膜蛋白按照内质网-高尔基体-质膜转运途径进行,其特点是:①核糖体合成的蛋白质的 N 端有一段信号肽(signal peptide)序列,在成熟的蛋白质中信号肽已被切除;②这类蛋白质合成按照共翻译转运(cotranslational transport)机制进行,即边翻译边转运;③新生肽链一旦进入 ER 腔就进行糖基化或其他方式修饰,在高尔基体内还需进一步修饰形成最佳的构象;④蛋白质折叠成特定的有活性的构象;⑤转运到溶酶体或分泌小泡和质膜中或分泌到胞外。信号肽是进入 ER 蛋白质 N 端的一段疏水性肽段,其基因的 5′端有一段 DNA 序列编码 16~32 个氨基酸残基的肽段,但在成熟的分泌蛋白或膜蛋白中不存在。信号肽的功能是引导多肽链穿过 ER 膜进入腔内(图 9.24)。蛋白质分子一边合成一边进入 ER。新生蛋白质的折叠、二硫键形成、糖基化作用等均在肽链进入内质网后进行。

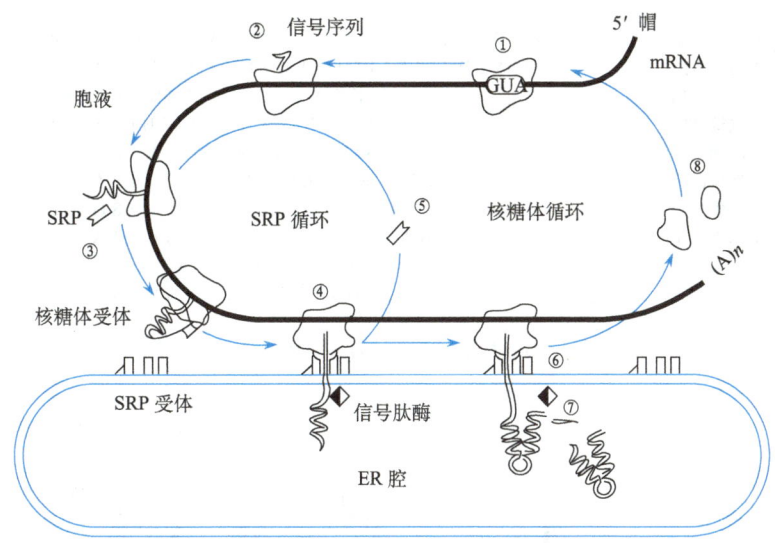

图 9.25　分泌蛋白的合成与运输机制

①核糖体在 AUG 处装配起始复合物；②信号肽出现在新生肽链 N 端；③信号肽识别蛋白（SRP）与核糖体结合并停止翻译；④核糖体-mRNA-SRP 复合物与 ER 膜上受体结合；⑤SRP 离开并进入循环；⑥蛋白质合成恢复，原肽链转位，蛋白质进入 ER 腔；⑦信号肽被 ER 腔内的信号肽酶切割；⑧核糖体和 mRNA 结合，再进入下一循环

除少数外，几乎所有的分泌蛋白都具有信号肽。各种分泌蛋白的信号肽都没有序列同源性和保守性，但都有相同的功能特点：①几乎所有的信号肽在整体上都是疏水的；②信号肽一般位于蛋白质的 N 端，进入膜后被信号肽酶水解，真核细胞信号肽酶位于 ER 膜，原核细胞位于质膜内侧；③信号肽中部由 10～15 个残基构成疏水性核，常见的为 Ala、Lue、Val、Ile 和 Phe，称信号肽疏水核，如图 9.26 所示。前端为带正电荷碱性氨基酸片段，后端为含丙氨酸的区域。多数信号肽酶的水解切点是 Ala-X-Ala。疏水核很容易形成 α 螺旋，而疏水区后容易形成折叠，这些结构对信号肽的功能很重要；④信号肽 C 端有一个能被信号肽酶识别的位点，其上游有一段疏水性较强的 5 肽，信号肽酶切点上游的第 1 个及第 3 个氨基酸通常是具有一个小侧链的氨基酸（如 Ala）；⑤ 广义上的信号肽是初生蛋白质穿过膜所必需的疏水性肽段，位于蛋白质分子各个部位，如卵白蛋白信号肽位于第 25～45 氨基酸残基之间。因此将信号肽认为只是位于 N 端的一段疏水短肽是片面的；⑥ 信号肽没有严格的专一性。如大鼠胰岛素原、卵清蛋白等只要接上原核细胞的信号肽，就能通过 E. coli 的质膜到胞外。只要编码信号肽的 DNA 序列加到珠蛋白基因的前面珠蛋白就能进入 ER；⑦信号肽是一种环状结构，而非是以一条链状结构通过双脂层膜，N 端先与酸性的脂膜相结合，随后疏水核的残基与脂双层以疏水作用，逐渐形成环状的跨

膜结构。进入后信号肽被水解，成熟的肽链不能越过脂膜进入膜内侧。

信号肽的概念首先由 Salatini 等提出，后经 Milstein 等通过在体外合成的未被加工的免疫球蛋白肽链 N 端而得到了证实。信号肽学说认为分泌蛋白能够穿过 ER 膜，在信号识别蛋白（signal recognition particle，SRP）和 SRP 受体（SRP receptor）又称锚定蛋白（docking protein）等蛋白因子协助下转运蛋白质（图 9.27）。在蛋白质合成开始即 N 端的新生肽链刚生成时信号肽就与 SRP 结合，一旦 SRP 与带有新生肽链的核糖体结合，肽链的延伸暂时终止或速度下降。SRP-核糖体复合体就移动到内质网上，与内质网上的 SRP 受体蛋白结合，之后蛋白质合成的延伸作用又重新开始。有两种组分参与引导有信号肽的多肽在合成中转运到 ER 膜通道内：①存在于胞质中的 SRP，在信号肽从核糖体上暴露时与之结合；②一种嵌埋在 ER 膜内的 SRP 受体蛋白，它能与 SRP 结合。通过 SRP 和 SRP 受体的介导，可将正在合成的含有信号肽的蛋白质连接到 ER 膜的转运通道内。SRP 有两个功能域，一个识别信号肽，另一个用以干扰进入的氨酰-RNA 和肽酰移位酶反应，终止多肽链的延伸。SRP 普遍存在于真核细胞中，有三种作用：①能与新生的分泌蛋白信号肽结合；②能与位于 ER 膜上的 SRP 受体相互作用；③SRP 是一种分子伴侣，能与信号肽结合协助多肽转运。

		切点
人生长激素	MATGSRTSLLLAFGLLCLPWLQEGSA	FPT
人胰岛素原	MALWMRLLPLLALLALWGPDPAAA	FVN
牛血清蛋白原	MKWVTFISLLLFSSAYS	RGV
小鼠抗体H链	MKVLSLLYLLTAIPHIMS	DVQ
鸡溶菌酶	MKSLLILVLCFLPKLAALG	KVF
蜂毒蛋白	MKFLVNVALVFMVVYISYIYA	APE
果蝇胶蛋白	MKLLVVAVIACMLIGFADPASG	CKD
玉米蛋白 19	MAAKIFCLIMLLGLSASAATA	SIF
酵母转化酶	MLLQAFLFLLAGFAAKISA	SMT
人流感病毒 A	MKAKLLVLLYAFVAG	DQI

图 9.26　信号肽疏水序列结构及跨膜位点示意图

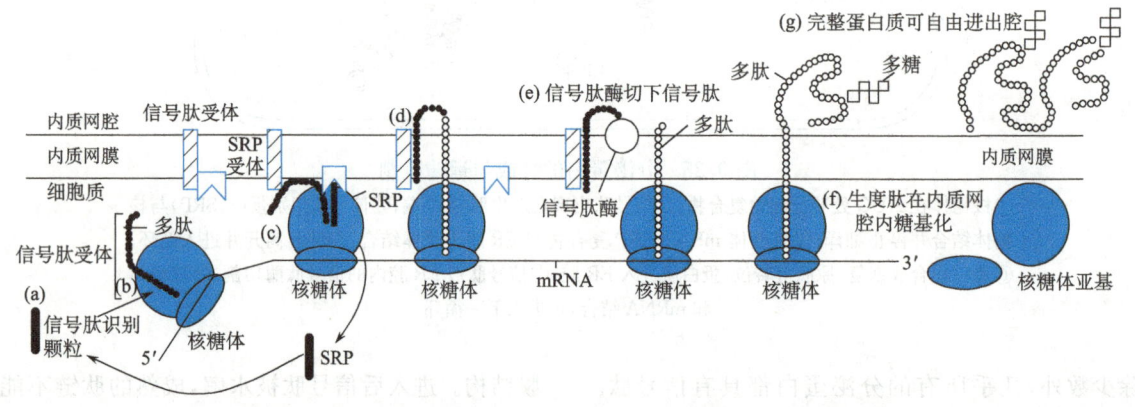

图 9.27　新生蛋白质进入 ER 的边翻译边转运机制

(a)～(b)SRP 结合到核糖体和新合成蛋白质 N 端信号序列；(b)～(c) SRP 结合到膜 SRP 受体；(c)～(d)信号序列结合到 SRP 受体上使它能穿膜；(d)～(e)在膜腔一侧，信号肽酶将信号肽序列从新蛋白质上切下；(e)～(f)蛋白质继续延伸和穿过膜并在酶作用下糖基化；(f)～(g)蛋白质穿过膜进入 ER 腔

小结：蛋白质翻译后加工包括：①切去肽链合成的起始氨基酸或随后几个氨基酸残基；②切除在分泌蛋白或膜蛋白 N 端的信号肽；③氨基酸的共价修饰和形成二硫键，包括 N 端氨基酸的豆蔻酰化、蛋白质的乙酰化、磷酸化、硫酸化和泛素化等；④蛋白质的各种糖基化；⑤蛋白质的分选和运输；⑥多聚蛋白的选择性裂解等。ER 是真核细胞内蛋白质运输的中转站。大多数进入 ER 的蛋白质在多肽链尚未完全合成之前就穿越 ER 膜。核糖体产生带有 ER 信号序列的蛋白质后信号序列即引导核糖体到 ER 上。分泌蛋白等膜蛋白按内质网-高尔基体-质膜转运途径进行，其特点是：①蛋白质 N 端有一段信号肽；②合成按照共翻译转运机制进行，即边翻译边转运；③新生肽链一旦进入 ER 腔就进行糖基化或其他方式修饰；④蛋白质折叠成特定的有活性的构象；⑤转运到溶酶体或分泌小泡和质膜中或分泌到胞外。信号肽是进入 ER 蛋白质 N 端的一段疏水性肽段，其基因的 5′ 端有一段 16～32 个氨基酸肽段。信号肽的功能是在 SRP 和 SRP 受体等因子协助下引导多肽链穿过 ER 膜进入腔内。蛋白质分子一边合成一边进入 ER。新生蛋白质的折叠、二硫键形成、糖基化作用等均在肽链进入内质网后进行。

(4) 翻译完成后被运输的蛋白质

大部分线粒体和叶绿体的蛋白质是由细胞核基因组 DNA 编码的，它们在胞浆内由游离核糖体合成后再送到这些细胞器中。细胞内的结构蛋白，除溶酶体蛋白需要通过内质网和高尔基体系统进行加工运输外，其他蛋白质都是翻译完成后从胞质直接运输的。在结构上，蛋白质 N 端还有一段特殊序列称为导肽（leader peptide），与蛋白质在细胞器内定位有关。已知细胞线粒体有约 700 种蛋白质，除了少量（约 13 种）由线粒体基因组编码之外，绝大多数由核基因编码，在细胞质内合成后才运送到线粒体的各个部位。因此在线粒体等细胞器中普遍存在着蛋白质转运机制。待运送的蛋白质在结构上大多以前体形式存在，即由"成熟"形式的蛋白质和 N 端导肽组成。进入线粒体蛋白的导肽有三种功能：①负责引导到达细胞器；②负责导向基质；③负责导向膜或膜间质。如细胞色素 c_1，它结合在线粒体的内膜和膜间质的表面。其导肽有 61 个氨基酸,分为不同功能区段。N 端的前 32 个氨基酸为基质导向信号(matrix-targeting signal),后半部 19 个氨基酸序列是膜导向信号(membrane-targeting signal)。每个导向信号后有特异区段的水解部位。

蛋白质穿过线粒体膜的运输过程特点是:①蛋白质跨线粒体膜运输是完成翻译后的完整蛋白质,这与分泌蛋白通过 ER 膜运输(合成过程与跨膜运输同时进行)不同;②通过线粒体膜的蛋白质在运输前大多以前体形式存在,一级结构的线粒体蛋白都含有 20~80 个氨基酸残基的导肽序列;③蛋白质通过线粒体内膜是一个需能过程;④导肽中不同片段含有不同的跨膜信息。导肽的结构特点:①随机带有 1 个正电荷碱性氨基酸,如 Arg 含量较丰富;②含很少得负电荷酸性氨基酸;③Ser 含量较高;④有形成两亲性 α 螺旋结构的倾向。导肽主要起着信号肽的作用,与外膜上的相应位点识别。线粒体导肽富含丝氨酸、苏氨酸等,一般结构为 MLKTSSLFTRRUQPSLFRNILRLQST。从细胞质往线粒体内运输蛋白质的过程较为复杂。因为线粒体本身是具有多膜结构的复杂细胞器。细胞色素 c_1 的导肽共含 61 个氨基酸,其中 35 个碱性残基,19 个不带电荷残基,7 个酸性残基,这些氨基酸的分布随功能不同有不同的残基性质。细胞色素 c_1 的导肽分为导向基质肽段、停止运到内膜的肽段和水解部位肽段等三部分。N 端含有导向基质的信息,被线粒体外膜上的受体蛋白识别,引导至膜上的运输通道并得以进入线粒体基质中后被水解酶水解切除。接着在内外膜间又被另一水解酶二次水解成为成熟形式。在这个过程中,为了通过膜这些蛋白质需要由多肽链结合蛋白(polypeptide chain binding protein,PCB)的协助进行去折叠。去往线粒体的蛋白质所进行的翻译后运输需要 ATP 和质子梯度,以协助蛋白质去折叠和跨膜。

9.5 蛋白质前体的共价修饰

前体蛋白质通常没有生物活性,翻译后的加工可以使蛋白质的组成更加多样化,导其结构上呈现出更复杂的构象变化,以适应更多生物功能的需要。加工修饰过程主要有两方面:①对氨基酸残基的侧链基团进行修饰;②在蛋白质成熟过程中多肽链部分肽段被切除。特异修饰和加工过程与这些蛋白质的合成部位,运送的靶位有关。实际上大多数加工在多肽链合成开始时就随之进行。细胞质中的蛋白质从核糖体上释放后即可行使其功能,而运输到其他细胞器中的蛋白质则在运输中发生着许多修饰过程。蛋白质翻译后的共价修饰主要包括:肽链 N 端残基 fMet 或 Met 的切除、二硫键的形成、化学修饰和肽链剪切等。

肽链 N 端残基 fmet 或 Met 的切除 无论原核或真核生物蛋白质的生物合成,N 端第一个氨基酸残基都是从 fMet 或 Met 起始的,然而大多数成熟蛋白质 N 端并不保留它们,fMet 或 Met 一般都要被切除,这个切除反应由氨肽酶(amino peptidase)催化。针对不同的蛋白质,水解过程发生在肽链合成进程中或合成释放之后。原核细胞的蛋白质约有一半都不保留 fMet 中的甲酰基,只以 Met 残基作为成熟蛋白的 N 端第一个氨基酸。脱甲酰基酶(deformylase)能去除甲酰基。当第二个残基是 Arg、Asn、Asp、Glu、I1e 或 Lys 时以脱甲酰基为主,如果第二个残基是 Ala、Gly、Pro、Thr 或 Val 时,则通常除去 fMet。

形成二硫键 蛋白质高级结构中一般都有二硫键,它是维系蛋白质空间结构的重要共价键。mRNA 中没有胱氨酸的密码子,二硫键都在翻译后形成。两个半胱氨酸残基的侧链脱氢氧化后就形成了二硫键。这个过程由 ER 内的 SH 氧化酶催化,形成二硫键的蛋白质大多是胞外的分泌蛋白。进入 ER 的蛋白质前体进行 Cys-SH 侧链的氧化。

氨基酸侧链的修饰 至今发现,存在于蛋白质当中大约有 150 种以上的非编码氨基酸,是由 20 种蛋白质氨基酸修饰衍生而来的。修饰的种类主要有磷酸化、糖基化、甲基化、乙酰化等。①磷酸化主要发生在 Ser、Thr 和 Tyr 等 3 种氨基酸的侧链。由各种蛋白激酶(protein kinases)催化而成;②甲基化(methylation)由 N-甲基转移酶催化,甲基供体是 5-腺苷蛋氨酸,甲基化位点主要在 Arg、His 和 Gln 侧的 N-甲基化以及 Glu 和 Asp 侧链的 O-甲基化,甲基转移酶存在于细胞质内;③乙酰化(acetylation)过程由 N-乙酰基转移酶催化肽链 N 端乙酰化,有两组乙酰转移酶都以乙酰-CoA 为酰基供体,一组为分泌蛋白,另一组为非分泌蛋白的乙酰转移酶;④腺苷酸化(adenylation)是将腺苷酸基团 AMP 转移到蛋白质的 Thr 残基的侧链—OH 基上,使之发生腺苷酸化;⑤糖基化(glycosylation)是真核细胞蛋白质的特征之一,进入 ER 膜或腔的蛋白质都能结合寡糖基团而糖基化,糖基化由 ER 中(而非胞质中)的糖基化酶(glycosylase)催化,极少数蛋白质能在胞质中被糖基化。所有的分泌蛋白和膜蛋白几乎都是糖基化蛋白质,糖基化有两种类型:一是寡糖基团连接在 Asn 侧链的—NH$_2$ 上,形成 N-糖苷键连接;二是寡糖基团与 Ser 和 Thr 的—OH 基团连接形成 O-糖苷键连接,连接 N-糖苷键从 ER 开始到高尔基体中才完成,O-糖苷键的形成仅发生在高尔基体中。在 ER 中糖基化过程首先形成 14 个糖基的分支寡糖,在糖基转移酶催化下,再将其转移到蛋白质的 Asn 残基上,而不是把单个糖一个个加上去。分泌蛋白进行糖基化的另一个部位是高尔基体。许多在 ER 加上寡糖基团的蛋白质在高尔基体内再进一步修饰。蛋白质通过高尔基体叠层时,多种糖基化酶按一定顺序,逐个加上糖基或去除某些糖基。实际上,存在于蛋白质分子上的复杂的糖基链是由高度有序的糖基化过程形成的。

> **小结**:蛋白质的加工修饰过程主要有两方面:①对氨基酸残基的侧链基团进行修饰;②在蛋白质成熟过程中多肽链部分肽段被切除。蛋白质翻译后的共价修饰主要包括:肽链 N 端残基 fMet 或 Met 的切除、二硫键的形成、化学修饰和肽链剪切等。修饰种类有磷酸化、糖基化、甲基化、乙酰化等。①磷酸化主要发生在 Ser、Thr 和 Tyr 等 3 种氨基酸的侧链,由各种蛋白激酶催化;②甲基化由 N-甲基转移酶催化,供体是 S-腺苷蛋氨酸,位点主要在 Arg、His 和 Gln 侧基的 N-甲基化及 Glu 和 Asp 侧基的 O-甲基化;③乙酰化过程由 N-乙酰基转移酶催化肽链 N 端乙酰化;④腺苷酸化是将腺苷酸基团 AMP 转移到蛋白质的 Thr 残基的侧链—OH 基上;⑤糖基化是真核细胞蛋白质的特征之一,进入 ER 膜或腔的蛋白质都能结合寡糖基团而糖基化,糖基化由 ER 中的糖基化酶催化。

9.6　蛋白质的折叠

已知蛋白质分子结构比核酸分子复杂得多,推测一个由 100 个氨基酸残基组成的蛋白质至少有 10^{30} 种可能的构象。但最终只有一种或少数几种特定三维构象是具有生物学活性或功能的,这种特定空间结构受到轻微破坏时,其功能就受到影响或丧失,新生的蛋白质分子如何形成有活性或功能的结构?有关蛋白质结构与功能关系的研究,近年来已经成为结构生物学研究的热点之一。尽管数以百计的蛋白质三维结构已经研究得较为详尽,但其分子折叠、天然构象的形成途径仍然不很清晰。在离体条件下,一条一级结构完整,但三维结构被破坏的肽链,在一定条件下可以自动恢复成有生物活性的天然立体结构,典型例子是核糖核酸酶 A(RNaseA)。研究推测,一个有 100 个左右氨基酸残基的肽链,如果任其无规则地历尽各态而达到能量最低态,其半衰期至少 100 年。然而实际上肽链在 1s 之内就能完成折叠过程。生物体在长期进化过程中选择出来的各种蛋白质氨基酸序列的结构,本身就包含着肽链从以天文数字计算的各种可能构象中,迅速找到形成具有生物活性的天然构象的分子信息。

蛋白质分子折叠是个动态过程　蛋白质分子的折叠过程是动力学驱动的复杂过程,蛋白质的天然构象不一定是能量最低态,它往往只是一个动力学上很容易达到的亚稳态。与此相应,分子折叠的途径也是多途径的。如果某一突变阻碍了相应的折叠途径,也不致影响肽链按另外的途径折叠成天然构象。各种蛋白质的空间立体构象都是由数量有限的结构单元以一定有限的方式组装而成的,这些结构单元有 α 螺旋、β 折叠、无规则卷曲等。它们按一定的层次由二级结构形成超二级结构,再形成结构域,最后形成三级甚至四级结构。

分子伴侣　分子伴侣(molecular chaperone)是细胞中一类可识别正在合成的多肽或部分折叠的多肽并与多肽的某些部位相结合,从而帮助这些多肽转运或装配,其本身并不参与最终产物形成的一类蛋白质分子。信号识别颗粒(SRP)是一种分子伴侣,能与信号肽结合协助多肽转运。分子伴侣除了能介导新生肽链的折叠、装配外,还有介导线粒体蛋白质跨膜转运、调控信息传递通路和转录复制、参与微管形成与修复等多重功能。分子伴侣的概念已引申到许多蛋白质甚至 RNA 和 DNA,它们可介导蛋白质和核酸正确地折叠和装配,但不构成被介导的蛋白质(或核酸)的组成部分。蛋白质中已被鉴别出来的分子伴侣主要属于伴侣属蛋白 60 家族、应激蛋白 70 家族、应激蛋白 90 家族等 3 大类高度保守的蛋白质家族。此外还有些并不广泛存在但各有特点的分子伴侣,如不属于应激蛋白家族的,包括核质素、内质网的 T 细胞受体相关蛋白(TRAP)、E. coli SecB 等。

已知天然蛋白质都是折叠的,以便将疏水区埋在分子内部,避开细胞的水环境。但多数蛋白质自身并不能正确折叠,就像被热激后去折叠的蛋白质一样,要有分子伴侣的协助才能正确折叠。新生多肽任何暴露的疏水部分都试图找到能与它相互作用的疏水部分,以便避开围绕它们的水分子。但很多时候最近的疏水区却往往是错误的"邻居",如果相互作用会导致错误折叠进而使蛋白质失活。实际上,有些错误折叠的蛋白质如参与牛海绵组织脑病(疯牛病)的一种蛋白质对细胞就是剧毒的。因此,细胞需要一种机制来隐藏新生多肽的疏水部分,直到正确的"邻居"产生出来。分子伴侣就担负着这一任务,它们能将暴露的疏水蛋白区装进自身的疏水囊袋中,防止与其他暴露的疏水区的不适配的靠近。E. coli 有一个特殊的分子伴侣,称为触发因子(trigger factor)可与核糖体大亚基结合,以一个疏水筐盛装新合成的疏水区,保护它们避开环境。N Ban 等已经结晶出了 E. coli 触发因子,与古菌(Haloarcula marismortui)的分子伴侣的结合位点(在核糖体蛋白 L23 上)高度保守,其晶体结构形似"卧龙",有头、背、臂、尾。基于 50S 核糖体亚基与触发因子尾部结构域的共结晶结构,使"卧龙"底朝天,这样尾和臂的疏水表面处于正好接住从核糖体出口通道出来的新生多肽,有效地隐蔽了新生肽任何暴露的疏水区,直到它们与合适"邻居"的疏水区结合。触发因子对 E. coli 并不重要,因为细菌有 DnaK 分子伴侣备用系统,它是一种自由蛋白,而触发因子是属于核糖体结合蛋白。DnaK 分子伴侣不以疏水筐接住新生蛋白,而是以一个疏水的拱门来保护新生蛋白质暴露的疏水区,直到正确折叠。古菌和真核生物完全缺乏类触发因子蛋白质,所以它们的新生蛋白质的正确折叠完全依赖于独立自由的分子伴侣。分子伴侣能够识别并调节细胞内多肽的折叠、转运等,有以下几个方面:①分子伴侣介导线粒体蛋白跨膜转运,在细胞质内合成的线粒体蛋白必须穿越线粒体膜到达其行使功能部位,跨膜转运过程是单向进行的,分子伴侣承担着这一转运过程,它能打开细胞质内前体蛋白(precursor)折叠的结构域,牵拉多肽链穿过膜并协助已进入基质的肽链重新折叠;②分子伴侣调节信息传递通路,细胞内的信息传递分子与细胞蛋白质折叠机制有关,信息传递分子的折叠、装配、解聚或构象改变决定它们处于活性或非活性状态,而分子伴侣能调节许多激酶、受体和转录因子的活性;③分子伴侣参与微管的形成和修复,研究发现,包括 TCP-1 在内的分子伴侣可以协助新生肌动蛋白和微管蛋白的折叠。许多热休克蛋白被证实是分子伴侣,应激蛋白的水平与细胞热休克后功能的恢复能力成正相关。分子伴侣几乎参与了细胞代谢的所有过程。新的分子伴侣仍在不断被发现,或许人们目前还不能解释的生命科学难题将由于对分子伴侣的深入了解而产生合理的答案。

小结:分子伴侣是细胞中一类可识别正在合成的多肽或部分折叠多肽并与多肽的某些部位相结合而帮助这些多肽转运或装配,其本身并不参与最终产物形成的一类蛋白分子。SRP 是一种分子伴侣,它能与信号肽结合协助多肽转运。E. coli 的分子伴侣称为触发因子,可与核糖体大亚基结合以一个疏水筐盛装新合成的疏水区,保护它们避开环境。分子伴侣能够识别并调节细胞内多肽的折叠、转运等,有以下几方面的作用:①介导线粒体蛋白跨膜转运;②调节信息传递通路,细胞内的信息传递分子与细胞蛋白质折叠有关,信息传递分子的折叠、装配、解聚或构象改变决定它们处于活性或非活性状态,而分子伴侣能调节许多激酶、受体和转录因子活性;③参与微管形成和修复。

【本章重点归纳】

大肠杆菌的无细胞蛋白合成体系确立了在 mRNA 链上三个连续的核苷酸能够决定一个特定的氨基酸的遗传密码子。遗传密码基本特性是按 $5'\rightarrow 3'$ 方向编码、碱基之间不重叠、无空格;AUG 为 Met 的密码子,同时也是翻译的起始密码;UAA、UAG 和 UGA 为终止密码子;其余 61 个密码子对应于 20 种氨基酸。密码子具有简并性、变偶性、通用性、变异性及防错系统(百万分之一的出错率)。细菌蛋白质合成起始步骤。①70S 核糖体在 IF-1 影响下解离成 30S 和 50S 两个亚基。②IF3 与游离的 30S 亚基结合,以阻止在与 mRNA 结合前 30S 与大亚基的结合,防止无活性核糖体的形成。③IF-1 和 IF-2 结合在 30S 上,靠在 IF-3 附近,30S 利用 mRNA 分子上的核糖体结合位点附着到 mRNA 上。④起始 tRNA(Met- tRNA fMet)通过其反密码子与 mRNA 分子上 AUG 密码子的碱基配对,与上述复合体结合,同时释放 IF3。IF3 的作用在于保持大小亚基彼此分离的状态,以及有助于 mRNA 结合。此时的复合体称为 30S 起始复合体。⑤50S 与上述复合体结合替换 IF1 和 IF2,而 GTP 在此过程中被水解。起始形成的复合体称为 70S 起始复合体。真核生物起始装配为:①eIF3 和 eIF 4C 结合到 40S 上促使其与起始 tRNA、eIF2 和 GTP 结合形成 43S 核糖体复合体;②上述复合体与 mRNA 结合前,mRNA 先与 eIF4B 和 eIF4F 发生作用;③在 40S 复合体上,通过 5' 帽结构与 mRNA 复合体结合后,在 mRNA 链上滑动寻找起始 AUG;④由 eIF5 替换 eIF2 和 eIF3 后 60S 与 40S 结合,同时水解 GTP;⑤eIF4C 协助 60S 结合形成完整的 80S 起始复合体之后被释放;⑥eIF2·GDP 复合体在 eIF2B 的作用下进入下一轮。起始循环的速率受 eIF2 的 α 亚基磷酸化的调控。

延伸过程有三个步骤:①进位,有负载的 tRNA 的反密码子与 mRNA 的密码子在核糖体内识别并进入到核糖体 70S 复合体的 A 位上;②转肽,在肽酰基转移酶催化下,由新加入的氨酰-tRNA 上氨基酸的氨基对肽酰-tRNA 上酯键的羰基亲核进攻而形成肽键;③转位,tRNA 和 mRNA 相对于核糖体的移动。

翻译的终止密码可直接被蛋白因子识别。当终止密码进入核糖体 A 位点时,无相应的氨酰-tRNA 或非酰化的 tRNA 与之结合,而由释放因子(RF)在 GTP 存在下识别终止密码结合于 A 位点。释放因子的结合导致肽酰基转移酶被激活,催化 P 位点上的 tRNA 与肽链之间的酯键水解,使肽基与水分子结合,至此多肽链的延伸合成终止。原核细胞的 RF-1 识别密码 UAG/UAA,RF-2 识别 UGA/UAA;而真核细胞的

eRF-1 能识别三种终止密码。细胞内有两类在终止反应中能释放肽链的释放因子，第Ⅰ类是 RF-1/2 和 eRF-1，第Ⅱ类是密码子非特异性的 RF-3 和 eRF-3，它们作为转运蛋白具有 GTPase 酶活性，能激发第Ⅰ类释放因子活性。

蛋白质翻译水平的调节过程涉及 mRNA 稳定性及 mRNA 分子结构对功能的控制，以及与多种蛋白因子之间的相互作用。

蛋白质翻译后加工包括：①切去肽链合成的起始氨基酸或随后几个氨基酸残基；②切除在分泌蛋白或膜蛋白 N 端的信号肽；③氨基酸的共价修饰和形成二硫键，包括 N 端氨基酸的豆蔻酰化、蛋白质的乙酰化、磷酸化、硫酸化和泛素化等；④蛋白质的各种糖基化；⑤蛋白质的分选和运输；⑥多聚蛋白质的选择性裂解等。信号肽是进入 ER 蛋白质 N 端的一段疏水性肽段，其基因的 5′端有一段 16～32 个氨基酸肽段。信号肽的功能是在信号识别蛋白(SRP)和 SRP 受体等因子协助下引导多肽链穿过 ER 膜进入腔内。蛋白质分子一边合成一边进入 ER。新生蛋白质的折叠、二硫键形成、糖基化作用等均在肽链进入内质网后进行。蛋白质的加工修饰过程主要有两方面：①对氨基酸残基的侧链基团进行修饰；②在蛋白质成熟过程中多肽链部分肽段被切除。蛋白质翻译后的共价修饰主要包括：肽链 N 端残基 fMet 或 Met 的切除、二硫键的形成、化学修饰和肽链剪切等。修饰种类有磷酸化、糖基化、甲基化、乙酰化等。

分子伴侣是细胞中一类可识别正在合成的多肽或部分折叠多肽并与多肽的某些部位相结合而帮助这些多肽转运或装配，其本身并不参与最终产物形成的一类蛋白分子。SRP 是一种分子伴侣，他能与信号肽结合协助多肽转运。E. coli 的分子伴侣称为触发因子。分子伴侣能够识别并调节细胞内多肽的折叠、转运等，有以下几方面的作用：①介导线粒体蛋白跨膜转运；②调节信息传递通路，细胞内的信息传递分子与细胞蛋白质折叠有关，信息传递分子的折叠、装配、解聚或构象改变决定它们处于活性或非活性状态，而分子伴侣能调节许多激酶、受体和转录因子活性；③参与微管形成和修复。

【思考题】

1. 简述遗传密码的基本特性。
2. 什么是密码的简并性？其生物学意义如何？
3. 简要叙述遗传密码的通用性和变异性。
4. 三种终止密码子 UAA、UAG、UGA 不编码任何一种氨基酸，它们的别名是什么？
5. 作为蛋白质生物合成模板的 mRNA 有何特点？
6. 写出原核与真核的核糖体组成。
7. 解释下列名词概念：读码框架、多聚核糖体、核糖体循环、r 蛋白、SD 序列、翻译跳跃。
8. 下列英文缩写代表什么含义：RNP、IF、eIF、EF-Tu、RF、eRF、UTR、PABP、CPE、IRE、NLS、ER、SRP、IRF、IRES、ARE、EJC、tmRNA、GAP。
9. 真核生物蛋白质合成起始与原核生物有哪些区别？
10. 简述原核细胞的核糖体循环。
11. 写出几种延伸因子，细菌和真核系统中有何区别？
12. 请描述蛋白质合成的延伸过程，说明 GTP 水解先于移位。
13. 嘌呤霉素为什么能够抑制蛋白质的合成？
14. 氯霉素阻止翻译的哪个步骤？简述之。
15. 何谓信号肽？信号肽有哪些功能特点？
16. 什么是分子伴侣？有哪些重要功能？
17. 简述 GTP 在翻译过程中的重要作用。
18. 什么是翻译的跳跃现象？
19. 蛋白质翻译后的加工修饰包括哪些内容？

第 10 章 原核生物基因表达调控

10.1 基因表达调控概述

基因表达调控是生物体内调节基因表达的控制机制,是细胞中基因表达的过程在时间、空间上处于有序状态,并对环境条件的变化作出适当反应的复杂过程。基因表达的调控可在多个层次上进行,包括基因水平、复制水平、转录和转录后水平、翻译和翻译后水平的调控。基因表达调控是生物体内细胞分化、形态发生和个体发育等生命过程的分子基础。

（1）基因表达调控的意义

根据生物体的复杂程度,每个细胞中的 DNA 分子可携带数千到几十万个基因。例如,大肠杆菌是单细胞生物,它的全基因组序列全长为 $4.2×10^6$ bp,假定一个基因约为 1000 bp,330 个氨基酸为一个蛋白质,则一个 E. coli 就有 3000 多个基因,至少编码 3000 多个蛋白质,但对 E. coli 各种蛋白质相对细胞含量的分析表明,在每个细胞中有些蛋白质的数量不到 10 个分子,而另一些蛋白质却多达 $5×10^5$ 个分子,相差近 5 万倍;低等真核生物,如酿酒酵母,其基因组序列长为 $1.3×10^7$ bp,携带约 5800 个基因,至少编码 5000 多种蛋白质;更复杂的多细胞真核生物,如人类,基因组序列长约为 $3×10^9$ bp,至少编码几十万种蛋白质,如此等等。但是,在生物体的生命活动中并不是所有的基因都同时表达,代谢过程中所需要的各种酶和蛋白质基因以及构成细胞化学成分的各种编码基因在自然状态下是始终表达的,而与发育过程有关的基因则要在特定的时空才表达。还有许多基因被暂时或永久的关闭,使其只在合适的时期才表达。例如,与植物发育形态建成有关的基因在植物发育的不同阶段按一定时序特异表达才能使植物发育成熟,与开花及花香有关的基因也只有在开花前才表达,它们在植物营养体生长时期是全部被关闭的;在昆虫发育变态过程中的各种基因要在一定发育阶段（如幼虫、蛹、成虫）才能表达。即使细胞携带的基因基本相同,但同一生物体各个细胞的形态和功能都不一样,所以基因表达的水平也不尽相同。正是因为生物体能够根据其自身固有的遗传信息进行表达与调控,以及对各种良好/恶劣环境的适应,才产生了各种功能特异的蛋白质分子来体现生命现象和执行生物功能,使得在地球上从低等到高等的生物能够呈现出五彩缤纷的生命现象。

> 小结:基因表达调控是生物体内基因表达过程在时空上处于有序状态,并对环境条件的变化作出适当反应的复杂过程。可在多个层次上进行,包括基因水平、转录水平、转录后水平、翻译水平和翻译后水平的调控。由于生物体能够根据其本身固有的遗传信息表达与调控,以及对环境的适应,从而产生了各种功能特异的蛋白质分子来体现生命现象和执行生物功能,使得生物界从低等到高等的生物都呈现出五彩缤纷的生命现象。

（2）原核基因表达调控的特点

原核生物大都为单细胞生物,没有核膜,极易受外界环境的影响,需要不断地调控基因的表达,以适应外界环境的营养条件和克服不利因素,完成生长发育和繁殖的过程。原核生物基因表达调控存在于转录和翻译的起始、延伸和终止的每一步骤中。这种调控多以操纵子为单位进行,将功能相关的基因组织在一起,同时开启或关闭基因表达,既经济有效,又保证其生命活动的需要。调控主要发生在转录水平,有正、负调控两种机制。在转录水平上对基因表达的调控取决于 DNA 的结构、RNA 聚合酶的功能、蛋白因子及其他小分子配基的相互作用。细菌的转录和翻译过程几乎在同一时间内偶联着。细菌细胞要控制各种蛋白质在不同时期的表达水平,这种调控有以下两条途径。第一条途径是细胞控制从 DNA 模板上转录其特异 mRNA 的速度,这是一条经济的途径,可减少从 mRNA 合成蛋白质的小分子物质消耗,这是生物在长期进化过程中自然选择的结果。这种控制称为转录水平（transcriptional level）的调控。大多数基因表达都属于转录水平的调控。第二条途径是在 mRNA 合成后,控制从 mRNA 翻译成多肽链的速度,包括一些与翻译有关的酶及其复合体分子（如核糖体）装配速度等过程。这种蛋白质合成及基因表达的控制称为翻译水平（translational level）的调控。

小结：原核生物基因表达调控存在于转录和翻译的起始、延伸和终止的每一步骤中，多以操纵子为单位进行。细胞要控制各种蛋白质在不同时期的表达水平，虽然可通过转录水平或翻译水平的调控，但主要发生在转录水平，有正、负调控两种机制。在转录水平上对基因表达的调控取决于DNA的结构、RNA聚合酶的功能、各种蛋白因子及其他小分子配基的相互作用。

10.2 原核基因表达调控的若干概念

(1) 细菌细胞对营养的适应

为了生存，细菌必须能够适应广泛变化的环境条件，包括营养、水分、溶液浓度、温度、pH等。而这些环境条件必须通过细胞内的各种生化反应途径，从而为细胞的生长繁殖提供能量和构建细胞组分所需的小分子化合物。一般细菌，如 E. coli 所需的碳源首先是葡萄糖，利用葡萄糖发酵获得能量来维持生存；在缺乏葡萄糖时，细菌也可以利用其他糖类，如乳糖作为碳源维持生活。E. coli 基因组可以编码3000多种蛋白质，而生长在以葡萄糖为唯一碳源的细菌中的酶类至少有600~800种，在这些酶当中，特别是降解葡萄糖的酶、产生ATP所需要的酶、与合成氨基酸与核苷酸相关的酶以及用与构建细胞壁、细胞膜及核糖体的各种结构蛋白都以相当大的数量存在。与此相反，其他制造少量物质的酶类则只是微量存在。

在 E. coli 细胞中对于稀有的和丰富的蛋白质拷贝数研究中，对 β-半乳糖苷酶的研究最详尽，它能将乳糖分解为葡萄糖和半乳糖（图10.1）。β-半乳糖苷酶是460kDa的四聚体蛋白。由于乳糖不能用做碳源和能源，必须先被分解成简单的葡萄糖和半乳糖。生长在以乳糖为唯一碳源的 E. coli 中通常含有3000个β-半乳糖苷酶分子，占其总蛋白质的1.5%，这是调节酶中所能合成的最大数量。其他丰富的蛋白质包括核糖体蛋白约53种，占总蛋白质质的20%。E. coli 中最丰富的蛋白质是蛋白质合成的延伸因子EF-Tu，每个细胞中有10^5个分子左右。当细胞需要一种蛋白质时与它不需要时相比，此蛋白质能以极大数量存在。例如，E. coli生长在以乳糖为碳源的培养基中，β-半乳糖苷酶分子有3000个，而生长在以其他碳源为培养基的细菌中，该酶只有10^{-3}个。在有关生物合成的操纵子中情况则正好相反，如生长在不含任何氨基酸的培养基中的 E. coli，细胞中含有合成20种氨基酸所需要的全部酶类；而当培养基中含有某种氨基酸时，则这种氨基酸生物合成的酶类几乎完全消失。代谢物质的生物合成酶类受其终产物的抑制，如 His 为组氨酸生物合成酶类的终产物。

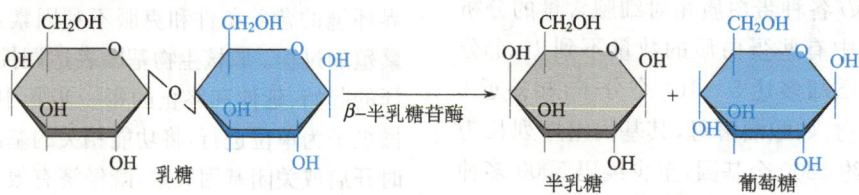

图10.1　β-半乳糖苷酶催化的反应

(2) 顺式作用元件和反式作用因子

基因表达活性的调节主要通过反式（in trans）作用因子与顺式（in cis）作用元件的相互作用而实现。基因所编码的产物主要是蛋白质和各种RNA分子，一般是从产物合成的场所游离扩散至发挥作用的靶点。反式作用因子的编码基因与它识别或结合的靶核苷酸序列往往不在同一个或同一段DNA分子上，RNA聚合酶类和一大类转录因子都是典型的反式作用因子。顺式作用元件是指对基因表达有调节活性的DNA序列，其活性只影响与其自身同处在一个DNA分子或一段DNA序列上的基因，这种DNA序列通常不编码蛋白质，多位于基因旁侧或内含子中，如位于一个阅读框开始和结束位置上的启动子和终止子，都是典型的顺式作用元件。

(3) 结构基因和调节基因

结构基因(structural gene)是编码蛋白质或RNA的基因。细菌的结构基因一般成簇排列，多个结构基因共同受单一启动子控制，调节多个结构基因都表达或都不表达。结构基因编码大量功能各异的蛋白质，其中有组成细胞和组织器官基本组分的结构蛋白，有催化生化反应的各种有活性的酶和各种调节蛋白等。调节基因(regulator gene)是编码那些参与基因表达调控的RNA和蛋白质的特异DNA序列。调节基因调控的关键是其编码的调节物通过与DNA序列上的特定位点结合来控制基因的表达。调节物与DNA特定位点的相互作用能以正调控的方式（启动或增强基因表达活性）调节靶基因，也能以负调控的方式（关闭或降低基因表达活性）调节靶基因。

（4）操纵基因和阻遏蛋白

操纵基因(operator)是操纵子中的控制基因，在操纵子上一般与启动子相邻，通常处于开放状态，使 RNA 聚合酶能够通过它作用于启动子而启动转录。但当它与调节基因所编码的阻遏蛋白结合时，就从开放状态逐渐转变为关闭状态，使转录过程不能发生。阻遏蛋白(aporepressor)是负调控系统中由调节基因编码的调节蛋白，它本身或与辅阻遏物(corepressor)一起结合到操纵基因上，阻遏操纵子结构基因的转录。阻遏蛋白可被诱导物变构失活，从而导致不可阻遏或去阻遏。

（5）组成型蛋白和调节蛋白

细胞内有许多种蛋白质的数量几乎不受外界环境的影响，这些蛋白质称为组成型蛋白或管家蛋白，如在 E. coli 中的这类蛋白质，它们的合成速度主要是由遗传上规定的，启动子的效率、核糖体阅读信使的速度以及 mRNA 的稳定性这些因素都能影响组成型蛋白的表达。调节蛋白是一类能够控制和影响一种或多种基因表达的蛋白质，有两种类型，即正调节蛋白和负调节蛋白，前者属于激活蛋白，而后者属于阻遏蛋白。

（6）操纵子

操纵子学说(theory of operon)最早由法国巴斯德研究院的 Jacob 和 Monod 在 1961 年提出，从此开创了从分子水平上认识基因表达调控机制的新领域。操纵子是原核生物在分子水平上调控基因表达的单位，操纵子由调节基因、启动子、操纵基因和结构基因等功能序列组成。在操纵子上发生的一系列事件包括通过调节基因编码的调节蛋白（或调节蛋白与诱导物、辅阻遏物协同作用）开启或关闭操纵基因，对操纵子中结构基因的表达进行正、负控制。细菌基因组中编码功能相关的结构蛋白的基因通常成簇排列在一起，如同一个生化代谢途径的酶的基因一般成簇排列。除了参与代谢途径的酶以外，其他与该途径有关的蛋白质的基因也可能包括在此控制单元内，这样的控制单元一般就是一个操纵子。细菌操纵子是 DNA 分子上的一段区域，它包括共转录到一条 mRNA 分子上的多个结构基因和这些基因转录所需要的顺式作用序列（元件），包括启动子、操纵基因和转录调控有关的序列等，其中结构基因的转录受操纵基因控制。操纵基因一般位于操纵子上游，其功能是与阻遏蛋白结合控制结构基因的转录。因此操纵基因是顺式控制元件，阻遏蛋白是调节基因表达的蛋白质，是参与操纵子调节的反式作用因子。操纵子中的全部结构基因由同一个启动子起始转录成为一条多顺反子 mRNA，由于它们受相同调控元件的调节，所以从结构上可将它们看作同一整体。

多基因共转录成一条多顺反子 mRNA 是细菌及噬菌体的典型特征，这种特征影响 mRNA 分子上翻译起始区的类型。在真核生物中，通常以第一个 AUG 为起始密码子进行翻译，因此一条 mRNA 只编码一条多肽链；但在细菌中则比较复杂，如 SD 序列和其他一些调控序列可共同决定翻译的起始区域。正是因为这种结构上的不同，细菌的翻译起始区可在 mRNA 分子上的多个位点被识别，使同一条 mRNA 带有多个翻译起始区，这一特点有利于结构简单的原核生物充分利用其所携带的有限的遗传信息。

（7）原核生物基因对调控作用作出反应的类型

原核生物操纵子对调控蛋白及小分子调节物作出的反应分为可诱导(inducible)和可抑制(repressible)两种类型。无论是阻遏蛋白还是激活蛋白都存在着能被诱导的现象。因此，原核生物细胞共有如下的 4 种调控模式。

① 阻遏蛋白有活性　有活性的阻遏蛋白对结构基因能够进行负调控，从而阻止转录的正常起始。小分子诱导物能使有活性的阻遏蛋白失去活性并从基因调控区域脱离，从而使结构基因具有活性、可正常转录，属于可诱导的负调控。

② 阻遏蛋白无活性　没有活性的阻遏蛋白不能结合到靶基因上，使后者处于表达状态（一般是组成型表达）。当加入一种小分子物质，如辅阻遏物与无活性的阻遏蛋白结合后，就成为有活性的阻遏蛋白复合物，该复合物与基因的调控区结合，导致了靶基因的表达被抑制，属于可阻遏的负调控。可阻遏的基因只有在缺乏辅阻遏物的情况下才有功能。

③ 激活蛋白有活性　有活性的激活蛋白可以使靶基因处于激活状态，属于组成型的正调控表达。当存在小分子辅阻遏物时，它与激活蛋白结合成为失去活性的激活蛋白复合物，后者使靶基因由于缺乏激活蛋白而不能表达，属于可阻遏的正调控。这种类型的抑制作用往往不可再诱导。

④ 激活蛋白无活性　没有活性的激活蛋白不能激活靶基因，使基因不转录和表达。当存在特定的诱导物作用于无活性的激活蛋白使之活化后，才能结合于靶基因的调控区，靶基因显示出可诱导的正调控。

（8）小分子效应物的作用

原核生物的操纵子通过调节蛋白与小分子物质相互作用达到诱导状态或阻遏状态。这些小分子或是代谢途径的底物或产物，属于基因表达的调节物质，称为效应物。细菌细胞有两种类型的效应物：

①诱导物 在自然状态下，有些阻遏蛋白结合在DNA分子上。无诱导物存在时，阻遏蛋白与操纵基因牢固结合，阻止RNA聚合酶进入启动子区域，导致操纵子被关闭，结构基因不能转录；当有诱导物存在时，诱导物与阻遏蛋白结合，促使后者空间构象变化，使阻遏蛋白与操纵基因亲和力下降而解离下来，这样RNA聚合酶能够进入启动子区域，开启了结构基因的转录表达。由于诱导物存在而使基因表达开放的调节称为可诱导的调节，指某些基因在诱导物作用下，由原来的关闭状态转变为开放状态，即在某些物质的诱导下使基因活化，典型的例子是 E. coli 的乳糖操纵子。

②辅阻遏物 有些阻遏蛋白本身不具有结合操纵基因的活性，在自然状态下操纵子是开放的，能正常表达。当细胞中有辅阻遏物存在时，它可以结合到阻遏蛋白分子上，提高阻遏蛋白与操纵基因的亲和性，这与诱导物的作用相反。例如，在 E. coli 的色氨酸操纵子中，Trp与其操纵子中的阻遏蛋白结合，使后者表现出结合操纵基因的活性，阻止了 RNA 聚合酶与 trp 操纵子上的启动子结合，导致操纵子关闭，使有关 Trp 合成酶基因不能被转录。由辅阻遏物参与引起的调节又称为可阻遏的调节，即这类基因在正常情况下都是开启的，处于正在合成蛋白质或酶的状态下，由于一些特殊代谢终产物或化合物的积累将其关闭，阻遏了基因的表达，所以称为可阻遏基因。

小结：细菌细胞对营养的适应，在不同的环境条件下细菌所含酶的种类和数量改变很大，以适合生存的需要。基因活性的调节主要通过反式作用因子与顺式作用组件的相互作用而实现。结构基因是编码蛋白质或 RNA 的基因；调节基因是编码合成那些参与基因表达调控的 RNA 和蛋白质的特异 DNA 序列；操纵基因是操纵子中的控制基因；阻遏蛋白是负调控系统中由调节基因编码的调节蛋白；组成蛋白是指细胞内蛋白质合成的数量几乎不受外界环境影响的蛋白质；调节蛋白是一类可以控制和影响一种或多种基因表达的蛋白质。操纵子是原核生物在分子水平上调控基因表达的单位，由调节基因、启动子、操纵基因和结构基因等序列组成。通过调节基因编码的调节蛋白以与诱导物、辅阻遏物协同作用，开启或关闭操纵基因，对结构基因的表达进行正、负控制。原核基因对调控作出反应的分为可诱导和可抑制两种。操纵子除了与调节蛋白作用外，还与小分子物质作用，这些物质也属于基因表达的调节物质，称为效应物。包括诱导物和辅阻遏物两种类型，分别引起可诱导的调节和可阻遏的调节。

10.3 乳糖操纵子的调控

1. 乳糖操纵子的负调节机制

大肠杆菌的乳糖操纵子（lactose operon，lac）长约5000bp，是目前对操纵子研究最详尽的例子，也是研究转录水平调控规律的基本模式。E. coli 乳糖操纵子有三个结构基因，可编码三种酶，分别为 β-半乳糖苷酶基因（lacZ），其功能是将乳糖水解为葡萄糖和半乳糖，是分子大小约500kDa的四聚体；编码β-半乳糖苷透性酶基因（lacY），一种分子大小为30kDa的膜结合蛋白，能促进β-半乳糖苷进入细胞；β-半乳糖苷转乙酰基酶基因（lacA），催化将乙酰基团从乙酰辅酶A转移到β-半乳糖苷分子上。这三个有关分解代谢的酶的基因在乳糖操纵子中成簇排列，从而利于上游调控元件的调控（图10.2）。

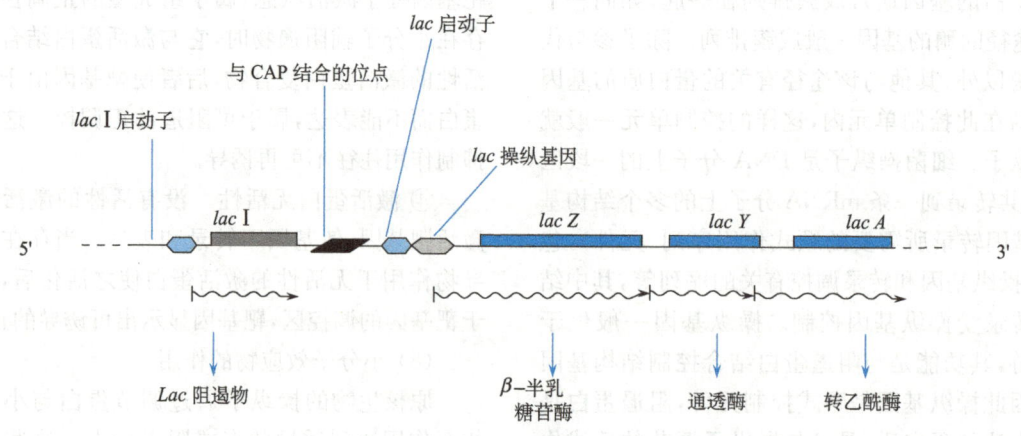

图10.2 大肠杆菌乳糖操纵子各功能区组织排列示意图

大肠杆菌在有葡萄糖作为碳源的培养基中生长时,不能代谢乳糖,因为缺少乳糖代谢的酶。当生长在没有葡萄糖只有乳糖的培养基中时,代谢乳糖的酶量从几个分子迅速增加近千倍,即细菌在短时内合成了能够利用乳糖的一系列酶,具备了利用乳糖作为碳源的能力,从而在这种培养基上生存了下来(图10.3)。细菌获得的这一能力的原因是在乳糖的诱导作用下开启了乳糖操纵子,表达了与乳糖代谢相关的一系列酶所致。我们以乳糖作为例子,将引入培养基中专一性地增加某些酶数量的物质称为诱导物(inducer),这种酶称为诱导酶(inducible enzyme)。这类基因称为可诱导基因,这种代谢过程为酶的诱导表达过程。

乳糖操纵子调控机制如图10.4所示。当培养基中没有乳糖时,存在于操纵子上游的调节基因编码表达的阻遏蛋白结合到操纵子中的操纵基因上,阻止了结构基因的表达,此时,在细胞中只有几个 β-半乳糖苷酶分子。但将 E. coli 转到乳糖培养基中时,由于诱导物(乳糖)结合在阻遏蛋白的特异部位引起阻遏蛋白构象改变,不能结合到操纵基因上,使 RNA 聚合酶能正常催化转录结构基因,即操纵子被诱导表达,此时 β-半乳糖苷酶分子数量迅速增加。在这个系统中的诱导物分子不是乳糖本身,而是乳糖的同分异构体——异乳糖,因为乳糖进入 E. coli 细胞后被转化成了异乳糖(图10.5)。

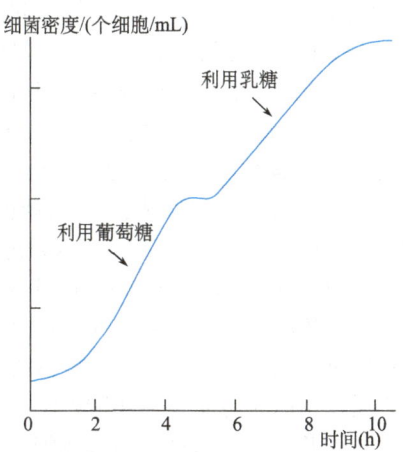

图10.3 大肠杆菌细胞在含有葡萄糖和乳糖的培养基上的二次生长曲线

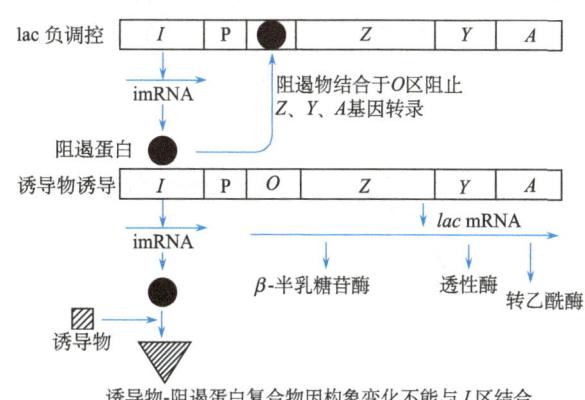

图10.4 大肠杆菌乳糖操纵子的负调控模式图

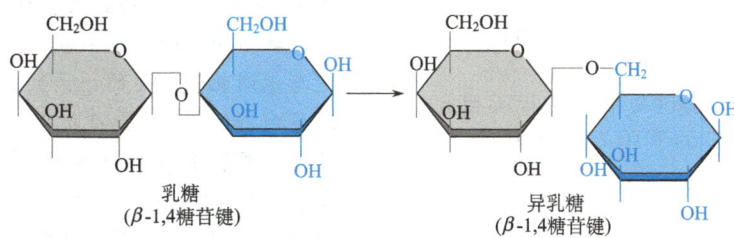

图10.5 乳糖与异乳糖的转化

由图10.4可见,lacZYA 基因的转录受 lacI 基因编码合成的调控蛋白的控制。lacI 的表达产物是乳糖操纵子的阻遏蛋白,它的功能是阻止结构基因的表达。lacI 表达的阻遏蛋白由4个相同亚基组成四聚体,通过与 lacZYA 基因簇开始处的操纵基因结合而发挥作用。在阻遏蛋白分子上有两个结合位点,一个是操纵基因结合位点,另一个是诱导物结合位点。当诱导物与在阻遏蛋白上的结合位点结合后,改变了阻遏蛋白的构象,从而影响了与操纵基因结合的活性。在一个 E. coli 细胞中有大约10个分子的阻遏蛋白。在操纵子结构中,lacI 基因与其后面的结构基因虽然相邻,但它们属于不同的转录单位,lacI 基因有其自身的启动子和终止序列,能独立地进行转录,形成单顺反子 mRNA,转录速度受 lacI 基因的启动子与 RNA 聚合酶活力大小的控制。lacI 编码可扩散的表达产物,后者属于反式作用调节因子。由于调控因子的存在使操纵子的结构基因关闭,而当调控因子不存在时,操纵子的结构基因开启的调控方式称为负调控。根据负调控的定义,细菌乳糖操纵子的调控方式就是负调控。当 lacI 的基因产物阻遏蛋白存在时,lac 操纵子的结构基因 lacZYA 关闭;而当阻遏蛋白缺乏或无活性时,lac 操纵子内的 lacZYA 处于开启状态。细菌细胞对乳糖等碳源的利用和有关氨基酸合成的基因表达，一般都以负调控方式进行。

20世纪60年代，W Gilbert等采用人工合成的标记诱导物异丙基硫代-β-D-半乳糖苷（isopropyl-β-D-thiogalactoside，IPTG）做了 lacO 与阻遏物之间结合的分析；Cohn 等用 ^{32}P 标记含有 lacO 的 DNA（选用三种不同 DNA 样品：①含有野生型操纵基因 O^+；②含有组成型突变的操纵基因 O^c，对阻遏物的亲和力下降；③以不含 lac 操纵基因的 λΦ80DNA 作对照），逐渐增加 lacO 阻遏物的用量，测定硝酸纤维素滤膜上的放射性，分析阻遏物与操纵基因之间的相互作用（图10.6，图10.7），发现只有结合阻遏物的标记 DNA 才能黏附在膜上。这两个实验的结果证明了与正常的 lac 操纵基因相比，突变的操纵基因对 lac 阻遏物的亲和力相对较低。天然诱导物是一些不能被代谢的含硫乳糖类似物，β-半乳糖苷酶的某些诱导物与天然诱导物类似，如硫甲基硫代半乳糖苷（methyl-galactoside，TMG）和异丙基硫代-β-D-半乳糖苷，以及在酶活性分析中常用的生色底物 O-硝基半乳糖苷（ONPG），它们都是高效诱导物，这种能诱导酶合成但非半乳糖苷酶底物的分子称为义务诱导物（gratuitous inducer）。

阻遏蛋白的调节是一种协同调节过程（coordinate regulation），所有受调节的基因可以作为一个整体表达或者不表达。mRNA 从 5′端依次翻译，三种表达产物均依次出现，三种酶共用一条 mRNA 链作为翻译的模板。诱导是基因表达的开关，不同的诱导物诱导效率有一定的差异，但这些因子只影响转录和翻译的水平，并不影响三种基因之间的相互关系。归纳以上可以认为，可诱导的操纵子是一些编码糖和氨基酸分解代谢的酶和蛋白质的基因，这些物质平时含量很低，因为细菌总是利用最容易利用的能源物质（如葡萄糖的分解来提供能量），所以这些操纵子（如乳糖操纵子）通常是关闭着的。但当生存条件发生变化，如葡萄糖缺乏而必须利用乳糖时，这些基因则被诱导而开放。可阻遏的基因情况正好相反，它们是一些合成各种细胞代谢过程中所必需的重要物质（如氨基酸、核苷酸等）的基因，由于这些物质在生命活动过程中的重要地位，其基因在正常情况下总是开着的。当这些物质在细菌生存环境中含量较高时，就自然被关闭，停止其合成。可见细菌细胞的生命代谢活动调节是灵敏而经济有效的。

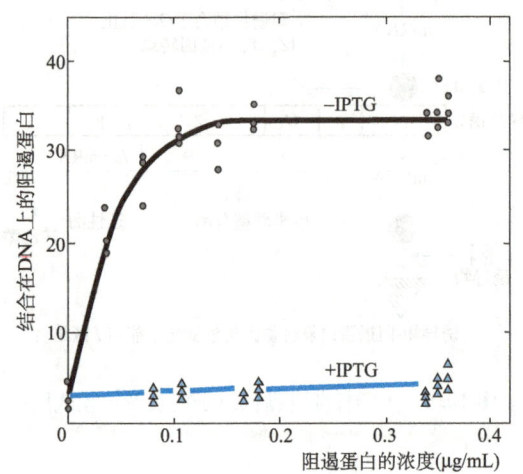

图10.6　lacO 与阻遏物之间结合的分析
（引自 Weaver, 2008）

+IPTG 表示有 1mml/L IPTG 的阻遏物结合曲线，IPTG 阻止了阻遏物与操纵基因的结合；-IPTG 表示无 IPTG

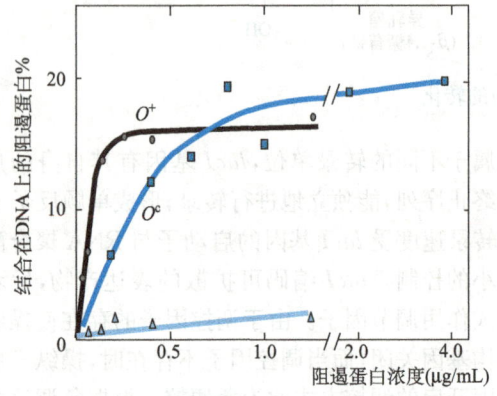

图10.7　操纵基因 $lacO^c$ 与阻遏物的亲和力低于野生型操纵基因与阻遏物的亲和力
（引自 Weaver, 2008）

> **小结**：乳糖操纵子是典型的可诱导的基因表达调节。在缺乏葡萄糖而需要利用乳糖时，乳糖操纵子开启，表达与代谢乳糖相关的一系列酶。lacI 基因能编码阻遏蛋白，阻止结构基因表达。可诱导的操纵子是一些编码糖和氨基酸分解代谢的酶和蛋白质的基因，这些物质平时含量很少，所以常常关闭着。当生存条件发生变化，这些基因则被诱导开放。这种调控方式称为负调控。葡萄糖的存在能抑制 cAMP-CAP 复合物的形成，受其调控的基因就不表达，当葡萄糖含量下降时，便促进表达，这种通过促进基因转录正调控基因表达的调节方式，称为葡萄糖效应或降解物抑制作用。

2. 阻遏蛋白作用机制

当阻遏蛋白存在时，是否影响 RNA 聚合酶结合到启动子上？对这个问题长期以来一直都有争论。多年来人们一直认为 lac 阻遏物是通过阻止 RNA 聚合酶结合启动子而发挥作用的。但 I Pastan 等在 1971 年证明，即使有阻遏物存在，RNA 聚合酶也能与 lac 启动子紧密结合，证明阻遏物没有阻止 RNA 聚合酶与 lac

启动子结合。W Straney 等于 1987 年的研究表明，RNA 聚合酶能够与阻遏蛋白共同结合在 lac 启动子上，说明阻遏蛋白不能阻止 RNA 聚合酶与 lac 启动子结合。B Krummel 等研究认为阻遏蛋白能够阻止转录复合体从起始状态转换到延伸状态，即阻遏物使聚合酶处于无效转录状态，只能合成较短的寡聚核苷酸，而不能完成启动子清除。J Lee 等通过体外通读转录实验也证实，阻遏物不能阻止 RNA 聚合酶与 DNA 模板的结合。总之，阻遏物能够将 RNA 聚合酶限定在只能合成流产性转录物的无效合成状态，由此阻断了 lac 操纵子的转录，使 RNA 聚合酶不能进入转录的延伸阶段。Record 等认为聚合酶-启动子复合物与游离的聚合酶、启动子三者处于动态平衡状态，当它们之间无竞争时（图 10.8 曲线 1），解离的聚合酶能够与启动子结合，进行流产性转录物的合成；肝素（图 10.8 曲线 2）和阻遏蛋白（图 10.8 曲线 3）可阻止 RNA 聚合酶与启动子的重新结合；肝素通过与聚合酶结合而阻止聚合酶与 DNA 的结合，阻遏蛋白通过与邻近启动子的操纵基因结合从而阻止 RNA 聚合酶与启动子的结合，聚合酶与阻遏蛋白之间存在着竞争结合启动子的现象。

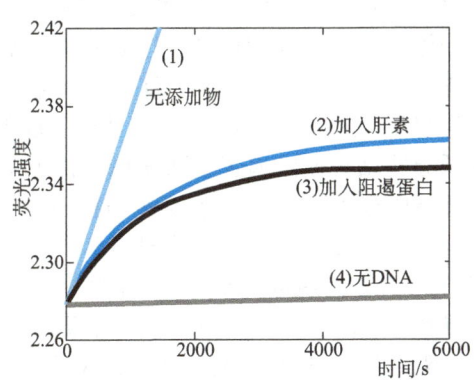

图 10.8　lac 阻遏物对 RNA 聚合酶与 lac 启动子解离的影响

进一步研究发现，阻遏蛋白和 RNA 聚合酶可同时与 DNA 结合，且阻遏蛋白与 DNA 的结合能增强 RNA 聚合酶结合 DNA 的能力；但已结合的 RNA 聚合酶并不能起始转录。RNA 聚合酶单独结合 lac 启动子的平衡常数是 1.9×10^7 L/(mol·s)。当阻遏蛋白存在时，该常数增加两个数量级达 2.5×10^9 L/(mol·s)，说明聚合酶结合启动子的机会增加了 100 倍。由此可见，RNA 聚合酶和阻遏蛋白同时与 DNA 结合，其 RNA 聚合酶-阻遏蛋白-DNA 复合物被关闭阶段不发生转录作用。当加入诱导物后，释放出阻遏蛋白，关闭的复合物转变成开放的复合物，起始转录。阻遏蛋白增强 RNA 聚合酶与 DNA 结合的这种模式也存在于其他操纵子系统中。RNA 聚合酶、阻遏蛋白和启动子以及操纵基因之间的相互作用在不同的操纵子系统中都不相同，因为在有的操纵子中操纵基因不与启动子位于同一区，互不重叠，如 λ 噬菌体，操纵基因位于启动子上游区，阻遏蛋白的结合阻碍 RNA 聚合酶的结合。因此在所有操纵子系统中，结合的阻遏蛋白与 RNA 聚合酶都以不同的方式相互作用。为了解乳糖操纵子阻遏蛋白与其操纵基因结合的强度和特异性，可对乳糖操纵子阻遏蛋白对操纵基因结合的平衡常数与乳糖操纵子阻遏蛋白对一般 DNA 结合的平衡常数进行比较，见表 10.1。经比较可推出阻遏蛋白在操纵基因与其他 DNA 之间的结合情况，以及加入诱导物后阻遏蛋白如何从操纵基因上解离。

表 10.1　乳糖操纵子阻遏蛋白与其操纵基因结合的平衡常数

DNA	阻遏蛋白	阻遏蛋白+诱导物
与操纵基因结合的平衡常数 L/(mol·s)	2×10^{13}	2×10^{10}
与随机 DNA 结合的平衡常数 L/(mol·s)	2×10^6	2×10^6
结合特异性	10^7	10^4

表中数据说明阻遏蛋白结合操纵基因的能力是结合同样长度其他 DNA 能力的约 10^7 倍，这保证了阻遏蛋白对操纵子的有效控制。结合特异性参数显示了阻遏蛋白在 DNA 随机位点和操纵基因上的分布。如果每个细胞内有 10 分子乳糖操纵子阻遏蛋白，与操纵基因的特异性是 10^7，操纵基因有 96% 的机会都与阻遏蛋白结合。结合特异性的规律说明了乳糖操纵子阻遏蛋白与操纵基因相互作用有以下两个特点。①当诱导物与阻遏蛋白结合时，阻遏蛋白与操纵基因的亲和力下降约 10^3 倍，而与一般 DNA 序列的亲和力保持不变。因此，此时结合特异性仅为 10^4，这使得操纵基因没有足够的亲和力与大量的低亲和力位点竞争结合阻遏蛋白。在这种情况下，仅有 3% 的操纵基因与阻遏蛋白结合。②操纵基因与阻遏蛋白亲和力降低 20～30 倍时的突变可形成组成型突变，染色体内的随机突变位点能掩盖突变的操纵基因，使操纵基因与阻遏蛋白结合的特异性降低 10% 左右，致使阻遏蛋白对操纵基因的占有率下降 50%。

在一个未诱导的细胞内，阻遏蛋白四聚体通常是与操纵基因结合的，未结合上的阻遏蛋白则在其他随机位点上与 DNA 结合。在细胞内几乎没有游离的阻遏蛋白四聚体。加入诱导物后，消除了阻遏蛋白特异结合操纵基因的能力。结合在操纵基因上的阻遏蛋白被释放转而结合到随机位点上。因此在被诱导的细胞内,阻遏蛋白都"贮存"在 DNA 随机位点上;在未经诱导的细胞中,一个阻遏蛋白四聚体结合在操纵基因上,而其他的阻遏蛋白分子结合在非特异性位点上。因此诱导的作用是改变阻遏蛋白在 DNA 上的分布,而不是形成游离的阻遏蛋白。在体内,乳糖操纵子在诱导和阻遏状态表达的实际差异达 10^3 倍。即使没有诱导物,也有相当于诱导水平时 0.1% 的基础表达。

在 lac 操纵子中,另一个与调控有关的因素是存在三个而非一个操纵基因,即位于转录起始位点附近的主操纵基因(major operator)和两个辅操纵基因(auxiliary operator),分别位于转录起点的上游和下游。图 10.9 给出了这三个操纵基因的相对排列位置,主操纵基因 O_1 以 +11 为序列中心,下游辅操纵基因 O_2 以 +412 为序列中心,上游辅操纵基因 O_3 以 -82 为序列中心。一般认为主操纵基因能单独发挥作用,但辅操纵基因对阻遏过程也起重要作用,三个操纵基因都是高效阻遏所必需的。如果去除其中任何一个辅操纵基因,将轻微降低阻遏效率,但如果同时去除两个,则会使阻遏效率降为原先的 1/50;三个操纵基因同时存在时,抑制转录的效率提高了 1300 倍;只有两操纵基因存在时会使抑制转录的效率提高 400~700 倍;而主操纵基因自身抑制转录的效率仅为 18 倍。M Lewis 等研究了三个操纵基因之间的协同关系,检测了 lac 阻遏物与包含操纵基因序列的 21bp DNA 片段形成复合体的晶体结构。发现它们是一个四聚体,其中的两个二聚体是相互独立的 DNA 结合实体,能与 DNA 大沟(内含两个不同的操纵基因)相互作用,说明这两个操纵基因位于一条长的 DNA 片段中。

通过提纯能结合义务诱导物 IPTG 的方法可分离得到阻遏蛋白。由于细胞内阻遏蛋白含量很低,可采用启动子突变的方法增加 lacI 的表达量。阻遏蛋白识别操纵基因 DNA 特异序列是通过调节蛋白的识别位点,它们的共同特点是具有对称性。如图 10.10 所示,以 +11 为对称轴,每侧为两段各 6bp 的对称序列 TGTGTG 和 AATTGT。靠近对称轴的一对反向重复序列在阻遏蛋白结合过程中起主要作用。操纵基因并不完全对称,左侧比右侧结合阻遏蛋白的能力更强。分析聚合酶与启动子相互作用的方法可以鉴定阻遏蛋白与操纵基因作用的位点。DNA 序列的对称性说明与之结合的蛋白质也具有一定的对称性。研究表明乳糖操纵子的阻遏蛋白的空间构象是对称的,它是相同亚基组成的四聚体。许多原核生物的阻遏蛋白都具有类似超二级结构的螺旋-转角-螺旋 DNA 结合基序。其中一个 α 螺旋插入到 DNA 螺旋的大沟中,能特异识别并以氢键形式结合于 DNA 碱基序列上。通常阻遏蛋白分子都有几个结构域。乳糖操纵子阻遏蛋白亚基的 C 端有一段 α 螺旋区域,其中含两个 Leu7 聚体的亮氨酸拉链。对阻遏蛋白结构的研究还发现,两端的头段相对独立于核心段,两个二聚体聚合形成完整阻遏蛋白四聚体后,使两个头段能同时与操纵基因结合,增加了与操纵基因的亲和力。阻遏蛋白与诱导物的结合可直接引起阻遏蛋白构象改变。四聚体的阻遏蛋白与两分子诱导物结合使阻遏蛋白从操纵基因上释放出来。阻遏蛋白与诱导物结合后,头段与核心段的空间定位改变,结果使二聚体的两个头段不再同时与 DNA 结合,使得多亚基阻遏蛋白失去结合能力。

诱导物对阻遏蛋白结合操纵基因有很大影响,主要表现是阻遏蛋白与 DNA 的结合与释放是一个快速动态平衡的过程。诱导物与游离的阻遏蛋白结合后,使阻遏蛋白不能与 DNA 结合,这样便打破了这种平衡。但阻遏蛋白从操纵基因上的解离速度较慢,说明诱导物是与阻遏蛋白和操纵基因的复合物直接结合的。诱导物结合必须使阻遏蛋白产生变化,使其从操纵基因上释放。体外实验表明,加入 IPTG 能很快引起阻遏蛋白与操纵基因的复合物不稳定,阻遏蛋白-IPTG复合物与 DNA 接触的方式和游离阻遏蛋白与

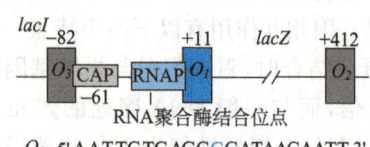

O_1 5' AATTGTGAGC**G**GATAACAATT 3'
O_2 5' AAaTGTGAGC**G**aTAACAAcc 3'
O_3 5' ggcaGTGAGC**G**cAacgCAATT 3'

图 10.9 lac 操纵子调控区遗传图谱和三个操纵基因序列

蓝色 G 为序列的中心,在两个辅操纵基因(O_2 和 O_3)序列中的小写字母表示与主操纵基因不同的碱基

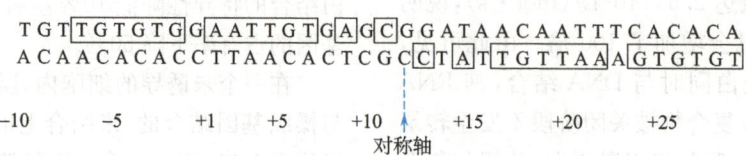

图 10.10 乳糖操纵子的对称序列

转录起始点为 +1,框内的碱基序列示意对称序列

DNA接触的方式相同。其他与操纵基因DNA有不同亲和力的突变的阻遏蛋白也有相同的实验结果。因此阻遏蛋白与DNA亲和力的变化是结合DNA的蛋白质整个构象改变的结果,而不是形成和打断一个或少数几个化学键所造成的。

3. 乳糖操纵子的正调控

在 *E. coli* 细胞的培养基中只要有葡萄糖存在,细胞就优先利用葡萄糖作为能源,而不用其他碳源,细胞能保持乳糖操纵子处于相对失活状态。这种选择由葡萄糖的降解产物控制,我们将这种调控方式称为代谢阻遏(catabolite repression)。理想的 *lac* 操纵子正调控因子应该能感知葡萄糖的缺乏,并通过激活 *lac* 启动子做出应答,使RNA聚合酶与启动子结合而转录结构基因(前提是有乳糖存在,阻遏物不能与操纵基因结合)。能够对葡萄糖浓度变化做出应答反应的物质是环腺苷酸(cyclic-AMP,cAMP)(图10.11)。

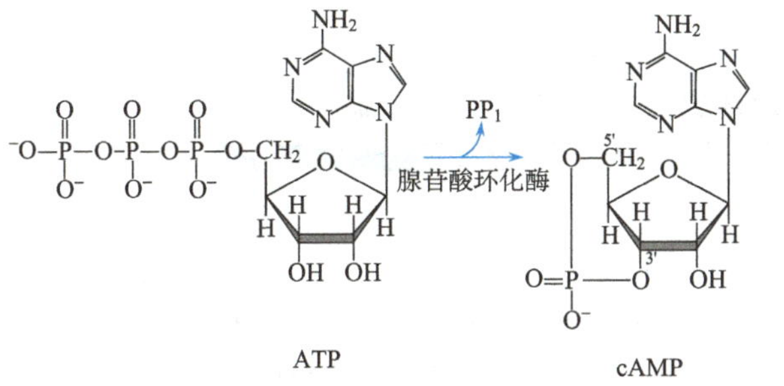

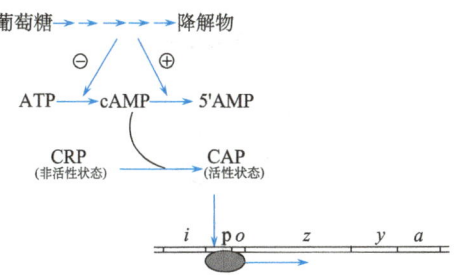

图10.12 葡萄糖降解产物对乳糖操纵子的调控

图10.11 3′,5′-cAMP的化学结构式及合成

有葡萄糖存在的情况下,即使在细菌培养基中加入乳糖、半乳糖、阿拉伯糖、麦芽糖等诱导物,与其相对应的操纵子也不会启动来产生代谢这些糖的酶。这是因为葡萄糖是最常用的碳源,细菌所需要的能量主要从葡萄糖获得,在这种情况下,细菌无需开动一些不常用的基因为了利用这些稀有的糖类。但葡萄糖的存在可抑制细菌细胞中的腺苷酸环化酶,减少了环腺苷酸的合成(图10.11),与它结合的受体蛋白质CAP因找不到配体而不能形成复合物(图10.12)。cAMP-CAP是一个重要的正调节物质,可以与操纵子上的启动子区结合,启动基因转录。所以葡萄糖存在时不易形成cAMP-CAP复合物,受其调控的基因就不表达。如果培养基中葡萄糖的含量下降,腺苷酸环化酶活力就会相应提高,使cAMP合成量增加,cAMP与CAP形成复合物并与启动子结合,促进乳糖操纵子的表达。

I Pastan等发现cAMP能够克服 *lac* 以及 *gal*、*ara* 等操纵子的代谢物阻遏效应。*gal*、*ara* 操纵子分别控制半乳糖和阿拉伯糖的代谢。即使有葡萄糖存在,cAMP也能使操纵子中的结构基因活化。说明cAMP对 *lac* 操纵子有强烈的正调控效应。但cAMP不是直接的正效应物,C Zubay研究发现 *lac* 操纵子的正调控因子实质是一个cAMP-CAP复合体,作为正调节物质的cAMP-CAP可以与操纵子上的启动子区结合,从而启动基因转录。CAP是一种代谢激活蛋白(catabolite activator protein,CAP),后来的研究进一步证实了这种蛋白质的特征,并命名为环腺苷酸受体蛋白(cyclic-AMP receptor protein,CRP),为避免混淆,现在统一将这种蛋白质称为CAP。编码该蛋白质的基因已被正式命名为 *crp*。

cAMP-CAP复合物的解离常数为 1×10^{-6} mol/L,葡萄糖存在时,不易形成复合物cAMP-CAP,受其调控的基因就不表达。如果培养基中葡萄糖的含量下降,腺苷酸环化酶活力就会相应提高,cAMP合成增加,cAMP与CAP形成复合物并与启动子结合,促进乳糖操纵子的表达。降解物抑制作用是通过促进基因转录来正调节基因表达,这是一种积极的调节方式,这种现象称为葡萄糖效应或称为降解物抑制作用。C Zubay研究发现了一类 *lac* 突变体,其CAP和cAMP不能促进 *lac* 操纵子转录。遗传作图发现突变位于 *lac* 启动子上,表明cAMP-CAP复合体的结合位点在 *lac* 启动子内,又称激活因子结合位点(activator-binding site),它位于启动子的上游,cAMP-CAP与激活因子位点的结合有助于RNA聚合酶在启动子处形成开放启动子复合体(图10.13)。

lac、*gal* 和 *ara* 操纵子的CAP位点含有重要而保守的TGTGA序列,DNA足迹实验表明CAP-cAMP复合体的结合能保护该序列中的鸟嘌呤免受硫酸二甲酯的甲基化修饰,说明cAMP-CAP复合体是与鸟嘌呤紧密结合的。*lac* 操纵子及其他受CAP和cAMP激活的操纵子的启动子都很弱,其-35框与保守序列不同,难以识别。这种情形不难理解,因为,如果 *lac* 操纵子的启动子很强,那么无需CAP和cAMP帮助,RNA聚合酶自身就能结合启动子而形成开放启动子复合体,这样即使存在葡萄糖,*lac* 操纵子也处于激活状态。所以,*lac* 启动子必须是依赖于CAP和cAMP的弱启动子。前人研究已经发现了存在不依赖于CAP和cAMP的 *lac* 强突变启动子 *lac* UV5启动子。总之,cAMP-CAP复合体通过结合在邻近启动子的激

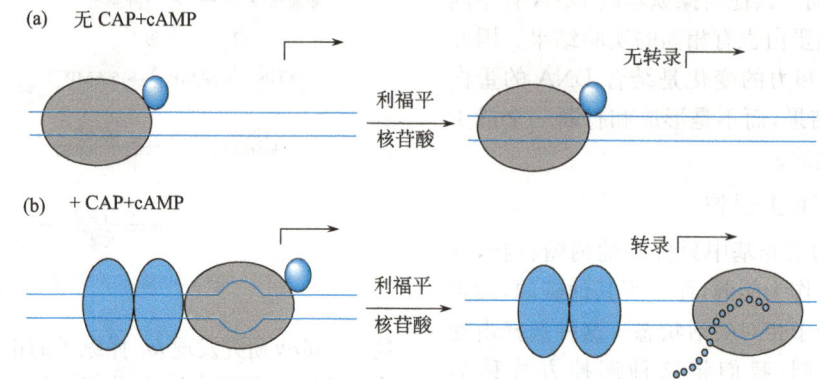

图 10.13　CAP 与 cAMP 协同促进形成开放启动子复合体

(a)当无 CAP 时，RNA 聚合酶与含 lac 启动子 DNA 片段随机松散结合，在同时加入利福平及核苷酸后这种结合受利福平抑制，故无转录发生；(b)在有 CAP 和 cAMP 存在时，聚合酶与 lac 启动子结合形成开放启动子复合体；在同时加入利福平及核苷酸后这种结合不受利福平抑制，因为核苷酸先于利福平与聚合酶结合，使开放启动子复合体能够启动核苷酸聚合；一旦第一个磷酸二酯键形成，聚合酶在重新起始转录前一直具有利福平抗性，在这些条件下能够转录，表明 CAP 和 cAMP 促进开放启动子复合体形成

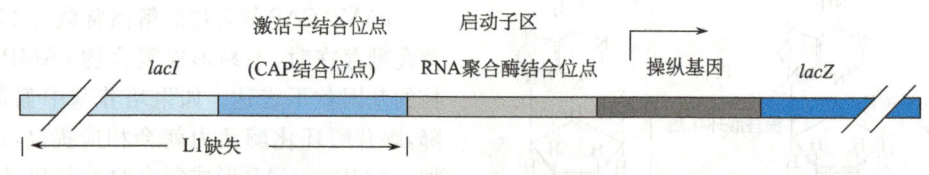

图 10.14　lac 操纵子的调控区结构示意图

通过 DNA 足迹实验和遗传学分析确定的 lac 操纵子的调控区结构，毗邻操纵基因上游的激活子-启动子区域包含位于左侧的激活子结合位点(CAP 结合位点)和位于右侧的启动子(聚合酶结合位点)。L1 缺失突变体的 lac 操纵子有本底水平的转录，但不会被 CAP 和 cAMP 所促进，说明该突变体有完整的启动子序列，但激活子结合位点发生了缺失

活因子结合位点上而促进 lac 操纵子的转录，这种结合也有助于 RNA 聚合酶与启动子的结合(图 10.4)。

CAP-cAMP 复合体能够将 RNA 聚合酶募集到启动子上，这种募集作用(recruitment)包括以下两步。①形成封闭启动子复合体；②将封闭启动子复合体转换为开放启动子复合体。CAP-cAMP 的净效应是增加开放启动子复合体的形成速率。Malan 等证明 CAP-cAMP 还有一种方式促进乳糖操纵子转录。在乳糖操纵子的主启动子上游 22bp 处有另一个可选择性启动子。将主启动子命名为 P_1，可选择性启动子命名为 P_2，CAP-cAMP 能降低 P_2 处的转录起始，而促进 P_1 处的转录起始。因为 P_2 似乎是个无效启动子，能限定聚合酶在它的序列上的结合数量，从而使更多的游离聚合酶与启动子 P_1 结合，提高 lac 操纵子的转录，这是 cAMP-CAP 的作用机制。结合在激活子结合位点上的 cAMP-CAP 能够协助 RNA 聚合酶与启动子结合，当 CAP 和 RNA 聚合酶与各自的 DNA 靶位点结合后，两者会发生直接的接触，因此，它们与 DNA 的结合具有协同效应。这种效应获得了较多的实验证据支持。①在有 cAMP 时，通过超速离心可使 CAP 和 RNA 聚合酶共沉淀，表明两者之间具有亲和性；②当 CAP 和 RNA 聚合酶与各自的 DNA 靶位点结合后，彼此还能发生化学交联，表明两者在空间上彼此十分靠近；③DNase 足迹实验显示 CAP-cAMP 的足迹与聚合酶的足迹相邻，因此两者的 DNA 结合位点距离很近，足以使它们在各自的 DNA 位点上结合后发生相互作用；④一些 CAP 的突变能降低转录的激活作用，但不影响与 DNA 的结合(或弯曲)，其中一些突变改变了与聚合酶相互作用的 CAP 区域的氨基酸(激活区域 1，activation region Ⅰ)；⑤推测与 CAP 的激活区域 1 相互作用的位点是聚合酶 α 亚基的羧基端结构域(αCTD)，缺失 αCTD 时可阻止 CAP-cAMP 介导的激活作用；⑥对 DNA、CAP-cAMP 和 RNA 聚合酶 αCTD 复合体进行 X 射线晶体结构分析，结果显示尽管 CAP 与 RNA 聚合酶的界面不大，但激活区域 1 确实是与 αCTD 相接触着。为了使 αCTD 自身能结合到复合体上，将 CAP 结合位点两侧的碱基序列突变成富含 A-T 的序列(5′-AAAAAA-3′)，以便吸引 αCTD 结合，图

10.15 是所测定的晶体结构。一分子 αCTD（αCTD^{DNA}）与 DNA 结合，另一分子 αCTD（αCTD^{CAP,DNA}）与 DNA 和 CAP 都结合。后一种情况的 αCTD 很明显与 CAP 的激活区域 1 接触。当 CAP-cAMP 与 DNA 靶位点结合后引起 DNA 片段产生了大约 100°的链弯曲，在 CAP-cAMP-DNA 复合体的晶体结构图像同样能观察到 DNA 弯曲现象。在 CAP-cAMP-αCTD DNA 复合体和 CAP-cAMP-DNA 复合体中的 DNA 及 CAP 的结构几乎完全相同，说明 αCTD 的结合并未干扰复合体的结构（图 10.15）（见彩图）。

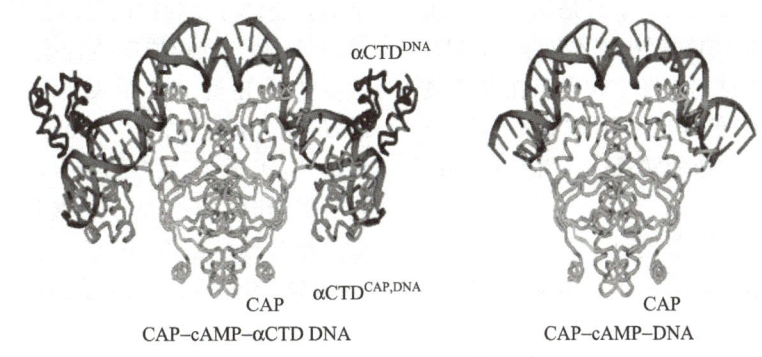

图 10.15　CAP-cAMP-αCTD-DNA 复合体及 CAP-cAMP-DNA 复合体的晶体结构

（引自 Benoff et al．，2002）

H Wu 等早在 1984 年就通过电泳法检测到了 DNA 弯曲现象（detecting DNA bending），当 DNA 片段弯曲后其电泳迁移率较慢，且弯曲部位越接近 DNA 片段中部，分子的迁移率就越慢。利用不同构型的 DNA 分子电泳迁移率不同的特点，制备 lac 操纵子的 DNA 片段，使各片段的长度相同，但 CAP 结合位点不同。然后使每一 DNA 片段分别与 CAP-cAMP 结合，对形成的 DNA-蛋白质复合体进行凝胶电泳，如果 CAP 的结合确实导致 DNA 弯曲，那么不同的 DNA 片段就会有不同的电泳迁移率。如果 CAP 的结合不会使 DNA 弯曲，则所有 DNA 片段应具有相同电泳迁移率。结果表明不同 DNA 片段确实具有不同的迁移率，而且 DNA 弯曲越显著，电泳迁移率相差越大。据此估算出了 CAP-cAMP 结合后引起 DNA 弯曲的程度是 90°的弯曲，这与 X 射线衍射晶体学研究得出的约 100°弯曲基本吻合。这种弯曲是复合体中 DNA 与蛋白质发生最佳相互作用所必需的（图 10.16）。

> 小结：在 E.coli 培养基中只要有葡萄糖存在，细胞就优先利用其作为能源而不用其他碳源，细胞能保持 lac 操纵子处于相对失活状态，这种选择由葡萄糖的降解产物控制，称为代谢阻遏。理想的 lac 操纵子正调控因子应能感知葡萄糖的缺乏，并通过激活 lac 启动子做出应答，使 RNA 聚合酶与启动子结合而转录结构基因。能对葡萄糖浓度变化做出应答的物质是环腺苷酸。降解物抑制的作用是通过促进基因转录正调节基因表达，这是一种积极的调节方式，这种现象称为葡萄糖效应或称为降解物抑制作用。

10.4　阿拉伯糖操纵子的调控

（1）阿拉伯糖操纵子概述

大肠杆菌的阿拉伯糖操纵子（arabinose operon）是细菌的另一类代谢物阻遏操纵子，能够编码代谢阿拉伯糖所需的酶。阿拉伯糖是五碳糖，能够为细菌细胞代谢提供碳源。E.coli 对阿拉伯糖的降解利用需要三个基因（araB、araA、araD）的产物，即分别编码核酮糖激酶、L-阿拉伯糖异构酶、L-核酮糖-5-磷酸差向异构酶这三种酶，三种酶基因在操纵子上形成 araBAD 基因簇，这些酶以 araA、araB、araD 的顺序依次催化代谢，使阿拉伯糖转变为磷酸戊糖代谢的中间产物木酮糖-5-磷酸。另外还包括调节基因 araC、操纵基因 araO、启动子 araP，以及距离这个基因簇较远的两个负责运送阿拉伯糖的蛋白基因 araE 和 araF，它们分别编码一个膜蛋白和一个位于细胞间质的阿拉伯糖结合蛋白。araE 和 araF 属另一个操纵子，由同一启动

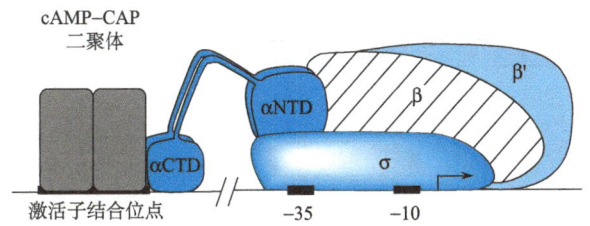

图 10.16　CAP-cAMP 激活 lac 操纵子转录

（引自 Busby and Ebright，1994）

cAMP-CAP 二聚体结合靶 DNA 位点，αCTD 与 CAP 蛋白上的特异位点相互作用，增强了聚合酶与启动子之间的结合

子起始转录。三个结构基因 $araBAD$ 由共同的启动子 P_{BAD} 起始转录,激活区 $araI$ 位于 P_{BAD} 启动子的上游。$AraBAD$ 和 $araC$ 基因的转录以相反的方向进行,$araBAD$ 基因簇从启动子 P_{BAD} 开始从左向右进行转录,而 $araC$ 基因则是从 P_C 从右向左进行转录。ara 操纵子是可诱导操纵子,阿拉伯糖本身是诱导物。在野生型操纵子中,只有阿拉伯糖存在时才转录 $araBAD$ 的 mRNA,有葡萄糖存在时则不发生转录。在腺苷酸环化酶缺陷型 crp^- 的突变株也不形成 $araBAD$ 的 mRNA,由此证明从 P_{BAD} 起始的转录过程需要 cAMP-CAP 协助。

(2) 阿拉伯糖操纵子的调节机制

与 lac 操纵子相比,ara 操纵子具有以下特征:①存在 $araO_1$ 和 $araO_2$ 两个操纵基因,其中 $araO_1$ 调节控制基因 $araC$ 的转录,而 $araO_2$ 位于其所控制的启动子 P_{BAD} 上游远端的 $-265\sim-294$ 处,发挥控制转录的功能;②CAP 结合位点位于 ara 启动子上游约 200bp 处,CAP 具有促进转录的功能;③ara 操纵子具有由 AraC 蛋白介导的负调控系统。ara 操纵子的操纵基因受 AraC 蛋白调节。AraC 蛋白具有两种不同的构象,即正、负调节因子的双重功能构象,Pr 是起阻遏作用的构象,可与操纵区位点相结合;而 Pi 是起诱导作用的构象,通过与 P_{BAD} 启动子结合进行调节。Pr 和 Pi 两种构象形式处于相对平衡之中。因此 AraC 蛋白同时显示正、负调节的功能。

$AraBAD$ 基因簇及 $araC$ 基因的转录是被协同调节的。当诱导物阿拉伯糖存在时,由 $araC$ 编码的激活蛋白 AraC 与阿拉伯糖结合成为复合物,AraC 的构象改变为诱导型 Pi,AraC 以二聚体形式与 $araI_1$ 和 $araI_2$ 结合,但失去了与 $araO_2$ 结合的能力,由此打开启动子,使 RNA 聚合酶结合,激活 P_{BAD} 转录;当缺乏阿拉伯糖时,AraC 处于阻遏型 Pr 构象,不结合 $araI$ 而是结合操纵基因 $araO_2$ 位点,使 DNA 弯曲,阻碍 $araBAD$ 的表达。AraC 蛋白的合成过程受其自身的调节,同时也受 cAMP-CAP 调节。当 AraC 蛋白以正调节因子作用时,起始转录还需要 cAMP-CRP 的共同参与。AraC 蛋白不仅调控 ara 操纵子的转录,而且还调控其自身的转录。当培养基中存在葡萄糖时,ara 操纵子也存在葡萄糖效应。CAP 蛋白能协助解开因 AraC 与 $araO_2$ 和 $araI_1$ 结合所形成的 DNA 弯曲,促使 AraC 与 $araI_1$ 和 $araI_2$ 结合,从而激活 P_{BAD} 起始的转录(图 10.17)。

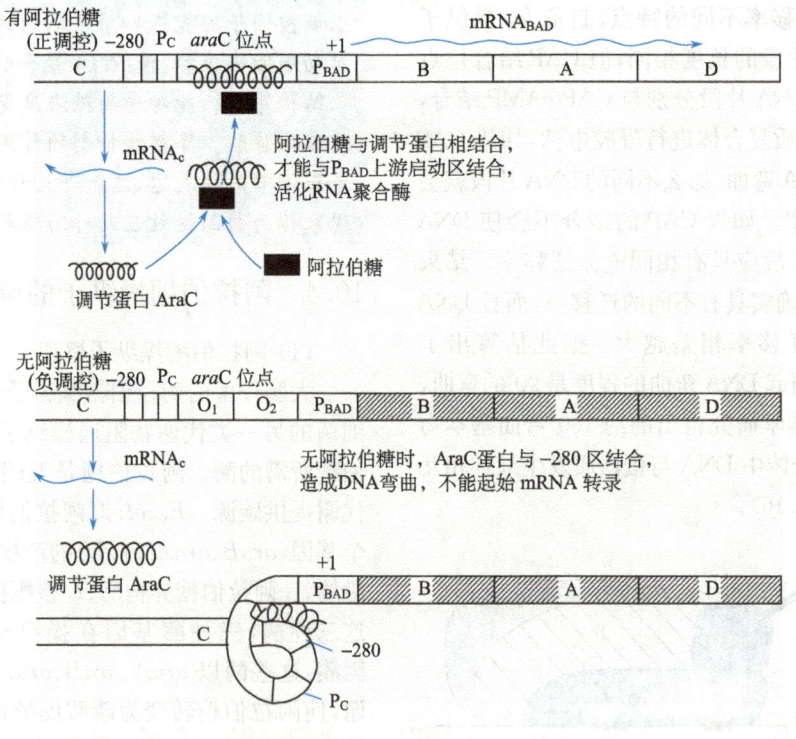

图 10.17 阿拉伯糖操纵子的正、负调控模式示意图

$araO_2$ 如何调控位于其下游 250bp 的启动子转录? 最合理的解释是这两个位点(操纵基因和启动子)之间的 DNA 发生环化。R Lobell 等研究发现,如果将具有整数双螺旋转角的 DNA 片段(10.5 的倍数)插入操纵基因与启动子之间,操纵基因仍具有正常的功能。然而,如果插入非整数双螺旋转角(如 5bp 和 15bp)的

DNA 片段时，操纵基因就不能行使其功能。这说明只要两个蛋白质结合位点位于 DNA 双螺旋的同一侧，双链 DNA 分子就可以通过环化而使这两个蛋白结合位点彼此靠近。然而，DNA 分子不可能扭转 180°而使不同侧面的两个位点拉到同一面侧，然后再通过环化使之发生相互作用。从这一点上看，DNA 就像一段僵硬的绳子可以弯曲，但不易扭曲。假定蛋白质首先与两个相距较远的 DNA 位点结合，然后通过蛋白质之间的相互作用而使 DNA 环化，但实际情况比模型复杂。事实上 ara 操纵子的调控蛋白 AraC 是个双功能蛋白质，既可作为正调控蛋白又可作为负调控蛋白，AraC 在操纵子上有三个结合位点。它们分别是位于上游远端的 $araO_2$、定位在 −106 和 −144 之间的 $araO_1$ 及由两个半位点 $araI_1$（−56～−78）和 $araI_2$（−35～−51）组成的 $araI$，每个位点均可结合一个 AraC 单体（图 10.18a）。当阿拉伯糖缺乏时，细菌不需要 araBAD 基因的表达产物参与糖类代谢，因此 AraC 蛋白执行负控制因子功能，结合在 $araO_2$ 和 $araI_1$ 位点，使两个位点之间的 DNA 环化，操纵子受到阻遏（图 10.18b）；当阿拉伯糖存在时，阿拉伯糖与 AraC 蛋白结合使其构象发生改变，不能与 $araO_2$ 结合，但能结合 $araI_1$ 和 $araI_2$，使阻遏环（repression loop）解开，$araO_2$ 和 $araI_1$ 之间的 DNA 不再弯曲，操纵子去阻遏（图 10.18c），P_c 处的转录也正常进行。与 lac 操纵子一样，去阻遏并非是正调控的全部内容，CAP-cAMP 复合体还能介导正调控。如图 10.18c 所示，CAP-cAMP 复合体结合在 $araP_{BAD}$ 启动子的上游，CAP-cAMP 在 $araP_{BAD}$ 启动子较远的位置结合，但能调控转录，CAP 与 RNA 聚合酶接近，促进了 RNA 聚合酶与启动子结合。

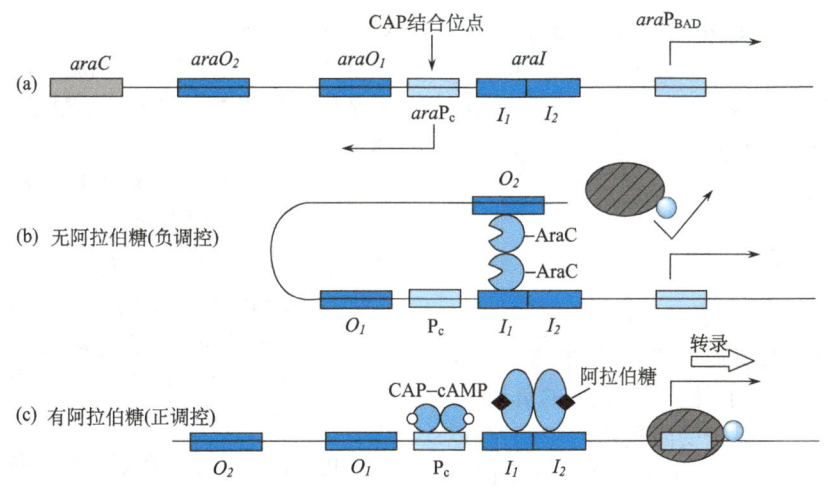

图 10.18　阿拉伯糖操纵子的调控机制示意图

（3）阿拉伯糖操纵子的自主调节

图 10.19 显示了 araC、P_c 和 $araO_1$ 的相对位置，araC 的转录从 P_c 处起始从右向左进行，$araO_1$ 处于调控 araC 转录的位置上（AraC 蛋白结合到 $araO_1$ 位点，阻止 P_c 对 araC 的转录）。随着 AraC 蛋白含量的不断增加，AraC 结合在 $araO_1$ 上，抑制 araC 的转录，防止阻遏物过多积累，这种蛋白质控制自身合成的机制称为自主调节（autoregulation）。无论阿拉伯糖与 AraC 结合与否，或无论 ara 操纵子控制区是否发生环化，这种控制事件均存在着。

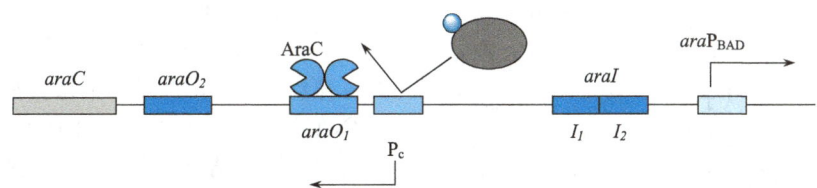

图 10.19　阿拉伯糖的自主调节示意图

小结：ara 操纵子特征有以下几点。①有 $araO_1$ 和 $araO_2$ 两个操纵基因，$araO_1$ 调节控制基因 $araC$ 转录，$araO_2$ 位于其所控制的启动子 P_{BAD} 上游远端，发挥控制转录的功能；②CAP 结合位点位于 ara 启动子上游，CAP 有促进转录的功能；③有由 AraC 蛋白介导的负调控系统。ara 操纵子的操纵基因受 AraC 蛋白调节，其有两种功能构象，即正、负因子的双重构象，Pr 是起阻遏作用的构象，可与操纵区位点结合，Pi 是起诱导作用的构象，通过与 P_{BAD} 启动子结合而调节。AraBAD 基因簇及 araC 基因转录被协同调节。当诱导物阿拉伯糖存在时，AraC 与阿拉伯糖结合为复合物，AraC 的构象改变为 Pi，AraC 以二聚体形式与 $araI_1$ 和 $araI_2$ 结合，从而失去与 $araO_2$ 结合的能力，由此打开启动子使聚合酶结合，激活 P_{BAD} 转录；当缺乏阿拉伯糖时，AraC 处于 Pr 构象不结合 araI，而是结合 $araO_2$，使 DNA 弯曲，阻碍 araBAD 的表达。AraC 蛋白合成受其自身和 cAMP-CAP 调节。ara 操纵子也有葡萄糖效应。CAP 蛋白能协助解开因 AraC 与 $araO_2$ 和 $araI_1$ 结合所形成的 DNA 弯曲，使 AraC 与 $araI_1$ 和 $araI_2$ 结合，激活 P_{BAD} 起始的转录。

10.5　色氨酸操纵子的调控

大肠杆菌的**色氨酸操纵子**（tryptophane operon，trp）能够编码合成色氨酸所需要的酶，是生物合成操纵子的典型实例。trp 操纵子属于可阻遏型的负调控，与 lac 操纵子一样，trp 操纵子受阻遏物的负调控，但两者具有根本性的区别。lac 操纵子编码分解代谢底物的酶，只有当被分解的底物（如乳糖）存在时，操纵子才被打开；而 trp 操纵子则编码参与底物合成代谢的酶，当色氨酸存在或浓度升高时，操纵子表达是关闭的（被阻遏）。此外，trp 操纵子还具有 lac 操纵子所没有的弱化调控或称**衰减调控**（attenuation）机制。因此，trp 操纵子的调控是两级调控。

（1）色氨酸操纵子的阻遏系统调控

色氨酸操纵子包括 5 个结构基因，它们负责编码 5 种将色氨酸的前体**分支酸**（chorismic acid）转化为色氨酸的酶。已知在 lac 操纵子中，启动子和操纵基因位于结构基因的上游，trp 操纵子的结构次序也是如此，但 trp 操纵基因位于 trp 启动子内部，而在 lac 操纵子中启动子和操纵基因相邻。色氨酸的合成分 5 步完成，每步需要一种酶，编码这 5 种酶的基因紧密连锁，被转录在一条多顺反子 mRNA 分子上，它们分别编码了邻氨基苯甲酸合成酶、邻氨基苯甲酸焦磷酸转移酶、邻氨基苯甲酸异构酶、色氨酸合成酶和吲哚甘油-3-磷

酸合成酶，以 trpE、trpD、trpC、trpB、trpA 表示，trpE 是第一个被翻译的基因，和 trpE 紧邻的是启动子区和操纵子区，见图 10.20。

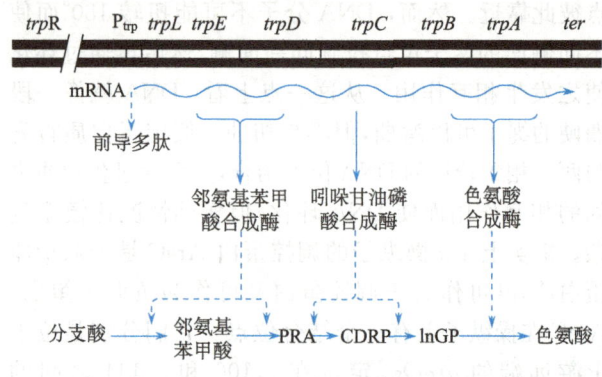

图 10.20　大肠杆菌色氨酸操纵子结构

trp 操纵子中产生阻遏蛋白的基因 trpR 距 trp 基因簇较远，编码一个 58kDa 阻遏蛋白，当这个阻遏蛋白以游离形式存在时不能结合到操纵基因上，此时后者能够转录和表达，使细菌细胞合成色氨酸。但当在培养基中的色氨酸过量时，色氨酸与阻遏蛋白形成复合物，并结合到操纵基因上阻止结构基因转录，这种以终产物阻止基因转录的机制称为**反馈阻遏**。此终产物（色氨酸）称为**辅阻遏物**（图 10.21）。这种调控方式容易造成在色氨酸充足时，色氨酸-阻遏蛋白复合体结合操纵基因而完全阻断转录，而当色氨酸水平很低时，阻遏被消除，转录开放合成色氨酸，不易保持细菌细胞色氨酸水平的稳定。由于 trp 体系参与生物合成而不是降解，它不受葡萄糖或 cAMP-CAP 的调控。

色氨酸操纵子的阻遏系统是色氨酸生物合成途径的第一水平调控，它主管转录的启动与否。色氨酸操纵子的第二水平控制是色氨酸操纵子的衰减系统，它决定着已经启动了的转录是否能够继续进行下去。

由 trp 操纵子调节基因碱基序列图（图 10.23）可见，启动子与操纵区有很大程度的重叠，使 trp-阻遏蛋白复合体和 RNA 聚合酶在结合 DNA 分子上存在着竞争结合。体外实验表明，如果先加入 trp-阻遏蛋白复合体，RNA 聚合酶不能与启动子结合，否则反之。

（2）色氨酸操纵子的衰减系统

前导肽及其序列结构　C Yanofsky 等发现了色氨酸生物合成途径的酶基因的第二水平调控。在色氨酸 mRNA 5′端 trpE 起始密码子前有一段 162bp 的 DNA 序列和核糖体结合位点称为**前导区**（leader），实验表明如果 123～150 位碱基序列缺失，色氨酸操纵子基因表达量可提高 6 倍。当 mRNA 转录起始后，如果培养基中存在一定水平的色氨酸转录能够被启动，但在这个区域停止，会产生一个 140nt 的 RNA 分子；如果没有

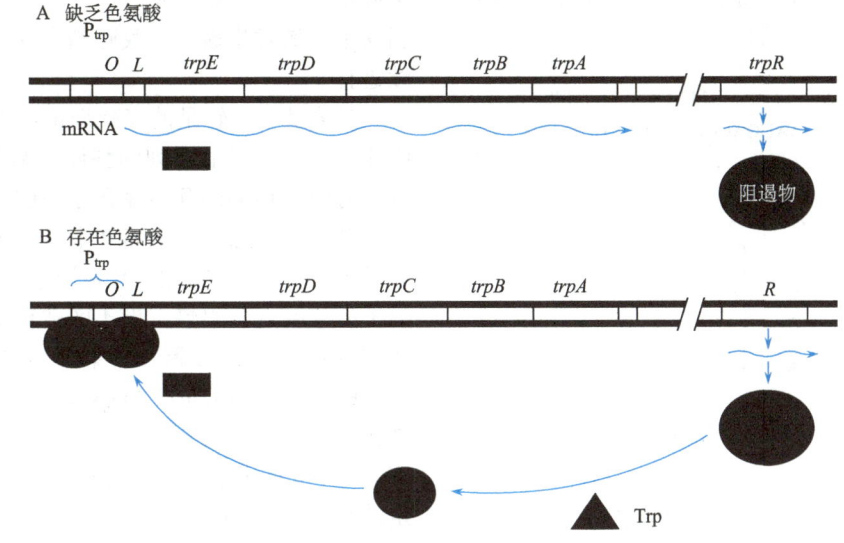

图 10.21　色氨酸操纵子的负调控过程

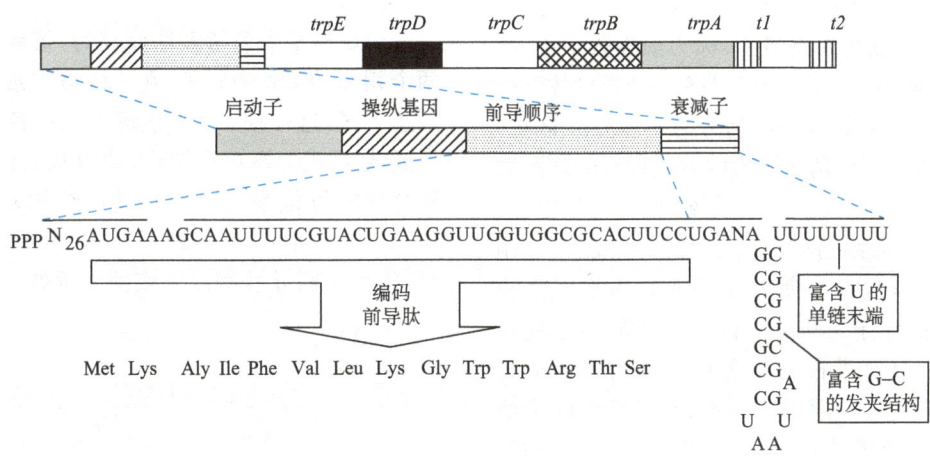

图 10.22　色氨酸操纵子结构基因和调节区域的分布图

图 10.23　色氨酸操纵子调节基因碱基序列

色氨酸存在，则转录继续进行，合成 trpE 的 mRNA。所以，这个区域参与了色氨酸操纵子基因表达的调节。研究还发现，当 mRNA 合成起始以后，除非培养基中完全没有色氨酸，否则转录总是在这个区域终止，这就是 123～150 序列缺失会提高色氨酸基因表达的原因。因为转录终止发生在这一区域，并且这种终止能被调节，因此这个区域被称为衰减子（attenuator）。对引起终止的 mRNA 碱基序列研究发现，这一区域的 mRNA

碱基序列可通过自我配对形成茎-环结构,具有典型的终止子结构特点,见图10.24。

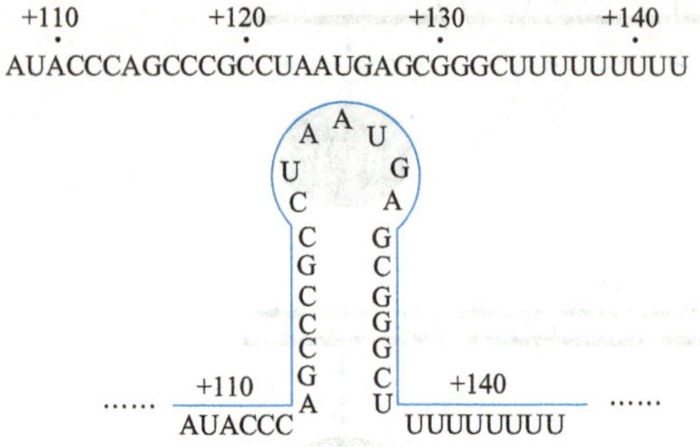

```
        +110        +120        +130        +140
        AUACCCAGCCCGCCUAAUGAGCGGGCUUUUUUUU

                        A A  U
                       C     G
                       U     A
                       C     G
                       C     G
                       G     G
                       C     G
                       C     G
                       C     G
                       G     G
                          A
        ……+110              +140……
         AUACCC           UUUUUUUU
```

图10.24 衰减子 mRNA 的茎-环结构

对前导肽的研究表明衰减作用需要有负载的 tRNA^{Trp}参与,说明前导序列的某些部分在转录的同时被翻译了。分析前导序列,发现它包括起始密码子 AUG 和终止密码子 UGA;当翻译起始于 AUG,则产生一个含有14个氨基酸的多肽,称为前导肽。在 trp 操纵子 mRNA 的 AUG 密码子5′端有一个核糖体结合位点。色氨酸前导区的碱基序列分为1、2、3、4区域,这四个区域的片段能以两种不同的方式进行碱基配对(图10.25),有时以1-2和3-4方式配对,有时只以2-3互补配对。核糖体经过前导区继续翻译的能力控制着这两种结构的转换,它决定 mRNA 是否形成终止所需的结构。前导序列的终止区与一般的转录终止位点特点相同,具有潜在的二重对称结构能形成茎环,并具有成串的 U。通过 RNaseT1 降解实验表明纯化的色氨酸前导序列中只有1-2和3-4的配对方式。

由此定位的3-4配对区正好位于终止密码子识别区,当这个区域发生破坏自我碱基突变,有利于转录的继续进行。

衰减效应 转录的衰减理论认为,mRNA 转录的终止是通过前导肽序列的翻译来调节的,在前导肽序列中有两个相邻的 Trp 密码子,在翻译时对 tRNA^{Trp}的浓度十分敏感。当培养基中 Trp 浓度很低时,负载有 Trp 的 tRNA^{Trp}也很少,翻译通过两个相邻 Trp 密码子的速度就会很慢。当4区被转录完成时,核糖体才进行到1区(或停留在两个相邻的 Trp 密码子处),这时的前导区结构是2-3配对,不形成3-4配对的终止结构,所以 RNA 聚合酶通读衰减子,转录可继续进行,直到将 trp 操纵子中的结构基因全部转录完为止。测定结果发现,在缺乏 trp 时所有的 RNA 聚合酶都能经过衰减子继续参与转录,加上取消阻遏后表达增加约70倍,总表达量可增加约700倍,即70倍(阻遏)×10倍(衰减)=700倍。

当培养基中色氨酸浓度高时,核糖体可顺利通过两个相邻的 trp 密码子,在4区被转录之前核糖体就到达2区,这样使2-3不能配对,3-4区可以自由配对形成茎-环式的终止子结构,使得只有约10%的 RNA 聚合酶能继续参与 trp 操纵子结构基因的转录(图10.26)。由此可见,衰减子对 RNA 聚合酶转录的终止,依赖于前导肽翻译中核糖体所处的位置以及所形

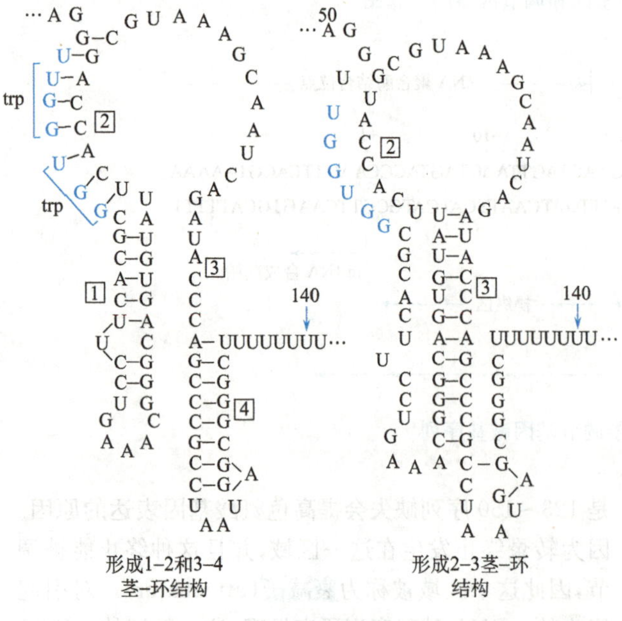

图10.25 trp 操纵子的1,2,3,4区配对

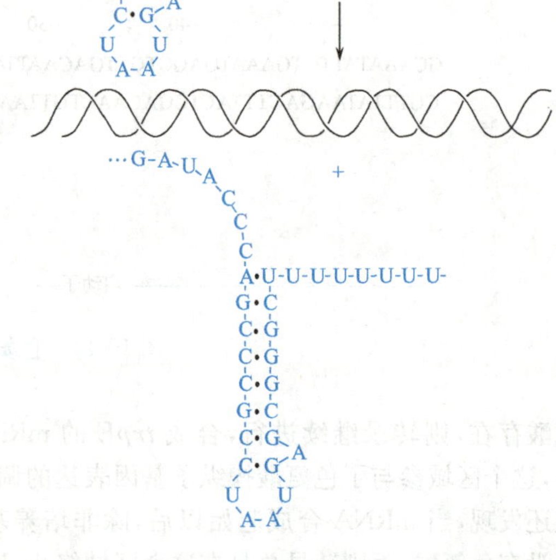

图10.26 trp 操纵子的衰减子区序列

成的转录终止信号(终止子);而细胞中 Trp 存在与否,决定了 mRNA 转录的衰减子结构,使衰减中 1、2、3、4 区域呈现竞争性配对,从而产生了衰减效应。色氨酸浓度高引起 RNA 聚合酶提前终止转录的另一个原因是在衰减子中有能形成转录终止信号的序列及随后连续排列的 8 个 A-T 碱基对。事实上,在第 3 和 4 区存在反向重复序列,能通过分子内碱基配对形成发夹的终止结构(图 10.27)。转录物发夹结构之后的一串 U 能够降低转录物与 DNA 结合。这是 trp 操纵子第二水平调控的机制。应该指出,Trp 含量变化对阻遏过程和衰减过程的调控方向是相同的。前者主要控制操纵子基因表达的启动,而后者主要决定转录与翻译是否能继续进行下去。

续表

操纵子	前导肽的氨基酸序列
异亮氨酸	Met Thr Ala Leu Leu Arg Val Ile Ser Leu Val Val Ile Ser Val Val Val Val Ile…
亮氨酸	Met Ser His Ile Val Arg Phe Thr Gly Leu Leu Leu Leu Asn Ala Phe Ile Vel…
	…Arg Gly Arg Pro Val Gly Gly Ile Gln His
苯丙氨酸	Met Lys His Ile Pro Phe Phe Phe Ala Phe Phe Thr Phe Pro
异亮氨酸-缬氨酸B	Met Thr Ser Met Leu Asn Ala Lys Leu Leu Pro Thr Ala Pro Ser Ala…
	…Ala Val Val Val Val Arg Val Val Val Val Gly Aan Ala Pro

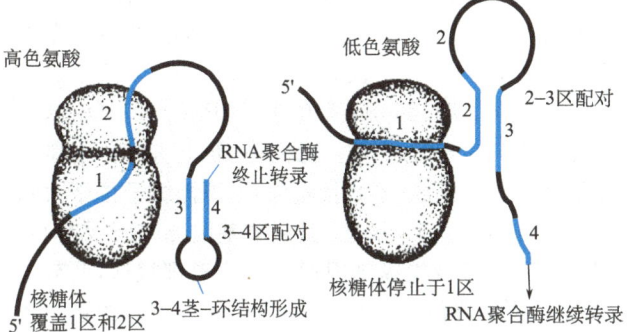

图 10.27 trp 操纵子的转录与翻译调控

衰减子对基因表达活性的影响普遍存在于 E. coli 氨基酸生物合成的操纵子中。例如,色氨酸、苯丙氨酸、苏氨酸、异亮氨酸和缬氨酸操纵子,以及沙门氏菌的组氨酸和亮氨酸操纵子、嘧啶合成操纵子等,都采取衰减子调节这种方式。每个操纵子的前导肽中都含有该操纵子所要调控的重复密码子,如在色氨酸前导肽第 10 位和第 11 位上有相邻的两个色氨酸密码子。组氨酸操纵子中也具有一个类似的能编码前导肽的碱基序列,含有 7 个相邻的组氨酸密码子。苯丙氨酸操纵子中同样存在衰减子结构,其前导序列中也有 7 个苯丙氨酸密码子,见表 10.2。

表 10.2 氨基酸合成操纵子的序列和所调节的氨基酸

操纵子	前导肽的氨基酸序列
色氨酸	Met Lys Ala Ile Phe Val Leu Lys Gly Trp Trp Arg Thr Ser
苏氨酸	Met Lys Arg Ile Ser Thr Thr Ile Thr Thr Ile Thr Ile Thr Thr Gly Asn Gly Ala Gly
组氨酸	Met Thr Arg Val Gln Phe Lys His His His His His His His Pro Asp

在这种调节方式中,起信号作用的是细胞中某一氨基酸或嘧啶的浓度和有特殊负载的氨酰- tRNA 的浓度。E. coli 自身可以合成其生存所需的氨基酸。例如,色氨酸的操纵子始终是开启着的,但如果在培养基中加入了这种氨基酸,则细菌完全可以利用现成的色氨酸维持生存而无需再去合成它。这种情况下 E. coli 可以在 2~3min 内完全关闭色氨酸操纵子,它使细菌避免利用自身资源进行不必要的合成。这是一个典型的代谢途径中最终产物合成酶基因被这个产物本身所抑制的例子。衰减作用是控制 RNA 聚合酶通读衰减子能力的调控机制。衰减子是位于转录单位开始区的一种内部终止子。衰减子 mRNA 可以在分子内采取不同的碱基配对方式,形成特殊的二级结构参与对转录终止的调控。衰减作用的共同特点是通过形成内部终止子所需的发夹结构来调控 RNA 聚合酶转录结构基因。控制衰减作用的二级结构的改变由核糖体在 mRNA 上的位置所决定。

小结:trp 操纵子是典型的可阻遏型的负调控。当 Trp 过量时它与阻遏蛋白形成复合物,并结合到操纵基因上阻止结构基因转录,即以终产物阻止基因转录。trp 操纵子的阻遏系统是 Trp 生物合成途径的第一水平调控,主管转录的启动与否。其第二水平控制是弱化系统,它决定着已经启动的转录是否能继续进行下去。当 mRNA 合成起始以后,除非培养基中完全没有 Trp,否则转录总是在前导区内终止。转录终止发生的区域称为衰减子。前导序列分为四个区,这四个区的片段以两种不同的方式进行碱基配对,由核糖体经过前导区继续翻译的能力控制着这两种结构的转换,它决定 mRNA 是否形成终止所需的结构,从而产生了衰减效应。

10.6 受双启动子调控的半乳糖操纵子

半乳糖也是一种可被大肠杆菌分解利用的碳源，它的分解代谢需要三种酶催化，即半乳糖激酶（galactose kinase, galK），将半乳糖转化成半乳糖-1-磷酸；半乳糖-磷酸尿嘧啶核苷转移酶（galactose transferase, galT），将半乳糖-1-磷酸转化成 UDP-半乳糖；半乳糖异构酶（UDP-galactose-4-epimerase, galE），将 UDP-半乳糖转化成 UDP-葡萄糖，然后进入葡萄糖分解代谢途径（图 10.28）。

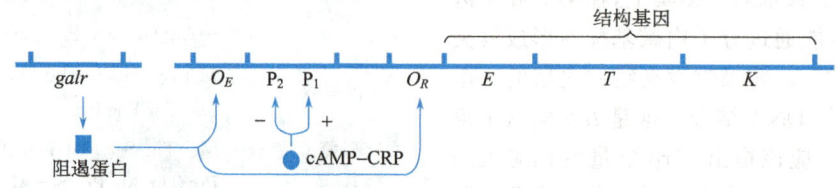

图 10.28　gal 操纵子中的调控元件与结构基因

半乳糖操纵子同样受到 cAMP-CRP 复合物的正调控，cAMP-CRP 对启动子 P_1 起激活作用，而对启动子 P_2 起抑制作用；这一特点决定了无论细胞内葡萄糖的水平如何，该操纵子的结构基因总是能够被转录，只有当 O_E 和 O_R 都与阻遏蛋白结合并引起了该部位 DNA 结构的回转时，才能彻底关闭操纵子的转录活动。

半乳糖操纵子的结构特点　① gal 操纵子有两个启动子，P_1 和 P_2，其 mRNA 可从两个不同的起始点开始转录。当有活性的 CAP 存在时 P_1 启动，其 -10 区位于 -12～-6 之间，称为 $-10S_1$，转录起点为 +1；当 CAP 缺乏时，P_2 启动子启动，从 -5 开始转录，其 -10 区位于 -17～-11 之间，称为 $-10S_2$；② gal 操纵子无 -35 序列；③ gal 操纵子具有 O_E 和 O_R 两个操纵基因，O_E 在上游，部分序列位于 CAP 位点内，O_R 基因的部分序列位于 galE 内，无论是 O_E 还是 O_R 距离启动子都有一段距离（不直接毗邻）。该操纵子位于大肠杆菌遗传图谱上 17 分处，其调节基因 galR 与结构基因 galE、T、K 及操纵基因 O 等的距离都很远，调节基因 galr 位于遗传图谱的 55 分处，galR 编码的蛋白质与 lacI 相同（图 10.29）。

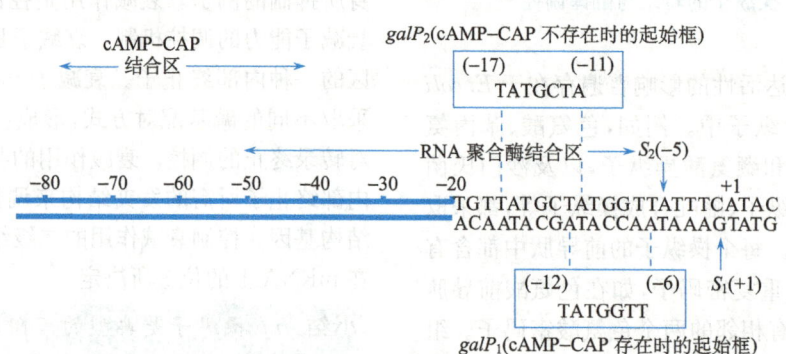

图 10.29　gal 操纵子双启动子及对结构基因转录的分别起始位点分布示意图

半乳糖操纵子的调节方式　当细胞内无葡萄糖而存在半乳糖时，galr 编码的阻遏物 GalR 失活，CAP 结合在 -47～-23bp 区域，RNA Pol 结合在 $-10S_1$ 区，CAP 和 RNA Pol 直接相互作用使转录活动顺利地从 P_1 起始；当无半乳糖存在时，阻遏物 GalR 结合在操纵子的操纵序列 O_E 上，O_E 具有回文顺序（TTGTGTAAAC…GATTCCACTAA）能够被 CAP 结合，CAP 结合位点离启动子 P_1 有一段距离，当 GalR 结合在 gal O_E 上时不能像 lac 操纵子中 lac 阻遏物那样有效阻止 RNAPol 的结合（未被阻遏）。

当细胞内有葡萄糖存在时，cAMP-CAP 含量较少。当半乳糖存在而无 GalR 时（GalR 失活），P_1 不能启动而 P_2 启动，RNAPol 结合在 $-10S_2$，从 S_2 开始转录 gal E 而不转录另外的两个结构基因（gal T 和 gal K）。因为半乳糖既可以作为碳源，同时 UDP-Gal 又是合成细胞壁的重要前体物质，无论葡萄糖是否存在，只要有半乳糖，galE 总可以被转录，其蛋白产物参与细胞壁合成。在葡萄糖存在而无半乳糖时，GalR 可结合在 gal O_E 和 O_R 上，并相互作用形成环。S_2 位点阻遏作用和 S_1 的阻遏机制不同，在上述条件下，即使有 GalR 存在，P_2 仍不受阻遏而开始转录（组成型）；但由于 O_R 上也有 GalR 的结合并且成环，故转录只生成流产性产物。

cAMP-CAP 的存在使 P_1 处于激活状态，属于正调控；而使 P_2 处于抑制状态，属于负调控，而阻遏物 GalR 对 P_1 和 P_2 两个启动子都是负调节，但在 cAMP-CAP 含量少时 P_2 仍可转录。P_1 启动子与 RNAPol 的亲和力远大于 P_2 启动子，这可以解释为什么在没有葡萄糖而只有半乳糖存在时 P_1 转录，而 P_2 不转录，说明两者竞争 RNA 聚合酶，因为 RNA 聚合酶在细胞中数量是一定的，P_1 的亲和力大于 P_2，所以 RNA 聚合酶大都结合到 P_1 上，P_2 由于不能有效结合 RNA 聚合酶故不能启动。

小结：当无葡萄糖而有半乳糖时，阻遏物 GalR 失活，CAP 和 RNAPol 相互作用使转录能从 P_1 起始；当无半乳糖时，GalR 结合在操纵序列 O_E 上，因 O_E 有回文序列，所以能被 CAP 结合，CAP 结合位点离 P_1 有一段距离，不能有效阻止 RNAPol 的结合而实现转录阻遏（未被阻遏）；当葡萄糖和半乳糖同时存在而无 GalR 时（GalR 失活），P_1 不启动，P_2 启动，RNAPol 结合在 $-10S_2$，开始转录 gal E 而不转录 gal T 和 gal K，（半乳糖既可作为碳源，同时 UDP-Gal 又是合成细胞壁的前体物质）；在葡萄糖存在而无半乳糖时，GalR 可结合在 gal O_E 和 O_R 上相互作用成环。P_2 不受阻遏而开始转录（组成型），但由于 O_R 上也有 GalR 的结合并且成环，故转录生成流产性产物。

10.7 组氨酸操纵子的调控

许多氨基酸除了能被用来合成蛋白质以外，还可以在碳源或氮源不足时，作为能源维持细胞生长。由于氨基酸的这种双重作用，所以它的降解受到严格的调控。在产气克氏菌和沙门氏杆菌中，组氨酸能被降解成氨、谷氨酸和甲酰胺，参与基础能量代谢。与 His 降解代谢有关的两组酶类被称为 Hut 酶，控制这些酶合成的是组氨酸操纵子。组氨酸降解代谢的途径由多重调节的操纵子控制，有两个启动子、两个操纵区及两个正调节蛋白。

组氨酸操纵子共编码 4 种酶和一个阻遏物。4 种酶分别由 hutG、hutH、hutI 及 hutU 基因编码，阻遏物则由 hutC 基因编码。在产气克氏菌中，以上基因构成两个转录单位，hutI、hutG、hutC 和 hutU、hutH 分别被转录合成两条 mRNA 长链。这两个转录单位各自有一个启动子和一个操纵区，其转录过程都从左向右进行。据推测，两个操纵区是相同或近似的，因为 hutC 阻遏物能与每个操纵区相结合。组氨酸操纵子的诱导物是组氨酸在 hutH 基因产物作用下生成的鸟苷酸，但诱导过程的完成要靠加入组氨酸。鸟苷酸与阻遏物结合并使之失去活性，从而保证每个转录单位上游的启动子区处于自由状态。像 lac 操纵子那样，组氨酸操纵子的全面激活也需要一个正调节因子，所以此时仍然没有转录出 hut 的 mRNA。hut 操纵子有两个不同的正调节因子，其中一个参与促进 RNA 聚合酶与启动子区的结合。当细胞生长环境中碳、氮来源都受限制时，组氨酸操纵子负责供给细胞碳和氮。无论以组氨酸作为唯一碳源或氮源，组氨酸操纵子都会处于有活性状态。就像 lac 操纵子中 cAMP 系统能够感受到能量状态那样，组氨酸操纵子的每一个启动子上都有 cAMP-CRP 结合位点，当碳供应匮乏时能合成 cAMP，出现 cAMP-CRP 复合物，并与操纵区上的相应位点结合，诱发基因转录。

10.8 细菌的应急反应

以上讨论的是细菌处于正常生活条件下的基因表达调节方式。所谓"正常"，也包括生活环境中缺少某一种或两种能源，但还能找到其他代用物质。但细菌有时会遇到能源十分缺乏的状况，如当氨基酸饥饿而全面匮乏时，为了生存，在体内可立即产生一种应急应答反应，将合成各种 RNA、蛋白质、糖和脂肪在内的几乎全部生物化学反应过程全部停止。发出这种应急反应信号的物质是位于核糖体 A 位点上的未装载氨基酸的 tRNA（空载 tRNA）。应急应答反应引起 ppGpp 和 pppGpp 两种异常核苷酸大量增加，ppGpp 是鸟苷的 $5'$ 和 $3'$ 位上分别连有二磷酸基团；pppGpp 是鸟苷的 $5'$ 位上连有三个而 $3'$ 位上连有两个二磷酸基团。这些核苷酸是典型的小分子效应物，能与相应的目标蛋白结合，使其活性发生改变。将它们合称为 (p)ppGpp。

(p)ppGpp 能协同调节细胞内的许多基因表达过程。细菌生长速度与 (p)ppGpp 水平总体上呈反比关系。而空载的 tRNA 是产生 (p)ppGpp 的诱导物。当氨基酸饥饿时，细胞中存在大量的没有携带氨基酸的 tRNA，这种空载的 tRNA 会激活焦磷酸转移酶，使 (p)ppGpp 大量合成，其浓度在短时内可增加到 10 倍以上。(p)ppGpp 的产生能关闭许多基因的表达，只开放个别必须要合成氨基酸的基因，以应对其生存危机。(p)ppGpp 与 RNA 聚合酶的不同构象结合可识别不同的启动子区域，这种结合也会使某些构象稳定下来，从而改变这些基因转录的效率，使这些基因关闭、减弱或加强；在基因的转录起点附近有一些保守序列，是 ppGpp 或有关调节蛋白的结合位点。当这些位点上的启动子与 ppGpp 结合后，就使它们不再与 RNA 聚合酶结合，基因表达被关闭。(p)ppGpp 的作用可影响许多操纵子,因此又称它们是超级调控因子。细菌处于极差的生存条件下,由于缺乏足够的氨基酸,蛋白质合成受到抑制,关闭了大量的代谢过程。这种应急调控过程是细菌为了渡过困难时期而存活下来的一种适应性表现。应急应答使 rRNA 和 tRNA 的合成下降到原来 6%,使得总 RNA 合成的量仅为应答前的 5%~10%,某些 mRNA 的合成也下降至原有水平的 30%,核苷酸、糖和脂类等的合成量也下降,而蛋白质降解速度加快。正常情况下,由延长因子 EF-Tu 将氨酰-tRNA 带到核糖体 A 位点上进行核糖体循环;但在应急情况下,由于缺乏相应的氨酰-tRNA,空载 tRNA 占据这个空位,核糖体上的蛋白质合成被阻断,引发空转反应。空载 tRNA 的进入引发了(p)ppGpp 分子的合成,而(p)ppGpp 又使空载 tRNA 再次释放,引发(p)ppGpp 合成,直到有氨酰-tRNA 存在时,核糖体才能继续进行肽链的合成,结束空转反应。在细菌细胞中,大多数的基因转录延伸过程都可受到(p)ppGpp 抑制。

> **小结**:当细菌遇到能源十分缺乏的状况时,体内可立即产生一种应急应答反应,将各种 RNA、蛋白质、糖和脂肪在内的几乎全部生物化学反应过程全部停止。发出这种应急反应信号的物质是位于核糖体 A 位点上的未装载氨基酸的 tRNA(空载 tRNA)。应急应答反应引起 ppGpp 和 pppGpp 两种异常核苷酸大量增加,它们合称为(p)ppGpp。(p)ppGpp 的产生能关闭许多基因的表达,而且它的作用可影响许多操纵子,故又称为超级调控因子。

10.9 正调控系统和负调控系统

正调控系统一般是指转录水平的调控机制,包括**可诱导的正控制系统、可阻遏的正控制系统**和 **CAP 正控制系统**。在可诱导的正控制系统中,调节基因编码的激活蛋白在诱导物的作用下,能够与启动子结合开启操纵子结构基因的转录。该系统的诱导物通常是分解代谢中的底物或类似物,如大肠杆菌 ara 操纵子中 araC 基因编码的调节基因蛋白与诱导物阿拉伯糖协同作用于启动子,可开启 ara 操纵子结构基因的转录。在可阻遏的正控制系统中,调节基因编码的激活蛋白可与启动子结合,促进操纵子结构基因的转录。但当这种激活蛋白与辅阻遏物结合后就失去了激活能力,使操纵子的结构基因不能转录。这种控制系统中的辅阻遏物大都是合成代谢的终产物,如链孢霉甲硫氨酸合成代谢操纵子的控制机制,其辅阻遏物是所合成的甲硫氨酸。

(1) lac 操纵子的正调控系统

大肠杆菌细胞在有葡萄糖存在时,实际上是将 lac 操纵子保持在不活动状态。在 lac 操纵子中,负调控只是对乳糖的存在作出反应。当有葡萄糖存在时,代谢葡萄糖比乳糖容易得多,在细胞内优先使用葡萄糖作碳源,而不使用其他糖类。这种选择由葡萄糖的分解代谢物控制,因而把这种调控方式称为分解代谢物阻遏作用。

分解代谢物抑制作用如前所述,当葡萄糖和其他糖类一起作为细菌的碳源时,优先利用葡萄糖,它的存在阻止了其他糖类的利用。这种选择通过阻止 lac 等操纵子表达完成,如 lac、gal 等操纵子。三羧酸循环、呼吸链酶系统中大多数酶的合成受到同样机制的影响,是通过抑制其他糖类代谢操纵子的表达进行的正调控机制。葡萄糖阻遏其他糖类的利用是通过葡萄糖的分解代谢,降低了 cAMP 的水平,使其他的分解代谢受到阻碍所致。cAMP 是腺苷酸环化酶以 ATP 为底物催化合成的在分子内核糖环上形成的磷酸二酯键,磷酸二酯酶还能被水解再由 cAMP 产生 AMP。即腺苷酸环化酶和磷酸二酯酶的活性决定了 cAMP 的水平。腺苷酸环化酶是 cya 基因的产物,一般情况下它结合在细胞的内膜上。cAMP 的受体蛋白 CAP 是基因 cap 的产物。研究发现,若编码腺苷酸环化酶的基因发生突变,就不会出现分解代谢物阻遏作用。因此认为葡萄糖分解代谢是通过抑制腺苷酸环化酶活性,降低了 cAMP 的水平引起的。ATP 是 cAMP 合成的直接前体,而 cAMP 能够活化 CAP。cAMP 作为第二信使分子,是受葡萄糖代谢抑制的所有操纵子的正调控物质。CAP 是 E.coli 细胞内作用最强的基因调节蛋白之一,是控制营养代谢的一套操纵子激活蛋白。大多数细胞和较低等真核生物都具有分解代谢产物阻遏系统,属于葡萄糖降低细胞内 cAMP 水平的调控。在这种正控制系统中,结构基因的转录除了受到可诱导的正、负控制之外,还受 CAP 的控制。研究比较清楚的是 E.coli 和其他肠道菌的 cAMP 依赖系统。cAMP 在细胞内的水平至关重要,因为它与 CAP 结合能激活转录。这类操纵子的启动子在 RNApol 结合位点的上游有 cAMP-CAP 结合位点,当 cAMP-CAP 复合物结合到启动子的 −35 区域后,改变了这一部位的次级结构,大大促进了 RNApol 对 −10 序列的识别和结合,并有利于形成开放型起始复合物,促进操纵子结构基因的转录,提高转录效率。E.coli 的乳糖、阿拉伯糖操纵子等都是受 CAP 调控系统的正调控。E.coli 在含有葡萄糖的培养基中,能优先利用葡萄糖,但却降低了细胞中 cAMP 水平,从而阻遏了乳糖、阿拉伯糖操纵子结构基因的转录。当葡萄糖耗尽或外加 cAMP 时,cAMP-CAP 复合物则促进上述操纵子的结构基因表达,产生相应分解代谢的酶来利用乳糖、阿拉伯糖等作为碳源。在正调控操纵子系统中,调节基因编码的调节蛋白是激活蛋白,它与效应物分子协同结合于-35序列的上游并与DNA分子和RNApol作用,开启操纵子结构基因的转录。因此受正调控机制调控的基因,只有当有活性的调控蛋白存在时才能表达。

> 小结:正调控系统一般指转录水平的调控机制,包括可诱导的正控制系统、可阻遏的正控制系统和CAP正控制系统。在可诱导的正控制系统中,调节基因编码的激活蛋白在诱导物作用下,能与启动子结合开启操纵子结构基因的转录。该系统的诱导物通常是分解代谢中的底物或类似物,如 E.coli ara 操纵子中 araC 基因编码的调节蛋白与诱导物阿拉伯糖协同作用于启动子,可开启 ara 操纵子结构基因转录。在可阻遏的正控制系统中调节基因编码的激活蛋白可与启动子结合,促进操纵子结构基因的转录。但当这种激活蛋白与辅阻遏物结合后就失去了激活能力,使操纵子结构基因不转录。这种控制系统中的辅阻遏物大都是合成代谢终产物。

CAP调节作用机制 分解代谢物敏感操纵子的CAP调节作用有以下两个条件。一是在缺乏比较好的碳源情况下,如缺乏葡萄糖;二是必须有诱导物存在。以 lac 操纵子为例,如果介质中没有比乳糖更好的碳源存在,则 cAMP 的水平很高,CAP-cAMP复合物将激活 lac 操纵子的表达;但当介质中缺乏 lac 操纵子的诱导物,lac 阻遏物将结合在操纵基因上,即使 cAMP 水平很高,RNApol 也不能起始 lac 操纵子的转录。因此这类操纵子的 CAP 调节依赖于诱导物的存在。事实证明,在 lac 和 ara 操纵子中 RNApol、cAMP-CAP 同时作用于启动子激活操纵基因,从每个正常发挥作用的启动子上都能分离到 cAMP-CAP-DNA 复合物。CAP的结合位点有以下三种情况。①位于启动子内,如 gal 基因座,CAP位点位于 $-50\sim-23$ bp处,中心在 -41 bp 处;因 CAP 结合位点正好位于通常被 RNApol 保护的区域内,故只有一分子 CAP 结合上去,并与 RNApol 紧密接触。②与启动子相邻,如在 lac 操纵子中,受 CAP 保护的 DNA 区域位于 $-72\sim52$ bp 之间,中心在 -61 bp 处,可结合两个CAP;结合特点是CAP 靠近 DNA 的一侧,RNApol 也正好结合这一侧,CAP 与 RNApol 紧邻。③位于启动子上游,如 ara 操纵子的CAP结合位点位于 $-107\sim78$ bp,与一个CAP结合,距转录起始点较远;因为 CAP 和 RNApol 之间还有另一个调控蛋白结合区,所以 CAP 不能与 RNApol 接触。

有些基因表达过程对CAP的依赖与启动子本身的效率有关,非CAP依赖启动子有比较好的 -35 序列,而有些启动子没有保守的 -10 序列。在启动子区域,如果没有合适的 -35 区或 -10 区保守序列,则称为低效启动子。这种情况下必须要有辅助蛋白的协助,否则RNApol不能在其上起始转录。因为要活化操纵子或转录单位的开关,必须有这些蛋白质存在,所以这些蛋白质也属于正调节物质。

CAP蛋白对转录的激活有两种方式,一是CAP直接作用于RNApol,其次是作用于DNA分子并改变其结构来协助对RNApol的结合。大多数启动子区的CAP结合位点与 gal(中心在 -41 bp)或 lac(中心在 -61 bp)都比较相似。如果其位置偏离这两个区域,CAP激活转录的能力将下降。这种位置规律表现为只有当CAP蛋白与转录起始点相距数个整数双螺旋时,才能激活转录。表明CAP蛋白与RNApol同处于一个侧面上时才表现其活性。RNApol与DNA的结合也受RNApol与CAP相对位置的影响。当CAP结合在启动子内(如在 galP 中)时,能加快从关闭型复合物到开放型复合物的转换速度。当CAP结合位点与启动子相邻(如 lacP 中)时,则能加速转录启动,表明相互作用的效果与CAP结合蛋白在各启动子上所处的分子构象有关。

> 小结:分解代谢物敏感操纵子的CAP调节作用有以下两个条件。一是缺乏较好的碳源,如缺乏葡萄糖;二是必须有诱导物存在。以 lac 操纵子为例,如果介质中没有比乳糖更好的碳源,则 cAMP 水平很高,CAP-cAMP 复合物激活 lac 操纵子的表达;但当介质中缺乏 lac 操纵子的诱导物,lac 阻遏物将结合在操纵基因上,即使 cAMP 水平很高,RNApol 也不能起始 lac 操纵子转录。因此这类操纵子的 CAP 调节依赖于诱导物的存在。CAP 蛋白对转录的激活有两种方式,一是 CAP 直接作用于 RNApol,二是作用于 DNA 分子并改变其结构来协助对 RNApol 的结合。

(2)负调控系统

负调控系统是一种转录水平的调控机制。调节基因编码的调节蛋白是阻遏蛋白,它本身或与辅阻遏物协同结合于操纵基因,阻遏操纵子结构基因的转录。当有诱导物与阻遏蛋白结合时,阻遏蛋白不再与操纵基因结合,从而解除阻遏,使操纵子的结构基因得以转录。在可诱导的负调控系统中,阻遏蛋白与操纵基因结合,阻止操纵子结构基因的转录;但有诱导物存在时,可与阻遏蛋白结合而解除对操纵子结构基因转录的抑制。诱导物通常是分解代谢的底物或类似物,如 E.coli 的乳糖、半乳糖分解代谢操纵子的控制系统,乳糖、半乳糖就是各自调控系统的诱导物。可阻遏的负调控系统是调节基因所编码的阻遏蛋白，它并不影响结构基因转录的活性，但当它与辅阻遏物结合后，则抑制操纵子结构基因的转录。其辅阻遏物一般是合成代谢的终产物，如 E. coli 的 Trp 和 Arg 合成代谢操纵子，作为辅阻遏物是 Trp 和 Arg。

在负调控系统中，如果不被阻遏蛋白关闭，基因就能表达，任何干扰基因表达的作用都是负调控，这些调控有一个共同特点是阻遏蛋白或与 DNA 结合，阻止 RNApol 启动转录，或与 mRNA 结合阻止核糖体启动翻译。trp 操纵子第一水平的调控是一个典型阻遏系统负调控的例子。细胞内 Trp 水平的高与低直接控制着 Trp 合成的酶的表达。在这些调控中 Trp 起着激活阻遏蛋白辅阻遏物的作用，当环境中的 Trp 丰富时，由于阻遏蛋白与辅阻遏物复合物结合于操纵基因，操纵子被阻遏。环境中 Trp 不足导致辅阻遏物也很少，与操纵基因结合的特异性下降，操纵基因的阻遏被解除。这一效应能使 trp 启动子上转录起始的频率增加约 70 倍。即使在阻遏的情况下，结构基因也可以从较低的基础水平或称阻遏水平维持表达；但较乳糖操纵子低得多，后者的基础表达水平仅为诱导水平表达的千分之一左右。

> 小结：负调控也是一种转录水平的调控，调节基因编码的调节蛋白是阻遏蛋白，它本身或与辅阻遏物协同结合于操纵基因，阻遏操纵子结构基因转录。当有诱导物与阻遏蛋白结合时，阻遏蛋白不再与操纵基因结合而解除阻遏，使操纵子的结构基因得以转录。在可诱导的负调控中，阻遏蛋白与操纵基因结合，阻止操纵子的结构基因的转录；但有诱导物存在时可与阻遏蛋白结合而解除对操纵子结构基因转录的抑制。诱导物通常是分解代谢的底物或类似物。

10.10 受多重启动子调控的操纵子

(1) rRNA 操纵子

大肠杆菌 rRNA 操纵子 (rrnE) 上有两个启动子序列：P_1 和 P_2。处于对数生长期的细菌，由 P_1 起始转录的产物比由 P_2 起始转录的产物多 3～5 倍，所以 P_1 是强启动子，P_2 是弱启动子。但当细菌处于紧急状态，如氨基酸全面饥饿时，细菌细胞中的 ppGpp 浓度增加，启动子 P_1 的作用被抑制。因为 rRNA 是细胞中蛋白质合成场所也是核糖体的重要组分，所以不能完全停止提供，此时由 P_2 起始的 rrnE 基因转录显得非常重要。在营养成分匮乏的培养基中细胞增殖缓慢时，P_2 是 rRNA 合成基因转录的主要启动子（图 10.30）。

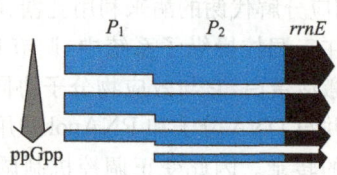

图 10.30　E. coli rRNA 操纵子的启动子位置
随着细胞内 ppGpp 浓度的增加，P_1 转录起始被逐渐关闭，而 P_2 的转录起始活性不变，保证了逆境条件下细胞内能够有低水平的蛋白质合成

(2) 核糖体蛋白 S1 操纵子

核糖体蛋白 S1 操纵子 (rpsA)，也受细菌应急反应信号的调控。在 rpsA 操纵子中有 4 个具有启动子功能的序列，是大肠杆菌中启动子数最多的一个操纵子，其中两个强启动子 (P_1，P_2)，正常情况下主要由它们启动结构基因的转录，合成 S1 蛋白。另外两个是弱启动子 (P_3，P_4)，只有当细菌面临紧急情况，P_1、P_2 的转录活性受到了 ppGpp 的抑制时，rpsA 操纵子的转录才由 P_3、P_4 发起，合成能够维持细胞最低需求量的 S1 蛋白。

(3) DnaQ 蛋白操纵子

DnaQ 蛋白是 DNA 聚合酶全酶的辅助因子，主要功能是校正 DNA 复制中可能出现的错误。表达 DnaQ 蛋白操纵子的转录活性受 RNA 聚合酶活性的调控，DnaQ 蛋白操纵子有两个启动子（图 10.31）。如果细胞内 RNA 聚合酶活性较低，操纵子的转录活动由弱启动子 P_2 启动；而当 RNA 聚合酶活性较高时，该操纵子的转录活动由强启动子 P_1 启动。这是因为细胞内 RNA 聚合酶活性与细胞的增殖速度相关，即细胞内 RNA 聚合酶活性较低时，细胞增殖和分裂活动缓慢，因而染色体复制活动也比较缓慢，细胞此时对 DNA 聚合酶的需求不高，因此 DnaQ 蛋白的合成主要靠弱启动子 P_2 来维持。反之，当细胞增殖速度加快，RNA 聚合酶活性升高时，P_1 就被激活，DnaQ 蛋白的合成就大幅增加。

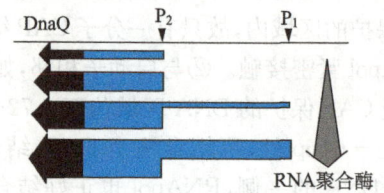

图 10.31　DnaQ 蛋白操纵子的启动子位置

总之，操纵子中有不同的启动子区，它们的启动强度各有不同，而启动转录活动的发挥又受不同因子(信号)的调控。许多因素相互作用才使基因的表达更加协调而有效。在不同环境条件下，由不同的

启动子相互组合,精密调节基因的表达强度,对维持细菌生存及保证细菌对环境的适应起着十分重要的作用。

> 小结:rRNA 操纵子、核糖体蛋白 S1 操纵子、DnaQ 蛋白操纵子都是受多重启动子调控的操纵子,它们都有不同的启动子区,启动强度各有不同,而启动转录活动的发挥又受不同因子(信号)的调控。许多因素相互作用,使基因表达更加协调而有效。在不同环境条件下,由不同的启动子相互组合,精密调节基因的表达强度,对维持细菌生存及保证细菌对环境的适应起着十分重要的作用。

10.11　重叠基因的调控作用

重叠基因最早在 E. coli 噬菌体 ΦX 174 中发现,在重叠基因中同一段 DNA 序列可以使用不同的阅读方式来编码不同的蛋白质。目前已在丝状 RNA 噬菌体、线粒体 DNA 和细菌染色体上都发现了重叠基因的存在。在原核生物中,一个操纵子中相邻的基因之间也有少量的 DNA 序列发生碱基交叠,这样不仅可以充分利用基因组中有限的碱基数目,而且也起到了基因表达调控的作用。

(1) 色氨酸操纵子中的重叠基因

色氨酸操纵子中的 5 个结构基因中,E 和 D 分别编码邻氨基苯甲酸合成酶的两个不同亚基,组成四聚体,暗示 E 和 D 的蛋白质生物合成量必须要保持严格的等量关系;同样 A 和 B 基因也分别编码色氨酸合成酶的 α 亚基和 β 亚基,其蛋白质的生物合成量也要一致。细菌如何实现这种不同蛋白质生物合成量一致性?仅依靠操纵子的表达调控是不够的,因为上游基因的表达量往往会大于下游基因。有学者报道当 E 基因发生突变时 D 基因的产量也随之下降,但并不影响下游 C 基因的表达,是否为极性效应所致?回答是否定的。因为在这种情况下即使是 ρ 因子也发生突变,D 的产量仍不能恢复。在上游基因发生无义突变时,有些有义密码子能突变成终止密码子,由此细胞中无对应的氨酰-tRNA,紧跟其后的 ρ 因子可追上 RNA 聚合酶,从 DNA 上解离而停止转录。因此上游基因的突变就影响到下游基因的表达量。若 ρ 因子基因也发生突变则不会使 RNA 转录半途中止。但 ρ 因子发生突变,D 基因产物不能恢复,说明 D 基因的产量下降不是极性突变而致。研究发现在 E 和 D 两个基因之间存在着翻译偶联的机制。$trpE$ 的终止密码子和 $trpD$ 的起始密码子有相互重叠现象。当 $trpE$ 翻译中遇到终止密码子时,核糖体尚未来得及解离,其自身已处于 $trpD$ 的起始密码子位置上,从而开始对 $trpD$ 的翻译,由此使两个蛋白质的翻译偶联起来,结果是这两个基因编码的蛋白质产量能协调起来。而对其下游邻近的 C 基因,则不存在这种翻译偶联机制。C 基因自身编码了吲哚甘油磷酸合成酶,因而也无需和 $trpE$、$trpD$ 在数量上保持严格的一致性。$trpB$ 和 $trpA$ 也同样以这种翻译偶联的关系来协调彼此在数量上的一致(图 10.32)。

(a)　trpE—苏氨酸—苯丙氨酸—终止子　　(b)　trpB—谷氨酸—异亮氨酸—终止子

　　　ACU—UUC—UGA UGG CU　　　　　　GAA—AUC—UGAUGGAA

　　　　　　AUG—GCU　　　　　　　　　　　　　AUG—GAA

　　　　trpD—甲硫氨酸—丙氨酸　　　　　　　　trpA—甲硫氨酸—谷氨酸

图 10.32　色氨酸操纵子中存在的重叠基因
(a) $trpE$ 和 $trpD$ 基因的翻译偶联现象;(b) $trpB$ 和 $trpA$ 基因的翻译偶联现象

(2) 半乳糖操纵子中的重叠基因

在 E. coli 半乳糖操纵子中的 $galE$、$galT$、$galK$ 三个基因,$galT$、$galK$ 以另一种形式重叠,从而达到协调一致。$galT$ 基因的终止密码子位于 $galK$ 基因的 SD 序列与起始密码子之间,当 $galT$ 翻译终止时,核糖体仍牢固地结合在 mRNA 上继续翻译,使 $galT$ 和 $galK$ 的翻译频率保持一致。而在上游的 $galE$ 基因却未与 $galT$ 偶联,这是由于 UDP-Gal 既可作为碳源又是构建细胞壁的重要材料。在无外源 Gal 时,可通过 $galE$ 产物(异构酶)的催化将自身的 UDP-Glu 转变为 UDP-Gal,因此 $galE$ 的表达要单独调控,所以未与操纵子中的另外两个基因存在偶联调节关系。

10.12　细菌中 DNA-蛋白质的相互作用

通过前面的学习已知,与 DNA 特定位点紧密结合的几种蛋白质包括 RNA 聚合酶、lac 阻遏物、trp 阻遏物、CAP、λ 阻遏物以及 Cro 蛋白等。这些蛋白质大都能在大量的随机 DNA 序列上定位,但最终都结合到了一段特异的短 DNA 序列上。这些蛋白质是怎样完成这种大海捞针似的专一性结合的呢?事实上,除 RNA 聚合酶外,其他几种蛋白质都含有相似的结构基序,即由一个短的蛋白质转角所连接的两段 α 螺旋。这种螺旋-转角-螺旋基序使第二个螺旋(识别螺旋)能够恰好嵌入DNA的大沟中,几乎能像钥匙和锁那样准确地契合(如图10.33)。本节将叙述几个经典的实例。

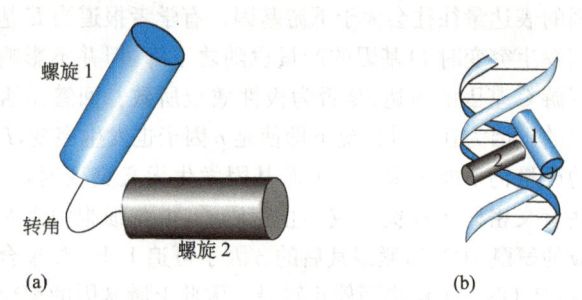

图10.33　螺旋-转角-螺旋基序是DNA结合蛋白的基本结构特征

1. λ阻遏物家族

λ及类似噬菌体的阻遏物使螺旋位于相应操纵基因(DNA)的大沟内,这种结合的特异性依赖于识别螺旋的某些氨基酸侧基与伸入到DNA大沟内的某些碱基功能基团的特异性结合,以及与DNA骨架上磷酸基团的特异性结合。还有一些具有螺旋-转角-螺旋基序的蛋白质由于识别螺旋缺乏应有的氨基酸而不能与相应的DNA位点很好地结合。利用定点突变技术能够探测哪些氨基酸在这种结合中起重要作用。

M Ptashne等利用两类λ噬菌体434和P22及其操纵基因研究了这种专一性结合。这两个噬菌体的分子遗传特性很相似,但具有不同的免疫区,通过合成不同的阻遏物来识别不同的操纵基因。两种阻遏物都与λ阻遏物相似,含有螺旋-转角-螺旋基序,但由于识别操纵基因的碱基序列不同,其识别螺旋具有不同的氨基酸。他们利用X射线衍射技术分析了操纵基因-阻遏物复合体,鉴别出了434和P22噬菌体阻遏物的识别螺旋与操纵基因大沟里的碱基的结合面。获得了每个阻遏物中最有可能与操纵基因结合的氨基酸。然后利用基因突变技术,系统地将434阻遏物识别螺旋的5个氨基酸密码子突变成P22阻遏物识别螺旋的5个相应氨基酸密码子。然后,在细菌中表达这些突变基因,并通过体内和体外实验检测基因产物结合434及P22操纵基因的能力以及体内实验检测免疫性。已知感染λ噬菌体的 E. coli 细胞进入溶源状态后便对λ噬菌体的再次感染具有免疫力,溶源菌中额外的阻遏物会立刻与入侵的λ-DNA结合并抑制其表达。434和P22噬菌体都是类λ噬菌体(lambdoid),但是它们的免疫区及操纵基因有区别。因此,434溶源菌对434噬菌体再次感染有免疫力,但对P22再次感染无免疫力;反

之亦然。他们没有培养溶源菌,而是利用编码重组434阻遏物的质粒转化 E. coli,之后检测重组434的阻遏物(其识别螺旋已被改变成P22的识别螺旋)是否仍具有原来的结合特异性。如果有,则转化重组阻遏物的细胞对434的感染就应具有免疫力,如果其结合特异性变化了,则应该对P22的感染有免疫力。实际上434和P22都不感染 E. coli。研究者用434和P22免疫区(λ_{imm}434和λ_{imm}P22)的重组λ噬菌体进行实验发现,突变434阻遏物的细菌对P22免疫区噬菌体的感染有免疫力,而对434免疫区噬菌体则无免疫力。研究者在体外用DNase足迹实验验证这些结果发现,纯化的重组434阻遏物与未重组的P22阻遏物一样,能在P22操纵基因上形成"足迹"。说明这种结合的特异性确实是因为这5个氨基酸的改变而发生了改变。进一步实验表明,前4个氨基酸对于两个阻遏物的结合活性是充分必要的,如果阻遏物识别螺旋有The-Gln-Gln-Glu,阻遏物就与434操纵基因结合,如果是Ser-Asp-Val-Ser,则与P22操纵基因结合。

Cro也以螺旋-转角-螺旋基序与λ阻遏物同样的操纵基因结合,但是对这三个操纵基因的亲和力与λ阻遏物正好相反(先结合O_R3,最后是O_R1)。因此,通过改变识别螺旋的氨基酸可以辨别出使Cro与λ阻遏物具有不同识别特异性的氨基酸。研究发现识别螺旋的第5、6位氨基酸对结合的专一性特别重要。通过改变操纵基因碱基发现,识别O_R1和O_R3的关键碱基对在3号位,Cro对其更敏感。

为了研究更高分辨率的λ阻遏物-操纵基因相互作用关系,S Jordan等做了阻遏物片段与操纵基因片段的高质量共结晶,得到了在2.5Å的分辨率水平上的结果。阻遏物片段有1~92位残基,包括全部DNA结合域,操纵基因片段为20bp长,含有阻遏物二聚体的完整结合位点,即含有两个分别与阻遏物的单体结合的半位点(two half-sites)(图10.34)。

```
 1 2 3 4 5 6 7 8 9
 T A T A T C A C C G C C A G T G G T A T
 T A T A G T G G C G G T C A C C A T A A
                       8' 7' 6' 5' 4' 3' 2' 1'
```

图10.34　用于制备操纵基因—阻遏物共结晶的操纵基因片段

图10.35显示了λ阻遏物与操纵基因较详细的相互作用关系。每个阻遏物单体的识别螺旋以两个半位点嵌入DNA大沟中。螺旋5和5'相互靠近将阻遏物二聚体拉在一起。DNA构象与B型类似但稍许弯曲,尤其在两端稍弯向阻遏物二聚体。

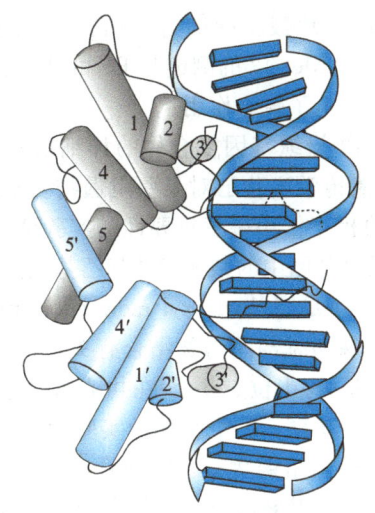

图 10.35 λ 阻遏物与操纵基因的相互作用
(引自 Jordan and Pabo,1988)

螺旋位于相应操纵基因(DNA)的大沟内,这种结合的特异性依赖于识别螺旋的某些氨基酸侧基与伸入到 DNA 大沟内的某些碱基功能基团的特异性结合,以及与 DNA 骨架上磷酸基团的特异性结合。Cro 也以螺旋-转角-螺旋基序与 λ 阻遏物同样的操纵基因结合,但对这三个操纵基因的亲和力与 λ 阻遏物正好相反。

在图 10.36 中,可以看到参与相互作用的关键氨基酸是 Gln33、Gln44、Ser45、Lys4 及 Asn55。在这种<mark>氢键网络</mark>中,识别螺旋中氨基酸与 DNA 结合的其中三个氢键是 Gln44 与腺嘌呤 2(在操纵基因中的碱基序号)形成两个氢键,Ser45 与鸟嘌呤 4 形成一个氢键。Gln44 与 Gln33 形成氢键,而 Gln33 又与 2 号碱基形成氢键,其中 Gln33 的参与十分重要。通过为 DNA 骨架与 Gln44 搭桥,Gln33 使 Gln44 及识别螺旋上的其他部分处于与操纵基因作用的最佳位置。因此,虽然 Gln33 位于螺旋 2 的开始处而未在识别螺旋上,但它却在蛋白质-DNA 相互作用中发挥重要作用。在 434

小结: 与 DNA 特定位点紧密结合的几种蛋白质包括 RNA 聚合酶、*lac* 阻遏物、*trp* 阻遏物、CAP、λ 阻遏物以及 Cro 蛋白等。λ 及类似噬菌体的阻遏物识别

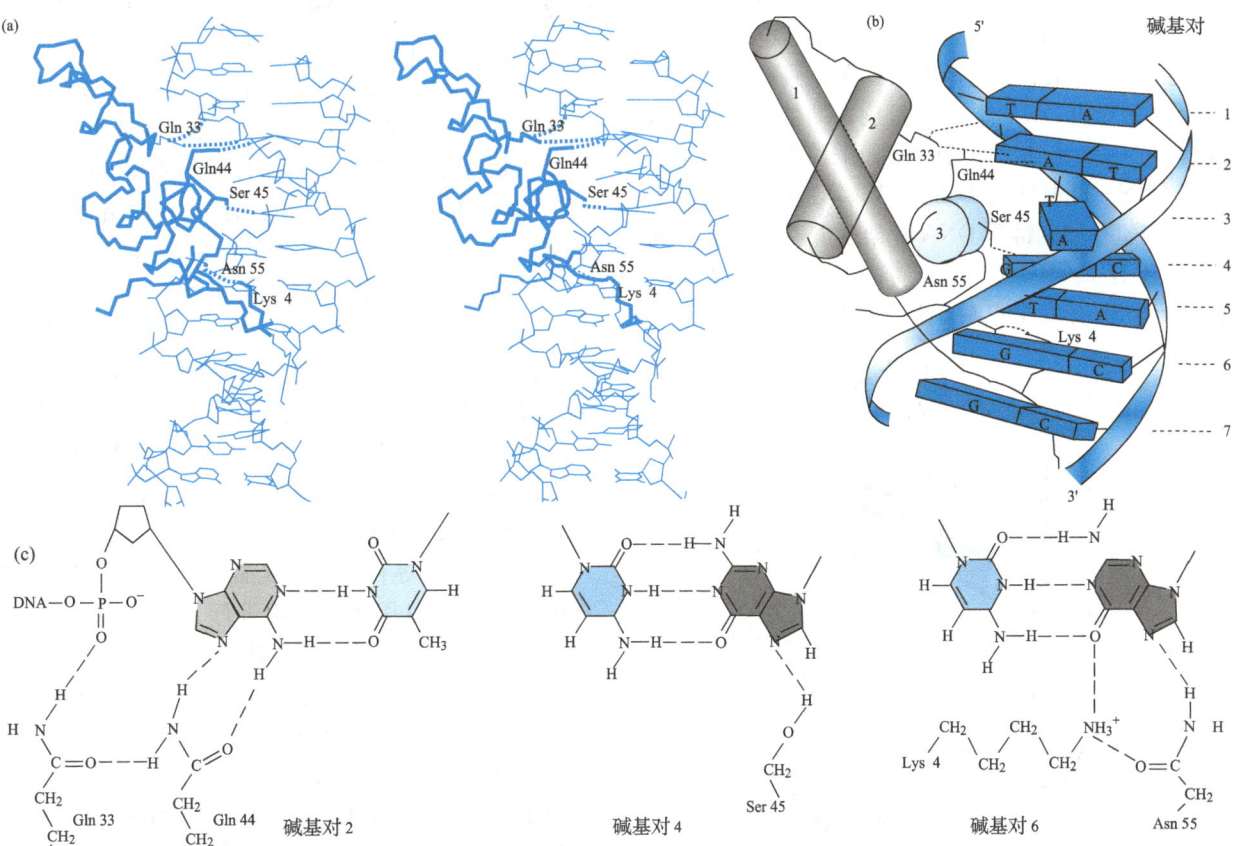

图 10.36 λ 阻遏物与操纵基因大沟中碱基之间的氢键与相互作用(引自 Jordan and Pabo,1988)
(a)复合体的空间结构示意图,DNA 双螺旋在右侧,阻遏物单体的氨基末端在左侧;α 螺旋 2 和 3 用粗线表示,识别螺旋几乎与纸面垂直;氢键用虚线表示;(b)氢键示意图,只标出重要的氨基酸,碱基对数字编号在右侧;(c)氢键的详细结构;给出了关键氨基酸侧链和碱基结构及它们所参与形成的氢键

噬菌体阻遏物的相同位置也有这个 Gln，并与 434 操纵基因有相同的作用。Ser45 与鸟嘌呤 4 形成重要氢键，其亚甲基（CH_2）与胸腺嘧啶 5 的甲基相互靠近参与疏水作用。疏水作用还包括 Ala49，涉及水溶液的极性环境，与碱基形成氢键的另两个氨基酸不属于任何螺旋。Asn55 位于第 3 和第 4 螺旋的连接处，Lys4 位于绕 DNA 的臂上。由此可见，氢键的形成不仅在氨基酸与碱基之间，而且在两个氨基酸之间也有，这种氢键网络使复合体的结构更加稳定。

图 10.37 显示了 λ 阻遏物与操纵基因的 DNA 骨架相互作用情况。图中可见 Gln33 与 DNA 骨架（碱基对 1 和 2 之间的磷酸基）形成氢键，这是半位点中的 5 个相互作用之一，其中包括 5 种不同氨基酸的作用，但只有 Asn52 这一个氨基酸位于识别螺旋内，虚线代表多肽骨架上 N—H 基团所形成的氢键而非氨基酸侧链所形成的。Gln33 的 N—H 氢键最吸引人，它为螺旋 2 提供了所有的电子。在蛋白质化学中我们已知，蛋白质 α 螺旋的所有 C=O 键都指向一个方向，由于每个 C=O 键都是极性的，在氧原子上带有部分负电荷，而碳原子上带有部分正电荷。α 螺旋的氨基末端富含正电荷使整个螺旋带有相当强的极性，带正电的螺旋末端就与 DNA 骨架的负电荷吸引。在 2 号螺旋末端的 Gln33 直接对应 DNA 骨架，使螺旋末端带正电荷的氨基酸与 DNA 负电荷之间的电荷吸引达到最大，稳定了 Gln33 的 N—H 基团与 DNA 骨架磷酸基团之间的氢键。参与氨基酸侧链与 DNA 骨架磷酸基团之间的其他氢键还有 Lys19、Asn52 与磷酸 P_B 之间形成的氢键。Lys26 带有完全电荷，尽管与 DNA 骨架相距较远，不能直接与磷酸基团结合，但它有助于蛋白质与 DNA 的吸引。Met 42 的侧链与 P_C 和 P_D 之间核苷酸三个碳原子发生了疏水作用。

在阻遏物-操纵基因复合体的详细结构被弄清之前，生化和遗传学实验已对某些阻遏物氨基酸和操纵基因碱基的相互作用做了重要性的实验证实，列于以下。①将操纵基因中的某些磷酸基乙基化能干扰阻遏物的结合，羟基足迹（hydroxyl radical foot-printing）实验表明这些磷酸基与阻遏物结合有关，目前已知这些相同的磷酸基（每半位点 5 个）在共结晶中与阻遏物的氨基酸有重要联系。②甲基保护实验预测 DNA 大沟中某些鸟嘌呤与阻遏物有紧密联系，晶体结构证实这些鸟嘌呤确实与阻遏物的结合有关；大沟鸟嘌呤（G8'）在阻遏物结合时对甲基化敏感，它在共结晶中有特殊的构象，碱基对扭曲比其他碱基严重，与其他碱基间的距离变宽。这种特殊构象使 8' 鸟嘌呤更易受甲基化试剂 DMS 攻击；之前有学者发现过腺嘌呤被甲基化的现象，腺嘌呤甲基化发生在位于小沟的 N3 上，而阻遏物与操纵基因的结合不在小沟，因此阻遏物不能保护腺嘌呤免受甲基化。③ DNA 测序结果表明在操纵基因 O_R 和 O_L 的所有 12 个半位点中，2 位的 A-T 和 4 位的 G-C 都是保守的，晶体结构揭示它们都参与和阻遏物的重要结合，所以非常保守。④遗传实验证明，突变某些氨基酸可使阻遏物与操纵基因之间的相互作用不再稳定，而改变其他氨基酸却能加强二者的结合。共结晶结构也能显示所有这些突变的结果，Lys4 和 Tyr22 突变对结合的破坏最大，它们与操纵基因有很强的结合，Lys4 与第 6 位鸟嘌呤（及 Asn55）结合、Tyr22 与 P_A 结合。Lys 替代 Glu34 是正向突变，在晶体结构中未发现 Glu34 参与任何与操纵基因形成的化学键，但该位点的 Lys 能旋转到 P_A 之前形成盐桥，增强蛋白质与 DNA 的结合。这个盐桥包了 Lys-ε 基团的正电荷和磷酸基团的负电荷。

H Ptashne 等利用 X 射线晶体学方法对 434 噬菌体阻遏物-操纵基因相互作用进行了详细分析。以阻遏物蛋白的前 69 个氨基酸多肽替代阻遏物，其中包含螺旋-转角-螺旋的 DNA 结合基序。操纵基因是人工合成的含有阻遏物结合位点的 14bp DNA 片段。这项研究提供了早期 X 射线晶体在完整阻遏物-操纵基因研究中得不到的重要信息。图 10.38 给出了位于 434 阻遏物识别螺旋（α3）的 Gln28、Gln29、Gln33 侧链与碱基的相互作用的详细模型。从图底端开始，注意 Gln28 的 $O_ε$、$N_ε$ 与 1 位腺嘌呤的 N6、N7 之间有两个氢键（虚线）。可见 Gln29 的 $O_ε$ 与 Gln29 在蛋白质骨架上的 NH 基团之间的氢键使其 $N_ε$ 直接指向操纵基

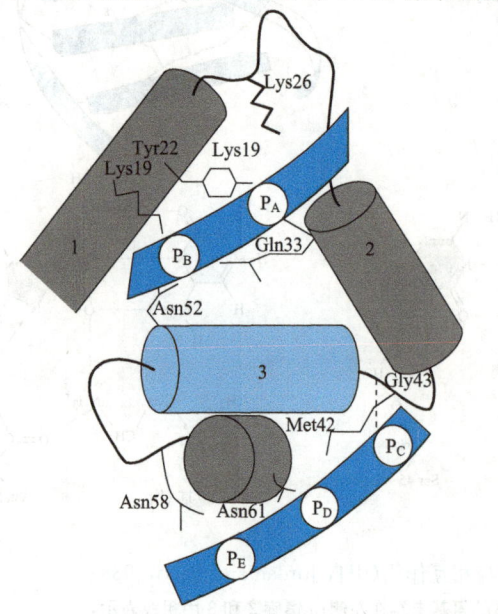

图 10.37　操纵基因中氨基酸-DNA 骨架的相互作用
（引自 Jordan and Pabo，1988）

因 2 位鸟嘌呤上的 O6，形成氨基酸与碱基间的氢键。Gln29 的 Cβ 与 Cγ 和 3 位碱基对胸腺嘧啶的 5-甲之间形成的范德华力（似同心弓形）。在化学上对这种范德华力的解释是尽管所有参与基团都是非极性的，但在任意给定瞬间由于其电子云的随机波动使基团产生了瞬时极性，导致其相邻基团产生了相反的极性，结果相邻两基团之间产生互相吸引。

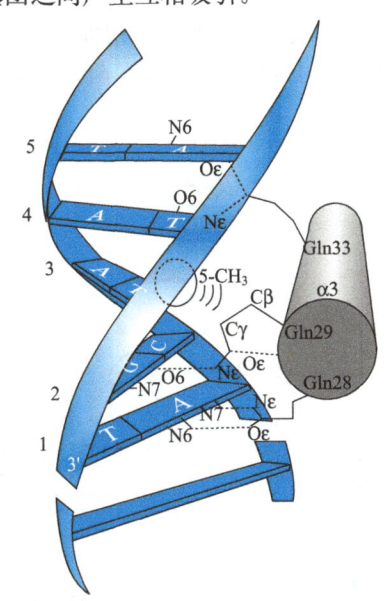

图 10.38　识别螺旋氨基酸侧链与 434 噬菌体阻遏物操纵基因半位点相互作用的详细模型
（引自：Anderson and Harrison，1987）

阻遏物与 DNA 骨架的结合需要双螺旋轻微弯曲，在高分辨率的晶体研究中显示 DNA-蛋白质复合体中的 DNA 的确是弯曲的，进一步研究发现有些 DNA 序列在一定的方式下更容易弯曲，而 434 噬菌体阻遏物-操纵基因序列就是最利于这种弯曲以适应与阻遏物结合。操纵基因 DNA 构象的另一个显著特征是两个半位点在 7、8 位碱基对之间的双螺旋被压缩为 39°，比正常的 36°多了 3°。在图中可见中部的小沟狭窄，而两边大沟比正常的宽，以补偿这段 DNA 的不完全扭曲。该处的碱基序列也最适合于这种构象。总之，434 噬菌体阻遏物-操纵基因复合体的 X 射线晶体分析表明了 DNA 的构象发生了明显变化，一定程度的弯曲能适应碱基/氨基酸相互作用。另外，在两个半位点之间，螺旋中部缠绕得较紧，而其两端则相对疏松。操纵基因的碱基序列有利于这种构象变化。为了验证 Gln28 和 A1 之间相互作用的重要性，Ptashne 等将 A 突变为 T，以破坏阻遏物对操纵基因的结合，但该突变又可被阻遏物 28 位 Gln 到 Ala 的突变所抑制。可能的情况是，Gln28 与 A1 的两个氢键可被 Ala28 与 T1 甲基间的范德华力所取代。这种力的重要性通过不含甲基的尿嘧啶或含甲基的 5-甲基胞嘧啶取代 T1 得以加强。这种 U 取代的操纵基因不能结合含 Ala28 的阻遏物，但可结合被 5-甲基胞嘧啶取代的操纵基因。因此，甲基基团对突变体阻遏物结合突变体操纵基因十分重要，这与基于范德华力所做的研究一致。

2. trp 阻遏物

trp 阻遏物以另一种螺旋-转角-螺旋基序结合 DNA。已知 trp 阻遏物（在无辅阻遏物的色氨酸时）是非活性的。P Sigle 用 X 射线晶体学研究发现，由于色氨酸的存在所造成的阻遏物蛋白微小但十分重要的差异。trp 阻遏物是两个相同亚基构成的二聚体，两个亚基形成三域结构（three-domain structure）每个单体的中心域由其 A、B、C、F 螺旋组成，另两个结构域由每个单体的 D、E 螺旋组成。当加入色氨酸后中心域保持稳定，而另两个结构域发生倾斜。每个单体的识别螺旋是 E 螺旋，在顶端单体中，当色氨酸结合后其位置发生明显移动。在顶端单体中 E 螺旋从下向上有微小移动，进入操纵基因大沟内与 DNA 近乎完美的结合。几乎所有可类比的螺旋-转角-螺旋蛋白的疏水口袋都被一个疏水氨基酸（有时是色氨酸）的侧链所占据，如 λ 阻遏物、Cro、CAP 等。在这些蛋白质中，疏水氨基酸是蛋白链的一部分，而色氨酸阻遏物中是自由氨基酸。

DNA 结合蛋白的靶位点一般是对称的或重复性的，因此可与一个以上亚基组成的多聚体蛋白作用。大多数 DNA 结合蛋白都是二聚体（有的甚至是四聚体），因此极大地增强了 DNA 与蛋白质的结合；因为蛋白质的两个亚基可协同性地结合。在结合位点只要有一个亚基就自动增加了另一个亚基的浓度，这种浓度的迅速增加非常重要，因为细胞内 DNA 结合蛋白的量一般很低。研究 DNA 结合蛋白形成二聚体的优势的另一个方法是采用熵（entropy）的概念。熵是测量无序状态的一种方法，将无序变为有序或者降低系统的熵值需消耗能量。DNA-蛋白质复合体比其相互独立的单个分子更为有序，因此，把它们连在一起时降低了熵值。两个相互独立的蛋白亚基结合在一起可加倍地降低熵值，但如果两个蛋白亚基已经在二聚体中结合，那么调整其中一个与 DNA 的结合，将会自动调整另一个与 DNA 的结合；因此熵值变化比单独结合中少得多，所需能也低。从 DNA-蛋白质复合体、从 DNA 释放蛋白二聚体的熵值与释放两个独立的结合蛋白的角度来看，熵值不等，因此，蛋白二聚体与 DNA 结合得更紧密。

小结：trp 阻遏物以另一种螺旋-转角-螺旋基序结合 DNA。在顶端单体中，当色氨酸结合后其位置发生明显移动。在顶端单体中 E 螺旋从下向上有微小移动，进入操纵基因大沟内与 DNA 近乎完美结合。

10.13 综合实例——噬菌体基因的表达调控

10.13.1 噬菌体的生活周期

噬菌体(bacteriophage, phage)是能够感染细菌、真菌、放线菌等微生物的病毒。噬菌体不具有完整的细胞结构，主要由蛋白质衣壳和包含于其中的核酸(DNA 或 RNA)组成；噬菌体的复制和增殖只能在活的微生物细胞内进行。由于噬菌体结构简单、基因数目少，所以是分子生物学与基因工程研究和开发的好材料，常用的 T4 连接酶就来源于 T4 噬菌体。部分噬菌体的生存和繁殖方式是一旦条件具备，它们就感染特异的宿主，进入宿主体内后，利用和接管宿主细胞内的生化代谢途径，表达自身的基因并复制子代装配所需的物质(核酸和蛋白质)，形成大量的子代噬菌体颗粒；最终通过裂解宿主细胞，释放子代噬菌体，这个过程称为裂解性感染。在这种裂解循环中，噬菌体的遗传物质被注入宿主细菌细胞内后，其不同功能的基因以一定的顺序表达，噬菌体遗传物质得到复制，产生噬菌体颗粒的蛋白质成分。最后宿主细胞裂解释放组装的子代噬菌体颗粒。主要过程为以下几个步骤：①吸附，噬菌体与细菌表面受体发生特异性结合，特异性取决于噬菌体蛋白与宿主表面受体分子结构的互补性。②注入，有尾噬菌体吸附于宿主菌后，借助尾部末端释放类似溶菌酶的物质，在胞壁上形成小孔，然后通过其尾鞘的收缩将头部的 DNA 注入细菌细胞内，而蛋白质衣壳则留在了细菌的胞外。③生物合成，噬菌体核酸物质进入细菌胞内后，一方面利用宿主的转录系统，转录形成自身基因的 mRNA，再由此翻译获得与噬菌体生物合成有关的酶、调控蛋白和结构蛋白等；另一方面以噬菌体的核酸为模板，通过接管宿主的复制系统(如 DNApol)，大量备份子代噬菌体所需的遗传物质。④成熟与释放，当子代噬菌体装配所需的蛋白质和核酸被充分合成后，立即在细菌胞质内装配成完整的子代噬菌体；当子代噬菌体达到一定数目时，细菌细胞被裂解释放子代噬菌体，接着进行下一轮的敏感细菌感染。

一部分噬菌体除了可以通过裂解循环复制和释放大量的子代噬菌体外，它们还能以另一种形式存在，即噬菌体基因组整合到宿主染色体上。此时噬菌体并不急于复制自身的蛋白质和基因表达，而以潜伏的方式存在于宿主菌体内随着宿主的分裂和增殖，噬菌体的基因组也得到复制并分布于子代细菌中，以这种形式存在的噬菌体被称为原噬菌体(prophage)。原噬菌体的这种存在形式称为溶原体(lysogen)。由于含有原噬菌体，溶原的细菌不会再被同种类型噬菌体所感染，即产生了免疫性。免疫性的产生是随着一个原噬菌体的整合而发生的，因此通常一个细菌的基因组内只包含某种类型噬菌体基因组的一个拷贝(指可以含有多个不同类型噬菌体的基因组)。噬菌体的溶原形式和裂解形式可以互相转变(图 10.39)。当一个裂解循环产生的噬菌体进入一个新的细菌宿主细胞时，它可以反复进入裂解循环或静默下来进入溶原周期，两种途径的选择取决于当时的感染状况及噬菌体与细菌之间基因型的匹配性。

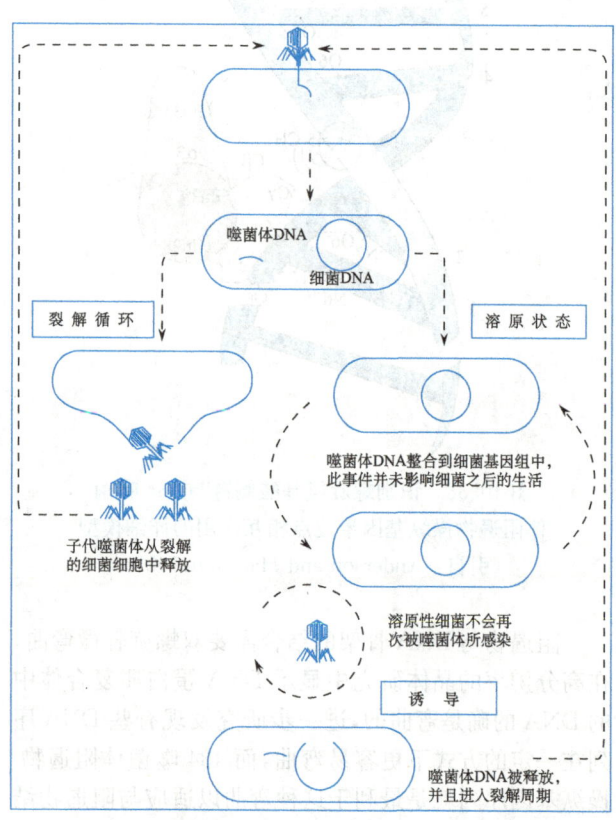

图 10.39 噬菌体的两种生活策略及其之间的转换
在裂解途径中噬菌体颗粒的装配伴随着对宿主细胞的破坏；而溶原性策略则使宿主把噬菌体 DNA 作为自身遗传物质的一部分进行复制和遗传，两者"和睦"共生，直到出现诱导因子

由于诱导因素的出现，原噬菌体可以打破溶原限制，进入裂解途径。首先发生的事件就是噬菌体基因组从细菌基因组释放出来，产生游离的噬菌体 DNA。噬菌体以哪种策略进行繁殖是由其基因的转录调控决定的。溶原状态的保持通过噬菌体阻遏蛋白对相关操纵子的转录阻遏实现。裂解循环过程需要级联式(cascade)的转录调控机制。裂解途径和溶原途径之间的转换依赖阻遏作用的建立或解除。

10.13.2 噬菌体裂解过程中基因表达调控是级联反应

噬菌体进入宿主细胞后通常接管宿主细胞内负责 DNA 复制和基因表达的系统,使其复制和转录噬菌体的基因组,而不再复制和表达细菌的 DNA。噬菌体的某些调节基因编码的蛋白质具有这样的功能,即能够保证噬菌体 DNA 先于宿主 DNA 被复制。这些基因编码的蛋白质通常与 DNA 复制的起始有关,甚至包括一个全新的复制系统。同时宿主细胞的转录活动也会发生变化,包括更换 RNA 聚合酶(或某个亚基),或对其进行修饰从而改变转录起始和终止的能力。改变的结果导致噬菌体基因被优先转录。对于蛋白质合成而言,噬菌体利用宿主的合成系统,以自身的 mRNA 取代细菌的 mRNA,改变翻译方向得到的几乎都是噬菌体增殖所需要的蛋白质。裂解途径是通过使噬菌体基因组按固定的程序依次表达实现的,这保证了在某一发育时期每种成分(调节蛋白、结构蛋白、基因组 DNA 等)的应有数量。裂解循环分为两个主要发育阶段,即早期侵染(从 DNA 进入到开始复制的时期)和晚期侵染(从 DNA 复制开始到最后细胞裂解释放出子代噬菌体颗粒这一时期)。早期阶段主要是合成与 DNA 复制、重组和修饰相关的酶。这些酶的功能是引导宿主 DNA 复制体系开始对噬菌体 DNA 进行复制和加工,从而使噬菌体基因组池(pool)得到累积。在晚期发育阶段主要是转录噬菌体颗粒蛋白的编码基因及相应的蛋白质翻译。组成噬菌体的头和尾需要许多不同的结构蛋白的合成。除结构蛋白外,还需要有能将这些结构蛋白装配成噬菌体颗粒的蛋白质的参与,虽然它们本身并不是噬菌体颗粒的组分,但对子代噬菌体的组装必不可少。当这些结构成分组装成头和尾部,这时 DNA 的复制也达到了最大速度,于是噬菌体 DNA 就被包装到中空的蛋白质头壳中,再装配上尾部,就产生了完整的子代噬菌体,此时只要使宿主细胞崩解就可释放子代噬菌体。

噬菌体的裂解发育顺序(基因表达顺序)大致能反映在其遗传图谱的组织结构上。可用操纵子的概念来理解噬菌体基因的表达调控机制。已知编码功能相关蛋白质的基因往往成簇排列构成操纵子,使它们的表达调控变得经济有效。功能相关基因的"操纵子"结构允许由少数调控开关来控制裂解发育的代谢途径。噬菌体裂解周期的调控是一种正调控,每个噬菌体基因只有在适当的信号刺激时才表达。图 10.40 显示噬菌体调控基因的功能是级联式的,前一个发育阶段的基因表达产物是下一个发育阶段基因表达所必需的反式

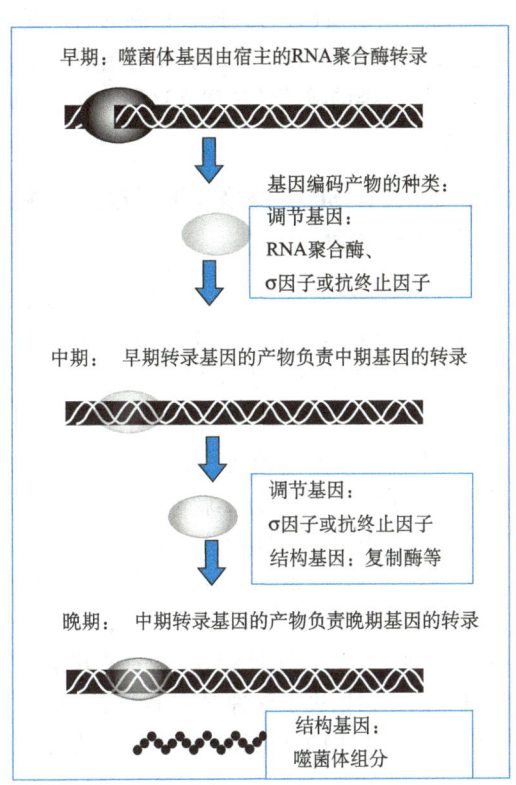

图 10.40 噬菌体裂解途径中基因的顺序表达是一种级联调控

作用因子。所以在每个发育阶段,总有一种或多种基因的表达产物为下一个发育阶段基因表达做准备。最初的噬菌体基因表达必须利用宿主的转录系统,虽然这一时期通常只有几个基因表达。这部分基因的启动子和宿主基因的启动子结构和组成非常相似,这部分基因一般被称为早期基因。部分早期基因总是编码下一阶段基因转录所必需的蛋白质。第二类基因称为后早期和中期基因。只要早期基因编码的蛋白质一出现,后早期和中期基因就开始转录。这时宿主的基因表达水平下降。这两套早期基因包括了除装配蛋白颗粒外壳和裂解细胞以外的所有噬菌体功能。当噬菌体 DNA 开始复制时,晚期基因开始表达,此阶段的转录通常由包含在前套(后早期或中期)基因中的另一个调控基因控制。调控物是另一种抗终止因子(如在 λ 噬菌体中)或另一种 σ 因子(如在 SPO1 中)。在噬菌体发育阶段的这三个时期普遍存在。在第一个发育时期,噬菌体早期基因首先被宿主 RNA 聚合酶转录(有时此期的产物只是调控蛋白);第二个时期中由第一时期所产生的产物调控某些基因的转录(大多为编码噬菌体 DNA 复制所需的酶类);在最后一个时期由第二时期合成的调控物来指导编码噬菌体成分基因的转录。每个发育阶段所转录的基因群中都含有下一套基

因表达所需的调控蛋白,这种连续控制的机制是一种级联(或层次)关系,使不同基因能在特定时期被启开或关闭。不同种类的噬菌体中建立这种级联关系的方式各有特点。

10.13.3 噬菌体 SP01-替换 σ 亚基改变宿主的转录对象

在枯草杆菌(B. subtilis)中 σ 因子被广泛地用于转录起始的调节,现已知道枯草杆菌中有 10 种不同的 σ 因子,它们当中有的存在于营养期细胞中,有的仅出现在被噬菌体感染的特殊环境中或从营养生长转变为孢子形成期。从正常营养生长期的枯草杆菌分离得到的 RNA 聚合酶与大肠杆菌的 $\alpha_2\beta\beta'\sigma$ 的结构非常相似。已知 σ 因子的大小为 43kDa,常以 σ43 表示。它所识别的启动子与 E. coli σ70 识别的启动子有共同的保守序列。含有不同的 σ 因子的 RNApol 识别不同启动子的 -35 和 -10 顺序,即一种 RNApol 识别与转录带有哪一种启动子的基因取决于这种 RNApol 的 σ 因子。

在噬菌体对宿主的感染和发育中一个共同特点就是存在着明显的发育阶段,这种发育阶段产生的实质是一套基因的转录更叠为另一套基因的转录。这种转录对象的改变是通过噬菌体编码的 RNA pol 的合成来完成,或通过噬菌体编码的控制细菌 RNA pol 转录特性的附属因子(包括新的 σ 因子种类)来完成的。在枯草杆菌被噬菌体 SPO1 感染中通过产生新的 σ 因子来控制这种转录对象的选择。SPO1 感染周期中基因表达分三个阶段。在感染的瞬间,噬菌体的早期基因就被宿主 RNApol 转录了;在 4~5min 后早期转录停止,中期基因开始转录;再过 8~12min 中期基因的转录又被晚期基因的转录所替代。早期基因由于具有与宿主基因相似的启动子结构,因而能够被宿主菌的 RNApol 全酶识别和转录。早期基因的表达对于中期和晚期基因的转录是必要的。其中有三个调节基因分别的编号为 28、33 和 34,它们控制基因转录的程序。在级联调控系统中,由宿主的 RNApol 转录噬菌体的早期基因,其产物是转录中期基因所必需的;而中期基因中有两个是编码晚期转录所必须的调控蛋白。两个中期基因(33 和 34)涉及晚期基因转录,它们的突变将阻止晚期基因转录。这两个基因的蛋白产物大小分别是 13kDa 和 24kDa,它们取代了 RNApol 核心酶上的 gp28,一旦与核心酶结合,重组的 RNApol 就能在晚期基因启动子上起始转录。每次 σ 亚基的改变都使 RNApol 能识别一组新的基因而不再识别前套基因的启动子。σ 因子的转换使 RNApol 的活性发生了"喜新厌旧"的改变,所有的核心酶是短暂地和不同的 σ 因子相结合,研究发现这种结合的更迭过程不可逆。

10.13.4 T4 噬菌体-修饰核心酶并替换 σ 亚基改变宿主的转录对象

噬菌体 T4 的基因组较大,其中含有大量的功能基因簇。其基因表达分为三个阶段。早期基因由宿主 RNApol 转录。中期基因也由宿主 RNApol 转录,但两个噬菌体基因编码的产物 MotA 和 AsiA 也是必需的。中期基因启动子缺少 -30 区保守序列,而存在 MotA 因子的结合序列。MotA 是一个激活蛋白,它弥补了中期基因启动子缺少 -30 区序列对转录的负面影响,使宿主 RNApol 能够识别并与之结合(在 λ 噬菌体也有类似的机制)。早期基因和中期基因包含了与 DNA 合成、修饰细胞结构以及转录和翻译噬菌体基因有关的所有功能。T4 噬菌体蛋白质合成的顺序调控策略与大肠杆菌及枯草杆菌不同,它能利用自身编码的蛋白质(酶)对宿主的 RNApol 核心酶加以修饰,从而改变其与 σ 亚基的结合能力,使自身编码的蛋白质有机会取代宿主的 σ 亚基,由此改变 RNApol 对基因启动子的识别特性。T4 噬菌体在生活周期的不同阶段转录不同的基因群,主要是早期基因群和晚期基因群。早期转录基因产物涉及 DNA 的合成、RNA 转录调控、DNA 重组等过程,晚期转录的产物主要是噬菌体的结构蛋白、病毒颗粒装配及裂解宿主细胞所需要的蛋白。T4 感染初期利用宿主的 RNApol 转录第一批早期基因,T4 的头部内带有几种小分子蛋白质,称内部蛋白。当 T4 感染不久这些蛋白质伴随着 DNA 一起注入细菌细胞内,其中一种就是 ADP-核糖转移酶(ADPRT),它是一种转换蛋白,能将 ADP-核糖与宿主 RNApol α 亚基上的精氨酸胍基相连,使后者被修饰。ADP-核糖的加入降低了 RNApol 核心酶与原有 σ 因子的结合能力,而增加了其与 T4 噬菌体编码的 Mot 蛋白的亲和力,这样 Mot 蛋白就取代了 σ 亚基,新产生的 RNApol 不再识别和转录寄主的基因及 T4 早期基因,而是获得了识别下一发育阶段所需基因启动子的能力。到转录晚期基因时,RNApol 被进一步修饰,其两个 α 亚基各结合了一个 ADP-核糖分子和 4 个修饰性蛋白。即便如此,晚期基因的转录仍不能启动,而要等到 DNA 复制时才能转录,事实上直到复制达到一定阶段后才需要晚期基因编码的产物。

10.13.5 T7 噬菌体——RNA 聚合酶的代换

T7 噬菌体的基因组中有三类基因,每一类都由一群比邻的基因座组成。Ⅰ类基因在前早期阶段转录,只要噬菌体 DNA 进入宿主细胞它们就由宿主

RNApol 识别和转录。在这些基因产物中,有干扰宿主基因表达的酶和噬菌体自身的 RNApol。前早期阶段表达的酶负责表达 II 类基因(主要与 DNA 复制有关)和 III 类基因(与装配成熟的噬菌体颗粒有关)。

T7 噬菌体的转录时序调控策略不是采用 σ 因子的级联更迭,也不是像 T4 噬菌体那样对核心酶进行修饰,而是根据感染条件采用了 RNApol 代换进行转录时序调控。T7 噬菌体是 *E. coli* 的烈性噬菌体,基因组大小约为 38kb,序列已测定。整个基因组中含有 55 个基因,其中已知 30 种基因的功能,它们的转录分为三组。在 30℃时,T7 整个生活周期约为 25min,但其 DNA 向宿主中的注入过程很缓慢,整个过程约为 10min,而在其他的噬菌体中,该过程仅需 1min。事实上这也是一种基因表达调控的策略,因为未进入宿主细胞的 DNA 是不能被转录的。在感染 6min 后,*E. coli* 的基因转录体系全部被 T4 的合成体系所取代。在感染后的前 6min 内,T7 噬菌体的 RNA pol 基因未被转录,此时以宿主的 RNA pol 对 T7 的 10 个基因(0.3,0.4,0.5,0.6,0.65,0.7,1,1.1,1.2,1.3)进行转录,其中 0.3 基因编码的对宿主细胞内的限制性内切酶有抑制作用,以防止 T7 的核酸在进入宿主细胞后遭到降解,0.7 基因编码一种蛋白激酶,能将宿主的 RNA pol 磷酸化,为接下来抑制宿主 RNA pol 的活性做准备,基因 1 编码了 T7 的 RNA pol,其大小为 98kDa,由一条单链多肽构成,它所识别的启动子序列是由 23bp 组成的保守序列。

晚期转录分为二组,在感染后 6~12min 以后,T7 噬菌体开始利用自身的 RNA pol 转录晚期转录中的第一组基因。这一组约含 15 个基因(1.4,1.5,1.6,1.7,1.8,2,2.5,2.8,3,3.5,3.8,4,5,5.7,6),其中与转录调控有关的是基因 2,其产物是宿主 RNA pol 的抑制剂。宿主的 RNA pol 先是被基因 0.7 的产物磷酸化,再经基因 2 的产物抑制就完全失去了活性。晚期转录中第二组基因产物多与 T7 复制酶系的合成及几种结构蛋白合成有关。但第二组基因的启动子与复制的启动子中有 2~7 个碱基发生了改变,是弱启动子;但由于其在基因组上的位置排在第三组基因前面,所以先一步进入宿主体内得以转录,避免了与第三组基因启动子对 RNA pol 的竞争。由于在基因组上的位置,RNA pol 基因最后进入宿主体内,在晚期转录活动中排在最后(感染 12min 后才被转录)。此组中约含有 15 个基因,它们主要是编码了 T7 噬菌体头部和尾部蛋白以及负责装配的蛋白质,这种转录顺序的优点是防止 T7 噬菌体不会过早地装配成病毒颗粒(不利于产生大量的后代和子代噬菌体的集中释放)。这一组基因虽然在转录顺序上排在最后,但它们由强启动子启动,能够保证最后阶段的结构蛋白的充分合成。

10.13.6 λ噬菌体基因组的表达调控

λ噬菌体的基因组长达 50kb,共 61 个基因,其中 38 个较为重要。基因组图谱如图 10.41 所示,其生活史可分为裂解周期和溶原周期。

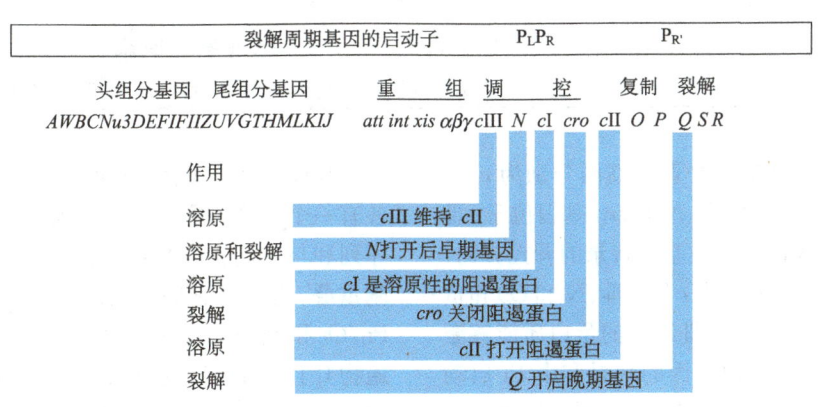

图 10.41 λ噬菌体基因组中主要功能相关的基因簇

1. λ噬菌体基因组中的转录调控区

启动子 λ噬菌体的转录调控区共有 4 个启动子:P_L、P_R、P_M 和 P_E(表 10.3)。其中 P_L 是左向转录单位启动子,P_R 是右向转录单位启动子,二者都是强启动子。P_M 和 P_E 均为 cI 基因启动子。由 P_M 启动 cI 基因转录和翻译得到的是一种阻遏蛋白,是用于维持溶原化状态的关键调节蛋白。但由 P_M 转录的 mRNA 中由于缺少 SD 序列,使其与核糖体结合的机会较少,因而被翻译出的蛋白质也较少,只能维持已建立的溶原状态。启动子 P_E 位于基因 cro 与 cII 之间,由它所转录的 cI mRNA 有 SD 序列,能够被高效翻译得到较多的 CI 阻遏物,故可从头建立溶原化状态,只是 RNApol 从 P_E 启始的转录要以蛋白 CII 和 CIII 的存在为前提。

表10.3 λ噬菌体主要的调节基因和结构基因产物的功能

调节元件(基因)/结构基因	左侧基因的生物学功能及其部分蛋白产物
P_L, O_L, P_R, O_R	左右向转录的启动子和操纵子
$t_R(1,2,3,4,5)$	右向转录的终止子
$t_L(1,2)$	左向转录的终止子
P_{RE}	CI蛋白建立启动子,受CII蛋白调控
P_I	int基因启动子,受CII蛋白调控
P_{aQ}	Q蛋白反义RNA启动子,受CII蛋白调控
P_{RM}	CI蛋白基因维持启动子,受CI浓度调控
P_R'	晚期转录的启动子
$nutL$, $nutR$	N蛋白左右两个反终止结合位点
qut	Q蛋白反终止结合位点
cro	P_L和P_R的阻遏蛋白,并可阻遏P_E,抑制cI表达
cI	P_L和P_R的主要的阻遏物,并可自主调控PRM
cII	可以启动P_{RE}、P_I和P_{AQ},使λ进入溶原化途径
$cIII$	和cII组成复合物,启动PE产生cI及cro的反义RNA
N	t_{R1}、t_{R2}及t_{L1}的反终止蛋白
Q	t_{R4}的反终止蛋白
O, P	DNA复制所需的蛋白质
S, R, R_2	裂解宿主所需的裂解酶
int	整合酶,使λ整合到宿主的染色体中
xis	切除酶,帮助λ在att位点和宿主连接
bet, exo	重组蛋白,帮助λ和宿主进行重组
W, B, $Nu3$, C, D, E, FI, FII, Z	头部蛋白基因
U, V, G, T, H, M, L, K, I, J	尾部蛋白基因
cos(cohesive)	12bp的回文序列,由线状连接成环状的连接点,A蛋白切割位点
A	末端酶,识别cos位点,包装时将环连体切割成单个的基因

调节基因 λ噬菌体有6个调节基因分别为cI、cII、$cIII$、N、Q和cro。其中cI、N和cro基因位于$cIII$与cII之间。根据其编码蛋白对基因转录的调控方向,可将调节基因分为正调节基因(cII、$cIII$、N和Q)和负调节基因(cI和cro)。cII和$cIII$编码的蛋白质能够激活由P_E启动的cI阻遏蛋白基因的转录和由P_I启动的整合酶基因(int)的转录。N基因的产物pN蛋白负责调控早期基因的表达,它是一种抗终止子,能与三个终止子t_L、t_{R1}和t_{R2}发生作用。Q是裂解途径中晚期基因表达的正调节基因,其编码的蛋白质可激活从P_R启动的晚期基因转录,其中包括裂解基因及头部、尾部组分的编码基因。Q蛋白和N蛋白一样也是抗终止子蛋白。cI和cro是负调节基因,它们的转录物对于λ噬菌体在溶原化和溶菌途径两种途径之间的选择具有至关重要的作用(图10.42)。

操纵序列 基因cI两侧的启动子P_L和P_R旁侧各有一个与之关联的操纵序列O_L和O_R,这两个操纵序列和与它们相关的启动子(P_L和P_R)之间有部分碱基重叠,为表示它们之间的这种位置关系,一般标为P_L/O_L和P_R/O_R。在这两个操纵序列中有三个能与阻遏物CI结合的序列位点(元件),如O_L中的O_{L1}、O_{L2}和O_{L3},O_R中则为O_{R1}、O_{R2}和O_{R3},它们都由17个核苷酸对组成,并有一定程度的回文对称性和保守性。

终止子结构 左向转录单位P_L-N的终止子为t_{L1},右向转录单位P_R-cro终止子为t_{R1},P_R-Cro-$cIII$转录单位的终止子为t_{R2},这三个终止子都是抗终止蛋白pN的作用对象。右向转录单位P_R-Q的终止子为t_R',是抗终止蛋白pQ的作用位点。t_{L1}、t_{R1}、t_{R2}和t_R'都是依赖于ρ因子(rho蛋白)的终止子。

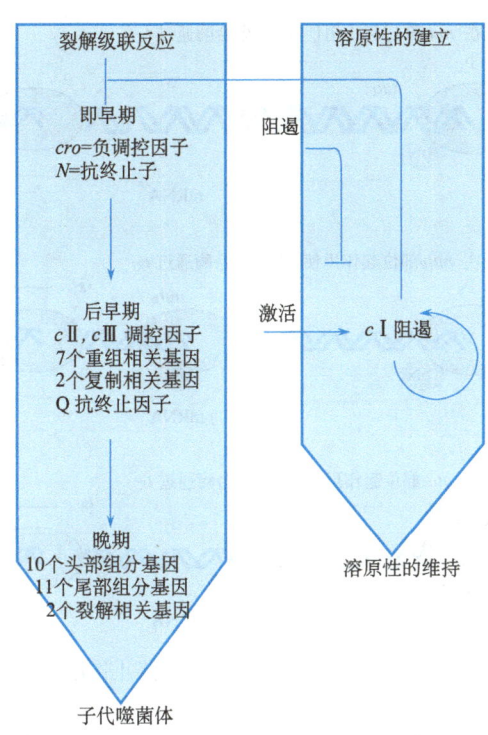

图 10.42 λ 噬菌体以两种不同繁殖方式

2. 阻遏物 CⅠ 和 Cro 蛋白的结构和功能

λ 阻遏物 CⅠ　λ 阻遏物（CⅠ）是由 $cⅠ$ 基因编码的一种负调控蛋白，CⅠ 的作用是通过与操纵序列结合阻止 λ 噬菌体 DNA 的复制，并促进噬菌体 DNA 与宿主基因组发生整合。

CⅠ 的发现是由于有一种 λ 噬菌体的突变型能形成清晰的噬菌斑，之后又发现了几种噬菌斑清晰程度不同的 λ 噬菌体突变型，并从中鉴定了三个突变基因，分别用 $cⅠ$、$cⅡ$ 和 $cⅢ$ 表示。野生型 λ 噬菌体感染宿主细胞后通常形成混浊噬菌斑。所以 $cⅠ$ 基因突变，噬菌体不能进入溶原途径，而是进入裂解途径，使宿主细胞发生裂解。因此 $cⅠ$ 基因的产物是阻遏调控蛋白，可阻遏 λ 噬菌体的基因表达。用 X 射线晶体学方法已测定了 λ 阻遏物蛋白的结构研究表明，λ 阻遏物与 O_{R1} 结合能力最强，O_{R2} 次之，O_{R3} 最弱。与 O_L 结合的情况也是如此，当阻遏物水平低时首先与 O_{R1}（O_{L1}）结合，占据了 P_R（和 P_L）的 Pribnow 框，阻遏从 P_R（和 P_L）起始的转录活动；若阻遏物水平较高时，除结合 O_{R1}（和 O_{L1}）外，CⅠ 还与 O_{R2}（O_{L2}）结合，这时能促进由 P_M 起始的转录，即激活了 $cⅠ$ 基因自身的转录。阻遏物与 O 位点的结合具有协同效应，当一个二聚体的阻遏物与 O_{R1} 结合后很容易使第二个二聚体阻遏物与 O_{R2} 结合。这种协同效应通过二聚体 C 端区实现。当 λ 阻遏物水平过高时也会与位点 O_{R3} 结合，由于 $cⅠ$ 启动子 P_M 与 O_{R3} 位点之间有重叠区，结果使阻遏物与位点 O_{R3} 的结合抑制了 $cⅠ$ 基因的转录，导致阻遏物局部浓度降低。所以 λ 阻遏物是一种自体调节因子（autogenous regulator），浓度低时可作为正调节因子促进自身的转录；浓度高时又可作为负调节因子阻遏自身的转录。这种调控方式可使 λ 阻遏物的水平达到足以阻遏 P_L 和 P_R 启动的转录，从而保持溶原状态（图 10.43）。

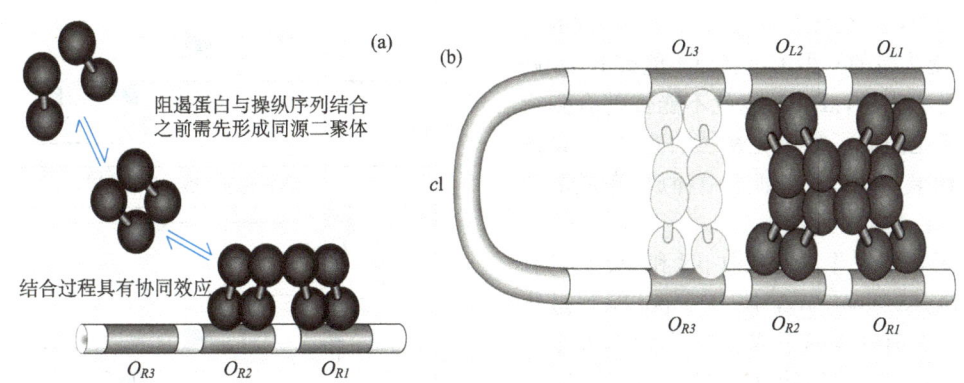

图 10.43　λ 阻遏物的结构以及与 O 位点的作用
(a) λ 阻遏物与 O 位点结合的协同作用；(b) O_R 和 O_L 处结合的阻遏蛋白相互作用引起 DNA 回转，从而关闭由 $P_R\backslash P_L$ 起始的转录

Cro 蛋白　Cro 蛋白是 cro 基因编码的一种阻遏蛋白，仅由 66 个氨基酸组成，只有一个功能区，其功能与 λ 阻遏物相似，也是以二聚体的形式与对称的操纵区结合以阻遏转录的发生。但 Cro 蛋白对 O 位点的亲和力与阻遏物的情况相反，其亲和力的强弱顺序依次为：$O_{R3}>O_{R2}>O_{R1}$，$O_{L3}>O_{L2}>O_{L1}$。Cro 蛋白浓度低时首先与 O_{R3} 结合，阻遏 $cⅠ$ 基因的转录；浓度较高时可与 O_{R2} 结合，除继续阻止 $cⅠ$ 基因的转录外对 P_R 也

有阻遏作用；浓度进一步增高时，能与 O_{R1} 结合阻止 P_M 和 P_R 启动的转录活动。可见 Cro 蛋白是 λ 噬菌体侵入宿主细胞后进入裂解循环的关键性调控蛋白，因为它能阻遏 λ 阻遏物基因的表达以及从 P_L 和 P_R 起始的早期基因转录。

3. λ 噬菌体基因表达及转录调控

λ 噬菌体溶菌途径中的基因表达

λ 噬菌体基因的分期转录 与其他噬菌体基因表达程序相似，溶菌途径中 λ 噬菌体基因按表达时间顺序分为早期基因（immediate early gene）、晚早期基因（delayed early gene）和晚期基因（late gene）三种。当 λ DNA 进入到一个新的宿主细胞或是当溶原化途径进入溶菌状态时，cI 基因不转录，在 CI 阻遏蛋白不存在或失活的状态下，对左右操纵区 O_L 和 O_R 的阻遏也不存在。这时噬菌体借用宿主的 RNApol 分别向左和向右启动前早期基因 N 和 cro 的转录，合成 N 蛋白（pN）和 Cro 蛋白。pN 和 P_Q 的作用是抗终止，允许从 P_L/O_L 和 P_R/O_R 起始的转录越过终止子 $t_L、t_R$ 继续进行（图 10.45）。早右操纵子表达产生的 Cro 蛋白与晚早期的基因表达有关，也为晚期基因表达提供了必要条件，使各时期的基因表达环环相扣，依次进行。晚早期主要是使早左和早右操纵子转录完全，在此期间得到转录的基因有左侧的 $cIII$ 基因，右侧的 cII 基因以及与 DNA 复制相关的基因 $O、P$ 和另一个抗终止子蛋白 pQ，pQ 能使转录越过终止子 t_R，使转录继续进行到转录裂解基因、外壳蛋白的头部和尾部基因，最终使晚期基因得到表达。

在溶菌途径中，重组区的 int 等整合相关基因的启动子 P_I 由于缺乏大量的 CⅡ、CⅢ 蛋白不能被 RNApol 转录，int 基因无法表达，λDNA 也就不能被整合到宿主染色体中。于是阻碍了溶源化途径的建立，而是进行新噬菌体的组装，并从宿主细胞中释放，完成溶菌途径。

N、Q 蛋白的抗终止作用 蛋白 pN 和 pQ 都具有抗终止作用（anti-termination），使 RNApol 能越过终止子继续转录。在有些操纵子或多顺反子中，几个结构基因的下游常有终止子结构，妨碍多顺反子 mRNA 的转录进程。在同一个操纵子中只有对结构基因下游的终止子采用抗终止的方法才能完成多顺反子 mRNA 的转录，并同时实现基因分期、分批转录的目的（图 10.44）。在这方面 λ 噬菌体基因表达调控是一个典型实例。

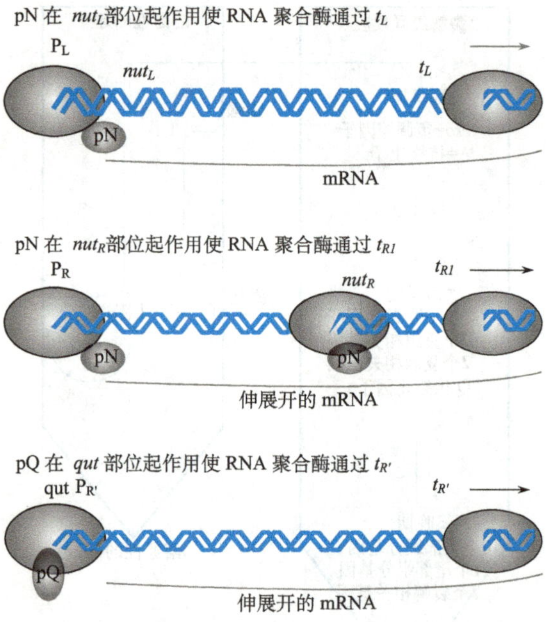

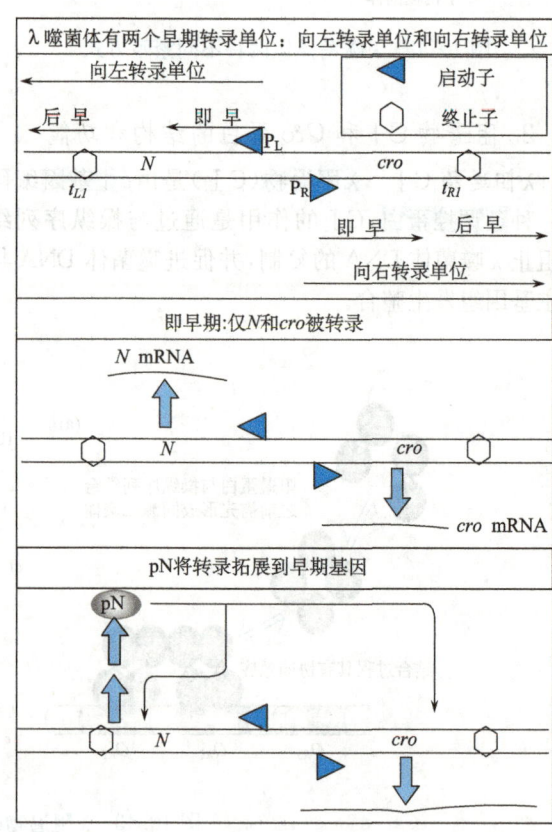

图 10.44　N 和 Q 抗终止蛋白的抗终止作用示意图

图 10.45　λ 噬菌体的两个早期转录单位

在左向转录中，处于"上方"的链向左边转录；在右向转录中，处于"下方"的链向右边转录。基因 $N、Cro$ 的产物行使直接早期功能，这两个基因与后早期基因之间被终止子隔开。N 蛋白的合成允许 RNA 聚合酶通过左边的终止子 $tL1$ 和右边的终止子 $tR1$

4. 溶原状态靠自体调控方式维持

在λ噬菌体的裂解级联调控中,首先由启动子 P_L 和 P_R 起始转录和表达前早期基因 N 和 cro,接着利用 pN 的抗终止作用使转录进入到下一个发育阶段(后早期)基因簇内,这样就能利用同样的两个启动子直接越过早期阶段进入后早期基因的转录。图 10.46 中调控区域的放大图表明启动子 P_L 和 P_R 位于 cI 基因两侧,与每个启动子相邻的是操纵序列(O_L、O_R),阻遏蛋白可与操纵序列结合以阻止 RNApol 由此起始的转录(序列均与其控制的启动子有重叠)。CI 通过阻止 RNApol 与这些启动子结合就能阻止噬菌体基因组进入裂解周期。所以阻遏物基因的突变不能建立和维持噬菌体的溶原状态,而是使噬菌体进入裂解周期。

cI 基因的转录从启动子 P_{RM} 处开始的,它位于 cI 的右方,表示"维持阻遏蛋白"(repressor mantanincace RM)。cI 的 mRNA 从起始密码子 AUG 处起始,由于缺少核糖体结合位点 SD 序列,所以翻译效率较差,只产生少量的阻遏蛋白 CI。CI 的二聚体分别与两个操纵序列 O_L 和 O_R 结合。在 O_L 处,阻遏蛋白的作用是阻止 RNApol 从 P_L 处起始转录,这样抗终止的蛋白基因 N 就无法表达。由于所有的左向早期基因都使用共同的启动子 P_L,所以阻遏蛋白的作用是阻止整个左向早期转录表达。因此裂解周期在它开始之前处于困境之中。

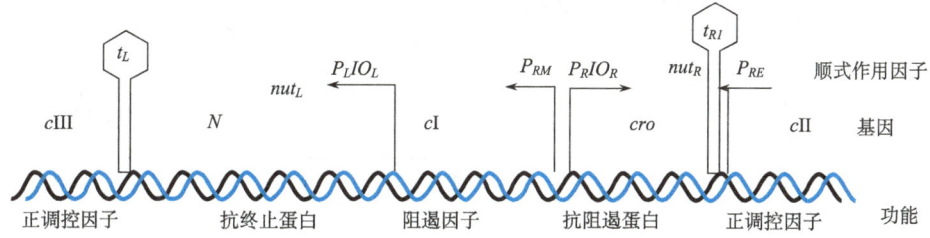

图 10.46 λ噬菌体调控区的顺式作用元件和反式作用因子之间的相互作用

在操纵序列 O_R 处,阻遏蛋白 CI 的结合妨碍了 RNApol 与 P_R 的结合,故 cro 与其他右向早期基因得不到转录。但阻遏蛋白在 O_R 处结合还有另外一种功能,引起合成阻遏蛋白的启动子 P_{RM} 与右边的操纵序列 O_R 毗连,已证实只有当阻遏蛋白结合在 O_R 处,RNApol 才从 P_{RM} 处启动对基因 cI 的转录。在此,阻遏蛋白 CI 作为正调控蛋白是 cI 基因转录所必需的。由于阻遏蛋白是 cI 基因的产物,这种相互作用建立了一个正的自体调控回路(positive autogenous circuit),在这个回路中需要有阻遏蛋白的存在,以激活其自身基因的表达。这条控制回路的性质能解释溶原态存在的生物学特征。正的自体调控回路的存在保证了溶原态的稳定性,只要阻遏蛋白的含量充足,cI 基因就能持续不断的被转录。结果是 O_L 和 O_R 始终无限期地被 CI 占据。于是就阻遏了整个裂解级联过程需要的基因的转录,使原噬菌体的存在形式维持下去。

对操纵序列的鉴定最初是通过对λ噬菌体烈性突变体(virulent mutation,λvir)的研究获得的。这种突变体中由于序列的改变使阻遏蛋白失去了与靶点 O_L 和 O_R 结合的能力,结果在侵染一个新的宿主细菌时必然进入裂解途径。噬菌体的烈性突变体与细菌中操纵子的操纵序列组成型突变具有类似的效果。当溶原途径遭到破坏时,原噬菌体被诱导而进入裂解周期,这种情况往往是由于阻遏蛋白的失活造成的。阻遏蛋白的缺失使 RNApol 能够在 P_L 和 P_R 处结合,从而开始进入裂解周期(图 10.47)。

阻遏蛋白维持途径的自体调控性质建立了一个灵敏的反应体系。因为阻遏蛋白的存在是其自身合成所必需的,所以只要现存的阻遏蛋白被降解,cI 基因的表达就会停止。这时不会再有新合成的阻遏蛋白来替换那些已被降解的阻遏蛋白,于是进入裂解周期。

5. 建立裂解途径的阻遏蛋白 Cro

已知λ噬菌体可以有选择性地进入溶原侵染或裂解侵染两条途径。如前所述,溶原状态的建立是通过自体调控维持回路起始的,这个回路通过在两个部位上施加作用来抑制整个裂解级联反应的开始。λ噬菌体进入裂解周期还涉及 cro 基因编码的另一个调控蛋白 Cro。Cro 负责阻止阻遏蛋白的合成,这种阻止作用排除了建立溶原状态的可能性。有 Cro 蛋白的突变体通常是进入溶原状态而非进入裂解途径,因为 Cro 蛋白突变体不具备关闭阻遏蛋白 CI 表达的能力。Cro 蛋白能形成一个小的二聚体(亚基为 9kDa),该二聚体有以下两个作用:①它与 O_R 结合阻止由 P_{RM} 处起始的转录,关闭 cI 基因表达;② 阻遏早期基因从 P_R 和 P_L 处开始的转录,这意味着当噬菌体进入裂解途径时,cro 负责阻止阻遏蛋白的合成和降低早期基因的表达。Cro 蛋白实现其功能是通过与阻遏蛋白 CI 结合的同一个操纵序列。Cro 蛋白包括一个与 CI 阻遏蛋白

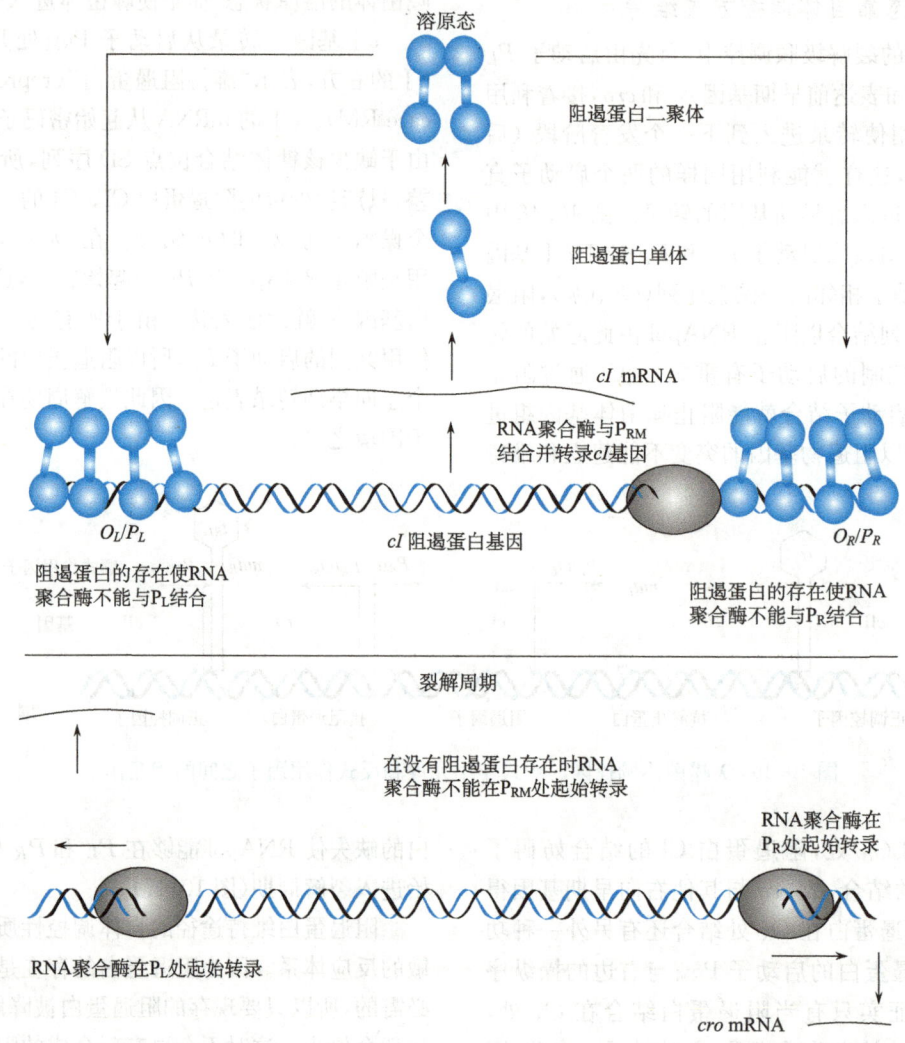

图10.47 溶原态靠一种自体调节路径来维持(上),若该途径被阻断,裂解途径开始(下)

结构相同的一个区域,即α螺旋2和α螺旋3,且结合在DNA双螺旋结构上偏移了一个角度。与阻遏蛋白一样,Cro对称地结合在操纵序列上。在Cro与阻遏蛋白的螺旋-转角-螺旋区域结构相似,这说明它们与同一DNA序列都有一定结合力,但只与DNA的一个表面接触,Cro缺少N端臂,而阻遏蛋白伸出这个臂环绕了DNA的另一侧。Cro在O_R处可行使两种作用,Cro对O_{R3}的亲和力比对O_{R2}和O_{R1}的更强。所以它首先与O_{R3}结合,这种结合抑制了RNApol与P_{RM}的结合。所以Cro的第一个作用就是阻止溶原维持回路的运转。此后Cro与O_{R2}或O_{R1}结合,它对这两个位点的亲和力相似,且无协调作用。Cro无论结合在哪一个位点上都足以阻止RNApol利用P_R,进而停止产生早期功能(包括Cro自身)。由于cII不稳定,P_{RE}的作用也被停止。因此Cro的这两种作用完全阻断了阻遏蛋白CI的合成。就裂解周期而言,Cro降低(尽管不是完全取消)早期基因的表达,它的这种不完全作用可用于解释其对O_{R2}和O_{R1}的亲和力约比对阻遏蛋白CI的亲和力低8倍。因为有pQ的存在,Cro的这种作用并不发生,此时噬菌体已开始了晚期基因的表达,且正在集中产生子代噬菌体颗粒(图10.48)。

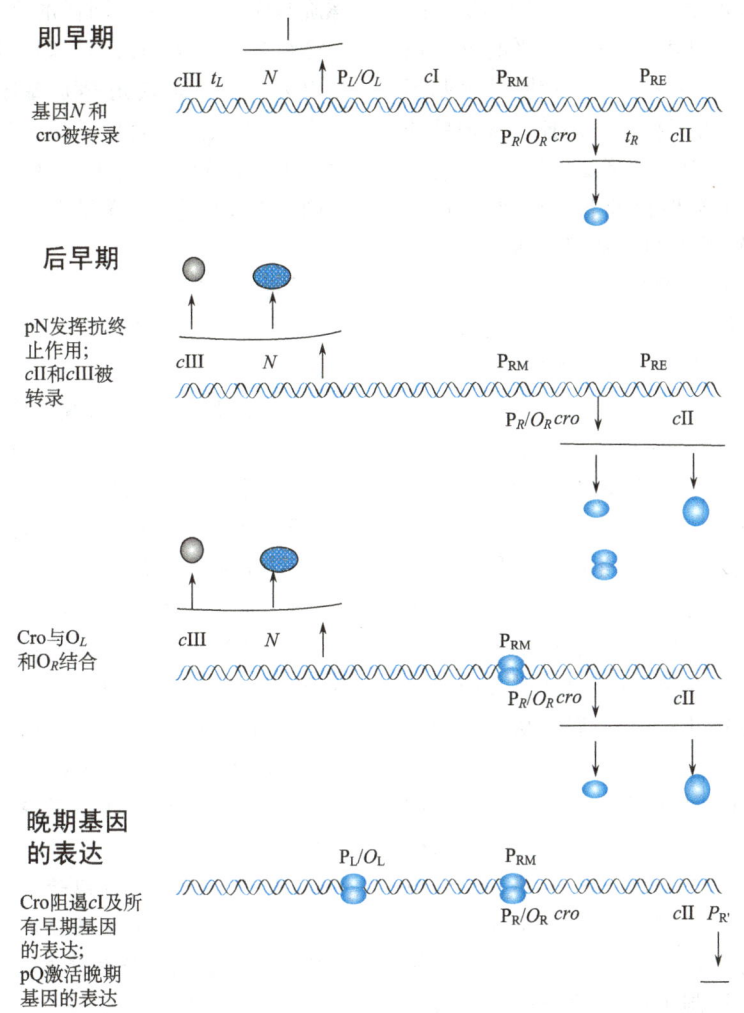

图 10.48　裂解反应中 Cro 蛋白的作用

裂解反应需要 Cro 蛋白，它一方面通过与 P_{RM} 作用直接阻止阻遏蛋白的合成，一方面关闭后晚期基因的表达，间接阻止阻遏蛋白的合成

【本章重点归纳】

原核生物基因表达调控存在于转录和翻译的起始、延伸和终止的每一步骤中，多以操纵子为单位进行。细胞要控制各种蛋白质在不同时期的表达水平，虽然可通过转录水平或翻译水平的调控，但主要发生在转录水平，有正、负调控两种机制。在转录水平上对基因表达的调控取决于 DNA 的结构、RNA 聚合酶的功能、蛋白因子及其他小分子配基的相互作用。

细菌细胞对营养的适应，在不同的环境条件下，细菌所含酶的种类和数量改变很大，以适合生存的需要。基因活性的调节主要通过反式作用因子与顺式作用组件的相互作用而实现。结构基因是编码蛋白质或 RNA 的基因；调节基因是编码合成那些参与基因表达调控的 RNA 和蛋白质的特异 DNA 序列；操纵基因是操纵子中的控制基因；阻遏蛋白是负调控系统中由调节基因编码的调节蛋白；组成蛋白是指细胞内蛋白质的数量几乎不受外界环境影响的蛋白质；调节蛋白是一类可以控制和影响一种或多种基因表达的蛋白质。操纵子是原核生物在分子水平上基因表达调控的单位，由调节基因、启动子、操纵基因和结构基因等序列组成。通过调节基因编码的调节蛋白或与诱导物、辅阻遏物协同作用，开启或关闭操纵基因，对结构基因的表达进行正、负控制。原核基因对调控作出反应的分为：可诱导和可抑制。操纵子除了与调节蛋白作用外，还与小分子物质作用，这些物质也属于基因表达的调节物质，称为效应物。包括有诱导物和辅阻遏物两种类型，分别引起可诱导的调节和可阻遏的调节。

乳糖操纵子是典型的可诱导的调节。在缺乏葡萄糖而要利用乳糖时，乳糖操纵子开启，表达与代谢乳糖相关的一系列酶。$lacI$ 基因能编码阻遏蛋白，阻止结构基因表达。可诱导的操纵子是一些编码糖和氨基酸分解代谢的酶和蛋白质的基因,这些物质平时含量很少,所以常常关闭着。当生存条件发生变化,这些基因则被诱导开放。这种调控方式称为负调控。葡萄糖的存在能抑制 cAMP-CAP 复合物的形成,受此复合物调控的基因就不表达。当葡萄糖含量下降时,便促进表达,这种通过促进基因转录正调控基因表达的调节方式,称为葡萄糖效应或降解物抑制作用。

大肠杆菌的色氨酸操纵子是典型的可阻遏型的负调控。当色氨酸过量时,它与阻遏蛋白形成复合物,并结合到操纵基因上阻止结构基因转录。即以终产物阻止基因转录。色氨酸操纵子的阻遏系统是色氨酸生物合成途径的第一水平调控,主管转录的启动与否。其第二水平控制是弱化系统,它决定着已经启动的转录是否能继续进行下去。转录终止发生的区域称为弱化子,或衰减子。前导序列可分为四个区域,这四个区域的片段以两种不同的方式进行碱基配对,由核糖体经过前导区继续翻译的能力控制着这两种结构的转换,它决定 mRNA 是否形成终止所需的结构,从而产生了弱化效应。

阿拉伯糖操纵子是利用同一调节蛋白的不同结构形式,来活化和抑制操纵子的调控单位。阿拉伯糖操纵子的操纵基因受 AraC 蛋白调节。AraC 蛋白具有两种不同的功能构象,即正、负调节因子的双重功能构象。阿拉伯糖操纵子也是可诱导操纵子,它本身就是诱导物。组氨酸操纵子控制 Hut 酶的合成。组氨酸能被降解成氨、谷氨酸和甲酰胺,参与基础能量代谢。与 His 降解代谢有关的两组酶类就被称为 Hut 酶。当细菌遇到能源十分缺乏的状况时,体内可立即产生一种应急应答反应,各种 RNA、蛋白质、糖和脂肪在内的几乎全部生物化学反应过程都被停止。发出这种应急反应信号的物质是位于核糖体 A 位点上的未装载氨基酸的 tRNA。应急应答反应引起 ppGpp 和 pppGpp 两种异常核苷酸大量增加,它们合称为(p)ppGpp。(p)ppGpp 的产生能关闭许多基因的表达,而且它的作用可影响许多操纵子,故又称为超级调控因子。正调控系统包括可诱导的正控制系统、可阻遏的正控制系统和 CAP 正控制系统。

与 DNA 特定位点紧密结合的几种蛋白质包括 RNA 聚合酶、*lac* 阻遏物、*trp* 阻遏物、CAP、λ 阻遏物以及 Cro 蛋白等。λ 及类似噬菌体的阻遏物识螺旋位于相应操纵基因(DNA)的大沟内,这种结合的特异性依赖于识别螺旋的某些氨基酸侧基,与伸入到 DNA 大沟内的某些碱基功能基团的特异性结合以及与 DNA 骨架上磷酸基团的特异性结合。Cro 也以螺旋-转角-螺旋基序与 λ 阻遏物同样的操纵基因结合,但对这三个操纵基因的亲和力与 λ 阻遏物正好相反。trp 阻遏物以另一种螺旋-转角-螺旋基序结合 DNA。在顶端单体中,当色氨酸结合后其位置发生明显移动。在顶端单体中 E 螺旋从下向上有微小移动,进入操纵基因大沟内与 DNA 近乎完美结合。

【思考题】

1. 什么是基因表达调控?基因表达调控有什么意义?
2. 基因表达调控主要在哪些水平上进行?
3. 原核基因表达调控有什么特点?
4. 简述原核基因表达调控的几个重要概念。
5. 细菌细胞如何利用营养?
6. 原核生物基因对调控作出反应有哪些类型?
7. 哪些因素影响组成型蛋白质的表达水平?
8. 以乳糖操纵子为例,说明操纵子学说的建立对分子生物学研究有何重要意义?
9. 小分子效应物对基因表达有何作用?
10. 什么是可诱导的操纵子?
11. 什么是葡萄糖效应?简述 cAMP-CAP 的作用。
12. 简述色氨酸操纵子的阻遏系统和弱化系统?
13. 哪些氨基酸生物合成的操纵子采取了弱化子调节方式?它们有什么特点?
14. 半乳糖操纵子是怎样受到双启动子调控的?简述双启动子的作用。
15. 受多重启动子调控的操纵子主要有哪些?主要的调控机制是什么?
16. 解释细菌的应急反应、为什么称(p)ppGpp 是超级调控因子?
17. 举例说明什么是正调控系统?负调控系统?
18. 简述 cAMP 在细胞内的功能,其在细胞内的水平有什么重要性?
19. 重叠基因怎样调控基因的表达?举例说明。
20. 解释下列名词概念:顺式作用元件、反式作用因子、结构基因、调节基因、操纵基因、阻遏蛋白、前导肽、衰减子、茎-环结构操纵子、辅阻遏物、正调控系统、组成型蛋白、调节型蛋白、小分子效应物、超级调控因子。
21. 目前已知的与 DNA 特定位点紧密结合的几种蛋白质主要包括哪些?
22. 下列英文缩写代表什么含义:IPTG、CAP、cAMP-CAP、(p)ppGpp。

第11章 真核生物的基因表达调控

分子生物学相关技术的飞速发展使得人们正在从前所未有的深度和高度来认识生物界。真核基因表达的调控是当前分子生物学中最活跃的研究领域之一。人们已经能够利用许多过去不曾具备的先进仪器来研究许多分子生物学方面的疑难问题,使我们能从分子水平上研究许多复杂的基因表达过程,如细胞的发育过程、免疫机制、衰老问题、癌症发生、病毒控制等。从而使真正研究真核基因结构及其表达调控的机制成为可能。而重组 DNA 技术用于分离一个特定基因,分析它的编码区和上、下游及侧翼序列,然后按照设计的方案进行各种改造,再送回细胞中进行表达,根据改造后表达情况的变化,找出此基因表达的序列,并进一步研究其调控机制,已经成为许多实验室研究基因表达调控的主要思路与手段。许多获得的转基因动物、植物,更使我们有可能在完整的生物中研究其基因表达的调控机制。

11.1 真核基因表达调控的特点

真核基因表达调控的许多基本原理与原核生物有相同之处,主要表现在:①与原核生物的调控一样,真核基因表达调控也有转录水平调控和转录后的调控,并且以转录水平调控为最重要;②在真核结构基因的上游和下游(甚至内部)也存在着许多特异的调控成分,并依靠特异蛋白因子与这些部位的结合与否调控基因的转录。

真核生物和原核生物在基因表达调控上的主要区别表现在三个大的方面。首先,是由两者的基本生活方式的不同所决定的,原核生物一般是自由生活的单细胞,只要环境条件合适,养料供应充分,它们就能无限生长、分裂,因此它们的调控系统主要是在特定环境中为细胞创造迅速生长的条件,或使细胞在受到损伤时能尽快得到修复。其次,原核生物的表达调控多以操纵子为单位,以开启或关闭特定基因的表达来适应环境条件的变化,在转录水平上进行调控;而真核生物在进化上比原核生物高级,有更复杂的细胞形态、致密的染色体结构、庞大的基因组以及承担着十分复杂的生物学功能。例如,人类细胞基因组蕴含了约 3×10^9 bp 的总 DNA,约为大肠杆菌总 DNA 的 1000 倍,是噬菌体总 DNA 的 10 万倍左右。在多细胞尤其是高等动物、植物中,随着发育和分化,出现了不同类型的细胞和组织器官,尽管它们的染色体具有相同的 DNA,但却合成了不同的蛋白质。对不同序列的 mRNA 研究认为,真核细胞中至少有 1 万~2 万种蛋白质,另有数百种含量较低的蛋白质,在不同类型的细胞中表现不同,其中大部分是调控蛋白或酶,这数百种不同的蛋白质虽然所占比例不大,但足以使细胞表现出不同的形态和行为,并行使不同的功能。另外,真核生物基因组 DNA 中有许多重复序列、基因内部被内含子所隔开、基因之间分布着大段的非编码序列。再次,真核生物是以核小体为单位的染色质结构以及众多与 DNA 的相互结合的蛋白质,成为调节基因开与关的重要因素,尤其是随着核被膜的出现,转录和翻译在时间和空间上被分隔开,转录本及翻译产物需要经过复杂的加工与转运过程,由此就形成了真核基因表达的多层次调控系统。总之,真核基因的表达调控,贯穿于从 DNA 到有功能的蛋白质的全过程,涉及基因结构的活化、转录的起始、转录本的加工与运输以及 mRNA 的翻译等多个调控点。这些都使真核生物采取了不同于原核生物的更加复杂而精细的调节策略。在真核生物基因表达调控中,至少有四个普遍性的与原核基因表达调控不同的方面,归纳如下:

1) 原核细胞的染色质是裸露的 DNA,而真核细胞染色质则是由 DNA 与组蛋白紧密结合形成的核小体。在原核细胞中染色质结构对基因的表达没有明显的调控作用,而在真核细胞中这种作用十分明显。

2) 在原核基因转录的调控中,既有用激活物的调控(正调控),也有用阻遏物的调控(负调控),二者同等重要,而真核细胞中虽然也有正调控成分和负调控成分,但迄今已知的主要是正调控,且一个真核基因通常都有多个调控序列,必须由多个激活物同时特异地结合上去并协同作用,才能调节基因的转录。

3) 原核基因的转录和翻译通常相互偶联,即在转录尚未完成之前翻译便已开始,而真核基因的转录与翻译在时空上是分开的,这使得真核生物基因的表达多了一个调控层次,调控机制更加复杂,其中许多机制是原核细胞所没有的。

4) 真核生物大都为多细胞生物,在个体发育过程中,基因组的某些基因可能被关闭,而另一些主要的管家蛋白(house-keeping proteins),如细胞骨架蛋白、染色体组分蛋白、核糖体蛋白、执行各类基本代谢所必需的蛋白等,其编码基因是管家基因(house-keeping genes),在各种类型的细胞中基本上都表达,但仍处于严格的调控之下,以适应不同生长发育和细胞周期的不同要求。细胞发生分化后,不同细胞的功能不同,基因表达的情况也不一样,某些基因仅特异地在某种细胞中表达,称为细胞特异性或组织特异性表达,因而具有调控这种特异性表达的机制。不同的细胞类型中,也有若干组基因在每个细胞内的数量极少,以及不同组合的基因其表达的种类和数量都不同,由此导致了分化的细胞在细胞行为、功能上的巨大差异。

> **小结**:真核基因表达调控的许多原理与原核相同,如转录水平调控和转录后调控,以转录水平调控最为重要;上游和下游(甚至内部)存在着许多特异的调控成分,并依靠特异蛋白因子与这些调控成分的结合与否,调控基因的转录。真核生物在进化上比原核高级,有更复杂的细胞形态、致密的染色体结构、庞大的基因组以及承担着十分复杂的生物学功能。随着核被膜的出现,转录和翻译在时间和空间上被分隔开,转录本及翻译产物需经复杂的加工与转运,由此形成了真核基因表达的多层次调控系统。

11.2 真核细胞基因表达调控的不同层次

概括起来,真核生物基因表达的调控主要在7个层次上进行:①染色体和染色质水平上的结构变化与基因活化;②转录水平上的调控,包括基因的开与关,转录效率的高与低;③RNA加工水平上的调控,包括对初始转录产物的特异性剪接、修饰、活化、编辑等;④转录后加工的产物在从细胞核向细胞质转运过程中所受到的调控;⑤翻译水平的控制,对哪一种mRNA结合核糖体进行翻译的选择以及蛋白质合成量的控制;⑥蛋白质合成以后选择性地被激活的控制,蛋白质和酶分子水平上的剪切、活性水平的控制;⑦控制mRNA的选择性降解的调控。在各个不同层次中,染色体和染色质的活性、转录、转录初始产物的加工、翻译4个水平的调控是更重要的调节过程,见图11.1。

如前所述,真核生物基因表达调控过程非常复杂,这种过程还分为两个不同的时相,即短暂调控(short-

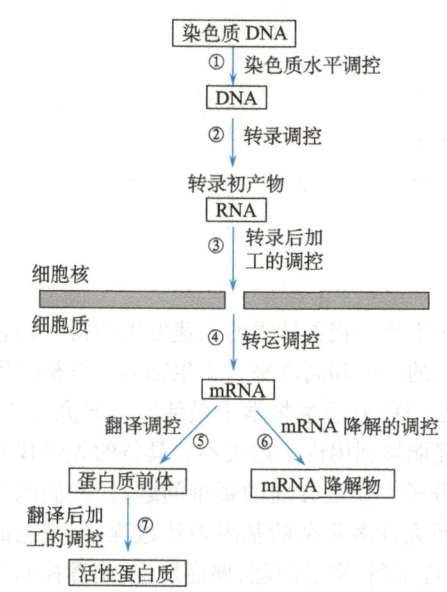

图 11.1 真核生物基因表达调控的七个层次

term regulation)和长期调控(long-term regulation)。短暂调控所涉及的内容是基因的快速活化或封闭。与原核生物基因活性变化的主要区别是,真核基因的活化因素主要是激素和生长因子,而不是营养物质。真核基因的活性能在短时或瞬时被调控,致使在某一时刻与另一时刻细胞内的蛋白质组被不断重建,以适应当时细胞代谢状况的要求。长期调控则是指基因被永久性地或半永久性地开启或关闭,从而不间断地、不可逆地改变细胞的生化特性。这些长期变化最终导致细胞的分化(differentiation),成为具有特定生理功能的细胞。所以,长期调控与外界环境变化的关系不大,是生物体在发育和分化过程中基因及基因组具有被活化或关闭的倾向并受到程序化控制的过程。长期调控涉及非常复杂的调节机制,是真核生物细胞发育和分化所必须经历的过程。

> **小结**:真核基因表达调控主要有七个层次。①染色体水平上的结构变化与基因活化;②转录水平上的调控,如基因的开与关,转录效率的高与低;③RNA加工水平上的调控,包括对初始转录产物的剪接、修饰、活化、编辑等;④转录后加工产物在从细胞核向胞质转运中的调控;⑤翻译水平控制,对哪一种mRNA结合核糖体进行翻译的选择及蛋白质合成量的控制;⑥蛋白质合成后选择性地被激活的控制,蛋白质和酶分子水平上的剪切、活性水平的控制;⑦控制mRNA选择性降解的调控。以染色体和染色质的活性、转录、转录初始产物的加工、翻译等4个水平的调控更为重要。

11.3　DNA染色体水平的调控

真核生物(除酵母、藻类和原生动物等单细胞类外)主要由多细胞组成。每个真核细胞所携带的基因数量及总基因组中蕴藏的遗传信息量都大大高于原核生物,基因组 DNA 中还有许多重复序列、基因内部有大量不编码蛋白质的序列、真核生物的 DNA 常与蛋白质(包括组蛋白和非组蛋白)结合形成十分复杂的染色质结构、染色质构象的变化、染色质中蛋白质的变化以及染色质对 DNA 酶敏感程度的不同等,都直接影响着真核基因的表达调控。此外,真核生物的染色质包裹在细胞核内,基因的转录(核内)和翻译(细胞质内)被核膜在时间和空间上隔开,核内 RNA 的合成与转运、细胞质中 RNA 的剪接和加工等无不扩大了真核生物基因表达调控的内容。概括起来,真核细胞基因表达调控在染色质和染色体水平上主要有:染色质的结构、DNA 在染色体上的位置、基因拷贝数的变化、基因重组、基因扩增、基因丢失、基因重排、DNA 修饰等。这些变化都将导致基因活性永久或半永久性的改变。

1. 染色质的结构

在细胞核内基因组 DNA 以核小体为基本结构单位形成染色质。核小体在 DNA 长链上的组装影响着 DNA 的复制、基因的表达和细胞周期进程。真核生物基因的表达受到核染色质结构和组分的影响。在细胞核内的染色质一般有四种状态:①紧密压缩的状态;②被阻遏状态;③有活性的状态;④被激活的状态。

紧密压缩的状态　巨大而细长的 DNA 分子被紧压在核内,不利于基因的表达,因此,基因处于非活性状态。

被阻遏状态　事实上组蛋白就是染色质活性的阻遏蛋白,DNA 分子与组蛋白结合后处于被阻遏状态。

有活性状态　只有处于活性状态的染色质,才能使基因得到表达。染色质结构发生变化,使基因处于可转录的状态,即为染色质的有活性状态。组蛋白 H1 能促进核小体装配,阻碍 DNA 链的暴露,阻止核小体的移动,对基因活性有抑制作用。研究证明,当除去 H1,能使染色质处于伸展的状态,部分基因活化而被转录。在活性染色质中 DNA 结构变化有几种方式,富含 GC 碱基对的序列能形成 Z-DNA,这种构型能降低 DNA 对核心组蛋白的亲和力;DNA 拓扑异构酶能调节 DNA 超螺旋结构而改变其活性;许多蛋白因子都参与染色质的活化;还有少数蛋白质能直接结合在核小体上,如 Sp1,能持续地结合在管家基因的启动子上阻止核小体的抑制作用。

被激活的状态　当 DNA 的启动子上结合了通用转录因子或上游元件及增强子等激活因子,就能促使 RNA 聚合酶在启动子区形成转录复合物,染色质就成为激活状态。

2. 异染色质化

异染色质在细胞核中处于凝聚状态,不具有转录活性。组成型异染色质在整个细胞周期一直保持压缩状态,其 DNA 中没有基因。兼性异染色质含有基因,只在一定的发育阶段或生理条件下由常染色质凝聚而成,无持久活性。异染色质的 DNA 结构高度致密,参与基因表达的蛋白因子无法接近,故异染色质始终处于被阻遏的状态。而含有活性状态基因的 DNA 区域则相对疏松(常染色质),参与表达的蛋白因子能结合而使之被激活。

> **小结:** 真核基因表达调控在染色体水平上有染色质结构、DNA 在染色体上的位置、基因拷贝数变化、基因重组、基因扩增、基因丢失、基因重排、DNA 修饰等。这些变化都将导致基因活性永久或半永久性的改变。核小体在 DNA 链上的组装影响着 DNA 的复制、基因的表达和细胞周期进程。真核生物基因的表达受到核染色质结构和组分的影响。

3. 组蛋白对基因活性的影响

组蛋白是基因活性的重要调控因子,有研究发现,当组蛋白与裸露的基因 DNA 混合后,能使该基因的转录停止。例如,在体细胞中占 5SrRNA 基因总数 98% 的卵母细胞型 5SrRNA 基因启动子与组蛋白交联形成核小体复合物,转录受到阻遏,而只有约 400 个拷贝的体细胞型 5SrRNA 基因在卵母细胞和体细胞中都能够被转录,研究发现在卵母细胞中没有核小体结构。进一步在有活性的和无活性的染色质中观察组蛋白的组分及行为,发现在无活性染色质中含有 5 种全部的组蛋白,而在有活性的染色质中没有组蛋白 H1。当在有活性的染色质中加入组蛋白 H1,使其分子比例达到每 200bpDNA 段有 1 分子 H1,则 5SrRNA 基因的转录明显下降。从卵母细胞和体细胞中分别纯化得到 5SrRNA 基因的 DNA,再加入 RNA 聚合酶Ⅲ以及 3 种转录因子(TFⅢA、TFⅢB 和 TFⅢC),发现能很好地转录该基因,而从卵母细胞和体细胞中温和地抽提得到的染色质,在离体条件下转录,则卵母细胞染色质中的卵母细胞型 5SrRNA 基因有活性,但体细胞染色质中的卵母细胞型基因没有活性。这些结果说明由于在体细胞中含有转录因子 TFⅢA、TFⅢB 和 TFⅢC,它们能与 5SrRNA 基因形成前起始复合物(PIC),但不能与卵母细胞型基因形成 PIC。卵母细胞型基因 DNA 链能与组蛋白 H1 交联形成核小体,使基因转录受阻。相反,在体细胞型基因 DNA 上结合的转录因子阻止核小体形成,或阻止组蛋白与 DNA 间的交联,使它们的基因呈活性状态。这实际上是转录因子和组蛋白 H1 竞争性地结合 5SrRNA 基因 DNA,当转录因子结合于基因启动子,则基因有转录活性,否则反之。

染色质重建实验发现组蛋白 H1 比核心组蛋白(H2A、H2B、H3 和 H4)阻遏转录的作用强。H1 阻遏转录模板的活性能被转录因子拮抗,如 Sp1、Gal4 等因子能作为抗阻遏物(anti-repressors)阻止 H1 的阻遏作用。这些转录因子还能作为转录活化因子与组蛋白 H1 竞争基因 DNA 上的结合位点。用克隆的 DNA 与核心组蛋白一起保温时发现形成了核心核小体,基因活性也受到阻遏。这种重建的染色质和裸露的 DNA 相比,转录能力下降 75%,且转录因子不能去除这种阻遏。剩余 25% 的转录活性是由于基因启动子区域并未被核小体覆盖所致。当再加入组蛋白 H1,则活性转录又下降 25~100 倍。这种阻遏作用能被活化因子(activators)所阻止。组蛋白 H1 与连接 DNA 相结合后稳定了核小体的结构,并引导核小体进一步组装进 30nm 螺线管中。由于核小体和染色质的凝集对 H1 有依赖性,故组蛋白 H1 能通过维持染色质的高级结构而抑制转录过程。

占先模型(pre-emptive model)可以解释转录时染色质结构的变化。该模型认为基因能否转录取决于特定位置上组蛋白和转录因子之间的不可逆竞争。例如,TFⅡA 不能激活预先结合有组蛋白的 5SrRNA 基因,却能与含有该基因的游离 DNA 结合,当 TFⅡA 结合后再加入组蛋白将不会阻断基因激活过程,说明决定基因活性的关键是转录因子和组蛋白哪个先占据到 DNA 上的调节位点上。在 RNA 聚合酶Ⅱ介导的体外转录中同样可观察到 TFⅡD 与组蛋白的占先竞争。问题是如果转录因子未能抢先占据 DNA 位点,这段基因也就失去了转录的机会。要阻止核小体形成,则必须保持转录因子与 DNA 的持续结合。尽管该模型揭示了转录因子结合对核小体结构的影响,但这种简单的占先原则并不能很好地反映体内的实际情况。动态模型(dynamic model)则较好地解释了上述问题,并不断被新的实验结果所证实。该模型认为转录因子与组蛋白处于动态竞争之中,基因转录前染色质必须经历结构上的改变,即替换核小体中的全部或部分成分并重新组装,这个耗能的基因活化过程称为染色质重构(chromatin remodeling)。

某些转录因子可以在结合 DNA 的同时使核小体解体,甚至影响邻近核小体的定位。果蝇的 GAGA 序列可结合热激蛋白 hsp70 启动子中 4 个富含 $(CT)_n$ 的位点,瓦解核小体结构并产生超敏感位点,还能导致附近核小体的重新定位,在位点周围形成"边界"。细胞中的多种蛋白因子都参与染色质的重构,通过改变核小体中 DNA-蛋白质的相互作用重建核小体构型,影响转录的起始或延伸,它们分别组成不同的重构复合体,一般都包含多个与蛋白质或 DNA 相互作用的亚基。在启动子区域,核小体的存在能抑制转录起始,以致组蛋白长期被认为是一个转录抑制因子。由于结合了组蛋白,真核细胞的染色质从整体上被限制在非活性状态,只有解除了对转录模板的抑制它才能得到表达。染色质是否处于活化状态是决定 RNA 聚合酶能否行使功能的关键。这一点与原核基因的情况截然相反,在细菌细胞中仅需要改变激活蛋白和抑制蛋白的比例,便能随时调节基因的转录状态。

小结:组蛋白是基因活性的重要调控因子。当组蛋白与裸露的基因 DNA 混合后,能使该基因转录停止。组蛋白 H1 比核心组蛋白阻遏转录的作用强。H1 阻遏转录模板的活性能被转录因子拮抗,Sp1、Gal4 等因子能作为抗阻遏物阻止 H1 的阻遏作用。动态模型可解释转录时染色质结构的变化,认为转录因子与组蛋白的结合处于动态竞争中,基因转录前染色质须经历结构改变,即替换核小体中的全部或部分成分并重新组装,这个耗能的基因活化过程称为染色质重构。

4. 组蛋白的乙酰化-去乙酰化

组蛋白的乙酰化与基因活化、染色质变化以及基因表达水平都密切相关,是一个动态过程。核小体上的核心组蛋白都能发生乙酰化修饰。核心组蛋白的 8 个亚基上有 32 个潜在的乙酰化位点,在含有活性基因的 DNA 结构域中,乙酰化程度更高,H3 和 H4 乙酰化程度大于 H2A-H2B。H3 和 H4 上分布着乙酰化的主要位点,对组蛋白乙酰化研究最多的是 H3 和 H4 的 Lys 侧基上的 ε-NH_2。研究发现,果蝇活性染色质 H4 的乙酰化过程只发生在 Lys-5 位和 Lys-78 位,而不发生在 Lys-12 位,说明组蛋白亚基的乙酰化是非随机性的,也可认为这是基因活性的一个标志。

组蛋白的乙酰化过程由组蛋白乙酰基转移酶(histone acetyltransferase,HAT)催化。已经发现了 4 种组蛋白乙酰基转移酶和 5 种组蛋白去乙酰化酶(histone deacetylase,HDAC)。HAT 是一种乙酰基转移酶,催化乙酰基团从供体(乙酰-CoA)转移到核心组蛋白 N 端富含 Lys 的侧基上。参与真核生物基因转录相关的 HAT 有 Gen5、P300/CBP、TAFⅡ-250/230、PCAF 等。这些 HAT 都是存在于细胞核内的 HAT-A

型酶。HAT-A 型酶可使基因控制区域与核小体的偶联松弛，从而促进转录。HAT-B 型见于细胞质，将细胞质中初合成的组蛋白 H3、H4 乙酰化，并使之进入核内装配核小体，但很快又被去乙酰化。故 HAT-B 型酶与基因转录的活性无关。与已知的转录因子功能一样，组蛋白乙酰基转移酶-A(HAT-A)也是一类功能相关的蛋白质，它们本身就是一些转录调控因子。以往认为转录调控因子与组蛋白修饰无关，而研究发现 HAT 本身就是基因活化因子，这个观点拓展了基因活化的概念。

组蛋白去乙酰化酶(HDAC)是在研究鸡红细胞的细胞核基质中发现的，后来用去乙酰化的抑制剂 trapoxin 作为亲和层析的介质分离到了人的 HDAC1。发现人 HDAC 含有 482 个氨基酸残基。进一步在人和鼠的细胞中发现了 HDAC2，它与 HDAC1 有 85% 同源性。利用 EST 数据库中的 EST 作为探针，又从人成纤维细胞和 HeLa 细胞的 cDNA 文库中获得了含 428 个氨基酸残基的 HDAC3 的 cDNA。细胞内的 HDAC1、HDAC2 和 HDAC3 三者之间有一定的同源性，并具有相同的结构和功能，属于同一家族。

组蛋白的乙酰化-去乙酰化有以下生物功能：

乙酰化能促进基因转录的活性 在组蛋白特殊氨基酸残基上的乙酰化可改变蛋白质分子表面的电荷影响核小体结构，从而调节基因活性。乙酰化修饰与基因活性的典型实例是雌性哺乳动物个体的 X 染色体。Xa 和 Xi 染色体的 H4 乙酰化与其基因转录活性呈正相关。雄性个体的 Xa 染色质 H4 能乙酰化，而雌性个体 Xi 染色质 H4 只有少量乙酰化。研究认为，乙酰化的缺乏能使雌性个体 X 染色体转录关闭，染色质凝聚程度增高。

乙酰化与转录起始复合物的装配 组蛋白的乙酰化作用能导致组蛋白正电荷减少，削弱了它与 DNA 结合的能力，引起核小体解聚，从而使转录因子与 RNA 聚合酶顺利结合到基因 DNA 上。乙酰化作用还能阻止核小体装配，使染色质处于较松弛状态。研究还发现，组蛋白乙酰化是许多转录调控蛋白相互作用的一种"识别信号"，组蛋白 H4 的乙酰化作用参与了指示和吸引 TFⅡD 到相应的启动子上，促进转录前起始复合物的装配。在细胞分裂间期组蛋白乙酰化程度最高，而在有丝分裂中期最低，说明乙酰化作用还参与细胞周期和细胞分裂的调控。因此，组蛋白乙酰化是一种重要的细胞调控方式。

去乙酰化与基因沉默 组蛋白乙酰化是活性染色质的标志之一，低乙酰化或去乙酰化常伴随着转录沉默，如失活的 X 染色体中 H4 组蛋白完全无乙酰化，DNA 复制过程也伴随有组蛋白的乙酰化。核心组蛋白的去乙酰化能使基因转录受到抑制，生化测定发现，在基因抑制的区域有低乙酰化组蛋白积聚。在异染色质区域 H3 和 H4 的 N 端的乙酰化水平低于整个基因组 H3 和 H4 的乙酰化平均水平，其中 H4 的 Lys16 残基的去乙酰化对维持基因沉默十分重要。HDAC 抑制剂能诱导某些基因转录，也说明 HDAC 与基因抑制有关。

> **小结**：组蛋白的乙酰化与基因活化、染色质变化以及基因表达水平密切相关。核小体上的核心组蛋白都能发生乙酰化修饰。组蛋白的乙酰化过程由组蛋白乙酰基转移酶(HAT)催化。已经发现了 4 种组蛋白乙酰基转移酶和 5 种组蛋白去乙酰化酶(HDAC)。组蛋白的乙酰化-去乙酰化的生物功能是：①乙酰化能促进基因转录的活性；②乙酰化与转录起始复合物的装配；③低乙酰化或去乙酰化常伴随着转录沉默。

5. 活性染色质对 DNase 的敏感性

基因组不同区域的染色质被不同浓度的酶水解的特性定义为基因组 DNA 对酶的敏感性。染色质具有不同的 DNase 敏感性。在对染色质的研究中，一般用 DNase Ⅰ、DNase B 和微球菌核酸酶。染色质对这 3 种内切核酸酶处理的敏感性能够反映染色质的转录活性。当某个组织或细胞的 DNA 用 DNase Ⅰ 水解时，绝大部分 DNA 都产生各种长度(约 200bp 的倍数)的片段，反映了这一部分染色质发生了伸展和去压缩的构象以及核小体在染色质中是有规律排列的。

大多数染色质对 DNase Ⅰ 有一定抗性，但在转录活化区域则呈现出对酶的敏感性。染色质的特定状态决定了该区段容易被 DNase Ⅰ 所攻击。在生物体的不同细胞中，染色质敏感区表现出细胞和组织特异性。无论该基因转录活性大小以及生成 mRNA 的多寡，该基因在这个组织或细胞中总是显示出这种活性特性。研究发现，鸡卵清蛋白 100kb 的基因簇在输卵管组织中都对 DNase Ⅰ 有敏感性，而在不表达卵清蛋白肝细胞中，该基因簇区域不显示对 DNase Ⅰ 的敏感性。染色质对 DNase Ⅰ 不同的敏感性也说明了它们在结构域与功能域上的差异。在染色质中的 DNA 转录活性区域或潜在活性区域核小体 DNA 组装较为松弛。有些特异位点用极低浓度的 DNaseⅠ处理时 DNA 极易断裂，这些特异位点称为高敏感位点(hypersensitive site, HS)。典型的高敏感位点对 DNaseⅠ的敏感性比其他区域高上百倍左右。高敏感位点对其他核酸酶或化学试剂也表现出高敏感性，说明这一区域特别裸露，无核小体结构，但可能有其他蛋白的结合。高敏感位点与有关基因的组织和细胞表达特异性有关，一般位于有转录活性的基因启动子上游。例如，β珠蛋白基因家族的基因座控制区(locus control region, LCR)是一个高敏感位点，而非活性的基因没有敏感位点。人类β珠蛋白基因簇的3个染色体亚区是LCR、εγ和δβ区。ε在胚胎早期表达，$^G\gamma$和$^A\gamma$在胎儿期表达，δ和β在成人期表达。εγ和δβ区只在特定的发育阶段才被激活，对DNase I 敏感性比未活化的区域高2～3倍，当特定发育阶段来临基因开始转录时，它们对DNase I 敏感性又升高了2～3倍，即比未活化区域高7～8倍。而LCR在整个红细胞发育过程中都处于活性状态。

除了染色质对 DNase I 的高敏感性外，活化基因的某些区域还表现出超敏感性。人β珠蛋白基因簇上、下游两个远侧区域就是超敏感位点。在ε基因上游6～21kb和β基因下游20kb分别具有LCR。LCR是一种远距离顺式调控元件，有增强子和稳定活化染色质的功能，也是特异性反式调控因子的结合位点。LCR中有6个 DNase I 超敏感区，它们的序列同源性强，空间分布保守。已在许多生物体的β珠蛋白基因5′端上游远端都发现有类似LCR的结构，它们是层次更高的调控元件，具有红细胞特异性，但无发育阶段特异性。当除去LCR，整个β珠蛋白基因簇都对DNase I 产生抗性，同时失去了珠蛋白基因家族在发育过程中的调控特性。研究还发现，LCR中的每一个 DNase I 超敏感位点在整个发育进程中都有调控特性。在5′和3′端 LCR界限之内的所有基因，都具有与细胞的分化有关的潜在活化的可能性。在研究转基因动物过程中发现，LCR能使与它相连的外源基因（非珠蛋白基因）也都表现出不依赖于整合位点的组织特异性表达。如果敲除LCR，外源基因的表达就容易受整合位点影响。因此认为，LCR能为与其相连接的基因提供可以活化的染色体环境。

概括染色质对 DNase I 敏感性有以下5个方面：①基因的活性区域对 DNase I 的敏感性有细胞和组织特异性，只有在活跃表达的细胞中才具有这种敏感性；②在染色质中的基因 DNA 对 DNase I 敏感性只能说明该基因具有被转录的潜在能力，并非一定就能转录；③染色质上对 DNase I 敏感的区域有一定界限，在某种组织内有转录潜能的区域才表现敏感性，而在该区域之外、无转录潜能的区域则缺乏敏感性；④即使是在一个基因内，各个区段对 DNase I 敏感程度也不同，基因转录的大范围表现为一般的敏感性，而在基因调控区的少数区域则显示出高度的敏感性；⑤组蛋白的乙酰化能使染色质对 DNase I 和微球菌核酸酶的敏感性显著增强。

> **小结**：染色质具有不同的DNase酶敏感性，能反映染色质的转录活性。大多数染色质对 DNase I 有一定抗性，但在转录活化区域则是敏感的。染色质的特定状态决定了该区段易被 DNase I 攻击。概括染色质对 DNase I 敏感性有5个方面：①基因活性区对 DNase I 的敏感性有细胞和组织特异性；②DNA 对 DNase I 敏感性只说明该基因有被转录的潜在能力，并非一定能转录；③对 DNase I 敏感的区域有一定界限，在某种组织内有转录潜能的区域才表现敏感性；④在一个基因内各区段对 DNase I 敏感程度不同；⑤组蛋白的乙酰化能使染色质对 DNase I 和微球菌核酸酶的敏感性显著增强。

6. 非组蛋白

真核细胞的细胞核除了有构成染色质的组蛋白组分之外，还有大量与染色质松散结合或在某些条件下才结合的非组蛋白(non-histone protein, NHP)组分。这些组分是一类极为复杂的蛋白质，具有以下3个特点：①种类多且数量大，但在核内含量少。性质差异明显，但功能繁杂，异质性高。大部分都是酸性蛋白质，起蛋白质或酶的作用。②具有种属和组织特异性，其种类、性质和数量随组织和细胞的生理状态、发育和分化的不同时期及细胞周期而变化。③大多数是磷蛋白，以磷酸化/去磷酸化方式调节细胞的代谢、生长、增殖和变异等，并能在核内接受外来信号，构成核内信息传导系统，形成一条调节基因表达的重要途径。在体外构建重组染色质时，发现 NHP 有组织特异性。例如，从骨髓和胸腺中分别分离NHP，与DNA及组蛋白重组成有活性的染色质，结果是来自骨髓NHP参与重组的染色质能转录出与天然骨髓染色质相同的RNA，来自胸腺NHP参与重组的染色质能转录出与天然胸腺染色质相同的RNA，而将骨髓和胸腺的NHP做相反的组合，就不能得到天然 RNA。说明 NHP 与转录的专一性有关，NHP 具有组织特异性。研究已证实，核内NHP参与了 DNA 复制、基因产物的运转、初始转录产物 RNA 的加工、RNP颗粒的组装、核亚显微结构、细胞周期内核的变化和基因表达调控及在所有这些过程中信息的传递等各个复杂的步骤。在这些过程中研究较多的有 HMG 蛋白、核被膜蛋白、S100、核膜孔蛋白复合物及各种 DNApol 和 RNApol 等。

活性染色质含有两种丰富的小分子非组蛋白，分子大小约为30kDa。它们含有25%碱性氨基酸和30%酸性氨基酸，具有非常高的电荷数。在凝胶电泳中迁移速度快，故称为高迁移蛋白质(HMG)。在活性染色质中平均每10个核小体结合1分子HMG。染色质上 DNase I 敏感区域与 HMG 有一定关系。在研究鸡β珠蛋白基因在红细胞内对DNase Ⅰ敏感性时发现，HMG与染色质组分结合疏松，且无组织特异性，脱去HMG后染色质变得对DNase Ⅰ不敏感，否则反之。HMG在核小体上定位于和H1相近的位置。由于非组蛋白与组蛋白相互作用，竞争性地在同一DNA区域取代H1，而失去H1的核小体与染色质的交联松散结构，使染色质的活化更容易进行。

要使染色质在功能上成为有活性的结构，首先要在DNA和组蛋白组分及结构以及核小体和染色质的组分和结构上都有一个变化过程，如组蛋白与DNA的亲和性、非组蛋白与DNA的亲和性、特异性转录因子的结合与解离都经历一系列的改变，最终使核小体周期性有序结构的空间构象改变，染色质DNA成为伸展的状态，这个过程称为染色质动态结构调整。染色质核小体结构的动态调整包括以下4个过程：①起初，串珠状核小体及更高级结构中的基因处于非活化的基态；②依赖于ATP的存在，蛋白因子结合到染色质DNA结合域上，引起局部的染色质DNA转变为去阻遏状态；③蛋白因子导致染色质结构调整为活化状态；④结合在染色质上的蛋白因子的活性结构域吸引并结合启动子结合蛋白，即通用转录因子，共同组装转录前起始复合物（PIC）。由此可见，染色质结合蛋白在染色质结构动态调整过程中起着关键性的作用。一般认为，基因在转录之前，染色质的局部特定结构将发生置换，特定功能的一些非组蛋白结合到一段调控区上，取代核小体结构。缺乏特定的调控蛋白，启动子和上游调控区就与组蛋白八聚体组装成非活化状态而不利于转录。转录调控蛋白与组蛋白在启动子区域存在着相互排斥和置换的现象。真核基因转录调控中至少有3种方式置换核小体。

持久性置换核小体 基因启动子区域持久性的无核小体，调控因子始终结合在基因的相应位点，阻止核小体组装，从而替代核小体。这种状态一般在组成型转录的基因启动子上出现。

诱导性置换核小体 在基因被活化前，已组装的核小体结构占据着基因的上游调控位点和启动子核心序列。调控因子能够诱导基因结构改变，从而置换核小体结构，结合于上游调控位点或启动子核心序列上。

持久和诱导两种特性并存 置换基因上游调控位点采取持久置换，启动子核心序列发生了诱导。

以往基因表达调控的研究侧重于顺式作用元件与反式作用因子及其之间的相互作用，但许多证据表明，染色质和核小体构型的改变在转录调节中也扮演重要的角色。真核生物在细胞核中的染色质DNA以核小体形式被高度压缩凝聚，这种构造虽然能保证既大量又稳定地储存遗传物质，但同时也阻碍了其他生物分子与DNA双螺旋的接近以及相互作用。为适应生命细胞不断变换的代谢环境，必定存在着使染色质及核小体变化的调控机制。在细胞核内，染色质存在着阻遏、活性、激活的3种状态，一般都将在染色质和单个核小体内发生的任何可检测到的变化称为染色质重塑（chromatin remodeling）。染色质重塑主要涉及一系列的蛋白复合物怎样影响核小体的构象，以及重塑复合物与转录调控因子的相互作用等。染色质重塑复合物中的许多蛋白质对基因的转录起始非常重要。例如，酵母中的酵母接合型转换/蔗糖不发酵（yeast mating type switch/sucrose nonfermenting，SWI/SNF）复合物。该复合物含11个亚基，其中SWI 2/SNF 2起解旋酶活性，SWI 1起着ATPase活性。SWI/SNF为占酵母全部基因5%的基因转录激活所必需，是一种正调控蛋白复合物。在电镜下能够观察到SWI/SNF参与染色质重塑。这种复合物能够改变核小体对DNase Ⅰ的敏感性。

SWI/SNF类重塑复合物具有依赖DNA的ATPase酶活性，含有解旋酶类亚基，后者在ATP作用下能降低核小体DNA的螺旋程度，使组蛋白八聚体核心能沿着DNA分子移动，结构趋于松散，甚至使核小体完全解体，八聚体核心再与DNA的另一位点或片段结合。SWI/SNF类重塑复合物通过特异部位与核小体DNA结合，使DNA弯曲成环，在环范围内的核小体DNA才能依次与该复合物作用或被修饰。在果蝇、爪蟾、线虫、鸡、小鼠和人的细胞中都陆续发现了与酵母相类似的染色质重塑复合物。在不同物种中，SWI/SNF复合物的具体组成和功能都有所不同。SWI/SNF复合物相当保守，哺乳动物中至少存在4种SWI/SNF复合物，它们在细胞内起着核受体（nuclear receptor）辅助因子的作用，对细胞的生长、珠蛋白基因的表达有调控作用。其他类型的重塑复合物还有来自酵母细胞的染色质结构重塑复合物（remodeling structure of chromatin，RSC），其含量比SWI/SNF多10倍以上，RSC不但参与转录调控，还在DNA复制及染色体组织中起作用。来自果蝇胚胎的核小体重塑因子（nucleosome remodeling factor，NURF），是消耗ATP的染色质组装重塑因子（ATP-utilizing chromatin assembly and remodeling factor，ACF）。

染色质重塑复合物还能协助转录调控因子一起发挥作用。例如，在转录起始阶段，某些转录调控因子与染色质上的DNA等形成复合物后，DNA又吸引和诱导活化染色质重塑复合物，引起染色质重塑，之后其转录调控因子,如 TATA 框结合蛋白(TBP)、RNA 聚合酶依次结合上去,最后染色质重塑形成了结构庞大而复杂的转录复合物。还有一种情况是染色质结构重塑复合物 RSC 和 SWI/SNF 复合物能共同引起染色质重塑,这个庞大的复合物从一个核小体移动到另一核小体,该过程需要组蛋白 H4 的 N 端结构域存在。H4 的 N 端结构域被切除或 N 端 Lys 残基的突变,将导致重塑过程受阻。

重塑复合物 SWI/SNF 引起核小体构象改变和染色质重塑的可能机制有几种模型:

(1) SWI/SNF 引起组蛋白 H2A-H2B 二聚体在核小体上解离/重排,使引起组蛋白八聚体构象变化,利用 ATP 水解驱动组蛋白与 DNA 解聚,复合物沿 DNA 链移动。

(2) SWI/SNF 重塑复合物直接与核小体结合,利用 ATP 水解的能量,使 DNA 在核小体上的缠绕方式改变,或使 DNA 从组蛋白八聚体的表面通过分子间作用力脱离,但不影响组蛋白八聚体的结构。

目前,第二种模型得到了较多支持,认为 SWI/SNF 利用 ATP 水解能量驱使组蛋白与 DNA 解聚,在解聚的同时组蛋白八聚体与 DNA 一起沿着 DNA 双螺旋随机移动相位,使整个染色质 DNA 双链呈现开放状态,其上的位点都有机会与其他蛋白因子碰撞接触。图 11.2 示意活化蛋白引起的基因转录起始区核小体移位和染色质的重塑。一个转录活化蛋白与 DNA 调控元件结合,直接使核小体从启动子上移位或去组装,暴露启动子,导致普遍性转录因子与启动子相互作用进行组装。目前已发现的多种类型染色质重塑复合物都具有以下几种功能:①使重建的核小体去稳定,有特异转录激活作用;②对转录有抑制作用;③对转录偶联的修复作用;④基因组内非转录区核苷酸的切除修复功能等。

> **小结**:非组蛋白组分是一类极为复杂的蛋白质,有 3 个特点:①种类多且数量大,但在核内含量少。性质差异明显,但功能繁杂,异质性高。大部分都是酸性蛋白质,起蛋白质或酶的作用。②有种属和组织特异性,其种类、性质和数量随组织和细胞的生理状态、发育和分化的不同时期及细胞周期而变化。③大多数是磷蛋白,以磷酸化/去磷酸化方式调节细胞的代谢、生长、增殖和变异等,并能在核内接受外来信号,构成核内信息传导系统,形成一条调节基因表达的重要途径。核内 NHP 参与 DNA 复制、基因产物运转、初始转录产物 RNA 加工、RNP 颗粒组装、核亚显微结构、细胞周期内核变化和基因表达调控及在所有这些过程中信息的传递等各复杂的步骤。研究较多的有 HMG 蛋白、核被膜蛋白、S100、核膜孔蛋白复合物及各种 DNA 聚合酶和 RNA 聚合酶等。

7. 核基质与基因活化

在真核细胞的细胞核内,除核被膜、染色质,核纤丝和核仁外,还存在着一个以蛋白质为主的网状系统,即核基质(nuclear matrix)。许多证据表明,染色质结合在核基质上而非漂浮在细胞核内。核基质(图 11.3 中的中间环形区域)是由 3～30nm 的微纤丝构成的网状骨架蛋白群(scaffolding protein),主要成分包括 DNA 拓扑异构酶Ⅱ、核基质蛋白及多种 DNA 结合蛋白,并含有少量 RNA。DNA 通过长约 200bp 且富含 AT 的特定序列结合在核基质蛋白上。这个特定序列称为核基质结合区(matrix associated region, MAR),它使纤维状的染色质大分子 DNA 构建成数

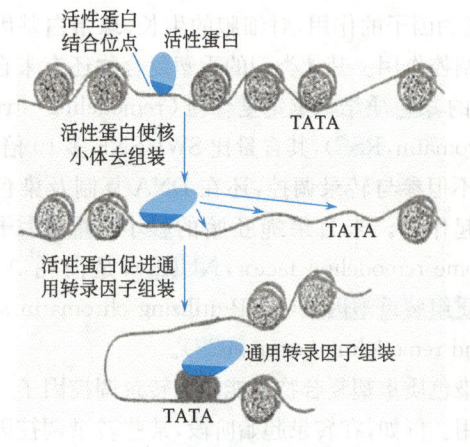

图 11.2 真核生物基因活化蛋白在基因转录起始区的核小体移位

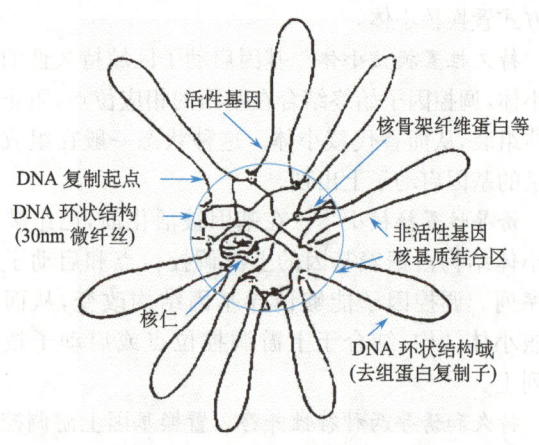

图 11.3 真核细胞核基质(核骨架)结构示意图

外围的星状环为 DNA 环状结构域,通过 DNA 的核基质结合区结合在核基质蛋白上;中间由 30nm 微纤丝绕成的螺旋中的一个圆环;环内是核基质蛋白、核骨架蛋白、DNA 拓扑异构酶Ⅱ等

以万计的环状结构域,两段 MAR 之间的 DNA 区域弯曲呈放射环,每个环的大小 30～300kb,平均 60kb。核基质的网状构造是 DNA 分子复制以及 RNA 转录和加工的结构支架。DNA 与核基质的结合具有特异性,如鸡卵蛋白基因与鸡卵巢细胞的核基质结合,而非与小鸡肝脏或红细胞的核基质相结合。珠蛋白基因不与卵巢细胞的核基质结合,而与红细胞的核基质结合。这种特异性结合对控制基因的表达活性有着重要的意义。

比较不同生物细胞系统中的核基质发现它们有几个共同特点:①限定 DNA 环状结构域的大小,使环状结构成为相对独立的结构域与功能域,该功能域中包括一系列的转录单位及各种特异的顺式作用元件,如称为限定子(delimiter)或绝缘子(insulator)的 DNA 序列等,它们或阻止激活因子,或结合抑制因子对这个功能域的调节;②各种核基质蛋白之间相互作用,控制染色质组装的疏密程度,从而调节 DNA 的复制与转录;③可能存在着基因的某种增强子元件;④可能有 DNA 复制的起始位点。

核基质结合区较为保守,一般约为 200 个富含 AT 的核苷酸区段。通过氢键、疏水力等分子间相互作用与核基质蛋白相对松散地结合,或通过共价键与核基质紧密结合。核基质蛋白主要包括不溶性的纤维蛋白网状结构、核纤层-核孔复合物、核仁及非组蛋白,后者包括与信号传导有关蛋白、基因复制和转录有关蛋白质和酶等。

> **小结**:真核细胞的细胞核内存在着一个以蛋白质为主的网状核基质系统,染色质结合在核基质上而非漂浮在细胞核内。DNA 通过长约 200bp 且富含 AT 的特定序列结合在核基质蛋白上,这个特定序列称为核基质结合区 MAR,使纤维状染色质 DNA 构建成数以万计的环状结构域。

8. 基因的丢失

基因丢失指某些真核生物随着细胞的分化,丢失了染色体的某些 DNA 片段,造成基因丢失的现象。通常生殖细胞保持着全部的基因组,但早期体细胞要丢失部分 DNA 片段。许多原生动物有大核体和小核体这两种类型的细胞核。在胚胎细胞分化时期,小核体 DNA 被切断成 0.2～20kb 的片段,之后这些片段逐步被降解。但有些片段却能重复复制达上千个拷贝而进入大核中。在研究两栖类的蛙卵时发现,小核体 DNA 片段有丢失现象。分别分离大核体和小核体 DNA 注入预先去除细胞核的无核蛙卵细胞中,测定其功能发现,被注入大核体的蛙卵细胞是全能的,有生长分裂和发育的功能,而注入小核体的蛙卵细胞却无相应的功能,小核体 DNA 有如真核生物基因组中的很多重复和间隔序列,到底有什么功能? 在进化上意义如何? 至今尚未找到答案。

对马蛔虫受精卵细胞的研究发现它只有一对染色体,但有多个着丝粒,在发育早期只有一个着丝粒起作用,保证有丝分裂的正常进行。在发育后期,纵裂的细胞中染色体分成许多小片段,其中有些片段含着丝粒,而不含着丝粒的片段在细胞分裂中丢失;横裂的细胞中染色体 DNA 没有丢失。受精卵细胞第一次分裂是横裂,产生两个子细胞,第二次分裂时下面的子细胞仍进行横裂,保持原有基因组成分;而上面的子细胞却进行纵裂,丢失了部分染色体 DNA。长此下去,下面的细胞保存了全套的基因组并发育成生殖细胞;其余丢失了部分染色体片段的细胞分化成了体细胞。真核生物基因组部分 DNA 丢失与其发育和分化的关系,仍是遗传学、发育生物学和分子生物学中有待深入研究的课题。

9. 基因的扩增

基因扩增(gene amplification)是指在基因组内特定基因的拷贝数专一性大量增加的现象。在活细胞内基因扩增的典型实例是爪蟾卵母细胞的 rRNA 基因扩增。爪蟾卵母细胞采取了特殊的基因扩增方式高效率扩增基因,产生大量的蛋白翻译复合体,合成其生长发育所必需的蛋白质。爪蟾的 rRNA 基因经两次扩增使其 rRNA 基因单位放大数千倍,此时卵细胞可以合成 10^{12} 个核糖体,rRNA 占整个 RNA 的 75%。它们通过滚环式复制扩增,这些串联的 rRNA 基因 DNA(rDNA)在卵母细胞核中形成数以千计的核仁(nucleolus),每个核仁含有大小不等的 rRNA 的环状 DNA。仅依靠基因组中上百个拷贝的 rRNA 基因和核糖体蛋白质基因重复单位,不能满足卵母细胞及胚胎的发育。在唾液细胞的多线性染色体中,由于常染色质 DNA 序列在多线性化过程中大量复制,而异染色质部分不能大量复制,致使其异染色质相对含量很低。通过测定卫星 DNA 的含量,表明它们不复制或很少复制。而常染色质在唾液细胞中能被复制 9 次之多。在果蝇基因组中特定序列也常常发生**过量复制**(over-replication)或复制不足(under-replication)的现象。实际研究中选择对一定药物敏感的细胞系,使用特殊的试剂可使真核细胞的特定基因 DNA 扩增。例如,在细胞系中加入**氨甲喋呤**(methotrexate),使**二氢叶酸还原酶**(DHFR)基因 DNA 大量扩增。这种内源性序列的扩增(相对于通过转导等方法把外源的多拷贝串联序列整合到基因组 DNA 内而言)是由那些对一定药物敏感的细胞选择所产生的。这种用药物处理使其扩增的技术称为基因组序列的选择性扩增。氨甲喋呤是 DHFR 的抑制剂,可阻断叶酸代谢。当 DHFR 基因突变,就对氨甲喋呤产生了抗性,在绝大多数细胞死亡情况下,只有极少数能产生大量 DHFR 的细胞存活。在这些幸存的细胞中,DHFR 基因达上千个拷贝,基因的扩增频率比自发性突变频率高很多。通过药物处理而选择性扩增的基因已达 20 多种。研究还发现,在 DHFR 基因扩增的细胞中,含有许多染色体外的成分,称为微小染色体,它们每一个都携带一到几个 DHFR 基因的拷贝。逐渐增加氨甲喋呤的剂量,能使抗性细胞中 DHFR 基因的拷贝数逐步增加。但这些抗性细胞不稳定,当无氨甲喋呤时,多扩增出来的 DHFR 基因逐渐消失。

小结:基因扩增是在基因组内特定基因的拷贝数专一性大量增加的现象,爪蟾卵母细胞采取了特殊的基因扩增方式高效率扩增基因,产生大量的蛋白翻译复合体,合成其生长发育所必需的蛋白质。

10. 染色体基因的重排

染色体重排(chromosome rearrangement)是原核与真核生物细胞中广泛存在的一种现象。但真核生物中的染色体重排十分复杂,涉及众多的蛋白因子。典型实例是免疫球蛋白(immunoglobulin, Ig)基因重排。基因的重排能够从分子水平上显示出生物多样性,以及显示生物的基因组与 mRNA 复杂性之间并没有很好的线性关系。

免疫球蛋白基因　脊椎动物和人的淋巴细胞在其成熟过程中抗体基因的重排,是有关基因重排研究中的一个重要实例。淋巴细胞分为 T 细胞和 B 细胞。在 B 细胞以外的所有细胞中都含有处于胚胎基因组结构的免疫球蛋白基因。B 细胞的主要功能是分泌免疫球蛋白,也即抗体分子。按照 F Burnet 的克隆选择学说,每一个浆细胞只能产生一种或几种抗体,无数由淋巴细胞分化而来的浆细胞就能产生出无数种类的抗体分子。Ig 由两条轻链(L 链)和两条重链(H 链)组成,它们分别由三个独立的基因簇编码,其中两条编码轻链(κ 和 λ),一条编码重链。小鼠的 κ 链、λ 链和重链分别位于第 6、16 和 12 号染色体上。决定轻链的基因族上分别有 L、V、J、C 四类基因片段。L 代表前导片段(leader segment),V 代表可变片段(variable segment),J 代表连接片段(joining segment),C 代表恒定片段(constant segment)。决定重链的基因簇上共有 L、V、D、J、C 五类基因片段,其中 D 代表多样性片段(diversity segment)。在 J 和 C 片段之间有增强子(enhancer)。无论重链或轻链,都是由多个 V 和 C 基因簇组成。这说明编码一条完整多肽链的基因在表达之前必须经过重排。

抗体各链基因的 V 片段约有数百个,J 片段 4~6 个。小鼠 λ 链基因 V 片段数异常少,推测是其在进化中丢失了大部分的 V 片段。轻链的恒定区(C 片段)只有 1 个,但 λ 链每个 J 片段都与其本身 C 片段相连。重链基因除 V 片段、J 片段外,还有 10~30 个 D 片段,并有多个恒定区(C 片段)以决定抗体的效应功能,即它的类型和亚类型。小鼠 IgH 的基因恒定区有 8 个 C 片段。人的 IgH 的基因恒定区 C 片段依次为:C_μ、C_δ、$C_{\gamma 3}$、$C_{\gamma 1}$、ψ_ϵ、$C_{\alpha 1}$、ψ_γ、$C_{\gamma 2}$、$C_{\gamma 4}$、C_ϵ、$C_{\alpha 2}$(其中 ψ_ϵ 和 ψ_γ 是两个无活性的假基因),分别相当于免疫球蛋白 IgM、IgD、IgG3、IgG1、IgA1、IgG2、IgG4、IgE 和 IgA2。小鼠和人种系抗体基因片段的排列如图 11.4 所示。

除淋巴细胞外,所有细胞免疫球蛋白基因族的结构都是相同的,称为种系结构,只有骨髓干细胞在分化为成熟 B 细胞过程中,才出现有严格顺序性的免疫球蛋白基因的体细胞重排(somatic rearrangement),这种重排也是 B 细胞在不同成熟阶段的特征。胚胎的 Ig 基因结构,在所研究的该特定物种中基本上都相似。编码两条轻链(κ 和 λ)的基因和位于单一座位上的重链基因存在于不同的染色体上,但每一组基因都具有相似的结构。在 B 细胞成熟过程中,首先是 Ig 基因位移,之后进行重排。

免疫球蛋白重链基因座的重排　免疫球蛋白基因重排开始于将要分化前 B 细胞中的重链的重排。①重链 D 基因片段位移到 J 片段处,两者之间的序列被删除,形成 D-J 片段。②从数百个 V_H 基因中随机选择一个片段与 D-J 结合,形成 V-D-J 基因复合物,在此过程中,D 基因的 5′端形成一个启动子。V-D-J 重排是 Ig 基因表达的一个关键控制点。在 J_H 和 C_H 之间还有相关的转录增强子。在 C_H 与 V-D-J 之间仍存在着内含子。③对重排后转录成初级 mRNA 前体的加工修饰,切除 V-D-J 与 C_H 间的内含子,形成成熟的 μ-mRNA,并翻译合成免疫球蛋白 IgM。重排过程如图 11.5 所示。重链(IgH)基因的 V-D-J 重排和轻链(IgL)基因的 V-J 重排均发生在特异位点上。在 V 片段的下游和 J 片段的上游以及 D 片段的两侧均存在保守的重组信号序列(recom-bination signal sequence, RSS),该信号含有一个共同的 7bp 回文序列(CACAGTG)和一个共同的富含 A 的 9bp(ACAAAAACC),中间为固定长度或 12bp 或 23bp 的间隔序列,这些序列也是一种识别信号,重组只能发生在 12 信号和 23 信号之间,称为 12/23 信号 RSS 重排法则,以确保重组基因中仅整合每个编码区中的一个。重链基因 V 片段的信号序列间隔为 23bp,D 片段信号序列间隔为 12bp,J 片段信号序列的间隔为 23bp,且信号序列总是以 7bp 一端

图 11.4 小鼠和人种系抗体基因片段的排列

L 代表前导区片段，V 代表可变片段，J 代表连接片段，D 代表多样性片段，C 代表恒定片段，
E 代表增强子，C 片段前的。代表类型转换位点

与基因片段相连。12 与 23 两个信号序列的方向相反，使 V-D-J 在连接中不会发生连接错误。在轻链基因中 V 片段和 J 片段与不同信号序列相连，也只能在它们之间发生连接。V-D-J 的非准确连接导致了连接过程中产物的多样性。在连接处常发生碱基的缺失和额外碱基的增加，这一点对免疫球蛋白和 T 细胞受体的形成是有利的，因为这样可以用有限的基因组合获得类型更多的蛋白质。

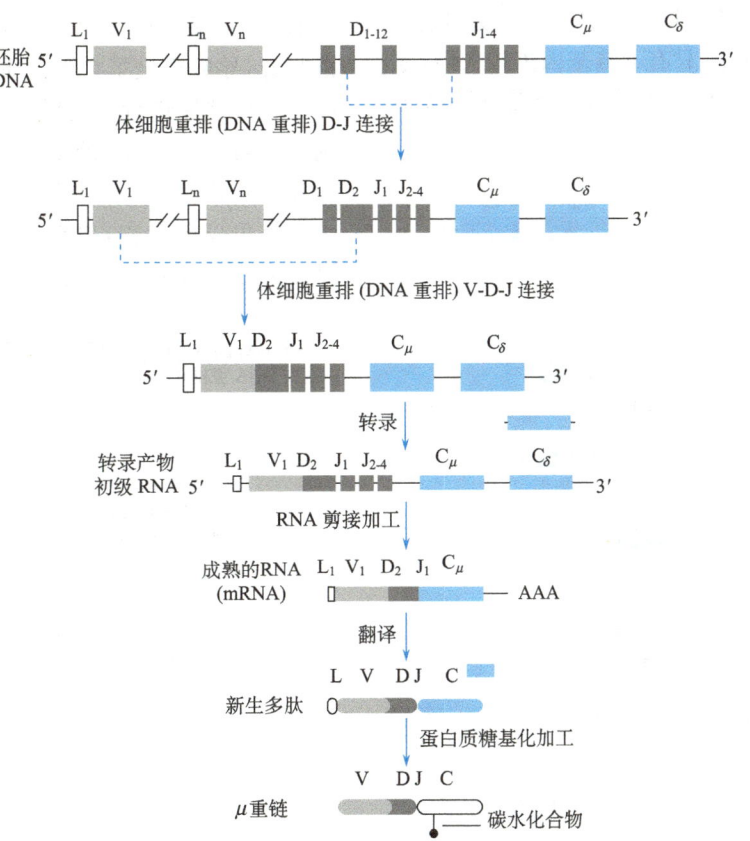

图 11.5 小鼠 Ig 的重链 μ 的基因重排、转录和肽链的合成

基因重排的重组酶基因 rag 有两个,分别产生蛋白 RAG1 和 RAG2。RAG1 能识别信号序列,包括 12/23 间隔以及 7bp 和 9bp 信号。图 11.6 显示了在两个编码片段间的 RSS 两侧的插入片段被切除的机制。在待重排片段的 DNA 连接处,先切开一个切口;然后,新的 3′-OH 进攻互补链上的磷酸二酯键,此时释放出插入片段(图中的间隔区域),并在编码片段末端形成发夹结构;发夹结构是非精确连接的关键所在,因为在发夹结构的任意末端可以增、减碱基;由 RAG1 和 RAG2 将两个发夹结构打开,两个编码区以非精确机制相互间共价连接起来。由此可见,在接头处随机插入和删除若干核苷酸可以增加抗体基因的多样性,然而插入或删除核苷酸的总数如果不是 3 的倍数,就将改变阅读框架而使抗体基因失活,这可能是为增加抗体多样性所付出的代价。

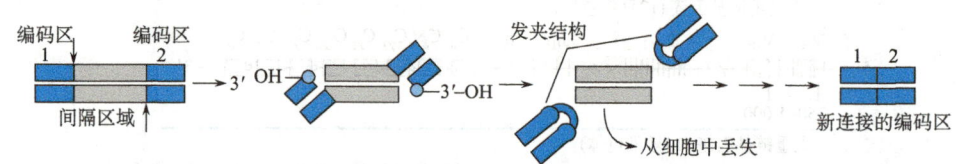

图 11.6　RSS 的剪切机制
(引自 Craig,1996)

免疫球蛋白轻链基因座的重排　轻链基因座的重排与重链基本相同。重排程序见图 11.7。单个 B 细胞只产生一种轻链,即单个 B 淋巴细胞只产生一种抗体基因,因此是<u>单特异性</u>的(mono specific)。由于淋巴细胞是二倍体,因而 H 链、κ 链和 λ 链都有两个等位基因族,然而,重排表现出等位基因排斥,即两个等位基因中只有一个发生重排。二者之中何者重排是随机的,但只要一个等位基因发生重排,另一个即受到重排抑制,又称轻链类型排斥,只有 κ 链基因重排失败,才发动 λ 链基因重排,故抗体中大部分轻链是 κ 链,λ 链只占少部分。

T 淋巴细胞的受体有两类,一类是 αβ 受体,一类是 γδ 受体。γδ 受体只存在于缺失 α、β 链的 T 细胞和发育早期 T 细胞,αβ 受体出现于成熟的 T 细胞。其基因重排与抗体基因重排十分类似,也存在 β 链与 γ 链的 V-D-J 连接和 α 链与 δ 链的 V-J 连接。淋巴细胞在繁殖过程中还发生体细胞突变,以增加抗体的多样性。免疫球蛋白基因的重排,产生在基因 DNA 水平上的序列多样性,轻链和重链之间随机组合,导致产生了在蛋白质水平上的多样性,以适应对各种抗原进行免疫反应的需要。重链基因的类别转换与 B 细胞分化阶段一致。只有经过重排的基因才具有转录活性。经过类别转换的基因重组产生了五类免疫球蛋白,根据 C_H 氨基酸的微小差异还可分为亚类(subclass)(图 11.8)。

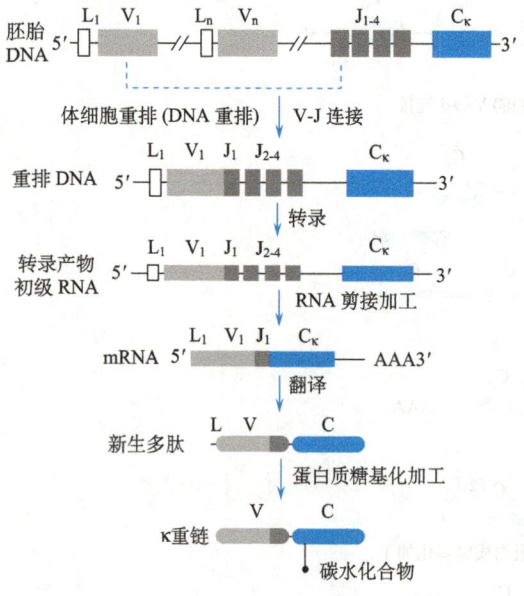

图 11.7　小鼠 Ig 的轻链 κ 的基因重排、转录和肽链的合成

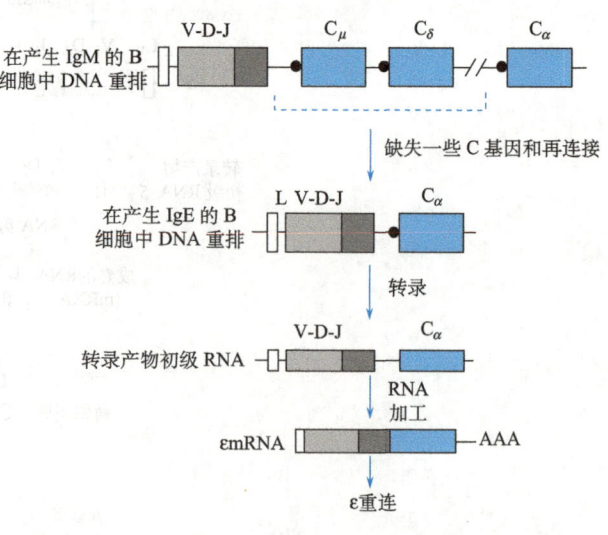

图 11.8　重链基因的类别转换重排

小结：染色体重排是原核与真核生物细胞中广泛存在的一种现象，典型实例是免疫球蛋白基因重排。表现在基因水平上的序列多样性，轻链和重链间随机组合、在接头处随机插入和删除若干核苷酸可增加抗体基因的多样性，导致在蛋白质水平上的多样性以适应对各种抗原进行免疫反应的需要，用有限的基因组合获得类型更多的蛋白质。基因重排能从分子水平上显示出生物多样性以及显示生物的基因组与mRNA复杂性之间并无很好的线性关系。

11.4 DNA水平上的调控

1. DNA甲基化

动物基因组DNA中有2%～7%的胞嘧啶被甲基化修饰形成5-甲基胞嘧啶(^mC)，甲基化位点主要在5′ CG 3′二核苷酸序列上。几乎所有的^mC与其3′的鸟嘌呤以 5′^{m}CpG 3′的形式存在，可占全部CpG的50%～70%。卫星DNA的甲基化程度较高。当两条链上的C都被甲基化时称为完全甲基化；一般在复制刚完成时，子链上的C呈非甲基化状态称为半甲基化，随着子链中C被甲基化为^mC，半甲基化位点逐渐形成全甲基化状态。

$$5'^mCpG\ 3' \qquad 5'^mCpG\ 3'$$
$$3'\ GpC^m\ 5' \qquad 3'\ GpC\ 5'$$

在大多数脊椎动物DNA中，GC碱基对的含量约40%。在一般DNA中，GC碱基对形成CpG序列的密度约1/100bp，有些区段GC碱基对形成二核苷酸序列CpG的密度大于10/100bp。这种富含CpG的区段称为CpG岛(CpG-rich islands)，主要见于某些基因上游的转录调控区及其附近，长达1～2kb。在脊椎动物DNA中，约20%的GC碱基对形成CpG岛。在CpG岛中，GC碱基对含量大约为60%，高于大多数DNA序列的GC含量。人类基因组大约有75 000个CpG岛。无论是否处于表达状态，大多数CpG岛都是非甲基化的。位于CpG岛所处的核小体中，组蛋白H1含量低，大约50%的CpG岛与管家基因有关，另一半CpG岛存在于组织特异性调控基因的启动子中，这些基因有40%含有CpG岛。CpG岛一般在RNA聚合酶Ⅱ转录的基因5′端区域。CpG岛在不同的基因中长度都大致相同，无论该基因有多长，CpG岛一般伸展到基因编码区的第一个外显子内。

DNA甲基化是一个动态修饰过程。甲基化酶分为两类：构建性甲基化酶可对非甲基化的CpG位点进行甲基化修饰，此过程涉及特异性DNA序列的识别，它对发育早期DNA甲基化位点的确定有重要作用，DNA甲基化特征的遗传则由维持性甲基化酶实现，这个酶可在甲基化的DNA模板链指导下，使其互补链中对应位置上的CpG发生甲基化，从而使其子代细胞中具备亲代的甲基化状态。哺乳动物发育过程中甲基化水平有明显的变化，在最初几次卵裂过程中，去甲基化酶清除来自亲代的几乎全部甲基化标记，然后大约在胚胎植入前后由构建性甲基化酶重新建立一个新的甲基化模式，此后再通过维持性甲基化酶将新模式向后代传递。CpG位点的甲基化可通过特殊的限制性内切酶检测。HpaⅡ识别并切割非甲基化的CCGG序列，但对甲基化后的^{m}CpG则不切割；MspⅠ能识别并切割所有的CCGG序列，不受甲基化的影响。因此可用MspⅠ来确认CCGG序列的存在，再以HpaⅡ鉴别其中的CpG是否发生了甲基化。利用MspⅠ/HpaⅡ酶切结合杂交或PCR的方法分析不同DNA序列可获得DNA的甲基化图谱。

2. DNA甲基化与转录抑制

甲基化对转录的抑制作用是通过甲基化DNA上结合特异性转录阻遏物，称为甲基化CpG结合蛋白而起作用的。这种蛋白质能与转录调控因子竞争甲基化DNA结合位点。已鉴定出了两种这样的转录阻遏蛋白，MeCP1和MeCP2，它们是介导甲基化对转录抑制作用主要的结合蛋白，缺乏这些蛋白质时不能有效阻遏基因的活化。MeCP1可与含有多种甲基化的CpG位点结合，导致含致密甲基化的基因转录受抑制。MeCP2在细胞中比MeCP1丰富，能与只含一个甲基化CpG二核苷酸对的DNA序列结合，并聚集于富含^{m}CpG的异染色质化区域。对MeCP2的研究表明，有时DNA甲基化比组蛋白脱乙酰化在转录的抑制上更有效。

利用基因组印记(genomic imprinting)能够研究DNA甲基化如何影响基因的表达。20世纪80年代中期前，人们一直认为2倍体细胞中来自父方的一套染色体与来自母方的另一套染色体在功能上是等价的，现已证实，哺乳动物某些等位基因性状的表达将由于基因的来源不同而呈现差异，甚至只表达单一亲系来源(父源或母源)的基因版本，犹如基因被打上了亲代的印记。哺乳动物基因组中约含有100个以上的这类基因，亲代配子基因组中发生的不同程度的甲基化修饰，能在基因组印记中表现了出来。印记模式的失真可能导致遗传疾病。亨廷顿氏舞蹈病(Huntington's chorea)是由常染色体的显性突变引起的，患者智力逐步减退且发病年龄不定。统计发现，发病年龄小的患者其突变基因多数来自父方；而携带有母方突变基因的患者发病年龄普遍推迟。DNA分析表明患者中父源突变基因的甲基化程度明显低于母源基因。基因组印记是一个可逆过程,带有亲代基因组印记的子代个体其自身产生的配子会因重新修饰而消除原有印记并产生新印记。

异染色质化能在更大范围内调节真核基因的表达,致使连锁在一起的大量基因同时丧失转录活性,从而起到遗传平衡的作用。例如,人和多数哺乳动物雌性体细胞中的两条X染色体,在胚胎早期(如1~16天的人胚胎)均呈常染色质状态,随后其中一条X染色体将随机出现异染色质化而失活,只允许另一条X染色体上的基因活动。异染色质化与组蛋白H3和H4的N端有关,这些N端区域的乙酰化水平很低,在酵母细胞中可借助RAP1等序列特异性DNA结合蛋白与SIR3/SIR4等蛋白因子相结合并连接于核基质。N端的某些突变可消除异染色质化现象。异染色质中的CpG是被高度甲基化的,这是异染色质中基因受到持久阻遏的重要因素。

3. 甲基化影响DNA与蛋白质的相互作用

甲基化作用能够影响DNA与蛋白质之间的相互作用。甲基化以两种方式调控基因表达,一是胞嘧啶上加5-甲基能增强或减弱DNA与蛋白质(如阻遏蛋白、活化蛋白等)之间的相互作用,当5-甲基伸入到双螺旋大沟的内部能在沟内发生特异性的DNA-蛋白质识别作用;二是胞嘧啶上加5-甲基使基团拥挤在DNA大沟内,导致DNA构象偏离标准的B型,螺旋扭曲的平衡转向其他构象形式(如Z-DNA结构形式的大沟能释放部分构象上的张力)。DNA构象的这些变化能极大地改变阻遏蛋白或激活蛋白的结合能力,改变核蛋白与DNA的相互作用,使DNA形成不同的高级结构。甲基化水平的下降是启动子区域呈现DNaseⅠ高敏感性的前提。在基因活化过程中,某些因素识别甲基化的序列导致该基因的启动子区域去甲基化,而去甲基化的启动子又有利于与某种特异反式作用因子相互作用,使启动子区域的染色质偏离正常的高级结构,变得对DNaseⅠ高度敏感。这时基因进一步被活化,促进转录的启动。

小结:动物基因组DNA中有2%~7%的C被甲基化修饰形成mC,甲基化位点主要在5′CG 3′二核苷酸序列上,几乎所有的mC与其3′的鸟嘌呤以5′mCpG 3′的形式存在,占全部CpG的50%~70%。DNA甲基化是一个动态修饰过程。甲基化对转录有抑制作用,通过甲基化DNA上结合特异性转录阻遏物,称为甲基化CpG结合蛋白而起作用。甲基化能影响DNA与蛋白质间的相互作用。

11.5 真核基因转录水平的调控

1. 真核生物与原核生物转录调控的区别

真核生物的转录调控与原核生物相比,有相似之处,但也有明显差异。主要区别为:

(1) 原核生物功能相关的基因常组织在一起构成操纵子,作为基因表达和调节的单元;真核生物基因不组成操纵子,每个基因都有其自身的基本启动子和调节元件,单独进行转录,但在相关基因之间也存在着协同调节,拥有共同顺式作用元件和反式作用因子的基因组成基因群(gene battery)。

(2) 原核生物的调节元件种类较少,主要包括上游启动区域调控元件和激活蛋白和阻遏蛋白的结合位点;而真核生物的调节元件种类很多,主要有上游调节元件(如组成型元件、可诱导元件、应答元件、增强子)和沉默子以及反式作用因子(如激活因子、阻遏因子)等,它们由许多短的共有序列组成,能独立活化基因,在基因组中的中等重复序列也可作为调节元件。

(3) 无论是原核还是真核生物,其转录都受反式调节因子(转录激活因子或抑制因子)的调节,这类调节可在两个水平上进行,一是通过调节因子的生物合成(对其种类和数量的调节),其过程缓慢而持续,主要涉及细胞的分化等;二是通过对它们进行构象转变或共价修饰(对其活性的调节)。生物细胞对其内外环境条件改变作出迅速反应的分子水平调节主要涉及基因活性调节。原核生物通常以负调节为主,其调节因子的活性主要受变构效应调节;真核生物以正调节为主,调节因子主要以共价修饰居多,如磷酸化与去磷酸化调节。

(4) 真核生物具有染色质结构,基因活化首先需要改变染色质的状态,使转录因子能够接触并作用于启动子,称此过程为染色质重塑。染色质水平的调节涉及真核生物发育与细胞分化等的调节。图11.9显示原核与真核生物转录起点上游区的结构,图11.10是真核生物基因表达调控的一般结构模式。

2. 真核生物基因基础转录的调节

基因的基础转录是指由核心启动子与通用转录因子结合后起始的转录过程。只含有通用转录因子和上游因子识别序列的启动子可在各种细胞类型中都发挥作用,由它们所控制的基因呈组成型表达,用以合成细胞所必需的各种成分,又称管家基因。基础转录依赖各种通用转录因子之间的相互作用,按照特定的时空次序组装转录起始复合体,复合体组装从TBP与TATA框的结合开

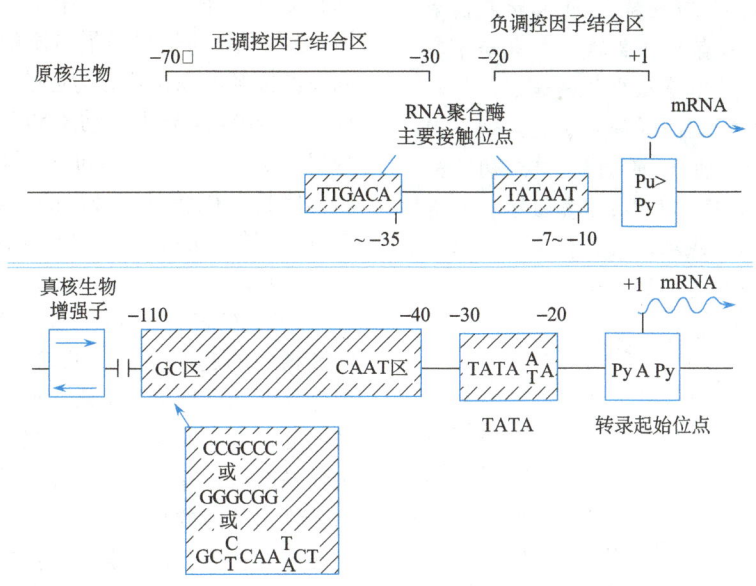

图 11.9　原核生物与真核生物转录起点上游区结构

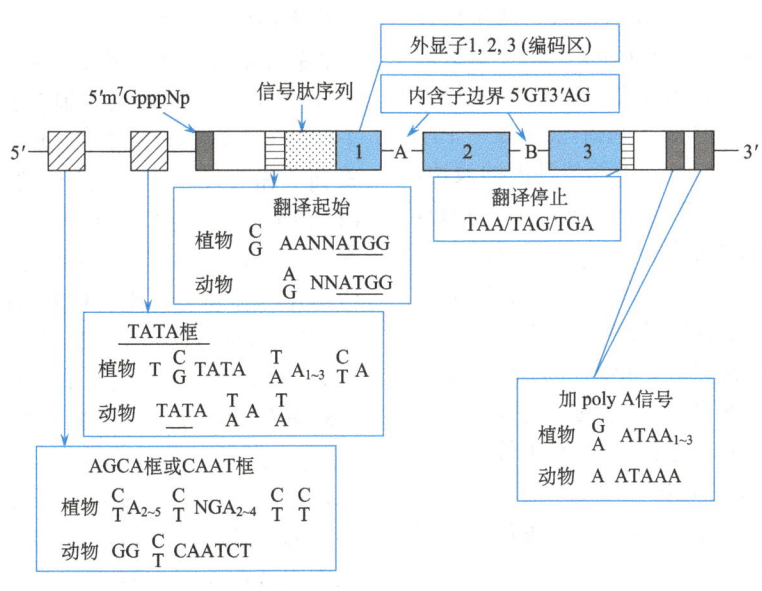

图 11.10　真核生物基因表达调控的一般结构

始，其中各个因子不仅聚集了 RNApolⅡ，还介导了 RNApolⅡ 与 DNA 的结合，并提供包括解旋酶、AT-Pase、蛋白激酶、组蛋白乙酰转移酶以及重构染色质在内的起始转录所必需的各种物质的活性。影响上述活动的因素以及各个因子之间的竞争、抑制因子与 DNA 的结合或起始复合物组分的变化等，都将降低转录的效率。此外，核心启动子的完整性也影响转录效率，有些基因的启动子中没有 TATA 框，由其他组分承担定位功能。DNA 的损伤影响其作为转录模板，必须先得到修复，否则将造成转录复合物在损伤位点的停滞直至解体。ERCC3 基因编码的解旋酶是通用转录因子 TFⅡH 的重要组分。某些 DNA 修复酶缺乏的疾病，如着色性干皮病和 Cockayne 综合征伴随有修复酶基因的缺陷。TFⅡH 有不同的组合形式，分别构成激酶复合物或修复复合物，前者的核心部分由五个基本亚基组成，其他组分包括一个由修复基因编码的亚基和一组有激酶活性的亚基；后者则不含与 CTD 激酶活性相关的各亚基，代之以完全由修复基因编码的多个组分。两种复合物可在 TFⅡH 五个亚基核心的基础上相互转换，以 TFⅡH 为桥梁，将 DNA 转录与损伤修复两个过程有机地结合起来。此外，由于 TFⅡH 中的 RNA 聚合酶ⅡCTD 激酶亚基来自细胞周期调节相关的激酶家族，为基础转录与细胞增殖偶联提供了可能。

小结：真核基因基础转录调节的特点：①真核基因不组成操纵子，每个基因都有其自身的基本启动子和调节元件，单独进行转录；②真核生物的调节元件种类很多，有多种上游调节元件；③转录受反式调节因子(转录激活因子或抑制因子)的调节，以正调节为主，调节因子主要以共价修饰居多；④真核生物具有染色质结构。真核基因的基础转录是指由核心启动子与通用转录因子结合后起始的转录过程。

3. 真核生物转录调控的顺式作用元件

顺反子 "顺"与"反"的概念源于顺/反试验(*cis-trans* test)，*cis* 和 *trans* 为拉丁语，顺式 *in cis* 意指"在这里"，反式 *in trans* 意指"在对面"。顺/反试验的概念是当同一基因内的两个突变位于一条染色体上时，双倍体杂合子表型为野生型，其突变排列的方式为顺式构型(*cis*-configuration)；如果两条染色体上各自携带一个这样的突变，则双倍体杂合子的表型为突变型，其两个突变处于反式构型，由此确定的遗传功能单位称为顺反子(cistron)。在基因表达调节过程中，顺反构型的定义得到了延伸，具有调节功能的特定DNA序列只能影响同一DNA分子中的相关基因，发生在一个序列中的突变不会改变其他染色体上等位基因的表达，这样的序列被称为顺式作用元件(*cis*-acting element)，顺式作用元件一般没有转录功能，但与之相反的调节蛋白(反式作用因子)，可通过扩散结合于细胞内的多个靶位点，当发生突变后将同时影响不同染色体上等位基因的表达，表现出反式作用(*trans*-acting)。根据顺式作用元件所处的位置、在转录中的功能以及作用方式的不同可分为启动子、增强子和沉默子等。通过各种顺式作用元件和反式作用因子的复杂的相互识别与作用，可以对基因转录的启动、延伸速率等活动进行有效的调节(图11.11)。

类型Ⅱ基因转录的调控区与启动子 类型Ⅱ基因的转录主要指真核细胞中RNApolⅡ负责转录的基因，绝大多数都是编码蛋白质的基因。类型Ⅱ基因的调控区按其所在位置分为近端作用元件和远端作用元件，按其功能又分为启动子和调控元件等。类型Ⅱ基因启动子是负责RNApol识别与结合、精确起始转录以及维持基础转录所必需的一定区域，启动子本身又具有近端的核心启动子和上游启动子元件。核心启动子位于转录起点上游200bp以内。典型的基因启动子在-25bp左右有TATA盒，TATA盒决定转录的方向和精确的起始位点。TATA盒内序列的突变能引起体外转录活性大幅下降。而TATA盒与Inr之间碱基突变对转录无影响。但如果它们之间的碱基缺失时则转录起点将移位至离TATA框下游大约25bp处开始。许多基因的核心启动子没有TATA盒或Inr，致使转录能从多个位点起始，分布在20~200bp内，产生的mRNA有多种选择性的5'端。缺乏TATA框的基因转录水平很低。参与细胞的生化代谢各途径的酶基因许多都属于这类情况。但这些无TATA盒的启动子在转录起始位点上游100~200bp常含有GC盒(与基因组中CpG岛相似)。很多真核基因的核心启动子上游还有上游调控元件(UPE)的短序列，位于转录起点到上游100~200bp的位置。常见的UPE元件有CCAAT框、Oct和GC框等，如β-珠蛋白基因启动子在-30bp，-75bp和-90bp区域分别有TATA框，CCAAT框和GC框。CCCAAT框的序列是GGC-CAATCT，是转录因子CTF/NF1的结合位点。启动子的CCAAT框对转录效率十分重要，但与转录起点之间的距离有一定的柔性。GC盒是转录因子Sp1的核心结合位点，其序列为GGGGCGG。GC盒一般以多拷贝形式存在于一些管家基因的启动子内。八聚体元件Oct(octamer)是组蛋白H2B，U系 snRNA基因、免疫相关基因等组成型表达的基因内元件。

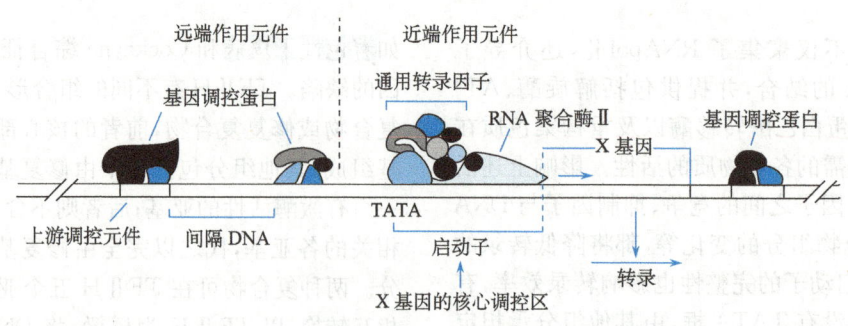

图11.11 真核生物基因表达调控区结构示意图

真核生物启动子的顺式作用元件具有不同的功能。TATA框和Inr主要决定转录的起点和方向，只能发动低水平的转录。而UPE元件则影响转录起始的频率，主要是通过各种元件结合的调控因子直接作用于基本转录因子的靶位点,以促进转录前起始复合物的组装,但没有组织特异性调控的功能。UPE元件是很短的简单序列,是各种调控因子结合的位点。当调控因子组合后,表现出蛋白质-蛋白质之间复杂的相互作用。每个UPE元件之间的序列内容并不重要,但当它们之间的距离要求在一定范围内时,才能共同发挥尽可能大的转录活性。基因的调控元件是相对于启动子而言的,一般指基因转录起点上游约200bp以上区域的顺式作用元件。按其功能主要分为两类:①具有正调控功能的顺式作用元件增强子;②负调控元件沉默子。

> **小结**:类型Ⅱ基因的转录主要指真核细胞中RNApolⅡ负责转录的基因。类型Ⅱ基因的调控区按其所在位置分为近端作用元件和远端作用元件,按其功能分为启动子和调控元件。核心启动子位于转录起点上游200bp内。典型启动子在−25bp左右有TATA盒,TATA盒决定转录方向和精确的起点。真核基因核心启动子上游有UPE,位于起点到上游100~200bp。常见的UPE有CCAAT框、Oct和GC框。UPE影响转录起始频率,基因调控元件按其功能分两类,①有正调控功能的增强子;②负调控元件沉默子。

增强子的概念与特点　增强子是指能使与它连锁的基因(位于同一条DNA链上,但可远程作用)转录效率明显增加的DNA序列。增强子主要存在于真核生物基因组中。在研究SV40基因的表达时发现有一段位于转录起点上游的序列在两个方向上都对转录有增强作用,因此将这段序列称为增强子。增强子与启动子元件一样,也是由多个相对独立的、特异性序列组成的,基本的核心序列为8~12bp,可以是完整的或部分的回文结构。最初发现的增强子是SV40病毒早期基因启动子上游的一段约200bp序列,当把它插入到含有兔β-珠蛋白基因的重组质粒中然后感染成纤维细胞培养物,结果成纤维细胞产生相当多的β珠蛋白基因的转录产物。以未插入SV40的这个片段的β-珠蛋白基因重组质粒作对照组,产生珠蛋白的mRNA非常少。SV40早期基因启动子上游的200bp序列使β珠蛋白基因提高转录效率上万倍,故而得名。增强子的作用特点归纳以下:①增强转录效应十分明显,一般能使基因转录频率增加10~200倍,有的可以增加上千倍,如经过人巨大细胞病毒增强子增强后的珠蛋白基因,其表达频率比该基因正常的转录高600~1000倍;②增强子可以位于基因的5′端上游、基因内部或3′端下游的序列中,没有基因专一性,对于同源或异源基因及不同的基因组合都有促进转录的作用;③增强子不具有方向性,在DNA中两种方向都能促进转录,即功能与序列的取向无关,不论增强子以什么方向排列,均表现出增强效应;④能以远距离(数千核苷酸以外)对启动子产生影响,即远离基因的转录起始位点起作用;⑤增强效应一般有组织或细胞特异性,只对特定蛋白质(转录或激活因子)才发挥其功能;⑥大多数增强子为重复序列,一般长约50bp,适合与某些蛋白因子结合;⑦增强子内部一般都含有一个核心序列(G)TGGA/TA/TA/T(G);⑧许多增强子还受外部信号的调控,如金属硫蛋白的基因启动区上游所带的增强子,可对环境中的锌、镉浓度做出反应。以上这些特性使得增强子被认为有别于UPE调控元件。但近期研究发现这两类元件调控区的界限越来越模糊,增强子中的某些元件同样出现在UPE中,都能促进转录。

> **小结**:增强子指能使与它连锁的基因转录效率明显增加的DNA序列。特点归于以下:①增强转录效应十分明显;②增强子可位于基因的5′端上游、基因内或3′端下游;③不具有方向性;④能以远距离对启动子产生影响;⑤增强效应一般有组织或细胞特异性;⑥大多数为重复序列;⑦内部含有一个核心序列(G)TGGA/TA/TA/T(G);⑧许多增强子受外部信号的调控。

增强子的作用机制　前人研究发现,真核生物的DNA的两个远距离位点之间的环凸,使与之结合的两个蛋白质能够相互作用,这一机制的基础是DNA(增强子)的行为。目前有4种较有说服力的增强子远程作用的模型:①拓扑结构改变,激活因子与增强子结合,通过超螺旋使整个DNA双链的构象乃至形状发生改变,由此使启动子向着通用转录因子开放;②滑动,转录激活因子与增强子结合,然后沿着DNA链滑动,直至遇到启动子,通过与启动子的直接作用而激活转录;③环凸,激活因子与增强子结合,通过增强子与启动子之间的DNA环凸使激活因子与启动子上的蛋白质发生作用,激活转录;④促追踪(facilitated tracking),激活因子结合增强子后,在其下游DNA链上产生环凸,通过扩大此环,激活因子向着启动子方向移动,到达启动子并与之相互作用激活转录。前两种模型要求增强子和启动子在同一DNA分子上,一个DNA分子构象的变化不会影响另一个分子的转录,与一个DNA分子结合的激活因子也不能滑动到第二个含启动子的DNA分子上。第三种模型只要求增强子与启动子彼此相互靠近,且必定在一个分子上,因为环化模型的本质不是DNA分子本身环化,而是结合在两个远距离位点上的蛋白质间的相互作用。

理论上讲,如果蛋白质是结合于不同 DNA 分子的两个位点,只要 DNA 分子以某种方式连在一起而不散开并阻止结合的蛋白质之间的相互作用,那么第三种模型就很有效(图 11.12)。

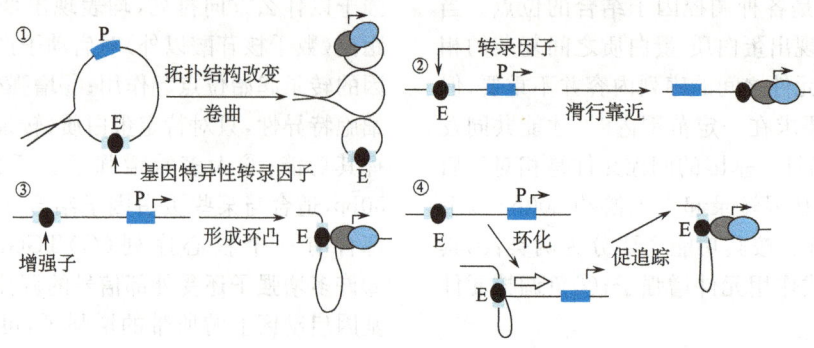

图 11.12 增强子作用的 4 种模型(引自 Weaver,2008)

①拓扑结构的改变,增强子(E)和启动子(P)定位在同一 DNA 环上。基因特异性转录因子与增强子结合形成超螺旋结构,使通用转录因子和 RNA 聚合酶结合到启动子上;②滑动,转录因子与增强子结合并沿 DNA 滑动到启动子附近协助通用转录因子和聚合酶结合到启动子上;③环化,转录因子结合到增强子上,通过使增强子与启动子间的 DNA 环凸而结合启动子,并促使通用转录因子和聚合酶结合到启动子上;④促追踪,转录因子与增强子结合使下游一段短 DNA 环化,随着环的增大使转录因子沿 DNA 追踪直至找到启动子,然后帮助通用转录因子和 RNA 聚合酶结合启动子

用一条 DNA 分子的增强子与另一条 DNA 分子的启动子以连环体(catenane,圆环连成链状)形式连在一起验证以上模型。如果其中的增强子仍然发挥作用,就排除前两种模型。M Dunaway 等用非洲爪蟾 rRNA 启动子,其两边分别连接 rRNA 微小基因和 rRNA 增强子,并在中间加入 λ 噬菌体的整合位点 attP 和 attB 构建了一个质粒(图 11.13b),attP 和 attB 都是位点特异性重组的靶位点,因此将它们放在同一个分子上,可重组产生连环体,如图 11.13c 所示。最后,将不同的质粒组合注入非洲爪蟾卵母细胞,通过定量 S1 作图法测定转录情况。注入的质粒分别是连体质粒、含有增强子和启动子的未重组质粒、只含增强子或启动子的质粒。在 S1 定量分析中需要一个参照质粒用以校正卵母细胞之间的差异,参照质粒包含一个 rRNA 微小基因(ψ52,有 52bp 的插入片段),而测试质粒(ψ40)的 rRNA 微小基因都含有 40bp 的插入片段。用这两种微小基因分别制备标记探针。如果两个基因都发生转录,应该看到相差 12 个核苷酸的两个信号。这两种信号的强度比值可表示测试质粒相对于参照质粒的转录效率(参照质粒的效率在各实验中都应保持一致)结果显示,分别含启动子和增强子于两个质粒的连环体的转录效率比只含启动子的质粒高。

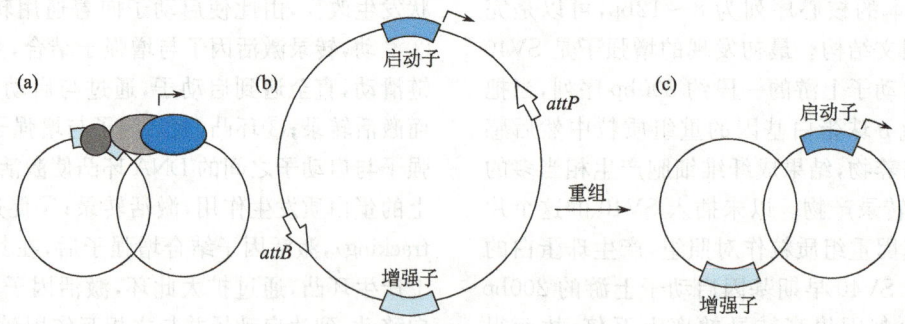

图 11.13 增强子和启动子分别位于连环体的不同质粒上(引自:Weaver,2008)

(a)基因特异转录因子与通用转录因子和聚合酶之间可能的相互作用模式。特异性转录因子结合在连环体一个质粒的增强子上,通用转录因子和聚合酶结合在连环体的另一个质粒的启动子(图中看不见)上。(b)连环体的产生,增强子和启动子定位于质粒的两个相对位置上,由 λ 噬菌体 attB 和 attP 位点将两者隔开。(c)在体外两个 att 位点发生重组,产生两个质粒分别含有增强子和启动子的连环体

由上可见，增强子不必与启动子位于同一个 DNA 分子上，但它必须在空间上与启动子足够靠近，以便结合在增强子和启动子上的蛋白质可以相互作用。这与拓扑结构的改变及滑动模型有矛盾之处（图 11.12①和②），但与 DNA 环化和促追踪模型相一致（图 11.12③和④）。在连环体结构中不需要环化或追踪，因为增强子和启动子位于不同的分子上，而其蛋白质间的相互作用无须 DNA 环化作用就能实现，如图 11.13a 所示。

定点突变实验发现，SV40 增强子至少包括 3 个主区，即 A（−271～−250）、B（−220～−200）和 C（−248～−232）。每个主区又由两个亚单位组成，它们紧密相连，中间没有间隔，每一亚单位都是一个转录因子结合的位点，是增强子最基本的成分，因此称增强子单元（enhanson）。已知的 SV40 增强子单元有：核心 A（−271～−264）；SphⅠ（−216～−208）；SphⅡ（−207～−199）；核心 C（−249～−240）；TCⅡ（−239～−233）和 P（−193～−185）等。A、B、C 这 3 个主区能互相协作促进转录，但如果单独存在时增强效应明显减弱，如果同时具有两个以上相同或不同的主区，增强子的活性显著提高。这种倍加效应也同样表现在增强子单元中。重组实验证明，如果把 SV40 增强子上的两个 72bp 重复序列同时去除，基因表达的水平会明显降低。但其中一个重复序列去除时基因正常转录。如果将人 β 血红蛋白基因克隆到带有 72bp 重复序列的 DNA 上，这个基因在体内的表达水平提高 200 倍以上，即使 72bp 序列位于该基因转录起始位点上游 3kb 或下游 2.5kb 处，仍不例外。将增强子插入基因组的任何位点，它仍然对邻近的基因表达发挥增强效应，所以认为增强子对其所作用的基因无专一性。此外，增强子还表现出很强的种属、细胞类型和组织特异性，如胰岛素基因和胰凝乳蛋白酶基因增强子都具有组织特异性。小鼠免疫球蛋白 H 链的增强子只在骨髓瘤细胞（合成免疫球蛋白）中有活性，在成纤维细胞（通常不合成免疫球蛋白）中则无活性。说明与增强子协同作用的转录因子是一种专一性蛋白质，增强子提高转录强度时需要它。有学者从 HeLa 细胞中分离到一个为 SV40 和多瘤病毒增强子所必需的转录因子，这个多瘤病毒增强子的活力可被抑制。制备了两个质粒，质粒Ⅰ含有多瘤病毒增强子和人 β 球蛋白基因，质粒Ⅱ含有腺病毒的 eia 调控基因。将质粒Ⅰ转入 HeLa 细胞后，β 球蛋白基因能高效转录，如果两个质粒同时转入细胞，发现合成出的 mRNA 及 β 球蛋白总量大为降低。分析发现 EIA 蛋白是这个增强子的抑制物。

在增强子的作用机制中，增强子能为转录因子提供进入启动子区域的位点，将氯霉素乙酰转移酶（CAT）基因插入 SV40（pSV-cat），取代 T 抗原的编码区，利用 SV40 的增强子和启动子控制基因转录。同时又将新霉素磷酸转移酶基因插入 SV40，构建 pSV-neo。实验中恒定加入 pSV-cat DNA 总量，改变 pSV-neo DNA 用量，两者同时感染细胞并测定 CAT 活性，发现随着 pSV-neo DNA 量的增加，CAT 活性下降，说明两种重组 DNA 在细胞中竞争转录因子。这些因子与大量 pSV-neo DNA 的结合，必然影响它们与 pSV-cat 的结合量，导致 cat 基因转录的增强作用被减弱。这一结果可同时解释为什么增强子具有寄主细胞特异性。例如，在猴细胞中 SV40 的增强子比鼠肉瘤病毒的增强子增强效率高，而在鼠细胞中两种增强子的效率相反。显然在不同细胞中有其不同的转录因子，同源增强子与转录因子之间具有更强的亲和力。增强子能改变染色质的构象，处于负超螺旋状态的 SV40 DNA 有 3 个能与 Z-DNA 抗体相结合的位点，其中两个在增强子序列之内，都为 GCATGCAT，另一个在增强子之外 7bp 处，由 ATGTGTGT 组成，说明增强子区域容易发生从 B-DNA 到 Z-DNA 的构象变化。实验证明在这 3 个位点上游 25bp 之内有核酸酶Ⅰ超敏感区，说明染色质局部结构的变化决定了 DNA 对转录因子的接受效率。

归纳增强子作用机制有以下几点：①增强子如同 UPE 一样，都可被反式作用的调控因子结合引起 DNA 构象变化，甚至 DNA 螺旋弯曲形成环状结构。结合到增强子上的各种反式作用因子之间相互作用，并接触作用于启动子上的各种蛋白因子，促进转录起始复合物（PIC）组装，从而激活转录。②增强子元件是一些特异蛋白因子的结合位点，它能使模板 DNA 固定在细胞核特定结构，如核基质上，有利于 DNA 拓扑异构酶发挥作用。目前在病毒、植物、动物和人类正常细胞里都发现有增强子存在。作为基因表达的重要顺式调控元件，它能极大促进启动子的转录活性，但增强子有两个主要特性区别于启动子：一是与启动子的相对位置不固定，可位于基因的不同位置，一般位于转录起始位点上游 200～5000bp，甚至更远；二是增强子在正、反两个方向上都有活性，增强子不限于增强特定启动子的转录活性，对其邻近的其他启动子序列也有促进转录的功能。增强子与启动子相似，是一类具有模块组织的顺式元件，它们都由许多模块元件组成，二者的成分中有些相同，有些相似，但增强子的这类模块元件更加密集。在某种意义上，增强子也可看作是启动子远离起点的上游元件。事实上作用于这些上游元件的反式因子也是相同或相似的。

小结：有 4 种增强子远程作用模型：①拓扑结构改变，增强子通过超螺旋使整个 DNA 构象改变，由此使启动子向通用转录因子开放；②结合在增强子上的转录因子沿 DNA 链移动直至遇到启动子，通过与启动子直接作用而激活转录；③增强子与启动子间的 DNA 环凸使激活因子与启动子上的蛋白质作用，激活转录；④促追踪作用，激活因子结合增强子后在其下游 DNA 链上产生环凸，通过扩大此环，激活因子向着启动子方向移动，到达启动子并与之相互作用激活转录。DNA 链连环体验证了以上模型。

起作用，这是通过将增强子和启动子之间的 DNA 成环外突而实现的（图 11.14）。

对多个激活因子的结合同时能够调节一个基因的发现正在改变我们对"增强子"一词的定义。增强子最初被定义为是一种非启动子 DNA 元件，它能与至少一种增强子结合蛋白一起刺激邻近基因的转录。在图 11.14 中所示的金属硫蛋白基因在位于 TATA 框的上游，调控区包含了多个增强子，但目前增强子的定义已经朝着涵盖启动子以外相邻的整个调控区方向演变。因此，金属硫蛋白基因的全部调控区我们都可以看做是一个增强子，如 BLE 仅是增强子中的一个元件。尽管可以采用新定义，但多数学者仍然认为某些基因由多增强子控制。如果蝇黄（*yellow*）和白（*white*）基因就是由 3 个增强子控制 3 簇相邻的激活因子结合位点的。

复合增强子　在许多基因上不止有一个增强子，以此来应答多重刺激。例如，金属硫蛋白基因编码的蛋白质帮助真核生物应对重金属毒害，这些基因可被不同的效应物激活。因此，每个结合在多重增强子上的激活因子必定对起始复合物前体在启动子上的组装

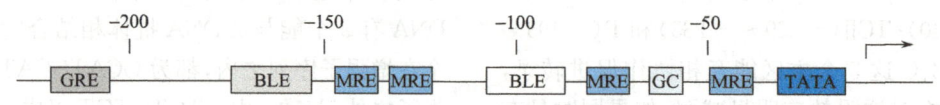

图 11.14　人金属硫蛋白基因的调控区结构示意图

位于转录起始位点+1 上游，沿 3′→5′方向分别为 TATA 框、金属响应元件（MRE）-在应答重金属时激活基因转录、GC 框，转录激活因子 Sp1 响应元件、另一个 MRE 序列、本底水平增强子（BLE）-转录激活因子 AP-1 响应元件、两个串联的 MRE 序列、另一个 BLE 序列、糖皮质激素响应元件（GRE）-可被糖皮质激素和受体组成的激活因子刺激转录

参与多个激活因子相互作用的增强子能够对基因表达做精细调控。不同激活因子的组合对不同细胞中给定的基因能产生不同水平的表达。事实上，在基因附近各种增强子元件的出现或缺失使人联想到二进制代码，假设元件出现为"开"，缺失为"关"，激活因子是操纵开关。由于是多个增强子元件之间的协同作用，因此并不表现为简单的加性效应。用于描述多重激活因子作用的设想是组合代码（combinatorial code）。在特定细胞的特定时段，所有激活因子的集合

构成了组合代码。如果一个基因带有一组增强子元件，每个增强子可应答一至多个激活因子，就可以阅读此代码，其结果是基因以适当的水平进行表达。E Davidson 等以海胆 *Endo16* 基因提供了一个很好的多增强子实例。*Endo16* 基因在动物早期胚胎的营养板（指后期发育中产生内皮组织，包括内脏细胞群）发育中很活跃，最初测试了 *Endo16* 基因 5′侧翼区结合核蛋白的能力。结果发现这样的结合区很多，排布成了 6 个功能模块，如图 11.15 所示。

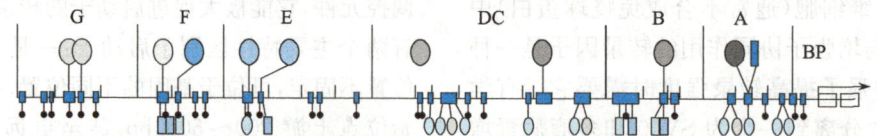

图 11.15　海胆 *Endo16* 基因多增强子模块的排布方式（引自 Romano and Wray，2003）

基因中间的蓝色框表示增强子，上方椭圆表示激活因子，下方小的椭圆表示结构转录因子，两者都结合到增强子元件上。增强子呈簇状或模块排布，分别标记为 G、F、E、DC、B 和 A。长垂直线代表不同模块的区分位置。BP 代表基本启动子

在与核蛋白结合的这些含有增强子的模块中，哪些是真正与基因激活相关的呢？Chiou-Hwa-Yuch 等将这些含有增强子模块单独或组合起来，并与 CAT 报

告基因连接，之后导入海胆卵细胞，观察在胚胎发育中报告基因的表达模式。结果发现报告基因在胚胎组织表达的部位和时间取决于导入的不同模块的精确组合

方式,这些含有增强子的模块对不均一分布在发育胚胎中的激活因子产生了应答。或许,所有元件在体外都能独立作用,但在体内却是组织化的,如图 11.16 所示。

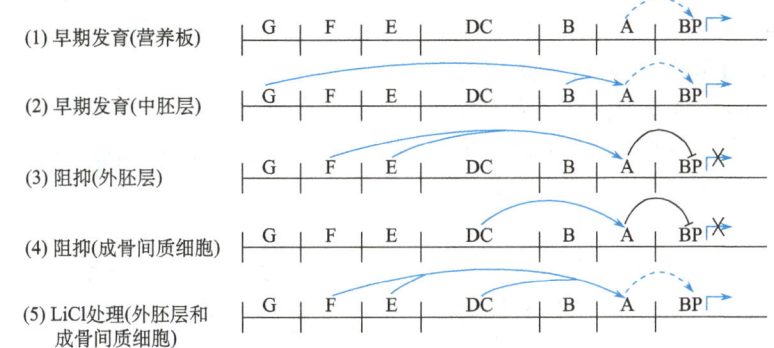

图 11.16　海胆 Endo16 基因中模块 A 的综合功能(引自 Yuch and Davidson,1998)

(1)在早期发育中 A 是唯一开启的模块,它通过启动子(BP)刺激转录;(2)在中胚层早期发育中,模块 A 通过整合模块 G 和 B 的作用共同刺激转录;(3)在外胚层晚期发育中,模块 A 通过整合模块 F 和 E 的作用,阻遏基因转录;(4)在成骨间质细胞晚期发育中,模块 A 整合模块 DC 的作用,抑制基因转录;(5)LiCl 处理能够逆转模块 A 对外胚层和成骨间质细胞的阻抑信号,刺激基因转录

在图 11.16 中,模块 A 可能是唯一直接与基本转录元件相互作用的模块,其他模块都需通过模块 A 而发挥作用;某些上游模块(如 B 和 G)通过 A 协同作用以激活 Endo16 基因在内皮细胞发育中的转录;另一些模块(如 DC、E 和 F)也通过 A 协同阻遏非内皮细胞中 Endo16 基因的转录(模块 E、F 在外胚层细胞中起激活作用,而模块 DC 则在成骨间质细胞中起作用)。这个实验中最吸引人的是加入 LiCl 所产生的效果。LiCl 是一种致畸剂(teratogen)(畸形发育的诱导剂)。在海胆胚胎中,LiCl 促使内胚层过度发育,从而抑制附近外胚层的发育。Davidson 等证明,LiCl 能使模块 DC、E 和 F 通过模块 A 的作用发生逆转,使原来抑制 Endo16 基因的活性变成激活转录的作用。因此,LiCl 使原外胚层细胞中本该关闭的基因被开启,从而过量产生内胚层细胞,使原外胚层细胞发育成了内胚层。

Britten-Davidson 模型　多个顺式作用元件的调控可用 Britten-Davidson 模型解释,1969 年,Britten 和 Davidson 提出了真核生物单拷贝基因转录调控的模型。认为在整合基因(相当于原核生物中的调节基因)的 5′ 端连接着一段具有高度专一性的 DNA 序列,又称传感基因(sensor gene),当它与某种信号分子(如激素或激素蛋白复合物)相互作用时,能激活所有的整合基因表达,产生具有生物活性的 RNA 或者蛋白质分子;当整合基因的表达产物与受体基因(receptor gene)(相当于原核生物中的操纵基因)相互作用时就启动了结构基因的表达。这个模式中传感基因与大肠杆菌乳糖操纵子的 cAMP-CAP 结合位点相似,结构基因相当于原核生物中的结构基因。如果许多结构基因的邻近位置上同时具有相同的受体基因,则这些基因将受到某一种激活因子的控制而表达,这些基因就归属到一个组。如果有几个不同的受体基因与一个结构基因相邻接,它们能被不同的因子所激活,那么这个结构基因就会在不同的情况下表达。如果一个传感基因可以控制几个整合基因,则一种信号分子就可以通过一个相应的传感基因激活几个组中的基因。因此,可以把一个传感基因所控制的全部基因归属为一套。如果一种整合基因重复出现在不同的套中,则同一组基因也可以分属于不同的套(图 11.17)。

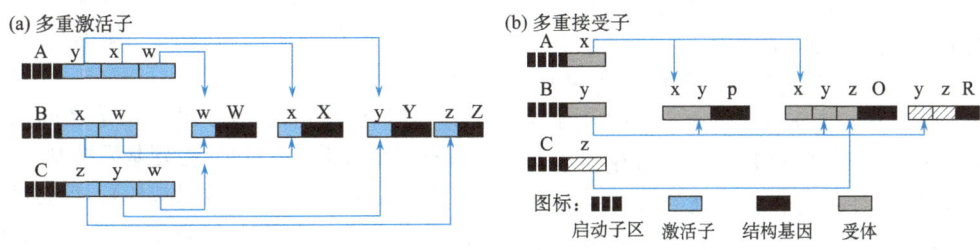

图 11.17　基因家族受到多重调节的 Britten-Davidson 模型

Britten-Davidson 模型的特点是：许多基因可以同时被调控，其发挥调节功能的调节单位（整合基因和受体基因）是一些重复性的 DNA 序列。因为出现在不同的组或套中的整合基因或受体基因如果是重复的 DNA 序列，它们在调控上和结构基因的各种不同组合就能对不同的信号分子作出反应。如果整合基因和受体基因都是重复序列，则可设想出一套复杂有效的基因表达调控途径。在真核生物基因组中的中等重复序列和单拷贝 DNA 序列的排布形式，基本上可以说明 Britten-Davidson 模型具有一定的合理性，如血红蛋白的 α 和 β 亚基结构基因为单拷贝，而邻近基因则是中等重复序列，包含了各种不同的调节基因。事实上，验证这一模型的正确性比设计它要复杂得多。

小结：Britten-Davidson 模型特点：许多基因可同时被调控，其发挥调节功能的调节单位是一些重复性的 DNA 序列，它们在调控上和结构基因的各种不同组合能对不同的信号分子作出反应。如果整合基因和受体基因都是重复序列，则可设想出一套复杂有效的基因表达调控途径。

隔离子和沉默子 隔离子(insulator)又称绝缘子，是一类特殊的顺式作用元件。隔离子不同于增强子，其功能是阻止激活或阻遏作用在染色质上的传递，使染色质的活性限定于一定的范围（或结构域之内）。如果将一个绝缘子置于增强子和启动子之间，它能阻止增强子对启动子的激活。另一方面，如果一个绝缘子在活性基因和异染色质之间，则它可保护该基因免受异染色质化而失活。这些性质说明绝缘子影响染色质的组织结构。

隔离子的作用模型 已知增强子能对距离很远的启动子产生作用。果蝇 cut 基因位点的翅缘增强子与启动子相隔约 85kb，如此远的范围，某些增强子也能与其靠得很近，产生激活作用。高等生物细胞阻止这种不应有的激活是采用隔离作用。大多数隔离子能保护基因免受附近增强子或沉默子的激活或抑制作用。隔离子具有两种功能，称为增强子屏蔽(enhancer blocking)和阻碍物(barrier)活性。增强子屏蔽是指隔离子具有阻止增强子激活转录效应的能力。阻碍物是指隔离子区域阻止染色质浓缩蔓延到靶基因区域的能力，防止基因发生沉默。并不是所有的隔离子都同时具有增强子屏蔽和阻碍物功能，某些隔离子被特化为只有一种功能。在酵母中，对靠近着丝粒处的沉默子起阻碍作用的 DNA 元件就是一个只有阻碍功能的隔离子的例子。隔离子能够界定 DNA 结构域之间的边界。因此，在增强子和启动子之间加入隔离子可以破坏原有的激活作用。同样，在沉默子和基因之间插入隔离子会解除抑制作用。所以，隔离子是在基因区和增强子区（或沉默子区）形成一个边界，使基因不能感受到激活（或抑制）作用（图 11.18）。

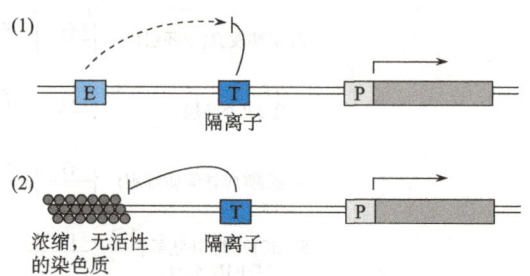

图 11.18 隔离子的作用
(1)增强子的屏障活性，在启动子和增强子之间的隔离子阻止启动子感受增强子的转录激活作用；(2)阻碍物活性，在启动子和浓缩、阻抑状态的染色质之间的隔离子可阻止启动子受浓缩染色质（由沉默子诱导）对基因转录的阻抑的作用

隔离子的作用取决于所结合蛋白质的特性。例如，某种果蝇隔离子包含 GAGA 序列，被称为 GAGA 盒(GAGA box)，需要 GAGA 结合蛋白 Trl 才能产生隔离子活性。遗传学研究证明如果 GAGA 盒本身发生突变或 trl 基因突变，都能使隔离子失去活性。隔离子有多种作用机制，但预计最不可能的是隔离子诱导其上游染色质形成沉默而浓缩的结构域，否则位于隔离子上游的基因将总是被沉默了。但对果蝇的实验表明这种上游基因仍有潜在活性并能被增强子激活。图 11.19 给出了隔离子作用的两种模型。在第一种模型中，信号从增强子逐渐向启动子移动，中间的隔离子阻止了该信号的前移；第二种模型需要位于增强子两端的隔离子之间的相互作用，使增强子被隔离封闭在环形结构中，不能与启动子相互作用。

多个隔离子的复合作用模型 C Haini 等研究认为，某些隔离子以单拷贝形式起作用，并不一定在所有的调控中都要有两个隔离子分布在增强子的两侧（或有可能在实验中第二个隔离子未被鉴定出来），如果存在第二个隔离子，则它可吸引新蛋白质与结合了已知隔离子的蛋白质相互作用，染色质因此而被环化，以阻止增强子与位于同一侧的启动子相互作用（图 11.20）。

C Haini 等在增强子和启动子之间插入一个已知的果蝇隔离子[su(Hw)，毛翅基因抑制子]观察到隔离子有一定的作用（增强效果减弱）。但将两个拷贝的隔离子插入同一位置时，隔离子无活性。最后将两个 su(Hw)隔离子分别插入增强子的两侧，结果检测到最大的隔离子抑制效应。在 2001 年的同一时间，Pirrotta

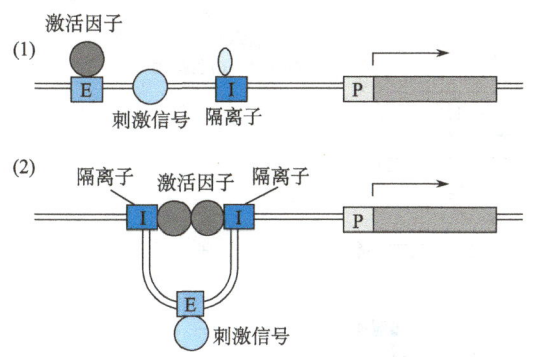

图 11.19　隔离子作用机制的两种模型
（引自 Cai and Shen，2001）

(1)滑动模型,激活因子结合到增强子上,同时刺激信号或转录激活因子沿 DNA 滑向启动子,隔离子与一个或多个附着的蛋白质一起,阻挡滑向启动子的信号；(2)环化模型,两个隔离子位于增强子的两侧,当蛋白因子结合隔离子后它们相互作用将增强子隔离在环中,使其不能激活附近启动子的转录

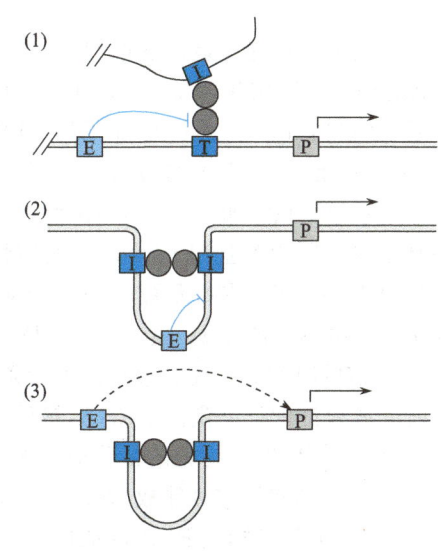

图 11.20　多隔离子的作用模型
（引自 Cai and Shen，2001）

(1)在增强子和启动子间的单一隔离子结合着蛋白质,这些蛋白因子再与其他的结合同种或异种隔离子的蛋白质相互作用使增强子与启动子隔开,阻止了转录的增强作用；(2)增强子两侧的两个隔离子上结合的蛋白质相互作用使 DNA 环化,隔离增强子和启动子,阻止转录增强；(3)在增强子和启动子间的两个或多个隔离子上结合的蛋白因子之间相互作用使 DNA 环化,但未隔离增强子,反而使增强子更靠近启动子,结果使两个隔离子的作用相互抵消,不阻止转录的增强。这里的增强子和启动子通过 DNA 环化而靠近并相互作用,在此不赘述

等报道了他们利用单拷贝和多拷贝 su(Hw)隔离子,对果蝇不同启动子进行实验。之后他们利用两个串联的不同基因,以及 3 个上游增强子及处于不同位置的 1～3 个隔离子,代替只有一个基因的情况。这 2 个基因分别是 *yellow* 和 *white*,其野生型使成年果蝇分别产生黑体色和翅色及红眼。当 *yellow* 基因失活（或突变）时,黑色素不能形成,后代身体和翅均为黄色而非黑色。当 *white* 基因失活（或突变）时,红眼色素不能合成,后代的眼睛为白色,见图 11.21。V Pirrotta 等构建了几个质粒,质粒 1(EyeSYW)包含位于增强子和两个基因之间的单拷贝隔离子。如以上模型所述,隔离子阻止了增强子对两个基因的激活。质粒 2(EyeY-SW)的隔离子位于 *yellow* 和 *white* 基因之间,*yellow* 基因被激活,而 *white* 基因则未被激活。质粒 3(Eye-SYSW)是两个隔离子分别位于 *yellow* 基因的两侧,结果令人兴奋,*yellow* 基因未被激活,而 *white* 基因被激活了。Cai 和 Shen 等进一步研究的结果与 V Pirrotta 相一致,*yellow* 基因两侧的隔离子抑制了该基因的激活,但却因此使两个隔离子同时位于增强子和 *white* 基因之间,隔离子的作用被抵消了,增强子激活了 *white* 基因。因此当两个隔离子的相互作用抵消了它们对 *white* 基因的作用时,并不能真正使隔离子失活,两个隔离子仍可阻止中间的 *yellow* 基因失活。质粒 4(EyeSYWS)是两个隔离子分别位于 *yellow* 和 *white* 基因的两侧。确实是隔离子同时阻止了两个基因的激活。最后质粒 5(EyeSFSYSW)含有 3 个隔离子,其中两个位于增强子和 *yellow* 基因之间,另一个在 *yellow* 和 *white* 基因之间。结果是两个基因都被激活了,可见增强子和基因间的两个或多个隔离子拷贝能够中和隔离子的作用（在增强子和 *yellow* 之间有 2 个拷贝,增强子和 *white* 基因之间有 3 个拷贝）。在 *yellow* 基因上游的两个隔离子彼此作用相互抵消,允许 *yellow* 基因激活,而 *yellow* 和 *white* 基因之间的隔离子可能阻止 *white* 基因激活。但事实上是 3 个隔离子均失去了作用,两个基因均被激活。该实验表明了两个串联隔离子的失活并非因为两者之间简单的相互排斥作用造成。在某种程度上,结合在 3 个隔离子上的蛋白质因子之间的相互作用能使上游增强子行使功能。以上这些增强和隔离作用的结果可用 DNA 成环模型解释（但非唯一解释）。有学者认为追踪机制（图 11.12）还能够解释增强效应,在增强子和启动子之间置入一个隔离子,能阻挡结合在增强子上的蛋白质因子向启动子的移动追踪,那么置入两个或多个隔离子为什么会抵消效应呢？有人提出了隔离子小体(insulator body,由两个或多个隔离子与其结合蛋白所形成的聚合体,这些蛋白质在细胞核周围已检测到)的概念,认为隔离子小体的形成在隔离子活性中起关键作用,即两个或多个隔离子(在增强子和启动子之间)与其结合蛋白之间以某种方式相互作用,阻止了隔离子与隔离子小体的结合,从而阻止了隔离子的活性。

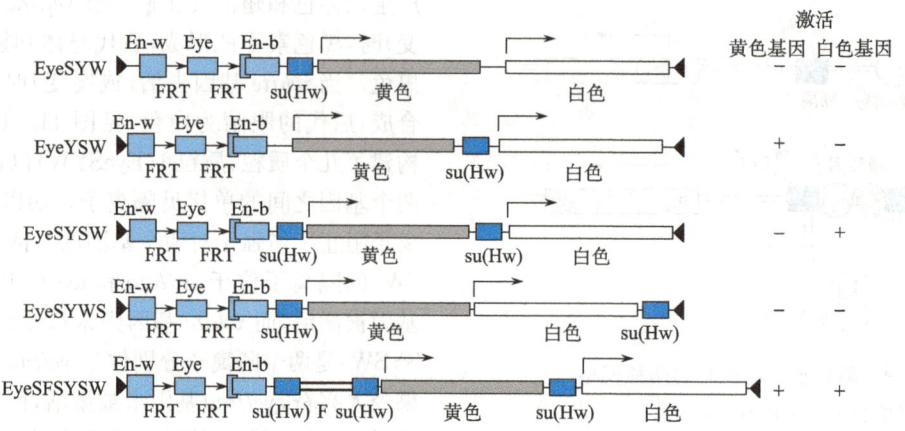

图 11.21　果蝇两个前后排列基因上的隔离子的作用(引自 Muravyova et al.,2001)

左边图示重组基因结构,结果[yellow 和 white 基因转录激活(+)或者无转录激活(-)]标示在右边。重组基因的名字都以 Eye 开头,表示 yellow 和 white 两个基因上游调控区的 3 个增强子中的眼睛特异性增强子。S、Y 和 W 分别代表隔离子[su(Hw)]、yellow 基因和 white 基因。字母在重组基因名称中的位置表示其相应元件的位置。Pirrotta 等将重组基因转入果蝇胚胎中,并观察其体色和翅色(yellow 基因活性)和眼色(white 基因活性)的变化

沉默子(silencer)是基因的负调控元件,沉默子的 DNA 序列被调控蛋白结合后能阻断转录起始复合物的形成或活化,使基因表达活性关闭。真核细胞中沉默子的数量远远少于增强子。关于沉默子的研究报道较少。

> **小结**:隔离子是一类特殊的顺式作用元件,其功能是阻止激活或阻遏作用在染色质上的传递,使染色质活性限定于一定的范围(或结构域之内)。如果将一个隔离子置于增强子和启动子之间,它能阻止增强子对启动子的激活;另一方面,如果一个隔离子在活性基因和异染色质之间则可保护该基因免受异染色质化而失活。隔离子能成对合作发挥作用,两个隔离子上结合的蛋白质相互作用能形成 DNA 环,这种环能隔离增强子和沉默子,使其不再激活或抑制启动子,这样的隔离子可在染色体的不同 DNA 区域间形成边界,当两个或多个隔离子同时位于启动子和增强子之间时,彼此的作用相互抵消(通过结合其上的蛋白质作用)从而阻止 DNA 成环对增强子和启动子的隔离。

11.6　基因表达的转录后水平的调控

真核基因表达的转录后水平调控的重点是对 mRNA 稳定性的调控。本节以酪蛋白 mRNA 和转铁蛋白受体 mRNA 的稳定性为例,讨论转录后水平的调控。

(1) 酪蛋白 mRNA 的稳定性

哺乳动物乳腺组织对促乳素(prolactin)的应答是一个对 mRNA 稳定性调控的实例。当培养的乳腺组织用促乳素刺激时,能产生以乳蛋白的酪蛋白(casein)做出响应。由此推测伴随酪蛋白的增加,酪蛋白 mRNA 浓度也增加了。事实确实如此,促乳素处理乳腺组织 24h 后,酪蛋白 mRNA 水平增加了约 20 倍。但这并不意味着酪蛋白 mRNA 的转录效率增加了 20 倍。实际上转录效率只增加了 2~3 倍,酪蛋白 mRNA 水平的提高主要是因为酪蛋白 mRNA 的稳定性增加了约 20 倍。J Rosen 等用脉冲示踪(pulse-chase)实验测定了酪蛋白 mRNA 的半衰期。半衰期是指半数 mRNA 降解所需的时间。在促乳素有或无的条件下,在体内短时间放射性标记酪蛋白 mRNA,然后对细胞进行放射性核苷酸脉冲,使标记的核苷酸掺入到转录的 RNA 中,之后将细胞转移到非放射性培养基中,随着标记 RNA 的降解和未标记 RNA 的取代,可跟踪测定 RNA 放射性的丢失。经多次示踪实验后,将酪蛋白 mRNA 与已克隆的酪蛋白基因进行杂交,测定酪蛋白 mRNA 的水平。标记的酪蛋白 mRNA 消失得越快,说明它的半衰期越短。结果显示在促乳素存在条件下,酪蛋白 mRNA 的半衰期迅速增加,从 1.1h 上升到 28.5h。同时响应促乳素的总 poly(A)+ mRNA 的半衰期仅增加了 1.3~4 倍。说明促乳素选择性地稳定了酪蛋白 mRNA,使酪蛋白的表达极大地增强。

(2) 转铁蛋白受体 mRNA 的稳定性

控制哺乳动物转铁蛋白受体 mRNA 的稳定性是转录后基因表达调控的又一实例,即控制哺乳动物铁离子的稳态(iron homeostasis)(调控铁离子浓度)。铁离子是所有真核细胞所必需的矿物元素,但高浓度的铁离子对细胞有毒害。细胞必须精确调节铁离子的浓度。哺乳动物细胞通过调节两个蛋白质的量来调节

铁离子浓度,一个是离子运输蛋白,称为转铁蛋白受体(transferrin receptor,TfR),另一个是离子储存蛋白,又称铁蛋白(ferritin)。转铁蛋白是离子耐受蛋白,它可通过细胞表面的 TfR 进入细胞。一旦转铁蛋白进入细胞,便将离子传递给胞内的其他蛋白,如需要铁离子的细胞色素。另一种情况是若细胞吸收了过多的铁离子,就能以铁蛋白的形式将铁离子储存下来。当细胞代谢需要较多的铁离子时,细胞就会增加转铁蛋白受体的浓度,使更多的铁离子进入细胞,同时减少铁蛋白的浓度,使铁离子不要储存的太多,能够利用的更多一些。此外,如果一个细胞有太多的铁离子,就会减少转铁蛋白受体的浓度并增加铁蛋白的浓度。生物细胞采用转录后的基因表达调控来完成这两项工作,即调节铁蛋白 mRNA 的翻译效率和调节转铁蛋白受体 mRNA 的稳定性。在 1986 年,J Harford 等做了转铁蛋白受体 mRNA 的稳定性调节的实验。利用螯合物耗竭细胞内的铁离子,增加转铁蛋白受体(TfR)的 mRNA 浓度。另外通过加入血晶素(hemin)或铁盐,从而增加细胞内铁离子浓度,可降低 TfR mRNA 浓度,细胞内铁离子浓度变化所引起的 TfR mRNA 的浓度改变的原因不是 TfR mRNA 合成速率改变,而是在很大程度上依赖于 TfR mRNA 半衰期的改变,即 TfR mRNA 的半衰期可以从铁离子充足时的 45min 增加到离子缺乏时的数小时。

1985 年,Lukas 等克隆了一个人类 TfRcDNA,发现其编码 mRNA 有 3 个区域,96nt 的 5'非翻译区(5'-UTR)、2280nt 的编码区、2.6kb 的 3'非翻译区(3'-UTR)。为了检测较长的 3'-UTR 作用,Dianne 等通过删除 3'-UTR 的 2.3kb,用截短的重组子转染小鼠 L 细胞,同时构建另一个相似的重组子,用 SV40 病毒启动子替代正常的 TfR 启动子。之后用人 TfR 特异性单克隆抗体和荧光标记的第二抗体检测细胞表面的 TfR。检测结果发现对野生型基因,细胞通过增加约 3 倍的表面 TfR 浓度来响应铁螯合剂,发现一方面 SV40 启动子调控的 TfR 基因有相同的表达行为,表明 TfR 启动子与铁离子响应无关;另一方面,删除了 3'-UTR 的基因不响应铁离子,无论铁螯合剂存在与否,细胞表面的 TfR 浓度相同,说明实验中所删除的 3'-UTR 部分包含铁离子应答元件。然而,细胞表面 TfR 受体的出现并不一定反映 TfR mRNA 的浓度。为了直接检测铁离子对 TfR mRNA 浓度的影响,他们进一步对铁螯合剂处理和未处理细胞的 TfR mRNA 进行了 S1 核酸酶分析。结果显示铁螯合剂极大地增加了 TfRmRNA 的浓度,但 TfR 基因缺失 3'-UTR 时对铁离子的这种应答随即消失。Harford 等通过删除实验,

发现是在 3'-UTR 中部 678nt 的片段对铁离子的这种应答作用消失。通过计算机分析这 678nt 的片段,发现包含有 5 个发夹或茎环的结构,并与铁蛋白 mRNA 5'-UTR 中发现的茎环序列结构高度相似,将这种茎环结构称为铁应答元件(iron response element,IRE)。铁应答元件是负责铁离子刺激铁蛋白 mRNA 的翻译能力,即这些 IRE 是 TfR 基因表达对铁离子应答的中间物质。Harford 等用凝胶阻滞实验研究,发现人细胞中含有一个或多个蛋白质能特异性地结合人 TfR IRE。这种结合可被过量 TfR mRNA 或同样具有 IRE 的铁蛋白 mRNA 所竞争,但没有 IRE 的 β 球蛋白 mRNA 却不能参与竞争。因此说明这种结合是 IRE 特异性的。这个发现强调了铁蛋白与 TfR IRE 存在相似性,提示它们甚至能结合相同的蛋白质,但研究发现蛋白质与这两个 mRNA 的结合有不同的作用。

> **小结**:当铁离子浓度高时,转铁蛋白受体 TfR 的浓度就会降低,并且 TfR 的浓度主要归因于 TfRmRNA 稳定性的降低,TfR 对铁离子的应答主要依赖于 mRNA 的 3'-UTR,后者包含有 5 个称为铁离子应答元件的茎环结构。

有一种快速周转决定子(rapid turnover determinant),能够引起 mRNA 不稳定,已知铁离子通过控制 mRNA 的稳定性来调节 TfR 基因的表达,一个蛋白质可以结合到 TfR mRNA 3'-UTR 的一个或多个 IRE 上,IRE 结合蛋白能够保护 mRNA 免受降解。这种调节要求 TfR mRNA 本身就是不稳定的。因为如果它是稳定的 mRNA,那么通过进一步提高稳定性所得到的相对增益就很少。因此该 mRNA 不稳定,Harford 等证明这种不稳定性是由快速周转决定子(位于 3'-UTR)引起的。考虑到人和鸡 TfR 基因有相同调控方式,预计它们有相同的快速周转决定子。故比较了这两个 mRNA 3'-UTR 的 678nt 区的结构发现在含有 IRE 的区域有高度的相似性。

已知细胞内 TfRmRNA 的水平受铁离子浓度的调节,这一应答由 3'-UTR 决定,而非启动子,是铁离子调节了 TfRmRNA 的半衰期而非 mRNA 的合成速率。为了进一步证明这一假说的正确性,E Mullner 等在铁螯合剂去铁胺有或无的情况下,检测了 TfR mRNA 的降解速率。发现铁浓度低时 TfR mRNA 非常稳定;而在高铁浓度时 TfR mRNA 降解很快。这两种情况下的 TfR mRNA 半衰期分别是 30h 和 1.5h,因此铁离子能使 TfR mRNA 的稳定性下降为原先的约 1/20。

TfRmRNA 的降解首先是在 IRE 区域产生一个核酸内切酶切口,降解开始前无需去腺嘌呤化。用血晶素处理人类浆细胞(ARH-77),然后用 Northern 印迹法检

测 TfR mRNA 的降解发现，TfR mRNA 的水平在处理 8h 内急剧下降，将放射自显影曝光时间延长后，又检测到一个新的 1000～1500nt 的 RNA，比全长 TfR mRNA 短，是在 TfR mRNA 降解中出现的，RNA 也存在于去 poly(A) 的片段中，说明它已失去其 poly(A)，这个变短的 RNA 长度分析表明它并不只是丢失了 poly(A)。由此证明是有一个内切核酸酶在其 3′-UTR 进行了切割，去除了超过 1000nt 的核苷酸，其中包括 poly(A)。

顺乌头酸酶(aconitase)是一种既可结合转铁蛋白受体 mRNA 的 IRE，又是一种可结合铁蛋白 mRNA 中 IRE 的蛋白质(IRP1)，它在柠檬酸循环中可将柠檬酸转化为异柠檬酸。顺乌头酸酶的活化形式是含铁蛋白，不能结合到 IRE 上，但缺乏铁的顺乌头酸酶的脱辅基形式(apoprotein)可以与 mRNA 的 IRE 结合。

11.7 转录因子对基因表达的调控

11.7.1 细胞对转录因子的调控

转录因子是真核生物 RNA 聚合酶在转录过程中所需要的各种蛋白质因子(第 7 章)。转录因子的生化本质都是蛋白质和多肽，可以正向或负向直接调控基因的转录。但转录因子通常又受到上一级信号或转录因子被修饰的调控，归纳为：①核受体(如糖皮质激素受体)与其配体(如糖皮质激素)的结合可促使胞质内受体与抑制性蛋白解离，当该受体转移到细胞核中，就可激活转录因子；②核受体与配体的结合能够使核受体从转录阻遏物转变为激活因子；③激活因子被磷酸化后，能与辅激活因子相互作用，从而激活转录；④当转录因子被泛素化(ubiquitylation)(使其附加泛素多肽)后可以激活转录；⑤转录因子被泛素化后，将其标记的蛋白质水解，而对转录实施负调控；⑥对转录因子的 SUMO 修饰(sumoylation，使其附加 SUMO 多肽)，能使其转入细胞核内，导致其活性不能发挥；⑦当转录因子被甲基化后其活性就能被调节；⑧当转录激活因子被乙酰化后，能使其活性得到调节。

下面总结前人的研究，叙述和讨论一些与转录因子有关的调控现象。

(1) 辅激活因子

某些 II 类激活因子(RNA 聚合酶 II 的转录激活因子)自身能召集基本转录复合物，这是通过它结合一种或多种通用转录因子或 RNApol II 实现的，但多数转录因子无此功能。R Kornberg 在研究激活因子干扰(activator interference)或压制(squelching)现象时发现，在体外转录实验中，当增加一个激活因子的浓度来抑制另一个激活因子活性时(前提是两种激活因子必须竞争第三种因子)就会发生压制现象，表明体系中必定存在前两种激活因子所必需第三种因子，一般都是通用转录因子。R Kornberg 部分纯化了一种能解除激活因子压制作用的酵母蛋白，证明它有辅激活因子(coactivator)活性。即在体外可刺激被激活的转录，但不是本底水平的转录。称这种因子为中介物(mediator)，它能介导激活因子的激活效应。利用酵母 CYC1 基因启动子和一个 GAL4 结合位点驱动的无 G 框转录进行转录分析，在激活因子 GAL4-VP16(一种嵌合激活因子，带有 GAL4 的 DNA 结合域及 VP16 的转录激活域)存在或不存在条件下，不断增加中介物的浓度，在无激活因子条件下，中介物对转录无影响；有激活因子时中介物对转录有极大促进作用。用酵母激活因子 GCN4 做的类似实验结果与此一致，说明中介物能与不止一个具有酸性激活域的激活因子协作(图 11.22)。

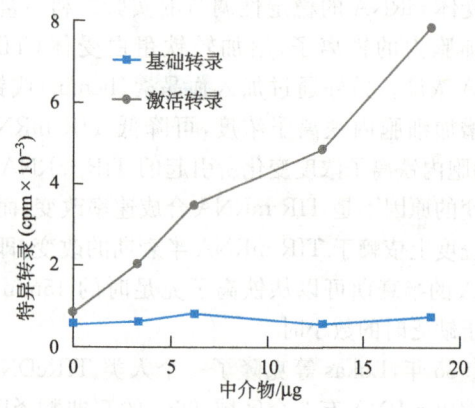

图 11.22 中介物的发现(引自 Flanagan et al., 1991)
将酵母 CYC1 启动子置于 GAL4 结合位点的下游及无 G 框的上游，此无 G 框的转录取决于 CYC1 启动子和 GAL4。然后在无 GTP 并加入不同浓度中介物，或无/有激活因子 GAL4-VP16 条件下，体外转录以上重组载体。用一种标记核苷酸标记体外转录物。检测标记的 RNA 发现，当有激活因子时中介物极大地刺激了转录但对本底转录无激活效果

类中介复合物(mediator-like complex)已从高等真核生物(包括人)中纯化出来。其中一个中介物由两个研究小组分别独立纯化出来，故有两个不同的名字：SRB 和含 MED 的辅因子(SRB and MED-containing cofactor, SMCC)以及甲状腺素受体相关蛋白(thyroid-hormone-receptor-associated protein, TRAP)。SMCC/TRAP 是已知的哺乳动物类中介复合物中最多的一种，其他因子如 CRSP 在结构和功能上也与中介物有关。

已知环腺苷酸(cAMP)刺激细菌操纵子的转录是通过结合激活因子 CAP，并使 CAP 与位于操纵子调控区的激活因子靶位点结合而实现的，cAMP 也间接参与真核生物的基因转录激活，它通过一系列信号转导途径

(signal transduction pathway)发挥作用,当真核细胞中 cAMP 水平升高时,能激活蛋白激酶 A(protein kinase A,PKA)的活性,使 PKA 进入细胞核,在核内 PKA 使 cAMP 应答元件结合蛋白(cAMP response element-binding protein,CREB)磷酸化,之后 CREB 与 cAMP 应答元件(cAMP response element,CRE)结合,激活相关基因的转录。CREB 磷酸化是转录激活所必需的,它定位在细胞核,在磷酸化或未磷酸化情况下都能很好地结合 CRE,CREB 磷酸化使转录能够被激活是因为 CREB 结合蛋白(CREB-binding protein,CBP)的作用。当 CREB 被蛋白激酶 A 磷酸化以后,CBP 能与 CREB 更好地结合而导致 CBP 召集基本转录因子的各元件或以整体形式召集聚合酶全酶,通过偶联 CREB 到转录装置上,在此,CBP 发挥了辅激活因子作用,见图 11.23。

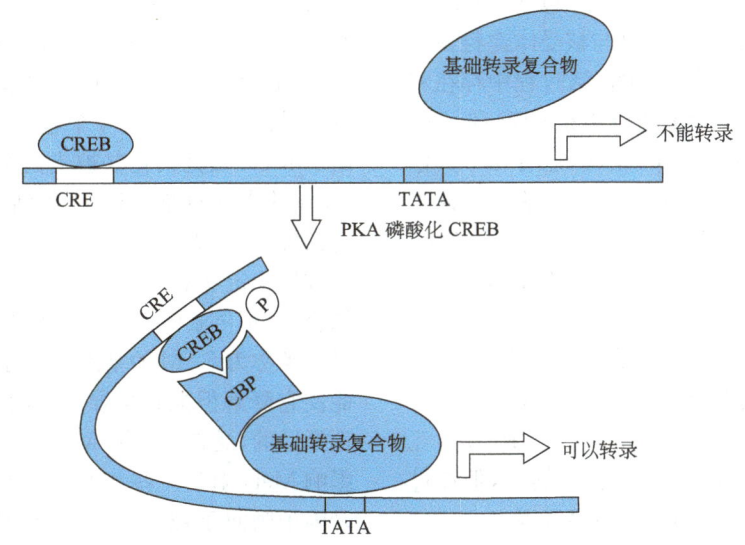

图 11.23　CRE 相连基因的激活模式(引自 Weaver,2008)

未磷酸化的 CREB 与 CRE 结合,但大量的基本组分(如 RNA 聚合酶与通用转录因子)不与启动子结合,甚至可能还未组装,基因未被激活;PKA 将 CREB 磷酸化并使其结合 CBP。之后 CBP 与基本组分中至少一个组分结合,召集基本组分结合到启动子上,此时转录被激活

自发现 CBP 以来,前人已鉴出许多辅激活因子,T jian 等分离了一种在体外转录中转录因子 Sp1 所需要的辅因子(cofactor required for Sp1 activation,CRSP),通过用 SDS-PAGE 分离发现它有 9 个亚基,转移至硝酸纤维素膜上之后,用蛋白酶水解各亚基,产生可测序的小肽段。测序结果显示,CRSP 的有些亚基是特有的,但多数都与已知的辅激活因子相同或至少同源,如酵母中介物的亚基。由此得出,不同辅激活因子是由其他各种辅激活因子的亚基混合组配而成的。中介物和 CRSP 有共同作用模式,两者都与 RNA 聚合酶 Ⅱ 的 CTD 结合。CBP 的辅激活因子作用不只限于 cAMP 应答基因,也适应于核受体应答基因。这一点能够解释为什么检测不到核受体转录激活域与任何通用转录因子之间的直接作用,部分原因是核受体不直接接触基本转录组分,而是由 CBP 或其同源蛋白 p300 作为辅激活因子,协助将核受体和基本转录组分联系在一起。但 CBP 不能独立完成该任务,需要另一家族的辅激活因子,类固醇受体辅激活因子家族(steroid receptor coactivator family,SRC family)协作进行。由于 SRC 的分子大小为 160kDa,该类蛋白质有时也称为 p160 家族。SRC 蛋白家族包括 3 个同源蛋白组:SRC-1、SRC-2 和 SRC-3,它们能与结合有配体的核受体相互作用。这种作用发生在核受体的激活域和 SRC 蛋白链中部的所谓 LXXLL 框(其中 L 代表 Lue,X 代表其他任何氨基酸)之间。SRC 蛋白也可与 CBP 结合协助核受体召集 CBP,而 CBP 又进一步召集基本转录组分。第一个发现的 SRC 家族成员是 SRC-1。它能与多种配体结合型受体,如孕激素受体、雌激素受体、甲状腺激素受体等相互作用。SRC-1 不仅介导核受体与 CBP 的相互作用,还召集辅激活因子相关精氨酸甲基转移酶(coactivator-associated arginine methyltransferase,CARM1)促使启动子附近的蛋白甲基化。

还有一类转录激活因子需要 CBP 作为辅激活因子,多种生长因子和细胞胁迫起始的级联事件(属于另一类信号转导途径)可导致磷酸化及一种分裂素激活蛋白激酶(mitogen-activated protein kinase,MAPK)的激活,被激活的 MAPK 进入细胞核使激活因子,如 Sap-la 和 AP-1 中的 Jun 单体发生磷酸化。这些激活因子随后利用 CBP 介导靶基因的激活,最终刺激细胞的分裂。除了召集基本转录组分到启动子上外,CBP还在基因激活方面发挥其他作用,如CBP具有很强的组蛋白乙酰转移酶活性,能将乙酰基附加在组蛋白上。组蛋白一般是基因活性的阻遏物,而乙酰化后的组蛋白可使其放松与DNA的结合,解除转录抑制作用。因此,激活因子与CBP在增强子上的结合使组蛋白乙酰转移酶靠近增强子,并使组蛋白乙酰化,从而激活邻近基因的转录。

CBP和p300可作为大量激活因子(包括CREB与核受体)的辅激活因子,说明CREB与核受体途径在利用相同的辅激活因子对不同基因的激活过程中存在着竞争作用。细胞限制这种竞争的机制是CBP和p300的甲基化。核受体不仅吸引CBP/p300,还有几个其他蛋白质,如CARM1。CARM1的甲基转移酶活性使组蛋白被CBP/p300乙酰化后又在精氨酸处被甲基化,此处的甲基化也具有转录激活作用。但CARM1也能使CBP/p300上的精氨酸甲基化。CBP/p300的靶精氨酸位于召集CREB必需的区域内,但对核受体-CBP/p300之间的相互作用无影响,因此CARM1具有转录开关的作用,通过阻断CBP/p300与CREB相互作用,CARM1可抑制CREB应答基因的转录,但通过甲基化邻近的组蛋白而激活核受体应答基因。

> 小结:当增加一个激活因子的浓度来抑制另一个激活因子活性时就会发生压制现象,表明体系中必定存在为前两种激活因子所必需第三种因子,一般是通用转录因子,它有辅激活因子活性,即在体外可刺激被激活的转录,这种因子为中介物,它能介导激活因子的激活效应。

(2) 激活因子的泛素化

许多时候被激活的基因会因转录激活因子的降解而失活,如同源结构域(LIM homeodomain, LIM-HD)家族的转录因子与辅阻遏物及辅激活因子结合,这些辅激活因子被称为CLIM,辅阻遏物被称为RLIM。CLIM蛋白和RLIM蛋白两者竞争结合LIM-HD激活因子。RLIM蛋白具有使LIM-HD结合的CLIM蛋白降解并取而代之的作用,RLIM蛋白降解CLIM蛋白的方法是先结合CLIM再对其Lys残基附加多拷贝的泛素(ubiquitin)小分子蛋白质,形成所谓的泛素化蛋白(ubiquitynated protein)。一旦附加的泛素分子链足够长时,该蛋白质将被送到胞质的蛋白酶体(proteasome)。蛋白酶体是个蛋白质的集合体,含有蛋白酶,复合沉降系数为26S,可降解任何被送入蛋白酶体的泛素化蛋白。与泛素相关的蛋白酶体行使着控制蛋白质水平的功能,大约有20%的细胞蛋白质由于转录或翻译错误而不正常,这些异常蛋白质对细胞有潜在破坏性。因此在它们造成危害之前就被泛素标记并送至蛋白酶体进

行降解。其他正确合成的蛋白质也能被氧化或高温等胁迫所变性。此时细胞有一种伴侣蛋白(chaperone protein)(又称分子伴侣)能够去折叠,使变性蛋白质重新正确折叠。有时变性太严重以致不能重新正确折叠时,变性蛋白质将被泛素化后再由蛋白酶体降解。

泛素化对激活因子也有正效应。例如,来自酵母的 MET 基因为含硫氨基酸(甲硫氨酸和半胱氨酸)合成所必需,MET 基因受甲酰基供体浓度的调控,甲酰基供体硫-腺苷甲硫氨酸称为SAM或AdoMet。当 SAM 浓度低时,MET 基因被激活因子 Met4 激活,而浓度升高时,Met4 被一个包括泛素化的过程所失活,暗示 Met4 被泛素化并被蛋白酶体降解了。研究发现 Met4 的降解的确在 Met4 失活过程中起作用,但在一定条件下(培养基富含 Met)Met4 即使被泛素化也依然维持稳定状态,但这种状态不能与 MET 基因正确结合,也不再激活 MET 基因(尽管它仍能结合并激活另一类称为 SAM 的基因)。因此,Met4 的泛素化虽不能使它降解但能直接导致它的失活,且这种失活是有选择性的,泛素化影响 Met4 对某些基因的激活,但不影响 Met4 对另一些基因的激活作用。研究发现,强转录因子倾向于被泛素化调节,接着被蛋白酶体降解。这样可快速关闭强激活因子对基因的高表达,为细胞对基因表达的调控提供了一定的灵活性,但同时有些激活因子被单泛素化(monoubiquitylation)(附加单个泛素分子)所激活,而对该激活因子的多泛素化(polyubiquitylation)却又显示被降解了。越来越多的证据显示,蛋白酶体在转录调节中的另一种功能,已发现其中的 19S 调节颗粒中的蛋白质在活跃的启动子上与转录因子结合在一起,且 19S 颗粒可强烈刺激体外转录延伸。19S 颗粒的部分蛋白质能够被激活因子 GAL4 召集到启动子上,包括ATP酶(在蛋白质降解前的折叠过程所必需,但不参与蛋白水解)。因此,19S 颗粒蛋白质的激活效应与蛋白质水解无关。这种蛋白酶体蛋白质通过使转录因子至少部分去折叠而重塑模型以刺激转录的起始或延伸,或对两者均有一定的刺激。

> 小结:辅阻遏物 RLIM 蛋白有使 LIM-HD 结合的 CLIM 蛋白降解并取代的作用,RLIM 蛋白降解 CLIM 蛋白的方法是先结合 CLIM,再对其 Lys 残基附加多拷贝的泛素小分子蛋白质,形成泛素化蛋白。一旦附加的泛素分子链足够长时,该蛋白质将被送到胞质的蛋白酶体。

(3) 激活因子的 SUMO 修饰

SUMO 修饰(sumoylation)是在目标蛋白的 Lys 残基上附加 1 个或多个拷贝的 101 个氨基酸的多肽 SUMO(small ubiquitin-related modifier),即小泛素相关修饰因子。这个过程的机制类似于泛素化,但结果却大相径庭。SUMO 修饰的激活因子不被降解,而是被送入特定的细胞核区室中,保持稳定但不与其靶基因作用。例如,某些转录激活因子包括早幼粒细胞白血病因子(promyelocytic leukemia factor,PMLF)就是 SUMO 修饰后被隐蔽在称为 PML 致癌基因域(POD)的细胞核体中(nuclear body)。在早幼粒细胞白血病细胞中 POD 受到干扰,释放的转录因子(包括 PML)到达并激活靶基因,从而导致白血病。还有一个与 Wnt 信号转导途径有关的例子是激活因子 β-catenin 进入细胞核并与转录因子 LEF-1(是淋巴样增强子结合因子,是一种结构性转录因子)协同激活特定基因的转录。LEF-1 可被 SUMO 修饰,隐藏于核体内。没有 LEF-1 时 β-catenin 无法激活其靶基因,Wnt 信号途径由此被阻断。LEF-1 也可不依赖 Wnt 信号而激活其他基因,如 IFN-β,这种激活也可因 LEF-1 的 SUMO 修饰被阻断。LEF-1 也可与阻遏物(如 Groucho)相伴,但这种阻遏作用也可能因 LEF-1 的 SUMO 修饰而阻断。

小结:SUMO 修饰是在目标蛋白的 Lys 残基上附加 1 个或多个拷贝的 101 个氨基酸的多肽 SUMO,即小泛素相关修饰因子,某些转录激活因子可被 SUMO 修饰使其隐藏在细胞核体中,不能发挥转录激活作用。SUMO 修饰的激活因子不被降解,而是被送入特定的细胞核区室中,保持稳定但不与其靶基因作用。早幼粒细胞白血病因子是一个实例。

(4) 激活因子的乙酰化

前面的学习已知组蛋白(碱性蛋白质)与 DNA 结合能够抑制转录。组蛋白的 Lys 残基可被组蛋白乙酰转移酶(HAT)乙酰化,从而减弱组蛋白的抑制活性。已经证明 HAT 可使非组蛋白激活因子和阻遏物乙酰化,这将对乙酰化蛋白的活性产生正向或负向调节作用。肿瘤抑制蛋白 p53 就是乙酰化刺激转录活性的一种转录激活因子。辅激活因子 p300 具有 HAT 活性使 p53 乙酰化,其活性的增加刺激了该激活因子对靶基因的强烈转录。p300 的 HAT 活性也使抑制剂 BCL6(一种抑制蛋白)乙酰化,结果也是激活了转录。

(5) 信号转导途径

前面学习已知 CREB、Jun 和 β-catenin 的磷酸化均为信号转导途径的结果,因此认为信号转导途径对转录调控起重要作用。信号转导途径的基本概念描述为:细胞外包裹着细胞膜,使细胞内容物不会流失,并保护细胞不受外来有害物质的侵害。细胞内外环境之间的这一屏障意味着在长期的进化中,细胞必须获得一种机制使细胞能感受周围环境条件变化并做出应答,信号转导途径提供了这种机制。通常细胞对环境的应答需要基因表达的改变,而信号转导途径在转导过程中最终会导致转录因子的激活,进而激活一系列基因的表达。图 11.24 中概括了 3 种信号转导途径:蛋白激酶 A 途径、MAPK 途径以及核受体途径。蛋白激酶 A、MAPK 两种途径主要通过蛋白质磷酸化的级联放大激活各组分,并最终激活转录,这些途径中的异常组分能够使细胞生长失控而并转为癌细胞。

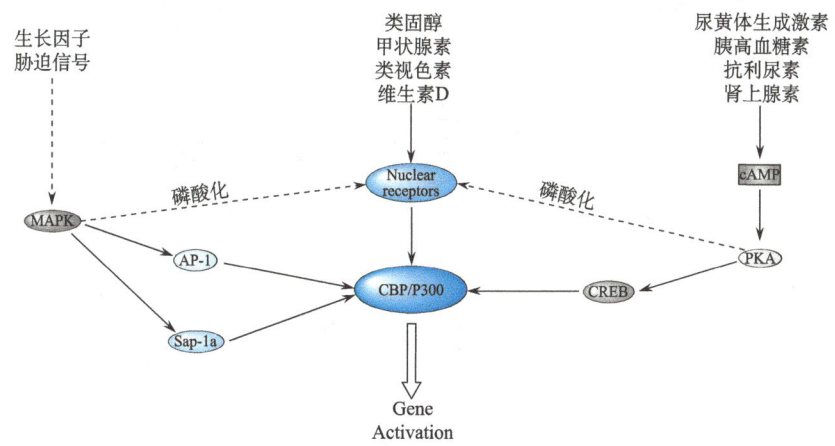

图 11.24　3 种利用 CBP/p300 介导的信号转导途径(引自 Jankneht and Hunter,1996)

3 种利用 CBP/p300 介导转录激活的信号转导途径均以 CBP/p300 为交汇中心。各组分的箭头仅表示在途径中所处的位置(如 MAPK 作用于 AP-1),未细述反应的本质如磷酸化等。为简洁起见,该图还省略了各途径的许多分支,如 MAPK 和 PKA 也使核受体磷酸化

Ras-Raf 途径　图 11.25 显示 Ras-Raf 途径,其蛋白质是按照哺乳动物系统命名。在不同生物中同一途径的蛋白质有不同的命名。信号途径开始于胞外因子(如与细胞膜受体相互作用的生长因子)的诱导。当胞外因子如表皮生长因子(epidermal growth factor, EGF)与其受体的胞外域结合后,刺激两个相邻的受体靠近,形成二聚体,同时引起受体内有酪氨酸激酶活性的胞内域彼此磷酸化。跨膜受体将信号通过细胞膜传入细胞内。一旦受体的胞内域被磷酸化,磷酸酪氨酸分子就会吸引有特异性磷酸酪氨酸结合位点(SH2 域)的适配体(adapter)蛋白,如 GRB2。SH2 域用以命名致癌蛋白 pp60^{src}(能使正常细胞转化为类肿瘤细胞)上相似的位点,SH 表示"Src 同源"(Src homology)。GRB2 还有一个 SH3 的结构域(也在 pp60^{src} 中发现)可吸引带有特殊疏水 α 螺旋的蛋白质,如 Sos,Sos 是一类 Ras 交换因子(Ras exchanger),能以 GTP 替换 Ras 上的 GDP 而激活 Ras 蛋白。Ras 具有内在 GTP 酶活性,能将 GTP 水解为 GDP 而使其自身活性,这种 GTP 酶自身活性很弱,但能被 GTP 酶激活物蛋白 (GTPase activator protein, GAP)强烈激活,因此, GAP 是此信号途径的抑制剂。一旦信号转导途径激活, Ras 能吸引另一个蛋白质 Raf 至细胞膜内表面, Raf 在此被 Ras 激活。Raf 是另一种蛋白激酶,将磷酸基团加到 Ser 和 The 而不是酪氨酸上。Raf 的靶蛋白是另一种被称为 MEK(MAPK/ERK kinase,MAPK/ERK 激酶)的丝氨酸激酶。之后 MEK 又使另一种蛋白激酶 ERK (胞外细胞信号调控激酶,extracellular-signal-regulated kinase)磷酸化并激活。激活的 ERK 可使大量胞质蛋白磷酸化,还能进入细胞核使几种激活因子磷酸化并激活,包括 Elk-1。激活的 Elk-1 即可刺激那些促细胞分裂基因的转录。到此,一个起始于生长因子与细胞表面相互作用,终止于促生长基因转录增强的信号转导途径结束。简述为生长因子→受体→GRB2→Sos→Ras→Raf→MEK→ERK→Elk-1→转录增强→更多细胞分裂。

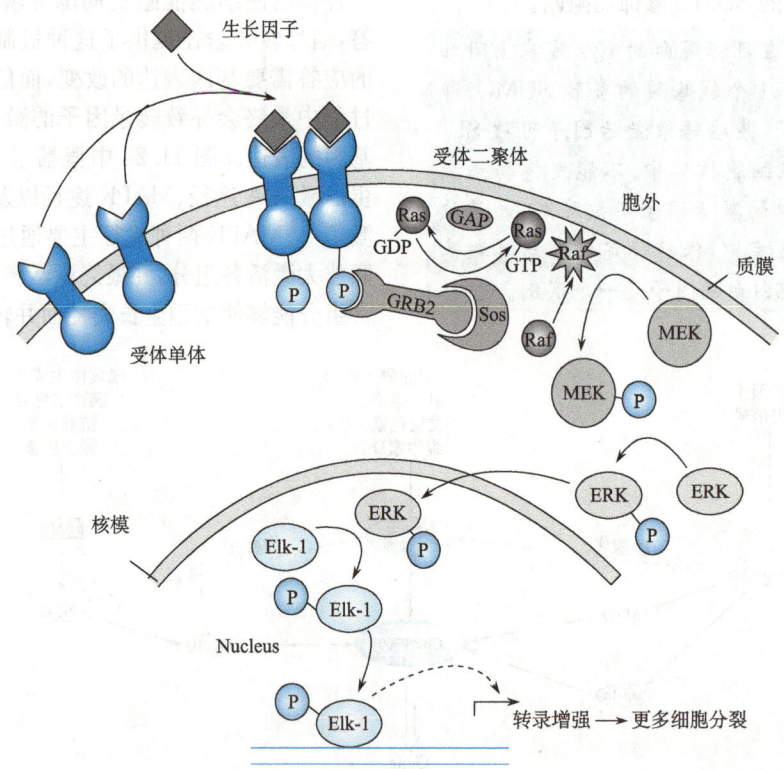

图 11.25　Ras 和 Raf 信号转导途径(引自 Weaver,2008)

当生长因子或其他胞外信号分子与受体结合后,信号转导就开始。受体结合配体后发生二聚化。每个受体单体的胞内蛋白酪氨酸激酶域彼此磷酸化。新的磷酸酪氨酸被适配体分子 GRB2 识别,GRB2 再与 Ras 交换因子 Sos 结合。Sos 被激活后将 Ras 蛋白上的 GDP 置换为 GTP,从而激活 Ras。Ras 将 Raf 送到细胞膜上变成激活态。Raf 的丝氨酸/苏氨酸激酶域在膜上被激活,进而使 MAPK/ERK 激酶(MEK)磷酸化,激活的 MEK 又使胞外信号调节激酶(ERK)磷酸化。ERK 进入细胞核,将激活因子 Elk1 磷酸化。被激活的 Elk1 刺激了某些基因的转录,最终导致细胞分裂加速

Ras 和 Raf 信号转导途径中编码许多组分的基因都是原癌基因(proto-oncogene),原癌基因的突变将导致细胞生长失控及癌症发生。如果这些基因产生了过多的蛋白质产物或其产物活性过高,整个途径就会加快,导致细胞生长异常加速,最终引发癌症。Ras 和 Raf 信号转导途径中的信号有放大功能。一个 EGF 分子能激活若干个 Ras 分子,而每个 Ras 分子又激活若干个 Raf 分子,Raf 及随后的组分都是激酶,每种酶能激活许多下一个分子。最终,一分子 EGF 将激活大量转录因子,从而引发新的转录。值得注意的是,这仅是由一个 Ras 途径产生的效果。事实上主途径还有许多分支点,由此形成了网状结构。不同信号途径组分之间的这种相互作用称作信号交流(cross talk)。

Wnt 信号转导途径 在 Wnt 信号不存在时,β-catenin 激活因子被磷酸化,这种磷酸化不能使 β-catenin 激活,反而将其标记为泛素化,由此导致激活因子的降解。当有 Wnt 信号时,β-catenin 磷酸化作用停止,激活因子不被泛素化而稳定存在,能够进入细胞核,并与 LEF-1 协同激活靶基因,见图 11.26。

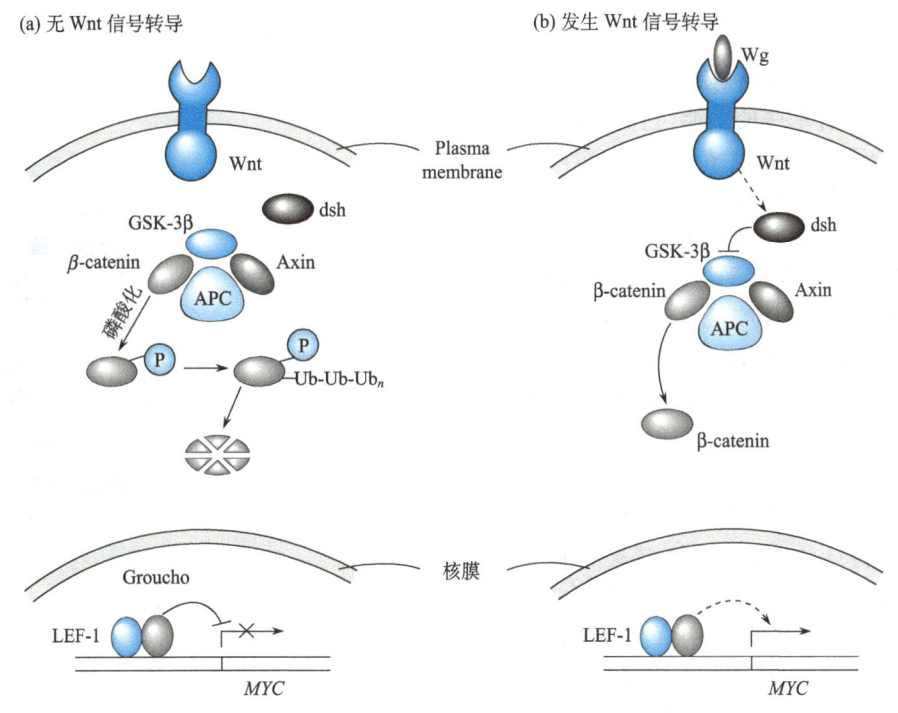

图 11.26 Wnt 信号转导途径(引自 Weaver,2008)

(a)无 Wnt 信号。当无信号分子 Wnt 时,Wnt 受体不与 dsh(disheveled)发生作用,结果是蛋白激酶 GSK-3β(与至少 3 个其他蛋白质形成的复合体,包括 β-catenin)使 β-catenin 磷酸化。磷酸化的 β-catenin 被泛素化,进而被 26S 蛋白酶体降解。因此,β-catenin 不能激活任何靶基因,包括原癌基因 MYC。LEF-1 与抑制剂 Groucho 结合协助抑制 MYC;(b)有 Wnt 信号。Wnt 将信号传递给 dsh,该蛋白质阻断 GSK-3β 的蛋白激酶活性(对 β-catenin 磷酸化)。由于 β-catenin 未被磷酸化,因此不会因泛素化而降解。最后 β-catenin 进入细胞核并协助 LEF-1 共同激活 MYC 转录

> **小结**:信号转导途径通常始于一个与细胞表面受体相互作用的信号分子,并由受体将信号送达胞内,导致基因表达的改变。许多信号转导途径,包括 Ras-Raf 途径,都是依赖蛋白质的磷酸化,在蛋白质之间传递信号,并使信号在每一步都得到放大。

11.7.2 转录激活因子的类型与结构

前面的学习已知,转录因子是与转录模板链结合,并调节转录活性的一类蛋白调节因子,包括激活因子和阻遏因子等。转录因子能与顺式作用元件中的上游激活元件、应答元件、启动子、增强子、隔离子以及沉默子等序列特异性结合,对真核生物基因的转录表达分别起着促进和阻遏的作用。通用转录因子能将 3 种 RNA 聚合酶与对应的启动子联系起来,但这并不足以完成转录,它虽能识别转录起始位点并协同启动子指示转录方向,但它自身只能激活本底水平的转录,细胞中活跃基因的转录一般都要高于本底转录。为了能增强转录,真核细胞另有一类基因特异性转录因子(激活因子,activator),由激活因子产生的转录激活也使细

胞能够调控基因的表达。转录激活因子可以激活也可抑制 RNA 聚合酶Ⅱ 的转录，它们至少有三个结构域：① DNA 结合结构域（DNA-binding domain）；② 转录激活结构域（transcription activation domain）；③ 二聚化结构域（dimerization domain）。有些激活因子甚至还有结合像类固醇激素这种效应分子的结合位点。下面分述这 3 种结构域。

(1) DNA 结合结构域

DNA 结合域含有一个 DNA 结合基序（DNA-binding motif），基序是结构域的一部分，有特定的形状以结合特定的 DNA。大多数 DNA 结合基序都可以归纳为以下几类。

含锌组件　至少有 3 类含锌组件（zinc-containing module）具有 DNA 结合基序的功能，它们利用一个或多个锌离子形成合适的构象，使结合 DNA 基序的 α 螺旋能进入 DNA 双螺旋的大沟的特定位置上，包括：① 锌指（zinc finger），存在于 TFIIIA 和 Sp1 转录因子；② 锌组件，存在于糖皮质激素受体和其他的细胞核受体中；③ 含 2 个锌离子和 6 个半胱氨酸组件，存在于酵母转录激活因子 GAL4 及其家族成员中。

同源结构域　同源结构域（homeodomain, HD）是一类在激活因子大家族中发现的 DNA 结合域，由于其编码基因的区域为同源盒（homeobox）而得名。HD 含有大约 60 个氨基酸，与原核生物的 DNA 结合蛋白质（如 λ 噬菌体阻遏物）中的螺旋-转角-螺旋的 DNA 结合域在结构与功能上类似。同源结构域广泛存在于各类激活因子中，最早在调控果蝇发育的激活因子同源框蛋白（homeobox protein）中发现。该基因的突变会引起果蝇肢体的移位畸形。例如，被称为触角足（antennapedia）的突变体，腿长在原来触角所在的位置（头部）长出了足（图 11.27）。同源结构域蛋白是 DNA 结合蛋白质中的螺旋-转角-螺旋家族成员。每个同源结构域蛋白包括 3 个 α 螺旋，第二、三螺旋形成螺旋-转角-螺旋基序，第三个螺旋作为识别螺旋起作用。但大多数同源结构域蛋白的 N 端还有一个不同于螺旋-转角-螺旋的臂，可插入 DNA 小沟。图 11.28 显示来自果蝇的一个典型同源框（由同源框基因 *engrailed* 编码）与 DNA 靶序列之间的作用。图 11.28 是 T. Komberg 等对 engrailed 蛋白同源结构域与含有其对应结合位点的寡核苷酸复合物共结晶的 X 射线衍射分析结果。

bZIP 和 bHLH 基序　属于强碱性 DNA 结合基序，存在于 CCAAT 框/增强子结合蛋白（C/EBP）、MyoD 蛋白（肌细胞定向分化调节因子）及其他真核细胞转录激活因子中。这种基序能与 1 或 2 个蛋白质二聚化的结构域连接，该结构域称为亮氨酸拉链（leucine

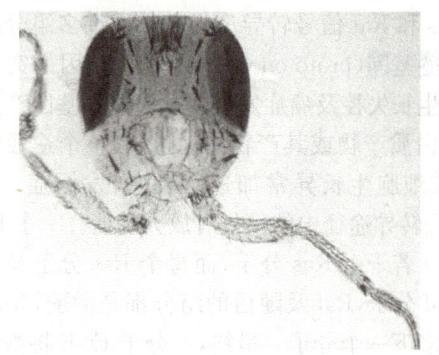

图 11.27　果蝇触角足表型
（引自 Weaver, 2008）

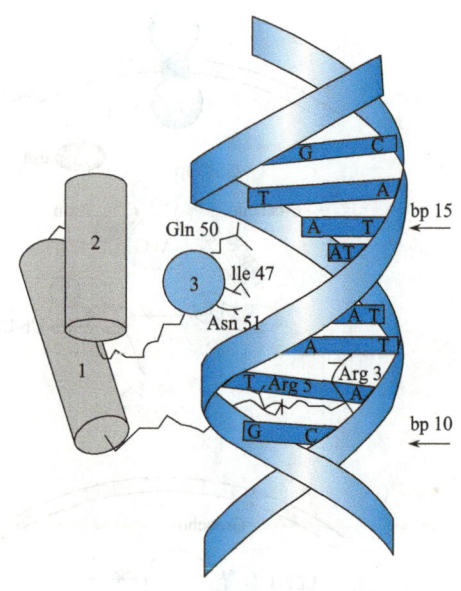

图 11.28　同源结构域与 DNA 复合体结构图
（引自 Kissmger *et al*., 1990）

zipper）和螺旋-环-螺旋基序（helix-loop-helix, HLH）。

以上所列未尽，近年来鉴定的几种转录激活因子不属于上述任何一类。

小结：真核细胞另有一类激活因子，由其产生的转录激活也使细胞能够调控基因表达。转录激活因子可激活也可抑制 RNA 聚合酶Ⅱ 的转录，至少有三个结构域，① DNA 结合结构域；② 转录激活结构域；③ 二聚化结构域。有些激活因子还有结合像类固醇激素这种效应分子的结合位点。

(2) 转录激活域

大多数激活因子只含有一种转录激活域，少数的则有几种激活域。激活结构域一般由 20～100 氨基酸残基组成，它们与 DNA 结合结构域在空间和功能上是分开的。对其功能基团分析发现，有 3 类结构特点不同的激活结构域：

酸性域 是富含酸性氨基酸的结构域,酵母转录激活因子GAL4是其典型代表。这类结构域有两个特点,一是高度集中的负电荷,酸性强;二是有一个两亲性α螺旋结构,一侧富含酸性氨基酸,另一侧为疏水性残基。这些调控蛋白具有共同的作用方式和靶蛋白,是与其他蛋白因子相互作用的分子表面。用氨基酸替换实验表明,激活转录的水平与净电荷变化有关,增加激活功能域的负电荷数能提高靶基因表达的功能。

富谷氨酰胺域 是富含谷氨酰胺的结构域(glutamine-rich domain),最先在Spl中发现。还有Oct-1~2、HAP~2、GAL11、Jun及SRF等的转录激活域都有该区域。Spl结合在GC框上,N端有两个转录激活区,谷氨酰胺残基占该区氨基酸总数的25%左右。其中一个功能域在134个氨基酸的肽段中含有39个谷氨酰胺。

富脯氨酸域 富含脯氨酸的结构域(proline-rich domain)主要结合GC框,如核转录调控因子CTF/NF-1家族,Ap2等的CTF家族(主要识别CCAAT框)的C端区域,脯氨酸残基达20%~30%,与转录的激活有关。酵母转录因子GAL4,GCN4含有富含脯氨酸激活结构域。C端肽链有一个特殊区域与激活基因转录功能有关,是一类新的转录激活结构。将此区域与异源的Spl结合DNA的锌指结构域嵌合,产生的杂合蛋白可对异源性SV40启动子表现出促进转录的活性。说明来自Spl的锌指结构是DNA的结合域,而来自CTF/NF-1的富含脯氨酸基团区域是转录活化的结构域。还有些转录调控因子富含Ser或Thr残基的激活结构域。有些激活域则无任何特殊氨基酸残基,这些不同的类型反映了在细胞内转录激活机制的复杂性。

(3)二聚化结构域

许多转录因子含有介导蛋白质二聚化的位点,二聚体的形成对转录因子行使特定功能有重要作用。二聚化结构域是促使蛋白质单体之间相互作用并最终形成功能性二聚体甚至四聚体的主要部分。这一点非常重要,因为DNA结合蛋白大多都不能以单体形式结合靶基因序列,一般都是形成二聚体才能发挥作用。我们已知在各个通用转录因子之间必须相互作用才能形成起始转录起始复合物,但转录激活因子和通用转录因子之间也能发生相互作用。例如,GAL4等转录激活因子与TFIID和TFIIB及其他通用转录因子之间的相互作用。另外,激活因子之间也能相互作用而激活同一个基因。这种作用有两种方式发生:①单体相互作用形成蛋白质二聚体,促进对单一DNA靶位点的结合;②结合在不同DNA位点的特异激活因子可以协同激活某一个基因。

在DNA结合蛋白中,蛋白质单体之间有多种不同的作用方式,如λ阻遏物的螺旋-转角-螺旋蛋白。该蛋白质的两个单体间相互作用使它们的识别螺旋正好处在与DNA大沟相互作用的位置,而另两个α螺旋转开分布。识别螺旋能识别有回文序列的DNA靶位点(见第10章)。二聚体蛋白相对于单体来说有更强的结合DNA的优势,蛋白质与DNA的结合力与结合自由能的平方正相关。结合自由能取决于蛋白质与DNA接触的数量,当二聚体取代单体后可使接触次数加倍,蛋白质与DNA之间的亲和力也增加到原来的4倍。这对大多数激活因子在很低浓度下就能行使功能有重要意义。事实上大多数DNA结合蛋白都以二聚体存在已证明了这种优势。例如,Jun-Fos异源二聚体(heterodimer)Jun和Fos是jun和fos基因(原癌基因,在某些肿瘤发生中起作用)的产物。Jun和Fos蛋白的DNA结合域属于bZIP家族。Jun二聚体是激活因子AP1的一种形式,但Jun和Fos异源二聚体结合DNA的能力比Jun二聚体更牢固(Fos二聚体不结合DNA),所以大部分AP1的自然形态是Jun-Fos异源二聚体。

小结:二聚化的优势在于其增加了激活因子和DNA结合的亲和力。有些激活因子形成同源二聚体,有些则形成更高效的异源二聚体,如Jun和Fos。

11.7.3 转录激活因子结合DNA的结构基序

已知在调节蛋白与DNA分子之间存在着复杂的相互作用,包括:①磷酸基团与带正电荷氨基酸残基之间的离子键;②亲水性氨基酸与磷酸基;③糖基或碱基与氨基酸之间的氢键;④芳香族氨基酸与碱基之间的杂环分子平面堆积作用;⑤非极性氨基酸与碱基形成的疏水相互作用等。通过对多个较弱的非共价键加以组合,可使DNA-蛋白质的结合具有很高的强度和特异性。尽管这些调节蛋白的结构千差万别,但根据DNA结合结构域的氨基酸序列和肽链的空间排布,仍可归纳出若干具有典型特征的结构模式。结合结构域中的α螺旋或β折叠形成特定的组合,在X射线衍射花样和核磁共振(NMR)图谱中呈现出各自的特征,因而对应的模式被形象地称为基元、模体或基序(motif)。在各种结构基序中,螺旋-转角-螺旋、锌指、螺旋-环-螺旋和亮氨酸拉链最为普遍,约占已知转录激活因子的80%。

(1)螺旋-转角-螺旋结构基序

螺旋-转角-螺旋(helix-turn-helix,HTH)结构最初是在研究原核细胞降解物基因活化蛋白(CAP)和噬菌体 Cro 阻遏物中被发现的,是较简单的结构基序之一。此类蛋白质中的两个 α 螺旋由 β 转角结构转折成 120° 转角,一般长约 20 个氨基酸残基,故而得名。其中的一个近 C 端 α 螺旋称为识别螺旋,与 DNA 靶序列的大沟结合。另一段螺旋没有特异性,与 DNA 骨架相接触。HTH 的两个螺旋中某些氨基酸残基的突变可以影响与靶序列结合的亲和性。HTH 是原核生物基因转录调控蛋白的主要结构基序(见第 10 章)。在真核细胞中也有类似结构。控制酵母接合型的 *MAT* 基因、果蝇体节发育调节的同源异形基因,如 *Antp*,*ft2*,*udx* 等都含有称为同源异形盒(homeobox)的 DNA 序列。大约 180bp 的同源异形盒编码 60 个左右氨基酸的肽段,内含 HTH 基序。果蝇同源异型基因编码的具有 HD 的蛋白质是真核细胞中第一个被证实的螺旋-转角-螺旋蛋白。同源异型域蛋白的 C 端部分形成 3 个螺旋,其中螺旋 3 卧于大沟,结合其中的特异性碱基及磷酸骨架,N 端区域则侧向小沟,提供辅助的亲和力(图 11.29)。含 HD 结构的蛋白质存在于从酵母到人几乎所有的真核细胞中,其中近百种这样的蛋白质已得到确认。原核与真核细胞的两类 HTH 蛋白间最大差异是原核的 HTH 型蛋白总是以同源二聚体形式结合于旋转对称的 DNA 重复序列,而真核细胞的 HTH 蛋白除少数之外通常都以单体结合于调控序列。

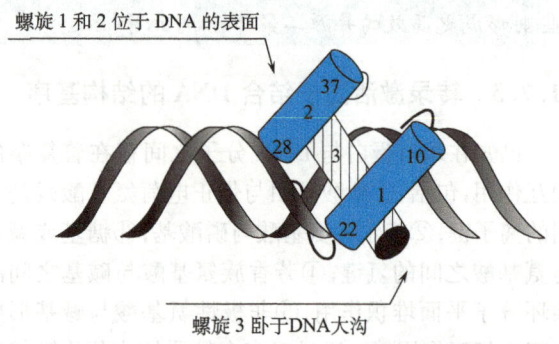

图 11.29 螺旋-转角-螺旋结构基序

小结:螺旋-转角-螺旋(HTH)结构最初在研究原核细胞降解物基因活化蛋白和噬菌体 Cro 阻遏物中被发现,蛋白质中的两个 α 螺旋由 β 转角结构转折成 120°转角,故而得名。其中的一个近 C 端 α 螺旋为识别螺旋与 DNA 序列的大沟结合,另一段螺旋无特异性。

(2) 锌指结构基序

1985 年,Aaron Klug 在研究非洲爪蟾由 RNA 聚合酶Ⅲ催化的 5S rRNA 基因转录的转录因子 TFⅢA 时,发现了锌指结构基序(zinc finger,ZF),它是由 344 个氨基酸组成的第一个被发现的锌指蛋白,由此提出了锌指结构的概念。每个 TFⅢA 分子含有 7~11 个 Zn^{2+} 和 9 个有规律的重复单位(每个单位由约 30 个氨基酸残基),每个重复单位由一对空间上彼此靠近的半胱氨酸紧随 12 个其他氨基酸,后接一对空间上彼此靠近的 His 构成。其中 23 个残基构成锌指的突起部分,包括 Cys、His 各 1 对及其他保守残基,基部突起的环形肽段回折成手指状,锌离子是形成和维持这一结构的关键。分子中的锌指头部可埋进 DNA 分子大小沟中,每个锌指头部约结合 5 个碱基对,相当于双螺旋的半转。9 个锌指共结合 45bp,与 5S rRNA 基因的启动子(在基因内部)长度接近。M Pique 等用核磁共振波谱确定了非洲爪蟾的 Xfin 蛋白(类型Ⅱ启动子的激活因子)的锌指结构。许多不同的指形蛋白具有相同构型却结合不同的特异 DNA 靶序列,因此认为此类指形结构自身并不能决定 DNA 结合特异性,而只能是该指形结构或相邻区域的精确氨基酸序列决定 DNA 结合序列的特异性。Xfin 锌指结构的一个 α 螺旋(图 11.30 的左侧)(见彩图)包含几个碱性氨基酸,它们位于与 DNA 接触的一则是 α 螺旋结构中的这些氨基酸与其他氨基酸共同决定了该蛋白质的 DNA 结合特异性。

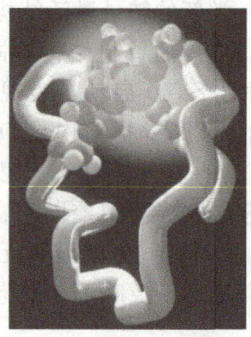

图 11.30 非洲爪蟾 Xfin 蛋白锌指结构
(引自 Pique,Michael and Wright,1989)

C Pabo 等用 X 射线晶体衍射实验获得了 DNA 和小鼠蛋白 Zif268(TFⅢA 类锌指蛋白的一个成员)复合物的结构。Zif268 有 3 个相邻的锌指结构,结构中约 12aa 形成螺旋,都嵌入到了 DNA 双螺旋的大沟中。小鼠蛋白 Zif268 被称为"立早蛋白"(immediate early protein),是静止期细胞进入分裂期时最早被激活的基因之一。与 Xfin 锌指相同,每个 Zif268 锌指结构左边有一个 α 螺旋,它通过底部的短环与锌指右边相连,形成组成锌指的反向平行 β 折叠。中间的锌离子分别与 α 螺旋内部的一对组氨酸及 β 折叠中的一对半胱氨酸在空间形成对等构型。3 个指形结构呈"C"形弯曲。弯曲与 DNA 双螺旋的凹槽契合,几个锌指都以相同角度靠近 DNA，因此与 DNA 接触的几何形状相似，每个锌指与 DNA 的结合依赖于 α 螺旋内氨基酸与 DNA 大沟碱基间的直接相互作用。

图 11.31 显示 Zif268 的 3 个锌指均与 DNA 双螺旋大沟接触。对许多 DNA 结合蛋白的研究发现了一个共同的规律，即它们利用 α 螺旋与 DNA 大沟相互作用。在 Zif268 中的 β 折叠与螺旋-转角-螺旋蛋白的第一个 α 螺旋功能相同，即与 DNA 骨架结合并协助识别螺旋定位，这有利于与 DNA 大沟相互作用。Zif268 与螺旋-转角-螺旋蛋白的不同之处是后者的每个单体只有一个 DNA 结合域，而锌指蛋白的 DNA 结合域由一套组件构成，并由多个锌指与 DNA 相互作用。这使得此类蛋白质无须像其他 DNA 结合蛋白那样组成二聚体或四聚体后才能结合 DNA，它们自身有多个 DNA 结合域。另外，与螺旋-转角-螺旋蛋白一样，大多数 DNA 结合蛋白只与 DNA 双螺旋的一条链而非两条链接触。且对于这种特定的指形蛋白，大多数接触结合发生在氨基酸和碱基之间，而非与 DNA 的骨架之间。N. Pavletich 在 1991 年获得了含有 5 个锌指结构的人 GLI 蛋白与 DNA 的共晶体结构图。该图与 3 个锌指结构的 Zif268 蛋白形成了对比，大沟仍是 DNA 与锌指接触的位点，但第一个锌指未与 DNA 接触，锌指环绕着 DNA 大沟。

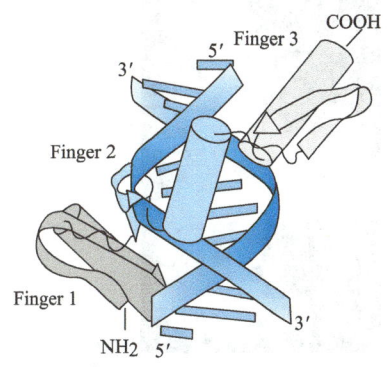

图 11.31　Zif268 锌指结构
（引自 Pavletich and Pabo，1991）

锌指结构有 3 种类型：

(1) Cys2/His2 锌指（如 TF Ⅲ A 和 SP1），其 Zn^{2+} 结合的共有序列为 Cys-$X_{2\sim4}$-Cys-X_3-Phe-X_5-Leu-X_2-His-X_3-His。在锌指中，Zn^{2+} 有四个配价键呈四角形分布，β 折叠中包括一对半胱氨酸，α 螺旋包含一对组氨酸，它们与锌离子螯合。

(2) Cys2/Cys2 锌指，Zn^{2+} 结合共有序列为 Cys-X_2-Cys-X_{13}-Cys-X_2-Cys。在锌指中，Zn^{2+} 有四个配价键呈四角形分布。其中靠近 N 端一侧的肽链形成反平行的 β 折叠，对侧则盘绕为 α 螺旋，通过 C 端 α 螺旋中带正电荷的残基识别 DNA 序列。

(3) C6 锌指，C6 锌指结构在酵母基因活化因子 GAL4 中发现，GAL4 有两个紧靠在一起的 Zn^{2+} 与 6 个 Cys 形成配位键，形成锌簇核心，其中两个 Cys 残基同时与两个 Zn^{2+} 键合。

对多数蛋白质而言，几个锌指基元常由 7~8 个残基连接的肽段串联在一起，3 段 α 螺旋恰好能填满 1 个螺距之间的 DNA 大沟，其中每段螺旋可在 2 个位点与 DNA 发生序列特异性的结合（图 11.32）。在许多真核转录因子中，锌指基序的数量差异很大，从 1 个到几十个不等。例如，TFⅢA 中有 9 个锌指，几乎占整个蛋白质的长度；果蝇调节因子 ADRl 只含 2 个锌指基元，组成该蛋白质的一个小结构域；通用转录因子 Sp1 有 3 个，爪蟾 Xfin 蛋白则含有至少 37 个锌指基元。Zn^{2+} 的作用是使蛋白分子的指形结构骨架能与 DNA 特异部位稳固结合。除上述之外，还有其他不同的锌指，如一些甾类激素受体蛋白和酵母调节蛋白，它们的锌指为 Cys2/Cys2 型，即 Zn^{2+} 分别与 4 个 Cys 形成配位键；在反转录病毒核衣壳蛋白中，Zn^{2+} 分别与 1 个 His 和 3 个 Cys 配位，形成 C_3H 型锌指。甾类激素受体中有两个锌指，第一个锌指含识别螺旋，其右翼序列决定 DNA 结合特异性；第二个锌指提供二聚化的表面，左翼序列决定二聚化的特异性。甾类激素受体，如糖皮质激素受体、盐皮质激素受体、雄性激素受体和孕酮受体，都能形成同源二聚体，它们识别半位点（half site）共有序列 TGTTCT，以反向重复的结构排列。甲状腺激素（T3R）、维生素 D（VDR）、视黄酸（RAR）和 9-顺视黄酸（RXR）具有多重受体，形成异源二聚体，识别半位点共有序列 TGACCT，以正向重复排列。这些半位点之间间隔核苷酸对的数目决定了结合受体的种类。一般激素受体的 C 端为激素结合区，N 端为转录激活区，中间是二聚化的区域与 DNA 结合的部位。

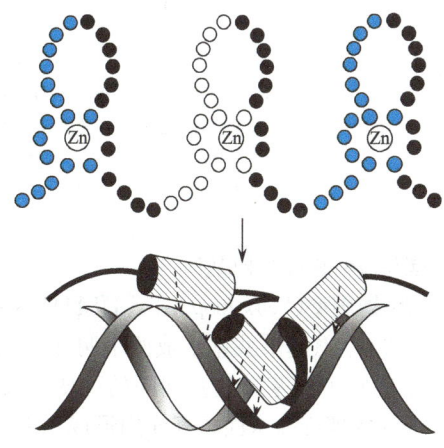

图 11.32　锌指基序结构示意图

刺激蛋白(stimulatory proteinl, Sp1)是 GC 框结合蛋白,相对分子大小为 1.05×10^5,是真核细胞中普遍存在的转录因子,除了由 2 个锌指基元构成的 DNA 结合结构域外,还具有两个富含谷氨酰胺的转录激活结构域及二聚化位点。GGGCGG 序列对 Sp1 的结合是必需的,同时 GC 区两翼的序列在 Sp1 识别与结合过程中也发挥一定作用。Sp1 通过与 TFⅡD 及其他 DNA 结合蛋白相互作用,促进转录起始复合物的形成和稳定,GC 框的缺失或突变,可明显降低基础转录的水平。大多数具有锌指基元的蛋白质都作为 DNA 结合蛋白参与转录调节,但其中的对应关系并非绝对。以 TFⅡA 为例,它不但结合 5SrRNA 基因,而且还结合其转录产物 5SrRNA。一些 RNA 结合蛋白同样具有锌指基序,如翻译起始因子 eIF2β,锌指基序的突变将影响它对起始密码子的识别,反转录病毒的核衣壳蛋白,可通过锌指基序特异性识别病毒基因组 RNA 中的包装信号。

> **小结**:锌指由一个反向平行的 β 折叠和紧邻的 α 螺旋组成。β 折叠中包括一对半胱氨酸,α 螺旋包含一对组氨酸,它们与锌离子螯合。氨基酸与金属离子的螯合有助于形成指状结构。锌指结构与其 DNA 靶序列的特异性识别发生在 DNA 的大沟中。

GAL4 蛋白是一个调节酵母半乳糖代谢基因的激活因子。GAL4 应答基因包括一个 GAL4 靶位点(转录起始位点上游的增强子区),称为上游激活序列(upstream activating sequence, UAS$_G$)。GAL4 以二聚体形式结合在 UAS$_G$ 上,它的 DNA 结合基序位于蛋白质的前 40 个氨基酸中,二聚化基序位于第 50～94 位氨基酸残基之间。DNA 结合基序类似锌指,也包含锌离子和半胱氨酸残基,但结构不同,表现在每个基序包含 6 个半胱氨酸而无组氨酸,锌离子与半胱氨酸的比例是 1∶3。M Ptashne 等人对 GAL4(只含前 65 个氨基酸)-DNA(人工合成的 17bp 寡聚脱氧核苷酸)复合体进行 X 射线晶体衍射分析,揭示了蛋白质-DNA 复合体的几个重要特性。在二聚体中,每个单体的一端包含一个 DNA 结合基序,该基序含有两个锌离子结合的 6 个半胱氨酸形成双金属硫基簇。每一基序均特征性地含有一个插入 DNA 双螺旋大沟的短 α 螺旋,并在大沟处进行特异性相互作用。每个单体的另一端是一个利于二聚化的 α 螺旋。GAL4 单体利用 α 螺旋的二聚化作用在左侧形成平行的螺旋圈(图 11.33b 和 c)(见彩图)。图 11.33a 显示二聚化的 α 螺旋直指 DNA 小沟,每个单体 DNA 识别组件和二聚化组件由一个伸展的区域相连。

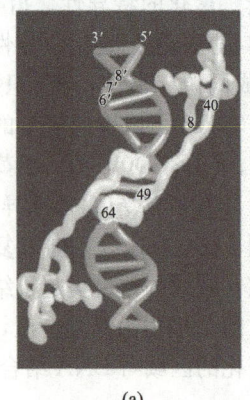 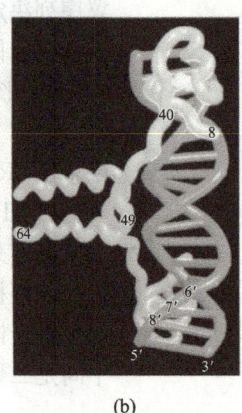 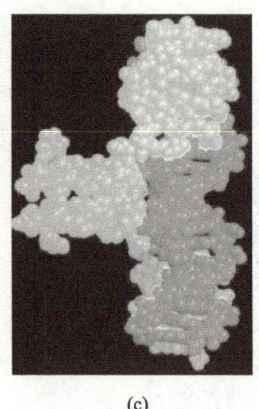

(a)   (b)   (c)

图 11.33 GAL4-DNA 复合体的三面观(引自 Marmorstein *et al.*,1992)
(a)沿二重对称轴观察的复合体结构,DNA 识别基序从第 8 位氨基酸延伸到第 40 位,接头区在第 41～49 氨基酸之间。二聚化域位于第 50～64 位氨基酸。(b)与(a)图垂直角度观察的复合体结构。在左边中部显示大致平行的二聚化元件。(c)与(b)角度相同的空间填充模型。两个 GAL4 单体的识别组件分别与 DNA 链的正反面相接触。二聚化螺旋域和 DNA 小沟间有序契合

(3)螺旋-环-螺旋结构基序

螺旋-环-螺旋型(helix-loop-helix, HLH)DNA 结合蛋白由 40～60 个氨基酸残基形成两个两性 α 螺旋,中间由长约 9～20 个氨基酸残基间隔的可变连接区(突环),通过兼性的螺旋疏水面相互作用形成二聚体,在 α 螺旋的疏水一侧有高度保守的 Leu 和 Phe 及其他疏水残基(图 11.34)。在免疫球蛋白 κ 轻链基因的增强子结合蛋白 E12 与 E17 中,由 100～200 个 C 端残基形成 2 段两性 α 螺旋,其间由线形区相连,α 螺旋的氨基端一侧也有碱性区。因在其分子中包含与 DNA 结合的 10～20 个残基碱性区和形成二聚体的两性螺旋区,故常被称为碱性螺旋-环-螺旋(bHLH)。HLH 家族的不同成员之

间以各种方式形成异源二聚体,其组分不同,碱性区域接触的 DNA 序列有很大差异,造成不同二聚体识别不同的 DNA 序列。肌细胞定向分化的调节因子 MyoD-1 家族、原癌基因产物 Myc 及其结合蛋白 Max 等都是通过 HLH 基元与 DNA 结合的。上游刺激因子(USF)是一种具有螺旋-环-螺旋基元的 DNA 结合蛋白,最初被证明是腺病毒晚期基因的转录因子,后来发现在其他病毒和一些真核基因中也存在着它的结合位点。Ets 转录因子是另一组庞大的调节因子家族,已发现的成员多达 17 个,由鸟类成红细胞增生病毒 E26(avian erythroblastosis virus-E26)的 v-ets 及其同源基因编码。这些蛋白质的 DNA 结合结构域中均含有长约 82 个氨基酸残基的共有序列,在生长因子作用下,通过螺旋-环-螺旋基元与特异性位点结合并激活转录。

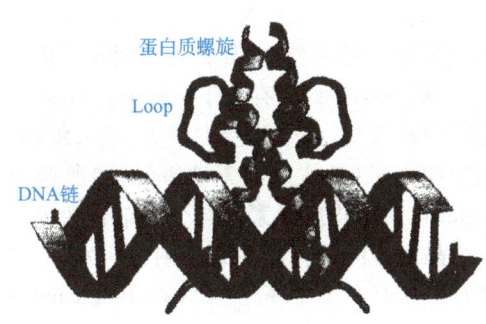

图 11.34 螺旋-环-螺旋结构基序与 DNA 结合

小结:螺旋-环-螺旋型(HLH)DNA 结合蛋白由 40~60 个氨基酸残基形成两个两性 α 螺旋,中间由 9~20 个氨基酸残基间隔的可变连接区(突环)通过兼性的螺旋疏水面作用形成二聚体,在 α 螺旋的疏水一侧有高度保守的 Leu 和 Phe 及其他疏水残基。

(4) 亮氨酸拉链结构基序

亮氨酸拉链(leucine zipper,ZIP)最初是通过比较酵母转录激活因子 GCN4、哺乳动物转录因子 C/EBP(CAAT 区及 SV40 增强子核心序列结合蛋白)及癌基因产物 Fos、Jun、Max 和 Myc 的氨基酸序列时被发现的。ZIP 中 α 螺旋的突出特点是每隔 7 个氨基酸残基出现一个 leu。这种出现频率使 leu 大都集中排列在 α 螺旋的一侧,借助 leu 侧链的疏水相互作用而形成同向平行的二聚体结构。早期研究认为两个 α 螺旋 leu 交错排列插入,故称亮氨酸拉链。在拉链区的氨基酸有约 30 个残基的序列富含 Lys、Arg,故称碱性拉链(bZIP),是与 DNA 结合的碱性区域,因此该区的作用是将其自身的一对二聚体蛋白分子以反向拉在一起以便结合两个相邻的 DNA 序列(多数为回文序列)。存在于酵母中的 GCN4 是一个亮氨酸拉链蛋白,它是酵母细胞

在对氨基酸饥饿发生应答时合成的。GCN4 可同步活化 40 多个基因转录,这些基因都编码合成氨基酸的酶。GCN4 二聚体激活物结合在上游区 9bp 的一个回文序列上。它的转录活化结构域能与 TATA 框处的 TFⅢD 相互作用而启动转录。在高等真核生物中,ZIP 还媒介 cAMP 对转录的效应。cAMP 调控的基因含有一个 cAMP 应答元件(CRE),是 8bp 的回文序列:

$$5'\text{-TGACGTCA-}3'$$
$$3'\text{-ACTGCAGT-}5'$$

有一个 43kDa 的 cAMP 应答元件结合蛋白结合在 CRE 上形成 CRE-B,它们以 ZIP 方式形成二聚体,将两个分子中结合 DNA 的碱性区拉在一起,有利于进一步结合在 CRE 回文序列上。cAMP 能活化蛋白激酶 A(PKA),后者是个多功能激酶,它催化 CRE-B 的磷酸化,被磷酸化后的 CRE-B 二聚化作用增强,从而提高了作为转录激活物的效应。

激活蛋白 1(activator protein 1,AP1)是一个人类细胞激活因子,能以异源二聚体形式与 IL-2 等许多基因的上游区及 SV40 的增强子特异性结合,从而激活转录。AP1 的结合位点为 TPA 效应元件(TPA response element,TRE),细胞经佛波酯类化合物(如 TPA)处理后会使 AP1 活性增强,进而激活一系列受 AP1 调节的基因表达。真核细胞中 AP1 的两个亚基分别是原癌基因 c-jun 和 c-fos 的产物,它们都是磷酸化蛋白,并能被生长因子和佛波酯等外界信号快速而短暂地诱导表达。其中 Jun 的相对分子质量为 4.7×10^4,可由 c-jun 和禽肉瘤病毒 17(avian sarcoma virus 17)中的 v-jun 基因编码。它与 GCN4 具有很高的同源性,至少含有 5 个磷酸化位点,其 Ser 残基被 MAP 激酶(mitogen-activated protein kinase)磷酸化后活性增强。Jun 可通过 ZIP 形成同源或异源二聚体。c-fos 是 FBJ 鼠骨肉瘤病毒(FBJ murine osteogenic sarcoma virus)v-fos 的原癌基因,它所编码的核内磷蛋白 Fos 由 380 个氨基酸残基组成,相对分子质量为 5.5×10^4。尽管 Fos 同样含有亮氨酸拉链基序,但不能形成同源二聚体,也不单独结合 DNA,只能与 Jun 形成异源二聚体 AP1。

在 Jun 和 Fos 分子中,都存在一段 bZIP,利用碱性区与 DNA 接触。两个 bZip 蛋白的二聚体呈"Y"字形结构,拉链构成它的柄部,两段 α 螺旋缠绕在 DNA 大沟中(图 11.35)。由于异二聚体能在更大范围内与 DNA 牢固结合,相比较 Jun 与 Jun 的同源二聚体,AP1 与 DNA 的亲和力可提高 10 倍左右。在大多数情况下,蛋白因子在模板 DNA 链上形成同源或异源二聚体的能力决定了基因的表达与否。

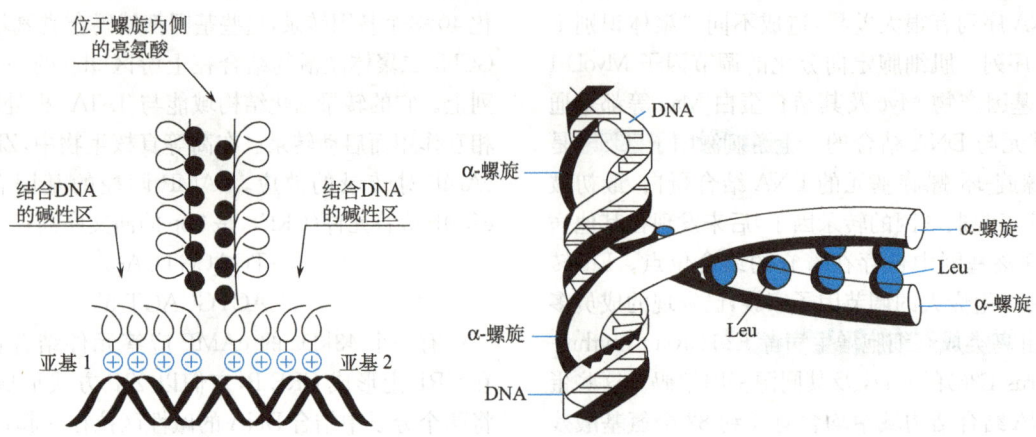

图 11.35 亮氨酸拉链结构示意图

在对 DNA 识别的结构中含有大量碱性氨基酸如 Arg,还有 Ser 和 Thr 的 α 螺旋。未与 DNA 结合时这些碱性基团呈无规则性,当与 DNA 相互作用时,这些区域形成 α 螺旋结构特点。当碱性结构域存在于亮氨酸拉链附近,就形成了 bZIP。蛋白质通过亮氨酸拉链形成各种二聚体,碱性区可与更多的 DNA 片段相互作用,成为真核调控蛋白的结构基序之一。

> **小结:**亮氨酸拉链(ZIP)最初是通过比较酵母转录激活因子 GCN4、SV40 增强子核心序列等的氨基酸序列时被发现。ZIP 中 α 螺旋的突出特点是每隔 7 个氨基酸残基出现一个 leu,这种出现频率使 leu 大都集中排列在 α 螺旋的一侧,借助 leu 侧链的疏水作用而形成同向平行的二聚体结构。

11.7.4　与 DNA 相互作用的其他蛋白质因子

(1) 细胞核受体

在细胞核中还有一类含锌组件存在于**细胞核受体**(nuclear receptor)中。这些蛋白质与跨膜扩散的内分泌信号分子(类固醇和其他激素分子)相互作用,形成激素-受体复合物并结合到增强子或激素响应元件上激活相关基因的转录。这类激活因子必须结合一个效应分子(激素分子)才能发挥作用。它们有一个重要的激素结合域。这类激素有性激素(雄激素和雌激素)、孕酮(一种孕激素,常见避孕药的基本成分)、糖皮质激素(皮质醇)、维生素 D(调控钙的代谢)、甲状腺激素和视黄酸(调控发育过程中基因的表达)。这激素分别与相应受体结合,激活特定的一组基因表达。核受体分为三类,简述如下:

Ⅰ型核受体　包括类固醇激素受体,以糖皮质激素受体为代表,当缺乏激素配体时,受体蛋白和其他蛋白质偶联共存于胞质中。当激素配体与 1 型受体蛋白结合时,释放偶联蛋白,以同源二聚体形式进入细胞核,并结合到激素应答元件上,如糖皮质激素受体通常与热激蛋白90(hsp90)偶联存在于胞质中,当它与激素配体结合时构象改变,与热激蛋白解离,进入细胞核,激活那些受增强子(糖皮质激素应答元件)所调控的基因。Sigler 等对糖皮质激素受体分别结合两种寡核苷酸的共结晶复合体进行 X 射线衍射分析发现,其中一个寡核苷酸含有 2 个半-靶位点(two target half-site),中间被 3 个碱基隔开(正常情况),另一个寡核苷酸与前者不同,2 个半-靶位点被 4 个碱基隔开(多一个额外碱基)。这一个碱基的差异导致 DNA 与蛋白质相互作用的本质产生了重要区别。

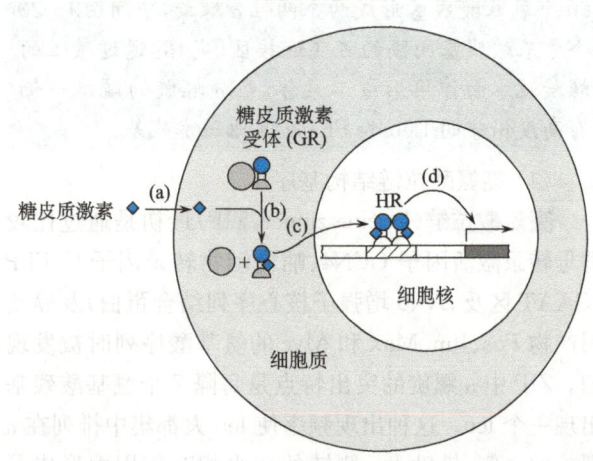

图 11.36　糖皮质激素的作用(引自 Weaver,2008)

糖皮质激素受体(GR)与热激蛋白 90 结合,以无活性形式存在于细胞质中;(a)糖皮质激素通过细胞膜扩散进入胞质;(b)糖皮质激素与受体(GR)结合,构象变化,释放 hsp90;(c)激素-受体复合物(HR)进入细胞核,与另一个 HR 结合成二聚体,然后与位于激素激活基因上游的激素响应元件或增强子结合;
(d)激活基因的转录

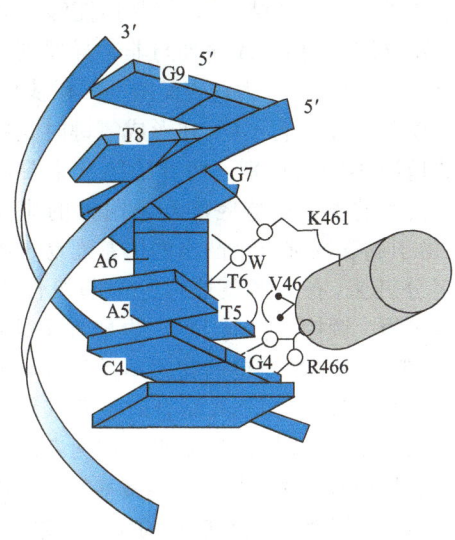

图 11.37 糖皮质激素受体 DNA 结合域与其靶 DNA 的结合作用(引自 Weaver,2008)

糖皮质激素受体(GR)的识别螺旋与 DNA 靶序列之间氨基酸与碱基间的相互作用,一个水分子(W)介导 461 位 Lys(K)与 DNA 形成一些氢键

Ⅱ型核受体 甲状腺激素受体(thymid hormone receptor)是存在于细胞核中典型的Ⅱ型受体。甲状腺激素受体与视黄酸受体 X(retinoic acid receptor X,RXR)组成二聚体,其中的 X 以 9 个顺式视黄酸(9-*cis* retinoic acid)作为配体。这种二聚体在有或无激素配体时,都能结合靶序列。当缺乏配体时,靶序列与Ⅱ型受体的结合能抑制转录,而结合有配体的Ⅱ型受体则会激活转录。因此,环境条件决定了同一种蛋白质能作为激活因子还是抑制因子。

Ⅲ型核受体 对Ⅲ型受体研究的不十分清楚,由于其配体还有待鉴定,因此目前暂被称为"孤儿受体"(orphan receptor)。

(2) κ 基因结合核因子

在与 DNA 相互作用的其他蛋白因子中,研究较多的还有κ基因结合核因子(nuclear factor κ gene binding NF-κB)。由于许多细胞因子和外界信号可通过激活 NF-κB 诱导细胞因子基因的表达,因此 NF-κB 及它与转录调节的关系成为研究热点。NF-κB 蛋白由一组具有锌结合结构域的蛋白质组成,包括 NF-κ1(p50)、NF-κB2(p52)、RelA(p65)、c-Rel 和 RelB 等,这些成分均属于 Rel 蛋白家族,由火鸡网状内皮组织增生病毒 *rel* 基因及同源基因编码。其中 NF-κ1(p50)亚基是由无 DNA 结合能力的前体蛋白 p105 经裂解去除 C 端肽而得到的。p105 的 C 端有一段与 IκB 同源的锚定蛋白重复序列(ankyrin repeat)遮蔽了核定位信号(NLS),具有抑制 DNA 结合和核定位的双重作用。p105 蛋白 N 端约 300 个残基与原癌基因 *c-red* 及果蝇母体效应基因 *dorsal* 的产物同源,含有 DNA 结合结构域、蛋白激酶 A 的底物序列、二聚化位点及 NLS 等,称为 Rel/*dorsal* 同源区,这部分氨基酸残基被保留在 NF-κ1(p50)中,由 RelA(p65)与 NF-κ1(p50)组成的异二聚体与 NF-κB 增强子的结合能力强于其他的组合形式。

许多基因的上游都存在 NF-κB 结合位点,其保守序列为 5′GGGRNYYYCC 3′(R 为嘌呤,Y 为嘧啶),激活作用与方向和位置无关。一般情况下 NF-κB 位于细胞质中,与κB 抑制蛋白(inhibitorκ-binding,IκB)结合,由于 NLS 被遮蔽而处于失活状态。多种刺激因子,如细胞因子和佛波酯等化学因子,在紫外线照射、氧化和热激等物理因素作用下,病毒的基因产物甚至包括病毒感染本身都可激活 NF-κB。NF-κB 的激活只需要简单的解离过程就可迅速而准确地介导胞质与细胞核之间的信号传递,其中细胞因子能够通过细胞信号系统使 IκB(被蛋白激酶 C)或 NF-κB(被蛋白激酶 A)磷酸化,某些病毒的反式激活因子和双链 RNA 等则可直接作用于 NF-κB/IκB 复合物。NF-κB 的磷酸化修饰尤其是 IκB 的磷酸化及随后的降解都会使 NF-κB/IκB 复合物解离,从而激活 NF-κB,与 IκB 解离后释放出的 NF-κB 可通过核孔复合体进入细胞核,诱导其靶基因的表达。

(3) 中介因子

原核细胞中的 cAMP 通过结合于 CAP 蛋白形成激活因子的活化形式 cAMP-CAP,从而促进细菌操纵子转录。在真核生物中 cAMP 也间接参与转录的激活作用。cAMP 可促进蛋白激酶 A(PKA)的活性使 PKA 转移到细胞核内。在核内 PKA 使激活因子 CREB 磷酸化,磷酸化的 CREB 结合到 cAMP 应答元件 CRE 上,激活相偶联的基因表达。有一种 CREB 结合蛋白(CBP),在 CREB 被 PKA 磷酸化后,CBP 与 CREB 的接触比非磷酸化的 CREB 更强烈。CBP 除了能结合 CREB,还能接触普遍性转录因子。它吸引 TFIIB 等其他通用性转录因子。通过 CBP 因子,CRE 序列上结合的 CREB 因子可与转录复合物偶联。所以 CBP 因子是基因活化的一种中介因子或共激活因子(co-activator)。

(4) 可诱导的调控因子

细胞内的某些调控因子活性可以受到诱导,当它们被激活后结合到的靶基因的调控元件上与组成型的转录因子相互作用促进靶基因表达。热休克因子(HSF)、甾体激素受体和 NF-κB 等都是可诱导的调控因子。热休克基因的转录活性是细胞受到高温等不良因素诱导后激活的。热诱导基因有共同 DNA 序列作为调控元件。当这一序列转移给第二个基因时,第二个基因也可被热诱导,这类序列称为 热休克元件(HSE)。热休克后,一个蛋白因子结合于 HSE,导致热休克基因被激活。2,4-二硝基苯也能诱导热休克基因的激活。结合于热休克基因调控区元件 HSE 上的蛋白因子称为热休克因子。它与基本转录因子 TFIID 及其他组分相互作用,可使热休克基因的转录激活。

HSF 以非活性态存在于细胞内,而不是在热休克之初新合成的。HSF 的 C 端通过亮氨酸拉链结构在分子内进行折叠和相互作用,掩盖了 DNA 结合域,成为非活化的单体形式。当热处理后,HSF 被磷酸化,阻碍了分子内 ZIP 的结构,形成了活性的三聚体形式结合在 HSE 元件上,这个过程消耗 ATP。磷酸化的 HSF 密集了负电荷,类似于其他转录调控因子带负电荷的酸性激活结构域。磷酸化修饰激活了少量的细胞内基因。HSF 结合的 HSE 序列是热休克基因内缺乏核小体的启动子元件,在热休克之前就对 DNase I 高度敏感。HSF 结合后促进了基因的转录活性。

11.7.5 调控蛋白对特异 DNA 序列的识别

特异性 DNA 序列表面(通常是与调节蛋白结合的一面)的结构特点是 DNA 与蛋白质结合的分子基础之一。为了能进行特异性结合,调控蛋白能够区分那些它将与之特异结合的 DNA 序列与非特异序列。这种区分主要靠暴露在 DNA 大沟表面的不同碱基基团,以及这些基团的分布位置不同、在形成氢键时是供体还是受体的情况不同而识别。两者的结合主要依靠氢键。较为典型的例子是胞嘧啶 C^{-5} 附近的非极性表面,此处由于胸腺嘧啶有个凸出的甲基而易于将它与胞嘧啶区分开来,有人形象地称这个非极性表面为 甲基范德华袋。调控蛋白与 DNA 也能在 DNA 的小沟处接触,但这里形成氢键的花式不易于将不同的碱基区分开。调控蛋白与 DNA 结合时主要依靠分子中的 Gln, Asn, Glu, Lys, Arg 等,是否在这两者的结合关系上存在着某个氨基酸总是与某些碱基特异形成氢键的所谓"识别密码"的关系?现有的实验结果发现:在 Gln 和 Asn 与腺嘌呤的 N^6 和 N^{-7} 位之间形成两个氢键,这是特异性的,其他基团之间无此情况;同样 Arg 可与鸟嘌呤的 N^7 和 O^6 形成两个氢键(图 11.38),但是在鉴定了许多 DNA 与蛋白质相结合的结构后证明,一个蛋白质识别碱基对的方式是多种多样的,不存在简单的密码关系。有些蛋白质用 Gln-腺嘌呤的相互作用识别 A=T 碱基对,而另一些蛋白质则用适合于胸腺嘧啶的甲基范德华袋识别 A=T 碱基对。

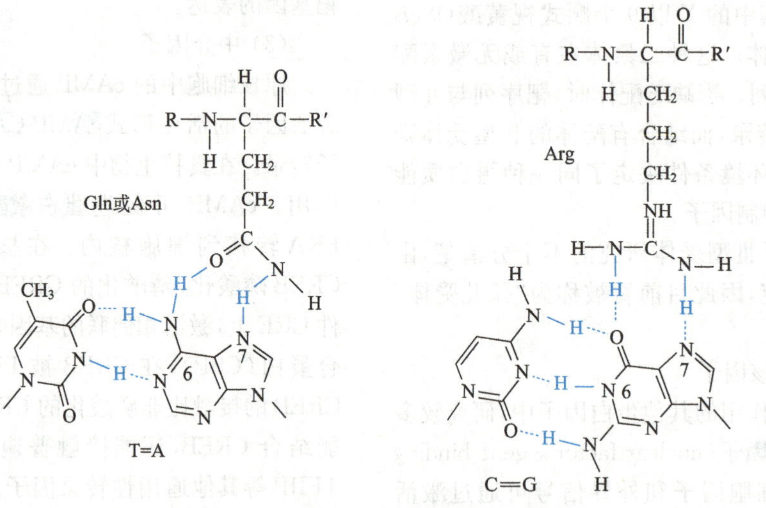

图 11.38 NA 与调控蛋白相结合的特异氨基酸和碱基对相互作用

β折叠基序是以一类保守的 β折叠作为识别和结合 DNA 序列基序的 DNA 结合蛋白基序。在真核生物中 β折叠基序的例子有酵母 TATA 盒结合蛋白 TBP。研究发现这种 TBP 蛋白-DNA 复合物的晶体结构中,有保守的 β折叠能与识别序列的小沟相互作用,结合于 DNA 表面。β折叠基序的 DNA 结合蛋白也有二聚体结构,如 Met,Are,Mnt 阻遏蛋白等是通过 α 螺旋形成二聚体。

11.8 甾体激素对基因转录的调控

11.8.1 甾体激素的应答元件

甾体激素具有多种生物学效应,如生长、代谢和性分化等,属于胆固醇一类的物质,它能与特定的受体蛋白结合。被活化的受体蛋白结合到染色质 DNA 的特定位点后,基因被激活。甾体激素的受体一般是转录的调控因子,能对特定的胞外信号作出应答,并激活胞内的特定基因。甾体激素、甲状腺激素、维生素 D、视黄醇等虽然生理功能各异,但它们的受体分子生物学特性相似,构成了一个转录调控因子的超家族。这些受体的蛋白质一级结构虽然长度不一,但都有同源性极高的 DNA 结合域和一个同源性较低的由 182~249 个氨基酸组成的激素结合区,N 端差异很大,可归为一大类。编码这些受体的基因长度一般在 15~200bp。各个外显子排列高度保守,内含子和 5′端上游调控区长度变化很大。受体的 DNA 结合域有 66~88 个氨基酸,构成 Cys2/His2 式样的两个锌指。

当激素受体蛋白被激活后能与 DNA 结合,直接调控靶基因的转录活性,靶基因 DNA 上专一性的受体结合位点称为激素应答元件(HRE),它是 10bp 左右的短序列,其中有 3bp 的回文序列,HRE 重复排列有多个拷贝,拷贝之间有协同效应。HRE 存在于基因的不同部位,无方向性,因此一般认为 HRE 是增强子。同一类 HRE 中由于序列的相似性,在体外可能与多种受体蛋白有不同程度的交叉反应,而在体内,这种反应的特异性及其对靶基因特异的激活将受到多种因素不同层次的影响,从而调控着受体蛋白作用的多样性,其中包括 HRE 的拷贝数,HRE 邻近区域的两翼。

在甾体激素受体超家族的分子中,都具有相同取向分布的独立结构域,激素结合结构域位于 C 端,DNA 结合域位于分子中部,有一定的保守性,转录激活结构域在 N 端。这些差异使它们能够识别各自的应答元件,其中转录激活结构域的保守性最低。甾体激素受体的转录调控因子应答元件的一个特点是每个元件都由两个短重复单位(半位点)组成,有反向重复和正向重复两种类型。两个半位点间隔 0~5bp 是无关的序列。由此半位点的方向和间隔决定了哪一种受体能与之结合。因此尽管应答元件的共同序列很有限,但也能被形形色色的受体蛋白特异性地识别。根据甾体激素应答元件的特点和受体二聚体的结构,这些受体有两种类型:①糖皮质激素、盐皮质激素、雄激素、孕酮的受体形成同源二聚体,识别反向重复序列,其半位点为 TGTTCT。半位点间隔决定应答元件的种类。②甲状腺素受体、维生素 D、视黄醇受体和 9-顺式-视黄醇受体形成异源二聚体,识别同向重复序列,其半位点是 TGACCT。

11.8.2 甾体激素对基因转录的调控

甾体激素受体超家族成员都是依赖于配体的转录激活因子,但某些受体也能直接抑制转录。因此,甾体激素对真核生物基因表达的调控有正、负两种调控模式。激素受体通过通用转录因子与邻近结合的各种蛋白因子对靶基因进行激活调控,但受体也能对靶基因实行抑制。

同一个受体分子能发挥正/负调控　激素的正/负调控源于同一受体,但起作用的结构域不同。采用逐个点突变的方法检测糖皮质激素受体(GR)在小鼠肿瘤病毒 MMTV 系统中的作用,结果发现 GR 在起正调控时,DNA 结合区和激素结合区非常重要,甚至 N 端也是必需的。但负调控时无需 N 端。说明正/负调控对 DNA 结合域的要求不同。例如,Lys442 改为 Gly 后,没有正调控活性,但对负调控影响不大。对于受体分子的 C 端,在两种调控中要求也不同,用盐皮质激素受体(MR)中的醛固酮激素结合区代替 GR 中的 Dex 结合区,结果是这种变异的 GR 仍然保持着正/负调控功能,但当用同样大小的 β-半乳糖酶结构片段来替代时,正调控作用完全消失,而负调控仍保留。鉴于 GR,MR 与 β-半乳糖苷酶的氨基酸序列、电荷分布等的差异很大,说明很可能 β-半乳糖苷酶是一种位阻效应,这一结构非专一性地阻碍了一些促进转录的蛋白因子与 DNA 的作用,从而实现负调控。

甾体激素与 DNA 结合的负调控　在甾体激素靶基因调控区都有相应的应答元件 HRE,多个串联的 HRE 活性大于单个 HRE。对靶基因的负调控序列一般也集中在基因调控区,如 GR 对 α 基因表达的负调控元件集中在 −168~+45 区域内,在该区域内有 TATA 框、CCAAT 框、2 个串联的 cAMP 应答元件(CRE)、1 个依赖于 CRE 的组织特异性增强子(TSE)。在研究 GR 对 POMC(pro-opiomelanocortin)基因表达的抑制时发现在 −705~+63 的 DNA 区域中有 3 个 GR 结合序列。DNA 缺失分析发现,−63 处的 GR 结合位点是负调控作用最具活性位点,当该区域的 DNA 出现两个核苷酸突变时与 GR 的结合能力消失,负调控功能大大削弱。说明这一负调控作用是激素受体通过与 DNA 结合来实现的。所以这一 DNA 序列称为负糖皮质素效应元件(−GRE)。

甾体激素受体与其他调控因子结合进行负调控　还有一些通过受体蛋白与其他蛋白质相互作用实现负调控的例子,如甲状腺素受体(TR)或视黄醇受体与 9-顺式-视黄醇受体形成异源二聚体,在缺失配体情况下结合到某些基因位点,则通过与共阻遏蛋白相互作用,竞争性地结合一簇协同作用因子,从而干扰调控功能,就能抑制某些靶基因的转录。

11.9　RNA 结合蛋白对基因表达的调控

在电镜下能观察到真核细胞中转录产物被合成后

随即与细胞核内的蛋白质相结合，mRNA 前体的加帽、接尾、剪接乃至翻译和降解等过程始终都是以核糖核蛋白(RNP)颗粒的形式完成的。在第 8 章中已介绍了核糖体和剪接体中 RNA 相互作用的模式，实际上 RNP 中的多种蛋白质组分都参与这些过程，细胞中几乎所有 RNA 的功能都与其结合蛋白密不可分。已知在蛋白质识别有规则双螺旋结构的 DNA 时，信号主要来自暴露在大沟中的碱基，通过非共价键的特异组合直接读出。尽管某些 DNA 的构象显示出微小的变化，但对特殊构象的间接读出只占很小的比例。相比之下，RNA 不规则的高级结构使得识别过程更为复杂，不同的 RNA 结构，如螺旋、发夹、茎中的凸起或内环，甚至 RNA 整体构象本身都可能被 RNA 结合蛋白专一性识别，因而 RNA 结合结构域也就更为复杂多变。当然在经历了长期的进化之后有些相对稳定的结构基序被保留了下来。

核糖核蛋白基序 核糖核蛋白基序(ribonucleoprotein motif, RNP motif)是最常见也是研究最深入的 RNA 结合基序，又称 RNP 共有序列(RNP-CS)、RNA 识别基元(RRM)或共有序列 RNA 识别结构域(CS-RBD)。目前已在近 300 种 RNA 结合蛋白中发现了 RNP 识别基序，这些蛋白质分别结合 hnRNA、mRNA、rRNA 和 snRNA，参与 RNA 的加工、转运、降解和翻译。RNP 基序由 90～100 个氨基酸残基组成，包括两段富含 Tyr 和 Phe 等疏水性氨基酸的共有序列，即长度分别为 8 个残基的 RNP1 和 6 个残基的 RNP2，它们之间由长约 30 个氨基酸残基的肽段相连。RNP 基序的二级结构模式为 $\beta_1-\alpha_1-\beta_2-\beta_3-\alpha_2-\beta_4$，由 4 段 β 链在中央折叠成反向平行 $\beta_4-\beta_1-\beta_3-\beta_2$ 片层构成与 RNA 结合的表面，与之垂直的 α 螺旋分布在 β 片层的一侧。RNP 基序主要通过 β 折叠、连接 β 折叠的环区以及氨基和羧基端区域来结合 RNA。分别位于 β_3 和 β_1 片层的 RNP1 和 RNP2 对 RNP 基元与 RNA 的结合至关重要，但并不参与对 RNA 序列的特异性识别，其专一性由基元中的可变区域决定，因而含 RNP 基元的不同蛋白质能分别结合种类繁多的 RNA 分子。结合于 U1 snRNA 发夹结构的 U1A 蛋白是 RNP 基元的基础蛋白质之一。借助于 $\beta_1-\alpha_1$ 之间的环状区域中 Arg 和 Lys 等碱性氨基酸残基与 RNA 螺旋区中磷酸骨架的电荷吸引，U1A 与发夹中的 10 个 nt 相结合。β_2 和 β_3 之间的肽段伸入到 RNA 环中，阻止可能的碱基配对。而 RNA 环状区 5′端 7 个碱基嵌入 $\beta_2-\beta_3$ 环和该基元 C 端区之间的沟隙中，其余碱基则远离中心。单链区碱基的暴露有利于氢键的形成，促进了 U1A 与 U1 snRNA 的结合。

富含精氨酸的基序 一些病毒调节蛋白和核糖体蛋白中存在着富精氨酸基序(arginine-rich motif, ARM)，由 8～20 个氨基酸残基组成，除富含 Arg 残基外，基本没有序列同源性。这些带正电荷氨基酸残基加强了蛋白质与磷酸骨架间的吸引，其识别位点种类多样，包括茎环、凸起或内环，通过局部构象而非特殊序列对 RNA 加以识别。人免疫缺陷病毒 HIV 的转录激活因子 Tat(transactivator of transcription)是一个典型的 ARM 蛋白。它的 N 端激活功能区富含 Pro 和酸性氨基酸残基，具有与其他转录因子激活区相似的结构；中央 RNA 结合区(RKKRRQRRR)符合 ARM 特征，决定着它对 TAR(transactivation response element)的亲和力和特异性。新转录出的 HIV-1 RNA 在其 5′端+1～+59 位的核苷酸之间形成由 4 段茎区和 1 段 6nt 环区所构成的茎-环结构，即 TAR。在后两段茎区之间，由第+24～+26 位上的 UCU 构成一个 3 核苷酸凸起，是结合 Tat 蛋白的位置。即使发生了碱基对的替换，只要维持这个凸起，Tat 的结合仍能延续下去。HIV 的 RNA 剪接调节因子 Rev 同样具有 ARM，通过 1 段 α 螺旋与 Rev 效应元件(rev-response element, RRE)茎环结构中的一个内环结合，BIV 的 Tat 与自身 TAR 的结合则依赖于 ARM 中的一段 β 转角结构。

RGG 框 RGG 框是长 20～25 个氨基酸残基的 RNA 结合基序，最初发现于 hnRNP U 蛋白。该基序含有不连续的 Arg-Gly-Gly(RGG)三氨基酸序列的多次重复而得名，其间常被芳香族氨基酸残基所分隔。RGG 框是 hnRNP U 蛋白唯一的 RNA 结合基序，决定了它对 RNA 的亲和力与特异性。但在其他情况下，RGG 框可与其他类型的基序同时存在，如核仁蛋白同时拥有 4 个 RNP 基序和 1 个 RGG 框，结合 rRNA 前体的特异性取决于 RNP 基序，而 RGG 框中 Arg 的存在可将其亲和力提高 10 倍。RGG 框中的许多 Arg 可被修饰成 N^G, N^G-二甲基精氨酸，使 RGG 框与 RNA 的结合受到干扰，提示化学修饰可能也是一种调节 RNA-蛋白质相互作用的机制。

K 同源结构域 最初在人类 hnRNP K 蛋白中发现 K 同源结构域(hnRNP-K homology domain, KH)。KH 由约 50 个氨基酸残基组成，包括 1 个序列为 IGXXGXXI 的 8 氨基酸肽段，其中 GXXG 部分十分保守。酵母的可变剪接因子和其他一些人类 RNA 结合蛋白中都存在 KH 结构域的一个或多个拷贝，可结合由嘧啶形成的同聚物。脆性 X 智力迟钝-1(fragile X mental retardation, FMR-1)基因中的 CGG 三核苷酸序列可大量扩增导致表达异常，引起男性最常见的遗传性智力低下，即脆性 X 综合征。FMR 基因所编码的正是一个含有一个 RGG 框和两个 RH 结构域的 RNA 结合蛋白。FMR-1 的 KH 折叠成 β_1-α_1-F-β_2-β_2-α_2 的拓扑结构，8 个氨基酸残基定位于 α_1 和 β_2 之间，由 15 个氨基酸残基组成 F 区。在 β_1-β_3-β_2 片层的一侧形成亲水表面，包括 α_2 螺旋在内的疏水性残基则分布于另一侧。严重的 FMR 患者多伴有 FMR-1 基因中 1 个 KH 结构域的突变。

锌指基序 锌指基序结构特点前面已介绍过。尽管多数锌指蛋白主要结合 DNA 而非 RNA，但仍有一些通过锌指基序结合 RNA 的实例。即使是锌指基序的原型蛋白 TFⅢA，在结合 5SrRNA 基因的同时仍保留着与 5SrRNA 的结合能力。其他如逆转录病毒的核衣壳蛋白等也都属于有锌指基序的 RNA 结合蛋白。

双链 RNA 结合结构域 许多双链 RNA 结合蛋白含有单拷贝或多拷贝的双链 RNA 结合结构域（double-strand RNA binding domain,dsRBD）。dsRBD 的共有序列由大约 70 个氨基酸残基组成，折叠成 α_1-β_1-β_2-β_3-α_2 的球形构象，其中 3 段反平行的 β 链组成核心，α 螺旋分别位于两侧，α_1 螺旋及连接 β_1-β_2 和 β_3-α_2 的两个肽段中带正电荷的残基参与对 RNA 小沟中 2-羟基的识别 *E. coli* RNaseⅢ 和果蝇 *staufen* 基因产物都含有 dsRBD。单独存在的 dsRBD 能非特异性结合 RNA 双螺旋，覆盖长约 16bp 的区域。对 RNA 序列的特异性识别一般需要两个以上 dsRBD 的协同作用。DsRNA 一般不是细胞自身的成分，而是病毒复制过程的中间产物，能强烈刺激宿主细胞产生干扰素，再由干扰素诱导分子质量为 6.7×10^4 的 dsRNA 依赖性蛋白激酶合成，该激酶含有两个 dsRBD，结合 dsRNA 后通过自身的磷酸化而被激活，进而催化翻译起始因子 eIF-2E 亚基的磷酸化，关闭宿主和病毒的蛋白质合成，最终建立细胞的抗病毒状态。

归纳以上可见，对真核基因的表达调控是一个十分复杂的过程，在不同层次水平上的调控因素在各章节均有涉及。真核生物基因调控的主要目的是确保遗传信息的规律性表达。从 DNA 到蛋白质的每个大小环节都处于细胞的严格调控之下。这样被包装在染色质中的真核基因经过复杂的历程，最终被表达出有特异活性的蛋白质，遗传信息也由 DNA 载体经过 RNA 的中间过程，传递到信息的执行者-千差万别的蛋白质分子，最终演绎出五彩缤纷的生物世界。

【本章重点归纳】

真核基因表达的调控是当前分子生物学中最活跃的研究领域之一。

真核基因表达调控与原核的相比，既有相同点，又有其特点。真核基因表达调控的许多原理与原核的相同，如：转录水平调控和转录后调控，以转录水平调控为最重要；上游和下游（甚至内部）存在着许多特异的调控成分，并依靠特异蛋白因子与这些调控成分的结合与否调控基因的转录。但由于真核和原核生物在基本生活方式上就存在着巨大的差异，由此决定了它们在基因表达调控上存在差别。真核生物在进化上比原核高级，有更复杂的细胞形态、致密的染色体结构、庞大的基因组以及承担着十分复杂的生物学功能。尤其重要的是，随着核被膜的出现，转录和翻译在时间和空间上被分隔开，转录本及翻译产物需经过复杂的加工与转运过程，由此形成了真核基因表达的多层次调控系统。染色体和染色质的活性、转录、转录初始产物的加工、翻译等 4 种水平的调控是基因表达的重要调节过程。

真核生物（除酵母、藻类和原生动物等单细胞类之外）主要由多细胞组成。每个真核细胞所携带的基因数量及总基因组中蕴藏的遗传信息量都大大高于原核生物，真核 DNA 常与蛋白质（包括组蛋白和非组蛋白）结合形成十分复杂的染色质结构，其对真核基因的表达调控存在着影响。总的来说，在染色质和染色体水平上，真核细胞基因表达调控有：染色质的结构、DNA 在染色体上的位置、基因拷贝数的变化、基因重组、基因扩增、基因丢失、基因重排、DNA 修饰等。

在 DNA 水平上，真核生物的基因调控主要是通过 DNA 的甲基化。整个基因组都有一定程度的甲基化，当两条链上的胞嘧啶都被甲基化时称为完全甲基化；一般在复制刚完成时，子链上的 C 呈非甲基化状态，称为半甲基化，随着子链中的 C 被甲基化为 ^mC，半甲基化位点逐渐形成全甲基化状态。甲基化对转录具有抑制作用。主要是通过甲基化的 DNA 上结合特异性转录阻遏物，或称为甲基化 CpG 结合蛋白（MeCP）而起作用的。这种蛋白质能与转录调控因子竞争甲基化 DNA 结合位点。另外，甲基化影响 DNA 与蛋白质的相互作用。

在转录水平的调控上，真核生物明显不同于原核生物的调控机制。

真核生物不组成操纵子，每个基因都有其自身的基本启动子和调节元件（原核生物功能相关的基因常构成操纵子，作为基因表达和调节的单元）。

真核生物的调节元件种类很多，主要有上游调节元件，如组成型元件、可诱导元件、应答元件、增强子和沉默子，以及反式作用因子，如激活因子、阻遏因子等，它们由许多短的共有序列组成，能独立活化基因，基因组中的许多中等重复序列也可作为调节元件。组成型元件、可诱导元件、应答元件、增强子、沉默子，还有启动子等都属于顺式作用元件。其一般没有转录功能，而是具有调节功能的特定DNA序列，只能影响同一分子中的相关基因，并且发生在一个序列中的突变不会改变其他染色体上等位基因的表达。基因往往由多个顺式作用元件调控，其机制可用Britten-Davidson模型解释。该模型是描述真核生物单拷贝基因转录调控。

无论是原核还是真核生物，其转录都受反式调节因子(转录激活因子或抑制因子)的调节。反式作用因子是与转录模板链结合调节转录的一类蛋白调节因子，包括激活因子和阻遏因子等，它们与顺式作用元件中的上游激活序列(元件)、应答元件、启动子、增强子和沉默子等序列特异性结合，对真核基因的转录分别起促进和阻遏作用。这类调节可在两个水平上进行：一是通过调节因子的生物合成(即对其种类和数量的调节)；二是通过对它们进行构象转变或共价修饰(即对其活性的调节)。

另外，真核生物具有染色质结构，基因活化首先需要改变染色质的状态，使转录因子能够接触并作用于启动子；激素类物质对转录也具有诱导的作用，如甾体激素，其属于胆固醇一类的物质，能与特定的受体蛋白结合，活化的受体蛋白结合到染色质DNA的特定位点后，基因被激活。

【思考题】

1. 真核基因表达调控涉及哪些生命活动过程？
2. 简要概括真核生物基因表达调控的七个层次。
3. 真核基因表达调控与原核生物相比有什么异同点？
4. 简述在转录水平真核与原核生物调控的区别？
5. 细胞核内的染色质一般有哪些状态？
6. 组蛋白的乙酰化/去乙酰化有哪些生物功能？
7. 概括染色质对DNase Ⅰ敏感性的四个方面。
8. 真核基因转录调控中有哪几种方式能够置换核小体？
9. 什么是染色质重塑？在真核基因表达调控中有何意义？
10. 什么是增强子？其特点如何？增强子对转录有哪些正调控作用？复合增强子有什么优势？
11. 简述Britten-Davidson模型。该模型有何特点？
12. 反式作用因子的DNA结合结构域有哪几种？
13. 调节蛋白与DNA分子之间的相互作用有哪些类型？
14. 常见的蛋白质与DNA结合区域的一些特殊结构基序有哪些种类？
15. 调控蛋白怎样识别特异的DNA序列？什么是甲基范德华袋？
16. 转录因子的激活结构域有哪几种类型？分别写出其结构特点。
17. 解释下列名词概念：异染色质、占先模型、CpG岛、染色质改型、绝缘子、沉默子、组成型基因表达、GC盒。泛素化蛋白、SUMO修饰、Ras-Raf途径、C_6锌指、GAL4蛋白、上游刺激因子、中介因子、甲基范德华袋、核糖核蛋白基序。
18. 下列英文缩写代表什么含义：HS、LCR、NHP、HMG、MAR、HTH、HLH、ZF、USF、Sp1、UPE、HD、PKA、CRSP、CBP、CREB、AP1、TSE。
19. 以免疫球蛋白基因的重排为例，叙述染色体重排的生物学意义。
20. 以转铁蛋白受体mRNA为例，叙述转录后水平的调控。
21. 隔离子有什么作用？
22. 在一般意义上的核受体有什么功能？
23. Ⅰ型核受体和Ⅱ型核受体有什么区别？

第 12 章 病毒的分子生物学简介

病毒的分子生物学是用现代分子生物学的理论，技术和方法对病毒基因组的结构、功能，基因组复制、基因表达与调控以及病毒与宿主的相互作用关系等进行研究的科学。人类对病毒的研究成果在现代分子生物学的发展史上作出了重大的贡献。许多分子生物学上的重大突破都是以病毒作为模式或以病毒作为研究材料而进行的，其研究成果除了揭示许多重要的分子生物学过程之外，对人类认识病毒感染、致病的分子本质以及为病毒引起疾病的诊断、预防和治疗提供了理论依据，促进了基因工程疫苗和抗病毒药物的研制和发展。

12.1 病毒基因组的一般结构

不同类型的病毒基因组差异很大，在核酸类型上，有 DNA 病毒，如腺病毒；有 RNA 病毒，如逆转录病毒，但对每一种病毒来说只含一种核酸。从核酸结构上看，有的是单链核酸，有的是双链核酸，有的是线状，有的是环状。一些单链 RNA 病毒的基因组还有不同的极性，有的是正链 RNA，有的是负链 RNA。有的正链 RNA 病毒基因组 5′端有帽子结构，也有的正链 RNA 病毒基因组 3′端有 poly(A)尾结构。

相对于能独立生活的微生物来说，病毒基因组非常简单。病毒核酸的相对分子质量为 $1.6×10^7 \sim 1.6×10^8$，仅为一般细菌基因组的 1‰～10%。因此，病毒所携带的信息量及可编码的蛋白比细菌少得多，但它们都含有病毒复制、转录等所需要的基因或可读框架（ORF）。研究病毒基因组 ORF 的位置和功能，以及调节元件在基因组复制和表达中的作用，可以帮助人们更深入地了解病毒基因组的结构和功能。

> 小结：病毒的分子生物学是用现代分子生物学的理论、技术和方法对病毒基因组的结构、功能，基因组复制、基因表达与调控以及病毒与宿主的相互作用关系等进行研究的科学。研究病毒分子生物学对人类认识病毒感染、致病的分子本质以及为病毒引起疾病的诊断、预防和治疗提供了理论依据，促进了基因工程疫苗和抗病毒药物的研制和发展。不同类型的病毒基因组差异很大，有 DNA 病毒和 RNA 病毒，对每一种病毒来说只含一种核酸。在核酸结构上有单链或双链核酸，有线状或环状。

12.2 病毒基因组的复制

病毒基因组可以是 DNA 或 RNA，可以是双链或单链、环状或线状，它们决定了病毒基因组复制方式的多样化。一般正链 RNA 病毒在宿主的细胞质中复制，负链 RNA 病毒在细胞质或核内复制。病毒进入活的易感宿主细胞后借助于宿主细胞本身提供的原料、能量和酶等，以自我复制的方式进行繁殖。病毒以其基因组核酸为模板，在 DNA 和 RNA 聚合酶及其他细胞因子参与下，复制子代病毒的核酸，之后装配成完整的病毒颗粒并释放到细胞外。由于病毒基因组的多样性，使得不同类型病毒的复制方式也不同。病毒基因的表达包括转录和翻译两个过程。正链 RNA 病毒的基因组除了作为模板复制出子代 RNA 外，还有 mRNA 的作用，作为翻译的模板，一般先翻译出单一的大分子多肽链，然后再由蛋白酶降解为不同功能的结构蛋白等。负链 RNA 病毒的基因组无 mRNA 的功能，必须由转录出的互补 RNA（cRNA）来发挥作用。由于宿主细胞无依赖于 RNA 的 RNA 聚合酶来转录 cRNA，因此负链 RNA 病毒必须自身携带该聚合酶。绝大多数 DNA 病毒基因组是双链 DNA，它们利用宿主细胞本身的转录酶转录 mRNA。

根据转录发生在病毒 DNA 合成的之前或之后，转录分为早期转录和晚期转录。早期转录并翻译的蛋白大多是病毒 DNA 复制所需要的酶及调节蛋白。调节蛋白的功能或是抑制宿主细胞的核酸转录和翻译，或是调控早期或晚期基因的表达；而晚期转录并翻译出的蛋白多数是病毒的衣壳蛋白或包膜糖蛋白。逆转录病毒的基因组是正单链 RNA，但以双体形式存在，这种病毒含有依赖 RNA 的 DNA 聚合酶，能转录出双链 DNA，整合于宿主细胞的 DNA 中，再复制出子代病毒核酸。

> **小结**：病毒基因组的结构决定病毒复制方式的多样化。一般正链 RNA 病毒在宿主细胞质中复制，负链 RNA 病毒在胞质或核内复制。病毒进入活的易感宿主细胞后借助于宿主本身提供的原料、能量和酶等，以自我复制的方式进行繁殖。正链 RNA 病毒基因组除作为模板复制子代 RNA 外，还有 mRNA 作为翻译模板。负链 RNA 病毒基因组无 mRNA 的功能，必须由转录的 cRNA 发挥作用。因宿主细胞无 RNA 聚合酶转录 cRNA，因此负链 RNA 病毒须自带该聚合酶。绝大多数 DNA 病毒基因组是双链 DNA，利用宿主细胞本身的转录酶转录 mRNA。

(1) 单链环状噬菌体 DNA 的复制

大肠杆菌单链 DNA 噬菌体有丝状噬菌体（M13、f1、fd）和角体噬菌体（ΦX174、G4、S13）等两类，它们的复制各有特点又有类同，其中 ΦX174 的复制研究最为详尽。ΦX174 噬菌体的基因组由单链 DNA 组成，称病毒型或正链。感染宿主细胞后的复制分为三个阶段：①以噬菌体正链为模板复制复制双链环状 DNA 分子。在 ΦX174 感染后 1 分钟内主要是这种复制方式；②由 RF 型双链 DNA 复制 RF 型双链 DNA，噬菌体基因大量表达。感染后 1~20 分钟内是此种方式，约产生 60 个 RF 型双链 DNA，RF 型复制需要噬菌体基因编码的 A 蛋白；③由 RF 型 DNA 分子以滚动环式复制产生噬菌体正链。ΦX174 噬菌体 DNA 的基因 A 在复制调控中起关键作用。

(2) RNA 病毒的复制

单链 RNA 病毒复制机制 单链 RNA 病毒包括两类：①单链正 RNA，即（+）RNA 病毒；②单链负 RNA，即（-）RNA 病毒。（+）RNA 指其序列可以直接作为蛋白质合成的模板，因此（+）RNA 像 mRNA 一样可以表达。而（-）RNA 链不能直接被翻译。（+）RNA 病毒有细小核糖核酸病毒、披膜病毒和黄病毒等。（-）RNA 病毒有正黏病毒（流感）、副黏病毒（麻疹）、布尼亚病毒（bunyaviruses，脑炎、脑膜炎、出血热等有关病毒）、沙粒病毒和弹性病毒等。

RNA 病毒侵入寄主细胞后可借助寄主的复制酶复制病毒 RNA。遗传信息还可从 RNA 传递给 DNA，即以 RNA 为模板借助逆转录酶合成 DNA。从感染 RNA 病毒的细胞中分离到了 RNA 复制酶，它以病毒 RNA 作模板，在有 4 种核苷三磷酸和 Mg^{2+} 存在时合成 RNA。当用复制产物感染细胞后可产生正常的 RNA 病毒。说明病毒的全部遗传信息包括合成外壳蛋白和各种有关酶的信息都储存在被复制的 RNA 中。

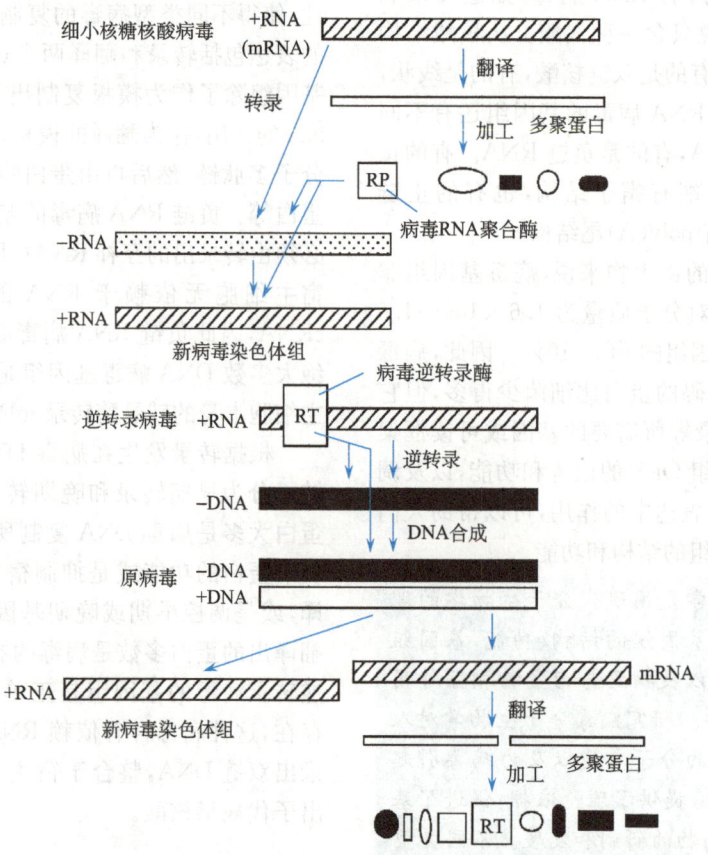

图 12.1 单链 RNA 病毒的复制与转录

单链 RNA 病毒复制十分复杂,RNA 或 DNA 聚合酶参与复制。通过依赖于 RNA 的 RNA 聚合酶,病毒基因组合成互补的 RNA 链,再形成新的子代病毒基因组。如通过依赖于 RNA 的 DNA 聚合酶,即**逆转录酶**,经历双链 RNA-DNA 杂合分子,与逆转录酶紧密偶联的 RNaseH 酶能水解杂合分子中的 RNA 部分,得到单链的互补 DNA。逆转录酶再以互补 DNA 合成第二条单链,得到双链的病毒 DNA。双链病毒 DNA 可以被整合到宿主细胞基因组内,因此该双链 DNA 又称为**原病毒 DNA**(provirus DNA)。在病毒复制之前,病毒颗粒原有的(＋)RNA(相当于 mRNA)或新合成的 mRNA 进行翻译,产生**病毒多蛋白**(polyprotein),然后加工成病毒自身复制或装配所需要的蛋白质(图 12.1)。

小结:单链 RNA 病毒复制:①单链正 RNA 可以直接作为蛋白质合成的模板,可像 mRNA 一样表达;②单链负 RNA 链不能直接被翻译。RNA 病毒侵入寄主细胞后可借助寄主的复制酶复制病毒 RNA。

以感染各种 RNA 噬菌体(如噬菌体 Qβ)的 *E. coli* 为例。RNA 复制酶的模板特异性很高,它只识别病毒自身的 RNA,而对宿主细胞和其他与病毒无关的 RNA 均无反应。如**噬菌体 Qβ**的复制酶只能以噬菌体 QβRNA 作为模板,而用与其类似的噬菌体如 MS_2、R_{17} 和 f_2 RNA 等都不行。噬菌体 Qβ 是一种直径为 20nm 的正二十面体小噬菌体,含 30% 的单链 RNA,约 4500nt,其余为蛋白质,有编码 4 个蛋白质分子的基因。有关的蛋白质是成熟蛋白(A 或 A_2 蛋白)、外壳蛋白和复制酶 β 亚基。还有一个特异蛋白称为 A_1,是完整病毒的次要组分。氨基酸分析表明,A_1 蛋白 N 端氨基酸顺序与外壳蛋白一致。推测编码 A_1 蛋白的 RNA 顺序有两个终止位点,当第一个位点终止时只产生外壳蛋白,但如通读下去,直到第二个终止位点就可产生 A_1 蛋白。Qβ 的基因次序是:5′末端—成熟蛋白—外壳蛋白(或 A_1 蛋白)—复制酶 β 亚基-3′末端。Qβ 复制酶有 4 个亚基,噬菌体 RNA 本身只编码 β 亚基,另外 3 个亚基(α、γ 和 δ)由宿主基因组编码。实验证明 α 亚基是核糖体的蛋白质 S1。γ 和 δ 相当于宿主细胞蛋白质合成系统中的肽链延长因子 EF-Tu 和 EF-Ts,它们的性质与功能总结于表(12.1)。

表 12.1 噬菌体 Qβ 基因的性质与功能

亚基名称	分子质量	来源	功能
Ⅰ(α)	65 000	宿主细胞核糖体的蛋白质 S_1	与噬菌体 Qβ RNA 结合
Ⅱ(β)	65 000	噬菌体感染后合成	聚合反应中磷酸二酯键形成的活性中心
Ⅲ(γ)	45 000	宿主细胞的 EF-Tu 因子	与底物结合,识别模板并选择底物
Ⅳ(δ)	35 000	宿主细胞的 EF-Ts 因子	稳定 α、γ 亚基结构

当噬菌体 Qβ 的 RNA 侵入 *E. coli* 细胞后,其 RNA 本身即为 mRNA,可直接进行与病毒繁殖有关的蛋白质合成。一般将具有 mRNA 功能的链称为正链,而其互补链为负链,故噬菌体 QβRNA 为正链。噬菌体特异的复制酶装配到正链 RNA 的 3′末端,以正链为模板合成负链 RNA,直至合成结束,负链从模板上释放。同样的酶又吸附到负链 RNA 的 3′末端,并以负链为模板合成正链(图 12.2)。条件适宜时正链或负链的合成速度均为 35nt/s。噬菌体 RNA 通过回折形成大量短的双螺旋区,进一步可形成紧密的三级结构,它的高级结构与翻译的调节控制有关。当噬菌体 RNA 处于天然高级结构状态时,成熟蛋白基因的起始区处于折叠结构之中,无法与核糖体结合,基因由此被关闭。新复制的噬菌体 RNA,其成熟蛋白基因的起始区才能接受核糖体进行其翻译。同样,RNA 复制酶亚基的合成起始区与外壳蛋白基因部分序列碱基配对,核糖体能直接启动外壳蛋白合成,但不能直接启动 RNA 复制酶亚基的合成。只有当外壳蛋白合成过程中核糖体使双链结构打开时,RNA 复制酶亚基的起始区才能接受核糖体,开始复制酶亚基的合成(图 12.3)。通过这种方式可以控制各蛋白质合成的时间和量。

当以正链为模板合成负链时,除需要复制酶外,还需要两个来自宿主细胞的蛋白因子 HFI 和 HFII。但由负链为模板合成正链时并不需要这两个因子。在感染后期,噬菌体 RNA 大量合成,这时正链 RNA 的合成远超过负链合成,其原因就是宿主蛋白因子起着调节作用。进化的压力使病毒具有极高的复制效率,精确的识别和控制机制,并且尽量依赖宿主的条件。病毒的一个显著特点是,它的各组成成分常具有多种复杂的功能。如 Qβ 复制酶不仅能将噬菌体的正链和负链 RNA 与大量存在于宿主细胞的所有 RNA 区别开来,特异地催化噬菌体 RNA 的复制,而且还能有效地抑制核糖体结合到 Qβ 的 RNA 上,起蛋白质合成阻遏物的作用,这在病毒复制的早期有重要作用。再如作为病毒颗粒结构组分的外壳蛋白,同时又是复制酶合成的调节蛋白,因此感染后期当外壳蛋白需求高峰时,复制酶的合成大大下降。

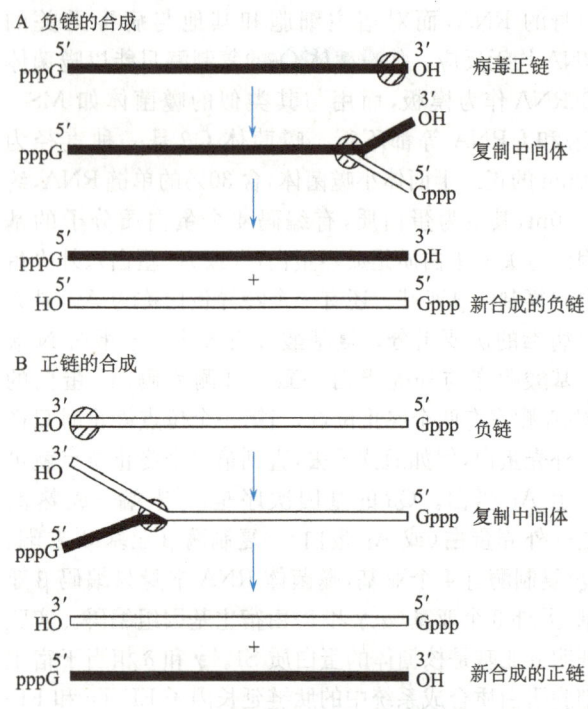

图 12.2 噬菌体 QβRNA 的合成

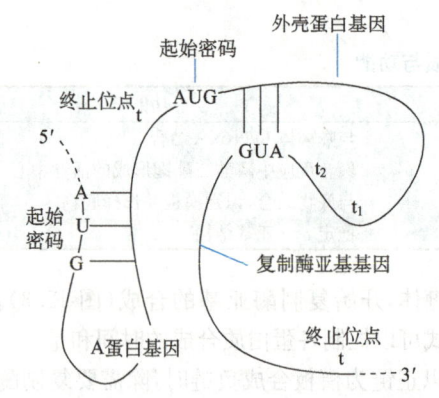

图 12.3 噬菌体 QβRNA 翻译和复制的调节

(3) RNA 病毒复制的主要方式

RNA 病毒的种类多,其复制方式也多种多样,可归纳以下几类:

病毒正链 RNA 这类病毒进入宿主细胞后首先合成复制酶(及有关蛋白),之后在复制酶作用下进行 RNA 复制。最后由病毒 RNA 和蛋白质装配成病毒颗粒。噬菌体 Qβ 和脊髓灰质炎病毒(poliovirus)是这种类型的代表。脊髓灰质炎病毒是一种小 RNA 病毒,感染细胞后即与宿主核糖体结合产生一条长的多肽链,在宿主蛋白酶作用下水解成 6 个蛋白质,其中包括 1 个复制酶,4 个外壳蛋白和 1 个功能尚不清楚的蛋白质。复制酶形成后病毒 RNA 即开始复制。

病毒负链 RNA 与复制酶 狂犬病病毒(rabies virus)和马水疱性口炎病毒(vesicular-stomatitis virus)属于此类。这类病毒侵入细胞后借助于病毒带入的复制酶合成正链 RNA,再以后者为模板合成病毒蛋白质和复制病毒 RNA。

病毒双链 RNA 和复制酶 呼肠孤病毒(reovirus)以双链 RNA 为模板,在病毒复制酶作用下经过不对称转录,合成正链 RNA,再以后者为模板翻译成病毒蛋白质。最后才合成病毒负链 RNA,形成双链 RNA 分子。

致癌 RNA 病毒 包括白血病病毒(leukemia virus)和肉瘤病毒(sarcoma virus),它们的复制需经过 DNA 前病毒阶段,由逆转录酶催化。其复制过程见后文。

病毒 mRNA 的合成在病毒复制中处于核心地位,由病毒 mRNA 合成各种病毒蛋白质,再进行病毒基因组的复制和装配。不同类型 RNA 病毒产生 mRNA 的机制大致分为 4 类(图 12.4)。

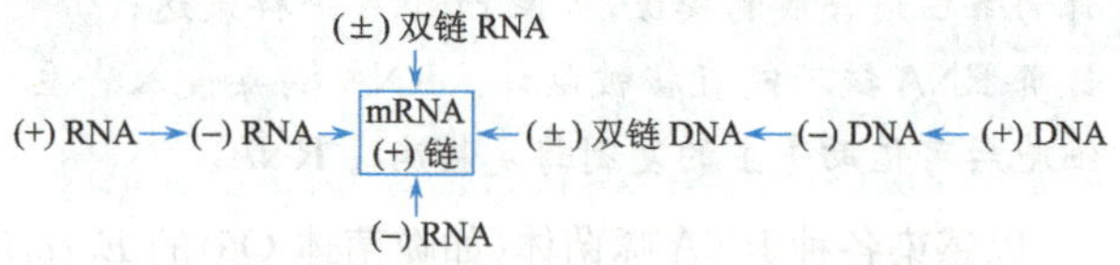

```
                    (±)双链 RNA
                        ↓
(+) RNA → (-) RNA → mRNA ← (±)双链 DNA ← (-) DNA ← (+) DNA
                    (+)链
                        ↑
                    (-) RNA
```

图 12.4 RNA 病毒合成 mRNA 的不同途径

小结:RNA 病毒复制方式归纳以下几类:病毒正链 RNA 进入宿主细胞后先合成复制酶及有关蛋白,后在复制酶作用下进行 RNA 复制,最后由病毒 RNA 和蛋白质装配成病毒颗粒。噬菌体 Qβ 和脊髓灰质炎病毒是这种类型的代表。病毒负链 RNA 侵入细胞后借助病毒带入的复制酶合成正链 RNA,再以后者为模板合成病毒蛋白质和复制病毒 RNA。病毒双链 RNA 以双链为模板在病毒复制酶作用下经不对称转录合成正链 RNA,再以后者为模板翻译成病毒蛋白质。最后才合成病毒负链 RNA,形成双链 RNA 分子。致癌 RNA 病毒的复制需经过 DNA 前病毒阶段,由逆转录酶催化。

12.3 逆转录病毒

(1) 逆转录病毒概述

逆转录病毒基因组是线形正链 RNA,病毒内有两条相同的正链 RNA 分子,称为二倍体 RNA 基因组。逆转录病毒的正链 RNA 无 mRNA 活性,需要在自身的逆转录酶作用下将正链 RNA 逆转录成双链 DNA,通过向宿主细胞基因组的整合,在宿主细胞 RNA 聚合酶的作用下转录出 mRNA。1970 年,Temin 等人分别从致癌的 RNA 病毒中发现了逆转录酶(reverse transcriptase RT),有力证明了 Temin 的前病毒学说(provirus theory)。这一发现具有重要的理论与实践意义。

表明不能把"中心法则"绝对化,遗传信息也可以从RNA传递到DNA,从而补充和丰富了"中心法则"的内容,同时促进了分子生物学、生物化学和病毒学的研究,为肿瘤的防治提供了新的思路。现在,逆转录酶已成为研究这些学科的有力工具。Temin等人于1975年因发现逆转录酶而获诺贝尔生理学与医学奖。

致癌RNA病毒是一大类群能引起鸟类、哺乳类等动物白血病和肉瘤及其他肿瘤的病毒。这类病毒侵染细胞后并不引起细胞死亡,却可以使细胞发生恶性转化。Temin等注意到致癌RNA病毒的复制行为与一般RNA病毒不同,用特异抑制剂如放线菌素D能抑制致癌RNA病毒的复制,但不能抑制一般RNA病毒复制。研究证明放线菌素D专门抑制以DNA为模板的复制反应,说明致癌RNA病毒复制的过程涉及了DNA。

Temin于1964年曾提出了前病毒假说,认为致癌RNA病毒的复制需经过DNA中间体(前病毒),此DNA中间体可部分或全部整合(integration)到寄主细胞DNA中,并随细胞增殖而传递至子代细胞。细胞的恶性转化就是由前病毒引起的。前病毒学说理论认为遗传信息可以由RNA传递给DNA。这种逆向转录的遗传信息传递方式在当时并不能被生物学界所接受,因为按照"中心法则",遗传信息的传递只能从DNA到RNA,然后再到蛋白质,是一种单向传递的过程。

Bader用嘌呤霉素(puromycin)抑制静止细胞的蛋白质合成,发现这种细胞仍能感染劳氏肉瘤病毒(RSV,一种致癌RNA病毒),说明有关的酶并非是感染后在细胞中合成,而是在病毒中已经存在,并由病毒带入细胞的。禽类成髓细胞瘤病毒的逆转录酶由一个α亚基和一个β亚基所组成。α亚基为65kDa,是由90kDa的β亚基经蛋白酶水解产生的片段。鼠类白血病病毒的逆转录酶由一条84kDa的多肽链组成,该酶由pol基因编码。如所有的DNA和RNA聚合酶一样,逆转录酶也含有Zn^{2+}。逆转录酶催化的DNA合成反应要求有模板和引物,以4种dNTP为底物,此外还需要Mg^{2+}和Mn^{2+}以及还原剂,DNA链延伸方向为$5'\to3'$。这些性质都与DNA聚合酶类似。当以其自身病毒类型的RNA作为模板时,该酶表现出最大的逆转录活性,带有适当引物的任意种类RNA也都可以作为合成其DNA的模板。许多人工合成的多聚核苷酸表现出很高的模板活性,如polyA·$dT_{12\sim18}$,polyC·dG,polydA·dT等。因此这些多聚物就被利用来作为提纯逆转录酶时测定其活力的模板。polydA·$dT_{12\sim18}$虽也能促进DNA的合成,但其模板活力比polyA·$dT_{12\sim18}$低。引物可以是寡聚脱氧核糖核苷酸,也可以是寡聚核糖核苷酸,但必须与模板互补,并具有游离3'-OH末端,其长度要求大于4nt。已知几乎所有真核生物的mRNA(组蛋白mRNA除外)分子3'末端都有polyA,因此加入寡聚dT后,以上mRNA就可成为逆转录酶的模板。利用这个方法能合成相应于一定mRNA的互补DNA(cDNA)。

逆转录酶是一种多功能酶,它兼有3种酶的活力:①利用RNA作模板合成互补的DNA链,形成RNA-DNA杂合分子(RNA指导的DNA聚合酶活力);②在新合成的DNA链上合成另一条互补DNA链,形成双链DNA分子(DNA指导的DNA聚合酶活力);③有核糖核酸酶H的活力,专门水解RNA-DNA杂合分子中的RNA。

> **小结**:逆转录病毒基因组是线形正链RNA,病毒内有两条相同的正链RNA分子称二倍体RNA基因组。逆转录病毒的正链RNA无mRNA活性,需要在自身的逆转录酶作用下将正链RNA逆转录成双链DNA,通过向宿主细胞基因组的整合,在宿主细胞RNA聚合酶的作用下转录出mRNA。逆转录酶的发现补充和丰富了"中心法则"的内容。逆转录酶是多功能酶,有3种酶活力:①RNA指导的DNA聚合酶活力;②DNA指导的DNA聚合酶活力;③核糖核酸酶H的活力。

(2)逆转录机制

逆转录病毒的生活周期十分复杂。借助于病毒颗粒的表面蛋白和跨膜蛋白,使病毒与宿主细胞相融合,病毒颗粒所携带的基因组RNA以及逆转录和整合所需的引物(tRNA)和酶(逆转录酶、整合酶)得以进入宿主细胞内。在细胞质内发生病毒RNA的逆转录,由cDNA进入细胞核,在整合酶帮助下病毒cDNA整合到宿主染色体DNA内,成为前病毒(provirus)。前病毒可随宿主染色体DNA一起复制和转录。只有整合的前病毒DNA转录的mRNA才能翻译产生病毒蛋白质,刚进入细胞的病毒RNA是没有翻译活性的。因此,逆转录和整合所需的酶必须由病毒颗粒所携带。可见在逆转录病毒的生活周期中最关键的过程是逆转录。

逆转录过程分为10步反应,其中主要是逆转录酶经过了两次模板转换(两次跳跃)。

① 先由结合在5'端PB(paired bases)位点的tRNA作为引物,在逆转录酶作用下合成U5(unique to the 5' end)和R(direct repeat)区的互补DNA U'5和R';

② 由逆转录酶的RNaseH将模板RNA的U5和R区水解掉;

③ 新合成DNA链的R'与RNA 3'端的R配对,逆转录酶随之转换为以此RNA 3'端作为模板,(第一次跳跃);

④ (—)链DNA延伸合成;

⑤ 模板 RNA 的 U3(unique to the 3′end)和 R 区以及 poly(A)n 被水解，5′端也被水解；

⑥ 以 RNA 的 3′端为引物合成(＋)链 DNA 的 U3-R-U5；

⑦ 引物 tRNA 被降解；

⑧ (＋)链 DNA 与(－)链 DNA 在 PB 位点处配对，逆转录酶开始以新合成的(－)链 DNA 为模板(第二次跳跃)合成(＋)链 DNA；

⑨ 继续合成(＋)链 DNA；

⑩ (－)链 DNA U′3-R′-U′5 与(＋)链 DNA U3-R-U5 解链，(－)链 DNA 重复合成 U′3-R′-U′5，形成两端的长重复序列(LTR)。

逆转录产生的线型双链 cDNA 进入核内即可发生整合，现已证明逆转录病毒以线形 DNA 的形式进行整合，整合机制与转座子的转座过程类似。前病毒两端 LTR 各失去 2bp，两侧形成 4～6bp 正向重复。整合的原病毒 DNA 结构与线形 DNA 相似，LTR 两端是反向重复，在其两侧则是靶 DNA 的正向重复。在整合中病

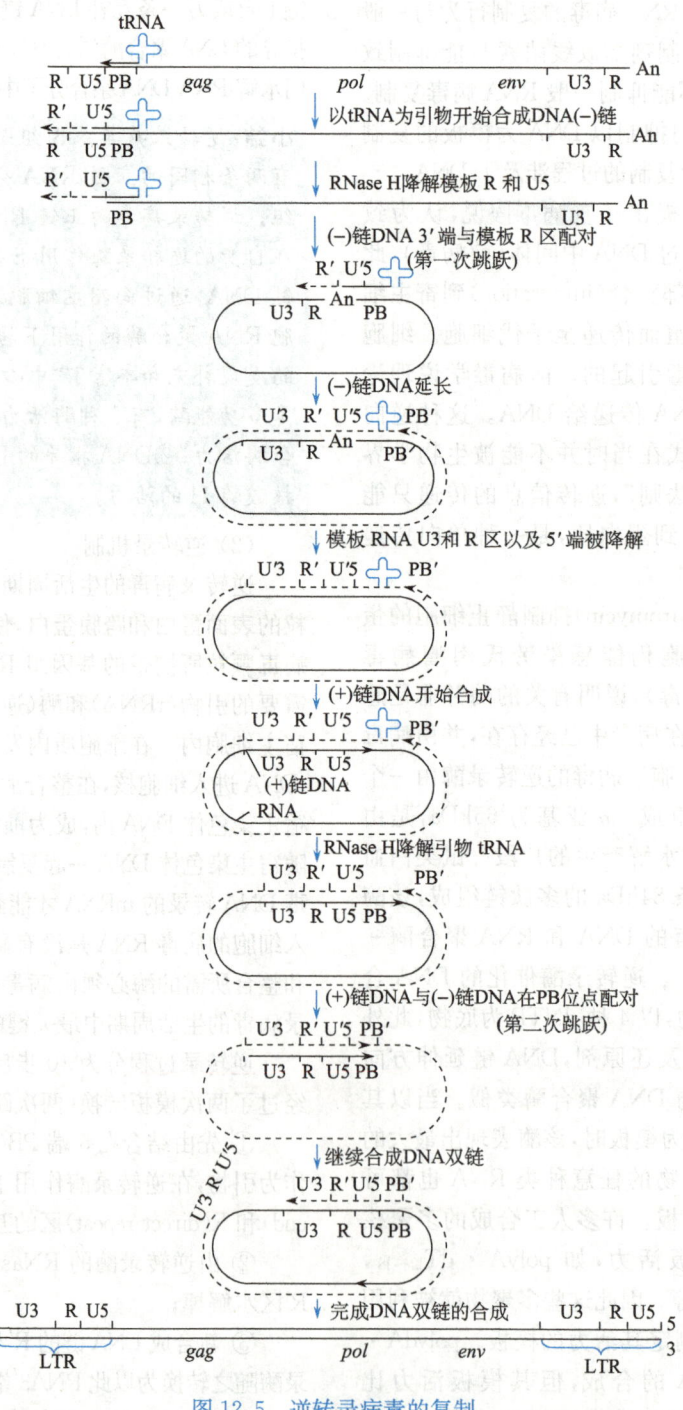

图 12.5　逆转录病毒的复制

毒 DNA 末端非常重要,在紧靠每个 LTR 反向重复的末端有两个保守碱基 CA,整合酶覆盖线状 DNA 的两个末端,切除保守 CA 之外的碱基,把平齐末端变成凹陷末端。同时整合酶随机选取宿主 DNA 靶位点进行交错切割,两个切口由 4bp 或 6bp 分隔。整个逆转录过程如图 12.5 所示。

整合酶催化由靶位点断裂所产生的 5′端与病毒 DNA3′凹陷末端共价相连,而病毒 DNA 凸出的 5′端则由宿主细胞的酶修复。所以整合后原病毒 DNA 在 LTR 中丢失 2bp,相当于 5′端 U3 左边 2bp 和 3′端 U5 右边的 2bp。逆转录病毒与寄主细胞 DNA 的整合见图 12.6。

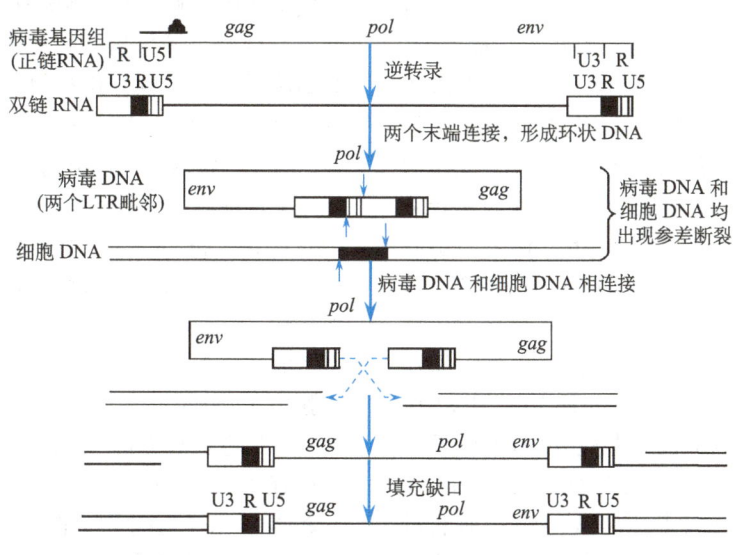

图 12.6　逆转录病毒与寄主细胞 DNA 的整合

整合后,转运到细胞质中进行翻译。基因组 RNA 和病毒蛋白转移到质膜,经装配通过出芽的方式形成新的病毒颗粒(图 12.7)。

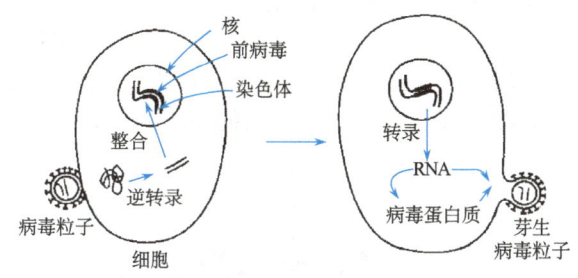

图 12.7　逆转录病毒的生活周期

12.4　逆转录的生物学意义

逆转录过程的发现补充和丰富了中心法则内容。DNA 和 RNA 之间遗传信息流虽以双向箭头来表示,但并非所有 DNA 遗传信息都能传递给 RNA,而遗传信息从 RNA 传递给 DNA 更加受到限制。细胞内的这些传递过程是受到严格调节控制的,这些大分子之间的相互作用与关系是遗传、发育和进化的核心问题之一。逆转录病毒能够转导宿主染色体的 DNA 序列,通过重组,前病毒 DNA 可以与宿主染色体 DNA 组合在一起,由此产生的病毒以宿主的一段 DNA 序列取代自身的基因片段,故而是有缺陷的复制,不能依靠自身完成感染周期。如果重组病毒携带了控制细胞生长分裂的原癌基因,使其以异常高的水平表达,或经突变失去了调节机制,就成为癌基因。逆转录过程的发现,有助于人们对 RNA 病毒致癌机制的了解,并对防治肿瘤提供重要线索和途径。人类免疫缺陷病毒(human immune deficiency virus, HIV)是一类逆转录病毒,其 RNA 基因组中除了一般常见的基因外还有一些特殊的基因,使其表现出不同寻常的行为。通常逆转录病毒侵入细胞后并不杀死宿主细胞,而是发生病毒基因组的整合,如果是带有癌基因的病毒,则可引起宿主细胞转化;但 HIV 却不同,它感染细胞(主要是 T 淋巴细胞)后即杀死该细胞,造成宿主机体的免疫系统损伤,引起艾滋病(AIDS)。根据艾滋病的起因和逆转录过程已设计和研制了一些治疗药物。药物作用的靶部位主要选择对逆转录病毒特异的逆转录酶和蛋白酶,其中治疗效果较好的有叠氮胸苷(AZT)和双脱氧肌苷(DDI)。当 AZT 被 T 淋巴细胞吸收后即转变为 AZT 三磷酸,而 HIV 的逆转录酶对 AZT 三磷酸有很高亲和力,竞争性抑制酶对 dTTP 的结合。当 AZT 加入到 DNA 链生长的 3′端时,病毒 DNA 链的合成迅即终止。AZT 对 T 淋巴细胞的毒性不大,因为这种细胞的 DNA 聚合酶对 AZT 亲和力较低。然而 AZT 对骨髓细胞有较大毒性,特别是红细胞的祖细胞,因此采用AZT治疗常引起贫血,这是该类药物的缺点。DDI具有类似的作用机制。

嗜肝 DNA 病毒(hepadnavirus),如**乙型肝炎病毒**(hepatitis B virus),在复制周期中也需经过逆转录阶段。乙型肝炎病毒的基因组是一个带缺口的环状 DNA 分子,其大小为 3200bp。病毒粒子中携带有逆转录酶和蛋白质引物。当细胞感染乙型肝炎病毒后,基因组 DNA 的缺口即由 DNA 聚合酶所填补而形成闭环分子,并转录产生(＋)链 RNA。RNA 被装配到核壳内,在那里进行逆转录,最后加上外壳,成为成熟的病毒粒子。可见嗜肝 DNA 病毒的复制过程与逆转录病毒相似,二者均有逆转录的阶段。但它们之间也有明显区别:①嗜肝 DNA 病毒含 DNA,复制过程为 DNA—RNA—DNA;逆转录病毒含 RNA,其复制过程为 RNA—DNA—RNA;②嗜肝 DNA 病毒以蛋白质作为合成(—)链 DNA 的引物;逆转录病毒则以 tRNA 作为合成(—)链 DNA 的引物;③复制过程中,逆转录病毒的前病毒 DNA 形成长末端重复序列;嗜肝 DNA 病毒则不是这样;④逆转录病毒能有效地将其前病毒 DNA 整合到细胞 DNA 中去,嗜肝 DNA 病毒只能低频随机整合。这与嗜肝 DNA 病毒缺乏长末端重复序列和整合酶有关。研究嗜肝 DNA 病毒的复制对进一步认识逆转录过程有重要意义。

> **小结**:逆转录病毒能够转导宿主染色体的 DNA 序列,通过重组,前病毒 DNA 可以与宿主染色体 DNA 组合在一起,由此产生的病毒以宿主的一段 DNA 序列取代了自身的基因片段,故而是有缺陷的复制,不能依靠自身完成感染周期。如果重组病毒携带了控制细胞生长分裂的原癌基因,使其以异常高的水平表达,或经突变失去了调节机制,就成为癌基因。

12.5 腺病毒

DNA 病毒基因组有单链和双链两种结构,并以线状或环状形式存在,大部分为单一分子,也有由数个 DNA 分子片段构成分段的基因组。动物 DNA 病毒多为**双链 DNA 基因组**,**腺病毒**、**痘病毒**、**疱疹病毒**都是双链线状 DNA 基因组,末端有冗余序列或重复序列,经退火能形成环形分子。腺病毒(adenovirus)是一种典型的双链 DNA 病毒,此处以腺病毒为例,介绍 DNA 病毒的基因表达。

1953 年,W Rowe 等人从外科手术摘除的儿童腺体中分离到一种致病因子,可使培养的细胞发生慢性进行性病变,称之为腺体退化因子,后来证明这种致病因子是病毒,1956 年,Enders 等人建议命名为腺病毒。

腺病毒分布十分广泛,从各种胎生哺乳动物、鸟类和两栖类动物中都已分离获得。腺病毒科分两个属:哺乳动物腺病毒属(*Mastadenovirus*)和禽腺病毒属(*Aviadenovirus*)。腺病毒感染细胞后可关闭宿主细胞某些基因的表达,大量合成病毒蛋白致使细胞功能失常。腺病毒感染的重要特征是它的结构蛋白可在细胞核内形成包涵体。腺病毒是研究细胞生长和繁殖的分子机理以及肿瘤分子生物学的理想模型,其早期的转录区对细胞转化和致癌作用都很重要,腺病毒致癌的分子机理是分子病毒学的一个重要研究领域。

(1) 腺病毒的毒粒结构

完整的腺病毒颗粒相对分子质量为 $1.7×10^8$～$1.85×10^8$,沉降常数约 560S,在 CsCl 中的密度为 1.32～1.35gm/cm^3。腺病毒对热和酸稳定,能在肠道中存活。腺病毒颗粒无包膜,外边是蛋白外壳,中间为紧密的核心颗粒,内含单一拷贝的双链 DNA。哺乳动物腺病毒 DNA 长为 30～37kb,禽类腺病毒 DNA 长为 45kb。病毒颗粒为正二十面体结构,直径 70～100nm。毒粒有 25 个壳粒,其中二十面体的顶角壳粒为 12 个五邻体(penton),哺乳动物腺病毒每个五邻体有一条纤维突起,而禽类腺病毒的五邻体有两条纤维突起。纤维突起上带有特异性抗原决定簇。外壳的各面和边缘共由 240 个六邻体(hexon)组成,六邻体上也带有特异性抗原决定簇。许多附加的多肽与五邻体和六邻体相接触,对病毒外壳的组装很重要。腺病毒有一个 40～45nm 的组蛋白样多肽组成的内核,核心蛋白可与病毒 DNA 紧密结合。病毒 DNA 的 $5'$ 端与末端蛋白共价连接。末端蛋白的相对分子质量为 $5.5×10^4$,它可使病毒 DNA 形成非共价连接的环(图 12.8)。

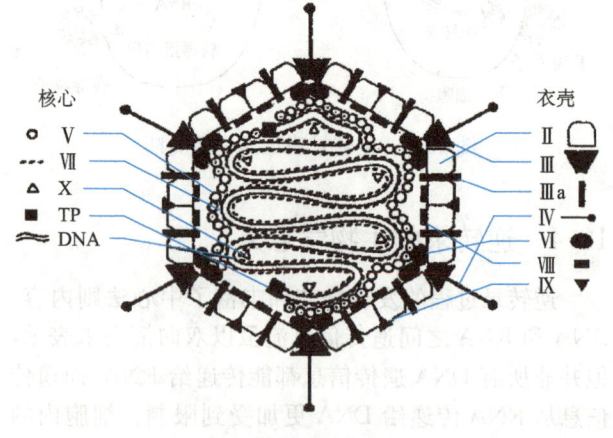

图 12.8 腺病毒的结构

(2) 腺病毒基因组结构

腺病毒基因组为线形双链 DNA,人类腺病毒基因组包括早期基因 E1A、E1B、E2A、E2B、E3 和 E4 以及晚期基因 L1、L2、L3、L4 和 L5。早期基因主要在病毒感染后的复制前开始转录。病毒的 VA 区编码一些小 RNA 片段，不编码任何多肽。VA RNA 一开始并不存在于病毒颗粒中，而是在感染宿主细胞后大量合成的。在感染晚期，VA1 RNA 作为一种重要的翻译激活因子促进宿主细胞和病毒 mRNA 翻译，同时抑制蛋白激酶 PKR(protein kinase R)的活性，这种蛋白激酶可通过磷酸化作用抑制翻译因子 eIF-2。PKR 可被干扰素所诱导，引起细胞蛋白质合成关闭，而 VA 1 RNA 可阻止这一过程，抵抗干扰素。病毒 DNA 的两条链都有编码功能，转录方向不同，DNA 分子的两端存在反向重复区(ITR)，当双链 DNA 分子变性后，可通过链内退火形成单链环状 DNA 分子。

小结：腺病毒是一种典型的双链线状 DNA 病毒，末端有冗余序列或重复序列，经退火能形成环形分子。腺病毒对热和酸稳定，能在肠道中存活。人类腺病毒基因组包括早期基因及晚期基因，早期基因主要在病毒感染后的复制前开始转录。在感染晚期，VA1 RNA 作为重要的翻译激活因子促进宿主细胞和病毒 mRNA 翻译，同时抑制蛋白激酶 PKR 的活性，这种蛋白激酶可通过磷酸化作用抑制翻译因子 eIF-2。PKR 可被干扰素所诱导，引起细胞蛋白质合成关闭。

(3) 腺病毒的复制

腺病毒基因组复制过程包括以下几步：① 腺病毒 DNA 复制的起始过程较特殊，由 E2 区编码的两个早期蛋白，即末端蛋白前体和 DNA 聚合酶先组装成前起始复合体，通过末端蛋白前体上的 Ser 与 dCMP 的共价连接进入复制原点；② 细胞转录因子 Nf-1 和 Oct-1 特异性地与核心序列结合，帮助病毒起始复合体的组装并结合到起始原点上，末端蛋白前体 dCMP 从游离的 3'-OH 端沿 5'→3' 方向在病毒 DNA 聚合酶的指导下合成病毒 DNA；③ 双链 DNA 通过链置换机制复制，基因组的每个末端有一个原点，病毒 E2 单链 DNA 结合蛋白在复制中包裹在置换下来的非模板链上，在细胞拓扑异构酶作用下，由反向重复序列构成的病毒 DNA 亲链末端退火形成一个双链的柄。这个过程可循环多次。腺病毒 DNA 可以整合到感染的细胞或转化的细胞 DNA 中。在腺病毒感染许可性的人类细胞中病毒 DNA 与宿主细胞 DNA 也可以发生重组。

(4) 腺病毒的基因转录

绝大多数腺病毒基因的转录由宿主 RNA 聚合酶 Ⅱ 完成，该酶特异性抑制物 α-鹅膏蕈碱(可抑制腺病毒 mRNA 的合成)。转录调控与病毒基因启动子的序列和结构有关，细胞编码的转录因子可识别病毒基因组启动子内特定核苷酸序列而调节相应的基因表达。目前还不太清楚各种细胞因子、病毒因子、病毒启动子中的特异遗传信号是如何通过复杂的相互作用使病毒基因转录按照一定的时间顺序正确进行的。

腺病毒基因组的转录至少可分 7 个区域，由 6 个启动子负责。首先被转录的是 E1A 区，转录产物经不同剪接途径形成两种 RNA，12SRNA(编码 289aa)和 12SRNA(编码 243aa)。289aa 的蛋白是一种重要的病毒基因转录激活因子。E1B 区主要编码两种蛋白，功能是减弱 E1A 表达产生的细胞毒素和抑制细胞的死亡。E3 区编码一种相对分子质量为 1.9×10^4 的糖蛋白，后者可与细胞膜上的主要组织相容性复合体 MHC(major histoco-mpatibility complex)发生相互作用，E3 基因产物还可负调控 E1A 特异性 mRNA 的翻译，使 E1A 表达水平降低。E4 编码一种相对分子质量为 3.4×10^4 的蛋白，它可影响 mRNA 从细胞核向胞质的转运。腺病毒基因转录产生相对分子质量较高的核不均一 RNA(hnRNA)，这些 hnRNA 需经一系列剪接过程才能产生病毒的特异性 mRNA。与绝大多数真核 mRNA 一样，腺病毒 mRNA 3'端也有 100~200nt 的 poly(A)，5'端有 N'-甲基鸟苷三磷酸。

(5) 腺病毒与肿瘤

许多的人类腺病毒可使啮齿动物的培养细胞发生转化或使这些动物产生肿瘤，但至今尚未发现腺病毒感染与任何人类肿瘤的关系。在腺病毒基因组的众多基因中，早期转录区 E1A、E1B、E3 与细胞转化和肿瘤发生有关。E1A 产物可使寿命有限的正常细胞变为永生细胞；E1B 产物则使这些永生细胞在高密度下持续生长，或在免疫系统受损的动物体内形成肿瘤，而 E3 则可以降低动物免疫系统识别病毒基因的产物以及杀死转化细胞的能力，使转化细胞在动物体内存活并生长。

(6) 腺病毒作为基因治疗的载体

腺病毒用作基因治疗载体和疫苗研制有着重要的应用价值。腺病毒基因组的 E1 区和 E3 区可以作为外源基因的插入区域。E1 区缺失的腺病毒可克隆约 4.7kb 的外源 DNA，而 E3 区缺失的腺病毒可以克隆约 8kb 的外源 DNA，一些特定的腺病毒株已被用于人类疫苗的研制。腺病毒作为基因治疗载体有以下几方面的优点：① 腺病毒基因组研究的比较清楚，便于进行遗传操作；② 感染一般不引起明显的症状，与宿主染色体整合的几率很低，作为基因治疗的载体比较安全；③ 可以感染不同类型细胞，易于进行体外培养，病毒感染细胞滴度高，可在细胞内有效复制；④ 腺病毒感染细胞后可高水平地表达蛋白质,在感染后期宿主基因表达被关闭,易于高水平表达外源基因。

12.6 丙型肝炎病毒

丙型肝炎病毒(HCV)是 RNA 病毒,基因组均呈线状,有单双链之分,有单一分子,也有的基因组是分段的。RNA 的二级结构对病毒基因表达调控有重要影响。单链 RNA 分子分正链和负链 RNA,正链 RNA 基因组有 mRNA 活性,具有侵染性,负链 RNA 基因组和双链 RNA 无侵染性,在病毒自身的 RNA 聚合酶作用下转录和复制。大部分正链 RNA 基因组 5′端有帽子结构,3′端有 poly(A)尾。下面介绍一种典型的 RNA 病毒,黄病毒科丙型肝炎病毒属的成员,即丙型肝炎病毒(hepatitis C virus,HCV)。

20 世纪 70 年代后期,在美国患者输血后又被感染肝炎的患者中有 90% 的人为甲肝和乙肝血清学检测阴性,由于一直没能分离到可在电镜下直接观察的病毒颗粒且缺乏免疫学的证据,这种肝炎被称为"非甲非乙型肝炎"(non-A non-B hepatitis,NANBH)。1979 年,Shimizu 等人证明这种病毒颗粒是一种可被氯仿灭活的微管形成因子,具有包膜 RNA 病毒的特征。1989 年,Choo 等人利用分子克隆技术从"非甲非乙"型肝炎的黑猩猩血清来源的 cDNA λgtll 表达文库中检出一个克隆 5-1-1,发现了 1089nt 的连续 ORF,标志着一种新病毒被发现,该病毒被命名为丙型肝炎病毒。1991 年,国际病毒学分类委员会将丙型肝炎病毒归为黄病毒科丙型肝炎病毒属。

HCV 是一种单正链 RNA 病毒,其基因组与黄病毒相似。对各种 HCV 分离株的序列分析表明,HCV 有很高的变异性。第一个 HCV 全序列发表后不久,就有了一个日本株 HCVj1 中 NS3 和 NS4 区存在变异的报道。丙型肝炎病毒的感染、病程和治疗的许多方面与特定的基因型有关。

(1) HCV 基因组的结构与功能

HCV 是有外膜的单正链 RNA 病毒,基因组长约 10^4 nt。HCV 仅有一个几乎为全基因组长度的翻译可读框 ORF,编码 3010～3033 个氨基酸的多聚蛋白,经过蛋白酶加工,切割成结构蛋白和调节蛋白。在基因组 5′端有一段 324～341nt 的非翻译区 UTR,3′末端也有一段 UTR(图 12.9)。许多黑猩猩和人类 HCV 毒株已被完全测序。

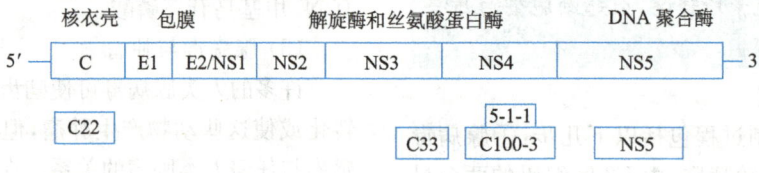

图 12.9　HCV 的基因组结构

5′-UTR 和 3′-UTR　HCV 的 5′-UTR 和 3′-UTR 的序列分析发现,5′-UTR 是基因组中最保守部分,完整的 5′-UTR 长 341nt,含有 5 个小的 ORF。通过序列比较、动力学分析及单链或双链特异性的 RNase 降解分析得到了 HCV 5′-UTR 的二级结构。结果显示,HCV 有一个 22nt 的保守茎环结构,该结构可能是内部核糖体进入位点(internal ribosomal entry site,IRES)。IRES 与核糖体的结合是正链 RNA 病毒蛋白翻译的必要环节,茎区序列对 IRES 的功能十分重要。3′-UTR 由 200～235nt 组成,包括一个特异性区(紧接终止密码子后,一个 polyU 片段,因此片段可与寡聚 T-纤维素结合,过去曾认为是 polyA);一个 C(U)n 重复区和一个高度保守的 3′A-尾巴。poly(U)片段和 C(U)n 重复区在不同基因型之间的长度和序列不同。3′X-是一段 98～100nt 的序列,发现其中有三个 ORF。一个 ORF 在正链,另外两个在负链上。HCV 的 3′X-十分保守,对 HCV 的复制十分重要。

HCV 的核心区　HCV 核心蛋白(核衣壳蛋白)P22 含有 190 个氨基酸残基,其中 12% 为 Pro 残基,并含有 17% 的碱性氨基酸残基。HCV 核心蛋白功能十分复杂。研究表明它可结合细胞膜、RNA 分子和 60S 核糖体亚基,与 RNA 和核糖体结合的区域在 N 端,核心蛋白可形成二聚或多聚体,还可被 PKA 和 PKC 磷酸化并参与转录调节。核心蛋白基因可与细胞内某些原癌基因共同作用调节细胞周期。核心蛋白有几个高度保守的抗原表位,重组核心蛋白或合成的线性表位多肽可有效地用于大多数人血清中抗体的检测。

外膜蛋白编码区(E1 和 E2/NS1)　E1 和 E2/NS1 编码 HCV 的外膜蛋白 gp35 和 gp70。E2/NS1 区最初被认为是非结构蛋白编码区,称为 NS1 区,后来发现该区是外膜结构蛋白的编码区,因此称为 E2/NS1 区,它编码糖蛋白 gp72。从已知的各种 E2/NS1 序列分析发现它有一个超变区 HVR1(hyper variable region),HVR1 可用于特异性区分 HCV 变异株,从而为研究

HCV 的治疗和流行病学提供了重要工具。HCVE1 和 E2 糖蛋白可相互作用形成复合体,这种复合体被认为是 HCV 毒粒的亚基。

NS2-NS3 区 HCV 基因组复制所需的非结构蛋白(NS2-NS5)是前体蛋白经过 NS2-3 蛋白酶和 NS3 蛋白酶加工产生的。NS2 蛋白相对分子质量为 $2.1\times 10^4 \sim 2.3\times 10^4$,疏水性很强。NS3 蛋白的 N 端 1/3 是一段与胰蛋白酶类的丝氨酸蛋白酶序列同源的区域(称为 NS3P 区)。NS3P 区参与前体多聚蛋白的加工。当 NS2-3 蛋白切割产生游离的 NS3 N 端后,NS3 蛋白先是顺式作用于自身的 C 末端产生游离的 NS3 蛋白,然后再反式作用于后边的其他切割位点,从而产生成熟的非结构蛋白,NS3 的 C 末端 2/3 的片段是一个 NTP 相关的解旋酶活性区,能从一个 DNA 模板上置换下 RNA 或 DNA 寡核苷酸,说明它有 DNA 解旋酶的活性。NS3 蛋白的活性可被多聚核苷酸调节,其中 poly(U)的调节作用最明显。HCV NS3 蛋白可与细胞 cAMP 依赖性蛋白激酶 PKA 发生作用,即抑制 PKA 的活性,使它不能对 cAMP 水平的变化产生响应,干扰 HCV 感染细胞的信号转导和基因表达,显示了 HCV 感染引起细胞病变的一条新途径。

NS4 和 NS5 区 NS4 蛋白是疏水蛋白质,相对分子质量为 3.1×10^4 的前体蛋白,经加工成为 NS4a 和 NS4b 两个蛋白,这些蛋白含有强免疫原性的抗原表位和数个预期的穿膜区。目前临床上普遍用于抗体检测的 C100 抗原就是由 NS3 C 端、NS4a 和 NS4b N 端各一部分组成的。NS4a 是含有 54 个氨基酸的多肽,包括一个疏水 N 端和一个亲水 C 端,它有多种功能,包括作为 NS3P 的共同因子,促进 NS3P 对多聚蛋白的加工,还有使 NS3 和其他病毒复制成分定位在膜上的功能。此外,它还可促进 NS5a 蛋白的磷酸化。NS5 区编码的一个蛋白有依赖于 RNA 的 RNA 聚合酶活性,NS5 蛋白经加工成为 NS5a 和 NS5b,NS5a 区编码两种蛋白质,相对分子质量分别为 5.6×10^4(P56)和 5.8×10^4(P58),它们都以磷酸化蛋白的形式存在并定位于核外膜(图 12.10)。

(2) HCV 基因组的复制

HCV 基因组复制的精确机制还不清楚。一般认为 HCV RNA 是直接通过 RNA 到 RNA 的途径进行的。NS5 区编码一个蛋白,有依赖于 RNA 的 RNA 聚合酶活性。NS5 蛋白是最后一个被翻译的蛋白,NS5 的有效翻译可产生高水平的复制酶,从而产生高滴度的病毒血症。

12.7 艾滋病与 HIV

人类免疫缺陷病毒(HIV)是典型的逆转录病毒。艾滋病是一种导致以全身免疫系统严重损害为特征的传染性疾病,人类免疫缺陷病毒(HIV)是其病原体,感染者终生携带病毒。随着分子生物学和现代生物学技术的发展,人们对 HIV 的研究,特别是其分子生物学的研究已取得巨大进展,基本弄清了 HIV 基因组的结构及其的功能。

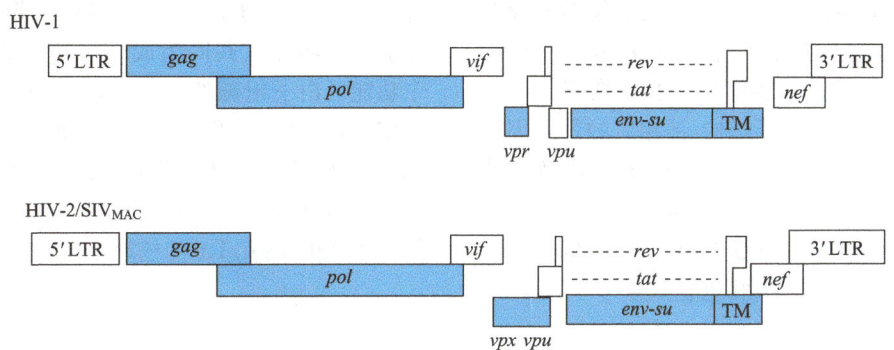

图 12.10 HIV 的基因组结构

(1) 病毒的结构与生活周期

HIV 颗粒呈球形,直径约 110nm,表面具有包膜,病毒内部含有一个致密的锥形核心,将 HIV 颗粒分为包膜、衣壳和病毒核心三部分。核心内部是两个长度为 9.2kb 的相同单股正链 RNA,核心外侧为脂质双层组成的外膜,膜上有穿膜蛋白 gp41 和外膜蛋白 gp120。HIV 的生活周期包括以下阶段:①吸附;②侵入和脱壳;③逆转录;④整合;⑤病毒 RNA 和蛋白质的合成;⑥装配;⑦释放;⑧成熟。HIV 在宿主细胞内的复制受许多因素的影响,其中涉及宿主的免疫调节、宿主细胞因子的作用、病毒自身调节蛋白的作用、其他病毒基因产物的调节等。

(2) 病毒基因组的结构与功能

人免疫缺陷病毒属于逆转录病毒科慢病毒属,分 HIV-1 型和 HIV-2 型。HIV 基因组有两个相同的正链 RNA,每条链均包含了 HIV 结构与功能所需的遗传信息,两条 RNA 单链被核衣壳蛋白所包裹,并通过其 5′端非共价结合,形成二聚体。在 HIV 基因组 RNA 的 5′端有帽子结构,3'端有 poly(A)尾巴,在逆转录并整合后所形成的前病毒 cDNA 的两端,为长末端重复序列(LTR)。LTR 具有启动子和增强子的双重功能。HIV 基因组长约 9.2kb。能编码至少 17 种蛋白质,除了具有与其他逆转录病毒相似的 gag、pol 和 env 基因外,还可编码多种调节蛋白,因此 HIV 又被称为复杂性逆转录病毒。这些基因的排列十分紧凑,部分区域有重叠,除少数为断裂基因外,多数基因是连续的。

在 HIV 基因组中,有三个编码结构蛋白和酶的多蛋白基因,分别称为 gag、pol 和 env,其中 gag 与 pol 使用不同的阅读框架,并有部分重叠。此外还包括 6 个编码调节蛋白的基因。其中 tat 基因和 rev 基因分别编码病毒调节蛋白 Tat 和 Rev。这些基因各由两个外显子构成,其产物是 HIV 复制所必需的。其他 4 个基因的产物对于病毒在某些细胞中的复制并非必需,故称为辅助蛋白。在 HIV-1 中这些蛋白包括 Vpr、Vpu、Vif 和 Nef,HIV-2 可编码除 Vpu 外的其他 3 种辅助蛋白,还编码其特有的辅助蛋白 Vpx。

LTR 长末端重复序列(LTR)位于 HIV 基因组 RNA 的两侧,按核苷酸序列分为两端的 R 区及与 R 区相邻的 U3 区和 U5 区。逆转录后,前病毒 cDNA 的两端各自形成一套完整的 LTR。LTR 有启动子和增强子的功能,LTR 内部及附近还有各种细胞转录因子的结合位点和 HIV 调节蛋白 Tat 的效应元件(TAR),这些顺式作用元件在 U3 区和 R 区排列尤为密集。宿主的细胞因子、病毒调节蛋白以及超级感染的病毒调节蛋白都可通过这些元件激活 HIV 的表达。在 LTR 的 R 区和 U5 区,还分布着加帽位点和多聚腺苷酸化信号,它们能形成特殊的茎环结构,被相应的蛋白因子识别并结合。在 HIV-1 的 U3 区上游,有一段负调节元件(negative regulatory element,NRE),而在 5'-LTR 下游,则分布有引物结合位点(primer binding site,PBS)、二聚体连接信号(DLS)和包装信号(ψ)等。

gag HIV-1 的 *gag* 基因长约 1.5kb,编码病毒的核心蛋白,其产物与病毒基因组 RNA 共同组装成核心和衣壳,并将衣壳与病毒包膜相连接,决定着病毒的形状和完整性。这些核心蛋白包括病毒的基质蛋白 p17、衣壳蛋白 p24、核衣壳蛋白 p7 和 p6。

pol *pol* 基因约 3.0kb,编码病毒复制所需要的各种酶类,在表达时与 *gag* 基因通读,合成出包括 gag-pol 基因产物在内的蛋白前体 p160,翻译过程依赖于核糖体的移码过程。在 HIV 蛋白酶的催化下,p160 除形成 p17、p24 和 p15 等 Gag 蛋白外,与 *pol* 基因相对应的部分将被加工为 HIV 的蛋白酶 p10、逆转录酶 p66/p51 和整合酶 p32。

env *env* 基因为 2.6kb,编码病毒包膜糖蛋白 gp120 和 gp41。它先翻译出一个相对分子质量为 8.8×10^4 的前体蛋白,经糖基化加工后形成 HIV 包膜糖蛋白前体 gp160,被宿主细胞蛋白酶裂解为表面糖蛋白 gp120 和跨膜糖蛋白 gp41 两部分,然后非共价结合成寡聚体,形成病毒包膜上的柄状突起,介导病毒对宿主细胞的吸附和穿入。

tat HIV-1 的 *tat* 基因由两个外显子构成,编码全长 86 个氨基酸的激活因子 Tat。第一个外显子位于 env 基因之前,第二个外显子与 env 基因重叠。Tat 是一种富含 Cys 的蛋白质,主要有以下功能区:N 端的激活功能区富含 Pro 和酸性氨基酸,具有与其他转录因子激活区相似的结构;第 22~37 位的富含 Cys 区可与锌、镉等二价离子结合,介导 Tat 二聚体形成;核心区与前两个功能区共同组成 Tat 激活结构域;Tat 第四个功能区由一组碱性氨基酸残基构成,含 Tat 的核定位信号,引导 Tat 及 Tat 结合蛋白进入细胞核,第 52 和 53 位的 Arg 残基则通过与 TAR RNA 突起区磷酸基团的作用,与核心区一起,介导与 TAR 靶序列的特异性结合;C 端区调节 Tat 的核定位及活性(图 12.11)。

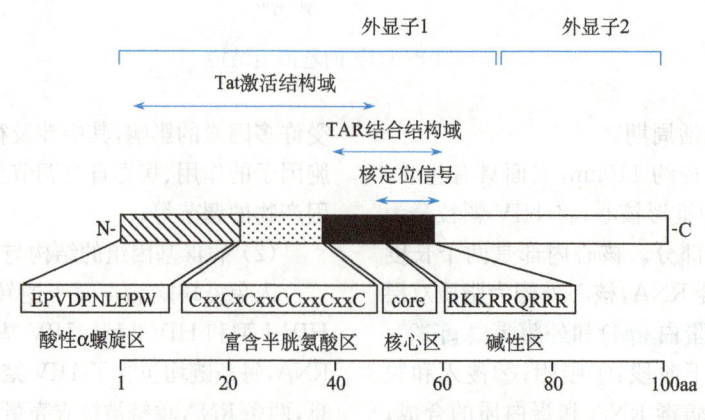

图 12.11 HIV-1 的 Tat 蛋白结构

Rev 蛋白　**Rev 蛋白**是 HIV 早期基因表达产物之一,在转录后水平和翻译水平上发挥作用,能抑制病毒调节蛋白表达,而促进病毒结构蛋白和酶类表达,引发 HIV 基因表达由早期向晚期转化。Rev 的功能依赖于它与其效应元件(RRE)的结合,以及宿主细胞中其他蛋白的参与。HIV 能通过复杂的调节机制,使它的 RNA 只发生单剪接甚至不被剪接,就能有效地运送到细胞质中,从而得到晚期基因的产物(图 12.12)。Rev 蛋白在促进 HIV 基因表达从早期向晚期转换的过程中起着关键作用。rev 基因缺陷的 HIV 仅能表达早期基因,只有加入 Rev 蛋白后才能开始晚期基因的转录。

此外,Rev 蛋白还能促进编码 HIV 结构蛋白的 mRNA 的核输出过程,并显著增加这些 mRNA 的稳定性。缺乏 Rev 时有大量 HIV RNA 滞留在核中。如果通过突变使抑制的序列失活,则 HIV 结构基因的表达不再依赖于 Rev。当缺乏 Rev 时,在细胞质中只能检测出剪接过的 mRNA。如果 RNA 中含有高效强剪接信号,则无论是否存在 Rev,都将被完全剪接,而在一般剪接信号下,Rev 可促使大量非剪接的 RNA 转运到细胞质中,Rev 对转运的促进作用与剪接动态直接相关。Rev 调节 mRNA 的剪接和转运过程,使未剪接的 *gag-pol* mRNA 向细胞质中稳定地转运,并使之得到翻译。

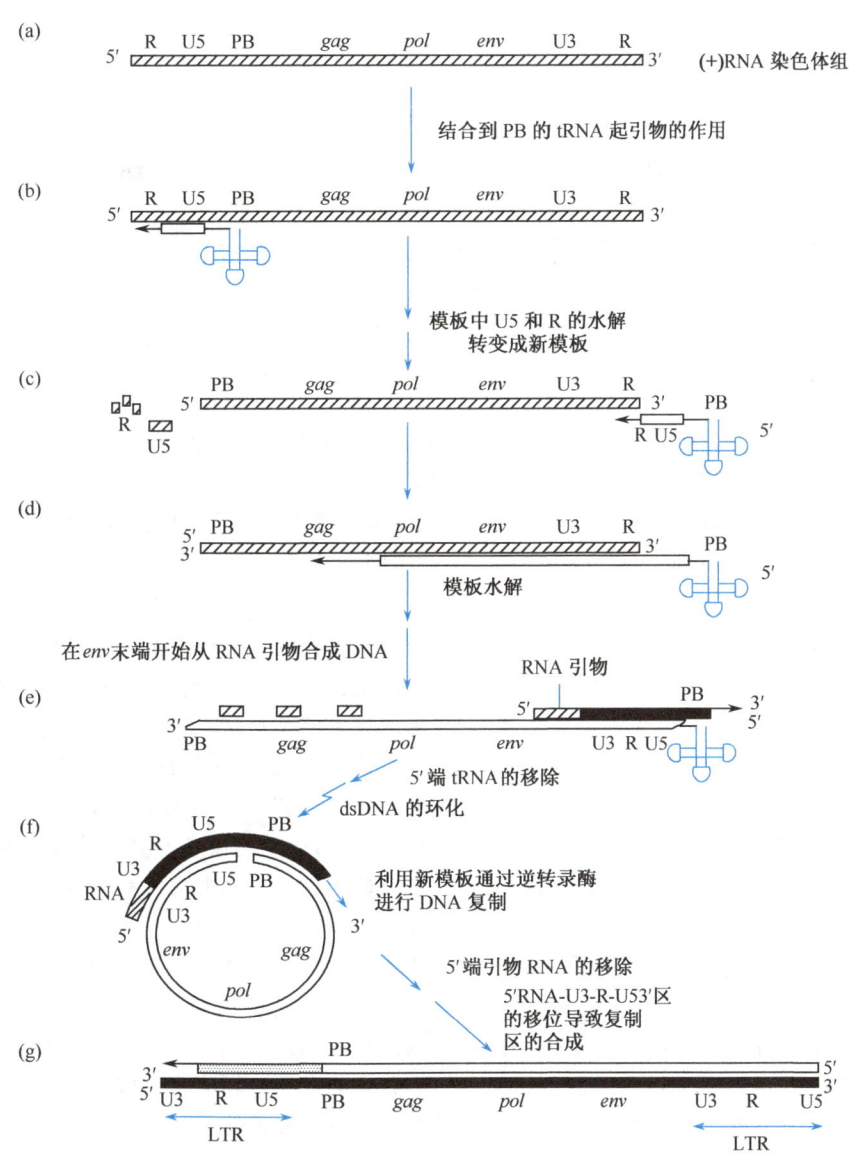

图 12.12　HIV-1 单链(+)RNA 复制为双链 DNA

HIV 辅助蛋白　HIV-1 编码 Vpr、Vpu、Vif 和 Nef 4 种辅助蛋白,HIV-2 编码 Vpr、Vpx、Vif 和 Nef。这些蛋白并非 HIV 复制所必需,但可以调节病毒的复制过程。如 Nef 蛋白对 HIV 基因表达起负调控作用,Nef

的缺陷型比野生型复制速度快2～10倍。

(3) HIV 基因转录的调节

在宿主体内,病毒基因的表达及调节是病毒与细胞相互作用的集中体现,与那些简单的逆转录病毒相比,HIV 具有完善的表达调控系统,一方面可以直接利用宿主细胞的调节机制;另一方面又能编码自身的调节蛋白。这些细胞转录因子和病毒调节蛋白在病毒 RNA 的转录、转录后加工、翻译和翻译后修饰等各个环节中都能发挥重要作用。而宿主及与 HIV 共感染的其他病毒,也借助于细胞因子和病毒基因产物来调节病毒基因的表达。由此形成了错综复杂的调节网络,可以精细地调节病毒基因转录和翻译过程的启动、关闭及其速率,按照既定程序完成病毒复制的过程。

与真核细胞基因表达过程相对应的是,HIV 基因表达的调节表现为多级调控,存在着多个调控点,可大体划分为转录水平调节、转录后水平调节、翻译水平调节和翻译后水平的调节,其中转录水平的调节是 HIV 调节其基因表达的主要环节。

整合后的 HIV 原病毒,从 5′-LTR 开始转录到 3′-LTR 终止。转录过程在宿主细胞的 RNA 聚合酶 Ⅱ 催化下完成,而转录的起始频率、速率和准确性,则由众多的细胞转录因子所控制。HIV-1cDNA 5′-LTR 是一组真核增强子和启动子单位,含有转录调控所需的顺式作用元件,根据其功能划分成调节区、核心区和 TAR 区(见图 12.13)。

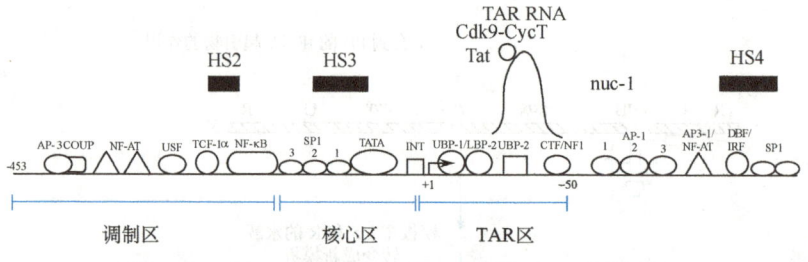

图 12.13　HIV-1 5′-LTR 结构及细胞转录因子结合位点

HIV-1 LTR 的调节区从 5′-LTR 起点开始,长约 375bp,相当于 HIV 的增强子区,此区域内至少有 6 组细胞因子结合位点:① AP-1(activator protein1)结合区;② COUP-TF(chicken ovalbumin upstream promoter transcription factor)结合区;③ NF-AT(nuclear factor of activated T cells)结合区;④ USF(upstream stimulating factor)和 Ets 结合区;⑤ TCF-1α(T cell factor 1α)结合区;⑥ NF-κB 结合区。由于在 LTR 中存在上述位点,故在促细胞分裂原或抗原对 T 细胞产生刺激时病毒的基因表达出现敏感性。HIV-1 的 LTR 核心区,是基本启动子区,长度为 78bp,由 GC 框、TATA 框和起始子序列 3 个顺式作用元件组成,其结构与多数真核基因的转录起始区相似。

TAR(激活因子效应元件)是反式激活因子 Tat 激活 HIV 基因转录的必需区域。TAR 区位于转录起始位点下游,长约 60bp。Tat 通过与 TAR 的 RNA 相互作用刺激调节功能。Tat 主要作用于转录的起始,通过增加转录起始频率而表现出反式激活效应。TATA 框与 GC 区的结合蛋白,如 TBP 和 Sp1 等转录因子与 Tat 的作用密切相关。实验证明只靠 Tat 与 TAR 突出区的结合并不能激活 HIV 基因表达,必须要有完整的 TAR RNA 结构、TATA 框和 Sp1 位点,甚至需要整个上游启动子区和增强子序列的完整性。在此基础上,Tat 可以影响转录起始复合物的形成,并与 Sp1 和 NF-κB 等转录因子表现出协同作用。Tat 的另一个重要功能是作为转录延伸因子,在 SF1 等宿主细胞组分的协助下,增加 RNA 聚合酶 Ⅱ 的持续合成能力。

> **小结**:与那些简单的逆转录病毒相比,HIV 有完善的表达调控系统。一方面可直接利用宿主细胞的调节机制;另一方面又能编码自身的调节蛋白。这些细胞转录因子和病毒调节蛋白在病毒 RNA 的转录、转录后加工、翻译和翻译后修饰等各个环节中都能发挥重要作用。而宿主及与 HIV 共感染的其他病毒,也借助于细胞因子和病毒基因产物来调节病毒基因的表达。由此形成了错综复杂的调节网络,可精细地调节病毒基因转录和翻译过程的启动、关闭及其速率,按照既定程序完成病毒复制的过程。HIV 基因表达的调节表现为多级调控,存在着多个调控点,可划分为转录水平、转录后水平、翻译水平和翻译后水平的调节,其中转录水平的调节是 HIV 调节其基因表达的主要环节。

(4) HIV 病毒基因转录后的调控

HIV mRNA 的加工和转运是在病毒基因产物和细胞调节因子的协同作用下完成的。HIV 可以通过它的加帽位点和 poly(A)信号完成 mRNA 的加帽和加尾修饰,并利用其 RNA 基因组中存在的至少 4 个剪接供体位点和 6 个剪接受体位点产生 30 余种单剪接或多剪接的产物。Rev 蛋白在 HIV mRNA 的加工过程中起着重要作用。Rev 是促进 HIV 基因表达由早期向晚期转换的"开关"。Rev 通过与 HIV mRNA 中存在的 Rev 效应元件(RRE)结合而行使功能。通过对 mRNA 剪切和转运过程的调节，Rev 使未剪接的 gag-pol mRNA 被稳定地转运到细胞质并使它们得到翻译，见图 12.14。

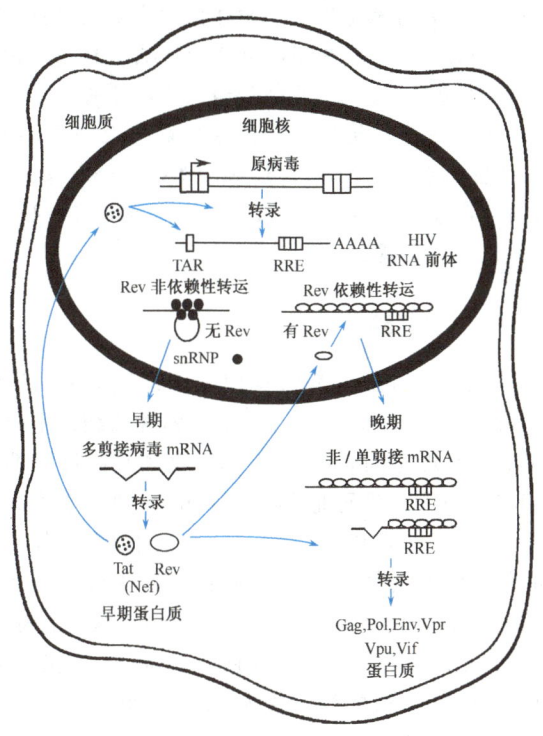

图 12.14 HIV-1 Rev 蛋白的作用

(5) 病毒基因在翻译水平的调节和翻译后调节

HIV 可以通过控制其 mRNA 的稳定性及 mRNA 的翻译效率，在翻译水平上调节基因的表达，HIV 的 env 和 gag-pol mRNA 等晚期转录产物中有一种顺式作用元件(CRS)可以阻遏 env、gag 和 pol 等晚期基因表达。在 HIV 基因表达的早期，只合成病毒的调节蛋白，如 Tat、Rev 等。当 Rev 积累到一定程度后与 RRE 充分结合使 CRS 对翻译过程的阻遏作用消除，促使 HIV 基因表达由早期转入晚期，开始结构蛋白的合成和病毒颗粒的装配。HIV 翻译后加工包括：①包膜蛋白 N 末端信号肽的切除；②二硫键的形成及氨基酸的共价修饰；③包膜蛋白的糖基化等。这些加工过程都由宿主细胞完成。

12.8 病毒对宿主细胞的影响

病毒只能在活细胞中存活，利用宿主细胞的细胞器、能量和酶等进行自身的复制，并通过宿主细胞的蛋白表达系统来表达自身所需的蛋白质，这些过程都将会对宿主细胞的形态和功能产生重大影响。利用分子生物学手段了解病毒与宿主细胞之间的相互关系，在很大的程度上能丰富病毒学和细胞生物学的基础理论，阐明病毒性疾病的发病机制，从而实现对这些疾病的预防和治疗。病毒对宿主细胞的影响主要体现在病毒对宿主细胞形态和结构及功能的影响几个方面。

病毒侵染宿主细胞后，常引起这些细胞形态和结构发生改变。表现为：①有些有包膜的病毒常在受体细胞的表面表达一些病毒基因组编码的糖蛋白，促进宿主细胞之间的融合从而形成融合细胞，甚至可在多个细胞融合后形成巨核的合胞体；②一些与肿瘤相关的病毒则可引起宿主细胞的转化，这些病毒基因组编码的癌蛋白的高效表达可使宿主抑癌基因失活，或激活细胞癌基因的表达，导致细胞的恶性变化和肿瘤发生；③还有些病毒感染细胞后还可引起细胞凋亡，如 HIV 能导致被感染的 CD_4 细胞大量死亡。

病毒感染细胞后的复制、转录和翻译都是利用宿主细胞的相应系统完成的。大多数病毒在细胞体内可抑制该细胞 DNA 的合成，从而提供更多的病毒 DNA 复制所需前体、酶和能量，有利于病毒的复制。不同类型的病毒与细胞转录系统之间的相互作用差别很大，正链 RNA 病毒的基因组可起 mRNA 的作用，但其他病毒的转录都不同程度地依赖于宿主的 mRNA 成分。一些病毒的早期基因产物还可抑制宿主细胞的转录，促进病毒早、晚期基因的转录。为了使病毒蛋白质得以合成，病毒通过降解细胞的 mRNA，或与宿主 mRNA 竞争其翻译系统来抑制宿主细胞 mRNA 的进一步翻译，从而增加病毒 mRNA 与核糖体亚基的结合效率。病毒蛋白的翻译在宿主细胞的核糖体上进行。合成蛋白质所需的原料均由宿主细胞提供，利用特定的机制在宿主的翻译体系中合成自身所需要的蛋白质。有些病毒蛋白还需要经过加工和修饰，才能成为成熟的功能蛋白。

小结：病毒侵染宿主细胞后常引起细胞形态和结构改变，表现为：①有些有包膜的病毒在受体细胞表面表达一些病毒基因组编码的糖蛋白，促进宿主细胞间的融合，形成融合细胞，甚至在多个细胞融合后形成巨核的合胞体；②一些与肿瘤相关的病毒则引起宿主细胞的转化，这些病毒基因组编码的癌蛋白的高效表达可使宿主抑癌基因失活，或激活细胞癌基因的表达，导致细胞的恶性变化和肿瘤发生；③有些病毒感染细胞后引起细胞凋亡，如 HIV 能导致被感染的 CD4 细胞大量死亡。

12.9 病毒与肿瘤发生

人类和动物肿瘤的形成除了与遗传和环境因素相关外，某些 DNA 和 RNA 病毒也可以通过不同的机制诱发恶性肿瘤。有些病毒直接作用于细胞的基因，使细胞增殖，最终导致肿瘤形成；有些病毒则通过抑制机体的免疫系统，诱导细胞恶性转变，形成肿瘤。如在艾滋病患者中引发的 Kaposi 肉瘤。有些病毒常伴随一些特定肿瘤的发生，但它们与肿瘤的关系还未得到确认。总之，大约 15% 以上的恶性肿瘤与病毒有关，因此研究肿瘤的病毒病因具有十分重要的意义。

12.10 病毒的基因工程疫苗及病毒载体

基因工程疫苗是指用基因工程的方法，表达病原微生物的一段基因序列，将表达产物（多数是无毒性、无感染能力，但具有较强的免疫原性）用作疫苗。例如正在使用的大多数乙型肝炎疫苗就是基因工程疫苗。常见的基因工程疫苗包括亚基疫苗和肽疫苗两类。以流感疫苗为例，其途径就是把病毒的免疫原蛋白（HA 抗原或 NA 抗原）的 mRNA 提取出来制备 cDNA，再克隆到 *E. coli* 中高效表达该抗原。由于基因工程疫苗具有安全性好、产量高、成本低，及良好的免疫原性，它必将成为传统疫苗的有效替代疫苗。由于动物病毒的天然宿主是动物细胞，因此动物病毒基因表达的模式与其他真核基因类似，这就为真核基因的转移提供了有效工具。广义上对病毒载体的定义为利用真核病毒的基因组序列元件构建的真核基因转移工具。改造病毒作为基因转移载体在近年来取得了很大的进展，目前应用的病毒载体分为以下几类：①质粒型载体，是一种含有病毒复制子的真核细胞表达质粒，可在许可细胞中复制，但不产生感染性病毒颗粒；②假型病毒载体，是一种含有病毒复制子和包装元件的质粒，在辅助病毒存在时包装成遗传信息被修改的病毒颗粒；③重组病毒载体，即通过基因重组将外源基因转入到病毒基因组的特定位置，从而产生具有新性状的感染性病毒颗粒。后两者均具有感染性。病毒载体广泛用于基因转移、特定基因产物的高水平表达、基因治疗等多个方面，是分子病毒学的一个热点领域。

小结：基因工程疫苗是指用基因工程方法表达病原微生物的一段基因序列，将表达产物用作疫苗。如大多数乙型肝炎疫苗就是基因工程疫苗。常见的基因工程疫苗包括亚基疫苗和肽疫苗两类。动物病毒基因表达的模式与其他真核基因类似，为真核基因的转移提供了有效工具。病毒载体分为几类：①质粒型载体，是含病毒复制子的真核细胞表达质粒，可在许可细胞中复制，但不产生感染性病毒颗粒；②假型病毒载体，是含病毒复制子和包装元件的质粒，在辅助病毒存在时包装成遗传信息被修改的病毒颗粒；③重组病毒载体，即通过基因重组将外源基因转入到病毒基因组的特定位置，从而产生具有新性状的感染性病毒颗粒。

12.11 亚病毒

前面几节介绍的病毒均属于传统意义上的真病毒，它们分别只含有一种类型的核酸，并与结构蛋白构成具有一定形态的病毒粒子，其侵染和复制过程都不依赖辅助病毒。然而亚病毒（subvirus）则超出了这一概念，它们有的是单一的生物分子（如小 RNA 分子或具有侵染性的蛋白质），有的则由小 RNA 分子与其自身编码的结构蛋白包裹成小的病毒颗粒，称卫星病毒。目前已知的亚病毒包括类病毒（viroids）、卫星 RNA（satRNA）和卫星病毒，以及朊病毒（prions）。

(1) 类病毒

类病毒是共价闭合单链环状 RNA 分子，大小为 246～399nt，目前已知的类病毒共有 27 种，分为 2 个科，7 个属。类病毒 RNA 无 mRNA 活性，不编码任何蛋白。马铃薯纺锤形块茎类病毒（PSTVd）的二级结构见图 12.15。依其功能划分为五个区：左侧末端区（T1）和右侧末端区（T2）与复制起始有关；致病区（P）决定植物病害的性状；中央保守区（C）是 RNA 聚合酶结合位点或与负链 RNA 合成的起始有关；可变区（V）与致病性有关。不同的类病毒在不同温度条件或复制多倍体形成时，可发生结构转换。

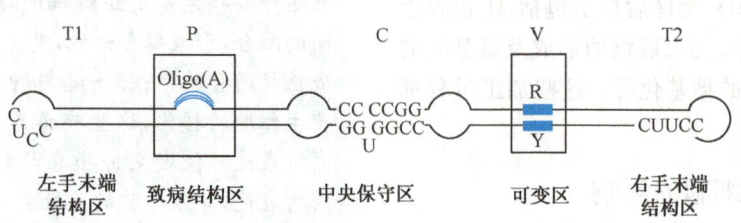

图 12.15 马铃薯纺锤形块茎类病毒（PSTVd）的二级结构

类病毒 RNA 的复制无需借助辅助病毒,但由于其不编码任何蛋白,因而类病毒的复制完全依赖于宿主的转录系统。所有类病毒的复制均从 RNA→RNA 直接进行,并不涉及 DNA。在类病毒感染的植物体中,采用分子杂交技术可发现多体的类病毒(+)链和(-)链 RNA 以及二者的复合物,因此类病毒的复制采取滚环模式。因为类病毒 RNA 主要集中在核内,尤其是核仁内,所以其复制由依赖 DNA 的 RNA 聚合酶Ⅱ完成,这一点已在 PSTVd 中得到证实。至于(+)链和(-)链多体的剪切加工则由类病毒 RNA 自身的核酶活性完成。许多类病毒 cDNA 已经得到克隆,克隆的 PSTV cDNA 仍具有侵染性。

(2) 卫星 RNA 和卫星病毒

卫星 RNA 和卫星病毒都具有小分子 RNA,与缺损病毒(defective virus)相似,它们单独活动没有侵染性,必须依靠辅助病毒才能侵染和复制,但缺损病毒 RNA 与辅助病毒基因组 RNA 同源,而卫星 RNA 和卫星病毒与其辅助病毒基因组 RNA 之间完全没有同源性。根据核酸的相对分子质量大小及所编码蛋白的种类,卫星 RNA 和卫星病毒分为 4 型:①A 型:RNA>0.7knt,可自身编码卫星壳体所需的蛋白;②B 型:RNA>0.7knt,编码非结构蛋白;③C 型:RNA<0.7knt,无 mRNA 活性,不能形成环状;④D 型:RNA<0.7knt,无 mRNA 活性,复制时形成环状分子。

卫星 RNA 属于 C 型,大小在 300nt 左右,包裹在辅助病毒外壳内。无环状结构,其复制完全依赖辅助病毒,由辅助病毒编码的依赖于 RNA 的 RNA 聚合酶完成。一些卫星 RNA 5′端和 3′端具有与辅助病毒基因组 RNA 末端同源的短序列,可能是辅助病毒编码的聚合酶的识别位点或复制起始位点。卫星 RNA 复制时可形成多联体,经加工后得到单体卫星 RNA。

某些植物病毒的核衣壳蛋白内除了含有基因组 RNA 分子(称 RNA1)以外,还含有两个小分子 RNA,其一是共价环状 RNA 分子(RNA2);另一个是线状 RNA 分子(RNA3),二者的大小和序列完全相同,RNA2 和 RNA3 被称为拟病毒(virusoid),或称类病毒样 RNA,属于 D 型。拟病毒与植物病毒基因组 RNA(RNA1)在序列上无任何同源性。拟病毒的复制机制与类病毒相似,也通过滚环复制模型进行,其(+)链多联体通过自身锤头样核酶结构切割成单体,但(-)链由于缺乏这种结构不被切割,而是直接作为合成(+)链的模板。但与类病毒不同的是,拟病毒的复制在胞质中由辅助病毒编码的依赖于 RNA 的 RNA 聚合酶完成。卫星病毒属于 A 型,能编码自身的外壳蛋白,后者与辅助病毒外壳蛋白无血清学关系。卫星 RNA、拟病毒和卫星病毒都能干扰辅助病毒的复制。

(3) 朊病毒

朊病毒是一种小的感染性蛋白质,不含任何核酸,其概念是 1982 年由 Prusiner 首先提出的。他发现引起羊瘙痒症的病因是一种蛋白侵染因子,称为朊病毒(prion,是 protein 和 infection 的缩写词)。朊病毒概念的提出是继发现逆转录之后对传统中心法则的又一次重大挑战。曾一度在欧洲流行的疯牛病也是由朊病毒引起的,进一步证实了朊病毒的传染性和致病性。从此使朊病毒的研究领域进一步活跃起来。朊病毒与多种退行性神经系统疾患有关,人的 Kuru 病、Creutzfeld-Jakob 病(亚急性早老痴呆)、哺乳动物的羊搔痒病、牛海绵样脑病(疯牛病)都是由朊病毒引起的。人的朊病毒病分为三种:①传染性朊病毒病,朊病毒能在人群中水平传播;②遗传型朊病毒病,由生殖细胞突变产生;③散发型朊病毒病,与体细胞突变或朊病毒蛋白自发性构型改变有关。

朊病毒蛋白(prion protein,PrP),又称 PrP^{sc},相对分子质量为 $3.3×10^3$~$3.5×10^3$,由正常细胞蛋白 PrP^c 构型改变而形成。PrP^{sc} 和 PrP^c 互为异构体,二者一级结构及相对分子质量完全相同,其差别见表(12.2)。PrP^{sc} 在蛋白酶的作用下切去 N 端序列,生成 PrP27-30,后者的浓度与传染性朊病毒的滴度成正比,因此认为朊病毒病是由 PrP27-30 的聚合作用引起的。

表 12.2 PrP^{sc} 和 PrP^c 的区别

PrP^c	PrP^{sc}
正常脑组织和患病组织中都存在,且含量基本相同	存在于患病组织
蛋白分子无聚合能力	有聚集成纤维状的能力
对蛋白酶敏感	对蛋白酶有一定抗性
二级结构:α 螺旋:42%,β 折叠:3%	二级结构:α 螺旋:30%,β 折叠:45%
由核基因 DNA 编码	不由 DNA 编码,由 PrP^c 变构产生

朊病毒仅含有 PrP^{sc},不含核酸,它由细胞基因编码的正常蛋白 PrP^c 或突变蛋白 ΔPrP^c 在翻译之后发生构型转变而形成的,或者说朊病毒是以正常的 PrP^c 或突变蛋白 ΔPrP^c 为"模板"复制的,是一种蛋白→蛋白的模式。有时正常的 PrP^c 结构可发生改变,形成部分解折叠的单体结构 PrP*,它是 PrP^c 生成 PrP^{sc} 的中间体。由于 PrP* 的浓度和 PrP^{sc} 的生成量都非常低,

且在未生成 PrPsc 之前,大部分 PrP* 已经回复生成 PrPc 或被降解,所以一般不会致病。但在某些传染型朊病毒病中,外源 PrPsc 的侵入刺激 PrPc 生成 PrPsc,由于后者是不溶性蛋白质,使从 PrPc 到 PrPsc 的结构转变成为不可逆过程。同时,PrPsc 的不断积累又会反馈刺激 PrP* 和 PrPsc 的生成。PrPsc 经蛋白酶降解又可形成 PrP27-30,PrP27-30 进一步多聚化即形成了淀粉样蛋白斑或原纤维,致使人和动物患病。遗传型朊病毒病由突变的 prp 基因编码蛋白 ΔPrPc 的不稳定性引起,这种不稳定性能促进 ΔPrPc 生成 APrp*,并进一步生成 ΔPrPsc。ΔPrPsc 经蛋白酶降解,同样可产生具有蛋白酶抗性的 ΔPrP27-30,尽管这种抗性可能比野生型低,但同样能使人和动物致病。

> 小结:卫星 RNA 和卫星病毒都具有小分子 RNA,单独没有侵染性,必须依靠辅助病毒才能侵染和复制,由辅助病毒编码的依赖于 RNA 的 RNA 聚合酶完成。除了卫星 RNA 和卫星病毒外,还有拟病毒,其复制机制与类病毒相似,但有不同之处。朊病毒是指一种蛋白侵染因子,仅含有朊病毒蛋白(PrPsc),不含任何核酸。它是以正常的 PrPc 或突变蛋白 ΔPrPc 为"模板"复制的,是一种蛋白→蛋白的模式。

【本章重点归纳】

本章主要介绍病毒基因组的结构,其复制机制,病毒与宿主的相互作用关系及病毒与肿瘤的发生等。不同类型病毒的基因组有很大的差异。按核酸类型分为 DNA 和 RNA 病毒。对每一种病毒来说只能含一种核酸。还可细分为双链或单链、环状或线状。病毒基因组相对简单,但都含有病毒复制、转录等所需的基因或 ORF。不同类型病毒的复制方式不同。RNA 病毒复制需经由逆转录酶催化的 DNA 前病毒阶段,称逆转录病毒,是一种致癌 RNA 病毒。它有两条相同的线形正链 RNA,称二倍体 RNA 基因组。致癌 RNA 病毒的复制需经过 DNA 中间体(前病毒),前病毒引起细胞的恶性转化。前病毒学说提出遗传信息可由 RNA 传递给 DNA,补充和丰富了"中心法则"的内容。

腺病毒是研究肿瘤分子生物学的理想模型,其致癌的分子机理是分子病毒学的一个重要研究领域。腺病毒病毒颗粒为正二十面体结构,基因组为线形双链 DNA。腺病毒也可用作病毒载体,其在基因治疗载体和疫苗研制有着广阔的前景。丙型肝炎病毒(HCV)是一种典型的 RNA 病毒。它是单正链 RNA 病毒,仅有一个几乎为全基因组长度的翻译 ORF,其基因组 5′端和 3′端都有一段 324~341nt 的 UTR。HCV 具有很高的变异性。

人类免疫缺陷病毒(HIV)是典型的逆转录病毒。HIV 是艾滋病的病原体。HIV 颗粒呈球形,基因组含两个相同的正链 RNA,其前病毒两端为长末端重复序列,还有 gag 等基因,可编码多种调控蛋白,因此 HIV 被称为复杂性逆转录病毒。HIV 编码几种辅助蛋白调节病毒的复制。HIV 有完善的表达调控系统,是多级调控,存在着多个调控点。HIV mRNA 的加工和转运在病毒基因产物和细胞调节因子的协同作用下完成。HIV 还可通过控制其 mRNA 的稳定性及 mRNA 的翻译效率在翻译水平上调节基因的表达。

病毒是利用宿主细胞的细胞器、能量和酶等进行自身的复制,并通过宿主细胞的蛋白表达系统来表达自身所需的蛋白质。这些过程都对宿主细胞的形态结构和功能产生影响。肿瘤发生与病毒有密切关系。DNA 和 RNA 病毒可通过不同的机制诱发恶性肿瘤。

利用病毒的某些特性产生病毒的基因工程疫苗,后者是指用基因工程方法表达病原微生物的一段基因序列,将表达产物(多数无毒性、无感染能力,但有较强免疫原性)用作疫苗。因动物病毒的天然宿主是动物细胞,其基因表达模式与其他真核基因类似,可将之改造为基因转移载体——病毒载体,包括质粒型载体、假型病毒载体和重组病毒载体。

【思考题】

1. 简述病毒分子生物学研究的内容。
2. 写出病毒基因组的结构特征。
3. 简述病毒对宿主细胞的影响。
4. 病毒与肿瘤之间有什么关系?
5. 什么是病毒基因工程疫苗?病毒载体?
6. 以腺病毒为例简述 DNA 病毒基因组的结构与特点。
7. 以 HCV 为例简述 RNA 病毒基因组的结构与特点。
8. 写出逆转录病毒与逆转录病毒基因组的特点。
9. 逆转录酶有哪 3 种酶活力?简述逆转录过程。
10. 以 HIV 为例简述逆转录病毒的结构与生活周期。
11. 什么是亚病毒?类病毒?朊病毒?

参考文献

陈启民,耿运琪. 2010. 分子生物学. 北京:高等教育出版社
沈珝琲,方福德. 1997. 真核基因表达调控. 修订版. 北京:高等教育出版社
特怀曼 R M. 2000. 高级分子生物学要义. 陈淳,徐沁等译. 北京:科学出版社
韦弗 R F. 2010. 分子生物学. 4版. 郑用琏等译. 北京:科学出版社
吴乃虎. 2001. 基因工程原理. 2版. 北京:科学出版社
杨歧生. 2004. 分子生物学. 2版. 杭州:浙江大学出版社
朱玉贤,李毅,郑晓峰. 2007. 现代分子生物学. 3版. 北京:高等教育出版社
ALberts B, et al. 2008. Molecular Biology of the Cell. 5th ed. New York:Garland Science
Anderson J E, Ptashne M, Harrison S C. 1987. Structure of the repressor-operator complex of bacteriophage 434. *Nature*, 326:850
Baker B S. 1989. Sex in flies:The spice of life. *Nature*, 340:523
Banaszak L J. 2000. Foundations of Structural Biology. San Diego:Academic Press
Buratowski S. 2000. Snapshots of RNA polymerase II transcription initiation. *Curt. Opin. Cell Biol.*, 12:320-325
Busby S, Ebright R H. 1994. Promoter structure, promoter recognition and transcription activation in prokaryotes. *Cell*, 79:743-746
Cai H N, Shen P. 2001. Effects of cis arrangement of chromatin insulators on enhancer-blocking activity. *Science*, 291:495
Conaway J W, et al. 2000. Control of elongation by RNA polymerase II. *TIBS*, 25:375-380
Cook P R. 1999. The organization of replication and transcription. *Science*, 284:1790-1795
David L N, et al. 2004. Lehninger Principles of Biochemistry. 4th ed. New York:W. H. Freeman
Dennis C. 2001. The human genome. *Nature*, 409:813-958
Donaldson A D, Blow J J. 1999. The regulation of replication origin activation. *Curr. Opin. Genes Dev.*, 9:62-68
Flanagan P M, Kelleher R J, Sayre M H, et al. 1991. A mediator required for activation of RNA polymerase II transcription *in vitro*. *Nature*, 350:437
Freifelder D M. 1987. Moleculer Biology. Jones and Bartlett Publishers, Inc.
Gerald K. 2002. Cell and Molecular Biology. 3rd ed. 影印版. 北京:高等教育出版社
Goodrich J A, Tjian T. 1994. Transcription factors II E and II H and ATP hydrolysis direct promoter clearance by RNA polymerase II. *Cell*, 77:145-146
Hubscher U, et al. 2000. Eukaryotic DNA polymerase, a growing family. *TIBS*, 25:143-147
Jacob F, Monod J. 1961. Genetic regulatory mechanism in the synthesis of proteins. *J. Mol. Biol.*, 3:318-356
Jankneht R, Hunter T. 1996. Transcription:A growing coactivator network. *Nature*, 383:23
Jordan S R, Pabo C O. 1988. Structure of the lambda complex at 2.5Å resolution:Details of the repressor-operator interactions. *Science*, 242:896
Katsuhiko S M, Shoko M, Elizabeth A C, et al. 2002. Structurat basis of transcription initiation:an RNA polymerase holoenzyme-DNA complex. *Science, New Series*, 296:1285-1290
Kable M I, Heidmann S, Stuart K D. 1997. RNA editing:Getting U into RNA. *TIBS*, 22:162-166
Kissmger, Liu B, Martin-Blanco E, et al. 1990. Crystal structure of an engrailed homeodomain-DNA complex at 2.8 Å resolution:A framework for understanding homeodomain-DNA interactions. *Cell*, 63:582
Klug A. 1993. Opening the gateway. *Nature*, 365:487
Lewin B. 2000. Genes VII. Boston:Jones and Bartlett Publishers, Inc.
Lewin B. 2004. Genes VIII. Boston:Jones and Bartlett Publishers, Inc.
Marmorstein R, Carey M, Harrison M P. 1992. DNA recognition by GAL4:Structure of a protein-DNA complex. *Nature*, 356:411
Muravyova E, Golovnin A, Gracheva E, et al. 2001. Loss of insulator activity by paired Su(Hu)Chromatin. Insulators. *Science*, 291:497
Pavletich N P, Pabo C O. 1991. Zinc finger-DNA recognition:Crystal structure of a Zif 268-DNAcomplex at 2.1 Å. *Science*, 252:812
Pique, Michael, Wright P E. 1989. Dept. of Molecular Biology, Scripps Clinic Research Institute, La Jolla, CA. cover photo. *Science*, 245
Romano L A, Wray G A. 2003. Conversation of Endo16 expression in sea urchins despite evolutionary divergence in both cis and trans-acting components of transcriptional regulation. *Development*, 130(17):4189
Sambrook J, Fritsch E F, Maniatis T. 2002. Molecular Cloning A Laboratory Manual. 3nd ed. New York:Cold Spring Harbor Laboratory Press
Schleif R. 1988. DNA binding by proteins. *Science*, 241:1182-1187
Seiwert S D. 1996. RNA editing hints of a remarkable diversity in gene expression pathways. *Science*, 274:1637
Sontheimer E J, Steitz J A. 1993. The Us and U6 small nuclear RNAs as active site:components of the spliceosome. *Science*, 262:1995

Turner P C, Mclennan A G, Bates A D, et al. 2003. Molecular Biology. 2rd ed. 影印版. 北京：科学出版社

Valle et al. 2003. Visualizing tmRNA entry into a stalled ribosome Science, 300: 128

Vogel G. 1998. Tracking the history of the genetic code. Science, 281: 329-331

Wahle E, Keller W. 1996. The biochemistry of polyadenylations. TIBS, 21: 247-250

Watson J D, Crick F H. 1953. Genetical implication of the structure of deoxyribonucleic acid. Nature, 171: 964-967

Watson J D, Crick F H. 1953. Molecular structure of the nucleic acids: A structure for deoxyribose nucleic acid. Nature, 171: 737, 738

Weaver R F. 2008. Molecular Biology. 3rd ed. 影印版. 北京：科学出版社

Weaver R F. 2008. Molecular Biology. 4th ed. New York: McGraw-Hill Companies, Znc

White R J, Jackson S P. 1992. Mechanism of TATA-binding protein recruitment to a TATA-less class Ⅲ promoter. Cell, 71: 1051

Yuch C H, Hamid B, Davidson E H. 1998. Genomic cis regulatory logic: Experimental and computational analysis of a sea urchin gene. Science, 279: 1897

索 引

−10 框　139
2D-环复制　81
3′端多聚腺苷酸化　203
7SK RNA 基因　162
Ac-Ds 系统　129
BLAST 软件　67
box C 框/D 框　183
Britten-Davidson 模型　315
C6 锌　329
cAMP 应答元件结合蛋白　321
CBP 因子　333
CCCAAT 框　310
Chi 位点　117
CI 蛋白　123
CpG 岛　307
CpG 序列　217
CREB 结合蛋白　321
CTD 激酶　166
CTF 家族　327
Cys2/Cys2 锌指　329
Cys2/His2 锌指　329
C-值悖理　38
C 端结构域(CTD)　166
C 端域(TFⅡB$_C$)　165
C 值　38
DNA 表观修饰　217
DNA 甲基化　307
DNA 结合基序　326
DNA 结合结构域　326
DNA 解螺旋酶　88
DNA 解旋　79
DNA 聚合酶　82
DNA 双螺旋模型(double helix model)　11
DNA 拓扑异构体　19
Drl-Drapl 因子　165
Dt 系统　129
D 环式　81
env 基因　350
F 因子　121
gag 基因　350
GAL4 蛋白　330
GC 盒　310
GC 框　160

GluR-B 蛋白　212
Goldberg-Hogness 框　160
GreB 蛋白　168
GTP 酶激活物蛋白　324
GU…AG 规则　197
HeLa 细胞因子　168
HIV 基因组　43
HMG 蛋白　21
HU 蛋白　89
H 回文结构　16
Jun-Fos 异源二聚体　327
Mud2p 蛋白　189
Nus 因子　154
N 蛋白　154
N 端域(TFⅡB$_N$)　165
PCNA 蛋白　95
PML 致癌基因域　323
poly(A)结合蛋白Ⅰ　204
poly(A)聚合酶　203,206
pol 基因　350
Pribnow 框　139
P 因子　131
Q 蛋白　154
Ras-Raf 途径　324
Ras 交换因子　324
RDRC 复合体　216
RecA 蛋白　110,118
RecBCD 蛋白　117
RecBCD 核酸酶　118
RecBCD 途径　117
Rev 蛋白　351,353
rho 因子　152
RISC　214
RISC 装载复合体　215
RITS 复合体　216
RNApolⅡ的结合蛋白(RNA polymeraseⅡ-associated protein,RAP)　166
RNA 干扰(RNA interference, RNAi)　214
RNA 结合蛋白　133,153
RNA 聚合酶　40,138,142,217
RNA 聚合酶Ⅲ　161
RNA 聚合酶全酶　142
RNA 识别基元　336

RNA 依赖性胞嘧啶脱氨酶　212
RNA 依赖性腺嘌呤脱氨酶　212
Rop 蛋白　99
Rpb1 C 端结构域　166
RSS 重排法则　304
R 环　46,184
S1 核酸酶分析　319
SAGE 标签　67
SC-35 蛋白　189
Ser 蛋白酶族　59
SH2 域　324
Slu7 蛋白　189
SL-1　169
SL 序列　200
Sm 蛋白　188
SR 蛋白　194
SUMO 修饰　320,322
S-苷甲硫氨酸(SAM)　180
S-腺苷高半胱氨酸　206
S-腺苷甲硫氨酸　202
TAR 区　352
TATA 框　159
TATA 框结合蛋白(TATA box-binding protein, TBP)　163
TATA 框结合域　164
tat 基因　350
TBP-TATA 框复合物　164
TBP 类似因子(TBP-like factor, TLF)　165
TBP 偶联因子(TBP-associated factor, TAF$_{II}$)　164
TFIIB 识别元件(BRE)　159
TPA 效应元件　331
tRNA 5′ 端成熟酶　180
tRNA 核苷酰转移酶　179
tRNA 甲基化酶　180
Tus-ter 复合物　94
U2 辅助因子(U2-associated factor, U2AF)　187
U6 RNA 基因　162
UPE 元件　310
UPF 结合因子　169
UP 元件　139,140
U 族 snRNA　27
Wnt 信号　325
Wnt 信号转导途径　323
Xfin 蛋白　328
X 射线衍射　327
ΦX174 噬菌体基因组　41
β-catenin　323
β-滑动钳　92

β 折叠基序　334
κ 基因结合核因子　333
λ 整合酶　124
σ 因子　143
埃利希腹水　168
艾滋病　345
氨甲喋呤　303
八聚体基序　162
八聚体序列　161
八聚体元件 Oct　310
白血病病毒　342
半保留复制　76
半不连续复制　86
伴侣蛋白　322
编码链　138
鞭毛相转变　124
变异　62
表达序列标签　64
表皮生长因子　324
表位附加法　158
丙型肝炎病毒　348
病毒多蛋白　341
病毒负链 RNA 与复制酶　342
病毒基因组　39
病毒粒子　354
病毒正链 RNA　342
不连续基因或断裂基因　47
插入突变　111
插入序列(insertion sequence, IS)　125
拆分　117
长末端重复(long terminal repeat, LTR)　132
长期调控　296
长散布因子(long interspersed element, LINE)　133
超变区 HVRl　348
超基因(supergene)　59
超基因家族　57,59
超螺旋结构　18
沉默复合物(RNA-induced silencing complex, RISC)　214
沉默子　159,163,318
持家蛋白　54
持家基因　160
持续性　84
触角足　326
穿膜蛋白 gp41　349
传感基因　315
锤头型结构　199
刺激蛋白　329

促乳素　318
猝灭（quelling）　214
大肠杆菌染色体基因组　45
大肠杆菌旋转酶　88
大环　210
单泛素化　322
单核苷酸多态性（SNP）　64
单链 DNA 结合蛋白（single strand DNA-binding protein, SSB）　88
单链 RNA 病毒　341
单顺反子　25,139,155
单体剪接因子　189
单突变体文库　5
单一拷贝　54
单正链 RNA 病毒　348
蛋白激酶　165
蛋白激酶 A　321,333
蛋白激酶 PKR　347
蛋白酶体　322
蛋白质的同源体　49
蛋白质芯片　69
蛋白质组　6,66
蛋白质组学　68
倒位　59,122
倒位酶　124
低度重复序列　54
低丰度 mRNA　204
颠换　111
点突变　59,111
电离辐射　105
调控 RNA　28
叠氮胸苷　345
动基体　210
痘病毒　346
端粒　96
端粒酶　96
短串联重复 DNA　62
短发夹 RNA（short hairpin RNA,shRNA）　216
短干涉 RNA（short interfering RNA,siRNA）　214
短散布因子　134
短暂调控　296
对称转录　216
多泛素化　322
多复制子　77
多核苷酸磷酸化酶　179
多顺反子　25,139,155,179
多态性　62
多形性胶质细胞瘤　212

多重激活因子　314
二倍体　121
二甲基亚砜　204
二聚化结构域　326
二聚体连接信号（DLS）　350
二氢叶酸还原酶　303
发夹　14
反解链酶　94
反式激活因子　209
反式激活因子 Tat　352
反式剪接　186,200
反式作用　310
反式作用因子　308,310
反向刺激因子（factor for inversion stimulation, Fis）　124
反向遗传学　67
反向重复序列（IR）　61,125
反义核酸技术　67
反义链　138
反转录归巢　134
泛素　322
泛素化　320
泛素化蛋白　322
放线菌素 D　184,203
非交换重组体　119
非模板链　138
非洲爪蟾　328
非自主因子　130
非组蛋白　21,300
分裂素激活蛋白激酶　321
分裂细胞核抗原（proliferation cell nuclear antigen, PCNA）　92
分支点　187
分支点结合蛋白　189
分支点桥接蛋白　189
分支迁移　116
分子伴侣　28,183
分子沟　215
分子生物学　1
分子杂交　32
浮力密度　28
辅激活因子　320
脯氨酸　327
负调控　155
负辅因子（negative cofactor NC2）　165
负链 RNA　40
附加体（episome）　121
附着位点　124

复性 30	核酶 24,196,199
复制叉 79	核内不均一 RNA(heterogeneous nuclear RNA, hnRNA) 184
复制单位 77	
复制酶 340	核内小 RNA(snRNA) 25
复制体 89	核内小分子核糖核蛋白体 187
复制型转座 126	核仁小分子 RNA 核仁小分子 RNA(small nucleolar RNA,snoRNA) 183
复制子 77	
富精氨酸基序 336	核酸 9
肝素 150	核糖核蛋白(RNP)复合体 96
感受态细胞 122	核糖核蛋白 180
冈崎片段 86	核糖核蛋白基序 336
高度重复序列 55	核小体 22
高敏感位点(hypersensitive site,HS) 299	核小体重塑因子 301
隔离子 316	核心结合因子 169
隔离子小体 317	核心酶 84,142
功能蛋白质组 6	核心启动子 139,159
功能蛋白质组学 6	核心亚基 158
功能基因组 66	核转录调控因子 327
功能基因组学 5,66	后基因组时代 66
功能趋同进化 168	后基因组学 66
共联体 127	后生动物 189
共抑制 214	呼肠孤病毒 342
共整合体 126	互变异构移位(tautomeric shift) 104
共转录剪切元件(cotranscriptional cleavage element, CoTC) 209	互补链 76
	环磷酸二酯酶 181
共转录性的 208	环腺苷酸 320
古菌强烈火球菌 215	黄嘌呤核苷酸 212
谷氨酰胺 327	回复突变 112
管家蛋白 296	回文序列 14
管家基因 308	基本转录因子 159,163
光复活酶 106	基因 1,34
滚环式复制 80	基因表达系统分析(SAGE) 67
果蝇蛋白 215	基因簇 55,57
过量复制 303	基因丢失 303
核 mRNA 前体 185	基因丰余 5
核 pre-mRNA 剪接体 198	基因工程疫苗 354
核不均一 RNA 25,46,347	基因家族 56
核磁共振 327	基因扩增 303
核磁共振波谱 328	基因命名 36
核蛋白体 27	基因内启动子 162
核苷酸 9	基因嵌入技术 67
核苷酸片段切除修复(nucleotide excision repair, NER) 107	基因敲除技术 67
	基因群 308
核基因组 37	基因特异性转录因子 163,325
核基质 302	基因突变 111
核基质结合区 302	基因芯片 67
核连缀分析 208	基因学 61
核连缀转录 216	基因重排 115

基因转换 120	结构基因 315
基因转录调控因子 163	结构基因组学 66
基因组 36	结构域 45,327
基因组学 66	解离酶 128
基因组印记 307	解离因子 130
基因座控制区(locus control region,LCR) 300	解螺旋酶 79
激活-解离系统 129	金属硫蛋白基因 314
激活蛋白 1 331	近端序列元件 162
激活因子 130,325	精氨酸甲基转移酶 321
激活因子 Sp1 164	静电桥 215
激活因子干扰 320	绝缘子 316
激活因子效应元件 352	抗终止因子 154
急性呼吸综合征(SARS) 218	抗阻遏物 298
脊髓灰质炎病毒 342	可变数目串联重复 62
加帽酶 207	可读框 28,41
夹子装载器 84	控制元件 125
甲基范德华袋 334	跨损伤合成 111
甲基转移酶 202	快速周转决定子 319
甲状腺激素受体 333	劳氏肉瘤病毒 213
甲状腺素受体相关蛋白 320	酪蛋白 318
假基因 54,59,134	酪蛋白 mRNA 318
间隔序列 39,57	类病毒 9,354
剪接前导区 200	类固醇受体辅激活因子家族 321
剪接体 181,186	类核 45
剪接体循环 190	类中介复合物 320
剪接型核酶 199	类组蛋白 45
剪接因子 187	离子储存蛋白 319
剪切激活因子(cleavage stimulation factor, CstF) 205	立早蛋白 328
剪切酶 206	利什曼原虫 210
剪切型核酶 199	连环体 81,312
剪切因子Ⅰ 205	连锁体 88,94
剪切因子Ⅱ 205	连续克隆系 63
减数分裂重组 119	亮氨酸拉链 326,331
碱基的切除修复(base excision repair,BER) 107	磷酸甘油酸激酶基因 136
碱基堆积力 12	流产性转录 146
碱基类似物 112	流产性转录物 150
碱基切除 107	六聚体蛋白 184
碱性螺旋-环-螺旋 330	滤膜杂交 32
降钙素 194	螺旋-环-螺旋基序 326
降解物基因活化蛋白(CAP) 150	螺旋-环-螺旋型 330
降解物基因活化蛋白 327	螺旋-转角-螺旋 144,326,327
交换重组体 119	脉冲示踪 318
角体噬菌体 340	帽子结合蛋白 207
铰链 DNA 16	帽子结合复合物 207
酵母基因组 5	免疫球蛋白 59
酵母人工染色体 63	免疫球蛋白基因 304
酵母双杂交实验 189	模板链 138
接合作用 121	模式生物 66

末端蛋白(TP)　81
末端尿苷酰转移酶(terminal uridylyltransferase, TUTase)　210
末端脱氧核苷酸转移酶　159
末端重复序列　39
内部引导序列　196
内含子　37,48
内含子界定　190
内源性终止子　152,153
逆转录　138
逆转录病毒　342
逆转录酶　43,96,133,341,342
逆转录转座　132
逆转录转座子　132
酿酒酵母　119
鸟类成红细胞增生病毒 E26　331
凝胶阻滞法　167
疱疹病毒　346
片段重组体　117
嘌呤霉素　343
拼接重组体　117
启动子　138,139
启动子清除　166
启动子上游部位(upstream part of promoter, UP)　139
起点识别复合物　95
起始 NTP　140
起始子　159
前病毒　343
前病毒假说　343
前起始复合物　159
钳组件　158
嵌入染料　113
嵌套基因　41
强终止子　152
切除　122
切除酶　107
切口　82
亲本基因　59
去分支酶　201
全基因组鸟枪战略　65
全酶　84
缺口　82
缺失　59
染色体　20
染色体免疫沉淀技术(ChIP)　216
染色体外的遗传因子　76
染色体重排　304
染色质　20

染色质结构重塑复合物　301
染色质重构　298
染色质重建实验　298
染色质重塑　301,308
染色质组装重塑因子　301
热休克因子　333
人工染色体　64
人类基因组计划　61
人类免疫缺陷病毒　345
人类内源性逆转录病毒(human endogenous retrovirus, HERV)　133
溶液杂交　32
肉瘤病毒　342
乳糖操纵子　141
朊病毒　354
朊病毒蛋白　355
三链结构　15
上升突变　141
上游部位(UP)　155
上游刺激因子(USF)　331
上游控制元件(upstream element, UCE)　159
上游启动子元件　159
渗漏突变　112
生物信息学　69
十字架形　14
适配体　324
嗜肝 DNA 病毒　346
嗜血流感杆菌　65
噬菌体 Qβ　341
双链 DNA 基因组　346
双链复制型　80
双脱氧肌苷　345
双向电泳　68
双向对称式复制　80
双向复制　79
顺/反试验　310
顺反子　35,310
顺式剪接　186,200
顺式显性　132
顺式作用元件　155,308,310,352
顺乌头酸酶　320
丝状噬菌体　340
松弛控制　76
松弛型 DNA　18
宿主整合因子　45
肽酰转移酶　199
肽疫苗　354
糖核蛋白体　181

套索　186
特异位点重组　122
铁蛋白　319
铁离子　318
铁应答元件　319
通读　154
通用转录因子　163,320
同源盒　326
同源结构域　322,326
同源体蛋白　193
同源性分析　67
同源异形盒　328
同源异形基因　160
同源重组　115
凸环　14
突变　34,210
拓扑异构酶　79,87,149
拓扑异构酶Ⅳ　94
外膜蛋白 gp35　348
外膜蛋白 gp120　349
外显子　37,48
外显子剪接沉默子序列(exonic-splicing silencer, ESS)　186
外显子剪接增强子序列(exonic splicing enhancer, ESE)　186
外显子界定　190
外源鸟苷酸　196
烷化剂　105,112
微卫星 DNA　56
微卫星标记　62
微型启动子　162
微阵列技术　67
卫星 DNA　55
卫星 RNA　354
卫星病毒　354
稳态　318
无义突变　112
物理图谱　63
稀有碱基　10
系统性红斑狼疮　187
系统性自身免疫疾病　188
细胞凋亡　353
细胞核受体　332
细胞核体　323
细胞融合　121
细菌人工染色体　63
下降突变　141
下游启动子元件　159

限制性片段长度多态性　62
线粒体 DNA　59
腺病毒　42,346
小泛素相关修饰因子　323
小环　210
小鼠蛋白 Zif268　328
小卫星 DNA　56
协同性　84
锌指　146,170
锌指结构基序　328
信号转导途径　320
胸苷激酶基因　160
秀丽线虫　66
序列标签位点　63
选择性剪接　193
选择因子Ⅰ(selectivity factor 1,SL-Ⅰ)　169
血晶素　319
亚病毒　354
亚基疫苗　354
延伸因子 TFIIS　158
严紧控制　76
叶绿体 DNA　61
叶绿体基因组　60
移码突变　112
遗传多样性　115
遗传连锁图　62
遗传重组　115
遗传转化　122
乙型肝炎病毒　346
乙型肝炎疫苗　354
异源双链　117
抑制-促进-增变系统　129
引导 RNA　210
引发体　89
引物合成酶　87
引物结合位点　350
隐秘性基因　210
荧光素酶　214
荧光原位杂交　209
萤光素酶　203
有义链　138
鱼雷模型　209
预警子　140
原癌基因　325
原病毒 DNA　341
原核生物基因组　44
远端序列元件　162
甾体激素　334

甾体激素受体　333	转酯反应　192
再编码　213	转座　125
早幼粒细胞白血病因子　323	转座酶　125
增强子　140,163,311	转座因子　55
增强子屏蔽　316	转座子　125,126
占先模型　298	追赶模型　153
真核基因表达调控　295	着色性干皮病　309
整合基因　315	自体调节因子　123
整合酶　43,133,345	自我剪接　195
整合宿主因子(integration host factor,IHF)　124	自主复制序列(autonomously replicating sequence, ARS)　78
正调控　155	自主控制因子　130
正链 RNA　40	阻遏因子　325
直接修复　106	组成型表达　308
指导甲基化的 snoRNA　28,183	组成型转录因子　163
酯交换反应　211	组蛋白　20
质谱　68	组蛋白去乙酰化酶　298
致畸剂　315	组蛋白乙酰基转移酶　298
致育因子　121	组蛋白乙酰转移酶(HAT)　165
中度重复序列　54	组蛋白乙酰转移酶　322
中介物　320	组蛋白折叠　22
终止子　94,152	组合代码　314
重叠基因　41	组织特异性增强子　335
重复频率　53	组织相容性复合体 MHC　347
重复序列　53	2-DE　68
重组 DNA　115	7SK RNA　157
重组酶　122	7SL RNA　157
重组体　51	ACF　301
重组信号序列　304	ADAR　212
重组修复　109	AdoMet　322
珠蛋白　54	AIDS　345
主型内含子　48	anti-Sm　187
转导　121	AP1　331
转化　121	AP-1　352
转换　111	Argonaute　215
转基因技术　68	AZT　345
转录　138,157	BAC　63
转录沉默　299	BBP　189
转录后基因沉默(post-transcriptional gene silencing, PTGS)　214	boxH/ACA　183
转录后剪接　181	BRF　170
转录后修饰现象　212	B-DNA　12
转录激活结构域　326	C/EBP　161
转录泡　149,166	cAMP-CAP　150,333
转录因子(TF)　155	CAP　327
转录因子　161,163,325	CBC　207
转录因子 LEF-1　323	CBP/p300　322
转铁蛋白受体　319	CBP　321
转铁蛋白受体 mRNA　318	CLIM　322

ColEI	98	MS	62,68
COUP-TF	352	mtDNA	59
CPSF	205,206	NF-AT	352
CRE	321	NF-κB	333
CREB	321	NF-κB	333,352
CRSP	321	NHP	300
CTD	205,207	nRNA	25
ctDNA	61	NSl	348
CTF	161	NURF	301
DDI	345	PAB I	204
DHFR	303	PAB II	206
Dicer	214	PAC	64
DNA	8	PBS	350
dNC2	165	PKA	321
DSE	162	PMLF	323
EBER2 RNA	157	poly(A)$^+$	204
EGF	324	poly(A)$^-$	204
Epstein-Barr	157	ppGpp	140
EST	64	PSE	162,171
GAL4	320	P-TEFb	157
GAL4-VP16	320	RAP30	166
GAP	324	RAP70	166
GCN4	320	RdRP	216
gp70	348	RFLP	62
GST	205	RF-C	95
GTF	163	RNA	9
HAT	298	RNApol III	171
HCV	348	RNase F	179
HD	326	RNaseD	179
HDAC	299	RNaseH	215
HLH	326	RNaseP	179,180
hnRNA	25,46,347	RNasePH	179
HSF	333	RNaseT	179
HTH	327	RNase II	179
H-DNA	16	RNase III	178,181
Ig	59	rp1L	181
IHF	45	Rpb1	166
IRE	319	Rpb1-CTD	208
IRP1	320	rpoB	181
LIM-HD	322	rpoC	181
LTR	344	rRNA	26
M1 RNA	199	RSC	301
MAPK	321	RSS	304
MAR	302	RT	342
MEK	324	R-DNA	16
microRNA	215	SAM	322
miRNA	28	scRNA	25
mRNA	25	SF1	352

SF2	189	TFⅡH	166
siRNA	214	TFⅡX	163
Sm	187	TFⅢA	171
SMCC/TRAP	320	TFⅢB	171
snoRNA	27,183	TFⅢC	171
snoRNP	183	TIF-IB	169
SNP	63	T_m	29
snRNA	27,181	tmRNA	25
snRNP	27,181	TR	39
Sp1	310,327,329,330,352,	TRAP	320
Spm-dSpm	129	TRBI	171
SRp55	189	TRE	331
SSLP	62	TRF1	165
STR	62	tRNA	25
STS	63	TR,STRP	62
SV40	42	Tus	94
Swi6	217	U2AF	189
TAF	171	U6snRNA	157,171
TBP	171	UBF	169
TCF-1α	352	USF	352
TfR	319	U-run	152
TFⅡD	163	VA RNA	157
TFⅡ	163	VNTR	62
TFⅡA	165	YAC	63
TFⅡB	165	ZF	328
TFⅡE	165	ZIP	331
TFⅡF	166		